Vorwort
zur dritten Auflage.

Die Herstellung der dritten Auflage gegenwärtiger Erläuterungen war bedingt durch die Thatsache, daß das Werk nahezu vergriffen war, dann aber auch durch die Einführung des bürgerlichen Gesetzbuches mit seinen Nebengesetzen und durch die Erlassung einer Reihe neuerer Gesetze, infolgedessen eine große Anzahl älterer Vorschriften beseitigt und neue an ihre Stelle gesetzt wurden.

Bei dieser Gelegenheit mußte unter Benützung der neusten Litteratur und der Praxis die bisherige 2. Auflage eine wesentliche Umarbeitung erhalten, wenn auch der bisherige Anlageplan, eine Handausgabe zu schaffen, die zwar das Gesetz in eingehenderer Weise als sogenannte von Anmerkungen begleitete Textausgaben erörtert, ohne sich in umfangreiche Spezialdarstellungen zu vertiefen, beibehalten wurde.

Hiebei wurde davon ausgegangen, daß neben den öffentlichrechtlichen auch die civilrechtlichen Fragen gegebenen Falls im Interesse der Vollständigkeit zu berühren seien und wurden mit Rücksicht hierauf auch die Entscheidungen der höchsten Civilgerichte ausgiebig herangezogen.

Um den Umfang des Werkes im bisherigen Rahmen zu erhalten, mußte besonders auf Präcision des Ausdruckes Bedacht genommen werden, so daß trotz wesentlicher Vermehrung des Inhalts keine wesentliche Vermehrung des Umfangs des Buches eintrat.

Herr Oberstaatsanwalt a. D. Dr. Th. von Hauck, der hervorragende Praktiker und gründliche Kenner des bayerischen Verwaltungsrechts, insonderheit der Gemeindegesetzgebung, hatte die Güte, auch die gegenwärtige Auflage in allen ihren Teilen vor der Darlegung einer gründlichen Durchsicht zu unterziehen und vielfach ergänzend mitzuwirken, und gestatte ich mir, ihm auch an dieser Stelle für die so fördernde Unterstützung meinen verbindlichsten Dank auszusprechen.

Pappenheim im November 1900.

F. Lindner.

Systematisches Register.

Erklärung der Abkürzungen.

Bl. f. adm. Pr. = Blätter für administrative Praxis.
C.M.Bl. = Amtsblatt des Cultusministeriums.
F.M.Bl. = Amtsblatt des Finanz-Ministeriums.
Gem.Zeitg. = Bayer. Gemeindezeitung.
G.Bl. = Bayerisches Gesetzesblatt.
G.O. = Gemeindeordnung.
G.V.Bl. = Bayerisches Gesetzes- und Verordnungsblatt.
J.M.Bl. = Justizministerialblatt.
Kahr, G.O. = v. Kahr, Commentar zur Gemeindeordnung.
M.A.Bl. = Amtsblatt des Staatsministeriums des Innern.
M.E. = Ministerialentschließung.
Mot. = Motive zum Gesetzentwurfe.
R.G.Bl. = Reichsgesetzblatt.
Seydel = Seydel, bayerisches Staatsrecht.
Vdg. = Königlich Allerhöchste Verordnung.
V.G.H.G. = Verwaltungsgerichtshofs-Gesetz.
V.G.H. = Verwaltungsgerichtshof.
V.G.H.E. = Entscheidung des Verwaltungsgerichtshofes.
Weber = Webers Gesetz- und Verordnungen-Sammlung.

Einleitung.

Entscheidend für die Gemeindebildung überhaupt ist die Art und Weise der Ansiedelung; für letztere selbst wieder, für die Gemeindebildung und für die Rechtsbildung hiebei sind maßgebend die wirthschaftlichen Verhältnisse. Je nachdem es sich nämlich um ländliche oder städtische Bedürfnisse handelt, ist auch die Ausbildung des Familien-, Erb-, Obligationen- und Sachenrechts eine verschiedene; gerade die ersten Zeiten gaben dem deutschen Reiche sein eigenthümliches Gepräge, das sich erst im Laufe der Jahrhunderte abschwächte. Die ältesten Ansiedelungen fanden historisch wohl in der Weise statt, daß die einzelnen Völkerschaften ein gewisses Stück Land in Besitz nahmen und an die Abtheilungen (Verwandtschaften) vertheilten. Letztere bildeten Gemeinheiten, Gemeinden. Jede einzelne Gemeinde benutzte das alljährlich ihr zugewiesene Land. (Cf. Caesar, be bello Gall. Buch IV 1.) Naturgemäß hörte im Laufe der Zeit dieser Wechsel auf, jede einzelne Familie erwarb Haus und Hof, der Rest des Landes blieb im gemeinsamen Eigenthum, wurde aber auf bestimmte oder unbestimmte Zeit an die einzelnen Familien verloost, ein Modus, der sich allmählich dann zu einer Verloosung zu Eigenthum ausbildele.

Die älteste Form des Zusammenlebens bildeten die Dörfer, Städte kannte man damals noch nicht; neben diesen gab es auch Einzelhöfe. Die Bewohner nährten sich hauptsächlich von Viehzucht; Stallfütterung war noch nicht eingeführt, sondern man trieb das Vieh auf die gemeinsame Weide; ebenso war auch der Wald gemeinsam. Wald, Wiese und Weide (Mark, Almende) umgrenzten eine Reihe von Höfen und waren ungetheiltes Eigenthum derjenigen Wirthschaftsgemeinde, die aus einer bestimmten Anzahl von Höfen bestand.

Das Bedürfniß gab der Markbenützung Maß, und diese Benutzung wurde im Interesse gedeihlicher Entwickelung durch Beschluß der Gemeinde geregelt, als bereits dieselbe Fläche in das Eigenthum der einzelnen Familien übergegangen war. (Feldgenossenschaft, Markgenossenschaft). Hienach bildete der Grundbesitz die allgemeine Grundlage, von ihm hing die volle Theilnahme an allen Gemeinderechten ab. Seit Karl dem Großen, der durch seine Gesetzgebung vergeblich die kleinen Freien gegen die Willkür der Großen zu schützen versucht hatte, wurde jedoch bald der Grundbesitz unter die Grundherrlichkeit der Großen gebracht. Die Grundherren schieden mit ihren Besitzungen aus dem Verbande der Dorfgenossenschaft aus, die deutsche Landgemeinde wurde zur reinen Bauerngemeinde mit wesentlich gleicher Organisation, das persönliche Element trat hinter das dingliche Element zurück: ohne „Hufenbesitz" gab es keinen Vollbauern mehr. Die Landgemeinde wurde immer mehr zur Realgemeinde und als durch Theilung entstandene kleinere Besitzungen unter das Maß der alten Bauernhöfe sanken, gab es bereits Vollbauern und minderberechtigte, deren Rechte und Pflichten nach ihrem Grundbesitze sich richteten. Nur selten entwickelte sich in den Landgemeinden ein präsentatives Organ: die Versammlung aller vollberechtigten Genossen erschien als Gemeindeversammlung, worin das Princip der Stimmenmehrheit angewendet wurde, und worin alle wichtigeren Geschäfte abgewickelt wurden, während zur Besorgung der laufenden Geschäfte ein Bauermeister, (Gemeindevorstand, Ortsrichter, Schultheiß) gewählt wurde; aber auch diese wurden seit dem 16. Jahrhundert durch herrschaftliche und andere obrigkeitliche Beamte verdrängt und der Bauernstand in eine mehr oder weniger strenge Leibeigenschaft herabgedrückt.

Zur Zeit des 30jährigen Krieges wurden auch vielfach die alten Gemeingüter (Almenden) von den Landesherren in Anspruch genommen und den Gemeindegliedern höchstens noch Nutzungsrechte daran eingeräumt. An die Stelle der alten Gemeindeautonomie trat die Oktroyirung allen Rechts durch die Staatsgewalt.

Die früheren Gemeindevorsteher waren nur vom Gutsherrn oder dem Landesherrn gesetzte Unterbediente des Staates; jeder erhebliche Gemeindebeschluß wurde von obrigkeitlicher Genehmigung abhängig gemacht, alles wurde von oben herab geregelt.

Auf diese Weise vollzog sich auch die Trennung der Realgemeinde der alten Hufenbesitzer von der neuentstehenden politischen Gemeinde. Erstere bestand jedoch als eine privatrechtliche Korporation der Nutzungsberechtigten noch fort, während die politische Gemeinde wesentlich nur als Unterabtheilung des Staates aufgefaßt wurde.

An dieser Stelle mag noch einiges über die rechtlichen Verhältnisse der Gemeindegründe angefügt werden. Wie theilweise oben erwähnt, beruhte die Markgenossenschaft in ihren ersten Anfängen auf der völligen Gemeinschaft allen innerhalb eines gewissen Bezirkes gelegenen Landes unter den Markgenossen, und zwar auf wechselseitiger Bebauung des kultivirten Landes und gemeinschaftlicher Benützung der unkultivirten Ländereien, später aber auf Ausscheidung zwischen den von den Markgenossen als Privateigenthum besessenen Sondergütern und den namentlich in Wald und Weide, Flussen und Bächen bestehenden Gemeingütern. Die Markgenossenschaft war älter als die öffentlich-rechtliche Gemeinde; erstere erscheint namentlich hinsichtlich der Natur der Sonderrechte der Markgenossen an der Mark ursprünglich als ein vorwiegend privatrechtliches Verhältniß, um welches sich erst später dem öffentlichen Rechtsleben angehörige Verhältnisse gruppirten.

Nach den deutschrechtlichen Grundsätzen über das Benützungsrecht an den Gemeindemarken ruht die Markberechtigung auf Haus und Hof und zwar auf der Hauptwohnstätte, nicht aber auf den Nebengebäuden; wurden letztere neben ersterer errichtet, so erhielten sie nur mit Zustimmung der übrigen Markgenossen Marknutzung. (S. Näh. B.G.H.E. Bd. XIV S. 268 und XV S. 193.)

Der Grundbesitz, der den Markgenossen an der Mark zugefallen war, hatte seine wirthschaftliche Ergänzung im Anspruch auf fortdauernde Benützung der unvertheilt gebliebenen Weiden, Wälder u. s. w. zu finden. Sowohl die in das Privateigenthum der Einzelnen übergegangenen Theile der Mark als die Berechtigung zur Benützung der unvertheilten Marken galten in der Regel als Zubehör des „Haus und Hof im Dorf" oder vielmehr der „Haus- und Hofstätte". Der Grund und Boden, auf dem Haus und Hof standen, wurde von jeher als der wichtigste Bestandtheil betrachtet.

Gleichmäßig berechtigt zur Theilnahme an den Nutzungen der Almende waren regelmäßig nur jene, die innerhalb der Feldmark wohnten, Haus und Hof und ein gewisses Maß von Grund und Boden hatten; ursprünglich war es auch verboten, Almendnutzungen zu veräußern. Wie erwähnt verloren die Markgenossenschaften, welche oft mehrere Dorfschaften umfaßten, seit der Zeit der Karolinger an Bedeutung und fielen insbesondere auch durch Theilung unter sich mit den Dorfgemeinden zusammen. Die gemeine Mark, d. h. das unabgetheilte gemeinschaftlich benutzte Gut wurde als Gemeindevermögen betrachtet und aus ihrem Ertrage wurden die Gemeindebedürfnisse befriedigt. (S. auch Kahr, G.O. S. 134 ff.)

Noch um das 15. Jahrhundert blieben die Nutzungsberechtigten die einzigen vollberechtigten Vertreter der Gemeinden, trugen aber auch ausschließlich die gemeindlichen Lasten.

Mit der Annäherung der Nutzungsberechtigten an die Nichtberechtigten und mit der Heranziehung der letzteren zu den Gemeindelasten trat dann auch der Begriff der Bürgergemeinde als juristische Person in den Vordergrund.

Das Gemeindeedikt ging im Allgemeinen von der Anschauung aus, daß sich die alte Realgemeinde mit der neuen Bürgergemeinde zwar verschmolzen habe und letztere Eigenthümerin jeden Gemeindegutes geworden sei, daß aber daneben immerhin die geschichtlich ererbten Rechte der Realgemeindeglieder als Nutzungsrechte geschützt werden sollen, und die bayerische Gesetzgebung vor 1869 betrachtet überhaupt das Almendgut als wirkliches Gemeindegut und die Rechte der Realgemeindeglieder nur als bevorzugte Nutzungs- und Theilungsrechte.

Allgemein versteht man noch unter Almendgut diejenigen im Besitze der Gemeinde befindlichen Grundstücke, an welchen alle oder einzelne Gemeindebürger oder gewisse Anwesensbesitzer Nutzungsrechte haben.

Bezüglich der Beurtheilung des Rechtsverhältnisses der Berechtigten zur Almende sind die Rechtslehrer nicht einig; die einen sprechen von dinglichen Rechten an einer fremden Sache von anomaler Beschaffenheit, andere vom Gesammteigenthum (Renaud, Bluntschli); doch wird sich eine allgemein zutreffende Regel hier überhaupt kaum aufstellen lassen und werden hiebei jeweils alle einzelnen Verhältnisse und Merkmale zusammenzufassen sein.

Uebergehend zur geschichtlichen Entwickelung der Städte im Allgemeinen, so ist zunächst davon auszugehen, daß die alten Germanen Städte nicht kannten und auch in der karolingischen Zeit die Städte nichts als ummauerte volkreiche Orte waren, die rechtlich vom Gauenbund nicht getrennt waren. Die ältesten Entwickelungspunkte eigenthümlicher Stadtverfassung sind die alten königlichen Bischofsstädte am Rhein und an der Donau. Hier hatten die Bischöfe weitgehende Herrschaftsrechte über ihre Hintersassen, während die Freien anfangs noch unter der Grafengerichtsbarkeit blieben. Erst im 10. Jahrhundert verliehen die Könige den Bischöfen häufig auch die Grafengerichtsbarkeit über ihre Städte. Dadurch trat eine volle Exemtion der Stadt von der gewohnlichen Gerichtsbarkeit des platten Landes ein: die Stadt wurde ein befreiter Bezirk. Es soll nur der vom Bischof ernannte Vogt über die Leute auf kirchlichem Gebiet die richterliche Gewalt ausüben; dieser war aber auch ein öffentlicher Beamter, da ihm vom Könige der Bann verliehen werden mußte. So siegte in den Städten allmählich das öffentliche Recht und beseitigte die privatrechtliche Grundherrlichkeit.

Schon in der Blüthezeit der bischöflichen Herrschaft bestand in den Städten überall ein Rath, der aus dem städtischen Schöffenkollegium hervorging, und dem immer mehr der bischöfliche Stadtherr eine gewisse Selbstverwaltung der städtischen Angelegenheiten überließ, bis er am Anfang des 13. Jahrhunderts auch die bischöfliche Vogtei durch Gewalt oder Kauf an sich brachte.

So wird allmählich der Rath mit dem Bürgermeister an der Spitze die Stadtobrigkeit, die Stadt erwirbt das Besteuerungsrecht, die Gerichtsbarkeit. das Zoll- und Münzwesen, die Stadtobrigkeit wird durch Organe der Bürger ersetzt. Der Rath erscheint bald in der Machtvollkommenheit einer landesherrlichen Obrigkeit, die schließlich sogar die Reichsstandschaft erwirbt. Diese Städte waren das Vorbild auch für die übrigen Städte. Die Rechte der Landesherren über ihre Städte bezogen sich regelmäßig nur auf die allgemeine Bestätigung des Stadtrechts und sonstige autonomische Normen, Huldigung und Entrichtung gewisser Abgaben. Seit dem Anfange des 13. Jahrhunderts war die Stadt eine äußerlich und innerlich vom platten Land getrennte Gemeinde mit einer Reihe wichtiger politischer und kommerzieller Vorrechte, einem geschlossenen Gebiete, einer besonderen städtischen Gerichtsbarkeit, Selbstverwaltung ihrer eigenen Angelegenheiten und Autonomie.

Wenn auch anfangs in den Städten wie auf dem platten Lande rechtlich verschiedene Menschenklassen räumlich neben einander saßen, so entwickelte sich doch bald unter Abstreifung jeder Fessel der Freiheit nach dem Grundsatz „Stadtluft macht frei" ein gleichheitlich freies Bürgerthum. Nachdem jedoch die Städte sich von der Herrschaft des Stadtherrn emanzipirt hatten, trat an die Stelle der monarchischen Verfassung eine aristokratische der rathsfähigen Geschlechter, welche die unteren Klassen, namentlich die Handwerker, völlig ausschlossen; diese gewannen in ihren Zünften und Aemtern immer mehr Kraft und so füllten sich bald Jahrhunderte mit

Kämpfen zwischen Zünften und Geschlechtern aus; wo die Zünfte siegten, wurde die Zunftverfassung zur Stadtverfassung, überall aber wurde die Stadtverfassung mehr oder weniger demokratisirt.

Der dreißigjährige Krieg brachte mit seinem Elend auch den Verfall der Städte und es versuchten die Landesherrn mit Erfolg die Städte ihrer Landeshoheit straffer zu unterwerfen; dies gelang um so leichter, als das Stadtregiment die Bürger wie seine Unterthanen behandelte, und eine engherzige Rathsoligarchie — lebenslängliche Amtsperioden, — die Bürgerschaft von der Theilnahme am Amtsleben ganz zurückdrängte.

Jetzt trat an die Stelle der alten Städtefreiheit ein ausgebildetes staatliches Vormundschaftssystem; die Stadträthe waren den landesherrlichen Beamten strenge untergeordnet, ihre Ernennnng bedurfte landesherrlicher Bestätigung, das Stadtvermögen wurde vielfach als „mittelbares Staatsgut" angesehen, kurz, Staatskuratel aller Orten.

Erst seit der Zeit des schwersten Druckes der Fremdherrschaft geschah auch allerorten die Wiederbelebung der Städte. Der hervorragendste Vorkämpfer auf diesem Gebiet war Freiherr von Stein, „der in tieferem Sinne als König Heinrich I., der bloß Festungen bauen konnte, der Städtebauer von Deutschland geworden ist": die preußische Städteordnung vom 19. November 1808 wurde das Vorbild der neueren Städteordnungen in Deutschland.

Bayerns staatsrechtliche Verhältnisse gegen Ende des 18. Jahrhunderts anlangend, so erscheinen vor allem die Städte und die ihnen gleichgestellten gefreiten oder gebannten Märkte als selbstständige Verwaltungskörper. (Seydel Bd. 1 S. 82 flg. und Bd. 3 S. 1 flg.) Zu den Städten zählten die mit dem Stadtrecht begabten Gemeinden; die Befugniß Stadtrechte zu verleihen, war Ausfluß der Landeshoheit.

Die größeren Städte (z. B. München, Landshut, Straubing, Burghausen, Ingolstadt) hatten Landstandschaft mit Sitz und Stimme im Landtage, besaßen die Gerichtsbarkeit, waren dem rentmeisterlichen Umritte nicht unterworfen, und standen in der Regel unter dem Hofrathe oder den Regierungen, während die übrigen Städte sowohl dem rentmeisterlichen Umritte, als den Land- und Pflegegerichten untergeordnet waren und nur die niedere Gerichtsbarkeit hatten.

Allgemein geregelt waren in Bayern überhaupt nur die Verhältnisse der Stadt- und Marktgemeinden, während die Verhältnisse der Landgemeinden sich nach den einzelnen Gegenden und den Beziehungen zur Gutsherrschaft verschieden gestalteten.

Die Dörfer hatten jedoch die anerkannte Eigenschaft als Korporationen (cf. Kreittmayr, Bayer. Landr. cap. 28 § 1.)

Eine Aenderung in der Gemeindeverfassung trat zu Anfang unseres Jahrhunderts unter dem Ministerium Montgelas ein; dieselbe war von dem Grundgedanken durchdrungen, die gemeindliche Verwaltung in ausgedehntestem Maße der staatlichen Leitung und Bevormundung zu unterwerfen.

Eine systematische Ordnung der Verhältnisse der Gemeinden trat zunächst durch das Edikt über die Bildung der Gemeinden vom 28. Juli

1808 (Reg.Bl. S. 2789, Weber Bd. I S. 195) und durch das Edikt über das Gemeindewesen vom 24. September 1808 ein; die Landgemeinden erschienen jedoch damals noch nicht zur Selbstverwaltung reif und auch den Städten mangelte die hinreichende Befähigung hiezu, so daß die Gemeinden noch als öffentliche Körperschaften unter ständiger Staatskuratel erschienen; dieselben waren indes vermögensfähig und berechtigt, bei Unzulänglichkeit ihrer eigenen Einkünfte Gemeindeumlagen und Frohnde zu fordern.

Die allgemeine Eintheilung in Städte (Märkte) und Realgemeinden findet sich auch hier.

Die Polizei wurde vielfach noch durch besondere, vom Ministerium des Innern aufgestellte Polizeidirektionen (Kommissäre) verwaltet, die zugleich die Stelle von Gemeindevorstehern vertraten. Selbst die gemeindliche Vermögensverwaltung besorgte ein besonderer vom Ministerium des Innern ernannter, dem Generalkommissariate untergeordneter Beamter.

Kurz vor dem Erlaß der Verfassungsurkunde (26. Mai 1818) (G.Bl. S. 101 u. Weber Bd. I S. 578) wurde das Gemeindeedikt v. 17. Mai 1818 (G.Bl. S. 49) erlassen, welches den Gemeinden bereits eine freie Bewegung einräumte, wenn es auch nicht eine vollständige Befreiung derselben brachte. Denn der Grundsatz: „Die Gemeinden stehen unter der besonderen Aufsicht und Curatel der Staatspolizei" blieb aufrecht und weil die Rechte der Curatel nicht bestimmt begrenzt waren, gab es auch keinen Rechtsschutz gegen Uebergriffe der Staatspolizei.

Das Gemeindeedikt bestimmt den Begriff der Gemeinden als öffentliche Korporationen dahin, daß die Gemeinden alle Rechte ausüben und Verbindlichkeiten eingehen können, welche die bürgerlichen Gesetze den Privaten überhaupt gestatten und insbesondere den Gemeinheiten nicht versagen; dieselben besaßen auch die Rechte der Minderjährigen.*)

Diese Gemeindegesetzgebung gab aber bald Anlaß zu einer Reihe von Bitten und Wünschen auf Abänderung, denen zwar im Landtagsabschiede vom 29. Dezember 1831 reife Erwägung zugesagt wurde, die aber gleichwohl auch in dem hienach erlassenen Gesetz vom 1. Juli 1834 zu keiner durchgreifenden Umgestaltung führten; (sog. rev. Gem.Ed. von $\frac{17.\ 5.\ 1818}{1.\ 7.\ 1834}$ über die Verfassung und Verwaltung der Gemeinden im Königreiche, (G.Bl. 1818 S. 49, 139, 1834 S. 109, Döll., Ges. Sammlg. Bd. 11 S. 1, 35, 51, Weber Bd. I S. 555, Bd. II S. 747, und Vollzugsvorschriften hiezu, von denen viele Bestimmungen noch Geltung haben, vom 31. Okt. 1837, Döll. Bd. 11 S. 107, Weber Bd. III S. 106.)

Die Aenderungen vom Jahre 1834, die sich hauptsächlich auf organisatorische Bestimmungen beziehen, betreffen namentlich auch die Uebertragung der Verwaltung des Kirchenvermögens an eine besondere Kirchenverwaltung.

---

*) „Ohne eine dem Geiste der Zeit und der Cultur des Volkes entsprechende Gemeindeverfassung ist eine allgemeine Staatsverfassung nicht denkbar; sie ist die Grundlage aller politischen Institutionen im Staate." So Staatsrath von Zehntner in seinem einleitenden Vortrage zum Entwurfe des Gemeindeedikts von 1818.

Nachdem der Landtagsabschied vom 4. Juni 1848 eine Revision der Bestimmungen über die Wahlen zur Gemeindevertretung versprochen hatte, wurde im Jahre 1850 der Entwurf einer neuen Gemeindeordnung dem Landtage vorgelegt, die an Stelle des sog. revid. Gem.Edikts, der Gemeindewahlordnung von 1818 und des Umlagengesetzes von 1819 treten sollte, aber nicht einmal einer Berathung unterstellt wurde.

Auf dem Landtage 1853/55 wurde zu § 47 des rev. Gem.Ed. ein Zusatz vereinbart, der am 15. Januar 1854 als Gesetz erging und der Landtagsabschied vom 1. Juli 1856 enthielt eine Aenderung des § 105 revid. Gem.Ed.

In der Thronrede des Königs bei Eröffnung des Landtages am 23. Juni 1863 wurde dann eine neue Gemeindeordnung in nahe Aussicht gestellt und mit Gesetz vom 4. Juni 1865 die Bildung besonderer Ausschüsse beider Kammern zur Berathung der von der Staatsregierung angekündigten Gesetzentwürfe angeordnet; der Entwurf der Gemeindeordnung wurde in der Sitzung der Abgeordnetenkammer vom 8. Januar 1867 in Vorlage gebracht und am 18. Juni 1867 wurden die Verhandlungen des besonderen Ausschusses der Abgeordnetenkammer eröffnet, worauf im Dezember 1868 die Berathung im Plenum der Abgeordnetenkammer, im März 1869 jene im Plenum der Reichsrathskammer erfolgte, aus denen schließlich das **Gesetz vom 29. April 1869, Gemeindeordnung für die Landestheile diesseits des Rheins betr.**, hervorging, das am 1. Juli 1869 in Kraft trat. (G.Bl. 1866/69 S. 865, Weber Bd. VII S. 695.)

Infolge der Einführung des Reichsstrafgesetzbuches und des Reichsgesetzes über die Erwerbung und den Verlust der Bundes- und Staatsangehörigkeit wurde mit Gesetz vom 19. Januar 1872, betreffend die Abänderung einiger Bestimmungen für die Landestheile diesseits des Rheins, (G. Bl. 1871/72 S. 197, Weber Bd. IX S. 283,) die nothwendige Abänderung der Art. 11, 13, 14, 82, 99, 127, 143, 170, 174 statuirt und einige Aenderungen brachte das Gesetz vom 8. November 1875, die Bestimmung von Geldstrafen und einigen Geldsätzen nach der Reichswährung betreffend. Art. 33 wurde durch Gesetz vom 14. März 1890 abgeändert, ferner Art. 182 durch kgl. Deklaration vom 17. Juni 1896. — Weiter legte die Regierung dem Landtag 1879/80 einen Gesetzentwurf vor, welcher beabsichtigte, unter entsprechender Abänderung der Art. 154 und 156 und Aufhebung des Art. 160 die den Kreisregierungen zugewiesenen Kompetenzen zum Erlaß der nach Art. 157 und 158 erforderlichen Entschließungen und die Handhabung der Disziplinargewalt über die in Art. 166 genannten Gemeindebeamten an die Distriktsverwaltungsbehörden zu übertragen, doch scheiterte dieser Entwurf am Widerspruch der Abgeordnetenkammer. Mehrfache Aenderungen des Gesetzestextes brachte endlich auch Art. 158 des bayer. Ausführungsgesetzes vom 9. Juni 1899, (G.V.Bl. 1899 Nr. 28. Beil. z. Landtagsabschied) zum bürgerlichen Gesetzbuche.

Was die Gemeindeordnung von 1869 vor Allem wollte, das entnehmen wir den Motiven zum Gesetzentwurf: „Bei der Wiederaufnahme der naturgemäßen Schranken der gemeindlichen Autonomie stellt sich der

Entwurf vor allem die Aufgabe, die freie Entfaltung des korporativen Lebens der Gemeinden zu fördern und zu sichern. Die Gemeinden sind daher nicht allein mit allen Rechten ausgestattet, die ihrem Wesen und ihrer Stellung im Staatsorganismus entsprechen, sondern es wurde auch Garantie für die selbständige unbeirrte Ausübung dieser Rechte geschaffen, indem das seitherige System der Gemeindekuratel verlassen und statt dessen der Grundsatz durchgeführt ist, daß die Gemeinden ihre Angelegenheiten durch frei gewählte Vertreter selbst besorgen und hiebei mit Ausnahme der wenigen im Gesetze bezeichneten Fälle weder einer staatlichen Genehmigung bedürfen noch zu Leistungen, die ihnen nicht infolge des Gesetzes obliegen, genöthigt oder in der Ausführung gesetzmäßiger Beschlüsse gehindert werden können. Die Unterlage unseres öffentlichen Lebens, die Gemeindeverfassung vom Jahre 1818, findet sich nach ihren Hauptgrundzügen im Entwurfe wieder, und es wurden nach dem Vorgange des Gemeindeedikts bestimmte Regeln und Vorbehalte in Bezug auf den Bestand und die Rechte der Gemeinden, sowie hinsichtlich der Bewahrung und Erhaltung des Gemeindevermögens und bezüglich der Unterordnung der Gemeindebehörden aufgenommen, da die naheliegenden Interessen des Staates, der Gemeindeangehörigen und der künftigen Generationen keinesfalls unbedingt dem Willen einer jeweiligen Majorität der Gemeindevertreter anheim gegeben werden können, und da überhaupt positive Gesetzesvorschriften zur Verhütung ungeeigneter Uebergriffe und störender Schwankungen zur Sicherung eines geordneten Gemeindewesens unentbehrlich sind."

Nach dem ursprünglichen Entwurfe sollte eine Gleichheit in der Gemeindeordnung für die Landestheile diesseits des Rheins und für die Pfalz hergestellt werden: im Verlaufe der Berathung zeigte sich aber die Nothwendigkeit, dieses Material in zwei Entwürfe zu trennen. Der Hauptgrund lag darin, daß die Pfalz sich der bei ihr eingebürgerten einheitlichen Organisation der Gemeindeverwaltung nicht zu entwöhnen vermochte und andererseits dieselbe Organisation bei den diesseitigen Kreisen Anstand gefunden hätte, wo man gewohnt war, eine verschiedene Organisation für die Gemeinden mit städtischer und Landgemeindeverfassung zu besitzen. Der zweite Grund lag darin, daß in Bezug auf die Einräumung des Gemeindebürgerrechts, das in der Pfalz allen Heimathberechtigten auf das freigebigste gewährt wurde, es diesseits unmöglich gewesen wäre, ohne tiefe Eingriffe in die bestehenden Gemeindeverhältnisse und ohne Hervorrufung großer Beschwerden, gleichen Schritt mit der Pfalz zu halten.

Prüfen wir noch kurz unsere Gemeindeordnung nach dem Vorhandensein der Grundrechte der deutschen Gemeinden, wie sie in der deutschen Reichsverfassung von 1849 A. XI § 184, Verfassungsurkunden und Gemeindeordnungen sozusagen als gemeines deutsches Gemeinderecht anerkannt sind, so finden wir auch diese Rechte in der Gemeindeordnung ins Praktische übersetzt:

Die Gemeinden haben ihre selbständige Rechtssphäre auf dem Gebiet des öffentlichen und des Privatrechts, sie haben ein wenn auch beschränktes Autonomierecht, sie haben das Recht, die Gemeindeämter zu besetzen und ihre Vertreter zu wählen, und sie haben die selbständige Verwaltung ihrer Gemeindeangelegenheiten unter gesetzlich geordneter staatlicher Oberaufsicht.

Insbesondere finden wir in der Gemeindeordnung von 1869 die Verwirklichung der Verheißungen des ersten Königs von Bayern, wie sie im Eingang der Verfassungsurkunde niedergelegt sind: „Wiederbelebung der Gemeindekörper durch die Wiedergabe der Verwaltung der ihr Wohl zunächst berührenden Angelegenheiten" und mit Recht konnte der Abg. Ruland (Verh. d. K. d. Abg. 1868/69, Sten. Ber. Bd. V S. 8) sagen. „Die Gemeindeordnung bildet die Krone und den Schluß der ganzen Sozialgesetzgebung."

Die Gemeindeordnung für die Landestheile diesseits des Rheins.

Ludwig II.,

von Gottes Gnaden König von Bayern, Pfalzgraf bei Rhein, Herzog von Bayern, Franken und in Schwaben etc. etc.

Wir haben die Gesetze und Verordnungen über die Verfassung und Verwaltung der Gemeinden des Königreichs, dann über die Gemeindeumlagen, die Gemeindewahlen und die Verwaltung des örtlichen Stiftungsvermögens einer Revision unterstellen lassen und nach Vernehmung Unseres Staatsrathes und mit Beirath und Zustimmung der Kammer der Reichsräthe und der Kammer der Abgeordneten, dann bezüglich des Art. 14 und des Art. 67 unter Beobachtung der in § 7 Tit. X der Verfassungsurkunde vorgeschriebenen Form beschlossen und verordnen, was folgt:

Anm. § 7 l. c. lautet: Abänderungen in den Bestimmungen der Verfassungsurkunde oder Zusätze zu derselben können ohne Zustimmung der Stände nicht geschehen.

Die Vorschläge hiezu gehen allein vom Könige aus, und nur, wenn derselbe sie an die Stände gebracht hat, dürfen diese darüber berathschlagen.

Zu einem giltigen Beschlusse in dieser höchst wichtigen Angelegenheit wird wenigstens die Gegenwart von drei Viertheilen der bei der Versammlung anwesenden Mitglieder in jeder Kammer und eine Mehrheit von zwei Drittheilen der Stimmen erfordert.

I. Abtheilung.

Von den Gemeinden und der Gemeindeverfassung.

Vorbemerkung.

Die 1. Abtheilung bringt in 9 Artikeln zunächst in Art. 1 die Constatirung des gemeindlichen Selbstverwaltungsrechts nach Aufgabe des bisherigen Umfanges der Staatskuratel, spricht sodann in den Artikeln 2—6 von den Gemeinden in territorialer Beziehung: dem Gemeindegebiet und seinen Veränderungen, in Artikel 7 von Streitigkeiten in Bezug auf das Gemeindegebiet, in Artikel 8 und 9 von der Verfassung der Gemeinden im Allgemeinen und der Aenderung der Verfassungsform.

Die Ueberschrift zur I. Abtheilung erscheint nicht ganz glücklich gewählt, denn sämmtliche Artikel der G.-O. handeln ja von den Gemeinden, und über ihre Verfassung sprechen in der I. Abtheilung nur die Artikel 8 und 9, während gerade der Gemeindeverfassung eine ganze Reihe von Bestimmungen auch in anderen Abtheilungen des Gesetzes gewidmet ist; es wäre nicht unpraktisch gewesen, in Artikel 1 einen Begriff der Gemeinden im Sinne der Gemeinde-Ordnung zu bringen — denn daß Artikel 1 dies weder wollte noch erreichte, liegt auf der Hand — und sodann mit Abtheilung I unter der Ueberschrift „Vom Gemeindegebiet" zu beginnen, der sich dann Abtheilung II unter der Ueberschrift „Von den Gemeindebürgern, ihren Rechten und Pflichten" füglich hätte anschließen können. Artikel 8 und 9 aber hätten auch an einer anderen Stelle, insbesondere zwischen Abtheilung III und IV, eingereiht werden können.

Im Uebrigen ist Folgendes zu bemerken:

Die Staatsgewalt nimmt grundsätzlich jetzt nur mehr das unmittelbar selbst in die Hand, was unbedingt einer durchaus einheitlichen Leitung bedarf und beansprucht nur die Gesetzgebung und Oberaufsicht, während die Gemeinden gesetzlich mit dem Selbstverwaltungsrecht ausgestattet sind.

Die wichtigsten Körper der Selbstverwaltung sind in Deutschland von jeher die Ortsgemeinden (Gemeinden schlechthin genannt) gewesen; sie unterscheiden sich von den größeren kommunalen Verbänden dadurch, daß sie auf dem unmittelbaren nachbarschaftlichen Zusammenwohnen der Genossen beruhen und die gemeinsamen Interessen des engsten lokalen Verbandes besorgen; die Gemeinde ist kein Staat im Staate, sie wird aber bald ein Analogon, bald ein Mikrokosmus des Staates genannt. Wie der Staat sein Staatsgebiet, hat sie ihr Gemeindegebiet, wie der Staat hat sie auch ihre Bürger, ihren Grund und Boden, ihre Obrigkeit, Verfassung und Verwaltung; da sie in Betreff des Zweckes die Totalität des menschlichen Gemeinlebens umfaßt, gleicht sie auch in Bezug auf den Zweck dem Staate; nur findet der Zweck in dem durchaus lokalen Charakter der Interessen seine natürliche Grenze. Die Gemeinde ist der Organismus der örtlichen Gemeinschaft, wie der Staat der Organismus der Volksgemeinschaft.

Hienach fassen wir den Begriff der Gemeinde im Sinne der Gemeinde-Ordnung wie folgt:

Die Gemeinde ist die Vereinigung nachbarlich auf bestimmt begrenztem Gebiete — lokales Element — bei einander wohnender Volksgenossen zu einer Gesammtpersönlichkeit des öffentlichen, wie des Privatrechts — persönliches Element —, welche als Selbstverwaltungskörper innerhalb des örtlichen Verbandes unter Oberaufsicht des Staates die ihr eigenthümlichen Zwecke erfüllt.

Oder mit Seydel, b. Staatsrecht, Bd. III S. 38: die Ortsgemeinde (d. h. die politische Gemeinde) ist die kraft gesetzlicher Nothwendigkeit bestehende nächste und unmittelbare Vereinigung von Staatsangehörigen auf einem abgegrenzten Theile des Staatsgebietes, welche in Unterordnung unter die Staatsgewalt, jedoch innerhalb der gesetzlichen Schranken selbstständig öffentliche Aufgaben zu erfüllen hat und durch ihre Organe in ihren Bezirken eine öffentliche Gewalt ausübt.

Das Gesetz gebraucht jedoch den Ausdruck Ortsgemeinde in diesem Sinne nicht, sondern nennt die Gesammtgemeinde im Gegensatz zu den Ortschaften, welche dieselbe unter Beibehaltung einer geminderten, aber gesetzlich zugelassenen Selbstständigkeit bilden, politische Gemeinde. Der Ausdruck Ortsgemeinde paßt daher vielmehr für Ortschaften mit einer gewissen Selbstständigkeit gegenüber der Gesammtgemeinde und wird auch regelmäßig in diesem Sinne gebraucht, während die gemeindliche Körperschaft, welche aus einer oder mehreren Ortschaften besteht, Gemeinde schlechthin, ohne Zusatz oder im Gegensatze zu den mit besonderen Rechten ausgestatteten Ortschaften politische Gemeinde genannt wird.

Es bildet demnach die politische Gemeinde die gesetzliche Bezeichnung zur Unterscheidung von Steuer-, Schul-, Kirchen-, Distrikts- und Kreisgemeinde, sowie von Ortschaften mit besonderen Rechten im Sinne der G.-O. (Vgl. Art. 153 G.O., Art. 2 des gleichzeitig erschienenen Gesetzes über öffentliche Armen- und Krankenpflege, Seydel, bayr. Staatsrecht, Bd. III S. 38, Holtzendorff, Rechtslexikon, Bd. II S. 42.)

Die Steuergemeinden sind keine öffentlichen Körperschaften, sondern nur örtliche Bezirke, welche dem Zwecke der Steuererhebung dienen. Auch Schulgemeinden haben keine selbstständige Rechtspersönlichkeit.

Art. 1.

Die Gemeinden sind öffentliche Körperschaften mit dem Rechte der Selbstverwaltung nach Maßgabe der Gesetze.

Anm. 1. Nach den Motiven will Artikel 1 nur konstatiren, daß man das seitherige System der Gemeindekuratel gänzlich verlassen und dem Staate nur ein gesetzlich begrenztes Aufsichtsrecht vorbehalten habe. [Beispiele hiefür bieten V.G.H.E. Bd. I, S. 380, II S. 123].

Anm. 2. Art. 1 war ursprünglich dem Sinne und Inhalt nach in Art. 18 des Regierungsentwurfes enthalten, welcher lautete:

Die Gemeinden sind öffentliche Körperschaften; als solche können sie in Bezug auf die Verwaltung ihres Vermögens alle Rechte ausüben und alle Verbindlichkeiten eingehen, welche nach den bürgerlichen Gesetzen den Privaten überhaupt zukommen und den Gemeinheiten nicht versagt sind. Die besonderen Rechte der Minderjährigen genießen sie fortan nicht mehr.

Im besonderen Ausschuß der Abgeordnetenkammer äußerte sich hierüber der Abgeordnete Dr. Edel wie folgt:

„Der Satz, daß den Gemeinden die Rechte der Minderjährigen für die Zukunft entzogen werden, bezweckt eine Korrektur des bestehenden Civilrechts. Die Motive finden den Grund hiefür darin, weil der Entwurf das System der Gemeindekuratel verlassen und dem Staat nur ein beschränktes Aufsichtsrecht vorbehalten hat.

„Aber nicht deswegen, weil die Vertreter der Gemeinde unter dem System der Staatsbevormundung gestanden haben, sind den Gemeinden die Rechte der Minderjährigen verliehen worden, sondern deshalb, weil die moralische Person der Gemeinde sich in der Besorgung ihrer Rechtsangelegenheiten in der gleichen Lage befindet, wie ein Minderjähriger, sich nämlich hiefür der Thätigkeit dritter Personen bedienen zu müssen. Die Gewährung der Vorrechte der Minderjährigen stammt aus einer Zeit, wo das System der modernen Staatskuratel unbekannt war; solange man anderen juristischen Personen diese Rechte nicht nimmt, solange namentlich jene des Fiskus aufrecht erhalten bleiben, ist kein Grund vorhanden, dieselben den Gemeinden und Stiftungen zu entziehen." (Verh. d. bes. Aussch. I. Abt. Beil.-Bd. S. 113).

Die Verwandlung der Kuratel in das gesetzlich genau fixirte Aufsichtsrecht ist von wesentlicher Bedeutung; denn die Gemeinden werden nicht mehr wie Minderjährige behandelt, die in allen Dingen dem Kurator (nämlich dem Staate in seinen Aemtern) unterstehen, sondern unterliegen nur der Aufsicht, wie sie in den einschlägigen Gesetzesartikeln fixirt ist, während im Uebrigen die Gemeinden volle freie Bewegung, auch die Vorrechte von Minderjährigen verloren haben. Die Controverse, ob die Gemeinden noch Privilegien der Minderjährigen haben, ist vom 1. Januar 1900 an auch nach dem bürgerlichen Gesetzbuche im verneinenden Sinne entschieden.

Anm. 3. Die Gemeinden sind öffentliche Körperschaften d. h. selbstständige Subjekte des öffentlichen Rechts, aber auch des Privatrechts, also ausgestattet mit Rechten und Pflichten auf dem Gebiete des öffentlichen wie des Privatrechts.

Als Subjekte des Privatrechts, d. h. als juristische Personen sind sie insbesondere fähig, Vermögen zu erwerben, zu verwalten, über die Früchte desselben zu Gemeindezwecken zu verfügen, dasselbe wie Privatpersonen willkürlich zu veräußern, jedoch innerhalb der durch die G.-O. (z. B. Art. 26 ff.) gezogenen Schranken. Das bürgerliche Recht ist nur insoweit anwendbar, als es nicht mit den Grundsätzen des öffentlichen Rechts im Widerspruch steht, vorbehaltlich des Grundsatzes „Reichsrecht bricht Landesrecht", der vornehmlich bezüglich der Anwendbarkeit des bürgerlichen Gesetzbuches gilt.

Hinsichtlich der Stellung der Gemeinden im bürgerlichen Rechte sind, soweit die Gemeindeordnung hierüber keine Bestimmungen enthält, die Bestimmungen der bürgerlichen Gesetze maßgebend; aufgehoben sind ältere Rechtsnormen, welche, wenngleich im Zusammenhange bürgerlicher Gesetze stehend, doch an sich öffentlich-rechtlicher Natur sind und in das Gebiet fallen, das von der Gemeindeordnung erschöpfend geregelt ist, z. B. Rechtssätze über die Unveräußerlichkeit von res publicae, über das Eigenthum hieran. Unanwendbar sind auch solche ältere Rechtsnormen, welche zwar an sich dem bürgerlichen Rechte angehören, aber auf öffentlich rechtlichen Voraussetzungen beruhen, die durch die Gemeindeordnung beseitigt sind.

(E. d. ob. Ger.H. Bd. VII S. 55, Roth, bayr. Civilrecht, 2. Aufl. I § 39 Anm. 8a, Seydel, bayr. Staatsrecht, Bd. 4 S. 460).

Speziell sind die Gesetze über die juristische Persönlichkeit der Gemeinden insoweit nicht anwendbar, als sie mit denen öffentlich-rechtlicher Natur sich nicht vertragen; die Gemeinden können daher z. B. auf ihre privatrechtliche Persönlichkeit nicht nach freiem Belieben durch privatrechtliche Handlungen verzichten. Im Uebrigen sind die Gemeinden nur insoweit handlungsbeschränkt, als dies die G.-O. oder andere Gesetze ausdrücklich bestimmen.

Die Gemeinden sind, wie gesagt, und zwar im weitesten Umfang, erwerbsfähig; der Begriff des Gemeindeeigenthums gehört für jeden Fall dem Privatrechte an: die Gemeinde als Korporation kann kraft ihrer staatsrechtlichen Eigenschaft keinerlei Eigenthumsrechte an den Bestandtheilen des Gemeindebezirkes beanspruchen, sondern bedarf hiezu wie jedes andere Subjekt von Privatrechten eines besonderen, nöthigenfalls nach allgemeinen Grundsätzen nachzuweisenden Privatrechtstitels.

Ueber den Rechtsbestand des Rechtstitels haben die Gerichte regelmäßig zu entscheiden, auch dann, wenn z. B. von einer Gemeinde an den in ihrem Bezirk gelegenen Wegflächen Eigenthum beansprucht und als Erwerbstitel unvordenklicher Besitz an öffentlichen, hier in Frage stehenden Wegen angegeben wird. (E. d. ob. G.H. Bd VI S. 241, 665.)

Die Civilgerichte sind prinzipiell zur Entscheidung aller Streitigkeiten über Gemeindeeigenthum zuständig; so z. B. auch wenn Streit darüber besteht, ob das Eigenthum eines Grundstückes der Gemeinde als solcher oder einzelnen Anwesensbesitzern zusteht (Eod. Bd. I S. 156). Die in Art. 37 Abs. II G.O statuirte Berechtigung der Verwaltungsbehörden geht nur dahin bezüglich streitigen Gemeinde-Eigenthums oder Nutzungsrechtes an demselben eine provisorische Verfügung zu treffen, welche durch ein gerichtliches Provisorium oder Urtheil außer Wirksamkeit gesetzt wird. Will durch ein solches Provisorium Eigenthumsrecht der Gemeinde festgehalten werden, muß dies unzweideutig zum Ausdruck kommen; war hierbei nach Annahme derselben eine Gemeinde, als deren Eigenthum gewisse Grundstücke in Anspruch genommen worden, am 17. Mai 1818 noch nicht vorhanden, so muß zuerst der Nachweis des rechtlichen Bestandes derselben erbracht sein; dem Inhalt der Steuer-Liquidirungsverhandlungen kann aber keine gemeindebildende, Privateigenthum in Gemeindeeigenthum verwandelnde Rechtswirkung beigelegt werden. (V G.H.E. Bd. XIV S. 198)

Der Erwerb von Immobilien im Wege des Kaufes oder Tausches hatte bisher in Uebereinstimmung mit Art. 14 des Notar.Ges. zu erfolgen, nun nach dem bürgerl. Gesetzbuch und dem Notariatsgesetz. Wie die Gemeinde hiebei zu vertreten ist, vgl. Art 70, 84, 123, 130; präsumtives Vertretungsorgan ist der Magistrat bezw. Gemeindeausschuß, während die Gemeindeversammlung und die Gemeindebevollmächtigten ihre Zuständigkeit nachzuweisen haben.

Der Eigenthumserwerb sowohl für als gegen eine Gemeinde war bisher auch durch Ersitzung möglich; erste Voraussetzung ist aber, daß eine ersitzungsfähige Sache in Frage steht. Oeffentliche Gemeindegebäude, Wege, Brücken, Stege, Brunnen, Abzugskanäle, Löschgeräthe, Grenzzeichen, überhaupt alle im Gemeindeeigenthum stehenden zum öffentlichen Gebrauche bestimmten Sachen waren, so lange sie diesen Zwecken dienten, res publicae und daher dem Verkehr entzogen und nicht ersitzungsfähig. (Roth, bayer. Civilrecht, § 39)

Zur Ersitzung ist ferner ein gewisser Zeitablauf erforderlich: nach der ordentlichen Ersitzung 3 bezw. 10 bezw. 20 Jahre; da jedoch nach oberstrichterlicher Rechtsprechung die Gemeinden (Ortschaften) die Rechte der Minderjährigen genießen, griff ihnen gegenüber nach gemeinem Rechte nur die außerordentliche Ersitzung Platz. (30jährige Ersitzungszeit nach Nov. 111, s. Windscheid, Pand. § 199, E. d. ob. G.H Bd. VIII S. 619.) Bestritten ist, ob die außerordentliche Ersitzung gegen Gemeinden nicht bloß auf Eigenthum, sondern auch auf Servituten sich erstreckt; die herrschende Lehre ist dagegen, doch dürfte die außerordentliche Ersitzung auch auf Servituten sich erstrecken, jedenfalls wo Gemeindewaldungen in Frage stehen. (Vgl. hieher L 9 Dig. 41, 3; E. d. ob. G.H. Bd. III. S. 358, 362, 363, Bd. IX S. 7. 465.)

Zwischen Stadt- und Landgemeinden besteht hiebei kein Unterschied.

Während der Verjährungszeit müssen Fälle, die zum fraglichen Rechte führen sollen, nachweislich wirklich vorgekommen sein.

(Das preußische Landrecht kennt statt der 30 jährigen die 44 jährige Verjährungszeit.)

Der Nachweis eines tituls ist bei der außerordentlichen Ersitzung nicht nöthig. (E. d. R.G. in Civ. S. Bd. 22 S. 200.)

Zum Schutz des Eigenthums und der Servituten standen bisher den Gemeinden die sonst üblichen Klagen zu, die den übrigen Rechtssubjekten zustehen; insbes. die actio negatoria, wenn eine Beschränkung des gemeindlichen Eigenthums abgewehrt werden sollte, namentlich bei Wegstreitigkeiten. (Das Nähere bei Art. 38); ausgeschlossen war diese Klage bei Erlaubniß des Eigenthümers bezüglich der Verwendung einer Grundfläche zu einer polizeilich verfügten Trottoir- und Straßenanlage; (E. d. ob. G.H. Bd. VIII S. 481).

Die actio negatoria war begründet, auch wenn der Beklagte z. B. eine Weggerechtigkeit nicht gemäß eigenen Rechts, sondern als Ausfluß eines der Gemeinde zustehenden Rechts beansprucht; eod. Bd. IV S. 383; über diese Klage bei Streitigkeiten wegen eines Gangsteiges s. eod. Bd. VI S. 557, über die Zuständigkeit der Verwaltungsbehörden hiebei s. eod. Bd. II S. 355.

Auch die actio Publiciana konnte hier in Frage kommen s. hierüber eod. Bd. VIII S. 619: Das Gesetz betrachtet alle, die den Erwerb einer Sache aus gerechtem Titel und guten Glauben für sich haben, im Verhältniß zu einem minderberechtigten Besitzer als analoge Eigenthümer; je nach der Begründung der Klage wurde das Eigenthum mit der rei vindicatio oder mit der actio Publiciana geltend gemacht: dem Anspruch nach waren beide Klagen gleich und waren dieselben nach gemeinem Rechte auch in Bezug auf gemeindliche Sachen nicht ausgeschlossen, doch war Ersitzbarkeit einer Sache nothwendige Voraussetzung der actio Publ. (s. E. d. ob. G.H. Bd. VIII S. 619.)

Besitzstörungen waren sowohl gegen eine Gemeinde als auch durch eine solche möglich; Voraussetzung war die Absicht, den Besitz des anderen zu verletzen. Die Gemeinden sind zwar juristische Personen, es kann jedoch eine Besitzstörung durch ihre Vertreter geschehen, deren Willensrichtung indeß in einer bestimmten Beziehung zu dem Besitz stehen muß; das bisher geltende Civilrecht und mit ihm der allenthalben geltende Satz, daß juristische Personen für Handlungen ihrer Vertreter im Allgemeinen haften, kam zur Anwendung. (E. d. ob. G.H. Bd. VIII S. 180.) Hierüber vgl. weiter unten. Eine Besitzveränderung war indeß in vorsorglichen Verfügungen, die die Gemeinden bei einem Streit darüber trafen, ob z. B. eine Waldung Privateigenthum Einzelner oder Gemeindeeigenthum sei, nicht zu erblicken. (Eod. Bd. XIII S. 338.) Dienstbarkeiten und ähnliche Rechte konnten für und gegen die Gemeinde erworben werden, wie zu Gunsten ganzer Kreise: doch muß das durch die Servitut zu befriedigende Bedürfniß konkret begrenzt sein und den Charakter der Dauer haben; bei ihrer Ersitzung ist nöthig der Nachweis einer fehlerfreien, (nec vi, nec clam nec precario) ununterbrochenen Ausübung des Servitutsrechts innerhalb der Ersitzungszeit (s. oben) ohne Unterbrechung des quasi Besitzes durch Aufgabe des Besitzwillens, stets mit der Absicht der Rechtsausübung; nicht erforderlich ist, daß letztere alle Jahre wenigstens einmal bethätigt wurde. (E. d. ob. G.H. Bd. VII S. 264, Bd. XI S. 726, Bd. XV. S. 277), endlich Urtheil des ob. Land.Ger. München v. 23. Juni 1894, Scuff-Arch. Bd. 50 Nr. 80, Bl. f. adm. Pr. Bd. 46 S. 251.)

Als gemeindliche Servitutsrechte kommen vor Weide-, Hof-, Waldnutzungs-, Wege-Gerechtigkeiten; es kann ferner der Gemeinde auch an einer dem Vergnügen und der Erholung dienenden Privatanlage (Park, Garten,) eine Servitut des Inhalts zustehen, daß ihre Angehörigen berechtigt sind, in derselben sich zweckentsprechend aufzuhalten; ebensowenig ist das Recht einer Gemeinde, daß das Gesammtpublikum die Befugniß zum Besuche derselben habe, zu beanstanden. (E. d. ob. G.H. Bd. IV S. 132, Bd. XIV S. 215.)

Fischrechte konnten bisher für eine Gemeinde in einem öffentlichen Flusse dadurch erworben werden, daß die Gemeindeglieder seit unvordenklicher Zeit das Fischereirecht für die Gemeinde ausüben; dem steht auch ein etwa durch landesherrliche Conzession erworbenes Fischrecht eines Dritten nicht entgegen; wenn auch die Gemeinden als juristische Personen keine die Verjährung begründenden Besitzausübungshandlungen vornehmen können, so kann dieß doch durch ihre Verwalter geschehen. (Eod. Bd. XIII S. 578).

Die Gemeinden konnten auch Streubezugsrechte haben; über Art. 30 Forstges. u. Ablösung s. eod. Bd. I S. 107.

Weiderechte der Gemeinden und gegen Gemeinden: Wird eine Weide nicht bloß auf unvertheilten Gemeindegründen, sondern auch auf dem Privateigenthum der Ortseinwohner ausgeübt, so steht eine wechselseitig eingeräumte Grunddienstbarkeit in Frage; auf ein solches Recht sind Verfügungen der Gemeindeorgane, sowie nicht notariell beurkundete gegenseitige Willenserklärungen der einzelnen Ortsbürger ohne rechtlichen Einfluß. (Eod. Bd. XIII. S. 211.) Entsteht ein Streit über Ausübung oder Umfang eines Weiderechts unter Gemeindeangehörigen auf Grund Privatrechtstitels, so ist die Gemeinde als Vertreterin der widersprechenden Gemeindeglieder aufzutreten berechtigt, da eine Gemeindesache in Frage steht. (Eod. Bd II. S. 7 und Bd. VII S. 982.)

Ueber Koppelweide auf Grundstücken, die vormals in der Gemeindeflur lagen, aber Eigenthum des Gliedes einer anderen Gemeinde waren, vgl. eod. Bd. IV. S. 69. Eine Gemeinde kann auch ein Wohnungsrecht erwerben, obgleich sie es nicht selbst, sondern nur durch Vertreter (physische Personen) ausübt (E. d. ob. G.H. Bd. V S. 810).

Ueber Gemeindenutzungsrechte vgl. das in der Einleitung, dann zu Art. 19, 22, 32 G.-O. Gesagte: in Bezug auf Verjährung standen die Gemeindenutzungsrechte den Grunddienstbarkeiten gleich. (E. d. ob. G.H. Bd. IV S. 402.)

Bei dem Kapitel „Verjährung“ ist noch des Rechtstitel „Unvordenklichkeit“ und des „Herkommens“ zu gedenken. Erstere fand bis jetzt nicht blos auf Rechte von publicist. Charakter, sondern auf alle Gegenstände Anwendung, die überhaupt nur ihrer rechtlichen Beschaffenheit nach eines Erwerbs mittels Verjährung fähig waren. (Bei Wegen, Brücken 2c.) (E. d. ob. G.H. Bd. V S. 589.)

Rechtlich gesicherten Bestand durch Unvordenklichkeit erhielten nur solche Zustände, die durch erkennbare Thatsachen nach Außen als Ausübung von Rechten sich darstellten; bei Handlungen, die an sich zur Darstellung einer Rechtsausübung geeignet sind, tritt in der fortgesetzten Uebung die Absicht ein Recht auszuüben genügend in die Erscheinung und bedarf es des Beweises weiterer Merkmale nicht; gleichgiltig ist auch, ob die Meinung, ein Recht auszuüben, auf zutreffenden Gründen beruhte, und ob die Ausübung als ein rechtlicher Zustand allgemein, namentlich auch bei jenen Anerkennung gefunden hat, die durch das beanspruchte Recht beeinträchtigt wurden, wenn nur derjenige, der es beansprucht, darthut, daß es als solches von ihm im gleichen Maß und Umfang seit urdenklicher Zeit (über Menschengedenken hinaus) ausgeübt wurde und zwar in gleichmäßiger Dauer. Alle Zustände, in welchen eine solche Rechtsausübung sich nicht darstellte, werden auch durch unvordenkliche Zeit nicht zu rechtlichen. Etwaige Störungen andererseits müssen, um noch Einfluß zu üben, von Erfolg begleitet sein; ein bloßes Verbot gilt nicht als Unterbrechung. (E. d. ob. G.H. in C S Bd 17 S. 123, Bd 22 S 189, Bd 24 S. 168, E. d. ob. G.H. Bd. 17 S. 123, Bd. VIII S 626.)

Des „Herkommens" ist in der G.O sehr häufig gedacht. Wo förmliche Rechte daraus abgeleitet werden sollen, sind folgende Voraussetzungen ins Auge zu fassen:

1. Duldung durch die Gesetzgebung. Im verwaltungsgerichtlichen Verfahren findet dasselbe nur Berücksichtigung, wenn es seine Begründung im öffentlichen Recht hat und sich innerhalb des in Frage stehenden öffentl. Verbandes bewegt: wo irgend ein Gesetz die fernere Bildung eines solchen ausschließt, kann sich von da ab nicht mehr darauf berufen werden (z. B § 34 des Gem.Ed v. 1818).
2. Uebung ohne Furcht und Zwang: Freiwilligkeit der Uebung.
3. Opinio necessitatis: Ueberzeugung von der rechtlichen Nothwendigkeit der Uebung: auch auf dem Gebiete des öffentlichen Rechts; unbehelflich ist hiebei, ob sich die Uebung infolge Irrthums der Betheiligten gebildet hat; der Uebung kann aber immer nur dann eine rechtsbegründende Bedeutung beigelegt werden, wenn sie eine gewisse Zeit hindurch unverändert bis zuletzt in der Absicht und Meinung bethätigt gewesen ist, daß ihr Inhalt Rechtens sei.
4. Uebung trotz gegentheiligen Rechtsgesetzes: Die faktische Ausübung eines Rechtssatzes, mag sie noch so lange gedauert haben, ist nicht geeignet, die Bedeutung eines Gewohnheitsrechts oder Herkommens zu erlangen, sofern sie nicht eine Abweichung von den Regeln des im betreffenden Bezirk geltenden Gesetzesrechts enthält, sondern mit diesen Regeln übereinstimmt und sohin sich nur als ein Zeugniß von ihrer Anwendung darstellt.
5. Häufige Uebung: nur vereinzelt dastehende Handlungen genügen nicht.
6. Oeffentliche Uebung: Die Uebung muß behufs allgemeiner Prüfung vor aller Augen vor sich gegangen sein.
7. Gleichförmigkeit der Uebung. Wiederholung derselben Handlung in ähnlichen Fällen.
8. Lange Dauer der Uebung. Einschlägig ist hier das betreffende Civilrecht, ob die festgestellte Dauer der Uebung zur Entwickelung eines örtlichen Ge-

wohnheitsrechtes genügt, hat im Gebiete des bisherigen gemeinen Rechts der Richter in Betracht der obwaltenden Verhältnisse von Fall zu Fall zu entscheiden. (E. d. ob. G.H. Bd. III S. 247, V.G.H.E. Bd. XIII S. 131.)

Die civilrechtlichen Grundsätze über Ersitzung und Verjährung dürfen vom Verwaltungsrichter zwar zu Hilfe genommen, aber nicht unbedingt und ausschließlich angewendet werden.

Haftungen: Die Haftungen der Gemeinden für schuldhafte Handlungen oder Unterlassungen ihrer gesetzlichen Vertreter innerhalb des ihnen zugewiesenen Geschäftskreises waren bisher die gleichen wie die handlungsfähiger physischer Personen in gleicher Lage wegen eigenen Verschuldens. Für persönliches Verschulden der Vertreter hafteten sie gewöhnlich nur wegen culpa in eligendo. (E.d.R.G. Bd. 29 S. 142.) Für Verbindlichkeiten ihrer Vorsteher mußten die Mitglieder der Gemeinden im Allgemeinen haften, sofern nicht die Vorsteher allein und für sich gehandelt haben, aber nur insoweit die Vorsteher in den Grenzen ihres Amtes gehandelt haben, oder eine versio in rem bewirkt worden ist. (Holzschuher, Casuistik, § 30.) Nach L 6 D 50, 8, Holzschuher eod, hafteten die Vertreter der Gemeinde für omnem culpam; sind mehrere Vorsteher da, so fragte es sich, ob eine Verletzung oder Vernachlässigung der Amtspflicht in Frage steht; ist dies der Fall, so hafteten sie wie correi debendi auf das Ganze cum beneficio excussionis et divisionis. (Holzschuher l. c. und die Alleg. daselbst.)

Delikte: Gegen Gemeinden, aber nicht durch Gemeinden konnten delicta begangen werden; für die Gemeinden erwuchs keine obligatio ex delicto, sondern nur ex re (si quid ad universitatem pervenit) L 4 D 43, 16 und Holzschuher, Casuistik § 31.

Die Gemeinden hatten bisher wegen aller durch die Verwaltung ihres Vermögens entstehenden Forderungen, für die nicht etwa auf andere Weise Sicherheit geleistet war, an den Immobilien ihrer Verwalter und der Bürgen derselben einen gesetzlichen Hypothektitel auf den Liegenschaften der genannten Schuldner, welche Hypothek auch als Sicherheitshypothek verlangt werden konnte; der gesetzliche Antrag auf Hypothekeintrag fiel aber weg, wenn mit Einwilligung der Gemeinde in anderer Weise genügende Sicherheit geleistet war. (Cf. § 12 Ziff. 2 Hyp.Ges., Regelsberger, Hyp.-Recht S. 221.)

Nach Art. 89 Ausf.Ges.z.Bürgerl.Gesetzbuch sind die Gemeinden und Stiftungen berechtigt zu verlangen, daß für die Forderungen, die aus der Verwaltung ihres Vermögens gegen den Verwalter entstehen, eine Sicherungshypothek an Grundstücken des Verwalters in das Grundbuch eingetragen wird. S. Näh. dortselbst.

Das Recht der Kompensation war bei Gemeinden auf Forderungen an die gleiche Kasse beschränkt. (Roth, bayr. Civ.Recht, Bd. I S. 243, 2. Aufl.)

S. auch § 210 (232) R.C.P.O.: Auf Grund der den Minderjährigen und den ihnen gleichgestellten Personen als solchen zustehenden Rechte findet die Aufhebung der Folgen der Versäumung nicht statt; ebensowenig eine Wiederaufnahme des Verfahrens zu Gunsten von Gemeinden. (Siehe Staudinger, Bl. f. R.A. Bd. 34 S. 323 ff. Nun § 232 R.C.P.O. in der Fassung des Gesetzes v. 17. Mai 1898 R.G.Bl. Nr. 25 S. 410.)

Die Gemeinden können klagen: Mit der Aufhebung der Gemeindekuratel mußte auch das Erforderniß des Streitkonsenses wegfallen, was überdies noch in Art. 206 Ziff. 5 besonders statuiert ist. Sie können verklagt werden, woran auch der Umstand nicht hindert, daß alle oder die meisten der Gemeindeverwaltungsmitglieder auf klagender oder beklagter Seite stehen; denn die Gemeinde verliert ihre Eigenschaft als juristische Person nicht dadurch, daß alle oder die meisten oder einzelne Gemeindemitglieder einen bestimmten privatrechtlichen Anspruch gegen die Gemeinde zu haben behaupten, oder daß die Gemeindeverwaltungsmitglieder, weil Stellung gegen die Gemeinde nehmend, als deren Organe zu fungiren außer Stande sind. (E. d. ob. Ger.H. Bd. V S. 639.)

Ein der Gemeinde zustehendes Recht kann unter Umständen auch von einzelnen Gliedern derselben verfolgt werden.

Da sie endlich im weitesten Umfang erwerbsfähig waren, waren sie auch — ohne Unterschied — erbfähig und ist insbesondere staatliche Genehmigung der Erbeinsetzung nicht erforderlich. (E. d. ob. Ger.H. Bd. VI S. 220, über die Zulässigkeit einer Erbeinsetzung einer Stadtgemeinde unter Benennung des Magistrats als Erben und Roth, bayr. Civ.R. § 146.)

Im Uebr. s. noch Vorbem. zu Art. 26, insbes. über Gemeindeeigenthum.

Anm. 4. Selbstverwaltung im Sinne des Art. 1 heißt selbstständige Verwaltung der eigenen Angelegenheiten, also hier der eigenen Gemeindeangelegenheiten; Selbstverwaltung im juristischen Sinne kann nur die Verwaltung der Selbstverwaltungskörper heißen. (Rosin, Annalen des deutschen Reiches, 1883 S. 105.) Inbegriffen ist die gemeindliche Autonomie.

Damit will gesagt sein, daß die Gemeinden innerhalb ihrer gesetzlichen Befugnisse durch ihre Organe selbst zu entscheiden haben, was als Interesse der gemeindlichen Körperschaft zu erachten ist, insbesondere auch bei Widerstreit von Interessengruppen, in welchem Werthverhältnisse die verschiedenen Interessen der Gemeinde zu einander stehen (s. Bl. f. adm. Pr. Bd. 39 S. 23). Das Maß der Selbstverwaltung ist in der Hauptsache für alle Arten von Gemeinden (Art. 8) das gleiche; eine Beschränkung der hieher zählenden Befugnisse enthalten jedoch die Artikel 63, 159 Abs. 1.

Die von den Gemeinden als Ausfluß der Selbstverwaltung zu fassenden Beschlüsse sind die sogen. gemeindlichen Verwaltungsbeschlüsse. In zwei Fällen tritt die Staatsbehörde jedoch unmittelbar an Stelle der Gemeindebehörde, so zwar, daß ersterer die Beschlußfassung für letztere zukommt: Art. 103, Abs. 2 und Art. 145 Abs. 5.

Gemeindeangelegenheiten sind allgemein jene, die durch das Gesetz den Gemeinden zur eigenen Verwaltung überlassen oder überwiesen worden sind; im weitesten Sinne des Wortes gehören hieher alle Angelegenheiten, welche von den Gemeinden unmittelbar besorgt werden; innerhalb dieses Gebietes ist ein doppelter Wirkungskreis zu unterscheiden; ein eigener, die Gemeindeverwaltung, und ein übertragener, die Besorgung staatlicher Verwaltungsgeschäfte. Der erstere Wirkungskreis sind die „eigentlichen Gemeindeangelegenheiten", zum übertragenen Wirkungskreis gehört vor allem die „Polizei".

Das Gebiet des gemeindlichen Selbstverwaltungsrechts umfaßt alle Verwaltungsbefugnisse, gleichviel, ob sie innerhalb der Sphäre der gemeindlichen oder der staatlichen Verwaltung liegen, welche die Gemeinden kraft Gesetz und unabhängig von dem beliebigen Eingreifen der Staatsverwaltung ausüben.

Eine Gemeindesache liegt auch dann vor, wenn alle Gemeindeglieder in dieser ihrer Eigenschaft betheiligt sind, wenn es sich um Rechte, Vortheile aller einzelnen Glieder handelt wie bei Gemeindewegen oder gemeindlichen Weideplätzen.

Zu den eigentlichen Gemeindeangelegenheiten gehört zunächst die Verwaltung des Gemeinde- und Stiftungsvermögens, Errichtung, Organisation und Verwaltung der Gemeindeanstalten, Feststellung und Befriedigung der gemeindlichen Bedürfnisse, Beschaffung, Einhebung und Verwendung der Gemeindeeinkünfte, Sorge für den territorialen Bestand einer Gemeinde, sowie für ihren sonstigen Bestand durch Aufnahme von Bürgern und Heimathberechtigten, durch Wahl und Ergänzung der zur Vertretung der Gemeinde bestimmten Organe, durch Bestellung von Beamten und Bediensteten. Dazu kommt, was den Gemeinden durch besondere Gesetzesvorschriften übertragen ist: dieses letztere sind aber auch Verwaltungssachen im weiteren Sinne.

Verwaltungssachen im Gegensatz zu Gemeindeangelegenheiten sind diejenigen, welche nach den bestehenden Gesetzen nicht dem Selbstbestimmungsrecht der Gemeinden unterstehen, sondern ausschließlich von den staatlichen Behörden der inneren Verwaltung besorgt werden.

Eine streitige Verwaltungsrechtssache ist dann vorhanden, wenn jemand gegenüber einer Behörde oder einer Person eine Befugniß in Anspruch nimmt, welche im Gebiet des Verwaltungsrechts liegt, einschließlich des Widerspruchs gegen eine desfallsige Beschränkung oder Versagung, oder wenn jemand einen vermögensrechtlichen Anspruch erhebt, der nach den bestehenden Gesetzen nicht von den Gerichten, sondern von den Verwaltungsbehörden zu verbescheiden ist, einschließlich des Widerspruchs gegen das Ansinnen desfallsiger Zahlungsverbindlichkeit. In Art. 8 des Gesetzes über den Verwaltungsgerichtshof sind die meisten Angelegenheiten, welche als Verwaltungsrechtssachen zu gelten haben, aufgezählt. (Näh. hierüber s. Bl. f. adm. Pr. Bd. 31 S. 1.)

Beispielsweise liegt in dem Rechte der Selbstverwaltung auch die Befugniß zu beschließen, wo und in welcher Art die von der Gemeinde zu beschaffenden Schulhäuser hergestellt werden sollen. Der Verwaltungsbehörde steht einem solchen Gemeindebeschlusse gegenüber auf Grund des Staatsaufsichtsrechtes nur dann Einspruch zu, wenn der gewählte Bauplatz aus bau-, gesundheits- oder sicherheitspolizeilichen Rücksichten nicht entspricht oder nach dem vorgelegten Bauplane der aufzuführende Bau den gleichen Bedenken unterliegt. Die in erster Instanz hier beschließende Behörde bei Landgemeinden ist die Distriktsverwaltungsbehörde. (Bl. f. adm. Pr. Bd. 25 S. 29.)

Aus dem Umstande, daß eine Gemeinde für irgend einen Zweck finanziell aufzukommen hat, darf noch kein Schluß gezogen werden, daß ein solcher Zweck zu den eigentlichen Gemeindeangelegenheiten gehört.

Anm. 5. Recht der Selbstverwaltung: Vermöge dieses Rechtes können die Gemeinden gegen vermeintliche Eingriffe der Staatsbehörden den Rechtsschutz anrufen. Art. 10 Ziff. 2 V.G.H.G. bestimmt nämlich, daß der Verwaltungsgerichtshof zur letztinstanziellen Entscheidung von Beschwerden gegen Beschlüsse oder Verfügungen der Kreisregierungen zuständig ist, wenn in Gegenständen der Staatsaufsicht über Gemeindeangelegenheiten von einer Gemeinde behauptet wird, daß hiedurch das ihr gesetzlich zustehende Selbstverwaltungsrecht verletzt sei. Selbstverständlich begründet die gesetzmäßige Ausübung des Staatsaufsichtsrechtes keinen Eingriff in die Rechte der betheiligten Körperschaften, denn die Selbstverwaltungsrechte des letzteren bewegen sich nur innerhalb des gesetzlich bestimmten Rahmens; erst von dem Augenblicke an, in welchem die Aufsichtsbehörde die gesetzlichen Schranken des Aufsichtsrechtes überschritten hat, kann von der Verletzung des öffentlichen Rechtes, von einem bestrittenen Rechtsanspruch oder einer bestrittenen Verbindlichkeit gesprochen werden. Art. 10 Ziff. 2 l. c. findet allgemeine Anwendung, wenn das Eingreifen der Staatsaufsicht gesetzlich von bestimmten objektiven Voraussetzungen abhängig gemacht, den Gemeinden die Freiheit, nach ihrem Ermessen zu handeln, gesetzlich innerhalb gewisser Schranken eingeräumt ist. (Kahr, Comm. zum V.G.H.G. S. 141. u. Krais, Comm. hiezu S. 123 flg. Das Nähere siehe weiter unten bei der 5. Abtheilung.)

Anm. 6. Nach Maßgabe der Gesetze: unter den Gesetzen sind hier sowohl die Gemeindeordnung und sonstigen Administrativgesetze, als auch die einzelnen Civilgesetze zu verstehen. In erster Linie kommt nun das bürgerliche Gesetzbuch in Betracht, nach dem Grundsatz: Reichsrecht bricht Landesrecht. Als Grundnorm für die Verhältnisse der Gemeinden dient dann vor allem die Gemeindeordnung; namentlich bei Anwendung der sonstigen Civilgesetze ist immer zu prüfen, ob und in wie weit letztere nach speziellen Bestimmungen oder gemäß der allgemeinen Grundsätze der Gemeindeordnung als aufgehoben zu erachten sind, zumal Art. 206 Ziff. 5 eine ganz allgemeine Derogationsklausel enthält. Innerhalb dieser gesetzlichen Schranken besitzen die Gemeinden volle Handlungsfreiheit. Ihre Zuständigkeit erstreckt sich daher auf alles, wozu sie ausdrücklich für zuständig erklärt worden sind und was ihrer Zuständigkeit nicht ausdrücklich entrückt ist. Gesetzlich verboten ist ihnen die Einmischung in solche Geschäfte, die in den Wirkungskreis der staatlichen Behörden oder anderer Körperschaften als der Gemeinden fallen.

Anm. 7. Gerichtsstand der Gemeinden: Gemäß § 19 Abs. 1 (nun § 17) R.C.P.O. wird der allgemeine Gerichtsstand der Gemeinden durch den Sitz derselben bestimmt; als Sitz gilt, wenn nicht ein anderes erhellt, der Ort, wo die Verwaltung geführt wird; gemäß § 23 (nun § 22) R.C.P.O. ist das Gericht, bei welchen Gemeinden den allgemeinen Gerichtsstand haben, für die Klagen zuständig, welche von denselben gegen ihre Mitglieder als solche oder von den Mitgliedern in dieser Eigenschaft gegen einander erhoben werden.

Anm. 8. Eide für die Gemeinden leisten deren Vorsteher. (Roth, b. Civ.Recht § 39.) Zeugeneid: Gemeindeangehörige können in Rechtsstreitigkeiten der Gemeinden als Zeugen vernommen werden.

Anm. 9. Zustellungen der Gemeinden.

§ 157. R.C.P.O. (Nun § 171).

Die Zustellungen, welche an eine Partei bewirkt werden sollen, erfolgen für die nicht prozeßfähigen Personen an die gesetzlichen Vertreter derselben.

Bei Behörden, Gemeinden rc. genügt die Zustellung an die Vorsteher. Bei mehreren gesetzlichen Vertretern, sowie bei mehreren Vorstehern genügt die Zustellung an einen derselben.

In Verwaltungsrechtssachen haben Zustellungen für nicht prozeßfähige Personen in analoger Anwendung von § 157 an die gesetzlichen Vertreter zu erfolgen. (V.G.H.E. Bd. XV S. 79.)

§ 169 R.C.P.O. (Nun § 184).

Wird der gesetzliche Vertreter oder der Vorsteher einer Behörde, einer Gemeinde rc., welchem zugestellt werden soll, in dem Geschäftslokale während der gewöhnlichen Geschäftsstunden nicht angetroffen oder ist er an der Annahme verhindert, so kann die Zustellung an einen anderen in dem Geschäftslokale anwesenden Beamten oder Bediensteten bewirkt werden.

Wird der gesetzliche Vertreter oder der Vorsteher in seiner Wohnung nicht angetroffen, so finden die Bestimmungen der §§ 166, 167 (nun § 181, 182) nur Anwendung, wenn ein besonderes Geschäftslokal nicht vorhanden ist.

Die Zustellungen im verwaltungsgerichtlichen Verfahren erfolgen stets von Amtswegen. Sie geschehen im allgemeinen durch dieselben Organe, deren sich die Verwaltungsbehörden als solche für diesen Zweck bedienen.

Siehe ferner bezüglich der Gerichtsvollzieher: M.E. v. 28. Dez. 1899, J.M.Bl. S. 1133.

Ueber Zustellungen, wo im Rechtsstreit einer Gemeinde, deren Vorstand für Dritte als Gegenpartei auftretende Personen das Schriftstück in Empfang genommen hat, E. d. ob. G.H. Bd. VI S. 280.

Anm. 10. Zwangsvollstreckung der Gemeinden und gegen Gemeinden.

Das Einführungsgesetz zur Reichscivilprozeßordnung bestimmt in § 15:

Unberührt bleiben: . . . . .

4) Die landesgesetzlichen Vorschriften über die Zwangsvollstreckung wegen Geldforderungen gegen den Fiskus, Gemeinden 2c., insoweit nicht dingliche Rechte verfolgt werden.

Das Einführ.Ges. z. R.C.P.O. in der Fassung des Ges. v. 17. Mai 1898 bestimmt ähnlich in § 15 Ziff. 3: Unberührt bleiben: Die landesgesetzlichen Vorschriften über die Zwangsvollstreckung wegen Geldforderungen gegen den Fiskus, eine Körperschaft, Stiftung 2c., soweit nicht dingliche Rechte verfolgt werden.

Das bayerische Gesetz zur Ausführung der Reichscivilprozeßordnung vom 23. Februar 1879 bestimmt in Art. 4:

„Die bestehenden Vorschriften über das Vollstreckungsrecht der Ver-
„waltungsbehörden und über die Organe und die Mittel der Zwangsvoll-
„streckung bleiben vorbehaltlich der Bestimmungen der Art. 6 und 7 in Kraft."

Ueber die Zwangsbeitreibung von Geldleistungen in reinen Verwaltungssachen cf. Bl. f. adm. Praxis Bd. 3 S. 27, Bd. 13 S. 224, Bd. 19 S. 324, Bd. 22 S. 1, Bd. 26 S. 125, Bd. 27 S. 70, Bd. 28 S. 353.

Die Vorschriften über das Vollstreckungsrecht der Finanzämter waren hinsichtlich der Beitreibung der Staatsgefälle, enthalten in den Verordnungen vom 24. März 1802 pos. 9 (Reg.-Bl. S. 250, Weber Bd. XIV S. 65), 8. Nov. 1804 (fränk. Reg.-Bl. S. 247, Weber, daselbst), 27. Februar 1807 (Reg.-Bl. S. 407), 12. Sept. 1809 (Reg.-Bl. S. 1537), 25. Sept. 1813 Ziff. VI (Reg.-Bl. S. 1252), dann in den Gesetzen vom 16. Mai 1868 über den Malzaufschlag, Art. 48, ferner vom 28. April 1872, die Grundentlastung betreffend, vom 18. August 1879 zur Ausführung der Reichsstrafprozeßordnung, vom 18. August 1879 über die Erbschaftssteuer, vom 18. August 1879 über das Gebührenwesen, Verordnung vom 20. Sept. 1879, die Ausführung des Reichsgerichtskostengesetzes und des Gesetzes über das Gebührenwesen betreffend, und Instruktion zum Vollzuge des genannten Gesetzes. (J.M.Bl. S. 1317.)

S. ferner k. Vdg. betr. die Ausführ. des Reichsgerichtskostengesetzes v. 23. Dez. 1899, G.V.Bl. S. 1223.

Art. 6 bayer. Ausf.Ges. z. R.C.P.O. bestimmte ferner:

Beschlüsse und Urkunden derjenigen Verwaltungsbehörden, welchen das Vollstreckungsrecht zusteht, oder welchen das Gesetz die Befugniß zur Ausfertigung vollstreckbarer Urkunden einräumt, sind, wenn es sich um eine Geldleistung handelt und eines der zum Vollzuge von Urtheilen und bürgerlichen Rechtsstreitigkeiten gegebenen Vollstreckungsmittel angewendet werden soll, von ihnen mit der Vollstreckungsklausel: „Vorstehende Urkunde (Ausfertigung) wird hiemit für vollstreckbar erklärt", zu versehen und werden dadurch im ganzen Königreiche vollstreckbar. Die Vollstreckungsklausel darf erst beigefügt werden, wenn die gesetzlichen Voraussetzungen der Vollstreckung gegeben sind.

Ob die Vollstreckungsklausel der Urschrift oder einer Ausfertigung beizufügen ist, wird durch Verordnung bestimmt.

Art. 6—8 l. c. beziehen sich jedoch nur auf Vollstreckungen, bei welchen es sich um eine Geldleistung handelt und eines der zum Vollzuge von Urtheilen in bürgerlichen Rechtsstreitigkeiten gegebenen Vollstreckungsmittel angewendet werden soll.

Zum Vollzuge von Absatz 3 des Artikels 6 erging die Verordnung vom 14. Juli 1879 G.V.Bl. S. 703 (Weber Bd. XIII S. 116), welche bestimmt:

§ 1. In den Fällen, in welchen behufs Beitreibung rückständiger Staats-, Gemeinde- oder Stiftungsgefälle auf Grund von Heberegistern, Heberollen oder sonstigen Einhebebehelfen Ausstandsverzeichnisse angefertigt werden, ist die Vollstreckungsklausel der Verwaltungsbehörden, dann der Gemeinde- und Stiftungsverwaltungen der Urschrift der Ausstandsverzeichnisse beizufügen.

§ 2. In den übrigen Fällen der Beitreibung rückständiger Geldforderungen des Staates, der Gemeinden und der Stiftungen ist die Vollstreckungsklausel der Verwaltungsbehörden, dann der Gemeinde- und Stiftungsverwaltungen den Ausfertigungen der einschlägigen Beschlüsse und Urkunden beizusetzen. Das gleiche Verfahren ist in denjenigen Fällen zu beobachten, in welchen von den Verwaltungsbehörden Kosten oder sonstige Geldleistungen zwangsweise beizutreiben sind.

§ 3. Gegenwärtige Verordnung tritt im ganzen Umfange des Königreichs gleichzeitig mit dem Gerichtsverfassungsgesetze für das deutsche Reich v. 27. Jan. 1877 in Kraft.

Dem Ansuchen außerbayerischer Verwaltungsbehörden um Beitreibung von Staatsabgaben ist durch Vorladung der Betheiligten, soweit thunlich, entgegenzukommen, die Beitreibung im Zwangswege aber unbedingt abzulehnen.

Die Vollstreckbarkeit von Geldforderungen des bayerischen Staates oder einer bayerischen Gemeinde gegenüber außerbayerischen Staaten regelt sich nach Vertrag, bezw. nach den Grundsätzen über Reziprozität. Das Rechtshilfegesetz vom 21. Juni 1869 handelt aber nur von der Rechtshilfe der Gerichte unter einander. Gemäß Art. 7 des cit. Ausführungsgesetzes sind die Bestimmungen der Civilprozeßordnung maßgebend. Soweit die Zwangsvollstreckung nicht den Gerichten überwiesen ist, kann dieselbe durch die Verwaltungsbehörden sowohl durch die ihnen zu Gebote stehenden besonderen Vollzugsorgane, als auch durch Gerichtsvollzieher bewirkt werden.

Gemäß Art. 8 l. c. finden die Bestimmungen der Artikel 4, 6 und 7 entsprechende Anwendung auch auf die Gemeinde- und Stiftungsverwaltungen. Diesen ist das Vollstreckungsrecht eingeraumt auf Grund Art. 48, 54, 57, 66 der Gemeindeordnung. Soweit es sich um Verwaltungsrechtssachen handelt, kommt auch noch Art. 46 V.G.H.G. in Frage. S. auch § 2 des Ges. v. 17. Mai 1898 (R.G.Bl. Nr. 21) über die Angelegenheiten der freiwill. Gerichtsbarkeit.

Bezüglich der Kirchenumlagen steht nach § 23 des Landtagsabschiedes vom 28. Mai 1892 Ziff. II Abs. 2 den Kirchenverwaltungen und deren Vorstand gleiches Recht zu, wie den Gemeindeverwaltungen und Bürgermeistern bezüglich der Gemeindeumlagen.

Art. 9 l. c. bestimmt unter anderem, daß für die Zwangsvollstreckung wegen Geldforderungen gegen Gemeinden und die unter Leitung des Staates oder einer Gemeinde stehenden Körperschaften und Stiftungen die vom Staate bestellten Aufsichtsbehörden Anordnung zu treffen und, wenn die Gemeinde, Körperschaft oder Stiftung nicht selbst, soweit es ihren organischen Befugnissen entspricht, der Verpflichtung Genüge leistet, mittels der durch die Verwaltungsgesetzgebung dargebotenen Zwangsmittel ohne Einmischung der Gerichte zum Vollzuge zu bringen haben, Bestimmungen, welche jedoch, soweit dingliche Rechte verfolgt werden, keine Anwendung finden.

Den Gemeinden ist, nebenbei bemerkt, nach § 41 (nun § 49) der Konkursordnung wegen der öffentlichen Abgaben ein Vorzugsrecht eingeräumt; eine ähnliche Bestimmung enthält auch die Subhastationsordnung.

Wenn es sich um Zwangsvollstreckung gegen Gemeinden und Stiftungen handelt, so haben die Staatsbehörden an Stelle der Gemeindebehörde die zum Vollzuge nöthigen Verfügungen zu treffen, insbesondere auch die etwa erforderliche Umlage anzuordnen und deren Erhebung auf Kosten der Gemeinde zu veranlassen. (Art. 157 G.O.) Siehe Näheres in den Bl. f. adm. Praxis Bd. 30 S. 177 und Bd. 38 S. 369, wo ausgeführt ist, daß wohl der erste Schritt sein wird, den Bürgermeister zu beauftragen, den Gemeindekassier zur Zahlung der erforderlichen Summe anzuweisen (siehe auch Art. 166—169 G.O.); für den Fall, daß kein Geld in der Kasse ist, ist die Anordnung zu treffen, daß ein Beschluß des Gemeindeausschusses bezw. der Gemeindeversammlung zu stande kommt, wie das erforderliche Geld beigeschafft wird; kommt ein solcher Beschluß nicht zu stande, dann kommt Art. 157 Abs. 7 und 8 zur Anwendung. Die Gemeindebehörden können durch Disziplinarmittel zur Erfüllung ihrer Pflicht angehalten werden, die einzelnen Pflichtigen aber gemäß Art. 7 des bisherigen Ausführungsgesetzes zur Civilprozeßordnung durch den Gerichtsvollzieher. (Ueber das den Gemeinden zustehende Vollstreckungsrecht vgl. das Nähere bei den einschlägigen Bestimmungen.)

Siehe auch wegen des Verfahrens seitens der Gerichtsvollzieher: J.M.E. v. 30. September 1879, J.M.Bl. 1496 und Weber Bd. XIV. S. 86, ferner über die Unzulässigkeit der Arresterwirkung: bayer. Gem.Zeitung 1894 S. 281.

Ueber die 3jährige Verjährungsfrist s. Art. 124 u. 125 des bayer. Ausf.Ges. z. bürgerl. Ges.Buche.

Anm. 11. Weitere besondere Rechte der Gemeinden:

a) Gemäß Art. 255 des Gesetzes über das Gebührenwesen in der Redaktion vom 11. Nov. 1899 wird das Gebührenäquivalent nicht erhoben von Objekten, welche

1. den Kreis-, Distrikts-, politischen und Ortsgemeinden gehören 2c.

b) Gemäß Art. 3 des Erbschaftssteuergesetzes vom 18. August 1879 sind von der Erbschaftssteuer befreit:

1. . . . .

2. . . . .

3. milde, fromme und Unterrichtsstiftungen;

4. alle Zuwendungen, welche ausschließlich einem milden, frommen, gemein-

nützigen oder Unterrichtszwecke gewidmet sind, sofern die Verwendung derselben zu dem bestimmten Zwecke gesichert ist.

Vgl. auch noch über die gemeindl. Vorrechte bei der bisherigen Zwangsvollstreckung in das unbewegliche Vermögen Art. 108 Ziff. 1 Subh.Ordg. n. Art. 46 Nov hiezu, im Konkurse §§ 54 u. 58 R.Konk.Ordg., über das Zwangsenteignungsrecht der Gemeinden: Ges. vom 17. November 1837 (insbes zu Gunsten von Schul- und Krankenhäusern, Friedhöfen 2c.), über den bisherigen gesetzlichen Hypothektitel der Gemeinden und Stiftungen s. § 12 Ziff. 2 Hyp.Ges.

Nunmehr aber insbes. Art. 166 des bayr. Ausf.Ges. z. bürg. Ges.Buch, wornach über das Vermögen von Gemeinden und Stiftungen ein Konkurs nicht stattfindet, dann § 10 Ziff. 3 des Reichsgesetzes über die Zwangsversteigerung und die Zwangsverwaltung vom 24. März 1897.

Der Ausdruck milde Stiftung ist hier im weitesten Sinne aufzufassen.

Ueber das Recht der Gemeinden zu Verfassungsbeschwerden siehe Titel VII § 21 der bayerischen Verfassungsurkunde in der Fassung des Gesetzes vom 19. Januar 1872.

Anm. 12 Eine Aenderung in den Gemeinde- oder Ortsnamen darf nur mit kgl. Genehmigung stattfinden Die Bezirksämter haben derartige Gesuche zu instruiren.

K. Vdg. v ?. Nov. 1852 (Reg.Bl. 1157, Weber, Bd. IV S. 549), M.E v. 25. Juni 1856, (Weber IV S. 742), M.E. v. 18. April 1863, (Weber Bd. VI S. 166), J.M.E. v. 6 Mai 1863, (Weber Bd. VI S. 168), M.E. v. 3 Okt. 1868 über die Benennung der Gemeinden, (Unterfr. Kr.A.Bl. S. 1690, Weber Bd. VII S. 487, Bl. f. adm. Pr. Bd. 4 S. 371), M.E. v. 17. April 1874 (M.A.Bl. S. 241, Weber Bd. VII S. 104).

Bei Gesuchen um Beilegung eines eigenen Namens für neue Ansiedelungen ist mit dem Gesuch stets das betreffende Katasterblatt vorzulegen, in welchem die Ansiedelung mit Angabe der Katasternummer ersichtlich ist. (Aut. M.E. vom 22. Oktober 1867.)

Aenderungen in der Bezeichnung von Stadtvierteln und Straßen sind von den Gemeindebehörden alsbald der Brandversicherungskammer anzuzeigen. (§ 18 d. Vollz.Instr. z. Brandvers.Ges., M.A.Bl. 1875 S. 349.)

Bei Aenderungen in der Häusernumerirung ist or der Beschlußfassung die Brandversicherungskammer, das einschlägige Rentamt und Hypothekenamt einzuvernehmen und sind denselben die gefaßten Beschlüsse mitzutheilen

(Ziff. ' d. M.E. v. 1(. Mai 1879, Weber Bd XIII S. 23.)

Siehe auch noch wegen der Brandvers. M.E. v 3. Aug 1878 (M A.Bl. S. 271, Weber Bd. XII S. 422), ferner Art. 3 Abs. 1 des Brandvers.Ges. in der Fassung des Art 163 des bayr Ausf.Ges. z. bürg. Gesetzbuche; über Ortsnamen Bl. f. adm. Pr. Bd. 31 S. 276, M.E. v. 16. Mai 1879 (M.A.Bl. S. 219) u. F M.E. v. 9 Juni 1879 F.M.Bl. S. 90, (Weber Bd. XIII S. 23).

Anm. 13 Einfluß des bürgerlichen Gesetzbuches auf die Gemeindeordnung.

Für die juristischen Personen des öffentlichen Rechtes hat das bürgerliche Gesetzbuch grundsätzlich keine Normen aufgestellt, doch werden juristische Personen des öffentlichen Rechts im Privatrechtsverkehr wie juristische Personen des privaten Rechts behandelt. Hienach können die Gemeinden und Stiftungen Rechtsfähigkeit haben wie die Personen des Privatrechts, Verträge schließen und Rechtshandlungen vornehmen, zu Erben eingesetzt werden, Pfandrechte erwerben, Grundstücke besitzen u. a.

Die Gemeinden und Stiftungen sind auch für den Schaden verantwortlich, den ihre Vertreter durch eine in Ausführung der ihnen zustehenden privatrechtlichen Verrichtungen begangene zum Schadenersatz verpflichtende Handlung einem Dritten zugefügt hat, abgesehen von dem Schaden, der in Ausübung öffentlichrechtlicher Verrichtungen begangen wird (z. B. wenn ein Polizeibeamter bei Einschreiten mittels Gewalt Schaden verursacht. S. hierüber insbes. noch Art. 60 u. 61 Ausf Ges. z. bürg. Ges.Buche.

Da dem bürgerl. Gesetzbuch keine rückwirkende Kraft beigelegt ist bleiben die älteren Rechtsverhältnisse dem älteren Rechte unterworfen, insbes. ältere erträge. Ein vor dem 1. Januar 1900 eingetretener Thatbestand bleibt in seinen Rechtswirkungen bestehen; fällt aber ein mit rechtlichen Wirkungen verbundener Thatbestand theils unter die Herrschaft des bisherigen, theils unter jene des neuen Rechts, so ist das bürgerl. Gesetzbuch maßgebend, (z. B. Miethverhältnisse). (An dieser Stelle kann und muß, da ja die Gemeindeverwaltungen häufig genug theils im Interesse der Gemeinde, theils im Interesse der Einzelnen rathend, helfend und beschließend thätig sein sollen, die Empfehlung eines hiefür besonders geeigneten Werkes erfolgen, nämlich die im Verlag von J. Schweitzer erschienene Ausgabe: Das bürgerliche Recht in seiner neuen Gestaltung, dargestellt von Dr. Müller und Meikel in München.)

Im Besonderen sei an dieser Stelle noch hervorgehoben:

Ueber Erwerb und Verlust des Eigenthums, Schutz des Eigenthums und des Besitzes vgl. nunmehr bürgerl. Gesetzbuch §§ 854—1296.

Der Besitz einer Sache wird durch die Erlangung der thatsächlichen Gewalt über die Sache erworben; er wird beendet dadurch, daß der Besitzer die thatsächliche Gewalt über die Sache aufgibt oder in anderer Weise verliert.

Zur Uebertragung des Eigenthums an einem Grundstück, zur Belastung eines Grundstücks mit einem Rechte ist die Einigung des Berechtigten und des anderen Theiles über den Eintritt der Rechtsänderung und die Eintragung der Rechtsänderung in das Grundbuch erforderlich, soweit nicht das Gesetz ein anderes vorschreibt.

In Ansehung der in Bayern liegenden Grundstücke kann die Einigung der Parteien bei der Uebertragung des Eigenthums außer vor dem Grundbuchamt auch vor einem bayerischen Notar erklärt werden. (Vergl. hierüber Art. 81—84 Ausf.Ges. z. bürg. Gesetzbuch.)

Nach Art. 1 des Not.Ges. v. 9. Juni 1899 sind die Notare zuständig, öffentliche Beurkundungen und Beglaubigungen zu bewirken.

Zur Aufhebung eines Rechts an einem Grundstück ist in der Regel die Erklärung des Berechtigten, daß er das Recht aufgebe und die Löschung des Rechts im Grundbuch erforderlich.

Wer als Eigenthümer eines Grundstückes im Grundbuch eingetragen ist, erwirbt das Eigenthum, wenn die Eintragung 30 Jahre bestanden und er während dieser Zeit das Grundstück im Eigenbesitz gehabt hat. Das Recht des Eigenthümers eines Grundstückes erstreckt sich auf den Raum über der Oberfläche und auf den Erdkörper unter der Oberfläche bis zu einer Tiefe, daß er an ihrer Ausschließung kein Interesse hat.

Die zur Uebertragung des Eigenthums an einem Grundstück erforderliche Einigung muß übrigens bei gleichzeitiger Anwesenheit beider Theile vor dem Grundbuchamt erklärt werden.

Zur Uebertragung des Eigenthums an einer beweglichen Sache ist erforderlich, daß der Eigenthümer die Sache dem Erwerber übergibt und beide darüber einig sind, daß das Eigenthum übergehen soll.

Wer eine bewegliche Sache 10 Jahre im Eigenbesitze hat, erwirbt durch Ersitzung das Eigenthum, außer wenn der Erwerber bei dem Erwerb nicht im guten Glauben ist oder später erfährt, daß ihm das Eigenthum nicht zusteht.

Die Begründung von Grunddienstbarkeiten erfordert von nun ab Einigung der Parteien und Eintragung im Grundbuch im Sinne des § 873 bürg. Ges.Buches. Eine Ersitzung im gemeinrechtlichen Sinne ist künftighin prinzipiell ausgeschlossen.

Eine zur Zeit der Anlegung des Grundbuchs bereits ersessene Grunddienstbarkeit bleibt rechtsgiltig, aber es läuft eine in diesem Zeitpunkte noch nicht vollendete Ersitzung nicht weiter; ein Untergang durch Verjährung oder Nichtgebrauch ist künftig ausgeschlossen. Vgl. im Uebrigen hieher noch Art. 81—86 des Ausf.Ges. z. bürg. Ges.Buch, wonach insbes. Forst- und Jagdberechtigungen und Weiderechte nicht mehr begründet werden können.

Grunddienstbarkeiten, die zu der Zeit bestehen, zu welcher das Grundbuch als angelegt anzusehen ist, müssen zur Erhaltung der Wirksamkeit gegenüber dem öffentlichen Glauben des Grundbuches in das Grundbuch eingetragen werden. Ueber die Frist hiebei s. Art. 10 der Ueberg.Vorschr. z. bürgerl. Gesetzbuch v. 9. Juni 1899, G.V.Bl. 1899 Nr. 28. Von der Zeit an, zu welcher das Grundbuch als angelegt anzusehen ist, gelten für das Erlöschen von Grunddienstbarkeiten, die nach den bisherigen Vorschriften entstanden und nicht in das Grundbuch eingetragen sind, die Vorschriften des Art. 12—17 der vorbez. Uebergangs-Vorschr. Von der Verkündung des vorbezeichneten Gesetzes an kann die Eintragung von Grunddienstbarkeiten in das Hypothekenbuch verlangt werden s. Art. 44 l. cit.

Nach dem Inkrafttreten des bürgerlichen Gesetzbuches können gesetzliche Hypotheken für eine Gemeinde nicht mehr entstehen (Art. 121 l. c.)

Art. 2.

Die am 1. Juli 1869 bestehenden Gemeinden und Gemeindebezirke werden beibehalten, solange sich nicht nach Maßgabe des gegenwärtigen Gesetzes Aenderungen ergeben.

Anm. 1. Die Bildung der Gemeinden erfolgte seinerzeit nach Maßgabe des Ediktes vom 17. Mai 1818 über die Verfassung und Verwaltung der Gemeinden im Königreiche, mit k. Entschließung hiezu vom 17. Juni 1818. Hienach wurde die erste allgemeine Bildung der Gemeinden von den vorgesetzten Kreisregierungen, Kammern des Innern, vollzogen, während jede spätere Aenderung in dem Bestand der so gebildeten Gemeinden oder die Neubildung einer selbstständigen Gemeinde nur durch Genehmigung des k. Staatsministeriums des Innern erfolgen konnte. (S. auch meine Einleitung.)

Für den dermaligen Bestand ist, soweit nicht später auf gesetzmäßigem Wege Aenderungen sich ergeben haben, jene Gestaltung der Gemeinden maßgebend, welche

1818 vorgefunden und anerkannt oder neugeschaffen wurde. Am 1. Juli 1869 trat die G.O. von 1869 in Wirksamkeit und hatte sich bis dahin die Gemeindebildung längst vollzogen.

Vor 1818 war maßgebend das organische Edikt über die Bildung der Gemeinden vom 28. Juli 1808 (Reg.Bl. S. 2789, Weber Bd. I, S. 195), dann das Gemeindeedikt vom 24. September 1808, (Reg.Bl. S. 2405).

Die in Tit. II Ziff. 3 u. 4 des Gemeindeedikts vom 28. Juli 1808 enthaltene Bestimmung, daß die Gemeindegrenzen mit den Steuerdistrikten übereinstimmen sollen, war in Ansehung der einer Ortsmarkung damals noch nicht angehörig gewesenen größeren Waldungen keineswegs als zwingende Vorschrift, sondern nur als eine Anleitung für die betheiligten Behörden zu erachten. (V.G.H.E Bd. V S. 218.) Dieser Grundsatz wurde absichtlich aufgegeben.

Bei Bildung und Umbildung der Gemeinden wurde zwar die Steuerdistriktsbildung hauptsächlich, aber nicht ausschließlich zur Grundlage genommen. Die für die Bildung der Steuergemeinden maßgebenden Vorschriften finden sich in Art. 52 des Gesetzes vom 15. August 1828, die allgemeine Grundsteuer betr.; (Weber Bd. II S. 419). Nach § 61 ff. dieses Gesetzes in Verbindung mit dem Gesetz vom 25. Aug. 1831, einige Abänderungen dieses Gesetzes betr., waren nur die auf dem Grundbesitz ruhenden Reallasten Gegenstand der Liquidirung, nicht aber der Umfang der Gemeindemarkung.

An dieser Stelle ist auch noch zu erwähnen der Instruktion zur Bildung der Steuerdistrikte, welche die Beilage Nr. 1 zur k. Vdg. v. 13. Mai 1808, das allgemeine Steuerprovisorium für die Provinz Bayern betr., bildet, Reg.Bl. S. 1089, Weber, Bd. I, S. 196; diese Verordnung kann als Beweisbehelf für die Gemeindebildung dienen, insoferne im einzelnen Fall nach Lage der Sache die Annahme begründet erscheint, daß sich die Gemeindebildung thatsächlich an die Steuerdistriktsbildung angeschlossen hat. (V.G.H.E. Bd. XII S. 352.)

Ueber den Unterschied zwischen Steuergemeinden und politischen Gemeinden s. auch noch Bl. f. adm. Pr. Bd. 27 S. 249, Bd. 34 S. 113, Bd. 38, S. 333.

Was insonderheit Flüsse, welche der Bestimmung von Gemeinde- und Flurgrenzen zu dienen haben, anlangt, so hat hiebei vorbehaltlich besonderer im einzelnen Falle festzustellender Verhältnisse die Mitte als eigentliche Grenzlinie zu gelten. (V.G.H.E. Bd. XII S. 455.)

Eine Durchschneidung der Steuerdistrikte, als welche die Abgrenzung nach Ortsmarkungen keineswegs betrachtet werden kann, wurde stets als unzulässig erklärt. (V.G.H.E. Bd. VIII S. 91, wo auch erwähnt ist, daß unter den nach den Anordnungen über den Vollzug des Edikts vom 17. Mai 1818 mit den Hauptdörfern zu vereinigenden Parzellen nur bewohnte Stätten bezw. Ortschaften gehörten.)

Anm. 2. Der Zweck des Art. 2 war die Feststellung, daß in dem Zustand der Gemeindebildung nach der Gesetzgebung vom Jahre 1818/34, insbesondere an den durch die bloß polizeiliche Zutheilung zu einer politischen Gemeinde geschaffenen Rechtsverhältnissen durch die neue Gesetzgebung nichts geändert werden soll. (V.G.H.E. Bd. IX S. 4.)

Aus den Kammerverhandlungen (Verh. d. K. Abg. Sten.Br. Bd. V S. 9 f.) ergibt sich das allgemeine Einverständniß darüber, daß, wo bisher nach § 3 des revid. Gem.Edikts Dörfer ohne eigenes Gemeindevermögen, Weiler, Einzelhöfe ꝛc.

einer Gemeinde nur polizeilich zugetheilt gewesen sind, es dabei auch bleibt, bis eine vollständige Vereinigung zustande käme; es wurden nämlich in Bayern im Jahre 1818 mitunter ohne Einvernahme der Betheiligten Einverleibungen nur für die polizeiliche Verwaltung vorgenommen, die sich thatsächlich auf alle kommunalen Beziehungen mit Ausnahme des Gemeindevermögens erstreckten.

Für die Zukunft erscheint die bloß polizeiliche Zutheilung, wie sie das Gemeindeedikt von 1818/34 kennt, nicht mehr zulässig, wohl aber noch die Getrennthaltung und selbstständige Verwaltung des Sondervermögens, wie solches in Art. 3 Abs. 5 und Art. 5 G.O. vorgesehen ist, so daß außer diesem gesonderten Vermögensrechte mit den darauf haftenden Lasten alle übrigen gemeindlichen Rechte und Pflichten gemeinsam sind.

Die oben erwähnte bloß polizeiliche Zutheilung (worüber zu vergleichen V.G.H.E. Bd. IX S. 1) zu einer politischen Gemeinde umfaßt alle öffentlich rechtlichen Beziehungen der Gemeinde, erstreckt sich aber nicht auf die vermögensrechtlichen Verhältnisse der zur politischen Gemeinde vereinigten Ortschaften. Fällt z. B. ein Schulsprengel mit der Markung einer Gemeinde zusammen, so bewirkt die Zutheilung von Grundstücken zur Gemeinde von selbst die Einverleibung in den Schulsprengel.

Die Zutheilung muß förmlich erfolgt sein; die Zutheilung eines Grundstückes zu einer bestimmten Steuergemeinde schließt dem oben Gesagten zufolge noch nicht die Zutheilung zu einer politischen Gemeinde in sich. (Cf. V.G.H.E. Bd. II S. 723 und 728 und Bd. III S. 708.)

Anm. 3. Aus der Aufrechterhaltung der bisherigen Gemeindebezirke folgt nicht bloß, daß ihr Umfang derselbe bleiben soll, sondern auch, daß die bisherigen Verhältnisse der einzelnen Bestandtheile des Gemeindebezirkes aufrecht erhalten bleiben sollen.

Die Beurtheilung der aus der Rechtsentwicklung der Vergangenheit datirenden Fragen bleibt der ausgleichenden Wirksamkeit der Praxis überlassen. (Schöller, Gem.-Ordg. Art. 2.)

Anm. 4. Gemeindebezirk (Markung, Gemarkung, Burgfrieden) ist derjenige Theil des Staatsgebietes, innerhalb und bezüglich dessen eine Gemeinde ihre öffentlich-rechtlichen Funktionen auszuüben hat; unerheblich ist hiebei, wem das Privateigenthum an den Grundstücken zusteht, welche den Gemeindebezirk bilden, ob der Gemeinde selbst oder einer dritten physischen oder juristischen Person.

Ueber die Bedeutung eines bestimmt abgegrenzten Gemeindebezirks vgl. V.G.H.E. Bd. IV S. 554.

Anm. 5. Ueber Aenderungen der Gemeinden und Gemeindebezirke, sowie die diesbezüglichen Streitigkeiten s. die folgenden Artikel, ferner M.E. v. 12. Juli 1881, das Verfahren bei Gemeindebezirksänderungen 2c. (M.A.Bl. S. 238, J.M.Bl. S. 362, Weber Bd. XV S. 306, Bd. 8 S. 716); M.E. v. 24. Febr. 1871, betr. Veränderungen in der Bildung der Gerichte und Verwaltungsbehörden.

Anm. 6. Wenn bei Gemeindemarkungsstreitigkeiten zugleich die Grenzen verschiedener Amtsbezirke in Frage kommen, ist sofort Verfügung darüber zu erholen, welche Behörde sich mit der Instruktion und Bescheidung der Sache zu befassen hat. (V.G.H.E. Bd. XVIII S. 361.)

Art. 3.

I. Jedes Grundstück muß einem Gemeindebezirke angehören. Ausgenommen sind größere Waldungen, Freigebirge und Seen, welche bis jetzt keiner Gemeindemarkung zugetheilt waren.

II. Dieselben bilden auch künftig eigene, von dem Gemeindeverbande ausgeschlossene Markungen, innerhalb deren die Ortspolizei der Distriktspolizeibehörde zusteht.

III. Die Eigenthümer der dazu gehörigen Grundstücke haben innerhalb dieser Markungen die im öffentlichen Interesse begründeten gesetzlichen Verpflichtungen der Gemeinden zu erfüllen, insbesondere die erforderlichen Verbindungswege, Brücken, Stege, sowie die zur Verhütung von Unglücksfällen erforderlichen Sicherheitsvorrichtungen herzustellen und zu unterhalten.

IV. Wenn innerhalb solcher Markungen bleibende Niederlassungen bestehen oder neu begründet werden, so sind diese nebst den dazu gehörigen Grundstücken nach Vernehmung der Betheiligten durch das Staatsministerium des Innern einer der nächstgelegenen Gemeinden zuzutheilen.

V. Abgesehen von besonderen Verträgen entsteht durch diese Zutheilung kein Anspruch auf Theilnahme an den im Gemeindeverbande begründeten Vermögensrechten.

Anm. 1. Die Anordnung des Art. 3 ist folgende:

A. Abs. I Satz 1: Allgemeine Regel.

B. Abs. I Satz 2: Allgemeine Ausnahmen.

Abs. II ff.: Bestimmungen für die Ausnahmen.

Die hier folgenden Erläuterungen werden sich dieser Trennung anschließen.

A.

Anm. 2 Abs. I Satz 1: Abs. I überhaupt will die Aufrechterhaltung des Bestehenden bezwecken; unter der Herrschaft der G.O. kann eine Ausschließung von Grundstücken aus dem Gemeindeverband nicht mehr bewirkt werden; auch ein etwaiges Anwachsungsrecht abgesehen von Alluvionen (art. 23 und 42 des Wasserbenützungsgesetzes) ist ausgeschlossen. Verh. d. bes. Aussch. Abth. II S. 468 und 729.

Von besonderer Wichtigkeit sind hiebei die Steuerkataster und die nach Maßgabe der Instruktion für die allgemeine Landesvermessung vom 19 Januar 1830 hergestellten Steuerpläne. (S. auch V.G.H.E. Bd. V S. 152.)

Für die Beurtheilung des Umfanges eines Gemeindebezirkes sind zunächst die im Vollzuge der einschlägigen gemeindegesetzlichen Vorschriften, insbesondere die zufolge der nach §§ 3 u. 4 des Gemeindeedikts vom 17. Mai 1818 durchgeführten Gemeindebildung maßgebend; eine Aenderung der letzteren kann durch die Finanzverwaltungsmaßregel der Steuergemeindebildung nicht bewirkt, andererseits auch die organische Zutheilung zur Gemeinde durch eine, wenn auch lange Zeit fortgesetzte rein thatsächliche Verbindung mit einer bestimmten Gemeinde weder ersetzt noch gelöst werden. (Cf. V.G.H.E. Bd. VIII S. 107.)

B.

Anm. 3. Ausnahmen von der Regel des Satzes 1 in Abs. I bilden größere Waldungen, Freigebirge, Seen, welche bis jetzt keiner Gemeindemarkung zugetheilt waren: diese bilden auch künftig eigene, von dem Gemeindeverband ausgeschlossene Markungen, innerhalb deren die Ortspolizei den Distriktspolizeibehörden zusteht. (Exempte Markungen; diesen kommt juristische Persönlichkeit nicht zu, sondern sie stehen entweder im Eigenthum einer physischen oder juristischen Person.)

Ueber die Zugehörigkeit von Grundstücken s. Gem.Ed. v. 17. Mai 1818, welche unverändert in das rev. Gem.Ed. vom 1. Juli 1834 übergegangen ist. S. auch die k. Entschl. v. 11. Juni 1818 über die Bildung der Gemeinden: Reg.Bl. S. 683. Ein Grundbesitz kann allgemein nur dann als ausmärkisch erachtet werden, wenn er bereits 1818 ausmärkisch war und diese Eigenschaft auch in der Folgezeit behielt. Ob die betr. Waldungen 2c. eine abgesonderte Markung bilden, ist im Streitfalle (der in letzter Linie zur Entscheidung des V.G.H. kompetirt) nach dem thatsächlichen und rechtlichen Zustande zu beurtheilen, welcher beim Inkrafttreten der Gemeindegesetzgebung von 1818 bestanden hat (V.G.H.E. Bd. III S. 708).

Nach § 5 des Gem.Ed. v. 17. Mai 1818 ist zu einer Zutheilung eines Weilers zu einer politischen Gemeinde die Genehmigung des Ministeriums nöthig, was event. nachgewiesen werden muß, und nicht vermuthet werden kann. Diese Genehmigung kann indeß auch nachträglich mit rückwirkender Kraft ertheilt werden.

Sind nun im Vollzuge des Gem.Ed. v. 17. Mai 1818 § 3 Abs. I l. c. einzelne Höfe 2c., welche eine besondere Markung nicht hatten, einer Gemeinde einverleibt worden, so hat diese Zutheilung jedenfalls den mit dem Anwesen in dauernder wirthschaftlicher Verbindung gestandenen nächsten Umgriff: Hofraum, Hausgarten u. s. w., dagegen nicht unbedingt auch den übrigen damals zu jenem Anwesen gehörigen Grundbesitz umfaßt.

Wenn sich in einem Streite über die Gemeindemarkungsangehörigkeit gewisser Anwesen ergibt, daß letztere sich in einem Bezirke befinden, dessen ausmärkische Eigenschaft zwar von den im Streite befangenen Gemeinden anerkannt, jedoch noch nicht festgestellt ist, so hat der Ausspruch der Verwaltungsgerichte, die etwa zur Entscheidung berufen sind, sich darauf zu beschränken, daß die Anwesen keiner jener Gemeinden angehören.

Eine auf Grund der Gemeindeedikte von 1808 erfolgte Zutheilung von größeren, bis dahin ausmärkischen Waldungen zu einem Gemeindebezirk wurde mit dem Inslebentreten des Gemeindeedikts vom 17. Mai 1818 infolge der Bestimmung desselben in § 4 Abs. 2 nicht hinfällig (V.G.H.E. Bd. V S. 19), jedoch enthält die namentliche Aufführung einer solchen Waldung in dem nach einer Gemeinde benannten Steuerdistrikte noch nicht die organische Zutheilung zu dieser Gemeinde. (V.G.H.E. v. 16. Mai 1884, Bd. V S. 278 ff.)

Sind im Jahre 1818 mehrere Ortschaften zu einer politischen Gemeinde vereinigt worden, so spricht die Vermuthung dafür, daß auch alle zu jenen Ortschaften gehörigen Flurmarkungen, sowie alle zwischen denselben und innerhalb der hiedurch geschaffenen Umgrenzung befindlichen zerstreut liegenden einzelnen Grundstücke, soweit sie nicht ausmärkisch waren, der betreffenden politischen Gemeinde zugetheilt worden sind. (V.G.H.E. Bd. III S. 708, Bd. VIII S. 107.)

Die ausmärkische Eigenschaft eines Grundbesitzes darf nicht vermuthet, sondern sie muß nachgewiesen werden; andernfalls darf sie dem Grundbesitz nicht zuerkannt werden; es spricht die Vermuthung für die Zugehörigkeit zu einer Gemeindemarkung. (M.E. v. 22. Juli 1873, Bl. f. adm. Pr. Bd. 24 S. 203.)

In dieser Beziehung spricht sich eine Abhandlung in den Bl. f. adm. Pr. Bd. 24 S. 203 wie folgt aus: Die Beweislast bezüglich der Eigenschaft einer Waldung als einer ausmärkischen trifft die Eigenthümer der Waldung; denn es handelt sich um ein durch ein jus singulare begründetes Privileg im weiteren Sinne des Wortes Derjenige, welcher ein Privileg für sich in Anspruch nimmt, muß die Thatsachen beweisen, welche die Anwendbarkeit der singulären Rechtsvorschrift im einzelnen Falle zu begründen geeignet sind. Derjenige, welcher die Umlagenzahlung mit der Behauptung verweigert, das als pflichtig in Anspruch genommene Objekt sei ein ausmärkisches, muß seine Behauptung auch beweisen, quia excipiendo reus fit actor.

Diese letzteren Ausführungen erscheinen uns nicht richtig, da sie mit dem Prinzip der Offizialbeweiserhebung durch die Verwaltungsbehörden im Widerspruche stehen, denn die Ermittelung der Wahrheit ist immer Amtssache.

Anm. 4. Größere Waldungen:*) Nach den Kammerverhandlungen ist die Größe kein selbstständiges Erforderniß und ergibt sich das Criterium hiebei am besten dadurch, daß der status quo entscheidet (Bes. Aussch. Abth. II S. 468): Waldungen, die bisher nicht eximirt waren, können es auch in Zukunft nicht mehr werden; man versteht unter größeren Waldungen nur geschlossene, zusammenhängende Waldkomplexe, von erheblichem Umfang mit Ausschluß zerstreut liegender einzelner Waldflächen; gleichgiltig ist es, in welchem Besitz sich solche ausmärkische Objekte befinden, ob in jenem des Staates, einer Gemeinde oder eines oder mehrerer Privaten. Nach der Fin.M.E. v. 17. August 1832, die Zutheilung der ärarialischen Waldungen zu Gemeindebezirken und die Konkurrenzpflicht derselben zu Gemeindeumlagen betr. (Döll., Ges.Samml. Bd. 11 S. 227, Weber, Bd. II S. 620), gehören hierher nur solche Staatswaldungen, welche 500—800 Tagwerke übersteigen. Nach dieser M.E. sind die Finanzbehörden angewiesen, die Gemeindezugehörigkeit solcher Waldungen nicht zu beanstanden. Hievon ist jedoch die neuere Praxis abgewichen, indem Waldungen selbst mit mehr als 800 Tagwerk von Oberaufsichtswegen einer benachbarten Gemeinde zugetheilt werden, auch wenn die Requisite der Zustimmung der Betheiligten oder des öffentlichen Bedürfnisses nicht gegeben sind. Das Gleiche gilt, wenn einem ausmärkischen See festes Land dauernd abgenommen wird, weil nur die Seen selbst mit ihren Ufern vom Gemeindeverbande ausgeschlossen sein können. (Näh. s. Bl. f. adm. Pr. Bd. 29 S. 61, Bd. 28 S. 348.) Hiebei ist zu bemerken, daß ein solches finanzministerielles Anerkenntniß allein eine Zutheilung nicht bewirkt, da letztere nur durch Entschließung des k. Staatsministeriums des Innern erfolgen kann, daß es aber als Beweismittel für die Zugehörigkeit gelten kann. Es ist übrigens das

*) Nach der geschichtlichen und rechtlichen Entwickelung der Dorfmark in Deutschland ist die Zugehörigkeit einer großen, abgeschlossenen, der uneingeschränkten Gewalt des Grundherrn unterstehenden Waldung ohne örtliche Niederlassung zu einer bestimmten Gemeinde oder Ortsmarkung nicht zu vermuthen. (V.G.H.E. Bd. XIV S. 1.)

Finanzministerium wie die Prozesse am Verwaltungsgerichtshof beweisen, schon lange von der früheren Ansicht abgekommen.

Fließende Gewässer (Quellen, Bäche, Flüsse,) welche innerhalb größerer Waldungen oder Freigebirge liegen, unterbrechen den räumlichen Zusammenhang derselben nicht. (V.G.H.E. Bd. XII S. 352.)

Vgl. auch V.G.H.E. Bd. XVII. S. 291: Der Umstand, daß an großen abgeschlossenen grundherrlichen Waldungen die Bewohner umliegender Gemeinden weitgehende Nutzungsrechte erlangten, ist für die Zugehörigkeit dieser Waldungen zu Gemeinde- oder Ortsmarkungen nicht entscheidend; es war Regel, daß solche Waldungen ohne örtliche Niederlassungen keiner Gemeinde- oder Ortsmarkung einverleibt wurden.

Anm. 5. Der durch die Gemeindegesetzgebung von 1818 geschaffene Zustand ist ein bleibender: hiernach hat nur die im Jahre 1818 für größere Waldungen bestandene ausmärkische Eigenschaft einen gesetzlichen Anspruch auf Fortbestand, dagegen können Waldungen, die nicht zu den größeren gehören, oder nicht schon 1818 ausmärkisch waren, diese Eigenschaft weder in der Zwischenzeit erhalten haben, noch in Zukunft für ausmärkisch erklärt werden. Im Jahre 1818 mußten nicht nur alle Weiler und Einöden, sondern auch alle einzelnen Grundstücke und Waldungen, kleinere und größere, derjenigen politischen Gemeinde zugeschlagen werden, mit der sie nach ihrer geographischen Lage und mit Rücksicht auf den Steuerverband in Verbindung standen. (V.G.H.E. Bd. III. S. 712.)

Ist der Grundbesitz einmal ausmärkisch, so behält er diese Eigenschaft, bis sie ihm durch einen Akt der Staatsgewalt auf Grund des Gesetzes genommen wird. Nachträgliche Zuwendung zu anderen Kulturarten, Rodung ist einflußlos, abgesehen von Art. 4 Abs. 2 der G.O. (Vergl. Kahr, Comm. z. G.O. S. 83.)

Anm. 6. Abs. II. ff. Die Uebertragung der Ortspolizei an die Distriktspolizeibehörden unterliegt um so weniger Bedenken, als die meisten abgesonderten Markungen Staatseigenthum sind und im übrigen eine Berücksichtigung der etwaigen besonderen Wünsche und Interessen eines betheiligten Markungsbesitzers nicht ausgeschlossen ist. Das mit der Ortspolizei betraute Bezirksamt ist auch berechtigt, ortspolizeiliche Vorschriften über die Benützung der Verbindungswege 2c. zu erlassen. (Mot.)

Anm. 7. Die ausmärkische Eigenschaft eines Grundbesitzers ist kein unentziehbares und kein Privatrecht, sondern ein öffentlich-rechtliches Verhältniß.

Anm. 8. Die vom Gemeindeverband ausgeschlossenen Markungen müssen einem bestimmten Standesamtsbezirke zugetheilt werden. (M.E. v. 19. Okt. 1875 Ziff. 5, M.A.Bl. S. 509, Weber, Bd. XI S. 164.)

Anm. 9. Ueber Herstellung und Unterhaltung der Distriktsstraßen in abgesonderten Markungen s. Bl. f. adm. Pr. Bd. 23. S. 376.

Anm. 10. Zu Abs. III: Aus der Gleichstellung jener Besitzer mit den Gemeinden ergibt sich, daß erstere nur die örtlichen innerhalb des Umfanges der abgesonderten Markung entstehenden öffentlichen Bedürfnisse zu befriedigen und demnach zu rein lokalen Unternehmungen benachbarter Gemeinden nichts beizutragen haben. Die Markungsbesitzer haben begründeten Anspruch darauf, daß die Nachbargemeinden auch ihrerseits die ihnen in Bezug auf Herstellung der Verbindungswege obliegenden Verpflichtungen innerhalb ihres eigenen Bezirkes erfüllen. (Mot.)

Die Zutheilung der auf abgesonderten Markungen entstehenden Ansiedlungen nebst den dazu gehörigen Grundstücken zu einer benachbarten Gemeinde hat zur natürlichen Folge, daß die Besitzer jener Ansiedlungen Angehörige der betreffenden Gemeinden werden und zu deren Lasten wie die übrigen Gemeindeangehörigen beizutragen haben, wogegen auch die Verbindlichkeit zur Befriedigung der in den Ansiedlungen sich ergebenden Bedürfnisse, wie z. B. die Herstellung der sie durchziehenden Wegstrecken ꝛc., auf die Gemeinde übergeht; jene Zutheilung übt aber keine Wirkung aus auf die bestehenden Privatrechte und Gemeinnutzungen.

Im übrigen sind die Eigenthümer abgesonderter Markungen, also auch der Fiskus, in Bezug auf die in Abs. III erwähnten Verhältnisse den Gemeinden gleichgestellt und findet insbesondere Art. 157 völlig Anwendung (M.E. v. 10. September 1874 Nr. 10338). Doch kann den in Abs. III aufgeführten Verpflichtungen die öffentliche Armenpflege nicht zugezählt werden. (V.G.H.E. Bd. VI S. 203.)

Nach der allgemein gebilligten Anschauung des Ausschußreferenten in der Sitzung vom 30. Juli 1868 haben die Eigenthümer die im öffentlichen Interesse nothwendigen Ausgaben geradeso zu bestreiten, wie sonst die Gemeinden, weil sie eben in ihrem Markungsbezirk Stellvertreter der Gemeinde sind. Es ist nicht nöthig, hier eines Beschwerderechts der Betheiligten gegen allenfallsige übermäßige Anforderungen von Seite der Staatsbehörde zu erwähnen, da eben auch hier die allgemeinen Bestimmungen über das Beschwerderecht in Gemeindesachen maßgebend sind. Eine obrigkeitliche Gewalt steht ihnen indeß nicht zu, sondern es werden die polizeilichen Befugnisse durch die Distriktsverwaltungsbehörden ausgeübt.

Die Erfüllung der Verpflichtungen der Markungsbesitzer kann aufsichtlich erzwungen werden; maßgebend sind die Bestimmungen der G.O. über Staatsaufsicht. Die Regierungen haben auf Grund kollegialer Berathung zu entscheiden. (Art. 157 Abs. VI, M.E. v. 10. September 1874 N. 10338.)

Bei übermäßigen Anforderungen haben die Markungsbesitzer das Beschwerderecht. Art. 157 u. 161 sind hier anwendbar. Der Verwaltungsgerichtshof hat gemäß Art. 10 Ziff. 4 V.G.H.G. zu entscheiden über die Rechtsverhältnisse der nicht zu einem Gemeindeverbande gehörigen Markungen; soweit jedoch Verwaltungsrechtssachen in Frage stehen, nach den Bestimmungen des Art. 8; z. B. Art. 8 Ziff. 25 und 34 eod.

Privatrechtliche Verpflichtungen des Markungseigenthümers fallen selbstverständlich nicht unter Art. 3 Abs. 3 G.O., ebensowenig unter Art. 10 Ziff. 4 V.G.H.G. Vergl. noch über die Verpflichtungen derselben M.E. vom 5. Jan. 1877 F.M.Bl. 1878 S. 65, Weber B. XII S. 258.

Demjenigen Besitzer einer ausmärkischen Waldung, welcher von den Verwaltungsbehörden zur Unterhaltung einer dem öffentlichen Interesse dienenden Brücke nach den Vorschriften des Verwaltungsrechts für verbindlich erklärt wird, ist vorbehalten, die Behauptung, daß die Gemeinde, welche den Anspruch erhoben hat, kraft eines besonders begründeten Privatrechtsverhältnisses zur Unterhaltung der Brücke verpflichtet sei, weiter vor den Zivilgerichten geltend zu machen.

Aus dem Worte „insbesondere“ folgt, daß die fragliche Aufzählung lediglich eine exemplifikatorische ist; so gehört auch die Sorge für den Wald- und Flurschutz, Uebernahme der den Gemeinden überbürdeten Leistungen bei Unterdrückung von Viehseuchen, die Uebernahme der Leistungen der Gemeindekrankenversicherung hieher; (§ 83

Krankenversich.-Ges. vom 1. April 1892; Rasp, Comm. hiezu, S. 264 ff.) Wegen der Armenpflege s. V.G.H.E. Bd. XVI S. 61.

Anm 11. Zu Abs. IV: der Sinn dieses Absatzes ist folgender: Wenn innerhalb solcher Markungen menschliche Wohnstätten bestehen oder neu begründet werden, so sind diese, wenn nicht eine eigene Gemeinde gebildet wird, nebst den dazu gehörigen Grundstücken nach bloßer Vernehmung, nicht auch Zustimmung der Betheiligten (Eigenthümer der Grundstücke und Gemeinden, welchen sie zugetheilt werden sollen) durch das Staatsministerium des Innern einer der nächst gelegenen Gemeinden zuzutheilen; sie gehören aber, so lange diese Zutheilung nicht erfolgt ist, noch zum ausmärkischen Besitze.

Die hier in Frage stehende Zutheilung ist keine bloß polizeiliche, sondern eine vollständige, jedoch mit der Beschränkung aus Abs. V.

Die Bedeutung einer bloß polizeilichen Zutheilung zu einer politischen Gemeinde ist darin zu erblicken, daß damit keine vermögensrechtliche Gemeinschaft mit der Gemeinde, zu welcher die Zutheilung erfolgt, in Bezug auf das Gemeindevermögen bewirkt wurde, daß aber im übrigen die Zutheilung eine vollständige gewesen ist und die polizeilich zugetheilten Orte alle im öffentlichen Rechte begründeten Verpflichtungen der Gemeindebürger zu erfüllen gehabt haben. (V.G.H.E. Bd. IX S. 6.)

Anm. 12: Ueber die Gemeindezugehörigkeitsfrage als Vorfrage für die Umlagenpflicht Bl. f. adm. Pr. Bd. 29 S. 61, V.G.H.E. Bd. IV S. 554, über die Behandlung von Gemeinde-Zugehörigkeits-Fragen Bl. f. adm. Pr. Bd. 28 S. 348, über die Pflicht ausmärkischen Grundbesitz in den Gemeindeverband zu ziehen. Seydel, Staatsrecht, Bd. 3 S. 84, über Streitigkeiten im Vollzug des Art. 3 s. auch Art. 7, über das Verhältniß der 1818 ausmärkisch gewesenen Bezirke, die bloß polizeilich zugetheilt wurden, zu den betreffenden Gemeinden s. Art. 153 Abs. 10 G.O. Ueber Zugehörigkeit von Grundstücken zu Gemeindemarkungen s. bayr. Gem.Zeitg. 1893 S 289.

Art. 4.

I. Nur mit Zustimmung aller Betheiligten und mit Genehmigung des Staatsministeriums des Innern kann erfolgen:

1) die Vereinigung mehrerer bisher für sich bestandener Gemeinden;
2) die Wiederauflösung solcher Verbände;
3) die Errichtung neuer Gemeinden aus Theilen bestehender Gemeindemarkungen;
4) die gänzliche Auflösung von Gemeinden.

II. Sonstige Veränderungen bestehender Gemeindebezirke oder abgesonderter Markungen bedürfen gleichfalls der Genehmigung des Staatsministeriums des Innern. Liegt die Zustimmung aller Betheiligten nicht vor, so kann eine solche Veränderung nur im Falle dringenden öffentlichen Bedürfnisses durch das Staatsministerium des Innern verfügt werden.

III. Für die Zustimmung der betheiligten Gemeinden wird in Gemeinden mit städtischer Verfassung ein übereinstimmender Beschluß des Magistrats und der Gemeindebevollmächtigten erfordert; in den übrigen

Gemeinden ist in den Fällen des Abs. I Ziff. 1—4 die Zustimmung von mindestens zwei Drittheilen sämmtlicher Gemeindebürger, in anderen Fällen ein zustimmender Beschluß des Gemeindeausschusses erforderlich.

IV. Die freiwillige Auflösung einer Gemeinde darf nur stattfinden, wenn die Erwerbung neuer Heimathrechte für die dort heimathberechtigten Personen gesichert ist.

Anm. 1. Umfang u. Grenzen der Gemeindemarkung bestimmen sich nur nach dem öffentlichen Rechte, dessen Abänderung durch Privatwillen vorbehaltlich besonderer Zulassung ausgeschlossen ist; früher, als die Gemeinden noch rein wirthschaftliche Verbände waren, mochten solche Veinbarungen zu Stande gekommen sein; seitdem aber die Gemeinden öffentliche Korporationen sind, können Aenderungen hieran nur mehr auf die organisatorische Gewalt der Staatshoheit als ihrer einzigen gesetzlichen Grundlage zurückgeführt werden (V.G.H.E. Bd. XIV S. 1.) Dieß gilt auch für die Zeit vor 1869: ministeriell nicht genehmigte Vereinbarungen und Vergleiche waren rechtsunwirksam. (V.G.H.E. Bd. VI S. 70.)

Anm 2. Cf. Seydel St.-R. Bd. 3 Abth. I S. 80: „Aenderungen der Gemeindebezirke werden durch das Staatsministerium des Innern verfügt. Wo solche Aenderungen mit der Vernichtung bestehender Gemeinden oder der Bildung neuer Gemeinden sich verbinden, können sie nur unter Zustimmung aller Betheiligten erfolgen. Sonstige Aenderungen der Gemeindebezirke können vorgenommen werden, wenn entweder die Zustimmung aller Betheiligten oder ein dringendes öffentliches Bedürfnis vorliegt. Die Vernehmung der Betheiligten muß in allen Fällen erfolgen. Unter letzteren sind nur die rechtlich Betheiligten zu verstehen Dieß sind lediglich die Gemeinden, sowie gegebenen Falles die Besitzer gesonderter Markungen, nicht die einzelnen Gemeindeangehörigen, deren Grundstücke in Frage kommen; letztere hätten, wenn sie gleichfalls als Betheiligte anerkannt werden wollten, im Gesetze genannt werden müssen. Dem gegenüber kann die Aeußerung des Berichterstatters Edel (Verh. d. bes. Aussch. Bd. 2. S. 470 Sp. 1) nicht in Betracht kommen." Dagegen Luthardt in den Bl. f. adm. Pr. Bd. 39. S. 378: „Als rechtlich betheiligt bei einer solchen Aenderung erscheint nicht bloß die in Frage stehende Gemeinde, sondern auch die Eigenthümer der in die Aenderung einzubegreifenden Grundstücke." So wird das Gesetz auch vom k. Staatsministerium des Innern gehandhabt. S. auch Kahr, Comm. z. G.O. S. 92. Zur Aenderung der Gemeindemarkungen gehört nicht bloß die Abtrennung des betreffenden Grundstückes von seiner bisherigen, sondern auch die Zutheilung zu seiner künftigen Gemeinde. Hier erscheinen auch die Eigenthümer der in die Aenderung einzubegreifenden Grundstücke als betheiligt. Wenn es sich aber um solche Veränderungen handelt, bei welchen eine seitherige Gemeindemarkung unvermindert beisammen bleibt, so ist bloß die Gemeinde als betheiligt zu betrachten; ebenso wenn die Veränderung in der Gemeindeangehörigkeit eine ganze Ortschaft betrifft. Die Willenserklärung der Ortschaft erfolgt nach Vorschrift des Art. 153 durch einfachen Mehrheitsbeschluß der Versammlung der im Orte wohnenden Bürger oder des vorhandenen Ortsausschusses (Bl. f. adm. Pr. Bd. 39, S. 378 u. ff. Gegen Seydel auch Weber G.O. Note 2 zu Art. 4.) Die Heimathberechtigten als solche gehören nicht zu den Betheiligten.

In den sub 1—4 aufgeführten Fällen genügt die bloße Vernehmung der Betheiligten nicht, es muß vielmehr die Zustimmung vorliegen.

Vgl. hieher auch oberb. Reg.Entschl. v. 17. Dez. 1892, Kr.A.Bl. S. 140, nach welcher besonders auch die durch die Grenzveränderung berührten Grundbesitzer einzuvernehmen sind.

Ueber Gemeindebezirksänderungen s. namentlich auch M E. v. 12. Juli 1881, M.A.Bl. S. 238, Weber, Bd. XV S. 306, welche Direktiven für die Instruierung enthält. (S. dieselbe im Anhange.) Ueber den Einfluß der Verkleinerung von Gemeindebezirken auf das Gemeindevermögen s. Bl. f. adm. Pr. Bd. 20. S. 246.

Anm. 3. Die Vereinigung kann entweder so erfolgen, daß die bisherigen Gemeinden in volle Gemeinschaft treten oder daß sie einen engeren und weiteren Verband im Sinne der Art. 5 und 153 Abs. 3 mit 9 G.O. bilden. (Bes. Aussch. Abth. II. S. 615.) Wo bisher selbständige Gemeinden in einen Gemeindeverband eintreten, verwandeln sich diese neuen Gemeindetheile in bloße Ortschaften; auch Gemeinden mit Stadtverfassung können Ortschaften in sich schließen.

Anm. 4. Zu Ziff. 4: Bei gänzlicher Auflösung von Gemeinden ist erforderlich:

1) Zustimmung von zwei Drittel der Gemeindebürger.
2) Zustimmung aller Heimathberechtigten, nicht bloß aller Gemeindebürger; dies ergiebt sich daraus, daß niemand gezwungen werden kann, eine neue Heimath zu erwerben, selbst in dem Falle, wenn die Auflösungslustigen oder der Gemeindeausschuß zur Uebernahme der Kosten des Heimathserwerbs für die nicht Zustimmenden sich bereit erklären sollten, es sei denn Art. 6—7a des Heimathgesetzes anwendbar.

Die Auflösung einer Gemeinde, (Aufhören derselben) kann bedingt sein durch den Ankauf aller Besitzungen einer Gemeinde mit Beseitigung der Wohnhäuser durch einen Käufer, oder dadurch, daß durch Zusammenkauf von Einzelanwesen nicht mehr so viele Bürger vorhanden sind, um eine Verwaltung der Gemeinde führen zu können; im letzteren Falle kann die Auflösung nur durch Zutheilung zu einer andern Gemeinde erfolgen; vergl. Art. 3 Abs. 4 und 5. Im ersteren Falle hat bis zur Auflösung der Gemeinde der Besitzer in alle Lasten einer Gemeinde, insbesondere die aus dem Heimathsverbande hervorgehenden Armenunterstützungen einzutreten und kann selbst bei der einfachen Auflösung diese Verpflichtung für unbekannte Heimathsangehörige vorbehalten werden. Es kann aber auch bei dieser Auflösung die Zutheilung zu einer anderen Gemeinde erfolgen, wodurch natürlich auch die Heimathsverhältnisse auf diese Gemeinde übergehen. Erfolgt eine solche Zutheilung nicht, so wird das Besitzthum ausmärkisch. Es ist schließlich auch die Auflösung einer aus mehreren Ortschaften bestehenden Gemeinde in der Weise denkbar, daß diese sämmtlich mit verschiedenen anderen Gemeinden vereinigt werden; in diesem Falle tritt mit der Vereinigung die Auflösung der bisherigen Gemeinde von selbst ein.

Wenn die Auflösung von Gemeinden die Folge anderer als freiwilliger Vorgänge ist, so sind auch die bestandenen Heimathrechte als erloschen zu betrachten und ist den betreffenden Personen von Amtswegen eine neue Heimath anzuweisen.

Eine Auflösung durch Wegzug ihrer Bewohner gibt es deshalb nicht, weil der Wegzug allein die Heimathverhältnisse nicht löst.

Näheres über Einfluß von Gemeindebezirksänderungen auf die Heimath s. Bl. f. adm. Pr. Bd. 43 S. 106.

Anm. 5. Zu Abs. II. Sonstige Veränderungen, also namentlich die Vereinigung einer Ortschaft oder eines Hofes oder einer bisher abgesonderten Markung mit einer Gemeinde. Hier ist erforderlich die Zustimmung des Gemeindeausschusses und die Zustimmung der in einer solchen Ortschaft oder einem solchen Hofe wohnenden Gemeindebürger.

Ohne Zustimmung der Betheiligten kann eventuell eine solche Veränderung auch im Sinne gänzlicher Vereinigung, nicht bloß im Sinne der Zutheilung nur für die Polizeiverwaltung geschehen.

Die Ab- und Zutheilung kann sich auch auf eine ganze Ortschaft beziehen Webers Gemeindeordnung, dritte Auflage, S. 6 führte nun hier aus, daß in diesen Fällen auch die zur Ortschaft etwa gehörige Ortsflur von der Gemeindebezirksänderung betroffen wird, daß jedoch hier nicht die sämmtlichen Besitzer der in der Ortsflur gelegenen Grundstücke als Betheiligte im Sinne des Abs. II erscheinen und die Zustimmung aller Betheiligten schon dann als gegeben anzunehmen sei, wenn außer den Verwaltungen der betheiligten politischen Gemeinden die Ortsversammlung — nämlich zwei Drittel der Gemeindebürger der Ortschaft in analoger Anwendung des Abs. III — für die Gemeindebezirksänderung sich ausgesprochen hat.

Gegen das Erforderniß der Zustimmung der Ortsversammlung in analoger Anwendung des Abs. 3: Seydel, St.-R. l. c. S. 82: „Ich finde hiefür in Art. 4 Abs. 2 und 3 keinerlei Anhalt; das Wort „Ortschaft" kommt dort gar nicht vor. Eine analoge Anwendung ist aber doch nur statthaft, wenn irgend welche Handhabe hiefür im Gesetze sich findet. Uebrigens ist aus den Ausschußverhandlungen ersichtlich, daß man den Fall der Wiederauflösung einer Gesammtgemeinde unter Abs. I Ziff. 2, jenen der Zutheilung einer Ortschaft von einem Gemeindebezirke zu einem anderen unter Abs. II. stellen wollte."

Darüber, ob ein dringendes öffentliches Interesse für die Aenderung besteht, entscheidet endgiltig nach freiem Ermessen das Staatsministerium des Innern; seine Anordnungen erzeugen einen unanfechtbaren Rechtszustand.

Anm. 6. Die Theilung eines ausmärkischen Besitzes in mehrere, verschiedenen Eigenthümern gehörige Grundstücke erfordert nicht die Aufhebung der ausmärkischen Eigenschaft. Das Gleiche gilt für die Umwandlung ausmärkischen Besitzes in eine andere Bodenbeschaffenheit, z. B. von Wald in Feld, von See in Festland. (Seydel, St.-R. S. 86 l. c.)

Anm. 7. Ist durch die Aenderung eines Gemeindebezirks zugleich die Aenderung eines Bezirksamts, eines Amtsgerichts, Rentamts, einer unmittelbaren Stadt oder eines Regierungsbezirkes veranlaßt, so bedarf es der Genehmigung des Königs.

Gemäß Art. 15 Litt. K des Landrathsgesetzes vom 28. Mai 1852 gehört zum Wirkungskreise des Landraths die Begutachtung in allen Fällen, wo nach erfolgter Durchführung der Aemterorganisation eine Veränderung in dem Umfange eines Verwaltungsdistrikts oder eines Regierungsbezirkes vorgenommen werden soll. Ueber das Verfahren s. Kahr l. c. S. 106.

Anm. 8. Zu Abs. III: Das Gesetz verlangt nur übereinstimmende, nicht einstimmige Beschlüsse beider Kollegien. Ueber Beschlüsse des Magistrats s. Art. 102, der Gemeindebevollmächtigten Art. 117, des Gemeindeausschusses Art. 145, der

Gemeindeversammlung Art. 146 ff. Eine Zustimmung der Ortsversammlung ist nicht vorgeschrieben.

In Landgemeinden ist erforderlich, daß sämmtliche Bürger, welche in neue Gemeinden aufgenommen werden sollen, und daß ²/₃ sämmtlicher Bürger der bisherigen Gemeinde zustimmen.

Der bezügliche Antrag ist durch den Magistrat bezw. Ausschuß in einer zu diesem Zwecke zu berufenden Versammlung zu stellen.

Anm. 9. Mit der Zutheilung von Bestandtheilen einer politischen Gemeinde an eine andere politische Gemeinde gehen die in der ersteren begründeten Heimathverhältnisse insoweit auf die letztere über, als besondere Beziehungen zwischen jenen Heimathverhältnissen und dem abzutretenden Gebiete bestehen; hiebei ist es ohne Belang, ob die Umstände, durch welche diese Beziehungen begründet wurden, zur Zeit der Gemeindebezirksänderung noch bestehen oder nicht. V.G.H.E. Bd. V S. 149.

Bei solchen Zutheilungen gehen auch alle mit dem abzutretenden Gebiet direkt im Zusammenhange stehenden öffentlichen Einrichtungen und die bezüglichen Rechte und Verbindlichkeiten auf die neue Gemeinde über, welche Beziehungen nicht nur durch den Wohnsitz der in Frage stehenden Personen, sondern auch durch andere Umstände z. B. Haus- und Grundbesitz begründet werden. V.G.H.E. Bd. III S. 245. Weitere Anwendung findet Abs. IV nach Art. 153 Abs. 9.

Anm. 10. Ergeben sich über die Auseinandersetzung des Vermögens Streitigkeiten, so kommt Art. 11 V.G.H.G. v. 8. Aug. 1872 zur Anwendung, welcher lautet: Wenn Aenderungen im Bestande von Gemeinden, Distrikten, Kreisen oder Schulverbänden eintreten und sich die Betheiligten über die Theilung oder Auseinandersetzung des Gemeinde-, Distrikts-, Kreis- oder Schulvermögens, oder über die Rechte und Pflichten in Bezug auf bestehende Anstalten nicht gütlich zu einigen vermögen, so tritt in letzterer Beziehung schiedsrichterliche Entscheidung ein.

Diese steht zu:

1) einer von dem kgl. Staatsministerium des Innern delegirten Kreisregierung, Kammer des Innern, in denjenigen Fällen, in denen eine Gemeinde, welche einer Kreisregierung unmittelbar untergeordnet ist, eine Distrikts- oder Kreisgemeinde betheiligt erscheint;
2) einem von der vorgesetzten Kreisregierung delegirten Bezirksamte in allen übrigen Fällen.

Gegen diese Entscheidung der Kreisregierung, beziehungsweise — in den Fällen der Ziff. 2 — des Bezirksamts findet Berufung an den Verwaltungsgerichtshof statt, welcher in letzter Instanz entscheidet. (Vergleiche in dieser Beziehung auch Bl. f. adm. Pr. Bd. 20 S. 246, bezüglich des Einflusses auf das Heimathrecht Bl. f. adm. Pr. Bd. 14, S. 54, desgl. Bd. 15. S. 90.)

Diese Bestimmung gilt auch gemäß Art. 12 l. c. für die Ortschaften.

Bei solchen Vermögens-Auseinandersetzungen ist die Zuständigkeit der bürgerlichen Gerichte stets ausgeschlossen: Comp. Konfl. Erk. Reg.Bl. 1867 S. 841, 1870 S. 34.

Bei Art. 11 l. c. handelt es sich um eine Art actio communi dividendo und ist ex aequo et bono zu entscheiden.

Art. 11 bezieht sich nicht auf die Auseinandersetzung eines mehreren Gemeinden oder Ortschaften gemeinsamen Eigenthums; eine solche Gemeinschaft ist ein rein bürgerliches Rechtsverhältniß und daher von den bürgerlichen Gerichten zu entscheiden.

Ein durch Aenderung der Gemeindegrenzen entstandener Ausfall von Gemeindeumlagen, Bieraufschlag und Jagdpachtschillingen fällt nicht unter den Begriff des Gemeindevermögens im Sinne des Art. 11 V.G.H.G. (V.G.H.E. Bd. XIV S. 96.) Art. 26 ist maßgebend. Nur ein gemeinsames Vermögen, das schon bisher bestanden hat und jetzt im schiedsrichterlichen Wege auseinandergesetzt werden soll, gehört hieher.

Nach Art. 12 V.G.H.G. gilt Art. 11 auch von den zu einer Gemeinde vereinigten Ortschaften; die betheiligten Ortschaften werden hier von den Ortsausschüssen und in Ermangelung solcher durch die Versammlung der in den betreffenden Orten wohnenden Bürger vertreten. Die Bestellung eines Prozeßbevollmächtigten durch die Gemeinde nach Art. 19 V.G.H.G. ist unzulässig; das Beschwerderecht steht hier nur der gesetzlichen Vertretung der Ortschaft zu. (V.G.H.E. Bd. XIII S. 370.)

Anm. 11. Zu Abs. IV: Das Gesetz spricht nur von freiwilliger Auflösung; doch können die Betheiligten auch außerdem ihre erforderliche Zustimmung von Regelung der Heimathverhältnisse abhängig machen. (Kahr, Comm. z. G.O. S. 93.)

Zustimmung des bloß Heimathberechtigten ist nicht verlangt; Zuweisung an eine fremde, unbetheiligte Gemeinde kann aber nur mit Zustimmung der Heimathberechtigten erfolgen. Kahr, l. c. S. 103.

Art. 5.

I. Jeder Ortschaft, welche bisher ein eigenes Gemeinde- oder Stiftungsvermögen besessen hat, verbleibt ihr ausschließendes Eigenthumsrecht und, soweit nicht durch Verträge anders bestimmt ist, das Recht gesonderter Verwaltung und Benützung.

II. Ebenso bleiben die bestehenden Rechte unverändert, wenn ein eigenes Gemeinde- oder Stiftungsvermögen zu dem Vermögen einer dem Gemeindeverband einverleibten Markung oder eines einzelnen Gemeindebezirks gehört.

III. Die Bestimmung des Abs. I findet auch dann Anwendung, wenn die Vereinigung mehrerer Ortschaften oder Gemeinden, sowie die Einverleibung abgesonderter Markungen in einen Gemeindebezirk nach Maßgabe des gegenwärtigen Gesetzes stattfindet.

Anm. 1. Die Verhältnisse der innerhalb der politischen Gemeinde bestehenden Ortschaften werden durch Art. 5 in vermögensrechtlicher, durch Art. 153 in administrativer Beziehung behandelt. Diese Scheidung wird auch im Folgenden auseinanderzuhalten sein.

Anm. 2. Die Ortschaft als solche ist keine Gemeinde im Sinne des öffentlichen Rechts, wohl aber ein Verband des öffentlichen Rechts hinsichtlich der der Ortschaft zur ausschließlichen Besorgung überwiesenen Angelegenheiten. Art. 5 spricht nur von den Ortschaften mit eigenem Vermögen.

Zum Begriff der Ortschaft allerdings ist das Vorhandensein einer besonderen Ortsflur, nicht aber auch der Bestand eines örtlichen Sondervermögens unerläßlich;

auch Stadtgemeinden können Ortschaften in sich schließen und es kann auch in einem solchen Gemeindeverband der Stadt selbst die rechtliche Stellung einer Ortschaft zukommen. (B.G.H.E. Bd. VIII S. 178, 182, Bd. XII S. 252, E. d. ob. G.H. Bd. V S. 4.)

Die Ortschaften sind gemeindliche Konkurrenzbezirke und sie können in privatrechtlicher Beziehung, wenn sie eigenes Vermögen besitzen, als Inhaber dieses Vermögens juristische Personen wie die politischen Gemeinden sein. (E. d. ob. G.H. Bd. V S. 3.)

Ortschaftsangehörige sind dann jene Gemeindebürger, die innerhalb des Ortsbezirkes wohnen, Ortsflur ist eine Unterabtheilung der Gemeindeflur.

Soweit bezüglich der Stellung der Ortschaften im bürgerlichen Rechte keine Regelung durch die G.O. von 1869 getroffen ist, sind die Bestimmungen der bürgerlichen Gesetze maßgebend; aufgehoben sind alle älteren Rechtsnormen, welche an sich öffentlich-rechtlicher Natur sind und in das von der G.O. erschöpfend geregelte Gebiet fallen.

Die vermögenslose Ortschaft hat keinen Antheil am Gemeindevermögen; es sind ihr nur einzelne auf Herkommen beruhende Aufgaben der öffentlichen Verwaltung zur selbstständigen Wahrnehmung übertragen; sie besitzt als solche keine Gemeindebehörde, nur ausnahmsweise Besteuerungsrecht, kein Recht Aufschläge einzuführen; (M.E. v. 15. Dez. 1879 Nr. 11723); eine selbstständige Verwaltung hat nur die mit Vermögen ausgestattete Ortschaft; diese Verwaltung ist nur eine Vermögensverwaltung.

Den Bedarf für die Erfüllung von Aufgaben, welche von den Ortschaften selbstständig besorgt werden, (öffentliche Lasten z. B. Wegbauten), haben die Ortschaften aufzubringen; primäres Deckungsmittel ist der Ertrag des Ortschaftsvermögens; reichen seine Renten nicht aus, so können in diesem Falle in der Ortschaft Umlagen zur Erhebung gelangen, wobei alle jene, die in der Ortschaft mit einer direkten Steuer angelegt sind, auch dann konkurrenzpflichtig sind, wenn sie nicht in der Ortschaft wohnen. (Bl. f. adm. Pr. Bd. 44 S. 129 ff.) Ueber Ortschaftsumlagen beschließt die Ortsversammlung. Eine Beschränkung der Umlagenpflicht für die Bedürfnisse der politischen Gemeinde darf nicht Platz greifen. (B.G.H.E. Bd. IX S. 7.)

Anm. 3. In Art. 5 handelt es sich um den Fall, wenn zwei oder mehrere Ortschaften zu einer Gemeinde vereinigt sind und die eine oder andere Ortschaft noch gesondertes Vermögen besitzt; das Organ für diese Verwaltung ist durch Art. 153 geschaffen.

Anm. 4. Die Erträgnisse des Sondervermögens sind unter den allgemeinen gesetzlichen Voraussetzungen bestimmt, den auf die Ortschaft entfallenden Antheil an den gemeinsamen Lasten und die weiteren besonderen Bedürfnisse der Ortschaft zu decken. (B.G.H.E. Bd. VIII S. 185.) Die politische Gemeinde hat hierauf keinen Anspruch.

Bürgeraufnahmegebühren, Heimathgebühren, indirekte Steuern stehen immer nur der Gesammtgemeinde zu, nicht aber Bürgerrechtsgebühren für ortschaftliche Nutzungen.

Anm. 5. Die Theilung einer Gemeinde in Ortschaften hat in privatrechtlicher Beziehung die Bedeutung, daß die Ortschaft Rechtssubjekt eines besonderen Gemeindevermögens ist, nämlich eines für Gemeindezwecke innerhalb der Ortschaft bestimmten Vermögens, und daneben eines besonderen Vermögens für rein ortschaftliche Zwecke sein kann; eine Gemeindezutheilung läßt die Rechte der Ortschaft an solchem Vermögen unberührt; der Bestand von Ortschaften hat aber auch die Bedeutung, daß die gemeindliche Vereinigung keine Vermögensgemeinschaft zwischen den Ortschaften erzeugt, daß also insbesondere die einer Gemeinde neu hinzutretenden vermögenslosen Ortschaften keinen Antheil am Gemeindevermögen erhalten. (Seydel, b. Staatsrecht, Bd. III S. 71.) Es erhält aber hiedurch das Vermögen der Hauptgemeinde den Charakter eines Ortschaftsvermögens.

Die Erträgnisse des ortschaftlichen Vermögens sind nicht nur für ortschaftliche, sondern auch für gemeinsame gemeindliche Bedürfnisse unter den gleichen Voraussetzungen wie die Erträgnisse des gemeindlichen Vermögens zu verwenden; den Maßstab für die Rentenzuschüsse an die Gemeinde bildet der Steuerfuß. (V.G.H.E. Bd. V S. 97 u. Bd. IV S. 745, letztere besonders mit Bezug auf die Armenlasten.)

Wenn über die Verwendung der Erträgnisse eines angeblichen Ortsvermögens zur Deckung von Bedürfnissen der politischen Gemeinde Streit entsteht, so kann verwaltungsrechtlich zwar nicht über den Bestand eines Ortsvermögens bezw. über das Eigenthum an dem als Ortsvermögen bezeichneten Gegenstande, wohl aber darüber Entscheidung getroffen werden, ob eine ausgeschiedene Ortsflur und folgeweise eine besondere Ortschaft vorhanden sei. (Bd. VIII S. 178.)

Was insbesondere die öffentliche Armenpflege anlangt, so obliegt dieselbe den politischen Gemeinden, nie den Ortschaften; eine Ortschaft, welche bisher ein eigenes Armenhaus besessen hat, kann gesetzlich nicht angehalten werden, dasselbe der politischen Gemeinde für die öffentliche Armenpflege zur Verfügung zu stellen, sondern ist nur verpflichtet, dieses Gebäude wie jedes andere Gemeindegebäude in gutem Zustande zu erhalten, soweit nicht andere Baupflichtverhältnisse bestehen. (Bd. II S. 441.)

Anm. 6. Auch ein Dritter kann, selbst wenn er nicht Gemeindeangehöriger ist, dennoch Mitbetheiligter am Ortsgemeindeeigenthum sein; die erst durch das Gemeindeedikt von 1818 geschaffene Bildung der heutigen Gemeinden ließ die privatrechtlichen Verhältnisse unberührt.

Anm. 7. Aus dem Inhalt des Art. 5 ergibt sich, daß nur bestehende Rechtsverhältnisse erhalten, neue nicht geschaffen werden wollten. Den unter Vorbehalt gesonderten Vermögens zu einer Gemeinde vereinigten Ortschaften steht es jederzeit frei, noch nachträglich ihr Vermögen zusammenzuwerfen.

Durch Abs. I ist auch die fernere Zulässigkeit von Verträgen konstatirt, nach denen nicht bloß die Verwaltung und Benützung, sondern das Vermögen selbst zu einer gemeinsamen Angelegenheit der Gesammtgemeinde gemacht werden kann.

Abgesehen vom Falle des Art. 153 Abs. 9 ist notarielle Verlautbarung solcher Verträge nicht nöthig; die aufsichtliche Genehmigung richtet sich nach Art. 159 Abs. I Ziff. 1.

Ueber die Frage, ob nicht in Ansehung der für öffentliche Zwecke bestimmten ortschaftlichen Anstalten, z. B. Rathhaus, Armen-, Kranken-, Schulhäuser, Wege ꝛc. eine Gemeinschaft der Benützung eintreten solle, siehe Ausführliches bei Kahr, l. c. S. 120. Der V.G.H. (Bd. II S. 441) stellt sich auf den Standpunkt, den Ortschaften auch in Ansehung ihrer öffentlichen Zwecken dienenden Anstalten und Einrichtungen das Recht gesonderter Benützung zuzugestehen. Kahr (S. 121 ff.) äußert sich dahin, daß diese Auffassung dem natürlichen Rechtsgefühle und den Bedürfnissen nicht entspreche; er sagt S. 122: „Ortschaftliche Anstalten und Einrichtungen, welche seither Zwecken gedient haben, die nach Maßgabe des Art. 153 Abs. 1 und 2 überhaupt oder nach den in der betreffenden Gemeinde zu Recht bestehenden besonderen Vereinbarungen oder Herkommen, bezw. mit Rücksicht auf die Gemeinschaft des Bedürfnisses zu den gemeinschaftlichen Angelegenheiten der Gesammtgemeinde zu rechnen sind, haben auch fortan den gemeinschaftlichen Aufgaben der Gesammtgemeinde zu dienen, wogegen letztere gemäß Art. 153 Abs. 1 u. 2 bezw. Art. 38 auch die Kosten, welche für die der gemeinsamen Aufgabe entsprechende Unterhaltung oder für Verbesserungen erwachsen, zu bestreiten hat." Unseres Erachtens sind beide Ansichten zu allgemein gefaßt und kann nach den besonderen Verhältnissen die eine oder die andere zutreffen.

Wenn z. B. einer Gemeinde mit Rathhaus eine Ortschaft zugetheilt wird, dient das Rathhaus nach wie vor seinem Zwecke für die ganze Gemeinde, ein Schulhaus wird ein solches bleiben zur Benützung nach Maßgabe der Schulgesetze, die Frage des Uebergangs ins Gesammtgemeindeeigenthum wird aber immer durch Vertrag zu regeln sein.

Anm. 8. Ueber Vereinigung von Ortschafts- mit Gemeindevermögen s. Bl. f. adm. Pr. Bd. 38 S. 209, über Verwendung des Ortschaftsvermögens zu den Bedürfnissen der politischen Gemeinde: eod. Bd. 22 S. 257, 261; Seydel, bayr. Staatsrecht, Bd. 4 S. 474. Hiebei wird folgendes speziell bemerkt:

Maßgebend sind die allgemeinen Grundsätze des Gemeinderechts. Seitens der Gemeinde hat die kollegiale Gemeindebehörde kraft ihrer allgemeinen Vetretungsbefugniß Beschluß zu fassen, auf Seite der Ortschaft aber ist ein Beschluß der Ortsversammlung nöthig. Nach Art. 153 noch ²/₃ Majorität. Die Vereinigung des Ortschaftsvermögens mit dem Gemeindevermögen zu Eigenthum oder zu Benützung hat mittels Vertrages zu geschehen, wobei freies Vertragsrecht maßgebend, aufsichtliche Genehmigung jedoch nicht zu umgehen ist. Erforderlich sind zustimmende Beschlüsse der Gemeindekollegien, bezw. ²/₃ Majorität der Gemeindebürger einerseits und mindestens ²/₃ der im Orte wohnenden Bürger andererseits.

Anm. 9. Abs. II hat jene Fälle im Auge, in welchen eine Markung, die einem Gemeindeverbande einverleibt ist, im Besitze eines eigenen Vermögens ist, oder wo in der nämlichen Gemeinde (z. B. in einer Stadt) ein Theil (z. B. die Bewohner der Altstadt) ein eigenes Vermögen hat, ohne daß eine lokale Trennung der Bewohner vorhanden ist. (St.B. Nr. 104 S. 10.)

Anm. 10. Ueber Ortsnamen s. Kahr, Comm. S. 116. Ueber Feldgeschworene s. Art. 12 des Vermark.Ges. vom 16. Mai 1868.

Anm. 11. Ueber Ortschaften mit einer gewissen Sonderstellung ohne Ortschaftsvermögen nach Art. 153 Abs. X siehe das Nähere bei diesem Artikel.

Anm. 12. Ueber Ortschaftsrecht s. eingehende Erörterung in den Bl. f. adm. Pr. Bd. 44 S. 129.

Anm. 13. Wenn in einer politischen Gemeinde Umlagen erhoben werden, so haben die hiezu gehörigen Ortschaften die Renten ihres Ortsvermögens, — abgesehen vom Falle des Art 32 Abs. I — nicht nur zur Deckung des Bedarfs für ihre örtlichen Sonderzwecke, sondern auch zur Bestreitung des auf ihre Angehörigen treffenden Antheils an den Ausgaben der politischen Gemeinde d. h. zur Bestreitung der auf sie repartirten Gemeindeumlagen zu verwenden. (V.G.H.E. Bd. XIX S. 220.)

Art. 6.*)

I. Mehrere benachbarte, demselben Distriktsverbande angehörige Gemeinden können in eine Bürgermeisterei vereinigt werden.

II. Bei vorhandener Zustimmung der Gemeindeausschüsse sämmtlicher betheiligter Gemeinden genügt für Bildung, Veränderung oder Wiederauflösung solcher Verbände die Genehmigung der Kreisverwaltungsstelle; in Ermangelung allseitiger Zustimmung kann hierüber nur nach Vernehmung der Betheiligten und des betreffenden Distriktsrathsausausschusses durch das Staatsministerium des Innern verfügt werden.

Anm. 1. Zur Erfüllung gemeinsamer Zwecke kann eine Mehrheit von politischen Gemeinden miteinander in Verbindung treten; diese Verbindung kann entweder eine dauernde oder eine nur widerrufliche sein. Zu ersterer gehört die aus dem pfälzischen Rechte stammende Bürgermeisterei des Art. 6; diese kann nur Gemeinden mit Landgemeindeverfassung, welche aneinander grenzen und zu einem und demselben Distrikte gehören, begreifen; körperschaftliche Verbände werden hiedurch nicht begründet, vielmehr bleiben die einzelnen Gemeinden selbstständig unter der Verwaltung ihrer eigenen Gemeindebehörden; Art. 150 Abs. 4 statuirt die einzige Möglichkeit einer gemeinschaftlichen Thätigkeit der verbundenen Gemeinden mittels der kollegialen Gemeindebehörden, während im übrigen (Art. 150 Abs. 2 u. 3) das gemeinsame Verwaltungsgebiet nur soweit reicht, als der amtliche Wirkungskreis des (einzigen) Bürgermeisters der vereinigten Gemeinden.

Zweck des Art. 6 ist die Gewinnung tüchtiger Organe für die Leitung der Verwaltungsgeschäfte, insbesondere für Handhabung der Ortspolizei. Die Selbstständigkeit der vorhandenen Gemeinden bleibt unberührt, weil auch fortan jede Gemeinde ihre eigene Vertretung zu bestellen und ihre Angelegenheiten selbst zu verwalten hat. Maßgebend war weiterhin die Rücksicht auf die leichtere und bessere Erfüllung der Staatsaufgaben, die den Gemeinden zugewiesen sind, und die Thatsache, daß der Mechanismus der öffentlichen Verwaltung durch eine zu große Zahl von Gemeinden sehr erschwert ist. (Mot.)

Eine im Landtag 1870 beantragte (Antrag des Abg. Freitag) Abänderung des vorwürfigen Artikels wurde im Landtagsabschiede vom 18. Februar 1871 (Ges.-Bl. 1870/71 S. 297 § 15) mit dem Bemerken abgelehnt, daß ein dringendes praktisches Bedürfniß für eine derartige Aenderung nicht bestehe und daß die oberste Aufsichtsbehörde angewiesen sei, dafür zu sorgen, daß bei dem Vollzuge des Art. 6 den Beschlüssen der betheiligten Gemeinden möglichste Berücksichtigung zugewendet werden. (Weber, Bd. VIII S. 711.)

Vereinigungen der Gemeinden zu gemeinsamer Erfüllung einzelner Zwecke, wobei bez. Kündbarkeit dieselben Grundsätze gelten wie bei ihrer Eingehung, sind in anderen Gesetzen beispielsweise zugelassen und zwar nach:

---

*) Dieser Gesetzesartikel ist bisher ein frommer Wunsch geblieben, noch nicht wirksam geworden und hat auch die Staatsregierung auf seine Durchführung nicht bestanden.

Art. 17 Abs. 2 des Armengesetzes vom 29. April 1869, wonach benachbarte Gemeinden sich nach freier Uebereinkunft zur gemeinsamen Herstellung von Einrichtungen für die öffentliche Armenpflege verbinden können;

Art. 37 des Distriktsrathsgesetzes vom 28. Mai 1852, wonach einzelnen Gemeinden vorbehalten bleibt, für Unternehmungen und Einrichtungen, die ihren ausschließlichen Gemeindenutzen betreffen, oder bezüglich welcher ihnen ausschließliche Verpflichtungen obliegen, unbeschadet der Bestimmungen des gegenwärtigen Gesetzes (d. h. der Zuständigkeit der Distriktsgemeinden) in besondere Verbindung zu treten oder in solcher zu verbleiben.

Derartige Verbindungen sind öffentlich-rechtlicher Natur. Eventuelle Streitigkeiten sind Verwaltungsrechtssachen. (Art. 8 Ziff. 22 V.G.H.G.)

Diesseits des Rheins können benachbarte Landgemeinden gemeinsame Gemeindeschreiber und Einnehmer, gemeinsame Bedienstete für die Ortspolizei, den Flurschutz und den Forstschutz aufstellen. (Art. 129 Abs. 2 und 3, Art. 141 Abs. 6 G.O.)

Anm. 2. Zu Abs. I: **Nur Nachbargemeinden desselben Distrikts, nicht bloß desselben Bezirksamts können eine Bürgermeisterei bilden. Die Bürgermeisterei soll** der Regel nach den Namen der meistbevölkerten Gemeinde führen. (Kahr, Comm. z. G.O. S. 132.)

Anm. 3. Abs. II: **Bei allseitiger** Zustimmung genügt die Genehmigung der Kreisregierung, welche jedoch ihre Genehmigung nach freiem Ermessen versagen kann, denn das Gesetz sagt bloß „genügt“, es bestimmt nicht kategorisch: es muß die Genehmigung ertheilt werden; hieraus ergibt sich auch die Unzuständigkeit des Verwaltungsgerichtshofes.

In Ermangelung allseitiger Zustimmung entscheidet das Ministerium des Innern nach freiem Ermessen: will das Ministerium die Errichtung genehmigen, so müssen die Betheiligten und der Distriktsrathsausschuß gehört werden; Zustimmung ist nicht erforderlich; will das Ministerium jedoch die Errichtung von vorneherein ablehnen, so brauchen dieselben nicht einmal gehört werden. Unter keiner Bedingung kann gegen den Willen aller Betheiligten die Bildung einer Bürgermeisterei erfolgen.

Anm. 4. In Bürgermeistereien ist der Bürgermeister die Ortspolizeibehörde für die ganze Bürgermeisterei. In der Gemeinde seines Wohnortes hat er alle gesetzlichen Obliegenheiten eines Bürgermeisters zu erfüllen. In den übrigen Gemeinden ist er berechtigt, alle nicht polizeilichen Geschäfte des Bürgermeisters vorzunehmen, soferne nicht die Gemeinde seines Wohnorts bei einer Angelegenheit im entgegengesetzten Interesse betheiligt ist. (Vergleiche im übrigen Art. 150 und 151 G.O. u. Seydel, bayer. St.R. Bd. III S. 63, 167, 168, 233.)

Anm. 5. Vgl. M.E. v. 18. Juli 1869, Bildung der Bürgermeistereien betr. (Mfr. Kr.A.Bl. S. 1328 und Weber Bd. VIII S. 237), M.E. v. 26. Oktbr. 1869 gleichen Betreffs, (abgedr. in Kr.A.Bl. und Weber Bd. VIII S. 418), M.E. v. 24. Juni 1878 gleichen Betreffs, (Weber Bd. XII S. 355), M.E. v. 4. Jan. 1870 das Halten des Kreisamts- u. Gesetzblattes in Bürgermeistereien betr., (abgedr. in Kr.A.Bl. u. Weber Bd. VIII S. 469); hienach genügt das Halten desselben seitens des Bürgermeisters; s. auch M.Bek. v. 8. Okt. 1875, G.V.Bl. S. 626, aut. M.E. v. 24. Juni 1878 Nr. 7895; s. Pözl, Lehrbuch der bayer. Verf.-Rechtes u. Bl. f. adm. Pr. Bd. 22 S. 43.

Anm. 6. Die Verwaltung einer Bürgermeisterei richtet sich nach Art. 150 ff. G.O., über Wahlen s. Art. 198 eod., über Disciplin Art. 166 eod.

Art. 7.

Streitigkeiten über Gemeindemarkungs- und Flurgrenzen werden im gewöhnlichen Instanzenzuge durch die Verwaltungsbehörden entschieden, unbeschadet der richterlichen Zuständigkeit hinsichtlich der etwa hiedurch berührten Privatrechte.

Anm. 1. Bei Grenzstreitigkeiten im vorstehenden Sinne handelt es sich um eine doppelte Zuständigkeit: a) zivilrichterliche, [1]) verwaltungsrichterliche Zuständigkeit. Nach den Motiven zum Gesetzentwurfe fallen der zivilrichterlichen Zuständigkeit anheim:

a) alle Streitigkeiten zwischen Grundbesitzern über die Grenzen ihres Privateigenthums, auch wenn diese Grenzen mit denen des Gemeindebezirks zusammenfallen;

b) Streitigkeiten über die Grenzen derjenigen Grundstücke, welche sich im Privateigenthum der Gemeinden als juristischen Personen befinden;

c) die Entscheidungen über die räumlichen Grenzen für die Ausübung privatrechtlicher Nutzungsberechtigungen, z. B. von Weiderechten.

Die Gerichte sind in der Würdigung der Folgerungen aus dem in der Entscheidung der Verwaltungsbehörde kraft eigener ausschließender Kompetenz festgestellten Faktum unabhängig.

(Die Frage, ob eine Markungsgrenze im öffentlichen Interesse angemessen bestimmt wurde, ist niemals Gegenstand zivilrichterlicher Judikatur. Comp. Confl. Erk. v. 11. April 1860, Reg.Bl. S. 411.)

Von der verwaltungsrichterlichen Zuständigkeit handeln Art. 8 sowie Art. 10 V.G.H.G. Gemäß Art. 8 Ziff. 25 l. c. sind Verwaltungsrechtssachen alle bestrittenen Rechtsansprüche und Verbindlichkeiten, welche die Zugehörigkeit von Grundstücken zu einem Gemeindeverband, dann Gemeindemarkungs- und Flurgrenzen betreffen.

Durch den Beisatz: „Zugehörigkeit von Grundstücken zu einem Gemeindeverband" sind auch Streitigkeiten darüber getroffen, ob gewisse Grundstücke (größere Waldungen, Freigebirge) nach Art. 3 G.O. eine abgesonderte Markung bilden; hiebei ist der faktische und rechtliche Zustand zur Zeit des Inkrafttretens der Gemeindegesetzgebung vom Jahre 1818 maßgebend. Unberührt bleiben aber die in Art. 4 G.O. dem Staatsministerium eingeräumten Befugnisse. Streitigkeiten über Art und Weise der Zutheilung eines Grundstückes oder Anwesens zu einer politischen Gemeinde und über das Maß der hieraus entspringenden Ansprüche und Verbindlichkeiten gehören nicht hieher. (V.G.H.E. Bd. IX S. 3 und Bd. VI S. 70.)

Soweit hiebei die Distriktsverwaltungsbehörden I. Instanz bilden, geht die Berufung gegen ihre Entscheidungen unmittelbar an den Verwaltungsgerichtshof. (Art. 9 l. c.) Maßgebend ist das forum rei sitae.

Ferner ist der Verwaltungsgerichtshof zuständig bei Bescheidung von Beschwerden gegen Verfügungen der Kreisregierungen, wenn Rechtsverhältnisse der nicht zu einem Gemeindeverbande gehörigen Markungen in Frage stehen, soweit es sich nicht um Verwaltungsrechtssachen des Art. 8 handelt. (Art. 10 Ziff. 4 l. c.)

Die verwaltungsrichterliche Thätigkeit erstreckt sich nicht auf die Prüfung der Zweckmäßigkeit und Begründetheit der administrativen Entscheidung, wohl aber auf die Auslegung ihres Inhalts und auf Kompetenzmäßigkeit.

Die Bildung und Umbildung von Gemeindebezirken ist immer ein von reinen

Zweckmäßigkeitsgründen geleiteter Akt der Regierungsgewalt; soweit insbesondere der Vollzug der Art. 3 Abs. 4 und Art. 4 G.O. in Betracht kommt, trifft Art. 8 Ziff. 25 nicht zu, wohl aber, wenn über die Grenzlinie, welche einer bestehenden Markungsbildung entspricht, Streit entsteht. Ferner trifft Ziff. 25 nicht zu in Fällen, wo die Zugehörigkeit eines Grundstücks zu einer politischen Gemeinde feststeht und nur darüber Streit entsteht, ob dasselbe nur in Ansehung der polizeilichen Verwaltung, oder auch vermögensrechtlich zugetheilt worden ist. (V.G.H.E. Bd. VI S. 70, Bd. VIII S. 184), hingegen greift Ziff. 25 l. c. Platz bei Streitigkeiten darüber, ob einem Grundstücke ausmärkische Eigenschaft zukommt und bei Streitigkeiten über die Grenzen ausmärkischer Besitzungen gegenüber Gemeindeverbänden.

Der Ausdruck „Flurgrenzen" in Ziff. 25 umfaßt die von der G.O. aufrecht erhaltenen Grenzen der bestehenden Ortsfluren, die in den Fällen der Art. 45 und 143 der G.O., dann Art. 2 des Flurbereinigungsgesetzes vom 29. Mai 1866 (G. u. V.Bl. 1899 S. 507) von Bedeutung sein können. Bloße Waldflurgrenzstreitigkeiten haben meistens (z. B. wegen eines Weiderechtes) zivilrechtlichen Charakter, wenn sie auch im übrigen von Art. 8 Ziff. 25 V.G.H.G. nicht ausgeschlossen sind.

Die von einer Gemeinde in früheren Erklärungen ausgesprochene Anerkennung der Zugehörigkeit eines Grundstücks zur Markung einer politischen Gemeinde kann die nachträgliche Anhängigmachung eines Verwaltungsrechtsstreites über diese Markungszugehörigkeit nicht ausschließen. (V.G.H.E. Bd. VIII S. 87.)

Anm. 2. Ueber die präjudizielle Natur der Frage der Zugehörigkeit eines Grundstückes zu einer Gemeindemarkung spricht sich die Praxis des V.G.H. konsequent dahin aus, daß vorerst die Zugehörigkeit des Grundstückes rechtskräftig feststehen muß, ehe auf die Beantwortung der Konsequenzen hieraus eingegangen werden kann. Bemerkenswerth sind insbesonders folgende V.G.H.E.:

Wenn die Konkurrenzpflicht einer Person zu den Umlagen einer Gemeinde wegen Grundbesitzes im Gemeindebezirk in Anspruch genommen, von derselben jedoch die Voraussetzung der Umlagenpflicht, nämlich die Zugehörigkeit des fraglichen Grundbesitzes zur Markung der betreffenden politischen Gemeinde bestritten wird, so liegt eine Verwaltungsrechtssache nicht des Art. 8 Ziff. 30, sondern des Art. 8 Ziff. 25 des Gesetzes vom 8. August 1878 vor, und hat sich hienach das Verfahren zu bemessen. (Bd. I S. 365.)

In einem in zuständiger Weise erlassenen verwaltungsrechtlichen Bescheide über die Gemeindeumlagenpflicht eines Grundstückes, dessen Zugehörigkeit zur Markung der politischen Gemeinde bestritten wird, kann auch die Entscheidung über die präjudizielle Markungsfrage als mitinbegriffen erachtet werden. (Bd. VI S. 11.) Vgl. noch über Markungsangehörigkeit von Gemeindeverbindungswegen: Bd. I S. 278.

Anm. 3. Art. 10 Ziff. 4 V.G.H.G. kann in Frage kommen, wenn die Verpflichtung der Markungsbesitzer zu örtlichen Sicherheitsmaßregeln, Errichtung von Sicherheitsgeländern, Sorge für die Beerdigung aufgefundener Leichen in Betracht kommt.

Anm. 4. Als „betheiligt" erscheinen in Streitigkeiten über Gemeindegrenzen nur die Gemeinden, bezw. Ortschaften, nicht einzelne Gemeindeangehörige.

Art. 8.

Die Gemeinden haben entweder die städtische oder die Landgemeindeverfassung.

Anm. 1. Während in der Rheinpfalz nur eine Form der Gemeindeverfassung besteht, erschien im diesrheinischen Bayern die Einführung einer gleichen Verfassung in allen Gemeinden unthunlich, da längst bestehende historische Verhältnisse hätten alterirt werden müssen. Ob die von Medicus (G.O. für die Pfalz, Einleitung S. 7) dargestellten Vorzüge der pfälzischen Gemeindeverfassung, namentlich die erleichterte Niederlassung und Bürgerrechtsgewinnung und die Zusammenfassung der Gemeindeverwaltung auch in Städten in der Hand eines einzigen Kollegiums auch für das diesrheinische Bayern günstigen Einfluß geübt hätten, mag dahin gestellt bleiben.

Anm. 2. Der in Art. 8 statuirte Unterschied ist nicht sowohl prinzipieller als formeller und in einigen Beziehungen rein polizeilicher Natur.

Die frühere Eintheilung der Städte in 3 Klassen je nach der Einwohnerzahl, welche bereits infolge der Aufhebung der älteren Wahlgesetze im Jahre 1848 ihre praktische Bedeutung verloren hatte, ist in die G.O. nicht mehr aufgenommen.

Dagegen ist von wesentlicher Bedeutung der Unterschied zwischen mittelbaren und unmittelbaren Städten. (Art. 93 und 98.) Das Nähere über den Unterschied in der Verfassung s. Abth. IV.

Art. 9.

I. Zur Annahme und Beibehaltung der städtischen Verfassung sind jene Gemeinden, welche Stadt- oder Marktrecht erworben haben, berechtigt. Solche Gemeinden sind vorbehaltlich der Bestimmung des Abs. V jederzeit befugt, die Verfassung der Landgemeinden anzunehmen.

II. Ihnen bleibt in diesem Falle der Name Stadt oder Markt mit dem bis dahin geführten Wappen und die Befugniß, ihre frühere Verfassung bei dem Beginne jeder Wahlperiode wieder anzunehmen.

III. Zu jeder derartigen Aenderung ist die Zustimmung von zwei Dritttheilen aller Gemeindebürger und die Anzeige an die vorgesetzte Verwaltungsbehörde erforderlich.

IV. Ein hierauf gerichteter Antrag muß von der Gemeindeverwaltung zur Abstimmung gebracht werden, wenn er von wenigstens dem zehnten Theile der Gemeindebürger oder in Gemeinden mit städtischer Verfassung von den Gemeindebevollmächtigten gestellt ist.

V. Die Einreihung von Landgemeinden in die Klasse der Städte und Märkte mit städtischer Verfassung, der Eintritt einer Stadtgemeinde in die Klasse der den Kreisverwaltungsstellen unmittelbar untergeordneten Städte, sowie der Rücktritt einer solchen Stadtgemeinde in eine andere Klasse von Gemeinden kann nur auf Grund eines mit Zustimmung von zwei Dritttheilen sämmtlicher Gemeindebürger gestellten Antrages der betreffenden Gemeindeausschüsse bezw. Magistrate, durch königliche Entschließung bewilligt werden. In den beiden letzteren Fällen erfolgt die königliche Entschließung nach vorgängiger Einvernehmung des Landrathes.

Anm. 1. Zu Abs. I: Gleichgiltig ist, ob die Erwerbung des Stadt- oder Marktrechtes bereits erfolgt ist oder erst in Zukunft eintritt. Bezüglich der Befugniß, die Verfassung der Landgemeinden anzunehmen, gilt kein Unterschied zwischen größeren oder kleineren Gemeinden; wohl aber ist in Abs. V zwischen den unmittelbaren und mittelbaren Städten zu unterscheiden.

Anm. 2. Zu Abs. II: Die Annahme neuer und die Abänderung bestehender gemeindlicher Wappen ist von königlicher Genehmigung abhängig.

Ueber die Dienstsiegel der Gemeindebehörden: s. Min.-Bekanntmachung vom 20. Nov. 1883, G.V.Bl. S. 461 und vom 23. Febr. 1884, G.V.Bl. S. 73.

Im Laufe der Wahlperiode haben die Gemeinden keinen Anspruch auf die Vornahme einer solchen Umwandlung; Ausnahmen sind selbst aus Zweckmäßigkeitsgründen nie zulässig. (V.G.H.E. Bd. I S. 208.) Auf Grund Art. 10 Ziff. 2 V.G.H.G. kann deshalb auch hier nicht Beschwerde erhoben werden.

Anm. 3. Zu Abs. III: Wer Gemeindebürger ist, erhellt aus der II. Abtheilung der G.O.; s. auch Art. 201. Abs. III statuirt lediglich die Anzeige an das k. Bezirksamt, nicht etwa die Genehmigung desselben. Die Bezirksämter haben jedoch solche Aenderungen den Regierungen, Kammern des Innern, und letztere dem Minister des Innern zu berichten, s. M.E. v. 9. Nov. 1872, die Verwaltung der Stadt- und Marktgemeinden betr. (M.A.Bl. S. 115, Weber Bd. IX S. 565.) Das Bezirksamt hat hiebei auch die formelle Giltigkeit der Beschlüsse zu prüfen. Abs. III bezieht sich übrigens sowohl auf Abs. I als auf Abs. II. Ueber Abstimmung s. Art. 122 und 146 ff.

Anm. 4. Zu Abs. IV: Ein derartiger Antrag muß von der Gemeindeverwaltung auch dann zur Abstimmung gebracht werden, wenn die Gemeindeverwaltung selbst in ihrer Majorität nicht einverstanden sein sollte. (A. A.Pr. S. 700.)

Anm. 5. Zu Abs. V: Die kgl. Entschließung, wodurch einer Landgemeinde die Stadtverfassung gewährt wird, schließt von selbst die Verleihung von Stadtrechten in sich.

Nach der Fassung des Abs. V ist also kgl. Entschließung nicht erforderlich, wenn eine nicht unmittelbare Stadt Landgemeindeverfassung annehmen will.

Die Einvernehmung des Landrathes ist erforderlich, wenn eine Gemeinde mit Stadtverfassung unmittelbar werden will, oder wenn eine unmittelbare Stadt wieder mittelbar werden will. Aus Art. 9 erhellt auch, daß, wenn eine Landgemeinde eine unmittelbare Stadt werden will, sie vorerst oder spätestens gleichzeitig eine Gemeinde mit Stadtverfassung werden muß.

Zu Abs. V vgl. auch Art. 15 k des Landrathgesetzes vom 28. Mai 1852, wornach zum Wirkungskreise des Landraths die Begutachtung in allen Fällen gehört, wo es sich um eine Veränderung in dem Umfange eines Verwaltungsdistrikts handelt.

Im Uebrigen entscheidet das freie Ermessen der Staatsregierung.

Anm. 6. Siehe noch über Wappen und Siegel: M.E. v. 5. Dez. 1818, Weber Bd. I S. 746, aufgehoben durch M.E. v. 24. Nov. 1835, Weber Bd. III S. 48, M.E. v. 10. März 1829, Weber II S. 466, M.E. v. 12. Juli 1830, 25. Juni 1833, 24. Febr. 1835 (München betr.), R.Bl. S. 284, Weber Bd. III S. 15, M.E. v. 15. Dez. 1835, Weber Bd. III S. 50, M.E. v. 22. März 1836 über Siegel, Weber Bd. III S. 59.

II. Abtheilung.

Von den Gemeindebürgern, deren Rechten und Pflichten.

Vorbemerkung.

Die zweite Abtheilung der G.O. behandelt das persönliche Element der Gemeinden im Allgemeinen. Wir finden aber nirgends die Bezeichnung „Gemeindeangehörige“, noch die Bestimmung des Begriffs des Bürgers im Sinne des Gesetzes, vielmehr spricht Art. 10, mit dem Art. 201 zu vergleichen ist, von der Art und Weise des Erwerbs, Art. 11, 13, 15, 20 über die Voraussetzungen des Erwerbes, Art. 12 über das Verleihungsrecht der Gemeinden in Bezug auf das Bürgerrecht, Art. 14 über den Eintritt der Wirkungen des Bürgerrechts bei Nichtbayern, Art. 16 über die Zuständigkeit bei Verleihung desselben, Art. 17 über die Pflicht zum Erwerb desselben, Art. 18 über den Verlust desselben, Art. 19 über Inhalt und Umfang, Art. 21 und 22 über Aufnahmsgebühren und Rückersatz derselben, Art. 23 über Regulierung und Erhebung derselben, Art. 24 über das Ehrenbürgerrecht, Art. 25 über die Vertretung gewisser Gemeindeangehöriger.

Unter „Gemeindeangehörigen“ versteht man begrifflich alle jene Personen — gleichviel welchen Alters oder Geschlechtes —, welche auf Grund ihres Wohnsitzes oder Besitzes von Immobilien zu der Gemeinde in eine dauernde, nicht nur vorübergehende Beziehung getreten sind. Ausgenommen sind hienach alle jene, welche in der Gemeinde, ohne die Absicht sich hierselbst niederzulassen, nur zeitweilig ihren Aufenthalt daselbst nehmen. Hienach gehören zu den Gemeindeangehörigen:

a) die Gemeindebürger: Gemeindeangehörige im engsten Sinne des Wortes mit allen Rechten und Pflichten derselben: jene Gemeindeangehörige, welche in der Gemeinde wohnen, daselbst beheimathet sind und die in Art. 19 Abs. 2 G.O. statuirten Rechte genießen;

b) die in der Gemeinde Heimathberechtigten;

c) jene Personen, welche in der Gemeinde ihren Wohnsitz im civilrechtlichen Sinne des Wortes genommen haben (Mieth- und Inleute des älteren Rechtes). Ueber die rechtlichen Wirkungen des Wohnsitzes s. insbes. Art. 11, 13, 17, 50;

d) jene Personen, welche, ohne in der Gemeinde zu wohnen, daselbst Grundstücke oder Rechte besitzen (Art. 25); diese letzteren aber nur in ganz bestimmten Beziehungen.

Zu Gruppe b: Der Begriff der Heimath hat sich geschichtlich aus dem Armenpflegerechte entwickelt („Bettelpolizei“). Jede Gemeinde hatte nach Reichsrecht ihre Armen selbst zu unterhalten. Damit war der Begriff der Gemeindezugehörigkeit gegeben. Dementsprechend erschien auch die Gemeinde für solche Personen als „polizeilicher Verweisungsort". (Seydel, St.R. Bd. III S. 91.) Für Bayern wurden maßgebend die Vorschriften der Gerichtsordnung von 1753 über das Domizil, dann die Bettelordnungen von 1726, 1770, 1780, die Verordnung vom 22. Februar 1808, durch welche die Armenpflege verstaatlicht wurde, und vom 17. Nov. 1816, durch welche die Armenpflege den Gemeinden wieder zurückgegeben wurde.

Das Gemeindeedikt vom 17. Mai 1818 regelte nur die Erfordernisse der wirklichen Gemeindemitgliedschaft und übertrug den Gemeindebehörden die Aufnahme der Bürger und Schutzverwandten. Mit Entschließung vom 22. Jan. 1822 wurde die Revision aller bestehenden Verordnungen über die Heirathen zum Zwecke der Erleichterung der Verehelichung und Ansässigmachung anbefohlen: schon 1825 gelangten drei Gesetzentwürfe an die Ständeversammlung (über Ansässigmachung und Verehelichung, über Heimath und über das Gewerbewesen) und kam Vereinbarung hierüber zwischen der Krone und Landtag zu Stande. Die Heimath ist von der Armenunterstützungspflicht losgelöst. Die Armenunterstützung wurde aus einer Ursache der Einrichtung der Heimath zu einer Wirkung derselben. Die näheren Bestimmungen dieses Gesetzes (11. Sept. 1825) gehören nicht in den Rahmen dieser Darstellungen. Eine Aenderung im rückläufigen Sinne trat ein durch das Gesetz vom 1. Juli 1834, die Ansässigmachung und Verehelichung betreffend, und dieses hinwiederum wurde durch das Gesetz vom 16. April 1868 aufgehoben, das seinerseits wieder Aenderungen durch die Gesetze vom 23. Februar 1872 und 8. August 1878, sowie durch die Novelle vom 21. April 1884 und neuestens durch das Ausführungsgesetz vom 9. Juni 1899 zum bürgerlichen Gesetzbuche Art. 154 erfuhr.

Unter Heimath versteht man nun die Zugehörigkeit zu einer bestimmten Gemeinde: wer also nicht Heimathberechtigter ist, ist auch nicht Gemeindeangehöriger das Verhältniß der Heimath kann nur gegenüber der Gemeinde als Ganzem, nicht gegenüber einem Bestandtheil derselben bestehen. Die sogenannte uneigentliche oder vorläufige Heimath ist keine Heimath im strengen Sinne des Wortes. Eine mehrfache Heimathangehörigkeit ist rechtlich unmöglich. Dies gilt namentlich auch für die Fälle des Art. 15 G.O.

Neben obigen Gesetzen, die in enger Beziehung zur Gemeindegesetzgebung stehen, liefen die Gemeindegesetze her. (Siehe hierüber Einleitung.)

Was nun das Gemeindebürgerrecht anlangt, so bestimmt zunächst das Gemeindeedikt von 1818:

> Wirkliche Mitglieder sind in der Regel nur diejenigen, welche im Gemeindebezirke ständigen Wohnsitz oder ein häusliches Anwesen haben und zugleich darin entweder besteuerte Gründe besitzen oder besteuerte Gewerbe ausüben. Gemeindebürger, welche in der Gemeinde Haus und Gründe besitzen, ohne daselbst zu wohnen, müssen einen Vertreter zur Ausübung ihrer Mitgliedschaftsrechte aufstellen.

Die Novelle vom Jahre 1834 nahm eine Eintheilung von den einem Gemeindebezirke angehörigen, aber mit Gemeindebürgerrecht nicht begabten Personen in verschiedene Klassen vor.

A. Wirkliche Gemeindebürger sind demnach:

1. alle, welche in der Gemeinde ein häusliches Anwesen besitzen, wobei es auf weitere persönliche Qualifikation und den Wohnsitz nicht ankommt;

2. alle, welche in der Gemeinde wohnen und zugleich besteuerte Gründe besitzen oder daselbst besteuerte Gewerbe ausüben.

B. Die nicht mit Gemeindebürgerrecht begabten Personen zerfallen:

1. in die Schutzverwandten oder Passivbürger; diese hießen
   α) in Städten und Märkten: Insassen;
   β) in Landgemeinden: Beisassen.

   Zu den Schutzverwandten werden alle diejenigen gerechnet, welche in der Gemeinde auf einen anderen Titel hin ansässig sind, als auf einen derjenigen, die das aktive Bürgerrecht begründen, (Lohnerwerb, Staatsdienst). Diese Klasse hat keinen Theil an der Gemeindeverwaltung, wohl aber, soweit nicht Vorzugsrechte der Vollbürger entgegenstehen, Theil am Genusse der Gemeindeanstalten;
2. die ohne Ansässigkeit Heimathberechtigten;
3. die Mieth- oder Inleute, solche, die ohne Ansässigkeit lediglich in der Gemeinde wohnen;
4. die Gemeindeforensen oder Ausmärker, die zur Gemeinde nur in einer dinglichen Beziehung stehen.

Das Nähere über die gegenwärtige Gesetzgebung in den folgenden Artikeln.

Was noch speziell die Ueberschrift zu Abth. II betrifft, so war ursprünglich der Ausdruck „Gemeindeangehörigkeit" gewählt. Hievon ging man im Laufe der Berathungen des Gesetzes ab; mit Recht; denn die Abth. II spricht ja nur von Bürgern, und die Gemeindeangehörigkeit ist ein weiterer Begriff als das Bürgerrecht. Jeder Bürger ist Gemeindeangehöriger und in einer Gemeinde beheimathet, aber nicht jeder Einwohner, wenn auch in der Gemeinde beheimathet und nicht jeder Gemeindeangehöriger ist Gemeindebürger.

Das Reichsgesetz vom 1. Juni 1870 über den Erwerb und Verlust der Bundes- und Staatsangehörigkeit regelt infolge des Grundsatzes, daß die Reichsangehörigkeit durch die Staatsangehörigkeit begründet wird, die Gründe der Erwerbung und des Verlustes der letzteren und verleiht hiedurch subjektive Rechte, welche allgemein der Verwaltungsgerichtsbarkeit unterstellt sind. Nicht minder sind die Ansprüche auf Anerkennung des Bürgerrechts allenthalben Gegenstand der Verwaltungsrechtsprechung.

Verwaltungsrechtssachen sind nach Art. 8 V.G.H.G. alle bestrittenen Rechtsansprüche und Verbindlichkeiten in nachbenannten Angelegenheiten:

Ziff. 1: Erwerbung und Besitz der Bundes- und Staatsangehörigkeit, Entlassung aus dem Staatsverbande.

Ziff. 26: Gemeindebürgerrecht und Heimathrecht; Stimmrecht in Gemeindeangelegenheiten.

Ziff. 27: Bürgeraufnahme-, Gemeinderechts- und Heimathgebühren.

Unter Ziff. 26 fällt sowohl die Frage des Erwerbes, und zwar nicht bloß das Recht, sondern auch die Pflicht des Erwerbes, als auch die Frage des Besitzes und Verlustes des Rechtes und über die Rechte und Pflichten der Verleihung Art. 10, 18, 201. Soweit — Art. 12 der Gemeindeordnung — die Verleihung des Bürgerrechts dem Belieben der Gemeinde anheimgestellt ist, kann jedoch niemals von einer Verwaltungs r e ch t s sache gesprochen werden.

Das Stimmrecht in Gemeindeangelegenheiten ist durch das Bürgerrecht bedingt; hievon statuirt nur Art. 47 Abs. III eine Ausnahme. (Krais, Komm. z. V.G.H.G., Bemerkungen zu Art. 8 Ziff. 26.)

Berechtigt zur Beschwerdeführung sind nicht blos diejenigen, welchen das Bürgerrecht abgesprochen wurde, sondern auch die betreffende Gemeinde, wenn das Bürgerrecht durch instanziellen Beschluß Jemandem zuerkannt wurde, welcher dasselbe nach der Behauptung der Gemeinde nicht besitzt, oder welchem sie die Verleihung des Bürgerrechts nach den Bestimmungen der Gemeindeordnung versagen zu dürfen glaubt. (Kahr, Komm. z. V.G.H.G. S. 112.)

Streitigkeiten über die aus dem Bürgerrechte sich ergebenden Rechte oder Verbindlichkeiten fallen nicht unter Ziff. 26; sie können jedoch nach anderen Ziffern des Art. 8 (z. B. 3, 28–31, 33) selbstständige Verwaltungsrechtssachen sein.

Art. 10.

Das Bürgerrecht wird nur durch ausdrückliche Verleihung erworben.

Anm. 1. Das Bürgerrecht ist nur eine rechtliche Eigenschaft der damit ausgestatteten Personen, welche Eigenschaft Voraussetzung für den Bestand gewisser Rechte und Pflichten bildet.

Das Bürger- und Heimathrecht kann nicht nach Ortschaften, sondern nur für und mit Bezug auf die ganze politische Gemeinde erworben werden. Diese ist daher auch allein befugt, nach Maßgabe der jeweiligen Gesetzgebung Gebühren für die Erlangung dieser Rechte als Einnahmequelle in Anspruch zu nehmen. Die Gesetzwidrigkeit eines mit diesen Normen in Widerspruch stehenden faktischen Zustandes kann durch eine, wenn auch noch so lange Zeit dauernde Uebung nicht gehoben werden. (V.G.H.E. Bd. IV S. 599.)

Anm. 2. Nur durch ausdrückliche Verleihung wird das Bürgerrecht erworben: Ausnahmen von der Regel siehe in Art. 17 und 201. Die Verleihung geschieht stets durch die Gemeindebehörde und muß auf Grund ordnungsmäßig gefaßten Beschlusses erfolgen: s. Art. 16. Es streitet keine Vermuthung für die Thatsache der Verleihung; letztere muß im Bestreitungsfalle nachgewiesen sein; hiedurch wird für die Constatirung des Bürgerrechts ein sicherer Anhalt gewonnen und insbes. auch die Führung der Bürger- und Wahllisten erleichtert.

Ueber Verzeichnisse der Gemeindebürger und Formular hiebei s. M.E. v. 31. Oktober 1837, Vollzug des Gemeindeedikts betr., Weber Bd. III S. 107. Das dort gegebene Formular kann noch benutzt werden.

Anm. 3. Das einmal in gesetzmäßiger Weise verliehene Bürgerrecht kann nicht durch Aberkennung seitens der Gemeindeverwaltung, sondern nur durch Wegfall der zu seiner Erwerbung gesetzlich geforderten Voraussetzungen verloren werden (Art. 18.) Einem Aberkennungsbeschlusse fehlt jede rechtliche Wirksamkeit und eine allenfallsige Wiederbewerbung und Wiederverleihung wären rechtlich bedeutungslose Handlungen. (V.G.H.E. Bd. X S. 91.)

Anm. 4. Ueber Bürgereigenschaft nach dem Münchener privilegium Albertinum s. Entsch. d. bayer. ob. Ger.H. in Civ.S. Samml. Bd. VI S. 461 u. Bd. VII S. 654.)

Art. 11.

I. Befähigt zur Erwerbung des Bürgerrechts sind nach erreichter

Volljährigkeit selbstständige Männer, welche sich im Besitze des bayerischen Indigenats befinden, in der Gemeinde wohnen und daselbst mit einer direkten Steuer angelegt sind.

II. Als selbstständig sind nicht zu erachten:

[1. Personen, welche auf Grund richterlicher Verfügung unter Kuratel stehen;

2. Dienstboten, Gewerbsgehilfen und Haussöhne, welche im Brode des Dienstherrn oder Familienhaupts stehen und keine eigene Wohnung haben.]

Nach Art. 158 des bayr. Ausf.Ges. z. bürgerl. Ges.Buche haben Ziff. 1 und 2 folgende Fassung:

1. Personen, welche entmündigt sind;

2. Dienstboten und Gewerbsgehilfen, die in die häusliche Gemeinschaft des Dienstherrn aufgenommen sind, sowie Kinder, die dem elterlichen Hausstand angehören und von dem Familienhaupt unterhalten werden.

III. Steuern der Ehefrau, sofern nicht die eheliche Gemeinschaft nach § 1575 des bürgerlichen Gesetzbuches aufgehoben ist, und der minderjährigen im elterlichen Unterhalte stehenden Kinder sind dem Familienhaupte zuzurechnen.

IV. Unter denselben Voraussetzungen sind vorbehaltlich der Bestimmungen des Art. 14 Nichtbayern zur Erwerbung des Bürgerrechts befähigt.

V. Die Staatsregierung ist jedoch berechtigt, für Angehörige jener auswärtigen Staaten, in welchen die Bürgerrechtserwerbung bayerischer Staatsangehöriger weitergehenden Beschränkungen unterworfen ist, im Verordnungswege dieselben Beschränkungen festzusetzen.

Anm. 1. Nach Abs. I sind, soweit nicht Art. 15 Ausnahmen statuirt, unfähig zur Erwerbung des Bürgerrechts: Minderjährige, Unselbständige, Personen weiblichen Geschlechts, Personen, welche das bayerische Indigenat, nun Staatsangehörigkeit, nicht besitzen, Personen, welche in der Gemeinde ihren Wohnsitz im civilrechtlichen Sinne des Wortes nicht haben, endlich Personen, welche in der Gemeinde, wo sie Bürgerrecht erwerben wollen, nicht mit einer direkten Steuer angelegt sind.

Anm. 2. Volljährigkeit: Nach dem Reichsgesetz vom 17. Februar 1875 beginnt das Alter der Großjährigkeit im ganzen Gebiet des deutschen Reiches mit dem vollendeten 21. Lebensjahre, also mit dem ersten Tage des 22. Lebensjahres. Ebenso nach § 2 des bürg. Ges.Buchs.

Anm. 3. Selbstständigkeit: Das Gesetz bestimmt den Begriff der Selbstständigkeit in Abs. II negativ durch erschöpfende Bezeichnung jener Personen, die nicht als selbständig zu erachten sind; der Begriff ist identisch mit jenem des Heimathgesetzes. Der Referent im besonderen Ausschusse erklärte hiebei: Der Ausdruck „selbständig" ist gewählt statt des früheren Ausdruckes „mit eigenem Hausstande", um in der Praxis jedem Zweifel darüber vorzubeugen, ob unter den Personen mit eigenem Hausstande nur solche zu verstehen seien, welche einen eigenen Herd haben, oder auch solche, die ohne eigenen Heerd eine selbstständige Stellung haben, aber in einem fremden Haushalt leben. Das Kriterium der Selbständigkeit ist dadurch unterstützt, daß solche Personen eine auf ihren Namen angelegte direkte Steuer bezahlen müssen.

Anm. 4. Besitz des bayerischen Indigenats, nun Staatsangehörigkeit:

Dasselbe wird erworben:

1. Durch Abstammung: eheliche Kinder eines Deutschen und uneheliche Kinder einer Deutschen erwerben durch die Geburt, auch wenn diese außerhalb des Heimathstaates erfolgt, die Staatsangehörigkeit des Vaters bezw. der Mutter. Der Geburt steht die Adoption gleich.
2. Durch Legitimation: das uneheliche Kind eines Deutschen erwirbt die Staatsangehörigkeit des Vaters durch eine den gesetzlichen Bestimmungen gemäß erfolgte Legitimation, vorausgesetzt, daß die Mutter nicht die Staatsangehörigkeit des außerehelichen Vaters besitzt und letztere daher schon auf das Kind übergegangen ist. Gleichgiltig ist hier, ob die Mutter Deutsche oder Ausländerin ist.
3. Durch Verheirathung: die Verheirathung mit einem Deutschen begründet für die Ehefrau die Staatsangehörigkeit des Gatten.
4. Durch Verleihung: diese kann sein: Aufnahme oder Naturalisation.

a) Aufnahme liegt vor, wenn die Staatsangehörigkeit an den Angehörigen eines anderen deutschen Bundesstaates verliehen wird. Die Aufnahmsurkunde muß jedem Angehörigen eines anderen Bundesstaates ertheilt werden, welcher nachzuweisen vermag, daß er in dem Staate, wo er die Aufnahme begehrt, eine eigene Wohnung oder ein Unterkommen in einem Orte des betreffenden Staates mit der erklärten Absicht besitze, daselbst sich dauernd aufzuhalten. Der Nachweis der Entlassung aus dem früheren Staatsverbande darf nicht verlangt werden.

b) Naturalisation liegt vor, wenn die Staatsangehörigkeit an einen Nichtdeutschen verliehen wird.

Nach Reichsrecht darf die Naturalisationsurkunde nur ertheilt werden, wenn der Nachsuchende

1. nach den Gesetzen des bisherigen Heimathstaates verfügungsfähig ist, was im Zweifelsfalle nachzuweisen ist, oder wenn der Mangel dieser Fähigkeit durch Zustimmung des Vaters, Vormunds, Kurators ergänzt wird;
2. wenn er einen unbescholtenen Lebenswandel geführt hat;
3. wenn er an dem Orte, wo er sich niederlassen will, eine eigene Wohnung oder ein Unterkommen findet;
4. wenn er an diesem Orte sich und seine Angehörigen zu ernähren vermag;
5. wenn er nachweist, daß er für den Fall der Naturalisation sofort die Heimath in einer bayerischen Gemeinde erhält.

Die Aufnahme kann auch durch öffentliche Anstellung geschehen und wird in dem Momente wirksam, in welchem die Anstellung wirksam wird. Es muß sich aber um eine Anstellung im unmittelbaren oder mittelbaren Staats-, Kirchen-, Schul- oder Gemeindedienst handeln, dieselbe muß ein öffentlich rechtliches freiwilliges Dienstverhältniß begründen und muß von der Staatsregierung oder von einer Zentral- oder höheren Verwaltungsbehörde ausgehen oder bestätigt sein.

Der **Verlust** der Staatsangehörigkeit tritt ein durch Legitimation, wenn der Vater einem anderen Staate angehört, durch Verheirathung, wenn eine Deutsche sich mit dem Angehörigen eines anderen Staates verheirathet, durch Entlassung auf Antrag, durch Aberkennung (aus Strafe) und durch Verjährung, wenn Deutsche sich zehn Jahre lang ununterbrochen im Auslande aufhalten.

Die **Verleihung** der Staatsangehörigkeit erfolgt durch einen staatlichen Verwaltungsakt und geschieht nach vorgängiger Instruktion durch die Distriktsverwaltungsbehörde durch eine von der Kreisregierung, in deren Bezirk der um Verleihung Nachsuchende sich niedergelassen hat, auszustellende und durch die instruirende Distriktsverwaltungsbehörde zuzufertigende Urkunde.

Außer durch Urkunde kann die Verleihung auch unmittelbar durch Anstellung geschehen.

Die Verleihung erstreckt sich in der Regel auch auf die Ehefrau und die unter väterlicher Gewalt stehenden minderjährigen Kinder. Die Frage nach der Volljährigkeit bemißt sich hier nach dem Rechte des Heimathstaates, für Deutsche nach dem Reichsgesetze vom 7. Febr. 1875; nun § 2 des bürgerl. Gesetzbuches.

Die Erwerbung der bayerischen Staatsangehörigkeit ist unerläßliche Vorbedingung für Nichtbayern; bei Nichtberücksichtigung dieses Requisits wäre eine etwaige Bürgerrechtsverleihung unwirksam und wäre aktives oder passives Wahlrecht ausgeschlossen.

Anm. 5. **In der Gemeinde wohnen** heißt soviel, als in der Gemeinde ständigen Aufenthalt haben; wer nicht blos vorübergehenden Aufenthalt hat, muß eine Wohnung haben. (Prot. d. bes. Aussch.) „Nach den im Civilrecht und Civilprozeß geltenden Grundsätzen wird durch die Thatsache des Aufenthalts an einem Orte auch bei langjähriger Dauer desselben der Wohnsitz noch nicht begründet; es muß vielmehr der sogenannte animus habitandi hinzukommen, die Absicht des Betheiligten, an diesem Orte, als dem eigentlichen Sitze seiner bürgerlichen Niederlassung auf unbestimmte Zeit hinaus zu verweilen. Aus dem Verwaltungsrechte im diesseitigen Bayern ist dieser civilistische Begriff des Wohnsitzes mit dem Ansässigmachungsgesetze vom Jahre 1825 verschwunden und die Kommission hat geglaubt, daß es nicht rathsam wäre, ihn jetzt in die Gemeindeordnung einzuführen. Es würde vielmehr die fragliche Bestimmung auf jeden anzuwenden sein, der an einem Orte seinen Aufenthalt genommen hat, sobald die übrigen in diesem Artikel aufgestellten Voraussetzungen zutreffen. Durch die Natur dieser Voraussetzungen ist ohnehin dafür gesorgt, daß Personen, die sich nur auf der Durchreise oder zur Besorgung vorübergehender Geschäfte am Orte aufhalten, niemals als „Einwohner" betrachtet werden können. Auf eine weitere Erörterung und Entscheidung über den animus habitandi dürfte es nicht ankommen." (So Brater im besonderen Ausschusse; daraufhin äußerte sich der Ausschußvorstand: „Ich halte die Auslegung, wie sie Dr. Brater vorgetragen hat, für die allein richtige. Der Ausschuß hat schon früher den civilistischen Begriff des Wohnsitzes aus dem Gebiete des Gesetzes entfernt.")

Siehe hieher auch die V.G.H.E. Bd. X. S. 112, welche sagt: Unter Wohnen und Wohnsitz wollen die Sozialgesetze **nicht** den Wohnsitz einer Person in **civilrechtlicher** Bedeutung angewendet, sondern nur die Thatsache des dauernden ständigen Aufenthalts an einem Orte im Gegensatz zu einem blos vorübergehenden begriffen haben. (S. aber f. d. Pfalz: Wand, G.O. S. 27.)

Anm. 6. Und daselbst: Es kommen also diejenigen Steuern überhaupt nicht in Betracht, welche man für Steuerobjekte entrichtet, die in anderen Gemeinden sich befinden, sondern nur solche Steuern, welche Jemand für in der Aufenthaltsgemeinde gelegene Steuerobjekte entrichtet, oder mit welchen Jemand wegen Gewerbebetriebes, Einkommen oder Kapitalrente, in der Aufenthaltsgemeinde angelegt ist. Aus diesen Rücksichten wurde auch das Wort „angelegt" statt des Wortes „entrichtet" gewählt. (Prot. d. bes. Aussch.)

Wenn die Steuer etwa wegen Zahlungsunfähigkeit niedergeschlagen werden muß, so ist das noch kein Grund zur Entziehung des Bürgerrechts. (Verh. d. bes. Aussch. S. 239.)

Anm. 7. Mit einer direkten Steuer angelegt: s. hierüber das Nähere Art. 43. Wenn in den rentamtlichen Steuerlisten die Firma einer offenen Handelsgesellschaft eingetragen ist, so erscheinen hiedurch zugleich auch die im Handelsregister genannten einzelnen Gesellschafter als mit Steuer veranlagt. (V.G.H.E. Bd. XVII S. 333.)

Anm. 8. Durch das Ausführungsgesetz zum bürgerlichen Gesetzbuche Art. 158 ist lediglich in Ziff. 8 des Abs. II an Stelle des bisherigen Textes der der Ausdrucksweise des bürgerlichen Gesetzbuches entsprechende gesetzt worden, da auch hienach die Entmündigung nur durch richterlichen Ausspruch erfolgt und die Unfähigkeit zur Erwerbung des Bürgerrechts mit der Zustellung des Entmündigungsbeschlusses an den Entmündigten nach § 661 Abs. II und § 683 Abs. II der Civilprozeßordnung vom 17. Mai 1898, welche die sofortige Wirksamkeit der Entmündigung zur Folge hat, eintritt. Selbstverständlich hört dieser Grund der Unfähigkeit zur Erwerbung des Bürgerrechts auf, sobald die Entmündigung wieder aufgehoben wird.

Anm. 9. Abs. II Ziff. 2 enthält keine materielle Aenderung des Gesetzes, sondern setzt nur an Stelle der bisherigen Ausdrucksweise jene des bürgerlichen Gesetzbuches. Solange daher ein Dienstbote oder Gewerbegehilfe bei seinem Dienstherrn bezw. Meister Wohnung und Kost hat, steht er in der häuslichen Gemeinschaft desselben und ist zur Erwerbung des Bürgerrechts unfähig, selbst wenn er verheirathet ist, und für seine Familie eine andere Wohnung hält; es muß aber beides, Wohnung und Kost zusammentreffen; Wohnung oder Kost allein bedingt die Unfähigkeit zur Erwerbung des Bürgerrechts nicht. Vgl. V.G.H.E. vom 9. Juli 1888 Bd. X S. 108.

Nach § 1626 des bürgerlichen Gesetzbuches erstreckt sich die elterliche Gewalt nur auf die minderjährigen Kinder, es sind aber volljährige Kinder nach § 1617 dieses Gesetzbuches, solange sie in der Familie wohnen und unterhalten werden, verpflichtet, in einer ihren Kräften und Lebensstellung entsprechenden Weise den Eltern in ihrem Hauswesen und Geschäfte Dienste zu leisten und wegen dieser Abhängigkeit unfähig, das Bürgerrecht zu erwerben.

Anm. 10. Sind Umstände, von welchen nach Art. 11 die Befähigung zum Erwerb des Bürgerrechts abhängt, nach erfolgter Geltendmachung des Anspruches auf Verleihung des Bürgerrechts im Laufe des darüber gepflogenen Streitverfahrens weggefallen, so liegt hierin ein Hinderniß für die Zuerkennung des Anspruches selbst. (V.G.H.E. Bd. XI S. 109, 322.)

Anm. 11. Nach § 1363 des bürgerlichen Gesetzbuches wird das Vermögen durch die Eheschließung der Verwaltung und Nutznießung des Mannes unterworfen, es erstreckt sich dies jedoch nach § 1365 nicht auf das Vorbehaltsgut der Ehefrau.

Trotzdem sind nach dem Wortlaute des Abs. III auch in der jetzigen Fassung alle Steuern der Ehefrau, solange die Ehe besteht, dem Manne zuzurechnen. Dieses Verhältniß hat ein Ende, sobald die eheliche Gemeinschaft gelöst ist. Eine solche Lösung tritt nicht blos durch Nichtigkeitserklärung und volle Scheidung, sondern nach § 1575 des bürgerlichen Gesetzbuches durch Aufhebung der ehelichen Gemeinschaft ein.

Wie schon oben Anm. 9 angeführt, erstreckt sich die elterliche Gewalt nach § 1626 des bürgerlichen Gesetzbuches auf die Zeit der Minderjährigkeit der Kinder und steht der Mutter nach § 1684 zu, wenn der Vater gestorben oder für todt erklärt ist, oder der Vater die elterliche Gewalt verwirkt hat und die Ehe aufgelöst ist. Solange nun der Inhaber der elterlichen Gewalt (Familienhaupt) das minderjährige Kind in oder außerhalb der Familiengemeinschaft unterhält, d. h. seine Bedürfnisse für Leben, Erziehung und Ausbildung bestreitet, werden ihm die Steuern desselben zugerechnet, was auch für die Mutter nach Art. 15 der Gemeindeordnung von Bedeutung ist.

Wie die Zahlung von Steuern durch die Ehefrau, ist auch der Rückstand neuer von ihr geschuldeter Steuer dem Ehemanne anzurechnen. (V.G.H.E. Bd. 20 S. 41.)

Anm. 12. Abs. IV: Im Gesetzestext von 1869 war statt des Ausdruckes „Nichtbayern" der Ausdruck „Ausländer" gebraucht, weil vor der Schaffung des Deutschen Reiches auch die Angehörigen der anderen zum Deutschen Bunde gehörigen Staaten als Ausländer galten. Da nun mit der Reichsverfassung — Art. 3 — ein gemeinsames deutsches Indigenat geschaffen wurde, wonach Angehörige des Deutschen Reiches nicht mehr als Ausländer betrachtet werden können, wurde in der Novelle vom 19. Januar 1872 der Ausdruck „Nichtbayern" substituirt, um auszudrücken, daß eine gesetzliche Bestimmung sowohl für Deutsche, welche dem bayerischen Staate nicht angehören, als für Ausländer gilt und daß für die Folge unter Ausländer nur Angehörige außerdeutscher Staaten zu verstehen sind.

Anm. 13. Abs. V: Unter auswärtigen Staaten sind hier im Geiste der Zeit der Herausgabe der G.O. alle nichtbayerischen Staaten zu verstehen. Denn es handelt sich weder um Freizügigkeit, noch um Staatsangehörigkeit, sondern um Gemeindeangehörigkeit. (Vergl. auch Art. 3 Abs. 3 Reichs-Verf., dann Seydel, Staatsrecht, Bd. III S. 146, dagegen Wand, G.O. S. 34.) Trotzdem ist durch die Reichsgesetze eine Anwendung dieser Bestimmung auf deutsche Reichsangehörige ausgeschlossen, weil auch andere deutsche Staaten zu Ungunsten der Bayern solche Bestimmungen nicht treffen dürfen.

Anm. 14. Art. 11 erschöpft nicht den Kreis der zum Erwerb des Bürgerrechts Berechtigten. (Siehe Art. 15.)

Art. 12.

Die Gemeinden sind befugt, jedem Befähigten das Bürgerrecht auf Ansuchen zu verleihen.

Anm. 1. Jedem Befähigten kann von der Gemeindeverwaltung mit Beachtung der Bestimmungen des Art. 16 das Bürgerrecht jederzeit auf sein Ansuchen verliehen werden, ohne daß derselbe die weiteren Voraussetzungen des Art. 13 erfüllt hat.

Absolut Unfähigen kann das Bürgerrecht auf keinen Fall ertheilt werden.

Die Gemeinden dürfen in keinem Falle andere als die gesetzlichen Gegenleistungen fordern. (Art. 20, Bl. f. adm. Pr.Bd. XXVI S. 398.)

Anm. 2. Bürgeraufnahme ohne Ansuchen, d. h. zwangsweise findet statt gemäß Art. 17; im Uebrigen s. Art. 15.

Art. 13.

I. Anspruch auf Verleihung des Bürgerrechts haben alle hiezu nach Art. 11 befähigten Personen, wenn sie entweder in der Gemeinde das Heimathrecht besitzen, oder wenn sie seit zwei Jahren in der Gemeinde gewohnt, während dieser Zeit eine daselbst angelegte direkte Steuer und die sie treffenden Gemeindeabgaben entrichtet haben.

II. Die Gemeinde ist jedoch zur Versagung des Bürgerrechts befugt:

a) wenn der Bewerber innerhalb der seiner Bewerbung vorausgehenden zwei Jahre eine Unterstützung aus Mitteln der öffentlichen Armenpflege nachgesucht oder erhalten hat;

b) wenn ihm durch rechtskräftiges richterliches Urtheil die bürgerlichen Ehrenrechte aberkannt sind, so lange dieser Verlust dauert, oder wenn er auf Grund der vor dem 1. Januar 1872 in Geltung gestandenen Strafgesetzgebung entweder wegen eines Verbrechens oder wegen Vergehens des Diebstahls, der Unterschlagung, des Betrugs, der Hehlerei oder Fälschung verurtheilt worden ist, oder in Folge rechtskräftiger Verurtheilung wegen eines anderen Vergehens die im Artikel 28 Ziffer 4 und 5 des bayerischen Strafgesetzbuchs von 1861 bezeichneten Fähigkeiten oder einzelne derselben verloren hat und nicht seit der vollendeten Erstehung oder Verjährung oder dem Erlaß der Strafe in den Fällen der Verurtheilung wegen Verbrechens zehn Jahre und in den übrigen Fällen fünf Jahre abgelaufen sind, oder früher vollständige Rehabilitation erfolgt ist;

c) wenn gegen ihn durch rechtskräftiges richterliches Urtheil die Zulässigkeit der Stellung unter Polizeiaufsicht oder nach Maßgabe der bisherigen Strafgesetzgebung die Zulässigkeit der Verwahrung in einer Polizeianstalt oder nach dem Strafgesetzbuche für das Deutsche Reich die Ueberweisung an die Landespolizeibehörde ausgesprochen war und er sich von dem Zeitpunkte an, wo die verhängte Maßregel beendigt, oder deren Zulässigkeit erloschen ist, nicht zwei Jahre vor der Bewerbung klaglos verhalten hat;

d) wenn er zur Zeit der Bewerbung einer strafrechtlichen Verfolgung wegen einer Handlung unterliegt, wegen welcher der Verlust der bürgerlichen Ehrenrechte oder die Zulässigkeit der Stellung unter Polizeiaufsicht oder die Ueberweisung an die Landespolizeibehörde ausgesprochen werden kann;

e) wenn er die Straffolge des Verlustes eines öffentlichen Dienstes durch richterliches Urtheil verwirkt hat und nach Beendigung des Strafvollzuges nicht zwei Jahre verflossen sind;

f) [wenn er einem gerichtlichen Verfahren wegen Verhängung der Kuratel unterliegt; dagegen Fassung nach Art. 158 des bayer. Ausf.Ges. z. bürgerl. Gesetzbuch]:

„wenn das Entmündigungsverfahren gegen ihn eingeleitet ist";

g) wenn gegen ihn ein gerichtliches Gantverfahren eröffnet wurde, so lange dieses Verfahren nicht beendigt ist.

Anm. 1. Anspruch auf Verleihung des Bürgerrechts haben nach Abs. I jene Personen, welche

a) hiezu nach Art. 11 fähig sind im Zeitpunkt der Verbescheidung des Gesuchs,
b) die weiteren Voraussetzungen des Art. 13 Abs. I erfüllt haben,
c) denen keiner der in Art. 13 Abs. II aufgeführten Versagungsgründe entgegensteht.

Sobald diese drei Voraussetzungen nicht kumulativ vorhanden sind, handelt es sich nicht mehr um einen rechtlich geschützten, vor den Verwaltungsgerichten verfolgbaren Anspruch des Einzelnen, sondern lediglich um ein Verleihungsrecht der Gemeinden nach Art. 12.

Für die Verleihung des Bürgerrechts ist dem Gesagten zufolge das Vorhandensein der Befähigung, für das Recht der Verleihung das Vorhandensein der positiven und negativen Voraussetzungen des Art. 13 im Augenblick der Stellung des Gesuches erforderlich und genügend; (Verh. d. bes. Aussch. Abth. II S. 453); ein Hinderniß für die verwaltungsrichterliche Zuerkennung eines bestrittenen Anspruches auf Bürgerrechtsverleihung (V.G.H.E. Bd. XI S. 323) begründet auch der im Laufe des Verfahrens eingetretene Wegfall einer der in Art. 13 Abs. I bezw. Art. 15 bestimmten besonderen Voraussetzungen zum Erwerb des Bürgerrechts.

Der ebenbezeichnete Anspruch ist geschützt durch Art. 8 Ziff. 26 des Ges. über den Verwaltungsgerichtshof. (S. Vorbemerk. zu Abth. II.)

Anm. 2. Zu Abs. I. Heimathrecht: S. hierüber das Gesetz über Heimath, Verehelichung und Aufenthalt vom 16. April 1868, (G.Bl. 1866/69, S. 357, 404, Weber Bd. VII S. 219). ferner Art. 154 des bayr. Ausf.Ges. z. bürg. Gesetzbuch v. 9. Juni 1899, G.V.Bl. Nr. 28 Beil.

Gemäß Abs. I entscheidet für den Anspruch der Heimathberechtigten der Zeitpunkt der Wirksamkeit der Gemeindeordnung, für den der Nicht-Heimathberechtigten der Ablauf einer zweijährigen Frist. Zu den ersteren gehören auch die definitiven Staats- und öffentlichen Beamten

Anm 3. Der zweijährige Aufenthalt in der Gemeinde, welcher übrigens ein erlaubter sein muß, muß der Bewerbung unmittelbar vorausgehen; hiebei war jedoch bei der Einführung der Gemeindeordnung auch die Zeit vor der Einführung derselben einzurechnen.

Freiwilligkeit des Aufenthalts ist hier nicht, wie im Heimathgesetz, verlangt; unschädlich ist auch eine vorübergehende Abwesenheit, die keine Aufgabe des Wohnsitzes enthält; (z. B. Sommeraufenthalt, Geschäftsreisen), s. Bl. f. adm. Pr. Bd. 20 S. 111, Bd. 21 S. 58, Bd. 28 S. 94, Seydel, Staatsrecht, Bd. III S. 143.

Anm. 4. Während dieser Zeit: es genügt also, wenn der Befähigte zwei Jahre lang in der Gemeinde gewohnt hat, seit zwei Jahren mit einer direkten Steuer angelegt und im Augenblick der Bewerbung selbstständig ist; nicht erforderlich ist, daß er seit 2 Jahren schon selbstständig war (Verh. d. bes. Aussch.) und daß er seit dieser Zeit die bayerische Staatsangehörigkeit schon besaß (argum. Art. 14).

Anm. 5. Daselbst angelegte direkte Steuer s. hierüber Art. 43.

Anm. 6. In Abs. II sind die Gründe aufgeführt, aus denen trotz Vorhandenseins der Befähigung und bei Vorhandensein der sonstigen Voraussetzungen des Art. 13 Abs. I die Gemeinde berechtigt, aber nicht verpflichtet ist, nach ihrem freien Ermessen im konkreten Falle das Bürgerrecht zu verleihen oder zu versagen; liegt ein solcher Grund vor, dann fällt auch der Anspruch auf Verleihung weg und ist keine Verwaltungsrechtssache gegeben; ob aber ein solcher Grund vorliegt, das haben die Verwaltungsgerichte zu entscheiden.

Die Gründe der Versagung haben die Gemeinden stets selbst zu ermitteln.

(S. Seydel, bayr. Staatsrecht, Bd. III S. 143, Wand, G.O. S. 30, Medikus, G.O. S. 53, dagegen Bl. f. adm. Pr. Bd. 25 S. 396.)

Die in Abs. II aufgeführten Versagungsgründe standen der Erwerbung des Bürgerrechts kraft Gesetz nach Art. 11 und 201 nicht im Wege. (V.G.H.E. Bd. XV S. 71.)

Anm. 7. Zu Abs. II a: Was Armenunterstützung ist, beurtheilt sich nach dem Armengesetz von 1869. Gleichgiltig ist es hier zunächst, ob die Armenunterstützung von der Aufenthalts- oder einer anderen Gemeinde verlangt bezw. geleistet wurde. In der Regel kann nur jene Armenunterstützung in Betracht kommen, die vom Gesuchsteller selbst beansprucht oder erhalten wurde; doch kann eine solche Armenunterstützung dem zur Alimentation des Unterstützten verpflichteten in der Regel dann zugerechnet werden, wenn er zum Unterstützten im Verhältnisse des Familienoberhauptes steht. (V.G.H.E. Bd. I S. 301.) Da ferner dem Ehemanne die Sorge für die Verpflegung seiner Ehefrau obliegt, begründet eine der letzteren gewährte öffentliche Armenunterstützung ein Einspruchsrecht gegen den Ehemann. (M.E. vom 16. Mai 1872 Nr. 6001, vgl. auch V.G.H.E. Bd. I S. 5, 41, 199, 209, 241. Bd. II S. 261, 541, Bd. III S. 274, 291, 577, Bd. IV S. 258, 273, 325, 621, Bd. V S. 239, 312, 326.) Insbesondere ist dem Ehemann die ohne sein Ansuchen von Amtswegen erfolgte Unterstützung der Frau durch die öffentliche Armenpflege dann zuzurechnen, wenn er von dem nothwendig gewordenen Eingreifen der letzteren in Kenntniß gesetzt, sich gleichwohl unthätig verhalten hat. (Eod. Bd. I S. 361, Bd. IV S. 285.)

Rückständige Leistungen zur Gemeinde- oder Armenkasse, welche nicht auf dem Gemeinde- oder Armenverbande, sondern auf einer civilrechtlichen Verpflichtung beruhen, sind kein gesetzlicher Grund zur Versagung des Bürgerrechts und des Heimathrechts in der Gemeinde. (V.G.H.E. Bd. II S. 622.)

Dem Schwiegersohn kann eine dem Schwiegervater gewährte Armenunterstützung nicht zugerechnet werden. (V.G.H.E. Bd. XII S. 95.)

Ein aus einer Gewerbschulkasse bezahltes Schulgeld ist keine Armenunterstützung, ebensowenig ein Gesuch an die Gemeinde um Bezahlung der in einer anderen Gemeinde zu entrichtenden Bürgeraufnahmsgebühr. (V.G.H.E. Bd. II S. 622.)

Anm. 8. Zu Abs. II b, c, d:

Abs. II lit. b, c, d hatten ursprünglich gelautet wie folgt: lit. b: wenn er wegen eines Verbrechens oder wegen Vergehens des Diebstahls, der Unterschlagung, des Betrugs, der Hehlerei oder Fälschung verurtheilt worden ist oder infolge rechtskräftiger Verurtheilung wegen eines anderen Vergehens die in Art. 28 Ziff. 4 und 5 des Strafgesetzbuches bezeichneten Fähigkeiten oder einzelne derselben verloren hat, so lange nicht vollständige Rehabilitation erfolgt ist;

lit. c hatte gelautet: wenn gegen ihn durch rechtskräftiges richterliches Urtheil die Zulässigkeit der Verbringung in eine polizeiliche Anstalt oder die Stellung unter Polizeiaufsicht ausgesprochen war und er sich von dem Zeitpunkte an, wo die verhängte Maßregel beendigt oder deren Zulässigkeit erloschen ist, nicht zwei Jahre vor der Bewerbung klaglos verhalten hat.

lit. d hatte gelautet: wenn er zur Zeit der Bewerbung einer strafrechtlichen Verfolgung wegen Verbrechens oder einer strafbaren Handlung unterliegt, wegen welcher der Verlust der im Strafgesetzbuche Art. 28 bezeichneten Rechte oder einzelner derselben oder die Zulässigkeit der Verwahrung in einer Polizeianstalt oder die Stellung unter Polizeiaufsicht ausgesprochen werden kann.

Art. 28 Ziff. 4 und 5 bayr. Strafgesetzbuches bezieht sich auf die Unfähigkeit zu allen Aemtern, welche unmittelbar oder mittelbar vom Staate ausgehen oder eine Genehmigung des Staates voraussetzen.

S. auch §§ 32—36, 248, 262/3 und 280 des Reichsstrafgesetzbuches. Ueber Rehabilitation s. Gesetz über die Aufhebung der Straffolgen vom 10. Juli 1861 und Vdg. v. 4. September 1861, den Vollzug dieses Gesetzes betr. (Gef.Bl. 1861 S. 9 und 698, Weber, Bd. V S. 246 und 261.)

Klar sagt zu lit. c Seydel, Staatsrecht Bd. III S. 144: „— —, wenn gegen den Bewerber rechtskräftig die Zulässigkeit der Stellung unter Polizeiaufsicht oder die Ueberweisung an die Landespolizeibehörde ausgesprochen worden ist, so lange diese Maßregeln verhängt oder zulässig sind, sowie zwei Jahre lang nach deren Beendigung bezw. nach dem Erlöschen ihrer Zulässigkeit. Hat der Bewerber innerhalb des letzteren Zeitraums irgend eine kriminell strafbare Handlung begangen, so beginnt die zweijährige Frist neuerdings vom Zeitpunkte der verbüßten oder erlassenen Strafe an zu laufen, soferne nicht diese Strafe für sich schon den Anspruch auf Bürgerrechtsverleihung ausschließt." S. dagegen Kahr, Comm. z. G.O. S. 184.

Unter klaglosem Verhalten versteht man ein solches, welches den Bewerber nicht in Berührung mit der Strafrechtspflege bringt. Bloße Polizeiübertretungen sind hier überhaupt auszuschließen.

Die Bestimmung zu f greift nicht Platz, wenn die Entmündigung bereits angeordnet ist, da diese die Unfähigkeit nach sich zieht.

Anm. 9. Zu g: Maßgebend sind hiebei die §§ 102—163 der Konkursordnung vom 20. Mai 1898 Reichsgeſ.Bl. 1898 S. 612 ff. Der Nachweis der völligen Befriedigung der Gläubiger iſt nicht erforderlich. Die Subhaſtation eines Anweſens gilt noch nicht als Gant. (B.G.H.E. Bd. XV S. 71.)

Anm. 10. Ueber die Gründe der Verſagung des Gemeindebürgerrechtes ſ. bayr. Gem.Zeitg. 1893 S. 243.

Art. 14.

Die nach Art. 12 und 13 zuläſſige Verleihung des Bürgerrechts an Nichtbayern wird erſt wirkſam, wenn dieſe die bayeriſche Staatsangehörigkeit erlangt haben.

Anm. 1. Art. 14 hatte bei Erlaß der Gemeindeordnung vom Jahre 1869 gelautet: Wird auf Grund der Artikel 12 oder 13 das Bürgerrecht an Ausländer verliehen, welche die nach dem Geſetze ihres Landes erforderliche Auswanderungsbewilligung beigebracht haben, ſo erwerben ſie durch den bewilligenden Beſchluß, wofür in den einer Diſtriktsverwaltungsbehörde untergeordneten Gemeinden die Beſtätigung dieſer Behörde erforderlich iſt, zugleich das bayeriſche Indigenat. Da jedoch Art. 14 in dieſer Faſſung mit dem nach dem Reichsrecht ausſchließlich inzwiſchen maßgebend gewordenen Reichsgeſetz über die Erwerbung und den Verluſt der Bundes- und Staatsangehörigkeit vom 1. Juni 1870 (Geſ.Bl. 1871 Beilage S. 89, Weber Bd. VII S. 580) nicht mehr im Einklang ſtand, weil durch letzteres Geſetz das in Art. 14 zum Ausdruck gelangte Syſtem, wonach die Staatsangehörigkeit durch Vermittelung des Bürgerrechts erworben werden kann, prinzipiell aufgegeben wurde, ſo mußte Art. 14 abgeändert werden; dies geſchah durch Art. 3 des Geſetzes vom 19. Januar 1872, betr. die Abänderung ꝛc. (ſ. Einleitung).

Anm. 2. Erſt mit Erlangung der bayeriſchen Staatsangehörigkeit wird das Bürgerrecht, das trotz Verleihung bisher in suspenso war, wirkſam: Nichtbayer und Bürger einer bayer. Gemeinde ſchließen ſich vollkommen aus.

Art. 15.

I. Inländer, welche in einer Gemeinde ein beſteuertes Wohnhaus beſitzen oder mit direkten Steuern mindeſtens in demſelben Betrage wie einer der drei höchſtbeſteuerten Einwohner angelegt ſind, können das Bürgerrecht in dieſer Gemeinde auch dann anſprechen, wenn ſie die nach Art. 11 erforderliche Befähigung nicht haben. Die Beſtimmungen des Art. 13 Abſ. II lit. a bis e und lit. g ſind jedoch auch in dieſem Falle anwendbar.

II. Befindet ſich ein beſteuertes Wohnhaus im gemeinſchaftlichen Beſitze mehrerer Perſonen, ſo kann nur eine derſelben die Verleihung des Bürgerrechts auf Grund dieſes Beſitzes in Anſpruch nehmen.

III. Unter den Vorausſetzungen des Abſ. I können auch juriſtiſche Perſonen und privatrechtliche Vereinigungen die Verleihung des Bürgerrechts anſprechen.

IV. Personen, welche auf Grund des Abs. I oder II das Bürgerrecht erworben haben und nicht in der Gemeinde wohnen, dann juristische Personen und privatrechtliche Vereinigungen können ihr Bürgerrecht durch einen Vertreter ausüben, welcher das bayerische Indigenat besitzt, volljährig und selbstständig ist und keinem der in Art. 13 Abs. II aufgestellten Ausschließungsgründe unterliegt.

V. Frauen, minderjährige und andere unselbstständige Personen, dann juristische Personen und privatrechtliche Vereinigungen müssen sich eines solchen Vertreters bedienen, wenn sie die mit dem Bürgerrechte verbundenen Stimmrechte ausüben wollen.

Statt der oben in Abs. V eingeklammerten Worte lautet die nunmehrige Fassung nach Art. 158 des bayr. Ausf.Ges. z. bürgerl. Gesetzbuch:

„minderjährige und Personen, die entmündigt oder nach § 1906 des bürgerl. Gesetzbuches unter vorläufige Vormundschaft gestellt sind"

Anm. 1. Im Zusammenhalte mit Art. 13 statuirt Art. 15 einen weiteren Bürgerrechtsanspruch; hieraus ergibt sich auch, daß man unter Umständen Bürger in mehreren Gemeinden sein kann, während das Heimathrecht nur in einer Gemeinde zulässig ist, (Art. 5 Abs. II des Heimathgesetzes). Anspruch auf Verleihung des Bürgerrechts hat nämlich jede Person, wenn sie die Voraussetzungen des Art. 13 erfüllt, in der Gemeinde, wo sie ihren Wohnsitz hat und außerdem noch in jeder Gemeinde, wo sie ein besteuertes Wohnhaus besitzt, oder wo sie so viel direkte Steuern zahlt, als einer der drei höchstbesteuerten Einwohner. Bürger nach Art. 15 kann man also werden, wenn man

a) Inländer ist, d. h. die bayerische Staatsangehörigkeit besitzt, (s. Art. 11 Anm. 4),
b) entweder ein besteuertes Wohnhaus besitzt oder mit direkten Steuern im gewissen Höchstbetrage angelegt ist. Weitere Voraussetzungen, als die in Art. 15 Abs. I statuirten, etwa männliches Geschlecht, Selbstständigkeit ꝛc. können nicht verlangt werden. Den Hausbesitzern stand dieses Recht bereits nach dem revid. Gemeindeedikt zu. Die Voraussetzungen müssen z. Z. der Verbescheidung des Gesuchs gegeben sein.

Anm. 2. Zu Abs. I. Inländer sind nur Bayern. Dagegen Kahr, Comm. z. G.O. gleich „Bundesangehörige". Es steht übrigens diese Ansicht Kahrs im Widerspruch mit Art. 14 nach der Novelle von 1872. Es muß hienach der Ausdruck Inländer striktest genommen werden, so daß dem Anspruch nach Art. 15 der Erwerb der Staatsangehörigkeit vorausgehen muß. Es muß daher ein Nichtbayer, wenn er das Bürgerrecht nach Art. 15 ansprechen will, vorher die bayerische Staatsangehörigkeit erwerben.

Steuern mindestens in demselben Betrage wie einer der drei höchstbesteuerten Einwohner: denkbarer Weise, allerdings sehr selten, zahlen mehr als drei Einwohner die höchste Steuer, wenn nämlich hierunter einige bei Mark und Pfennig die gleiche Steuer bezahlen. Der Betreffende braucht sich jedoch nicht unter diesen zu befinden, da das Gesetz von „Einwohnern" spricht und die hier in Frage stehenden Personen in der Gemeinde nicht zu wohnen brauchen. Das Requisit der Steuerzahlung wird sich also in der Weise interpretiren lassen, daß der Betreffende mindestens mit der dritthöchsten Steuer angelegt sein muß.

Der Anspruch physischer Personen, welche nur in Abs. I gemeint sind, kann nach Art. 15 Abs. I abgelehnt werden, wenn einer der Gründe des Art. 13 Abs. II — mit Ausnahme der Entmündigung — vorliegt, welche auch gegenüber dem regelmäßigen Verleihungsanspruche geltend gemacht werden können. Es liegt jedoch im freien Ermessen der Gemeinden, ob sie von dem Versagungsrecht Gebrauch machen wollen oder nicht.

S. auch noch über Art. 8 Ziff. 26 V.G.H.G. die Vorbem. zu Art. 10.

Anm. 3. Zu Abs. II. Für jene Fälle, in welchen sich besteuerte Objekte im gemeinschaftlichen Eigenthum zweier oder mehrerer Personen befinden, wollte ursprünglich immer nur einer Person, und zwar dem Aeltesten, der Anspruch auf Verleihung des Bürgerrechts zugestanden werden. Dieser Vorschlag wurde jedoch fallen gelassen, da gegebenen Falles jeder der in der Gemeinde wohnenden Miteigenthümer das Recht habe, für sich auf Grund der gemeinsam gezahlten Steuer das Bürgerrecht zu erwerben und deshalb durch obige Bestimmung die Kondominate in eine ungünstigere Lage gebracht würden. Nach Seydel entscheidet die Priorität der Erhebung des Anspruchs (Bd. III S. 148), nach Kahr S. 193 entscheidet die Verständigung der Miteigenthümer, event. ruht der Anspruch; letztere Ansicht dürfte zutreffender sein aus civilrechtlichen Gründen über Miteigenthumsverhältnisse. Unter dem gemeinschaftlichen Besitz ist nur Gemeinschaftlichkeit zu ideellen Theilen zu verstehen; handelt es sich um eine Realtheilung, dann hat ohnedies jeder Besitzer einen selbständigen Anspruch, sofern nur sein Theil ein bewohnbares häusliches Anwesen bildet; wenn also 2 Haushälften gesonderte selbständige Vermögens- und Steuerobjekte bilden, kommt nicht Abs. II, sondern Abs. I zur Anwendung, gleichviel ob solche Häuser durch bloß senkrechte oder auch durch wagrechte Zwischenwände getrennt und vielleicht auch durch gemeinschaftliche Eingänge und Treppen verbunden sind.

(Vergl. Bl. f. adm. Pr. Bd. 26 S. 399, Verh. d. Kamm. der Reichsr. Bd. 5. S. 549, V.G.H.E. Bd. IV S. 63.)

Mehrerer Personen: gleichgiltig, ob physischer oder juristischer Personen.

Auf Grund dieses Besitzes, also abgesehen von anderen Gründen des Erwerbes; die Worte „auf Grund dieses Besitzes" wurden zur Vermeidung von Mißverständnissen gegenüber den Bestimmungen des jetzigen Art. 13 eingefügt. (Antrag des Reichsrathes v. Schrenk, Verh. d. K. d. Reichsräthe, Beil.Bd. 5 S. 550.)

Anm. 4. Zu Abs. III: Nach dem bürgerlichen Gesetzbuche sind nunmehr juristische Personen im engeren Sinne jene der §§ 22, 80, und 89 und privatrechtliche Vereinigungen jene des § 21. Daß sie dem bayerischen Staate angehören müssen, ergibt sich schon aus den Bestimmungen des bürgerlichen Gesetzbuches und das Erforderniß des Inländers aus Abs. I, was in den späteren Absätzen eine selbstverständliche Voraussetzung bildet.

Anm. 5. Zu Abs. IV: Aus Abs. IV erhellt, daß nur solche physische Personen, welche nicht in der Gemeinde wohnen zur Ausübung des von ihnen auf Grund Art. 15 Abs. I und II erworbenen Bürgerrechts sich eines Vertreters bedienen können, während juristische Personen ihr Bürgerrecht stets nur durch einen Vertreter auszuüben in der Lage sind.

Wer Vertreter sein kann, ist erschöpfend in Abs. IV geregelt; der Vertreter braucht daher nicht etwa analog Art. 11 Abs. I in der Gemeinde zu wohnen, oder daselbst mit einer direkten Steuer angelegt zu sein. (S. auch Verh. der bes. Aussch. Abth. II S. 454.)

Anm. 6. Zu Abs. V: Die Vollmacht ist vom Bürger selbst, anderenfalls von dessen gesetzlichem Vertreter auszustellen, wenn nicht letzterer selbst die Ausübung des Bürgerrechts übernehmen kann oder will. (V.G.H.E. Bd. IV S. 378.)

Die Vertreter haben sich nach den Instruktionen ihrer Auftraggeber zu richten. Ihre Abstimmung kann aber nicht deswegen als ungiltig angefochten werden, weil sie angeblich mit den Aufträgen der Vollmachtgeber im Widerspruch steht. (V.G.H.E. Bd. II S. 701.) Die Vollmachtgeber können ihre Vertreter nicht durch Aufträge mit Wirkung nach Außen binden. (Verh. d. bes. Aussch. Abth. II S. 701.)

S. noch Art. 25, 47, 171, 182 Abs. 9, 201.

Anm. 7. Die Fassung des Abs. V nach dem Ausführungsgesetz zwingt nur Minderjährige und die in Art. 11 Abs. II Ziff. 1 bezeichneten Personen sich in Ausübung des Bürgerrechts vertreten zu lassen, woraus zu folgern ist, daß die in Ziff. 2 bezeichneten unselbständigen Personen ihr Bürgerrecht des Art. 15 selbst ausüben können, weil sie volle eigene Handlungsfähigkeit nach dem bürgerl. Gesetzbuch besitzen.

Art. 16.

Ueber Gesuche um Verleihung des Bürgerrechts beschließt die Gemeindeverwaltung. In Gemeinden mit städtischer Verfassung ist jedoch die Zustimmung der Gemeindebevollmächtigten erforderlich, wenn das Bürgerrecht einer Person verliehen werden soll, welche darauf keinen gesetzlichen Anspruch hat oder welcher ein in Art. 13 Abs. II bezeichneter Versagungsgrund entgegensteht.

Anm. 1. Die Beschlußfassung steht der kollegialen Gemeindebehörde, also dem Stadtmagistrat oder dem Gemeindeausschuß in ihren Sitzungen zu. (S. hierüber Art. 102, 105, 145; die Stadt-, bezw. Marktmagistrate haben jedoch die vorherige Zustimmung der Gemeindebevollmächtigten einzuholen, wenn das Bürgerrecht einer Person verliehen werden soll, welche darauf keinen gesetzlicher Anspruch hat. Der Schlußsatz des Art. 16 möchte auf den ersten Blick als überflüssig erscheinen, da diejenigen, denen Versagungsgründe entgegenstehen, auch keinen gesetzlichen Anspruch auf Verleihung des Bürgerrechts haben; indeß hat die Gesetzesbestimmung ihren guten Grund darin, daß man die Versagungsgründe gewissermaßen als dem freien Ermessen überlassene Exceptionen gegen die nach Abs. I normirten Anspruchsgründe den Gemeindebevollmächtigten vorzugsweise zur Würdigung überweisen wollte, wie den Einspruch bei der Verehelichung. Bezüglich der Zustimmung der Gemeindebevollmächtigten, welche in ihrem freien Ermessen liegt, s. Art. 112, 117. Ihre Einvernahme ist überflüssig, wo der Magistrat einen Anspruch von vorneherein zurückgewiesen hat.

Anm. 2. Die Behauptung an der Theilnahme an einer Gemeindewahl durch ungehörige Verzögerung der Ertheilung des erbetenen Bürgerrechts verhindert worden zu sein, bildet keinen Wahlanfechtungsgrund im Sinne des Art. 196 Abs. V G.O. (V.G.H.E. Bd. IV S. 40.)

Im Uebrigen s. Vorbem. zu Art. 10.

Art. 17.

I. Zur Erwerbung des Bürgerrechts sind nach Aufforderung der Gemeindeverwaltung hierzu befähigte Personen verpflichtet, wenn sie seit fünf Jahren in der Gemeinde wohnen und während dieser Zeit mit direkten Steuern im jährlichen Gesammtbetrage von mindestens

vier Gulden (6.86 *M*) in Gemeinden über 20000 Seelen

und

drei Gulden (5.14 *M*) in den übrigen Gemeinden

angelegt waren.

II. Diese Verpflichtung erstreckt sich nicht auf Personen, welche sich in Folge eines öffentlichen Dienstverhältnisses in der Gemeinde aufhalten, so lange sie im aktiven Dienste stehen und nur mit Kapitalrenten- oder Einkommensteuer in der Gemeinde angelegt sind. Dasselbe gilt auch von Personen, welche in Folge ihres früheren Dienstverhältnisses aus einer Kasse des Staates, einer Gemeinde oder öffentlichen Stiftung eine Pension beziehen, so lange sie nur mit Kapitalrenten- oder Einkommensteuer angelegt sind.

Anm. 1. Art. 17 behandelt die „Mußbürger". Im besonderen Ausschuß der Abgeordnetenkammer äußerte sich (über Entstehung des Art. 17) der Referent: Die Gemeinden haben auch ein Interesse, daß von denjenigen, die zur Erwerbung des Bürgerrechts geeignet sind, nicht gar zu lange gezögert wird mit der Erwerbung desselben und mit der Uebernahme der Lasten, die sich daran knüpfen; die Gemeinden werden nur solchen Personen gegenüber Gebrauch machen, von welchen es außer Zweifel ist, daß sie der Gemeinde nicht zur Last fallen. Ursprünglich waren nur die Haus-, Grund- oder Gewerbesteuer-Zahlenden hereingezogen, weil Referent glaubte, daß nur diese Steuern diejenigen seien, welche eine dauernde Fixirung des damit Angelegten in der Gemeinde vermuthen lassen, während derjenige, welcher bloß seine persönlichen Arbeitsleistungen versteuert, oder derjenige, der ein bewegliches Kapital besitzt, das man über Nacht in der Tasche auf 100 Stunden und noch weiter forttragen könne, nicht zu erkennen gebe, daß er ständig bleibe.

Abgeordneter Wagner stellte dagegen den Antrag, die Worte einzusetzen: „mit einer direkten Steuer". Der vorhin angegebene Grund sei nicht ausschlaggebend; denn es lebten in vielen Gemeinden Kapitalisten, Private, Aerzte, Advokaten und ähnliche Leute, und er sehe nicht ein, warum diese Leute nicht herangezogen werden sollten.

Die Kammer der Reichsräthe beschloß, dem Abs. I folgende Fassung zu geben: Zur Erwerbung des Bürgerrechts sind nach Aufforderung der Gemeindeverwaltung hiezu befähigte Personen verpflichtet, wenn sie in der Gemeinde heimathberechtigt und mit direkten Steuern rc. angelegt sind. Nach den Aeußerungen des Staatsministers des Innern, verglichen mit denen des Reichsrathes v. Schrenk, war die Absicht zweifellos die, nur jene Personen aufzunehmen, welche die Befähigung nach Art. 11 besitzen.

Anm. 2. Nach Aufforderung der Gemeindeverwaltung: Im besonderen Ausschusse äußerte sich der Abgeordnete Brater in dieser Hinsicht: Obige Worte sind eigentlich zu streichen, weil sich in vielen Fällen das widernatürliche Verhältniß ergeben wird, daß die Befreiung von dieser Pflicht als besondere Vergünstigung gewährt wird. Die Verbindlichkeit zum Erwerbe des Bürgerrechts dürfe man nur den besser gestellten Einkommen- und Kapitalsteuerpflichtigen auferlegen. Die Fassung „nach Aufforderung rc." bezweckt nunmehr die Möglichkeit, in jedem einzelnen Falle die obwaltenden Verhältnisse mit Rücksicht auf die Interessen der betreffenden Personen sowohl, als auch der Gemeinde entsprechend zu würdigen. Nur der Magistrat bezw. Gemeindeausschuß, kein weiteres gemeindliches Organ können auf Grund ordnungsmäßiger Beschlußfassung die Aufforderung ergehen lassen. Ein nochmaliger Beschluß auf wirkliche Verleihung des Bürgerrechts an den Aufgeforderten ist nicht mehr nöthig.

Hiezu befähigte Personen: maßgebend ist hiebei Art. 11 Abs. I u. III, nicht Abs. IV, auch nicht Art. 14 oder 15, weil ein Zwang zum Erwerb der Staatsangehörigkeit nicht besteht, weil überhaupt nur die allgemein nach Art. 11 befähigten Personen getroffen werden wollten, endlich weil ausdrücklich der Wohnsitz in der Gemeinde verlangt ist.

Die Worte „seit fünf Jahren" beziehen sich sowohl auf das Wohnen in der Gemeinde, als auch auf die Dauer der Veranlagung mit direkten Steuern. Die Befähigung selbst jedoch braucht nicht seit 5 Jahren bestanden zu haben; letztere müssen aber der Aufforderung unmittelbar vorhergegangen sein. Bezüglich des Zeitraums von fünf Jahren vgl. die Aeußerung des Minist.Kommissärs im bes. Ausschuß: Es muß konstatirt sein, daß der einzelne wirklich in ein dauerndes Verhältniß zur Gemeinde getreten sei; der Zeitumlauf muß daher ein ziemlich erheblicher sein; es sei etwas ganz anderes, wenn erst nach fünf oder zehn Jahren, wie der Regierungsvorschlag im Ansässigmachungsgesetzentwurf gelautet, eine solche Nöthigung eintritt. Wenn z. B. ein Mann von außen nach München ziehe, hier sich ein Jahr lang mit Fleiß und Sparsamkeit durchbringt und dann 150 Gulden Bürgeraufnahmsgebühr zahlen müsse, so sei dieser Mann einfach ruinirt.

In der Gemeinde wohnen: auf den Besitz eines Wohnhauses kommt es nicht an, nur auf die Thatsache des Wohnens. Auch jene, die ein Wohnhaus in der Gemeinde besitzen, können nur dann zur Erwerbung des Bürgerrechts verpflichtet werden, wenn sie seit fünf Jahren in der Gemeinde wohnen und mit der gesetzlichen Steuer angelegt sind.

Mit direkten Steuern angelegt waren und seit dieser Zeit noch angelegt sind; denn die Steueranlage in der angegebenen Höhe muß natürlich noch fortbestehen, wenn der Bürgerrechtserwerb erzwungen werden soll. Die Veranlagung mit einer Steuer ist nur in dem Falle vorhanden, wenn die Steuerpflicht des Betheiligten in der bezüglichen Gemeinde auf dem Wege des gesetzlich vorgeschriebenen Verfahrens ermittelt, regalirt, und in die amtlichen Steuerlisten eingetragen ist. Die Durchführung dieses Verfahrens obliegt den Rentämtern, deren Steuerlisten hiernach über die Steuerpflicht der Gemeindeangehörigen legalen Aufschluß ertheilen und in gleichem Maße auch für die event. Umlagenpflicht derselben die gesetzliche Grundlage bilden (V.G.H.E. Bd. IV S. 252). Seit 1. Januar 1876 ist zufolge Art. 14 des Münzgesetzes vom 9. Juli 1873 an die Stelle von 4 fl. der Betrag von 6 ℳ 86 ₰, an die Stelle von 3 fl. der Betrag von 5 ℳ 14 ₰ getreten.

Wegen der Seelenzahl s. Art. 203.

Die thatsächliche Theilnahme an der Entrichtung der Steuer, mit welcher ein Dritter angelegt ist, kann der persönlichen Veranlagung mit einer Steuer im Sinne des Art. 17 Abs. I nicht gleichgeachtet werden. (V.G.H.E. Bd. IV S. 251.)

Anm. 3. Zu erwähnen ist an dieser Stelle noch § 13 Reichsgewerbeordnung, welcher jedoch an Art. 17 nichts geändert hat. (M.E. vom 21. Juni u. 7. Sept. 1875 Nr. 3637 u. 9407, Bl. f. adm. Pr. Bd. 23 S. 29, Bd. 24 S. 274.)

§ 13 der Gew.O. lautet:

> Von dem Besitze des Bürgerrechts soll die Zulassung zum Gewerbebetrieb in keiner Gemeinde und bei keinem Gewerbe abhängig sein.
>
> Nach dem begonnenen Gewerbebetrieb ist, soweit dies in der bestehenden Gemeindeverfassung begründet ist, der Gewerbetreibende auf Verlangen der Gemeindebehörde nach Ablauf von drei Jahren verpflichtet, das Bürgerrecht zu erwerben. Es darf jedoch in diesem Falle von ihm das sonst vorgeschriebene oder übliche Bürgerrechtsgeld nicht gefordert und ebenso nicht verlangt werden, daß er sein anderweit erworbenes Bürgerrecht aufgebe.

Wenn also die Gemeindeverfassung für neu anziehende Gewerbetreibende einen Zwang zur Erwerbung des Bürgerrechts nicht kennt, hat es dabei sein Bewenden; wo ein solcher Zwang besteht, kann er gegenüber einem Gewerbetreibenden nicht vor Ablauf von drei Jahren geltend gemacht werden, falls ein solcher Zwang landesrechtlich sofort oder schon früher geübt werden könnte. Wo die landesrechtlich bestehende Frist eine längere ist, hat es dabei sein Verbleiben. (Landmann, Kommentar zur Gewerbeordnung, 1893 S. 106.) Gewerbetreibende, welche nach Ablauf eines fünfjährigen Aufenthalts gemäß Art. 17 ausschließlich auf Grund der Entrichtung einer Gewerbesteuer zur Erwerbung des Bürgerrechts aufgefordert werden, haben auf Grund § 13 der Reichsgew.O. eine Bürgeraufnahmsgebühr nicht zu entrichten, wohl aber, wenn sie selbst um das Bürgerrecht nachsuchen. (M.E. v. 21. Juni 1875 Nr. 3637 und vom 7. Sept. 1875 Nr. 9407.) Näh. hierüber s. Kahr, Komm z. G.O. S. 203 ff.

Anm. 4. Zu Abs. II: Als Absatz II wurde vom Abgeordneten Brater folgende Fassung vorgeschlagen:

> „Auf Staats- und Hofbeamte, Offiziere, Beamte der öffentlichen Korporationen und Stiftungen erstreckt sich, solange sie im aktiven Dienste stehen, diese Verbindlichkeit nicht.“ Bei Pensionisten, die ihren Aufenthaltsort frei wählen können, falle der Grund für die Ausnahme weg.

Hiezu bemerkte jedoch der Ministerial-Kommissär:

Die Fassung des Dr. Brater sei zu enge, weil sonst ein Gendarm, der selbstständig sei und eine Steuer zahle, in der Gemeinde, in welcher er stationirt sei, zum Erwerbe des Bürgerrechts angehalten werden könne; das gleiche sei der Fall mit einem Schulgehilfen; letzteres entspreche nicht den Intentionen des Ausschusses, die dahin gehen, daß man die öffentlichen Diener, solange sie im öffentlichen Dienste seien und solange sie riskieren müßten, daß sie jeden Tag auch wider ihren Willen, in eine andere Gemeinde versetzt werden, nicht zwingen solle, das Bürgerrecht zu erwerben.

Der Referent bemerkte im besonderen Ausschusse: er sehe nicht ein, warum man bezüglich der Pensionisten eine Ausnahme machen wolle, wenn der Betreffende z. B. ein großes werthvolles Haus oder Grundvermögen in der Gemeinde besitzt oder als Kompagnon bei einer Fabrik betheiligt sei. Daher kam die jetzige Fassung des Abs. II. Die Absicht des Gesetzes ist, jede Art des öffentlichen Dienstes zu treffen gleichviel, ob er dem Staate, einer öffentlichen Religionsgesellschaft, einem Gemeindeverbande, einer öffentlichen Körperschaft oder öffentlichen Stiftung, z. B. dem Germanischen Museum (Min.E. vom 26. März 1880 Nr. 3435) geleistet wird, ob er ein pragmatischer, bezw. ständiger oder unständiger, z. B. Bezirksamtsschreiber (M.E. vom 26. Juli 1879 Nr. 4948), ist. Auch Staatsdienstadspiranten gehören hieher. (A. M. Weber; siehe M.E. vom 16. Dez. 1874 Nr. 12396.)

Die V.G.H.E., Bd. X S. 230, drückt sich wie folgt aus:

Jede Art des öffentlichen Dienstes, gleichviel ob dieser dem Staat oder einer öffentlichen Religionsgesellschaft, einer öffentlichen Korporation oder Stiftung oder einer Gemeinde geleistet wird, und ohne Rücksicht darauf, ob das Dienstverhältniß gegebenen Falles im Sinne der 9. Verfassungs-Beilage ein pragmatisches, ob es ständig oder unständig ist, ist geeignet, bei dem Vorhandensein der vom Gesetz bezeichneten Art der Steueranlage für den Betheiligten die Befreiung von der Verpflichtung zum Bürgerrechtserwerb zu bewirken, sofern nur das Dienstverhältniß für den Bediensteten zugleich den Aufenthalt in einer bestimmten Gemeinde mit sich bringt, sohin für ihn daselbst den dienstlichen und dauernden nothwendigen Wohnsitz zur Folge hat. (Auch der Militärdienst gehört hieher.)

Abgesehen von pragmatischen Dienstverleihungen wird im Bereiche des Staatsdienstes ein öffentliches Dienstverhältniß durch die Ernennung derjenigen Staatsstelle, der das Recht hiezu vom Staate übertragen ist, begründet; Voraussetzung ist, daß die Dienstleistungen, welche den Inhalt des zu begründenden Dienstverhältnisses bilden sollen, unmittelbar dem Staate behufs Verwirklichung seiner Zwecke geleistet werden und daß sie völlig oder theilweise durch öffentliche Rechtsnormen bereits festgestellt und der Vereinbarung der Betheiligten entzogen sind.

Es fallen daher unter Art. 17 Abs. II z. B. nicht:

a) Hofbedienstete (aut. M.E. v. 5. Okt. 1877 Nr. 5232);

b) Rechtsanwälte (M.E. v. 22. März 1876 Nr. 11625 und vom 23. Juni 1877 Nr. 7034);

c) Rechtskonzipienten (M.E. v. 16. Dez. 1874 Nr. 12396);

d) Privatbedienstete aller Art; nur die Thurn- und Taxis'schen Gerichtsbeamten waren öffentliche Beamte;

e) für den öffentlichen Dienst verpflichtete Privatbedienstete (Privat-, Forst- und Jagdschutzbedienstete, Bedienstete von Privateisenbahnen) — cf. Seydel, Bayr. Staatsrecht Bd. III S. 151 und M.E. v. 30. Okt. 1875 Nr. 10676.

f) Distriktskassiere (V.G.H.E. Bd. X S. 231).

Wohl aber fallen unter Art. 17 Abs. II die Rentamtsoberschreiber (s. V.G.-H.E. Bd. XIV S. 73 gegen V.G.H.E. Bd. X S. 234 und M.E. v. 10. Dez. 1876 Nr. 12910). Ebenso Bezirksamtsschreiber und Staatsdienstadspiranten.

Nur mit Kapitalrenten- oder Einkommensteuer: dasselbe gilt

aber auch von Grund- oder Haussteuern, welche von Staats-, Gemeinde- oder Kirchendienern für solche Realitäten gezahlt werden, deren Genuß ihnen als Bestandtheil ihres Diensteinkommens überlassen ist. (Ref. im Abg.-Ausschuß.) Sobald solche Personen auch mit anderen direkten Steuern angelegt sind, kommt für die Frage der Pflicht zum Bürgerrechtserwerbe auch die Kapitalrenten- und Einkommensteuer mit in Rechnung. (M.E. vom 10. April und 28. Juni 1876 Nr. 3062 und 5475.)

Bezüglich der Pensionisten hätte man kürzer sagen können „aus einer öffentlichen Kasse", da u. a. auch solche Pensionisten hieher zu rechnen sind, die aus Mitteln einer Distrikts- oder Kreisgemeinde ihre Pension beziehen.

Anm. 5. Für die in Abs. II bezeichneten Personenkategorien erwächst die Pflicht zum Bürgerrechtserwerb erst nach Ablauf von 5 Jahren von Veranlegung mit Haus-, Grund- oder Gewerbsteuer an, weil es im Interesse der Gemeinde und auch des Einzelnen liegt, daß in dem Verhältnisse desselben zu seiner Aufenthaltsgemeinde eine gewisse Stetigkeit eintritt. (Ausschⱺ.Verh. 1867/69 S. 622, V.G.H.E. Bd. XII S. 472).

Anm. 6. In Abs. II wollten die einzelnen Ausnahmen erschöpfend aufgeführt werden; weitere Ausnahmen bestehen nicht. Insbesonders bildet der Umstand keine Ausnahme, daß ein Mußbürgerkandidat das Bürgerrecht bereits in einer anderen Gemeinde besitzt; es liegt sowohl im finanziellen Interesse der Gemeinden als auch in ihrem idealen Interesse, recht viele geeignete Bürger durch Handhabung des Art. 17 unter die Zahl der Gemeindebürger aufzunehmen (z. B. Rechtsanwälte, Bauverständige u. a.) Auch Offiziere, welche Grund- und Haussteuer zum Mindestbetrag nach Art. 17 Abs. I bezahlen.

Anm. 7. Ueber den Zwang zum Bürgerrechtserwerb s. bayr. Gem.Ztg. 1893 S. 265.

Art. 18.

I. Das auf Grund der Art. 12 bis 14 erworbene Bürgerrecht geht mit dem Verluste der nach Art. 11 erforderlichen Befähigung verloren, insoferne nicht die Voraussetzungen des Art. 15 bestehen.

II. Das auf Grund des Art. 15 Abs. I bis III von Personen, welche die nach Art. 11 erforderliche Befähigung nicht besitzen, erworbene Bürgerrecht erlischt mit dem Wegfalle der dortselbst bezeichneten Voraussetzungen, soferne nicht jene Personen die in Art 11 vorgeschriebene Befähigung erworben haben.

III. Wer nach eingetretenem Verluste des Bürgerrechts in einer Gemeinde dieses in der nämlichen Gemeinde wieder erwirbt, ist von Bezahlung der in Art. 20 und 22 bezeichneten Gebühren befreit, wenn und soweit er diese Gebühren früher schon an dieselbe Gemeinde bezahlt hat.

IV. Erfolgt der Verlust des Bürgerrechts lediglich deshalb, weil die betreffende Person aufhört, steuerpflichtig oder selbstständig zu sein, so zieht derselbe den Verlust der Ansprüche auf Mitgenuß der örtlichen Stiftungen und Wohlthätigkeitsanstalten, sowie auf Mitbenützung der Gemeindeanstalten nicht nach sich.

Anm. 1. Art. 18 bezieht sich auf die späteren Art. 20 u. 22, und in Abs. IV auch noch auf Art. 19; es wäre praktischer gewesen, zunächst die Voraussetzungen zum Bürgerrechtserwerb aufzuführen, sodann den Inhalt des Bürgerrechts (Art. 19) anzureihen und schließlich erst vom Verlust des Bürgerrechts zu sprechen. Auf diese Weise hätte man nicht auf spätere Artikel „rekurriren" müssen und Abs. IV des Art. 18 kürzer fassen können.

Anm. 2. Der Erwerb und Besitz des Bürgerrechts hängt von einer Reihe von Voraussetzungen ab, die jeweils kumulativ zusammentreffen müssen.

Beim Verlust des Bürgerrechts aber sind nicht die Umstände, unter denen dasselbe erworben wurde, maßgebend, sondern der Wegfall der Verhältnisse, auf welche der Anspruch zum Erwerb des Bürgerrechts nach Art. 13 oder 15 begründet werden kann. Wer demnach in der Gemeinde ein besteuertes Wohnhaus besitzt oder zu den drei Höchstbesteuerten gehört, verliert das Bürgerrecht dadurch nicht, daß er eine der nach Art. 11 erforderlichen Eigenschaften der Befähigung verliert; wer dagegen kein besteuertes Wohnhaus in der Gemeinde besitzt und auch nicht zu den drei Höchstbesteuerten gehört, z. B. besteuerte Miethleute, verliert das Bürgerrecht, wenn eine der Voraussetzungen des Art. 11 wegfällt. Als absoluter Verlustgrund erscheint der Verlust der bayerischen Staatsangehörigkeit, weil diese auch in Art. 15 erfordert ist; ingleichen führt der Wegfall der Selbstständigkeit oder der Steuerpflicht den Verlust des Bürgerrechts nach sich, außer wenn jemand nur momentan nicht in der Lage ist, seine Steuern zu bezahlen. (Aussch.Prot. XVI S. 239.) Ergeben sich ferner nach dem Erwerb des Bürgerrechts Versagungsgründe des Art. 13 Abs. II, so geht dasselbe nicht unter, da die Befähigung nach Art. 11, nicht die in Art 12—14 normirte Erwerbsart für den ipso iure Eintritt des Verlustes als ausschlaggebend erklärt ist. Da die Gründe des Verlustes in Art. 18 erschöpfend behandelt werden wollten, der freiwillige Verzicht jedoch hiebei nicht aufgeführt ist, kann auch dieser niemals als Verlustgrund gelten. (Aber: Bl. f. adm. Pr. Bd. XIX S. 378).

Aenderungen des Bürgerrechts können auch infolge von Aenderungen im Bestande der Gemeinden eintreten, ebenso wie Aenderungen des Heimathrechts; letzteres geht mit dem Verluste des Bürgerrechts immer nur dann unter, wenn der Betreffende das bayerische Indigenat verliert oder die Heimath in einer anderen Gemeinde erworben hat; zu Recht bestehende Bürgerrechte gehen bei derlei Veränderungen nicht unter, sondern in den neuen Gemeindeverband über.

Art. 18 Abs. I u. II bezieht sich auch auf Art. 17 u. 201 Abs. I. S. auch bayer. Gem.Ztg. 1892 S. 594 ff. Auch der Tod bewirkt den Verlust des Bürgerrechts.

Anm. 3. Zu Abs. III bemerkte der Referent im bes. Aussch.:

„Die Gemeinde kann nur dann bei Wiedererwerb des Bürgerrechts keine Gebühr fordern, wenn sie nicht bloß die Gebühren für den früheren Erwerb bezahlt erhalten hat, sondern jene Gebühr auch in ihrer Kasse geblieben ist. Wenn nämlich Jemand auf Grund späterer Bestimmungen bei frühzeitigem Wiederabziehen von der Gemeinde einen Theil der Gebühr zurückbezahlt erhalten hätte und später wieder eintreten würde, so könnte ihm dasjenige nicht zu Gute gerechnet werden, was er zurückbezahlt erhalten hat."

Eine Befreiung nach Abs. III tritt hienach nicht ein, insoweit auf Grund des Art. 21 die Aufnahmsgebühr wieder zurückerstattet worden ist.

Wenn sich die Bürgerrechtsgebühr inzwischen erhöht hat, ist das Plus darauf zu zahlen. (Siehe auch Art. 23 Abs. III und Art. 201 Abs. IV.)

Anm. 4. Zu Abs. IV: Andere als die hier genannten Personen verlieren auch den Genuß an den örtlichen Stiftungen und Wohlthätigkeitsanstalten, insbesondere dann, wenn sie die Heimath nicht mehr haben. Vergl. auch noch Art. 31, 32 Abs. II Ziff. 2.

Anm. 5. Wegen Streitigkeiten s. Vorbem. zu Art. 10.

Art. 19.

I. Mit dem Bürgerrechte wird das Heimathrecht in der Gemeinde nach den Bestimmungen des Gesetzes vom 16. April 1868 Art. 5 erworben.

II. Der Gemeindebürger genießt ferner das Recht, nach den Bestimmungen des gegenwärtigen Gesetzes:

1) bei Berathung und Abstimmung über Gemeindeangelegenheiten mitzuwirken;
2) zu Gemeindeämtern zu wählen und gewählt zu werden;
3) an dem Gemeindegut und dessen Nutzungen, sowie nach Maßgabe der Stiftungsurkunden an den Vortheilen der örtlichen Stiftungen theilzunehmen;
4) die Gemeindeanstalten zu benützen.

III. Er ist dagegen verpflichtet:

1) zur Deckung der Gemeindebedürfnisse unter den gesetzlichen Voraussetzungen verhältnißmäßig beizutragen;
2) Gemeindeämter, zu welchen er gewählt wird, soferne ihm nicht gesetzliche Ablehnungsgründe zur Seite stehen, anzunehmen und während der bestimmten Dauer zu verwalten.

Anm. 1. Art. 19 sanktionirt das Prinzip der vollen Gleichberechtigung aller Bürger, gibt aber keine erschöpfende Uebersicht über alle Rechte und Pflichten der Bürger.

Anm. 2. Zu Abs. I: Art. 5 des Heimathgesetzes lautet:

I. Mit dem Bürgerrecht wird das Heimathrecht in der Gemeinde erworben.

II. Wer das Bürgerrecht in einer anderen Gemeinde nur infolge Hausbesitzes oder unter Beibehaltung seines bisherigen Bürgerrechts erwirbt, erlangt das Heimathrecht in jener Gemeinde nur dann, wenn er durch eine an die Verwaltungen beider Gemeinden abgegebene Erklärung auf sein bisheriges Heimathrecht verzichtet und das Heimathrecht in der Gemeinde anspricht, in welcher er zuletzt Bürger wird.

Wer also in einer Gemeinde Bürger wird, erlangt die Heimath daselbst vorbehaltlich der Bestimmungen in Abs. II von Rechtswegen.

Siehe das Nähere hierüber: Riedel, Kommentar über das Heimathgesetz, Bem. zu Art. 5. Hier nur Folgendes:

Gleichgiltig ist, ob der Betreffende bereits ein Bürgerrecht in einer anderen Gemeinde besitzt oder nicht. Der gleichzeitige Besitz von mehreren Bürgerrechten ist nur denkbar, wenn sich die mehreren oder wenigstens eines derselben auf den Besitz eines Wohnhauses oder darauf gründen, daß der Betreffende in der Gemeinde „mit direkten Steuern mindestens in demselben Betrage, wie einer der drei höchstbesteuerten Einwohner" angelegt ist. Die in Abs. II erwähnten Erklärungen können jederzeit abegegeben werden, solange überhaupt das zuletzt erworbene Bürgerrecht dauert. Dem gegenüber finden sich -- so führt Riedel l. c. aus — im achten Ausschußprotokolle zwar einige Aeußerungen, woraus gefolgert werden könnte, daß jene Erklärungsabgabe gleichzeitig mit dem neuen Bürgerrechtserwerbe stattfinden müsse, allein man wird zu beachten haben, daß die damalige Fassung des nunmehrigen Art. 5 später gerade zu Gunsten der betreffenden Personen verändert wurde. Es wird also den Betreffenden die Befugniß, auf dieses Benefizium zu verzichten, kaum zu bestreiten sein. (Vergl. Bl. f. adm. Pr. Bd. 19 S. 369, 409, Bd. 21 S. 12, 119, 326). In den Bl. f. adm. Pr. Bd. 19 S. 362 ist die Ansicht vertreten, die Riedel bekämpft. Einschlägig hieher V.G.H.E. Bd. I S. 435: Jene Personen, welche auf Grund des Art. 201 Abs. 1 das Bürgerrecht in einer Gemeinde nicht infolge bloßen Hausbesitzes, sondern infolge des Wohnsitzes in Verbindung mit Realbesitz erlangten, haben mit dem Bürgerrecht zugleich auch das Heimathrecht in dieser Gemeinde kraft des Gesetzes erworben, ohne daß es ihrerseits der in Art. 5 Abs. II des Heimathgesetzes vorgeschriebenen Erklärung bedurfte. Unter dem in der eben angeführten Entscheidung erwähnten „bloßen Hausbesitz" ist der Besitz eines Wohnhauses ohne Wohnsitz in der Gemeinde zu verstehen. (V.G.H.E. Bd. IX S. 108.) Vergl. auch wegen Heimathansprüche auf Grund Hausbesitzes: V.G.H.E. Bd. II S. 408.

Anm. 3. Zu Abs. II Ziff. 1 s. Abth. IV der G.O. und § 34 Reichsstrafgesetzbuch über Aberkennung der Ehrenrechte.

Anm. 4. Zu Abs. II Ziff. 2: Von Ableistung des Verfassungseides als Vorbedingung zur Ausübung des Stimmrechts sieht der Gesetzentwurf ab, weil dieser Eid zunächst nur für die in Tit. X § 3 der Verfassungsurkunde bezeichneten Staatsbürger bestimmt ist und für die dem Wähler obliegende Pflicht einen erschöpfenden vollständigen Ausdruck nicht bildet. (Motive.) Gegenüber dem Schweigen der Verfassungsurkunde und der Gemeindeordnung kann man die Zulassung zur Gemeindewahl nicht von der Ableistung des Verfassungseides abhängig machen. (Bl. f. adm. Pr. 22 Bd. S. 63.)

Unter Gemeindeamt ist zu verstehen der Inbegriff von gesetzlich bestimmten Rechten und Pflichten in Vertretung einer Gemeinde und in der Verwaltung ihrer Angelegenheiten, welche Einzelpersonen oder Mitgliedern von kollegialen Körperschaften theils durch unmittelbare Wahl der Gemeindebürger, theils durch die Wahl eines von den Bürgern selbst gewählten Kollegiums vorschriftsmäßig übertragen werden; (bayer. Gemeindezeitg. 1892 S. 719; hierselbst eine umfangreiche Abhandlung über Gemeindeämter).

Das auf Grund Ziff. 2 einem Gemeindebürger nach Maßgabe der Art. 170 und 172 zukommende aktive und passive Wahlrecht wird seinem Wesen nach und als solches durch den Eintrag oder Nichteintrag in die Wählerliste — Art. 176 — nicht berührt. Zur Geltendmachung jener Rechte aber, und zwar sowohl in aktiver wie passiver Beziehung erscheint der Vortrag des Namens in der Wählerliste als unerläßliche Voraussetzung. Der Wahlausschuß ist durch das Gesetz nirgends ermächtigt, hievon wegen des nach seiner Ueberzeugung feststehenden Wahlrechts eines Einzelnen abzusehen und jenen Mangel durch eine Beschlußfassung seinerseits zu ersetzen (V.G.H.E. Bd. IV S. 18).

Die G.O. zählt das Wählen zu Gemeindeämtern unter die allgemeinen Rechte eines Gemeindebürgers, ohne die Ausübung dieses Rechtes als eine Pflicht zu bezeichnen; hienach muß es als dem freien Ermessen eines Gemeindebürgers anheimgegeben erachtet werden, ob er im einzelnen Fall das fragliche Recht ausüben oder der Wahl sich enthalten will; sonach ist auch die Giltigkeit einer unmittelbar zu vollziehenden Wahl nach Art. 184 nicht durch eine gewisse Zahl Abstimmender bedingt und die Selbstbestimmung des Einzelnen nicht beengt. Die Bedrohung eines Gemeindebürgers mit einer Ungehorsamsstrafe für den Fall der Nichtbetheiligung wäre eine das Beschwerderecht nach Art. 8 Ziff. 26 d. V.G.H.G. begründende Beeinträchtigung des Bürgers. Anders gestaltet sich die Sache bei mittelbaren Wahlen. Hier handelt es sich um die Erfüllung der dem Kollegium als der von den Gemeindebürgern gewählten Körperschaft zukommenden Aufgaben zur Bestellung von Gemeindeämtern. Dieser Aufgabe haben sich die Kollegialmitglieder unter dem gesetzlichen Gebot einer gewissen Mindestbetheiligung zu unterziehen: die Ausbleibenden verletzen eine von ihnen gegenüber der Bürgerschaft übernommene Pflicht, da die letztere ihr Wahlrecht in die Hände der ersteren gelegt hat. Streitigkeiten hierüber sind jedoch keine Verwaltungsrechtssachen (V.G.H.E. Bd. III S. 528, Bd. VI S. 129). S. im Uebrigen 4. und 6. Abth. der G.O.

Das Wahlstimmrecht fällt unter Art. 7 Ziff. 33 der V.G.H.G. Das in Ziff. 26 l. c. erwähnte Stimmrecht begreift nur das unmittelbar aus dem Gemeindeverband entspringende individuelle Recht, mitzuberathen und mitzustimmen, nicht das mit der gemeindeamtlichen Stellung verknüpfte Stimmrecht. Unter Ziff. 26 l. c. fällt auch nur das Recht, nicht die Pflicht der Stimmabgabe.

Anm. 5. Ziff. 3: Das jedem Einzelnen zustehende Recht der Theilnahme am Gebrauche der öffentlichen Sachen (Straßen, Wege rc.) hat in der Regel eine vermögensrechtliche Wirkung: die öffentliche Ordnung macht es hiebei nöthig, daß den mit der Wahrung derselben betrauten Behörden die Regelung der Art und Weise des Gebrauches öffentlicher Sachen und Einrichtungen vorbehalten ist; der Einzelne hat aber kein Recht auf das Fortbestehen dieser Einrichtungen, und zwar weder auf das Bestehen z. B. eines öffentlichen Weges, noch auf das Bestehen sonstiger öffentlicher Einrichtungen; folglich ist auch hier in der Regel verwaltungsrechtliche Klage ausgeschlossen. Im Uebrigen vergl. jedoch Art. 8 Ziff. 28 d. V.G.H.G., wovon in der III. Abtheilung gehandelt werden soll. (S. auch Sarwey, das öffentliche Recht, S. 502).

Eine Beschränkung der Verwaltung tritt ein, wenn der Einzelne auf Grund eines besonderen Privatrechtstitels ein besonderes Gebrauchsrecht hat. Durch die G.O. wollte man nämlich keine Aenderung in der bisherigen Art der Ausübung der Gemeindenutzungsbefugnisse einführen, sondern es bei den bisher jeden Ortes desfalls bestehenden Rechtsverhältnissen, namentlich in Bezug auf die Ansprüche, welche den Hausbesitzern als solchen in einzelnen Gemeinden zukommen, belassen; es findet sich ferner nirgends eine Bestimmung, wonach nicht auch bezüglich solcher Nutzungsrechte, welche auf dem Gemeindeverbande beruhen, ausnahmsweise mehrere Nutzantheile in der Person eines Gemeindegliedes vereinigt sein können, und erscheint hienach allgemein die Vereinigung mehrerer auf dem Gemeindeverbande beruhender Nutzantheile in der Person eines Gemeindegliedes durch Erwerbung mehrerer nutzungsberechtigter Anwesen an sich nicht als rechtlich ausgeschlossen. (E. d. ob. Ger.H. Samml. Bd. VII S. 66.)

Die Gemeindenutzungen bestehen entweder in Reichnissen aus dem Gemeindevermögen oder im Mitgebrauch an Vermögensgegenständen.

Ueber die Bedingungen und den Umfang der Theilnahme an den Nutzungen s. Art. 26 ff. Ueber das Stiftungsvermögen s. Art. 65 ff.

Anm. 6. Ziff. 4: Der Begriff der Gemeindeanstalt an sich ist kein finanzrechtlicher; er bezeichnet alle bleibenden Einrichtungen zur Erfüllung bestimmter öffentlicher Zwecke. (So Abg. Edel Verh. K. d. Abg. Prot. Bd. VIII S. 297.) Im Sinne der G.O. aber versteht man hierunter mit gemeindlichem Grundstockvermögen ausgestattete Einrichtungen; dabei steht nichts entgegen, daß dieselben auch der Gewinnerzielung halber für rein finanzielle Zwecke errichtet werden. Die Natur der Anstalt ist jeweils auch entscheidend bei der Frage ihrer Benützbarkeit; wenn bei einem Gemeindebürger die Voraussetzungen der Benützbarkeit zutreffen, darf dieser auf keinen Fall ausgeschlossen werden, und müssen Gegenmaßnahmen hiebei durch etwaige Beschränkung auf Gemeindebürger und Heimathberechtigte getroffen werden. (Vgl. auch V.G.H.E. Bd. IX S. 420.)

Von der Benützung der Gemeindeanstalten sprechen insbesonders die Art. 18, 39, 40, 57, 72, 106, 112, 138, 140, 142, 159.

Ueber den Begriff der Gemeindeanstalt ist noch besonders hervorzuheben eine Abhandlung in der bayer. Gde Ztg. Jahrgang 1892 S. 652. Hier wird dieselbe definirt wie folgt: Gemeindeanstalten sind mehr oder weniger besonderen polizeirechtlichen Normen unterliegende Einrichtungen, deren Zweck in der Regel örtlich begrenzt und deren vermögensrechtliches Subjekt die Gemeinde ist. (S. 665 l. c.)

Anm. 7. Zu Abs. III: Zu Ziff. 1 s. Art. 40 ff.

Zu Ziff. 2: Zur Uebernahme von Gemeindeämtern kann nur jener verpflichtet werden, der die Fähigkeit zum Erwerb derselben hat. Aussch.Prot. XXXIII S. 456. Liegt einmal die Verpflichtung vor, so kann sich ihr der Einzelne nur vermöge eines vom Gesetze selbst vorgesehenen Befreiungsgrundes entziehen; eventuell findet gegen ihn der staatliche Zwang statt und er unterliegt der Strafgewalt der zuständigen Behörden.

Anm. 8. Weitere als die in Art. 19 aufgezählten Rechte stehen den Gemeindebürgern zu auf Grund der Art. 37 Abs. 3, 145 Abs. 3, 176 Abs. 4, 191 Abs. 2, 196 Abs. 5 der Gemeindeordnung Art. 11 des Jagdausübungsgesetzes, Art. 47 und 48 des Heimathgesetzes, Art. 13 des Gesetzes über die Vermarkung der Grundstücke, Art. 3 des Distriktsrathsgesetzes, Art. 8 des Landrathsgesetzes u. a.

Anm. 9. Wegen Streitigkeiten s. Vorbem. zu Art. 10.

Art. 20.

I. Die Gemeinden sind befugt, von jedem neu aufgenommenen Gemeindebürger eine Aufnahmsgebühr zu erheben und die Wirksamkeit des Bürgerrechts von der Bezahlung dieser Gebühr abhängig zu machen.

II. Dieselbe darf
in Gemeinden von mehr als 20000 Seelen 100 fl. (171.43 ℳ),
in Gemeinden von mehr als 5000 Seelen 75 fl. (128.57 ℳ),
in Gemeinden von mehr als 1500 Seelen 50 fl. (85.71 ℳ),
in kleineren Gemeinden . . . . 25 fl. (42.86 ℳ),
nicht übersteigen.

III. Für Ausländer können, soweit nicht Staatsverträge entgegenstehen, die für Inländer festgesetzten Beträge bis zum Doppelten erhöht werden

Anm. 1. Die Bestimmungen über die Erhebung von Aufnahmegebühren, welche bisher für die Landestheile diesseits des Rheins in dem revidirten Ansässigmachungsgesetz vom 1. Juli 1834 enthalten waren, wurden hier eingeschaltet, weil sie ihrer Natur nach in die Gemeindeordnung gehören. Diese Gebühren beschränken zunächst nicht den freien Aufenthalt, sind aber auch eine ergiebige Einnahmequelle für die Gemeindekassen und dienen wegen der wesentlich erleichterten Ansässigmachung und Uebersiedelung als Schutzmittel gegen unverhältnißmäßige Ueberbürdung einzelner Gemeinden. (Motive.)

Die Zulässigkeit der Erhebung einer Bürgeraufnahmegebühr, in welcher gegebenen Falles auch die Heimathgebühr inbegriffen ist, bemißt sich nach der G.O. Dieselbe statuirt eine solche nur für neu aufgenommene Bürger, also jene, welche auf Grund der Art. 10 ff. in den Bürgerverband eingetreten sind, erstreckt sich aber nicht rückwirkend auf jene Personen, welche ohne Antrag und Verleihung auf Grund Art. 201 ipso iure mit dem Augenblicke der Gesetzesgiltigkeit Bürger geworden sind.

Belanglos ist, wenn z. B. ein altes Stadtrecht jeden neu angehenden Bürger zur Gebührenbezahlung verpflichtet, weil in Art. 20 einem solchen Herkommen oder Ortsgebrauch keine Quelle als Verpflichtungsgrund vorbehalten wurde.

Dagegen findet Art. 20 auch auf die sogenannten Mußbürger des Art. 17 Anwendung. (Vgl. V.G.H.E. Samml. Bd. III S. 246 und 250, Bd. VIII S. 79, M.E. v. 28. Okt. 1870 Nr. 6731, v. 20. Juni 1875 Nr. 5568.)

Das Gesetz spricht nur von einer Befugniß, nicht von einer Verpflichtung der Gemeinde; die Gemeinden und zwar nur die politischen Gemeinden, nie die Ortschaften, sind demnach auch berechtigt, eine geschuldete Aufnahmegebühr ganz oder theilweise nachzusehen. Art. 58 G.O. ist in einem solchen Falle nicht anwendbar.

Eine reichsrechtliche Ausnahme besteht für die Fälle, wenn Gewerbsleute zum Bürgerrechtserwerbe gezwungen werden. Diese können nämlich nur insoweit zur Bezahlung der Aufnahmegebühr angehalten werden, als ihre Nöthigung zum Erwerbe des Bürgerrechts auch abgesehen von ihrer Veranlagung mit Gewerbesteuer eintreten könnte. Einen Anspruch auf Gebührenfreiheit haben sie nicht, wenn sie um das Bürgerrecht nachsuchen.

Will die Wirksamkeit des Bürgerrechts von der Bezahlung der in Art. 20 bezeichneten Gebühr abhängig gemacht werden, so kann dieß immer nur auf Grund und nach Maßgabe der Feststellung dieser Bedingung durch ein nach Vorschrift des Art. 23 beschlossenes und veröffentlichtes Regulativ geschehen; ist dieß erfolgt, so treten die rechtlichen Folgen der hienach bedingten Bürgerrechtsverleihung, insbesondere der Heimatherwerb erst nach vollständiger Entrichtung der Gebühr ein. (V.G.H.E. Bd. VIII S. 77, Bd. VII S. 322, Bd. VI S. 269.)

Ueber nachträgliche Einhebung der Bürgeraufnahmegebühr vgl. Bl. f. adm. Pr. Bd. 28 S. 47, über Rückforderung zu Unrecht erhobener Gebühren s. Seydel, bayr. Staatsrecht Bd. III S. 154 und Bl. f. adm. Pr. Bd. 27 S. 413 ff.

Anm. 2. Zu Abs. II: Eine Gemeinde ist nie berechtigt, den Besitzer eines gesetzlichen Anspruches auf das Bürgerrecht als einen solchen zu behandeln, der keinen Anspruch darauf hat und eine höhere Gebühr zu erheben, als das Gesetz und der darauf beruhende Tarif es gestatten; ferner dürfen die Gemeinden über die in Abs. II aufgeführten Maximalsätze nicht hinausgehen, während sie unter dieselben nach ihrem Ermessen heruntergehen können; insbesondere können sie Nachlässe bewilligen und zwischen Bemittelten und Unbemittelten unterscheiden. Sie sind berechtigt, einzelne Kategorien ganz oder theilweise zu befreien, namentlich auch die auf Grund des Art. 2 Heimathgesetzes Heimathberechtigten zu befreien. (V.G.H.E. Bd. XVI S. 74.)

Es wollten nämlich nur bestimmte Maximalsätze festgesetzt, im Uebrigen aber die Freiheit der Gemeinden erweitert werden: letztere sind im Selbstverwaltungsrecht nicht beschränkt.

Die Seelenzahl nach Abs. II bemißt sich nach dem Ergebniß der letzten amtlichen Volkszählung mit der vom statistischen Bureau endgiltig festgestellten Zahl unter Rückwirkung bis auf den Tag der Volkszählung. (V.G.G.H. Bd. XI S. 561.)

Anm. 3. Zu Abs. III: Das Wort „Ausländer" will Seydel St.R. Bd. III S. 152) als „Nichtbayern" aufgefaßt wissen; im Munde des Gesetzgebers von 1869 müsse es diese Bedeutung haben. Dazu Reichsverfassung Art. 3 Abs. 3. Gegen Seydel: Weber, Art. 20 Anm. 4, Kahr, l. c. S. 220, und M.E. vom 16. März 1883 Nr. 3294. Gegen Seydel spricht endlich auch die Novelle von 1872, in welcher wie zu anderen Artikeln das Wort „Ausländer" durch „Nichtbayern" ersetzt worden wäre, wenn man nicht die nichtbayerischen Angehörigen des deutschen Reiches hätte treffen wollen, sowie die Versailler Verträge. Ausländer daher = Nichtdeutsche. V.G.H.E. Bd. XV S. 131.

Anm. 4. Wegen Streitigkeiten s. Vorbem. zu Art. 10.

Art. 8 Ziff. 27 V.G.H.G. kommt zur Anwendung, wenn nur die Verbindlichkeit zur Entrichtung der Gebühren streitig ist; sobald aber die Bestreitung der Zahlungspflicht mit einer Verwaltungsrechtssache des Art. 8 Ziff. 26 zusammenfällt, ist nur Art. 8 Ziff. 26 anwendbar.

Unter Art. 8 Ziff. 27 fallen nicht blos Streitigkeiten über die Verpflichtung zur Zahlung solcher Gebühren überhaupt und über die Größe der Gebühr, sondern auch über die nach der G.O. (Art. 18 Abs. III, Art. 23 Abs. IV, 201 Abs. IV) zulässigen Abrechnungen und die nach Art. 15 zu leistenden Rückvergütungen. Die rechtliche Prüfung hat sich in solchen Fällen auf die Frage, ob eine solche Gebühr in gesetzmäßiger Form eingeführt und der Tarifsatz den gesetzlichen Vorschriften entsprechend sei, insoweit zu erstrecken, als es zur Beurtheilung des einzelnen Streitfalles erforderlich ist. Dagegen muß der Staatsaufsichtsbehörde vorbehalten bleiben, etwaige ungesetzliche Einführungsbeschlüsse bezw. Tarifsätze selbst gemäß Art. 157 Abs. I Ziff 2 und Abs. III außer Wirksamkeit zu setzen.

Erste Instanz ist die Distriktsverwaltungsbehörde, zweite Instanz der Verwaltungsgerichtshof. (Art. 9 Abs. 1 V.G.H.G.)

(V.G.H.E. Bd. VI S. 269 und Krais, Comm. z. V.G.H.G. S. 92.)

Art. 21.

Wenn ein in Anwendung des Art. 17 Abs. I aufgenommener Bürger binnen zwei Jahren nach Erwerbung des Bürgerrechts aus der Gemeinde wegzieht und binnen drei Jahren nach dem Abzuge das Heimathrecht für sich und seine Familienangehörigen in einer anderen Gemeinde erwirbt, so hat er Anspruch auf Rückersatz der Hälfte der bezahlten Aufnahmsgebühr.

Anm. 1. Auf die in Art. 17 Abs. II bezeichneten Personen hat Art. 21 nur dann Anwendung zu finden, wenn dieselben zur Erwerbung des Bürgerrechts nach Art. 17 Abs. I angehalten wurden, weil und nachdem die Voraussetzungen für ihre Ausnahmestellung weggefallen sind. Eine Gebühr, die theilweise oder ganz zu Unrecht bezahlt wurde, kann zurückgefordert werden. (Bl. f. adm. Pr. Bd. 26 S. 367, Bd. 27 S. 413.)

Art. 22.

I. Die Gemeinden sind befugt, die Theilnahme an Almenden und sonstigen Nutzungen des Gemeindevermögens von Entrichtung einer Gemeinderechtsgebühr abhängig zu machen, welche den fünffachen Betrag des Durchschnittswerthes der einjährigen Nutzung nicht übersteigen darf.

II. Eine solche Gebühr kann nicht gefordert werden, wenn der Anspruch des Neueintretenden auf einem besonderen Privatrechtstitel beruht oder nach rechtsbegründetem Herkommen mit dem Besitze des von ihm erworbenen Hauses oder Gutes verbunden ist.

III. Die Gemeinden sind befugt, von juristischen Personen und privatrechtlichen Vereinigungen, welche außer dem Falle des Abs. II die Theilnahme an Gemeindenutzungen ansprechen, nach Ablauf von je 25 Jahren die in Abs. I bezeichnete Gebühr aufs Neue zu erheben.

IV. Vorstehende Bestimmungen finden auch analoge Anwendung bei einzelnen Ortschaften (Art. 5), welche an ihrem besonderen Gemeindevermögen derartige Nutzungen gewähren.

Anm. 1. Die Erhebung eines Antrittsgeldes „Gemeinderechtsgebühr" erscheint nur als Vergütung für die Nutzungen, die einen bestimmten Geldwerth repräsentiren, wie z. B. Holz- und Weiderechte, Rechte auf Benützung des Kommunbrauhauses u. a., während das Entgelt für sonstige Vortheile wie z. B. für den event. Genuß örtlicher Wohlthätigkeitsstiftungen bereits in der Bürgeraufnahmegebühr enthalten ist; die Entrichtung der Gebühr konnte daher insofern dem freien Willen des Betheiligten anheimgegeben werden, als es Jedem überlassen bleibt, sich von der betreffenden Verbindlichkeit durch Verzicht auf jene Nutzungen zu befreien. Die Höhe der Gebühr anlangend, so darf solche auf keinen Fall dem gesammten Kapitalswerth der Nutzungen gleichkommen, da diese naturgemäß in Bezug auf Umfang und Dauer wandelbar sind und überdies dem unbemittelten Bürger um so weniger prinzipiell unzugänglich gemacht werden dürfen, als der Erwerb des Bürgerrechts an sich schon einen gewissen Anspruch auf jene Nutzungen verleiht." (Mot.)

Man darf aber auch die politischen Gründe nicht aus dem Auge lassen; wohin würde man kommen bei Eintritt der Freizügigkeit, wenn man so generös sei und diese Gebühr streiche, während der andere Staat sie hat? Hiedurch würde bei Abschließung der Staatsverträge der Nachtheil entstehen, daß in Bayern die Einwanderung provozirt würde, weil ihr durch Beseitigung der Einzugsgebühr eine Prämie gesetzt wurde. (Brater im bes. Aussch. d. Abg.K.)

Anm. 2. Zu Abs. I: Eine Verpflichtung der Gemeinde zur Erhebung der Gemeinderechtsgebühren besteht nicht, ebensowenig eine Verpflichtung des Einzelnen zur Entrichtung derselben; wer sie nicht bezahlt, verzichtet eben damit implicite auf die Nutzungen selbst. Ferner kann diese Gebühr nur da erhoben werden, wo Gemeindenutzungen bestehen, nicht aber da, wo die Gemeindegutserträgnisse in die Gemeindekasse fließen.

Ueber Almenden s. meine Einleitung in Art. 26 ff., 32; über Theilnahme hieran s. M.E. vom 25. November 1875 Nr. 12236: „Der Vortheil, daß infolge der Verwendung der Erträgnisse des Gemeindevermögens für Gemeindebedürfnisse die Umlagenpflicht erleichtert wird, welcher Vortheil nicht ausschließlich den Gemeindebürgern und sonstigen gemeindenutzungsberechtigten Personen, sondern den sämmtlichen Umlagenpflichtigen zu Gute kommt, erscheint keineswegs als Gemeindenutzung im Sinne des Art. 22 und 32 des Gesetzes."

Der Modifikationsantrag des Abgeordneten Brater hatte gelautet: „Die Gemeinderechtsgebühr darf den fünften Teil des im fünfundzwanzigfachen Betrag der Jahresrate kapitalisirten Werthes der Gemeindenutzungen nicht übersteigen." Abgeordneter Sing hierauf: „Mit dem Ausdruck „den fünften Theil ꝛc." wird wohl nichts anderes ausgedrückt werden wollen, als daß die Gemeinderechtsgebühr den fünffachen Betrag der Jahresrente nicht übersteigen dürfe; der fünfte Theil des im fünfundzwanzigfachen Betrage der Jahresrente kapitalisirten Werthes der Nutzung ist nämlich offenbar ganz gleich dem fünffachen Betrag der Jahresnutzung." Sing schlug deßhalb vor, einfach zu sagen: „welche den fünffachen Betrag der Jahresrente nicht übersteigen darf." Diesem Antrag wurde denn auch im Großen und Ganzen stattgegeben.

Wenn Gewerbetreibende an den Gemeindenutzungen Antheil nehmen wollen, können sie keine Befreiung von der Gemeinderechtsgebühr beanspruchen.

Die Gemeinderechtsgebühr ist nicht auf „Bürger" beschränkt. Vergl. Art. 32 Abs. II; die in Ziff. 3 und 4 von Art. 32 bezeichneten Personen sind von der Geb.-Entrichtung ausgenommen. Art. 34 ferner wird durch Art. 22 nicht berührt.

Die Gemeinden sind auch berechtigt, die Gemeinderechtsgebühr in ihren öffentlich bekannt zu machenden Regulativen für einzelne Klassen von Gemeindebürgern verschieden abzustufen. V.G.H.E. Bd. XIV S. 50; doch darf keine der Abstufungen den fünffachen Betrag der durchschnittlichen Jahresnutzung übersteigen. V.G.H.E. Bd. XX S. 119.

Vgl. hieher noch Art. 201 Abs. II.

Anm. 3. Zu Abs. II: Die Gemeinderechtsgebühr kann ausnahmsweise, also nach Abs. II nur dann nicht erhoben werden, wenn Privatrechtstitel eines Einzelnen entgegenstehen oder der Anspruch auf Nutzungen an einem Grundbesitz nach rechtsbegründetem Herkommen haftet Ueber Herkommen s. Art. 1, im Uebrigen Art. 26 ff

Das Wort „besonderen" ist im Gegensatze zu Herkommen gebraucht. Im zweiten Falle genügt die dingliche Beziehung des Rechtes zur Begründung der Gebührenfreiheit; es braucht die Frage gar nicht aufgeworfen zu werden, ob das Herkommen ein öffentlich-rechtliches oder ein privatrechtliches ist. In allen anderen Fällen — und diese sind sämmtlich Fälle öffentlich-rechtlicher Nutzungsberechtigung — kann die Gemeinderechtsgebühr gefordert werden, also nicht bloß dann, wenn das Nutzungsrecht „lediglich" auf Grund des Bürgerrechts angesprochen wird. (Seydel, Bd. IV S. 487.)

Wenn in einer Gemeinde nur solche Nutzungsberechtigte da sind, bei welchen Abs II zutrifft, so ist die Gemeinde nicht berechtigt, diesen Kreis der Berechtigten auf Grund des Abs. I beliebig zu erweitern (Sten. Ber. Nr. 104 S. 14.)

Anm. 4. Zu Abs. III: Es handelt sich hier bloß um das Entgelt für die Gemeindenutzungen, die aus dem Bürgerrecht, nicht für solche, die aus einem privatrechtlichen Titel fließen, wie wenn z. B. eine Stiftung ein Gut oder Haus hat, womit das Nutzungsrecht verbunden ist; wenn aber die juristische Person keinen Privatrechtstitel hat, so ist es nicht mehr als billig, daß sie nach einer gewissen Periode wieder eine Ratenzahlung dieser Entgeltung leiste.

„Die Zeit, in welcher der einzelne Mann in den Genuß des Bürgerrechts und möglicherweise infolge des Bürgerrechts in den Genuß solcher Gemeindenutzungen kommt, fällt in der Regel zwischen das 25. und 30. Jahr oder später hinaus. Wenn man die einzelnen physischen Persönlichkeiten betrachtet, die bloß wegen des Besitzes des Bürgerrechts solche Nutzungen genießen, so wird der Fall selten sein, daß im Durchschnitt der Einzelne länger als 25 Jahre solche Nutzungen genießt. Anders ist es bei juristischen Persönlichkeiten, die der Idee nach unsterblich sind, die nach hundert Jahren dasselbe Nutzungsrecht genießen können, während sie nur eine einzige Gebühr entrichtet haben. Niemand, welcher weiß, was ein Laudemium ist, wird die Bestimmung in Abs. III als ein solches oder als einen Lehenfall ansehen." (Verh. im bes. Aussch.)

Ueber privatrechtliche Vereinigungen s. Art. 15, über die Berechnung der 25jährigen Frist s. Art. 201 Abs. III.

Anm. 5. Differenzen über Gemeinderechtsgebühren sind Verwaltungsrechtssachen. Vgl. Art. 20 Anm. 4.

Anm. 6. Nach Art. 5 G.O. können gleich dem revidirten Gemeindeedikt v 1818/34 politische Gemeinden aus mehreren Ortschaften oder früher selbständigen Gemeinden gebildet werden, ohne daß eine vermögensrechtliche Vereinigung stattfindet, oder zu einer Vermögen besitzenden Gemeinde Ortschaften ohne Antheilnahme am Gemeindevermögen zugeschlagen werden. Wo dieses der Fall ist, hat nicht die politische Gemeinde, sondern nur die betreffende vermögliche Ortschaft (Ortsgemeinde) über die Gemeinderechtsgebühr zu beschließen. Vergl. Art. 5 und 153.

Art. 23.

I. Ueber die Erhebung und Regulirung der Aufnahms- und Gemeinderechtsgebühren hat in Gemeinden mit städtischer Verfassung der Magistrat unter Zustimmung der Gemeindebevollmächtigten, in den übrigen Gemeinden die Gemeindeversammlung zu beschließen. Im Falle des Art. 22 Abs. IV steht die Beschlußfassung der Versammlung der im Orte wohnenden Bürger zu. Die festgestellten Regulative sind öffentlich bekannt zu machen.

II. Für gering bemittelte Personen darf, wenn sie schon in der Gemeinde heimathberechtigt sind, die Aufnahmsgebühr nicht die Hälfte, wenn sie nicht heimathberechtigt sind, nicht zwei Dritttheile des in Art. 20 festgesetzten Maximalbetrages übersteigen. Zu den gering Bemittelten sind jedenfalls diejenigen zu rechnen, deren Steuerzahlung die in Art. 17 Abs. I bezeichneten Jahresbeträge nicht übersteigt.

III. Wer an die Gemeinde bereits eine Heimathgebühr entrichtet hat, darf den bezahlten Betrag an der ihn treffenden Aufnahmsgebühr abrechnen.

Anm. 1. Zu Abs. I: Innerhalb der ihnen nach Art. 20 bestimmten Grenzen dürfen die Gemeinden die Aufnahmegebühr beliebig nach ihrem freien Ermessen festsetzen; der Anspruch auf diese Gebühr kann jedoch nur auf Grund eines öffentlich bekannt gemachten Regulativs geltend gemacht werden. (Verh. d. bes. Aussch. Abth. II S. 113 und Art. 20.)

Die Zuständigkeitsbestimmung des Art. 23 Abs. I hat auch für die Abhängigmachung der Wirksamkeit des Bürgerrechts von der Gebühren-Entrichtung zu gelten.

Bei Feststellung der Gemeinderechtsgebühren dürfen im Hinblick auf Art. 103, 118, 145 auch die nutzungsberechtigten Gemeindebürger an der Beschlußfassung theilnehmen. Kahr, Comm. z. G.O. S. 233.

Wenn eine Ortschaft ein besonderes Gemeindevermögen und somit gemäß Art. 22 Abs. IV auch das Recht zur Erhebung einer Gemeinderechtsgebühr hat, muß ihr auch das Recht eingeräumt bleiben, über die Erhebung und Regulirung der Gemeinderechtsgebühren zu beschließen.

Auch die auf Einöden wohnenden Bürger gehören hieher, wenn sie Mitglieder der betreffenden Gemeinde sind.

Anm. 2. Das beneficium des Abs. II kommt auch Landesfremden zu Gute, doch hat hier Art. 20 Abs. III zur Anwendung zu kommen.

Bezüglich der Maximalbeträge ist der gesetzliche, nicht der tarifmäßige Höchstbetrag maßgebend; dies gilt insbesondere auch dann, wenn eine Gemeinde unter die nach Art. 20 zulässigen Maximalbeträge heruntergegangen ist.

M.E. v. 7 Aug. 1874 Nr. 8603.

Der Ausdruck „jedenfalls“ gibt den Gemeinden das Recht in die Hand, nach ihrem freien Ermessen noch weitere Personenklassen als „minderbemittelt“ zu behandeln.

Bei Personen, welche (wie Staatsbeamte) die Heimath kraft des Gesetzes erworben haben, kann die Bürgeraufnahme-Gebühr um den Betrag der Heimathgebühr gemindert werden. Maßgebend ist Art. 11 des Heimathgesetzes: Personen, welche die Heimath nach Art. 11 Abs. III des Heimathgesetzes unentgeltlich erlangten, können bei späterem Erwerb des Bürgerrechts keinen entsprechenden Abzug von der Bürgeraufnahmsgebühr beanspruchen. (V.G.H.E. Bd. X S. 263.)

Es besteht nämlich ein Anspruch auf diese Vergünstigung nur, wenn die Heimathgebühr wirklich einbezahlt wurde; denn Art. 23 Abs. III will zunächst nur eine Doppelzahlung vermeiden.

Weitere Befreiungsgründe s. Art. 18 Abs. III, 20 Abs. IV.

Anm. 3. Es versteht sich von selbst, daß bei Beschlußfassung der Gesammtgemeinde auch hier Art. 146 Abs. II maßgebend ist.

Art. 24.

I. Die Gemeindeverwaltungen sind befugt, volljährigen und selbstständigen Männern das Ehrenbürgerrecht zu verleihen.

II. In Gemeinden mit städtischer Verfassung ist die Zustimmung der Gemeindebevollmächtigten, in Landgemeinden die Zustimmung der Gemeindeversammlung erforderlich.

III. Die Verleihung des Ehrenbürgerrechts an Ausländer bedarf überdies der königlichen Bestätigung.

IV. Mit dem Ehrenbürgerrecht sind weder die Rechte noch die Pflichten der Gemeindebürger verbunden.

Anm. 1. Während in Theilen von Preußen und in Sachsen das Ehrenbürgerrecht eine Verleihung der Rechte ohne die Pflichten eines Bürgers enthält, begründet dasselbe in Württemberg nur das aktive und passive Wahlrecht, und ist in Bayern ein inhaltloses Recht, ein bloßer Titel, oder wie der Abg. Brater im bes. Ausschuß der Abg.-Kammer sich ausdrückte: das Ehrenbürgerrecht ist lediglich eine Ehrenbezeugung, eine Art Ordensverleihung, eine öffentliche Auszeichnung, an die sich keine Wirkungen des Bürgerrechts knüpfen. Noch schärfer drückten sich die Abg. Edel und Kolb hierüber aus.

Anm. 2. Wer mit dem Ehrenbürgerrecht ausgestattet werden kann, ist in Abs. I erschöpfend geregelt; weitere Voraussetzungen, etwa die des Art. 11, sind nicht verlangt. Auch Gemeindebürgern kann natürlich das Ehrenbürgerrecht verliehen werden.

Anm. 3. Zu Abs. III: Ueber Ausländer vergl. Art. 20 Anm. 3 „Nichtdeutsche“.

Art. 25.

Wer in einer Gemeinde begütert ist oder ein besteuertes Recht ausübt, ohne daselbst zu wohnen, hat auf Verlangen der Gemeindeverwaltung zur Erfüllung seiner Verpflichtungen gegen die Gemeinde einen Einwohner als Bevollmächtigten aufzustellen.

Anm. 1. Diese Bestimmung ist erlassen, damit die Geschäfte der Gemeindebehörden in vielfacher Beziehung erleichtert werden. Eine besondere Form für das „Verlangen" ist nicht vorgeschrieben; es genügt die Form einer allgemeinen Aufforderung durch öffentliche Bekanntmachung. (Verh. d. bes. Aussch.) Es ist Sache der auswärts Wohnenden, zu sorgen, daß sie von den für sie wichtigen Vorgängen in der Gemeinde (so z. B. von den Bekanntmachungen, vom Aufliegen der Voranschläge, Rechnungen ꝛc. ꝛc.) rechtzeitig Kenntniß erlangen. (M.E. v. 21. Juli 1875 Nr. 6163; siehe auch Art. 47 Abs. III.)

Die Bestimmung des Art. 25 ist nur zu Gunsten der Gemeinden erlassen und es ist in ihr Ermessen gestellt, ob sie hiervon Gebrauch machen wollen oder nicht.

Auf den Unterlassungsfall seitens der Beauftragten ist keine besondere Strafe gestellt; es gelten eben die öffentlichen Bekanntmachungen und Anschläge als ebenso ihnen gegenüber bekannt gegeben wie den sonstigen Gemeindebürgern. (Dagegen Wand, G.O. S. 50.)

Anm. 2. Begütert: es genügt auch schon der Besitz eines einzelnen Grundstücks; gleichgiltig ist es, ob man Bürger ist oder nicht.

III. Abtheilung.

Von dem Gemeinde- und Stiftungsvermögen, den Gemeindebedürfnissen, den Mitteln zu deren Befriedigung.

Vorbemerkung.

Die 3. Abtheilung behandelt die Gemeinden in ihren vermögensrechtlichen Beziehungen, das gemeindliche Finanzrecht. Dieselbe zerfällt in 4 Abschnitte, deren erster vom Gemeindevermögen in aktiver, deren dritter vom Gemeindevermögen in passiver Hinsicht, deren vierter vom örtlichen Stiftungsvermögen und deren zweiter von dem Gemeindebedarf und dessen Deckung handelt.

Vergleicht man die Ueberschrift der 3. Abtheilung mit der Ueberschrift ihres 1. und 3. Abschnittes, so findet man dort eine andere Bedeutung des „Gemeindevermögens" als hier: dort Gemeindevermögen als Aktiv- und Passiv-Vermögen zugleich, hier in Abschnitt 1 Gemeindevermögen in aktiver, in Abschnitt 3 Gemeindevermögen in passiver Beziehung.

I. Abschnitt.

Von dem Gemeindevermögen.

Vorbemerkung.

Der erste Abschnitt behandelt in 12 Artikeln das Gemeindevermögen in aktiver Hinsicht, die Art und Weise der Benützung und die Veräußerung desselben; er stellt in Art. 26 die allgemeine Regel der Unveräußerlichkeit des Gemeindegutes auf, statuirt in Art. 27, unter welchen Voraussetzungen eine Vertheilung desselben zu Eigenthum, in Art. 28, unter welchen eine solche zur Nutznießung stattfindet, behandelt in Art. 29 und 30 eine wichtige Gattung von Gemeindegut, nämlich die Waldungen, regelt in Art 31—36 die Rechtsverhältnisse bezüglich des Ertrages des Gemeindevermögens und endlich in Art. 37 die Zuständigkeit für etwaige Streitigkeiten hierüber.

Die Vermögensfähigkeit der Gemeinde äußert sich in der Befähigung, die auf den Erwerb, die Erhaltung und Uebertragung, bezw. den Verlust bezüglichen Rechtsgeschäfte vorzunehmen, sodann aber auch rechtliche Verbindlichkeiten auf die Gemeinde zu übernehmen; der Inhalt der gegen die Gemeinde zur Entstehung gelangenden

Forderungen wird wesentlich durch die Rücksichten eingeschränkt, welche auf die Erhaltung der Leistungsfähigkeit der Gemeinde und die Verhütung der Ueberbürdung ihrer Glieder genommen werden müssen. Die in concreto erforderlich werdende Regelung der Vollstreckung der gegen die Gemeinde rechtskräftig festgestellten Forderungen ist daher nach der Gesetzgebung der Mehrzahl der deutschen Staaten Sache eines Einvernehmens, in welches die Gerichtsbehörden sich mit der der Gemeinde vorgesetzten Staatsverwaltungsbehörde zu setzen haben. (S. auch Stengel, Wörterbuch d. deutschen Verw.Rechts S. 541 und meine Anmerk. zu Art. 1.)

Es ist bereits in Art 1 angedeutet worden, daß die Gemeinden juristische Personen des bürgerlichen Rechtes sind; diese juristische Persönlichkeit ist jedoch nur eine Wirkung der öffentlich-rechtlichen Eigenschaft; infolge dessen sind auch die Grundsätze des Civilrechts über die juristische Persönlichkeit auf die Gemeinden nur insoweit anwendbar, als sie mit der öffentlich-rechtlichen Natur derselben im Einklang stehen; so äußern denn auch nur öffentlich-rechtliche Akte Wirkung auf den äußeren Bestand der Gemeinden und können letztere auf die privatrechtliche Persönlichkeit niemals durch privatrechtliche Handlungen verzichten. Es erscheint hienach das Gemeindevermögen, welches zwar der Gemeinde in ihrer Eigenschaft als juristischen Person zusteht, aber in jeder Hinsicht gemeinsames Vermögen der einzelnen Gemeindeglieder ist, und welches denselben nur in ihrer öffentlich-rechtlichen Eigenschaft als Gemeindegliedern zusteht, nach Außen stets als Vermögen eines Privatsubjekts, während es nach Innen sofort wieder von dem öffentlichen Rechte beeinflußt wird. Demzufolge verbleibt auch der Antheil der Gemeindeglieder am Gemeindevermögen nur so lange, als der Gemeindeverband unverändert bleibt und er erlischt, wenn ein Gemeindeglied auch nur persönlich aus demselben ausscheidet.

Das Gemeindevermögen existirt ferner nicht in der Privatrechtssphäre des Einzelnen, sondern es hat stets seiner öffentlich-rechtlichen Bestimmung nach Verwaltungszwecken der politischen Gemeinden zu dienen.

Andererseits vollzieht sich mit der Aenderung des Gemeindeverbandes ein Uebergang des Anspruches auf Auseinandersetzung von Rechtswegen auf jene Gemeinde, welcher die ausscheidenden Gemeindeglieder zugetheilt wurden; (vgl. hierüber Art. 4 und die Anmerkungen hiezu). Der Fall der Auseinandersetzung eines mehreren Gemeinden oder Ortschaften gemeinsamen Privat-Eigenthums gehört nicht hieher, da es sich hier um ein rein civilrechtliches Verhältniß handelt. (Seydel, b. Staatsrecht, Bd. IV S. 429 ff.)

Begriff und Wesen eines Gemeindevermögens setzen voraus, daß das Vermögen einer politischen Gemeinde in ihrer Totalität oder einer einzelnen Abtheilung derselben (Ortschaft im Sinne des Art. 5) als öffentlicher Körperschaft gehört; gehört es z. B. verschiedenen Ortschaften, die nicht zu einer öffentlichen Körperschaft verbunden sind, die nicht einmal derselben politischen Gemeinde angehören, so kann dieses Vermögensverhältniß nicht als Gemeindevermögen dieser Ortschaften, sondern nur als im Miteigenthum befindlich gelten; hiebei können weder Art. 27 noch Art. 159 zur Anwendung kommen. Der ideelle Antheil der einzelnen Gemeinde oder Ortschaft kann aber wieder als Gemeindevermögen derselben in Betracht kommen. (Vgl. E. d. ob. G.H. Bd. III S 66.)

Der Begriff des Gemeindeeigenthums gehört dem Privatrechte an; will also eine Gemeinde z B. an einem Grundstücke das Eigenthumsrecht geltend machen, so bedarf sie zur Begründung ihres Anspruches wie jedes andere Privatrechtssubjekt eines privatrechtlichen Titels: über den Rechtsbestand des letzteren aber haben die Gerichte zu entscheiden, auch wenn es sich etwa um öffentliche Wege handelt. Ueberhaupt gehört die Entscheidung darüber, ob ein Vermögensstück Eigenthum der Gemeinde oder Privateigenthum einzelner Gemeindeangehöriger sei, im Streitfalle vor die Civil-Gerichte, insbesonders gehört hieher die Beurtheilung der Frage, ob die der Gemeinde vorgesetzte Staatsaufsichtsbehörde genügenden Anlaß hatte, ein solches Vermögensstück gemäß Art. 37 als Gemeindeeigenthum zu behandeln. (E. d. ob. G.H. Samml. Bd. VI S. 241 und V.G.H.E. VIII S. 182.)

Das Gemeindevermögen ist entweder unmittelbar dem Gemeindebedürfnisse gewidmet oder es liefert eine Rente zur Bestreitung der Gemeindeausgaben oder endlich es dient dem Privatvortheile der Gemeindeangehörigen, wobei der Rechtsgrund solcher Nutzungen entweder ein privatrechtlicher sein oder auf dem Gemeindeverband beruhen kann; es weist dieselben 3 Bestandtheile wie das Staatsvermögen auf, nämlich: Oeffentliche Sachen, Verwaltungs- und Finanzvermögen; hievon s. später.

Ueber die Rechte der Gemeinderechtsbesitzer am Pachterlös und am Kaufschilling bezüglich der Gemeindegründe vergl. Bl. f. adm. Pr. Bd. 13 S. 167; siehe ferner Ges. v. 29. Dezbr. 1873, das Vermögen und die Schulden der Landwehr älterer Ordnung betr., G.V.Bl. S. 35, Weber, Bd. X S. 178; (hienach ging das Vermögen derselben an die politische Gemeinde über, für welche die betreffende Abtheilung der Landwehr bestanden hatte). Ueber die Frage des subsidiären Eigenthumsrechts der Gemeinden an Grundstücken, die in der Gemeindemarkung liegen und keinen nachweislichen Eigenthümer haben s. Staudinger in den Bl. f. R.A. Bd. XXXIV S. 354; über die geschichtliche Entwickelung des Gemeinde- u. Sondereigenthums s. Bl. f. adm. Pr. Bd. 13 S. 129 ff.; über Herstellung eines Gemeindevermögensbuches s. bayer. Gem.Zeitg. 1891 S. 655. In Art. 131 Abs. III ist wenigstens für Landgemeinden die Aufzeichnung (Aufbewahrung der bezüglichen Verzeichnisse) des gemeindlichen Vermögens dem Bürgermeister zugewiesen.

Vgl. noch über die privatrechtlichen Verhältnisse des Gemeinde-Vermögens: Staudinger in den Bl. f. R.A. Bd. XIV und XV neue Folge.

Art. 26.

I. Die Gemeinden sind verbunden, den Grundstock ihres Vermögens ungeschmälert zu erhalten und veräußerte Bestandtheile des rentirenden Vermögens durch Erwerbung anderer rentirender Objekte sofort oder mindestens allmählich nach vorher festgestelltem Plane zu ersetzen.

II. Abweichungen von diesen Vorschriften können nur mit Genehmigung der vorgesetzten Verwaltungsbehörde stattfinden.

Anm. 1. Nach seiner Zweckbestimmung gliedert sich das Gemeindevermögen in ein solches, bezüglich dessen die Benützung den Gemeindegliedern zusteht, (Bürger-Gemeindegliedervermögen, Almenden), und in das Gemeinde-Vermögen im engeren Sinne (auch Kämmerei-Vermögen genannt), über welches, auch was die Benutzung anlangt, die Gemeinde selbst verfügt; das letztere läßt sich wieder, je nachdem das betreffende Vermögen unmittelbar den Aufgaben der Verwaltung dient, oder die

Bestimmung hat, durch Gewährung eines Ertrages Finanzmittel für die Führung des Gemeindehaushaltes (s. Art 86) zu liefern, in Verwaltungs- und Finanz-Vermögen (werbendes Vermögen) gliedern; zum Verwaltungsvermögen gehören theils solche Objekte, welche sich wie Brücken, öffentliche Plätze, Straßen, in der Benutzung des Publikums befinden (res publicae), theils solche, welche, ohne jedermann zugänglich zu sein, für die Befriedigung administrativer Bedürfnisse bestimmt sind. (Rathhäuser, Bureaux, Schulhäuser ꝛc.)

Indeß ist diese Scheidung nicht streng durchführbar, weil Objekte, welche zunächst die Bestimmung der finanzwirthschaftlichen Nutzbarmachung haben, doch auch zugleich der unmittelbaren Befriedigung administrativer Bedürfnisse dienen können (z. B. Forsten, die als Parks benutzt werden), und umgekehrt, manche Objekte, die zunächst administrative Bedürfnisse zu befriedigen haben, zugleich auch Finanzvermögen darstellen (z. B. Markthallen).

Die Terminologie einzelner Gesetzgebungen, insbesondere auch der bayerischen, unterscheidet noch speziell ein Grundstock- oder Stammvermögen, worunter sie die in Objekten dauernder Natur, (als Immobilien, fundirter Kapitalforderungen), beruhende Vermögenssubstanz im Gegensatz einerseits zum Ertrage, andererseits zu den aus der Bewirthschaftung jener Substanz, sowie der Ausübung öffentlicher Rechte sich ergebenden vermögensrechtlichen Beziehungen vorübergehender Natur begreift.

Grundsätzlich haben die Gemeinden ihr Vermögen zu verwalten, wie ein sorgsamer Hausvater das seine verwaltet. (Wand, l. c. S. 59.)

Das Gemeindevermögen ohne Unterschied, ob es direkt dem öffentlichen Gebrauch gewidmet ist, oder mit seinen Erträgnissen zur Befriedigung der Gemeindebedürfnisse dient oder zum Privatvortheile der Gemeindeangehörigen benutzt wird, ist Eigenthum der Gemeinde als Korporation und muß als solches in seinem Grundstock ungeschmälert erhalten bleiben, denn die Persönlichkeit der Gemeinde dauert länger als die jeweils lebenden Generationen. Hieraus folgt von selbst die Verpflichtung der Gemeinden zur Refundirung in allen jenen Fällen, in welchen das Stammvermögen ausnahmsweise zu laufenden Ausgaben und für Zwecke, die keinen genügenden Ersatz bieten, verwendet würde. (Mot.) Die öffentl. Sachen stehen im Eigenthum der Gemeinde; durch die Art. 26, 37, 159 ist die Frage der Veräußerlichkeit erschöpfend geregelt; trotz ihrer Zweckbestimmung sind die öffentlichen Sachen meist schlechthin dem Privatrechtsverkehr entzogen oder unveräußerlich. S. Art. 1.

Anm. 2. Zu Abs. I: Ueber den Begriff: Grundstockvermögen (als Inbegriff aller einer dauernden Nutzung fähigen Güter der Gemeinde, soweit ihnen diese Eigenschaft noch durch eine giltige, erkennbare Willenserklärung der Gemeindeverwaltung entzogen ist: vgl Kutzer, Bl. f. adm. Pr. Bd. 49 S. 135. Das Grundstockvermögen kann in beweglichen und unbeweglichen Sachen bestehen; letztere sind immer als Grundstockvermögen zu erachten; zu ersteren gehören ausstehende Kapitalien, Aktien, Bibliotheken ꝛc. Zum gemeindlichen Grundstockvermögen gehören auch dingliche Rechte; es sind nämlich hieher nicht bloß die eigenen Güter der Gemeinden und deren Nutzungen, sondern auch jene Nutzungen an fremden Gütern zu rechnen, an welchen die Gemeinden ein Recht haben, gleichviel, ob die Gemeinde als Corporation dieses Nutzungsrecht ausübt oder nicht, mit anderen Worten: ob das mit dem Rechte verbundene Erträgniß in die Gemeindekasse fließt oder zum Privatvortheile der Gemeindeangehörigen als solchen verwendet wird. Zur Geltendmachung solcher Rechte ist der Gemeindeausschuß als Verwalter des gemeindlichen Vermögens auch verpflichtet. Nicht als Grundstockvermögen sind zu erachten Renten des Vermögens, gewöhnliche Hausmobilien, Ernte-Vorräthe; allgemein geht die Grundstockeigenschaft allen Mobilien ab, die auch ein sorgsamer Familienvater vermissen würde, ohne daß deßhalb eine Verminderung des eigentlichen Vermögensstandes eingetreten wäre. (Vgl. Wand, Comm. S. 49.)

Aus Art. 26 im Zusammenhange mit Art. 159, welcher besonders zu beachten ist, ergibt sich auch, daß sich eine Gemeinde nie ohne Zustimmung der vorgesetzten Verwaltungsbehörde bei einer Klage einfach begnügen kann, die gegen sie auf Anerkennung des Eigenthums an einer rentirenden Liegenschaft gerichtet ist; vielmehr steht es der Verwaltungsbehörde sogar zu, namens einer Gemeinde die Streitsache in die Hand zu nehmen und selbst gegen ihren Willen die gesetzlichen Rechtsmittel wider ein gerichtliches Urtheil zu erschöpfen, durch welches die Gemeinde zu einer derartigen Vermögensabtretung verurtheilt worden ist, da sonst die gesetzlichen Bestimmungen über die Erhaltung des Gemeindevermögens auf Umwegen illusorisch gemacht werden könnten.

Kein Gemeindeangehöriger hat einen Rechtsanspruch darauf, daß die Renten des Gemeindevermögens nur für eigentliche Gemeindezwecke verwendet werden. (V.G.H.E. Bd. XIII S. 259.)

(V.G.H.E. I S. 472, speziell für pfälzische Verhältnisse E. d. ob. G.H. Bd. V S. 535).

Anm. 3. Durch Art. 26 ist nur gefordert, daß keine Schmälerung des Kapitalwerthes eintritt; natürlich sind Schmälerungen durch zufällige Ereignisse oder auf Grund eines gesetzlichen Zwangsgebotes nicht ausgeschlossen; erfolgt jedoch eine Veräußerung, so darf der Erlös rechtlich nicht anderes behandelt werden, als das veräußerte Objekt selbst. (Bl. f. adm. Pr. Bd. 16 S. 366.) Der etwaige Ersatz hat sofort stattzufinden oder doch allmählich nach vorher festgestelltem Plane. Abweichungen hiervon bedürfen der Genehmigung der vorgesetzten Verwaltungsbehörde.

Wird ein in Abgang kommender Vermögensbestandtheil durch gleichwerthiges Vermögen ersetzt, so liegt keine Schmälerung des Vermögens im Sinne des Art. 26 vor; auch sind Verschiebungen innerhalb des gemeindlichen Gesammtvermögens von einer Vermögensgattung zu einer anderen unbedingt gestattet, denn das Gesetz fordert nicht den vollen Ersatz für die entgehenden Einkünfte, sondern nur, daß keine Schmälerung des Kapitalwerthes eintritt: (z. B. auch Unterhaltung von Gemeindegebäuden.) (Vgl. Seydel, Staatsrecht, Bd. IV S. 469, Bl. f. R.A. Bd. XXXV S. 18).

Unter Veräußerung ist jede Rechtshandlung zu verstehen, infolge der ein Vermögensstück durch einen freien Willensakt der Gemeindebehörde aus dem Vermögen der Gemeinde ausscheidet, fremdes Eigenthum wird, alienatio im weitesten Sinne des Wortes. Auch der Verzicht auf das Eigenthum gehört hieher, nicht aber die Verpfändung von Realitäten und Rechten. (Wand, l. c. S. 47 ff.) Die Erwerbung eines Objekts, welches sich voraussichtlich nach einiger Zeit nicht mehr rentirt, z. B. einer auszubeutenden Kiesgrube, eines Lehmbodens, von denen blos die Fläche nach der Ausnutzung übrig bleibt, erscheint genehmigungspflichtig nach Abs. II.

Abweichungen von dem vorher festgestellten Plane sind von staatsaufsichtlicher Genehmigung abhängig.

Ueber ungeschmälerte Erhaltung des Grundstockvermögens s. Bl. f. adm. Pr. Bd. 49 S. 136, ebenda über Zulässigkeit der Veräußerung.

Anm. 4. Zu Abs. II: Abgesehen von den ausdrücklich gesetzlich zugelassenen Ausnahmen müssen Abweichungen von Abs. I stets von der vorgesetzten Verwaltungsbehörde genehmigt werden; diese hat die Macht, die Gemeinde zur Behauptung ihres Vermögens zu zwingen. Siehe hierüber Bl. f. adm. Pr. Bd. 20 S. 150. Nach Seydel, Staatsrecht, Bd. IV S. 470 bezieht sich die aufsichtliche Genehmigung nur auf die Abweichung von dem Grundsatze der gemeindlichen Finanzverwaltung, nicht auf die privatrechtlichen Geschäfte, als deren finanzielle Wirkung etwa eine Verletzung jenes Grundsatzes sich herausstellen kann. Der Verwaltungsgrundsatz geht nur dahin, daß das Grundstockvermögen ohne aufsichtliche Genehmigung dem Werthe nach nicht geschmälert werden darf, nicht aber, daß es in seinen Bestandtheilen unveräußerlich sei. Eine Verletzung jenes Grundsatzes kann daher keine andere Wirkung haben, als die der Haftbarkeit jener, welche die Zuwiderhandlung verschuldeten.

Die Genehmigung der Verwaltungsbehörde wird in der Regel nur dann zu ertheilen sein, wenn das Vermögensstück ohne Zuthun der Gemeinde durch fremde Gewalt zerstört, geraubt oder gestohlen worden oder wenn ein außerordentlicher Nothstand eingetreten ist. (Aussch. Verh. und Wand, l. c. S. 61 ff.) Von besonderer Wichtigkeit und eigentlich hierher gehörig ist Art. 159 G.O. Bezüglich Denkmäler und Bauwerke s. Art. 159.

Anm. 5. Ueber Schutz des Gemeindeeigenthums vgl. noch Bl. f. adm. Pr. Bd. 21 S. 49, Bd. 27 S. 294, Bd. 8 S. 369, 385, V.G.H.E. Bd. II S. 12, 441.

Anm. 6. Die Ausnahmen von Art. 26 finden sich in den Art. 27—29.

Anm. 7. Ueber gemeindliche Fischwasser: M.E. v. 18. Mai 1881, M.A.Bl. S. 177 und Weber, Bd. XV S. 82 und Art. 1.

Art. 27.

I. Die Vertheilung von Bestandtheilen des Grundstockvermögens ist nur bei den ganz oder theilweise zum Vortheile der Gemeindeangehörigen benützten Gemeindegründen zur Förderung der landwirthschaftlichen Kultur gegen Auflegung eines im 25 fachen Betrage ablösbaren Grundzinses zum Besten der Gemeindekasse zulässig, wenn dem Antrage auf Theilung und Festsetzung des Grundzinses mindestens drei Viertheile der Gemeindebürger zustimmen und wenn die Zustimmenden zusammen mehr als die Hälfte der Grundsteuern entrichten, womit die sämmtlichen Gemeindebürger und Heimathberechtigten und die außer denselben zur Theilnahme an den Gemeindenutzungen berechtigten Personen in der Gemeinde angelegt sind.

II. Auf die in den Fällen des Abs. I von den Gemeindeverwaltungen und den Gemeindeversammlungen zu fassenden Beschlüsse finden die Vorschriften der Art. 103 Abs. I, Art. 118 Abs. I, Art. 145 Abs. IV und V keine Anwendung.

III. Der Anspruch auf einen Antheil und der Theilungsmaßstab richten sich nach den Bestimmungen des Art. 32.

IV. Denjenigen, welche in Gemeinschaft ihrer Antheile zu bleiben wünschen, sollen dieselben im Zusammenhange zugemessen werden. Die zur Vertheilung gelangenden Antheile gehen kraft des genehmigten Theilungsaktes in das Eigenthum der Theilnehmer über. Die Erhebung von Taxen und Stempelgebühren findet bei solchen Besitzänderungen nicht statt.

V. Bei jeder Gemeindegrundtheilung ist ein besonderer Antheil für den Volksschulfond derjenigen Gemeinde, in welcher die Vertheilung stattfindet, auszuscheiden. Der treffende Antheil bleibt von der Belastung mit Grundzins frei.

VI. Vorstehende Bestimmungen finden auch bei Vertheilung von Gemeindegründen, welche sich im Eigenthum einer einzelnen Ortschaft befinden (Art. 5), analoge Anwendung.

Anm. 1. Art. 27 hat seiner Fassung und Zweckbestimmung nach unverkennbar nur die Entäußerung eines bestimmten Besitzobjekts einer Gemeinde zu Gunsten der in ihr verbundenen Personen zum Gegenstande. Die Theilung des Miteigenthums an einer von zwei Ortsgemeinden bisher gemeinsam besessenen Grundfläche zwischen diesen Ortsgemeinden fällt nicht unter Art. 27; hier handelt es sich nämlich um ein Privatrechtsverhältniß, dessen Beurtheilung den Gerichten nach den Grundsätzen über communio obliegt. Art. 8 Ziff. 29 V.G.H.G. ist also hier nicht anwendbar. (V.G.H.E. Bd. VI S. 14).

Voraussetzung für die Vertheilung ist immer, daß die betreffenden Gründe wirklich „Gemeindegut" sind; es muß deßhalb diese Eigenschaft vorerst außer Zweifel gestellt sein.

Bei der Vertheilung von Gemeindegründen handelt es sich um zwei Momente: Die Frage, ob vertheilt werden soll, ist administrativer Natur, dagegen die Wirkung der bereits realisirten Vertheilung ist civilrechtlicher Natur. Diejenigen, an welche die Zutheilung realisirt wurde, erwerben Eigenthum nach rein civilrechtlichen Grundsätzen und Inhalt; es haben deßhalb auch die Gerichte über eine Klage auf Abtheilung der bei der Gemeindegründevertheilung mehreren Gemeindegliedern zugewiesenen Besitzungen auf Grund dieses Miteigenthums zu entscheiden; ebenso über Besitzesstreitigkeiten unter denselben über die ihnen früher nur zum Nutzgenuß überlassenen Gemeindegründe, deren Vertheilung zu Eigenthum die Gemeinde sich noch vorbehalten hat.

(Erk. d. Comp. Confl. H. v. 15. März 1876 und 5. Nov. 1872 Reg.Bl. 1872 S. 2570, G.V.Bl. 1876 Beil. VI S. 30).

Anm. 2. Zu Abs. I: Die Vertheilung bedarf gemäß Art. 159 Abs. 1 Ziff. 2 der vorherigen Genehmigung der unmittelbar vorgesetzten Verwaltungsbehörde, welche nur unter folgenden fünf Voraussetzungen ertheilt werden darf:

a) nur hinsichtlich solcher Gemeindegründe, welche schon bisher in rechtmäßiger Weise ganz oder theilweise zum Vortheile der Gemeindeangehörigen benützt wurden.

Als solche Gemeindegründe erscheinen insbesondere Grundflächen, welche als Grundeigenthum im Steuerkataster eingetragen sind und bisher als solches verwaltet und besteuert wurden. Nur Grundstücke können vertheilt werden, nicht sonstige Immobilien oder den letzteren gleichgeachtete Rechte.

Bezüglich des Katasters und seiner Bedeutung ist an dieser Stelle Folgendes hervorzuheben:

Das Wort Kataster (capitastrum) bedeutet ursprünglich Kopfsteuerverzeichniß; auf dem Gebiete der Steuerverwaltung versteht man hierunter das amtliche Verzeichniß derjenigen auf Steuersubjekte und Steuerobjekte bestimmter Steuern bezüglichen Thatsachen, welche die Feststellung der Steuerpflicht im einzelnen Falle ermöglichen. Für Bayern ist zunächst maßgebend das Grundsteuergesetz vom 15. Aug. 1828 mit Nachtrag hiezu vom 25. Aug. 1831. (S. § 61 ff.) Vgl. auch die zugehörige Instruktion vom 19. Jan. 1830 § 17, Reg.Bl. S. 316, Weber, Bd. II S. 507 (unter Abschnitt: Liquidirung). Dem Grundsteuerkataster kommt zwar die Eigenschaft eines Saal- oder Lagerbuches zu, aber immer nur bezüglich solcher dinglicher Rechte und Immobilien, welche Gegenstand der Besteuerung sind, z. B. Holz- und Fischrechte; civilrechtlich ist derselbe immer nur ein Beweismittel, vermag den Klagegrund nicht zu ersetzen: er begründet zwar vollen Beweis wie ein Saal- und Lagerbuch, kann aber den Gegenbeweis, daß das Verhältniß zwischen Berechtigten und Verpflichteten ein anderes gewesen sei, als im Kataster angegeben ist, nicht beseitigen. (S. Burkhard, Finanz-Entsch. S. 223 und die Allegate daselbst, insbesondere E. d. ob. G.H. Bd. IV S. 403). Dieser Satz ist aber weder von den Gerichten noch vom Verwaltungsgerichtshofe anerkannt in Bezug auf Eigenthums- und Markungszugehörigkeitsverhältnisse, sondern nur bezüglich seiner Zweckbestimmung, d. h. Steuer- und Grundbarkeitsverhältnisse. Ueber Grundsteuerkataster und Steuerpläne s. bayer. Gem.Zeitg. 1895 S. 457 und Bl. f. adm. Pr. Bd. 46 S. 52 (ausführl. Darstellung) ferner: Art. 32 u. 36.

b) *Förderung der landwirthschaftlichen Cultur:* Die Constatirung des landwirthschaftlichen Nutzens der Vertheilung erfolgt am zweckmäßigsten durch Einholung eines Gutachtens des landwirthschaftlichen Bezirkskomitee oder von Culturtechnikern; hiebei ist jedoch der Nachweis eines überwiegenden Vortheiles für die *Gemeinde* nicht erforderlich. Auch über das Vorhandensein dieser Voraussetzung hat gegebenen Falles der V.G.H. zu entscheiden. (V.G.H.E. Bd. IX S. 284; s. auch Bl. f. adm. Pr. Bd. 37 S. 6.*)

c) *Auferlegung eines im 25fachen Betrage ablösbaren Grundzinses zum Besten der Gemeinde:* die Bestimmung der *Höhe* des Grundzinses ist reine Ermessensfrage der Gemeinde und Staatsaufsichtsbehörde, daher der Zuständigkeit des Verwaltungsgerichtshofes entrückt. (Bl. f. adm. Pr. Bd. 37 S. 6.) Der in Folge der Gemeindegrundtheilung auferlegte Grundzins hat dingliche Natur: Reallast. (Bl. f. adm. Pr. Bd. 39 S. 177.) Streitigkeiten hierüber entscheiden die Civilgerichte.

Die Höhe des Grundzinses soll jedenfalls entsprechend sein.

Ausführliches hierüber s. Bl. f. adm. Pr Bd. 30 S. 58 ff.

---

*) Wenn Grundstücke, deren Ertrag bisher ausschließlich in die Gemeindekasse floß, einer besseren Cultur übergeben werden wollen, so ist Art. 27 nicht anwendbar und der gesetzliche Weg ihre Veräußerung oder Verpachtung gegen den vollen Kaufpreis oder Pachtpreis (Bl. f. adm. Pr. Bd. XXI S. 338.)

Ueber nachträgliche Ergänzung der Verhandlungen über eine Gemeindegrundtheilung nach vollzogener Theilung durch Festsetzung des Grundzinses s. Bl. f. adm. Pr. Bd. 39 S. 187. Der Pflichtige ist ablösungsberechtigt, aber nicht hiezu verpflichtet. Kahr, Comm. z. G.O. S. 259.

d) Wenn dem Antrage auf Theilung der Gemeindegründe und auf Festsetzung des Grundzinses mindestens ³/₄ aller Gemeindebürger zustimmen: die Beschlußfassung muß in der Gemeindeversammlung erfolgen und haben sowohl hier als bei der Vorberathung im Gemeindeausschuß auch die mit unmittelbaren Privatinteresse Betheiligten Stimmrecht; die Abstimmung muß nach Art. 149 Abs. III schriftlich erfolgen unter rentamtlich zu bestätigender Beifügung der nach Art. 27 Abs. I in Betracht kommenden Grundsteuer, oder nach Art. 122. Wer nicht Gemeindebürger ist, darf überhaupt nicht mitstimmen, also nicht die blos Heimathberechtigten oder Wittwen früherer nutzungsberechtigter Bürger, welche von der Befugniß des Art. 15 Abs. IV u. V keinen Gebrauch gemacht haben oder machen konnten.

e) Die Zustimmenden müssen zusammen mehr als die Hälfte der Grundsteuern entrichten 2c. 2c.: zu dieser Hälfte darf nicht auch die Steuer von solchen Grundstücken gerechnet werden, welche nicht im Gemeindebezirke liegen; andererseits dürfen auch Steuern, mit welchen Personen angelegt sind, die nicht zu den Bürgern oder Heimathberechtigten oder sonstigen Nutzungsberechtigten gehören, bei Berechnung der Gesammtsumme der Grundsteuer nicht mit in Berechnung gezogen werden; z. B. Steuern von Forensen, Inwohnern ohne Nutzungsrecht 2c.

Vgl. auch Art. 112 Ziff. 7 wegen Zustimmung der Gem.Bevollm

Nur wenn die sämmtlichen voraufgeführten fünf Voraussetzungen vorhanden sind, darf die vorgesetzte Verwaltungsbehörde nach Art. 159 ihre Genehmigung zur Vertheilung ertheilen. Hieher M.E. v. 7. Aug. 1881, M.A.Bl. S. 288. Erst hiedurch wird die Grundtheilung rechtswirksam und vollziehbar. Hiebei waltet jedoch das freie administrative Ermessen ob, und ist die Zuständigkeit des Verwaltungsgerichtshofes ausgeschlossen; die Aufsichtsbehörde kann auch bei dem Vorhandensein der gesetzlichen Voraussetzungen ihre Genehmigung versagen, ohne daß sie die Gründe angeben muß. (Nach Seydel, Staatsrecht Bd. IV S. 470 bezieht sich dieselbe nur auf etwaige Abweichungen.) Es besteht kein Rechtsanspruch auf die Genehmigung. (V.G.H.E. Bd. IX S. 285). Die nach öffentl. Rechte Nutzungsberechtigten haben gegen eine gesetzlich vorgenommene Grundtheilung kein Einspruchsrecht. Kahr, Comm. z. G.O. S. 261. Anders jene, welche ein privatrechtliches Nutzungsrecht haben; hier entscheidet das einschlägige Civilrecht.

Gemäß Art. 8 Ziff. 29 V.G.H.G. sind bestrittene Rechtsansprüche und Verbindlichkeiten, welche die Vertheilung von Gemeindegründen betreffen, Verwaltungsrechtssachen, I. Instanz ist hiebei das Bezirksamt, II. Instanz die Kreisregierung. Bei unmittelbaren Städten ist die Kreisregierung I. Instanz. Diese Zuständigkeit ist jedoch nur dann gegeben, wenn hinsichtlich der gesetzlichen Vorbedingungen für die Statthaftigkeit einer Gemeindegrundtheilung oder die Antheilberechtigung unter den Betheiligten Streit obwaltet. (V.G.H.E. Bd. III S. 701, IX S. 284). Ohne Zustimmung der Betheiligten dürfen auch ihre Privatrechte an den zur Vertheilung bestimmten Gemeindegründen durch die Vertheilung nicht beeinträchtigt werden; als solche Privatrechte werden meistentheils civilrechtliche Dienstbarkeiten erscheinen (vgl Abg. Aussch. Prot. S. 476). Der Umstand allein, daß das Bezirksamt oder die

Regierung die von der Gemeindeverwaltung erbetene aufsichtliche Genehmigung verweigert haben, (selbst aus rechtlichen Gründen), macht die Sache noch nicht zu einer Verwaltungsrechtssache; doch steht gleichwohl den Betheiligten das Recht zu, die verwaltungsrechtliche Entscheidung darüber anzurufen, ob die Voraussetzungen des Art. 27 vorliegen oder nicht. (V.G.H.E. Bd. IX S. 280. Vgl. auch Krais, Comm z. V.G.H.G. S. 94); es kann der Verwaltungsgerichtshof aber nicht erkennen, daß die Genehmigung zu ertheilen sei.

Wenn ein Bezirksamt die Vertheilung von Vermögensbestandtheilen einer Gemeinde unter die Nutzungsberechtigten beanstandet hat und von letzteren hiegegen auf Grund ihres Nutzungsrechtes Beschwerde zur Kreisregierung erhoben wurde, so ist die Kreisregierung nicht in der Lage, sofort zweitinstanzielle verwaltungsrechtliche Entscheidung zu erlassen, sondern es ist der Rechtsstreit zunächst an das Bezirksamt zur erstinstanziellen verwaltungsrechtlichen Behandlung zu verweisen (V.G.H.E. Bd. III S. 95.)

Anm. 3. Die Zuständigkeit der Verwaltungsbehörden erstreckt sich weder auf Theilungen gemeinschaftlichen Eigenthums noch auf die Streitigkeiten nach durchgeführter Theilung, da diese privatrechtlicher Natur sind; s. hierüber das Nähere bei Art. 37. Doch tritt die Zuständigkeit der Verwaltungsbehörden wieder dann ein, wenn es sich um Aufhebung, Aenderung oder nachträgliche Verbesserung solcher Theilungen handelt, also auch bei Differenzen zwischen der Gemeinde und den Gemeindegliedern oder unter letzteren allein über den Vollzug eines Gemeindebeschlusses, der eine theilweise Aenderung in den früher zugewiesenen Antheilen bezweckt. (Erk. d. Comp.Const.H. v. 3. Mai 1869, Reg.Bl. S. 910.)

Anm. 4. Ein Mangel in Bezug auf die Beobachtung der Vorschriften des Art. 27 bewirkt die Nichtigkeit bezw. Zurückziehung der Vertheilung, ohne Unterschied, ob die Zustimmung der Gemeindebürger gar nicht erfolgte oder nicht mit der erforderlichen Mehrheit; denn das Fehlen eines wesentlichen Erfordernisses eines Rechtsaktes bewirkt dessen Nichtigkeit, wenn nicht ausdrücklich das Gegentheil bestimmt ist. (Cf. Seydel, Staatsrecht Bd. IV S. 491 gegen Bl. f. R.A. Bd. XXXV S. 390.)

Anm. 5. Zu Abs. II: Die hier näher bezeichneten nicht anwendbaren Artikel beziehen sich auf die persönliche Betheiligung der Abstimmenden und die damit verbundene Besorgniß der Befangenheit.

Anm. 6. Zu Abs. III: Wenn auch hier ein gesetzlicher Maßstab und ein bestimmter Grundsatz bezüglich der Antheilsberechtigung besteht, hindert dieß doch nicht, daß sich die Betheiligten bei dem Theilungsakt selbst in anderer Weise vereinbaren; man kann hiebei auch Personen, die an sich gar keinen Anspruch haben, gutwillig gewisse Theile zuwenden; hiezu kann aber Niemand durch Mehrheitsbeschlüsse genöthigt werden. (Verh. d. bes. Aussch. d. Abg.K. II S. 704.)

Bezüglich der Antheilsrechte verweist Art. 27 auf die Nutzungsrechte in Art. 32. Diese können ausschließliche sein, d. h. solche, durch welche bestimmten Kategorien öffentlich-rechtlich der volle Nutzgenuß der betreffenden Gemeindegründe zusteht. In diesem Falle kann der in ihrem Nutzungsgenuß stehende Gemeindegrund nur unter sie vertheilt werden. Ist ein solch ausschließlicher voller Nutzgenuß nicht gegeben, so haben auch die in Art. 32 Abs. II Ziff. 1—4 genannten Gemeindeangehörigen Antheilsberechtigung, doch ist nach Art. 32 Abs. III u. IV den durch Rechtstitel und Herkommen besonders Nutzungsberechtigten ein diesen Rechten entsprechender Vorantheil zu gewähren.

(S. hieher Bl. f. adm. Pr. Bd. 4 S. 374, Bd. 21 S. 337, Bd. 14 S. 247 Bd. 29 S. 22, Seydel, Staatsrecht, Bd. IV S. 472).

Anm. 7. Zu Abs. IV: Auf Gemeindegrundtheilungen fand Art. 14 des bisherigen Not.Ges. keine Anwendung, weil es sich nicht um einen privatrechtlichen Vertrag handelte, (J.M.E. v. 30. Okt. 1864, J.M.Bl. 1864 S. 249; Weber Bd. VI S. 377 mit J.M.E. v. 16. Dez. 1864, welche weitere Direktiven enthält.) Kraft des genehmigten Theilungsaktes geht nämlich der Antheil in das Eigenthum der Theilnehmer über, insbesondere mit Rücksicht auf die im Interesse der Kultur höchst wünschenswerthe Verminderung der Kosten solcher Theilungen; diese Vorschrift bezieht sich aber nur auf wirkliche Gemeindegrundtheilungen und nicht etwa auf Theilungen eines gemeinschaftlichen Privateigenthums. (Motive, s. auch M.E. v. 3. Nov. 1871, Mfr. K.A.Bl. 1875, Weber Bd. IX S. 146.)

Ueber die Besitzveränderungsanzeigen an das Rentamt s. G.V.Bl. 1882 S. 51; über den Mangel der materiell-rechtlichen Voraussetzung der Theilung s. Bl. f. R.A. Bd. 35 S. 389.

Anm. 8. Zu Abs. V: Auch für den Volksschulfond derjenigen Gemeinde, in welcher die Vertheilung stattfindet, muß ein Antheil von gleicher Größe ausgeschieden werden, welcher von der Belastung mit Grundzins frei bleibt. Dieselbe Ausscheidung hat auch stattzufinden, wenn diese Gemeinde einer anderen eingeschult ist. Durch Abs. V sind die früheren zahlreichen Bestimmungen über das Antheilsrecht der Schule beseitigt und ersetzt. Die Gemeinde kann daher auch bestimmen, daß die Erträgnisse des betreffenden Antheils nicht dem Einkommen des Schuldienstes zu Gute kommen, sondern in die Ortsschulkasse fließen sollen. (C.M.E. v. 26. Sept. 1874, C.M.Bl. S. 443).

Abs. V gilt auch im Falle des Abs. VI.

Da die Schule eine Gemeindeanstalt ist, verbleibt der Antheil ohnedies Eigenthum der Gemeinde, welcher es unbenommen bleibt, den Antheil des Volksschulfonds einem Lehrer zu Genuß zu geben.

Wenn die Ortschaft kein besonderes Vermögen haben sollte, fließt der Antheil in die Schulkasse der Muttergemeinde. Orts- oder politische Gemeinden, welche keine eigene Schule haben, werden nur verpflichtet sein, den Schulantheil auszuscheiden und der Schule den Nutzgenuß zu überweisen. (Erk. d. Comp.Consl.Sen. im Reg.-Bl. 1870 Nr. 2.)

Der Antheil des Pfarrers bei Vertheilung des Gemeindevermögens ist von der Staatsregierung selbst im Entwurfe nicht vorgeschlagen worden, und ihn aus dem alten Edikt herüberzutragen, hatte der Ausschuß keine Veranlassung aus zwei Gründen: der Pfarrer hat die Möglichkeit, sobald er will, Gemeindebürger zu werden; er ist heimatberechtigt, besitzt alle Voraussetzungen, wodurch der Anspruch auf Verleihung des Gemeindebürgerrechts erworben wird: erwirbt er es, so hat er auch Anspruch auf einen Antheil bei Vertheilung des Gemeindegrundes. Andererseits sind auch die Pfarreien jetzt so sustentirt, daß man außerordentliche Hilfsmittel zur Verbesserung ihrer Sustentation nicht aufsuchen muß.

Bei den Schulen ist es anders. Diese bedürfen noch sehr der Sustentation und die Antheile, die für die Schule anfallen, nützen auf der einen Seite der Gemeinde wieder in der Art, daß bei Aufstellung der Lehrerfassionen die Erträgnisse dieser Schulgründe wieder in die Fassionen eingestellt werden und die Gemeinde auch berechtigt ist, um so viel weniger dem Lehrer an Gehalt zu geben, als er infolge des erhaltenen Gemeindegrundes nun an Nutzwerth bezieht." (So Dr. Edel, Verh. d. K. d. Abg., Sten. Ber. 1868/69 Bd. V S. 18.)

In allen Fällen, wo dem Geistlichen bisher durch Herkommen oder sonstigen Rechtstitel oder als Besitzer des Pfarrwiddums ein Anspruchsrecht auf die Gemeindenutzung zusteht, ist es nach der Auffassung der Staatsregierung keinem Zweifel unterworfen, daß er auch fernerhin solche Ansprüche besitzt, und er kann also auch bei einer Gemeindegrundtheilung unter den erwähnten Voraussetzungen einen Theil beanspruchen. (Min.Comm. in d. K. d. Abg.)

Im Uebrigen aber gebührt den Pfarrpfründen kein Antheil mehr. (Bl. f. adm. Pr. Bd. 14 S. 93, Bd. 21 S. 414.)

Die Bestimmungen hinsichtlich der Schäfereiberechtigungen sind aufgehoben, nachdem das Einspruchsrecht der Weideberechtigten durch das Gesetz vom 28. Mai 1852, die Ausübung und Ablösung des Weiderechts betr., als aufgehoben erscheint; auch bezüglich der sog. „Leerhäusler" oder Kleinbegüterten besteht keine besondere Bestimmung mehr, da hiefür kein praktisches Bedürfniß obwaltet (cf. § 25 des revid. Gem.Ed.). Vorausgesetzt wird jedoch, daß nicht ein entgegenstehendes Herkommen besteht.

Anm. 9. Zu Abs. VI: An die Stelle der Gemeindeversammlung tritt die Ortsversammlung; auch dürfen nur die Steuern der in der Ortsflur liegenden Grundstücke in Berechnung gezogen werden. Für den Volksschulfond ist aber auf jeden Fall ein ganzer Antheil auszuscheiden. (Bl. f. adm. Pr. Bd. 21 S. 373.)

Anm. 10. Ueber Theilung von Gemeindegründen vor 1869 s. Bl. f. adm. Pr. Bd. 2 S. 103. S. auch M.E. v. 6. März 1854 (Weber Bd. IV S. 621), die allmähliche Cultivirung und bessere Benützung der Gemeindegründe betr.

Art. 28.

Eine Vertheilung von Gemeindegründen zur Nutznießung auf Lebensdauer oder auf bestimmte Zeit ist ebenfalls an die in Art. 27 Abs. I bezeichneten Voraussetzungen gebunden, insoferne die Nutznießung unentgeltlich oder gegen Entrichtung einer dem Nutzungswerthe entsprechenden Abgabe gestattet werden will.

Anm. 1. Nach den Motiven ist die Bestimmung des Art. 28 hauptsächlich getroffen mit Rücksicht auf das naheliegende erhebliche Interesse einzelner Gemeindeangehöriger, z. B. der Viehbesitzer.

Anm. 2. Eine Gemeindegrundtheilung ist möglich

a) gemäß Art. 27 in Ansehung des Eigenthums;

b) gemäß Art. 28 in Ansehung der Nutznießung.

In beiden Fällen ist nach Art. 159 Ziff. 2 die staatsaufsichtliche Genehmigung erforderlich. Auch Art. 27 Abs. II u. VI sind anzuwenden, nicht Art. 31 Abs. II Bei einer Versagung der Genehmigung kann von Verletzung des gemeindlichen Selbstverwaltungsrechtes nicht die Rede sein. (Bl. f. adm. Pr. Bd. 37 S. 126; s. auch V.G.H.E. Bd. X S. 315.)

Anm. 3. Wenn die Abgabe dem Nutzungswerthe entspricht, genügt ein Beschluß der Gemeindeverwaltung; andernfalls ist ebenso zu verfahren, wie bei der Vertheilung von Eigenthum: Art. 27. (Verh. d. bes. Aussch.)

Anm. 4. Ueber die Berechtigung zum Bauholzbezug aus einem Gemeindewald s. auch Erk. v. 26. Juni 1871, Reg.Bl. S. 1410.

Anm. 5. Eine Einziehung ist nur nach Art. 35 möglich. Im Uebrigen ist Zeitablauf nöthig.

Anm. 6. Streitigkeiten sind Verwaltungs- bezw. Verwaltungs-Rechtssachen.

Art. 29.

I. Gemeindewaldungen können nur behufs der nach den Forstgesetzen zulässigen Rodung und nur dann vertheilt werden, wenn sie zur Waldkultur nicht geeignet sind, oder wenn der örtliche Ueberfluß an Waldbeständen und der Mangel an Weide-, Acker- oder Wiesgründen eine Theilung im wirthschaftlichen Interesse nöthig macht.

II. Der durch die Abtreibung erzielte Erlös muß in die Kasse der betreffenden Gemeinde oder Ortschaft fließen.

Anm. 1. Art. 29 hat die Auftheilung einer der Gemeinde gehörigen und in ihrem alleinigen Eigenthum stehenden Waldung unter die einzelnen Gemeindegenossen behufs anderweitiger Bodenbenützung zum Zwecke. Bei ihr bildet die nach dem Forstgesetz zulässige Rodung Voraussetzung und Zweck des Theilungsunternehmens und die wesentliche gesetzliche Voraussetzung ihrer staatsaufsichtlichen Genehmigung. Art. 29 bezieht sich sowohl auf Vertheilung zu Eigenthum als zur Nutznießung.

Die ausgedehnte Einwirkung der Staatsaufsichtsbehörden auf die Gemeindeforsten findet sich auch in anderen Staaten und beruht darauf, daß bei der Erhaltung der Forsten im normalen Cultur- und Nutzungszustande theils sehr weitgreifende finanzwirthschaftliche, theils allgemeine Wohlfahrtsinteressen betheiligt sind und daß die Sicherstellung der Wirthschaftlichkeit und Nachhaltigkeit des Betriebes fast überall eine nur im Wege technischer Beurtheilung und Mitwirkung durchzuführende Aufgabe bildet.

Anm. 2. Rodung = Ausstocken der Wurzeln; die Rodung setzt kahlen Abtrieb voraus; letzterer ist das vollständige Abräumen des Holzbestandes bis auf die Wurzeln.*)

---

*) In geschichtlicher Beziehung ist hier aus einer V.G.H.E. (Bd. XIV S. 1 ff.) Folgendes zu erwähnen: Das in ältester Zeit bestandene freie Okkupationsrecht der Ansiedler, die sogenannte „Landnahme", konnte nur solange uneingeschränkte Geltung behaupten, als es überhaupt herrenlose nicht im Eigenthum eines Grundherrn oder einer Markgenossenschaft stehende Ländereien gab; später waren Rodungen in Markwaldungen wie grundherrlichen Waldungen gestattet, aber namentlich in letzteren waren sie von der Genehmigung des Grundherrn abhängig, auch würden die Neubrüche fortwährend als Eigenthum der Grundherren behandelt. Der Erwerber erlangte nur ein erbliches Nutzungsrecht und mußte daher auch Zins bezahlen; am Ende des Mittelalters aber waren bereits die Anschauungen zum Durchbruch gelangt, daß die noch vorhandenen Waldbestände der forstlichen Produktion erhalten bleiben müssen und Rodungen nur ausnahmsweise vorkommen dürfen; neue Rodungen durften fast überall nur mehr mit Genehmigung des Landesherrn stattfinden.

Anm. 3. Hinsichtlich der **Rodung** gilt Art. 38 des Forstgesetzes in der Redaktion vom 17. Juni 1896, G.V.Bl. S. 325, welcher statuirt, daß die Art. 34 bis 37 des Forstgesetzes, sowie die einschlägigen besonderen Gesetze Anwendung zu finden haben.

Insbesonders lautet Art. 34 des Forstgesetzes:

Gänzliche oder theilweise Rodungen (Ausstockungen) sind erlaubt, wenn

1) die auszustockende Fläche zu einer besseren Benutzung, insbesonders für Feld-, Garten-, Wein- oder Wiesenbau, unzweifelhaft geeignet,
2) das Fortbestehen des Waldes nicht zum Schutze gegen Naturereignisse nothwendig ist, und
3) die Forstberechtigten in die Rodung eingewilligt haben.

Die Strafbestimmung enthält Art. 75 ff. des Forstgesetzes.

Die Rodung ist auch dann vollzogen, wenn einige Bäume noch stehen bleiben.

Zu den Forstberechtigten gehören gemäß Art 5 des Weidegesetzes v. 28. Mai 1852 die Waldweideberechtigten nicht.

Art. 36 l. c.:

„Das Vorhaben der Rodung ist dem Forstamte anzuzeigen, welches von dem Sachverhalte sogleich Kenntniß zu nehmen und den Befund unter Beifügung des geeigneten Antrages an die Forstpolizeibehörde (Bezirksamt) zur weiteren Behandlung und Beschlußfassung zu übersenden hat."

Das gilt von Privatwaldungen, aber auch von Gemeindewaldungen. (Bl. f. adm. Pr. Bd. 21 S. 381.)

S. ferner Art. 37, 76, 77 und 78 Forstges.

Wenn die nach Art. 36 erforderliche Vorfrage erledigt ist, kann die Theilung durch die Staatsaufsichtsbehörde bewilligt werden, wobei aber gemäß Art. 7 Abs. II l. c. die Forstpolizeistelle (Regierung K. d. F.) noch die Frage zu entscheiden hat, ob und welche Aenderungen des gemeindlichen Forstwirthschaftsplanes einzutreten haben. (M.E. v. 15. Okt. 1871 Nr. 10766.) Von der Aufsichtsbehörde ist ferner (Art. 159) zu untersuchen, da Art. 27 G.O. entsprechend zur Anwendung zu kommen hat, ob diese Waldungen schon bisher ganz oder theilweise von den Gemeindeangehörigen zu ihrem Privatvortheile benützt wurden. Ist dies nicht der Fall, und will die Gemeinde den Waldboden zu Wiesen oder Aeckern benutzen, so kann sie nur die Rodung ohne Vertheilung beantragen oder die Grundstücke verkaufen; diese Rodung bedarf lediglich der Genehmigung der Forstpolizeibehörden (Distriktspolizei), nicht der Forstpolizeistelle (Regierung) gemäß Art. 37 Forstgesetz; s. auch M.E. v. 31. Dez. 1871 und v. 2. Aug. 1871 über Veräußerung, Vertheilung und Rodung von Gemeindewaldungen. (Weber Bd. IX S. 107.)

Eine Zuständigkeit des Verwaltungsgerichtshofes ist nicht gegeben, da der Beschluß des Bezirksamts eine Ermessenssache ist.

Zu beachten ist auch Art. 20 des Forstgesetzes; abgesehen hievon betrifft die Staatsaufsicht wegen Erhaltung des Grundstockvermögens allein nur Veräußerungen, Begebungen oder Aufhebungen von Rechten oder Realitäten, und auch hier nur, wenn der Werth des Veräußerungsobjektes diejenigen Grenzen überschreiten würde, innerhalb deren sich die Gemeinden **sonst** frei bewegen können. Art. 20 des Forstgesetzes findet auf die im **Miteigenthum** mehrerer Gemeinden stehenden Waldungen Anwendung, wenn die Theilung nur zum Zwecke der Auflösung dieses Gemeinschaftsverhältnisses und unter Vorbehalt der fortzusetzenden Forstbenutzung der Waldtheile beantragt ist. (V.G.H.E. Bd. XII S. 146.)

Ueberhaupt ist nach M.E. v. 2. Aug. 1871 (s. oben) in allen Fällen, in welchen eine Gemeindewaldung gerodet oder vertheilt werden soll, vorher das Gutachten des Forstamtes einzuholen und diesem mindestens von jeder dahin zielenden Absicht Kenntniß zu geben.

Bezüglich der Frage, ob die Benutzung des Gemeindewaldes durch Gemeindeangehörige als Forstberechtigung zu betrachten, und demgemäß die Zustimmung aller Nutzungsberechtigten als Forstberechtigte zu erholen ist, ist zu beachten, daß letzteres Requisit in der Regel nicht erforderlich ist, außer wenn solche Lasten als privatrechtliche auf dem Gemeindewald ruhen. (Bl. f. adm. Pr. Bd. 21 S. 344.)

Anm. 4. Der jährlich anfallende Nutzantheil, welchen ein Gemeindeglied an dem Ertrage eines Gemeindewaldes zu beziehen berechtigt ist, bildet eine Rente des Berechtigten und kann als solche Gegenstand der Exekution in einem Civilrechtsstreit sein. (Erk. d. Comp.Consl.H. vom 21. März 1870, Reg.Bl. S. 582.)

Anm. 5. Für den Fall der Genehmigung des Vertheilungsantrages hat das Bezirksamt bei Eröffnung seines Beschlusses darauf aufmerksam zu machen, daß der durch die Abtreibung erzielte Erlös unter allen Umständen und in jedem Falle ausnahmslos gemäß Art. 29 Abs. II in die Gemeinde- bezw. Ortskasse zu fließen hat.

Bezüglich der Behandlung des Holzerlöses bei einer Rodung gilt, daß dieses Holz nicht zu den regelmäßigen Nutzungen gehört, sondern eine außerordentliche Rente bildet, deren etwaige Vertheilung sich nach den Vorschriften des Art. 31 Abs. II über Vertheilung von Ueberschüssen richtet. (Bl. f. adm. Pr. Bd. 21 S. 381).

In Streitsachen wegen Vertheilung von Gemeindegründen ist der V.G.H. zur Entscheidung der Frage zuständig, ob Gemeindewaldungen zur Waldkultur nicht geeignet sind, unzuständig aber, soweit es sich um die übrigen Voraussetzungen des Art. 29 Abs. I, ferner um die Frage der staatsaufsichtlichen Genehmigung handelt, da im letzteren Falle Ermessenssachen in Frage stehen. (V.G.H.E. Bd. XV S. 33.)

Die Frage der Zulässigkeit der Rodung bildet keinen Incidentpunkt, sondern eine Präjudizialfrage, die nicht vor den Verwaltungsgerichtshof kompetirt. (Eod.) Die Frage, ob der örtliche Ueberfluß an Waldbeständen und der Mangel an Weide-, Aecker- und Wiesgründen eine Theilung im wirthschaftlichen Interesse nöthig macht, ist eine Zweckmäßigkeitsfrage, die in das freie Ermessen der Verwaltungsbehörden kompetirt. Die Fragen aber, ob Gemeindewaldungen zur Waldkultur geeignet sind, sind Thatfragen, keine reine Ermessensfragen, und obliegt ihre Entscheidung in letzter Instanz dem Verwaltungsgerichtshof.

Art. 30.

Die Bewirthschaftung der Gemeindewaldungen unterliegt den gesetzlichen Vorschriften.

Anm. 1. Bezüglich der Oberaufsicht auf die Bewirthschaftung der Gemeindewaldungen haben die Bestimmungen des Forstgesetzes zur Anwendung zu kommen und nur, soweit in denselben eine spezielle Vorschrift nicht enthalten ist, haben die allgemeinen Bestimmungen der G.O. über Staatsaufsicht in Geltung zu treten. (V.G.H.E. Bd. IX S. 93.)

Wichtig ist vor allem Art. 7 Forstges., wonach die Bewirthschaftung von Gemeinde- und Stiftungswaldungen auf Wirthschaftspläne gestützt sein muß, von welchen nur bei den einer regelmäßigen Bewirthschaftung nicht fähigen Waldungen seitens der Forstpolizeistelle bezw. bei Waldungen von 10 Hektar Gesammtfläche und darunter seitens der Forstpolizeibehörde Umgang genommen werden kann. Anordnungen bezüglich der Aufstellung eines Betriebsleiters sind von der genannten Stelle zu treffen. Die Besoldung desselben aber ist von der unmittelbar vorgesetzten Aufsichtsbehörde festzusetzen. (V.G.H.E. Bd. IX S. 91.)

Größere mit wilden Holzarten bestockte Flächen, die thatsächlich zur Erzielung und Gewinnung von Holz benützt werden, können unter Umständen als Waldungen im Sinne der Forst- und Gemeindegesetze gelten, ohne Unterschied, ob das Holz um seiner selbst willen oder nur zum Schutze des Graswuchses für die Weideausübung gezogen wird. (V.G.H.E. Bd. XVII S. 86.)

Die Wahl der Förster und Forsttechniker unterliegt nach Art. 13 des Forstges. der Bestätigung der Forstpolizeistelle, jene des Forstschutzpersonals der Forstpolizeibehörde. Ueber etwaigen Zwang zur Aufstellung s. Abs. II l. c. Die Ertheilung der Bestätigung ist eine reine Ermessensfrage; es handelt sich hiebei nicht um ein den Gemeinden zustehendes Recht in einer Gemeindeangelegenheit, sondern nur um eine Verfügung, die innerhalb der Grenzen der gesetzlichen Staatsaufsichtsbefugniß von Forstpolizeiwegen nach freiem Ermessen getroffen wurde; ebenso verhält es sich mit dem Umfang des Bedarfs von Forstschutzpersonal und mit der Leistungsfähigkeit einer Gemeinde bezüglich des Kostenaufwandes hiebei. Hienach steht auch den Gemeinden kein Beschwerderecht wegen behaupteter Verletzung des Selbstverwaltungsrechtes gemäß Art. 10 Ziff. 2 des V.G.H.G. zu. (V.G.H.E. Bd. I S. 30 und Bd. II S. 301.)

Uebrigens können die Gemeinden ihre Waldaufseher, auch wenn sie keinen Anlaß zu einem Tadel geben, entlassen, und in dieser Beziehung von Kuratel- und Forstpolizeiwegen nicht beschränkt werden, vorausgesetzt, daß ein anderer Waldschutzdiener mit den gesetzlichen Eigenschaften gewählt wird. (M.E. vom 5. Juni 1854.)

Anm. 2. Bezüglich der Bewirthschaftung der Gemeindewaldungen ist noch Folgendes besonders hervorzuheben: Maßgebend sind besonders das Forstgesetz, und zwar namentlich Art. 6 ff., dann früher die besonderen Vollzugsvorschriften vom 12. August 1888 M.A.Bl. S. 325 ff. (Abänderungen der Vollz.Vorschr. v. 29. Juni 1852 nebst M.E. v. 27. Juli 1862); ferner Art. 141 Abs. 7 G.O. (S. auch Fin. M.Bl. 1879 S. 321, Döll. Bd. 26 S. 114.) Zufolge Gesetzesnovelle v. 17. Juni 1896 G.V.Bl. 277 u. 325 traten aber die Vollz.Vorschr. v. 1888 zu Art. 6 ff. außer Wirksamkeit und an ihre Stelle die auf Grund § 41 der Vdg. v. 19. Febr. 1885 u. § 5 der Vdg. v. 2. Mai 1885, den Vollzug des § 17 des Finanzgesetzes v. 21. April 1884 betr., erlassenen Vollzugs-Vorschriften.

Vgl. noch M.Bktm. v. 18. Juli 1896, Vollz. des Forstges. v. 17. Juni 1896 betr., M.A.Bl. 1896 S. 229, dann M.Bktm. v. 12. Mai 1897, bes. Vorschriften zum Vollzuge des Forstgesetzes v. $\frac{\text{28. Mai 1852}}{\text{17. Juni 1886}}$ in Ansehung der Gemeinde-, Stiftungs- und Körperschafts-Waldungen betr.

S. hieher auch Bl. f. adm. Pr. Bd. 20 S. 272 und Bd. 5 S. 151:

Jede Abweichung vom Forstwirthschaftsplan, insbesondere jeder außerordentliche Holzhieb und jede Rodung einer Gemeindewaldung ist von vorheriger Genehmigung der Kreisregierung abhängig. Die Aufforstung einer gemeindlichen Oedfläche kann von der Forstpolizeistelle nur insoweit angeordnet werden, als diese Fläche bei Einführung des Forstgesetzes vom 28. März 1852 als Waldgrundstück zu erachten war.

Eine gemäß Art. 10 Ziff. II des V.G.H.G. zum k. Verwaltungsgerichtshof ergriffene gemeindliche Beschwerde, welche die Verpflichtung der Gemeinde, für den Gemeindewald einen Wirthschaftsplan herstellen zu lassen, gegenüber der Forstpolizeistelle bestreitet, kann als begründet dann nicht erachtet werden, wenn die Waldeigenschaft und die Bewirthschaftungsfähigkeit im staatsaufsichtlichen Verfahren festgestellt ist und die beschwerdeführende Gemeinde selbst weder die Waldeigenschaft mit Erfolg zu bekämpfen, noch auch thatsächliche Verhältnisse, wodurch die Möglichkeit einer regelmäßigen Bewirthschaftung des Waldes ausgeschlossen sein soll, geltend zu machen vermag. (V.G.H.E. Bd. X S. 312.)

Kuratelgenehmigung bei Holzversteigerungen bezw. die Feststellung einer Taxe ist nicht mehr erforderlich. (Art. 206 Ziff. 5 und Bl. f. adm. Pr. Bd. 21 S. 411.)

Wenn an einem Gemeindewald einzelnen Gemeindeeinwohnern dingliche Nutzungsrechte zustehen und zwischen den Nutzungsberechtigten und der Gemeindebehörde über die Befugniß der letzteren in Bezug auf die Verwaltung und Bewirthschaftung des Waldes Streit entsteht, so kann von den Nutzungsberechtigten gegen die diesbezüglichen Beschlüsse der Staatsaufsichtsbehörde die letztinstanzielle Entscheidung des V.G.H. weder auf Grund Art. 8 Ziff. 28 noch auf Grund Art. 10 Ziff. 2 des V.G.H.G. angerufen werden. (V.G.H.E. Bd. II S. 377.)

Anm. 3. Ueber gemeinsames Privateigenthum und Gemeindeeigenthum hiebei s. auch Bl. f. adm. Pr. Bd. 30 S. 385, Bd. 35 S. 298, 305, über Besitz- und Eigenthumsverhältnisse an einem Ortsgemeindewald Bd. 35 S. 109.

Art. 31.

I. Der Ertrag des Gemeindevermögens ist zur Bestreitung der Gemeindebedürfnisse zu verwenden.

II. Die Vertheilung von Ueberschüssen an die Gemeindebürger ist nur dann zulässig, wenn alle Gemeindebedürfnisse ohne Erhebung von Gemeindeumlagen und örtlichen Verbrauchssteuern gedeckt sind, und wenn größere Ausgaben für außerordentliche Bedürfnisse nicht in Aussicht stehen. Die Gewährung von Nutzungen an Bestandtheilen des Gemeindevermögens, bei welchen diese bisher nicht üblich war, ist nur unter den gleichen Voraussetzungen und nur in widerruflicher Weise zulässig.

III. Für Vertheilung von Ueberschüssen aus dem Ertrage des Gemeindevermögens, sowie für Gewährung von Nutzungen an Bestandtheilen des Gemeindevermögens auf Grund des Abs. II ist in Gemeinden mit städtischer Verfassung die Zustimmung der Gemeindebevollmächtigten, in den übrigen Gemeinden die Zustimmung der Gemeinde- beziehungsweise der Ortsversammlung, und außerdem die Genehmigung der vorgesetzten Verwaltungsbehörde erforderlich.

Anm. 1. Nach Abs. I, welcher die Regel aufstellt, ist der Ertrag des Gemeindevermögens in erster Linie zur Bestreitung der gemeindlichen Bedürfnisse zu verwenden; solche Verwendung muß stattfinden, wenn in einer Gemeinde die Nothwendigkeit eingetreten ist, zu einem subsidiären Deckungsmittel für den Gemeindehaushalt nach Maßgabe des Art. 39 Abs. II zu greifen; dieser gesetzliche Zwang kann nur in jenen Fällen nicht zur Anwendung kommen, in denen nach Art. 32 ein besonderer Rechtstitel oder ein rechtsbegründetes Herkommen einzelnen oder bestimmten Klassen von Gemeindeangehörigen den Bezug des Ertrages aus einem Gemeindevermögen gewährleistet (V.G.H.E. Bd. III S. 494).

Wenn es sich darum handelt, in welcher Art ein Gemeindegrundstück, dessen Erträgnisse zum Besten der Gemeinde zu verwenden sind, für die Gemeindekasse am meisten und sichersten rentirlich gemacht werden kann, so liegt hierin eine reine Verwaltungs- bezw. Ermessenssache vor im Sinne des Art. 13 Abs. I Ziff. 3 V.G.H.G.; die Bestimmung hierüber fällt zunächst dem gemeindlichen Selbstverwaltungsrecht zu. (V.G.H.E. Bd. XI S. 180.)

Seydel, bayr. Staatsrecht, Bd. IV S. 477, sagt zu Abs. I Folgendes:

Der Ertrag des gemeindlichen Finanzvermögens ist das nächste Deckungsmittel für den Aufwand der Gemeinde. Die Erträgnisse des ortschaftlichen Finanzvermögens sind nicht nur für ortschaftliche, sondern auch für gemeinsame gemeindliche Bedürfnisse unter den gleichen Voraussetzungen wie die Erträgnisse des gemeindlichen Vermögens zu verwenden. Maßstab für die Rentenzuschüsse, welche zu leisten sind, ist der Steuerfuß.

Anm. 2. Zu Abs. II: Für den Umlagencharakter einer Abgabe vor 1818 ist entscheidend, daß sie zur Befriedigung gemeindl. Zwecke diente, nach den finanziellen Verhältnissen des Gemeindehaushalts hiezu ein Bedürfniß bestand und in der Form einer allgem. direkten Auflage von der Gemeinde erhoben wurde. (V.G.H.E. Bd. XIII S. 246.)

In der Regel sind auch die Ueberschüsse für künftige Gemeindezwecke vorzubehalten und dürfen daher nicht den jeweiligen Gemeindeangehörigen, die kein unmittelbares Recht auf den Bezug haben, überantwortet werden. Da von Ueberschüssen überhaupt und ohne nähere Beschränkung die Rede ist, solche sich aber erst aus der Abgleichung sämmtlicher Jahresausgaben und Jahreseinnahmen der Gemeinde ersehen lassen, so ist durch diese Bestimmung eine Verwendung auch anderer als aus dem gemeindlichen Grundvermögen fließender Renten und Einnahmen, z. B. aus Kapitalien, Taxen, Gefällen, zum Privatvortheil der Gemeindebürger zugelassen. (Bl. f. adm. Pr. Bd. 20 S. 129.) Ueberschüsse setzen voraus, daß das fragliche Geld in die Gemeindekasse geflossen oder wenigstens für dieselbe bestimmt war. (Bl. f. adm. Pr. Bd. 21 S. 84.) Ihre Vertheilung darf nur unter die Gemeindebürger geschehen. Die Ueberschüsse dürfen nicht bloß zeitliche, sondern müssen nachhaltige sein.

Die widerrufliche Ueberlassung von Nutzungen muß zurückgenommen werden, sobald es wieder nöthig werden sollte, Umlagen zu erheben.

Ueber Nutzungen vgl. Ausführl. bei Art. 32; über Streitigkeiten hiebei gleichfalls Art. 32 und die Anm.

Aus Abs. II ergibt sich, daß nur die bestehenden Nutzungsrechte aufrecht erhalten, neue nicht gebildet werden wollten.

Das Wort „üblich" in Abs. II ist im Sinne von herkömmlich aufzufassen.

Ueberschüsse können an alle Gemeindebürger vertheilt werden.

Anm. 3. Zu Abs. III: Die Genehmigung der vorgesetzten Verwaltungsbehörde ist in jedem Falle erforderlich, sowohl bei Stadt- als bei Landgemeinden, weil es als wesentlich erschien, daß unbefangener Weise geprüft werde, ob überhaupt alle Bedingungen gegeben seien, unter denen Ueberschüsse als verfügbar oder nachhaltig angesehen werden können; cf. Sten. Ber. V. d. K. d. Abg. Bd. VI S. 88, bes. Aussch. Abth. 2 S. 735; Bl. f. adm. Pr. Bd. 20 S. 269. Hienach ist vor die Worte „und außerdem" ein Komma zu setzen.

Anm. 4. Aus Art. 31 lassen sich folgende Grundsätze ableiten:

1) Neue Gemeindenutzungsrechte können fortan nicht mehr begründet werden.
2) Widerrufliche Gemeindenutzungen können unter den Voraussetzungen des Art. 31 Abs. II gewährt werden.
3) Bestehende widerrufliche Gemeindenutzungen können nur unter denselben Voraussetzungen fortbestehen, unter denen sie gewährt wurden.
4) Die Neueinführung widerruflicher Gemeindenutzungen darf nur unter Einhaltung der Vorschriften des Art. 31 Abs. III stattfinden.
5) Der Fortbestand solcher Nutzungen, falls sie nicht überhaupt mit zeitlicher Begrenzung gewährt worden sind, bedarf keiner neuen Beschlußfassung.
6) Bestehende Gemeindenutzungsrechte bleiben aufrecht; beruhen sie auf besonderem Rechtstitel, so können sie überhaupt nicht beseitigt werden; beruhen sie auf Herkommen, so können sie durch einen Akt der Gemeindegesetzgebung nach Art. 35 beseitigt werden. (Cf. Seydel, Bl. f. adm. Pr. Bd. 38 S. 305.)

Anm. 5. Eine Vertheilung von Ueberschüssen der Ortsgemeindekasse hat nicht bloß den Gemeindenutzungsberechtigten, sondern allen Ortsbürgern zuzukommen; sie kann aber immer nur nach Erfüllung sämmtlicher in Abs. II u. III aufgeführten Vorbedingungen, also immer nur von Fall zu Fall stattfinden. (V.G.H.E. Bd. XII S. 205.)

Anm. 6. Zu Abs. II vgl. noch Bl. f. adm. Pr. Bd. 38 S. 305, über die Wiedereinziehung gesetzwidrig vertheilter Gemeindenutzungen Bl. f. adm. Pr. Bd. 38 S. 198, 337, 383, über Erforschung des Herkommens für Vertheilung von Gemeindenutzungen Bl. f. adm. Pr. Bd. 29 S. 200, Alter dieses Herkommens Bl. f. adm. Pr. Bd. 28 S. 223, über Gemeindenutzung und Gemeindekasse Bl. f. adm. Pr. Bd. 28 S. 378.

Anm. 7. Nutzungen am beweglichen Gemeindevermögen sind ausgeschlossen. (V.G.H.E. Bd. V S. 211.)

Anm. 8. Ueber Streitigkeiten aus Art. 31 f. die Anmerkungen zu Art. 32, über Gemeindenutzungen und Gemeindebedarf s. die ausführl. Abhandl. von Dr. Preger in Bl. f. adm. Pr. Bd. 46 S. 321.

Art. 32.

I. Abgesehen von dem Falle des Art. 31 Abs. II ist die Verwendung von Nutzungen des Gemeindevermögens zum Privatvortheile nur soweit statthaft, als hiefür ein besonderer Rechtstitel oder rechtsbegründetes Herkommen besteht.

II. Zur Theilnahme an Gemeindenutzungen sind, soferne dieselben nicht nach besonderen Rechtstiteln oder nach rechtlichem Herkommen einzelnen Klassen von Gemeindeangehörigen allein zustehen, berechtigt:

1) alle Gemeindebürger, jedoch in Gemeinden, in denen eine Gemeinderechtsgebühr eingeführt ist, nur jene, welche die sie treffende Gebühr bezahlt haben;
2) vormalige nutzungsberechtigte Gemeindebürger, welche das Bürgerrecht lediglich wegen Verlustes der Selbständigkeit im Sinne des Art. 11 Abs. II verloren haben;
3) Wittwen nutzungsberechtigter Gemeindebürger, wenn sie nach dem Tode ihres Gatten den Hausstand in der Gemeinde fortsetzen und daselbst direkte Steuer zahlen;
4) elternlose Kinder vormals nutzungsberechtigter Gemeindebürger, soferne sie den elterlichen Hausstand in der Gemeinde unvertheilt fortsetzen und direkte Steuer zahlen.

III. Andere Personen können an Gemeindenutzungen nur auf Grund eines besonderen Rechtstitels oder rechtsbegründeten Herkommens Theil nehmen.

IV. Alle Theilnahmsberechtigten haben gleichen Anspruch, soferne nicht eine Ausnahme durch besonderen Rechtstitel oder rechtliches Herkommen begründet ist. Im Falle von Ziff. 4 steht sämmtlichen Kindern nur die Berechtigung auf einen Antheil zu.

Anm. 1. Die rechtsrheinische Gemeindeordnung kennt zwei Hauptarten von Gemeindenutzungsrechten:

a) solche, welche auf einem Privatrechtstitel beruhen, die also nur im uneigentlichen Sinne Gemeindenutzungen genannt werden, dem Gebiete des Gemeinderechts gar nicht angehören, sondern dem Civilrecht und im Streitfall vor die bürgerlichen Rechte gehören;*)
b) solche, welche sich auf den Gemeindeverband gründen:
   1) persönlicher Natur, geknüpft nur an die Gemeindebürgereigenschaft;
   2) realer Natur, unabhängig von der Gemeindebürgereigenschaft, welche einzelnen Klassen von Gemeindeangehörigen, namentlich Anwesensbesitzern oder einem Theile der letzteren zustehen.

Ergibt sich kein Anhaltspunkt dafür, daß es sich um Nutzungsrechte ad a

---

*) Ueber den privatr. Charakter der aus einer Markgenossenschaft sich herleitenden Nutzungsrechte einzelner Gemeindebürger am Gemeindeeigenthum s. E. d. ob. G.H. Bd. XIV S. 547. Ueber die Voraussetzungen der privatrechtlichen Natur von Gemeindenutzungsrechten und über die Zuständigkeit bei Rechtsstreitigkeiten hierüber s. eod. Bd. XII S. 376.

handelt, so streitet die Vermuthung dafür, daß ein solches ad b in Frage steht. (V.G.H.E. Bd. XVI S. 1.) Ein wesentlicher Unterschied besteht auch darin, daß nur die Nutzungsrechte ad b im Bedürfnißfalle für Gemeindezwecke den Berechtigten entzogen werden können. (E. d. ob. G.H. Bd. XV S. 80.)

Dingliche wie öffentlich-rechtliche Nutzungsrechte können nur an einer fremden Sache bestehen. V.G.H.E. B. XV S. 85. Oeffentlich-rechtliche Gemeinderechte, die von dem Hause, auf welchem sie ursprünglich ruhten, losgetrennt selbstständig fortexistiren, gibt es nicht (V.G.H.E. Bd. XVII S. 197.)

ad a.

Nur dann, wenn ein Nutzungsrecht am Gemeindevermögen mit einem bestimmten Haus oder Grundstück so verbunden ist, daß der Besitz des Hauses oder Anwesens für sich, unabhängig vom Verhältniß zum Gemeindeverband die Bezugsberechtigung gewährt, ist eine dingliche Befugniß im privatrechtlichen Sinne als vorhanden anzunehmen; denn auch Nutzungsrechte, welche im Gemeindeverbande wurzeln, können eine reale Grundlage haben, auf einem Haus oder Grundstück in der Weise ruhen, daß sie infolge Vererbung, Verkauf oder sonstige Veräußerung des letzteren mit diesem auf den neuen Besitzer, soferne derselbe der Gemeinde angehört, übergehen; nur unabhängig von allen Beziehungen zum Gemeindeverbande vollzogene Veräußerungen oder Verpfändungen von Nutzungsrechten am Gemeindevermögen bilden Anhaltspunkte für den privatrechtlichen Charakter. E. d. ob. G.H. v. 25. Juni 1858, Reg.Bl. S. 837, 14. März 1859, Reg.Bl. S. 300. Da dem Grundsteuerkataster die Eigenschaft eines Saal- oder Lagerbuches nur bezüglich solcher dinglicher Rechte zukommt, die Gegenstand der Besteuerung sind, kann der privatrechliche Entstehungsgrund eines Nutzungsrechtes durch den bloßen Eintrag im Grundsteuerkataster nicht erwiesen werden; ebensowenig aber durch einen Vortrag in I. Rubrik des Hypothekenbuches; denn hiedurch kann niemals ein persönliches Recht in ein reales oder ein Nutzungsrecht vom Gemeindevermögen mit öffentlich-rechtlichem Charakter in ein solches mit privatrechtlichem Charakter verwandelt werden (E. d. ob. G.H. Bd. X S. 503 ff. Bd. V S. 628 ff., V.G.H.E. Bd. XII S. 378.)

Um im einzelnen Falle beurtheilen zu können, ob ein solches Nutzungsrecht vorhanden sei, muß im Zweifel auf die Entstehungsart desselben zurückgegangen werden, und ist ein privatrechtliches Nutzungsrecht nur dann anzunehmen, wenn die Entstehung der Berechtigung einen privatrechtlichen Titel zur Grundlage hat; (eod. Bd. V. S. 630.) Zur Entscheidung von Streitigkeiten sind hier die Gerichte zuständig (Art. 36 u. 37.) Die gerichtliche Verfolgung setzt Erwerb durch Privatrechtstitel voraus, wenn also z. B. Nutzungsrechte mit der Behauptung in Anspruch genommen werden, sie seien mit dem Besitze eines Anwesens als Zubehör verbunden; es muß hiebei festgestellt sein, daß die Klagepartei z. B. das behauptete Nutzungsrecht, falls es etwa auf Herkommen begründet werden will, als Zubehör des Anwesens seit rechtsverjährter Zeit ausgeübt hat, bezw. daß dieses Recht seit uraltem Herkommen einen Bestandtheil des betreffenden Anwesens bildet, (eod. Bd. II S. 511), unabhängig von der Gemeindemitgliedschaft, und daß jede gemeindliche Einwirkung auf das Verfügungsrecht ausgeschlossen war. (Eod. Bd. XII S. 376.) Vgl. hieher noch Urt. des bayer. obersten Landesger. v. 6. März 1894, wornach der privatrechtliche Charakter eines Holzbezugsrechtes aus einer Gemeindewaldung auch im Falle unvordenklicher

Verjährung besonders bewiesen werden muß: s. Bl. f. adm. Pr. Bd. 45 S. 146. Für die Frage aber, ob die Gerichte zuständig sind, ist ferner entscheidend, daß ein privatrechtlicher Anspruch erhoben, nicht auch, daß er sofort klar gestellt sei; wird z. B. behauptet, daß ein Nutzungsrecht mit dem Besitz gewisser im Eigenthum des Klägers befindlicher Anwesen verbunden, daß das Recht Pertinenz dieser Anwesen sei, so daß Kläger als Einzelner dem Beklagten oder der Gemeinde gegenübersteht, so liegt ein Privatrechtsverhältniß vor. (Eod. Bd. V S. 637.) Wenn einzelne Gemeindeglieder den ausschließlichen Anspruch auf solche Nutzungsrechte erheben, andere denselben nicht anerkennen, so ist die Klage gegen die Gemeinde selbst dann zu richten, wenn unter den Klägern Mitglieder der Gemeindeverwaltung sind, falls nur feststeht, daß Gemeindeeigenthum in Frage steht. (Vorauss. der gemeinrechtl. actio confessoria ist eine Störung des klägerischen Rechts, eine Rechtsverletzung, eine solche liegt aber nicht schon im bloßen Bestreiten oder Nicht-Anerkennen.) Eod. Bd. V S. 633. Nutzungsrechte können insbes. auch auf Grund unvordenklicher Verjährung geltend gemacht werden; es handelt sich hiebei um einen Zustand, der seit Menschengedenken bestand und zur Voraussetzung hat, daß niemand mehr lebt, der die Sache in einem anderen Zustande weder selbst wahrgenommen noch durch andere erfahren hat; die Besitzausübung muß während dieser ganzen Zeit mit der gegenseitigen Absicht, ein Privatrecht auszuüben, bezw. dessen Ausübung dulden zu wollen, nachweislich erfolgt sein. (Eod. Bd. X S. 508.) Da die Wirksamkeit der unvordenklichen Verjährung auch dann nicht aufgehoben ist, wenn ein Gesetz nur die Erwerbung eines Rechts für die Zukunft überhaupt oder durch Verjährung verbietet, ist die Rücksichtnahme auf Besitzhandlungen nach dem Zeitpunkt der Gemeindegesetzgebung von 1818 nicht ausgeschlossen; wohl aber wenn Nutzungsrechte auf ein öffentlich-rechtliches Herkommen gestützt werden wollen. (E. d. ob. G.H. Bd. X S. 507.) Nach preußischem Landrecht können Nutzungen, welche als Ausfluß privatrechtlicher Befugnisse mit einem Anwesen verbunden sind, auch veräußert werden (Eod. Bd. II S. 511.) Wegen privatrechtl. Nutzungen sind die Grundsätze des Privatrechtes über Servituten oder Reallasten entscheidend. Roth, b. Civ.-Recht, § 39. Ueber Pertinenzeigenschaft s. E. d. ob. G.H. Bd. XII S. 376. Man darf nicht folgern, daß, wenn der Besitz der Hauptsache auf Privatrechtstitel beruht, auch der Pertinenz diese Eigenschaft zukomme.*)

Ueber „Herkommen" und Verjährung s. auch Art. 1.

---

*) In Bezug auf Reallasten ist hier einer E. d. ob. G.H. (Bd. III S. 370) Folgendes zu entnehmen:

Zur Erwerbung einer Reallast, welche nicht in regelmäßig bestimmten Zeitabschnitten gleichmäßig wiederkehrende Leistungen, sondern Leistungen betrifft, die auf wechselnden Bedürfnissen beruhen, genügt nicht die außerordentliche Verjährung von 30–40 Jahren wie bei deutsch-rechtlichen Reallasten, sondern es ist die Immemorialverjährung (s. Art. 1 u. Anm.) erforderlich. Bei jeder Acquisitivverjährung eines Rechtes muß sich gemäß dem Grundsatz: tantum praescriptum, quantum possessum die Ausübung des Anspruchs, der zum Recht erwachsen soll, faktisch kennzeichnen; thatsächliche Merkmale müssen hier im einzelnen Falle erwiesen werden; der Zustand, aus welchem der Beweis der unvordenklichen Verjährung abgeleitet werden will, muß die Erfordernisse eines juristischen Besitzes an sich tragen, welcher Besitz in der ganzen Periode der letzten zwei Menschenalter, von welchen der Beweis der Unvordenklichkeit abhängt, fortwährend vorhanden gewesen ist; eine Unvordenklichkeit kann namentlich da nicht gegeben sein, wo ein gegentheiliger Zustand in der bezeichneten Zeit Platz gegriffen hat. Heimlichkeit oder Eigenmacht darf während der ganzen Zeit nicht hindernd entgegengetreten sein.

ad b.

Ueber das Geschichtliche vgl. zuächst meine Einleitung z. G.O. Die einzelnen Bestimmungen hierüber sind in Art. 19, 22, 23, 28, 31, 32, 33 ff. enthalten. An diesen Stellen ist auch das Nähere über diese Art der Nutzungen enthalten.

S. auch V.G.H.E. Bd. XIII S. 197: Ob sich ein Herkommen in Bezug auf eine Höherberechtigung einzelner Anwesensbesitzer gegenüber anderen Gemeindebürgern an Gemeindenutzungen vor 1818 gebildet hat, ist im Allgemeinen nach dem örtlichen Civilrecht zu beurtheilen; schreibt letzteres einen bestimmten Zeitraum vor, und ist der Bestand des Herkommens während dieser Zeit nicht erwiesen, so kann derselbe dann als erbracht erachtet werden, wenn der Nachweis des Bestandes vor Beginn dieser Periode geliefert ist.

Die öffentlich-rechtliche Wirksamkeit einer Vereinbarung zwischen Gemeinderechtsbesitzern und der Gemeinde für die Zeit des rev. Gem.Edikts war von rechtsförml. Beschlußfassung der Gem.Verwaltung und Genehmigung der Curatelbehörde abhängig: derartige Zuerkennungen konnten nur zeitweilig und widerruflich eingeräumt werden. (Eod. Bd. XIII S. 23.)

Anm. 2. Das Gemeindeedikt hat hinsichtlich der Benützung unvertheilter gemeindlicher Liegenschaften in § 26 die schon vorhandene, nach den bestehenden Verordnungen oder rechtmäßigem Herkommen zu bemessende Rechtsgestaltung als Ausnahme von der in den §§ 23—25, 34 normirten Zweckbestimmung des Gemeindevermögens aufrecht erhalten; die Gemeindeordnung von 1869 aber hat nur innerhalb der schon durch das Gemeindeedikt gezogenen Grenzen Nutzungsrechte einzelner am unvertheilten Gemeindevermögen anerkannt.

Durch Aenderungen in dem Umfang eines gemeindlichen Grundvermögens werden zwar die an demselben rechtlich begründeten Gemeindenutzungen an sich hinsichtlich des der Gemeinde verbliebenen Theiles nicht berührt, es können jedoch Nutzungsrechte an den alten Gemeindegründen nicht auf ein erst nach dem Jahre 1818 an deren Stelle oder zu denselben von der Gemeinde erworbenen Grundstücke ausgedehnt werden (V.G.H.E. Bd. XII S. 135).

Auch schon unter der Herrschaft des revid. Gemeindeedikts konnten durch kuratelamtlich genehmigte Gemeindebeschlüsse am Gemeindevermögen nicht neue Nutzungsrechte geschaffen, sondern nur neue Nutzungen zeitweilig und in widerruflicher Weise eingeräumt werden. Eod.

Art. 31 spricht in Abs. II allgemein von einer Vertheilung von Ueberschüssen, sowie von der Gewährung von Nutzungen am Gemeindevermögen; Art. 32 behandelt die Fälle, in welchen solche Nutzungen gewährt werden, die Personenkreise, auf welche sich die Nutzungsrechte beschränken, und die Antheile hiebei.

Was den Sprachgebrauch „Nutzungen" anlangt, so versteht hierunter die G.O. wie das revid. Gemeindeedikt die Benützung unvertheilter Gemeindegründe durch die Gemeindeglieder, während nach dem civilrechtlichen Sprachgebrauche bei dem Ausdruck „Nutzung" ein Immobile als Objekt in der Regel angenommen wird. (Bl. f. adm. Pr. Bd. 28 S. 129.) Daß Gemeindenutzungen auch an Ortschaftsvermögen bestehen können, s. Bl. f. adm. Pr. 33 S. 182.

Aus Art. 32 Abs. I im Zusammenhalte mit Art. 31 Abs. II erhellt, daß Nutzungen nur zulässig sind,

a) wenn die Betheiligten hierauf einen besonderen Rechtstitel haben; oder

b) wenn hiefür ein rechtsbegründetes Herkommen besteht; oder
c) wenn alle Gemeindebedürfnisse ohne Erhebung von Umlagen und örtlichen Verbrauchssteuern gedeckt sind und zugleich größere Ausgaben für außerordentliche Bedürfnisse nicht in Aussicht stehen,

letzteres jedoch nur in stets widerruflicher Weise, und von Fall zu Fall, nicht als dauernde Nutzungsrechte. (Bl f. adm. Pr. Bd. 20 S. 131.)

Die Vorschriften der G.O. über die Gemeindenutzungen beziehen sich nur auf solche Nutzungen, die ihren Grund im Gemeindeverband, nicht aber auch auf solche, die denselben in einem Privatrechtstitel haben.

In Artikel 32 sind nicht nur die besonders erworbenen Rechte auf Gemeindenutzungen gewahrt, sondern es ist den Gemeinden auch die Befugniß eingeräumt, die herkömmlichen Gemeindenutzungen auch dann fortdauern zu lassen, wenn die regelmäßigen Gemeindeeinkünfte zur Befriedigung der Gemeindebedürfnisse nicht völlig ausreichen, eine Bestimmung, welche die Selbständigkeit der Gemeinden besonders insofern wesentlich erleichtert, als fortan der Einzug des herkömmlichen, in wirthschaftlicher Beziehung für die einzelnen Gemeindeangehörigen oft sehr wichtigen Naturalgenusses der Gemeindenutzungen gegen den Willen der Gemeinde nicht angeordnet werden kann. (Vgl. Motive, V d. K. d. Abg. 1866/69 bes. Aussch. Bd. I S. 31, Bl. f. adm. Pr. Bd. 39 S. 19.) Dieses Motiv bezieht sich aber nur auf rechtlich herkömmliche Nutzungen aus dem Gemeindeverbande, die in der Regel mit Häusern verbunden sind, und auch geleistet werden, trotzdem Umlagen zur Bestreitung der Gemeindebedürfnisse nach dem allgemeinen Maßstabe erforderlich waren. Diese können nur im Wege des Art. 35 entzogen werden. Haben aber die Nutznießer gleichheitlich oder nach Verhältniß der Nutzung zusammengeschossen, um die gemeindlichen Bedürfnisse zu bestreiten, so sind die Nutzungen von Verwaltungsrechtswegen soweit einzuziehen, als Gemeindeumlagen erforderlich sind, und können erst nach Verwendung der Gemeindenutzung weiter erforderliche Umlagen erhoben werden; vgl. V.G.H.E. v. 4. Januar 1892 Bd. XII S. 493.

Gemeindenutzungen sind nur zum Vortheil der berechtigten Anwesen zu dienen bestimmt; z. B. Recht auf Bauholz. Ebenso ist das Recht auf Weide auf der Almende in der Regel auf jene Viehzahl beschränkt, die der Berechtigte auf seinem Anwesen zu überwintern vermag, oder die von ihm zur gehörigen Bestellung der Wirthschaft gehalten werden muß. Eine Verwendung der bezogenen Streu z. B. für ein Anwesen in einer anderen Gemeinde ist unstatthaft, sie kann auch nur behufs Verwendung auf den zum Anwesen gehörigen Grundstücken beansprucht werden. (V.G.H.E. Bd. XVII S. 189.)

Gemeindenutzungen sind nicht an allen Bestandtheilen des Gemeindevermögens möglich, insbesondere nicht an öffentlichen Sachen und am gemeindlichen Verwaltungsvermögen, weil sie mit der Zweckbestimmung dieser Gegenstände im Widerspruche stehen würden. Sie sind aber zulässig nicht bloß an den unvertheilten Gemeindegründen, sondern auch an den der Gemeinde zustehenden dinglichen Rechten; für die Nutzungsberechtigten besteht kein unbedingter Zwang, die Nutzungen in natura zu beziehen, sondern es ist möglich, daß ein Nutzungsberechtigter die Nutzungen einem anderen gegen Entgelt überläßt. (V.G.H.E. Bd. XVIII S. 125.) Auch bezüglich des Finanzvermögens sind sie nur möglich an Liegenschaften und an dinglichen Rechten, welche der Gemeinde an fremden Liegenschaften zustehen. Sie sind namentlich ausgeschlossen am beweglichen Gemeindevermögen, so an Aktivkapitalien, selbst dann, wenn aus irgend einem Grunde an die Stelle des bisher den Gegenstand der Nutzungen bildenden Realbesitzes ein Aktivkapital tritt. Wesentlich ist ferner dem Begriff der Gemeindenutzung, daß dieselbe auf der Gemeindezugehörigkeit beruht V.G.H.E. Bd I S. 401 und 472, Bd. V S. 211, Seydel, bayer. Staatsrecht, Bd. IV S. 477, s. auch Comp.Konfl.H. Erk. G.V. Bl. 1876 Anhang S. 24.

Auf die Baarbestände einer Gemeindekasse erstrecken sich Gemeindenutzungsrechte nicht. S. hierüber Näheres: V.G.H.E. Bd. XVIII S. 125.

Anm. 3. Besondere Rechtstitel: Dieß wird selten der Fall sein, denn als solcher erscheint im Sinne des Art. 32 nur ein im öffentlichen Rechte, nicht ein im Privatrechte wurzelnder. (V.G.H.E. Bd. X S. 29.) Er beruht entweder auf Vertrag oder auf einem Gesetze. (Pözl, Verf.Recht S. 277. Vom Privatrechtstitel spricht Art. 36.) Die unvordenkliche Verjährung ist kein besonderer Rechtstitel für öffentlich-rechtliche Nutzungsansprüche am unvertheilten Gemeindevermögen. V.G.H.E. Bd. XII S. 205, vielmehr gehören hieher nur solche Rechtstitel, welche schon nach § 26 des Gemeinde-Edikts maßgebend waren. S. hieher Becher, Landes-Civilrecht S. 386.

Der Eintrag im Grundsteuerkataster allein beweist auch hier noch nichts, weil hiedurch nur erwiesen ist, daß mit dem betreffenden Anwesen ein Gemeinderecht verbunden ist, nicht aber, daß der Nutzgenuß desselben den Vorrang vor der Nothwendigkeit einer Gemeindeumlagenerhebung hat, und hierdurch das Nutzungsrecht Dritter ebensowenig ausgeschlossen wird, als durch die Zahlung der Steuern und Abgaben durch die Besitzer dieser Anwesen.

Ueber Grundsteuerkataster und Steuerpläne s. bayer. Gem.Ztg. 1895 S 457

Anm. 4. Rechtsbegründetes Herkommen: s. hierüber Art. 1 „Herkommen."

Das Herkommen muß schon vor 1818 bestanden haben, da § 34 des Gemeinde-Edikts von 1818 die fernere Bildung eines solchen ausschloß. Ferner ist erforderlich, daß nicht etwa die Nutzungsvertheilung für sich allein, sondern daß das Nebeneinanderbestehen von Umlagenerhebung und Nutzungsvertheilung herkömmlich sei. Es muß also das Recht auf den Nutzungsgenuß neben und trotz der Umlagenerhebung durch Herkommmen begründet sein, widrigenfalls der ungeschmälerte Bezug der Gemeindenutzungen keine Rechte begründet.

Ob sich ein Herkommen in Bezug auf die höhere Berechtigung einzelner Anwesensbesitzer gegenüber anderen Gemeindebürgern vor 1818 gebildet habe, ist im Allgemeinen nach dem jeden Orts giltigen Civilrechte zu beurtheilen; wenn letzteres hiefür einen besonderen Zeitraum vorschreibt, und der Bestand des Herkommens während dieser Zeit nicht erwiesen ist, so kann dasselbe gleichwohl dann als gegeben erachtet werden, wenn der Nachweis desselben vor dem Beginn dieser Zeitperiode in glaubwürdiger Weise geliefert ist. (V.G.H.E. Bd. XII S. 34, 131, 197, 258.)

Die Entrichtung von Gemeindeumlagen vor 1818 als Erforderniß des Herkommens gilt nur dann als festgestellt, wenn Pflichtbeiträge an Geld oder Naturalien von allen Gemeindegliedern und für wirkliche Gemeindezwecke (nicht nur als Entgelt für Benützung bestimmter gemeindlicher Einrichtungen oder an Stelle persönlicher Dienstleistungen) nach Maßgabe des jeweiligen gemeindlichen Bedürfnisses, also nicht in unwandelbaren jährlich ständig wiederkehrenden Beträgen erhoben worden sind.

(V.G.H.E. Bd. XIV S. 302.) Durch V.G.H.E. Bd. XVI S. 1 hat indeß der V.G.H. seine frühere Rechtsanschauung (s. Bd. XIV S. 94) verlassen und ausgesprochen, daß in Bezug auf Gemeinderechte und Gemeindenutzungen es nur dann zulässig ist, den Nachweis eines vor 1818 abgeschlossenen Herkommens zu fordern, wenn die Abweichung von einem im Gemeindeedikt 1818/1834 enthaltenen und in der G.O. von 1869 aufrecht erhaltenen Grundsatz in Frage steht.

Wenn mit einer Gemeindenutzung herkömmliche Gegenleistungen als Ausfluß eines bestehenden Sonder- oder Vorzugsrechts verbunden sind, kann die Gemeinde bei Nichtentrichtung jener Gegenleistungen die nachträgliche Erfüllung derselben oder entsprechenden Schadensersatz beanspruchen und zur Verwirklichung dieser Forderung die Nutzung zeitweise vorenthalten, aber nicht einziehen. (V.G.H.E. Bd. IX S. 65.)

Voraussetzung für das Herkommen ist auch der Besitz gewisser Realitäten.

Eine zeitweilige Einstellung der Nutzungsbezüge ist für die Fortdauer eines rechtsbegründeten Herkommens im Sinne des Art. 32 dann belanglos, wenn die Gemeindeberechtigten mit Rücksicht auf eine besondere Nothlage der Gemeinde freiwillig und vorübergehend auf genau bestimmte Zeit von ihren Nutzungen zurücktreten, ohne daß seitens der gemeindlichen Korporation oder Curatelbehörde ein Vorrecht auf die Nutzungen geltend gemacht und seitens der Nutzungsberechtigten unzweideutig anerkannt worden ist. (V.G.H.E. Bd. XII S. 179.)

Anm. 5. Zu Abs. II: Besondere Rechtstitel und Herkommen können in Bezug auf Art und Maß der Vertheilung nur da von Bedeutung sein, wo Nutzungsrechte vorliegen. Unter den bes. Rechtstiteln sind nur solche zu verstehen, welche schon seit 1818 maßgebend waren, sich aus den dort erwähnten Verordnungen ergeben; unter „Verordnungen" waren landesherrliche Verordnungen wie auch gemeindestatutarische Bestimmungen zu verstehen. (V.G.H.E. Bd. XV S. 191.) *)

Was die Personen anlangt, denen nach diesseitigem Gemeinderecht Antheil an den Gemeindenutzungen zukommt, so ist zwischen den Fällen zu unterscheiden, wo eine freiwillige Vertheilung von Nutzungen durch die Gemeinde stattfindet, und jenen, wo es sich um Gemeindenutzungsrechte handelt. Art. 32 vermengt beide Fälle. Für die ersteren Fälle bestehen zwingende gesetzliche Vorschriften. (Siehe Abs. II und Ziff. 1—4.) Alle Theilnehmer haben gleichen Anspruch; sobald es sich jedoch um Gemeindenutzungsrechte handelt, entscheidet der besondere Rechtstitel oder das Herkommen; demzufolge können einzelne Klassen von Gemeindeangehörigen alleinberechtigt und auch andere als die vorgenannten Klassen von Gemeindeangehörigen berechtigt und können auch die Antheile ungleiche sein. (Seydel, b. Staatsr. Bd. III S. 481; siehe auch Bl. f. adm. Pr. Bd. 20 S. 132). Die Vereinigung mehrerer auf dem Gemeindeverband beruhender Nutzungsantheile in der Person eines Gemeindeglieds durch Erwerbung mehrerer nutzungsberechtigter Anwesen ist an sich rechtlich nicht ausgeschlossen, da Art. 32 es bei den bisher an jedem Orte bestandenen Rechtsverhältnissen, namentlich auch in Bezug auf die Ansprüche, welche den Hausbesitzern als solchen in einzelnen Gemeinden zukommen, belassen wollte. (Bl. f. adm. Pr. Bd. 30 S. 46. V.G.H.E. Bd. VII S. 66.)

---

*) Nach Th. II Tit. 7 §§ 1, 2, 18, 20, 28 preuß. Landrecht konnte sich für den ausschließenden Genuß einzelner Klassen von Gemeindeangehörigen ein Rechtstitel oder Rechtsverhältniß nach Art. 32 Abs. II bilden. (V.G.H.E. Bd. XV S. 190.)

Zu Abs. II Ziff. 1 vgl. auch noch E.Consf.Erk. v. 24. Januar 1859, Reg. Bl. S. 174. S. auch V.G.H.E. Bd. V S. 211. Die Gemeinderechtsgebühr, welche bei der Inanspruchnahme des wirksam gewordenen Nutzungsrechts gesetzmäßig sich in Geltung befindet, ist die „treffende". (V.G.H.E. Bd. XIV S. 50.) Die Theilnahmeberechtigung beginnt mit dem Zeitpunkt der Bezahlung.

Anm. 6. Zu Abs. IV: Ansprüche aus dem Gemeindeverband, insbesondere auch Nutzungen an dem Gemeindevermögen, sind zunächst gegen die betreffende Gemeinde zu richten, und zwar selbst dann, wenn thatsächlich die Gemeinde aus den Erträgnissen des fraglichen Gemeindeguts eine Einnahme nicht beziehen, sondern der Gesammtertrag des betreffenden Vermögensgegenstandes ausschließlich bestimmten Gemeindebürgern zufließen sollte, so daß die Anerkennung eines erhobenen Nutzungsanspruches an sich lediglich eine Aenderung des den einzelnen Nutzungstheilhabern bisher zugekommenen Bezugs zur Folge hätte. Bei derartigen Ansprüchen sind jedoch auch die Nutzungsberechtigten (die sogenannten Gemeinderechtler) einzuvernehmen und letztere als mittelbar betheiligt selbst dann zu erachten, wenn der erhobene Antrag auf eine von der bisherigen Uebung abweichende Nutzungsvertheilung eine Minderung ihrer seither bestehenden Bezüge nicht in sich schließt. (V.G.H.E. Bd. V S. 191.) Streitigkeiten unter den Gemeindeangehörigen in Bezug auf die Theilnahme an den Gemeindenutzungen und auf den Maßstab der Vertheilung setzen indeß nicht nothwendig eine vorgängige und gleichzeitige Festsetzung darüber voraus, ob eine etwaige Bevorrechtung der Nutzungen gegenüber der Gemeinde und der Deckung gemeindlicher Bedürfnisse zufolge besonderen Rechtstitels oder rechtsbegründeten Herkommens gegeben ist.

Eine ausschließliche Berechtigung oder doch theilweise Bevorrechtung gewisser Klassen von Gemeindeangehörigen an den Gemeindenutzungen kann aber auf Herkommen nur dann gestützt werden, wenn schon vor Erlaß des Gemeindeedikts vom 17. Mai 1818 in der Gemeinde noch andere Klassen von Gemeindeangehörigen bestanden haben, durch deren Ausschließung von mehr oder geringerer Betheiligung an den Gemeindenutzungen sich das Bewußtsein einer Rechtsausübung seitens der Sonder- oder Höchstberechtigten deutlich bekundet hat. (V.G.H.E. Bd. IX S. 59.)

Anm. 7. Eine G e n e h m i g u n g der Aufsichtsbehörde für eine bisher üblich gewesene Nutzungsvertheilung ist nicht erforderlich, letztere jedoch einzustellen, sobald Gemeindeumlagen erhoben werden.

Die Antheile können auch ungleich sein; doch ist ein Nebeneinanderbestehen eines verschiedenen Vertheilungsmaßstabes unzulässig. (V.G.H.E. Bd. V S. 194.)

Anm. 8. Gemäß Art. 8 Ziff. 28 V.G.H.G. sind Verwaltungsrechtssachen alle bestrittenen Rechtsansprüche und Verbindlichkeiten bezüglich allgemeiner und besonderer Nutzungen des Gemeindevermögens und der damit zusammenhängenden Verpflichtungen. Art. 31—36 G.O. Voraussetzung ist hiebei, daß das betreffende Objekt sich im Besitze der Gemeinde befindet. (V.G.H.E. Bd. VII S. 168.) Unter Ziff. 28 fallen Streitigkeiten über die bereits üblichen Gemeindenutzungen nicht bloß dann, wenn ihre gesetzliche Begründung, Statthaftigkeit, Theilnahmeberechtigung und Theilnahmemaßstab, sondern insbesondere auch dann, wenn ihr Fortbestand, ihre Zurückziehung oder Transferirung in Frage steht; dagegen ist dieß nicht der Fall bezüglich der Frage, ob eine Vertheilung von Ueberschüssen oder eine Gewährung von bisher n i c h t üblichen Nutzungen zulässig ist. (S. auch V.G.H.E. Bd. VIII S. 79.)

Unter den hier erwähnten Nutzungen sind jene zu verstehen, welche nach Art. 19 Abs. II Ziff. 2 G.O. ein Ausfluß des Bürgerrechts sind und mit Rücksicht auf Art. 33 G.O. und Art. 13 V.G.H.G. überhaupt dem Gebiete der verwaltungsrichterlichen Zuständigkeit angehören. Allgemeine Nutzungen sind hiebei jene, die allen Bürgern bezw. den in Art. 32 Abs. II Ziff. 1—4 bezeichneten Gemeindeangehörigen zustehen; besondere Nutzungen jene, die auf besonderen Rechtstiteln oder rechtsbegründetem Herkommen beruhen und in der Regel bezüglich des Kreises und Maßstabes der Theilnahmeberechtigung besonders gestaltet sind. (Mot. vgl. Krais, Comm. z. V.G.H.G. S. 93.)

Unter den hierher bezüglichen V.G.H.E. sind besonders folgende hervorzuheben:

a) Wenn in einer Gemeinde Streit entsteht, ob Nutzungen an Bestandtheilen des Gemeindevermögens für die Gemeindekasse oder zum Privatvortheile einer Klasse von Gemeindeangehörigen zu verwenden seien, und hiebei der Anspruch der letzteren auf einen Privatrechtstitel gestützt wird, so sind die Verwaltungsinstanzen zwar nicht zuständig, über die behauptete privatrechtliche Natur der Nutzungen, wohl aber darüber Entscheidung zu treffen, ob auf Grund des Vorbringens der angeblichen Nutzungsberechtigten eine Abweichung von der gesetzlichen Regel des Art. 31 Abs. I und Art. 39 als zulässig anzuerkennen sei.

Entscheidungen der Verwaltungsbehörden, in diesem Sinne erlassen, waren auch schon vor dem Inslebentreten des Gesetzes über die Errichtung eines Verwaltungsgerichtshofes der Rechtskraft fähig. (Bd. II S. 684.) Im Falle eines Doppelstreites nach Art. 8 Ziff. 28 u. 30 V.G.H.G., bei welchem einerseits ein Umlagenpflichtiger der Gemeinde gegenüber seine Verbindlichkeit zur Entrichtung von Gemeindeumlagen mit Rücksicht auf Art. 31 u. 39 G.O. bestreitet und andererseits die Nutzungsberechtigten den Anspruch auf Fortbezug der Nutzungen auf Art. 32 Abs. I G.O. stützen, hat gleichzeitige Austragung der beiden strittigen Fragen in einem Verfahren einzutreten. (Bd. XIX S. 214.)

b) Wenn eine Gemeinde den Nichtbestand eines Nutzungsrechts an ihrem Vermögen im verwaltungsrechtlichen Verfahren zur Geltung bringt und für eine mit Unrecht bezogene Nutzung von dem Empfänger den Ersatz des Geldwerthes beansprucht, so unterliegt dieser letztere Anspruch der Entscheidung der für die Hauptsache zuständigen Verwaltungsbehörde, in letzter Instanz also der Entscheidung des k. Verwaltungsgerichtshofes. (Bd. X S. 24.)

c) Bestrittene Ansprüche auf Nutzungen des Gemeindevermögens aus dem Titel des Gemeindeverbandes verlieren nicht dadurch den Charakter einer Verwaltungsrechtssache, daß die Bestreitung nicht von der Gemeindeverwaltung oder einzelnen Gemeindebürgern, sondern von der vorgesetzten Verwaltungsbehörde ausgeht und daß diese ihren desfallsigen Beschluß von Aufsichtswegen erläßt. Die Bescheidung von Beschwerden in solchen Fällen bei der Kreisregierung, K. d. J., hat hienach durch den verwaltungsrechtlichen Senat auf Grund öffentlicher und mündlicher Verhandlung zu erfolgen. (Bd. I S. 281.)

d) Die Umlagenpflichtigen einer Gemeinde können, auch wenn sie nicht im Gemeindebezirk wohnen, in einem verwaltungsrechtlichen Streit über Gemeindenutzungen als Betheiligte erachtet werden. (Bd. VII S. 119.) Denn den in der Gemeinde Umlagenpflichtigen als solchen muß, mögen sie persönlich dem betreffenden Gemeindeverband angehören oder nicht, vom Standpunkt des Art. 8 Ziff. 30 V.G.H.G die formelle Berechtigung zu einer gegnerischen Stellungnahme in einem solchen Streit zukommen, weil die Entscheidung über die Nutzungsberechtigungsfrage einen unmittelbaren Einfluß und eine Rückwirkung auf den Umfang ihrer Umlagenpflicht hat; das Gleiche gilt auch bezüglich der Ausmärker. (Vergl. Bd. XII S. 179.)

Eine rechtskräftig gewordene verwaltungsrechtliche Entscheidung des Inhalts, daß ein bevorzugtes Nutzungsrecht der Gemeindebürger am Gemeindevermögen nicht anzuerkennen und die Vertheilung dieser Nutzungen zum Privatvortheile bei gleichzeitiger Erhebung von Gemeindeumlagen unzulässig sei, enthält zugleich den Ausspruch, daß die Erhebung von Gemeindeumlagen schon von Beginn des Streites an insoweit unzulässig und ungesetzlich war, als durch den Ertrag des Vermögens der Gemeinde die Bedürfnisse der letzteren gedeckt werden konnten. (Bd. IX S. 451.)

Bezüglich der Zeit vor 1869 sind noch 2 Entscheidungen d. V.G.H. zu erwähnen:

a) Die öffentlich-rechtliche Wirksamkeit einer Vereinbarung zwischen Gemeinderechtsbesitzern und der Gemeindebehörde in Bezug auf die Nutzung gewisser Gemeindegrundstücke unter der Herrschaft des revid. Gemeindeedikts von 18 $\frac{18}{34}$ war von einer rechtsförmlichen Beschlußfassung der Gemeindeverwaltung und der Genehmigung der Curatelbehörde abhängig. Solche Zuerkennungen konnten auch nur zeitweilig und in widerruflicher Weise eingeräumt werden. (Bd. XII S. 23.)

b) Nach den Bestimmungen des rev. Gemeinde-Edikts von 18 $\frac{18}{34}$ war der Gemeindeausschuß nicht legitimirt, Ansprüche einzelner Kategorien von Gemeindeangehörigen (z. B. der sog. Rechtler) gegen eine andere Klasse von Gemeindemitgliedern oder gegen die gemeindliche Körperschaft selbst wahrzunehmen. (Bd. IX S. 454.) S. auch noch Art. 37.

Anm. 9. Bei einem Streit nach Art. 31 sind Verwaltungsbeamte wegen „Betheiligung als umlagenpflichtig“ an der Verhandlung und Entscheidung der Sache nicht behindert, insbesondere unterliegt eine solche von dem betreffenden Amte bereits verhandelte und entschiedene Sache keineswegs der Nichtigkeit.

Art. 33.

Auf den Gemeindeverband sich gründende Rechte auf Gemeindenutzungen, welche auf einem Hause oder Grundstücke ruhen, dürfen hievon in der Regel nicht getrennt werden.

Ausnahmsweise kann aus wichtigen Gründen die Uebertragung auf ein innerhalb derselben Gemeindemarkung gelegenes Haus mit Zustimmung der Gemeindevertretung durch die der Gemeinde vorgesetzte Verwaltungsbehörde gestattet werden. Eine Häufung von Nutzungsrechten, wodurch mit Einem Hause mehr als Ein volles Nutzungsrecht verbunden wird, desgleichen die Zerstückelung eines Nutzungsrechtes in Bruchtheile kann nur von dem Staatsministerium des Innern gestattet werden.

Gegen den Bescheid der vorgesetzten Verwaltungsbehörde steht sowohl dem Berechtigten als der Gemeindevertretung innerhalb einer ausschließenden Frist von vierzehn Tagen die Beschwerde zur nächsthöheren

Verwaltungsbehörde und gegen die Entscheidung der letzteren, sofern diese eine Kreisregierung, Kammer des Innern, ist, Beschwerde zum Staatsministerium des Innern offen.

Wird ein Haus, auf welchem ein- oder mehrere Gemeindenutzungsrechte ruhen, durch Brand oder ein anderes Naturereigniß zerstört oder abgebrochen oder für einen öffentlichen Zweck abgetreten, und wird die bisherige Wohnstätte auf einem anderen Grundstücke des Berechtigten, welches in derselben Gemeindemarkung gelegen, und mit welchem ein Nutzungsrecht nicht verbunden ist, wieder aufgerichtet, so ist die Uebertragung der auf dem bisher berechtigten Hause haftenden Nutzungsrechte auf das neue Haus durch die vorgesetzte Verwaltungsbehörde zu gestatten. Der gemeindlichen Zustimmung bedarf es in diesem Falle nicht.

Streitigkeiten über die Zulassung der im vorstehenden Absatz bezeichneten Uebertragungen sind Verwaltungsrechtssachen im Sinne des Art. 8 des Gesetzes vom 8. August 1878, die Errichtung eines Verwaltungsgerichtshofes und das Verfahren in Verwaltungsrechtssachen betreffend. Ist die zur Entscheidung in erster Instanz berufene vorgesetzte Verwaltungsbehörde ein Bezirksamt, so entscheidet in zweiter Instanz die Kreisregierung, Kammer des Innern.

Die vorstehenden Bestimmungen finden auf Nutzungsrechte am Ortschaftsvermögen (Art. 5) mit der Maßgabe Anwendung, daß solche nur auf ein Haus innerhalb derselben Ortsmarkung und zwar in den Fällen des Abs. 2 nur mit Zustimmung der Ortsvertretung (Art. 153) übertragen werden dürfen.

Anm. 1. Vorstehender Artikel, der seine Fassung dem Gesetze vom 14. März 1890 (G.V.Bl. 1890 S. 111) verdankt und sich ausdrücklich nur auf jene Gemeinderechte bezieht, die im Gemeindeverbande wurzeln, ohne jene zu berühren, die auf Privatrechtstiteln beruhen, hatte vor diesem Zeitpunkte gelautet:

„Auf den Gemeindeverband sich gründende Rechte auf Gemeindenutzungen, welche auf einem Hause oder Grundstücke ruhen, dürfen hiervon nicht getrennt werden."

Ueber Art. 33 in seiner früheren Fassung s. auch V.G.H.E. Bd. VIII S. 85. Art. 33 hatte auch in früherer Fassung nur jene Nutzungen im Auge, die auf dem Gemeindeverbande beruhen. Ueber den Unterschied s. Art. 31 und 32. (E. d. ob. G.H. Bd. II S. 513.) Privatrechtliche Nutzungsrechte sind nach den civilrechtlichen Grundsätzen über Pertinenzien zu behandeln.

Bei Fassung des dermaligen Art. 33 hat man eine möglichste Einschränkung ins Auge gefaßt, um eine Mobilisirung der Gemeinderechte nicht zu begünstigen. Wenn die Zustimmung der Gemeinden bei Uebertragungen von Gemeinderechten verlangt wird, so kommen solche Transferirungen in noch selteneren Fällen vor, als wenn nur die Einvernahme verlangt wird. Bei Ertheilung der Genehmigung werden die Distriktsverwaltungsbehörden sehr vorsichtig vorgehen müssen. (Staatsminister v. Feilitzsch, 119. Plenarsitzung d. K. d. Abg.) Wenn bei Streitigkeiten über solche Nutzungsrechte der Thatbestand in der Zeit nach 1869 liegt, hat Art. 33 bezw. der abgeänderte Art. 33 zur Anwendung zu kommen. (V.G.H.E. Bd. XVI S. 3.)

Anm. 2. Die Benützung unvertheilter Gemeindegründe hebt das Eigenthumsrecht der Gemeinde nicht auf. Dieses Recht bewirkt aber, daß ohne Zustimmung der Gemeinde und eventuell der vorgesetzten Verwaltungsbehörde keine Aenderung der Gemeinderechte durch ganze oder theilweise Uebertragung von den bisher Berechtigten auf andere Häuser oder Anwesen vorgenommen werden kann. Dem entgegenstehende Käufe oder Uebergabsverträge dürfen von den Hypothekenämtern nicht vollzogen werden. (J.M.E. vom 8. Januar 1876, J.M.Bl. S. 94.)

Anm. 3. Nach Art. 33 ist zwar die Uebertragung der hier bezeichneten Nutzungsrechte auf ein anderes innerhalb derselben Gemeindemarkung oder innerhalb derselben Ortsmarkung gelegenes Haus ausnahmsweise aus wichtigen Gründen zulässig, aber die Zustimmung der Gemeinde- oder Ortsvertretung erfordert, sie muß überdieß von der vorgesetzten Verwaltungsbehörde — in gewissen Fällen vom kgl. Staatsminist. d. Innern — ausdrücklich gestattet sein; dagegen ist die Uebertragung auf ein außerhalb derselben Gemeindemarkung und bei Nutzungsrechten am Ortschaftsvermögen auf ein außerhalb derselben Ortsmarkung gelegenes Haus nach wie vor ausgeschlossen. Ueber dieses Verhältniß hatten insbes. die Notare die Betheiligten im Sinne des Art. 45 des früheren Not.-Ges. eingehend zu belehren. (J.M.E. 20. März 1893, J.M.Bl. 1893 S. 66.)

Anm. 4. Zu Abs. I. Durch Art. 33 ist und war auch in seiner früheren Fassung nicht ausgeschlossen, daß mehrere Nutzungsantheile in der Person eines Gemeindegliedes für den Fall vereinigt sind, daß mehrere Häuser oder Grundstücke, auf denen solche Rechte ruhen, in die Hand einer und derselben Person übergehen. (Bl. f. adm. P. Bd. 30 S. 47 und E. d. ob. Ger. H. Bd. V S. 628, Bd. VII S. 66, Seydel, bayr. Staatsr. Bd. IV S. 481.)

Anm. 5. Aus dem Umstande, daß die Nutzungsrechte mit bestimmten Anwesen verbunden sind, läßt sich im Hinblick auf Art. 33 die Folgerung nicht ableiten, daß es sich um rein privatrechtliche Nutzungsrechte handelt. (Bl. f. adm. P. Bd. 28 S. 202 und Art. 32.) Aus der Behauptung ferner, daß das angesprochene Recht als Realrecht mit dem Grundbesitz des Anspruchnehmers verbunden und von dessen persönlichen Verhältnissen zu der Gemeinde ganz unabhängig sei, ist die Geltendmachung eines civilrechtlichen Anspruches zu folgern. (Comp.Confl.Erk. v. 29. Mai 1872 Reg.Bl. S. 1469.) Die Behauptung endlich, daß auf bestimmten Häusern seit unvordenklicher Zeit ein Gemeinderecht zu je einem Nutzantheil an den unvertheilten Gemeindegründen in der Art ruhe, daß die Besitzer dieser Anwesen als solche über jene Berechtigung frei verfügen können, weist auf ein Privatrechtsverhältniß hin und sind die Gerichte zuständig. (Comp.Confl.H.Erk. vom 26. Juli 1864, Reg.Bl. S. 980.)

Anm. 6. Der Ausdruck „Trennung" in Abs. I umfaßt jede Art von Uebertragung der Ausübung an einen Dritten. (Bl. f. adm. P. Bd. 29 S. 97.) Als Transferirung sind nicht solche Abmachungen zu verstehen, die für die Zukunft das Gemeindenutzungsrecht, ohne dessen Verbindung mit der alten Stätte zu durchbrechen, nur auf einen bestimmten Theil derselben räumlich einengen oder fixiren, sondern nur die wirkliche, völlige Lostrennung von einem Anwesen.

Anm. 7. Notare dürfen nur von der zuständigen Verwaltungsbehörde rechtskräftig gestattete Transferirungen beurkunden und Hypothekenämter nur solche Urkunden vollziehen, dieß aber dann nicht, wenn die Transferirung auf ein außerhalb derselben Gemeindemarkung gelegenes Haus stattfinden soll; worüber die Notare die Betheiligten eingehend zu belehren haben.

Anm. 8. Das in Art. 33 festgesetzte Verbot war vor dem Gesetze vom 14. März 1890 ein unbedingtes; was die Zeit des revid. Gemeindeedikts von 1818/1834 anlangt, so war eine damals erfolgte Uebertragung eines im Gemeindeverbande wurzelnden Gemeinderechts von einem Anwesen auf ein anderes vom öffentlich-rechtlichen Standpunkte nur dann rechtswirksam, wenn sich in der Gemeinde vor Einführung dieses Gemeindeedikts ein diesbezügliches Herkommen gebildet und die Gemeinde bezw. Ortschaft zu der in Frage stehenden Transferirung die Zustimmung ertheilt hat. (V.G.H.E. Bd. XII S. 270.) Ohne Einfluß wäre hiebei eine in Mitte liegende notarielle Verlautbarung oder der hypothekenamtliche Vollzug. S. auch eod. Bd. XIII S. 270. Dagegen vgl. nunmehr Plenarentsch. v. 16. I. 1895, welcher Folgendes entnommen wird:

Die Transferirung von Gemeinde- und Nutzungsrechten, welche auf einem Hause oder Grundstück ruhten, in eine andere Gemeinde oder Ortschaft war auch nach dem Gemeindeedikt von 1818 absolut unzulässig.

Eine Aenderung trat auch nicht durch die Nov. vom 1. Juli 1834 ein. Es ist dieß eine nothwendige Folge des untrennbaren Zusammenhangs des Rechts mit einer bestimmten Gemeinde; dieß war auch früher die herrschende Lehre.

Die Abtrennung von im Gemeindeverbande wurzelnden Rechten auf Gemeindenutzungen, welche auf einem Hause oder Grundstück ruhen, sowie die Uebertragung derselben auf ein anderes Haus oder Grundstück innerhalb derselben Gemeinde oder Ortschaft dagegen war auch durch das Gemeindeedikt von 1818 nicht verboten. § 26 Gem.Ed. lautete: „Solange Gemeindegründe unveräußert oder unvertheilt bleiben, richtet sich die Benützung derselben nach den bestehenden Verordnungen und dem rechtmäßigen Herkommen." Als Verordnung ist hier jede geschriebene Rechtsnorm in Gegensatz zum Herkommen zu verstehen. Hieher gehören insbesondere die Bestimmungen des Edikts selbst, z. B. § 19 Ziff. 3, ferner neben demselben bestehende allgemeine oder partikulare Verordnungen und gemeindliche Statuten, aber auch Bestimmungen der einschlägigen Civilrechte. Das Gemeindeedikt enthält kein Verbot darüber, ob ein Gemeindenutzungsrecht von dem Anwesen, auf dem es ruht, mit Verbleib in der Gemeinde losgetrennt bezw. auf ein anderes Anwesen übertragen werden könnte; eine solche Uebertragung war hienach zulässig.

Ueberhaupt ist es nur dann zulässig, den Nachweis eines bereits vor 1818 abgeschlossenen rechtsbegründeten Herkommens zu fordern, wenn eine Abweichung von einem im Gemeindeedikt und in der G.O. enthaltenen Grundsatz in Frage steht, dem gegenüber ein bereits vor 1818 begründetes Herkommen in § 26 des Edikts vorbehalten ist. Für die Uebertragbarkeit eines Gemeinderechts bedurfte es aber auch bis 1869 keines Herkommens und es ist deßhalb der Nachweis eines solchen bis 1869 keine nothwendige Voraussetzung der Rechtmäßigkeit einer Abtrennung oder Transferirung. (J.M.E. v. 16. Nov. 1868, J.M.Bl. S. 241.)

Unter der Herrschaft des Gemeindeedikts war aber die Dispositionsbefugniß hinsichtlich der Gemeindenutzungsrechte nicht der bloßen Privatwillkür überlassen, sondern es konnte die rechtswirksame Abtrennung und Uebertragung nur mit Zustimmung der Gemeinde bezw. Ortschaft d. h. des mit der Verwaltung der Gemeindeangelegenheiten betrauten Organs erfolgen. Die Genehmigung der zuständigen Curatelbehörde war nur dann erforderlich, wenn in Inhalt oder Umfang des Rechtes eine auf die Belastung des dienenden Grundstücks Einfluß übende Veränderung in Frage stand; in Städten I. Klasse mußte der Geldanschlag dieser Veränderung den Werth von 1000 fl. übersteigen; ob Zustimmung und Genehmigung vorhanden waren, muß von Fall zu Fall gewürdigt werden. (V.G.H.E. Bd. XVI S. 1.)

Anm. 9. Ueber die Uebertragung des Gemeinderechts auf ein Leerhaus siehe Bl. f. adm. P. Bd. 22 S. 316. Streitigkeiten über die Rechtsgiltigkeit einer unter der Herrschaft des revid. Gem.Edikts stattgehabten Lostrennung eines Gemeinderechts fallen unter Art. 8 Ziff. 28 V.G.H.G. (S. Art. 32 und 36.)

Anm. 10. Ueber die Hypothezirung von Gemeinderechten: M.E. vom 18. Januar 1835, Döll. Bd. XI S. 505, Weber Bd. III S. 7. Ueber Theilung und Transferirung von Gemeinderechten: J.M.E. vom 16. Nov. 1868, J.M.Bl. S. 241. J.M.E. vom 8. Januar 1876, Weber Bd. VII S. 522, Bd. XI S. 313, ferner J.M.E. v. 20. März 1893, J.M.Bl. S. 66, und Becher, Landescivilrecht S. 387. Auf private Nutzungsrechte nicht anwendbar.

Anm. 11. Der Nachweis der erfolgten Transferirung kann bei Mangel urkundlicher Belege auch aus den Umständen des Falles entnommen werden, (V.G.H.E. Bd. XVII S. 63), und zwar auch wenn das Gemeinderecht z. B. in einem Kaufvertrag nicht aufgeführt ist; solche Umstände sind z. B. die Bezeichnung eines Anwesens mit Leerhaus, Ausübung durch den Besitzer eines anderen Anwesens, Anerkennung seitens der übrigen Gemeinderechtsbesitzer und der Gemeinde selbst.

Art. 34.

I. Diejenigen, welche Gemeindenutzungen beziehen, sind verpflichtet, die auf den Objekten ihres Nutzungsrechtes ruhenden Lasten zu tragen, die zur Gewinnung der Nutzungen, zur Erhaltung oder Erhöhung der Ertragsfähigkeit erforderlichen Auslagen zu bestreiten und die etwa herkömmlichen Gegenleistungen an die Gemeinde zu entrichten.

II. Werden die Erträgnisse eines Gemeindegutes theilweise zum Besten der Gemeindekasse, theilweise zum Privatvortheile verwendet, so sind die in Abs. I erwähnten Lasten und Auslagen verhältnißmäßig von der Gemeindekasse und den Nutzungsberechtigten zu tragen, soferne nicht ein anderweitiges rechtsbegründetes Herkommen besteht.

Anm. 1. Auf privatrechtliche Nutzungsrechte (Servituten oder Dienstbarkeitsrechte) ist Art. 34 nicht anwendbar.

Anm. 2. Unter Lasten sind Steuern und Bodenzinse zu verstehen; sonst erforderliche Auslagen sind hauptsächlich etwaige Bebauungskosten, Meliorationen, z. B. Bewässerungs- und Entwässerungsanlagen, Gewinnungskosten, z. B. Holzhauerlöhne, Flurschutzauslagen, der in Art. 55 aufgeführte Aufwand u. dergl.; diese können bald größer, bald geringer sein.

Anm. 3. Die herkömmlichen Gegenleistungen sind ihrer Natur nach unveränderlich, wenn auch deren Werth veränderlich sein kann. Hieher gehören nicht bloß bevorzugte, sondern auch widerrufliche gemeindl. Nutzungen; Hand- und Spanndienste gehören nicht hieher, wenn sie mit den Nutzungsobjekten in keinem Zusammenhang stehen und wenn insbes. ein Gemeindebezirk von jeher bei Leistung von solchen zur Unterhaltung und Herstellung der Gemeindewege alle Gemeindeangehörigen, auch die nicht Nutzungsberechtigten beigezogen worden sind. „Herkömmlich" muß hier im weiteren Sinne ausgelegt werden. Herkommen kann sich auch nach 1818 gebildet haben, wenn nicht hiedurch das vor 1818 begründete Recht der Gemeinde auf eine Gegenleistung aufgehoben oder gemindert wurde. (V.G.H.E. Bd. XVI S. 225.) Ueber Herkommen s. Art. 1 und Anm. (V.G.H.E. Bd. XV S. 89.) Die Tragung der sämmtlichen durch sonstige Einnahmequellen der Gemeinde nicht gedeckten Lasten kann nicht unter den Begriff der Gegenleistung gebracht werden, ist vielmehr seitens der Nutznießer die Anerkennung, daß die Gemeindenutzungen vor Allem zur Bestreitung der Gemeindeausgaben zu dienen haben und erst der dazu erforderliche Rest Gemeindenutzung der Bezugsberechtigten bildet; übersteigen die zu deckenden Ausgaben den Werth der Nutzung, so ist das Mehr durch Gemeindeumlagen zu decken (Art. 42 ff.). Es giebt hiefür zwei Wege: entweder zahlen die Nutzungsberechtigten den vollen Werth der Nutzung, soweit zur Deckung der Ausgaben nothwendig, in die Gemeindekasse oder sie überlassen der Gemeinde die Nutzung zur Verwerthung.

(Siehe aber auch Seydel, b. Staatsrecht, Bd. IV S. 485.)

Ausgaben für einen Rechtsstreit, der von einer Gemeinde zur Sicherung eines ihr selbst zustehenden, aber einzelnen Gemeindegliedern zum Genuß überlassenen Forstnutzungsrechtes geführt wird, sind keine Lasten im Sinne des Art. 34 und daher von der Gemeinde und zwar in Ermangelung anderer Einnahmen durch Umlagen zu decken; ein hierauf zielender Gemeindeverwaltungsbeschluß kann nicht wegen Mangel der gesetzlichen Nothwendigkeit der Ausgabe von Seite der Höchstbesteuerten angefochten werden; solche Ausgaben fallen weder unter die auf dem Objekte des Nutzungsrechtes ruhenden Lasten, noch können sie unter jene Auslagen gerechnet werden, die zur wirthschaftlichen Ausnützung des Rechtes zu verwenden sind, oder hierauf Bezug haben. (V.G.H.E. Bd. I S. 466, Bd. V S. 191. Vgl. auch Bl. f. adm. Pr. Bd. 20, S. 136, Bd. 28 S. 223.)

Anm. 4. Die Abstufung der Zahlungsbeträge der Einzelnen geschieht nach dem Maßstabe des Nutzens, bei Nutzungen derselben Art nach gleichem Maßstab für alle Theilnehmer. Im Falle der Zahlungsweigerung hat die Gemeinde ein Retentionsrecht. Der sich Weigernde hat keinen Anspruch auf den Erlös, da er nur Anspruch auf den Genuß in natura hat. Wenn eine Gemeinde genügende Renten besitzt, so kann sie die Lasten durch die Gemeindekasse tragen lassen.

Anm. 5. Ein rechtsbegründetes Herkommen ist sowohl für als gegen die Gemeinde zulässig; dasselbe muß gleich jenem in Art. 32 beschlossen sein; es muß also eine Befreiung der Rechtler von den Lasten des Art. 34 trotz Nothwendigkeit der Erhebung von Umlagen schon vor 1818 in rechtsförmlicher Weise stattgefunden und dieser Rechtszustand bis zur Geltendmachung des Anspruchs fortgedauert haben. (V.G.H.E. Bd. XIV S. 89.)

Art. 35.

Die Gemeinden sind befugt, durch nach Vorschrift des Art. 27 Abs. I gefaßte Gemeindebeschlüsse Nutzungsrechte am Gemeindevermögen, welche nach bisherigem Ortsgebrauche gewährt worden sind, im Falle des Bedürfnisses für Gemeindezwecke ganz oder theilweise zurückzuziehen, soferne nicht das Nutzungsrecht auf einem privatrechtlichen Titel beruht.

Anm. 1. Art. 27 Abs. I ist deßhalb anzuwenden, um das Interesse der Grundeigenthümer genügend zu wahren. Der Antrag der Gemeindebehörde bezw. Gemeindekollegien bedarf der Zustimmung von mindestens ¾ der Gemeindebürger und müssen die Zustimmenden zusammen mehr als die Hälfte der Grundsteuern entrichten, womit die Gemeindebürger, Heimathberechtigten und sonstigen Nutzungsberechtigten in der Gemeinde angelegt sind.

Anm. 2. Herkömmliche Nutzungen beruhen präsumtiv auf einem Akte der Gemeindeautonomie und können dieselben daher durch eine spätere Aeußerung des Gemeindewillens auch wieder zurückgenommen werden. (V.G.H.E. Bd. XI S. 184.)

Anm. 3. Ein Bedürfnißfall im Sinne des Art. 35 ist schon dann gegeben, wenn die Gemeinde durch autonomische Zurückziehung der Nutzungen die Möglichkeit erhält, Gemeindezwecke reichlicher, nachhaltiger oder schneller zu verwirklichen, als dies sonst der Fall wäre. (V.G.H.E. Bd. XI S. 185.)

Anm. 4. Gemeindenutzungen, welche ohne auf einem besonderen Rechtstitel zu beruhen, von einer Gemeinde nach einem schon vor dem Jahre 1818 bestandenen Ortsgebrauche gewährt werden, können, insolange die Gemeinde Umlagen, Verbrauchssteuern u. dgl. nicht erhebt, zwar weder von einzelnen Gemeindebürgern, noch von der Staatsaufsichtsbehörde gesetzlich beanstandet, wohl aber von der Gemeinde im Falle eines — wenngleich noch nicht die Erhebung subsidiärer Deckungsmittel erheischenden — Bedürfnisses für Gemeindezwecke in Gemäßheit des Art. 35 ganz oder theilweise zurückgezogen werden.

Dagegen müssen derartige ortsübliche Nutzungen, sobald die Erhebung subsidiärer Deckungsmittel erfordert wird, von der Gemeinde kraft des Gesetzes eingestellt werden, wenn sie nicht auf einem rechtsbegründeten Herkommen (V.G.H.E. Bd. III S. 493) beruhen; auch in diesem letzteren Falle kann jedoch die Gemeinde alsdann gemäß Art. 35 die Zurückziehung der Nutzungen ganz oder theilweise verfügen. (V.G.H.E. Bd. XI S. 178.)

Anm. 5. Vgl. Bl. f. adm. P. Bd. 28 S. 198, 337, 345, 383, Bd. 29 S. 205.

Anm. 6. Ueber Privatrechtstitel s. Art. 32, 36 u. 37.

Art. 36.

Werden Nutzungen am Gemeindevermögen auf Grund eines privatrechtlichen Titels in Anspruch genommen, so entscheiden hierüber im Falle eines Streites die Gerichte; gründen sich die Ansprüche auf den Gemeindeverband, so entscheiden die Verwaltungsbehörden.

Anm. 1. Da die Ansprüche auf Gemeindenutzungen, welche auf Grund des Herkommens erhoben werden, regelmäßig im Gemeindeverband ruhen, so war die Kompetenz der Verwaltungsbehörden für diese sehr häufigen Fälle ausdrücklich hervorzuheben; hiedurch will jedoch die Zuständigkeit der Gerichte nicht beschränkt werden; dieselbe hat vielmehr überall einzutreten, wo Nutzungen am Gemeindevermögen aus einem Privatrechtstitel, welcher unter Umständen auch das Herkommen sein kann, in Anspruch genommen werden. (Motive.) Siehe hieher auch das oberstrichterliche Erkenntniß vom 23. Juni 1874, Bl. f. adm. Pr. Bd. 27 S. 111. Eine Reihe von oberstrichterl. Erkenntnissen über die Zuständigkeit s. in Krais' Handbuch, Bd. III S. 297. S. aber auch Art. 32 und die Anm.

Anm. 2. Für die Frage, ob für eine Sache die gerichtliche Zuständigkeit begründet sei oder nicht, ist entscheidend, daß ein privatrechtlicher Anspruch erhoben, nicht auch, daß derselbe sofort klar gestellt sei. Näheres s. auch Art. 32 Anm. 1.

Der Ausschluß einzelner Gemeindeangehöriger und Verfügungen über die Nutzungen bewirken noch nicht nothwendig ein privates Rechtsverhältniß; s. V.G.H.E. Bd. IX, S. 9, 59 u. Bl. f. adm. Pr. Bd. 25 S. 32. Bezüglich des Kaufes der Betheiligten vgl. V.G.H.E. Bd. VII S. 119, der Berechtigten V.G.H.E. Bd. VIII S. 79.

Hat eine Gemeinde gewisse gemeindliche Grundparzellen auf eine längere Zeit von Jahren an ihre Gemeindeglieder in Anerkennung des diesen zustehenden allgemeinen Nutzungsrechts am Gemeindevermögen verpachtet, so liegt ein im Gemeindeverband wurzelndes Nutzungsrecht, sohin ein öffentlich-rechtliches Verhältniß vor; es sind deshalb zur Entscheidung darüber, ob in einem solchen Falle die Nutzung einer derartigen Gemeindeparzelle dem früheren Besitzer des Anwesens, welchem bei der Verpachtung die Parzelle zugetheilt wurde, oder dem dermaligen Besitzer des Anwesens zusteht, die Verwaltungsbehörden zuständig. V.G.H.E. Bd. XII S. 485.

Das Herkommen ist ein sowohl dem Privat- als dem öffentlichen Rechte angehöriger Rechtstitel; durch das Herkommen kann also nicht entschieden werden, ob ein Anspruch privatrechtlicher Natur ist oder in dem öffentlichen Rechte beruht; dieses richtet sich nach der Natur des Anspruchs selbst Ein Beispiel hieher vgl. Bl. f. adm. Pr. Bd. 29 S. 405:

Wenn ein Pfarrer auf Grund des ihm zustehenden Gemeinderechts den Bezug von Bauholz aus dem Gemeindewald, wie er auch den übrigen Gemeinderechtsbesitzern zusteht, beansprucht und diesen Anspruch aus einem alten Vertrage ableitet, so sind die Verwaltungsbehörden zur Entscheidung berufen, falls dieser Vertrag sich als ein Vergleich darstellt, durch welchen das ganze Verhältniß des Pfarrers zur Gemeinde einschließlich seiner Stolgebühren geregelt und dabei auch das Gemeinderecht des Pfarrers anerkannt wurde.

Anm. 3. Ueber Ansprüche auf allgemeine und besondere Nutzungen s. Art 8 Ziff. 28 V.G.H.G. und die Anmerk. 8 zu Art. 32 und Art. 37.

Anm. 4. In die Zuständigkeit der Verwaltungsrechtsinstanzen fällt sowohl die Frage, wem der Genuß eines Nutzungsrechts zustehe, als die Frage nach der Existenz eines solchen Rechts, dem Maßstab der Antheilsberechtigung; (E. d. ob. G.H. Bd. IV S. 703); auch Streitigkeiten zwischen mehreren zu einer Gemeinde vereinigten Ortschaften über die Nutzung eines angeblich gemeinsamen Vermögens gehören hieher. Nicht hieher gehören jedoch Streitigkeiten, in welchen von Gemeindeangehörigen gegen die Gewährung von Nutzungen oder gegen die Vertheilung von Ueberschüssen deshalb Beschwerde geführt wird, weil Art. 31 entgegenstehe: (s. Kahr, Comm. z. V.G.H.G. S. 113); ebensowenig Streitigkeiten aus Ansprüchen auf Benutzung eines der Gemeinde gehörigen öffentlichen Platzes zu gewerblichen Zwecken. (V.G.H.E. Bd. X S. 315.) In einem Streite darüber, ob ein mit einem Anwesen verbundenes Nutzungsrecht an unvertheilten Gemeindegründen in rechtsgültiger Weise von diesem abgetrennt und auf ein anderes Anwesen übertragen werden solle, ist außer der Gemeinde und den Nutzungsberechtigten auch der Besitzer des letzteren Anwesens als betheiligt zu erachten. V.G.H.E. Bd. XI S. 449.

Anm. 5. Vgl. auch Bl. f. adm. Pr. Bd. 28 S. 399, Bd. 29 S. 97, Bd. 30 S. 63, Bd. 35 S. 109, 298. S. auch E. d. ob. G.H. Bd. VI S. 403, wonach in Bezug auf Verjährungsfristen die Gemeindenutzungsrechte den Grunddienstbarkeiten gleichgestellt sind (10 bezw. 20 Jahre), und Bd. IV S. 703, wonach zur Entscheidung von Streitigkeiten zwischen Gemeindegliedern unter sich über die auf dem Gemeindeverband beruhende Theilnahme an Gemeindenutzungen die Administrativbehörden zuständig sind; s. ferner Art. 1.

Art. 37.

I. Die Bestimmungen dieses Abschnittes finden keine Anwendung auf gemeinschaftliches Privateigenthum.

II. Entsteht Streit darüber, ob ein Vermögensstück Eigenthum der Gemeinde oder Privateigenthum Mehrerer sei, oder entsteht darüber Streit, ob und wie weit das Verfügungsrecht der Gemeinde über Gemeindevermögen kraft privatrechtlichen Titels durch Nutzungsrechte Einzelner beschränkt sei, so hat die der betheiligten Gemeinde vorgesetzte Verwaltungsbehörde den Sühneversuch vorzunehmen. Dieselbe ist berechtigt, im Falle verübter oder drohender Selbsthilfe, oder wenn die Verhütung anderer dringender Gefahren es erfordert, die nöthigen vorsorglichen Verfügungen zu treffen. Diese sind so lange aufrecht zu halten, bis die Gerichte eine andere vorsorgliche Verfügung getroffen oder in der Hauptsache, sei es über die Besitz- oder die Rechtsfrage, rechtskräftig erkannt haben.

III. Jeder Gemeindebürger kann im Interesse der Gemeinde die Einleitung eines solchen Rechtsstreites beantragen. Wird von der Gemeindeverwaltung seinem Antrage nicht stattgegeben, so ist die Entscheidung der vorgesetzten Verwaltungsbehörde zu erholen, welche berechtigt ist, den Sühneversuch vorzunehmen und, wenn dieser mißlingt, einen Anwalt zur Prozeßführung im Namen der Gemeinde aufzustellen.

Anm. 1. Art. 37 ist abgesehen von der hier statuirten vermittelnden Thätigkeit der Verwaltungsbehörden sowie dem hier statuirten Rechte derselben, provisorische Verfügungen zu treffen, privatrechtlicher Natur.

Anm. 2. Zu Abs. II: Durch derartige Streite treten oft Störungen in dem Gemeindeleben ein, namentlich in Bezug auf die Bewirthschaftung solchen Vermögens (z. B. der Waldungen), wodurch oft unersetzliche Nachtheile hervorgerufen werden; da nun die Vermuthung dafür spricht, daß das, was bereits als Gemeindevermögen bezeichnet ist, auch wirklich Gemeindevermögen sei, und da die Verwaltungsbehörden mit Rücksicht auf ihre fortlaufende Kenntniß der Gemeindeverhältnisse und mit Rücksicht auf die weniger strenge Form des Verfahrens leichter im Stande sind, sich rasch zu orientiren, so wurde der Erlaß eines Provisoriums den Verwaltungsbehörden zugewiesen. Die Gerichte bleiben aber zuständig auch für die infolge des Provisoriums etwa später nothwendige Liquidation. (Motive.)

Durch Art. 37 ist den Fällen Rechnung getragen, in welchen das Interesse der Gemeinde mit dem der jeweiligen Gemeindevertretung kollidirt. Die Verwaltungsbehörden haben die hier vorgesehenen vorsorglichen Verfügungen nur dann zu treffen, wenn ein Eigenthumsstreit oder ein sonstiges evidentes Rechtsverhältniß vorliegt. Ist dagegen letzteres nicht der Fall, dann haben die Verwaltungsbehörden selbständig zu entscheiden (vgl. Art. 36). Die Zuständigkeit der Verwaltungsbehörden in Bezug auf die Aufsicht über das Gemeindevermögen wird ferner dadurch, daß sich einer der Betheiligten auf einen privatrechtlichen Anspruch beruft, selbst dann nicht beseitigt, wenn dieser Anspruch von der Gemeinde anerkannt werden sollte. Die Gemeindeglieder sind in solchen Fällen ohnehin in der Regel Partei und daher weder im Gemeindeausschusse noch in der Gemeindeversammlung stimmberechtigt (vergl. Art. 145 Abs. 5). Die Verwaltungsbehörden werden demnach in Kollisionsfällen der fraglichen Art, wenn sie den erhobenen Anspruch als liquid nicht anerkennen, bestimmen müssen, daß das betreffende Vermögensstück so lange als Gemeindevermögen festzuhalten und zu behandeln sei, bis etwa durch Richterspruch das Gegentheil dargethan sein wird. (M.E. vom 6. Febr. 1876 Nr. 11395; vgl. Bl. f. adm. Pr. Bd. 20 S. 142, 21 S. 49, 23 S. 33, 24 S. 32, 30 S. 79, 385, 35 S. 109 u. 298; Weber, G.O. Art. 37.)

Der eigentlich im polizeilichen Interesse erlassenen provisorischen Verfügung darf keine längere Dauer eingeräumt werden, als es der Zweck absolut erfordert. Es muß daher das administrative Provisorium nicht bloß dann außer Wirksamkeit treten, wenn eine richterliche, rechtskräftige Entscheidung, sei es über die Rechtsfrage oder die Besitzesfrage, vorliegt, sondern es muß auch den Parteien unbenommen sein, eine Aenderung der provisorischen Administrativverfügung durch das an sich zur Erlassung solcher vorsorglichen Verfügungen zuständige Gericht zu veranlassen, und zwar aus jenen Gründen, die sich aus den Motiven des Entwurfes selbst ergeben, weil in allen Fällen, wo sich irgend einmal der Name „Gemeindevermögen" für ein in der Nutzung Mehrerer stehendes Objekt auffinden läßt, die Administrativbehörden für das Eigenthum der Gemeinden zu präsumiren pflegen; es ist unzweckmäßig, das Provisorium erst nach fruchtlosem Versuch der Sühne zu gestatten. (Dr. Edel im bes. Aussch.)

Anm. 3. Art. 37 fällt nicht unter Art. 8 Ziff. 28 V.G.H.G. Denn der Streit darüber, ob ein Vermögensstück Eigenthum der Gemeinde oder Privateigenthum Mehrerer sei, ob und inwieweit das Verfügungsrecht der Gemeinde über Gemeindevermögen kraft privatrechtlichen Titels durch Nutzungsrechte Einzelner beschränkt sei, ist von den Gerichten zu entscheiden. (Bl. f. adm. Pr. Bd. 20 S. 145.)

Wenn Streit darüber entsteht, ob ein Vermögensstück Eigenthum der Gemeinde oder Privateigenthum sei, und wenn die Verwaltungsbehörden die Anerkennung des behaupteten Privateigenthums verweigern und bis zu einer allenfallsigen gegentheiligen richterlichen Entscheidung an dem Gemeindeeigenthum festzuhalten beschließen, so ist der Verwaltungsgerichtshof zur Entscheidung einer Beschwerde gegen einen derartigen Beschluß der Verwaltungsbehörden nicht zuständig, weil es sich hier um eine reine Ermessenssache handelt. (V.G.H.E. Bd. V S. 1, Bd. VIII S. 178.)

Anm. 4. Der in Absatz II vorgesehene Sühneversuch ist obligatorisch, zuständig ist immer die der Gemeinde vorgesetzte Verwaltungsbehörde; von einem forum rei sitae kann hier nicht die Rede sein; der Sühneversuch kann auch von Amtswegen im öffentlichen Interesse seitens der Verwaltungsbehörde vorgenommen werden. Das Gericht kann in keinem Falle die Erhebung der Klage von dem Nachweise der Erfüllung dieser Formalität abhängig machen, da die Reichscivilprozeßordnung hier ausschließend maßgebend ist und eine Erhebung der Klage in der Regel ohne Sühneversuch zuläßt (§ 269 und 510 R.C.P.O. statuiren Ausnahmefälle.) Die Verwaltungsbehörde darf auch niemals in materieller Weise, nicht einmal „vorläufig" entscheiden.

Die in Abs. II erwähnten vorsorglichen Verfügungen führen keine Veränderung des wirklichen Besitzstandes herbei; sie dürfen getroffen werden, ohne daß das Resultat des Sühneversuches abgewartet wird; (s. E. d. ob. G.H. Bd. XIII S. 338). Ueber ihre Rechtswirksamkeit vgl. Bl. f. adm. Pr. Bd. 26 S. 171 und 174.

Die materielle Begründung einer solchen Verfügung vermag die Befugniß der angeblichen Privateigenthümer, ihr Privateigenthum zu vindiziren, nicht zu beseitigen. (Comp.Confl.H.Erk. 23. Dez. 1861, Reg.Bl. 1862 S. 67. s. auch vom 15. März 1869, Reg.Bl. S. 590.)

Wenn ein Vermögensstück von einem Theile der Gemeindeangehörigen als Privateigenthum in Anspruch genommen wird, und wenn auch dieser Anspruch von der Gemeindevertretung anerkannt wird, so ist die vorgesetzte Verwaltungsbehörde, sofern sie den erhobenen Anspruch als liquid nicht zu erachten vermag, berechtigt und verpflichtet, zu bestimmen, daß das betreffende Vermögensstück als Gemeindevermögen solange festgehalten wird, bis etwa der erhobene privatrechtliche Anspruch durch Richterspruch als rechtsbegründet anerkannt wird. Demgemäß kann z. B. das Bezirksamt, wenn die Grundbesitzer einer Gemeinde den Ertrag der Schafweide und des Pferches unter sich vertheilen wollen, die Gemeindeverwaltung beauftragen, fragliches Erträgniß als Rente des Gemeindevermögens in der Gemeindekasse solange zu verrechnen, bis durch Richterspruch rechtskräftig festgestellt ist, daß der Gemeinde das Schafweiderecht auf der Flur nicht zustehe. (Bl. f. adm. Pr. Bd. 30 S. 79.)

Gemeindenutzungen setzen unbestrittenes Gemeindeeigenthum voraus; wird letzteres bestritten und von jenen beansprucht, die die Nutzungen bisher bezogen haben, so ist die Sache auf den Rechtsweg zu verweisen, was zu beantragen jedem Gemeindebürger zusteht.

Ueber die Frage, wer bei Differenzen über das Eigenthum an einem Kanale zuständig sei: Bl. f. adm. Pr. Bd. 27 S. 294.

Die ungerechtfertigte Anerkennung eines Anspruches auf gemeindliches Vermögen ist geradeso zu behandeln wie eine freiwillige Veräußerung, und in solchem Falle hat die Aufsichtsbehörde einzugreifen; ebenso, wenn infolge Beschlußunfähigkeit

(Art. 145 Abs. 4/5 G.O.) der Gemeindeorgane die Aufsichtsbehörden zuständig werden, im Interesse der Gemeinde darüber zu verfügen, ob erhobene Ansprüche gegen das Gemeindevermögen anzuerkennen seien oder nicht. (Seydel, b. Staatsrecht Bd. IV S. 495.)

Die Bestimmung des Abs. II bezieht sich nicht auf solche Fälle, wo der Eigenthumsanspruch eines Einzelnen dem Anspruche der Gemeinde entgegensteht.

Anm. 5. Zu Abs. III: Die Antragstellung eines Gemeindebürgers, ohne welchen gegen die Gemeinde kein Zwang zur Prozeßführung geübt werden kann, ist die unerläßliche Voraussetzung für die Prozeßeinleitung seitens der Aufsichtsbehörde. (Bl. f. adm. Pr. Bd. 20 S. 141, Seydel l. c. Bd. IV S. 493.)

Die Einleitung des Rechtsstreites kann auch dann beantragt werden, wenn zwischen der Gemeinde und dem Dritten kein Streit besteht; gegen die Abweisung des Antrags ist der Verwaltungsrechtsweg ausgeschlossen.

Wenn die Gemeindeverwaltung ein Vermögensstück grundlos als Privateigenthum anerkennt und kein Gemeindebürger die Einleitung eines Rechtsstreites beantragt, so steht der Disziplinarweg wegen offenbarer Pflichtverletzung seitens der Gemeindeverwaltungsmitglieder offen. (Bl. f. adm. Pr. Bd. 20 S. 155.)

Anm. 6. Die in Abs. III in fine eingeräumte Berechtigung gilt auch Ortschaften gegenüber; maßgebend sind die Art. 103 Abs. II und 145 Abs. IV und V. (B.G.H.E. Bd. XIII S. 246.)

Anm. 7. In civilrechtlicher Beziehung ist hier noch Folgendes hervorzuheben:

a) Wenn bei der actio communi dividundo vor dem Civilgerichte behauptet wird, daß die zu theilenden Grundstücke gemeinschaftliches Privateigenthum der Gemeindeglieder seien, so hat doch der Richter die aus den aktenmäßigen Behelfen sich ergebenden Thatsachen, von welchen seine Competenz abhängt, von Amtswegen zu würdigen und je nach Umständen die Klage von seinem forum abzuweisen. (Erk. v. 14. Okt. 1859 Reg.Bl. S. 990.) Die Vertheilung solcher Gemeindegründe ist der Privatwillkür entzogen und kann daher auch nicht bei dem Civilgerichte nachgesucht oder erwirkt werden. Unvertheilte Gründe einer Ortschaft bilden ebenso eigentliches Gemeindeeigenthum wie das der politischen Gesammtgemeinde. Der Umstand, daß behaupteter Maßen die gemeinsame Nutzungsberechtigung durch unvordenkliche Verjährung als communio incidens der Anwesensbesitzer sich gebildet haben soll, hat auf die Competenz keinen Einfluß. (Oberstricht. Erkenntn. vom 14. Okt. 1859, Reg. Bl. S. 990; v. 19. Mai 1868, Reg.Bl. S. 983.)

b) Die Thatsache, daß nur die Besitzer von bestimmten Anwesen in einer Ortschaft mit Ausschluß der übrigen Anwesensbesitzer zum gemeinschaftlichen Genuß dieser Grundstücke bisher berechtigt waren, daß jedem dieser Besitzer sein Antheil hieran im Grundsteuerkataster zugeschrieben ist und die Grundsteuer daraus von demselben bisher bezahlt wurde, spricht im Allgemeinen für ein dingliches Recht an fraglichem Grundstück, weshalb die Competenz der Civilgerichte gegeben ist; auch die Frage, ob zur Entscheidung von Streitigkeiten über die Abtheilung von Grundstücken, welche seither in gemeinschaftlicher Benützung standen, die Civilgerichte oder die Verwaltungsbehörden zuständig sind, hängt von der präjudiziellen Frage ab, ob die zu theilenden Grundstücke die Eigenschaft eines Privat- und Gemeindeeigenthums haben. (Erk. vom 4. Febr. 1867, Reg.Bl. S. 173, s. auch Erk. vom 18. Jan. 1853, Reg.Bl. S. 114.)

(Ueber die Provokationsklage bei den Civilgerichten wegen eines Anspruches auf das Gemeinderecht s. Erk. vom 12. Juli 1871, Reg.Bl. 1871, S. 626.)

II. Abschnitt.

Von den Gemeindebedürfnissen und den Mitteln zu deren Befriedigung.

Vorbemerkung.

Der II. Abschnitt der G.O. bringt zunächst in Art. 38 einen „Katalog" der Gemeindebedürfnisse (siehe Anm. zu Art. 38), statuirt in Art. 39 die Deckungsfrage allgemein und hebt unter den Deckungsmitteln sodann einige speziell hervor, und zwar:

I. Verbrauchssteuern und andere örtliche Abgaben,
II. Gemeindeumlagen,
III. Gemeindedienste.

In Ziff. IV trifft er „besondere Bestimmungen", von denen einige wohl noch unter die vorausgehenden Ziffern hätten eingereiht werden können.

Wie aus Art. 39 erhellt, behandelt Abschnitt II nicht „die" d. h. alle Mittel zur Befriedigung der Gemeindebedürfnisse, sondern nur gewisse Mittel, da ja auch Abschnitt I von letzteren spricht.

Art. 38.

I. Außer den in besonderen Bestimmungen des gegenwärtigen Gesetzes oder in sonstigen Gesetzen und gesetzmäßigen Verordnungen festgestellten Verpflichtungen gehört vorbehaltlich des Art. 153 Abs. II zu den Obliegenheiten aller Gemeinden die Herstellung und Unterhaltung der nöthigen Gemeindegebäude, öffentlichen Uhren und Begräbnißplätze, der erforderlichen Feuerlöschanstalten und Löschgeräthe, die Sorge für Unterhaltung und Reinlichkeit der Ortsstraßen, öffentlichen Brunnen, Wasserleitungen und Abzugskanäle, die Herstellung und Unterhaltung der Flur- und Markungsgrenzen, der Gemeindewege, Brücken und Stege und der zur Verhütung von Unglücksfällen an solchen nöthigen Sicherheitsvorrichtungen, die Aufstellung des zur Handhabung der Ortspolizei, soweit sie den Gemeinden zusteht, erforderlichen Ortspolizei- und Feldschutzpersonals, die Herstellung und Unterhaltung der nöthigen Fähren, Wegweiser, Orts- und Warnungstafeln, sowie die Anschaffung der Gesetz- und Amtsblätter.

II. Verpflichtungen Dritter zur Herstellung und Unterhaltung solcher Einrichtungen oder zur Bestreitung des erforderlichen Kostenaufwandes werden hiedurch nicht berührt.

Anm. 1. Art. 38 spricht von Gemeindebedürfnissen und verzeichnet die öffentlich rechtlichen Verpflichtungen aller Gemeinden in ausführlicher Weise, und zwar der Art wie dem Umfange nach; vgl. V.G.H.E. Bd. V S. 293; die Begriffe „eigentliche Gemeindeangelegenheiten" und „Gemeindebedürfnisse" sind keineswegs identisch, weil zu letzteren alle Bedürfnisse gehören, die aus Gemeindemitteln zu befriedigen sind; es kann hienach auch aus der Thatsache, daß eine Gemeinde finanziell für irgend einen Zweck aufzukommen hat, noch kein Schluß darauf gezogen werden, daß dieser Zweck zu den eigentlichen Gemeindeangelegenheiten gehört. (Vgl. Seydel, bayr. Staatsrecht, Bd. III S. 39; V.G.H.E. Bd. II S. 522.)

Das in Art. 38 gegebene Verzeichniß ist ohne bestimmtes System; aus der Nichtaufführung einer Gemeindelast folgt noch keineswegs, daß diese Last nicht besteht; andererseits aber folgt aus der Aufzeichnung derselben, daß sie nur in dem näher bezeichneten Umfange besteht, soweit nicht etwa nachträglich noch eine gesetzliche Ausdehnung erfolgt, oder eine solche in einem anderen am 1. Juli 1869 schon bestehenden Gesetze (vgl. Anm. 19) enthalten ist. Hiebei ist selbstverständlich, daß diese Last nur für den Umfang des Gemeindebezirkes besteht.

Was überhaupt Gemeindebedürfniß im Sinne der Ueberschrift des II. Abschnittes sei, darüber entscheiden theils Rechtsnormen, theils Zweckmäßigkeitsgründe; Verbindlichkeiten, die von Rechtswegen den Gemeinden obliegen, oder die eine Gemeinde in rechtsgiltiger Weise übernommen hat, müssen erfüllt, und es müssen zu diesem Behufe auch die erforderlichen Mittel auf irgend eine gesetzliche Weise aufgebracht werden. (Vgl. Pözl, bayr. Verf.-Recht, S. 274; Seydel, bayr. Staatsrecht, Bd. IV S. 573).

Anm. 2. Die Verpflichtungen der Gemeinde sind theils in Gesetzen und zwar nunmehr sowohl Reichs- als Landesgesetzen, theils in gesetzmäßigen Verordnungen und den auf Grund derselben erlassenen Vollzugsbestimmungen (Minist.-Entschl.) enthalten. Die hauptsächlichsten Verpflichtungen jedoch begründet die G.O. selbst.

Anm. 3. Vorbehalt des Art. 153 Abs. II: Dieser Vorbehalt setzt stets voraus, daß eine einer politischen Gemeinde zugetheilte Ortschaft vor Verkündung des Gemeindedikts vom 17. Mai 1818 eine Sonderstellung inne gehabt und einer neu gebildeten Gemeinde nur für die polizeiliche Verwaltung einverleibt worden ist. (V.G.H.E. Bd. XI S. 521.)

Die Annahme eines rechtsbegründeten Herkommens in Hinsicht auf die ortschaftliche Unterhaltung der Gemeindewege wird nicht durch den Umstand ausgeschlossen, daß von den Ortschaften außer der Wegunterhaltung auch solche Angelegenheiten wahrgenommen wurden, welche gesetzlich der Gesammtgemeinde obliegen und bezüglich deren sonach die Bildung eines Herkommens mit jenem Inhalt ausgeschlossen ist.

Der durch Art. 153 Abs. II den zu einer Gemeinde vereinigten Ortschaften unter gewissen Voraussetzungen eingeräumte Fortbestand gesonderter Rechte mit den entsprechenden Obliegenheiten begreift gemäß dem in Art. 38 Abs. I l. c. aufgenommenen Vorbehalt des Art. 153 Abs. II l. c. auch die Unterhaltung der Gemeindewege in sich. Eine solche Sonderstellung der Ortschaften kann nur durch Uebereinkunft der betheiligten Ortschaften, keineswegs aber durch Beschlußfassung der politischen Gemeinde oder durch amtliche Verfügung geändert werden. (V.G.H.E. Bd. II S. 460.)

Anm. 4. Herstellung und Unterhaltung der nöthigen Gemeindegebäude. Unter Herstellung ist die Bereitstellung (Erbauung), unter Unterhaltung die Reparatur der Gemeindegebäude, welche zur Fortexistenz der Gebäude nöthig ist, zu verstehen. Unnöthige Gemeindegebäude brauchen weder hergestellt noch reparirt zu werden. (Vgl. auch Wand, G.O. S. 230.) Die Herstellung kann auch im Wege der Miethe erfolgen. Die Gemeinden dürfen ihre Gebäude nicht verwahrlosen lassen, können sie aber, falls Ersatz geschaffen ist, nach Umständen abreißen oder mit höherer Genehmigung veräußern. (S. M.E. v. 29. Juni 1840, bauliche Unterhaltung der Gemeinde- und Stiftungsgebäude betr., Weber Bd. III S. 344, ferner v. 25. Juli 1848, Communalbauten betr., Weber Bd. III S. 722.)

Bei der Herstellung der Gemeindegebäude ist in der Regel nur die baupolizeiliche Genehmigung erforderlich; Schulgebäude*) und Gebäude der Kultusstiftungen jedoch erheischen eine Würdigung der vorgesetzten Behörde. (M.E. v. 22. Nov. 1870 Nr. 8382, Bl. f. adm. P. Bd. 25 S. 29.) Ueber die staatsaufsichtliche Thätigkeit hiebei s. Bl. f. adm. P. Bd. 19 S. 385, Bd. 21 S. 255.

Die Gemeindegebäude gehören zum Grundstock des Gemeindevermögens; sie dienen dem öffentlichen Gebrauche, haben insofern die Eigenschaft von res publicae und sind daher, so lange sie diesem ihrem Zwecke dienen, überhaupt dem Verkehr entzogen. (Cf. Roth, bayr. Civilrecht Bd. I S. 250.) Vgl. auch Art. 1 und 26 und Einl.

Gemäß Art. 3 Abs. I des Brandversicherungsgesetzes in der Fassung des Art. 164 des bayr. Ausf.Ges. z. bürgerl. Ges.Buch müssen der Brandversicherung einverleibt werden die Gebäude der Gemeinden, der Schul- und sonstigen Stiftungen. (S. Art. 14 desselben Gesetzes v. 3. April 1875; G.V.Bl. Nr. 19; Weber Bd. X S. 672; ferner M.E. vom 3. August 1878, M.A.Bl. S. 271, Weber Bd. XII S. 422. Ueber die Versicherung des Bauholzes s. Art. 20 desselben Gesetzes und § 5 Ziff. 3 der Vollz.-Vorschr. hiezu vom 30. Juni 1875, M.A.Bl. S. 333, Weber Bd. XI S. 48).

Nach der k. Verordnung v. 20. November 1815, (Reg.-Bl. S. 971, Weber Bd. I R. 484) sind auf Gemeinde- und Stiftungsgebäuden Blitzableiter anzubringen. Diese Verordnung ist mit Gesetzeskraft versehen und wurde durch kein späteres Gesetz aufgehoben. Hienach sind auch die Kosten für Blitzableiter auf Kirchthürmen zur Hälfte von der Kirchenstiftung, zur Hälfte von der politischen Gemeinde zu tragen, weil die letztere an der Unterhaltung des Kirchthurmes, obwohl er nicht in ihrem Eigenthum steht, ein besonderes Interesse hat; diese Verpflichtung wurde ganz abhängig von der Cultusbaupflicht auferlegt, nicht auf Grund des Eigenthums, sondern aus rein polizeilichen Gründen. Etwaige hierauf bezügliche Rechtsansprüche sind in der Regel keine Verwaltungsrechtssachen, und es können auf Grund des Art. 10 Ziff. 2 V.G.H.G. die Gemeinden den Verwaltungsgerichtshof nur dann anrufen, wenn diese Beiziehung im Wege des staatsaufsichtlichen Verfahrens nach den Vorschriften des Art. 157 erfolgt ist. (Vgl. V.G.H.E. Bd. II S. 494, 496, 501, 506, und oberstrichterl. Erk. v. 11. Mai 1875, die Herstellung eines Blitzableiters auf dem Kirchthurm zu Trautskirchen betr., Weber Bd. XV S. 704.) S. auch über Errichtung von Blitzableitern: M.E. v. 30. Juni 1874, Weber Bd. X S. 371. Ziffer 1 der Verordnung v. 20. Nov. 1815 erstreckt sich nur auf die größeren Gemeinden und Stiftungsgebäude; ob diese Voraussetzung gegeben ist, — bildet eine vom V.G.H. letztinstanziell zu würdigende Rechtsfrage. (V.G.H.E. Bd. XIX S. 55.)

---

*) Auch solche zu Erziehungszwecken? Vgl. städtische Pensionate.

Anm. 5. Herstellung und Unterhaltung der nöthigen öffentlichen Uhren: Also das Neuanbringen (Aufstellen), die Reparatur, Sorge für den richtigen Gang und das Aufziehen der Uhren: letzteres obliegt jedoch in den Kirchen in der Regel nach Herkommen dem Meßner.

Das Vorhandensein weithin sichtbarer Uhren auf Bahnhöfen, Fabriken rc. entbindet die Gemeinden von dieser Verpflichtung nicht, weil gegenüber diesen das Aufsichtsrecht der Verwaltungsbehörden mangelt.

Die Uhren müssen, um öffentliche zu sein, der gesammten Einwohnerschaft dienen und jedermanns Auge leicht zugänglich sein.

Zur Herstellung und Reparatur der Kirchthurmuhren wurde vor der G.O. v. 1869 primär das Kirchenvermögen, sekundär die Gemeinde herangezogen. Seit 1869 ist eine Aenderung geschaffen. In größeren Städten obliegt die Last dem Kirchspiel oder Stadtviertel. (Permaneder, kirchl. Baulast, 3. Aufl. S. 99.)

Ist auf Grund Herkommens zur Herstellung und Unterhaltung der Uhren eine Kirchenstiftung verpflichtet, so hat es hiebei sein Bewenden.

Streitigkeiten über Thurmuhren werden provisorisch von den Distriktsverwaltungsbehörden entschieden. (V.G.H.E. Bd. VIII S. 52.)

Da sich aus der Fassung des Art. 38 ergibt, daß das Wort nöthig auch auf „Uhren" sich bezieht, so ist zu folgern, daß die Gemeinden je nach ihrer Größe auch zur Herstellung und Unterhaltung mehrerer Uhren, wenn dieß nöthig ist, verpflichtet sind.

Ueber Anschaffung von Thurmuhren s. M.E. v. 21. Sept. 1847, Weber Bd. III S. 670.

Anm. 6. Herstellung und Unterhaltung der nöthigen Begräbnißplätze.

Die Friedhöfe sind, soweit sie nicht durch kirchliche Verbände angelegt und als solche dem Privatverkehr entzogen sind, als gemeindliche Einrichtungen im Sinne des Art. 38 zu betrachten; ihre Benutzung unterliegt daher, vorbehaltlich der gesetzlich zulässigen polizeilichen Anordnungen, der Regelung der Gemeindeverwaltungen. Hierauf bezügliche Streitigkeiten sind gemäß Art. 8 Ziff. 31 V.G.H.G. Verwaltungsrechtssachen, wobei der V.G.H. 2. Instanz ist. (V.G.H.E. Bd. V S. 42.)

Ueber Begräbnißplätze ist hier zunächst Folgendes zu bemerken:

Die an der Kirche oder um dieselbe liegenden Kirchhöfe sind Zubehör der Kirche und erstreckt sich die Baupflicht der Kirche auch auf diese; besitzt ein Religionstheil keinen eigenen Kirchhof oder legt er bei der Theilung des gemeinschaftlichen Kirchenvermögens keinen solchen für sich an, so ist der im Orte befindliche der gemeinschaftliche Begräbnißplatz der Ortseinwohner und müssen zu seiner Anlage und Unterhaltung sämmtliche Religionsverwandte beitragen. (§ 100 der II. Beil. z. Verfass.-Urk.) Auf konfessioneller Abtheilung kann nur da bestanden werden, wo sie unter gleichen Verhältnissen schon früher eingeführt war, oder wo die beiderseitigen Kirchengemeinden über die Theilung sich gütlich einigten, oder die aus einer solchen Abtheilung sich ergebenden größeren Kosten von der sie veranlassenden Religionspartei allein übernommen werden. (Silbernagl, Verf. sämmtl. Rel.-Gen. 2. Aufl. S. 32 ff. und Bl. f. adm. Pr. Bd. 11 S. 166.)

Hat nun ein Friedhof als Unternehmung der Kirchengemeinde zu gelten, so haben auch zur Deckung des Aufwandes die Grundsätze über die Befriedigung der kirchengemeindlichen Bedürfnisse Anwendung zu finden, wonach insbesondere als umlagenpflichtig sämmtliche Kirchengemeindeglieder zu betrachten sind. (V.G.H E Bd. V S. 315.)

Erhebt eine Kirchenstiftung Gebühren für die Begräbnißklasse, so obliegt ihr auch die Unterhaltung des Kirchhofes.

Das in § 100 d. II. Verf.Beil. geregelte Simultaneum ist immer von der Voraussetzung abhängig, daß ein an dem betreffenden Orte befindlicher Religionstheil keinen eigenen Friedhof besitzt, d. h. daß demselben ein Rechtsanspruch auf die Benützung eines anderen Friedhofes nicht zusteht. § 100 l. c. bezieht sich nur auf die Friedhöfe einer bestimmten Religionspartei. Als Begräbnißplatz im Sinne dieser Bestimmung ist jener Platz zu verstehen, wo die Mitglieder desjenigen kirchlichen Verbandes beerdigt zu werden pflegen, denen der Friedhof gehört. Die Berechtigung eines Religionstheiles zu einem Friedhof des anderen wird dadurch nicht ausgeschlossen, daß ersterer einer auswärtigen Gemeinde seiner Confession zugetheilt ist, die eine eigene Begräbnißstätte besitzt; ältere örtliche Uebungen, die dem widersprechen, sind durch § 100 l. c. außer Kraft gesetzt. Im Allgemeinen schließt die Zutheilung von Religionsgenossen zu einem bestimmten kirchlichen Verbande ihrer Confession auch das Recht zur Theilnahme an der Begräbnißstätte jenes Kirchenverbandes in sich. (V.G.H.E. Bd. V S. 313, IX S. 428, 443.)

Die Abtheilung eines gemeindlichen Begräbnißplatzes nach Confessionen kann nicht erzwungen werden. (C.M.E. v. 30. März 1876 Nr. 1948.)

Ein Kirchhof, welcher als eine gemeinsame sämmtlichen Pfarrangehörigen zur Benützung stehende kirchliche Einrichtung angelegt ist, behält diesen Charakter auch dann, wenn eine der zum Pfarrsprengel gehörigen Gemeinden allein die Grabgebühr vereinnahmt und den Friedhof erweitert oder andere Aufwendungen gemacht hat, es müßte denn die förmliche Uebernahme eines solchen Friedhofes als einer gemeindl. Anstalt nachgewiesen sein. Ueber die Erhöhung einer Grabgebühr kann auch dann, wenn eine Gemeinde dieselbe allein vereinnahmt, nur die Kirchenverwaltung bezw. Kirchengemeinde beschließen; Rückersatz der Aufwendungen bezw. Vindication des Eigenthums an den zur Erweiterung des Kirchhofes verwendeten Grundstücken competiren vor die Civilgerichte. (V.G.H.E. Bd. XIV S. 347.)

Die Herstellung und Unterhaltung der von der Kirche getrennten Begräbnißplätze ist stets Pflicht der politischen Gemeinde; regelt dieselbe die Benutzung ihrer Begräbnißplätze nach gewissen Gräberklassen, legt jedoch den Betheiligten hinsichtlich der Benützung einer höheren Klasse keinen Zwang auf, sondern läßt ihnen vollkommen freie Wahl, so bedarf sie zur Regelung der Gebühren für die höhere Gräberklasse keiner staatsaufsichtlichen Genehmigung. (V.G.H.E. Bd. IV S. 539.)

Der Anspruch auf die Benützung einer gewissen Grabstätte im gemeindlichen Friedhofe, wobei sich der Kläger auf die ihm aus der gemeindeamtlichen Versteigerung der Begräbnißstätten erwachsenen Rechte und die widersprechende Gemeindeverwaltung auf die dieser Versteigerung zu Grunde gelegten Bedingungen über den Erwerb und Verlust des Benützungsrechtes an den gemeindlichen Grabstätten bezieht, ist als eine Differenz über die Benützung einer gemeindlichen Anstalt zu betrachten. (V.G.H.E Bd. III S. 165.)

Bezüglich der Kostenkonkurrenz zweier politischer Gemeinden hinsichtlich eines gemeinschaftlichen Begräbnißplatzes hat die Seelenzahl Maß zu geben. (Bl. f. adm. Pr. Bd. 29 S. 385.)

Das Recht auf Benützung eines bestimmten im Eigenthum der Gemeinde oder der Kirche stehenden Grundes zur Begräbnißstätte kann auch Gegenstand eines Privatrechtsverhältnisses sein; die Benützungsbefugniß muß nicht unter allen Umständen als Ausfluß eines öffentlichen Rechtsverhältnisses aufgefaßt werden. (E. d. ob. G.H. Bd. VI S. 773.) Auch dingliche Rechte können hier begründet sein: das dingliche Recht zur ausschließlichen Benützung eines bestimmten Grabes auf einem Friedhofe kann von einem Anwesen auf ein anderes desselben Eigenthümers durch Vertrag mit dem Besitzerwerber des ersteren, nunmehr belasteten Anwesens transferirt werden. (Eod. Bd. IX S. 555.)

Streitigkeiten aus der von den Gemeindeverwaltungen getroffenen Regelung der Benützung eines gemeindlichen Friedhofes fallen unter Art. 8 Ziff. 31 V.G.H.G. Die Gerichte sind auch dann nicht zuständig, wenn der Kläger auf einen angeblichen Privatvertrag sich beruft, da für die Zuständigkeit nicht der Rechtstitel, auf den hin ein Anspruch erhoben wird, sondern die rechtliche Natur des letzteren zunächst maßgebend ist; hiernach haben die Verwaltungsbehörden insbesondere dann zu entscheiden, wenn der Anspruch im öffentlichen Rechte wurzelt. (Comp.Confl.Erk. v. 19. April 1884, Bl. f. adm. Pr. Bd. 37 S. 193.)

Bestrittene Ansprüche auf die Benützung eines kirchlichen Friedhofes gehören zu den in Art. 10 Ziff. 13 V.G.H.G. zusammengefaßten auf das Kirchenverbandsverhältniß sich gründenden Angelegenheiten und unterliegen, soweit nicht in einzelnen Fällen, wie z. B. bei Erbbegräbnissen im Gebiete des allg. preuß. Landrechts ein dingliches von dem persönlichen Verhältniß der Inhaber zur Kirchengemeinde unabhängiges Gebrauchsrecht gegeben ist, der letztinst. Zuständigkeit des V.G.H. (V.G.H.E. Bd. XIII S. 543.)

Bezüglich der Unterhaltung von Mauern an Begräbnißplätzen, die nur nebenbei als solche benutzt werden, und eigentlich den Kirchhof bilden: Bl. f. adm. Pr. Bd. 28 S. 255, über Schließung und Erweiterung derselben s. M.E. v. 4. Dez. 1877 M.A.Bl. S. 382, Weber Bd. XII S. 193. Ueber die historische Entwicklung s. V.G.H.E. Bd. IX S. 440.

Die gemeindlichen Friedhöfe sind für die Aufnahme aller im Gemeindebezirke anfallenden Leichen bestimmt; keiner Leiche darf die Aufnahme verweigert werden; der Ortspolizeibehörde steht hiebei die Platzordnung zu; Leichenordnungen sind in Form ortspolizeilicher Vorschriften (Art. 61 Abs. 1 Ziff. 3 Pol.Str.Ges.B.) zu fassen. Auch ohne solche steht den Gemeinden ein weitgehendes Anordnungs- und Verbietungsrecht bezüglich des Gebrauches und Betretens der Friedhöfe, dann der bei Beerdigungen zu haltenden Ceremonien und Grabreden 2c. zu, wobei jedoch die Grundsätze der II. Verfass.-Beilage §§ 50 u. 76 Maß zu geben haben.

S. auch noch M.E. v. 7. Sept. 1869, die Errichtung von Kapellen mit Begräbnißgrüften auf Kirchhöfen betr., Weber Bd. VIII S. 277, ferner über Verlegung der Kirchhöfe: Bek. v. 11. Febr. 1805, Weber Bd. I S. 103.

In privatrechtlicher Beziehung ist noch Folgendes hervorzuheben: Das Eigenthum an neu angelegten Begräbnißplätzen steht in der Regel der betr. politischen

Gemeinde zu, die auch die Herstellung und Unterhaltung derselben zu tragen hat. (Bl. f. adm. Pr. Bd. 11 S. 166.)

Die Art der Ausübung des Begräbnißrechtes kann durch polizeiliche Anordnungen beschränkt werden; derartige Streite gehören immer vor die Verwaltungsbehörden; dagegen bleibt das Eigenthum an den Grabsteinen reservirt, keineswegs ist von Amtswegen anzunehmen, daß dieselben ein durch die Natur oder durch Privatwillen gegründetes Pertinenzstück des Grabes bilden und mit diesem als res religiosae außerhalb des Privatverkehrs getreten sind: letztere Streitigkeiten gehören vor die Civilgerichte: Comp.Confl.Erk. v. 9. Dez. 1863 Reg.Bl. 1864 S. 27.

Die politischen Gemeinden können mit den Judengemeinden wegen Anschaffung und Unterhaltung von Friedhöfen auch Vereinbarungen treffen. (Hierüber s. Wand, G.O. S. 95.) Ueber Leichenhäuser s. bayer. Gem.Zeitg. 1893 S. 589. Etwaige Abgaben für die Benützung von Begräbnißplätzen müssen von allen Personen gleichmäßig erhoben werden, wenn es sich um öffentlich-rechtliche Abgaben und nicht um Mieths- oder Kaufgelder handelt. Bl. f. adm. Pr. Bd. 46 S. 268. Beispiel einer Friedhofordnung und darauf ergangene M.E. v. 12. Mai 1889 s. bayer. Gem Zeitg 1894 S. 513.

Anm. 7. Herstellung und Unterhaltung der erforderlichen Feuerlöschanstalten und Löschgeräthe:

Statt des Wortes „Herstellung" könnte es auch heißen Einrichtung der Feuerlöschanstalten, Anschaffung der Löschgeräthe.

Hieher gehören Feuerspritzen, Spritzenhäuser, Feuerleitern, Haken, Schläuche; der Bedarf richtet sich nach der Größe, insbes. Ausdehnung u. Seelenzahl der Gemeinde, auch nach vorhandenen Wasserläufen. Auch Wasserleitungen und Wasserbehälter gehören hieher.

Die Uniformirung der Feuerwehr gehört nicht hieher, wohl aber Haken, Seile, Gurten und Signalhörner der Feuerwehrmänner.

In dieser Beziehung sind von besonderer Wichtigkeit die nachstehenden Bestimmungen:

M.E. vom 28. Aug. und 29. Nov. 1869 über Förderung der freiwilligen Feuerwehren.

M.E. vom 30. Jan. 1874 (Weber Bd. XI S. 518) über Normalgewinde.

M.E. vom 28. Jan. 1879 über Verwaltung des Fonds für Feuerlöschwesen. (M.A.Bl. S. 41, Weber Bd. XII S. 562.)

M.E. vom 21. Dez. 1879 (M.Bl. 1880 S. 1) über das Landesfeuerwehrbureau in München. Weber Bd. XIV S. 286.

M.E. vom 20. März 1875 (M.Bl. S. 143) über unbefugtes Tragen von Feuerwehrabzeichen. (Weber Bd. X S. 666.)

M.E. vom 10. April 1876 (M.Bl. S. 169) über das Spritzennormale. (Weber Bd. XI S. 517.)

M.E. vom 2. Juli 1874 (M.Bl. S. 345) und 6. Febr. 1875 (ib. S. 65) über Inspektion der Feuerwehren und Löschgeräthe. (Weber Bd. X S. 373.)

M.E. vom 29. April 1875 (A.Bl. S. 227) und 8. Nov 1879 (ib. S. 568) über Abgabe von Helmen und Mänteln an Feuerwehren.

M.E. vom 16. Juli 1880 (A.Bl. S. 284) über die Transportkosten der Feuerlöschgeräthschaften. (Weber Bd. XIV S. 532.)

Erk. d. Comp.Confl.Sen. vom 18. März 1880 (G.V.Bl. Beil. 3 S. 15) über die Entschädigung einer Gemeinde für Vorspannleistung in Brandfällen.

M.E. vom 29. Okt. 1869, abgedruckt in den K.A.Bl. über Feuerschau.

K. Vdg. v. 17. VI 1898, die Feuerbeschau betr. (Ges.V.Bl. S. 332) und M.E. hiezu v. 19. Juni 1898. (Ges. u. V.Bl. S. 336), dann M.E. v. 10. Mai 1897 über Bau- und Feuersicherheit der Theater ꝛc., M.A.Bl. S. 145 — abgedruckt in der Sammlung von Vorschriften für die Feuerbeschau-Kommissionen in Bayern, nebst Kaminkehrerordnung; München, J. Schweitzer Verlag (Arthur Sellier) 1899. (40 ₰.)

M.E. v. 2. April 1889 (M.A.Bl. S. 121) über Normalgewinde.

Ueber Zwang zur Anschaffung einer Feuerlöschmaschine Bl. f. adm. Pr. Bd. 23 S. 238; vgl. Art. 27 des Distr.R.Ges.

S. das Werkchen über das Feuerlöschwesen von Reubold, 4. Aufl. München 1893. J. Schweitzer Verlag (Arthur Sellier).

Anm. 8. Unterhaltung und Reinlichkeit der Ortsstraßen, Herstellung und Unterhaltung der Gemeindewege.

Diese Materie ist eine der wichtigsten und am meisten bestrittenen; in den Rahmen dieser Darstellung soll jedoch hauptsächlich nur das Straßen- und Wegerecht in Bezug auf die Verbindlichkeiten der politischen Gemeinden aufgenommen werden. Größere Bearbeitungen des Wegerechts hat Germershausen, dann Wand, (Rechtsverhältnisse der öffentlichen Wege in der Pfalz) und endlich Reitzenstein (das deutsche Wegerecht) geliefert, auf welche hier verwiesen wird. Ueber das bayerische Straßen- und Wegerecht vgl. die Darstellung in bayr. Gem.Zeit Bd. I Jahrg. 1891 S. 604 u. ff Bände, insbes. Bd. III S. 537, 699, Bd. V S. 3, 22, 34, 53, 305, bearbeitet von dem k. b. Oberstaatsanwalt Dr. v. Hauck.

1) Historisches.

Das Wegewesen bildet allgemein einen Zweig des Verkehrswesens; seine enge Beziehung zu den Gesammtinteressen des Staates kam in Deutschland erst seit dem Erstarken der landesherrlichen Gewalt zum vollen Bewußtsein, während im Mittelalter die Leistungen in Bezug auf die Wege meistens unter dem Gesichtspunkte des betheiligten Privatinteresses der Handeltreibenden der größeren Städte, vor allem aber der mit dem Geleitrecht der Wege- und Brücken-Zollberechtigung Beliehenen aufgefaßt wurde.

Der allgemeine Aufschwung des Chausseebaues datirt erst vom Anfang unseres Jahrhunderts.

Durch die Eisenbahnen *) trat dann wieder eine Verschiebung des Güter- und Personenverkehrs ein; während die Straßen für den durchgehenden und allgemeinen Verkehr, insbesondere in das Ausland, eine geringere Bedeutung erhielten, erhöhte sich jene der Chausseen für den Lokalverkehr. Hienach hat man auch eine verschiedene rechtliche Behandlung der Wegbaupflicht und Wegbauunterhaltung; ursprünglich eine vorwiegend privatrechtliche Auffassung: die Wegbaupflicht ruhte meist auf dem Grundbesitz und wurde durch Gewohnheit oder Vertrag näher begrenzt; soweit es sich um größere Handelsstraßen handelt, erscheint die Baupflicht meist als Correlat des Geleitrechts, vor allem aber der Berechtigung zur Erhebung von Weg- und Brücken-

*) Erwähnenswerth ist hier das Gesetz, betr. die Herstellung von Bahnen lokaler Bedeutung. § 16 Abs. 2 Motive hiezu (V. d. K. d. Abg. 1887/88, Beil. Bd. I, Beil. Nr. 85 S. 640.)

zöllen. Die zur Erfüllung dieser Verpflichtungen geforderten Leistungen bestanden meist in Naturalleistungen, z. B. Abgabe von Material, persönlichen Diensten bei Anfuhren.

In der 2. Periode — Verstaatlichung der Wege, wenigstens der bedeutenderen — legte sich der Staat ein größeres Recht zu intensiver Beaufsichtigung und entsprechendem Eingreifen bei; staatliche Wege und Brückenabgaben verdrängen die Leistungen des angrenzenden Grundbesitzes.

In der 3. Periode wird die Fürsorge der Herstellung und Unterhaltung der öffentlichen Wege immer mehr in die Aufgabensphäre der öffentlichen Verwaltungen übernommen. (Von Reitzenstein in Stengel's Wörterbuch des Verw.-Rechts S. 875.)

Was nun die bayerischen Verhältnisse anlangt, so ist die vorwürfige Materie keineswegs einheitlich geregelt, sondern es sind die einzelnen Rechtsverhältnisse theils in Verordnungen mit Gesetzeskraft, theils in Gesetzen, theils in einfachen Verordnungen enthalten.

2) Arten der Straßen und Wege.

A. Man hat zunächst zu unterscheiden:

a) Staatsstraßen; b) Distriktsstraßen; c) Gemeindewege; d) Ortsstraßen oder -Wege; e) Feldwege.

a) Bezüglich der Staatsstraßen ist sich zunächst auf die k. Verordnung vom 18. Febr. 1835 (Döll. Bd. XVI S. 581, Weber Bd. III S. 11) zu beziehen; als solche erscheinen hienach:

1) die eigentlichen Heerstraßen (Chausseen), die hauptsächlich den Zwecken der allgemeinen Landesvertheidigung und den Bewegungen der Kriegsheere und ihres Zugehörs dienen;
2) die Verbindungsstraßen der Hauptstadt mit den Kreishauptstädten und der Kreishauptstädte unter sich;
3) jene Straßen, auf denen der Handelszug und der Gütertransport von Kreis zu Kreis oder vom Inland zum Ausland, überhaupt der Verkehr in seinen Hauptbeziehungen sich bewegt.

Aus dem Staatsbudget ergibt sich, welche Staatsstraßen auf Rechnung der Staatskasse zu unterhalten sind; es gibt jedoch kein Gesetz, kraft dessen Straßen unter gewissen allgemeinen Voraussetzungen vom Staate zu übernehmen sind.

Im Landrathsgesetz vom 28. Mai 1852 sind in Art. 15 lit. i. gleichfalls Straßen erwähnt, die auch Kreisstraßen genannt werden; da aber eine gesetzliche Regelung über Ausscheiden von Straßen als Kreisstraßen nicht erfolgt ist, bestehen keine Kreisstraßen, sondern es erfolgt die Theilnahme der Kreise an den Straßen durch fakultative Zuschüsse aus Kreisfonds zu den Lasten der Distriktsstraßen und Gemeindeverbindungswege.

Staatsstraßen sind res publicae; hiezu gehören die schiffbaren Flüsse, die Land- und Heerstraßen; sie stehen extra commercium. An ihnen kann keine Dienstbarkeit, kein Fahrtrecht besessen und nicht auf Besitzesschutz geklagt werden; bei den res publicae stand zwar der Gebrauch Jedermann, das Eigenthum aber Niemand zu; die Gesammtheit wurde nicht als ideale Person aufgefaßt; sodann bildete sich die Rechtsanschauung, daß der Staat bezw. Gemeinde als Eigenthümer der Staats- bezw. der Gemeinde-Straßen zu erachten seien. Unzulässig sind Erwerb und Besitz von Dienstbarkeiten. (E. d. ob. G.H. Bd. VII S. 55.) Was von Straßen gilt, gilt auch von Straßengräben.

Ueber Staatsstraßen vgl. noch Art. I A 5 des Gesetzes vom 17. Nov. 1837, die Zwangsabtretung von Grundeigenthum betr., Landtagsabschied vom 17. Nov. 1837 Abschn. I C, k. Verordnung v. 3. Juli 1812, Weber Bd. I, S. 395, mit B.G.H.E. Bd. VIII S. 316, M.E. v. 23. Okt. 1837, Döll. Bd. XVI Th. 2 S. 715; soweit Staatsstraßen innerhalb der Ortschaften liegen, sind durch den Landtagsabschied vom 28. Dez. 1831 § 23 (Gef.Bl. S. 143) bezw. Gesetz v. 6. April 1818 (Döll. Bd. XVI Th. 2 S. 700, Verordn. v. 16. Aug. 1805, Döll. eod. S. 789, cf. oberst. Urtheil v. 25. Juni 1872, Reg.Bl. S. 1550) Bestimmungen getroffen, wonach insbesondere in allen Städten, Märkten und Ortschaften, auf denen die Verbindlichkeit der Unterhaltung des Ortspflasters oder der durchziehenden Chausseen ruht, bis 1. Dezember jeden Jahres das Pflaster, wenn nöthig, dauerhaft herzustellen ist; ferner haben auch da, wo in den Ortschaften die durchziehenden Straßen auf Staatskosten mit Kies oder Bruchsteinen unterhalten werden, die Einwohner sowohl die Straßen als die Seitengräben vom Schlamm zu reinigen, ehe die Bedeckung mit dem Materiale vorgenommen wird. (Vgl. hieher M.E. v. 25. Jan. 1890 M.A.Bl. S. 35.)

Ueber Anpflanzung von Alleen an den Staatsstraßen s. Landtagsabschied vom 25. Aug. 1843, Abschn. IV § 40, Ges.Bl. 1843 S. 75, Weber Bd. III S. 515, Bd. IV S. 8; über die Beschränkungen der Anstößer an Staatsstraßen s. Verordn. v. 16. Aug. 1805 (Döll. Bd. XVI Th. 2 S. 789), über das Schneeräumen an den Staatsstraßen s. Mandate v. 10. Mai 1782, 27. Dez. 1788, 22. Dez. 1803, Landtagsabschied v. 23. Mai 1846 Abschn. III, M.E. v. 31. Okt. 1848, Weber Bd. IV S. 1, s. ferner Gesetz vom 25. Juli 1850, die Einrichtung des die Kunststraßen befahrenden Fuhrwerks betr., Ges.Bl. 1850 S. 321, u. Landtagsabschied v. 1. Juli 1856 Abschn. III.

Was von dem Schneeräumen gilt, gilt auch von der Aufstellung von Schneezeichen: M.E. v. 9. April 1842, Döll. Bd. XXXI S. 206, B.G.H.E. Bd. X S. 339, Weber Bd. III S. 455. S. auch bayer. Gem.Zeitg. 1893 S. 98.

Vergl. hierüber Ausführliches in der bayer. Gemeindezeitung 1891 S. 606 ff.

Ueber Bahnhofzufuhrstraßen und Eisenbahnprivatwege s. auch Bl. f. adm. Pr. Bd. 45 S. 193.

Ueber das Fahren über die Gräben der Staatsstraßen Bl. f. adm. Pr. Bd. 39 S. 113, über die Unterhaltung der Staatsstraßen in größeren Städten Bl. f. adm. Pr. Bd 27 S. 353, über die Unterhaltungspflicht der Gemeinden für die Zufuhrstraßen zum Bahnhofe: Bl. f. adm. Pr. Bd. 30 S. 391, woselbst insbesondere gesagt ist, daß jede von den Verwaltungsbehörden rechtskräftig als nothwendig erklärte Zufuhrstraße zum Bahnhofe, welche nicht als Staats- oder Distriktsstraße anerkannt ist, von der betreffenden Gemeinde unterhalten werden muß. (Bl. f. adm. Pr. Bd. 23 S. 181.)

Die Staatsregierung kann jede beliebige Staatsstraßenstrecke abwürdigen und ihre fernere Unterhaltung der Gemeinde überlassen. (Bl. f. adm. Pr. Bd. 27 S. 360.)

Die Abänderung des Straßenniveaus oder die Veränderung der Straßenrichtung durch die zuständigen Behörden begründet noch keinen Ersatzanspruch für die Besitzer der an einer Straße gelegenen Anwesen, da dieselben keinen privatrechtlichen Anspruch auf die Benützung der Straße in ihrem dermaligen Zustande haben, auch wenn derselbe näher oder bequemer war. (Bl. f. adm. Pr. Bd. 30 S. 283 und E. d. ob. G.H. Bd. VIII S. 611.)

Der Umstand, daß eine Gemeinde nach Ziff. 1 der kurfürstlichen Verordnung vom 16. August 1805, die Verbesserung der öffentlichen Straßen betreffend, verpflichtet ist, gewisse durchziehende, die Fortsetzung einer Staatsstraße bildende, gepflasterte Straßenstrecken zu unterhalten, schließt nicht die Verpflichtung derselben Gemeinde aus, nach Ziff. 2 jener Verordnung an anderen durchziehenden ungepflasterten Staatsstraßenstrecken die Straßengräben von Schlamm zu reinigen. (V.G.H.E. Bd. V S. 154; s. auch Bl. f. adm. Pr. Bd. 20 S. 349.)

Der Staat hat keine privatrechtliche Verbindlichkeit zur Herstellung von Verkehrswegen, also haben auch die Einzelnen keinen privatrechtlichen Anspruch darauf; auch ist die Benützung einer Straße nicht die Ausübung eines Privatrechts, sondern nur die Ausübung einer von der Staatsgewalt eingeräumten Befugniß, welche auch durch fortgesetzte Uebung nicht in ein Privatrecht verwandelt werden kann und widerruflich ist.

b) Distriktsstraßen gab es auch schon vor dem Distriktsrathsgesetze vom 28. Mai 1852 theils unter diesem Namen, theils unter dem Namen Vicinalstraßen oder Vicinalwege. Mit dem Inslebentreten des genannten Gesetzes gingen die bisherigen Distriktsstraßen auf den neugebildeten Distrikt im Wege rechtsförmlicher Beschlußfassung des Distriktsrathes über. (Vgl. hieher V.G.H.E. Bd. XII S. 225.)

Außer diesem Falle kennt das Gesetz (Art. 28) noch solche Distriktsstraßen, die dieß gegen den Willen des Distriktsrathes in Folge rechtskräftiger Entscheidung der Aufsichtsstellen, bezw. seit 1. Okt. 1879 des Verwaltungsgerichtshofes, geworden sind oder in Zukunft werden. Hienach sind Distriktsstraßen jene Straßen, die nach dem 28. Mai 1852 (entweder durch rechtsgiltigen Beschluß des Distriktsrathes oder durch rechtskräftige Verfügung der Verwaltungsstellen bezw. des Verwaltungsgerichtshofes) dem Distrikte zum Bau und zur Unterhaltung obliegen. S. auch Art. 48 d. V.G.H.G.

Das Schneeräumen auf den Distriktsstraßen bildet einen Bestandtheil der den Distrikten obliegenden Straßenunterhaltung und gehört nicht zu den allgemeinen Staatslasten der Sicherheitspolizei; ein etwaiges Herkommen bildet keinen Rechtstitel für die Pflichten der einzelnen Gemeinden; will den Gemeinden diese Verpflichtung gleichwohl auferlegt werden, so kann dieß nur im Wege der Präzipuallast nach Art. 32 des Distriktsrathsgesetzes geschehen. (V.G.H.E. Bd. III S. 637, auch Bd. II S. 90, Bd. III S. 1, Bd. IV S. 245, 333, Bd. VI S. 219, Bd. VIII S. 326, Bd. X S. 350 ꝛc. s. auch Bd. X S. 157.)

Eine im Bezirke einer Gemeinde gelegene Straßenstrecke muß von dieser Gemeinde selbst dann unterhalten werden, wenn es sich um die Fortsetzung einer Distriktsstraße handelt; durch längere Nichterfüllung dieser Verpflichtung kann sich eine Gemeinde nur dann frei machen, wenn sie gemäß Art. 38 Abs. II eine Verpflichtung Dritter nachweisen und mit Erfolg zum Vollzug bringen kann. Die Unterhaltung und im Bedarfsfalle Neuanlegung von Distriktsstraßenstrecken, die zugleich als Ortsstraßen dienen, mit den dazu gehörigen Brücken obliegt dem Distrikt und nicht der betheiligten politischen Gemeinde oder Ortschaft, sofern nicht eine Verpflichtung der letzteren durch einen besonderen Rechtstitel begründet ist; solche Strecken bleiben nämlich Bestandtheile der Distriktsstraße. (V.G.H.E. Bd. II S. 667, 675.) Ein solcher besonderer Rechtstitel liegt aber dann nicht vor, wenn auf

Grundlage der vor dem Distriktsrathsgesetz in Geltung gewesenen Gesetzgebung durch Beschluß der Behörde eine anderweitige Regelung der Sache erfolgt ist und bloß zur Ausführung dieser Regelung eine besondere Vereinbarung unter den Betheiligten getroffen wurde. (V.G.H.E. Bd. III S. 157.)

Ob eine Straße zur Distriktsstraße zu erheben sei, ist ausschließlich der staatsaufsichtlichen Verfügung der Verwaltungsbehörden anheimgegeben. (V.G.H.E. Bd. VIII S. 226.)

S. auch in einem Erk. d. V.G.H. Bd. II S. 112 die Ansicht, daß die Herstellung und Unterhaltung der Ortsstraßen, die zugleich dem distriktiven Verkehr dienen, keine Distriktsangelegenheit bildet, und daß Ortsstraßenstrecken diese ihre Eigenschaft nicht dadurch verlieren, daß sie von Distriktsstraßen berührt werden und distriktiver Verkehr über sie stattfindet.

c) Ueber Gemeindewege s. unter Ziff. 4.

d) Ortsstraßen oder Ortswege sind solche, die den Verkehr innerhalb der zusammenhängend gebauten Ortschaften, sogenannten Orte mit geschlossener Bauweise zu vermitteln haben. Dieselben können (V.G.H.E. Bd. XII S. 225) sammt Brücken und Durchlässen je nach dem Inhalt des Schaffungsbeschlusses Theile der Distriktsstraße sein oder nicht; hier ist folgendes zu bemerken:

1) Wird eine Straße ohne Ausscheidung von Ortsstraßen der dazwischen liegenden Gemeinden von einem bestimmten Ausgangspunkte bis zu einem bestimmten Endpunkte als Distriktsstraße erklärt, so sind alle in die Längenausdehnung der Distriktsstraße fallenden Ortsstraßen Theile der Distriktsstraße.

2) Werden bei der Schaffung der Distriktsstraße die dazwischen fallenden Ortsstraßen ausdrücklich von der Uebernahme durch den Distrikt ausgeschlossen, dann bleiben sie Ortsstraßen. Eine solche Ausnahme kraft des Gesetzes ist in Art. 35 des Distr.R.Ges. statuirt. In der Regel gehen die Distriktsstraßen nur bis zur Gemeindegrenze einer unmittelbaren Stadt.

3) Wird eine Gemeinde, was meistens beim Amtssitze des Bezirksamtes der Fall ist, als Endpunkt der Distriktsstraßen bezeichnet, dann fallen die Ortsstraßen, wenn nicht aus dem Beschlusse und den ihm zu Grunde liegenden Plane das Gegentheil hervorgeht, nicht in die Distriktsstraße, auch dann nicht, wenn die Ortsstraßen den Uebergang von einer Distriktsstraße auf eine andere Distriktsstraße bilden.

(Vgl. Dr. von Hauck, bayer. Gem.Zeitg. 1891 S. 730. M.E. 29. Okt. 1860 Nr. 508, 2. April 1872 Nr. 4434 und V.G.H.E. Bd. III S. 157.)

Wenn bei Bescheidung der Verhandlungen eines Distriktsraths durch letztinstanziellen staatsaufsichtlichen Beschluß ausgesprochen wurde, daß zur Vornahme einer nothwendigen baulichen Verbesserung an einer Distriktsstraßenstrecke innerhalb einer Ortschaft nicht die Distriktsgemeinde in Anspruch zu nehmen sei, weil die Herstellung und Unterhaltung einer solchen Straßenstrecke der betreffenden Gemeinde obliege und wenn sodann die zur fraglichen Leistung aufgeforderte Gemeinde erstere unter Bestreitung ihrer Verpflichtung verweigert, so kann diese Verpflichtung nicht schon durch den ergangenen staatsaufsichtlichen Beschluß als endgiltig festgestellt angenommen und hienach nicht im Wege des staatsaufsichtlichen Verfahrens gegen die Gemeinde vorgegangen werden; vielmehr liegt in diesem Falle eine streitige Verwaltungsrechtssache im Sinne des Art. 8 Ziffer 34 V.G.H.G. vor, welche nach den Bestimmungen dieses Gesetzes über das Verfahren in Verwaltungsrechtssachen zu verbescheiden ist. (V.G.H.E. Bd. II S. 111.)

Einer Straße in einer Stadt kommt die Bedeutung eines Gemeindeverbindungsweges dann zu, wenn sie den Verkehr der Bewohner eines Stadttheiles nach außen, z. B. mit der Eisenbahn zu vermitteln und überdieß die nächste Verbindung mit einer Anzahl auswärtiger, zum Theil bedeutender Ortschaften herzustellen hat. (M.E. v. 17. Juni 1880, V.G.H.E. Bd. II S. 420.)

Gesetzlich obliegt den Gemeinden lediglich die Unterhaltung, nicht auch die Herstellung und Erweiterung der Ortsstraßen; V.G.H.E. Bd. VI S. 93; diese Verpflichtung umfaßt die Aufgabe, die Straße zu jeder Zeit in einem ihrem Zwecke entsprechenden verkehrsfähigen Zustande zu erhalten, sohin alle Störungen dieses Zustandes zu beseitigen und die hiezu erforderlichen Mittel bereit zu stellen. (V.G.H.E. Bd. III S. 639.)

Viadukte sind nicht bloß Pertinenz, sondern integrirende Bestandtheile einer Straße und stellen sich immer nur als eine durch konkrete Verhältnisse veranlaßte besondere Art einer Straßenanlage dar. (V.G.H.E. Bd. VII S. 228.)

Bei neuen Bauanlagen in Städten und Märkten muß der Bauunternehmer zunächst selbst für den Anschluß seiner Bauanlage an die schon bestehende Ortsstraße sorgen und hat die durch Ortsstatut festgestellten Bedingungen zu erfüllen, ehe ihm die Baubewilligung ertheilt werden kann. (V.G.H.E. Bd. VI S. 95.)

Ueber die Unterhaltung der Straßentraversen s. M.E. v. 2. April 1872, Bl. f. adm. Pr. Bd. 27 S. 353, Fin.Ges. v. 18. Dez. 1831 § 23.

Ueber Erlassung ortspolizeilicher Vorschriften wegen Reinlichkeit der Ortsstraßen s. Art. 94 Pol.Str.G.B.

e) Feldwege sind jene Wege, welche rein landwirthschaftlichen Zwecken dienen; dieselben sind in der Regel im Privateigenthum der angrenzenden Grundeigenthümer und von diesen zu unterhalten; doch können sie auch öffentliche Wege sein; s. hierüber Art. 55; ihre Benutzbarkeit ist ihrer Natur nach eine beschränkte und zunächst die örtliche Uebung maßgebend.

B. Nach der technischen Beschaffenheit der Wege hat man zu unterscheiden zwischen den gemeinen Wegen, den Kunststraßen (gepflasterte und chaussirte Wege), öffentlichen Plätzen, welch letztere in rechtlicher Beziehung von den Straßen nicht geschieden sind, wenn sie auch noch nebenbei anderen Zwecken (z. B. dem Marktverkehr) dienen, und den Brücken, welche integrirende Bestandtheile des Straßenzuges bilden. Nach den Trägern der Unterhaltungspflicht unterscheidet man in Bayern Staats-, Distrikts- und Ortsstraßen, Gemeinde- oder Gemeindeverbindungswege. Von letzteren ist weiter unten die Rede.

C. Weiterhin unterscheidet man zwischen öffentlichen und Privatwegen. Erstere sind jene, deren Zweckbestimmung dem öffentlichen, allgemeinen Verkehr zu dienen in öffentlich-rechtlichen Verhältnissen begründet ist; es unterliegen aber nicht alle öffentlichen Wege der verwaltungsrechtlichen Behandlung, und sind hiervon ausgenommen vor allem jene, die einem einzelnen Verwaltungsressort angehören, z. B. Wege im Gebiete der Militärverwaltung, Bergbauverwaltung u. s. w. Die Verhältnisse dieser Wege werden in der Regel nach privatrechtlichen Normen behandelt. Der Begriff der öffentlichen Wege gelangt in Bayern hauptsächlich dadurch zur Geltung, daß für die öffentlichen Wege die Zuständigkeit der Verwaltungsbehörden, die öffentliche Eigenschaft eines Weges festzustellen, in Anspruch genommen wird; diese Feststellung setzt die vorherige Einvernahme der Betheiligten voraus.

Die öffentlichen Wege scheiden sich nach der Art ihrer Benützung in Fuß-, Reit- und Fahrwege; die letzteren dienen gleichzeitig dem Fahr-, Reit- und Fußgängerverkehr; zuweilen finden sich noch besondere Fußgängerbankettes auf denselben.

Als Wege, welche einer besonderen Art der Verkehrsbedürfnisse zu dienen haben, sind noch zu nennen: Feld-, Holzabfuhrwege, Eisenbahnzufuhrwege und der Leinpfad. Holzabfuhrwege sind in der Regel Privatwege, vielfach auch die Feldwege; die Eisenbahnzufuhrwege sind nicht immer, soweit wenigstens der nächste Umgriff in Frage steht, öffentliche Wege, sondern bilden in der Regel einen integrirenden Bestandtheil der Eisenbahnanlage und unterstehen rechtlich der Verfügung der Eigenthümer der Eisenbahn.

Leinpfad ist der zur Fortbringung der Schiffe durch Menschen und Thiere bestimmte Theil des Ufers eines öffentlichen Flusses. Die Servitut des Leinpfades ist in der Regel privatrechtlicher Natur; die bayerische Gesetzgebung behandelt den Leinpfad jedoch als eine durch die Verwaltungsbehörde zu regelnde, auf das öffentliche Interesse an der Wasserbenützung zurückzuführende Last des Gemeindeeigenthums. (Art. 20 Wasserbenützungsgesetz, Art. 8 Ziff. 14 V.G.H.G.; siehe auch Reuß, Wassergesetze S. 34 ff.)

Die Fußwege sind, soweit sie unter die Gemeindeverbindungswege gehören, für Fußgänger öffentlich, während Fußwege in die Felder meist Privatdienstbarkeiten für die ihrer bedürfenden Grundbesitzer sind.

Privatwege sind im zivilrechtlichen Privatbesitz; sie sind zu unterscheiden von öffentlichen Wegen über Privatgrundbesitz, als welche gemeindliche Fußwege häufig vorkommen. Grund und Boden gehört hiebei zwar dem Grundeigenthümer, der öffentliche Weg hierüber aber bildet eine Dienstbarkeit, deren Beurtheilung dem Civilrichter zusteht. Die Privatwege dürfen nur von den Berechtigten benutzt werden. Sind Warnungstafeln angebracht oder die Grundstücke bestellt, so führt die unberechtigte Benutzung zur Bestrafung aus § 368 Ziff. 9 R.Str.G.B.

Wenn ein Feldweg seine Eigenschaft als solcher verliert und die Bedeutung eines Verbindungsweges erhält, so kommt nicht Art. 55, sondern Art. 38 zur Anwendung. (Bl. f. adm. Pr. Bd. 25 S. 304. Ueber Privatwege, Feldwege, Verbindungswege s. auch ebenda Bd. 28 S. 244.) Ueber Eisenbahn-Wegerecht: Bl. f. adm. Pr. Bd. 45 S. 193.

3) Oeffentliche Wege überhaupt.

Was als öffentlicher Weg zu betrachten ist, ist allgemein bereits sub Ziff. 2 gesagt.

Aus der Bestimmung der öffentlichen Wege zur allgemeinen Benützung folgt, daß der Einzelne als Glied der Gesammtheit ein Recht auf diese Benützung hat; dieses Recht ist aber kein klagbares Privatrecht, sondern nur eine administrative Befugniß; man kann es unabhängig von spezieller Bewilligung der Behörde in Anspruch nehmen; ob der Gesammtheit bezw. dem Einzelnen ein solches Recht zusteht, kann nur der Richter entscheiden, dem überhaupt die Entscheidung über Ansprüche aus dem öffentlichen Rechte gebührt; soweit hiebei die etwaige Entscheidung des

Civilrichters über öffentliche Rechte praktisch in dieses Gebiet hinübergreifen würde, mangelt dem Civilrichter die Competenz.

Die den Verwaltungsbehörden zustehende Entscheidung darüber, welche Wege dem allgemeinen Gebrauch zu dienen haben, setzt voraus, daß das Eigenthum an der Wegfläche bereits erworben ist oder miterworben wird oder daß ein dingliches Recht an der Wegfläche für die Gemeinde rc. entstanden sei, wornach der Eigenthümer den Gebrauch zu dulden hat; die bloße Behauptung, daß der strittige Weg sich im allgemeinen Gebrauch befinde, ohne nähere Angabe des berechtigten Subjekts genügt nicht, um mit Erfolg sich der actio negat. zu erwehren. (E. d. ob. G.H. Bd. VII S. 233.)

Durch ihre Bestimmung zum öffentlichen Gebrauch hören indeß die öffentlichen Wege nicht auf, im Eigenthum des Staates oder Distriktes oder der Gemeinde zu stehen; die im Eigenthum liegende freie Dispositionsbefugniß erleidet nur insoweit eine Einschränkung, als dieß die Bestimmung der öffentlichen Wege zum allgemeinen Gebrauch mit sich bringt.

Jeder Weg, welcher zum öffentlichen Verkehr bestimmt ist, hat den Charakter eines öffentlichen, mag derselbe dem Staate oder einer Gemeinde gehören; er ist daher extra commercium und unverjährbar, er kann nicht Gegenstand einer Besitzstörungsklage sein. Ein civilrechtlicher Besitz oder Ersitzung durch einen Einzelnen ist mit dem Charakter der Oeffentlichkeit eines Weges unvereinbar. (E. d. ob. G.H. Bd. VIII S. 577, V.G.H.E. Bd. IV S. 603, Bd. XII S. 179.)

Das privatrechtlich geschützte, Jedermann zustehende Recht an Wegen besteht nur bei öffentlichen Wegen; das Recht des Gebrauches eines öffentlichen Weges besteht nur solange, als derselbe in dieser Eigenschaft existirt; ein Recht, daß das den öffentlichen Weg bildende Areal für alle Zeiten dem gemeinen Gebrauch als öffentlicher Weg belassen wird, besteht nicht. Das Gebrauchsrecht begründet kein civilrechtliches Widerspruchsrecht gegen Einziehung eines Weges. (E. d. Reichsger. Bd VI S. 162, Bd. XXI S. 194.)

Neben der Oeffentlichkeit eines Weges kann auch das Privatrecht eines Einzelnen auf die Benützung eines solchen Weges entstehen oder fortbestehen, so daß während der Oeffentlichkeit keine erkennbare, besondere Ausnützung dieses Rechts stattfindet, diese aber hervortritt, sobald die Oeffentlichkeit des Weges aus irgend welchem Grunde in Wegfall kommen sollte; ein solcher Zustand kann nur dann als gegeben angenommen werden, wenn ein rechtlicher Vorgang dargelegt zu werden vermag, welchem das besondere Recht des Einzelnen auf Wegbenützung seine Entstehung verdankt; die bloße Meinung, ein solches Recht auszuüben, genügt nicht. (E. d. ob. G.H. Bd. X S. 201.)

Die Verwaltungsbehörden sind indeß nicht zuständig, die Oeffentlichkeit eines Weges gegen den aus privatrechtlichen Gründen erhobenen Widerspruch sei, es des Eigenthümers oder eines anderen dinglich Berechtigten auszusprechen. Wer als dinglich Berechtigter aus privatrechtlichen Gründen gegen die Oeffentlichkeit eines Weges Widerspruch erhoben hat, ist, wenn seine Einwendungen von der Verwaltungsbehörde unberücksichtigt bleiben, zur Beschwerdeführung vor den höheren Verwaltungsrechtsinstanzen legitimirt. (V.G.H.E. Bd. XV S. 7.)

Das an öffentlichen Wegen Jedermann zustehende Recht des Gebrauches besteht immer nur so lange, als der Weg als ein öffentlicher vorhanden ist; dieß bezieht sich insbesondere auch auf die Gemeindeverbindungswege; ein Anspruch darauf, daß ein öffentlicher Weg für Zwecke der Verbindung menschlicher Niederlassungen hergestellt und als solcher unterhalten wird, steht weder dem Einzelnen noch einer Gemeinde zu. Ohne ein von dem Kläger wenigstens behauptetes subjektives Recht ist nämlich ein Rechtsanspruch nicht denkbar; aus dem bloßen Interesse an der Sache aber entsteht ein solches subjektives Recht nicht, auch nicht das Recht, die Allgemeinheit als Partei zu vertreten, denn diese Vertretung ist eine Aufgabe der Staatsverwaltung; gleichgiltig ist, ob sich der Anspruch auf die Neuherstellung oder die Instandhaltung oder die Wiederherstellung einer öffentlichen Einrichtung bezieht; ebenso verhält es sich mit einer etwa daraus entspringenden Verbindlichkeit. Eine solche könnte sich, was Gemeindewege anlangt, nur aus Art. 38 ableiten lassen; hier hat der Staat ein Zwangsrecht. Anträge Dritter aber auf Erfüllung dieser Pflicht erscheinen nur als Vorstellungen und Anregungen von Interessenten, denen hiebei ein Beschwerderecht nicht zusteht.

(V.G.H.E. v. 10. März 1890, den Prinzigweg in der Gemeinde Ehrl betr.)

4) Gemeindewege und Gemeindeverbindungswege im Besonderen.

Einem öffentlichen Wege kommt die Eigenschaft eines Gemeindeweges nur dann zu, wenn entweder die Gemeinde diese Eigenschaft ausdrücklich oder durch concludente Handlungen anerkannt hat oder der Weg durch rechtskräftigen Beschluß der Verwaltungsbehörde zum Gemeindeweg erklärt worden ist. Mit dem Ausdruck „Gemeindeweg" sind die Ortsverbindungswege, d. h. die Wege, welche den Verkehr zwischen den benachbarten Ortschaften vermitteln, verstanden, im Gegensatze sowohl zu Ortsstraßen innerhalb der Ortschaft, als zu bloßen Feldwegen. (V.G.H.E. Bd. VI S. 95.)

Die Frage, ob ein Weg, dem bisher die Eigenschaft eines Gemeindeweges nicht zukam, zum Gemeindeweg zu erheben sei, ist eine Frage des reinen administrativen Ermessens der Behörden der aktiven Verwaltung und steht Dritten kein Anspruch hierauf zu. (V.G.H.E. Bd. IV S. 438, Bd. VIII S. 223.)

Die Gemeindewege sind Gemeindeanstalten im Sinne der G.O. Die Gemeindewege sind wie die öffentlichen Feldwege Einrichtungen, welche die Gemeinden dem öffentlichen Verkehr darbieten; das berechtigte Subjekt sind hiebei die Gemeinden; der Willensakt der letzteren ist maßgebend für ihre Schaffung wie für ihre Aufhebung. (V.G.H.E. Bd. XIX S. 4.)

Gemeindeverbindungswege sind jene Gemeindewege, denen der höhere Charakter einer Distrikts- oder Staatsstraße fehlt und welche die Verkehrs-Verbindung zweier oder mehrerer Nachbargemeinden bezwecken.

Die Eigenschaft eines Gemeindeweges kann nicht ausschließlich aus dem Grundsteuerkataster abgeleitet werden. (Comp.Confl.Erk. v. 15. März 1869, Reg.Bl. S. 522.)

Die in Art. 38 statuirte Pflicht der Herstellung und Unterhaltung der Gemeindewege ist auf den räumlichen Bezirk der Gemeinde beschränkt, ebenso wie die sämmtlichen übrigen Verpflichtungen nach Art. 38. Keine Gemeinde ist also durch Grundsätze des Verwaltungsrechtes verpflichtet, über ihre Grenzen hinaus öffentliche Wege zu unterhalten. Abweichende Rechtsverhältnisse, die auf der Grundlage der früheren Gemeindegesetzgebung entstanden sind, haben ihre rechtliche Unterlage mit dem 1. Juli 1869 verloren, können im Streitfalle nicht mehr wirksam geltend gemacht werden und sind auch nicht durch Art. 38 Abs. II geschützt. (V.G.H.E. Bd. I S. 323, 327, Bd. II S. 522, Bd. IV S. 506, Bd. V S. 210, Bd. X S. 338.) Alle besonderen Konkurrenzleistungen, welche einzelnen Angehörigen einer politischen Gemeinde unter der Herrschaft der früheren Gemeindegesetzgebung vom Standpunkte der Interessenbetheiligung in Bezug auf die Herstellung und Unterhaltung von Gemeindewegen auferlegt waren, sind durch die neue Gemeindegesetzgebung auf die politische Gemeinde selbst übergegangen. (V.G.H.E. Bd. IV S. 454 und 72.) Die Unterhaltung eines Gemeindeverbindungsweges kann aber für den Pflichtigen von einem Dritten vermöge Privatrechtstitels übernommen werden; diese Verbindlichkeit erleidet weder dadurch eine Beeinträchtigung, daß die Voraussetzungen für Instandhaltung einer Straße, in welche der Gemeindeverbindungsweg einmündet, später andere geworden sind, noch dadurch, daß für Herstellung des Verbindungsweges von dem ursprünglich Verpflichteten die Leistung von Spanndiensten durch benachbarte Personen zugesichert wurde. (E. d. ob. G.H. Bd. X S. 337, 351, 354.) Hier handelt es sich um privatrechtliche, vor die Civilgerichte gehörige Verträge. (Bl. f. adm. Pr. Bd. 20 S. 321.)

Ein vor Einführung des Distriktsrathsgesetzes vom 28. Mai 1852 zwischen mehreren Gemeinden geschlossenes Uebereinkommen über Bildung eines Konkurrenzverbandes zur Herstellung und Unterhaltung eines Gemeindeverbindungsweges (Vizinalstraße) kann auf Grund des Art. 37 des genannten Gesetzes von jeder der betheiligten Gemeinden einseitig gelöst werden. Ein solches Uebereinkommen verliert aber jedenfalls seit Einführung der G.O. seine rechtsverbindliche Kraft für die Paciszenten insoweit, als dessen Bestimmungen mit dem durch Art. 38 G.O. neu geschaffenen öffentlichen Rechte in Widerspruch stehen. (V.G.H.E. Bd. I S. 322.) Den einzelnen Gliedern (Gemeinden) der nach Art. 37 des Distriktsrathsgesetzes gebildeten besonderen Verbände steht das Recht zu, jederzeit aus dem Verbande auszuscheiden. (V.G.H.E. Bd. III S. 619.) Streitigkeiten hierüber fallen unter Art. 8 Ziff. 2 V.G.H.G.

Für die gemeindliche Verpflichtung zur Herstellung und Unterhaltung der Gemeindewege ist ein gemeindliches Interesse oder Bedürfniß nicht mehr Voraussetzung. (V.G.H.E. Bd. IV S. 335 und Bl. f. adm. Pr. Bd. 27 S. 122. S. noch V.G.H.E. Bd. II S. 525 über die M.E. v. 21. Sept. 1863, und 4. Mai 1872, dann Bl. f. adm. Pr. Bd. 24 S. 196, Bd. 28 S. 187.)

Ueber Verträge, betr. Unterhaltung der Gemeindeverbindungswege vor dem Jahre 1869: vgl. Bl. f. adm. Pr. Bd. 18 S. 173.

Als das berechtigte Subjekt in Ansehung eines Gemeindewegs, mag derselbe über Gemeinde- oder über Privatgrund führen, ist die Gemeinde als Corporation aufzufassen. Den einzelnen Gemeindemitgliedern steht der Gemeinde gegenüber kein verwaltungsrechtlich verfolgbarer Anspruch zu, daß ein Weg als öffentlicher Gemeindeweg anerkannt oder behandelt werde. (V.G.H.E. Bd. III S. 38.)

Das Recht zur Benützung eines öffentlichen Weges steht indeß nicht sowohl der Gemeinde als solcher, sondern der Allgemeinheit und demnach innerhalb derselben jedem Einzelnen und zwar ohne Rücksicht auf dessen Beziehung zu einer Gemeinde zu, sodaß vorweg die Berechtigung der Gemeinde zur Vertretung gemeinsamer Interessen ihrer Gemeindeglieder im verwaltungsrechtlichen Verfahren in Frage gestellt werden könnte. Dieses allgemeine Gebrauchsrecht endet jedoch, sobald der Weg nicht mehr öffentlich ist.

Nach dem bestehenden Rechte ist die Gemeinde schuldig, die nöthigen Gemeindewege herzustellen und zu unterhalten, und die Staatsbehörde hat auszusprechen, was in dieser Beziehung als nothwendig erkannt wird und was zu geschehen hat. Folglich muß die Gemeinde den Grund und Boden, welcher zur Anlage oder Erweiterung eines Weges nöthig ist, oder nach Umständen im gütlichen Wege die nöthige Servitut erwerben, da ein Expropriationsrecht nicht besteht, die bestehenden Wege erhalten, nöthigenfalls die Eigenthums- oder Besitzesklage stellen oder als beklagter Theil aufnehmen und durchführen. Die Gemeinde als Kommune (als Vermögensrechtssubjekt) ist schuldig, dem Publikum die Wege bereit zu stellen. Das Publikum wird von der Staatsbehörde vertreten; diese zwingt die Gemeinde zur Befriedigung des öffentlichen Bedürfnisses. Wenn es aber nun über einen neuen oder alten Weg einen Eigenthumsstreit gibt, so hat der Civilrichter zu entscheiden, ob die Gemeinde das Eigenthum oder die Servitut des öffentlichen Weges besitze.

Beim Grunderwerb zur Erweiterung, Verlegung oder Neuanlage eines Gemeindeweges konnte die Gemeinde einem Angrenzer besondere Ausfuhr- und Einfahrtsrechte einräumen; solche Servituten waren aber dann privatrechtliche; eine Ersitzungshandlung wird fast nie die für den Erwerb des Rechtes nöthige Qualifikation haben, sondern immer ist ein bestimmtes Rechtsgeschäft als Entstehungsgrund dieser Servitut anzugeben. Solche Servitute durften auch nie den Zweck der Wege vereiteln und mußten mit der gemeinen Benützung derselben verträglich sein.

Dritten Personen andrerseits steht ein verwaltungsrechtlich verfolgbarer Einspruch gegen etwaige von der Gemeindeverwaltung verfügte Schmälerungen des Gemeindeweges nicht zu. (B.G.H.E. Bd. XIV S. 379.)

Die staatliche Conzessionirung zum Bau und Betrieb einer Eisenbahn begründet ein öffentlich-rechtliches Verpflichtungsverhältniß nur zwischen dem Staat und dem Conzessionsempfänger, nicht aber auch zwischen dem letzteren und dritten Personen. Es läßt sich sonach eine im öffentlichen Rechte begründete Verpflichtung des Conzessionirten gegenüber einer Gemeinde zur Unterhaltung von Gemeindewegen aus der Conzessionsurkunde nicht ableiten. (B.G.H.E. Bd. VII S. 207.)

Die Verwaltungsbehörden haben zu beschließen, welches Maß an Verkehrsmitteln und welcher Art eine Gemeinde innerhalb ihres Bezirkes nöthig hat und daher herstellen und unterhalten muß; sie handeln hiebei nach ihrem Ermessen; sie bekleiden die Wege durch einen ausdrücklichen oder stillschweigenden Akt mit der Eigenschaft öffentlicher Wege; sie entziehen auf gleiche Weise diese Eigenschaft wieder, wenn die Verkehrsverhältnisse sich geändert haben, sie sprechen aus, daß ein Weg für den öffentlichen Verkehr nicht mehr erforderlich ist, daß deßhalb die Unterhaltungspflicht wegfällt, aber sie haben nicht das Recht, die Unterhaltung eines überflüssigen Weges zu verbieten oder die Gemeinde zur Aufgabe einer ihr zustehenden Wegservitut anzuhalten. (Bl. f. adm. Pr. Bd. 26 S. 333.) Andererseits ist den Verwaltungsbehörden nirgends das Recht eingeräumt, die Entscheidung darüber, ob ein Weg die Eigenschaft eines öffentlichen bereits hat, bezw. ob er hiezu zu erklären sei, ohne Rücksichtnahme auf die hiebei einspielenden privatrechtlichen Fragen des Eigenthums an der Wegfläche oder der Belastung desselben mit einer Servitut lediglich nach den Grundsätzen des öffentlichen Rechts zu treffen, so daß dem Grundbesitzer, der sich hiedurch in seinem Eigenthumsrecht verletzt erachtet, nur vorbehalten bliebe, seinen Entschädigungsanspruch vor den Gerichten geltend zu machen; unter Umständen kann aber gleichwohl für die Verwaltungsbehörde die Pflicht bestehen, einen Weg ungeachtet der erhobenen privatrechtlichen Einsprüche provisorisch als öffentlich festzuhalten, bis der widersprechende Grundbesitzer die Freiheit seines Eigenthums vor den Gerichten erstritten hat. (V.G.H.E. Bd. IV S. 569, Bd. V S. 174.) Ueber die Unzuständigkeit des V.G.H. bei Beschwerden gegen derlei provisorische Anordnungen s. V.G.H.E. Bd. II S. 189.

Die Gemeinden sind übrigens zur Herstellung und Unterhaltung nicht nur derjenigen Gemeindewege in ihrem Bezirk verpflichtet, welche für sie selbst erforderlich sind, sondern auch bezüglich derjenigen im Gemeindebezirk laufenden Gemeindewegstrecken, welche für die Befriedigung der Verkehrsbedürfnisse der Nachbargemeinden nothwendig sind. (Bl. f. adm Pr. Bd. 27 S. 123.)

Die von einer Gemeinde verfügte Zweckbestimmung kann, auch wenn sie zum allgemeinen Besten geschieht, niemals Eigenthum an einer fremden Sache begründen; es ist unrichtig, anzunehmen, daß das Eigenthum einer Sache mit dem Augenblicke, wo sie der öffentlichen Benutzung übergeben wird, für den Eigenthümer verloren geht. (E. d. ob. G.H. Bd. IV S. 375.)

Der Dritte hat den Anspruch auf Zurückgabe seines Eigenthums.

In der Anerkennung eines Weges als Kirchen- und Leichenweg liegt auch die Anerkennung, daß dieser Weg zur Verbindung mit Ortschaften dient, woraus sich seine Eigenschaft als Gemeindeweg im Sinne des Art. 38 von selbst ergibt. (V.G.H.E. Bd. VIII S. 306, Bd. X S. 334.)

Es gibt auch solche öffentliche Verbindungswege, die nicht von den politischen Gemeinden, sondern von den Ortschaften unterhalten werden; diese Wege vermitteln den Verkehr, der weniger für die Gesammtheit der politischen Gemeinde, als nur für einzelne Nebenorte Bedeutung hat; solche Wege sind nach Art. 153 zu behandeln. (Bl. f. adm. Pr. Bd. 28 S. 28.)

(Die Zugehörigkeit zur Steuergemeinde hat mit der Wegbaupflicht nichts zu schaffen. Siehe hierüber Näheres: Bl. f. adm. Pr. Bd. 38 S. 334 und Bd. 34 S. 113.)

Zur Wegeunterhaltung selbst gehören nach der Natur der Sache alle Leistungen und Aufwendungen, die nöthig sind, um den Weg in einem seiner Bestimmung entsprechenden gebrauchsfähigen Zustande zu erhalten; es fällt daher hierunter nicht nur die Ausbesserung von Gebrechen, welche am Wegekörper selbst durch Abnützung, Elementar-Ereignisse entstanden, sondern auch die Beseitigung sonstiger Verkehrshindernisse, die ohne Beschädigung des Wegekörpers auf der Wegfläche eingetreten sind, z. B. Schneeräumen, auch die Aufstellung von Schneezeichen. (V.G.H.E. Bd. X S. 334 ff., Bd. XI S. 518, M.E. v. 9. April 1842, Döll. Bd. XXXI S. 206, Weber Bd. III S. 455.) Die den Gemeinden obliegende Verpflichtung zur Unterhaltung der Gemeindewege schließt aber nicht unbedingt die Verpflichtung in sich, an einem Gemeindewege, welcher kraft Servitutberechtigung der Gemeinde über fremden Grund und Boden führt, Abhänge, Gruben u. dgl., welche vom Grundeigenthümer hergestellt wurden, mittelst Sicherheitsvorrichtungen zu verwahren.

Auch die Herstellung von Trottoiranlagen fällt weder unter Art. 38

noch Art. 40. Dieselben setzen das Bestehen einer öffentlichen Straße bereits voraus und sind als öffentliche Vorrichtungen aufzufassen, die in erster Linie der öffentlichen Sicherheit und Bequemlichkeit dienen und zum Zwecke des öffentlichen Verkehrs an sich nicht absolut nothwendig sind. (V.G.H.E. Bd. II S. 534.) Die Feststellung der Frage, wem in diesem Falle die Verpflichtung zur Wegsicherung zukommt, nach Maßgabe der hier allein zuständigen polizeilichen Anforderungen, ob der Gemeinde oder dem Grundeigenthümer, kompetirt nicht vor die Verwaltungsgerichte. (V.G.H.E. Bd. V S. 127.) Die Auferlegung der Verpflichtung zu Trottoiranlagen kann aber vom polizeilichen Standpunkt aus gegeben sein. Vgl. über die Verpflichtung zur Herstellung von Trottoiranlagen Bl. f. adm. Pr. Bd. 49 S. 148.

Ob die Gemeindewege verakkordirt oder durch Gemeindedienste hergestellt werden sollen, darüber hat nur die politische Gemeinde nach ihrem Ermessen zu entscheiden. (V.G.H.E. Bd. II S. 464.)

Wie es sich der Einzelne möglich macht, auf den Weg zu gelangen, das ist seine Sache; es liegt nicht in der Aufgabe des Staates oder der Gemeinde, die Zugänge zu den Wegen aus den Häusern oder Grundstücken herstellen zu lassen, wenn er auch diese Verpflichtung übernehmen kann.

Bei der Wegunterhaltungspflicht kann eine Unterscheidung zwischen der Fahrbahn und den übrigen Zugehörungen nicht gemacht werden; die Böschungen und Gräben sind in der Regel Bestandtheile der Straße, nicht aber Alleepflanzungen: Bl. f. adm. Pr. Bd. 30 S. 404.

5. Zuständigkeit und Verfahren bei Wegstreitigkeiten.

Was zunächst die Zuständigkeit anlangt, so ist dieselbe eine dreifache:

a) Zuständigkeit der Behörden und Stellen der aktiven Verwaltung.
b) Verwaltungsrichterliche Zuständigkeit.
c) Civilrichterliche Zuständigkeit.

ad a.

Nach der Form.-Verordnung v. 17. Dez. 1825 § 65 (s. auch Bl. f. adm. Pr. Bd. 30 S. 403) gehört die Obsorge für den öffentlichen Verkehr, sowie jene für Errichtung, Erhaltung und Veränderung der dem öffentlichen Verkehr dienenden Straßen und die Entscheidung der daraus entspringenden Streitigkeiten allgemein vor die Verwaltungsbehörden.

Ueber die Frage, ob ein öffentlicher Weg neuherzustellen, zu verlegen oder ein bestehender Weg zu erhalten oder als entbehrlich aufzugeben ist, ob Anlaß bestehe, einen über Privateigenthum führenden Weg als einen öffentlichen in Anspruch zu nehmen, (V.G.H.E. Bd. III S. 521), über die Art seiner Herstellung, Unterhaltung und seines Gebrauches haben die Behörden der aktiven Verwaltung als die mit Wahrung der öffentlichen Interessen betrauten Behörden zu entscheiden; das Gleiche gilt bezüglich der Frage der Leistungsfähigkeit der Gemeinden hinsichtlich des erforderlichen Kostenaufwands, V.G.H.E. Bd. III S. 654, sowie hinsichtlich der Frage, ob ein Weg als ein öffentlicher Weg anzusehen sei. Vertrag, Verjährung 2c. können in der Regel hieran nichts ändern. (Bl. f. adm. Pr. Bd. 11 S. 103.)

In diesen Beziehungen hat der V.G.H. nur insoweit zu entscheiden, als durch staatsaufsichtliche Verfügungen das Selbstverwaltungsrecht einer politischen Korporation verletzt ist. (V.G.H.E. Bd. IV S. 110.)

ad b.

Gemäß Art. 8 Ziff. 34 V.G.H.G. sind Verwaltungsrechtssachen bestrittene Rechtsansprüche und Verbindlichkeiten in Bezug auf Herstellung und Unterhaltung der öffentlichen Wege, Brücken, Stege und Abzugskanäle, unbeschadet der gesetzlichen Befugniß der Verwaltungsbehörden, über die Anlage von Distriktsstraßen und Gemeindeverbindungswegen und über deren Unterhaltung aus Distrikts- und Gemeindemitteln zu beschließen; desgleichen gemäß Ziff. 31 l. c., wenn es sich handelt um Gemeindeanstalten, ihre Benützung und Verbindlichkeit zur Entrichtung von besonderen Vergütungen hiefür. (Auch Gemeindewege, Gemeindebrunnen sind Gemeindeanstalten.)

Eine weitere Zuständigkeit des V.G.H. findet sich in Art. 10 Ziff. 1 und 2 V.G.H.G. Art. 10 Ziff. 1 greift dann nie Platz, wenn eine politische Gemeinde darüber Beschwerde führt, daß ein Weg zur Distriktsstraße erhoben wurde, dagegen besteht kein verwaltungsrichterlich verfolgbares Recht, daß ein Weg Distriktsstraße werde oder daß einer Distriktsstraße die Eigenschaft einer solchen entzogen werde. (V.G.H.E. Bd. III S. 704.) Art. 10 Ziff. 2 l. c. enthält die bei behaupteter Verletzung des Selbstverwaltungsrechts &c. begründete Zuständigkeit des V.G.H.

Ueber verwaltungsrechtliche Streitigkeiten in Betreff der öffentlichen Eigenschaft eines Weges s. Bl. f. adm. Pr. Bd. 43 S. 321 ff.

In Bezug auf die Zuständigkeitsfrage sind ff. V.G.H.E. hieher von Wichtigkeit:

1. Die Entscheidung darüber, ob einem Wege nach den vorliegenden rechtlichen und thatsächlichen Verhältnissen die Eigenschaft eines öffentlichen Weges bereits zukommt, dann wem die Verpflichtung zur Herstellung und Unterhaltung eines öffentlichen Gemeindeweges obliegt, ist Verwaltungsrechtssache und dem Verwaltungsgerichtshof in dritter Instanz gemäß Art. 8 Ziff. 34 und Art. 9 Abs. II V.G.H.G. übertragen. Wenn von einer Gemeinde behauptet wird, daß ihr durch staatsaufsichtliche Verfügung eine gesetzlich nicht begründete Leistung auferlegt sei, so ist nach Art. 10 Ziff. 2 l. c. der Verwaltungsgerichtshof zur letztinstanziellen Entscheidung in Gegenständen der Staatsaufsicht über Gemeindeangelegenheiten berufen. (Bd. I S. 95.)

2. Wenn die Eigenschaft eines Weges als eines öffentlichen Fußweges unbestritten, die rechtliche Qualität des Weges als eines öffentlichen Fahrweges aber streitig ist, so steht keine straßenpolizeiliche Regelung des öffentlichen Verkehrs auf diesem Wege in Frage, sondern es liegt eine verwaltungsrechtliche Streitsache im Sinne des Art. 8 Ziff. 34 des V.G.H.G. vor. (Bd. VII S. 238.)

3. Die Zuständigkeit des V.G.H. aus Art. 8 Ziff. 34 l. c. erstreckt sich nicht auf bestrittene Verpflichtungen zur Sicherung des Verkehrs im Sinne des § 367, Ziff. 12 R.Str.G.B.

Streitigkeiten über die Eigenschaft, Herstellung, Unterhaltung, Benützung und Beseitigung öffentlicher Wege und ihrer Zugehörungen sind Verwaltungsrechtssachen, während Streitigkeiten über privatrechtliche Ansprüche, welche sich an Angelegenheiten dieser Art knüpfen, vor die Civilgerichte gehören; die Verwaltungsbehörden sind — abgesehen von etwaigen provisorischen Verfügungen zur Wahrung des öffentlichen

Interesses — nicht zuständig, die Oeffentlichkeit eines Weges gegen den aus privatrechtlichen Gründen erhobenen Widerspruch der Eigenthümer der Wegflächen auszusprechen. (V.G.H.E. Bd. XV S. 7.)

Ebenda ist noch ausgeführt: Die Verwaltungsbehörden sind nicht zuständig, die Oeffentlichkeit eines Weges gegen den aus privatrechtlichen Gründen erhobenen Widerspruch auszusprechen; wer als dinglich Berechtigter gegen die Oeffentlichkeit eines Weges Widerspruch erhoben hat, ist, wenn seine Einwendungen unberücksichtigt blieben, bei den Verwaltungsrechtsinstanzen beschwerdeberechtigt.

4. Zur letztinstanziellen Bescheidung von gemeindlichen Beschwerden, worin das Bedürfniß der Herstellung einer Brücke oder eines Durchlasses an einem öffentlichen Gemeindeverbindungswege und die bezügliche Leistungsfähigkeit der Gemeinde bestritten wird, ist der V.G.H. nicht zuständig. (Bd. II S. 710, Bd. III S. 619 und 654.) Ebensowenig

5. zur letztinstanziellen Bescheidung der Beschwerde einer Gemeinde, worin nicht die Verpflichtung zur Unterhaltung eines Gemeindeweges, sondern nur die angeordnete Zeit und Art der Unterhaltung desselben bestritten wird. (Bd. IV S. 108.)

6. Das Gleiche gilt von Beschwerden über Störung des öffentlichen Verkehrs auf einem unbestritten öffentlichen Wege. (V.G.H.E. Bd. II S. 221.)

7. Siehe ferner V.G.H.E. Bd. XII S. 141: Der Antrag, eine Gemeinde zur Instandsetzung eines öffentlichen Weges als Gemeindeverbindungsweg zu verhalten, berührt die verwaltungsrichterliche Zuständigkeit auch dann nicht, wenn er in der Form eines Rechtsanspruches erhoben worden ist.

ad c.

Für die Beurtheilung der Frage, ob eine Justiz- oder Verwaltungssache vorliegt, sind die Behauptungen der Klage allein maßgebend; es kann die Zuständigkeit der Gerichte bei einer Klage z. B. auf Anerkennung der Freiheit eines Grundstückes von einer Wegservitut durch die Behauptung des Beklagten, daß der Weg ein öffentlicher sei, nicht aufgehoben werden.

Bei Beurtheilung von Privatrechtsverhältnissen ist die Rücksicht auf dem öffentlichen Rechte angehörige Gründe nicht ausgeschlossen, z. B. die actio negat. stützte sich auf die Freiheit des Eigenthums an einem Grundstück; diese Freiheit wird nicht bloß aufgehoben durch eine privatrechtliche Servitut, sondern auch durch den Bestand eines öffentlichen Weges, auf welchem allen Personen das Gehen gestattet werden muß; doch ist mit der Behauptung der Oeffentlichkeit eines Weges an sich noch kein „Rechtsgrund" behauptet.

Nach § 65 der Vdg. v. 17. Dez. 1825 (Reg.Bl. S. 1093) sind die Verwaltungsbehörden berechtigt, darüber zu entscheiden, welche Wege dem öffentlichen Verkehr zu dienen haben; wurde aber ein Weg seit unvordenklicher Zeit zum öffentlichen Verkehr benützt, so liegt die behördliche Entscheidung schon darin, daß die Behörde diese Benützung duldete. (E. d. ob. G.H. Bd. I S. 113, 118, Bd. II S. 510.)

Die richterliche Zuständigkeit gipfelt in der Entscheidung über Eigenthum, Entschädigungsforderungen und in der Aburtheilung wegen Uebertretung strafrechtlicher Vorschriften. (Cf. Erk. v. 10. April 1865 Reg.Bl. S. 451.) Insbesondere sind die Gerichte zuständig zur Entscheidung von Streitigkeiten über die Grenzen der Grundflächen eines Gemeindeweges und der anstoßenden Grundstücke, V.G.H.E Bd. IV

S. 235, bei Veränderung eines öffentlichen Weges und dadurch herbeigeführter Eigenthumsbeeinträchtigung (E. d. ob. G.H. Bd. V S. 82), ferner bei Höherlegung einer Straße oder Anlage eines Trottoirs (E. d. ob. G.H. Bd. X S. 351), bei Streitigkeiten über die Eigenschaft eines Weges, wenn der Eigenthümer aus privatrechtlichen Gründen Widerspruch erhebt — unbeschadet provisorischer Verfügungen der Verwaltungsbehörden —, V.G.H.E. Bd. V S. 170, ferner wenn eine Gemeinde einen öffentlichen Weg über fremde Grundstücke in Anspruch nimmt, vom Eigenthümer aber die Wegservitut bestritten wird; in diesem Falle fällt nämlich der Streit über die Oeffentlichkeit des Weges mit dem Streit über die Servitut bezw. über die Freiheit des Eigenthums zusammen. (Eod. Bd. XIV S. 525.)

(Für das Widerspruchsrecht gegen eine Straßenänderung muß ein besonderer Privatrechtstitel geltend gemacht werden, um die Zuständigkeit der Civilgerichte geltend zu machen. Seuff. Arch. Bd. 17 Nr. 121.)

Ferner gehören hieher Streitigkeiten über die Ausdehnung eines unbestritten öffentlichen Weges auf Privateigenthum, unbeschadet wieder des Rechtes der Verwaltungsbehörden, vorsorgliche Maßregeln zu treffen; (bei letzteren mangelt auch dem V.G.H. die Zuständigkeit.) (V.G.H.E. Bd. I S. 405, Bd. II S. 189, E. d. ob. G.H. Bd. VII S. 133.)

Allgemein haben über den Bestand eines Wegerechts als Servitut stets die Gerichte zu entscheiden; (über das Bestehen eines praedium dominans s. Urth. d. ob. G.H. v. 21. Febr. 1874), desgleichen bei Eingriffen in das Eigenthum des Klägers seitens einer Gemeinde bei Herstellung öffentlicher Wege: Bl. f. adm. Pr. Bd. 29 S. 248 und Bd. 23 überhaupt, dann E. d. ob. G.H. Bd. V S. 84.

Wenn die Verwaltungsbehörde einen Weg als üblichen Fahrweg zwischen zwei Ortschaften erklärt und damit seine Qualität als öffentlichen Weg anerkennt, kann der Eigenthümer des Grundes und Bodens, über den der Weg zieht, mit seinem Widerspruch hiegegen nicht zugleich auf den Civilrechtsweg verwiesen werden. (Comp. Consl.Erk. in Reg.Bl. 1870 S. 1618.)

S. ferner Comp.Consl.Erk. v. 13. Jan. 1871 Reg.Bl. S. 243, vom 25. Juni 1872 Reg.Bl. S. 1550.

Noch ist zu bemerken:

Wenn ein Einzelner behauptet, durch Vertrag ein Recht auf einen bestimmten öffentlichen Weg für sich erworben zu haben, so benützt er diesen Weg, so lange er besteht, nicht anders als alle übrigen Staatsbürger oder Güterbesitzer; die Verschiedenheit seines Rechtes zeigt sich aber darin, daß er auf das Bestehen desselben einen privatrechtlichen Anspruch hat, den die anderen nicht haben; hieran hindert auch die Einwendung nicht, daß dieses Recht nur insoweit eingeräumt sei, als der Weg für öffentliche Zwecke besteht: auch hierüber hat der Civilrichter aus dem Inhalt des Vertrags zu entscheiden.

S. hierüber auch Seufferts Archiv Bd. III S. 12, Bd. XIII S. 173.

Endlich steht allgemein die Entscheidung über die Verbindlichkeit zur Unterhaltung eines öffentlichen Weges auf Grund nicht öffentlich-rechtlicher Bestimmungen den Gerichten zu. (E. d. ob. G.H. Bd. IX S. 202.)

Die Verwendung einer fremden Grundfläche zu einem öffentlichen Weg schließt die gerichtliche Zuständigkeit für Beurtheilung der Rechtmäßigkeit des Innehabens jenes Grundbesitzes durch die betreffende Gemeinde nicht aus. (E. d. ob. G.H. Bd. IV S. 708.)

6. Verfahren bei Wegstreitigkeiten.

In Bezug auf das Verfahren bei Wegstreitigkeiten ist zunächst bezüglich der Verwaltungsgerichte hervorzuheben, daß vor allem die Eigenschaft eines Weges als Gemeindeweg durch die Behörden der aktiven Verwaltung endgiltig anerkannt sein muß, bevor über die Pflicht zur Unterhaltung eines solchen im verwaltungsrichterlichen Verfahren entschieden werden kann, V.G.H.E. Bd. III S. 488, denn die Feststellung der öffentlichen Eigenschaft eines Weges bildet die präjudizielle Vorfrage für das bezüglich der Wegherstellung etwa veranlaßte Verfahren der Staatsaufsichtsbehörden, welches insolange überhaupt nicht eingeleitet werden kann. (V.G.H.E. Bd. I S. 101 ff. und Bd. IV S. 452, Bd. XII S. 344.)

S. hierüber auch die bei Matthäus, die Zuständigkeitsgrenzen, S. 144, angegebenen Entsch. d. Comp.Confl.H.

Nicht minder präjudiziell ist die Frage über die Markungsangehörigkeit eines solchen Weges der Frage über seine Herstellung und Unterhaltung. (V.G.H.E. Bd. I S. 278.)

Die öffentliche Eigenschaft eines Weges kann ohne vorherige Einvernahme der bei der Herstellung und Unterhaltung desselben Betheiligten nicht rechtsgiltig verwaltungsgerichtlich festgestellt werden. Die verwaltungsrichterliche Entscheidung über di' Herstellung und Unterhaltung eines öffentlichen Gemeindeweges, wobei mehrere zu einer politischen Gemeinde vereinigten Ortsgemeinden betheiligt sind, darf sich nicht darauf beschränken, lediglich die betreffende politische Gemeinde nach Art. 38 mit dem Vorbehalte der Beiziehung der allenfalls verpflichteten Ortsgemeinden in Anspruch zu nehmen, sondern sie hat die einzelnen Pflichtigen selbst zu bestimmen und genau zu bezeichnen. (V.G.H.E. Bd. I S. 95.)

Weitere hieher gehörige V.G.H.E. sind:

In einem Streite über die Eigenschaft eines Weges — ob ein Gemeinde- oder Feldweg bestehe — sind die betreffenden Grundbesitzer, welche an der Entscheidung nicht bloß ein allgemeines auf den Verkehr zurückzuführendes, sondern ein entschieden rechtliches, auf die Wegeunterhaltungspflicht sich beziehendes Interesse haben, als zum Streite der Gemeinde gegenüber legitimirt zu erachten. (Bd. VIII S. 223.)

In einem Verwaltungsrechtsstreit über die Unterhaltung eines Gemeindeverbindungsweges ist gegenüber einer Gemeinde oder Ortschaft eine einzelne Person als rechtlich zur Sache betheiligt nur dann zu erachten, wenn dieselbe ihren Anspruch auf selbstständige verwaltungsrechtliche Verfolgung ihrer Interessen in einer besonderen Rechtstellung gegenüber den einen entgegengesetzten Standpunkt vertretenden Gemeinden oder Ortschaften zu stützen vermag, insbesonders wenn sie von der Gemeinde bezw. Ortschaft kraft besonderen öffentlichen Rechtstitels zur Wegunterhaltung herangezogen werden soll. (Bd. XII S. 87.)

Der Beschluß eines der Kreisregierung unmittelbar untergeordneten Magistrats, durch welchen ein Gesuch um gemeindliche Instandsetzung einer Wegstrecke ohne vorausgegangenes Verfahren zur Ermittelung des Sachverhalts und ohne Ladung der im gegentheiligen Interesse Betheiligten abgewiesen wird, ist nicht als ein erstinstanzieller distriktspolizeilicher Beschluß, sondern als ein einfacher Gemeindebeschluß dieses Magistrats zu erachten. Auf eine Beschwerde gegen einen solchen Beschluß kann daher die vorgesetzte Kreisregierung, K. d. J., nicht in zweiter Instanz verwaltungsrichterliche Entscheidung erlassen, sondern hat geeignete Sachinstruktion und Entscheidung durch die zuständige erste Instanz anzuordnen. (Bd. II S. 276.)

Das Recht der Beschwerde gegen Bescheide der Verwaltungsinstanzen, wodurch einer Gemeinde die Uebernahme einer streitigen Wegunterhaltungspflicht zugewiesen wurde, steht nur dem Gemeindeausschusse, nicht einzelnen Gemeindeangehörigen zu. (Bd. I S. 417.)

Die verwaltungsrichterliche Anerkennung der bestrittenen Oeffentlichkeit eines bestehenden Weges ist nicht von der Feststellung der Klasse von öffentlichen Wegen abhängig, in welche der streitige Weg nach seiner Bestimmung und Verkehrsbedeutung oder mit Rücksicht auf das zu seiner Herstellung und Unterhaltung nach öffentlichem Rechte verpflichtete Rechtssubjekt sich eignet.

Gemeinden, deren Angehörige in ihren Verkehrsbedürfnissen auf die Benützung eines Weges angewiesen sind, sind berechtigt, den Anspruch auf den Gebrauch desselben, so lange der Weg nicht ordnungsmäßig seiner Bestimmung entzogen ist, gegen den widersprechenden Theil in den geeigneten Fällen im verwaltungsrechtlichen Verfahren geltend zu machen. (V.G.H.E. Bd. XI S. 326.) (Ebendaselbst: Aus der Thatsache eines seit Menschengedenken und ununterbrochen währenden, stets offenkundigen und niemals beanstandeten Gebrauches einer Straße zu jeder Verkehrsart kann die Folgerung abgeleitet werden, daß es sich um allgemeines Bewußtsein einer Rechtsausübung handelt.)

Bei einem Antrag auf verwaltungsrichterliche Anerkennung der öffentlichen Eigenschaft eines Weges gemäß Art. 8 Ziff. 34 V.G.H.G. obliegt der 1. Instanz die Ermittelung und Feststellung, ob dem betreffenden Wege nach den vorliegenden speziellen rechtlichen und thatsächlichen Verhältnissen die behauptete, bezw. bestrittene Eigenschaft eines allgemein zugänglichen und innerhalb seiner Bestimmung von Jedermann zu gebrauchenden Verkehrsmittels bereits zukommt. Die hier angerufene Kreisregierung hat die Sache in dem für Verwaltungsrechtssachen vorgeschriebenen Verfahren zu erledigen und kann hievon nicht deßhalb Umgang nehmen, weil ihrerseits der betreffende Weg vom Standpunkte des Verkehrs nicht als nothwendig oder die Legitimation der antragstellenden Partei zum Streite nicht für begründet erachtet wird. (V.G.H.E. Bd. XI S. 585.)

Wenn einer politischen Gemeinde durch rechtskräftige verwaltungsrechtliche Entscheidung eine rechtliche Verbindlichkeit z. B. zur Unterhaltung eines Weges zuerkannt ist, und über die durch die Gemeindeverwaltung vorgenommene Vertheilung dieser Last unter die einzelnen Ortsgemeinden Streit unter den Betheiligten entsteht, so kann die hierüber ergehende Entscheidung der vorgesetzten Verwaltungsbehörde nicht als im Zwangsvollzugsverfahren erlassen betrachtet und über eine Beschwerde hiegegen nicht nach Art. 32 Abs. II V.G.H.G. vom Regierungssenate in geheimer Sitzung entschieden werden. (V.G.H.E. Bd. IV S. 87.)

7. Civilrechtliches über Wege.

Privateigenthum an Grund und Boden ist mit der Eigenschaft eines öffentlichen Weges nicht unverträglich; namentlich kann sich z. B. der Bürgersteig ungeachtet der Behandlung desselben als Theil der Straße im Eigenthum der Hausbesitzer befinden. (E. d. Reichsger. Bd. VI S. 207.)

Die Vornahme einer Straßenregulirung an sich berechtigt die angrenzenden Anwesensbesitzer nicht zur Geltendmachung eines Ersatzanspruches für die ihnen hiedurch verursachten Aufwendungen. (E. d. ob. G.H. Bd. VII S. 842.) Der von einer Stadtgemeinde bei einer Straßenregulirung benachbarten Anwesensbesitzern durch rechtswidrige Einwirkung auf ihr Eigenthum zugefügte Schaden kann nicht durch eine den Grundbesitzungen infolge jenes Unternehmens etwa zugehende Werthserhöhung als ausgeglichen erachtet werden. (E. d. ob. G.H. Bd. VI S. 881.)

Ein öffentlicher Weg kann als Eigenthum der Gemeinde nur in einer das Eigenthumsrecht nach allgemeinen Rechtsregeln begründenden Weise entstehen, insbesonders kommt auch Art. 14 des bisherigen Not.Ges. in Betracht. (E. d. ob. G.H. Bd. V S. 392.) Der gute Glaube der Gemeinde genügt nicht. Die Eigenschaft der Oeffentlichkeit gewinnt ein Weg dadurch, daß seine Verwendung zum allgemeinen Gebrauche entweder von den hiezu berufenen amtlichen Organen ausdrücklich bestimmt oder in thatsächlicher Uebung sich bekundet hat. (E. d. ob. G.H. Bd. IX S. 83.) Mit der Oeffentlichkeit eines Weges ist noch kein Rechtsgrund, sondern nur soviel behauptet, daß der Weg sich im allgemeinen Gebrauch befindet; etwaige Privatrechte können gleichwohl noch gerichtlich hiebei verfolgt werden. (Eod. Bd. I S. 118.)

Derjenige, welcher einen Weg nur deßhalb begeht, weil er ihn für einen öffentlichen hält, erwirbt durch fortgesetzten Gebrauch noch keine Servitut. (Eod. Bd. III S. 6.)

Oeffentliche Wege können über Privateigenthum führen, ohne dadurch diese Eigenschaft zu verlieren; vom Eigenthum an einem Wege kann man nämlich noch nicht auf die Qualität schließen. (C.C.E. v. 11. April 1859, Reg.Bl. S. 436, siehe auch 1868 S. 2413.)

Die actio viae receptae stand gegen jeden zu, der den Eigenthümer eines Grundstückes beschädigte, indem er einen öffentlichen Weg unbenützbar machte und so diejenigen, die den Weg zu benützen hatten, zwang, Nachbargrundstücke zu benützen. (E. d. ob. G.H. Bd. V S. 391.)

Denkbar ist die Befugniß von Ortseinwohnern einer Gemeinde, über das Grundstück eines Privaten zu gehen; hiebei ist der Umstand, daß es an einem praedium dominans fehlt, belanglos; es gab nämlich mannigfache Belastungen des Grundeigenthums, die überhaupt nicht mit Beziehung auf einen Grundbesitz, sondern zum Vortheil von Korporationen bestellt wurden; eine solche Dienstbarkeit kann als persönliche aufgefaßt werden, als welche sie, weil einer juristischen Person zustehend, nach deutsch-rechtlichen Grundsätzen keiner Zeitbeschränkung unterlag. (E. d. ob. G.H. Bd. IV S. 421.)

Rücksichtlich eines jeden öffentlichen Weges müssen die sonst zwischen den Betheiligten geltenden privatrechtlichen Normen dem vorwaltenden öffentlichen Interesse und den diesem entspringenden Rechtsgrundsätzen weichen. (Comp.Confl. Erk. v. 26. Juni 1866, Reg.Bl. S. 991.)

Für die Begründung eines Privatrechtsverhältnisses an öffentlichen Wegen ist die unvordenkliche Verjährung einflußlos. (E. d. ob. G.H. Bd. IX S. 81, s. auch eod. Bd. V S. 587 wegen des Brückenbaues.)

Durch Handlungen der Ortseinwohner kann im Wege der unvordenklichen

Verjährung für eine Gemeinde eine Wegegerechtigkeit erworben werden; dieses Recht erlischt auch nicht durch Verwendung des dienenden Grundstücks zu einem Eisenbahnbau. (E. d. ob. G.H. Bd. IX S. 700.)

Ein Gangsteig, der über eine Reihe von Grundstücken, über Wiesen von Privaten führt, und als Schul- und Kirchenweg von den Gemeindeangehörigen benützt wird, kann seiner Natur nach durch unvordenkliche Verjährung als ein Recht der Gemeinde dadurch erworben werden, daß er von den Einwohnern der Gemeinde wenigstens während 2 Generationen begangen worden ist. (E. d. ob. G.H. Bd. IX S. 701.)

Die dem Rechtserwerb im Wege der unvordenklichen Verjährung zu Grunde liegende Vermuthung eines rechtmäßigen Erwerbes kann da nicht Platz greifen, wo dargelegt ist, daß der behauptete Zustand in einem anderen als privatrechtlichen Verhältniß des darauf sich Berufenden seine Erklärung finde. (E. d. ob. G.H. v. 25. Nov. 1880, Bl. f. R.A. Bd. 26 S. 121, Bl. f. adm. Pr. Bd. 31 S. 351.)

Der fortwährende Gebrauch öffentlicher Wege und Plätze allein kann niemals einen Privatrechtstitel schaffen (cf. Entsch. im Reg.Bl. 1865 S. 106), und zwar auch dann nicht, wenn eine Aenderung des Weges aus Anlaß eines Eisenbahnbaues stattfindet.

Einer Gemeinde, welche von der Administrativbehörde bezüglich der Kosten für Herstellung und Unterhaltung eines öffentlichen Weges zur Konkurrenz gezogen worden ist, steht gegen denjenigen, den sie auf Grund erweislichen Privatrechtstitels als den wahrhaft verpflichteten bezeichnet, eine Klage vor den Gerichten zu dem Zwecke zu, um ihn zur Anerkennung dieser Verbindlichkeit zu zwingen. (Eod. Bd. V S. 587.)

Solange die öffentlichen Wege ihrem Zwecke dienen, sind sie dem Verkehr des Einzelnen entzogen; eine Ersitzung ist unter dieser Voraussetzung nicht möglich, denn ein Besitz oder quasi-Besitz an Sachen und Rechten, die dem Kreise der Privatberechtigung entzogen sind, ist undenkbar. (E. d. ob. G.H. Bd. XII S. 179, Bd. IX S. 83.)

Die actio negatoria blieb begründet, auch wenn der Beklagte eine in Frage stehende Wegegerechtigkeit nicht gemäß eigener Befugniß, sondern als Ausfluß eines der Gemeinde zustehenden Rechtes beanspruchte. (Eod. Bd. IV S. 383.) Dieselbe wird durch den Einwand des Beklagten, er habe den bestrittenen Weg nur auf Grund eines der Gemeinde zustehenden Rechtes genommen, beseitigt. (Eod. Bd. VII S. 230.)

Im Allgemeinen gibt es keine Klage auf Wiederherstellung des früheren Zustandes eines Weges vor den Civilgerichten. (Comp.Confl.Erk. v. 26. Juni 1866, Reg.Bl. S. 991.)

8) Litteraturangaben und Bestimmungen über Wegverhältnisse.

Ueber die Verwaltungscompetenz bei der Wege- und Brückenbaulast s. Bl. f. adm. Pr. Bd. 11 S. 101, über das Verfahren bei Anerkennung der öffentlichen Eigenschaft eines Weges: eod. Bd. 35 S. 49, über die Herstellung und Unterhaltung der Wege in abgesonderten Markungen eod. Bd. 11 S. 161 und Bd. 12 S. 146, über Eisenbahnconzession und Wegbaupflicht V.G.H.E. Bd. VII S. 169, über Erwerb von Servituten an öffentlichen Wegen Bl. f. adm. Pr. Bd. 31 S. 349, über Gemeindewege (Ausscheidung der Straßenzüge betr.), M.E. v. 18. Febr. 1835, Weber Bd. III S. 11, über die Unzulässigkeit des Rechtsweges bei dem Widerspruch der Angrenzer bei Veränderung des Straßeniniveaus trotz in Mitte liegenden Vergleiches Bl. f. adm. Pr. Bd. 34 S. 300, über die gerichtliche Competenz bei Behauptung einer Wegeservitut eod. Bd. 31 S. 167, über die Ersetzung eines bereits beschlossenen Verbindungsweges durch einen anderen zweckmäßigeren eod. Bd. 28 S. 253, über die Zuständigkeit der Verwaltung bezüglich der auf einem Gemeindeweg stehenden Alleebäume: Comp.Confl.Erk. vom 7. Mai 1861, Reg.Bl. S. 499, über die Zurücksetzung von Gartenzäunen über die Straßengrenzen, Zuständigkeit hiebei: Comp.Confl.Erk. v. 24. April 1865, Reg.Bl. S. 493, über Alpwege: Bl. f. adm. Pr. Bd. 23 S. 184, über Beanstandung von Grenzlinien eod. S. 186, über den Einfluß des gesteigerten Verkehrs auf die Unterhaltungspflicht eod. 197, über das Verfahren bei Bekiesung der Gemeindewege eod. 220, über die Oeffentlichkeit eines Feldweges und über Feld- und Verbindungswege eod. S. 243–245 ff., über Benützung der Feldwege eod. S. 248, Weg zu einem gemeindlichen Steinbruch eod. S. 251, über Holzabfuhrwege eod. S. 257, Schaftrieb eod. S. 264, Einödwege Bd. 23 S. 269, Erhebung eines Ortsweges zu einem Gemeindeweg eod. S. 270, Benutzung eines Weges seitens der Eisenbahnbauakkordanten eod. S. 277, Ausschluß des Frachtfuhrwerkes von einem Feldwege: eod. S. 282, Wasserabzugsgräben neben einem Gemeindeverbindungswege Bl. f. adm. Pr. Bd. 26 S. 157, Rechtskraft in Wegbausachen eod. S. 139, Zwangsverfügungen zur Unterhaltung eines Weges Bl. f. adm. Pr. Bd. 24 S. 332, Behandlung eines mehrere Amtsbezirke berührenden Verbindungsweges Bd. 24 S. 353, Wald- oder Verbindungsweg: S. 355 eod., Unterhaltungspflicht an einem öffentlichen Servitutsweg eod. S. 358, ortspolizeiliche Vorschriften über die Benützung des öffentlichen Weges S. 369, Oeffnung eines eigenmächtig gesperrten Weges S. 372; über Wege überhaupt finden sich ausführliche Abhandlungen in Bl. f. adm. Pr. Bd. 23. Eine treffliche Ausführung zum Kapitel Wege findet sich nunmehr auch in Kahrs Comm. z. G.O. S. 338.

Anm. 9. Unterhaltung und Reinlichkeit der öffentlichen Brunnen, Wasserleitungen und Abzugskanäle: Neuherstellung gehört nicht hieher, außer wenn etwa feststeht, daß ein Brunnen zu Feuerlöschzwecken nöthig ist. (V.G.H.E. Bd. XIX S. 319.)

Die Gemeindebrunnen sind im öffentlichen Interesse als unveräußerliches, dem Privatverkehr entzogenes Eigenthum zu betrachten und der ausschließlichen Obsorge der Verwaltungsbehörden unterstellt. Erst wenn ein Privatrechtstitel auf die Benützung eines solchen Brunnens genügend dargethan ist, sind die Gerichte zur Entscheidung von Streitigkeiten zuständig; Verjährung oder die Existenz eines Gegenreichnisses (Wasserzins) für sich allein sind noch nicht genügend, um einen Privatrechtstitel herzustellen; (cf. Mathäus, die Grenzen des adm. und civilricht. Zust. S. 104), s. auch Comp.Confl.Erk. v. 26. März 1867, Reg.Bl. S. 411 über Abzugskanäle, desgl. v. 11. Mai 1869, Reg.Bl. S. 940.)

Soweit ein Kanal unter der Straße sich hinzieht und somit sich als ein öffentlicher darstellt, kann die Gemeinde mit Rücksicht auf das öffentliche Interesse keine privatrechtliche Verbindlichkeit eingehen.

Im Uebrigen kommt die Regelung der Benützung öffentlicher Brunnen und die Entscheidung etwaiger Streitigkeiten hierüber den Verwaltungsbehörden zu.

Gemeindliche Wasserleitungen und öffentliche Brunnen bilden einen Bestandtheil des gemeindlichen Grundstockvermögens mit der Bestimmung für den allgemeinen öffentlichen Gebrauch ohne Rücksicht auf die Gemeindeangehörigkeit und die Stellung des Benützenden im Gemeindeverband; sie sind als solche nicht an und für sich geeignet, Nutzungsobjekte für aus dem Gemeindeverband entspringende Sonderrechte nach Maßgabe des Art. 32 G.O. abzugeben. Die Gemeindebehörden haben das Recht und die Pflicht, für den allgemeinen Gebrauch gemeindlicher Einrichtungen und Anstalten statutarische Bestimmungen zu erlassen und diesen Gebrauch nach den Erfordernissen des öffentlichen Bedürfnisses und der bestehenden besonderen Verhältnisse zu bemessen; sie sind auch berechtigt, die Anlage von Wassernebenleitungen aus der allgemeinen öffentlichen Wasserleitung oder aus solchen Brunnen zum Vortheile Einzelner ohne Schädigung des allgemeinen Interesses zu gestatten und über die Art und Weise dieses Sonderbezuges Bestimmungen (Erhebung von Gebühren) zu treffen. (V.G.H.E. Bd. I S. 402.) *)

Die obenbezeichneten Befugnisse der Gemeindebehörden sind öffentlich-rechtlicher Natur und etwaige Streitigkeiten competiren vor die Verwaltungsbehörden, soweit nicht die Zuständigkeit der Verwaltungsgerichte gemäß Art. 8 Ziff. 31 V.G.H.G. gegeben ist, wohin auch Streitigkeiten über die Benützung öffentlicher Brunnen gehören.

Die künstlich angelegten Wasserleitungen gehören zu den Privatgewässern im Sinne des Art. 33 des Wasserbenützungsgesetzes; alle Streitigkeiten hierüber, soweit sie nicht zwischen der Gemeinde und den Gemeindeangehörigen über die Rechte der Benützung und die dabei zu erfüllenden Pflichten entstehen, competiren zu den Gerichten. (V.G.H.E. Bd. VI S. 211.)

Unter Anwendung des Expropriationsgesetzes kann im Hinblick auf Art. 38 des Wasserbenützungs-Gesetzes auch Quellwasser in Anspruch genommen werden.

Die von einer Gemeinde den Eigenthümern gewisser Häuser für sich und ihre Rechtsnachfolger gegen Bezahlung eines einmaligen Kaufschillings und Entrichtung eines jährlichen Wasserzinses vertragsmäßig eingeräumte Berechtigung auf Benützung der städtischen Wasserleitung ruht als Reallast auf dieser Wasserleitung; kraft dieser Reallast hat die Gemeinde dafür zu sorgen, daß den Hausbesitzern die im Vertrage zugesicherte Wassermenge zugeführt wird. Demgemäß erlischt die Verpflichtung der Gemeinde nicht dadurch, daß sie eine von der alten wesentlich verschiedene Wasserleitung herstellt, die Reallast geht vielmehr auf die neue Wasserleitung über. Durch das den Hausbesitzern zustehende Recht auf Wasserbezug wird die Befugniß der Gemeinde, für die Benützung ihres Wassers Abgaben zu erheben, beschränkt; der Gemeinde steht nicht das Recht zu, den vertragsmäßig auf eine bestimmte Summe festgesetzten Wasserzins beliebig zu erhöhen. (E. d. ob. G.H. Bd. XV S. 433.)

Unter Abzugskanälen sind nur gemeindliche Abzugskanäle im Orte selbst zu verstehen, da die Unterhaltung der Feldabzugskanäle Sache der Feldeigenthümer ist; hieher gehören alle zur Ableitung von Abwasser und Unrath dienenden Kanäle, gleichviel ob sie mit einem Wege in Verbindung stehen oder nicht. Die hinsichtlich der Oeffentlichkeit der Wege geltenden Rechtsgrundsätze finden entsprechende Anwendung. (V.G.H.E. Bd. XVIII S. 325.)

Nach einer an den Stadtmagistrat Bamberg ergangenen Ministerialentschließung vom 26. Febr. 1874 Nr. 1951 können die Gemeinden zur Anlage unterirdischer Kanäle gesetzlich nicht angehalten werden: wenn eine Gemeinde durch ortspolizeiliche Vorschriften die Adjazenten zur Einleitung von Seitenkanälen in öffentliche Kanäle verpflichtet, so können diese Adjazenten zugleich angehalten werden, angemessene Beiträge zu den Herstellungskosten des öffentlichen Kanales zu leisten. (Ueber Unter-

---

*) Ueber die privatrechtliche Natur der Erhebung eines Wasserzinses: Comp.Confl.Erk. v. 6. Mai 1861, Reg.Bl. S. 467.

stützung der Gemeinden bei Herstellung von Wasserleitungen durch das technische Bureau für Wasserversorgung s. M.E. v. 30. März 1878; M.A.Bl. S. 89.)

Auch bei Kanälen, die in Städten zum Abfluß von Wasser und sonstigen Flüssigkeiten dienen, hat, wo nicht besondere Rechtsverhältnisse eine andere Baulast begründen, jeder den Kanal mitbenützende Grundeigenthümer die unter seinem Eigenthum befindliche Kanalstrecke zu unterhalten, weil jeder Hausbesitzer für die Entfernung des innerhalb seines Raumes sich ansammelnden Ab- und Regenwassers selbst zu sorgen hat. (E. d. ob. G.H. Bd. I S. 158.)

Eine gegenüber der Gemeinde geforderte Gestattung des Anschlusses der Wasserleitung zu einem Anwesen an die Abzweigeleitung eines anderen Anwesensbesitzers von der gemeindlichen Brunnenleitung auf Grund einer von der Gemeindeverwaltung angeblich erlassenen Anordnung über die Benützung der gemeindlichen Wasserleitung ist als Geltendmachung eines Rechtsanspruches im Sinne des Art. 8 Ziff. 31 des B.G.H.G. zu betrachten. (B.G.H.E. Bd. VII S. 103, cf. Reuß, Wassergesetze S. 62 ff.) Das Wasserbezugsrecht aus einer Wasserleitung einer Gemeinde kann als Reallast begründet werden: oberstrichterliches Urtheil v. 6. Dez. 1894, Seufferts Arch. Bd. 50 S. 253, Bl. f. adm. Pr. Bd. 46 S. 378.

Die Verpflichtung einer Gemeinde zur Erhaltung eines öffentlichen Brunnens, Kanals 2c. kann von Staatsaufsichtswegen nicht durch das Verfahren im Sinne des Art. 157 Abs. III, sondern nur auf dem in Abs. V und VI l. c. bezeichneten Wege ausgesprochen werden. (B.G.H.E. Bd. XII S. 150.)

Zur Herstellung von Brunnen, Wasserleitungen und Kanälen können die Gemeinden überhaupt nicht angehalten werden und erscheint ein dießbezüglicher Auftrag der vorgesetzten Verwaltungsbehörde lediglich als eine wohlmeinende Anregung, ohne daß ein Zwang nachfolgen könnte, falls es sich nicht etwa um Brunnen oder Wasserleitungen für Feuerlöschzwecke handelt und solche nicht genügend vorhanden sind. Vgl. M.E. v. 3. Februar 1897. M.A.Bl. S. 47, über Wasserversorgung der Gemeinden, hier chemische Untersuchung des Wassers bei Herstellung neuer Wasserleitungen betr. Vgl. auch über die öffentliche Natur der Ansprüche bei Wasserleitungen B.G.H.E. Bd. XVII S. 200 (Wasserzins, Wasserabnahme 2c.)

Anm. 10. Herstellung und Unterhaltung der Flur- und Markungsgrenzen: diese Bestimmung bezieht sich nur auf die Grenzen der politischen Gemeinde, soweit der Umfang der Gemeindemarkung oder Gemeindeeigenthum in Frage steht, dann auf die Grenzen der einzelnen Ortschaften derselben. Die Herstellung der Grenzen der im Eigenthum der Gemeindeangehörigen stehenden Grundstücke ist nicht Sache der Gemeinde. (Vgl. auch Art. 92 Abs. III G.O., dann Gesetz v. 16. Mai 1868, die Vermarkung der Grundstücke betr., G.Bl. 1866/69 S. 573, Weber Bd. VII S. 291.) Ein Vermarkungsgesetz liegt z. Z. dem Landtag zur Berathung vor.

Anm. 11. Herstellung und Unterhaltung der Gemeindewege, Brücken und Stege.

Ueber die Gemeindewege wurde bereits in Anm. 8 gesprochen.

Eine Gemeinde, welche von der Verwaltungsbehörde bezüglich der Kosten für die Herstellung oder Unterhaltung eines öffentlichen Weges zur Concurrenz gezogen worden ist, kann noch immer gegen den, den sie auf Grund erweislichen Privatrechtstitels als den wahrhaft Verpflichteten bezeichnet, eine Civilklage auf Anordnung der Verbindlichkeit stellen. (E. d. ob. G.H. Bd. V S. 587.)

Die **Brücken** erscheinen als kunstmäßige Straßen und daher in der Regel als ein **Bestandtheil des Weges***), weßhalb sich hiernach auch die Brückenbaupflicht zu richten hat; diese Regel gilt insolange, als nicht ein anderer Rechtszustand bewiesen ist.

Wer einen neuen Weg anlegen oder einen bestehenden erweitern will, muß in der Regel auch die dazu nöthige Brücke bauen oder erweitern.

Für die Frage der Baulast ist nicht das Eigenthum oder die Markung des Wassers, sondern die Zugehörigkeit der Ufer entscheidend: die Baulast trifft also jene Gemeinden, deren Ufer von der Brücke berührt wird. (Vgl. Bl. f. adm. Pr. Bd. 14 S. 13, Bd. 21 S. 353.)

In der Regel ist die Unterhaltung derselben und die Aufbringung der erforderlichen Mittel Gemeindelast; ein Streit hierüber gehört vor die Verwaltungsbehörden; diese haben zu entscheiden, ob und wie eine Gemeinde-Brücke herzustellen und zu unterhalten, ob sie nothwendig sei, wer hiezu beizutragen habe und wie und in welchem Maßstabe beizutragen sei. (E. d. ob. G.H. Bd. V S. 606.)

Im Allgemeinen gilt das Prinzip der **territorialen Begrenzung** der gemeindlichen Weg- und Brückenbaupflicht. (V.G.H.E. Bd. VI S. 73, s. auch Bd. I S. 322 und Bd. II S. 517.)

Ueber die gerichtliche Zuständigkeit bei einer Streitigkeit über die Concurrenz zum Bau einer Gemeindebrücke eod. Bd. V S. 598. Ueber Brückenstreit zwischen Ortschaft und Gemeinde: Bl. f. adm. Pr. Bd. 28 S. 28.

Ueber die Frage, ob die Baulast die Gemeinde oder nach einem alten Herkommen einzelne Gemeindeglieder trifft, haben, sofern nicht ein spezieller Privatrechtstitel geltend gemacht wird, nicht die Gerichte zu entscheiden. (Erk. v. 27. Dez. 1860, Reg.Bl. 1861 S. 130.)

Ueber den Bau einer Brücke statt der bisherigen Durchfahrt vgl. Bl. f. adm. Pr. Bd. 23 S. 221. Ueber die geschichtliche Entwickelung der Brückenbaupflicht Bl. f. adm. Pr. Bd. 26 S. 217, über die Trennung der Brückenbaulast von der Wegbaupflicht Bl. f. adm. Pr. Bd. 21 S. 353, über Brückenwölbung, Brücken über einen Bewässerungsgraben eod. Ueber Auflösung eines Brückenbauconcurrenzverbandes Bl. f. adm. Pr. Bd. 28 S. 183, über Brückenbaulast eod. Bd. 11 S. 102.

S. hieher noch folgende V.G.H.E.:

a) Eine **Brücke**, welche sich auf einem Wege befindet, der zugleich als **Leinpfad** und als Gemeindeweg benützt wird, ist auf Grund der beiden concurrirenden öffentlich-rechtlichen Verpflichtungstitel des Art. 38 [1] und Art. 20 Abs. 7 des Wasserbenützungsgesetzes vom 28. Mai 1852 von der Gemeinde, in deren Bezirk sie gelegen ist, und vom Staate gemeinschaftlich zu unterhalten; für die Feststellung des Unterhaltungsbeitrages eines jeden dieser beiden Verpflichtungstitel hat ohne Rücksicht darauf, in welcher der beiden Eigenschaften der Weg zuerst bestanden hat, das Verhältniß der dermaligen Benützung der Brücke als Leinpfadbrücke zu der gegenwärtigen Benützung derselben als Gemeindewegbrücke Maß zu geben und ist hiebei nicht nur der Umfang, sondern auch die Art der Benützung in Betracht zu ziehen. (Bd. III S. 282.)

---

*) Ueber Brücken mit eisernem Ueberbau s. M.E. v. 19. Jan. 1879, M.A.Bl. S. 31, Weber Bd. XII S. 552.

b) Den einzelnen Gliedern der nach Art. 37 des Distriktsrathsgesetzes gebildeten besonderen Verbände steht das Recht zu, jederzeit aus dem Verbande auszuscheiden. Streitigkeiten hierüber fallen unter Art. 8 Ziff. 22 des V.G.H.G. Zur letztinstanziellen Entscheidung über die bestrittene Nothwendigkeit einer Brücke auf einem Gemeindeverbindungswege ist der V.G.H. nicht zuständig. (Bd. III S. 619.)

c) Wenn ein Streit entsteht über die Unterhaltung einer Distriktsstraßenbrücke, so hat vor allem der Distriktsrath zu erklären, ob er die Brücke als Bestandtheil der Straße anerkennen und nur die Leistung eines Dritten für die Unterhaltung fordern oder ob er von der Brücke überhaupt nichts wissen wolle; im ersteren Falle ist der administrative Rechtsstreit zwischen der Distriktsgemeinde und dem in Anspruch genommenen Dritten bei der regelmäßigen ersten Instanz sofort einzuleiten, im zweiten Falle aber hat die Kreisregierung erst kraft Art. 23 und 28 des Distriktsrathsgesetzes die Brücke zu einer Distriktsanstalt zu erklären und der Distriktsgemeinde die Verfolgung ihrer Ansprüche nach Art. 30 lit. b im gewöhnlichen Instanzenzug vorzubehalten. (Bl. f. adm Pr. Bd. 21 S. 353.)

Ueber Straßengrabenbrückchen Bl. f. adm. Pr. Bd. 29 S. 115; s. auch V.G.H.E. Bd. V S. 4.

Anm. 12. Herstellung und Unterhaltung der zur Verhütung von Unglücksfällen an Gemeindewegen, Brücken und Stegen nöthigen Sicherheitsvorrichtungen.

Ueber Haftungen der Gemeinden vergl. Art. 1 und Anm. Auch bayr. Gem.-Zeitg. 1893 S. 578.

Unterließ eine Gemeinde als Eigenthümerin eines Weges oder einer Brücke die Anlage der erforderlichen Schutzvorrichtungen, so konnte der Verletzte gegen die Gemeinde in der Regel mittels der lex Aquilia Klage stellen, ohne daß es der Vorentscheidung des V.G.H. darüber bedurfte, ob die Organe der Gemeinde ein Verschulden traf. (E. d. ob. G.H. Bd. XIII S. 432, § 367 Ziff. 12 R.St.G.B., M.E. vom 4. Jan. 1872, Reg.Bl. 1872 S. 73.) Namentlich handelt es sich hier um Gefahren, die aus der Beschaffenheit der Wege drohen und erkennbar sind. Die Gemeinden sind nämlich allgemein verpflichtet, die Sicherheit des Verkehrs auf den ihr gehörigen öffentlichen Wegen herzustellen und möglichst alle Nachtheile zu verhüten, die sich bei Benützung dieser Wege ergeben können. (E. d. ob. G.H. Bd. XIII S. 602.)

Einem Urtheil des Oberl.Gerichts zu Frankfurt a/M. v. 15. März 1899, Seuff. Arch. Bd. 50 Nr. 87 (Bl. f. adm. Pr. Bd. 46 S. 252) ist zu entnehmen ein Fall, wo eine Gemeinde haftbar gemacht werden konnte. Kläger stürzte in den neben der Ortsstraße fortlaufenden Bach: ist der Sturz nur durch Fahrlässigkeit des Beklagten herbeigeführt worden, so war die Klage begründet, da die actio legis Aquil. auch auf Unterlassungen gestützt werden konnte, wenn nach Lage der Umstände eine Thätigkeit des Beklagten geboten war und die Thatsache der Unterlassung ein Verschulden darstellt; eine solche schuldhafte Unterlassung ist in dem Fehlen eines Geländers oder einer sonstigen Schutzvorrichtung da zu finden, wo es sich nicht um einen völlig ungefährlichen Zustand handelt.

Nach § 29 der Instr. v. 17. Juli 1808 haben die Verwaltungsbehörden die Aufsicht auf eine polizeimäßige Unterhaltung der Wege, Stege, Pflaster und Brücken, und nach § 34 Form-Verordg. v. 27. März 1817 die Sorge für Anlegung und

Unterhaltung zweckmäßiger Wege. (Bl. f. adm. Pr Bd. 21 S. 376; s. auch Form-Verordg. v. 17. Dez. 1825, Reg.Bl. S. 1049 und Weber Bd. II S. 279)

Die Pflicht der Weg- und Verkehrssicherheit gegen Gefahren jedoch, die außerhalb des Weges liegen, ist keine unbedingte Rechtsconsequenz der Wegunterhaltungspflicht, während dieß sonst allgemein der Fall ist.

Der Weg muß denjenigen Verkehrsbedürfnissen, denen zu dienen er bestimmt ist, auch thatsächlich genügen können; hiezu ist besonders nöthig, daß er nach seiner ganzen Beschaffenheit unter gewöhnlichen Verhältnissen zum Mindesten ohne persönliche Gefahr benützt werden kann. Die Sicherheitsvorrichtungen erweisen sich hiebei als unmittelbare Zugehörung des Weges. (V.G.H.E. Bd. XVII S. 312.)

Eine Gemeinde, die es unterlassen hatte, auf ihren öffentlichen Wegen die nöthigen Anstalten zu treffen, um die aus der Beschaffenheit dieser Wege drohenden, erkennbaren Gefahren zu beseitigen, haftete für den Ersatz des Schadens, den die diesen Weg Benützenden in Folge dieser Unterlassung erlitten, da die von Vertretern einer juristischen Person innerhalb ihrer Zuständigkeit bethätigten Handlungen oder Unterlassungen als die eigenen der vertretenen Person zu betrachten und in vermögensrechtlicher Hinsicht von ihr zu vertreten waren. (E. d. ob. G.H. Bd. XIII S. 602.)

Im Uebrigen obliegt die polizeirechtliche Verpflichtung zur Wegsicherung in der Regel dem servitutpflichtigen Grundeigenthümer im Sinne des § 367 Ziff. 12 R.Str.G.B., der die Verkehrsgefahr innerhalb seines Eigenthums geschaffen hat. (V.G.H.E. Bd. V S. 132.)

Eine Verpflichtung von Gemeinden zur Straßenbeleuchtung kann aus Art. 38 nicht ohne Weiteres abgeleitet werden, aber unter Umständen in Art. 92, 95, 141, 142 begründet sein. (V.G.H.E. Bd. XVI S. 123.) Durch Art. 38 wollten nur jene Vorrichtungen zur Sicherheit inbegriffen sein, die sich auf die gemeindliche Wegbaupflicht beziehen und als integrirender Bestandtheil oder Zugehörung der Wege darstellen und erforderlich sind, um die Weganlagen als solche für jene Zwecke vollkommen gebrauchsfähig zu machen; Straßenbeleuchtungsanlagen aber sind nicht als Bestandtheile der Weganlagen selbst anzusehen; doch kann die Straßenbeleuchtung unter Umständen jenen Maßnahmen beigezählt werden, die erforderlich sind, um einen ungefährdeten Verkehr zu sichern; diese Nothwendigkeit hängt aber von den örtlichen Verhältnissen ab, deren Beurtheilung dem pflichtmäßigen Ermessen zunächst der Gemeindebehörden anheimgegeben ist; eventuell sind die Aufsichtsbehörden berechtigt, nach Art. 156 Abs. IV und 157 Abs. 3, 5—7 vorzugehen.

Wenn durch eine Entschließung der Verwaltungsbehörde einer Gemeinde die Einführung der Straßenbeleuchtung lediglich vom Standpunkte der Forderung der Verkehrsbequemlichkeit auferlegt wird, so kann diese im Beschwerdewege aufgehoben werden; ob aber in einer bestimmten Gemeinde die Straßenbeleuchtung nach den örtlichen Verhältnissen wirklich ein Bedürfniß der öffentlichen Sicherheit sei, in welcher Zahl, in welchem Entfernungsverhältnisse und an welchen Punkten dieß zu geschehen hat, diese Fragen können nur von der aktiven Verwaltung nach ihrem Ermessen entschieden werden. (Krais, Comm. z. V.G.H.G S. 120)

Durch ortspolizeiliche Vorschrift können Private zur Trottoiranlage verpflichtet werden (§ 366 Ziff. 10 R.St.G.B.), da solche Vorschriften im Verkehrsinteresse zulässig sind. (Diese Anschauung des Oberlandesgerichts München als obersten Polizeistrafrichters findet jedoch mehrfache Rechtsanfechtung.)

Ueber den Betrieb einer Beleuchtungsanstalt s. Abhandl. in der bayr. Gem. Zeitg. 1891 S. 743, über die Pflicht zur Herstellung einer Schutzbrüstung an einem Gemeindeweg, der zugleich als Leinpfad dient: Bl. f. adm. Pr. Bd. 21 S. 33.

Anm. 13. Die Aufstellung des Ortspolizei- und Feldschutzpersonales, welches zur Handhabung der den Gemeinden zustehenden Ortspolizei erforderlich ist; s. hierüber die Art. 92, 93, 94, 95, 138, 141. Der Flurschutz — ein Theil der Ortspolizei — ist nicht auf den landwirthschaftlich benützten Theil der Gemeindemarkung und dessen Erträgnisse beschränkt, sondern umfaßt alle Arten der Bewirthschaftung von Grund und Boden, also auch dessen forstwirthschaftliche Benützung und deren Erträgnisse, begreift sonach auch den Waldschutz in sich; letzterer bildet vorbehaltlich der Bestimmung in Art. 45 Abs. III einen Vortheil aus dem Gemeindeverband im Sinne des Art. 55 der vierten Beilage zur Verfassungsurkunde bezw. des Art. 44 Abs. I Ziff. 3 der G.O. In gleicher Weise bildet der dem Besitzer durch den Bestand einer mit Amtsgewalt ausgerüsteten gemeindlichen Ortspolizeibehörde gewährleistete Schutz gegen Störung und Beeinträchtigung einen Vortheil vorbezeichneter Art. (V.G.H.E. Bd. IX S. 99.)

Ueber den Flurschutz durch Warnungszeichen und den gesetzlichen Schutz dieser Warnungszeichen: Bl. f. adm. Pr. Bd. 32 S. 92.

Anm. 14. Herstellung und Unterhaltung der nöthigen Fähren: Zur Errichtung von Fähren über öffentliche Flüsse ist Regierungsgenehmigung erforderlich. (Art. 17 und 97 Wasserben.Gesetz, G.Bl. 1851/52 S. 489, Weber Bd. IV S. 31. Ueber Controversen dabei vgl. Reuß, Wasserges. S. 31.)

Anm. 15. Aufstellung und Unterhaltung der nöthigen Wegweiser: An den Einmündungen von Ortswegen in Distrikts- oder Staatsstraßen wie an den Scheidepunkten der Ortswege hat dieselbe durch die betr. Gemeinden zu geschehen, (M.E. v. 31. Dez. 1833, 7. Febr. 1841, Weber Bd. III S. 368, v. 27. Juli 1842, Weber Bd. III S. 464), an den Scheidepunkten von Staatsstraßen durch den Staat, an solchen von Staats- und Distriktsstraßen durch den Distrikt. (S. auch Bl. f. adm. Pr. Bd. 8 S. 289, Bd. 9 S. 294.)

Anm. 16. Herstellung und Unterhaltung der nöthigen Orts- und Warnungstafeln: nach M.E. v. 12. Febr. 1889, M.A.Bl. S. 73, hat die Aufschrift auf den Ortstafeln zu lauten:

Gemeinde: (event. zuvor Ortschaftsname.)
Amtsgericht:
Bezirksamt und Aushebungsbezirk:
Landwehrbezirk:
Hauptmeldeamt:

Anm. 17: Anschaffung der Gesetz- und Amtsblätter:

a) Die Gemeinden müssen halten:

1) Gesetz- und Verordnungsblatt. (M.E. vom 29. Okt. 1873 § 5, Weber Bd. X S. 149.) Ueber die Anschaffung bezirksamtliche Kontrolle. (M.E. vom 11. Dez. 1873, Weber Bd. X S. 150.)
2) Amtsblatt des Staatsministeriums des Innern. (M.E. v. 15. Juni 1872, Weber Bd. IX S. 415.)
3) Kreisamtsblatt. (M.Bek. v. 8. Okt. 1875, Weber Bd. XI S. 158.)

4) Reichsgesetzblatt. (M.E. vom 13. und 24. März 1871, Weber Bd. VIII S. 734.)

5) Bezirksamtsblatt. (Aut. M.E. v. 10. März 1873 und 25. Okt. 1877, Weber Bd. IX S. 714.)

b) Den Gemeinden ist empfohlen:

Haltung des Zentralpolizeiblattes. (M.E. vom 23. Jan. 1878.)

c) Freigestellt ist:

Haltung des Ministerialamtsblattes für Kirchen- und Schulangelegenheiten. (M.E. vom 24. Febr. 1867.)

Ueber die Haltung der öffentlichen Blätter in Bürgermeistereien siehe M.E. vom 4. Jan. 1870, 13. März 1871, 8. Okt. 1875. Für sämmtliche vereinigte Gemeinden brauchen diese Blätter nur einmal angeschafft zu werden.

Ueber Gemeinderegistraturen s. M.E. v. 18. Mai 1888, M.A.Bl. S. 199, auch M.E. v. 5. Dez. 1875, M.A.Bl. S. 657 Ziff. V Nr. 6.

Anm. 18. Zu Abs. II: Verpflichtungen Dritter zur Herstellung und Unterhaltung gemeindlicher Einrichtungen im Sinne des Art. 38 Abs. II können auf dem Boden des öffentlichen Rechts nicht durch Herkommen begründet werden, denn im Gebiete des öffentlichen Rechtes können durch Herkommen Rechte und Pflichten nur in denjenigen Fällen begründet werden, in denen das Gesetz dieß ausdrücklich zuläßt. (V.G.H.E. Bd. IV S. 235, Bd. V S. 209.) Durch Art. 38 und 39 ist nicht vorgeschrieben, daß die besonderen Rechtstitel Privatrechtstitel, die besonderen Verpflichtungen unter allen Umständen privatrechtliche Verpflichtungen sein müssen, und daß daher die ausschließliche Competenz der Civilgerichte gegeben sein müßte.

Wird die Verpflichtung eines Dritten auf öffentlich-rechtliche Verhältnisse gestützt, so haben auch, wenn behauptet wird, daß diese öffentlich-rechtlichen Verpflichtungen zwischen den Betheiligten durch Vertrag oder Herkommen näher geregelt sind, über diese Verpflichtungen die Verwaltungsbehörden zu entscheiden. Ist der Dritte zu einer Leistung durch öffentlich-rechtliche Bestimmung überhaupt nicht verpflichtet, sondern hat derselbe ohne jeden öffentlich-rechtlichen Verpflichtungsgrund die in Frage stehende Leistung durch Vertrag &c. übernommen, so liegt ein reines Privatrechtsverhältniß vor, wobei die Gerichte zuständig sind. (E. d. ob. G.H. Bd. IX S. 202.)

Siehe hieher noch folgende V.G.H.E.:

a) Wenn durch rechtskräftigen Beschluß auf Grund Herkommens (nach Art. 153) die Verpflichtung einer Ortschaft zur Herstellung und Unterhaltung einer gemeindlichen Brücke ausgesprochen wurde und es sich nach Zerstörung dieser Brücke um die Herstellung einer neuen Brücke handelt, welche einem gesteigerten Verkehr dienen und mit wesentlich erhöhter Tragkraft, also auch mit einem wesentlich vermehrten Kostenaufwande wieder hergestellt werden muß, so kann das Herkommen nicht mehr als maßgebend und demzufolge die auf Grund des Herkommens getroffene, die Verpflichtung der Ortschaft feststellende instanzielle Entscheidung als fortwirkend nicht mehr erachtet werden; es hat vielmehr die gesetzliche Regel des Art. 38 Abs. I einzutreten, wonach die Gemeinde zur Herstellung und Unterhaltung der gemeindlichen Brücke verpflichtet erscheint. (Bd. V S. 4.)

b) Auf dem Boden des öffentlichen Rechtes kann einem Herkommen des Inhalts, daß zu den Kosten einer nach Art. 38 Abs. I der politischen Gemeinde obliegenden Einrichtung ein Theil der Gemeindeglieder wegen Mehrbenutzung dieser Einrichtung entsprechende Mehrleistungen zu gewähren habe, rechtserzeugende Kraft nicht beigemessen werden, wie denn auch des Herkommens als einer vom Standpunkte dieser Gesetzesvorschrift zu beachtenden Rechtsnorm nicht im Art. 38 selbst, sondern nur in der Bezugsstelle, d. h. in Art. 153 Abs. II Erwähnung geschieht. Die in Art. 38 Abs. II vorbehaltene Verpflichtung Dritter wird sich in Absicht auf die Unterhaltungspflicht von Wegen und Brücken — abgesehen von Art. 20 Abs. VI Wasserbenützungs-Gesetz — auf dem Boden des öffentlichen Rechts überhaupt kaum denken lassen. Sind dagegen solche Vorausleistungen privatrechtlicher Natur, so steht deren Würdigung den Gerichten zu. (Bd. IV S. 457.)

c) Verjährung, Herkommen, Herstellung durch den Mühlbesitzer, Eintragung im Grundsteuerkataster, Interessenbetheiligung vermögen keine öffentlich-rechtliche Verpflichtung zu erzeugen. (Bd. V S. 210.)

Auf öffentlich-rechtlichen Gründen ruhende Verpflichtungen Dritter regeln sich nach Art. 44 Abs. II G.O., Art. 37 des Distriktsrathsgesetzes, Verordg. v. 20. Juni 1855, Eisenbahnbauten betr., Reg.Bl. S. 655, Weber Bd. IV S. 706.

Ueber Herkommen nach bayer. Landrecht: B.G.H.E. Bd. XII S. 459; ein Vergleich über die Wegunterhaltung, bei welchem die Gemeinde als solche nicht betheiligt war, bildet für die letztere keinen Befreiungsgrund. Ueber das Verhältniß zwischen Art. 38 Abs. II G.O. zu Art. 37 des Distriktsrathsgesetzes s. B.G.H.E. Bd. III S. 623. S. auch B.G.H.E. Bd. IV S. 457.

Anm. 19. Nach besonderen Bestimmungen treffen Verpflichtungen der Gemeinden noch Art. 26, 34, 62, 74–77, 95, 125, 129, 141/142, 188 G.O.

Von sonstigen Gesetzen kommen zunächst in Betracht:

a) als Landesgesetze:

1) Gesetz v. 12. März 1850, betr. den Ersatz des bei Aufläufen verursachten Schadens, G.Bl. S. 73, Weber Bd. IV S. 98.

2) Gesetz v. 4. Mai 1851, betr. das Einschreiten der bewaffneten Macht ꝛc., G.Bl. S. 9, Weber Bd. IV S. 247.

3) Gesetz v. 28. Mai 1852, betr. den Uferschutz ꝛc., G.Bl. S. 577, Weber Bd. IV S. 452.

4) Gesetz v. 28. März 1852, Forstgesetz, die Kosten des Forstbetriebs ꝛc., G.Bl. S. 69, Weber Bd. IV S. 343, G.V.Bl. 1879 Nr. 70. Nun neue Redaktion v. 17. Juni 1896, G.V.Bl. S. 325.

5) Gesetz v. 10. Nov. 1861, betr. die Aufbringung des Bedarfes für die deutschen Schulen, G.Bl. S. 297, Weber Bd. V S. 390.

6) Gesetz v. 29. April 1869, betr. die öffentliche Armen- und Krankenpflege, G.Bl. S. 1093, Weber Bd. VIII S. 34 mit Art. 160 des Ausführungsgesetzes zum bürgerl. Gesetzbuch.

7) Brandversicherungsgesetz v. 3. April 1875, G.Bl. S. 269, Weber Bd. X S. 672. (S. auch Art. 164 des Ausf.Ges. z. bürgerl. Gesetzbuch.)

8) Ausf.Ges. z. Reichsviehseuchengesetz v. 21. März 1881, G.V.Bl. S. 123, Weber Bd. XIV S. 734.

9) Landtagswahlgesetz v. $\frac{\text{4. Juni 1848}}{\text{21. März 1881}}$, G.V.Bl. S. 113, Weber Bd. XIV S. 732;

b) als Reichsgesetze:

1) Quartierleistungsgesetz v. 25. Juni 1868, G.V.Bl. 1875 S. 189, Weber Bd. VII S. 338.

2) Reichstagswahlgesetz v. 31. Mai 1869, G.Bl. 1870—71 S. 255, Weber Bd. VIII S. 140.

3) Kriegsleistungsgesetz v. 13. Juni 1873, R.Bl. S. 129, Weber Bd. X S. 34.

4) Personenstands-Gesetz v. 6. Febr. 1875, R.G.Bl. S. 23, Weber Bd. X S. 566.

5) Gesetz v. 13. Febr. 1875, betr. die Naturalleistungen für die bewaffnete Macht im Frieden, R.G.Bl. S. 52, Weber Bd. X S. 598.

6) Bauunfallversicherungs-Gesetz v. 11. Juli 1887, R.G.Bl. S. 287.

7) Gewerbegerichtsgesetz v. 29. Juli 1890. (R.G.Bl. S. 141.)

8) Krankenversicherungsgesetz v. 10. April 1892, R.G.Bl. S. 379.

c) Durch gesetzmäßige Verordnungen sind Verpflichtungen der Gemeinden festgestellt gemäß

1) Verordg. v. 23. Nov. 1869, betr. die Normalaichungskommission zc. (R.Bl. S. 2113, Weber Bd. VIII S. 430), v. 27. Jan. 1883.

2) Verordg. v. 28. April 1875, die Kosten der Schutzpockenimpfung betr., (G.V.Bl. S. 403, Weber Bd. X S. 720.)

3) Verordg. v. 23. März 1881 zum Vollzug des Reichsviehseuchengesetzes (G.V.Bl. S. 129, Weber Bd. XIV S. 744.)

4) M.E. v. 23. Nov. 1889 (M.A.Bl. S. 367), betr. die Kosten des Ersatzgeschäftes.

5) Landtagsabschied v. 23. Mai 1846 (G.Bl. S. 25, Weber Bd. III S. 610), Schneeräumen betr.

6) Verordg. v. 20. Nov. 1815, über Setzung von Blitzableitern; (R.Bl. S. 971, Weber Bd. I S. 484); auch V.G.H.E. Bd. II S. 494 u. 501.

S. auch k. Verordg. v. 28. Aug. 1898, G.V.Bl. S. 509, betr. die Instruktion zur Ausführung des Gesetzes über die Naturalleistungen für die bewaffnete Macht im Frieden in der Fassung des Ges. v. 24. Mai 1898, R.G.Bl. S. 361. Vgl. ferner Art. 93 ff. des Ausf.Ges. z. Bürg. Ges.Buch über den Gemeindewaisenrath.

Anm. 20. Die freiwillige Uebernahme von Leistungen für Zwecke, die außerhalb der Verpflichtung der Gemeinde liegen, ist immer an die Zustimmung der Gemeindebevollmächtigten, bezw. der Gemeindeversammlung gebunden, wenn hiezu eine Umlage erforderlich ist; vgl. Art. 47, 112, 159.

Anm. 21. Gemäß Art. 8 Ziff. 34 V.G.H.G. sind Verwaltungsrechtssachen Ansprüche und Verbindlichkeiten, welche betreffen die öffentliche Eigenschaft eines Weges mit Zugehörungen, einer Brücke oder eines Abzugskanales; Verbindlichkeiten in Bezug auf Herstellung und Unterhaltung der nicht in die Klasse der Staatsstraßen gehörigen öffentlichen Wege, Brücken, Stege und Abzugskanäle, unbeschadet der gesetzlichen Befugniß der Verwaltungsbehörden, über die Anlage von Distriktsstraßen und Gemeindeverbindungswegen und über deren Unterhaltung aus Distrikts- und Gemeindemitteln zu beschließen.

Die Bedeutung des Zusatzes „unbeschadet der gesetzlichen Befugniß zc."

ist lediglich die, hervorzuheben, daß das Gesetz an dieser Stelle nur die verwaltungsrechtlichen Streitigkeiten im Sinne der Eingangsworte des Art. 8 V.G.H.G. im Auge habe, und daß diejenigen Fälle, in denen eine Gemeinde von Staatsaufsichtswegen zur Anlage oder Unterhaltung eines Gemeindeverbindungsweges angehalten wird, nicht hieher zu rechnen, sondern nach Art. 10 Ziff. 1 und 2 V.G.H.G. zu beurtheilen sind. (Kahr, Comm. z. V.G.H.G. zu Ziff. 34 l. c.)

Anm. 22. Ueber die Berücksichtigung der wirthschaftlichen Verhältnisse der Gemeinden bei den an sie zu stellenden Anforderungen vgl. noch M.E. v. 7. Aug. 1881, (Weber Bd. XV S. 386) und M.E. v. 19. Juli 1892 M.A.Bl. S. 311.

Art. 39.

I. Die Gemeindeausgaben sind zunächst aus den Renten des Gemeindevermögens, aus den für besondere Zwecke vorhandenen Stiftungen oder hiefür geleisteten freiwilligen Beiträgen, aus den der Gemeindekasse gesetzlich zugewiesenen Gebühren und Strafgeldern, aus den für Benützung von Gemeindeanstalten festgesetzten Gebühren und sonstigen Erträgnissen dieser Anstalten, aus etwaigen Zuschüssen des Staates und anderer öffentlicher Kassen, sowie aus den auf besonderen Rechtstiteln beruhenden Leistungen Dritter zu bestreiten.

II. Soweit diese Einkünfte für den gesetzlich festgestellten Bedarf nicht ausreichen, ist derselbe durch Gemeindeumlagen, Verbrauchssteuern und sonstige örtliche Abgaben zu decken.

Anm 1. Zu Abs. I: Hieher gehören die Verpflichtungen Dritter nach Art. 38 Abs. II und Art. 34, ferner die Jagdpachtgelder (siehe Art. 8 des Jagdgesetzes vom 20. März 1850), die Gemeindedienste, durch welche man zwar keine Ausgaben bestreiten, wohl aber Ausgaben ersparen kann, aufgenommene Schulden, Vermögen und Schulden der Landwehr älterer Ordnung (Gesetz v. 29. Dez. 1873, Gesetz- und Verordg.Bl. 1874 S. 35), Einnahmen gemäß Gesetz über die Abgaben für das Halten von Hunden vom 2. Juni 1876, Zuflüsse zur Ortsschul- und Armenkasse, Art. 20, 22, 27 und 28 der G.O., Art. 8, 11 und 30 des Heimathgesetzes, Art. 20 des Armengesetzes, § 70 des Gesetzes über die Beurkundung des Personenstandes, Strafgelder: Art. 41, 100, 144 und 174 der G.O., ferner Malzaufschlagsgesetz, Art. 21 und 124 des P.St.G.B., Zuschüsse des Staates: Art. 95 Abs. II der G.O., Geb.Gesetz vom 6. Juli 1892 bezw. 15. Juni 1898.

Zu den Gemeindeeinnahmen im Sinne des Art. 39 Abs. I, nicht aber des Abs. II gehören auch Gebühren für Benützung einer Gemeindeanstalt; die Erhebung derselben ist keine Vorbedingung für Erhebung von Gemeindeumlagen; Gemeindeausgaben sind aus Gebühren für Benützung von Gemeindeanstalten dann zu decken, wenn solche Gebühren von den Gemeinden freiwillig eingeführt werden. (V.G.H.E. Bd. XVI S. 165.)

Die Gebühren für Benützung der Gemeindeanstalten sind nur dann als gesetzliche Einnahme der Gemeindekasse anzusehen, wenn sie festgesetzt und publicirt, d. h. in der Gemeinde wirklich eingeführt sind. Ein Zwang zur Einführung solcher Gebühren kann gemäß Art. 40 der G.O. nicht geübt werden. (Bl. f. adm. Pr. Bd. 22 S. 269.)

Zu den Gemeindeanstalten gehören auch die Gasanstalten.

Keinem Gemeindeangehörigen steht ein Rechtsanspruch darauf zu, daß die Renten des Gemeindevermögens nur für eigentliche Gemeindezwecke verwendet werden. (B.G.H.E. Bd. XII S. 241.)

In Bezug auf die Gemeindeanstalten steht den Gemeindeverwaltungen nach Art. 84 und 130 die Befugniß zu, über die Bedingungen und die Art und Weise der Benützung, dann der Gegenleistungen statutarische Bestimmungen zu erlassen. Im Gesetze findet sich kein Anhaltspunkt dafür, daß die Gemeinden bei Gründung von diesen auf solche, die zum allgemeinen Gebrauch und Genuß dienen, beschränkt sein sollten, und daß Anstalten, die von den Gemeinden für einzelne mit den Interessen der Gemeinde als solcher in ständiger Wechselbeziehung stehende Kategorien von Gemeindeangehörigen ins Leben gerufen werden, wie Pensionsanstalten, ausgeschlossen werden wollten. (B.G.H.E. Bd. VII S. 107, Bd. IX S. 420.)

Stiftungen im Sinne des Art. 39 sind meist Schul- oder Armenstiftungen. Staatszuschüsse gibt es meist für Schulzwecke.

Etwaige Ueberschüsse nach Abs. 1 können Kürzungen an einzelnen Posten des Abs. I nach freier Wahl der Gemeinde bewirken.

Anm. 2. Zu Abs. II: Zu den hier aufgeführten Deckungsmitteln (Gemeindedienste gehören nicht hieher) darf erst gegriffen werden, wenn die sub Abs. I aufgeführten nicht genügend sind; doch dürfen die in Abs. I bezeichneten auch zur Uebernahme freiwilliger Leistungen verwendet werden, vorbehaltlich ordnungsmäßiger Beschlußfassung. Wenn die Gemeinden die Erhebung von Umlagen vor vollständiger Flüssigmachung und Verwendung der Gemeinde-Vermögensrenten beschlossen haben, liegt ein Fall des Art. 157 Abs. I—III zum Offizialeinschreiten der Staatsaufsichtsbehörden vor.

Aus dem Umstand, daß die Renten des Gemeindevermögens auch zur Bestreitung von Bedürfnissen einer Schule und Kirche verwendet werden, die nicht allen Gemeindeangehörigen gemeinsam sind, können diejenigen, welche zu einer anderen Schule oder Kirche gehören, für sich keinen im Verwaltungsrechtsweg verfolgbaren Anspruch auf Herauszahlung eines verhältnißmäßigen Antheiles dieser Renten ableiten, (B.G.H.E. Bd. XII S. 400), weil diese freiwillige Uebernahme innerhalb der durch das Gesetz, insbesondere Art. 159 gezogenen Grenzen als zulässig erscheint.

Was die in Abs. II aufgeführten Deckungsmittel anlangt, so haben die Gemeinden die freie Wahl, ob sie nur die einen oder anderen der speziell hier aufgeführten Deckungsmittel oder alle neben einander einführen wollen. (Ref. im Abg. Aussch.) Hinsichtlich der Fälle der Bestreitung der in einer Gemeinde nöthigen Umlagen durch Nutzungsberechtigte vgl. Bl. f. adm. Pr. Bd. 20 S. 136. Das vorgenannte Recht darf den Gemeinden auch nicht durch die Aufsichtsbehörden geschmälert werden; letztere können weder Verbrauchsteuern noch sonstige Abgaben in der Gemeinde einführen, sondern nur die erforderliche Umlage anordnen.

Anm. 3. Die Gemeindeumlagen bilden regelmäßig das subsidiäre Mittel zur Bestreitung des Gemeindebedarfs, welches den nach Abgleichung der erforderlichen Ausgaben und der verfügbaren primären Einnahmen sich ergebenden Fehlbetrag überhaupt und ohne Unterschied, aus welchem Aufwande für einzelne gemeindliche

Zwecke die Nothwendigkeit der Umlagenerhebung sich ableitet, zu decken bestimmt ist. (V.G.H.E. Bd. III S. 719, Bd. VIII S. 15.) Eine Abweichung hiervon durch Ausscheidung und Erhebung verschiedener Umlagen in einer Gemeinde nach verschiedenartigen gemeindlichen Bedürfnissen begründet jedoch nicht nothwendig die Nichtigkeit dieser Umlagenerhebung, und führt vielmehr nur dazu, einem solchen Verfahren keine rechtliche Bedeutung beizumessen, sondern nur die für einen bestimmten Zweck allein oder neben anderen besonders oder allgemein erhobenen Umlagen als einzige oder gemeinschaftliche zu betrachten und zu behandeln. (V.G.H.E. Bd. VIII S. 15, Bd. XI S. 453, letztere gegen Seydel, bayr. Staatsrecht Bd. IV S. 517.)

Anm. 4. Die Vertheilung von Gemeindelasten durch Vertrag der Betheiligten ist ein vor die Civilgerichte gehöriges Privatrechtsverhältniß. (E. d. ob. G.H. Bd. II S. 911.)

1. Verbrauchssteuern und andere örtliche Abgaben.

Vorbemerkung.

Die Bestimmung der Verbrauchssteuern ist die, einen durch die vom Gesetz in erster Linie aufgeführten Gemeindeeinnahmen nicht gedeckten Bedarf aufzubringen; die Verbrauchssteuern sind nur als gemeindliche Einnahmequellen zugelassen und stehen in Bezug auf Subsidiarität der Anwendbarkeit im wesentlichen auf gleicher Stufe wie die durch Art. 42 ff. näher geregelten Gemeindeumlagen. (V.G.H.E. Bd. VI S. 66.)

Unter den in Artikel 40 und 41 aufgeführten Verbrauchssteuern und anderen örtlichen Abgaben sind alle jene zu begreifen, welche bereits auf Grund des § 24 des Gemeinde-Edikts mit „den Gemeinden bewilligte Gefälle“ bezeichnet wurden. Sie gehören zu den gesetzlichen Einnahmen der Gemeinden: ein förmlicher Verzicht hierauf seitens einer Gemeinde ist öffentlich-rechtlich wirkungslos, ebenso ein Vertrag mit einem Verpflichteten. V.G.H.E. Bd. XVI S. 262.

Die Wurzel des in Art. 40 statuirten Abgabenerhebungsrechts ist in der den Gemeinden verliehenen Finanzgewalt zu suchen, die nicht eine bloße Ausübung der Staatsgewalt, sondern eine den Gemeinden eingeräumte eigene, wenn auch in ihrem Bestande von der Anerkennung seitens der Staatsgewalt abhängige Gewalt ist und sich als Selbstgesetzgebungs- und Selbstverwaltungsrecht äußert.

Wird eine gemeindliche Verbrauchsabgabe neu eingeführt, so trifft sie nur jene Gegenstände, die vom Zeitpunkte des Inkrafttretens der betr. Aufschlagsordnung neu zugehen, es müßte denn eine rechtsgiltige Uebergangsvorschrift anders bestimmen. (V.G.H.E. Bd. XVI S. 22.)

Hinsichtlich sämmtlicher in Art. 40 aufgeführten Abgaben ist vor allem die in Abs. I statuirte, in der Clausel „soweit nicht Gesetze oder Staatsverträge entgegenstehen“ enthaltene Schranke hervorzuheben.

Zunächst kommt hier in Betracht der Zollvereinsvertrag vom 8. Juli 1867, G.Bl. 1866/69 S. 93, Weber Bd. VII S. 39, welcher durch die k. Deklaration vom 16. November 1867 Gesetzeskraft erhielt; Weber Bd. VII S. 142; der Vorbehalt des Art. 40 Abs. I war nöthig, weil im entgegengesetzten Falle die Bestimmungen dieses Vertrages durch die Gemeindeordnung als aufgehoben zu erachten gewesen wären: maßgebend sind die Bestimmungen des Art. 5 Ziff. I und II. (Im Anhange abgedruckt.) Ziff. I des Art. 5 ist jedoch theilweise durch § 1 des Gesetzes (betr. die Abänderung des Zoll-Vereinig.-Vertrages vom 8. Juli 1867) vom 27. Mai 1885 (R.G.Bl. S. 109) aufgehoben. § 1 lautet nämlich: Die Bestimmung unter Ziff. I des Art. 5 des Z.V.V. vom 8. Juli 1867, wornach von allen bei der Einfuhr mit mehr als 3 ℳ von 100 kgr belegten ausländischen Erzeugnissen keine weitere Abgabe irgend einer Art, sei es für Rechnung des Staates oder für Rechnung von Communen und Corporationen, erhoben werden darf, findet auf Mehl und andere Mühlenfabrikate, desgleichen auf Bäckerwaaren, Fleisch, Fleischwaaren und Fett, sowie ferner, insoweit es sich um die Besteueruug für Rechnung von Communen und Corporationen handelt, auf Bier und Branntwein keine Anwendung. Inwieweit die zollfreien oder mit einer Abgabe von nicht mehr als 3 ℳ belegten, bezw. im Reichsgesetze vom 27. Mai 1885 erwähnten ausländischen Erzeugnisse Gegenstand der gemeindlichen Besteuerung sein können, bestimmt sich nach dem Maße, in dem dieselben in- oder vereinsländische Erzeugnisse als mögliches Objekt der gemeindlichen Besteuerung zugelassen sind. Letzteres Maß findet sich im § 7 des Art. 5 Ziff. II des Z.V.V. festgesetzt.

Allgemein können abgesehen von den oben angeführten Bestimmungen nach Reichsrecht der Besteuerung nur unterworfen werden: Bier, Essig, Malz, Wein (aber nur in den eigentlichen Weinländern, nämlich Rheinpfalz und Unterfranken), Obstwein, Branntwein, die Erzeugnisse, welche der Mahl- und Schlachtsteuer unterliegen, dann Lebensmittel des Marktverkehrs und Futter.

Die Erhebung von Abgaben für Rechnung der Communen soll zunächst nur für Gegenstände bewilligt werden, die zur örtlichen Consumtion bestimmt sind, weil ihre Erhebung regelmäßig vor dem Verbrauche erfolgt. (Siehe hierüber Ausführliches in dem vortrefflichen Werke von v. Sicherer, die gemeindliche Finanz-Polizei- und Strafgewalt 2c., 1893, J. Schweitzer Verlag in München.)

Innerhalb des soeben erwähnten reichsrechtlichen Rahmens gestattet Art. 40 den Gemeinden die Einführung der bisher in den Landestheilen diesseits des Rheines in Uebung gewesenen Verbrauchssteuern allgemein, die Einführung neuer Aufschläge aber nur mit gesetzlicher Ermächtigung; zu ihrer Ertheilung genügt das Beschreiten des einfachen Gesetzweges.

Die Bestimmung darüber, ob eine örtliche Verbrauchssteuer überhaupt einzuführen sei, dann die Regelung des Umfanges der Abgabenpflicht. Beschränkung auf gewisse Kategorien von Gegenständen oder Consumenten, Tarif- und Erhebungsart sind reine Verwaltungssachen; wo ein Pachtverhältniß besteht, hat dieses für die Pflichtigen nur die Bedeutung einer Aenderung in der Person des Perzipienten; der Gefällspflichtige steht zum Pächter in demselben Verhältnisse wie zur Gemeinde, die das Gefäll erhebt. (E. d. ob. G.H. Bd. III S. 260.) Zulässig ist die Festsetzung eines Aversums für die Entrichtung von Verbrauchssteuern. (S. V.G.H.E. Bd. XII S. 375 und bayr. Gem.Zeitg. 1896 S. 265.)

Die bisher üblichen Aufschläge scheiden sich in zwei Gruppen.

A. Fleisch- und Getreide- oder Mehlaufschlag; ihre Einführung ist den Gemeinden unbedingt, jedoch nur bis zu dem verordnungsmäßig festgesetzten Maximalbetrage gestattet. § 1 d. Vdg. v. 27. November 1875, den Fleisch-, Getreide- und Mehlaufschlag 2c. betr. (G.V.Bl. S. 690, Weber Bd. XI S. 194—196) zählt die einzelnen hieher gehörigen Erzeugnisse auf.

Dem Fleischaufschlag können hienach unterworfen werden: Ochsen, Stiere, Kühe, junge Rinder, Kälber, Böcke, Schafe, Ziegen, Schweine, eingeführtes Fleisch dieser Thiere (auch Lunge und Leber) und eingeführtes Fleischfabrikat, solange letzteres nicht nur von Thieren herrührt, die dem Fleischaufschlag nicht unterliegen. Pferdefleisch ist der Besteuerung ganz entzogen.

S. M.E. v. 13. Mai 1882 Nr. 4677 bezüglich des Pferdefleisches und B.G.H.E. Bd. XII S. 371. Die Verordnung v. 27. Nov. 1875 hat bei ihren Gewichtsbestimmungen immer nur das Schlachtgewicht im Auge. (B.G.H.E. Bd. XIII S. 279.)

Der Getreide- und Mehlaufschlag kommt zur Erhebung vom Kern, Weizen, Korn oder Gerste, jedoch von letzterer nur dann, wenn sie nicht zur Malzbereitung bestimmt ist, von eingeführtem Mehl dieser Getreidearten, sowie vom eingeführten Brode, das aus Getreidearten hergestellt ist. Haber, Futtermehl und Kochgerste sind hiernach ausgeschlossen, es kann jedoch (§ 2 d. Verordg. v. 27. Novbr. 1875) hiefür ein selbstständiger Aufschlag erhoben werden.

B. Die übrigen in A nicht genannten zur Zeit der Erlassung der G.O. im diesrheinischen Bayern in Uebung gewesenen Verbrauchssteuern. Aus den Motiven zum Entw. der G.O., (Verh. d. bes. Aussch. Abth. I S. 33) ist hier zu nennen: Wein, Wildpret, Gänse, Obst, Kaffee und Kraut, ferner nach § 2 d. Vdg. v. 27. Nov. 1875: Haber, Futtermehl, Kochgerste und Hülsenfrüchte. Oertliche Abgaben von Salz sind nach Art. 2 der Uebereinkunft vom 8. Mai 1867 ausgeschlossen.

Abgaben von Wein können mit Beschränkung auf das durch die Wirthe zum Ausschank gebrachte Getränk erhoben werden. (B.G.H.E. Bd. XVI S. 68.)

Hieher gehört nun vor allem auch der Lokalmalz- bezw. Lokalbier-Aufschlag. Die Bestimmungen über den Lokalmalzaufschlag enthalten die Artikel 82—88 des bayerischen Malzaufschlaggesetzes vom $\frac{\text{16. Mai 1868}}{\text{10. Dez. 1889.}}$ (Ges.Bl. 1866—69 S. 461, Weber Bd. VII S. 257.) Der Lokalmalzaufschlag umfaßt das im Bezirke der politischen Gemeinde zum Zwecke der Bier- oder Essig-Erzeugung zum Brechen zur Mühle gelangende Malz (Materialsteuer); der Lokalbieraufschlag kann jedoch nur von dem in dem Steuerbezirk eingeführten Bier zur Erhebung kommen; das innerhalb der Gemeinde erzeugte Bier unterliegt nur dem Malzaufschlage. (M.E. v. 13. Okt. 1869 Nr. 12780.) Gegenstand des Bieraufschlages ist auch Bock, Salvator, Ale. Ueber Weißbier vgl. Kahr, Comm. S. 436. In der Regel beträgt der Satz 1 ℳ vom hl Malz, 60 ₰ vom hl und 3 ₰ von je 5 l Bier.

Den Lokalbieraufschlag hat derjenige zu entrichten, der das Bier in den Gemeindebezirk einführt; wenn der Brauer das Bier auf die Gemeindegrenze bringt, ist er in der Regel auch als der Einführende zu betrachten; als solcher erscheint aber auch der Wirth, der sich von auswärts Bier kommen läßt oder es selbst abholt. Privatabmachungen zwischen Brauern und Wirthen sind hier nicht maßgebend. (B.G.H.E. Bd. XVI S. 97.)

Bier ist jedes Gebräu, das sich als primäres Erzeugniß von Hopfen und Malz darstellt. (B.G.H.E. Bd. I S. 458.)

Der örtliche Malzaufschlag kann nur von jenem Malz erhoben werden, das dem staatlichen Malzaufschlag unterliegt. (M.E. v. 5. Juli 1880 Nr. 1578.) Bezüglich seiner Erhebung und Sicherung gilt das Gleiche wie beim staatlichen Malzaufschlag.

Lokalmalz- wie Bieraufschlag werden nur zur Deckung außerordentlicher

Bedürfnisse, nicht aber zur Bestreitung laufender Ausgaben bewilligt. Vgl. aut. M.E. v. 24. Febr. 1894 Nr. 3584.

Für den Aufschlag muß gesonderte Kassa- und Rechnungsführung erfolgen. Zu freiwilligen Leistungen den Bieraufschlag zu verwenden, ist nicht absolut ausgeschlossen. S. bayer. Gem.Zeitg. 1893 S. 341.

Die in Gruppe B aufgeführten Aufschläge unterscheiden sich von Gruppe A dadurch, daß sie nicht ein für allemal den Gemeinden anheimgegeben sind, sondern daß ihre Einführung und Forterhebung sowie ihre Erhebung der Genehmigung des Staatsministeriums des Innern, welche nach vorherigem Benehmen mit dem k. Staatsministerium der Finanzen erfolgt, bedarf.

Art. 40 kennt nur gemeindliche Verbrauchssteuern; die Befugniß zu ihrer Erhebung erstreckt sich nicht über die Gemeindemarkung hinaus. (M.E. v. 24. Okt. 1869 Nr. 12562.) Hienach können Ortschaften keine Verbrauchssteuern oder sonstige örtliche Abgaben erheben, denn ihre Finanzgewalt ist auf die in Art. 45 und 47 erwähnten Fälle beschränkt. Dagegen ist die Vereinigung mehrerer Gemeinden zu einer Aufschlagsgemeinschaft zulässig. (Vgl. Seydel, b. Staatsrecht, Bd. IV S. 554 und 555.) Die bezüglichen ortspolizeilichen Vorschriften sind in diesem Falle von den einzelnen politischen Gemeinden übereinstimmend zu erlassen und es obliegt die Verfolgung der Uebertretung jener Gemeinde, in deren Bezirk sie stattfand.

Oertliche Verbrauchssteuern sind solche, welche den innerhalb der Gemeinde stattfindenden Verbrauch gewisser Erzeugnisse treffen wollen. Die Erhebung erfolgt aber aus praktischen Gründen nicht im Augenblicke des Verbrauches, sondern von den eingeführten Quantitäten bei dem Betreten des Gemeindebezirkes oder bei ihrem Absatz, von den in der Gemeinde selbst produzirten vor diesem Verfahren oder während desselben oder vom fertigen Produkte. Hieraus folgt auch, daß bei den nicht zum örtlichen Consum bestimmten Gegenständen ein Anspruch auf Rückvergütung stattfindet.

Auszuscheiden hat man ferner sowohl Transitgut als auch Exportgut. Ein Transit ist nur dann gegeben, wenn ein Gegenstand schon von vornherein für einen dritten Ort bestimmt ist und den Aufschlagbezirk in unveränderter Form und Verpackung regelmäßig sofort oder in kurzer Zeit wieder verläßt. Wenn die Controle hiebei unverhälnißmäßig erschwert würde, kann der Aufschlag auch auf die transitirenden Gegenstände ausgedehnt werden, wobei das Gefälle bei der Ausfuhr im vollen Betrage zurückzuvergüten ist.

Als Exportgut ist ein in der Gemeinde hergestelltes Produkt zu erachten, welches im Zeitpunkte der Steuerbarkeit zur Ausfuhr bestimmt ist. Exportgut unterliegt der Besteuerung, es erwächst aber ein Anspruch auf Rückvergütung. (V.G.H.E. Bd. V S. 333 (Plenum) gegen Bd. IV S. 213.)

Zu erwägen ist ferner, daß es sich um gemeindliche Verbrauchssteuern, nicht um etwaige Schutzzölle handelt. Aus dem Zusammenhalte der reichs- und landesrechtlichen Bestimmungen ergibt sich zunächst, daß Gemeinden, welche von einem in dem Gemeindebezirke erzeugten Verbrauchsgegenstande keinen Aufschlag erheben, auch das Gleiche außergemeindliche in- oder ausländische Produkt nicht besteuern dürfen. In seinem Erkenntnisse v. 6. Febr. 1885 (Bd. VI S. 59) hat der Verwaltungsgerichtshof die Unzulässigkeit der Beschränkung der Verbrauchsabgaben auf die eingeführten Gegenstände unter gänzlicher oder theilweiser Freilassung der gleichartigen gemeindlichen Erzeugnisse eingehend erörtert und ferner in einer weiteren Entscheidung statuirt (Bd. III S. 353), daß die Gemeinden gesetzlich nicht berechtigt sind, örtliche Abgaben, welche nicht den örtlichen Consum, sondern nur den Verkehr mit Getreide (Getreidehandel) treffen, zu erheben, ohne daß hiebei eine Benützung von gemeindlichen Anstalten und Unternehmungen stattfindet, wobei auch ein entgegenstehendes Herkommen belanglos ist. Wo gemeindliche Steuern nach dem Werthe der Waare erhoben werden, sind dieselben Erhebungssätze auf alle Produkte anzuwenden, und darf insbesondere das gemeindliche Produkt anderen gegenüber nicht begünstigt werden. (Vgl. V.G.H.E. Bd. VI S. 67.) Wenn endlich die gemeindliche Verbrauchssteuer von dem Rohmateriale oder während der Herstellung des Verzehrungsgegenstandes erhoben wird, so ist nach Thunlichkeit auch das eingeführte Erzeugniß mit einem entsprechenden Aufschlage zu belegen. Verweigert ein gemeindlicher Produzent die Entrichtung des geforderten Aufschlages aus dem Grunde, weil das Statut das eingeführte Erzeugniß vom Gefälle freigelassen habe, obwohl dessen Besteuerung thunlich sei, so hat (Art. 8 Ziff. 31 V.G.H.G.) der Verwaltungsrichter auch die Frage der Thunlichkeit zu würdigen. (Vgl. Ausführliches bei Sicherer l. c. S. 13 ff.) Näheres am einschlägigen Orte.

Zuständig sind primär die Verwaltungsbehörden, (E. d. ob. G.H. Bd. V S. 244 ff. und Bd. III S. 260), es müßte denn zwischen den Betheiligten durch besondere Umstände ein Privatrechtsverhältniß festgestellt sein.

Gemäß Art. 8 V.G.H.G. sind Verwaltungsrechtssachen alle bestrittenen Rechtsansprüche und Verbindlichkeiten, welche betreffen:

a) Ziff. 19: das Recht zur Erhebung von Weg-, Pflaster-, Brücken- und Ueberfahrtsgeldern, soweit es sich nicht um das Verleihungsrecht der Staatsregierung handelt, sowie die Verbindlichkeit zur Entrichtung derartiger Gebühren. Hieher gehören auch Streitigkeiten über etwa angesprochene Exemtionen; Floß-, Trift- und Schleusengebühren aber fallen unter Art. 8 Ziff. 14. Das Verleihungsrecht der Staatsregierung zur Erhebung dieser Gebühren ist der Zuständigkeit des V.G.H. entrückt. (V.G.H.E. Bd. IV S. 311.) Nach Art. 9 V.G.H.G. kann der V.G.H. nur gegen Bescheide der Kreisregierungen angerufen werden.

b) Ziff. 31: die Verpflichtung zur Entrichtung von gemeindlichen Verbrauchssteuern und sonstigen örtlichen Abgaben; Benützung der Gemeindeanstalten und Verbindlichkeit zur Entrichtung von besonderen Vergütungen hiefür; Ansprüche auf Rückvergütung des Lokalmalz- oder Bieraufschlags und sonstiger örtlicher Verbrauchssteuern und Abgaben. (I. Instanz die Distriktsverwaltungsbehörde, II. Instanz der V.G.H.) Ein solcher Fall liegt nur dann vor, wenn im konkreten Falle von einer Gemeinde eine bestimmte ziffermäßige Leistung als bereits fällig gegenüber einem bestimmten Pflichtigen in Anspruch genommen, von diesem verweigert und hierüber die instanzielle Entscheidung angerufen wird. (V.G.H.E. Bd. IV S. 312.) Hieher gehören ferner die Fälle, in welchen die Verweigerung der Entrichtung solcher Verbrauchssteuern, örtlicher Abgaben rc. auf die Bestreitung der gesetzmäßigen Einführung derselben gestützt wird; nur ist auch hier die Beurtheilung der Gesetzmäßigkeit auf die Entscheidung des einzelnen Streitfalles beschränkt und muß die Außerkraftsetzung gesetzwidriger Statutarbeschlüsse, Ordnungen und Tarife der Staatsaufsicht vorbehalten bleiben.

Zu den Gemeindeanstalten sind auch die Gemeindebrunnen zu rechnen. (Vgl. auch V.G.H.E. Bd. III S. 221.)

Die Beschlüsse der den Kreisregierungen unmittelbar untergeordneten Magistrate über Ansprüche auf Rückvergütung örtlicher Abgaben oder über die Benützung von Gemeindeanstalten und die Entrichtung von Gebühren hiefür sind Gemeindeverwaltungsbeschlüsse in einer eigentlichen Gemeindeangelegenheit und nicht instanzielle Beschlüsse einer Distriktsverwaltungsbehörde in einer Verwaltungssache. Die auf Beschwerden gegen solche Beschlüsse getroffenen Entscheidungen der vorgesetzten Kreisregierung, Kammer des Innern, sind hienach als in erster Instanz erlassen zu erachten. Beschwerden hiegegen an den V.G.H., welche nicht innerhalb der gesetzlichen Nothfrist bei der genannten Kreisstelle eingebracht wurden, können nicht als rechtzeitig erhoben gelten und sind nach Art. 32 Abs. I des Ges. vom 8. August 1878 zu behandeln. (V.G.H.E. Bd. I S. 8, 65.)

Beschwerdeberechtigt ist auch der Aufschlagpächter, da er an die Stelle der Gemeinde tritt; ebenso die Gemeinde, weil sie dem Pächter gegenüber als eventuell ersatzpflichtig erscheint. (V.G.H.E. v. 8. Juli 1891, alleg. in der Augsb. Abendztg. 1891 Nr. 188.) S. auch bayer. Gem.Zeitung 1891 S. 274, 671, 1892, S. 542, 614, 1893 S. 230.

Art. 40.

I. Die Gemeinden sind zur Erhebung von Verbrauchssteuern und von örtlichen Abgaben für die Benützung ihres Eigenthums, ihrer Anstalten und Unternehmungen befugt, soweit nicht Gesetze oder Staatsverträge entgegenstehen.

II. Neue, in den Landestheilen diesseits des Rheins bisher nicht in Uebung gewesene Verbrauchssteuern können nur mit gesetzlicher Ermächtigung eingeführt werden.

III. Die Beschlußfassung über Einführung oder Erhöhung von Verbrauchssteuern und örtlichen Abgaben steht in Gemeinden mit städtischer Verfassung dem Magistrate unter Zustimmung der Gemeindebevollmächtigten, in Landgemeinden der Gemeindeversammlung zu.

IV. Bei Erhebung des Fleisch-, Getreide- oder Mehlaufschlages dürfen die durch Verordnung festgesetzten Maximalbeträge nicht überschritten werden. Sonstige Verbrauchssteuern, desgleichen Pflaster-, Weg- und Brückenzölle und örtliche Abgaben, welche nicht unter die Bestimmungen des Abs. I fallen, können nur mit Genehmigung des betreffenden Staatsministeriums eingeführt oder erhöht werden.

Anm. 1. Zu Abs. I: s. zunächst die Vorbemerkung zu Art. 40 und 41.

Zur Natur örtlicher Abgaben gehört es, daß über die Voraussetzungen ihres Anfalles und die Bemessung ihrer Höhe bestimmte, ein für allemal maßgebende, für die Betheiligten im Wesentlichen gleichförmige Grundsätze bestehen, d. h. daß sie regulirt sind; die Festsetzung dieser Gebühren wird in der Regel auf dem Wege statutarischer Beschlußfassung zu erfolgen haben. (Vgl. V.G.H.E. Bd. XII S. 63 ff.)

Was speziell den Fleischaufschlag anlangt, so ist die frühere Befreiung des Militärärars von dessen Entrichtung weggefallen. (V.G.H.E. Bd. X S. 317.)

Anm. 2. Lokalmalz- bezw. Lokalbier-Aufschlag: Die Bestimmungen über den Malzaufschlag enthält Art. 82 ff. des bayerischen Malzaufschlaggesetzes. Ueber die Behandlung der Gesuche um Genehmigung des Lokalmalzaufschlages s. M.E. v. 29. Juni 1874, Weber Bd. X S. 371, über die von der Gemeinde zu leistende Vergütung für Controle und Erhebung desselben: M.E. v. 29. Dez. 1875 (M.A.Bl. 1876, S. 1, Weber Bd. XI S. 261), über Erneuerung der Genehmigung nach Ablauf der Bewilligungsperiode; M.E. v. 23. Dez. 1873 Nr. 15797, über Verwendung zu anderen als den bei der Bewilligung bestimmten Zwecken: M.E. v. 26. Febr. 1870 Nr. 1693, Weber Bd. VIII S. 502; über die Ueberwachung der Verwendung: M.E. v. 7. Aug. 1881 (M.A.Bl. S. 291 und Weber Bd. XV S. 386). Ueber Lokalmalz- und Bieraufschlag s. aut. M.E. v. 19. Juli 1892 Nr. 10477 und 24. Febr. 1894 Nr. 3584: nur zu außerordentlichen größeren Gemeindebedürfnissen meist auf 10 Jahre wird der Aufschlag bewilligt. (S. hierselbst das Nähere. Ueber die Maximalsätze s. Abs. IV. Bei Gesuchen um die Genehmigung dieses Aufschlages erholt das Ministerium die königliche Genehmigung. (Cf. Seydel, l. c. Bd. IV S. 552 Anm. 5 und bayr. Gem.Zeitg. 1893 S. 339, 1894 S. 390.)

Vgl. M.E. v. 1. Mai 1898, M.A.Bl. S. 279, betr. den Lokalmalz- und Bieraufschlag sowie Pflaster- und Brückenzoll; unmittelbare Vorlage an das k. Staatsministerium des Innern. M.E. v. 18. Dez. 1889 aufgehoben; jetzt: F.M.Bekm. v. 21. Juli 1896, G.V.Bl. S. 481.

Die Erhebung des Lokalmalzaufschlages geschieht stets ausschließlich durch die staatlichen Behörden, nicht durch gemeindliche Organe. (M.E. v. 23. Okt. 1869 Nr. 12780.)

Unstatthaft ist die Vereinbarung mit den Brauern über Bezahlung eines Aversums statt der wirklich anfallenden Beträge. (M.E. v. 22. Aug. 1869 Nr. 9707.)

Der Lokalmalzaufschlag ist eine Einnahme nur für die politische Gemeinde. Wenn derselbe zu kirchlichen Zwecken verwendet werden soll, so muß die politische Gemeinde zur Bestreitung der Kosten für jene kirchlichen Zwecke entweder privatrechtlich verpflichtet sein oder freiwillig sich bereit erklärt haben. Das Ministerium hat freie Hand in der Bestimmung der Zwecke, für welche der Lokalmalzaufschlag bewilligt werden kann. Jedenfalls soll der Zweck zu den wirklichen Aufgaben der Gemeinde gehören und darf nicht ein bloß freiwillig übernommener sein. (Bl. f. adm. Pr. Bd. 39 S. 13, M.E. v. 4. Mai 1836 und 1. Dez. 1838, Verh. d. bes. Aussch. Bd. II S. 483 und 629.)

Anm. 3. Die Erhebung einer örtlichen Abgabe von Wein in den eigentlichen Weinländern mit Beschränkung auf das durch die Wirthe zum Ausschank gebrachte Getränk ist gesetzlich zulässig. (V.G.H.E. Bd. XVI S. 68.)

Anm. 4. Oertliche Abgaben für die Benützung des Gemeindeeigenthums, der Gemeindeanstalten und -Unternehmungen. Diese Nebeneinanderstellung von reincivilrechtlichen und thatsächlichen Begriffen ist nicht ganz glücklich, da ja auch die Gemeindeanstalten in der Regel im gemeindlichen

Eigenthum stehen. Als Gemeindeeigenthum wird hienach im Sinne des Art. 40 Abs. I lediglich das direkt dem öffentlichen Gebrauche dienende Vermögen, das Verwaltungsvermögen, die res publicae der Gemeinde zu erachten sein. Auszuscheiden sind jene Sachen, welche wie z. B. das Gemeindehaus nicht der öffentlichen Benützung unterliegen.

Unter „Gemeindeanstalten" versteht man (Seydel, b. Staatsrecht, Bd. IV S. 467), die mit gemeindlichem Grundstockvermögen ausgestatteten staatlichen oder gemeindlichen Einrichtungen. (Vgl. auch V.G.H.E. Bd. VII S. 5: Der Begriff „Gemeindeanstalt" umfaßt jedenfalls die von einer Gemeinde unter Beachtung der gemeindegesetzlichen Normen in Verfolgung gemeindlicher Aufgaben und Interessen aus Gemeindemitteln oder mit gemeindlicher Haftung ins Leben gerufenen Einrichtungen und Unternehmungen.) „Unternehmungen" sind im Gegensatze zu „Anstalten" solche Objekte der Abgabenerhebungsgewalt, welche theils mehr vorübergehenden Charakter tragen, theils auch Nichtgemeindeangehörigen zu Gute kommen (Kur- und Gesellschaftshäuser eines Kurortes).

Die Entrichtung von örtlichen Abgaben für die Benützung gemeindlichen Eigenthums, gemeindlicher Anstalten und Unternehmungen hat sich nach den hierüber bestehenden besonderen Vorschriften zu bemessen, welche die Gemeinden kraft ihres Selbstverwaltungsrechtes, soweit nicht Gesetze oder Staatsverträge entgegenstehen, zu erlassen befugt sind. Vertrag und Herkommen können als Befreiungsgründe im verwaltungsrechtlichen Verfahren nur dann Berücksichtigung finden, wenn sie ihre Begründung im öffentl. Rechte haben. (V.G.H.E. Bd. I S. 224 u. Art. 1 u. Anm.) Das Herkommen bildet hier keinen Befreiungsgrund, weil es nicht speziell als solcher aufgeführt ist.

Solche Abgaben sind Leistungen öffentlich-rechtlicher Art; sie sind von denjenigen zu entrichten, welche die Anstalten thatsächlich benützen und die betreffenden mit Abgaben belegten Handlungen vornehmen oder unmittelbar anordnen: letztere können immerhin noch Ersatzansprüche gegen ihre Auftraggeber erheben. (V.G.H.E. Bd. I S. 155 und Seydel, b. Staatsrecht, Bd. IV S. 555.)

Der öffentlich-rechtliche Charakter der Verbindlichkeit zur Entrichtung von besonderen Gebühren für die Benützung einer gemeindlichen Anstalt an die betreffende Gemeinde wird durch die Verpachtung dieser Gebühren an eine Privatperson seitens der Gemeinde nicht verändert. Privatrechtliche Titel, worauf die Befreiung von einer öffentlich-rechtlichen Verbindlichkeit gestützt werden will, sind der Kognition der Verwaltungsbehörden entrückt. Die Austragung dieser gehört vor die Civilgerichte. (V.G.H.E. Bd. I S. 152 und E. d. ob. G.H. Bd. V S. 244.)

S. wegen „Pächter" die Vorbemerkung vor Art. 40.

Die Gemeinde kann ihr Vermögen ausdrücklich oder stillschweigend dem allgemeinen unentgeltlichen Gebrauche unbeschränkt einräumen, sie kann aber auch sich vorbehalten, im einzelnen Falle mit den Betheiligten über den Umfang der Benützung und über die Gegenleistung sich zu vereinbaren, endlich kann sie von vornherein festsetzen, unter welchen Bedingungen jemand oder jeder Gemeindeangehörige ein Benützungsrecht haben soll. Diese Festsetzung geschieht durch Gemeindestatut. Dieses Statut schafft ein im öffentlichen Rechte wurzelndes Benützungrecht für Jeden, der die statutarischen Bestimmungen erfüllt, und dieser Anspruch ist nach Art. 8 Ziff. 31 V.G.H.G. verfolgbar: er enthält eine Art der gemeindlichen Finanzgewalt, welche eine kraft Gesetzes, nicht kraft Vertrages eintretende Verbindlichkeit erzeugt. Bereits in der Vorbemerkung ist gesagt, daß die Gebühren jeweils regulirt sein müssen. (V.G.H.E. Bd. XII S. 371, 64, 65.) Gleichwohl kann daneben das sogenannte Pauschalirungssystem bestehen, welches die Zustimmung des Pflichtigen voraussetzt und sonach auf Vertrag beruht. (V.G.H.E. Bd. XII S. 376. Vgl. auch Bl. f. adm. Pr. Bd. 22 S. 269.) Durch den Erlaß statutarischer Bestimmungen über Benützung von Gemeindeanstalten werden örtliche Rechtsnormen geschaffen, deren verbindende Kraft nach den allgemeinen Grundsätzen über räumliche und zeitliche Geltung von Rechtsvorschriften zu bemessen ist. Dieser verbindlichen Kraft können sich auch die Gemeinden ihrerseits jedenfalls insoweit nicht entziehen, als sie in Durchführung und auf Grund derartiger statutarischer Bestimmungen zu Privaten bereits in Beziehungen getreten sind. (V.G.H.E. Bd. X S. 385.)

Gemäß Art. 159 Ziff. 6 ist die Genehmigung der Aufsichtsbehörde erforderlich, wenn die Benützung der betreffenden Gemeindeanstalt den Betheiligten zur Zwangspflicht gemacht ist. Wenn die Benützung gemeindlicher Fleischbänke u. dgl. den Betheiligten zur Zwangspflicht gemacht ist, so kann den letzteren eine Vergütung hiefür nur gemäß Art. 40, nie aber auf dem Wege der Verpachtung zugemutet werden. (M.E. vom 27. Okt. 1869 Nr. 12351.)

Für die Benützung besonderer Gemeindeanstalten (Leichenhäuser, Waag- und Aichanstalten, Lagerplätze ꝛc.) dürfen die Gemeinden nicht nur die herkömmlichen Gebühren forterheben, sondern auch solche neu einführen, insoweit dies mit dem öffentlichen Interesse und der Zweckbestimmung derartiger Einrichtungen vereinbar ist. (Motive.) Zu den örtlichen Abgaben für Benützung einer Gemeindeanstalt gehören auch einmalige Geldleistungen, welche den Hausbesitzern für Gestattung der Einmündung von Hauskanälen in die von der Gemeinde hergestellten Abzugskanäle durch statutarische Vorschrift auferlegt sind. (V.G.H.E. Bd. X S. 281.) Auch Krankenhausbeiträge gehören hieher: V.G.H.E. Bd. I S. 216.) Straßentrottoire sind keine Gemeindeanstalten. (V.G.H.E. Bd. II S. 530.)

Auch die Fleischbeschau in einer Gemeinde stellt sich gegenüber den Gemeindeeinwohnern als eine Gemeindeanstalt und die Fleischbeschaugebühr als eine örtliche Abgabe für die Benützung derselben dar. Bei Differenzen hierüber ist weder Art. 156 noch 157 G.O., sondern nur Art. 8 Ziff. 31 V.G.H.G. maßgebend; in einem solchen Streite ist auch bei vorliegendem Gebührenpachtverhältnisse gegenüber dem den Streit erhebenden Ortsbewohner die Gemeinde der eigentliche Streitgegner. Der Pächter ist jedoch als Mitbetheiligter zu erachten und daher zur Beschwerdeführung gegen einen ihm nachtheiligen Bescheid ebenfalls berechtigt. (V.G.H.E. Bd. VIII S. 92.)

Dagegen fallen nicht unter Art. 40 Leistungen für die Benützung gemeindlicher Kanäle, welche mangels jeder öffentlich-rechtlichen Normirung und Regulirung nur von Fall zu Fall im Wege besonderer Vereinbarung zwischen der Gemeinde und den Gegenbetheiligten festgesetzt werden. (V.G.H.E. Bd. XII S. 63.)

(Von Interesse ist auch die V.G.H.E. Bd. VII S. 1 über Realschulen: Die staatsaufsichtliche Beanstandung eines Magistratsbeschlusses, durch welchen für eine gemeindliche Realschule das Schulgeld über den von der zuständigen Kreisregierung, K. d. J., auf Grund der k. Verordnung vom 29. April 1877 über die Realschulen festgesetzten Maximalbetrag hinaus erhöht wurde, schließt eine Verletzung des der Gemeinde zustehenden Selbstverwaltungsrechtes nicht in sich.)

Die Gemeinden sind ferner berechtigt, sogenannte Waaggelder zu erheben und hiebei zu bestimmen, an wen sich die Gemeindekasse hinsichtlich der Bezahlung der Abgaben zu halten hat. (B.G.H.E. Bd. IV S. 389.) Diese fallen nicht unter den Begriff von Marktgebühren, für welche ministerielle Genehmigung erforderlich ist, sondern erscheinen als Gebühren für gemeindliche Anstalten und bedürfen nur im Falle des Art. 159 Ziff. VI der Genehmigung der Verwaltungsbehörde.

Ingleichen können die Gemeinden angemessenen Ersatz für die Einräumung einer Grabstätte von denjenigen fordern, welche die Kosten der Beerdigung zu tragen haben: B.G.H.E. Bd. IV S. 348. Ueber Leichenhausgebühren s. auch Bl. f. adm. Pr. Bd. 39 S. 395.

Anm. 6. Soweit nicht Gesetze oder Staatsverträge entgegenstehen:

Zu den hier genannten Staatsverträgen gehört vor allem der Zollvereinsvertrag vom 8. Juli 1867, G.Bl. 1866/69 S. 93. (S. hierüber die Vorbemerkung zu Art. 40, dann B.G.H.E. Bd. III S. 359, Bd. IV S. 217.)

Durch Art. 40 sind alle Ministerialrescripte und Vollzugsinstruktionen, soweit sie zur Zeit der Einführung der G.O. noch Geltung hatten, beseitigt. (S. auch Art. 206 Abs. I Ziff. 5.)

Vgl. hieher auch Art. 4, 35, 40 der Reichsverfassung. Die durch Art. 40 der Reichsverfassung in Kraft gebliebenen Bestimmungen des obigen Zollvereins-Vertrags wurden aus vertragsmäßigen reichsgesetzliche. Allgemein gilt auch hier der Grundsatz: Reichsrecht bricht Landesrecht.

Weitere Gründe der Einschränkung, insbesondere Vertrag oder Herkommen, kennt Art. 40 nicht. (Vgl. Art. 1 u Anm.)

Vertragsmäßige Abgabenbefreiungsprivilegien sind den Gemeinden nicht entzogen, jedoch nur unbeschadet des Grundsatzes der Gleichmäßigkeit der Besteuerung zugelassen.

Anm 7. Zu Abs. II: Vgl. die Vorbemerkung. Die gesetzliche Ermächtigung erfolgt auf dem Wege der sonstigen Gesetzgebung, bedarf nicht eines Verfassungsgesetzes.

Anm. 8. Zu Abs. III: Gemeinden mit städtischer Verfassung bedürfen zweier Beschlüsse: eines Beschlusses des Magistrates gemäß Art. 102, und eines Beschlusses des Collegiums der Gemeindebevollmächtigten gemäß Art. 117 unter Beachtung von Art. 146 Abs. II und Art. 147 Abs. II. Gemeinden mit Landgemeindeverfassung bedürfen des Beschlusses der Gemeindeversammlung gemäß Art. 146 und 149. In der Gemeindeversammlung über Einführung des Aufschlags können die betheiligten Gewerbetreibenden an der Berathung und Abstimmung keinen Antheil nehmen. Ein diesem widersprechender Gemeindebeschluß ist ungiltig, wenn hiedurch ein das Stimmenverhältniß alterirender Einfluß geübt wurde.

Der Beschluß hat auszusprechen, daß eine Abgabe, Gebühr ꝛc. erhoben wird, wer und unter welchen Voraussetzungen zahlungspflichtig sei, wer frei sein soll, an wen die Zahlung zu geschehen hat, wie hoch die Gebühr sich zu belaufen hat, nach welchen Abstufungen der Betrag sich richtet und ob eine Rückvergütung stattfinde. (Bl. f. adm. Pr. Bd. 20 S. 231 ff. Daselbst auch Näheres über unrichtige Beschlüsse.) Gleichgiltig ist, ob die landgemeindliche Willenskundgabe auf Erhebung des Gefälles in der Form eines Gemeindebeschlusses hierüber, oder in der Form eines Bittgesuches um die Ertheilung der benöthigten staatlichen Erhebungsbewilligung erfolgt. (V.G.H.E. Bd. VII S. 84.)

Ueber das etwaige Beschwerderecht s. Art. 84 und die dort alleg V.G.H.E.

Kritisch wird die Frage bei Einrichtungen wie Meß- und Marktbuden und Standplätzen auf Märkten in Bezug auf Anwendbarkeit des Art. 40 Abs. III nach Art ihrer Vergebung. Unterliegen sie der Versteigerung, wird dem Art. 40 Abs. III genügt sein, wenn die Gemeindebevollmächtigten dieser Art der Vergebung im Allgemeinen zugestimmt haben. Handelt es sich aber um Festsetzung oder Aenderung einer festen Gebühr oder um Festsetzung einer Minimalgebühr, unter welcher die Benützung nicht zugestanden werden darf, wird das Verfahren nach Art. 40 Abs. III einzuschlagen sein.

Anm. 9. Zu Abs. IV: Ueber die Maximalsätze des Art. 40 vgl. M.E. vom 7. Dez. 1875 (M.A.Bl. S. 699, Weber Bd. XI S. 240), M.E. v. 16. März 1883 (M.A.Bl. S. 97 und Weber Bd. XVI S. 130) bezüglich des Lokal-Malz- und Bieraufschlages; Verordnung v. 27. Nov. 1875 (G.V.Bl. S. 690, Weber Bd. XI S. 194 ff.) bezüglich des Fleisch-, Getreide- und Mehlaufschlages.

Die Gemeinden sind nicht gehindert, unter die bewilligten Aufschlagsätze hinabzugehen, doch darf dieß nur allgemein, nicht gegenüber einzelnen Pflichtigen geschehen. (M.E. v. 28. Dez. 1869, Nr. 15042 und Seydel. bayr. Staatsrecht Bd. IV S. 553.)

Ein seitens einer Gemeinde unter Ueberschreitung der ministeriell genehmigten Sätze zu viel erhobener Lokalbieraufschlag kann von den betheiligten Wirthen zurückgefordert werden; (Verwaltungsrechtssache nach Art. 8 Ziff. 31 V.G.H.G.; V.G.H.E. Bd. VII S. 87); die Einrede der Verjährung steht den Ansprüchen der Wirthe nicht entgegen, so lange die bisher allgemein geltende Frist der Klageverjährung (30 Jahre) noch nicht abgelaufen ist, da derartige Forderungen nicht in den Rahmen des Gesetzes über die Verjährungsfristen gehören und auch der bisherige § 31 des Finanzgesetzes vom 28. Dez. 1831 nicht einschlägt. Das Recht auf Verzugszinsen ist ebenfalls nicht ausgeschlossen; im Allgemeinen gelten auch hier die Grundsätze, daß der Forderungsberechtigte für alle durch grundlose Zahlungsverweigerung des Schuldners ihm zugegangenen Vermögensnachtheile volle Schadloshaltung beanspruchen kann; doch kann nicht von Amtswegen auf Bezahlung von Verzugszinsen erkannt werden; bezüglich der Verpflichtung zu ihrer Bezahlung sind die civilrechtlichen Grundsätze maßgebend. (V.G.H.E. Bd. XI S. 441 ff.) Zur Entscheidung eines Ersatzanspruches aus erfolgter Bezahlung eines nicht bewilligten Lokalmalzaufschlages sind die Gerichte zuständig. (Condictio.) (E. d. ob. G.H. Bd. VI S. 243.) Es besteht für die Aufschlagpflichtigen kein verwaltungsrechtlich verfolgbarer Anspruch auf Festsetzung des Verhältnisses des Bieraufschlages zum Lokalmalzaufschlag durch Feststellung der einzelnen Importe. (V.G.H.E. Bd. XVI S. 186.)

Anm. 10. Ueber Pflaster-, Wege-, Brückenzölle: Pflasterzölle haben den Zweck und die Eigenschaft spezieller Deckungsmittel für die Kosten der Herstellung und Unterhaltung der Straßen, nicht für andere Zwecke; derjenige, von dem die Entrichtung verlangt wird, muß die Straße auch wirklich benützt haben. Nach Art. 22 des Zoll Ver.Vertr. v. 8. Juli 1867 sollen Chausseegelder, Pflaster- und Brückengelder ꝛc. auf Chausseen ꝛc. nur in dem Betrage beibehalten oder neu eingeführt werden können, als sie den gewöhnlichen Herstellungs- und Unterhaltungskosten angemessen sind; das im preuß. Chausseegeld-Tarife vom Jahre 1828 bestimmte Chausseegeld soll als der höchste Satz angesehen und nicht überschritten werden. (S. hierüber Näh. Kahr, Comm. z. G.O. S. 442.)

Gesuche müssen mit den gemeindlichen Beschlüssen (Art. 40 Abs. III) und der Zollordnung belegt sein und den Nachweis des Bedürfnisses erbringen. (M.E. v. 10. Juli 1893, M.A.Bl. S. 172, M.E. v. 29. Dez. 1869 Nr. 15902. 1. März 1871 Nr. 670.)

Die Pflasterzölle ꝛc. sollen eine Beihilfe und Erleichterung der Umlagenlast gewähren und den öffentlichen Verkehr thunlichst wenig erschweren; die ministerielle Genehmigung erfolgt nach Einvernahme der Generaldirektion der Zölle und indirekten Steuern und wird in widerruflicher Weise und auf bestimmte Zeit ertheilt.

Weggelder von ungepflasterten Wegen werden nicht genehmigt. Ebensowenig für Gänse und Enten.

Aversen sind zulässig.

Befreiungen bestehen und werden gewährt nach § 16 des R.Postges. v. 28 Okt. 1871 (R.G.Bl. S. 347) ferner für die Hofhaltung, für das Militärärar, für Dienstreisen der k. Beamten, für Dienstpferde der k. Beamten und aktiven Offiziere u. a. Ueber den gemeindlichen Pflasterzoll s. auch bayer. Gem.Ztg. 1893 S. 230.

Zur Pflasterzoll-Entrichtung ist nicht verpflichtet, wer für den Transport die betreffende Ortsstraße überhaupt nicht benützt, denn seinem Zwecke nach ist er ein Deckungsmittel für Herstellung und Unterhaltung der Ortsstraße, seine Entrichtung obliegt daher dem, der sie benützt. (Bezirksthierärzte sind frei, wenn ihre Gespanne vorwiegend dem öffentlichen Dienste gewidmet sind.) (V.G.H.E. Bd. XVI S. 267 und 279.)

Allgemein dürfen Brücken-, Fähren-, Pflaster- und Wasserzölle nur in dem Betrage eingeführt und beibehalten werden, welcher den gewöhnlichen Herstellungs- und Unterhaltungskosten angemessen ist. (Art. 22 ff. des Zollv.Vertrags v. 8. Juli 1867, Weber Bd. VII S. 39, § 8 Vereins-Zoll-Gesetz v. 26. Sept. 1869, Weber Bd. VIII S. 331 und G.Bl. 1866/69 S. 89 und 1381.) Ueber die Instruirung solcher Gesuche s. M.E. v. 9. Juni 1801; s. auch M.E. v. 10. Juli 1893.

Die Materie der Pflasterzoll-Erhebung zählt zu den eigentlichen Gemeindeangelegenheiten. Bei etwaigen Streitigkeiten aber ist nicht Art. 163 G.O. sondern das V.G.H.G. maßgebend.

Die Entscheidung von Streitigkeiten über Brücken- und Pflasterzollfreiheit hat von den Distriktsverwaltungsbehörden auszugehen. (Oberstr. Erk. vom 21. Juli 1871, Reg.Bl S. 1473; siehe hieher auch Art. 8 Ziff. 19 und Art. 9 V.G.H.G.) Die verwaltungsrichterliche Zuständigkeit ist dadurch nicht ausgeschlossen, daß der erhobene Anspruch auf Freiheit von Entrichtung gemeindlicher Brücken- und Pflasterzölle durch einen mit der Gemeinde abgeschlossenen Vertrag begründet wird. (V.G.H.E. Bd. VI S. 59. S. auch Burkhard, Finanz Entsch. S. 36.) Das gleiche gilt von Verjährung: Comp.Confl.Erk. Reg.Bl. 1868 S. 2459. Die Verwaltungsbehörden sind auch zur Entscheidung von darauf bezüglichen Streitigkeiten zwischen dem Zollpächter und einem Dritten zuständig. (E. d. ob. G.H. Bd. V. S. 244 und Comp.Confl.Erk. v. 21. Juli 1871, Reg.-Bl. S 1474.) Ueber Pflasterzollstreit s. auch Bl. f. adm. Pr. Bd. 34 S. 65.

Die Gemeinden sind berechtigt, in den zur Controle und Sicherung des

Pflasterzolles erlassenen ortspolizeilichen Vorschriften die Benützung gewisser Wege durch zollpflichtiges Fuhrwerk zu verbieten und sind in der Auswahl dieser Wege nicht beschränkt. (Urth. d. Oberl.Ger. München, Bd. IV S. 54.)

Ueber Pflasterzoll-Uebertretungen s. Urth. d. Oberl.Ger. München v. 13. Dez. 1898, M.A.Bl. 1899 S. 25; (bezüglich des Durchgangs von Fuhrwerk, Haftung des Eigenthümers, nicht des Leiters des Fuhrwerks.)

Eine gemäß Art. 40 Abs. IV ministeriell genehmigte Brückenzollordnung ist ihrem vollen Umfange nach statutarisches Gesetz. Wenn über dessen Anwendung Streit entsteht, so erscheint die Gemeinde, welche das betreffende Statut erließ, als Partei und es steht demgemäß die Auslegung der Bestimmungen nicht mehr der Gemeinde, sondern lediglich dem Verwaltungsrichter zu.

Die Entrichtung von Thorsperrgeldern ist aufgehoben. — Vgl. Reskr. v. 14. Jan. 1803 und 11. Aug. 1807. (Weber Bd. III S. 116.)

Anm. 11. Zu den in Abs. IV genannten sonstigen Verbrauchssteuern werden alle diejenigen gezählt, welche nicht unter Art. 40 Abs. I fallen. Für die Einführung dieser Abgaben ist dieselbe Art der gemeindlichen Beschlußfassung wie für die Gebühren sub Abs. I und außerdem ministerielle Genehmigung vorgeschrieben. Eine gesetzliche Beschränkung hinsichtlich der Arten der hienach zulässigen örtlichen Abgaben fehlt. Es können also mit ministerieller Genehmigung beliebige örtliche Abgaben eingeführt werden, soferne nicht irgend eine ausdrückliche gesetzliche Bestimmung entgegensteht. Auch der Fortbestand solcher Abgaben, die in älterer Zeit eingeführt wurden, wird unter gleicher Voraussetzung nicht zu bemängeln sein. (Seydel, Bd. IV S. 556.)

Ueber die sogenannten „Feuereimergelder" in den Gemeinden des vormaligen Fürstbisthums Würzburg: V.G.H.E. Bd. XVIII S. 187. Welche Arten unter die sonstigen Abgaben fallen, ist im Gesetz nicht bestimmt, es ist aber anzunehmen, daß der Gesetzgeber die Gemeinden in der Wahl hiebei nicht beschränken wollte und denselben — von entgegen stehenden gesetzlichen Bestimmungen abgesehen und ministerielle Genehmigung vorausgesetzt — eine möglichste Ausdehnung ihrer Einnahmequellen einräumen wollte. (V.G.H.E. Bd. XVIII S. 187.)

Hieher gehören insbesondere die Markt- und Schrannengebühren.

§ 68 der Reichsgewerbeordnung bestimmt: Der Marktverkehr darf in keinem Falle mit anderen als solchen Abgaben belastet werden, welche eine Vergütung für den überlassenen Raum und den Gebrauch von Buden und Geräthschaften bilden. In den Bestimmungen darüber, ob und in welchem Umfange Abgaben dieser Art erhoben werden dürfen, wird durch gegenwärtiges Gesetz nichts geändert. Ein Unterschied zwischen Einheimischen und Fremden bezüglich der Zahlung der Abgaben darf nicht stattfinden.

Zu den verbotenen Abgaben sind besonders Schutzgelder, Protokollgebühren, Einschreibgebühren 2c. zu rechnen.

Auf die Erhebung von Gebühren für Einrichtungen, deren Benützung den Marktbesuchern freigestellt ist, erstreckt sich das Verbot des § 68 l. c. nicht.

Die Marktgebühren erscheinen lediglich als Abgaben für die Benützung gemeindlichen Eigenthums und gemeindlicher Anstalten und bedürfen sonach der ministeriellen Genehmigung nicht.

§ 68 bezieht sich auf Messen, Jahr- und Wochenmärkte, (Art. 40 Abs. I hat daher hier stets zur Anwendung zu kommen), dagegen nicht auf Gebühren für andere Märkte, ebensowenig wie § 3 der Marktverordnung vom 25. Juni 1868, Reg.Bl. S. 1029, Weber Bd. VII S. 348; in diesen Fällen ist also ministerielle Genehmigung erforderlich.

Die k. Verordnung v. 25. Juni 1868 über den Marktverkehr ist bezüglich der Getreidemärkte durch die Reichsgewerbeordnung nicht aufgehoben worden. (V.G.H.E. Bd. III S. 357.) Bei dem Mangel einer Schranne fehlen auch die Voraussetzungen für Erhebung von Gebühren als Stadtgebühren oder Schrannengelder. (V.G.H.E. Bd. III S. 357.)

Auf Angelegenheiten, bei welchen es sich lediglich um die Nichtvollziehbarkeit oder Außerkraftsetzung ortspolizeilicher Vorschriften über die Ordnung für den Getreideverkehr auf einer öffentlichen Schranne (Schrannenordnung), sowie der darin enthaltenen Bestimmungen über Schrannengebühren im Allgemeinen handelt, erstreckt sich nicht die Zuständigkeit des Verwaltungsgerichtshofs. Eine Verwaltungsrechtssache im Sinne des Art. 8 Ziff. 31 des Gesetzes vom 8. August 1878 liegt erst dann vor, wenn in einem konkreten Falle auf Grund der erwähnten Vorschriften seitens der Gemeinde die Entrichtung einer bereits fälligen Gebühr von einem bestimmten Verpflichteten in Anspruch genommen und von letzterem verweigert wird. (V.G.H.E. Bd. III S. 218.) Zur Entscheidung von Streitigkeiten über die Frage, ob und in welchem Maße für die Benützung der Schrannengebäulichkeiten an die Gemeinden Gebühren zu entrichten sind, sind die Gerichte unzuständig. (E. d. ob. G.H. Bd. VII S. 966.)

Ueber die Genehmigung von Marktgebühren s. auch M.E. v. 30. Nov. 1875, M.A.Bl. S. 667 und Bl. f. adm. Pr. Bd. 39 S. 263, Bd. 32 S. 408.

Anm. 11. Oertliche Abgaben, welche nicht unter die Bestimmungen des Abs. I fallen: z. B. die Abgabe des Abwurfholzes oder Brennholzabgabe (Entschl. v. 24. Mai 1804, Döll. Bd. XI S. 320), die Abgabe nach Art. 18 Abs. IV des Armengesetzes mit Ausnahme von Tanzmusikbewilligungsgebühren.

Anm. 12. Ministerielle Genehmigung: Dieses Recht ist nicht auf Prüfung und Beantwortung der Frage beschränkt, ob einer Gemeinde ein Abgabenerhebungsrecht überhaupt einzuräumen sei, sondern es erstreckt sich auch auf die Prüfung der beabsichtigten Zollsätze; letztere können auch gegenüber den gemeindlichen Anträgen abgeändert werden. Die Genehmigung kann ferner zeitlich beschränkt, an Bedingungen hinsichtlich der Verwendung des Gefälles geknüpft und rückwirkend ertheilt werden. Die Gemeinden können aber niemals die Einführung eines Gefälles rückwirkend beschließen. Ist die Genehmigung ertheilt, so bildet die betreffende Zollordnung ein bindendes Statut für den einzelnen Pflichtigen, welcher an die im Statut enthaltenen Verpflichtungen gebunden ist. (V.G.H.E. Bd. V S. 243.)

Zur Forterhebung des einer Gemeinde schon vor dem Umlagengesetz v. 22. Juli 1819 ohne Zeitbeschränkung bewilligten Pflasterzolles ist eine staatliche Genehmigung nicht nöthig, soferne nicht dabei eine Erhöhung des Zolles in Frage kommt; durch Art. 1 dieses Gesetzes wurden die bereits bewilligten Gefälle ausdrücklich aufrecht erhalten. (V.G.H.E. Bd. XIV S. 33.)

Dem Staatsministerium steht nicht ein von dem Willen der Gemeinde unabhängiges Recht der Einführung eines Bieraufschlages, sondern nur das Recht der

Genehmigung der von der Gemeinde beschlossenen Einführung zu. (V.G.H.E. Bd. XI S. 437.) Ungeachtet ministerieller Genehmigung besteht aber keine Verpflichtung zur Entrichtung des Aufschlages, wenn die darauf bezüglichen Beschlüsse in der Folge als nichtig erkannt wurden. (V.G.H.E. Bd. XI S. 436.) Kommt ein solcher Beschluß nachträglich in giltiger Weise zu Stande, so wird die Erhebung vom Tage der Beschlußfassung gesetzmäßig und rechtsverbindlich.

Wenn eine Gemeinde vor Ablauf der Bewilligungsperiode zur Erhebung des Lokalmalzaufschlages um die Bewilligung zur Forterhebung nachgesucht hat, die ministerielle Genehmigung hiefür jedoch erst längere Zeit nach Ablauf der früheren Bewilligungsperiode, aber mit der Bestimmung ertheilt wurde, daß sich die neue Bewilligung der Gefällserhebung unmittelbar an die frühere Genehmigung anzuschließen habe, so erleidet die Verpflichtung zur Entrichtung des Aufschlags keine Unterbrechung. (V.G.H.E. Bd. VII S. 81.)

Gemeinden, denen die Erhebung dieses Gefälles genehmigt ist, dürfen von demjenigen Bier, welches vor der Zeit dieser Genehmigung gebraut und nach diesem Zeitpunkte verschenkt worden ist, keinen Aufschlag erheben. (V.G.H.E. Bd. XII S. 161.)

Anm. 13. Von Bräuern an Gemeinden zu entrichtendes Kesselgeld ist eine dem öffentlichen Rechtsgebiet entsprungene Abgabe und durch § 7 der Reichsgew.O. nicht aufgehoben. (Vgl. das bei Burkhard, Fin.Entsch., S. 237 alleg. Urtheil.)

Anm. 14. Ueber die Einführung einer örtlichen Abgabe auf das Halten von Hunden s. Bl. f. adm. Pr. Bd. 48 S. 42; die Zulässigkeit einer solcher Abgabe ist hier bejaht.

Anm. 15. Vgl. noch Gesetz v. 15. Juni 1898 betr. die Einführung einer Besitzveränderungsabgabe für Gemeinden, G.V.Bl. S. 292, und Vollz.Bektm. des Finanz-Minist. v. 25. Juni 1898, F.M.Bl. S. 291, M.A.Bl. S. 410, dann M.E. v. 2. Okt. 1898, M.A.Bl. S. 570.

Art. 41.

I. Oertliche Aufschläge sollen, soweit thunlich, nur die Verzehrung innerhalb des Gemeindebezirkes, nicht die Produktion und den Handel treffen.

II. Unter welchen Voraussetzungen und in welchen Größen Rückvergütungen bei der Ausfuhr aufschlagpflichtiger Produkte zu gewähren sind, wird durch Verordnung festgesetzt.

III. Die Gemeinden sind berechtigt, ortspolizeiliche Vorschriften zur Kontrolle und Sicherung örtlicher Gefälle zu erlassen und in denselben die Gefährdung der Gefälle durch Zuwiderhandlung gegen derartige Vorschriften mit Geldstrafe bis zu 10 Gulden (18 ℳ), die rechtswidrige Entziehung oder Verkürzung der Gefälle, soferne dieselbe den Betrag von 2 Gulden 30 Kreuzer ($4^1/_2$ ℳ) nicht übersteigt, mit Geldstrafe bis zu 25 Gulden (45 ℳ), bei höheren Beträgen mit Geldstrafe bis zum zehnfachen, im Rückfalle bis zum zwanzigfachen Betrage des entzogenen

Gefälles zu bedrohen. Die erkannten Geldstrafen fließen in die Gemeindekasse.

IV. Die Uebertretung der betreffenden Vorschriften unterliegt der Aburtheilung der hiefür zuständigen Gerichte. Der Uebertreter kann durch unbedingte freiwillige Unterwerfung unter den Ausspruch der Gemeindeverwaltung die richterliche Aburtheilung abwenden, in welchem Falle dieser Ausspruch die Wirkung eines rechtskräftigen richterlichen Urtheiles hat.

V. Die Rückvergütung des Lokalaufschlages bei der Ausfuhr von Bier, sowie die Bestrafung der Defraudation und der Zuwiderhandlung gegen die zur Kontrolle und Sicherung dieses Gefälles gesetzlich erlassenen Vorschriften ist nach den Bestimmungen des Malzaufschlaggesetzes zu bemessen.

Anm. 1. Zu Abs. I vgl. zunächst die Vorbem. vor Art. 40. Die Einschränkung „soweit thunlich" ist durch die nothwendige Rücksicht auf die Verhältnisse des praktischen Lebens veranlaßt, welche die Bewerkstelligung einer Rückvergütung bei Ausfuhr geringfügiger Quantitäten aufschlagspflichtiger Waaren als eine thatsächliche Unmöglichkeit erscheinen lassen und welchen insbesonders bezüglich des gemeindlichen Mehlaufschlages durch die Bestimmungen in § 6 B der Verordnung v. 27. Nov. 1875 ausdrücklich Rechnung getragen ist. (V.G.H.E. Bd. X S. 33.) Letztere Bestimmung ist so aufzufassen, daß der Produzent und Händler nicht bloß dann als ausführend zu betrachten ist, wenn er die Ausfuhr selbst oder durch seine Bediensteten besorgt, sondern auch dann, wenn durch seine Vermittelung ein Produkt durch einen Dritten aus dem Gemeindebezirk gebracht wird. (V.G.H.E. Bd. X S. 147.) Wenn eine Verzehrung von Fabrikaten innerhalb des Gemeindebezirkes überhaupt nicht stattfindet, so kann auch von einer Gefällserhebung nicht die Rede sein. (V.G.H.E. Bd. IV S. 218.) Ueber die bei Einführung von Aufschlägen an das k. Staatsminist. d. J. zu erstattenden Anzeigen vgl. M.E. v. 31. Jan. 1884, M.A.Bl. S. 27.

Anm. 2. Rückvergütungen: Zu Abs. II und V. Die Rückvergütung des örtlichen Aufschlages bei Ausfuhr von Bier richtet sich nach den Bestimmungen des Malzaufschlaggesetzes vom $\frac{\text{16. Mai 1868}}{\text{23. August 1879}}$ insbesondere Art. 83 ff. (G.Bl. 1866/69 S. 461, Weber Bd. VII S. 257). Art. 83 Abs. II hat infolge der Einführung des neuen Maßes und Gewichtes durch Gesetz vom 18. Februar 1871 eine Aenderung erfahren; hienach ist an Stelle des Wortes „Maß" das Wort „Liter" zu setzen, und lautet Art. 83 wie folgt:

„Wird in einer Gemeinde erzeugtes Bier in Gebinden aus dem Gemeindebezirk ausgeführt, so hat der Ausführende Anspruch auf Rückvergütung des Lokal-Malz-Aufschlages.

Das Maß der geringsten Sendung, für welches die Rückvergütung angesprochen werden kann, wird auf 15 Liter festgesetzt.

Der k. Staatsregierung bleibt es überlassen, durch Verordnung die Höhe des Rückvergütungssatzes zu bestimmen."

Zur Zeit gelten hierüber die Verordnungen vom 5. August 1882, (G.V.Bl. S. 503, Weber Bd. XV S. 751), für das rechtsrheinische Bayern und die Pfalz. (Abgedruckt im Anhange.)

Ein von auswärts in den Gemeindebezirk eingeführtes Bier wird dem in der Gemeinde erzeugten Bier gleichgeachtet; wenn dasselbe in Flaschen ausgeführt wird oder aus Nachbier (Dünnbier) oder verdorbenem Bier besteht, findet eine Rückvergütung überhaupt nicht statt (V.G.H.E. Bd. IV S. 327 und I S. 461). Da der Lokalmalzaufschlag nur durch die staatlichen Aufschlagsbehörden erhoben wird, ist hiefür seitens der Gemeinden eine Vergütung zu leisten. (M.A.Bl. 1876 S. 1.)

Zu beachten sind folgende V.G.H.E.:

Zufolge Art. 82 des Malzaufschlaggesetzes entsteht der gemeindliche Anspruch auf Entrichtung des Lokalmalzaufschlages in dem durch Art. 3 dieses Gesetzes bezeichneten Zeitpunkte auch für jenes Malz, welches zur Herstellung eines schon ursprünglich nur zur Ausfuhr bestimmten Bieres verwendet wird. Die Höhe der Rückvergütung des Lokalaufschlages für ausgeführtes Bier bemißt sich gemäß Art. 83 Abs. 3 ausschließlich nach dem durch die jeweilige k. Verordnung bestimmten Satze. (Bd. V S. 333.)

Wird in einer Gemeinde, in welcher für eingeführtes Bier ein Lokalaufschlag erhoben wird, eingeführtes Bier in Gebinden und in Quantitäten von mindestens 16 Liter aus dem Gemeindebezirk wieder ausgeführt, so hat der Ausführende Anspruch auf Rückvergütung nach Abzug der auf Erhebung und Controlle der Gefälle etwa erwachsenen Gemeindekosten. (Bd. III S. 475.)

Der Bestimmung in § 1 der Verordnung vom 30. Nov. 1875, die Rückvergütung des Lokalmalzaufschlages betr., liegt die Absicht zu Grunde, daß als Rückvergütung nicht mehr und nicht weniger zu gewähren sei, als der Bräuer für das ausgeführte Bier im Verhältniß des hiezu verwendeten Malzes, nach Abrechnung der der Gemeinde erwachsenden Verwaltungskosten an die Lokalaufschlagskasse entrichtet hat. Hienach hat die Rückvergütung des Lokalmalzaufschlages für ausgeführtes geringhaltiges Bier, sogenanntes Dünnbier, nicht nach dem in der angeführten Verordnungsbestimmung normirten allgemeinen Satze von 35 Pfg. für den Hektoliter Bier, sondern nur in dem Betrage zu erfolgen, in welchem für das zu diesem Bier verwendete Malz der Aufschlag an die Gemeinde entrichtet wurde, wobei noch die der Gemeinde erwachsenen Verwaltungskosten in Abzug zu bringen sind. (Bd. I S. 458.)

Eine Bestimmung, daß der Anspruch auf Rückvergütung des Lokalmalzaufschlages für das aus einer Gemeinde ausgeführte Bier durch die vorherige Anzeige des Quantums bei der betreffenden Gemeinde bedingt sei, ist aus dem Malzaufschlagsgesetze nicht zu entnehmen und kann auch nicht im Wege ortspolizeilicher Vorschriften zur Controlle und Sicherung des Lokalmalzaufschlages erlassen werden. (Bd. III S. 323).

Ein Gemeindestatut, durch welches nicht alles in der Gemeinde zur Consumtion gelangende Mehl und Brod, sondern nur das von den Bäckern und Melbern in die Gemeinde eingeführte Mehl zum Aufschlag herangezogen wird, ist unzulässig. (Bd. XI S. 90.)

Ueber die Aufhebung der in Bayreuth üblich gewesenen Bierumgelder siehe V.G.H.E. Bd. VIII S. 29, über Rückvergütung von Aufschlägen s. auch die im M.A.Bl. 1885 S. 20 und 38 alleg. Urtheile. Ueber die M.E. v. 23. Jan. 1883 (Döll. Bd. XI S. 308, Weber Bd. III S. 113) s. V.G.H.E. Bd. VII S. 84. Ueber Festsetzung des Verhältnisses des Bieraufschlags zum Lokal-Malzaufschlag V.G.H.E. Bd. XVI S. 185.

Bezüglich des Fleisch-, Getreide- und Mehlaufschlages bestimmt die Verordnung vom 27. November 1875, (G.V.Bl. S. 193, Weber Bd. XI S. 194) wann und in welchem Maße zurückvergütet werden muß; sie hindert die Gemeinden nicht, über die Grenzen ihrer Rückvergütungspflicht hinauszugehen. Die kgl. Verord. v. 12. März 1883 und die M.Bektm. v. 24. März 1883 (G.V.Bl. S. 193 bezw. M.A.Bl. S. 111) regeln die Rückvergütungen dieser Aufschläge an die Militärverwaltung.

Die bloße Durchfuhr von Mühlenfabrikaten durch den Bezirk einer zur Erhebung eines Mehlaufschlags berechtigten Gemeinde unterliegt der Aufschlagspflicht nicht.

Die Rückvergütung des gemeindlichen Mehlaufschlages unter Abzug der statutarisch festgestellten gemeindlichen Controllkosten hat bezüglich aller veraufschlagten Mühlenfabrikate einzutreten, welche aus dem Bezirke der aufschlagberechtigten Gemeinde in einer mindestens einem Eingangsaufschlag von 30 Pfg. unterliegenden Menge unter Einhaltung der bestehenden Controllvorschriften durch den Produzenten oder Mehlhändler ausgeführt werden. (V.G.H.E. Bd. X S. 31.)

Für die in § 6 B der alleg. Vdg. vom 27. Nov. 1875 festgesetzte Rückvergütung des Mehlaufschlages ist es gleichgiltig, ob das betreffende Mühlenfabrikat, sofern es nur von einem im Gemeindebezirk wohnhaften Produzenten oder Händler verkauft worden ist, gegen Baarzahlung oder auf Borg gekauft, und ob die Verbringung desselben aus dem Stadtbezirke von dem Käufer oder dem Verkäufer bewerkstelligt worden ist. (V.G.H.E. Bd. X S. 143.)

Durch eine auf Grund Art. 86 des Malzaufschlaggesetzes erlassene ortspolizeiliche Vorschrift kann bei Ansprüchen auf Rückvergütung des Aufschlags für die zur Ausfuhr des Bieres aus dem Gemeindebezirk verwendeten Gebinde die periodische Aichung und Stempelung gefordert werden; eine Nichtbeachtung aber führt nicht den Verlust der Rückvergütung nach sich, sondern der Ausführende ist berechtigt, durch Nachaichung oder in anderer Weise den Nachweis für die ausgeführte Quantität zu erbringen. (V.G.H.E. Bd. XVI S. 170.)

Als „einführend" gilt Derjenige, welcher als Eigenthümer, Verkäufer, Importeur in Beziehung zu dem zu spedirenden Gegenstande steht und dessen Einschaffung in das aufschlagspflichtige Gebiet veranlaßte. (Urth. des Oberl.Ger. München vom 19. Januar 1899, M.A.Bl. 1899 S. 47.)

Anm. 3. Zu Abs. III: Das Recht der Gemeinden begreift sowohl die Regelung der Gefällskontraventionen wie jene der Gefällsdefraudationen in sich. Beide Arten sollen in ortspolizeilichen Vorschriften behandelt werden. Die letzteren sind Handlungen oder Unterlassungen des Abgabenpflichtigen, wodurch die richtige oder rechtzeitige Feststellung des Abgabenbetrages verhindert wird. Die ortspolizeilichen Vorschriften über Contraventionen haben nur zur Controlle und Sicherung der Gefälle zu dienen und gewähren nur mittelbaren Schutz. Die Delikte, deren Bestrafung nach Art. 41 Abs. III erfolgt, sind, abgesehen vom Strafmaße, nach dem Reichsstrafgesetzbuche zu behandeln. Hienach kann die Uebertretung auch fahrlässig begangen werden; Urth. d. Oberl.Ger. München Bd. III S. 261; der Versuch ist nicht strafbar; die Entziehung ist vollendet mit einer Handlung oder Unterlassung, wodurch die Gefällsschuldigkeit nicht oder nicht im ganzen Umfange rechtzeitig festgesetzt wird; es genügt die Möglichkeit einer Schädigung. (Urtheil des Oberl. Gericht München, Samml. Bd. III S. 281.) Bei Rückvergütungen ist eine Hinterziehung schon vollendet durch unrichtige Deklaration zum Zwecke der Rückvergütung.

Einer Hinterziehung bezw. Verkürzung kann sich nur der Gefällspflichtige schuldig machen. Der Dienstherr haftet nicht für die ohne sein Verschulden von seinem Dienstboten rechtswidrig verübten, mit Geldstrafe bedrohten derartigen Zuwiderhandlungen. (E. d. ob. G.H. Bd. IX S. 93.) Wer eine Hinterziehung des Gefälles begangen hat, kann nicht auch wegen gleichzeitiger Nichtbeobachtung der Controllvorschriften herangezogen werden, da letztere Voraussetzung der ersteren sind. (Sicherer, l. c. S. 83.) Das hier statuirte Recht der Gemeinden enthält die Befugniß, alle jene Anordnungen zu treffen, welche zum Zwecke der Controlle und Sicherung des Gefälles als nothwendig erscheinen, daher auch die Berechtigung, zu diesem Zwecke Vorschriften zu erlassen, die den Verkehr beschränken; z. B. ein ortspolizeiliches Verbot, einen Weg mit Fuhrwerk zu befahren, der dem Pflasterzoll unterliegt; hier kann sich niemand darauf stützen, daß er eine spezielle Befugniß habe, diesen Weg zu benützen. (Vgl. die bei Burkhard, Finanz-Entsch. S. 633 alleg. Urtheile.) Wer unbefugt Mehl zum Zwecke der Rückvergütung des Mehlaufschlages zur Ausfuhr deklarirt, ist wegen Hinterziehung auch dann zu bestrafen, wenn eine Rückvergütung nicht bezahlt wurde. (Urth. d. Oberl.Ger. München v. 30. Dez. 1885, bei Burkhard, Finanz-Entsch. S. 660.)

Wenn nach ortspolizeilicher Vorschrift zur Entrichtung des Aufschlages derjenige verpflichtet ist, der zum Verkauf bestimmtes Bier in der Gemeinde einführt oder einführen läßt, so trifft diese Verpflichtung denjenigen, der Bier auf seine Rechnung in der Gemeinde einführt auch dann, wenn er das eingeführte Bier alsbald nach der Einfuhr an Angehörige der Gemeinde gegen Bezahlung abgibt. (Urth. d. Oberl.G. München v. 4. Mai 1882, alleg. bei Burkhard, Fin.Entsch. S. 635.)

Die Strafverfolgung wegen Aufschlagshinterziehung und wegen Zuwiderhandelns gegen die Controllvorschriften verjährt in 3 Jahren; der Aufschlag wird fällig mit Einbringung des aufschlagpflichtigen Gegenstandes in die Gemeinde; gleichgiltig ist eine etwaige vorherige Bestellung. (Urth. d. Oberl.G. München, Samml. Bd. II S. 77.)

Unter dem Ausdruck „Gefälle" sind alle Abgaben des Art. 40 zu verstehen; Umlagen gehören also nicht hieher, ebensowenig fallen unter Art. 41 Abs. III Vorschriften über die Pflichtigkeit zur Zahlung eines örtlichen Gefälles, über die Höhe desselben, über die Bedingungen der Rückvergütung oder der Abgabenfreiheit.

Die Unterlassung rechtzeitiger Zahlung des Aufschlages ist keine Defraudation und kann nicht mit Strafe bedroht werden; hier ist nur im Wege der Art. 48 und 57 abzuhelfen. (Oberl.G. München, Samml. Bd. II S. 284.)

Die durch falsche Vorspiegelung erlangte Rückvergütung eines Aufschlages ist nicht als Betrug, sondern nur als Aufschlagsdefraudation zu bestrafen; (s. das bei Burkhard, l. c. S. 599 alleg. Urth.).

Auf den Lokalmalz- und Bieraufschlag findet nicht Abs. III, sondern Abs. V Anwendung.

Anm. 4. Zu Abs. IV: Zuständig sind die Schöffengerichte bezw. Strafkammern der Landgerichte. Auf Grund § 27 Ziff. 1, 2 R.Ger.Verf.Ges. sind erstere zuständig:

1) zur Aburtheilung der Gefährdung der Gefälle durch Zuwiderhandlung gegen die ortspolizeilichen Controll- und Sicherheitsvorschriften;
2) zur Aburtheilung der Hinterziehung oder Verkürzung des Gefälls, wenn dieselbe den Betrag von $4^1/_2$ ℳ nicht übersteigt, bezw. wenn die angedrohte höchste Strafe 150 ℳ nicht übersteigt;
3) zur Aburtheilung der Defraudationen, wenn die Hinterziehung mit nicht mehr als höchstens 600 ℳ bedroht ist;
4) ferner gemäß § 75 Ziff. 15 R.Ger.Verf.Ges. im Falle der Ueberweisung durch die Strafkammer.

Abgesehen hievon sind stets die Strafkammern der Landgerichte zuständig.

Allgemein tritt jedoch die Zuständigkeit der Gerichte nur dann ein, wenn die Gemeindeverwaltung von dem ihr in Abs. IV des Art. 41 eingeräumten Rechte keinen Gebrauch macht oder wenn der Beschuldigte rechtzeitig gegen den Ausspruch der Gemeindeverwaltung auf gerichtliche Entscheidung anträgt.

Vgl. hieher auch noch § 6 Einf.Ges. z. R.Str.P.O. vom 11. Febr. 1877, Art. 3, 5 und 97 des Bayr. Ausf.Ges. z. R.Str.P.O. Ueber die Mittheilung der hieher gehörigen Untersuchungen und Urtheile an die Gemeindebehörden vgl. J.M.Bl. 1868 S. 226.

Die Feststellung des Thatbestandes erfolgt unter Ausschluß eidlicher Vernehmungen durch die Gemeindebehörde. Der Strafbescheid (§ 459 Abs. 2 d. R.Str. P.O.) wird dem anwesenden Beschuldigten zu Protokoll eröffnet, dem abwesenden gegen schriftliche Empfangsbestätiguug durch Zustellung bekannt gegeben. Bei Verweigerung der Bestätigung der Eröffnung kann bei der Staatsanwaltschaft der Antrag (§ 464 l. c.) auf gerichtliche Verfolgung gestellt werden.

Unzulässig ist die Beschwerde gegen den Strafbescheid an die höhere Verwaltungsbehörde. Wenn innerhalb einer Woche nach Bekanntmachung des Strafbescheids Antrag auf gerichtliche Entscheidung gestellt wird, so kann die Gemeindebehörde den Strafbescheid zurücknehmen oder sie hat die Akten der Staatsanwaltschaft einzusenden. Solange derselbe noch nicht erlassen ist, kann sich die Gemeindebehörde der Entscheidung enthalten und die Einleitung des gerichtlichen Verfahrens veranlassen. Der Beschuldigte. der sich bei dem Strafbescheid beruhigt, hat auch die Kosten des Verfahrens im Verwaltungswege zu tragen.

Wird gegen den Strafbescheid nicht rechtzeitig auf gerichtliche Entscheidung angetragen, so erlangt er die Wirkung eines rechtskräftigen Urtheiles; andernfalls tritt er, wenn er nicht zurückgenommen wird, an die Stelle der öffentlichen Anklage. Durch die Zurücknahme seitens der Gemeindeverwaltung verliert diese nicht das Recht, ihr Klagerecht im gewöhnlichen Weg geltend zu machen.

Im Falle der Zurücknahme des Antrags auf gerichtliche Entscheidung treffen den Beschuldigten auch die bis dahin entstandenen Kosten des gerichtlichen Verfahrens;

die Kosten einer besonderen Vertretung der Gemeindebehörde vor Gericht können ihm aber niemals überbürdet werden.

Anm. 5. Zu Abs. V. Vgl. wegen der Rückvergütungen zunächst Anm. 2 oben, ferner Art. 82—87 des Malzaufschlaggesetzes.

Während das Malzaufschlaggesetz die Gefährdung und Hinterziehung des Malz- und Bieraufschlages sofort mit einer bestimmten Strafe belegt hat, ermächtigt Art. 41 Abs. III die Gemeinden bezüglich der übrigen Gefälle, die Strafbestimmung innerhalb eines bestimmten Rahmens selbst zu erlassen; die hienach zu erlassende Polizeivorschrift hat deshalb auch die Strafandrohung des Art. 41 Abs. III mit ausdrücklichen Worten auszusprechen. (S. auch Bl. f. adm. Pr. Bd. 20 S. 235 ff.)

Anm. 6. Vereinbarungen über Ermäßigung des Lokalmalzaufschlages gegen Wegfall der Rückvergütung sind mit höherer Genehmigung zulässig. (Cod. S. 329 und aut. M.E. v. 28. Dez. 1869.)

II. Gemeindeumlagen.

Vorbemerkung.

Art. 42 statuirt die rechtliche Zulässigkeit der Erhebung von Gemeindeumlagen für bestimmte Zwecke, Art. 43 bespricht den Kreis der Pflichtigen, Art. 44 die ausschließlichen Befreiungsgründe, Art. 45 den Maßstab der Vertheilung, Art. 46 die Beihilfe der k. Rentämter, Art. 47 handelt von der Art und Weise der Zwangsbeitreibung der Umlagen.

Dem Begriffe nach sind Gemeindeumlagen Beiträge an die Gemeinde, die zur Bestreitung von Gemeindebedürfnissen von den Gemeindegliedern als solchen erhoben werden. Begrifflich unterscheiden sich die Gemeindeumlagen von den Staatssteuern nur durch die Verschiedenheit des steuererhebenden Subjekts; das Herrschaftsgebiet ist hier in materieller Hinsicht begrenzt, weil das der Gemeinde jenem des Staates untergeordnet ist und eine enger bemessene Aufgabensphäre hat, was zur Folge hat, daß hier vielfach das Interesse, mit welchem die Gemeindeangehörigen bei den Gemeindeaufgaben betheiligt sind, mitspielt. In Bayern erscheinen die Umlagen als Zuschläge zu den Staatssteuern, indem der an Gemeindesteuern zu entrichtende Betrag sich nach einem konstanten Verhältniß zum Betrage der Staatssteuern bemißt. Die Umlage ist eine Folge der Steuer, kein bloßes Anhängsel derselben; hienach sind auch die Erlöschungsgründe der Steuer noch nicht ohne Weiteres Erlöschungsgründe der Umlage; so ist z. B. ein Steuernachlaß noch nicht Nachlaß der Umlagen; das Gleiche gilt bezüglich der Verjährung und Hinterziehung.

Beschränkungen der staatlichen Steuererhebung finden sich im Reichsrecht und zwar nach § 8 des Freizügigkeits-Gesetzes im Interesse der Freizügigkeit, in Art. 25 des Zollvereinsvertrages vom 8. Juli 1867 im Interesse der Zölle und Verbrauchsabgaben, im Reichsgesetz v. 13. Mai 1870 wegen Beseitigung der Doppelbesteuerung.

Gemeindeumlagen und Gefälle haben nach ihrer Eigenschaft, ihren Zwecken und Verpflichtungsgründen ihre Grundlage nicht im Privatrechte, sondern in dem Gemeindeverbande; das Recht der Umlagenerhebung ist auf den gemeindlichen Bedarf beschränkt; die Umlage wird für den Bedarf des gemeindlichen Haushalts im Ganzen erhoben, nicht für einzelne Zwecke. (Kahr, Comm. S. 480.)

Der Bedarf durch unvorhergesehene Ausgaben kann unter Umständen, wenn dringend, auch durch einmalige Umlagenerhebung gedeckt werden. (Kahr, Comm. l. c.)

Umlagen können auch für freiwillig übernommenen Aufwand erhoben werden, insbes. auch zum Besten der Schule oder der Kirche, wobei jedoch stets Art. V. des Umlagengesetzes von 1819 zu berücksichtigen ist. Die Anordnung und Regulirung derselben, sowie die Bescheidung von Beschwerden gehört hienach vor die Verwaltungsbehörden; der Umstand, daß angeblich nach einem Uebereinkommen der Gemeindeglieder, durch fortwährende Uebung oder Ortsherkommen ein vom gesetzlichen Steuerfuß abweichender Umlagenmaßstab eingeführt und auf diese Weise eine dingliche Last für bestimmte Anwesensbesitzer fundirt wurde, gibt diesem Verhältniß an sich noch keinen privatrechtlichen Charakter. (Comp.Confl.Erk. v. 16. Jan. 1865, Reg.Bl. S. 154, E. d. ob. G.H. Bd. II S. 361.)

Gemäß Art. 8 Ziff. 30 V.G.H.G. sind Verwaltungsrechtssachen alle bestrittenen Rechtsansprüche und Verbindlichkeiten wegen Theilnahme an Gemeindelasten mit Einschluß der Umlagen. Ueber Rechtskraft solcher Entscheidungen s. V.G.H.E. Bd. XV S. 269.

An dieser Stelle ist einer zunächst Distriktsumlagen betreffenden V.G.H.E. Bd. IV S. 525) zu gedenken: Gegen gesetzwidrige Umlagenforderungen der Gemeindeverwaltungen eröffnet Art. 163 den Angeforderten eine Beschwerdenothfrist von vierzehn Tagen. Nach beschwerdelosem Ablauf dieser Frist und insbesondere nach bereits erfolgter Zahlung läßt das positive öffentliche Recht, soferne nicht eine Nichtigkeit in Mitte liegt, niemand eine weitere nachträgliche Geltendmachung der Gesetzwidrigkeit der Umlagenerhebung zu, und es kann sich in solchem Falle nur mehr darum handeln, ob dem durch die Gesetzwidrigkeit Beschädigten aus irgend einem sonstigen, dem öffentlichen Rechte angehörenden Rechtstitel ein Anspruch auf Rückersatz desjenigen zusteht, was er ohne Rechtsgrund bezahlt hat; ist also der Nachweis nicht zu erbringen, daß und in welchem Betrage eine effektive Bereicherung der Gemeindekasse stattgefunden hat, so kann auch von einer Verbindlichkeit zum Rückersatz nicht gesprochen werden.

Was die Zeit vor dem Gem.Ed. v. 17. Mai 1818 anlangt, so ist für den Umlagencharakter einer Abgabe entscheidend gewesen, daß dieselbe zur Befriedigung gemeindlicher Zwecke diente, nach den Verhältnissen des Gemeindehaushalts hiezu ein Bedürfniß bestand und in der Form einer direkten allgemeinen Auflage erhoben wurde. (V.G.H.E. Bd. XIII S. 246.) Ueber Gemeindeumlagen nach dem Gesetz vom 22. Juli 1819 s. Ausführl. Bl. f. adm. Pr. Bd. 6 S. 185. S. auch noch über Gemeindeumlagen bayer. Gem.Zeitg. 1895 S. 555.

Art. 42.

Zur Bestreitung von Ausgaben, welche den Gemeinden nach Gesetz, besonderen Rechtstiteln oder gesetzmäßigen Beschlüssen obliegen, können Gemeindeumlagen erhoben werden.

Anm. 1. Die Erhebung von Gemeindeumlagen ist zunächst bedingt durch den Bestand eines bestimmt abgegrenzten Gemeindebezirkes; sie ist ferner nur zulässig zur Deckung eines der Gemeinde thatsächlich, nicht bloß scheinbar erwachsenden Bedarfs; endlich läßt die Gemeindeordnung eine andere als die hier geregelte Umlagenpflicht nicht zu; alle gegentheiligen Uebungen, Verträge, Gesetze sind rechtsunwirksam. (V.G.H.E. Bd. IV S. 554, 558, VIII S. 9.)

Anm. 2. „Nach Gesetz": vgl. hierüber zunächst Art. 38 und die Anmerkungen hiezu.

Anm. 3. Gesetzmäßige Beschlüsse sind zunächst jene Beschlüsse, welche zum Vollzuge des Art. 38 gefaßt werden müssen; die Gemeinde ist nicht allein eine wirthschaftliche, sondern sie ist eine politische Genossenschaft, eine sittliche Verbindung, welcher die Verfolgung eines jeden idealen Zweckes gestattet ist: es braucht deshalb auch nicht ängstlich abgemessen zu werden, ob irgend eine Ausgabe allen Umlagenpflichtigen wirklichen und greifbaren Vortheil bringt. (Bl. f. adm. Pr. Bd. 24 S. 314.) Gesetzmäßige Beschlüsse sind auch solche, welche innerhalb des Rahmens der den Gemeinden zustehenden freiwilligen Leistungen nach den Vorschriften der G.O. gefaßt und, wenn nothwendig (Art. 159), die Genehmigung der Aufsichtsbehörden erlangt haben.

Gemeindeumlagen können auch für Schulzwecke im weitesten Umfange erhoben werden, wobei vorausgesetzt ist, daß die betr. Schule als eine allen Angehörigen der Gemeinde gemeinsame Anstalt der politischen Gemeinde erachtet werden kann. (V.G.H.E. Bd. III S. 379). Einschlägig sind hieher folgende V.G.H.E.:

a) Die Aufbringung der nothwendigen Umlagen zur Deckung des Bedarfes für Volksschulen, deren Sprengel mit dem Umfang der politischen Gemeinde nicht zusammenfällt, obliegt weder der politischen Gemeinde des Schulsitzes, noch denjenigen politischen Gemeinden, zu welchen die einzelnen Bestandtheile des Schulsprengels gehören, sondern diesen Bestandtheilen selbst. (Bd. III S. 561.)

b) Die gesetzliche Verpflichtung der Gemeinde zur Aufbringung des Schulbedarfes erstreckt sich auch auf die Bestreitung etwaiger Auslagen für die beim Einheizen der Schulzimmer erforderlichen Arbeitsleistungen. (Bd. VIII S. 48.)

c) Die Zuständigkeit der Schulsprengelvertretung erstreckt sich nicht auf die Aufbringung des von den einzelnen Bestandtheilen des Schulsprengels für die Schule zu leistenden Beitrags, da hiefür die betreffende Gemeindebehörde zu sorgen hat. (Bd. II S. 264 und Bd. VII S. 96.)

Vergl. hieher ferner Art. 206 Abs. II Ziff. 2, durch welchen Art. V des Umlagengesetzes v. 22. Juli 1819 aufrecht erhalten wurde, welch letzterer lautet:

„Kein Staatsbürger ist verbunden, zur Befriedigung der Bedürfnisse von Kirchen und Schulen einer Religionspartei, zu welcher er nicht gehört, mittelst Umlagen beizutragen, wenn nicht ein gemeinschaftlicher Genuß oder ein besonderes Rechtsverhältniß besteht." — Ein solches besonderes Rechtsverhältniß besteht übrigens schon in dem Falle, wenn die konfessionelle Minderheit eines Ortes nicht einem Schul- oder Kirchenverbande ihrer Konfession zugetheilt ist. (Vgl. z. B. C.M.E. v. 27. April 1869 Nr. 3457 und 14. Aug. 1877, ferner eine F.M.E. v. 30. Dezember 1878, F.M.Bl. 1879 S. 1.)

(Seydel, Bd. 4 S. 530 führt dagegen aus, daß dieser Artikel trotz seiner formellen Aufrechterhaltung für das geltende Gemeinderecht nicht mehr anwendbar sei, auch soweit er auf Umlagen für Schulzwecke sich beziehe. Vergleiche hierüber Bl. f. adm. Pr. Bd. 38 S. 65; dagegen Luthardt eod. S. 385 ff.)

Einschlägig sind ferner folgende V.G.H.E.:

a) Die einzige öffentliche Schule eines Schulsprengels, in dessen Markung Angehörige verschiedener Konfessionen wohnhaft oder begütert sind, kann, soferne nicht die Ausschulung eines oder des anderen Religionstheiles rechtsförmlich erfolgt, nicht als Schule einer Religionspartei im Sinne des Art. 5 des Umlagengesetzes vom 22. Juli 1819 gelten, sondern muß als eine allen Religionstheilen gemeinsame Gemeindeanstalt im Sinne der Art. 1, 6 und 7 des Schulbedarfgesetzes vom 10. Nov. 1861 erachtet werden. Die Erhebung der für den Bedarf einer solchen Schule erforderlichen Gemeindeumlagen hat sich daher nach den Art 43 ff. G.O. zu bemessen. Von der Schule einer Religionspartei im Sinne des gedachten Art. 5 kann nur dann die Rede sein, wenn eine Schule in Folge stiftungsmäßiger oder sonstiger rechtlich geltender Anordnungen und Einrichtungen nur für die Angehörigen einer Konfession bestimmt ist und Andersgläubigen ein Recht auf die Mitbenützung nicht zusteht. (Bd. I S. 21, Bd. IV S. 261.)

b) Die Bestimmungen des gedachten Art. 5 finden nur auf solche Leistungen Anwendung, welche aus dem Grunde und zu dem Zwecke der Befriedigung eines Bedürfnisses der Kirche oder Schule einer bestimmten Religionspartei gemacht werden. Die erwähnten Bestimmungen finden auch auf Naturalleistungen aus den Erträgnissen des Vermögens der politischen Gemeinde Anwendung, wenn der hiedurch veranlaßte Ausfall an den zur Bestreitung der eigenen Bedürfnisse der letzteren unmittelbar verfügbaren Mitteln durch Erhebung von Gemeindeumlagen gedeckt werden muß. Als besonderes Rechtsverhältniß im Sinne des Art. V kann nur ein solches erachtet werden, welches zwischen dem mit Gemeindeumlagen für den fraglichen Zweck in Anspruch Genommenen selbst und der betreffenden Religionspartei besteht. (Bd. VI S. 156.)

c) Wird aus der einzigen für alle Religionstheile gemeinsamen Volksschule einer politischen Gemeinde ein Religionstheil in rechtsförmlicher Weise aus- und in die konfessionsverwandte Volksschule einer anderen politischen Gemeinde eingeschult, so erlischt damit für die Gemeindeangehörigen dieses Religionstheiles die Konkurrenzpflicht zu dem Bedarfe der ersteren Schule. Die Konkurrenzfreiheit eines solchen Gemeindeangehörigen wird dadurch nicht alterirt, daß Bedienstete desselben, welche nicht dessen Konfession theilen, die Volksschule ihrer Gemeinde benützen. (Bd. III S. 373.)

d) Auf Grund der Instruktion für den kurfürstlich geistlichen Rath vom 25. April 1783 Ziff. 8 und 9 besteht in Ansehung eines Schulhauses, welches zugleich Meßnerhaus ist, für das Kirchenvermögen die Verpflichtung, zu den Kosten für bauliche Verbesserung und Vergrößerung der bestehenden Lehrer- und Meßnerwohnung, sowie der bestehenden Schullokalitäten die Hälfte beizutragen. Die Konkurrenzpflicht des Kirchenvermögens erstreckt sich aber nicht auch auf jenen Aufwand, welcher durch Herstellung einer Wohnung für einen zweiten Lehrer und durch Einrichtung eines zweiten Lehrzimmers oder durch Beschaffung eines Standesamtslokales in dem Schul- und Meßnerhaus veranlaßt wird. (Bd. III S. 549.) . . . .

e) Nur physische, nicht juristische Personen können sich auf Art. V l. c. berufen. (V.G.H.E. Bd. XVIII S. 298.) Also Aktiengesellschaften können sich nicht auf Art. V l. c. berufen. (Bl. f. adm. Pr. Bd. 21 S. 46. Ueber Umlagen f. kirchliche Zwecke s. V.G.H.E. Bd. II S. 9.)

Anm. 3. Auf Grund gesetzmäßiger Beschlüsse der Gemeindeorgane sind Umlagen auch zur Bestreitung von Ausgaben für außerhalb des gesetzlichen Verpflichtungskreises liegende Zwecke, unbeschadet besonderen gesetzlichen Verbotes und innerhalb der in Art. 159 Ziff. 7 gezogenen Schranken zulässig. (V.G.H.E. Bd. V

S. 298, ebenso Seydel, b. Staatsrecht, Bd. IV S. 519 und die Alleg. das.; auch Bl. f. adm. Pr. Bd. 24 S. 305.) Ueber Gemeinde-Ausgaben und -Umlagen für gesetzlich nicht nothwendige Zwecke: Bl. f. adm. Pr. Bd. 47 S. 228.

Hieher gehören namentlich auch Kosten für Kultuszwecke: s. hieher V.G.H.E. Bd. IV S. 340: Zu Kosten, welche für Kultuszwecke erwachsen sind, aber von der politischen Gemeinde zur Bestreitung freiwillig übernommen wurden, sind Personen, welchen der Befreiungsgrund des Art. V des Umlagengesetzes vom 22. Juli 1819 zur Seite steht, mittels Umlagen beizutragen nicht verpflichtet.

Das Verfahren bei Streitigkeiten über die Konkurrenz zu Umlagen für kirchliche Zwecke hat sich nach den Vorschriften über das Verfahren in Verwaltungsrechtssachen in Abth. II des V.G.H.G. zu bemessen, wenn die Umlagen, welche zur Erhebung kommen, Umlagen der politischen und nicht der Kirchengemeinde sind. (Bd. I S. 244.)

Anm. 4. „Können" erhoben werden:

Die Steuereinführung ist nicht bloß ein Recht, sondern unter Umständen auch eine Pflicht der Gemeinden: sie können hiezu aufsichtlich angehalten werden. Auch dem aufsichtlichen Zwange gegenüber bleibt der Gemeinde jedoch das Recht gewahrt, nach freiem Ermessen innerhalb der gegebenen Grenzen zwischen den verschiedenen aushilfsweisen Deckungsmitteln und gegebenen Falles Naturalleistungen zu wählen. Wenn die Gemeinde in ihrem Widerstand so weit geht, daß sie dieses Wahlrecht nicht gebraucht, kann die Staatsaufsicht zu unmittelbarem Eingreifen in das gemeindliche Besteuerungsrecht vorschreiten. Sie hat indeß ihrerseits keine Wahl; sie kann weder Verbrauchssteuern, noch sonstige örtliche Abgaben in der Gemeinde einführen, sondern nur Gemeindeumlagen anordnen. (Seydel, b. Staatsrecht, Bd. IV S. 521.) Ausgaben, die der Gemeinde obliegen, müssen auf jeden Fall gemacht werden.

Die Gemeindeumlagen sind subsidiär, d. h. es darf zu den Umlagen erst gegriffen werden, wenn die übrigen Einnahmen der Gemeinde zur Deckung des Bedarfs nicht ausreichen. Dagegen liegt es im Ermessen der Gemeinde, ob sie zu Naturaldiensten an Stelle von Umlagen greifen will.

Anm. 5. Eine provisorische Umlagenerhebung ist unzulässig. Der V.G.H. ist zur Entscheidung hierauf sich beziehender Beschwerden unzuständig. (V.G.H.E. Bd. III S. 412 und Bl. f. adm. Pr. Bd. 34 S. 283.)

Anm. 6. Umlagenverfall, -Nachlaß, -Nachholung, -Rückzahlung, -Verjährung, -Verzicht.

Der Verfall der Gemeindeumlagen richtet sich nach jenem der direkten Staatssteuern: V.G.H.E. Bd. IV S. 474; sie verfallen in 4 Quartalsraten, so daß für jede Rate die Verjährung gesondert beginnt; nach der M.E. vom 15. Mai und 18. Nov. 1868, Reg.Bl. S. 809 und 2327 richtet sich die Steuerverfallzeit nach dem Beginne der einzelnen Quartale. Daraus darf aber nicht gefolgert werden, daß auch die Umlagen nach vier Quartalen erhoben werden müssen; der Sinn ist vielmehr der, daß lediglich die von einer Person erhobene Steuer den Maßstab seiner Umlage bildet, so daß z. B. derjenige, welcher nur während eines Vierteljahres steuerpflichtig ist, demnach nur ein Viertel der Jahressteuer an den Staat zu entrichten hat, auch nur ein Viertel der Jahresgemeindeumlagen zu entrichten hat.

Eine Ausnahme macht hiebei die Steuer vom Gewerbebetrieb im Umherziehen, welche jährlich voraus zu entrichten ist.

Die Erhebung von Gemeindeumlagen ist stets nach dem Steuersoll des Erhebungsjahres zu vollziehen, ohne Rücksicht auf den Zeitpunkt, in welchem die Umlage beschlossen wurde. (V.G.H.E. Bd. III S. 426.)

Nachlässe dürfen nur aus erheblichen Gründen bewilligt werden: siehe Art. 58, über die Zustimmung der Gemeindebevollmächtigten Art. 112 Ziff. 3, über Aufsichtsgenehmigung Art. 159 Abs. 1 Ziff. 8. Wenn Nachlässe das Grundstockvermögen der Gemeinde angreifen, finden die Beschränkungen Anwendung, welche den Gemeinden hinsichtlich solcher Veränderungen auferlegt sind. Im übrigen handelt es sich um eine reine Ermessenssache der Gemeindebehörde.

Die Gemeinden sind niemals berechtigt, einzelne Umlagenpflichtige von ihrer Umlagenpflicht zum Nachtheile der übrigen gegen den Widerspruch der letzteren ganz oder theilweise zu befreien. Gemeindebeschlüsse, wodurch Umlagenpflichtige in der irrigen Annahme, daß sie nach den bestehenden Gesetzen nicht zu Umlagen herangezogen werden können, von der Umlagenpflicht befreit wurden, können jederzeit auf dem im Gesetze vorgezeichneten Wege zurückgenommen oder abgeändert werden. (V.G.H.E. Bd. IV S. 261.)

Umlagennachholung und -Nachforderung ist, soferne nicht die Verjährung mittlerweile eingetreten ist, zulässig. Dieses Recht erlischt nicht mit der Deckung des einschlägigen gemeindlichen Bedarfes. (V.G.H.E. Bd. VI S. 275 und Bl. f. adm. Pr. Bd. 29 S. 310.)

Die auf Grund Art. 38 Abs. III des bisherigen Kap.Rent.St.G. verfügte Steuererhebung begründete auch die Verbindlichkeit zur Entrichtung von Gemeindeumlagen aus dem Mehrbetrag der nachzuholenden Steuer. Vgl. Kahr, G.O. S. 496 u. Plenarentscheid des Verwaltungsgerichtshofes vom 16. Januar 1896 (V.G.H.E. Bd. XVII S. 35.)

Diese Nachzahlungserhöhung ist eine nachträgliche Steuerveranlagung und deßhalb auch umlagenpflichtig; sie ist keine Strafe, sondern wie gesagt, nur nachträgliche Steueranlage; das gleiche ist der Fall nach Art. 79 des bisherigen Erbschaftssteuerges. Durch diese Plenar-Entsch. hat der Verwaltungsgerichtshof seine frühere Rechtsanschauung geändert: dagegen Bd. IV S. 562, VII S. 293, IX S. 75. Zu dieser Frage vgl. auch die Ausführ. Wilh. Burkhards in Bl. f. adm. Pr. Bd. 47 S. 152. Zur Umlagennachholung sind jene Gemeinden berechtigt, die bei richtiger Steueranlage zur Umlagenerhebung berechtigt gewesen wären und welche durch die zu Lebzeiten des Erblassers erfolgte Steuerverkürzung benachtheiligt wurden. (S. Kahr, G.O. S. 501. Die Umlagennachholung hat auf so viel Jahre zurück einzutreten, als in dem Beschluß der Steuerbehörde die Steuernachholung und die 5—10, bezw. 5—15fache Erhöhung der Nachzahlung des höchsten der in einem der letzten 3 Jahre hinterzogenen Steuerbetrages ausgesprochen ist und fällt an jene Gemeinden, in welchen nach dieser Steueranlage-Ergänzung der Erblasser mit Steuer hätte angelegt sein sollen.

Wo eine Steuernachzahlung nicht mehr gefordert werden kann, können auch Umlagen nicht mehr nachgefordert werden.

Die Nachholung der an dem früheren Aufenthaltsorte eines Steuerpflichtigen hinterzogenen Steuern und der lediglich durch das Steuernachholungsverfahren veranlaßte Eintragung in die Steuerliste derjenigen Gemeinde, in welcher sich der Steuerpflichtige zur Zeit der Nachholung aufhält, vermag jedoch eine Umlagenpflicht desselben in der letzteren Gemeinde für den Zeitraum der Steuernachholung nicht zu begründen. (V.G.H.E. Bd. IV S. 562.)

Sowenig ferner der Staatsangehörige Staatssteuern zurückfordern oder Nachzahlungen von solchen verweigern kann, ebensowenig kann der Umlagenpflichtige Gemeindeumlagen aus dem entsprechenden Grunde verweigern. Nicht zwischen den einzelnen Umlagenpflichtigen, sondern nur zwischen den einzelnen Pflichtigen und den Umlagenberechtigten besteht ein Rechtsverhältniß. Der einzelne ist nicht gehalten, sich darum zu kümmern, wer außer ihm noch Umlagen bezahlt oder nicht bezahlt. (Seydel, b. St.R. Bd. IV S. 520.)

Nach dem Einführungsgesetze vom 9. Juni 1899 zum bürgerlichen Gesetzbuche (Art. 124 und 135) verjähren Umlagen und Rückersatzansprüche zu Unrecht bezahlter Gemeindeumlagen in drei Jahren.

Die Verjährung gemeindlicher Gebühren richtet sich nach dem Gebühren-Gesetz.

Aus der nicht rechtzeitigen Erhebung der Umlagen von einem an sich Pflichtigen kann nicht auf einen Verzicht der Gemeinden geschlossen werden, weil ein solcher nicht rechtsbeständig wäre, da alle Umlagenpflichtigen herangezogen werden müssen. (V.G.H.E. Bd. VI S. 275.)

Art. 43.

I. Umlagenpflichtig sind nach Maßgabe der nachfolgenden Artikel alle diejenigen, welche in der Gemeinde mit einer direkten Steuer angelegt sind, auch wenn sie nicht im Gemeindebezirke wohnen.

II. In der Gemeinde wohnhafte Staatsangehörige, welche Kapitalrenten aus dem Auslande beziehen, sind auch dann nach dem vollen Betrage der mit Einrechnung dieser Renten sich entziffernden Kapitalrentensteuer umlagenpflichtig, wenn dieser Betrag für die Staatskasse nicht erhoben wird. Dasselbe gilt auch von juristischen Personen und privatrechtlichen Vereinigungen, welche in der Gemeinde ihren gesetzlichen Wohnsitz haben.

III. Das Staatsärar ist bezüglich seiner im Gemeindebezirke gelegenen Besitzungen und daselbst betriebenen Gewerbe vorbehaltlich des Art. 44 umlagenpflichtig, wenn auch die ermittelte Steuer für die Staatskasse nicht zur Erhebung gelangt.

Anm. 1. Die Art. 43 und 45 beziehen sich nicht auf die Steuergemeinden, sondern auf die politischen Gemeinden. Es ist daher die Zugehörigkeit einer gewerblichen Betriebsstätte zur politischen Gemeinde die unentbehrliche Voraussetzung der Umlagenpflicht aus der betreffenden Gewerbesteuer. Die Gemeindezugehörigkeit des Steuerobjekts muß vor allem richtig festgestellt sein; anderenfalls käme selbst einer rechtskräftigen Entscheidung über die Umlagenpflicht keine rechtliche Wirkung zu. (V.G.H.E. Bd. XV S. 269.)

Nach Art. 43 sind in einer Gemeinde alle jene umlagenpflichtig, die im Gemeindebezirk mit einer direkten Steuer angelegt sind, auch jene, welche nicht im Gemeindebezirk wohnen, zu der betreffenden Gemeinde gleichwohl in irgend einer persönlichen oder sachlichen Beziehung stehen. (V.G.H.E. Bd. VI S. 285, X S. 245, XV S. 163.) Vgl. auch Bd. XV S. 86 über Schulumlagen bei Schulsprengeln. Vergleiche und Verträge, welche dem gesetzlichen Maßstab zuwiderlaufen, sind unzulässig, rechtsunerheblich und von Amtswegen wie auf Antrag Einzelner zu beseitigen, selbst wenn ein Einverständniß aller Betheiligten vorliegt.

In der Gemeinde: Die Erhebung von Umlagen ist also bedingt durch den Bestand eines bestimmt abgegrenzten Gemeindebezirkes; diese Berechtigung beruht auf örtlicher Grundlage. (V G.H.E. Bd. IV S. 554.)

Anm 2. Mit einer direkten Steuer: Die für die Umlagenpflicht in Betracht kommenden direkten Steuern sind: Kapitalrenten-, Einkommen-, Grund-, Haus- und Gewerbesteuer und Steuer vom Gewerbebetrieb im Umherziehen, nicht aber die Grubenfeld-Abgabe. (Vollz.-Vorschriften vom 16. März 1879, Min.Bek. vom 1. Febr. 1882; Amtsbl. S. 74, Weber Bd. XV S. 598, V.G.H.E. Bd. VI S. 290.) Wenn sich ein Gewerbebetrieb auf mehr als eine Gemeinde erstreckt, dann ist die Bemessung der Betriebsanlage für das Gesammtgewerbe in derjenigen Gemeinde vorzunehmen, in welcher die Geschäftsleitung ihren Sitz oder der zu bestellende Vertreter seinen Wohnsitz hat. Zum Zwecke der Umlagenberechnung ist die Betriebsanlage auf die betheiligten Gemeinden auszuscheiden. Art. 24 des Gew.-Steuerges. v. 9. Juni 1899.

Ueber die Besteuerung des Gewerbebetriebes im Umherziehen s. Min.Bek. vom 16. März 1879, Reg.Bl. 1879 S. 186, Weber Bd. XII S. 727.

Art. 19 des Gewerbesteuergesetzes bestimmt:

Die Steuer

a) der vom Staate für seine Rechnung betriebenen Gewerbe und Bergwerksunternehmungen,

b) der in Bayern errichteten Zweiganstalten der Reichsbank wird behufs der Umlagenerhebung veranlagt, für die Staatskasse dagegen außer Vereinnahmung gelassen.

Nach früherem Rechte waren die Zweiganstalten der Reichsbank in Bayern nicht umlagenpflichtig; (V.G.H.E. Bd. II S. 310, § 21 Bankgesetz v. 14. März 1875, Fin.Min.E. v. 5. Juni 1879.) Dieß gilt jedoch nicht mehr. Vgl. M.Bekm. v. 1. Febr. 1882, M.A.Bl. S. 74, die Besteuerung des Gewerbebetriebes im Umherziehen, hier die Distrikts- und Gemeindeumlagen betr. Ueber Gemeindeumlagenpflicht der Wandergewerbe s. Bl. f. adm. Pr. Bd. 29 S. 153.

Gemäß Art. 15 des früheren Gew.Steuerges. v. 19. Mai 1881 war, wenn gewerbliche Unternehmungen in Gesellschaft mehrerer Personen betrieben werden, die Steueranlage nur einmal zu berechnen und von dem gesetzlichen Vertreter zu erheben; dieß war auch bei den Umlagen zu beachten. (V.G.H.E. Bd. V S. 56.)

Die älteren Steuergesetze enthielten ferner darüber keine Bestimmung, in welcher Gemeinde für solche Staatsangehörige, die außerhalb des Staatsgebietes ihren Wohnsitz haben, hinsichtlich ihres aus ersteren bezogenen Einkommens eine Steueranlage einzutreten habe; in den Steuergesetzen von 1881 aber hat auch für die hier fraglichen

Kategorien die Steueranlage in einer bestimmten Gemeinde ihre gesetzliche Regelung erfahren. Eine nachträgliche Aenderung der Steuergesetze hat keine Rückwirkung auf das hinsichtlich der Umlagenpflicht bereits abgegrenzte Gebiet des Art. 43 (V.G.H.E. — Plenum — Bd. X S. 248 ff.)*) Vgl. nun die Gesetze über die direkten Steuern vom 9. Juni 1899. (Einkommen-, Kapitalrenten- und Gewerbesteuergesetz.)

Das Reichsgesetz vom 13. Mai 1870 über die Beseitigung der Doppelbesteuerung ist auf die Umlagenerhebung ohne Einfluß, da es nur die Staatssteuer betrifft.

Anm. 3. Angelegt sind: Die Steuerveranlagung ist das Verfahren zur Ermittelung und Feststellung der die Abmessung der individuellen Steuerpflicht begründenden Thatsachen; da, wo es sich um Heranziehung von Personen oder Objekten handelt, welche von der Staatssteuer befreit, aber zur Entrichtung von Gemeindeumlagen verpflichtet sind, handelt es sich nur um eine fingirte Einschätzung.

Die Steuerveranlagung bildet die Grundlage und wesentliche Voraussetzung für die Umlagenpflicht; zur Entscheidung der Frage, in welcher Gemeinde die Steuerveranlagung zu erfolgen hat, sind weder die Behörden der inneren Verwaltung, noch der Verwaltungsgerichtshof zuständig, sondern diese Frage competirt zu den Finanzbehörden ebenso wie die Frage, ob das rentamtliche Verfahren bei der Steueranlage den jeweiligen gesetzlichen Bestimmungen entsprach. (V.G.H.E. Bd. II S. 252.) Diese Fragen können auch nicht als Präjudizial- oder Incidentpunkte von den Verwaltungsbehörden entschieden werden, wohl aber die Frage, ob eine Person in einer Gemeinde thatsächlich mit einer Steuer veranlagt ist.

Nur wer in die Steuerrollen eingetragen ist, darf zu Umlagen herangezogen werden.

Bezüglich des Ortes der Steueranlage hatten die Gemeinden in beschränkter Weise ein Reklamationsrecht, (V.G.H.E. Bd. II S. 249); nicht aber bezüglich der Höhe der Einsteuerung durch die Rentämter.

Wenn Art. 43 Abs. II alle jene, die in der Gemeinde mit einer direkten Steuer angelegt sind, als umlagenpflichtig erklärt, so läßt sich der Gedanke nicht abweisen, daß der Gesetzgeber hiebei als ein den Umfang der Umlagepflicht mitbestimmendes Moment eben diejenige Steueranlage in einer Gemeinde im Auge hatte, welche nach Maßgabe der bei Erlassung der Gemeindeordnung bestandenen Steuergesetze überhaupt sich ergeben konnte. (V.G.H.E. Bd. X S. 248; Pl.Erk.)

Anm. 4. Auch wenn sie nicht im Gemeindebezirke wohnen: Hienach ist zwar der Wohnsitz oder der Aufenthalt allein nicht ausschlaggebend, jedoch neben der Steueranlage in der Gemeinde eine durch Wohnsitz oder Realbesitz (einschließlich gewerblicher Einrichtungen) des Besteuerten im Gemeindebezirke geschaffene, vermittelst der Steueranlage nur ziffermäßig zum Ausdruck gebrachte persönliche oder sachliche Beziehung vorausgesetzt. (Vgl. auch V.G.H.E. Bd. VI S. 285 und 290, Bd. X S. 245.)

Wer in einer Gemeinde z. B. Güterhandel betreibt, steht durch diesen Handel mit der Gemeinde in persönlicher sowie sachlicher Beziehung und ist nach Maßgabe

---

*) Die Bestimmungen des § 8 des Freizügigkeitsgesetzes vom 1. Nov. 1867, wonach Neuanziehende den Gemeindelasten nicht unterworfen sind, wenn ihr Aufenthalt in der Gemeinde die Dauer von drei Monaten nicht übersteigt, bezieht sich nur auf solche Gemeindelasten, welche mit dem Anzuge in der Gemeinde zusammenhängen, nicht aber auf solche Lasten, welche auch diejenigen treffen, die in der bezüglichen Gemeinde nicht ihren Aufenthalt nehmen. (V.G.H.E. Bd. V S. 53.)

der auf seinen Namen in der Gemeinde angelegten direkten Steuer umlagenpflichtig. (V.G.H.E. Bd. XV S. 162.)

Wenn die Konkurrenzpflicht einer Person zu den Umlagen einer Gemeinde wegen Grundbesitzes in Anspruch genommen, von derselben jedoch die Voraussetzung der Umlagenpflicht, nämlich die Zugehörigkeit des Grundbesitzes zur Markung der betr. polit. Gemeinde bestritten wird, so liegt eine Verwaltungsrechtssache des Art. 8 Ziff. 25 vor und hat sich hienach das Verfahren zu bemessen. (V.G.H.E. Bd. I S. 365.)

Anm. 5. Zu Abs. II: Durch § 11 des Finanzgesetzes vom 27. April 1874 (G.V.Bl. S. 408) wurde die Steuerfreiheit der aus dem Auslande bezogenen Kapitalrenten aufgehoben und ist sonach Abs. II Satz 1 gegenstandslos geworden.

(Vgl. hieher noch Landtagsabschied v. 29. April 1869, § 64, G.V.Bl. S. 842 über Art. 7 Abs. 2 des Kapitalrentensteuergesetzes vom 31. Mai 1856. Ueber juristische Personen und privatrechtliche Vereinigungen s. auch Art. 15.)

Anm. 6. Zu Abs. III: Nach den Ges.Mot. findet, wenn der Genuß ärarialischer Besitzungen als Gehaltstheil an einzelne Beamte überlassen ist, eine Beiziehung des Aerars zu Umlagen insolange nicht statt, als die Inhaber den Naturalgenuß als Einkommen zu versteuern haben.

Ueber die Verpflichtung des Staatsärars und anderer juristischer Personen zur Umlagenentrichtung für konfessionelle und konfessionell gemischte Volks-Schulen s. F.M.E. im F.M.Bl. 1879 S. 1, Weber Bd. XII S. 549.

Die Beitragspflicht erstreckt sich bei Gemeinden mit konfessionell gemischter Bevölkerung bei solchen Schulbauten je auf die Hälfte; da nur die christlichen Schulen Anstalten der politischen Gemeinde sind, kann das Staatsärar oder juristische Personen für Zwecke israelitischer Schulen nicht mit Umlagen in Anspruch genommen werden. (Vgl. Hock § 432 und V.G.H.E. v. 12. Dez. 1879, F.M.Bl. 1880 S. 120.)

Anm. 7. Nach Seydel, l. c. Bd. IV S. 529 sind auch Ortschaftsumlagen zulässig; dieselben sind solche Gemeindeumlagen, welche nur innerhalb einer Ortschaft zur Erhebung kommen; sie dienen zur Deckung von der Bestreitung einer Ortschaft allein obliegenden Bedürfnissen; pflichtig sind diejenigen, die in der Ortschaftsmarkung Haus- oder Grundbesitz haben, welcher der Steuerveranlagung- oder Ermittelung unterliegt, ferner alle übrigen Gemeindeumlagenpflichtigen, wenn sie in der Ortschaftsmarkung wohnen. (Seydel, l. c. Bd. IV S. 529.)

Anm. 8. Wegen der Geistlichen und Lehrer ist in Bezug auf deren congrualmäßiges Einkommen Folgendes zu bemerken:

a) Schullehrer und Schulverweser sind umlagenpflichtig in der Gemeinde, in welcher sie mit Steuern angelegt sind, auch dann, wenn ihr Einkommen die Kongrua nicht übersteigt. (Bl. f. adm. Pr. Bd. 24 S. 211.)

b) Wenn die Voraussetzungen des Art. 43 gegeben, sind auch die Besitzer kirchlicher Pfründen hinsichtlich ihrer Einkommensteuer, auch wenn das Pfründeeinkommen die Kongrua nicht erreicht, als konkurrenzpflichtig zu den Umlagen der politischen Gemeinde zu erkennen, unbeschadet der Frage, ob dieselben etwa für die entrichteten Umlagen Ersatz seitens der Kirchengemeinde beanspruchen können, da Art. 44 keine Ausnahme statuirt. Ein Anspruch auf Umlagenbefreiung kann von diesen nicht auf die k. Vdg. vom 19. Juni 1810, die Besteuerung der Geistlichkeit betr. (Reg.Bl. S. 585) gestützt werden; diese bestimmt: „Die Kommunalumlagen sind auf die übrigen Gemeindeglieder zu repartiren, welche schuldig sind, ihre Geistlichen wenigstens in dieser Beziehung von einer Last zu befreien, welche ihre Kompetenz schmälern würde." Diese Verpflichtung der Kirchengemeinde ist durch die neue Gesetzgebung zwar nicht aufgehoben worden, es muß aber eine Unterscheidung zwischen denjenigen Gemeindeumlagen, welche auf die Grund- und Haussteuer der Pfründerealitäten treffen und jenen, welche auf die Steuer von dem Privatvermögen des derzeitigen Pfründeinhabers und insbesondere auf dessen Einkommensteuer fallen, gemacht werden. Die Verordnung vom 19. Juni 1810 nimmt nämlich keine Rücksicht auf die persönlichen Steuern, sondern bezieht sich nur auf jene Steuern und Umlagen, welche auf die unzureichend dotirten „Pfarreien und Benefizien" fallen. Die politische Gemeinde, in deren Bezirk sich Pfründevermögen befindet, dessen Erträgnisse die Kongrua nicht erreichen, kann die von diesem Vermögen zu entrichtende Gemeindeumlage nur von dem Pfründeinhaber, nicht von der Pfarrgemeinde in Anspruch nehmen; der Pfründeinhaber ist aber solchen Falles berechtigt, von der Pfarrgemeinde den Ersatz der von ihm für die Pfründe entrichteten Gemeindeumlagen zu fordern. (M.E. v. 8. Dez. 1879. S. auch V.G.H.E. Bd. III S. 601.)

Anm. 9. Zu Art. 8 Ziff. 30 V.G.H.G. — s. Vorbemerkung zu Art. 42 am Ende —: Gemeindelasten sind alle aus dem politischen oder Ortsgemeindeverbande abgeleiteten und daher von allen Gemeindeangehörigen zu übernehmenden Leistungen. Hieher gehören also auch die Verbindlichkeiten der Ortschaften sowohl in Bezug auf besondere Ortschaftslasten, als hinsichtlich der Theilnahme an den gemeinschaftlichen Lasten der Gesammtgemeinde, ferner für Staats- und andere öffentliche Zwecke, welche durch die Gemeinden von den Gemeindeangehörigen aufzubringen sind. Einschlägig sind insbesondere die Art. 42—48, 49—54 G.O., ferner z. B. Leistungen aus dem Quartierleistungsgesetze vom 25. Juni 1868 § 67, ferner aus dem Gesetze über Naturalleistungen vom 13. Febr. 1875 § 7 2c.; s. auch Art. 38

Wenn eine Gemeinde nach Entnahme der vollen sie treffenden Distriktsumlage aus der Gemeindekasse den auf die Steuerquote der Forensen treffenden Betrag aus dieser mittels einer besonderen Umlage erhebt, und die Forensen ihre Verbindlichkeit zur Bezahlung dieser Umlage bestreiten, so fällt dieser Streit nicht unter Art. 8 Ziff. 24 V.G.H.G., sondern ist nach den in der Gemeindeordnung enthaltenen Normen zu beurtheilen. (Eod. Bd. V S. 71.)

Dem Princip nach fallen unter Art. 8 Ziff. 30 V.G.H.G. unbeschränkt alle Streitfragen, welche sich bei und aus der Inanspruchnahme der Umlagenpflicht eines Rechtssubjekts von Seite einer Gemeinde und bei der Verneinung einer solchen Verpflichtung der Gemeinde gegenüber, sei es auf Grund des Gesetzes oder vermöge eines besonderen Rechtsverhältnisses ergeben. (Eod. Bd. VII S. 27.) Gleichgiltig ist es, ob die Verbindlichkeit überhaupt oder nur im einzelnen Falle bestritten wird, ob der Maßstab und die Beitragshöhe oder die gesetzliche Form der Einführung strittig ist.

Anm. 10. Gemäß Art. 8 Ziff. 38 des V.G.H.G. sind Verwaltungsrechtssachen bestrittene Rechtsansprüche und Verbindlichkeiten betreffend die Theilnahme an den Gemeindelasten, Diensten, Umlagen und anderen Leistungen für Schulzwecke. Vergleiche hieher Schulbedarfsgesetz vom 10. Novbr. 1861 und Form.Vdg. vom 17. Dezember 1825. 2. Instanz ist hier die Regierung, 3. Instanz der Verwaltungsgerichtshof.

Art. 44.

I. Zu Gemeindeumlagen können nicht beigezogen werden:

1) Schlösser und Gärten, welche zur k. Zivilliste gehören, desgleichen Schlösser nebst den dazu gehörigen Gärten, welche sich im Privateigenthum des regierenden Königs befinden;

2) Gebäude und Grundstücke, welche unmittelbar zu Zwecken des Staates, der Gemeinde, des Gottesdienstes, des öffentlichen Unterrichts und der öffentlichen Wohlthätigkeit dienen. Befinden sich in einem solchen Gebäude Dienst- oder Miethwohnungen, die für den Hauptzweck des Gebäudes nicht unentbehrlich sind, so kann dasselbe nach Maßgabe der Miethertragsfähigkeit dieser Wohnungsräume zu den Umlagen beigezogen werden;

3)*) die in § 55 der IV. Beilage zur Verfassungsurkunde bezeichneten Besitzungen der Standesherren, woferne letztere nicht Vortheile aus dem Gemeinde-Verbande ziehen.

II. Verpflichtungen, welche dem Hausbesitzer als solchem nach polizeilichen Vorschriften obliegen, bleiben vorbehalten.

Anm. 1. Die Befreiungsgründe von der in Art. 43 statuirten allgemeinen Umlagenpflicht sind in den Art. 44, 45 Abs. III, 206 Abs. II Ziff. 2 enthalten. Herkommen, Vertrag, Verjährung zählen nicht hieher, denn die G.O. hat den Gegenstand der Gemeindeumlagenpflicht erschöpfend geregelt; sie hat in Art. 43 die Allgemeinheit der Verpflichtung ausgesprochen, in Art. 45 einen ausschließenden Maßstab aufgestellt; daraus folgt, daß alle entgegenstehenden früheren Rechtsnormen von selbst erloschen sind. Im Zweifel ist stets für die Umlagenpflicht, nicht Umlagenfreiheit zu entscheiden. Von einem Vertrage kann man nicht sagen, daß er eine dem Gesetze entgegenstehende Rechtsnorm sei; denn er ist nicht eine die Betheiligten beherrschende höhere Vorschrift, sondern er ist ein von den Betheiligten selbst eingegangenes freiwilliges Uebereinkommen; derartige Uebereinkommen aber sind auch neben den Vorschriften der Gemeindeordnung zulässig und der Fortbestand früherer Verträge und ihrer Wirkungen ist nicht ipso iure ausgeschlossen. Aber eine neue gesetzliche Regelung gibt jedem Betheiligten die Befugniß, einen Vertrag, welcher auf anderen gesetzlichen Voraussetzungen beruht, aufzulösen, selbst wenn der Vertrag auf ewige Zeiten abgeschlossen ist und damit die Partei auf Kündigung verzichtet hat. Verträge über den Vollzug der einschlägigen Vorschriften der G.O., über Berechnung der Umlagenpflicht, über Pauschalsummen sind nicht unzulässig, solange nicht Rechte Dritter dadurch verletzt werden: (s. V.G.H.E. Bd. IV S. 340). Eine deßfallsige Uebung kann solange fortbestehen, als die sämmtlichen Betheiligten damit einverstanden sind. Wenn nun eine Gemeinde den durch die sonstigen Einnahmen nicht gedeckten Bedarf auf dem Wege einer Umlage einheben und diese nach dem Steuerfuß

*) Durch Gesetz vom 9. Juni 1899, die Ablösung der Steuer-Umlagen- und Zollfreiheit der Standesherrn betr. ist die Umlagenfreiheit vom 1. Januar 1900 an aufgehoben und tritt daher Abs. I Ziff. 3 außer Kraft.

vertheilen muß, so hat jede Erleichterung oder Befreiung eines Pflichtigen die entsprechende Mehrbelastung aller übrigen zur nothwendigen Folge. Falls eine Gemeindeverwaltung einen derartigen Vertrag abschließen oder einen bereits abgeschlossenen auch fernerhin anerkennen wollte, so hat jeder Umlagenpflichtige das Recht der Beschwerde. Hieraus folgt das Recht und die Pflicht der Gemeinden zur Auflösung eines solchen Vertrages. (Bl. f. adm. Pr. Bd. 22 S. 77.)

Anm. 2. Zu Ziff. 1: Vgl. Kahr, G.O. S. 536, wonach der König ohnedies von allen direkten Steuern frei ist, und wonach, soweit die Königin-Gemahlin, Königin-Wittwe, der zurückgetretene König und seine Gemahlin oder andere Mitglieder des k. Hauses steuerfrei sind, sie auch der Umlagenpflicht nicht unterliegen.

Anm. 3. Zu Abs. I Ziff. 2*): Gebäude und Grundstücke, welche unmittelbar zu Zwecken des Staates und der Gemeinde dienen.

Für die Umlagenpflicht und Umlagenfreiheit dieser Grundstücke ist die thatsächliche Verwendung derselben zu der Zeit, zu welcher Gemeindeumlagen beansprucht wurden, maßgebend. Die gesetzliche Voraussetzung des unmittelbaren Dienens von Grundstücken zu Staatszwecken erfüllt sich bei direkter Benützung derselben für den speziellen staatlichen Zweck. Die in landwirthschaftlichen Selbstbetrieb genommenen Grundstücke eines Arbeitshauses dienen unmittelbar einem Staatszwecke. (V.G.H.E. Bd. XII S. 120.) Dagegen schließt die Erzielung eines Nebenertrages von einem den Zwecken des Staates unmittelbar dienenden Grundstück die sonst gerechtfertigte Gemeindeumlagenfreiheit nicht aus.

Nebengebäude, die mit dem Hauptgebäude einen Besteuerungsgegenstand bilden, werden von der Umlagenfreiheit des Hauptgebäudes miterfaßt.

Das Gesetz unterscheidet nicht zwischen höheren und niederen Staatszwecken; unter Staatszwecken sind alle jene Zwecke zu verstehen, welche im Rahmen der öffentlichen durch das positive Staatsrecht anerkannten Aufgaben des Staates liegen; nicht hieher gehören solche Staatszwecke, welche nur dem vermögensrechtlichen Verkehr des bürgerlichen Rechts angehören. (Seydel b. Staatsrecht, Bd. IV S. 535.) Durch die Einfügung des Wortes „unmittelbar" sollte vermieden werden, daß die Umlagenfreiheit auch für solche Grundstücke und Gebäude ausgesprochen werden kann, welche nicht unmittelbar öffentlichen Zwecken gewidmet sind, sondern aus deren Erträgnissen eine öffentliche Anstalt Mittel zur Bestreitung ihrer Bedürfnisse erhält.

Unter dem Begriff des „unmittelbar Dienens" kann jedenfalls die Benützungsweise eines Grundstückes nicht verstanden werden, die auf Erzielung von Geldeinnahmen zum Zwecke der Bestreitung der Bedürfnisse gerichtet sind, wie z. B. Grundstück-Verpachtung. (V.G.H.E. Bd. XVII S. 102.)

Beispielsweise dienen die den kommandirenden Generälen der bayerischen Armee zu Dienstwohnungen eingeräumten Gebäude, solange sie bestimmungsgemäß verwendet sind, unmittelbar einem Staatszwecke; (V.G.H.E. Bd. XIII S. 536); desgl. Kasernen incl. der Dienstwohnungen der Landwehrbezirksfeldwebel, (V.G.H.E. Bd. VII S. 31); die Eisenbahnen sind ohnedies nicht mit Grundsteuer angelegt, also umlagenfrei; (V.G.H.E. Bd. II S. 635); ebenso wie die Staatsstraßen. Eine Rektoratswohnung in dem Staatsgebäude eines humanistischen Gymnasiums genießt diese Freiheit nur,

*) Diese Bestimmung bezieht sich auch auf die nach § 2 des Haussteuer-Ges. wegen ihrer Zweckbestimmung steuerfreien öffentlichen Gebäude. (V.G.H.E. Bd. XIV S. 201.)

wenn diese Wohnung für den Hauptzweck des Gebäudes unentbehrlich ist. (V.G.H.E. Bd. XIV S. 201.)

Die Dienstwohnung eines Bezirksamtmanns ist von der Quartierlast nicht befreit; in gleicher Weise auch nicht umlagenfrei. (S. hierüber Wand, l. c. S. 301.) Die einem Rentamtmanne im Amtsgebäude eingeräumte Dienstwohnung ist in der Regel als für den Hauptzweck des Gebäudes unentbehrlich zu erachten. (V.G.H.E. Bd. XVI S. 276.)

Auch das Reich nimmt an dem Vorrechte des Staates hinsichtlich jener Immobilien Theil, welche ein unmittelbar zu Reichszwecken dienendes Reichseigenthum sind; ebenso die Reichsbankzweiganstalten s. Kahr S. 523.

Das Vorhandensein der Voraussetzungen des Art. 44 Ziff. 2 kann nicht bloß für einen aus einer Vielheit von Grundstücken bestehenden Gesammtbesitz des Staates, sondern auch für einzelne Theile eines ärarialischen Gesammtbesitzes in Streit gezogen werden. (V.G.H.E. Bd. XI S. 411.)

Zwecke des Gottesdienstes: Pfarrgebäude haben weder Anspruch auf Befreiung von der Haussteuer (V.G.H.E. Bd. VI S. 105) noch gehören sie unter die Ausnahme des Art. 44, da in ihnen nicht Gottesdienst gehalten wird. (Verh. d. bes. Aussch.) Ebensowenig Meßnerhäuser und Klöster. Es muß sich auch um eine staatlich anerkannte Glaubensgesellschaft handeln.

Zwecke der öffentlichen Wohlthätigkeit:

Wenn der Zweck eines Gebäudes darin besteht, daß für Zwecke der Wohlthätigkeit (eine auf Unterstützung Bedürftiger gerichtete uneigennützige Thätigkeit, s. Kahr, l. c. S. 543) bestimmte Personen darinnen wohnen müssen, ist es steuerfrei; bei der Gebäudeeinschätzung ist der als Wohnung benützte Theil besonders einzuschätzen. Die Gebäude einer öffentlichen Wohlthätigkeitsanstalt sind nur dann von der Haussteuer und Umlagen befreit, wenn diese Anstalt thatsächlich darin untergebracht ist, nicht auch, wenn dieselben nur mittels der aus dem Miethertrgäniß fließenden Rente den Zwecken der Anstalt dienen. (V.G H.E. Bd. XI S. 400.)

Umlagenfrei sind diejenigen Grundstücke und Gebäude nicht, aus deren Erträgnissen eine öffentliche Anstalt Mittel zur Bestreitung ihrer Bedürfnisse erhält. So wird z. B. eine öffentliche Krankenanstalt für ihr dem Krankendienst gewidmetes Gebäude und für jene Gärten, die zur Erholung der Rekonvaleszenten benützt werden, Umlagenfreiheit genießen, nicht aber für Haus- und Oekonomiegärten, die zur Gewinnung von landwirthschaftlichen Produkten oder zur Erzielung einer Rente verwendet werden. (V.G.H.E. Bd. I S. 123 und Bl. f. adm. Pr. Bd. 29 S. 191.) Verpachtete Grundstücke dienen nicht unmittelbar den Zwecken einer Wohlthätigkeitsstiftung. (V.G.H.E. Bd. XVII S. 102.)

Eine Hospitalstiftung ist keine öffentliche, wenn bloß Bürger der betreffenden Stadt zur Aufnahme zugelassen werden, folglich auch umlagenpflichtig. (Bl. f. adm. Pr. Bd. 29 S. 191.).

Dienst- oder Miethwohnungen: diese können, wenn sie sich in unmittelbar zu Staats- 2c. Zwecken dienenden öffentlichen Gebäuden befinden und wenn sie für den Hauptzweck der letzteren nicht unentbehrlich sind, nach Maßgabe der Miethertragsfähigkeit dieser Wohnungen zu den Umlagen der betreffenden Gemeinde herangezogen werden. (V.G.H.E. Bd. VII S. 25.) S. oben zu Anm. 3.

Ausschlaggebend ist die Miethertragsfähigkeit. V.G.H.E. vom 20. November 1895; dagegen Seydel: = zur Miethe bestimmt. S. hierüber Bl. f. adm. Pr. Bd. 46 S. 1.

(Den Verhandl. d. bes. Ausschusses ist hier zu entnehmen: Es gibt auch freie Dienstwohnungen in den Gebäuden des Staates, der Gemeinden 2c. Diese sollen bei den Umlagen nicht außer Betracht bleiben. Nur solche Wohnungen, welche nicht strikte den öffentlichen Zwecken dienen, können besteuert werden, nicht aber solche, deren Benützung mit dem Zwecke des Hauses und der Anstalt zusammenfällt. In einem Spitale können die Lokale für Kranke, das Wartpersonal und für das ärztliche Hilfspersonal nicht besteuert werden, wohl aber die Wohnung des Direktors.)

Wenn der Zweck eines Gebäudes darin besteht, daß für Zwecke der Wohlthätigkeit oder des Staates bestimmte Personen darin wohnen müssen, so ist dieses Gebäude unbedingt steuerfrei.

Die Beurtheilung der Entbehrlichkeit oder Unentbehrlichkeit hat von Fall zu Fall zu erfolgen und ist hiebei nur der geregelte und ordnungsmäßige Dienstgang maßgebend. Hierüber hat der Verwaltungsgerichtshof letztinstanziell zu beschließen. So hat z. B. der V.G.H. den Grundsatz ausgesprochen, daß die Entscheidung über die Umlagenbefreiung von Dienstwohnungen in einer Eisenbahnstation eine nach den wechselnden Dienstbesetzungs- und Betriebsverhältnissen der betreffenden Eisenbahnstation von Fall zu Fall zu beurtheilende Frage bildet. (V.G.H.E. Bd. VII S. 19.) Wenn im Rayon einer Eisenbahnstation das Vorhandensein einer oder mehrerer Dienstwohnungen für die Erfüllung des Hauptzweckes der Anlage nothwendig — unentbehrlich — erscheint, so ist es gleichgiltig, ob für diese Wohnungen ein Gebäude ausschließlich bestimmt und verwendet ist oder ob dieselben Bestandtheile von Gebäulichkeiten bilden, welche außerdem einem realen Betriebszwecke der Anlage dienen; auch kommt es nicht darauf an, ob der persönliche und reale Betriebszweck in demselben Gebäude der Station zur Erfüllung gelangt. Vgl. auch V.G.H.E. Bd. VIII S. 102; Bd. VII S. 43: Als gemeindeumlagenfreie Dienstwohnungen gemäß Art. 44 Abs. 1 Ziff. 2 sind die in den Gebäuden einer Staatseisenbahn befindlichen Dienstwohnungen der Wechselwärter, Rollierwechselwärter, des Betriebsoffizials und des Streckeningenieurs zu betrachten, nicht aber der Bahnmeister.

Ferner ist nach V.G.H.E. Bd. VII S. 29 die Entbehrlichkeit auch nach dem Zwecke des Gebäudes, nach der Art seiner Benützung, der Beschaffenheit der Dienstverrichtungen zu bemessen.

Ueber die Berechnung der Miethertragsfähigkeit vgl. das revid. Haussteuergesetz vom 19. Mai 1881, G.V.Bl. S. 657, Weber Bd. XV S. 192.

Art. 45.

I. Die sämmtlichen in der Gemeinde zu erhebenden oder nach Art. 43 Abs. II und III und Art. 44 Ziff. 2 zu berechnenden direkten Steuern der Umlagenpflichtigen bilden den Maßstab für die Vertheilung der Gemeindeumlagen.

II. Werden Umlagen nothwendig für Bedürfnisse, deren Bestreitung nach Art. 153 Abs. II einer Ortschaft allein obliegt, so bilden die sämmtlichen Haus- und Grund-Steuern, welche für die innerhalb der Ortsmarkung gelegenen Realitäten angelegt oder ermittelt sind, sowie die sämmtlichen übrigen direkten Steuern, womit die innerhalb des Ortsbezirks wohnenden umlagenpflichtigen Personen in der Gemeinde angelegt sind, den Maßstab für die Vertheilung der Umlagen.

III. Befinden sich geschlossene Waldungen von mindestens 500 Tagwerk Flächeninhalt, welche nicht unter die Bestimmungen des Art. 3 fallen, oder arrondierte Gutskomplexe von solchem Flächeninhalte im Eigenthume einer oder im ungetheilten Eigenthume mehrerer Personen, so ist denselben auf Verlangen zu gestatten, den Wald- beziehungsweise Feld-Schutz in den betreffenden Besitzungen selbst zu übernehmen, in welchem Falle sie mit diesen Besitzungen nicht zu den Kosten des Wald- und Feld-Schutzes in den übrigen Markungstheilen, soweit sich solche Kosten nicht für den Schutz des Gemeindeeigenthums ergeben, umlagenpflichtig sind.

Anm. 1. In diesen Bestimmungen für die Umlagenpflicht ist die wirkliche Steueranlage des Umlagenjahres maßgebend. Wenn die Steueranlage im Wege der Berufung oder Ministerialentschließung gemindert ist, kann die Umlage nur nach der geminderten Steuer erhoben werden, V.G.H.E. Bd. XVI S. 103; die Pflicht und das Maß der Steuerentrichtung ist stets auf jene thatsächlichen Verhältnisse gegründet, welche in dem Erhebungsjahr der Steuer vorhanden sind, (V.G.H.E. Bd. III S. 432); gleichgiltig ist der Zeitpunkt, in welchem die Umlage beschlossen wurde. Vgl. hieher auch Art. 42, Anm. 6 pr. Vgl. auch V.G.H.E. Bd. IV S. 474, M.E. v. 12. Juli 1871, Nr. 6572.

Jede Aenderung in der Steueranlage bewirkt auch eine Aenderung des Maßes der Umlagenpflicht. Bei Bemessung der Umlagen dürfen die durch Art. 44 ausgenommenen Immobilien nicht eingerechnet werden.

Der hier festgesetzte Umlagenmaßstab ist ein ausschließender. Er beruht auf dem in den neueren Gesetzen allenthalben zum Durchbruch gekommenen Grundsatze, daß nicht die unmittelbare Antheilnahme an den Vortheilen eines korporativen Verbandes, sondern die Zugehörigkeit zu letzterem für die Beitragspflicht zu den Lasten desselben den Ausschlag zu geben hat, wie denn überhaupt eine Ausscheidung der Beitragspflichten der einzelnen Gemeindeangehörigen nach dem Grade des jeweils bezogenen Vortheils unmöglich ist. Der hier bestimmte Maßstab hat daher für die Folge zur festen Norm zu dienen, von der die Gemeinden behufs etwaiger höherer Belastung einzelner Steuergattungen u. dgl. ohne Zustimmung aller Betheiligten nicht abweichen können, da jeder Beitragspflichtige ein Recht darauf hat, daß seine Verpflichtungen gesetzlich festgestellt und nicht von der wandelbaren Ansicht einer betheiligten Mehrheit abhängig seien und da überdies der hauptsächlichste Fall, auf Grund dessen eine Abweichung von jenem Maßstabe sich rechtfertigen ließe, nämlich der Bezug besonderer Gemeindenutzungen, in Art. 34 ohnehin vorgesehen ist. (Mot.)

Hienach kann auch die Umlagenpflichtigkeit immer nur für ein Jahr geregelt werden; sie bedarf für jedes Jahr eines neuen besonderen Rechtstitels; Abweichungen hievon s. Art. 47.

Die Gemeinden können ferner keinen Umlagenpflichtigen abgesehen von konkreter Nachlaßbewilligung allgemein von dieser Pflicht entbinden oder einen anderen Umlagenmaßstab einführen.

Herkommen, Vertrag und Verzicht sind hier einflußlos. (Vgl. Bl. f. adm. Pr. Bd. 22 S. 77, V.G.H.E. Bd. IV S. 265, Seydel, b. Staatsrecht, Bd. IV S. 265.)

Bei der Bemessung des voraussichtlichen Ertrages der zu erhebenden Umlage wird die gemeindliche Finanzverwaltung selbstverständlich in der Regel dasjenige Steuersoll zu Grunde legen, welches das letztermittelte ist. Wenn die Gemeinde richtig verfahren will, wird sie nicht bloß beschließen, daß die und die Summe durch Umlagen zu decken sei, sondern auch, wie viel Pfennige von der Mark Steuer als Umlage zu erheben sind. Liefert die Umlage einen höheren Ertrag als nöthig, so hat die Gemeinde einen Ueberschuß für das nächste Budget; zurückzuzahlen braucht sie nichts.

Der Umlagenrepartition ist immer der Steuerbetrag des Umlagenjahres zu Grunde zu legen; (s. Art. 46 und die Anm.). Der Schätzung des in den Etat einzustellenden Umlagenanfalles kann der Steuerbetrag des Jahres zu Grunde gelegt werden, in welchem der Etat aufgestellt wird, nicht aber der Umlagenrepartition. Anfangs des Monats April sind die Steuerlisten von den Rentämtern zu haben; für vorherigen absoluten Bedarf an Umlagen kann nur durch Umlagenvorschüsse Deckung gesucht werden.

Die Erhebung der Gemeindeumlagen kann nur durch die Rentämter zugleich mit der Erhebung der Steuern und Kreisumlagen des laufenden Jahres besorgt werden; dieser Weg ist insoferne vortheilhaft, weil an Personal gespart wird, weil es den Rentämtern ferner am leichtesten möglich ist, der Umlagenrepartition das treffende Steuersoll zu Grunde zu legen, weil endlich die Pflichtigen an Gängen sparen und den Vortheil haben, daß ihre sämmtlichen Abgaben auf einer Quittung abquittirt sind. (Vgl. Bl. f. adm. Pr. Bd. 23 S. 369, welche Ausführungen indeß nur zum geringeren Theil zutreffend sind.)

Mit der von einer Gemeindeverwaltung vollzogenen Einstellung einer Person in einen gemeindlichen Umlagenplan unter Anführung der treffenden Umlagenquote ist der gemeindliche Anspruch hierauf als gegen jene Person im Sinne des Art. 8 Ziff. 30 des Gesetzes über den Verwaltungsgerichtshof erhoben zu betrachten. (V.G.H.E. Bd. VIII S. 119.)

Die nachträgliche Heranziehung eines anfangs unbekannt gebliebenen oder übersehenen Pflichtigen zu den Gemeindeumlagen erfordert nicht die Herstellung einer neuen Umlagenrepartition, sondern erscheint nur als Durchführung der schon ursprünglich beschlossenen Umlagenerhebung. (V.G.H.E. Bd. XII S. 309.)

Anm. 2. Zu Abs. II: Bei den Berathungen des Gesetzentwurfs in der Reichsrathskammer war im Interesse des großen Grundbesitzes bezüglich Exemtion von der Umlagenpflicht die Aufrechthaltung des bisherigen Rechtszustandes bezielt und sogar eine Erweiterung desselben ins Auge gefaßt. Demgegenüber schlug die Staatsregierung vor, daß diejenigen Einzelanwesen, welche bloß polizeilich einer anderen Gemeinde zugetheilt sind, an den in der Ortsangehörigkeit begründeten Vermögensrechten einer Nachbarortschaft aber keinen Antheil haben, gleichfalls als besondere

Ortschaften zu behandeln seien; sie sollten deßhalb der benachbarten Ortschaft gegenüber von den für den speziellen Gebrauch und für die spezielle Benützung der betreffenden Ortseinwohner dienenden Ausgaben frei bleiben. Die Gleichstellung solch einzelner Anwesen mit den besonderen in der Gemeindemarkung befindlichen Ortschaften wurde schließlich durch eine entsprechende Bestimmung bei Art. 153 (Abs. X) bethätigt. (Vgl. Reichsr.Aussch.Ref. S. 355, R.St.Prot. Nr. 56 S. 421, Nr. 57 S. 441, Abg.A.Pr. LIV S. 743, St.Ber. Nr. 137 S. 94.) Die Beschlußfassung obliegt nicht dem Ortsausschusse, sondern dem Ausschuß der politischen Gemeinde. (Ebenso Wand, S. 307, Seydel, Bd. III S. 72 ff., Medikus, S. 110.)

Anm. 3. Zu Abs. III: Bei Erlassung der G.O. wollte der Gesetzgeber dem größeren Grundbesitz in Bezug auf Wald- und Feldschutz ein gewisses Vorrecht einräumen. Aus der Natur der Sache ergibt sich, daß der betr. Besitz ein zusammenhängender sein muß. (V.G.H.E. Bd. XII S. 199.)

500 Tagwerk: Auch Feldgrundstücke und bei arrondirten Gutskomplexen auch Waldgrundstücke, soferne bei ihnen die Voraussetzung des Zusammenhanges gegeben ist, können mitgerechnet werden; ein Zusammenhang ist auch dann gegeben, wenn die einzelnen Grundstücke nur durch Wege oder Flüsse geschieden sind; doch muß die selbstständige Bewirthschaftung der betr. Waldflächen nach den Grundsätzen der Forstwirthschaft, bei arrondirten Gutskomplexen nach jenen der Landwirthschaft erfolgen können. (V.G.H.E. Bd. XII S. 197.) Gleichgiltig ist, ob der Grundbesitz in einer Gemeinde liegt oder in mehrere Markungen sich erstreckt. Die Bezeichnung „Arrondirte Gutskomplexe" wurde in das Gesetz aufgenommen, weil nicht einzusehen ist, warum man, wenn man einmal den größeren Waldungen eine solche Ausnahme gewähren wollte, die gleiche Ausnahme nicht auch größeren arrondirten Gutskomplexen einräumen sollte; in einem solchen Complex können Wald und Feld vereinigt sein oder Wald allein oder Feld allein. (Verh. d. K. d. Abg. 1866/69 Bd. II S. 763.)

Die Großgrundbesitzer sind nur eximirt von den für Wald und Flurschutz erlaufenden Kosten, nicht aber auch von den Bau- und Unterhaltungskosten der die Waldungen berührenden Wege, Brücken und Stege.

Aus den Worten „auf Verlangen" ist zu schließen, daß zwar die Großgrundbesitzer ein Recht des Austritts haben, daß aber die Gemeinde denselben von sich aus nicht veranlassen kann.

Art. 46.

Die k. Rentämter sind verpflichtet, den Gemeindeverwaltungen zum Behufe der Herstellung der Umlagenregister die Einsicht und Abschriftnahme der amtlichen Steuerlisten zu gestatten.

Anm 1. Durch Art. 46 ist die früher bestandene Offizialthätigkeit der Revision der gemeindlichen Conkurrenzrollen bei den Rentämtern weggefallen, es ist jedoch genehmigt, daß sowohl die Neuherstellung der gemeindlichen Conkurrenzrollen als auch deren jährliche Zurechtstellung nach den jeweiligen Ab- und Zugängen auf Ansuchen der betr. Gemeinde bei dem Rentamtsvorstande durch einen Rentamtsgehilfen als Privatarbeit gegen eine von dem Rentamtsvorstand festzusetzende billige Remuneration gefertigt und diese Elaborate dem k. Rentamte zur offiziellen Prüfung und

Beglaubigung vorgelegt werden. Die den Gemeinden hiefür erwachsenden Kosten dürfen in den Gemeinderechnungen in Ausgabe verrechnet werden; übrigens ist abgesehen hievon seitens der Rentämter der Abordnung der Gemeindeschreiber an das Rentamt zur Einsichtnahme der Heberegister und Selbstfertigung der erforderlichen Auszüge nicht hindernd in den Weg zu treten und können auch diese Auszüge beglaubigt werden. (F.M.E. vom 26. Nov. 1865, F.M.Bl. S. 132.) Vgl. hieher auch Art. 176 Abs. III und 131 Abs. III.

Anm. 2. Die Rentämter sind nicht verpflichtet, Abschriften der amtlichen Steuerlisten entgeltlich oder unentgeltlich auszufertigen. Mit Genehmigung der Regierung können sie im Vertragswege die Anfertigung der Register übernehmen.

Art. 47.

I. Die Beschlußfassung über die Einführung neuer und die Erhöhung bestehender Gemeindeumlagen, sowie über Unternehmungen und Einrichtungen, zu deren Ausführung eine Umlage erforderlich ist, steht in Gemeinden mit städtischer Verfassung dem Magistrate unter Zustimmung der Gemeindebevollmächtigten, in den übrigen Gemeinden der Gemeinde- beziehungsweise der Orts-Versammlung zu.

II. Vor der Beschlußfassung in der Gemeindeversammlung hat eine Vorberathung im Gemeindeausschusse stattzufinden.

III. Wird mehr als ein Dritttheil der sämmtlichen in der Gemeinde angelegten und bei der in Frage stehenden Umlage in Berechnung zu ziehenden direkten Steuern von fünf oder weniger als fünf Personen gezahlt, so ist jede dieser Personen in der Gemeindeversammlung stimmberechtigt und muß, wenn sie nicht ohnehin Mitglied des Gemeindeausschusses ist, zur Theilnahme an der Vorberathung und Beschlußfassung geladen werden. Die Ladung hat an die Person, oder im Falle dieselbe nach Art. 25 einen Bevollmächtigten aufzustellen hat, an diesen zu ergehen. Ist ungeachtet der Aufforderung der Gemeindeverwaltung ein Bevollmächtigter nicht aufgestellt worden, so kann die Ladung durch öffentliche Anheftung am Gemeindehause giltig bewirkt werden.

IV. Diese Höchstbesteuerten können hiebei in jedem Falle durch Bevollmächtigte vertreten werden, welche jedoch die in Art. 15 Abs. IV bezeichneten Eigenschaften besitzen müssen. Frauen müssen sich einer solchen Vertretung bedienen. Juristische Personen, privatrechtliche Vereinigungen, [minderjährige und unter Kuratel stehende Personen] werden durch ihre gesetzlichen Vertreter oder durch von diesen aufgestellte taugliche Bevollmächtigte vertreten.

Statt der eingeklammerten Worte in Abs. IV nun folgende Fassung:

„minderjährige und Personen, die entmündigt oder nach § 1906 des Bürgerl. Ges. Buches unter vorläufige Vormundschaft gestellt sind."

V. In den Fällen des Abs. I ist bei den Beschlüssen der Gemeindeversammlung für die Zahl der Stimmen der einzelnen Stimmberechtigten der Gesammtbetrag der direkten Steuern maßgebend, mit welchen die Stimmberechtigten im Gemeindebezirk angelegt, und im einzelnen Falle umlagenpflichtig sind.

VI. Ein jährlicher Steuerbetrag bis zu zehn Gulden (17 ℳ 14 ₰) gibt eine Stimme, über 10 fl. bis zu 20 fl. (über 17 ℳ 14 ₰ bis zu 34 ℳ 29 ₰) zwei, über 20 fl. bis zu 30 fl. (über 34 ℳ 29 ₰ bis zu 51 ℳ 34 ₰) drei Stimmen. Bei höheren Steuerbeträgen erhöht sich die Stimmenzahl in der Weise, daß jeder Mehrbetrag bis zu 10 fl. (17 ℳ 14 ₰) je eine weitere Stimme gewährt.

VII. Die Zahl der Stimmen eines Einzelnen darf jedoch ein Drittheil der Zahl der sämmtlichen in der Gemeinde stimmberechtigten Personen nicht übersteigen. Bruchtheile, die sich bei dieser Berechnung ergeben, kommen nicht in Betracht.

VIII. Die Bestimmungen des Art. III bis VII sind analog anwendbar, wenn für die Bedürfnisse einer besonderen Ortschaft die Einführung neuer oder die Erhöhung bestehender Umlagen stattfinden soll.

Anm. 1. Die Beschlußfassung nach Art 47 ist in allen Fällen geboten, in welchen ein rechtsgiltiger Beschluß auf Erhebung einer Gemeindeumlage in mindestens gleicher Höhe für die unmittelbar vorhergehende Umlagenperiode nicht vorliegt. Nichtbeachtung der Vorschrift in Art. 47 (und 149 l. c.) bei Fassung von Gemeindebeschlüssen hat deren Ungültigkeit zur Folge (V.G.H.E. Bd. VIII S. 9.) Die Abgaben des Art. 40 und 41 gehören nicht hieher.

Anm. 2. Einführung neuer und Erhöhung bestehender Gemeindeumlagen:

Neueinführung, die mit dem Momente der gemeindl. Beschlußfassung erfolgt, liegt nur dann vor, wenn in einer Gemeinde, die im Vorjahre keine Umlage erhoben hat, eine Umlage eingeführt werden soll; s. dagegen Wand, G.O. S. 311. (S. auch Seydel, Bd. IV. S. 541.) Die Ansicht Wands findet nicht im Worte „neue", sondern in den Worten: „sowie Unternehmungen und Einrichtungen, zu deren Ausführung eine Umlage erforderlich ist", ihren Grund.

Eine Erhöhung der bestehenden Gemeindeumlagen liegt nicht unbedingt schon dann vor, wenn die zur Gleichstellung der Ausgaben und Deckungsmittel eines Jahres erforderliche Gesammtsumme der Umlagen eine höhere Ziffer als im Vorjahre ausweist; sie wird dagegen regelmäßig dann gegeben sein, wenn die Belastung der Umlagenpflichtigen im Vergleiche mit dem Vorjahre bei sonst gleichbleibenden Verhältnissen durchgängig gesteigert, d. h. ein höherer Prozentsatz des nach

Art. 43 und Art. 47 Abs. I der Umlagenvertheilung zu Grunde liegenden Steuersolles erhoben werden soll, (V.G.H.E. Bd. VII S. 109, Bd. VIII S. 9), sonach der Umlagen prozentsatz, nicht der Umlagenertrag sich steigert. (S. auch M.E. v. 20. Mai 1871 Nr. 7621, Bl. f. adm. Pr. Bd. 21 S. 287.) Zutreffend nimmt Kahr G.O. S. 568 eine Umlagenerhöhung auch dann an, wenn trotz allgemeiner gesetzlicher Erhöhung der Staatssteuern die Forterhebung des bisherigen Umlagenprozentsatzes beschlossen werden soll, während eine Erhöhung nicht vorliegt, wenn bei gesetzlicher Minderung des Steuerprinzipale eine verhältnißmäßige Erhöhung des Umlagenprozentsatzes erfolgt.

Anm. 3. Unternehmungen und Einrichtungen: auch gesetzliche Verpflichtungen nach Art. 38, da das Gesetz hier keinen Unterschied macht. Hieher gehören allgemeine Vorkehrungen und Ausgaben, die die gemeindlichen Finanzen in ungewöhnlichem Maße und meist dauernd oder doch auf längere Zeit belasten. Kahr, G.O. S. 573. (S. auch V.G.H.E. Bd. VIII S. 18: Die kunstmäßige Herstellung einer Strecke Gemeindeweg mit Grundbau greift über den Rahmen der regelmäßigen und gewöhnlichen Unterhaltung der Gemeindewege hinaus und stellt sich als Unternehmung im Sinne des Art. 47 dar.) Die Beschlußfassung hat zu erfolgen, auch wenn Neueinführung oder Erhöhung von Umlagen nicht in Betracht kommt, ferner selbst dann, wenn eine Umlagen-Reduktion in Frage steht. (S. Bl. f. adm. Pr. Bd. 21 S. 287, M.E. v. 23. Mai 1870 Nr. 4755 bei Kahr, G.O. S. 572.)

Anm. 4. Nach Art. 47 Abs. I hat bei Herstellung des Etats die Einvernehmung der Gemeindeversammlung auch dann einzutreten, wenn in dem Voranschlag neue Gemeindeausgaben oder seitherige Gemeindeausgaben in höherem Betrage als bisher sich vorgetragen finden und diese Gemeindeausgaben nach den wirthschaftlichen Verhältnissen der Gemeinden ihre Deckung auf dem Wege der Umlagenerhebung erfordern, wobei es gleichgiltig ist, ob zugleich der Gesammtbetrag der in dem treffenden Jahr zu erhebenden Gemeindeumlagen gegen das vorausgegangene Jahr sich erhöht oder ob derselbe dem Umlagenbetrage des vorhergegangenen Verwaltungsjahres gleich ist, oder ob er noch hinter diesem zurückbleibt. (M.E. v. 20. Mai 1871 Nr. 7621, Bl. f. adm. Pr. Bd. 21 S. 288.)

Das Verfahren nach Art. 47 ist demnach einzuhalten:

a) wenn Umlagen überhaupt erst zur Einführung gelangen sollen;
b) wenn der Umlagenprozentsatz gegen das Vorjahr sich erhöht;
c) bei neuen Unternehmungen und Einrichtungen, in Folge deren die bisherigen Umlagen nicht ermäßigt werden können. Die richtige Zeit für das Verfahren ist die des Abschlusses des Jahresetats, aus welchem das Umlagenerforderniß sich ergibt, doch ist nicht ausgeschlossen, daß es in Anwendung kommt, wenn im Laufe des Jahres ein unvorhergesehenes dringendes Bedürfniß neue oder erhöhte Umlagen bedingt. Regelmäßig ist die Feststellung des Umlagenbedürfnisses und die Umlagengenehmigung mit dem Etatsabschlusse (Art. 88 und 135) zu verbinden.

Anm. 5. Ueber die Beschlüsse der Ortsversammlung s. Art. 153.

Anm. 6. Zu Abs. II. Es ist nicht bestimmt, welcher Zeitraum zwischen Vorberathung und Beschlußfassung liegen muß; Gesuche um Hinausschiebung der zur Beschlußfassung allzu nah anberaumten Tagfahrt sind nicht als unzulässig erklärt, und steht überdies der Beschwerdeweg noch immer offen. (Fin.M.E. v. 21. März 1870 Nr. 2505, alleg. bei Hock, Handbuch § 432.)

Abs. II findet analoge Anwendung auf Ortschaften, in welchen Ortsausschüsse bestehen. (V.G.H.E. Bd. XV S. 141.)

Im Hinblick auf Art. 47 und 149 muß die Abstimmung bei den Ortsgemeindebeschlüssen schriftlich erfolgen. (Eod.) Wo keine Ortsausschüsse bestehen, kann auch die Ortsgemeinde nicht gezwungen werden, einen Ortsausschuß nur zu dem Zwecke zu wählen, damit die Vorberathung erfolgen kann. (Eod. Bd. XV S. 143.)

Anm. 7. Abs. II—VII hat nur Gemeinden mit Landgemeindeverfassung im Auge.

Anm. 8. Zu Abs. III und IV. Jede dieser Personen: gleichgiltig, ob Gemeindebürger oder nicht; auch Ausländer, Frauen, juristische Personen, möglicherweise auch nur eine einzige Person als Höchstbesteuerte mit mehr als ⅓. Art. 15.

Anm. 9. Es muß persönliche Ladung derer erfolgen, die auswärts wohnen, wenn sie nicht von der Gemeindeverwaltung zur Aufstellung eines Bevollmächtigten aufgefordert wurden; in der Ladung soll der Zweck der Vorberathung so genau bezeichnet sein, daß sich der Geladene vollständig Information verschaffen kann. Wenn die Höchstbesteuerten nicht ohnedies Gemeindeausschußmitglieder sind, sind sie zu beiden Versammlungen (Ausschuß und Gesammtgemeinde) zu laden. (Ant. F.M.E. v. 21. März 1870 über das Verhalten der zur Vertretung des Aerars berufenen Rentbeamten.) Die Ladung muß zeitig genug erfolgen, so daß die geladene Person erscheinen kann.

Vgl. auch Art. 42 Anm. 6 und bayr. Gem.Zeitg. 1893 S. 169.

Anm. 10. Zu Abs. IV. Es genügt jede Form der Vollmacht, also auch eine von der Gemeindebehörde ausgestellte Urkunde. Beglaubigung ist nicht erfordert.

Als Vertreter des Staatsärars treten in der Regel die Rentbeamten auf. (S. Hock, Handbuch der Finanzverwaltung, § 432. Vgl. F.M.E. v. 21. März 1870, Nr. 2505; wegen der Umlagenzahlung des Staatsärars s. den Anhang.)

Die gesetzlichen Vertreter brauchen keine Bürger zu sein.

Anm. 11. Gegen die hinsichtlich der Umlagenerhebung gefaßten Gemeindebeschlüsse kann jeder Betheiligte Beschwerde zur vorgesetzten Verwaltungsbehörde erheben, welche aber zur Abänderung oder Aufhebung der Beschlüsse nur im Falle der Verletzung eines Gesetzes oder einer anderen Rechtsnorm zum Nachtheil des Beschwerdeführers befugt ist.

Art. 48.

I. Die Umlagenpflichtigen haben ihre schuldigen Beiträge an dem festgesetzten Termine an die aufgestellten Einnehmer abzuliefern.

II. Diese sind ermächtigt, die Säumigen nach Ablauf jenes Termines zu mahnen. Der Betrag der Mahngebühr wird in Gemeinden mit städtischer Verfassung durch den Magistrat mit Zustimmung der Gemeindebevollmächtigten, in den übrigen Gemeinden durch den Gemeindeausschuß mit Genehmigung der vorgesetzten Verwaltungsbehörde festgesetzt.

III. Bleibt die Mahnung erfolglos, so hat die Gemeindeverwaltung das Ausstandsverzeichniß als vollstreckbar zu erklären und für die Beitreibung der Rückstände zu sorgen, wobei ihr gleiche Exekutionsbefugnisse zustehen, wie den k. Rentämtern bezüglich der Beitreibung der Staatsgefälle.

Anm. 1. Zu Abs. I. Die Staatssteuern sind vierteljährlich vorauszahlbar am 1. Januar, am 1. April, am 1. Juli und 1. Oktober (außer Steuern vom Gewerbebetrieb im Umherziehen, welche gleich bei der Steueranlage ganzjährig vorauszahlbar sind). Dies bestimmen die ministeriellen Bekanntmachungen vom 15. Mai und 18. November 1868, Weber Bd. VII S. 156 und 553. Damit aber eine schuldige Umlage vorhanden sei, ist nothwendig:

1) Ein in gesetzlicher Form gefaßter Beschluß der Gemeindekollegien.
2) Die Anlegung mit einer direkten Steuer in der Gemeinde.
3) Die Fälligkeit der Umlage; hiefür ist der festgesetzte Termin maßgebend.

Eine Ausnahme zu Gunsten des Staatsärars besteht nicht. Ueber Ort und Zeit der Umlagenzahlung seitens des Staatsärars: Bl. f. adm. Pr. Bd. 40 S. 53. Vgl. auch Art. 42 Anm. 6 und bayer. Gem.Ztg. 1893 S. 169.

Der Termin wird von der Gemeindebehörde festgesetzt und ist selbstverständlich ortsüblich bekannt zu machen.

Eine Zeitbeschränkung bezüglich der Festsetzung besteht nicht; schon im Januar kann z. B. die ganze Umlage verlangt werden, vorbehaltlich etwaiger Rückforderungen. Ein Compensations-Recht hat der Umlagenpflichtige bezüglich der schuldigen Umlagen nicht.

Anm. 2. Zu Abs. II. Das Erforderniß der Anmahnung ist statuirt, weil es im Interesse der Gemeinde liegt, daß ihren Einnehmern nicht zu ungelegener Zeit die Empfangnahme von Zahlungen zugemuthet wird, und im Interesse der Zahlungspflichtigen, daß ihnen nicht unerwartet die Leistung von Zahlungen angesonnen wird. Die Mahngebühr wird der Umlage zugerechnet.

Anm. 3. Zu Abs. III. Die Gemeindeverwaltung muß nach erfolgter Anmahnung das Ausstandsverzeichniß als vollstreckbar erklären und für die Beitreibung der Rückstände selbst sorgen; das Ausstandsverzeichniß enthält die Namen der rückständigen Umlagenpflichtigen unter Angabe von Schuld, Verfallzeit, etwaigen Zahlungen und Durchführung des Mahnverfahrens. (S. E. d. ob. L.G. Bd. VII S. 597, V S. 490 und Bl. f. adm. Pr. Bd. 30 S. 303); eine gerichtliche Thätigkeit ist im Allgemeinen ausgeschlossen und nur auf die Exekution gegen den Schuldner in gesetzlich bestimmten Fällen beschränkt, wo nämlich auch sonst bei Zwangsvollstreckung von Bescheiden der Verwaltungsbehörden eine gerichtliche Zuständigkeit begründet ist z. B. § 829 R.C.P.O. und Immobiliarexekution, nachdem vorher die Zahlungspflicht und die Summe im Administrativwege festgestellt ist; dieses Verhältniß erleidet auch durch den Antrag einer Gemeinde auf Erlassung eines Zahlungsbefehles keine Aenderung, da die Erlassung eines Zahlungsbefehles wirkungslos ist; die Gemeindeverwaltung würde sich in einem solchen Falle einer ihr obliegenden Pflicht entschlagen und die Mitglieder haftbar für etwaige Kosten und Schäden machen; (vergl hieher Erk.

d. Comp.Confl.Sen. vom 14. Nov. 1864, Reg.Bl. S. 1579, vom 20. Okt. 1871, Reg. Bl. S. 1754.)

Unter welchen Voraussetzungen das Ausstandsverzeichniß für vollstreckbar erklärt werden darf und ob diese Voraussetzungen im konkreten Falle gegeben sind, darüber haben nur die Gemeindeverwaltungen zu entscheiden; allgemein darf dasselbe nur dann für vollstreckbar erklärt werden, wenn die Forderung in Bezug auf Bestand, Größe und Fälligkeit unbestritten ist und wenn eine Mahnung fruchtlos erfolgt ist. Die Vollstreckbarkeitserklärung muß von der Gemeindeverwaltung aus beschlußmäßig erfolgen.

Ueber die Zahlungspflicht selbst haben natürlich nicht die Gemeindebehörden, sondern die Verwaltungsgerichte zu entscheiden. Bei etwaigen Streitigkeiten ist mit der Zwangsvollstreckung inne zu halten.

Nebenbei bemerkt sind außerordentliche Umlagen sofort fällig. (Bl. f. adm. Pr. Bd. 31 S. 11.)

Ueber das Vollstreckungsrecht der Gemeinde vgl. zunächst Art. 1 Anm., ferner bayer. Gem.Zeitg. 1891 S. 543, 1893 S. 33 und 169. Den Gemeinden stehen die gleichen Exekutionsbefugnisse zu, wie den k. Rentämtern bezüglich der Beitreibung der Staatsgefälle. Hienach können sich die Gemeindeverwaltungen entweder der Gerichtsvollzieher oder der in Art. 141 bezeichneten Diener bei Ausführung der Mobiliarpfändung bedienen.

Bezüglich Sicherung der Gemeindegefälle s. § 49 Konkurs-Ordg.; Art. 107 und 108 Subh.Ordg. Wegen Arresterwirkung s. bayer. Gem.Ztg. 1893 S. 41 ff., 1894 S. 281.

(Vgl. hieher M.Bektm. v. 3. Nov. 1879, F.M.Bl. S. 453, Weber Bd. XIV S. 237, über Gebühren bei Beitreibung von gemeindlichen Gefällen M.E. vom 24. Dezbr. 1875, Weber Bd. XIV S. 80, über Einwendungen gegen das Vollstreck.Verfahren bayer. Ausf.Ges. z. R.C.P.O., Art. 108 und 151 Subhast.O., über Vollstreck.-Organe s. auch Entsch. d. Oberl.Ger. München Bd. II S. 557, bei Burkhard, Fin.-Entsch. S. 737.)

Gemeindeausschußmitglieder, die eine Pfändung unter Umgangnahme von Anfertigung und Vollstreckbarkeitserklärung eines Ausstandsverzeichnisses beschlossen haben, machen sich ebenso einer Ueberschreitung ihrer Amtsbefugnisse schuldig, als solche, die zum Zwecke der Beitreibung gemeindlicher Gefälle eine Pfändung des Schuldners oder die Versteigerung gepfändeter Sachen selbst vornehmen. (Entsch. d. Oberl.Ger. München Bd. II S. 557.)

Will der Schuldner, dessen Pfändung vom Gemeindeausschuß beschlossen worden ist, die Mitglieder des letzteren wegen Gesetzwidrigkeit der Pfändung civilrechtlich belangen, so kann nur der bezügliche Beschluß des Gemeindeausschusses, nicht die Ausführung der Pfändung und die Art ihrer Bethätigung einen Anlaß zur Vorentscheidung nach Art. 7 V.G.H.G. (Haftungsverbindlichkeit der Gemeindeausschußmitglieder) bilden. (V.G.H.E. Bd. XII S. 278.)

Bemerkenswerth sind noch folgende V.G.H.E.:

a) Die mit Gemeindeumlagen oder Gemeindediensten in Anspruch genommenen Personen können auch gegenüber einer bereits im Gange befindlichen Zwangsvollstreckung ihre Einwendungen gegen den Rechtsbestand der bezüglichen Anforderungen erheben und über die bestrittenen Verbindlichkeiten eine verwaltungsbehördliche Entscheidung beantragen (Bd. VII S. 140).

b) Rückständige Leistungen zu den von der Gemeindeverwaltung gemäß Art. 55 Abs 1 und 3 l c. festgesetzten und auf die Pflichtigen vertheilten Ausgaben sind nach den Bestimmungen der Art. 57 und 48 l. c. und Art. 46 Abs 3 des V.G.H.G. beizutreiben (Bd. IV S. 426; siehe auch Art. 55.)

Anm. 4. Streitigkeiten über Gemeindeumlagen kompetiren nicht zu den bürgerlichen Gerichten, sondern nur zu den Verwaltungsbehörden, weil es sich nicht um privatrechtliche Ansprüche und Verbindlichkeiten handelt, weil sie ferner auf dem Gemeindeverband beruhen, wie die Steuern vom öffentlichen Rechte beherrscht werden, zu ihrer Feststellung, Vertheilung und Erledigung von Anständen auch die Verwaltungsbehörden ausdrücklich für zuständig erklärt worden sind. (E. d. ob. G.H Bd. II S. 361.)

III. Gemeindedienste.

Vorbemerkung.

Die Mittel zur Befriedigung der Gemeindebedürfnisse bestehen in den in Art. 39 und 40 bezeichneten Einnahmen (vgl. Art. 42—48 incl.) und Gemeindediensten. Gemeindedienste sind solche Dienste, welche gewissen Personen mit Rücksicht auf ihre Beziehung zu einer Gemeinde von dieser im öffentlichen Interesse zur Erfüllung von gewissen einzelnen, nach Gesetz oder auf Grund freiwilliger Uebernahme obliegenden Gemeindezwecken auferlegt werden, wie z. B Wegbau- und Botendienste. Stellvertretung ist hier jederzeit zulässig, doch haftet der Vertretene, ungeeignete Stellvertreter können zurückgewiesen und der Vertretene bestraft werden. (S. E. d. Oberl.G. München, M.A.Bl. 1895 S. 613.) Die Leistung von Gemeindediensten kann aber immer nur von der zuständigen Gemeindebehörde, und zwar der kollegialen Gemeindebehörde beschlossen werden. (V.G.H.E. Bd. XV S. 89.) In Gemeinden mit städtischer Verfassung ist ferner die Zustimmung der Gemeindebevollmächtigten da erforderlich, wo Gemeindedienste bisher nicht bestanden haben Der Bürgermeister allein kann solche niemals einseitig anordnen. Die Anordnung erfolgt auf je ein Jahr oder kürzere Dauer. Staatsaufsichtliche Genehmigung ist nicht nöthig.

Erforderlich ist ferner, daß ein Bedürfniß der Gemeinde vorliegt; für Zwecke, die außerhalb des gemeindlichen Bedürfnisses liegen, dürfen Gemeindedienste nicht angeordnet werden.

Innerhalb der eingangs bezeichneten Mittel kann die Gemeinde wählen und ist der Kreis ihrer Befugnisse durch die hier gesteckten Grenzen beschränkt; das gemischte System, zur Befriedigung von Gemeindebedürfnissen Umlagen zu erheben und zu repartiren, gleichzeitig aber die Abverdienung der betr. Umlagenbeträge durch Fuhren und Handarbeiten zuzulassen, ist unzulässig. (Vgl. V.G.H.E. Bd. IV S. 153, Entsch. d Oberl.G. München v 29. Mai 1883, Bl. f. R.A. Bd. 49 S. 88, Bl f. adm. Pr. Bd. 28 S. 57.)

Eine Nöthigung der Gemeinden, zu gewissen Zwecken Gemeindedienste zu fordern, gibt es nicht mehr; nach der früheren Gesetzgebung allerdings mußte die Erfüllung gewisser Zwecke (z. B. Herstellung der Brunnen, Wege, Brücken rc.) durch

Gemeindedienste bethätigt werden. Nun kommen z. B. in Betracht: Herstellung und Unterhaltung von Gemeindewegen, gemeindlichen Gebäuden, Errichtung von Brunnen, Holzzufuhr für Schulzwecke, Schneeräumen, Insektenvertilgung, Nacht- und Kirchenwachen u. a.

Die Gemeindedienste für die Handhabung der öffentlichen Sicherheit dienen unmittelbar öffentlichen Verwaltungszwecken, die von der Gemeinde zu erfüllen sind; diese Verpflichtung besteht nicht der Gemeinde, sondern dem Staate gegenüber und gehören auch diese Dienste nicht dem gemeindlichen Finanzrecht an. Dieß gilt insbesondere hinsichtlich des auf Grund distriktspolizeilicher Vorschriften angeordneten Feuerwehrdienstes. (Unzuständigkeit des V.G.H. V.G.H.E. Bd. IV S. 151.) Das Gleiche gilt vom Sicherheitsdienst allgemein. Bei Dienstleistungen zur Handhabung der öffentlichen Sicherheit geht in der Regel eine Aufforderung der Distriktspolizeibehörde vorher; die Repartition und nähere Anordnung dagegen steht der Gemeindebehörde zu.

Ueber polizeiliche Streifen im Gemeindebezirke s. Urtheil des Oberl.G. München v. 29. Mai 1883, M.A.Bl. S. 226. Wenn Gemeindebürger im Turnus zum Sicherheitsdienst berufen sind, erscheinen sie als zur Vollstreckung von Gesetzen berufene Beamte und treffen hier die Bestimmungen wegen Widerstands gegen die Staatsgewalt zu. (S. M.A.Bl. 1895 S. 614 und das dort alleg. Urtheil.)

Soweit Verpflichtungen der Gemeinde im bestehenden Rechte begründet sind, bleiben sie unberührt, z. B. die für Zwecke der Distriktspolizei erforderlichen Dienste, wie Schubfuhren zum Vagantentransport. Vgl. hieher ferner die sogen. Wassergesetze, insbesondere Art. 17 des Uferschutzges. v. 28. Mai 1852, Art. 59 und 60 G.O., Art. 18 Abs. III des Armenges. v. 29. April 1869 (Turnuskost). Vgl. auch Art. 141 Abs. I G.O.

Was noch speziell den Feuerwehrdienst anbelangt, so ist durch eine Reihe von oberstrichterlichen Erkenntnissen anerkannt, daß durch polizeiliche Vorschriften auf Grund § 368 Ziff. 8 R.Str.G.B. und Art. 2 Ziff. 14 P.Str.G.B. die Feuerwehrpflicht näher bestimmt und regulirt werden kann; die Frage, ob jemand durch eine polizeiliche Anordnung zum Feuerlöschdienst angehalten werden kann, stellt sich als eine Frage der Nothwendigkeit oder Zweckmäßigkeit dar, und ist als solche prinzipiell der Entscheidung des Strafrichters entzogen; im gleichen Falle ist auch der V.G.H. unzuständig. (V.G.H.E. Bd. IV S. 153.)

Eine reichsrechtliche Schranke bezüglich der Gemeindedienste enthält § 22 des Gesetzes über das Postwesen vom 2. Nov. 1867, wonach die vorschriftsmäßig zu haltenden Postpferde und Postillone von Leistung der Gemeindedienste befreit sind. Uebrigens sieht Gleiches Art. 50 Abs. 2 und Art. 51 Abs. 3 der G.O. vor.

Streitigkeiten über Rechtsansprüche und Verbindlichkeiten, welche die Leistung von Gemeindediensten betreffen, fallen unter Art. 8 Ziff. 30 V.G.H.G. und ist die Zuständigkeit des V.G.H. gegeben; (s. auch Krais, Comm. hiezu S. 95); ebenso nach Art. 10 Ziff. 2 dieses Gesetzes, wenn von einer Gemeinde behauptet wird, daß sie in ihrem Selbstverwaltungsrecht verletzt, (z. B. Art. 53 G.O.) oder daß ihr eine gesetzlich nicht begründete Leistung auferlegt sei; beschwerdeberechtigt nach Art. 10 Ziff. 2 ist aber ausschließlich der Gemeindeausschuß; hierüber und über gemeindliche Nachtwachen: V.G.H.E. Bd. XI S. 485. Art. 8 Ziff. 30 l. c. kommt namentlich in Betracht, wenn es sich um Zweck, Art und Maßstab der Gemeindedienste, sowie um den Kreis der Pflichtigen handelt. Bei Ermessenssachen ist der V.G.H. ohnedies unzuständig (z. B. Art. 17 des Ufersch.Ges.)

Ueber „Gemeindedienste" vergl. bayer. Gem.Zeitg. 1895 S. 345.

Art. 49.

I. Für Gemeindezwecke, insbesondere auch zur Handhabung der öffentlichen Sicherheit, können Gemeindedienste angeordnet werden.

II. Als solche können wissenschaftliche, kunst- oder handwerksmäßige Arbeiten nicht gefordert werden.

Anm. 1. Der Gesetzentwurf hatte gelautet: Zur Herstellung und Ausbesserung der Gemeindegebäude, Brunnen, Wege, der Ufer- und Wasserbauten ꝛc., dann zur Handhabung der öffentlichen Sicherheit kann die Leistung von Gemeindediensten angeordnet werden; als solche können aber wissenschaftliche, sowie kunst- oder handwerksmäßige Arbeiten nicht gefordert werden. Die Motive zum Entwurfe bemerken: Gemeindedienste sind besonders dann nothwendig, wenn Verkehrshindernisse rasch zu beseitigen sind, und erwünscht besonders auf dem Lande, wo viele Gemeindeangehörige die Gemeindedienste leichter als die direkten Geldbeiträge leisten. Diese Verpflichtung konnte aber nicht auf die im öffentlichen Dienste Angestellten ausgedehnt werden, da diese nach ihrer Stellung in keinem freiwilligen und als dauernd zu erachtenden Verbande mit der Gemeinde sich befinden und sie ihre Kräfte bereits dem öffentlichen Dienste gewidmet haben.

Die jetzige Fassung des Abs. I ist keine ganz glückliche; sie rührt von der Subkommission her und wurde ohne irgend welche Erörterung angenommen. Die Fassung des Abs. I kann zu der Annahme verleiten, als ob ungeachtet des systematischen Zusammenhangs der Stelle alle Dienste der geschilderten beiden Gattungen gemeint seien. Siehe Seydel, b. Staatsrecht, Bd. IV S. 561.

Anm. 2. Als Gemeindedienste können immer nur bestimmte Einzelleistungen, nicht der Eintritt in ein förmliches Dienstverhältniß verlangt werden. So ist niemand verpflichtet, Dienstleistungen in Ansehung der Ortspolizei zu verrichten und dadurch den Gemeindediener zu ersetzen. Aber auch bezüglich der den Gemeindedienern in Landgemeinden zugewiesenen nichtpolizeilichen Verrichtungen (z. B. Ansagen von Sitzungen des Gemeindeausschusses oder der Gemeindeversammlung, Besorgung von Zustellungen, Einhebung von Umlagen) sind Gemeindedienste nicht zulässig. Dieß sind Maßnahmen, welche nur mittelbar der Verwirklichung von Gemeindezwecken dienen können, während doch die Gemeindedienste den Gemeindezwecken unmittelbar entsprechen müssen. (Bl. f. adm. Pr. Bd. 34 S. 241.) Materiallieferungen gehören nicht hieher.

Anm. 3. „Gemeindezwecke" (s. auch Anm. 2 in fine); hieher gehören auch solche Leistungen, welche von der Gemeinde freiwillig in zuständiger Weise auf Grund ordnungsmäßiger Beschlußfassung übernommen wurden. Insbesondere können die Gemeindeverwaltungen die Hausbesitzer zur Reinigung der längs ihrer Anwesen sich hinziehenden Straßengräben und Wege anhalten. (Bl. f. R.A. Bd. 50 S. 45 und 455.) Auch Schulzwecke gehören hieher (V.G.H.E. Bd. XVI S. 225.)

Anm. 4. Sicherheit: Vgl. hieher die in M.A.Bl. 1883 S. 226, 1884 S. 104 und 373, 1890 S. 114 bekannt gegebenen Urtheile.

Anm. 5. Die Anordnung von Gemeindediensten steht mit der Gewährung von Gemeindenutzungen nicht im Zusammenhang und besteht daher kein Grund, wegen erfolgter Anordnung von Gemeindediensten die Gewährung von Nutzungen zu versagen. (V.G.H.E. Bd. XV S. 89.)

Anm. 6. Ueber Gemeindedienst vgl. auch die Abhandlung in der bayer. Gem.-Zeitg. 1895 S. 345.

Art. 50.

I. Zur Leistung von Gemeindediensten sind verpflichtet:

1) die Gemeindebürger;

2) diejenigen, welche nach Art. 32 Ziff. 2 bis 4 an Gemeindenutzungen theilnehmen;

3) jene selbstständigen Gemeindeeinwohner, welche seit sechs Monaten in der Gemeinde wohnen und daselbst mit einer direkten Steuer angelegt sind;

4) die Besitzer eines in der Gemeinde gelegenen Wohnhauses.

II. Von Leistungen der Handdienste sind befreit im aktiven Dienste stehende Personen, welche zur Erfüllung ihrer Wehrpflicht oder in Folge eines öffentlichen Dienstverhältnisses sich in der Gemeinde aufhalten. Dieselbe Befreiung kommt Denjenigen zu, welche zur Erfüllung einer öffentlichen Pflicht von der Gemeinde ihres Wohnsitzes abwesend sind.

III. Gemeindedienste dürfen durch geeignete Stellvertreter geleistet werden.

IV. Niemand kann zu Gemeindediensten angehalten werden, welche Zwecke betreffen, deren Erfüllung durch Umlagen ihn nicht treffen würde.

Anm. 1. Zur Leistung von Gemeindediensten sind vorbehaltlich Abs. II und IV verpflichtet:

1) Die Gemeindebürger, (s. hierüber Art. 10 ff.) wenn sie nicht zu den in Abs. II genannten Personen gehören; (s. Bl. f. adm. Pr. Bd. 22 S. 271);

2) die nach Art. 32 Ziff. 2, 3, 4, jedoch nicht andere, Nutzungsberechtigten;

3) die sub I 3 bezeichneten Personenkategorien, gleichgiltig, welchen Geschlechts; über Selbstständigkeit, Wohnsitz und Steueranlage s. die Art. 11 und 43 und die Anm.;

4) die Besitzer eines in der Gemeinde gelegenen Wohnhauses: ein weiteres Requisit ist hier nicht verlangt, insbesondere nicht Selbstständigkeit; unter Wohnhaus ist auch eine sogenannte Herberge zu verstehen, die nur ein Theil des Wohnhauses ist. Hiebei ist mit Rücksicht auf Art. 51 hervorzuheben, daß es für die Gemeindedienstpflicht gleichgiltig ist, ob nur eine oder mehrere Ziffern des Abs. I bei einer Person zutreffen; die Dienstpflicht wird dadurch nicht erhöht.

Anm. 2. Abs. II hat mit seinen erschöpfend aufgestellten und strikte zu interpretirenden Ausnahmen nur Befreiung von Handdiensten im Auge; von Spanndiensten sind diese Personen, soweit Art. 51 Abs. III bei ihnen zutrifft, nicht befreit. Von letzteren befreit nur die Thatsache, daß ein Gespann zum öffentlichen Dienste gehalten wird; die von praktischen Aerzten für ihre Privatpraxis gehaltenen Pferde können auch dann nicht als zum öffentlichen Dienst gehaltene Gespanne angesehen werden, wenn sie für die Dienstgeschäfte eines Bahnarztes oder bezirksärztlichen Stellvertreters mitbenützt werden. (B.G.H.E. Bd. XV S. 171.)

Der Wortlaut des Abs. II gibt zu verschiedenen Bedenken gegenüber der schließlichen Absicht des Sozialgesetzgebungsausschusses um so mehr Anlaß, als am Schlusse des Absatzes die Subkommission, ohne die Gründe bekannt zu geben, nach dem Worte „Gemeinde" die Worte „ihres Wohnsitzes" eingeschaltet hat. Nach der B.G.H.E. Bd. XII S. 219 im Zusammenhalt mit der Plenarentscheidung vom 8. Febr. 1893 (Bd. XIV S. 73) ergibt sich folgende Interpretation des wenig glücklich gewählten Wortlautes von Art. 50 Abs. II:

1) Im aktiven öffentlichen Dienste stehende Personen, deren Lebensberuf dieser Dienst ist, sind in der Gemeinde des Amtssitzes von Gemeindediensten frei, auch wenn sie unter Ziff. 1, 2 oder 4 des Abs. II fallen, dagegen nicht in anderen Gemeinden, weil man bezüglich dieser nicht von ihnen sagen kann, daß sie sich wegen des Amtes dort aufhalten, oder von diesen Gemeinden als ihrem Wohnsitz abwesend sind.

2) Personen, die ihrem Wehrdienste genügen, sind sowohl in der Gemeinde ihres Wohnsitzes (Heimathgemeinde 2c.) als auch in der Garnisonsgemeinde von Gemeindehanddiensten frei.

3) Solange eine Person zur Erfüllung einer öffentlichen Pflicht vom Hause (d. i. Gemeinde des Wohnsitzes) abwesend ist, z. B. Schöffen, Geschworene, Steuerausschußmitglieder, kann dieselbe zu Gemeindehanddiensten nicht herangezogen werden.

4) Auf die Wohlthat des Art. 50 Abs. II haben jene im öffentlichen Dienste stehenden Personen keinen Anspruch, deren öffentlicher Dienst mehr Nebenberuf ist und die nicht wegen dieses Dienstes ihren Aufenthalt in der Dienstgemeinde genommen haben, sowie jene, bei denen vielmehr die Bürgereigenschaft oder der Wohnsitz in der Gemeinde Bedingung ihres öffentlichen Dienstes ist. Dahin gehören insbesondere Posthalter, Postexpeditoren auf Dienstvertrag im Nebenamte, Handelsrichter, Schöffen und Geschworene, deren Wohnsitz mit dem Gerichtssitze zusammenfällt; doch wird diesen an den Tagen richterlicher Thätigkeit Entschuldigung von Gemeindediensten zur Seite stehen; ferner bürgerliche Magistratsräthe, Gemeindebevollmächtigte, Gemeindeausschußmitglieder und Distriktsvorsteher, denen jedoch die bei Gemeindediensten geleistete Aufsicht ohne Bezahlung als Handdienst anzurechnen sein wird, endlich die gewählten Mitglieder des Armenpflegschaftsrathes und der Kirchenverwaltung als solcher.

Der Dienst eines bezirksärztlichen Stellvertreters und Bahnarztes ist als ein öffentliches Dienstverhältniß zu erachten. Das Halten von Gespannen gehört nur selten zum öffentlichen Dienst; die Mitbenützung zum öffentlichen Dienst genügt noch nicht. (B.G.H.E. Bd. XV S. 173.) (Dieser bezieht sich nur auf bezirksärztliche Stellvertreter und Bahnärzte.)

Rentamtsgehilfen stehen in einem öffentlichen Dienstverhältniß im Sinne der Art. 17 Abs. II und 50 Abs. II. (V.G.H.E. Bd. XIV S. 73.)

Die in Abs. II statuirte Freiheit kommt diesen Personen selbst dann zu, wenn sie in der betreffenden Gemeinde das Bürgerrecht haben. (V.G.H.E. Bd. XIV S. 73.)

Anm. 3. Zu Abs. IV: Namentlich Leistungen für kirchliche Zwecke gehören hieher; s. auch Art. 42 ff., V.G.H.E. Bd. IV S. 9.

Art. 51.

I. Die Spanndienste werden ausschließend unter den mit Gespann versehenen, die Handdienste aber nach der Zahl sämmtlicher zu Gemeindediensten Verpflichteten vertheilt. Leben mehrere Verpflichtete, welche nicht Gemeindebürger sind, in einer Familiengemeinschaft zusammen, so sind sie nur einem Verpflichteten gleichzuachten. Im Falle des Art. 50 Ziff. 4 ist ebenfalls nur eine Verpflichtung anzunehmen, wenn sich ein Wohnhaus im gemeinschaftlichen Besitze Mehrerer befindet.

II. Die Spanndienste sind hiebei nach einem billigen Anschlage an den zu leistenden Handdiensten in Abrechnung zu bringen.

III. Das Maß der Spanndienste richtet sich nach der Zahl der in der Gemeinde vorhandenen, nicht zum öffentlichen Dienste gehaltenen Gespanne der Verpflichteten.

IV. Das bei den Spanndiensten zwischen den Besitzern von Pferden und anderem Zugvieh einzuhaltende Verhältniß ist von den Gemeinden festzusetzen.

Anm. 1. Art. 51 statuirt den ausschließlichen gesetzlichen Maßstab für die Vertheilung der Gemeindedienste. Ortsrechte und Herkommen kommen nicht mehr in Betracht. Dagegen ist die Vertheilung der Dienste unter den mit Diensten in Anspruch genommenen im Wege des Vertrages unter sich oder mit Dritten zulässig: hiedurch wird jedoch ein von den Civilgerichten zu entscheidendes Privat-Rechtsverhältniß begründet. (E. d. ob. G.H. Bd. VI S. 911, V.G.H.E. Bd. XI S. 151 und 194.) Die Festsetzung der Reihenfolge obliegt der Gemeindeverwaltung; letztere ist aber verpflichtet, etwaige gemachte Mehr- oder Vorausleistungen bei künftiger Vertheilung von Gemeindediensten nach dem streng gesetzlichen Maßstab auszugleichen. (V.G.H.E. Bd. XII S. 303.) Gespannbesitzer können unter Umständen statt dessen auch zu den Handdiensten herangezogen werden.

Eine vorherige öffentliche Bekanntmachung über die Art der Vertheilung der Dienste ist nicht erforderlich. (V.G.H.E. Bd. XII S. 304.)

Unzulässig ist eine nur nach räumlichen Rücksichten (streckenweise) oder dem Steuerfuße vorgenommene Vertheilung. (V.G.H.E. Bd. XI S. 518.)

(Gemeindliche Spannfrohnden auf höchstens etwas über 7 Kilometer Entfernung überschreiten das übliche Maß der Gemeindedienste nicht. V.G.H.E. Bd. VIII S. 18.)

Anm. 2. Familiengemeinschaft: Hiezu bemerkte der Abg. Dr. Edel im bes. Aussch.:

Es erscheint als ein Erforderniß der Billigkeit, festzusetzen, daß mehrere Verpflichtete, welche ein und derselben Familie angehören, nur als ein Kopf gerechnet werden dürfen. Außerdem würden die Kinder eines verstorbenen Gemeindebürgers, welche die elterliche Wirthschaft in ungetheilter Gemeinschaft fortsetzen, ebensoviele Personen zur Leistung von Handdiensten stellen müssen, als ihre Zahl beträgt; noch größere Unbilligkeiten würden vorkommen, wenn mehrere selbstständige, aber unversorgte Geschwister, welche mit geringem Vermögen zusammenleben, nach der Kopfzahl zu solchen Diensten herbeigezogen werden könnten.

Anm. 3. Zu Abs. III: S. Art. 50. Die betreffenden Gespanne müssen unmittelbar zum öffentlichen Dienst gehalten sein; letzteres darf nicht bloße Nebenbeschäftigung sein, auch bloß zeitweilige Verwendung genügt nicht, vgl. Art. 50 Anm. 2.

Anm. 4. Zu Abs. IV: Vgl. Conf.Reg. v. 23. Febr. 1809, Reg.Bl. S. 385, und M.E. v. 7. Januar 1846, Döll. Bd. 26 S. 33.

Anm. 5. In geschichtlicher Beziehung ist zu bemerken, daß nach § 33 des rev. Gem.Edikts angeordnet war, daß die Vertheilung der Gemeindefrohnen so vorzunehmen sei, daß den Verpflichteten die Besorgung ihrer Haus- und Landwirthschaft oder ihres Gewerbes nicht erschwert werde. Diese Bestimmung ist aber in die G.O. von 1869 nicht aufgenommen, da in die selbstständige Handhabung der Gemeinden nicht eingegriffen werden wollte und auch für die Regel ein Mißbrauch der gemeindlichen Autonomie nicht zu erwarten stehe.

Art. 52.

Den Gemeinden ist freigestellt, Gemeindearbeiten auf Rechnung der Gemeindekasse in Akkord zu geben oder durch Lohnarbeiter herstellen zu lassen. Wird hierdurch die Einführung neuer oder die Erhöhung bestehender Gemeindeumlagen veranlaßt, so sind die Bestimmungen des Art. 43 bis 47 zu beobachten.

Anm. 1. Zum Begriff des Akkords gehört der Abschluß eines förmlichen Vertrages zwischen der Gemeinde-Verwaltung und einer bestimmten Person über eine bestimmte Leistung von bestimmtem Umfange.

Anm. 2. Nach Art. 52 steht es im vollkommen freien Ermessen der Gemeinden (Art. 10 Ziff. 2 V.G.H.G.), ob sie für einen gemeindlichen Aufwand Gemeindedienste in Anspruch nehmen oder denselben anderweitig decken wollen. (Nach Bd. 28 S. 246 der Bl. f. adm. Pr. kann indeß die Gemeindeverwaltung die Umwandlung der Gemeindedienste in Lohnarbeit nur insoweit beschließen, als die Ausführung der Gemeindearbeiten durch Lohnarbeiter auf Rechnung der Gemeindekasse keine Umlage erforderlich macht. Dieß steht im Widerspruch mit den klaren Bestimmungen des Art. 52. Nur wenn die Gemeindeversammlung die Umlagenerhebung ablehnt, ist zu Gemeindediensten zu greifen.)

Ueber Zulässigkeit des bei Unterhaltung von Gemeindewegen üblichen Verfahrens, wonach zur Bestreitung des Aufwandes Umlagen erhoben werden, gleichzeitig aber die Abverdienung der treffenden Umlagenbeträge durch Fuhr- und Handarbeit zugelassen ist: s. Bl. f. adm. Pr. Bd. 28 S. 55.

Anm. 3. Der Ausspruch des Civilrichters, daß in der Schulhausbaupflicht die Verbindlichkeit zur Leistung der Hand- und Spanndienste nicht enthalten sei, befreit den Baupflichtigen von der öffentlich-rechtlichen Verbindlichkeit der Beitragsleistung zu den Kosten der Hand- und Spanndienste mittels Umlagen dann nicht, wenn die Gemeinde in gesetzmäßiger Weise den deßfallsigen Aufwand auf die Gemeindekasse übernommen hat. (V.G.H.E. Bd. XIV S. 47.)

Art. 53.

Die Gemeinden sind ferner befugt:

1) zur Abwendung etwaiger Ueberbürdung mäßige Vergütung bei Leistung von Gemeindediensten aus der Gemeindekasse zu bewilligen;

2) die zu leistenden Gemeindedienste einzelnen oder allen Pflichtigen auf deren Antrag gegen eine nach den ortsüblichen Fuhr- und Taglöhnen zu regelnde Geldabgabe abzunehmen und für dieselben zu besorgen.

Anm. Da es sich hier um eine reine Ermessenssache handelt, kann von einem Beschwerderecht Einzelner keine Rede sein, wohl aber kommt event. Art. 10 Ziff. 2 V.G.H.G. in Betracht. Die Gemeinde ist ferner in jedem Falle berechtigt, zur Deckung privatrechtlicher Verbindlichkeiten ihre Aktivbestände zu verwenden und Umlagen zu erheben. Die Vergütung muß in Geld geschehen.

Art. 54.

I. Gemeindedienste, deren Leistung nicht rechtzeitig erfolgt, läßt der Bürgermeister nach vorgängiger einmaliger Mahnung auf Kosten des Säumigen leisten.

II. Die erwachsenen Kosten werden auf dem für die Beitreibung der Gemeindeumlagen vorgeschriebenen Wege erhoben.

III. Kann die Dienstleistung auf Kosten des Säumigen nicht stattfinden, so ist derselbe zur Nachholung der Leistung oder Zahlung eines entsprechenden Betrags an die Gemeindekasse verpflichtet.

IV. Die im Art. 29 des Polizeistrafgesetzbuches vom 26. Dezember 1871 vorgesehene Strafeinschreitung findet bei allen nach Art. 50 gemeindedienstpflichtigen Personen Anwendung.

Anm. 1. Zu Abs. I. Bürgermeister können die trotz erfolgter Mahnung nicht geleisteten Dienste auf Kosten der Säumigen vornehmen lassen, ohne daß es hiezu noch einer schriftlichen Mahnung oder der Festsetzung einer weiteren Frist bedürfte. Eine besondere Aufforderung an jeden Pflichtigen ist nicht verlangt. Urth. d. Oberl.G. München, M.A.Bl. 1896 S. 35. Auch findet sich in der G.O. nirgends eine Bestimmung, wonach Einwendungen gegen die angesonnene Verpflichtung zur

Leistung von Gemeindediensten binnen bestimmter Frist bei Meidung des Ausschlusses geltend zu machen wären; insbes. trifft Art. 163 nicht zu; wenn nach Art. 54 ein exekutives Vorgehen der Gemeindebehörde gestattet ist, so ist doch nirgends ausgesprochen, daß nach erfolgter Einleitung des Zwangsvollzugs die Bestreitung der treffenden Verbindlichkeit und die Beantragung einer amtlichen Entscheidung nicht mehr zulässig sei. Vgl. hier die Art. 48 Anm. 3 alleg. V.G.H.E. Bd. VII S. 140.

Anm. 2. Zu Abs. II: s. Art. 48.

Anm. 3. Zu Abs. III: Der „entsprechende Betrag" wird durch die kollegiale Gemeindebehörde festgesetzt, weil es sich nicht mehr um bloße Vollstreckung, sondern um Ersetzung des Anspruches auf eine Dienstleistung durch einen Anspruch auf Geldleistung handelt. Eine Anfechtung der Feststellung des Betrages ist zulässig und ist über den ersetzenden Anspruch in demselben Verfahren zu entscheiden, wie über den ursprünglichen Anspruch. (Seydel, b. Staatsrecht, Bd. IV S. 572.)

Anm. 4. Zu Abs. IV: Nach Art. 29 Pol.Str.G.Buch werden Pflichtige oder ihre Stellvertreter gestraft, welche die nach Festsetzung der Gemeindeverwaltung sie treffenden Dienste zur Uebernahme der Sicherheitswache sowie zur Erhaltung der Fahrbarkeit der Gemeindewege ohne genügende Entschuldigung nicht oder nicht zur rechten Zeit oder nicht in gehöriger Weise leisten.

Für die Strafbarkeit ist es ohne Belang, ob die Festsetzung gesetzmäßig zu Stande kam oder nicht, ob der Maßstab der Vertheilung dem Gesetze entspricht oder nicht, ob die Festsetzung in der gehörigen Form erfolgte oder nicht; alle diese Mängel können im Strafverfahren nicht berücksichtigt werden, doch steht dem Pflichtigen der Beschwerdeweg nach Art. 163 G.O. offen; eine genügende Entschuldigung ist nur ein solches Vorbringen, welches bei dem die Aufforderung zur Dienstleistung erlassenden Bürgermeister hievon wirklich enthebende thatsächliche Hindernisse geltend macht; der angeblich gute Glaube könnte nur das Bewußtsein der Rechtswidrigkeit in Frage stellen, letzteres bildet aber kein Thatbestandsmerkmal des Art. 29. (Vgl. hierüber die Erk. d. Oberl.G. München v. 27. März, 11. Dez. 1890, 10. Okt. 1891, M.A.Bl. 1890 S. 114, 1891 S. 14, 379.)

Strafbar ist die Nichtleistung von Gemeindediensten auch dann, wenn dieselben zwar nicht von der Gemeindeverwaltung speziell festgesetzt, aber auf Grund einer von ihr stets aufrecht erhaltenen und von der vorgesetzten Verwaltungsbehörde gebilligten Uebung vom Bürgermeister angeordnet wurden. (Urth. d. ob. Ger.H. v. 16. Dez. 1876, des Oberl.G. München v. 21. März 1884, M.A.Bl. S. 104.) Gleichgiltig ist es hiebei, ob die Urkunden über diesen Beschluß auffindbar sind oder nicht, wenn der Beschluß nur erweislich gefaßt ist.

Die Festsetzung muß durch die kollegiale Gemeindebehörde erfolgen. (Urth. d. Oberl.Ger. München vom 29. Mai 1883.)

Unterläßt die Gemeindeverwaltung die nöthigen Anordnungen, so kann sie im Disziplinarwege angehalten, unter Umständen auch auf Grund § 6 der M.Bektm. vom 4. Januar 1872 (Reg.Bl. 1872 S. 73) bestraft werden.

Gemeindliche Nachtwächter werden nicht nach Art. 29 des Pol.Str.G.B., sondern nach Art. 166—169 der G.O. bestraft.

Wenn indeß bestimmte Leistungen von der Polizeibehörde als solcher auferlegt werden (Straßenkehren, Straßenspritzen 2c.), findet § 366 Ziff. 10 des R.St.G.B. Anwendung. Siehe jedoch bayer. Gem.Ztg. 1896 S. 446, 653 ff.

Anm. 5. Ueber Verjährung bezüglich der Hand- und Spanndienste bei Kirchenbauten s. E. d. ob. G.H. Bd. III S. 247, über die Verpflichtung von Parochianen zur Leistung von solchen ebenda.

IV. Besondere Bestimmungen.

Vorbemerkung.

Unter vorstehender Ueberschrift, die nicht ganz glücklich gewählt ist, findet sich eine Anzahl von Bestimmungen, die sich vielleicht nicht ohne besondere Schwierigkeiten irgend einem der vorausgehenden Artikel hätten anschließen können, so Art. 55 etwa hinter Art. 38, Art. 57 hinter Art. 48, Art. 58 hinter Art. 42.

Art. 55.

I. In Ermangelung besonderer Rechtstitel gehört zu den Gemeindeausgaben jener Aufwand nicht, der für den Schutz der Grundstücke gegen außerordentliche Elementarereignisse, für Herstellung und Erhaltung der zur Bewirthschaftung der Grundstücke erforderlichen Feldwege und Abzugsgräben, für Haltung der Hirten und für Anschaffung und Unterhaltung der Zuchtthiere gemacht wird.

II. Wenn die Betheiligten nicht unmittelbar solche Einrichtungen treffen und deren Kosten unter sich aufbringen, so ist die Gemeindeverwaltung befugt und auf Antrag eines Betheiligten verpflichtet, nach Vernehmung eines unter Leitung des Bürgermeisters von den Betheiligten aus ihrer Mitte zu wählenden Ausschusses von drei bis fünf Mitgliedern die nothwendigen Anordnungen zu treffen und über den erforderlichen Aufwand zu beschließen.

III. Liegt eine anderweite Uebereinkunft nicht vor, so werden Ausgaben im Interesse der Viehzucht nach dem Viehstande, sonstige Ausgaben für landwirthschaftliche Zwecke nach Maßgabe der auf den betheiligten Grundstücken haftenden Grundsteuer vertheilt.

IV. Der Gemeinde bleibt jedoch unbenommen, zur Förderung der landwirthschaftlichen Kultur auch derartige Ausgaben ganz oder theilweise auf die Gemeindekasse zu übernehmen, soweit dies ohne Einführung neuer oder Erhöhung bestehender Umlagen geschehen kann.

Anm. 1. In Ermangelung besonderer Rechtstitel: namentlich Privatrechtstitel. Wurzelt z. B. die Verpflichtung zur Haltung eines Zuchtstieres darin, daß der Verpflichtete durch Kauf eines Anwesens diese Verpflichtung übernommen hat, so klebt diese an einem Besitzthum, ist civilrechtlicher Natur und von den Civilgerichten zu entscheiden.

In den Fällen des Art. 55 haben für Feststellung der öffentlich-rechtlichen Verbindlichkeit der Betheiligten zur Aufbringung des Aufwandes für die in Abs. I bezeichneten Zwecke die Rechtstitel des Herkommens und der Verjährung nicht in Betracht zu kommen; auch ist die thatsächliche Theilnahme der Einzelnen an der betreffenden Einrichtung als Konkurrenzmaßstab ausgeschlossen. Ausgaben für die in Frage stehenden Zwecke sind vielmehr im Streitfalle, sofern eine anderweitige Uebereinkunft nicht vorliegt, nur nach dem Maßstab, den das Gesetz vorschreibt, zu vertheilen.

Ein durch Verjährung erworbenes dingliches Recht z. B. auf unentgeltliche Haltung eines Zuchtstieres darf dann, wenn veränderte Verhältnisse die Inanspruchnahme als eine wesentlich höhere Last erscheinen lassen, während der Dauer dieses Verhältnisses dem Pflichtigen nicht mehr angesonnen werden. (E. d. ob. G.H. Bd. IX S. 732.)

Wo es sich um eine bestimmte der Gemeinde gegenüber entstandene Verpflichtung einzelner handelt, ist die Gemeinde zur Klageführung aktiv berechtigt; ferner kann sich bei einer ohne Einwilligung des Realberechtigten vollzogenen Theilung des Hauptgutes dieser mit seinem ganzen Anspruch an jeden Besitzer eines Theiles des belasteten Anwesens halten. (E. d. ob. G.H. Bd. XI S. 411.)

Vgl. über Herkommen auch V.G.H.E. Bd. VI S. 212 und Bd. III S. 29.

Anm. 2. Gemeindeausgaben: Hienach ist die Gemeinde nicht verpflichtet, jenen Aufwand auf allgemeine Rechnung zu übernehmen; gleichwohl handelt es sich um einen Aufwand für die Gemeinde, und die etwa erhobenen Umlagen sind Gemeindeumlagen wie andere und nach den allgemeinen Normen des Umlagenrechts zu behandeln. (Vgl. Seydel, b. Staatsrecht Bd. IV S. 544, gegen Bl. f. adm. Pr. Bd. 28 S. 376.) Doch finden hier die allgemeinen Umlagenbefreiungen keine Anwendung.

Anm. 3. Schutz der Grundstücke gegen außerordentliche Elementarereignisse: z. B. Schutz der Feldfrüchte. (Bl. f. adm. Pr. Bd. 26 S. 261.) S. auch Art. 120 Pol.Str.G.B., Art. 38 G.O. Allgemein handelt es sich hier nur um landwirthschaftliche Grundstücke und um Schäden im Interesse einzelner Grundstücke, da Anstalten von größerem Umfange zum Schutze von ganzen Ortschaften gegen Ueberschwemmungen ohnedieß nach Art. 18 Ufersch.Ges. v. 28. Mai 1852 den Gemeinden obliegen.

Schutz gegen schädliche Thiere gehört natürlich nicht hieher.

Anm. 4. Feldwege und Abzugsgräben: Hieher gehören auch die Waldwege. Die Zugehörigkeit eines Grundstückes oder seines Besitzers zur betr. Gemeinde ist nicht erfordert. (V.G.H.E. Bd. VI S. 209.) Feldwege sind diejenigen, welche nur zur Verbindung von Grundstücken dienen; sie dürfen insbesondere keine Gemeindeverbindungswege sein; auch der Aufwand für Uferschutzbauten zur Sicherung eines Feldweges gehört hieher. In streitigen Fällen sind die Art. 157 und 163 anwendbar; bis zur rechtskräftigen Austragung der Sache muß aber die nothwendige Unterhaltung des Weges fortgesetzt werden. (Vgl. Bl. f. adm. Pr. Bd. 26 S. 257, 261, Bd. 28 S. 328, Seydel l. c. Bd. IV S. 546.) Es gehören hieher öffentliche wie nicht-öffentliche Feldwege, mit ihren Zugehörungen: Brücken und Fähren. Der Umstand, daß ein Feldweg außer zur Bewirthschaftung der Grundstücke nebenbei noch zu anderen Zwecken, z. B. zur Verbindung einzelner Anwesen mit einer Mühle oder Distriktsstraße dient, schließt die Behandlung nach Art. 55 nicht aus. (V.G.H.E. Bd. III S. 29.)

Ueber die Behandlung eines Waldweges nach Art. 55: Bl. f. adm. Pr. Bd. 26 S. 257. Ueber Feldwege und Flurbereinigung s. Flurberein.Ges. v. 29. Mai 1886 in der Textirung v. 30. Juli 1899, G. u. V.Bl. S. 507.

Anm. 5. Haltung des Hirten: Wenn die Haltung eines Gemeindehirten ein Gemeindebedürfniß ist, so stellen sich auch die zu dessen Befriedigung zu leistenden Reichnisse als Gemeindeumlagen dar, welche sich von den in Art. 42 und 48 behandelten nur in Rücksicht auf den Kreis der Verpflichteten und den Vertheilungsmaßstab unterscheiden. (Bl. f. adm. Pr. Bd. 28 S. 375) Diese Behauptung ist jedoch nicht unbestritten. S. auch V.G.H.E. Bd. II S. 267.

Der Anspruch eines Gemeindehirten auf Entrichtung des mit der Gemeindeverwaltung vereinbarten Hirtenlohnes ist civilrechtlicher Natur. Indeß sind derlei Ansprüche von Fall zu Fall zu prüfen; insbesondere ist nicht jedes unter Mitwirkung einer Gemeindeverwaltung abgeschlossene Uebereinkommen für Aufstellung eines Hirten als Verwaltungsgegenstand anzusehen. (E. d. ob. G.H. Bd. V S. 246.)

Ferner hat sich der ob. G.H. (Bd. V S. 248) dahin ausgesprochen, daß die Ausgaben für Haltung des Hirten nicht in die Kategorie der Gemeindeausgaben einzureihen sind und daß behufs Beitreibung der nöthigen Beiträge nicht die in Art. 48 und 57 bezeichneten Wege eingeschlagen werden können und die Gemeindeverwaltung überhaupt nicht aus eigener Machtvollkommenheit etwaige Hüterverträge in Vollzug setzen kann. Ueber die Bezüge eines Hirten s. auch noch Bl. f. adm. Pr. Bd. 31 S. 173, über Unterhaltungskonkurrenz Bl. f. adm. Pr. Bd. 28 S. 373.

Nicht jedes unter Mitwirkung einer Gemeindeverwaltung abgeschlossene Uebereinkommen für Aufstellung eines Viehhirten ist als Verwaltungsgegenstand anzusehen. Die Bestellung eines Hirten für die Schweine von Gemeindegliedern ist kein Akt administrativer Thätigkeit, denn diese Ausgaben gehören nicht zu den Gemeindeausgaben; es können daher auch behufs Beitreibung der zur Bestreitung solcher Ausgaben nöthigen Beiträge der Viehbesitzer nicht die in Art. 48 und 57 bezeichneten Wege eingeschlagen werden, sondern es muß die Hilfe der Civilgerichte angerufen werden, wenn eine Gemeinde in Vertretung der Schweinebesitzer die Bestimmungen eines solchen Uebereinkommens geltend machen will. (E. d. ob. G.H. Bd. V S. 247.)

Ueber gemeindliche Hirtenhäuser s. V.G.H.E. Bd. XV S. 141.

Anm. 6. Anschaffung und Unterhaltung der nöthigen Zuchtthiere: Hieher gehört namentlich die Zuchtstierhaltung, da die Zucht von Hengsten unter staatlicher Leitung steht. Für die Aufbringung der Kosten für die Zuchtstierhaltung ist nunmehr das Gesetz betreffend die Haltung und Körung der Zuchtstiere erlassen, welches den Art. 55 ersetzt. (Ges. v. 5. April 1888, G.V.Bl. 1888 S. 235.) Die Bestimmungen des sog. Körgesetzes über die Zuchtstierhaltung schließen sich im großen und ganzen an Art. 55 der Gemeindeordnung an. Die Aufbringung des Bedarfes für die Zuchtstierhaltung ist nicht Sache der Gemeinde, sondern der betheiligten Viehbesitzer; wenn aber letztere nicht unmittelbar im Wege der freien Vereinbarung, insbesondere im Wege der Genossenschaftsbildung, das Nöthige leisten, oder wenn nicht infolge einer privatrechtlichen Verbindlichkeit genügend Sorge für die Zuchtstierhaltung getroffen ist, so obliegt es der Gemeindebehörde, die nothwendigen Anordnungen zu treffen, sowie über den erforderlichen Aufwand zu beschließen.

Art. 161 und 163 G.O., ferner Art. 10 Ziff. 2 V.G.H.G. findet entsprechende Anwendung.

Art. 1 des genannten Körgesetzes bestimmt:

„Die Beschaffung und Unterhaltung der erforderlichen Zuchtstiere, sowie der hiefür nöthigen Einrichtungen obliegt in jeder Gemeinde, unbeschadet de. etwa durch besondere Rechtstitel begründeten Verpflichtungen Dritter, der Gesammtheit der Besitzer faselbaren Rindviehes, d. i. der Besitzer von Kühen und über ein Jahr alten Kalbinnen."

Durch das Körgesetz ist den Gemeinden nicht das Recht entzogen, das nöthige Zuchtvieh anzuschaffen und zu halten, soweit Art. 55 der Gemeindeordnung dieß zuläßt, ebenso wie auch Privatverträge in Geltung bleiben, wenn nicht Kündigung erfolgt. (Siehe Art. 6 des Körgesetzes.) Dieses gemeindliche Recht schließt auch die Befugniß in sich sowohl zum Abschluß der bezüglichen Verträge, als auch zur gerichtlichen Geltendmachung der aus solchen Rechtsgeschäften der Gemeinde erwachsenen Rechts- und Entschädigungsansprüche gegen die ihr rechtlich Verpflichteten. Die Frage, ob die Gemeindeverwaltung bei Uebernahme der Obsorge für die Haltung des nöthigen Zuchtviehes den Bestimmungen der G.O. gemäß verfahren sei, gehört ausschließlich dem öffentlichen Recht an und ist daher deren Entscheidung der Zuständigkeit der Gerichte entzogen. (Vgl. Bl. f. adm. Pr. Bd. 27 S. 125.)

Nach Art. 55 der G.O. mußten die Ausgaben für die Zuchtstierhaltung in der Regel von sämmtlichen Viehbesitzern getragen werden, ohne Unterschied zwischen männlichen und weiblichen, faselbaren und nicht faselbaren Thieren. (Siehe das Nähere: Göring, Körgesetz S. 13, 14, 39, 40.)

Dieß ist nun durch das obengenannte Gesetz modifizirt.

Die Haltung eines Gemeindezuchtstieres kann auch als Reallast mit einem Anwesen verbunden sein; diese Reallast ist aber ein Gegenstand des Privatrechts. Wenn nun die berechtigte Gemeinde behauptet, zu dieser Verpflichtung gehöre nicht bloß das Halten, sondern auch das Treiben auf die Weide gemeinsam mit der Gemeindeheerde und wenn der verpflichtete Zuchtstierhalter diesem widerspricht, so ist das ein Streit über Inhalt und Umfang eines Privatrechts, worüber die Verhandlung, Beweiserhebung und Entscheidung den Gerichten zusteht. (Bl. f. adm. Pr. Bd. 22 S. 144, Bd. 15 S. 59.) Vgl. im Besonderen noch über die Anfechtung eines Gemeindeverwaltungsbeschlusses wegen Vergebung der Gemeindezuchtstierhaltung Bl. f. adm. Pr. Bd. 35 S. 358; was die Zuständigkeitsgrenzen anlangt, so hat die Verwaltung zu entscheiden bei Streitigkeiten über die Verpflichtung zur Haltung des Zuchtstieres sowie zu Beiträgen für solche Einrichtung; dagegen ist die Zuständigkeit der Civilgerichte gegeben, wenn es sich um eine Reallast handelt (wie oben: servitus in faciendo). (Erk. d. Comp.Confl.H. v. 2. Juli 1867, Reg.Bl. S. 871, v. 25. Juni 1872, Reg.Bl. S. 1562.)

Das Verhältniß des Körgesetzes zu privatrechtlichen Verpflichtungen anlangend ist zu bemerken, daß Bestimmungen des öffentlichen Rechtes (z. B. des Körgesetzes) keine Veränderung eines privatrechtlich festgestellten Verhältnisses herbeiführen können. Werden durch solche Bestimmungen Verpflichtungen auferlegt, die über die bisherige privatrechtliche Obliegenheit hinausgehen, wird insbes. mehr auferlegt, als wozu man bisher privatrechtlich verpflichtet war, so bleibt der entsprechende Ersatzanspruch vorbehalten. (E. d. ob. G.H. Bd. XI S. 412; s. auch Bd. IX S. 732.)

Ueber Zuchtstierhaltung im Turnus: vgl. Bl. f. adm. Pr. Bd. 28 S. 369, über gemeindliche Zuchteberhaltung s. bayer. Gem.Zeitg. 1897 S. 282.

Anm. 7. Die Anwendbarkeit des Art. 55 ist auf die in Abs. I bezeichneten

Fälle beschränkt und kann nicht auf ähnliche Fälle (z. B. Vertilgung der Maulwürfe) ausgedehnt werden. (V.G.H.E. Bd. I S. 254.)

Anm. 8. Zu Abs. II. Art. 55 überträgt der Gemeindeverwaltung abgesehen von seinem Abs. IV nur den Erlaß der zur Schlichtung der Sache nöthigen Anordnungen und den Beschluß über den erforderlichen Aufwand. Das gemeindliche Zwangsverfahren ist analog Art. 54, 57, 48. Streitigkeiten über die Verpflichtung zur Zahlung von Umlagen nach Art. 55 können nur auf öffentlich-rechtlichem Gebiete liegen. Durch etwaige Mängel in der Geschäftsbehandlung, die hier unterlaufen, erleidet die öffentlichrechtliche Natur des Streites keine Aenderung. (V.G.H.E. Bd. XVI S. 121.) Diese Berechtigung des Abs. II schließt auch die Befugniß zum Abschluß der bezüglichen Verträge und zur gerichtlichen Geltendmachung etwaiger Rechts- und Entschädigungsansprüche in sich; (E. d. ob. G.H. Bd. IV S. 749); dagegen ist zu Gunsten der Gemeinde-Verwaltung, wenn ihre Anordnung auf Betrieb eines betheiligten Grundbesitzers von der vorgesetzten Verwaltungsbehörde geändert oder aufgehoben wurde, ein selbstständiges Beschwerderecht in Art. 55 nicht vorgesehen und auch nicht in der Intention des Gesetzes gelegen, da es sich nicht um ein Gesammtinteresse der Gemeinde, sondern um eine Angelegenheit einzelner Grundbesitzer handelt, zu deren Vertretung weder die Gemeindeverwaltung noch der in Art. 55 Abs. II erwähnte Ausschuß berechtigt oder verpflichtet ist; die Ausübung dieser Befugniß ist vielmehr den Betheiligten ausschließlich selbst anheimgegeben, die hienach auch von der bezüglichen Entscheidung der Verwaltungsbehörde zu verständigen sind. V.G.H.E. Bd. II S. 733.

Wird von der Bestimmung des Abs. II Gebrauch gemacht, so liegt eine Gemeindesache vor und erscheint die Gemeinde als zur Sache bei einer Klage auf Anerkennung der Berechtigung gegen die Gemeinde passiv legitimirt. (E. d. ob. G.H. Bd. VII S. 199.)

Ein auf Haltung eines Zuchtstieres bezüglicher Gemeindebeschluß ist Verwaltungsgegenstand. (E. d. ob. G.H. Bd. VI S. 480.)

Das Verfahren der Gemeindeverwaltung hat sich allgemein nach den Vorschriften über das Verfahren in eigentlichen Gemeindeangelegenheiten, insbesondere auch nach Art. 163, welcher analog anwendbar ist, zu bemessen. (Vgl. auch V.G.H.E. Bd. II S. 728, Bd. III S. 391, Bd. IV S. 427, Bl. f. adm. Pr. Bd. 26 S. 262 ff., Bd. 35 S. 359.) Voraussetzung für das Eingreifen der Gemeindeverwaltung ist immer, daß über den Kreis der Betheiligten kein Zweifel obwaltet; ist letzteres der Fall, so muß zunächst diese Frage verwaltungsrichterlich entschieden werden. (V.G.H.E. Bd. VI S. 215.)

Anm. 9. Die sämmtlichen Betheiligten: Als betheiligt kann nur jener erachtet werden, der an der Einrichtung thatsächlich Theil nimmt oder kraft Gesetz oder durch die Lage seines Grundbesitzes oder seiner sonstigen Wirthschaftsverhältnisse unabhängig von seinem Willen thatsächlich auf die Einrichtung hingewiesen ist; wer also z. B. Vieh zur gemeinsamen Heerde treiben muß. (V.G.H.E. Bd. XIV S. 160 ff., Bd. XI S. 99, Bl. f. adm. Pr. Bd. 41 S. 57.) Ebenso wer nach Abs. III zur Zahlung beizuziehen ist.

Beispielsweise sind bei Feldwegen diejenigen Grundbesitzer betheiligt, welchen der Weg zur Bewirthschaftung ihrer Grundstücke dient, ob sie an denselben anstoßen oder durch eine Wegdienstbarkeit über ein ferneres Grundstück auf denselben gelangen.

Als „Betheiligte“ an der Haltung eines Hirten erscheinen jene Viehbesitzer nicht, die entweder nach ihren wirthschaftlichen Verhältnissen nicht in der Lage sind, den Hirten für ihr Vieh zu benützen, oder nach Bedarf für Aufstellung eines solchen und für die nöthigen Weidegründe selbst sorgen können. (V.G.H.E. Bd. XIV S. 160.) Persönliche Ladung der Betheiligten ist nöthig. Die Ladung muß nach Art und Zeit so beschaffen sein, daß der Zweck des Gesetzes erreicht werden kann: es soll den Betheiligten Gelegenheit gegeben werden, ihre Anschauungen über die zu treffenden Maßnahmen zum Ausdruck zu bringen; hiezu ist aber nicht bloß rechtzeitige Kenntnißnahme vom Wahltermin nöthig, sondern auch Kenntniß davon, daß sie als Betheiligte in Anspruch genommen werden; der Kreis der Betheiligten muß schon vorher ermittelt und die betheiligten Personen müssen geladen sein. (V.G.H.E. Bd. XVII S. 145.)

Ob der in einer solchen Lage befindliche Bürger oder Einheimischer oder Fremder ist, bleibt für die Frage seiner Betheiligung und das Recht bei der Ausschußwahl mitzuwirken ohne Einfluß.

Anm. 10. Die Gemeindeverwaltung ist befugt und auf Antrag eines Betheiligten verpflichtet: berechtigt ist also die Gemeindeverwaltung unter den gegebenen Voraussetzungen immer: es liegt aber in ihrem Ermessen, von dieser Berechtigung Gebrauch zu machen; die Verpflichtung tritt ein, wenn auch nur ein einziger Betheiligter den Antrag stellt. Ein Ueberstimmen der Minorität ist hienach nicht zulässig. (Seydel verlangt Einstimmigkeit aller Betheiligten in allen Beziehungen. A. M. Luthardt. Vgl. Bl. f. adm. Pr. Bd. 26 S. 262.)

Wenn die Betheiligten selbst diese Einrichtungen treffen, so handelt es sich um eine reine Privatangelegenheit. (Comp.Confl.Erk. v. 18. März 1880, G.V.Bl. S. 1.)

Anm. 11. Nach Vernehmung: Die Gemeindeverwaltung ist also nicht an das Gutachten des Ausschusses gebunden; sie kann beschließen, was ihr gerecht und zweckmäßig erscheint.

Anm. 12. Ausschuß: Die Größe des Ausschusses wird nicht von dem Bürgermeister, der ja nur die Leitung der Wahl hat, sondern von den Betheiligten durch Stimmenmehrheit der auf Einladung des Bürgermeisters Erschienenen festgesetzt. Damit die Wahl des Ausschusses rechtsbeständig ist, muß jeder Betheiligte persönlich geladen sein, eine bloß allgemeine Berufung genügt nicht. (Anderer Meinung: Seydel, b. Staatsr. Bd. IV S. 548 Anm. 6.) Bezüglich der Art der Wahl bestehen keine besonderen Vorschriften.

Anm. 13. Zu beschließen: Die beschließende Gemeindeverwaltung ist nur an die Einhaltung der in Art. 55 gegebenen und der sonstigen allgemeinen Formvorschriften über die Fassung der Beschlüsse gebunden. Abs. III und IV bieten in sachlicher Beziehung keine Schranken. Ein gegen die Bestimmungen des Art. 55 durchgeführtes Verfahren kann durch eine den Bestimmungen des gleichen Artikels entsprechende Sachbehandlung nachträglich geheilt werden. Nicht angefochtene Beschlüsse (Art. 163) erwachsen in Rechtskraft; sie sind Verwaltungsbeschlüsse. S. auch Art. 9 V.G.H.G.

Wo die Gemeinde als Korporation zur Beschaffung der betr. Einrichtungen und zur Deckung des Aufwands auf Grund besonderen Rechtstitels verpflichtet ist oder ohne solche Verpflichtung unter der Voraussetzung von Art. 55 Abs. IV den Aufwand auf die Gemeindekasse übernommen hat, kommen solche Ausgaben als Angelegenheiten und Lasten der Gemeinde in Betracht, anderenfalls vermittelt die Gemeindeverwaltung eine die Interessenten persönlich angehende Einrichtung, nicht aber eine Angelegenheit der Gemeinde im Sinne der G.O. Die zum Unterhalt eines Hirten zu leistenden Beiträge z. B. sind an sich nicht Gemeinde-Umlagen; sie unterscheiden sich indeß von den sonstigen Umlagen nur dadurch, daß der Kreis der Pflichtigen ein engerer auf die Klasse der Viehbesitzer beschränkter ist. (B.G.H.E. Bd. XIV S. 160 ff.) Ueber den privatrechtlichen Charakter der einer Gemeinde gegenüber bestehenden, auf einem Anwesen ruhenden Verpflichtung zur Haltung eines Zuchtstiers s. E. d. ob. G.H. Bd. XIV S. 485 ff.

Rückständige Leistungen zu den von der Gemeindeverwaltung gemäß Art. 55 Abs. II und III festgesetzten und auf die Pflichtigen vertheilten Ausgaben sind nach den Bestimmungen der Art. 57 und 48 G.O. und des Art. 46 Abs. III V.G.H.G. beizutreiben. (B.G.H.E. Bd. IV S. 426.)

Die Gemeindeverwaltung kann auch Handlungen und Arbeitsleistungen anordnen, weil es auch einen Aufwand an Zeit und Arbeit gibt. (Bl. f. adm. Pr. Bd. 41 S. 49.) Das Wort „Anordnung" ist ganz allgemein zu fassen.

Anm. 14. Zu Abs. III: Das Staatsministerium hat stets daran festgehalten, daß die in Art. 55 behandelten Angelegenheiten Gemeindeangelegenheiten und daß die von den Betheiligten zur Befriedigung der dort erwähnten Bedürfnisse zu leistenden Beiträge Gemeindeumlagen seien, die sich von den sonstigen Gemeindeumlagen nur dadurch unterscheiden, daß der Kreis der Umlagenpflichtigen ein engerer und daß der Umlagenmaßstab ein anderer als der sonst bei den Gemeindeumlagen zu Grunde zu legende Steuerfuß sei. (Bl. f. adm. Pr. Bd. 26 S. 244.)

Eine „anderweitige Uebereinkunft" kann nur auf einem einstimmigen Beschlusse aller Betheiligten beruhen.

Abs. III enthält die allgemeinen Direktiven für den Vertheilungsmaßstab. (S. auch Bl. f. adm. Pr. Bd. 28 S. 369, B.G.H.E. Bd. IV S. 321, 427.) Ausgaben im Interesse der Viehzucht sind nach Abs. I nur solche für Zuchtthiere.

Betheiligte Grundstücke: Es sind dieß alle Grundstücke, welche hinsichtlich ihrer Bewirthschaftung bezw. Schutzes in irgend einer thatsächlichen Beziehung zu der fraglichen Einrichtung stehen (z. B. zum Feldwege). Ein zeitweiliger Nichtgebrauch eines Grundstückes steht dem nicht entgegen. (B.G.H.E. Bd. VI S. 211.) Aehnlich bei der Viehzucht. Unter „Viehstand" ist mit Ausnahme der Zuchtstierhaltung die im Einzelfall treffende Vieh-Gattung ohne Unterschied des Geschlechts zu verstehen. (Kahr, G.O. S. 640, B.G.H.E. Bd. IV S. 293.)

Die Thätigkeit und Befugniß der Gemeindebehörde ist auf den Gemeindebezirk beschränkt.

Anm. 15. Zu Abs. IV: Die Uebernahme der in Art. 55 angeführten Ausgaben auf die Gemeindekasse ist nur dann zulässig, wenn die Gemeinde diese Bedürfnisse ohne Inanspruchnahme von Gemeindeumlagen zu bestreiten im Stande ist. Verbrauchssteuern aber dürfen gleichwohl eingeführt oder erhöht werden; auch das Bestehen von Gemeindediensten bildet kein Hinderniß, denn Abs. IV spricht nur von Umlagen. (B.G.H.E. Bd. IV 321, Bd. XVI S. 305, Bl. f. adm. P. Bd. 26 S. 248, 267.) Eine Erhöhung der Ausgaben ist insolange zulässig, als durch Vermehrung der Einnahmen oder durch Verminderung anderer Ausgaben der Umlagenprozentsatz nicht alterirt wird. Hiedurch wollte insbesondere die unbedingt statuirte Umlagenpflicht der Ausmärker gemildert werden. Vorbehaltlich Art. 6 Abs. 2*) des

*) Art. 6 Abs. 2 des Körgesetzes lautet: Gemeindliche Grundstücke, welche zur Zeit den Zuchtstierhaltern zur Nutznießung überlassen sind, können denselben jedoch, auch wenn die in den

sogenannten Körgesetzes setzt die Uebernahme der in Art. 55 Abs. IV angeführten Ausgaben auf die Gemeindekasse nur voraus, daß dieselbe ohne Einführung neuer oder Erhöhung bestehender Umlagen geschehen kann, nicht aber, daß die Gemeinde ihre Bedürfnisse überhaupt ohne Inanspruchnahme von Gemeindeumlagen zu bestreiten im Stande sei. Bei Prüfung des Vermögensstandes der Gemeinden ist der Zeitpunkt der Uebernahme der fraglichen Ausgaben auf die Gemeindekasse maßgebend und hiebei keineswegs auf die Zeit der Erlassung der G.O. zurückzugreifen. (V.G.H.E. Bd. X S. 148.)

Anm. 16. Gemäß Art. 8 Ziff. 32 des V.G.H.G. sind Verw.-Rechtssachen alle bestrittenen Rechtsansprüche und Verbindlichkeiten, welche Leistungen auf Grund des Art. 55 betreffen. Im Bereiche der besonderen Einrichtungen des Art. 55 müssen von den Differenzen über die Nothwendigkeit oder Zweckmäßigkeit der Einrichtung, über die Größe des erforderlichen Aufwandes die Streitigkeiten, welche die persönliche Beitragspflicht einzelner zu den Kosten der Einrichtung betreffen, unterschieden werden; während Beschlüsse, worin die zur Ausführung nöthigen Anordnungen getroffen und die erforderlichen Kosten festgesetzt wurden, Gemeindeverwaltungsbeschlüsse im Sinne von Art. 163 sind, können die Anträge einzelner, die gegen ihre von der Gemeindeverwaltung beschlossene Inanspruchnahme gestellt sind, selbst wenn sie formell als Beschwerde bezeichnet wären, nur als verwaltungsrechtliche Klage aufgefaßt werden, wodurch die instanzielle Entscheidung im verwaltungsrechtlichen Verfahren und Instanzenzug bezielt wird. (V.G.H.E. Bd. XIV S. 161.) Eine streitige Verwaltungsrechtssache entsteht erst dann, wenn in Folge der Anordnung einer Gemeindeverwaltung zur Sache sich ein Streit ergibt. Hieher gehören Streitigkeiten zwischen den betheiligten Grund- und Viehbesitzern unter sich und der Gemeinde, (V.G.H.E. Bd. V S. 308, VI S. 296); gleichgiltig ist hiebei, ob die Verpflichtung zur Konkurrenz überhaupt, bezw. der Begriff und Kreis der Betheiligung, oder der Maßstab bestritten wird. Wenn dagegen von den Gemeinderechtsbesitzern die ihnen auf Grund ihrer Nutzungsrechte auferlegte Verpflichtung z. B. zur Haltung des Zuchtstieres bestritten wird, so liegt eine Verwaltungsrechtssache im Sinne des Art. 8 Ziff. 28, nicht des Art. 8 Ziff. 32 vor, welche in II. Instanz von der k. Kreisregierung, Kammer des Innern, zu bescheiden ist. (V.G.H.E. Bd. IV S. 210.) Ferner fällt ein Streit über den Anspruch einer Gemeinde auf Theilnahme eines nicht zu den Grund- oder Viehbesitzern gehörigen Umlagenpflichtigen an der Deckung des Aufwandes nach Art. 55 unter Art. 8 Ziff. 30, nicht Ziff. 32 V.G.H.G. (V.G.H.E. Bd. IX S. 150, Bd. V S. 308, Bd. VI S. 292.) Weiterhin sind Streitigkeiten darüber, ob die Uebernahme auf die Gemeindekasse gesetzmäßig geschehen konnte, keine selbstständigen verwaltungsrechtlichen Streitigkeiten. Die Anfechtung vollzieht sich im Aufsichtsverfahren. (V.G.H.E. Bd. VI S. 292/297, Bd. V S. 308, Seydel, b. Staatsrecht, Bd. IV S. 547.)

Zu beachten sind hier folgende V.G.H.E.: Die Erstattung der Kosten für Instandsetzung eines Feldweges, der auf einseitige Anordnung des Bürgermeisters ohne die Vernehmung des Ausschusses der betheiligten Grundbesitzer und ohne

---

angeführten Gesetzesstellen bezeichneten Voraussetzungen nicht zutreffen, durch gemeindlichen Beschluß nach Maßgabe des Art. 47/37 der beiden Gemeindeordnungen fernerhin überlassen werden; in gleicher Weise können die zur Zeit von der Gemeinde für die Zuchtstierhaltung gewährten Geldbeiträge und sonstigen Reichnisse fernerhin diesem Zwecke zugewendet werden.

Beschlußfassung der Gemeindeverwaltung vollzogen wurde, bildet keine Verwaltungs-Rechtssache im Sinne des Art. 8 Ziff. 32. (Bd. III S. 387.)

Wird in einem Streitverfahren über die Verpflichtung zur Unterhaltung eines Feldweges die öffentliche Eigenschaft desselben bestritten, so ist zunächst hierüber nach Art. 8 Ziff. 34 V.G.H.G. zu entscheiden. (Bd. IV S. 452.)

Bestrittene Ansprüche auf Leistungen für einen der in Art. 55 bezeichneten Zwecke sind, wenn dieselben auf einen privatrechtlichen Titel gestützt werden, nicht von den Verwaltungsbehörden, sondern von den Civilgerichten zu bescheiden. (Bd. I S. 254.) Streitigkeiten über Art. 55 Abs. IV fallen eventuell unter Art. 8 Ziff. 30; bei Streitigkeiten über Konkurrenz zum Schutze von Ortschaften gegen Ueberschwemmungen kommt, da das Uferschutzgesetz maßgebend ist, Art. 8 Ziff. 15 des Verwaltungsgerichtshofsgesetzes zur Anwendung. Ueber die weitere Zuständigkeit siehe Art. 9 des V.G.H.G.

Ueber Gebührenfreiheit bei Streitigkeiten über Art. 55: V.G.H.E. Bd. IV S. 321.

Ein Streit über Umlagenentrichtung nach Art. 55 kann nur auf öffentlich-rechtlichem Gebiete liegen; durch etwaige Mängel in der Geschäftsbehandlung erleidet die öffentlich-rechtliche Natur des Streits keine Aenderung. (V.G.H.E. Bd. XVI S. 121.)

Differenzen zwischen einzelnen Ortsgemeindegliedern in Bezug auf die Aufstellung und Löhnung eines gemeinsamen Hirten auf Grund einer früheren Vereinbarung sind privatrechtlicher Natur. Die Frage, ob die Gemeindeverwaltung bei Uebernahme der Obsorge für die Haltung des Zuchtviehes den Bestimmungen der G.O. gemäß verfahren sei, ist aber öffentlich-rechtlicher Natur und deßhalb der Judicatur der Civilgerichte entzogen. (E. d. ob. G.H. Bd. IV S. 749.)

Eine Verwaltungsrechtssache nach Art. 8 Ziff. 32 ist erst dann gegeben, wenn Seitens der Gemeindeverwaltung eine bestimmte Leistung gegenüber einzelnen Pflichtigen in Anspruch genommen ist.

Für einen mehrere Gemeindebezirke durchziehenden öffentlichen Feldweg bedingt die Gemeindegrenze einen Abschnitt in dem Sinne, daß die beiderseitigen Wegstrecken rechtlich als selbstständige Wege sich darstellen und deßhalb unabhängig von einander dem Verfahren nach Art. 55 Abs. II und III unterstellt werden; dagegen bildet ein solcher Weg seinem Verlauf in der Gemeindemarkung nach in der Regel ein einheitliches Ganze; die Beurtheilung der Unterhaltungspflicht und die Feststellung des Kreises der Betheiligten nach Maßgabe von Art. 55 hat deßhalb regelmäßig nicht für eine einzelne Theilstrecke, sondern in Ansehung des ganzen Weges zu erfolgen. (V.G.H.E. Bd. XVIII S. 101.)

Besteht ein Verwaltungsrechtsstreit darüber, ob einem Wege die Eigenschaft eines Gemeindeweges oder eines öffentlichen Feldweges zukomme und ob demzufolge die Unterhaltung desselben der Gemeinde oder der Gesammtheit der betheiligten Grundbesitzer obliege, so sind die betheiligten Grundbesitzer in das Streitverfahren einzubeziehen; die Frage der Betheiligung der einzelnen Grundbesitzer und des Maßes ihrer Betheiligung ist aber, auch wenn der Weg als Feldweg erkannt wird, nicht zum Gegenstand der Entscheidung zu machen, vielmehr ist es, wenn die betheiligten Grundbesitzer die Instandsetzung nicht freiwillig bethätigen, Sache der Gemeindeverwaltung, von sich aus oder auf Antrag eines Betheiligten das in Art. 55 bezeichnete Verfahren einzuleiten, worauf es den Betheiligten unbenommen bleibt, verwaltungsrechtliche

Entscheidung über ihre Beitragspflicht auf Grund Art. 8 Ziff. 32 V.G.H.G. herbeizuführen. (V.G.H.E. Bd. XVIII S. 107.)

Die auf der örtlichen Lage beruhende Betheiligung eines der landwirthschaftlichen Benützung zugewendeten Grundstücks an einem öffentlichen Feldwege wird nicht ohne Weiteres durch längere Nichtbenützung dieses Feldweges von Seite eines Grundbesitzers oder durch Schaffung einer besonderen Privatzufahrt zu den betheiligten Grundstücken aufgehoben; solche Wechselbeziehungen zu einem Feldwege sind dauernder Art und können nicht etwa durch die Kundgabe einer entgegenstehenden persönlichen Willensmeinung einzelner Besitzer von solchen betheiligten Grundstücken und auch nicht ohne Weiteres durch kürzere oder längere Nichtbenützung des Weges von Seite eines betheiligten Grundbesitzers geleistet werden, so lange nicht eine neue, die bisherige völlig ersetzende und zugleich hinsichtlich ihrer künftigen Erhaltung gesicherte Wegverbindung hergestellt ist. (V.G.H.E. Bd. XVIII S. 55.)

Anm. 17. Das k. Staatsärar kann nur zur Bestreitung der eigentlichen Gemeindebedürfnisse herangezogen werden, nicht nach Art. 55, es sei denn, daß die Voraussetzungen des Art. 55 z. B. bei einem Feldwege für dasselbe speziell gegeben sind; (s. Hock, Handbuch, § 432.)

Anm. 18. In den Fällen, in welchen eine Gemeinde aus mehreren Ortschaften besteht, kann sich der Kreis der betheiligten je nach der örtlichen Zusammengehörigkeit oder Gemeinschaftlichkeit der Interessen in verschiedener Weise abgrenzen. Art. 153 ist hier entsprechend anzuwenden. (V.G.H.E. Bd. XI S. 101.)

Art. 56.

I. Wenn in einer Gemeinde zum Vortheile mehrerer an Privatgewässern bestehender Triebwerke oder anderer Stauvorrichtungen auf Kosten der Gemeinde Wasserbauten errichtet worden sind oder unterhalten werden, so ist die Gemeindeverwaltung nach Vernehmung eines unter Leitung des Bürgermeisters von den Wasserwerkbesitzern aus ihrer Mitte zu wählenden Ausschusses von drei bis fünf Mitgliedern berechtigt, wegen Benützung des Wassers und der hiezu dienenden Einrichtungen, sowie wegen der von den Wasserwerkbesitzern zu leistenden Kostendeckungsbeiträge und Gebühren die erforderlichen Anordnungen zu treffen.

II. Jene Beiträge und Gebühren werden, wenn nicht im Einverständnisse mit dem Ausschusse ein anderer Maßstab festgestellt wird, nach Verhältniß der dem einzelnen zugewiesenen dynamischen Wasserkraft berechnet.

III. An bestehenden Rechten und Verpflichtungen wird durch die vorstehenden Bestimmungen nichts geändert.

Anm. 1. Einschlägig hieher ist der auch auf Privatgewässer anwendbare Art. 85 des Wasserbenütz.Ges. vom 28. Mai 1852, welcher lautet:

„Wenn in einer Gemeinde zum Vortheil mehrerer Triebwerke oder anderer Stauvorrichtungen auf Kosten der Gemeinde Wasserbauten errichtet worden sind, so bleiben die hinsichtlich der Benützung des Wassers und der dazu dienenden Anstalten, sowie hinsichtlich der dafür von den einzelnen zu leistenden Beiträge und Gebühren bestehenden Anordnungen in Kraft.

Art. 85 und 56 beabsichtigen die Aufrechthaltung der durch einzelne Gemeinden getroffenen Einrichtungen, auch wenn sie mit den Bestimmungen des Wasserbenütz.Ges. nicht im Einklang stehen. Der Nutzen dieser Bestimmung zeigt sich namentlich für größere Städte, wenn die Wasserwerke als Gemeindesachen behandelt werden und das Bauen am Wasser nur gegen gewisse Gebühren zugelassen ist. Art. 85 ist durch Art. 56 ersetzt.

Anm. 2. In einer Gemeinde: hieher gehören auch die außerhalb des Gemeindebezirkes von der Gemeinde für die Triebwerke 2c. 2c. in der Gemeinde errichteten Anlagen. (S. Reuß, Wassergesetze, S. 135.) Als mehrere Triebwerke sind schon zwei aufzufassen.

Anm. 3. Die Erhebung eines Wasserzinses durch die Gemeinde von den die Wasserkräfte derselben benützenden Wasserwerkbesitzern zur Deckung der auf die Wasserbauten nöthigen Ausgaben gibt diesem Reichniß nicht den öffentlich-rechtlichen Charakter eines gemeindlichen Gefälles, da derselbe nicht im Gemeindeverband seinen Grund hat und nicht von den Gemeindegliedern als solchen gefordert wird. Dieser Wasserzins steht vielmehr auf gleicher Linie mit Pachtschillingen, welche von Einzelnen für die überlassene Benützung von Gemeindeeigenthum zu entrichten sind. (Comp.Confl.H.E. im Reg.Bl. 1861 S. 467 ff.)

Anm. 4. Vgl. im Uebrigen die Anmerkungen zu Art. 55 und Art. 8 Ziff. 14 V.G.H.G.

Art. 57.

Die Bestimmungen des Art. 48 gelten auch für die Beitreibung rückständiger Geldstrafen, Taxen, Heimath- und Aufnahmsgebühren, Verbrauchssteuern, örtlicher Abgaben, Gebühren für Benützung von Gemeindeanstalten und ähnlicher liquider Leistungen an die Gemeinde-, Schul- oder Armenkasse.

Anm. 1. „Taxen" gibt es nicht mehr, sondern bloß „Gebühren". S. das bayer. Gesetz über das Geb.Wesen nebst Novellen in der neuen Redaktion vom 11. November 1899.

Anm. 2. Ueber Geldstrafen s. Art. 39 und Anm. G.O., Heimathgebühren Art. 11 des Heimathgesetzes, Aufnahmsgebühren Art. 20 G.O., örtliche Abgaben Art. 40 G.O., ferner Schuldotationsgesetz vom 10. November 1861 Art. 5 und 6, Verordnung vom 22. Januar 1872, Behandlung der Schulverf. betr., Verordnung vom 20. Sept. 1879 (Ges.- u. Verordn.Bl. 1879 S. 1187), Gebühren für Tanzmusikbewilligungen Bl. f. adm. Pr. Bd. 30 S. 233. Geldstrafen = solche, die von der Gemeindebehörde verhängt sind.

Anm. 3. Selbstverständlich müssen die in Art. 57 bezeichneten liquiden Leistungen ihren Ursprung im öffentlichen Rechte haben. Im Privatrecht wurzelnde Leistungen, z. B. Zehntbodenzinse, Hypothekzinsen u. dergl. fallen nicht unter Art. 57.

Art. 58.

Die Bewilligung von Nachlässen an Gemeindeumlagen oder sonstigen Leistungen an die der Gemeindeverwaltung untergebenen Kassen darf nur aus erheblichen Gründen erfolgen. Dieselbe steht in Gemeinden mit städtischer Verfassung vorbehaltlich der Bestimmung des Art. 112 Ziff. 3 den Magistraten, in den übrigen Gemeinden den Gemeindeausschüssen zu.

Anm. 1. Vgl. hieher Art. 42 ff., 159 Ziff. 8. Das Gesetz sagt nicht, was ein erheblicher Grund sei, und überläßt die Beantwortung dem Ermessen der Gemeindeverwaltung; jedenfalls müssen aber die Gründe in der individuellen Leistungsfähigkeit des einzelnen Schuldners gelegen sein und dürfen nur von Fall zu Fall, nicht ein für allemal oder für eine Klasse von Pflichtigen Nachlässe bewilligt werden. (V.G.H.E. Bd. XV S. 51.) Nur solche erhebliche Gründe sollen maßgebend sein. Hieher gehören z. B. besondere Nothfälle, Unglücksfälle, Besorgniß der Verarmung. Im Falle des Art. 159 Ziff. 8 ist außerdem Genehmigung der vorgesetzten Verwaltungsbehörde erforderlich.

Anm. 2. Sonstige Leistungen: auch privatrechtliche, z. B. Zinsen; Distriktsumlagen gehören nicht hieher; bei letzteren kann nur die gesetzliche Vertretung der Distriktsgemeinden Nachlässe gewähren, V.G.H.E. Bd. XV S. 51, weil sie keine Einnahmen der Gemeinden sind, sondern nur eine durchlaufende Rechnungspost.

Art. 59.

Die Behandlung der Kreis- und Distriktsumlagen, die Verpflichtung der Gemeinden und Gemeindeangehörigen bezüglich der Militäreinquartirung und Vorspannsleistung in Friedenszeiten, der Kriegsfuhren und Kriegslieferungen, dann des Ersatzes für den bei Aufläufen verursachten Schaden, und bezüglich der mit dem Einschreiten der bewaffneten Macht zur Erhaltung der gesetzlichen Ordnung verbundenen Kosten, ferner bezüglich des Wildschadenersatzes, sowie bezüglich des Uferschutzes und der sonstigen Wasserbauten unterliegt den Bestimmungen der besonderen Gesetze.

Anm. Die hier einschlägigen Gesetze sind:

a) Gesetz vom 28. Mai 1852, die Landräthe betr., (G.Bl. 269, Weber, Bd. IV S. 414);

b) Gesetz vom 28. Mai 1852, die Distriktsräthe betr., (G.Bl. S. 245, Weber, Bd. IV S. 404);

c) Gesetz vom 25. Juni 1868, die Quartierleistung für die bewaffnete Macht während des Friedenszustandes betr. (G.V.Bl. S. 189, Weber, Bd. VII S. 338) mit Einführ.Ges. hiezu vom 9. Februar 1875, (G.V.Bl. S. 182 Weber, Bd. X S. 587) und Vollz.Instr. hiezu vom 8. Juli 1875, (G.V.Bl. S. 513, Weber, Bd. XI S. 86); theilweise abgeändert durch Gesetz vom 21. Juni 1887 (R.G.Bl. S. 245);

d) Gesetz vom 13. Febr. 1875, Naturalleistungen für die bewaffnete Macht im Frieden, (R.G.Bl. S. 52, Weber Bd. X S. 598); nebst Vollz.Instr. v. 28. Septbr. 1875, und 28. Aug. 1878, (Weber, Bd. XI S. 154), theilweise abgeändert durch Gesetz v. 21. Juni 1887; s. auch neue Textirung R.G.Bl. 1898 S. 361 und Vdg. v. 13. Juli 1898, Vdg. v. 28. Aug. 1898 und Instruktion, G.- u. V.Bl. S. 509.

e) Gesetz vom 13. Juni 1873 über die Kriegsleistungen, (R.G.Bl. S. 129, Weber, Bd. X S. 34); Ausführ.Vdg. hiezu vom 1. April 1876, (R.G.Bl. S. 137, Weber, Bd. XI S. 482); Vdg. vom 18. April 1882, Form der Marschrouten für Kriegsverhältnisse betr., (R.G.Bl. S. 47, Weber, Bd. XV S. 671);

f) Pferdeaushebungsreglement vom 8. Febr. 1887, G.V.Bl. S. 141;

g) Gesetz vom 12. März 1850, die Verpflichtung zum Ersatze des bei Aufläufen diess. d. Rheins verursachten Schadens betr., (G.Bl. S. 73, Weber, Bd. IV S. 98); auch auf die Pfalz erstreckt: s. Art. 142 des Ausf.Ges. z. bürg. Gesetzbuch.

h) Gesetz vom 4. Mai 1851, das Einschreiten der bewaffneten Macht zur Erhaltung der gesetzl. Ordnung betr., (G.Bl. S. 9, Weber, Bd. IV S. 247);

i) Gesetz vom 15. Juni 1850, Ersatz des Wildschadens betr., (G.Bl. S. 185, Weber, Bd. IV S. 125); s. Art. 144 Ausf.Ges. z. bürg. Gesetzbuch.

k) Gesetz vom 28. Mai 1852 über den Uferschutz (G.Bl. S. 577, Weber, Bd. IV S. 452);

l) Gesetz vom 28. Mai 1852 über die Benützung des Wassers, (G.Bl. S. 489, Weber, Bd. IV S. 423);

m) Gesetz vom 28. Mai 1852 über die Bewäss. und Entwäss.-Unternehmungen zum Zwecke der Bodenkultur, (G.Bl. S. 545, Weber, Bd. IV S. 441).

Ueber die Friedensleistungen für das Heer s. die umfangreiche Abhandlung in der bayer. Gem.Zeitg. 1893.

Art. 60.

Die Verpflichtung zu Dienstleistungen oder Umlagen, welche sich aus dem Kirchengemeindeverbande ergeben, bemißt sich nach den hierüber bestehenden besonderen Bestimmungen.

Anm. 1. Die Dienstleistungen zu kirchlichen Zwecken sind nicht allgemein normirt, sondern richten sich nach älteren Bestimmungen, die in den verschiedenen Kreisen verschieden sind; Kirchenumlagen aber sind im § 23 des Landtagsabschiedes vom 28. Mai 1892 normirt.

Anm. 2. Die in einzelnen Landestheilen hinsichtlich der Erhebung von Umlagen der politischen Gemeinde zur Befriedigung der Cultusbedürfnisse bestehenden landesgesetzlichen Spezialbestimmungen sind aufgehoben. (V.G.H.E Bd. IV S. 447 ff.)

Anm. 3. Zu Kosten, welche für Kultuszwecke erwachsen sind, aber von der politischen Gemeinde **freiwillig** übernommen wurden, sind Personen, denen die Befreiungsgründe des Art. V des Umlagengesetzes von 1819 zur Seite stehen, beizutragen nicht verpflichtet. Wenn die Umlagen, welche hienach zur Erhebung kommen, Umlagen der politischen und nicht der Kirchengemeinde sind, hat Abth. II V.G.H.G. zur Anwendung zu kommen. (V.G.H.E. Bd. I S. 244, Bd. IV S. 340.)

Anm. 4. Erwähnenswerth sind hieher noch ff. B.G.H.E.:

a) Die civilrechtliche Baukonkurrenzpflicht eines Patronatsherrn für Kirchenstiftungsgebäude schließt die gleichzeitige Konkurrenzpflicht desselben als Kirchengemeindemitglied zu den Umlagen für die der Kirchengemeinde an diesen Gebäuden obliegende Baulast nicht aus. (Bd. VI S. 163.)

b) Die administrative Zuständigkeit zur Bescheidung von Differenzen innerhalb einer Kirchengemeinde über die Theilnahme an Kirchengemeindeumlagen für Kultusbauzwecke kann erst dann Platz greifen, wenn die Baupflicht der Kirchengemeinde durch richterliches Urtheil oder freiwilliges Anerkenntniß festgestellt ist. (Bd. I S. 310.)

c) Vorbehaltlich staatsaufsichtlicher Genehmigung können die Gemeinden die Baupflicht an Kultusgebäuden freiwillig übernehmen. (Bd. XVIII S. 298.)

Wegen der Baupflicht von Kirchenstiftungen an Schulgebäuden s. Bd. III S. 234, wegen des Aufziehens der Kirchthurmuhr s. Bd. VIII S. 52, wegen Kirchenverwaltungswahlen und Pfarrverband hiebei: Bd. X S. 214.

Anm. 5. Der Landtagsabschied v. 28. Mai 1892 § 23 (G.V.Bl. 1892 S. 130) erkennt selbstständige Kirchengemeinden an und lautet:

I. An die Stelle der Kirchengemeindeversammlung kann auf Antrag der Kirchenverwaltung eine Kirchengemeinderepräsentation treten. Dieselbe hat aus der fünffachen Zahl der gewählten Kirchenverwaltungsmitglieder zu bestehen. Die aktiven Mitglieder der Kirchenverwaltung sind in die Kirchengemeinderepräsentation nicht wählbar.

Die Bildung und der jeweilige Zusammentritt einer solchen Repräsentation wird im Falle des Bedürfnisses von der einschlägigen Kreisregierung, Kammer des Innern, angeordnet. Die Mitglieder der Repräsentation werden nach Maßgabe der Instruktion für die Kirchenverwaltungswahlen vom $\frac{\text{25. August 1869}}{\text{25. Sept. 1875}}$ gewählt.

Dem Kirchenverwaltungsvorstande steht die Leitung der Verhandlung und Abstimmung der Repräsentation zu.

Ueber Verhandlung und Abstimmung wird ein Protokoll geführt, welches vom Kirchenverwaltungsvorstande, vom Protokollführer und von mindestens 4 Repräsentationsmitgliedern zu unterschreiben ist. Als Protokollführer kann mit Genehmigung der Repräsentation ein ihr nicht angehöriger Schreibkundiger verwendet werden.

Die Art. 105, 109, 117 und 165 G.O. finden auf die Kirchengemeinderepräsentationen analoge Anwendung mit der Maßgabe, daß im Falle des Art. 109 Abs. III statt des Magistrats die Kirchenverwaltung zu beschließen hat.

II. Die Kirchengemeindeumlagen werden von den Konfessionsgenossen, welche im Kirchengemeindebezirke wohnen und daselbst mit direkten Steuern angelegt sind, nach Verhältniß dieser Steueranlage aufgebracht.

Behufs Beitreibung rückständiger Umlagen und sonstiger Leistungen für kirchliche Zwecke finden Art. 48 und 54 Abs. I und II der G.O., dann Art. 8 des Gesetzes vom 23. Februar 1879 zur Ausführung der Reichs-Civilprozeßordnung und Konkursordnung mit der Maßgabe entsprechende Anwendung, daß an Stelle des Bürgermeisters der Vorstand der Kirchenverwaltung tritt. Von der letzteren wird mit Genehmigung der vorgesetzten Verwaltungsbehörde auch der Betrag der Mahngebühr festgesetzt.

III. Vorstehende Bestimmungen treten mit der Publikation des Gesetzes über die Kirchengemeindeordnung außer Kraft.

Anm. 6. Näh. über Kirchenverwaltungen s. Art. 206, über Umlagen Art. 42 ff.

III. Abschnitt.

Von den Gemeindeschulden.

Art. 61.

Die Aufnahme eines Anlehens der Gemeinde kann nur zur Abtragung aufgekündigter Kapitalien oder zur Bestreitung unvermeidlicher oder zum dauernden Vortheil der Gemeinde gereichender Ausgaben stattfinden, wenn die Deckung dieser Ausgaben aus anderen Hilfsquellen der Gemeinde nicht ohne Ueberbürdung der Gemeindeangehörigen geschehen kann.

Anm. 1. Zufolge Art. 61 ist die Anlehensaufnahme Gemeinden nur gestattet:

a) zur Abtragung aufgekündigter Kapitalien d. i. Tilgung einer bestehenden Anlehensschuld. Auch die Gemeinde kann kündigen; die Heimzahlung kann ferner auch ohne Kündigung erfolgen; beides jedoch nur unter der Voraussetzung, daß der Gemeinde dadurch kein Nachtheil erwächst, sondern etwa durch Zinsfußermäßigung ein Vortheil;

b) zur Bestreitung unvermeidlicher oder zum dauernden Vortheil der Gemeinde gereichender Ausgaben, wenn zugleich die Deckung 2c. s. oben; es brauchen nicht gesetzlich nothwendige Ausgaben zu sein; ob ein dauernder Vortheil erzielt wird, das zu beurtheilen liegt im Ermessen der Gemeinde und beziehungsweise Aufsichtsbehörde; vgl. Art. 63.

Ob von der politischen Gemeinde zu Kirchenbauten Kapitalien aufgenommen werden dürfen gegenüber den selbstständigen Kirchengemeinden, hängt von den Verhältnissen ab. Ist die politische Gemeinde kirchenbaupflichtig z. B. als Zehntherr, wird die Frage nach Art. 61 zu bejahen sein; dagegen wird eine freiwillige Leistung den Voraussetzungen des Art. 61 zu einer Schuldaufnahme kaum entsprechen. Diese Frage war, so lange das Verhältniß zwischen politischen Kirchengemeinden nicht klar gestellt war, sehr kritisch. Nachdem seit dem Landtagsabschiede v. 28. Mai 1892 § 23 die selbstständige mit der politischen Gemeinde nicht mehr verquickte Existenz der Kirchengemeinden feststeht, wird die Frage nur mehr im obigen Sinne gelöst werden können. Ein dauernder Vortheil kann in Betracht kommen bei Errichtung von Gemeindebauten, Herstellung von Straßen, Wasserleitungen 2c.

Es darf auch keine Ueberbürdung der Umlagepflichtigen eintreten; letzteres ist von Fall zu Fall zu beurtheilen, wobei auf das Vermögen des Einzelnen und der Gemeinde und die Höhe des bisherigen Umlagenprozentsatzes zu sehen ist.

Anm. 2. Die Einhaltung der Bestimmungen des Art. 61—64 kann staatsaufsichtlich erzwungen werden; schwebende Schulden dürfen nicht aufgenommen werden.

Anm. 3. Die Gemeinden können auch auf den Inhaber lautende Schuldverschreibungen ausgeben. S. hierüber Ges. v. 18. März 1896 über die Inhaberpapiere, § 2 Vollz.Vdg. v. 18. März 1896. (G.V.Bl. S. 174, 185.)

Art. 62.

I. Für alle Gemeindeschulden müssen Tilgungspläne angefertigt werden, welche auf nachhaltigen Einnahmen für Verzinsung und Tilgung beruhen und der vorgesetzten Verwaltungsbehörde vorzulegen sind.

II. Mit Ausnahme außerordentlicher Nothfälle darf ohne vorgängige Feststellung und Vorlage des Tilgungsplanes kein neues Anlehen aufgenommen werden.

III. Für die richtige Erhebung und Verwendung des Theilungsfonds haften zunächst die Verwalter.

Anm. 1. Ueber Schuldentilgungsübersichten s. M.E. v. 10. Okt. 1869 Ziff. 19, Kr.A.Bl. f. Oberb. R. 2160, über Zustimmung der Gemeindebevollmächtigten s. Art. 112 Ziff. 13. (Weber Bd. III S. 147.)

Anm. 2. Ein außerordentlicher Nothfall liegt jedenfalls dann vor, wenn die Gemeinde absolut rasch Geld herbeischaffen muß, ohne vorher an die vorgesetzte Verwaltungsbehörde berichten zu können, z. B. bei verheerenden Bränden.

Art. 63.

I. Die Aufnahme eines Anlehens — wozu in Landgemeinden die Zustimmung der Gemeindeversammlung erforderlich — ist nur mit Genehmigung der vorgesetzten Verwaltungsbehörde zulässig, wenn der Betrag, um welchen die Schuldenlast in demselben Rechnungsjahre vermehrt wird,

in Gemeinden mit weniger als 2500 Seelen 500 fl. (857 ℳ 14 ₰),
in Gemeinden von 2500 bis 5000 Seelen 1000 fl. (1714 ℳ 29 ₰),
in Gemeinden von 5000 bis 20000 Seelen 5000 fl. (8571 ℳ 43 ₰),
in Gemeinden mit größerer Seelenzahl 10000 fl. (17142 ℳ 86 ₰)

übersteigt.

II. In anderen Fällen kann die Verwaltungsbehörde binnen 14 Tagen nach Empfang des Tilgungsplanes die Schuldaufnahme untersagen, wenn den Bestimmungen des Art. 62 Abs. I nicht genügt ist, oder wenn die Voraussetzungen des Art. 61 nicht gegeben sind.

III. Jede Abweichung vom Tilgungsplane, wodurch die Tilgung ganz oder theilweise eingestellt wird, bedarf der Genehmigung der Verwaltungsbehörde.

Anm. 1. Zu Abs. I: Die Zustimmung der Gemeindebevollmächtigten in Gemeinden mit städtischer Verfassung ist dann erforderlich, wenn es sich um Vermehrung des Schuldenstandes an Kapital oder Zinsen handelt, (Art. 112 Ziff. 13 der Gemeindeordnung), während in Landgemeinden die Zustimmung der Gemeindeversammlung auf jeden Fall erforderlich ist. Die zum rechtswirksamen Abschluß eines

Darlehensvertrags erforderliche Willenserklärung kann für eine **Landgemeinde** nur durch die Gemeindeversammlung abgegeben werden; mangelt dieser Consens, so ist ein verpflichtender Vertrag nicht perfekt geworden und es kann gegen die Gemeinde kein begründeter Anspruch geltend gemacht werden. (E. d. ob. G.H. Bd. VII S. 729.)

Art. 130 muß hier hinter Art. 63 als einer Specialbestimmung zurücktreten; in der Uebertragung einer Verwaltung oder Vertretung ist ohnedieß schon nach dem Wortlaut nicht die Befugniß enthalten, Rechte aufzugeben oder Verbindlichkeiten einzugehen.

Die Bestimmung des Abs. II greift auch bei bisher schuldenfreien Gemeinden Platz.

Anm. 2. Die **Genehmigung** der Verwaltungsbehörde einzuholen ist nicht bloß eine dienstliche Obliegenheit der Gemeindeverwaltung, sondern diese Genehmigung ist geradezu ein Erforderniß der **Rechtsgiltigkeit** des Geschäftes. (S. Seydel, b. Staatsrecht, Bd. III S. 43, gegen Bl. f. adm. Pr. Bd. 23 S. 1.)

Anm. 3. Der Einzelne hat zu prüfen, ob die in Art. 63 verlangten Requisite erfüllt sind; Unkenntniß des Mangels eines einzelnen Requisits schützt ihn nicht in einem allenfallsigen Prozesse mit der Gemeinde. Ueber die Ungiltigkeit einer Schuldaufnahme für eine Gemeinde, wenn die gesetzmäßige Beschlußfassung der Gemeindeorgane oder die Genehmigung der Aufsichtsbehörde mangelt: E. d. ob. G.H. Bd. IV S. 500.

Ueber Berechnung der Seelenzahl s. Art. 203, über die Reichswährung s. Ges. v. 9. Juli 1873, R.G.Bl. S. 233, Weber Bd. X S. 55 und die Alleg.

Anm. 4. Der **Tilgungsplan** muß **regelmäßig** der Aufsichtsbehörde vorgelegt werden. Wo eine Genehmigung nicht erforderlich ist, läuft eine vom Tage nach Empfang des Tilgungsplanes ab zu rechnende vierzehntägige Frist zur Geltendmachung des **Aufsichtsrechtes**. Von Vorlage darf nur in besonderen Fällen Umgang genommen werden, wo für die Gemeinde wie in Kriegszeiten eine Zwangslage geschaffen ist.

Anm. 5. An Gemeinden können Darlehen seitens der **Landeskulturrentenanstalt** ohne Sicherheitsbestellung gewährt werden; solche Darlehen werden insbesondere auch gewährt behufs Aufforstung der den Gemeinden gehörigen Oedflächen. (Art. 2 und 9 des Ges. vom 21. April 1884, G.V.Bl. S. 113, betr. die Landeskulturrentenanstalt, nun neue Textierung nach Bktm. vom 30. Mai 1900, G.V.Bl. S. 465. S. auch Art. 18 Uferschutzges.)

Art. 64.

I. Vorschüsse aus besonders dotirten Gemeinde- oder Stiftungskassen an andere unter derselben Verwaltung stehende Kassen sind, wenn solche Vorschüsse nicht binnen Jahresfrist zurückersetzt werden, gleich den Gemeindeschulden zu behandeln.

II. Die Gewährung solcher Vorschüsse darf nur auf Grund eines Beschlusses der Gemeindeverwaltung erfolgen.

Anm 1. **Vorschüsse** sind ihrer Natur nach nichts anderes als Darlehen einer Kasse an die andere. Bestimmte Formen waren hier umsomehr erforderlich, als gerade in dieser Hinsicht sehr häufig Unordnungen und Manipulationen zur

Verdeckung von Unterschleifen wahrgenommen worden sind. (Mot.) Sie dürfen, wenn der Rückersatz in demselben Rechnungsjahr stattfindet, als einfache Kassemanipulation angesehen werden und ist eine Schuldaufnahme nur dann anzunehmen, wenn die Vorschußleistung auf längere Dauer stattfinden soll. (Dr. Edel, bes. Aussch.) Meist handelt es sich um den momentanen Mangel eines Betriebsfonds.

Anm. 2. Wenn der Rückersatz innerhalb Jahresfrist vom Tage der Vorschußerlage an feststeht, so genügt ein Beschluß der kollegialen Gemeindebehörde und beziehungsweise der außerdem noch betheiligten selbstständigen Kassenverwaltung. Es sind aber die Beträge in den Tagebüchern beider Kassen in Einnahme und Ausgabe bezw. Ausgabe und Wiedereinnahme vorzutragen.

Anm. 3. S. M.E. v. 12. Okt. 1869, die Behandlung des Kassenwesens betr. K.A.Bl. f. Oberb. 1869 S. 2393, über die Ueberwachung der Schuldaufnahmen der Gemeinden: M.E. v. 7. Aug. 1881, M.A.Bl. S. 291, über Anfertigung von Anlehenstabellen: J.M.E. v. 17. Mai 1863, J.M.Bl. S. 10 u. 142, über Quittungsgeb. bei Vorsch. verschied. Kassen derselben Gemeinde: Bl. f. adm. Pr. Bd. 39 S. 145.

IV. Abschnitt.

Von dem örtlichen Stiftungsvermögen.

Vorbemerkung.

„Stiftung" definirt Kahr, G.O. S. 672, kurz und zutreffend als einen durch eine Willensverfügung des Stifters bestimmten Zwecken gewidmeten, mit juristischer Persönlichkeit ausgestatteten Vermögens-Inbegriff.

Stiftungen sind vermögens- und erbfähig. Außerdem sonstige Freiheiten, worüber zu vgl. Heimathgesetz und Steuergesetze. Die Amortisationsgesetze finden hier keine Anwendung.

Die Stiftungen waren bis in das Mittelalter vorwiegend kirchliche Anstalten. („Piae causae.") Stiftungszwecke waren Kultus, Wohlthätigkeit und Unterricht; nebenbei entwickelten sich allerdings allmählich auch unter weltlicher Verwaltung stehende Stiftungen. In Bayern erfolgte die Neuregelung des Stiftungswesens zu Beginn des 19. Jahrhunderts, so durch Vdg. v. 29. Dezember 1806, (R.Bl. 1807 S. 49), dann Vdg. v. 9. März 1807, (R.Bl. S. 425), Vdg. über die Gem.Administr. des Stiftungsvermögens v. 30. Dezember 1807, (R.Bl. 1808 S. 209), Dekret vom 16. Oktober 1810 — Einführung einer Centralstiftungskasse, Stiftungsadministrationen (allgemeine und besondere), endlich durch die Vdg. v. 6. März 1817, die Verwaltung des Stiftungskommunal-Vermögens (R.Bl. S. 153, Weber Bd. I S. 511), welche sich nur auf Stiftungen für öffentliche Zwecke bezieht. Letztere Vdg. scheidet die öffentlichen Stiftungen:

a) in Stiftungen zu Gunsten von Privaten, Familien, erlaubten Gesellschaften, bestätigten Kongregationen und Bruderschaften; ihre Verwaltung richtet sich nach dem ausdrücklichen Willen des Stifters und es kann der Zustand vor dem 1. Okt. 1807 (organisches Edikt über die Generaladministration des Stiftungsvermögens im Königreich Bayern) wieder hergestellt werden, insoferne die Verwaltung von qualifizirten Individuen auf den Grund der Stiftungsurkunden reklamirt werden sollte; tritt ein solche Reklamation nicht ein, so geht die Verwaltung dieser Stiftungen auf die Gemeinden, Land-, Orts- und Herrschaftsgerichte über (Verordn. Ziff. VII);

b) in allgemeine Stiftungen: solche, „welche sich nach der Allgemeinheit ihrer Zwecke in die Kategorie von Orts- und Gemeindestiftungen nicht eignen und deren Vermögen zum Gemeindegut nicht gehört", deren Zweck also über den örtlichen Umkreis einer Gemeinde hinausreicht; für diese soll die vor dem 1. Oktober 1807 bestandene Verwaltung wieder eingeführt oder wenn Hindernisse dagegen obwalten, eine andere zweckmäßige Verwaltung mit dem 1. Oktober 1817 angeordnet werden.

Die Staatskuratel wird, soweit nicht für einzelne Stiftungen oder Gattungen von Stiftungen etwas Anderes bestimmt ist, von den Kreisregierungen, K. d. J., geübt; die oberste Kuratel steht je nach der Natur des Stiftungszweckes dem Staatsministerium des Innern oder dem des Kultus zu. (Form.Vdg. v. 9. Dez. 1825.)

Die Zuerkennung lokaler Unterrichtsstipendien, soweit es nicht Familienstipendien sind, deren Verleihung stiftungsgemäß bestimmten Kollatoren übertragen ist, gehört zur Zuständigkeit der Gemeindebehörden. (§ 49 Form.Vdg. v. 17. Dez. 1825).

c) in Orts- oder Gemeindestiftungen: Die örtlichen Stiftungen sind den Gemeinden zur Verwaltung übergeben, wenn nicht durch besondere Gesetze oder stiftungsgemäße Bestimmungen ein Anderes angeordnet ist.

Die Vdg. vom 6. März 1817 führt 3 Zwecke auf: Kultus, Erziehung (Unterricht), Wohlthätigkeit.

Sodann ist zu erwähnen das Gemeindeedikt v. 17. Mai 1818 (§ 59) u. Tit. IV § 10 Verfass.Urk. v. 26. Mai 1818 mit den gleichen 3 Zwecken. Ferner rev. G.O. v. 1. Juli 1834 §§ 59, 94. (Vgl. Art. 206 u. Anm. d. G.O.)

1) Voraussetzung einer Stiftung ist:

a) die Willensbestimmung des Stifters,

b) die staatliche Bestätigung. Bei ersterer entscheidet das einschlägige Civilrecht. Erst durch die landesherrliche Bestätigung wird nämlich eine Stiftung unter den verfassungsmäßigen Staatsschutz und unter die Staatsaufsicht gestellt. Letztere erstreckt sich auf die Ueberwachung nicht bloß der Verwaltung des Stiftungsvermögens, sondern auch der zweckentsprechenden Verwendung, wobei jedoch nicht die Vorlage der bezüglichen Beschlüsse behufs aufsichtlicher Genehmigung verlangt werden kann, sondern es der betr. Behörde überlassen bleiben muß, sich hievon auf anderem geeigneten Wege Kenntniß zu verschaffen. (S. V.G.H.E. Bd. I S. 380.)

Nach dem bürgerl. Gesetzbuch (§ 80) ist zur Entstehung einer rechtsfähigen Stiftung außer dem Stiftungsgeschäfte die Genehmigung des Bundesstaates erforderlich, in dessen Gebiet die Stiftung ihren Sitz haben soll. Als Sitz gilt mangels anderweitiger Bestimmung der Ort der Verwaltung. Stiftungsgeschäfte unter Lebenden bedürfen der schriftlichen Form. Erst mit Ertheilung der Genehmigung erlangt die Stiftung Rechtsfähigkeit.

2) Die Verleihung der juristischen Persönlichkeit an eine Stiftung durch einen Regierungsakt kann nur durch einen solchen erfolgen, nicht aus Gründen des Civilrechts und im Civilprozeß angefochten werden. Der Regierungsakt ersetzt aber weder die für den Stiftungsakt vorgeschriebenen Formen, noch dürfen hiedurch Ansprüche dritter Personen aufgehoben und beeinträchtigt werden. Liegt hier eine Verletzung vor, so ist der Rechtsweg zulässig. (E. d. Reichsgerichts Bd. V S. 141.)

Ueber das Erforderniß der landesherrlichen Bestätigung entscheidet die Zeit der Errichtung der Stiftung.

Zur Ausübung der Staatsaufsicht sind selbstverständlich immer nur die Verwaltungsbehörden, niemals die Gerichte berufen, letztere auch dann nicht, wenn die Stiftung durch einen privatrechtlichen Akt entstanden und durch letzteren einer Privatperson das Recht der Verleihung eingeräumt ist. (V.G.H.E. Bd. II S. 123.)

Ueber die Rechte der Minderjährigen bezüglich der Stiftungen vgl. Art. 1 G.O. und die Anm.

Die Ueberschrift zu Art. 65 ff. anlangend, so versteht man unter örtlichen Stiftungen jene, deren Stiftungszweck sich auf die räumlichen Grenzen einer politischen Gemeinde oder Ortschaft erstreckt, Rechtssubjekt ist das als juristische Person gedachte Stiftungsvermögen selbst. Art. 65 ff. beziehen sich nur auf öffentliche, nicht auf Privat-Stiftungen.

Für den Begriff der örtlichen Stiftung ist es hiebei gleichgiltig, von wem sie verwaltet wird. Jedenfalls gehört unter Abschnitt IV nicht das örtliche Kirchenstiftungsvermögen, da es sich in Abschnitt IV nur um politische Gemeinden handelt. (Vgl. Bl. f. adm. Pr. Bd. 38 S. 171.)

Soll eine Stiftung in gemeindliche Verwaltung übergehen, so ist die gemeindliche Erklärung, bezw. — wo freiwillige Uebernahme in Frage steht — Zustimmung nöthig. Die Gemeindebevollmächtigten sind zur beschlußmäßigen Erklärung zu veranlassen. (S. Kahr, G.O. S. 677 u. die alleg. M.E.)

Die Competenzbestimmung findet sich in Art. 8 Ziff. 35 V.G.H.G., welcher bestrittene Rechtsansprüche und Verbindlichkeiten umfaßt, die den Genuß oder Mitgenuß von Stiftungen, Rechte in Betreff der Stiftungsverwaltung und der Verleihung des Stiftungsgenusses betreffen.

Hienach gehören hieher:

a) Streitigkeiten über Rechtsansprüche auf den Genuß oder Mitgenuß einer Stiftung;

b) Streitigkeiten über Rechtsansprüche in Betreff der Stiftungsverwaltung; wenn aber nicht der garantierte Zweck der Stiftung, sondern nur eine administrative Verwaltungsmaßregel und deren Zweckmäßigkeit in Frage steht, so ist der Verwaltungsgerichtshof nicht zuständig;

c) Streitigkeiten über Verleihung des Stiftungsgenusses, d. h. über die Berechtigung zur Zuerkennung und Vertheilung der Renten des Stiftungsvermögens.

Einschlägig hieher §§ 49, 69 und 71 der Formationsverordnung vom 17. Dez. 1825.

Vgl. hieher Sarwey, das öffentl. Recht, S. 534. Von Wichtigkeit sind hieher ff. V.G.H.E.:

a) Unter den in Art. 8 Ziff. 35 V.G.H.G. erwähnten Rechtsansprüchen sind nur solche Ansprüche an die Stiftung zu verstehen, welche sich aus deren Zweckbestimmung ergeben, nicht aber Ansprüche, welche auf Grund eines besonderen Rechtstitels und nicht zur Erfüllung des Stiftungszweckes an die Stiftung erhoben werden. (Bd. IV S. 144.)

b) Zur letztinstanziellen Entscheidung über den Anspruch einer Gemeinde auf zeitweilige Verwendung des Grundstockes eines ihrer Verwaltung anvertrauten Stiftungsvermögens ist der V.G.H. nicht zuständig. (Bd. I S. 91.)

c) Bei einem Streite über die Genußberechtigung an einer örtlichen Stiftung kann bei den Verwaltungsrechtsinstanzen die Behauptung, daß das Stiftungsvermögen testamentarisch der politischen Gemeinde überwiesen worden ist, nur Berücksichtigung finden, wenn dieser Anspruch durch die Vertretung der politischen Gemeinde erhoben worden ist, nicht aber, wenn er durch die Angehörigen einer Ortsgemeinde oder den Armenpflegschaftsrath geltend gemacht wird. (Bd. VI S. 231.)

d) Zu den öffentlichen Stiftungen gehören auch Stipendienstiftungen für Studierende und zwar auch in den Fällen, wenn der Kreis der Personen, innerhalb dessen die Erfüllung des Stiftungszweckes sich zu bewegen hat, vom Stifter auf seine Verwandten beschränkt worden ist; dem Inhalte nach ist ein verwaltungsrechtlicher Anspruch auf den Genuß oder Mitgenuß einer Stiftung nicht als subjektives Recht auf wirkliche Verleihung des Stiftungsgenusses, sondern nur als das gesetzlich gewährleistete Verlangen aufzufassen, daß die behauptete stiftungsmäßige Bewerbungsberechtigung vom Verwaltungsrichter untersucht und urtheilsmäßig anerkannt werde. (Bd. XII S. 14.)

e) Die Verwendung der Renten einer Stiftung bestimmt sich zunächst nach dem Willen des Stifters. (Bd. II S. 129.)

f) Wenn gegen die von einer Gemeindebehörde als Verwaltungsorgan einer Stipendienstiftung ausgegangene Stipendienverleihung von Mitbewerbern wegen Verletzung stiftungsmäßiger Rechte Beschwerde geführt wird, so hat die angerufene zuständige Verwaltungsbehörde nicht unter Aufhebung des angefochtenen Verleihungsbeschlusses die Stipendienverwaltung zur neuerlichen Beschlußfassung über die eingekommenen Bewerbungen anzuweisen, sondern das verwaltungsrechtliche Verfahren nach Maßgabe der Vorschriften des Art. 20 ff. V.G.H.G. einzuleiten und auf Grund des festgestellten Sachverhalts in Anwendung der Bestimmungen der Stiftungsurkunde selbst materielle Entscheidung über die erhobenen Ansprüche zu treffen. (Bd. IV S. 537.)

g) Unter den zum Genuß eines örtlichen Stipendiums berufenen Studierenden aus einer bestimmten Gemeinde sind regelmäßig nur jene zu verstehen, die mit ihren Eltern aus dieser Gemeinde stammen, d. i. also solche, deren Eltern der betr. Gemeinde als Bürger oder doch Heimathberechtigte angehören oder zuletzt angehört haben. (Bd. XI S. 332); ebenda:

h) Der örtlichen Stiftungsverwaltung steht das Recht zu, im verwaltungsrechtlichen Verfahren über Ansprüche auf den Stipendiengenuß als Partei aufzutreten, und zwar auch dann, wenn die Mitwirkung ihrerseits bei der Verleihung des Stiftungsgenusses auf die Aufgabe einer bloß gutachtlichen Aeußerung beschränkt sein sollte. Ferner ebenda:

i) Die Beiladung der Mitbewerber im V.R.Streit ist nur insoweit veranlaßt, als entweder die Zahl der verfügbaren Stipendien zur Berücksichtigung aller Mitbewerber nicht ausreicht oder sonst nach der Art der Begründung der bestrittenen Ansprüche ein gegensätzliches Verhältniß zu den übrigen Mitbewerbern gegeben ist. Siehe aber auch Bd. IV S. 570.

k) Die nothwendige Voraussetzung für die Geltendmachung eines Rechtsanspruchs im Sinne des Art. 8 Ziff. 35 ist die rechtliche Existenz einer Stiftung überhaupt. — Aus dem Standpunkt des öffentlichen Rechts kann der Charakter einer

Stiftung mit der Eigenschaft der Rechtsfähigkeit einer vertragsmäßig erklärten Schenkung zu frommen oder milden Zwecken nur dann zuerkannt werden, wenn dieselbe die landesherrliche Bestätigung erhalten hat. Diese Bestätigung kann durch Genehmigung der Verwaltungsbehörde zur zweckentsprechenden Benützung des Schenkobjektes und durch die Besitznahme desselben von Seite des Beschenkten nicht ersetzt werden. (Bd. II S. 214.)

l) Durch die Extradition einer aus Privatmitteln gegründeten Stiftung an die Gemeinde im Vollzuge der Vdg. vom 6. März 1817 (s. Eingangs) wurde an sich keine Aenderung in Bezug auf die Genußberechtigung am Stiftungsfond herbeigeführt. (Bd. XII S. 95.)

m) Wegen Unvordenklichkeit und Herkommen: Bd. V S. 226.

n) Zur erstinstanziellen verwaltungsrechtlichen Entscheidung von Streitigkeiten über die stiftungsmäßige Verwendung von Stiftungsrenten sind regelmäßig die Distriktsverwaltungsbehörden zuständig. (V.G.H.E. Bd. XVIII S. 91 gegen Bd. V S. 113.)

o) Streitigkeiten über den Rechtsanspruch auf Verleihung des Genusses einer örtlichen Stiftung in einer einem Bezirksamt untergeordneten Gemeinde sind im verwaltungsrechtlichen Verfahren, in erster Instanz von dem betreffenden Bezirksamt zu entscheiden, auch wenn jener Rechtsanspruch gegenüber einer aufsichtlichen Verfügung der Kreisverwaltungsstelle geltend gemacht wird. (Bd. VII S. 171, s. auch Bd. V S. 113.)

p) Die Beschlüsse, wodurch eine Gemeindebehörde in Ausübung des gemeindlichen Rechtes der Verwaltung des örtlichen Stiftungsvermögens über die Verleihung von Lokalstipendien Verfügung trifft, bedürfen nicht der Genehmigung oder Bestätigung seitens der vorgesetzten Staatsaufsichtsstelle. Letztere hat, abgesehen von dem Falle der Beschwerdeführung einzelner Betheiligter, nur darüber zu wachen, daß bei Verleihung der Stipendien nicht von den Stiftungsbestimmungen abgewichen wird, (Bd. I S. 380), wobei sie Interessen Einzelner nicht von Amtswegen zu wahren braucht.

q) Der Verwaltungsrechtsweg ist aus prozessualen Gründen verschlossen, wo eine Stiftung nicht der Oberaufsicht der Kreisregierung, K. d. J., unterliegt. S. auch Art. 9 Abs. II V.G.H.G. Zur Entscheidung von Streitigkeiten über den Genuß öffentl. Stiftungen, die von einer Gemeinde verwaltet werden, ist die der Gemeinde unmittelbar vorgesetzte Verwaltungsbehörde in I. Instanz zuständig. (V.G.H.E. Bd. XVIII S. 91 gegen Bd. V S. 113.)

Solange die Stiftungsverwaltung sich innerhalb des in ihr Ermessen gestellten Spielraumes bewegt, gibt es kein Anrufen des V.G.H., sondern höchstens ein solches der Aufsichtsbehörde; ebenso bei Aenderungen des Stiftungszweckes (Bl. f. adm. Pr. 22 S. 77.)

Alle Rechtsstreitigkeiten, welche sich auf den bürgerlich-rechtlichen Akt der Begründung einer Stiftung beziehen, gehören vor die Civilgerichte. Erk. des Comp.Consl.H. vom 17. Nov. 1856 (R.Bl. S. 1130), 26. Juni 1865 (R.Bl. S. 754), 5. Nov. 1872 (R.Bl. S. 2610).

Wenn etwa die Stiftungsurkunden selbst zur Schlichtung von derartigen Streitigkeiten einen die Verwaltungsrechtspflege ausschließenden Weg (Schiedsrichter) vorschreiben, hat es hiebei sein Bewenden.

Art. 65.

Die Verwaltung des örtlichen Stiftungsvermögens steht den Gemeinden zu, wenn nicht durch spezielle Gesetze oder die Stiftungsurkunden eine andere Verwaltung angeordnet ist.

Anm. 1. Die besonderen Stiftungsverwaltungen sind die wirklichen Träger der Stiftungsverwaltungsbefugnisse und das ordnungsmäßige Organ zur Bethätigung der nothwendigen Verwaltungshandlungen. Die in der G.O. für die Verwaltung des Vermögens der politischen Gemeinden statuirten Befugnisse und Verpflichtungen gelten subsidiär auch für die besonderen Stiftungsverwaltungen. Der Vorstand der Stiftungsverwaltung darf nicht selbst Kassier bezw. unmittelbarer Kasseverwalter sein. Zur Verwaltung gehört auch das Recht und die Pflicht, die Stiftungsrenten zum Stiftungszwecke zu verwenden.

Anm. 2. Die Stiftungsrechnungen sind innerhalb der nach Art. 88, 89, 135, 136 vorgesetzten Zeit öffentlich aufzulegen und zur Revision der vorgesetzten Aufsichtsbehörde vorzulegen. Der Etat wird von der besonderen Stiftungsverwaltung in eigener Kompetenz aufgestellt, veröffentlicht und der Aufsichtsbehörde abschriftlich übersendet. (Bl. f. adm. Pr. 25 S. 343.)

Bezüglich der Genehmigung der Staatsaufsichtsbehörde (Art. 159 der Gemeindeordnung) muß in Ermangelung anderer anwendbarer Bestimmungen die fragliche Werthshöhe mit Rücksicht auf die Gemeinde, in welcher die Stiftungsverwaltung ihren Sitz hat, bemessen werden.

Anm. 3. Das Verhältniß der besonderen Stiftungsverwaltungen zur Vertretung der politischen Gemeinde ist ein unabhängiges; erstere stehen übrigens unter Aufsicht des Staates wie die Gemeindebehörden.

(Vgl. hieher Vorbem. zu Art. 65, dann Art. 159, 107, 112, 116, 147, 159; über ihre analoge Anwendbarkeit: Bl. f. adm. Pr. Bd. 25 S. 347.)

Art. 66.

I. Das der Verwaltung der Gemeinden anvertraute Stiftungsvermögen darf mit dem Gemeindevermögen nicht vermischt und zu keinem andern als dem Stiftungszwecke verwendet werden.

II. Dasselbe soll im Grundstock ungeschmälert erhalten und im Falle unvermeidlicher Verluste thunlichst durch Rentenadmassirung wieder ergänzt werden.

III. Abweichungen von den Vorschriften des Abs. II können nur mit Genehmigung der vorgesetzten Verwaltungsbehörde stattfinden.

IV. Für die Verwaltung des Stiftungsvermögens finden in Ermangelung besonderer gesetzlicher oder stiftungsmäßiger Bestimmungen die Vorschriften über Verwaltung des Gemeindevermögens Anwendung.

Anm. 1. Zu Abs. I: Wenn der Stifter die Vermögensverwaltung der Gemeinde überträgt, ist er nicht an die gesetzlichen Bestimmungen über die gemeindliche Stiftungsverwaltung gebunden; sind seine Bestimmungen bedenkenerregend, so können sie zwar nicht geändert, wohl aber kann der Stiftung die Bestätigung verweigert werden. (S. Seydel, b. Staatsrecht, Bd. IV S. 639; s. auch Wand, G.O. S. 310/311.) Art. 66 spricht allgemein vom Stiftungsvermögen: es gehört hieher jede Art von Stiftungsvermögen, sobald solches unter gemeindlicher Verwaltung steht.

Anm. 2. Zu Abs. II: Ein Vorgriff auf den Grundstock ist, wenn dringend nöthig, nicht ausgeschlossen, („soll"); denn ein absolutes Gebot der Erhaltung des Grundstockvermögens läßt sich angesichts der Möglichkeit zufälliger Verluste nicht aufrecht erhalten; die vorgesetzte Verwaltungsbehörde hat jedoch die baldthunlichste Refundirung anzuordnen. Die Substanz des Vermögens soll nicht angegriffen werden, außer wenn sich hiebei keine für die Stiftung nachtheilige Werthsveränderung ergibt. (S. auch Art. 159 Ziff. 1.)

Anm. 3. Zu Abs. III: Die Genehmigung kann, muß aber nicht ertheilt werden, liegt vielmehr im freien Ermessen der Verwaltungsbehörde und ist deßhalb auch zur Entscheidung über einen hierauf bezüglichen Anspruch einer Gemeindeverwaltung der V.G.H. unzuständig. (V.G.H.E. Bd. I S. 91.)

Anm. 4. Zu Abs. IV: Die Verwaltung des Stiftungsvermögens kommt der kollegialen Gemeindebehörde bezw. den Verwaltungsorganen der Ortschaften zu. (Art. 87 Abs. I, 134 Abs. I, 153 Abs. V.) Nach außen wird die Stiftung nicht von ihrem besonderen Verwalter, sondern in derselben Weise wie die Gemeinde vertreten.

Die Nothwendigkeit eines Streitkonsenses besteht für Stiftungen ebensowenig wie für die Gemeinden. Art. 112 und 159 gelten in gleicher Weise auch für die Stiftungen. Anwendbar sind auch die Bestimmungen der G.O. über die Eingehung der Schulden mit den entsprechenden Modifikationen. Siehe auch die hier anzuwendenden Bestimmungen von Art. 88 Abs. X, 89 Abs. I, 107 Abs. II, 131 Abs. V, 135 Abs. V, 136 Abs. I, bezüglich der Staatsaufsicht gelten die Bestimmungen, die für die Staatsaufsicht in eigentlichen Gemeindeangelegenheiten maßgebend sind.

Anm. 5. Vgl. M.Bktm. v. 10. Okt. 1869, das Etats- und Rechnungswesen der Gemeinden und örtlichen Stiftungen 2c. (abgedr. in Kr.A.Bl., Weber, Bd. VII S. 345.) Vdg. v. 31. Juli 1869, die Kapitalsausleihungen der Gemeinden und Stiftungen betr., Reg.Bl. S. 1441, Weber, Bd. VIII S. 241, mit Vollz.Vorschr. hiezu v. 6. Aug. 1869, Weber, Bd. VIII S. 249, M.E. v. 27. Nov. 1878, die Anlage gemeindl. Sparkassegelder betr., (M.A.Bl. S. 398 und Weber, Bd. XII S. 505.) M.Bktm. v. 12. März 1885, die Kapital-Ausleih. der Gemeinden und Stiftungen betr., M.A.Bl. S. 83, M.Bktm. v. 17. Mai 1886, gl. Betr., (M.A.Bl. S. 154), M.E. v. 23. Jan. 1874 und 14. März 1885, Abquittirung und Löschung bezahlter Hypothekforderungen 2c. (M.A.Bl. S. 84.) M.E. v. 18. Febr. 1864, Beurkundung von Verträgen der Stiftungen betr. Ueber die Anlage der Stiftungskapitalien bei der B. Hyp.- u. Wechselbank: M.Bktm. v. 13. Sept. 1885, M.A.Bl. S. 238.

Art. 67.*)

Ist die Erfüllung des Stiftungszweckes unmöglich geworden oder

---

*) Bemerkung. Der Text des Art. 67 hat die gegenwärtige Fassung durch Art. 158 des Ausführungsgesetzes v. 9. Juni 1899 zum bürgerlichen Gesetzbuche erhalten.

gefährdet sie das Gemeinwohl, so finden auch bei Stiftungen des öffentlichen Rechts die Vorschriften des § 87 des bürgerlichen Gesetzbuches Anwendung.

Zu der zu treffenden Verfügung ist in Gemeinden mit städtischer Verfassung die Zustimmung der Gemeindebevollmächtigten, in den übrigen Gemeinden die Zustimmung der Gemeinde- bezw. Ortsversammlung erforderlich. Der Beschluß bedarf der Genehmigung der vorgesetzten Verwaltungsbehörde.

Anm. 1. Vgl. § 10 Tit. IV Verf.Urk.:

„Das gesammte Stiftungsvermögen nach den drei Zwecken des Kultus, des Unterrichts und der Wohlthätigkeit wird gleichfalls unter den besonderen Schutz des Staates gestellt; es darf unter keinem Vorwande zu dem Finanzvermögen eingezogen und in der Substanz für andere, als die drei genannten Zwecke ohne Zustimmung der Betheiligten, und bei allgemeinen Stiftungen ohne Zustimmung der Stände des Reiches veräußert oder verwendet werden."

§ 10 l. c. bezieht sich auf alle Stiftungen für öffentliche Zwecke, alle örtlichen weltlichen, in gemeindlicher Verwaltung stehenden Stiftungen, auf Kultusstiftungen, welche in gemeindlicher Verwaltung stehen, nicht aber auf Stiftungen rein privatrechtlicher Natur, auf Stiftungen im Sinne des Art. 65, die sich nicht in gemeindlicher Verwaltung befinden, auf öffentliche Kultusstiftungen und sonstige nicht örtliche Stiftungen, die unter der regelmäßigen bezw. einer sonstigen nicht gemeindlichen Verwaltung stehen. (Vgl. hieher Bl. f. adm. Pr. Bd. 38 S. 171.)

Anm. 2. Art. 67 bezieht sich und beschränkt sich auf die unter gemeindlicher Verwaltung stehenden Stiftungen. (Kahr, G.O. S. 712.)

Anm. 3. § 87 des bürgerlichen Gesetzbuches lautet: Ist die Erfüllung des Stiftungszweckes unmöglich geworden, oder gefährdet sie das Gemeinwohl, so kann die zuständige Behörde der Stiftung eine andere Zweckbestimmung geben oder sie aufheben.

Bei der Umwandlung des Zweckes ist die Absicht des Stifters thunlichst zu berücksichtigen, insbes. dafür Sorge zu tragen, daß die Erträge des Stiftungsvermögens dem Personenkreise, dem sie zu statten kommen sollten, im Sinne des Stifters thunlichst erhalten bleiben. Die Behörde kann die Verfassung der Stiftung ändern, soweit die Umwandlung des Zweckes es erfordert. Vor der Umwandlung des Zweckes und der Aenderung der Verfassung soll der Vorstand der Stiftung gehört werden.

Anm. 4. Der Schwerpunkt des neuen Textes ruht auf dem Worte „auch", wodurch bestimmt ist, daß für alle gemeindlichen Stiftungen, sie mögen den Charakter von öffentlichen oder Privatstiftungen an sich tragen, im Falle der unmöglichen Erreichung oder Gefährlichkeit des Stiftungszweckes § 87 des bürgerlichen Gesetzbuches, dessen Wortlaut in Anm. 3 wiedergegeben ist, zur Anwendung zu kommen hat. Eine Gefährdung des Gemeinwohles ist immerhin als moralische Unmöglichkeit aufzufassen. Eine Erfüllungsunmöglichkeit kann durch Abgang aller Bezugsberechtigten oder in Folge Unmöglichkeit oder Gefährlichkeit eines ganz spezialisirten Zweckes eintreten, während die allgemeine Grundlage des Unterrichtes oder der Wohlthätigkeit im erweiterten oder auch nur im allgemeinen Sinne gegeben sein kann. Es hat nun der Magistrat bezw. Gemeindeausschuß vor seiner Beschlußfassung die Begründung der Unmöglichkeit oder der Gefährdung des Gemeinwohles festzustellen, und Betheiligte, welche unter dem Personenkreis des § 87 Abs. 2 des bürgerlichen Gesetzbuches inbegriffen sind, vor der Beschlußfassung zu hören. Je nach dem Ergebnisse ist die Umwandlung des Stiftungszweckes oder Aufhebung der Stiftung zu beschließen. Der Beschluß sammt Begründung ist bei städtischer Verfassung den Gemeindebevollmächtigten zur Beschlußfassung mitzutheilen, in Landgemeinden der Gemeindeversammlung vorzutragen und deren Beschlußfassung herbeizuführen. Bei Nichtzustimmung der Gemeindebevollmächtigten auch nach einer Kumulativsitzung bezw. der Gemeindeversammlung bleibt zunächst die Stiftung bestehen. Bei erfolgter Zustimmung sind die Beschlüsse der Aufsichtsbehörde zur Genehmigung vorzulegen. Daß diese, wenn ihr die Begründung nicht genügend erscheint, noch Erhebungen pflegen und wenn auch diese zur Begründung nicht hinreichend erscheinen, die Genehmigung versagen kann, ist selbstverständlich. Gegen den Beschluß der Aufsichtsbehörde steht der Gemeindeverwaltung und den wirklich Betheiligten bei Verletzung ihrer Interessen Beschwerde, den Letzteren auch Beschreitung des Verwaltungsrechtsweges zu.

Anm. 5. Vgl. auch E. d. ob. G.H. Bd. XII S. 283 über die Unzulässigkeit des Rechtsweges in Stiftungsangelegenheiten.

Anm. 6. Erlischt eine Stiftung des bürgerl. Rechts, so fällt das Stiftungsvermögen in Ermangelung eines anderen Anfallberechtigten an den Fiskus. Für den Vollzug von Stiftungsbestimmungen und für die Aufsicht über die Stiftungen sind, unbeschadet der Zuständigkeit des V.G.H. die Verwaltungsbehörden zuständig, soferne nicht die Stiftung ausschließlich privaten Zwecken dient. (Art. 5 und 6 des bayer. Ausf.Ges. z. bürg. Ges.Buch.)

Art. 68.

Die Bewirthschaftung der Stiftungswaldungen unterliegt den gesetzlichen Vorschriften.

Anm. Vgl. hierüber Art. 30 und Anm.

Art. 69.

I. Neue örtliche Stiftungen bedürfen der königlichen Bestätigung, mit bleibenden Lasten verknüpfte Stiftungszuflüsse jener der vorgesetzten Verwaltungsbehörde. Bezüglich anderer Stiftungszuflüsse kann jährlich Anzeige angeordnet werden.

II. Die Stiftungen erlangen durch die landesherrliche Bestätigung die Rechtsfähigkeit und den verfassungsmäßigen Staatsschutz.

Anm. 1. Instruktion und Antragstellung steht jenem Ministerium zu, in dessen Ressort der Stiftungszweck liegt, also möglicherweise auch mehreren Ministerien.

Anm. 2. Ueber das Gebührenäquivalent s. Art. 1 u. Anm. 11, über die Herstellung und Veröffentlichung einer Statistik der neuen Stiftungen: M.E. v. 23. Juli 1889, M.A.Bl. S. 233.

Anm. 3. Da die Schaffung der juristischen Persönlichkeit dem Staatsoberhaupt zusteht, ist königliche Bestätigung nach Abs. I erforderlich.

Ob eine neue Stiftung geschaffen werden will, oder ob es sich nur um einen Stiftungszufluß handelt, ist nach der Intention des Stifters zu beurtheilen. Bei letzterem Falle ist staatsaufsichtliche Genehmigung erforderlich, wenn es sich um Uebernahme bleibender Lasten handelt.

Anm. 4. Stiftungszuflüsse: Seydel, l. c. Bd. IV S. 460. S. auch M.Bekm. v. 13. Juli 1889, M.A.Bl. S. 233.

Anm. 5. Keine Gemeinde kann zur Uebernahme einer örtlichen Stiftung gezwungen werden.

IV. Abtheilung.

Von der Verwaltung der Gemeinden.

Vorbemerkung.

1) Nachdem Art. 8 die Verfassungsformen der Gemeinden im rechtsrheinischen Bayern ganz allein angegeben hat, behandelt die 4. Abtheilung in den Artikeln 70 bis 153 die Verwaltung in Gemeinden mit städtischer Verfassung in Abschnitt I, jene in Gemeinden mit Landgemeindeverfassung in Abschnitt II, und eine Sonderart der Gemeindeverwaltung, nämlich die Verwaltung der zu einer Gemeinde vereinigten Ortschaften in Abschnitt III. Der Umstand, daß der räumliche Umfang der Gemeinden mit Landgemeindeverfassung regelmäßig ein geringerer ist, als jener der Gemeinden mit städtischer Verfassung, und daß der letzteren Art von Gemeinden ein Controllorgan mit einem bestimmten Wirkungskreis in dem Kollegium der Gemeindebevollmächtigten beigegeben ist, bringt es auch mit sich, daß den letzteren Gemeinden mehr Bestimmungen und Abschnitte gewidmet sind, als den ersteren; im Uebrigen entspricht die Ueberschrift der Ziffern I, II, III des I. Abschnittes mit geringer Abweichung jener von Abschnitt II. Den Wahlen zu den gemeindlichen Vertretungskörpern 2c. 2c. ist weiter unten ein besonderer Abschnitt als sechste Abtheilung gewidmet.

2) Da die Gemeinden juristische Personen sind, so kommt ihnen zwar Rechtsfähigkeit zu, aber wegen Mangels der natürlichen Handlungsfähigkeit bedürfen sie zu ihrer Vertretung physischer Personen, deren Repräsentationsgewalt sich zunächst nach der Gemeindeordnung richtet. (E. d. ob. G.H. Bd. VII S. 753.) Dieß gilt sowohl für das öffentliche wie für das Civilrecht.

Präsumtive Vertretungsorgane sind lediglich Magistrat und Gemeindeausschuß, deren rechtlicher Wille sich in ihren Sitzungen durch Mehrheitsbeschlüsse äußert; die Zuständigkeit anderer Organe muß durch spezielle Vorschrift nachweisbar sein.

In der Uebertragung einer Verwaltung ist noch nicht die Befugniß enthalten, Rechte aufzugeben oder Verbindlichkeiten zu übernehmen. (Vgl. Art. 63.)

3) Ueber das Amtsgeheimniß der Gemeindebeamten s. bayer. Gem.Zeitg. 1894 S. 54.

I. Abschnitt.

Von der Verwaltung in Gemeinden mit städtischer Verfassung.

Art. 70.

In den Städten und Märkten mit städtischer Verfassung werden vorbehaltlich der Befugnisse der Bürgerschaft die Gemeindeangelegenheiten besorgt:

1) durch den Magistrat als Verwaltungsbehörde,

2) durch die Gemeindebevollmächtigten als Gemeindevertretung.

Anm. 1. Art. 70 enthält sozusagen die allgemeine Einleitung zu Abschnitt I, indem er ganz allgemein von den Organen der Gemeinden mit städtischer Verfassung spricht. Die Gemeindeorgane sind die zur Willensbildung oder Thätigkeit für die Gemeinden berufenen Einzelpersonen oder Körperschaften. Man unterscheidet zwischen Gemeindebehörde (Magistrat oder Ausschuß), die für die Gemeindebehörde mit Rechtswirksamkeit nach außen thätig zu werden hat, und Gemeindevertretung, die lediglich den Gemeindebehörden beschränkend hinzutritt, ohne eine Wirksamkeit nach außen entfalten zu dürfen oder zu müssen.

Anm. 2. Mit städtischer Verfassung: diese Worte beziehen sich sowohl auf Städte als auf Märkte; s. Art. 8.

Anm. 3. Ueber die Befugnisse der Bürgerschaft vgl. Art. 9, 27, 28, 35, 122, 153.

Anm. 4. Ueber den Ausdruck „Gemeindeangelegenheiten", welcher gebraucht wurde, um zu vermeiden, daß man beide Kollegien als Gemeindeverwaltung (-Behörde) bezeichne, s. Art. 1 und die Anm., und weiter unten Art. 84. Er umfaßt nicht bloß die „eigentlichen" Gemeindeangelegenheiten, sondern auch die Polizeiverwaltung u. a.

Anm. 5. Zu Ziff. 2: Gemeindevertretung ist lediglich in dem Sinne von Anm. 1 aufzufassen, da ja der Magistrat nach Art. 84 der eigentliche Vertreter der Gemeinde nach außen und auch nach innen ist.

I. Bildung des Magistrats.

Art. 71 ff. entsprechen thunlichst den Art. 124 ff.; Art. 71—73 sprechen von der Zusammensetzung des Magistrats und seiner Beamten, die folgenden Artikel von Wohnsitz, Anstellung, Gehalt, Pensionirung und Suspension der Gemeindebeamten und Gemeindebediensteten.

Art. 71.

I. Der Magistrat soll bestehen:

1) aus einem Bürgermeister;

2) im Falle des Bedürfnisses aus einem oder mehreren rechtskundigen Räthen;

3) aus den bürgerlichen Magistratsräthen, und zwar:

6—10 in den Gemeinden bis zu 10000 Seelen,
8—12 „ „ „ von 10000—20000 Seelen,
10—16 „ „ „ von 20000—50000 Seelen,
14—20 „ „ „ mit größerer Seelenzahl.

II. Die einer Kreisgemeinde unmittelbar untergeordneten Städte sind verpflichtet, mindestens ein rechtskundiges Magistratsmitglied aufzustellen.

III. In Städten mit mehr als 10000 Seelen können zwei, in Städten mit mehr als 50000 Seelen drei Bürgermeister aufgestellt werden.

IV. Nach Erforderniß können für das Bauwesen technische Bauräthe, für Schulangelegenheiten, Forstwirthschaft, Gesundheitspflege und Medizinalpolizei Sachverständige als Mitglieder des Magistrats mit voller Stimmberechtigung in Gegenständen ihres Wirkungskreises aufgestellt werden.

Anm. 1. Magistrat: ursprünglich war im Entwurfe statt des Wortes „Magistrat" „Gemeinderath" gewählt; nachdem aber die Einführung einer für die Pfalz und das diesrheinische Bayern gemeinsamen Gemeindeordnung aufgegeben worden war, fiel auch dieser Grund hinweg, eine uniforme Benennung zu gebrauchen. Die Bezeichnung Magistrat wurde vorgezogen, weil dieselbe bereits eingebürgert war und weil in verschiedenen Ländern unter Gemeinderath gerade das bezeichnet wird, was er bei uns nicht sein soll, nämlich das Kollegium der Gemeindebevollmächtigten.

Anm. 2. Soll bestehen: es handelt sich hier nicht um eine bloße instruktionelle Bestimmung; für alle Fälle muß ein Bürgermeister und je nach der Seelenzahl (s. Ziff. 3) müssen mindestens 6, 8, 10, 14, höchstens 10, 12, 15, 20 bürgerliche Magistratsräthe aufgestellt sein. Im Uebrigen s. Art. 73 und 200.

Anm. 3. Zu Ziffer 1. Die Bürgermeister können sowohl in mittelbaren, wie in unmittelbaren Städten bürgerliche sein. S. hieher auch Art. 94 über das Vorhandensein mehrerer Bürgermeister.

Anm. 4. Zu Ziff. 2: Im Falle des Bedürfnisses: es handelt sich hier bloß um eine Direktive; die Handhabung der Staatsaufsicht ist ausgeschlossen.

Ueber die rechtskundigen Magistratsmitglieder vgl. Motive:

Der Magistrat kann aus einem oder mehreren rechtskundigen Räthen bestehen, in unmittelbaren Städten muß der Magistrat ein rechtskundiges Mitglied des Magistrats — rechtskundigen Bürgermeister oder rechtskundigen Magistratsrath — aufstellen; letzteres ist nothwendig im Hinblicke auf die distriktspolizeilichen Befugnisse des Magistrats. Im Uebrigen aber ist die Aufstellung rechtskundiger Magistratsmitglieder, sowie die Zahl der etwa aufzustellenden fakultativ.

Den Gemeinden ist es selbstverständlich unbenommen, sich auch darauf zu beschränken, einen Rechtskundigen als Rechtskonsulenten in beliebiger Form in ihre Dienste zu nehmen, der nicht ausschließlich Gemeindebeamter ist, sondern der Gemeinde nur für ihre Rechtsangelegenheiten zur Verfügung steht. Er muß aber gewähltes Mitglied des Magistrats sein, wenn eine unmittelbare Stadt noch kein rechtskundiges Magistratsmitglied hat. Dieß kommt namentlich kleineren Stadtgemeinden, welche nicht volle Beschäftigung für einen Rechtsrath haben, bisweilen zu statten. V. d. bes. Aussch. Abth. II S. 643. Als rechtskundiger Bürgermeister oder Magistratsrath kann nur ein Mann gewählt werden, welcher die Staatskonkursprüfung für den höheren Justiz- und Verwaltungsdienst in Bayern bestanden hat.

Anm. 5. Zu Ziff. 3: Bürgerliche Magistratsräthe: s. hierüber Anm. 2 oben.

Maßgebend ist die Seelenzahl: über deren Berechnung s. Art. 203. Innerhalb des in Ziffer 3 gegebenen Spielraumes waltet das freie Ermessen der Gemeinde ob; nicht mitzuzählen sind hiebei die rechtskundigen Räthe und die Bürgermeister. Die Maximalziffern 10000, 20000 ꝛc. sind „exclusive" zu verstehen.

Anm. 6. Zu Abs. II vgl. Anm. 4 in fine, zu Abs. III s. Anm. 3.

Anm. 7. Nach Erforderniß: Hier waltet lediglich das freie Ermessen der Gemeindeorgane ob: diese entscheiden endgiltig, ohne daß ein derartiger gesetzmäßig gefaßter Beschluß beanstandet werden könnte, weil etwa die Aufsichtsbehörde glaubt, ein solcher Beschluß entspreche den bestehenden Verhältnissen und Bedürfnissen nicht. Ein Beschwerderecht ist hier nicht zugelassen. Das in Abs. IV gegebene Verzeichniß ist erschöpfend, nicht bloß exemplifikatorisch.

S. hieher auch M.E. v. 15. Juni 1875, M.A.Bl. S. 299, Weber Bd. XI S. 4, Bildung v. Gesundheitskommissionen betr.

Anm. 8. Ueber die Besoldungsverhältnisse s. die ff. Artikel, über das Verfahren bei Vermehrung oder Verminderung der Räthe und Bevollmächtigten s. Bl. f. adm. Pr. Bd. 37 S. 279, 347; über die Zahl der Magistratsmitglieder s. Art. 73; über Aufstellung und Zahl der technischen Magistratsmitglieder entscheidet der Magistrat mit Zustimmung der Bevollmächtigten. Bezüglich der Wahl der aufzustellenden technischen Mitglieder s. Art. 85. Insoweit Art. 73 und 112 nicht entgegensteht, entscheidet der Magistrat, ohne die Zustimmung der Gemeindebevollmächtigten erholen zu müssen, wenn es ihm auch unbenommen ist, dieselben vorher zu hören.

Art. 72.

I. Die Gemeinden sind ferner berechtigt, Verwalter des Stadtvermögens (Stadtkämmerer), Verwalter des Stiftungsvermögens und einzelner Gemeindeanstalten, Beamte für Forst- und Bauwesen und öffentliche Gesundheitspflege und andere höhere Bedienstete aufzustellen.

II. Gemeinden ohne rechtskundiges Magistratsmitglied sind zur Aufstellung eines Stadt- oder Marktschreibers verpflichtet, wenn nicht der Bürgermeister eine der in Art. 77 Abs. I bezeichneten Prüfungen mit Erfolg bestanden hat.

III. Den Stadt- und Marktschreibern kommt eine berathende Stimme in den Magistratssitzungen zu.

IV. Für die Besorgung untergeordneter Geschäfte ist das nöthige niedere Dienstpersonal von Gehilfen, Schreibern, Boten, Polizeidienern u. s. w. aufzustellen.

Anm. 1. Art. 72 handelt von Gemeindebeamten: im weiteren Sinne gehören hieher alle Personen, die in dienstlicher Unterordnung unter ein Gemeindeorgan kraft eines auf ihre Person bezüglichen öffentlich-rechtlichen Aktes Geschäfte einer Gemeinde zu besorgen haben; die Mitglieder des Gemeindebevollmächtigten-Kollegiums gehören nicht hieher, wohl aber die Mitglieder des Magistrats. Sie fallen deshalb auch in den Personenkreis des § 359 R.St.G.B. Im engeren Sinne versteht man hierunter solche Personen, die den Hauptorganen der Gemeinde untergeordnet sind: Art. 72, 85, 221, 132.

Die Ausscheidung der Bediensteten in höhere und niedere steht im Ermessen der Gemeinden (bes. Aussch. Abth. II S. 521), doch zählen in der Regel die in Art. 72 Abs. I und II bezeichneten Kategorien zu den höheren, die übrigen zu den niederen. Art. 73. Ueber die Mittheilung strafrechtlicher Untersuchungen und Urtheile gegen Gemeindebedienstete an die Distr.Verw.Behörden: J.M.Bl. 1868 S. 208.

Die Bediensteten des Art. 72 Abs. I unterscheiden sich von denen des Art. 71 Abs. IV dadurch, daß erstere kein Stimmrecht haben; sie sind auch dann keine Magistratsmitglieder, wenn sie etwa im Magistrate Vortrag zu erstatten haben. (M.E. v. 19. Mai 1880 Nr. 7396.)

Bezüglich der Vermögensverwalter ist noch Folgendes zu erwähnen:

Die besonderen Verwalter stehen zur Gemeinde in einem Vertragsverhältnisse; jeder Zwang zur Annahme solcher Dienste ist absolut ausgeschlossen. (Bl. f. adm. Pr. Bd. 20 S. 178.) Ueber Dienstvertrag und Competenz hiebei s. Bl. f. adm. Pr. Bd. 21 S. 301; (Stadtmusiker, Maulwurffänger behandelnd).

Die Aufstellung von besonderen Gemeinde- und Stiftungsvermögensverwaltern oder Vorstehern und Verwaltern von Gemeindeanstalten ist in das Ermessen der Gemeindeorgane (Art. 73) gestellt; findet eine solche Aufstellung nicht statt, ist der einschlägige Dienst von Magistratsräthen nach Art. 87 Abs. I zu versehen.

(Die Zuständigkeit der Verwaltungsbehörde zur Entscheidung von Ersatzansprüchen eines Stadtkämmerers gegen die Gemeinde aus der geführten Verwaltung des Gemeindevermögens erstreckt sich auch auf die Frage, ob der Rechner auf Grund der Verwendung eigener Gelder zum Besten der Gemeinde Zinsen beanspruchen kann. [Comp.C.Erk. v. 14. Dez. 1857, Reg.Bl. S. 34 pro 1858.])*)

In Bezug auf Quittungsleistung ist zu bemerken, daß es nicht nöthig ist, daß die Bürgermeister die Quittungen zeichnen oder beglaubigen, vielmehr genügt, wenn nur ein Kassabeamter vorhanden ist, die Unterschrift dieses einen, während, wo zwei Kassiere oder Kassier und Controlleur bestellt sind, beide zusammen die Quittung auszufertigen haben. (Bl. f. adm. Pr. Bd. 39 S. 200.) S. auch Art. 106.

Anm. 2. Forstbeamte: Vgl. Art. 8 des Forstges. v. 28. März 1852.

Anm. 3. Zu Abs. II: Es genügt, wenn nur überhaupt eine Person im Magistrate ist, welche die Verwaltungsvorschriften genau kennt und die erforderliche Geschäftsgewandtheit besitzt. Hiedurch ist aber keineswegs die Aufstellung eines Stadtschreibers da unbedingt ausgeschlossen, wo der Bürgermeister (oder ein Magistratsmitglied) zur Uebernahme einer derartigen Funktion befähigt ist; vielmehr soll hierüber Beschluß zu fassen Sache der Gemeinde sein. Findet letztere, daß es mit Rücksicht auf die Erleichterung der Verwaltung des gemeindlichen und des Stiftungsvermögens doch wünschenswerth sei, einen besonderen Stadtschreiber zu haben, so wird sie einen solchen immerhin aufstellen können. (Bes. Aussch.) Die Stadtschreiber sind höhere Gemeindebedienstete (Gemeindebeamte). Es steht den Gemeinden frei, ihnen den Titel

---

*) Eine Berechtigung zur Veräußerung beweglichen städtischen Eigenthums kann aus bloßen Erklärungen des Stadtkämmerers nicht abgeleitet werden. (E. d. ob. G.H. Bd. IV S. 358.)

„Stadt-(Markt-)Sekretär" zu verleihen. Ueber Aufnahme von Protokollen durch dieselben s. Kahr, G.O. S. 731. Ueber ihre Geschäftsaufgabe, die der Bürgermeister bestimmt, s. Art. 101. Ueber die Prüfung für den Stadt- und Marktschreiberdienst s. nunmehr M.Bektm. v. 28. Juli 1888, M.A.Bl. S. 284; über ihre Besoldung: M.E. v. 1. April 1878, M.A.Bl. S. 93, Weber Bd. XII, S. 257.

Art. 73.

I. Der Magistrat beschließt mit Zustimmung der Gemeindebevollmächtigten innerhalb der Vorschriften der Art. 71 und 72 über die Zahl der bürgerlichen Magistratsmitglieder, über die Aufstellung und Zahl rechtskundiger und technischer Magistratsmitglieder, sowie über die Aufstellung der Stadt- und Marktschreiber und des übrigen höheren Dienstpersonals.

II. Die Feststellung der Zahl des niederen Dienstpersonals nach Maßgabe der hierfür bestimmten Mittel steht dem Magistrate allein zu.

Anm. Art. 73 unterscheidet zwischen Magistratsmitgliedern und höheren Gemeindebeamten einerseits und zwischen dem niederen Dienstpersonal andererseits.

Bezüglich der ersteren Gruppe gilt Folgendes:

Wie viel bürgerliche Magistratsmitglieder innerhalb des Rahmens der Art. 71 und 72, dann ob und wieviel rechtskundige und technische Magistratsmitglieder innerhalb der gleichen Schranken, endlich welche Personen als Stadt- und Marktschreiber oder sonstige höhere Gemeindebeamte aufgestellt werden sollen, darüber hat der Magistrat vorbehaltlich Zustimmung der Gemeindebevollmächtigten Beschluß zu fassen.

Im Uebrigen ist die Zustimmung des Kollegiums der Gemeindebevollmächtigten insolange nicht erforderlich, als die Mittel hiefür bereits bestimmt sind. Dem Magistrat bleibt auch die Benennung seiner Bediensteten vorbehalten. (Kahr, G.O. S. 732.) S. auch Art. 199 des früheren Geb.Ges. v. 6. Juli 1892.

Art. 74.

I. Die für die Stelle eines rechtskundigen Bürgermeisters oder Magistratsraths Gewählten müssen in der Gemeinde ihren Wohnsitz nehmen.

II. Sie erhalten bei ihrer Anstellung eine angemessene Besoldung und treten nach drei Jahren, wenn sie zu derselben Stelle wiedergewählt worden sind, analog in die Verhältnisse und Rechte der im Verwaltungsdienste definitiv angestellten Staatsdiener, soferne nicht durch besondere Dienstverträge eine andere Bestimmung getroffen ist.

Anm. 1. Da Art. 74 keinen Unterschied macht zwischen mittelbaren und unmittelbaren Städten, so gilt das in Art. 74 ff. Gesagte auch für rechtskundige Beamte mittelbarer Städte. Ueber Bestätigung und Diensteseinweisung s. die ff.

Artikel; die Anstellungstaxen sind analog denen der unmittelbaren Staatsdiener. Abs. I bezieht sich nur auf die rechtskundigen Räthe.

Anm. 2. Dispensation von dem Erforderniß des Abs. I ist nicht vorgesehen.

Anm. 3. Angemessene Besoldung: hierüber entscheidet das Ermessen der Gemeinden; ordnungsmäßig gefaßte Beschlüsse können hier von der Aufsichtsbehörde nicht beanstandet werden.

Anm. 4. Wegen der Stellung der Gemeindebeamten des Art. 74 Abs. II ist zu unterscheiden, ob ein Dienstvertrag abgeschlossen ist oder nicht.

Zunächst kann das dreijährige Provisorium überhaupt dem Wortlaut des Abs. II nach und um diese Bestimmung nicht illusorisch zu machen, durch keinerlei Dienstvertrag beseitigt werden; auch kann es um keinen Tag abgekürzt werden. Nach Umfluß von drei Jahren oder kurz vor Ablauf muß unter allen Umständen eine förmliche vollkommen freie Neuwahl stattfinden. Wenn ein definitiver Rechtsrath zum Bürgermeister gewählt wird, ist dieser Zeitraum gerade so zu bemessen, wie wenn der neue Bürgermeister noch nicht im Gemeindedienst gestanden wäre; dieß umsomehr dann, wenn ein Rechtsrath das Definitivum noch gar nicht hatte. (V.G.H.E. Bd. III S. 148.) Es können auch die Gemeinden nicht einmal einem definitiv angestellten, zum Bürgermeister gewählten Rechtsrath mit Rechtsverbindlichkeit zusichern, daß er bezüglich der als Rechtsrath geleisteten Dienste in integrum werde restituirt werden, wenn er nach drei Jahren nicht wieder gewählt werden sollte. (M.E. v. 9. Jan. 1883, Seydel, b. Staatsr. Bd. III S. 347.)

Die „besonderen Dienstverträge“ sind bedingt von der Wiederwahl des Betreffenden; einem während des Provisoriums abgeschlossenen Dienstvertrage kann eine Rechtswirksamkeit erst nach erfolgter Wiederwahl beigemessen werden. Siehe hieher auch M.E. vom 27. Mai 1872 Nr. 6486, 6. Juni 1872 Nr. 7298, 2. Dez. 1874 Nr. 13705.

Eine Beschlußfassung der Gemeindebevollmächtigten in gewöhnlicher Form genügt nicht.

Die zunächst auf 3 Jahre gewählten rechtskundigen Magistratsmitglieder können während dieser Zeit, abgesehen von strafgesetzlichen und Disciplinarbestimmungen, ihres Amtes nur wegen Verlust der Wählbarkeit verlustig erklärt und nicht während dieses Zeitraumes gegen ihren Willen unter Pensionsbewilligung quiescirt werden. (So Kahr, G.O. S. 734 ff., woselbst dieser Gegenstand ausführlich behandelt ist.)

Wenn nun die in Art. 74 bezeichneten Beamten nach drei Jahren wieder gewählt und hierauf bestätigt werden, und wenn kein entgegenstehender Dienstvertrag, der etwa die Pensionsverhältnisse anders regulirt als die Dienstespragmatik für definitive Staatsdiener, und der primär maßgebend wäre, vorliegt, so wird ihre Anstellung eine definitive im Sinne des Staatsdienerrechts. (IX. Verf.-Beil.)

Anm. 5. Zur letztinstanziellen Bescheidung der Beschwerde eines Gemeindebediensteten wegen Feststellung seiner Gehaltsbezüge ist der V.G.H. nicht zuständig, (V.G.H.E. Bd. I S. 432), ebensowenig über bestrittene Ansprüche, welche von einem früheren Gemeindebediensteten auf Grund seines ehemaligen Dienstverhältnisses zur Gemeinde an letztere in Bezug auf Besoldung, Sustentation und Unterstützung gestellt werden. (Eod. Bd. II S. 244.)

Die von der zuständigen Verwaltungsbehörde einem Gemeindebeamten zugesprochene Pension ist von der Gemeindeverwaltung solange auszuzahlen, als nicht in der über die Rechtsansprüche hierauf bei dem Civilgerichte anhängig gemachten Klagesache die betr. Gemeinde von dieser Verbindlichkeit rechtskräftig entbunden ist. (Die Versetzung in den Ruhestand erfolgt durch den Magistrat; s. aber auch Art. 112.)

C.H.Erk. v. 22. März 1851, Reg.Bl. S. 621.

Anm. 6. Ueber Diäten s. Bl. f. adm. Pr. Bd. 4 S. 387, über Urlaub eod. S. 338.

Art. 75.

I. Die nicht rechtskundigen Bürgermeister und Magistratsräthe werden auf sechs Jahre, und zwar letztere in der Art gewählt, daß alle drei Jahre die Hälfte derselben nach der sie treffenden Reihenfolge, das erste Mal nach dem Loose, austritt und durch neue Wahl ersetzt wird.

II. Auch diese Bürgermeister und Magistratsräthe müssen in der Gemeinde ihren Wohnsitz haben.

III. Die Bürgermeister können für die Dauer ihrer Amtsführung einen Funktionsgehalt, die Magistratsräthe eine verhältnißmäßige Entschädigung erhalten; jedenfalls haben dieselben auf Vergütung der durch den Dienst verursachten Auslagen Anspruch.

Anm. 1. Zu Abs. I: Die bürgerlichen Bürgermeister und Magistratsräthe, sowie die Mitglieder des Gemeindeausschusses haben ein Recht darauf, ihre sechsjährige Wahlperiode vollständig auszuhalten; ihre Funktion erlischt erst mit der Einweisung ihres Nachfolgers; derjenige, welcher die Neugewählten einzuweisen hat, hat die Pflicht, hiemit bis zum Ablauf der Wahlperiode zu warten. Das Amt eines bürgerlichen Magistratsrathes endigt auf keinen Fall vor dem 1. Januar.

Der zum Gemeindebevollmächtigten gewählte Bürgermeister oder Magistratsrath tritt sogleich, nachdem er gewählt ist, in das Collegium der Gemeindebevollmächtigten ein und wählt mit, und gleichwohl bleibt er Bürgermeister so lange, bis seine Funktion durch Einweisung seines Nachfolgers erlischt.

Die sechsjährige Funktionszeit ist als eine sechsjährige Wahlperiode aufzufassen, welche mit dem letzten Dezember des sechsten Jahres beendigt ist und über welche hinaus nur aus Noth die Funktion bis zur Einweisung des Nachfolgers fortgesetzt wird. Die in der Zwischenzeit fortgesetzte Funktion trägt den Charakter einer gesetzlich angeordneten Verwesung. (Bl. f. adm. Pr. Bd. 38 S. 17.) Ueber Ergänzungswahlen s. Art. 200. Der Ersatzmann hat nur die Dienstzeit dessen, für den er eingetreten ist.

Anm. 2. Zu Abs. III: Die Bestimmung des Funktionsgehaltes ist lediglich Sache der Gemeinden; Regulierung, Erhebung und Verwendung besonderer Abgaben für Anstellung und Beförderung von Beamten der Gemeinden und gemeindlichen Stiftungen ist den Gemeinden innerhalb ihrer gesetzlichen Befugnisse anheim gegeben. (§ 21 Verordg. v. 30. März 1881, G.V.Bl. S. 178, Weber, Bd. XV S. 24.)

Förmliche Dienstverträge und Einräumung von Pensionsrechten aber erscheinen hier als unzulässig.

Wenn ferner Bürgermeister und Magistratsräthe von der zuständigen Behörde mit einer Entschädigung bezw. Funktionsgehalt nicht bedacht werden, steht ihnen kein Beschwerderecht zu; der Anspruch auf Entschädigung für Auslagen aber ist vom Gesetz als ein Rechtsanspruch statuirt, in welcher Beziehung daher auch das Beschwerderecht vorbehalten bleibt. (Bes. Aussch.)

Art. 76.

Technische Magistratsmitglieder (Art. 71 Abs. IV) werden, abgesehen von besonderen Dienstverträgen, in widerruflicher Weise angestellt und können eine Besoldung oder verhältnißmäßige Entschädigung erhalten.

Anm. 1. Ueber die Höhe der Besoldung hat ausschließlich die Gemeinde zu entscheiden. Die entgegengesetzten Bestimmungen des Art. 74 Abs. II gelten hier nicht.

Anm. 2. Werden dieselben durch Verleihung der Gemeinde definitiv angestellt, so erlangt dieses Rechtsverhältniß jenes Gepräge, welches der Stellung rechtskundiger Magistratsmitglieder nach analoger Anwendung der Dienstespragmatik gemäß Art. 74 zukommt; hiebei hat die IX. Verf.-Beilage als Richtschnur zu dienen, wenn nicht im Dienstvertrage etwas Anderes bestimmt ist.

Art. 77.

I. Die Anstellung eines Stadt- oder Marktschreibers setzt den Nachweis der für dieses Amt erforderlichen Kenntnisse durch Bestehen einer von der Kreisregierung anzuordnenden oder der in Art. 172 Abs. II erwähnten Prüfung voraus.

II. Die Gemeindebediensteten erhalten angemessene Besoldungen oder Funktionsbezüge.

III. Das Dienstverhältniß ist widerruflich und zieht weder Pensions- noch Alimentationsansprüche nach sich. Der Magistrat kann jedoch mit Zustimmung der Gemeindebevollmächtigten einzelnen Gemeindebediensteten unwiderrufliche Anstellung und Pensionsansprüche gewähren.

Anm. 1. S. hieher Art. 72. Da die Bürgermeister nicht verpflichtet sind, Dienste eines Stadt- oder Marktschreibers zu machen, ist ein besonderer Stadt- oder Marktschreiber aufzustellen, auch wenn der Bürgermeister eine solche Prüfung bestanden hat, aber den Stadtschreiberdienst nicht versehen will. S. auch Art. 72 Anm. 3. a. E. Ueber diese Prüfung s. M.Bektm. v. 28. Juli 1888 M.A.Bl. S. 284.

Die Wählbarkeit zum Stadt- oder Marktschreiber setzt nur den Nachweis der Befähigung nach Art. 77 Abs. I voraus. Dieser Nachweis kann entweder durch erfolgreiches Bestehen der juristischen 2. Staatsprüfung oder der Marktschreiberprüfung erbracht werden.

Anm. 2. Die Regelung der Dienstverhältnisse des Subalternpersonales steht im freien Ermessen der Gemeinden, unbeschadet des Rechtes der Staatsaufsichtsbehörden, einzuschreiten, wenn ungenügende, etwa aus schlechter Bezahlung herrührende Leistungen zu Tage treten. (Vgl. Näh. bei Kahr, G.O. S. 744.)

Die dienstliche Verwendung der Gemeindebediensteten ist niemals unwiderruflich. (S. Seydel, Bd. III S. 175, 347, V.G.H.E. Bd. I S. 432.)

Ueber Einzug der Militärpension: V.G.H.E. Bd. VII S. 937 und Verordnung v. 27. Juli 1869, Pensionen betr., Reg.Bl. S. 1393, Weber Bd. VII S. 530. Bezüglich der Pensionsanstalten s. V.G.H.E. Bd. IX S. 419: Die mit staatsaufsichtlicher Genehmigung von Gemeinden gegründeten und unter deren Verwaltung stehenden Pensionsanstalten für die gemeindlichen Beamten und Bediensteten sind als Gemeindeanstalten zu erachten. Streitigkeiten zwischen den Mitgliedern einer solchen Anstalt und der Gemeinde in Bezug auf die Auslegung der von der letzteren erlassenen statutarischen Normen über Pensions- und Alimentationsansprüche sind im Verwaltungsrechtswege auszutragen.

Anm. 3. Wenn eine Gemeinde ein allgemeines Diäten-Regulativ erlassen hat, kommt dieses auch bei Zeugen- und Sachverständigen-Gebühren zur Anwendung. M.E. v. 19. Okt. 1889 Nr. 14387, Samml. v. Entsch. d. Oberl.Ger. München in Gegenst. des Strafrechts Bd. I S. 421, IV S. 282 v. Kahr, G.O. S. 744.

Art. 78.

I. Die Bürgermeister und rechtskundigen Magistratsräthe bedürfen der Bestätigung, welche bezüglich der einer Kreisstelle unmittelbar untergeordneten Städte dem Staatsministerium des Innern, bezüglich der übrigen Städte und Märkte der vorgesetzten Kreisregierung zusteht.

II. Die Bestätigung kann nur unter Angabe der Gründe versagt werden. Gegen die von einer Kreisregierung ausgegangene Versagung der Bestätigung ist in allen Fällen Beschwerde zum k. Staatsministerium des Innern zulässig.

III. Wird die Bestätigung versagt, so ist zu einer neuen Wahl zu schreiten, wobei der Nichtbestätigte nicht wieder gewählt werden darf.

Anm. 1. Das Bestätigungsrecht der Staatsregierung bei Städten und Märkten mit magistrat. Verfassung, das hauptsächlich darin seinen Grund hat, weil die Gemeinden auch wichtige staatliche Angelegenheiten zu besorgen haben, ist unbeschränkt, unbedingt und liegt im freien Ermessen der Staatsbehörde; (keine Verwaltungsrechtssache nach Art. 8 Ziff. 33 V.G.H.G., s. Art. 13 V.G.H.G.). Die Wirkungen der Wahl treten immer erst ein, wenn die Bestätigung erfolgt; (V. d. K. d. R.R. Bd. V S. 516); letzterer hat zweckmäßig die Prüfung der Rechtsgiltigkeit der Wahl vorauszugehen.

Anm. 2. Die Versagungsgründe müssen angegeben werden, sind jedoch im Gesetze nicht genannt; maßgebend sind hiebei kommunale und politische Zweckmäßigkeitsgründe; gegen Uebergriffe schützt die Oeffentlichkeit der anzugebenden Gründe und die Ministerverantwortlichkeit. (S. hierüber dagegen Schöller und Mayer zu Art. 78, aber auch Bl. f. adm. Pr. Bd. 20 S. 27.) Beschwerdeberechtigt ist nur der Nicht-Bestätigte. Kahr, G.O. S. 748.)

Anm. 3. Unter Umständen erzeugt die Ertheilung der Bestätigung die Nothwendigkeit, den Bestätigten in seinem bisherigen Gemeindeamt zu ersetzen; dieß geschieht durch Nachrücken des Ersatzmannes, jedoch nur dann, wenn er Gemeindebevollmächtigter ist, da es im übrigen keine Ersatzmänner gibt. Ueber die Bestätigung s. noch Bl. f. adm. Pr. Bd. 16 S. 5.

Art. 79.

I. Die Verpflichtung und Einweisung der Bürgermeister geschieht in Gegenwart des Magistrats und der Gemeindebevollmächtigten durch einen von der vorgesetzten Kreisregierung ernannten Kommissär oder durch die unmittelbar vorgesetzte Verwaltungsbehörde.

II. Die übrigen Magistratsmitglieder und Gemeindebeamten, sowie das Unterpersonal werden durch den Bürgermeister verpflichtet und eingewiesen.

Anm. 1. Auch bei Wiederwahlen ist eine neuerliche Verpflichtung und Einweisung erforderlich. Ueber die Form des Eides siehe Wahlvorschriften vom 12. Okt. 1869 Ziff. 7, (Weber, Bd. VIII S. 390.) welcher lautet: „Die in den Art. 79 u. 126 G.O. vorgeschriebene Verpflichtung der Magistrats- und Gemeindeausschuß-Mitglieder einschl. der Bürgermeister und Beigeordneten erfolgt durch Abnahme eines Eides, worin die gewissenhafte Erfüllung der Dienstesobliegenheiten gelobt wird."

Sie sind zur Amtsverschwiegenheit verpflichtet.

Anm. 2. Die Verpflichtung nach Abs. II erfolgt analog der nach Abs. I.

Art. 80.

I. Bürgerliche Magistratsmitglieder sind wegen erwiesener körperlicher oder geistiger Dienstesunfähigkeit oder wegen zurückgelegten 60. Lebensjahres zum Austritte berechtigt.

II. Der Austritt muß erfolgen, wenn ein bürgerliches Magistratsmitglied die zur Wählbarkeit erforderlichen Eigenschaften verliert, oder wenn Verhältnisse eintreten, welche die Fortführung des Amtes unmöglich machen.

III. Ueber die Zulässigkeit oder Nothwendigkeit des Austrittes entscheidet der Magistrat mit Zustimmung der Gemeindebevollmächtigten.

IV. Außerdem kann einem bürgerlichen Magistratsmitgliede aus triftigen Gründen die nachgesuchte Entlassung durch übereinstimmenden Beschluß des Magistrats und der Gemeindebevollmächtigten bewilligt werden.

Anm. I. Die Fortführung der Gemeindeämter ist für die bürgerlichen Magistratsmitglieder eine Pflicht, der sie sich nur aus den im Gesetze speziell angeführten Gründen entschlagen können. Was den nothwendigen Austritt anbelangt, so mußte der Gemeindevertretung das Recht eingeräumt werden, solchen zu beschließen, wenn ein Gemeinderathsmitglied z. B. wegen Geisteskrankheit seine Amtsfunktion unmöglich fortzuführen im Stande ist. (Mot.)

Der nothwendige Austritt der definitiven rechtskundigen Magistratsmitglieder bemißt sich nach Art. 74 Abs. II; hinsichtlich der Pensionirung der rechtskundigen Gemeindebeamten ist keine besondere Bestimmung veranlaßt, da die Pensionirung eines solchen selbst wider seinen Willen unzweifelhaft erfolgen kann, wenn sie von den Gemeindevertretern unter Zustimmung der Staatsaufsichtsbehörde beschlossen wird.

Anm. 2. Zu Abs. II u. III. Durch Art. 80 und 127 ist der Staatsaufsichtsbehörde die Befugniß eingeräumt, den Austritt eines Magistratsmitgliedes herbeizuführen, welches entgegen der Vorschrift des Art. 192, sohin ungeachtet des Bestehens von Verhältnissen, welche die Fortführung des Amtes unmöglich machen, in dasselbe eingetreten ist. Die Entscheidung hierüber ist jedoch gemäß Art. 80, 109, 127 an die Voraussetzung geknüpft, daß ein vorgängiger Beschluß des Magistrats über die Nothwendigkeit des Austritts vorliegt. Der Magistratsbeschluß ist nur ein Verwaltungsbeschluß und nicht eine erstinstanzielle Rechtsentscheidung. (V.G.H.E. Bd. VIII S. 169.)

Die Aufsichtsbehörde wird unter Umständen z. B. bei evidenter Geisteskrankheit, Verlust der bürgerlichen Ehrenrechte einen solchen Beschluß herbeiführen müssen.

Hieher gehören namentlich Dienstuntauglichkeit, nicht aber disciplinäre Entlassungsgründe, (V.G.H.E. Bd. I S. 423), auch nicht Verurtheilungen wegen strafbarer Handlungen an sich, bei letzteren ist aber Art. 82 und 172 zu beachten.

Die Einleitung des Gantverfahrens begründet die Nothwendigkeit des Austritts. Bl. f. adm. Pr. Bd. 23 S. 15. (Nach Bl. f. adm. Pr. Bd. 20 S. 195 ist dieß nicht der Fall beim nachträglichen Entstehen eines Verwandschaftsverhältnisses. Diese Anschauung erscheint aber nach Art. 183 Abs. III und Art. 172 Abs. II gewagt.) Vgl. V.G.H.E. Bd. XVII S. 1.

Anm. 4. Zu Abs. IV. Da die Anerkennung von Entlassungsgründen dem freien Ermessen des Magistrats und der Gemeindebevollmächtigten anheimgegeben ist, so steht dem Betroffenen gegen etwaige Abweisungen kein Beschwerderecht zu. (V.G.H.E. Bd. I S. 394.)

Anm. 5. (Vgl. noch Art. 8 Ziff. 33, 9 V.G.H.G., 109, 127 G.O.

Das verwaltungsrechtliche Verfahren kann auch von Amtswegen eingeleitet werden.

Art. 81.

. . . .

I. Rechtskundige und technische Magistratsmitglieder können jederzeit ihre Stellen niederlegen, womit alle Ansprüche auf Gehalt und Pension erlöschen.

II. Rechtskundige Magistratsmitglieder ohne definitive Anstellung, welche die Wählbarkeit zu Gemeindeämtern (Art. 172) verlieren, werden damit ihres Amtes verlustig.

Anm. 1. Ueber den nothwendigen Austritt der definitiven rechtskundigen Magistratsmitglieder siehe Art. 74 und 80. Dem Abs. I entgegenstehende Dienst-Verträge sind wirkungslos.

Anm. 2. Die Versetzung von Gemeindebeamten in den Ruhestand erfolgt durch den Magistrat ohne Mitwirkung der Gemeindebevollmächtigten; dieß gilt auch bezüglich definitiv angestellter Magistratsmitglieder und höherer Gemeindebediensteter, wenn sie entweder wegen erreichten 70. Lebensjahres oder nachgewiesener Dienstuntauglichkeit erfolgt ist; andernfalls kann sie nur auf Grund einstimmigen Beschlusses in jedem der beiden Collegien oder auf Grund eines Magistratsbeschlusses geschehen, der die Genehmigung der vorgesetzten Verwaltungsbehörde erhalten hat. (Seydel, b. Staatsrecht, Bd. III S. 537.) Verträge können den Art. 81 nicht beseitigen.

Art. 82.

Magistratsmitglieder und Gemeindebedienstete, welche wegen eines Verbrechens oder eines solchen Vergehens, wegen dessen auf Verlust der bürgerlichen Ehrenrechte erkannt werden kann, in die öffentliche Sitzung eines Strafgerichts verwiesen sind, unterliegen für die Dauer des Strafverfahrens der Suspension vom Amte, welche in Bezug auf Bürgermeister die vorgesetzte Verwaltungsbehörde, in Bezug auf andere Magistratsmitglieder und Gemeindebedienstete der Bürgermeister in Vollzug zu setzen hat.

Anm. 1. Die Fassung des Art. 82 ist die nach Gesetz vom 19. Januar 1872.

Anm. 2. Kommt ein nur widerruflich aufgenommener Gemeindebediensteter in den Fall des Art. 82, so muß ihn der Bürgermeister mindestens suspendiren. Daß er ihn — wenn nicht der Dienstvertrag entgegensteht — auch entlassen kann, erwächst schon aus der Natur des Dienstverhältnisses.

Siehe auch Art. 167 G.O. Art. 111, 112 Ausführungsges. z. Strafprozeßordnung, welche den Art. 82 ersetzten.

Art. 83.

Die Dienstzeichen der Magistratsmitglieder werden durch Verordnung bestimmt.

Anm. 1. Auf die Frage des Abg. v. Steinsdorf (V. d. bes. Aussch. d. Abg.-K.), ob unter Dienstzeichen auch Uniformen verstanden seien, erklärte der Referent, er wünsche nicht, daß man für die Gemeindebediensteten eine Uniform vorschreibe. Der Ausschußvorstand bemerkte: Das werde auch nicht beabsichtigt. Wenn aber die Gemeinde ihren Beamten eine luxuriöse Uniform anschaffen wolle, solle sie dies ungehindert thun können. Abg. Fischer: die Gemeindebeamten sollten nicht gezwungen werden können, eine Uniform zu tragen. (Vgl. hieher die Vdg. v. 4 Aug. 1869, Reg.Bl. S. 1457, Weber Bd. VIII S. 243, M.Bektm. v. 5. Juli 1876, G.V.Bl. S. 412 und Weber Bd. VIII S. 244, M.E. v. 31. Mai 1882 Nr. 7407.)

Anm. 2. Andere Dienstzeichen als die verordnungsmäßigen können nicht eingeführt werden, insbes. aber gibt es für die Gemeindebevollmächtigten keine Dienstzeichen, da sie keine Gemeindebeamte sind; das Tragen von Abzeichen ist ihnen jedoch gestattet, z. B. in München Schiffhut und Degen.

II. Wirkungskreis des Magistrats.

Dem Magistrat sind durch die G.O. verschiedene Aufgabenkategorien zugewiesen; vor allem kommt in Betracht: a) der eigene Wirkungskreis, die eigentlichen Gemeindeangelegenheiten: b) der übertragene Wirkungskreis, Polizei- und Distriktsverwaltung.

Die G.O. enthält eine Viertheilung, indem sie ferner c) das Vermittlungsamt und d) die in Art. 99 bezeichneten Zwangsbefugnisse noch speziell aufführt. Ersteres aber gehört offenbar zum übertragenen Wirkungskreis, letztere beziehen sich auf beide obige Kategorien, so daß faktisch doch lediglich eine doppelte Aufgabensphäre in Frage steht.

Allgemein gehört zum Wirkungskreis der Gemeindebehörden alles, was ihnen weder gesetzlich zu unterlassen geboten noch gesetzlich zu thun verboten ist; verboten ist jedenfalls alles das, was zum Wirkungskreis der unmittelbaren Staatsbehörden oder anderer gesetzlicher Corporationen gehört.*)

A. Eigentliche Gemeindeangelegenheiten.

Ueber Gemeindeangelegenheiten vgl. Art. 1, Anm. 3, Art. 38, bayer. Gem.Zeitg. 1892 S. 554 ff.; Kahr G.O. S. 760; insbes. gehört hieher noch die Führung des Gemeindehaushalts, (Art. 86), die gemeindliche Geschäftsführung, innere Organisation, Geschäftsordnung, Bestellung der Gemeindebediensteten, auch die Ausübung von Präsentationsrechten. (V.G.H.E. Bd. III S. 368.) Vgl. auch Bl. f. adm. Pr. Bd. 38 S. 267.

Art. 84.

Der Magistrat verwaltet unter Vorbehalt der den Gemeindebevollmächtigten zukommenden Befugnisse die Gemeindeangelegenheiten, erläßt innerhalb seiner Zuständigkeit statutarische Bestimmungen und vertritt die Gemeinde in ihren Rechten und Verbindlichkeiten nach Außen.

Anm. 1. Der Magistrat bezw. die Gemeindeausschüsse sind die präsumtiven Organe der Gemeinden zur Vertretung derselben nach außen in allen rechtlichen, sowohl öffentlich-rechtlichen als auch civil-rechtlichen Beziehungen, vorbehaltlich der bestimmt bezeichneten Rechte der Gemeindebevollmächtigten (Gemeindeversammlung): wo letzteren Rechte nicht ausdrücklich durch das Gesetz selbst eingeräumt sind, oder aus diesem abgeleitet werden können, sind die Magistrate ausschließliche Vertretungsorgane der Gemeinden; sie haben die Vermuthung der Zuständigkeit für sich, können darauf auch nicht verzichten. Die Gemeindebehörde kann Beschlüsse der Gemeindebevollmächtigten bezw. Gemeindebeschlüsse herbeiführen und sich in ihren eigenen

*) Ueber den Wirkungskreis der gemeindlichen Organe enthält die bayr. Gem.Zeitg. 1895 S. 601 ff. eine sehr ausführliche Darstellung, die als populäre Abhandlung für den Gemeindebürger sehr beachtenswerth ist.

Beschlüssen danach richten, nie aber können die letzteren zuständigen Beschlüsse durch erstere ersetzt werden; in keinem Falle ist sie an der Einholung gutachtlicher Aeußerungen der letzteren gehindert. (S. Seydel, b. Staatsrecht Bd. III S. 234, Bl. f. adm. Pr. Bd. 29 S. 119.)

Den obigen Behörden kommt regelmäßig auch die Vertretung der bloßen Ortschaften im bürgerlich-rechtlichen Verkehr zu. (E. d. ob. G.H. Bd. V S. 534, Bd. VII S. 753.)

Der Regierungsentwurf hatte in einem besonderen Artikel (Art. 78) mehrere Angelegenheiten aufgezählt, welche dem Magistrat besonders obliegen; dieser Artikel aber, welcher nur im Anschlusse an das bisherige Gemeindeedikt aufgenommen war, wurde mit Rücksicht darauf gestrichen, daß die Bestimmung desselben bereits an anderen Orten vorkommt. Dieser Abstrich war also ohne Einfluß auf den Wirkungskreis des Magistrats. (Mot. S. 37, bes. Aussch.)

Insoferne nun zur Eingehung einer privatrechtlichen Verpflichtung Namens der Gemeinde eine rechtsgiltige Handlung der zuständigen Gemeindeorgane erforderlich ist, kann eine solche Verpflichtung nur unter den hiefür gesetzlich vorgeschriebenen Voraussetzungen eingegangen werden. Andererseits kann aber auch eine Gemeinde unter Umständen durch illegitime Handlungen ihrer Vertreter verpflichtet werden. Art. 60 und 61 des Ausführungsgesetzes vom 9. Juli 1899 zum bürgerl. Gesetzbuch.

Der rechtliche Wille des Magistrats und der Gemeindeausschüsse äußert sich ausschließlich in ihren Sitzungen durch Mehrheitsbeschlüsse. Diese müssen vorausgehen, ehe vor dem Notar eine Verpflichtung der Gemeinde beurkundet werden kann; dies erhellt schon daraus, daß nicht der gesammte Magistrat (Ausschuß) sich zum Notar begeben kann und daß insbes. dies nicht seitens der dissentirenden Minderheit geschehen kann. Das Gleiche gilt von den Hypothekenämtern; was vor dem Hypothekenamt oder dem Notar beurkundet werden soll, geschieht in der Weise, daß dementsprechender Beschluß in der Sitzung gefaßt wird, daß beschlußmäßig auch der Vertreter — es braucht nur einer zu sein — aufgestellt wird, daß dieser Vertreter sodann die Beschlußausfertigung übergibt und das Vertragsgeschäft beurkunden läßt. Die Beschlußausfertigung hat nach Art. 101 Abs. III oder nach Art. 145 Abs. VII zu geschehen, und wird in der Regel der Urkunde beigeheftet; wo ein Beschluß der Gemeindebevollmächtigten erforderlich ist, ist auch Ausfertigung dieses Beschlusses beizuheften; die Beiheftung konnte von dem Notar gemäß Art. 45 des bisherigen Not.Ges. oder von der Gegenpartei gefordert werden. In dem Beschlusse kann auch der Verzicht auf Vernehmung vor dem Hypothekenamte enthalten sein. Die Notare und Hypothekenämter haben die Willenserklärung der Gemeinde auf ihre rechtsförmliche Existenz und die Legitimation des Vertreters zu prüfen.

Analoges gilt von den Stiftungsverwaltungen.

Zu bemerken ist hier noch, daß alle Ausfertigungen des Magistrats (Gemeindeausschusses) öffentliche Urkunden und innerhalb der magistratischen Zuständigkeit mit der Beweiskraft gerichtlicher oder Notariatsurkunden ausgestattet sind. (Vgl. hieher Bl. f. adm. Pr. Bd. 22 S. 248, Bd. 23 S. 22.)

Was die persönliche Vertretung anlangt, so kommt diese dem Bürgermeister zu und hat dieser die Gemeinde vor Gericht, den Notaren und Behörden auf Grund vorliegender Beschlüsse des Magistrats als regelmäßigen Vertretungsorgans, zu vertreten, wobei er allerdings sich durch ein anderes Kollegialmitglied vertreten lassen kann. (Bd. 20 S. 300.) Letzteres bedarf aber der Vollmacht. Ueber die Vertretung der Gemeinden, Erwerb von Realitäten, Eingehung von Schuldverbindlichkeiten, Löschungsbewilligungen s. bayer. Gem.Zeitg. 1895 S. 393, 412. Zustellungen erfolgen für die Gemeinde an den Magistrat (Ausschuß), zu Handen des Bürgermeisters oder seines Stellvertreters; ist aber ein Prozeßbevollmächtigter aufgestellt, so erfolgt die Zustellung an diesen, wenn auch die Zustellung an die Gemeinde nicht als rechtsunwirksam zu erachten ist, V.G.H.E. Bd. XII S. 153, § 171 R.C.P.O., auf das verwaltungsrichterliche Verfahren analog anwendbar.

Anm. 2. Der Magistrat (Gemeindeausschuß) ist auch allein berufen, die Selbstständigkeit der Gemeinde gegenüber der Staatsaufsichtsbehörde zu wahren, insbes. wegen Uebergriffe derselben nach Art. 10 Ziff. 2 V.G.H.G. Beschwerde zu führen. In diesen Fällen kann für eine Gemeinde mit städtischer Verfassung nur vom Kollegium des Magistrats, nicht aber von jenem der Gemeindebevollmächtigten und noch weniger von einzelnen Mitgliedern des einen oder anderen Kollegiums Beschwerde zum Verwaltungsgerichtshof erhoben werden. Das Kollegium der Gemeindebevollmächtigten ist in solchen Fällen zur selbstständigen Beschwerdeerhebung auch dann nicht berechtigt, wenn die beschwerende staatsaufsichtliche Verfügung in einer Angelegenheit ergangen ist, bei welcher die beschlußmäßige Mitwirkung dieses Kollegiums nach gesetzlicher Vorschrift stattzufinden hat. (S. V.G.H.E. Bd. III S. 203, 209, Bd. II S. 12, Bl. f. adm. Pr. Bd. 38 S. 257.)

Anm. 3. Statutarische Bestimmungen: Das Recht zum Erlaß von Gemeindestatuten d. h. von allgemein verbindlichen Rechtsnormen kommt den Gemeinden und ihren Organen innerhalb des Bereiches ihrer eigenen Gemeindeangelegenheiten nur insoweit zu, als es ihnen ausdrücklich vom Gesetz eingeräumt ist; sie haben kein allgemeines Recht der Gesetzgebung, auch in dem Rechte der Selbstverwaltung liegt noch nicht das Recht der Selbstgesetzgebung; eine durchgreifende allgemeine Regel über die Zulässigkeit zum Erlaß von Statuten gibt es nicht; sie sind indeß in derselben Form wie sonstige Beschlüsse der gemeindlichen Organe zu fassen. Die Statuten gemeindlicher Organe sind als dauernde Vorschriften für die ihrer Wirksamkeit unterworfenen Gegenstände aufzufassen, welche mit der Kraft von Rechtssätzen erlassen werden und wenigstens unter Umständen auch für Dritte rechtsverbindlich sind. Als ein wesentliches Merkmal der Statuten im Gegensatze zu einfachen Verwaltungshandlungen ist hervorzuheben, daß durch erstere eine Rechtsregel für eine längere Zeitdauer aufgestellt wird, während die Verwaltung im eigentlichen Sinne sich damit beschäftigt, thatsächlich gegebene Fälle unter die Normen der G.O. zu subsumiren.

Die ortspolizeilichen Vorschriften, zu deren Erlassung die Gemeindebehörden nach Maßgabe des Polizeistrafgesetzbuches zuständig sind, gehören nicht zu den Statuten der Gemeinden; bezüglich der Polizeigewalt handelt es sich nämlich nicht um ein Selbstverwaltungsrecht der Gemeinden, sondern nur um ein übertragenes Recht. Vgl. Seydel, b. Staatsrecht, Bd. III S. 42, Bl. f. adm. Pr. Bd. 20 S. 231, Bd. 21 S. 305. Ueber gewerbliche Ortsstatuten s. Kahr, G.O. S. 763.

Anm. 4. Ueber die Befugnisse der Gemeindebevollmächtigten s. noch Art. 112 G.O., über Schulsprengelvertretung s. E. d. ob. G.H. Bd. XII S. 66.

Art. 85.

I. Der Magistrat ernennt die technischen Magistratsmitglieder mit Zustimmung, die Stadt- oder Marktschreiber und andere höhere Bedienstete nach vorgängiger Vernehmung der Gemeindebevollmächtigten. Die Aufstellung des niederen Dienstpersonals steht dem Magistrate allein zu, welcher hiebei die in Art. 34 des Wehrverfassungsgesetzes vom 30. Januar 1868 und in Art. 11 des Gesetzes vom 16. Mai 1868, die Versorgung invalider Unteroffiziere 2c. betr., bezeichneten Personen möglichst berücksichtigen soll.

II. Die Dienstkleidung der zu polizeilichen Verrichtungen verwendeten Gemeindebediensteten wird durch Verordnung bestimmt.

Anm. 1. Zustimmung — Vernehmung: Ohne Zustimmung der Gemeindebevollmächtigten ist eine Ernennung der technischen Magistratsmitglieder nicht wirksam erfolgt; wo die bloße Vernehmung vorgeschrieben ist, ist der Magistrat an das jedenfalls zu erholende Gutachten nicht gebunden und kann auch ein staatsaufsichtliches Einschreiten wegen Nichtberücksichtigung nicht erfolgen.

Anm. 2. Militäranwärter: Im Socialgesetzgebungsausschusse wurde unter Zustimmung der Staatsregierung ausdrücklich betont, daß die Gemeinden materiell in ihrem Ermessen nicht gebunden sein sollen, und daß, wenn im gegebenen Fall eine Gemeinde unter mehreren Concurrenten einen wählen würde, der nicht als Unteroffizier oder Gendarm gedient hat, dieß die Aufsichtsbehörde nicht berechtigt, die Aufstellung als ungiltig zu erklären, und die Uebertragung dieses Dienstes auf einen Militärpensionisten zu verlangen: hierin läge eine Verletzung des gemeindlichen Selbstverwaltungsrechts.

Weber, Gemeindeordnung, behauptete gegen Seydel, b. Staatsrecht, Bd. IV S. 176, daß wegen absichtlicher und systematischer Außerachtlassung der einschlägigen Bestimmungen seitens der Gemeinden von Aufsichtswegen eingeschritten werden muß, daß aber im „übrigen“ keine Zwangspflicht bestehe. Konsequenz wäre also, daß gegen eine Gemeinde wegen einer ihr gar nicht obliegenden Pflicht eingeschritten werden konnte. (Vgl. V.G.H.E. Bd. III S. 367, 369, V S. 27, II S. 646.) Ueber die Militäranwärter vgl. Art. 34 des Wehrverfassungsgesetzes vom 30. Jan. 1868, (G.Bl. 1866/69 S. 261 und Weber Bd. VII S. 175), Art. 11 des Gesetzes vom 16. Mai 1868, Versorgung invalider Unteroffiziere betreffend, Verordnung vom 6. April 1869 (aufgehoben durch § 117 des Mil.Pens.Ges. vom 27. Juni 1871, Erk. d. ob. G.H. Bd. XVI S. 206 (Reg.Bl. S. 537 und Weber Bd. VII S. 661), Vollzugsvorschriften vom 14. Mai 1869 (J.M.Bl. S. 199 und Weber eod.), Reichsgesetz, betreffend Pensionirung und Versorgung der Militärpersonen, vom 27. Juni 1871, R.Bl. S. 275 und Weber Bd. IX S. 69, § 75 und ff., Novelle hiezu vom 24. April 1874 (R.G.Bl. S. 25, Weber Bd. X S. 236), M.E. v. 24. Juni 1881 (über Anzeige der Anstellung und Entlassung von Militärpensionisten, Weber Bd. XV S. 268, M.A.Bl. S. 214), Min.Bek. v. 11. Sept. 1882 (G.- u. V.Bl. S. 507) und Ausführungsbestimmungen vom 22. Nov. 1885 (G.V.Bl. S. 669) über Besetzung der Subaltern- und Unterbeamtenstellen bei den Reichs- und Staatsbehörden mit Militäranwärtern (Unteroffiziere, welche in der aktiven Armee mit Einrechnung einer etwaigen Dienstzeit im Kriege als Reservist oder Landwehrmann während zwölf Jahre, worunter mindestens neun Jahre als Unteroffizier, mit entsprechendem Betragen im Dienste präsent waren, Gendarmen, welche neun Jahre lang in der Gendarmerie mit guter Aufführung dienten und die im Pensionsbezug stehenden vormaligen Unteroffiziere und Soldaten). Zum Nachweise dieser Vorbedingungen erhalten dieselben auf Ansuchen von der Militärbehörde einen Zivilanstellungsschein. (Verordnung vom 6. April 1869 Reg.Bl. S. 537.)

Vgl. auch R.G. v. 22. Mai 1893 Art. 12 § 77, R.G.Bl. S. 178, und Ausf.-Best. v. 11. Juni 1893 G.V.Bl. S. 227 ff., s. bayer. Gem.-Zeitg. 1896 S. 465.

Anm. 3. Vgl. M.E. v. 18. Mai 1898, M.A.Bl. S. 303, (Zusammenstellung) die Vorbedingungen der Bewerbungen um die den Militäranwärtern vorbehaltenen Stellen. betr.

Anm. 4. Zu Abs. II: Ueber Dienstkleidung: Verordn. v. 12. Mai 1888, G.V.Bl. S. 453.

Art. 86.

I. Der Magistrat führt den Gemeindehaushalt; er hat für Erhaltung des Vermögens und für Erfüllung der Verbindlichkeiten der Gemeinde zu sorgen.

II. Seine Mitglieder haften für allen durch die Nichterfüllung ihrer Dienstobliegenheiten entstehenden Schaden.

Anm. 1. „Gemeindehaushalt" bezeichnet den Inbegriff der finanzwirthschaftlichen Bethätigungen der Gemeinden; der Gegensatz gegen den staatlichen Haushalt ergibt sich allgemein aus der größeren Begrenztheit der Aufgaben und Mittel, aus deren Unterordnung unter die Zwecke und Rechtsordnung des Staates und aus dem Anspruch auf eine entsprechende auch finanzwirthschaftliche Hilfe des Staates. Oberstes Prinzip ist auch hier, daß Ausgaben und Deckungsmittel sich das Gleichgewicht halten.

Hieher gehört namentlich der Vollzug des Budget.

S. auch M.E. v. 7. August 1881, wirthsch. Verh. d. Gemeinden betr., Weber Bd. XV R. 386, M.A.Bl. S. 288, eingeschärft durch M.E. v. 19. Juli 1892 M.A.Bl. S. 311, dann wegen Fischwasser M.E. v. 18. Mai 1881, Weber Bd. XV S. 82 und M.A.Bl. S. 177.

Anm. 2. Unter Schaden versteht man hier nur Vermögensschaden; im allgemeinen sind die bürgerlichen Gesetze maßgebend. Vgl. jedoch G.O. Art. 158; dann Art. 60 und 61 des Ausf.Ges. z. bürg. Ges.Buch.

Art. 87.

I. Er verwaltet das Gemeinde- und das örtliche Stiftungsvermögen durch die aus seiner Mitte aufgestellten oder durch die besonderen Verwalter.

II. Den Bürgermeistern ist untersagt, eine Verwaltung selbst zu führen.

III. Die Verwalter haften zunächst für die richtige Erhebung der

Einkünfte, für die Einhaltung der Voranschläge und für die vorschriftsmäßige Ordnung in den Ausgaben.

IV. Der Magistrat hat mit Zustimmung der Gemeindebevollmächtigten über die von den Verwaltern zu leistende Caution und über die denselben, soferne sie nicht für ihre Funktion einen bestimmten Gehalt beziehen, zu gewährende Entschädigung zu beschließen; er kann jedoch mit Zustimmung der Gemeindebevollmächtigten in einzelnen Fällen von Anforderung einer Caution Umgang nehmen, wenn die Verwaltung durch Mitglieder des Magistrats geführt wird.

Anm. 1. Zu Abs. I: Zum Gemeindevermögen gehört auch der Schul- und Armenfond. Die Verwaltung der Armenkasse aber regelt sich nach dem bayer. Armengesetze Art. 18 ff. In Bezug auf die Vermögens- und Kassenverwaltung geht das Gesetz von dem Grundsatze aus, daß solche zunächst von den Magistratsmitgliedern zu führen sei, da dies im finanziellen Interesse der Gemeinden gelegen ist. Nur bei dem Vorhandensein eines großen Gemeinde- oder Stiftungsvermögens, d. h. eines solchen, dessen Verwaltung die Kräfte der Magistratsmitglieder unverhältnißmäßig in Anspruch nehmen würde und dessen Erträgnisse die Bestellung eines eigenen Kämmerers gestatten, soll letztere auch fernerhin stattfinden. (Mot.) Die G.O. hat für die Gemeinden mit städtischer und Landgemeindeverfassung von der Wahl der Pfleger oder Vermögensverwalter durch die Gesammtgemeinde grundsätzlich abgesehen, und die Aufstellung von Vermögensverwaltern aus der Mitte des Magistrats bezw. Ausschusses nur als Sache der Geschäftsvertheilung bezeichnet und der Zuständigkeit des geschäftsleitenden Vorstandes überwiesen, woraus folgt, daß diese Verwalter bei Feststellung des Personalstandes des Magistrats oder Gemeindeausschusses keine Erwähnung gefunden haben. Die Stellung dieser gemeindlichen Verwalter ist also dem Wesen nach von der Stellung der übrigen Mitglieder des Magistrats (Gemeindeausschusses) nicht verschieden, welchen andere geschäftliche Aufgaben z. B. Leitung des gemeindlichen Bauwesens übertragen ist.

Die Stelle eines aus der Mitte des Magistrats (Ausschusses) gewählten Gemeindekassiers bildet kein selbstständiges Gemeindeamt. Es besteht weder ein Recht auf Uebertragung, noch auf Belassung eines solchen Amtes; hier waltet das freie Ermessen der Gemeinden ob und ist deshalb auch eine Verwaltungsrechtssache nicht gegeben. (V.G.H.E. Bd. XII S. 137, Bl. f. adm. Pr. Bd. 36 S. 411, Bd. 39 S. 198.)

Die besonderen Verwalter müssen nicht aus der Klasse der Gemeindebürger genommen werden; ihre Aufstellung ist zwar nicht von dem Nachweise besonderer formeller Vorbedingungen abhängig zu machen, wohl aber ist zu verlangen, daß die Wahl nur auf solche Personen falle, die durch ihre Kenntnisse und sonstigen Eigenschaften unzweifelhaft die Garantie einer geordneten Verwaltung, wie einer geordneten Kassen- und Rechnungsführung nach dem konkreten Bedürfnisse gewähren. (M.E. v. 28. Febr. 1870 Nr. 1230, Weber Bd. VIII S. 504.) Die Ueberwachung des Kassawesens obliegt dem Bürgermeister.

Die in Art. 87 Abs. I aufgestellten Beamten sind Gemeindebedienstete und Organe zum Zwecke der magistratischen Verwaltung; jeder Magistrat kann diese Aemter von sich aus organisiren und die Stadt-Kämmereien einrichten, wie er es für gut findet; er kann insbesondere bestimmen, daß die Kassiere allein abzuquittiren haben. Ueber die Quittirungsbefugniß s. Bl. f. adm. Pr. Bd. 39 S. 198 ff. Auch die staatlichen Kassen haben sich darnach zu richten, wie die Kassenverwaltung derjenigen Städte eingerichtet ist, für welche sie eine Zahlung leisten; der Staat kann hier nicht mehr verlangen als jeder Private, der an die Stadt zahlt und dafür eine Quittung erhält.

Zu den Aufgaben bei Verwaltung des in Art. 87 bezeichneten Vermögens gehört auch die Handhabung der einschlägigen Gebührengesetze (V.G.H.E. Bd. III S. 582), damit den Gemeinden nicht Einnahmen, die ihnen zustehen, entgehen.

Der Magistratsvorstand ist berechtigt, die Magistratsmitglieder zu bestimmen, welche die Kassen- und Rechnungsführung zu besorgen haben. (M.E. vom 5. April 1882 Nr. 4368.) Diese können auch nach Art. 185 zur Uebernahme dieser Funktion disciplinär angehalten werden.

Bei dem Antrag auf Enthebung von der Funktion eines Verwalters des Gemeindevermögens ist der Verwaltungsgerichtshof nicht zuständig. (E. v. 20. Nov. 1885. Näh. Bl. f. adm. Pr. Bd. 36 S. 411. V.G.H.E. Bd. XIII S. 137.)

Ueber alle Streitigkeiten wegen einer Gemeindekassenrechnung haben die Verwaltungsbehörden zu entscheiden, auch wenn die Klage formell als civilrechtliche Klage bezeichnet ist. (Comp.Confl.Erk. v. 3. Juli 1862.)

Anm. 2. Zu Abs. II. Es handelt sich hier um eine rein disciplinäre Bestimmung, deren Handhabung der Aufsichtsbehörde obliegt. Der Grund dafür liegt in der Aufsichtspflicht des Bürgermeisters über das Kassenwesen.

Anm. 3. Magistratsmitgliedern kann die Cautionsbestellung erlassen werden, besonderen Verwaltern unter keiner Bedingung. Ersteres kann nur beschlußmäßig ausnahmsweise aus besonderen Gründen für jeden einzelnen Fall geschehen. (Kahr G.O. S. 777.)

Siehe hieher § 89 des Ausführungsgesetzes zum bürgerlichen Gesetzbuche vom 9. Juni 1899.

Art. 88.

I. Das Rechnungsjahr läuft vom 1. Januar bis 31. Dezember.

II. Im Monat Oktober hat der Magistrat den Voranschlag sämmtlicher voraussehbarer Einnahmen und Ausgaben der Gemeinde für das nächste Jahr aufzustellen und denselben nach vorgängiger Bekanntmachung 14 Tage lang öffentlich aufzulegen.

III. Jedem Umlagenpflichtigen steht frei, seine Erinnerungen schriftlich einzureichen oder zu Protokoll zu erklären.

IV. Der Voranschlag nebst den abgegebenen Erinnerungen wird den Gemeindebevollmächtigten mitgetheilt, ist von denselben zu prüfen und noch vor Jahresschluß festzustellen.

V. Gibt der Voranschlag zu keiner Beanstandung Anlaß, so wird derselbe sofort genehmigt. Findet eine Meinungsverschiedenheit statt und tritt der Magistrat nicht der Ansicht der Gemeindebevollmächtigten bei, so ist eine gemeinschaftliche Sitzung beider Collegien zu veranstalten, in welcher auf Grund gemeinsamer Berathung die Feststellung des Voranschlages durch Beschlußfassung der Gemeindebevollmächtigten erfolgt.

VI. Bisher nicht bestandene Einnahmsquellen und bisher nicht bestandene Ausgaben, sowie Erhöhungen der in Antrag gebrachten Einnahmen oder Ausgaben können nur mit Zustimmung des Magistrats von den Gemeindebevollmächtigten in den Voranschlag eingestellt werden.

VII. Der vorgesetzten Verwaltungsbehörde ist sofort Abschrift des festgestellten Voranschlages zu übersenden. Sieht sich diese Behörde hierdurch zur Ausübung ihres Aufsichtsrechtes nach Art. 157 veranlaßt, so hat sie binnen vier Wochen dem Magistrate die geeignete Eröffnung zu machen.

VIII. Der Voranschlag bildet die Grundlage des Gemeindehaushaltes. Unvermeidliche, im Etat nicht vorgesehene Ausgaben erfordern die zuvor eingeholte Zustimmung der Gemeindebevollmächtigten.

IX. Die Verwalter dürfen ohne schriftliche Zahlungsanweisung des Magistrats bei Meidung eigener Haftung keine Zahlung machen.

X. Vorstehende Bestimmungen finden auch Anwendung auf den Stiftungshaushalt. Die Voranschläge können jedoch für eine längere Periode festgestellt werden, soferne die vorgesetzte Verwaltungsbehörde nicht im einzelnen Falle anders verfügt.

Anm. 1. Die Führung des Gemeindehaushalts wickelt sich namentlich in drei Stadien ab:

a) Aufstellung des Voranschlages: dieser gibt den Rahmen und die Richtschnur der Finanzwirthschaft;

b) Führung der Kassen;

c) Rechnungslegung: diese hat die Uebereinstimmung mit a zu geben.

Da die Einzelnen und die Gemeinden am meisten ad a und c betheiligt sind, ist hier allgemein das Prinzip der Oeffentlichkeit statuirt.

Anm. 2. Der Voranschlag (Etat, Budget) ist eine thunlichst genaue Zusammenstellung der voraussichtlichen Einnahmen und Ausgaben einer Rechnungsperiode, und zwar für ein Kalenderjahr, wie sich dieselbe vor Beginn der Rechnungsperiode darstellt. Derselbe braucht die einzelnen Posten nicht so detaillirt wie die Rechnung zu enthalten (s. Bl. f. adm. Pr. Bd. 22 S. 169); insbesondere stehen hier nicht den einzelnen Ausgaben einzelne spezielle Deckungsmittel gegenüber. (V.G.H.E. Bd. IV S. 324, Bd. VII S. 116.) (Ueber die Einsetzung eines Erlöses aus Wiederverpachtung in den Voranschlag s. Bl. f. adm. Pr. Bd. 36 S. 26.) *)

---

*) In den Etat ist auch eine angemessene Reserve aufzunehmen für unvorhergesehene Ausgaben; ihre Größe zu beurtheilen obliegt den Aufsichtsbehörden. Im Etat nicht vorgesehene solche unvermeidliche Ausgaben bedürfen besonderer Beschlußfassung. In den Etat eingestellte

Die Einnahmen der Gemeinde zerfallen in eigene Einnahmen und Ueberweisungen Seitens des Staates oder größerer Verbände; erstere scheiden sich in solche, die der privaten und in solche, die der öffentlichen Wirthschaft der Gemeinde angehören. Zu ersteren gehören insbesondere jene, die aus der Nutzbarmachung des Gemeindevermögens und den von den Gemeinden nach privatwirthschaftlichen Grundsätzen betriebenen Unternehmungen zufließen, zu letzteren gehören die zu den Kosten einzelner Verwaltungsakte und zum Verwaltungsaufwand überhaupt oder einzelner Theile desselben zu leistenden Beiträge oder Gebühren und Steuern. Beide Gemeindekollegien haben bei Feststellung des Voranschlags das Gesetz zu beobachten, wozu sie im Wege der Staatsaufsicht angehalten werden können; der Voranschlag hat den Charakter einer unüberschreitbaren Vollmacht für den Magistrat hinsichtlich der Führung des städtischen Haushalts. (Kahr G.O. S. 782 ff.)

Die Gemeinden sind berechtigt, für größere Gemeindeanstalten einen Betriebsfond in den Etat unter die voraussehbaren Ausgaben einzustellen; in welcher Höhe ein solcher einzusetzen ist, darüber steht dem Verwaltungsrichter als einer Ermessenssache keine Entscheidung zu (V.G.H.E. Bd. XIV S. 195). Der Zweck des Betriebsfonds ist in der Regel bis zum Eingang der Einnahmen die nothwendigen Ausgaben zu decken, da ohne ihn ein gedeihlicher Betrieb eines größeren Werkes unmöglich wäre; sowenig die Einstellung eines Reservefonds für unvorhersehbare Ausgaben im Ausgabeetat beanstandet werden kann, ebensowenig ist dies bei dem Betriebsfond in der Regel der Fall.

Ist die Grundlage des Gemeindehaushalts geschaffen, so ist damit auch nach Art. 42 der gesetzliche, während des einschlägigen Zeitraumes gleichmäßig wirkende Titel für die Umlagenpflicht in der Gemeinde gegeben. Sollten überhaupt oder auch nur zur Deckung einer einzelnen in den Voranschlag eingesetzten Position Umlagen neu erhoben oder die bereits im Vorjahre erhobenen erhöht werden, so ist ein nach Art. 47 zu fassender Beschluß nothwendig. M.E. v. 23. Mai 1870 Nr. 4755, 20. Mai 1871 Nr. 7621. Hiebei ist zunächst an den Zustand anzuknüpfen, der thatsächlich auf das betreffende Jahr übergeht, bezw. am Schlusse des letztverflossenen Jahres bestanden hat. (V.G.H.E. Bd. VII S. 118.) Die ordnungsmäßige Austragung der Umlagenerhebungsfrage bildet einen Bestandtheil der Etatsfeststellung. (Eod. Bd. IV S. 474.)

Die beschlußmäßige Einstellung der Umlagen in den gemeindlichen Voranschlag bildet die Grundlage für die Jahresschuldigkeit der Umlagenpflichtigen, ohne Rücksicht darauf, in welchen Quoten und zu welchen Zeiten während des Etatsjahres die Umlagenerhebung stattfindet. (Eod. Bd. IV S. 474.)

Wenn nach staatsaufsichtlicher Prüfung und Verbescheidung des Etats ein Umlagenpflichtiger seine Theilnahme unter nachträglicher Beanstandung des Etat und der Rechnungen verweigert, so liegt eine Streitsache vor, deren Entscheidung nach den gesetzlichen Bestimmungen über das verwaltungsrechtliche Verfahren, somit von der Kreisregierung in ihrem verwaltungsrechtlichen Senat nach öffentlich-mündlicher Verhandlung zu erfolgen hat. (Eod. Bd. II S. 436.)

Ausgaben, die auf Grund gemeinsamer Beschlußfassung eingestellt sind, muß der Magistrat machen, er kann nicht einseitig die Nichtausgabe beschließen. Ausgaben, die nur vom Standpunkt der Etatvorschriften aus der Zustimmung der Gemeindebevollmächtigten bedürfen, können umgangen werden. Kahr G.O. S. 793.

Anm. 3. Zu Abs. II: Wenn der Voranschlag entworfen ist, muß er vierzehn Tage öffentlich aufgelegt werden, damit die Umlagenpflichtigen Gelegenheit haben, ihre Erinnerungen dagegen vorzubringen; erst dann wird er unter Würdigung dieser Erinnerungen festgestellt und der Aufsichtsbehörde vorgelegt, die ihn nach Maßgabe des Art. 157 zu prüfen hat; dasselbe Verfahren gilt auch nach Art. 89 und 136 für die Rechnungen.

Die Aufstellung des Voranschlages bildet noch nicht die Inanspruchnahme einer individuellen Umlagenpflicht; einer Bestreitung der Umlagenpflicht kann durch das in Abs. II statuirte Erinnerungsrecht nicht präjudizirt werden. (V.G.H.E. Bd. VIII S. 122, Bd. X S. 251.)

Im Monat Oktober: (vgl. hieher Art. 135); sowohl die Aufstellung als auch die Auflage des Voranschlages hat in Gemeinden mit städtischer Verfassung im Monat Oktober zu geschehen. Wenn eine Ausgabe so voraussehbar ist, daß angenommen werden kann, daß dieselbe doloser Weise nicht in den Etat eingestellt worden ist, so hat die Verwaltungsbehörde das Recht, die nachträgliche Einstellung derselben zu veranlassen. (Bes. Aussch.)

Der Voranschlag dient dem Zwecke der Information und hat die Aufgabe, für die Wirthschaftsführung der betreffenden Finanzperiode als Richtschnur zu dienen in formeller Hinsicht, indem er für die Einreihung der Finanzoperationen in die Buch- und Kassenführung den Rahmen vorzeichnet, in materieller Beziehung, indem er den Plan der anzustrebenden finanzwirthschaftlichen Ergebnisse und der vorzunehmenden Operationen feststellt; er gibt den ausführenden Organen Vollmacht namentlich im Bereiche der Ausgabenwirthschaft. Ueber Etatsvarianten s. Vorbemerkung zu Art. 42. Vgl. auch M.E. v. 19. Juli 1892, M.A.Bl. S. 311, über die Pflicht der Gemeinden zur Sparsamkeit.

Anm. 4. Zu Abs. III: Umlagenpflichtig: Im Ausschuß der Kammer der Abgeordneten bemerkte der Berichterstatter, daß man hier das Wort umlagenpflichtig nicht in concreto, sondern in abstracto nehmen müsse, wonach also nicht nur diejenigen, die wirklich Umlagen zahlen, sondern jeder, der nach dem Gesetze hiezu pflichtig sei, wenn sich das Bedürfniß ergebe, im Sinne dieser Bestimmung als umlagenpflichtig zu betrachten sei. Ein praktischer Erfolg ist von der Erinnerungsabgabe gegen Voranschläge und Rechnungen und von dem Beschwerdewege hiebei nur dann zu erwarten, wenn die Erinnerung auf ein Verhältniß sich bezieht, das zu den eigentlichen Gemeindeangelegenheiten gehört; betrifft sie aber privat- oder verwaltungsrechtliche Verhältnisse, so hat der Beschluß der Gemeindebehörde nur die Wirkung einer Parteibehauptung und ist der Civil- oder Verwaltungsrechtsweg offen. (S. die Beispiele: Bl. f. adm. Pr. Bd. 36 S. 19.) Die Erinnerungen können sich auch gegen die Zweckmäßigkeit und Zulässigkeit von Einnahmen und Ausgaben richten. Für die Aufsichtsbehörde ist Art. 154 ff. und 159 maßgebend.

Der V.G.H. ist nicht zuständig, endgiltig über Differenzen zu entscheiden, die sich zwischen einem Umlagenpflichtigen und einer Gemeindeverwaltung anläßlich der Ausübung des Erinnerungsrechts zu gemeindlichen Rechnungen und Voranschlägen ergeben, insbesondere nicht darüber, ob die Gebahrung einer Gemeindeverwaltung in Sachen des Gemeindehaushalts richtig war, wohl aber, wenn eine Gemeinde eine individuelle Umlagenpflicht einer bestimmten Person in Anspruch nimmt und diese ihre Theilnahmepflicht in Abrede stellt. Die Erinnerungsabgabe hat dem Sinne des

Art. 88 nach innerhalb der in Abs. II bezeichneten Frist zu geschehen. (V.G.H.E. Bd. XII S. 319.)

Anm. 5. Zu Abs. IV, V und VI: Der Schwerpunkt bei der Festsetzung des Etats ist in die Hand der Gemeindebevollmächtigten gelegt. Der Magistrat hat das Vorschlagsrecht; wenn der Voranschlag nicht beanstandet wird, kann er sofort genehmigt werden. Wenn eine Beanstandung stattfindet, soll sie in gemeinschaftlicher Sitzung gehoben werden, in welcher die Gemeindebevollmächtigten schließlich entscheiden; letztere sind das Hauptorgan für die Wirksamkeit der Gemeinde in dieser Hinsicht. Sie sollen nichts einstellen, was der Magistrat nicht ursprünglich vorgeschlagen hat, sondern die Vorschläge entweder ganz genehmigen oder reduziren.

Wenn der Magistrat bestimmte Einnahmequellen in den Einnahmeetat nicht eingestellt hat, so können die Gemeindebevollmächtigten solche ohne nachträgliche Zustimmung des Magistrats nicht einstellen, ebensowenig können sie die Positionen der Einnahmen in den Ziffern erhöhen, wenn der Magistrat nicht zustimmt. Die Gemeindebevollmächtigten können auch eine von dem Magistrate nicht vorgeschlagene Ausgabe nicht neu einstellen, so daß der Magistrat gezwungen würde, jetzt diese Ausgabe zu machen, wohl aber sind dieselben berechtigt, die vorgeschlagenen Ausgaben entweder ganz zu streichen oder statt der geforderten größeren Beträge einen geringeren Betrag zu bewilligen. (Verh. d. bes. Aussch.)

Die Feststellung des Voranschlags oder der Rechnungen ist als ein Beschluß der Gemeindebehörde in eigentlichen Gemeindeangelegenheiten zu betrachten, gegen welchen gemäß Art. 163 Beschwerde innerhalb vierzehn Tagen erhoben werden kann; zwar spricht Art. 163 nur von Beschlüssen der Gemeindeverwaltungen und Gemeindeversammlungen, während wir es hier mit Beschlüssen der Gemeindebevollmächtigten zu thun haben, aber die Gemeindebevollmächtigten vertreten die Gemeinde gegenüber dem Magistrat und wenn gegen den Beschluß der Gemeindeversammlung Beschwerde zulässig ist, muß eine Beschwerde auch gegen den maßgebenden Beschluß der Gemeindebevollmächtigten gestattet sein; die Beschwerde ist auch ohne vorherige Erinnerung, welche während der öffentlichen Auflegung des Voranschlags oder der Rechnung erhoben werden kann, zulässig. Der auf diese Beschwerde erfolgende Beschluß der Aufsichtsbehörde kann mit weiterer Beschwerde angefochten werden. Solche Beschlüsse der Aufsichtsbehörden dagegen, welche von Amtswegen und nicht aus Anlaß einer Beschwerde gefaßt werden, sind rein aufsichtliche Beschlüsse und hat hiegegen nur die Gemeindeverwaltung ein Beschwerderecht. (Bl. f. adm. Pr. Bd. 36 S. 17, Bd. 38 S. 265, Bd. 39 S. 145, 193.)

Wenn es sich um die Deckung unvermeidlicher, im Jahresetat nicht vorhergesehener Ausgaben handelt, so ist die Zustimmung der Gemeindebevollmächtigten erforderlich; für alle Angelegenheiten aber, welche die Zustimmung dieses Collegiums voraussetzen, ist die Beschlußfassung desselben absolut maßgebend. Dies gilt nicht nur rücksichtlich des Credits an sich, sondern auch bezüglich der die Grundlage für denselben bildenden Aufstellung. Folglich haben die von den Gemeindebevollmächtigten an seine Bewilligungen geknüpften Voraussetzungen und Bedingungen unbedingte Beachtung zu finden und kann sich der Magistrat darüber nicht hinwegsetzen ohne Uebernahme voller Verantwortlichkeit und ohne Gefahr der Verwirklichung derselben nach Art. 158. Dies gilt auch insbesondere bei Gemeindebauten: eine Würdigung bezüglicher Anregungen kann von den denselben zur Grundlage dienenden Projekten und Voranschlägen gar nicht getrennt werden; diese Grundlagen bilden einen Bestandtheil der von dem Collegium der Gemeindebevollmächtigten gefaßten Beschlüsse. (Bl. f. adm. Pr. Bd. 29 S. 408.) Bei Festsetzung des Etats sind die Gemeinden an die Zustimmung der Staatsaufsichtsbehörden nur insoferne gebunden, als die Etatsposition unter die Bestimmungen des Art. 159 fällt. (Motive.) Das Recht der Gemeindebevollmächtigten nach Abs. VI endlich, den Jahresvoranschlag festzusetzen, ist kein absolutes; so genügt insbesondere zur Abschaffung eines einmal eingeführten Aufschlages der einseitige Beschluß der Gemeindebevollmächtigten ohne Zustimmung des Magistrats nicht. (Bl. f. adm. Pr. Bd. 39 S. 193.)

Anm. 6. Zu Abs. VII: Das Recht der Prüfung des Voranschlags der Einnahmen und Ausgaben einer Gemeinde hat sich innerhalb der Grenzen des Art. 157 zu bewegen. Eine Ueberschreitung dieser Grenzen kann in dem Auftrage der vorgesetzten Staatsverwaltungsbehörde an die Gemeindebehörde, einzelne Einnahme- und Ausgabeposten des Voranschlags eingehender materiell zu begründen, nicht erblickt werden. (V G.H.E. Bd. III S. 35.) Art. 157 ermächtigt die Staatsaufsichsbehörde insbesondere zur Controle darüber, daß die den Gemeinden gesetzlich obliegenden öffentlichen Verpflichtungen erfüllt und die gesetzlichen Vorschriften über die Geschäftsführung beobachtet werden. Ausgaben, die in einem voraussehbaren Zeitraum überhaupt nicht bevorstehen, dürfen in den Voranschlag nicht aufgenommen werden. Ferner sind die Einnahmen nur nach ihrem wahrscheinlichen Erträgniß und auf Grund vorheriger rechnerischer oder sonstiger sachgemäßer Erhebungen in den Etat einzustellen. Darnach liegt es keineswegs außerhalb der gesetzlichen Zuständigkeit der Aufsichtsbehörde, die materielle Begründung der Voranschläge in dem erwähnten Sinne zu würdigen und falls das Material zu dieser Thätigkeit nicht oder nicht ausreichend bei der Etatsvorlage beigebracht wurde, dessen nachträgliche Beibringung anzuordnen; eine solche Anordnung präjudizirt auch nicht dem allenfallsigen Aufsichtsbeschluß gemäß Art. 88 Abs. VII, sondern dient nur zur Instruktion der Sache. (V.G.H.E. Bd. III S. 37.)

Ueber die rechnerische Prüfung der Voranschläge s. Ziff. 16, 17 der M.E. v. 10. Okt. 1869, das Etats- und Rechnungswesen ꝛc. betreffend. (Im Anhange.)

Die Vorsteckung der vierwöchentlichen Frist kann nach Seydel (b. Staatsr. Bd. IV S. 576) nur den Sinn haben, der Aufsichtsbehörde eine Weisung für die Geschäftsbehandlung und der Gemeindebehörde einen Anhalt zu geben, von wann an sie ihr Budget als unbeanstandet betrachten dürfe; es widerspreche der Natur des Aufsichtsrechts, eine Präklusivfrist hier anzunehmen, da das Aufsichtsrecht die Wahrung des Gesetzes zum Ziele habe und eine Versäumniß der Aufsichtsbehörde nie die Wirkung haben könne, die Gemeinde von der Innehaltung gesetzlicher Bestimmungen und von der Erfüllung gesetzlicher Verpflichtungen zu befreien. (Siehe auch Bl. f. adm. Pr. Bd. 28 S. 337 u. Wand, S. 431.) Es genügt, wenn die Aufsichtsbehörde den Voranschlag ohne ihn abzuschließen, einfach mit ihrem „Vidit" zurückgibt.

Anm. 7. Zu Abs. VIII: Es bestehen keine allgemeinen gesetzlichen Regeln über die bindende Kraft der Einzelansätze des Budgets. Es ist also die Absicht maßgebend, welche bei dessen Feststellung obgewaltet hat.

Die gesetzmäßig abgeschlossenen Etats werden sogleich vollziehbar. Zur Umlagenerhebung kann sogleich nach Beginn des Rechnungsjahres geschritten werden. Spätere Erinnerungen und Beschwerden werden nicht mehr berücksichtigt. (M.E. vom 3. Jan. 1873 Nr. 14560; V.G.H.E. Bd. III S. 719.)

In der Begründung des Entwurfes findet sich die Bemerkung: Selbstverständlich ist die im vorletzten Absatze des Art. 83 (jetzt Art. 88 Abs. VIII) erwähnte Zustimmung der Gemeindebevollmächtigten nur für solche Ausgaben erforderlich, deren Zulässigkeit nicht aus den Hauptpositionen des Etats hervorgeht; dagegen steht die Anweisung aller im Etat zwar nicht speziell aufgeführten, aber in den generellen Positionen begriffenen Ausgaben dem Magistrat allein zu.

Die collegiale Gemeindebehörde beschließt mit Zustimmung der Gemeindebevollmächtigten über solche unvermeidliche Ausgaben, welche im Budget nicht vorgesehen sind, wobei aber die Vorschriften über die Feststellung des Budgets keine Anwendung finden. (Wand, G.B. S. 363 und Seydel, b. Staatsr. Bd. IV S. 576.)

Anm. 8. Zu Abs. IX: Die Verwalter dürfen ohne schriftliche Zahlungsanweisung (d. h. die Ausgabenposition, in der im einzelnen Falle die Ausgabe enthalten ist, muß zur Zahlung angewiesen sein), des Magistrats bezw. des Bürgermeisters keine Zahlung machen. Art. 88 Abs. IX hindert die Vorsitzenden der besonderen Ausschüsse, welche nach Art. 107 mit der Verwaltung einzelner Gemeindeanstalten betraut sind, nicht zur generellen Zahlungsanweisung innerhalb der Grenzen zu ermächtigen, welche für diese Anstalten jeweils etatsmäßig gezogen sind. (M.E. vom 24. Nov. 1885 Nr. 11540.)

Anm. 9. Ueber städtisches Kassa- und Rechnungswesen s. bayer. Gem.Zeitg. 1893 S. 690.

Art. 89.

I. Die Rechnungen über die Verwaltung des Gemeinde- und Stiftungsvermögens im abgelaufenen Jahre müssen in den einer Kreisregierung unmittelbar untergeordneten Städten spätestens bis zum 1. Juli, in den übrigen Gemeinden spätestens bis zum 1. Mai gestellt sein und nach vorgängiger Bekanntmachung vierzehn Tage lang öffentlich aufgelegt werden.

II. Jedem Umlagenpflichtigen steht frei, binnen dieser Frist bei Vermeidung des Ausschlusses seine Erinnerungen schriftlich einzureichen oder zu Protokoll zu erklären.

III. Sodann sind die Rechnungen mit allen hiezu abgegebenen Erinnerungen den Gemeindebevollmächtigten zur Prüfung mitzutheilen.

IV. Gibt die vorgenommene Prüfung zu keiner Beanstandung Anlaß, so wird von den Gemeindebevollmächtigten sofort die Genehmigung ausgesprochen.

V. Gibt die Prüfung zu Erinnerungen Anlaß, so sind diese dem Rechner zur Beantwortung mitzutheilen. Werden durch diese Beantwortung die Erinnerungen gehoben, so sprechen die Gemeindebevollmächtigten die Genehmigung der Rechnung aus; im entgegengesetzten Falle erfolgt die Entscheidung in gemeinschaftlicher Sitzung auf Grund gemeinsamer Berathung durch Beschluß der Gemeindebevollmächtigten.

VI. Glaubt sich der Rechner bei einem die Feststellung seiner Verpflichtungen betreffenden Beschlusse nicht beruhigen zu können, so entscheidet hierüber die zuständige Verwaltungsbehörde gemäß Art. 158.

VII. Die geprüften Rechnungen nebst Belegen werden mit den eingekommenen Erinnerungen und den Beschlüssen der Gemeindebevollmächtigten binnen zwei Monaten nach den in Abs. I bezeichneten Terminen an die vorgesetzte Verwaltungsbehörde eingesendet. In den einer Kreisregierung unmittelbar untergeordneten Städten hat die Prüfung der Aufsichtsbehörde nach Maßgabe des Art. 157 zu geschehen, in den übrigen Gemeinden mit städtischer Verfassung hat auch die rechnerische Prüfung und Verbescheidung zu erfolgen. Ist die Aufsichtsbehörde durch die vorgelegte Rechnung zur Ausübung ihres Aufsichtsrechtes veranlaßt, so hat sie binnen drei Monaten dem Magistrate die geeignete Eröffnung zu machen.

Anm. 1. Vgl. auch Art. 88, 135, 136 und die jeweiligen Anmerkungen.

Auch die Rechnungsbelege sind aufzulegen und die besonderen zum Etat gefaßten Gemeindebeschlüsse.

Ueber die Behandlung eines Kaufschillingrestes in der Gemeinderechnung als Schuldaufnahme s. Bl. f. adm. Pr. Bd. 38 S. 252, über die Behandlungsweise der Prozeßkosten: Bl. f. adm. Pr. Bd. 2 S. 93, über das Verfahren bei Erinnerungen gegen die Rechnung: eod. Bd. 36 S. 17, über dienstliche Vorschriften, welche bei Stellung einer Gemeinde- oder Stiftungsrechnung zu beobachten sind: eod. Bd. 21 S. 61. Schulfondsrechnungen sind der Lokalschulbehörde zur Erinnerungsabgabe mitzutheilen. V.O. v. 22. März 1821, R.Bl. S. 291. Die Rechnungsablegung hat zu konstatiren, daß die Operationen des mit der Wirthschaftsführung betrauten Organes mit den von der Verwaltungsbehörde ertheilten Anweisungen sich im Einklange befinden und festzustellen, daß diese Anweisungen sich innerhalb des Rahmens des Voranschlages bewegen; der Magistrat prüft und unterzeichnet sie mit oder ohne Vorbehalt.

Anm. 2. Abs. II hat nicht die Geltendmachung individueller Rechtsansprüche seitens der einzelnen Umlagenpflichtigen im Auge, sondern bezieht sich auf die Abgabe solcher Erinnerungen, welche im Interesse der Umlagenpflichtigen an dem Gange der Gemeindeverwaltung beruhend die Möglichkeit ihrer Einflußnahme auf die Führung des Gemeindehaushalts zum Zwecke haben und nur der staatsaufsichtlichen Würdigung unterliegen. (V.G.H.E. Bd. X S. 251.) Die Erinnerungen können schriftlich oder zu Gemeindeprotokoll abgegeben werden.

Anm. 3. Zu Abs. VI: Dem Beschluß der Gemeindebevollmächtigten in Bezug auf Feststellung der Verpflichtungen des Rechners kommt nur die Bedeutung der Erhebung eines Anspruches zu. Denkbar ist auch der Anspruch eines Gemeinderechners gegen die Gemeinde auf Rückersatz eines Geld-Betrags, den er in Verwaltung des Gemeindevermögens zur Bestreitung von Gemeindeausgaben aus eigenem Vermögen ausgelegt haben will. Ein solcher Anspruch entstammt dem öffentlichen Rechtsverhältniß; auch die Stellung des Gemeinderechners und dessen Manipulationen stellen sich als dienstliche Handlungen dar, deren Beurtheilung den Verwaltungsbehörden obliegt; sohin ist auch der eben erwähnte Anspruch selbst nicht civilrechtlich, sondern durch die Verwaltungsbehörden zu entscheiden. (E. d. ob. G.H. Bd. X S. 533.)

Anm. 4. Zu Abs. VII: Die Prüfung des gemeindlichen Rechnungswesens bildet eine auch ihrer Natur nach unzweifelhaft dem Gebiete der Staatsaufsicht auf die Gemeinden zugehörige Aufgabe. Gegen eine in Ausübung dieser Thätigkeit getroffene Anordnung ist die Anrufung des V.G.H. nur aus dem Gesichtspunkte des Art. 10 Ziff. 2 V.G.H.G. zulässig. (V.G.H.E. Bd. IX S. 17.) Die Staatsbehörde kann hier auch Aufklärungen verlangen. In dieser Beziehung ist zu bemerken: Bei den einer Kreisregierung unmittelbar untergeordneten Städten fällt die bisherige obligatorische Kalkulrevision weg, weil der ganze der G.O. innewohnende Geist dahin drängt, daß der Schwerpunkt der rechnerischen Controle künftig nicht mehr bei der Aufsichtsbehörde, sondern bei den Betheiligten gefunden werde. Bei den kleineren Städten und Märkten dagegen sind die Aufsichtsbehörden, wie bisher, verpflichtet, die Rechnungen dieser Gemeinden genau zu prüfen, und zwar im Interesse der letzteren selbst, weil in denselben, wenn die kalkulatorische Prüfung der Verwaltungsbehörde nicht gesetzlich bestimmt ist, eine solche Prüfung entweder gar nicht oder nur mangelhaft stattfinden und die Veruntreuung von Gemeindegeldern in noch bedeutenderem Maße zunehmen würde. (Sten.Ber. Bd. V S. 64, bes. Aussch. S. 747.) Bei unmittelbaren Städten besteht nur das Recht, nicht die Pflicht zur rechnerischen Prüfung. (Bl. f. adm. Pr. Bd. 22 S. 166.)

Die Prüfung erstreckt sich auf die Erhaltung des Stammvermögens, auf die Einhaltung der Etats in den Hauptsummen, auf die Erinnerungen der Umlagenpflichtigen, ferner ob nicht ungesetzliche Einnahmen oder Ausgaben stattgefunden haben oder gesetzlich der Gemeinde obliegende Lasten unerfüllt geblieben sind, sowie auf die Beobachtung der Gebührengesetze. (Mot.)

Die Rechnungsbelege müssen jedenfalls so beschaffen sein, daß sie den Zweck, für welchen sie bestimmt sind, nämlich einen Ausweis der Einnahmen und Ausgaben zu liefern, voll erfüllen. Was die Ausgaben anbelangt, so wird dieser Forderung nur durch förmliche Quittungen entsprochen. (M.E. v. 28. Jan. 1887 in den Bl. f. adm. Pr. Bd. 39 S. 149, Geb.Ges. v. 11. Nov. 1899, Vdg. v. 15. Sept. 1879 G.V.Bl. S. 1171, Weber Bd. XIII S. 559, Bekmchg. v. 17. Sept. 79 eod. S. 1173.) Vgl. auch Vdg. v. 23. Dez. 1899, Ges. u. V.Bl. S. 1223, u. Instruktion v. 25. Dezbr. 1899, M.A.Bl. 1900 S. 44. Postexpeditionsscheine über versendete Gelder und Postnachnahmsablösungsbescheinigungen sind keine ausreichenden Rechnungsbelege. (M.E. v. 22. Jan. 1870 Nr. 477.)

Binnen zwei Monaten: d. i. nach Ablauf der Frist zur öffentlichen Auflegung der Rechnungen.

Die in Abs. VII statuirte dreimonatliche Frist ist keine ausschließliche und für die Verwaltungsbehörde nur instruktionell.

Anm. 5. Der Umstand an sich, daß eine Rechnung revidirt und approbirt wurde, vermag die Natur eines darin vorkommenden, auf das öffentliche Recht sich gründenden Rechnungspostens nicht dahin umzuwandeln, daß derselbe als Folge jener Approbation privatrechtliche Eigenschaft annimmt; findet in der Rechnung eine unrichtige Manipulation statt, so ist durch die bereits vorgenommene Revision eine Berichtigung nicht ausgeschlossen. (Reg.Bl. 1862 S. 1975.)

Anm. 6. Die Rechnungen sind öffentl. Urkunden im Sinne des R.St.G.B. (Urth. d. O.L.G. München v. 16. Mai 1879 in Burkhard's Finanzentsch. S. 159.)

Anm. 7. Siehe auch Bl. f. adm. Pr. Bd. 22 S. 166; Bd. 31 S. 81; Bd. 33 S. 13; Bd. 36 S. 17; Bd. 38 S. 252; Bd. 39 S. 198, 253. Ueber die Vermögensprobe bei Gemeinde- und Stiftungsrechnungen s. bayr. Gem.Zeitg. 1893 S. 561.

Anm. 8. Ueber Control-Verzeichnisse der Bezirksämter und Kreisregierungen s. Kahr S. 803 u. M.E. v. 19. Febr. 1853 Nr. 2281 u. M.E. v. 8. Okt. 1883 Nr. 13135.

Art. 90.

In den einer Kreisregierung unmittelbar untergeordneten Städten hat der Magistrat jährlich nach beendigter Prüfung und Bescheidung der Rechnungen einen Bericht über die Ergebnisse der gesammten Verwaltung des verflossenen Rechnungsjahres und über den Stand der Gemeindeangelegenheiten durch den Druck zu veröffentlichen. In den übrigen Gemeinden mit städtischer Verfassung sind die wesentlichen Ergebnisse der Gemeinde- und Stiftungsrechnungen jährlich nach beendigter Rechnungsrevision in ortsüblicher Weise zur öffentlichen Kunde zu bringen.

Anm. 1. Durch die Vorschrift des Art. 90 soll die Einsicht in das Leben der Gemeinde und in das Gebahren der Verwaltung erleichtert und eine regere Theilnahme am Gemeindeleben erzielt werden. Vgl. M.E. v. 5. Febr. 1889 Nr. 1861.

Anm. 2. Unmittelbar sind z. B. folgende Städte:

a. Oberbayern: München, Ingolstadt, Freising, Landsberg, Rosenheim, Traunstein;

b. Niederbayern: Straubing, Landshut, Deggendorf, Passau;

c. Oberpfalz und Regensburg: Regensburg und Amberg;

d. Oberfranken: Bayreuth, Bamberg, Forchheim, Hof, Kulmbach;

e. Mittelfranken: Ansbach, Dinkelsbühl, Eichstätt, Erlangen, Fürth, Nürnberg, Rothenburg, Schwabach, Weissenburg;

f. Unterfranken und Aschaffenburg: Würzburg, Aschaffenburg, Kitzingen, Schweinfurt;

g. Schwaben und Neuburg: Augsburg, Dillingen, Donauwörth, Günzburg, Kaufbeuren, Kempten, Lindau, Memmingen, Neuburg, Neu-Ulm, Nördlingen.

Art. 91.

Der Magistrat nimmt Antheil an der Armenpflege, sowie an dem Kirchen- und Schulwesen nach den hierüber bestehenden Gesetzen und Verordnungen.

Anm. Einschlägig hieher sind u. a.:

a. Armengesetz vom 29. April 1869; in neuer Fassung vom 30. Juli 1899;

b. revidirtes Gemeindeedikt (s. Art. 206 G.O.);
c. Schuldotationsgesetz vom 10. Nov. 1861.
Vgl. auch Bl. f. adm. Pr. Bd. 20 S. 167 u. Seydel, l. c. Bd. II S. 398.

B. Polizei- und Distriktsverwaltung.

Vorbemerkung.

Dieser Abschnitt handelt vom übertragenen Wirkungskreis der Gemeinden; letztere besorgen hier Geschäfte des Staates als seine Organe; maßgebend ist also der Dienstbefehl; die Aufsicht ist eine andere als die in eigentlichen Gemeindeangelegenheiten. Nur bezüglich des Erlasses ortspolizeilicher Vorschriften nehmen die Gemeinden eine selbstständigere Stellung ein.

Die Staatsaufsicht steht auch hier unter der obersten Leitung des Ministeriums des Innern und wird von den Stellen und Behörden der Verwaltung gehandhabt. Ueber „Polizei" vgl. die ausführliche Darstellung bei Kahr G.O. S. 805 ff.

Art. 92.

I. Der Magistrat als Ortspolizeibehörde erläßt die ortspolizeilichen Vorschriften nach Maßgabe der gesetzlichen Bestimmungen.

II. Demselben steht die Handhabung und der Vollzug der die Polizeiverwaltung betreffenden Gesetze, gesetzlich erlassenen Verordnungen, polizeilichen Vorschriften und kompetenzmäßigen Anordnungen der vorgesetzten Behörden innerhalb des Gemeindebezirkes zu, soweit hiefür nicht durch Gesetz oder gesetzmäßige Verordnung die Zuständigkeit einer höheren Behörde begründet ist.

III. Derselbe hat ferner dafür Sorge zu tragen, daß alljährlich mindestens einmal die Flur- und Markungsgrenzen von den Feldgeschworenen nach Maßgabe des Art. 21 des Vermarkungsgesetzes vom 16. Mai 1868 umgangen und die zur Anzeige gebrachten Mängel abgestellt werden.] Art. 92 Abs. III ist durch Art. 32 des bayer. Vermark.Ges. v. 30. Juni 1900, G. u. V.Bl. 1900 S. 553 mit Wirksamkeit vom 1. Januar 1901 außer Kraft gesetzt.

Anm. 1. In Bezug auf die Entstehungsgeschichte des Art. 92 (87 des Entw.) ist Folgendes zu bemerken:

Der Gesetz-Entwurf hatte gelautet: Zur Ortspolizei gehören die Sicherheits-, Fremden-, Sitten-, Armen-, Kirchen-, Unterrichts-, Gesundheits-, Straßen-, Reinlichkeits-, Wasser-, Feuer-, Bau-, Lebensmittel-, Markt-, Gewerbe-, Feld- und Flurpolizei, Dienstbotenwesen, Aufsicht auf Maaß- und Gewicht im Umfange des Gemeindebezirks und nach Maßgabe der Gesetze und Verordnungen.

Nach der Fassung des Ref. im bes. Ausschusse lautete der Artikel: Zu den Gegenständen der Ortspolizei gehört die gesetzlich zulässige vorläufige Einschreitung zur Verfolgung und Verhütung strafbarer Handlungen, die Fürsorge für die Sicherheit der Person und des Eigenthums, für Sicherheit und Bequemlichkeit des Verkehrs auf Straßen und öffentlichen Plätzen und für öffentliche Reinlichkeit, die Fremdenpolizei, die Markt- und Lebensmittelpolizei nebst der Aufsicht auf Maaß und Gewicht, die Kirchen-, Unterrichts- Sitten-, Armen- und Gesundheitspolizei, die landwirthschaftliche und Gewerbspolizei.

Der Berichterstatter bemerkte unter anderem Folgendes:

„Innerhalb des Gemeindebezirks sind alle Vorkommnisse, bei denen es sich um den Vollzug der Polizeigesetze und Verordnungen und der gesetzmäßig erlassenen polizeilichen Vorschriften handelt, insolange als zur Zuständigkeit der Ortspolizeibehörde gehörig zu erachten, als nicht ausdrücklich durch Gesetze und Verordnungen die Zuständigkeit einer Distriktspolizeibehörde oder einer höheren Polizeibehörde für den betreffenden Fall vorbehalten ist.“ Später faßte er sich dahin: „Alles, was der Polizei primitiv anfällt, ist ortspolizeilich, wenn nicht eine besondere Bestimmung es einer höheren Polizeistelle zuweist.“ Schließlich kam die heutige Redaktion des Art. 92 zu Stande.

Straßenkanalisirung, Errichtung eines Trottoirs, Höherlegung von Straßen, gehören beispielsweise zu den Obliegenheiten der Polizei. (E. d. ob. G.H. Bd. X S. 353.)

Vom Gesetzgeber ist der Ausdruck Polizei in einem wissenschaftlich veralteten Sinne verstanden: gleichbedeutend mit innerer oder Landesverwaltung. Auf dem Gebiete der inneren Verwaltung spricht also die Vermuthung dafür, daß die Gemeinde das unterste Vollzugsorgan der Staatsgewalt ist. Insoweit das Gesetz die Gemeinden zu solcher Verwaltungsthätigkeit beruft, haben sie nicht bloß die Pflicht, sondern sie haben dem Staate gegenüber auch das Recht zur Führung dieser Geschäfte. Die Gemeindebehörde steht ferner zwar unter den Staatsverwaltungsbehörden, sie kann aber von denselben hinsichtlich ihrer Thätigkeit nicht außer Dienst gesetzt werden. (Seydel, b. Staatsrecht, Bd. III S. 57 ff.)

Anm. 2. Ortspolizeiliche Vorschriften: Die Gemeinden sind in Bezug auf Erlassung derselben im Allgemeinen autonom, insoferne sie weder zum Erlasse neuer Vorschriften genöthigt, noch von der Aufhebung bestehender abgehalten werden können, es ist jedoch in einzelnen Artikeln des Polizeistrafgesetzbuches vorgesehen, daß die Aufsichtsbehörde an Stelle der die Erlassung der ortspolizeilichen Vorschriften versäumenden Gemeinde solche erlassen kann, welche aber außer Kraft treten, sobald die Gemeindebehörde sie erläßt. Fortdauernd geltende Vorschriften dagegen bedürfen gemäß Art. 6 des Polizeistrafgesetzbuches der Gestattung ihrer Vollziehbarkeit durch die vorgesetzte Kreisregierung; auch ist die Kreisverwaltungsstelle, sowie das betreffende Ministerium, nicht die Distriktsverwaltungsbehörde, berechtigt, ortspolizeiliche Vorschriften außer Wirksamkeit zu setzen.

Vgl. besonders Art. 3 ff., 32 ff. Pol.Str.G.B., welches hier maßgebend ist. Bezüglich München s. Art. 97 G.O. und die daselbst alleg. Vdg. Siehe auch V.G.H.E. Bd. III S. 448. Wenn einer ortspolizeilichen Vorschrift die Vollziehbarkeit versagt wird, liegt eine Verletzung des gemeindlichen Selbstverwaltungsrechts nicht vor. (V.G.H.E. Bd. III S. 447 ff.) Vgl. auch Art. 138 und 140.

Anm. 3. Zu Abs. II: Hieher gehören insbes. nachfolgende Bestimmungen:

a) R.Str.Pr.O. v. 1. Febr. 1877 (R.G.Bl. S. 283, Weber Bd. XI S. 761), § 157, 159, 161, 187, Unterstützung der untersuchungsrichterlichen Thätigkeit, Auffindung von Leichen ꝛc., §§ 127, 128 eod. vorläufige Festnahme, §§ 98, 105 eod., § 156 Anzeigen strafbarer Handlungen ꝛc., §§ 98 und 105 Beschlagnahme;

b) Forstgesetz: (s. Art. 29 G.O.), Art. 128 ff. Beschlagnahme, eod. Art. 133, (G.V.Bl. S. 1313 und Weber Bd. XIV S. 25);

c) Ausf.Ges. z. R.Str.Pr.O.: Art. 102 (Präventivpolizei);

d) R.Ger.Verf.Ges. d. 27. Jan. 1877, R.G.Bl. S. 69 (Hilfsbeamte der Staatsanwaltschaft); Weber Bd. XI S. 710);

e) Ausf.Ges. z. R.G.V.G., G.V.Bl. 1879 S. 287, Art. 56 über die als Amtsanwälte aufgestellten Gemeindebeamten;

f) Erbsch.Steuerges., G.V.Bl. 1899 S. 890, Art. 29, Anzeige von Todesfällen ꝛc.

Ferner Vdg. v. 31. Aug. 1879, G.V.Bl. S. 1057, M.A.Bl. S. 367, Weber Bd. XIII S. 353, M.E. v. 2. Dez. 1873, M.A.Bl. S. 599, Weber Bd. X S. 165, über Lebensmittelpolizei, Reichsges. v. 14. Mai 1879, R.G.Bl. S. 145 ff., Weber Bd. XIII S. 18, über Nahrungsmittel, Spielwaaren ꝛc. ꝛc., über Feuerschau Bl. f. adm. Pr. Bd. 28 S. 129, über die Marktordnung s. eod. Bd. 29 S. 401. Weitere Verrichtungen nach Krankenvers. und Unfallvers.Ges., ferner Betheiligung bei den Wahlen zum Reichstag, Landtag, Landrath, Distriktsrath, bei der Wahl der Schöffen und Geschworenen, Betheiligung beim Vollzug der Steuergesetze u. a. s. Art. 138.

Die Ortspolizeibehörden haben die an sie von der Distriktsverwaltungsbehörde gerichteten Aufträge in Gegenständen der Polizeiverwaltung zu vollziehen, ohne für die sachliche Berechtigung verantwortlich zu sein. Kahr, G.O. S. 821 und V.G.H.E. Bd. XVI S. 301.

Anm. 4. Zu Abs. III: Art. 21 des vom 1. Januar 1901 ab aufgehobenen Gesetzes über die Vermarkung der Grundstücke v. 16. Mai 1868 G.Bl. 1866/69 S. 573, (Weber Bd. VII S. 291) lautet:

„Die Feldgeschwornen sind ferner verpflichtet, die Grenzmarken der gesammten Gemeindeflur und der etwa besonders vermarkten Abtheilungen derselben (Gewanne), dann jene der Privatgrundstücke zu beaufsichtigen und zu diesem Behufe die fraglichen Grenzen in Folge Aufforderung des Vorstandes der Gemeinde, sowie nach der näheren Anweisung der Dienstesinstruktion periodisch zu begehen und zu besichtigen, die hiebei wahrgenommenen Mängel aber binnen 24 Stunden dem Vorstande der Gemeinde, sowie den etwa speziell betheiligten Grundeigenthümern behufs der sofortigen Abhilfe anzuzeigen.“ Vgl. nun Art. 5 ff. des Abmarkungsgesetzes v. 30. Juni 1900.

Anm. 5. Ueber Haftungen von Magistraten aus Unterlassungen ihrer Polizeiorgane und dadurch bewirkten Entschädigungsanspruch s. E. d. ob. G.H. Bd. XII S. 146 und Art. 1 Anm.

Anm. 6. Vgl. auch Urth. d. Oberl.Ger. München v. 17. März 1896 (M.A. Bl. S. 105 über ortspoliz. Vorschriften in Bezug auf Reinlichkeit: hier Straßenspritzen.)

Anm. 7. Ueber die Mitwirkung der Gemeinden bei der Strafrechtspflege s. bayer. Gem.Zeitg. 1895 S. 18.

Art. 93.

In den einer Kreisregierung unmittelbar untergeordneten Städten steht vorbehaltlich der Bestimmungen der Art. 97 und 98 dem Magistrat die Polizeiverwaltung mit Einschluß der den unmittelbaren Distriktspolizeibehörden vorbehaltenen Befugnisse zu.

Anm. Bezüglich der Zuständigkeit ist die Thatsache, daß die betr. Stadtgemeinde als Partei betheiligt ist, unerheblich. (V.G.H.E. Bd. IV S. 190.)

Beschlüsse der gemeindlichen Organe in Streitigkeiten über Angelegenheiten, welche im Gemeindeverbande wurzeln und auf Grund der Gemeindeordnung zu entscheiden sind, können lediglich als Verwaltungsbeschlüsse — und abgesehen von dem Ausnahmefall des Art. 176 Abs. 5 — nicht als instanzielle Rechtsentscheidungen betrachtet werden. Die erstinstanzielle Entscheidung dieser Streitigkeiten steht der der Gemeinde unmittelbar vorgesetzten Verwaltungsbehörde, sohin gegenüber einer der Kreisregierung unmittelbar untergeordneten Gemeinde nicht dem Stadtmagistrate, sondern der Kreisregierung, Kammer des Innern, zu. (V.G.H.E. Bd. IV S. 429.)

S. auch V.G.H.E. Bd. V S. 113, wegen Heimathsstreitigkeiten, wornach über den Anspruch auf Verleihung der Heimath der Magistrat einer unmittelbaren Stadt entschieden hat.

Art. 94.

Die dem Magistrate obliegende Polizeiverwaltung steht unter Leitung des Bürgermeisters, wo deren mehrere vorhanden sind, des ersten. Derselbe erledigt Geschäfte, welche sich zur kollegialen Behandlung nicht eignen, persönlich oder läßt sie unter seiner Leitung durch andere Magistratsmitglieder oder durch höhere Gemeindebedienstete besorgen.

Anm. 1. In den Gemeinden mit Stadtverfassung kommt dem Bürgermeister die selbstständige Erledigung der Geschäfte sowohl der eigentlichen Gemeindeverwaltung, als des übertragenen Wirkungskreises zu, soferne die einzelnen Geschäfte sich nicht zur kollegialen Berathung eignen. Wo gesetzlich die kollegiale Beschlußfassung ausdrücklich gefordert ist, kann die Geschäftsbehandlung im Bureauwege nicht stattfinden (Art. 102 und 164), umgekehrt darf die letztere stattfinden, wo sie in ausdrücklicher gesetzlicher Bestimmung begründet ist. Das Gesetz sagt aber nicht, welche Gegenstände sich zur kollegialen Berathung nicht eignen. (Hierüber vgl. Näh. bei Seydel, b. Staatsrecht, Bd. III S. 231.)

Die kollegiale Gemeindebehörde ist jedenfalls dasjenige gemeindliche Organ, welches die Vermuthung der Zuständigkeit für sich hat; die Zuständigkeit eines anderen Organes ist erst begründet, wenn sich hiefür eine ausdrückliche Bestimmung anführen läßt. Unstatthaft ist, daß die Gemeindebehörde sich einer Angelegenheit zu Gunsten der Gemeindevertretung entäußert, während sie an einer gutachtlichen Einvernehmung der letzteren nicht gehindert ist. (Seydel Bd. III S. 234.)

Zum Erlasse ortspolizeilicher Vorschriften aber ist immer nur die kollegiale Gemeindebehörde zuständig, ebenso zur Beschlußfassung über polizeiliche Einrichtungen und Anstalten, welche Kosten für die Gemeinde verursachen.

Im übrigen liegt es in der Zuständigkeit des Magistrats, eine Geschäftsordnung zu erlassen, worin die Gegenstände bezeichnet werden, welche bureaumäßig erledigt werden können.

Anm. 2. Bürgermeister: Der Entwurf hat hier gelautet:

„Die Handhabung der Ortspolizei ist dem ersten oder einzigen Bürgermeister allein übertragen und nach den bestehenden Gesetzen, Verordnungen und Anleitungen der vorgesetzten Behörde zu üben. Die Polizeibediensteten sind ihm allein untergeben. Ihm kommt die Anstellung des unteren Polizeipersonals im Benehmen mit dem Kollegium zu."

Der Bürgermeister hat jederzeit nach pflichtgemäßem Ermessen bei Gefahr auf Verzug zu entscheiden, ob eine schleunige Verfügung zu treffen ist. Nach Seydel (Bd. 3 S. 232) kann auch bei Gegenständen des übertragenen Wirkungskreises den vorgesetzten Staatsbehörden das Recht nicht bestritten werden, da, wo das Gesetz nicht entgegensteht, aus Gründen des öffentlichen Interesses anzuordnen, daß eine Angelegenheit nicht kollegial, sondern durch den Bürgermeister im Bureauwege behandelt werde.

Bezüglich der Verantwortlichkeit der Bürgermeister wegen ihrer Unterschrift s. Bl. f. adm. Pr. Bd. 2 S. 1; er haftet in der Regel bezüglich der richtigen Darstellung des Faktums bei seinem Personal nur für grobe Nachlässigkeit, sofern es sich um Unterschrift nicht durch Sitzungsbeschlüsse zu bescheidender Concepte handelt; bezüglich der durch Sitzungsbeschluß beschiedenen Concepte haftet er in der Regel nicht.

Anm. 3. Nach Urth. des Oberl.G. München v. 19. Aug. 1887 (Bd. IV S. 572) ist der Bürgermeister, ohne einen Beschluß des Magistrats herbeigeführt zu haben, Strafantrag wegen Berufsbeleidigung gegenüber Gemeindebediensteten (hier Flurwächter) für diese zu stellen berechtigt.

Anm. 4. Ausführliches über die Mitwirkung der Gemeinden bei der Strafrechtspflege: bayer. Gem.Zeitg. 1895 S. 18, 55.

Art. 95.

I. Die Gemeinden sind verpflichtet, soweit ihnen die Polizeiverwaltung zusteht, die damit verbundenen Obliegenheiten zu erfüllen und die hiefür erwachsenden Kosten zu bestreiten.

II. Zur Bestreitung des Aufwandes für Handhabung der Distriktspolizei wird nach Maßgabe des jeweiligen Finanzgesetzes ein Beitrag aus Staatsmitteln geleistet.

Anm. 1. Zu den Abs. I bezeichneten Verpflichtungen gehört insbes. die den unmittelbaren Städten (mit Ausnahme von München) aufgetragene Verpflichtung, die Geschäfte der Amtsanwaltschaft gegen (s. J.M.Bl. 1879 S. 103) Entschädigung der baaren Auslagen durch geeignete Gemeindebeamte besorgen zu lassen, falls die Staatsregierung diese Funktion nicht ihren Beamten überträgt.

(S. auch Bl. f. adm. Pr. Bd. 30 S. 138, Bd: 22 S. 395.)

Ferner dürften unter Art. 95 zu subsumiren sein Verpflegskosten für polizeilich detinirte Schüblinge. S. auch die Vorbemerkung zu Art. 92.

Beschwerden gegen polizeiliche Verfügungen der Gemeindebehörden, sowie Beschwerden der Gemeinden gegen Anordnungen, welche die vorgesetzte Aufsichtsbehörde in Bezug auf die Polizeiverwaltung getroffen hat, werden in dem Instanzenzug erledigt, welcher für die betreffende Sache vorgeschrieben ist. (Siehe auch Art. 10 Ziff. 2, Art. 13 Abs. I Ziff. 3 V.G.H.G.)

Anm. 2. Vgl. auch Art. 11 ff. des Gesetzes v. 21. März 1881, Ausführung des Reichsviehseuchenges. betr. S. auch Ges. v. 1. Mai 1894, (G.V.Bl. S. 123, Weber Bd. XIV S. 734.)

Anm. 3. Nach dem Gesetz vom 15. Juni 1898 (G.V.Bl. S. 293) hat die Stadtgemeinde München zum Aufwand für die k. Polizeidirektion einen Beitrag an die Staatskasse zu leisten, welcher auf 1/3 jenes Betrages festgesetzt ist, um welchen der durch das jeweilige Finanzgesetz bestimmte Aufwand die Gesammtsumme von jährlich 1200000 ℳ übersteigt.

Zu diesem Aufwand gehört insbes. jener für die Schutzmannschaft.

Art. 96.

I. Die nicht polizeilichen Geschäfte der Distriktsverwaltungsbehörden werden in den einer Kreisregierung unmittelbar untergeordneten Städten gleichfalls von dem Magistrate besorgt.

II. Die Bestimmungen des Art. 94 finden auch auf diese Geschäfte Anwendung.

Anm. Art. 96 hat die verschiedenen Zweige der aktiven Staatsverwaltung allein im Auge. (V.G.H.E. Bd. IV S. 436.) (Dagegen Kahr, G.O. S. 825.) S. auch Art. 93 und 162. Hienach sind die unmittelbaren Magistrate Distriktsverwaltungsbehörden I. Instanz, soferne nicht in einzelnen Gesetzen, z. B. Heimathgesetz Art. 24, etwas anderes bestimmt ist. Daß die Gemeinde betheiligt ist, (z. B. Heimathgesetz Art. 7), ändert an ihrer Zuständigkeit nichts; Art. 103 findet also keine Anwendung. (V.G.H.E. B. II S. 667.)

Art. 97.

In Bezug auf die Haupt- und Residenzstadt München findet die Ausscheidung der Zuständigkeiten der Polizeidirektion, des Magistrats und der Lokalbaukommission nach Einvernahme des Magistrats durch Verordnung statt, welche binnen drei Jahren revidirt und dem Landtage zur gesetzlichen Feststellung vorgelegt werden soll.

Anm. Die Staatsregierung erklärte bezüglich der zu erlassenden Verordnung, daß sie nicht die Absicht habe, die bisherige Zuständigkeit des Magistrats zu schmälern, sondern eher zu erweitern und daß sie mit Rücksicht auf die Erfahrungen, die aus der seither bestandenen gemischten Kompetenz hervorgegangen seien, diese gemischte Kompetenz, soweit es nur immer die Verhältnisse gestatten, zu beseitigen suchen und jedem Theile das Seine zur alleinigen Besorgung zu überlassen bestrebt sein werde. (Bes. Aussch.) Gegenwärtig entscheidet die Verordn. v. 2. Okt. 1869 (R.Bl. S. 1881, und Weber Bd. VIII S. 335), die Ausscheidung der Zuständigkeiten der Polizeidirektion, des Magistrats und der Lokalbaukommission München bezügl. d. Polizei- und Distriktsverwaltung betr. (R.Bl. S. 1881), welche in Wirksamkeit trat am 1. Januar 1870. Vgl. auch aut. M.E. v. 6. Dez. 1869 Nr. 14511.

Aus der Fassung des Art. 97 am Ende ergibt sich, daß die Verordnung vom 2. Okt. 1869 noch fortbesteht, obwohl die dreijährige Frist ohne die gesetzliche Feststellung derselben abgelaufen ist, für welchen Fall von Seite der kgl. Staatsregierung die Verpflichtung anerkannt wurde, auch nach dieser Zeit das Zustandekommen eines Gesetzes zu erwirken. (Bei. Aussch.)

Zum Vollzuge des Art. 97 wurde dem Landtage im Jahre 1874 ein Gesetzentwurf vorgelegt, der die Ausscheidung der Zuständigkeiten der Polizeidirektion und des Magistrats München betraf. Diese Gesetzesvorlage führte aber zu keinem Ergebnisse und so ist es denn bei der erwähnten Verordnung geblieben.

Siehe auch Bekanntmachung vom 14. Okt. 1873. (Reg.Bl. S. 1521.) Die Lokalbaukommission in München verdankt ihre Organisation der Allerh. Entschl. vom 30. März 1852.

Art. 98.

I. Der Staatsregierung bleibt vorbehalten, auch in den übrigen einer Kreisregierung unmittelbar untergeordneten Städten die Ausübung der den Distriktspolizeibehörden vorbehaltenen Befugnisse in Bezug auf Fremdenpolizei, Presse, Vereinswesen und Versammlungsrecht, ferner die Handhabung der Sicherheitspolizei zum Schutze des Staates und der bestehenden Staatseinrichtungen, sowie zur Aufrechterhaltung der öffentlichen Ruhe auf Kosten des Staates zu übernehmen und hiefür eigene Beamte mit dem erforderlichen Hilfspersonal aufzustellen.

II. Wenn die öffentliche Ruhe bedroht oder gestört ist, hat der Magistrat zu deren Erhaltung oder Wiederherstellung mitzuwirken.

Anm. 1. Es war nicht beabsichtigt, das Institut der Stadtkommissäre in dem früheren Umfange beizubehalten; die Festhaltung der früheren Bestimmung erschien nicht für angemessen, weil der Stadtkommissär blos das Recht hatte, zu den magistratischen Sitzungen und Verhandlungen Bemerkungen und Erinnerungen zu machen, und dabei eine Rolle gespielt hat, welche der Stellung eines Vertreters der Staatsregierung nicht entsprach und welche nach den gemachten Beobachtungen nicht zu jenem Resultate geführt hat, das man sich bei der Erlassung der Verordnung vom Jahre 1818 versprochen hat. Es erschien besser, von den distriktspolizeilichen Thätigkeiten diejenigen auszuscheiden, deren Besorgung das Interesse des Staates besonders berührt und hiefür den Stadtkommissär auch allein thätig werden zu lassen.

In den unmittelbaren Städten sind nunmehr die distriktspolizeilichen Befugnisse in Bezug auf die Presse, sowie die sicherheitspolizeilichen Zuständigkeiten in Fällen bedrohter oder gestörter öffentlicher Ruhe durch Staatsbeamte auszuüben. Die Wahrnehmung dieser Geschäfte geschieht in den Kreishauptstädten durch ein vom Regierungspräsidium widerruflich hiezu bezeichnetes Kollegialmitglied der Kammer des Innern, das den Titel: k. Kommissär der Stadt N. führt; außerdem durch die Bezirksämter und, wenn deren mehrere sich in einer Stadt befinden, durch das vom Staatsministerium des Innern bezeichnete Bezirksamt. (M.Bek. vom 29. Juni 1869, R.Bl. S. 1099.)

Auf Grund des Vorbehalts in Art. 98 princ. hat die Regierung vom 1. Juli 1869 an durch Bekanntmachung vom 29. Juni 1869 (Reg.Bl. 1869 S. 1099) die früheren Stadtkommissariate aufgehoben, mit Ausnahme desjenigen in Nürnberg, welches erst durch Verordnung vom 5. November 1872 (R.Bl. S. 2529) aufgehoben wurde. Nürnberg ist zufolge M.E. v. 11. August 1873 den übrigen unmittelbaren Städten gleichgestellt. Die Funktion eines Stadtkommissärs hat der jeweilige Bezirksamtsvorstand in Nürnberg. Bezüglich Fürth s. M.Bek. v. 20. April 1881 (G.V.Bl. S. 317). Bezüglich München s. Vdg. v. 2. Okt. 1869 und Art. 97, bezüglich Nürnberg: M.E. v. 11. Aug. 1873 Nr. 9979, mittelfr. K.A.Bl. S. 1135, und M.Bek. v. 29. Juni 1869.

Anm. 2. Die übrigen in Art. 98 erwähnten Zuständigkeiten sind den Gemeindebehörden der unmittelbaren Städte überlassen; das Ministerium des Innern ist jedoch ermächtigt, auch diese zeitweise an Staatsbeamte zu übertragen, wenn ein Bedürfniß hiezu vorliegt.

Bei „Störungen der öffentlichen Ruhe" ist nur an Ruhestörungen ernsterer Art zu denken. (Landfriedensbruch.) S. auch §§ 115, 116, 124, 125, 127 R.St.G.B.

Ueber Stadtkommissäre vor 1869: Bl. f. adm. Pr. Bd. 4 S. 145.

C. Zwangsbefugnisse.

Art. 99.

I. Der Magistrat ist berechtigt, Verfügungen, welche er in seiner Zuständigkeit als Gemeindeverwaltung oder Polizeibehörde zum Vollzuge von Gesetzen und giltigen Verordnungen, deren Uebertretung nicht mit Strafe bedroht ist, an bestimmte Personen erlassen und diesen eröffnet hat, durch gesetzliche Zwangsmittel unter Anwendung der Art. 21 und 22 des Polizeistrafgesetzbuches vom 26. Dezember 1871 zur Ausführung zu bringen.

II. Gleiche Befugniß hat der Bürgermeister in Bezug auf jene Verfügungen, welche er innerhalb seiner Zuständigkeit allein erläßt.

Anm. 1. Die Bürgermeister und Magistrate sind insbesondere berechtigt, Ungehorsamsstrafen (in unmittelbaren Städten bis zu 45 ℳ, in mittelbaren Städten und Märkten bis zu 9 ℳ, Strafen, welche nicht in Haft umgewandelt werden können) anzudrohen und für verwirkt zu erklären. Siehe ferner hieher Art. 48, bezüglich der Zwangsvollstreckung aber Art. 1 G.O.

Die Zwangsbefugnisse des Magistrats erstrecken sich auf dessen polizeilichen, administrativen und rein gemeindlichen Wirkungskreis. Innerhalb ihres Wirkungskreises und ihrer Eigenschaft als Polizeibehörde hat die gleiche Befugniß auch die Lokalbaukommission in München.

Bezügl. Art. 21 Pol.Str.G.B. s. auch V.G.H.E. Bd. III S. 481. S. ferner Art. 3 Ausf.Ges. z. R.Str.Pr.O.

Anm. 2. Die Aufhebung einer im Gebiet der gemeindlichen Polizeiverwaltung auf Grund des Art. 99 resp. Art. 143 erlassenen Zwangsverfügung einer Gemeindebehörde wegen Mangels der gesetzlichen Voraussetzungen durch die vorgesetzte Staatsaufsichtsbehörde ist keine Verletzung des gemeindlichen Selbstverwaltungsrechts und sonach der letztinstanziellen Würdigung des V.G.H. nach Maßgabe des Art. 10 Ziff. 2 V.G.H.G. entrückt. (V.G.H.E. Bd. III S. 480.)

Auf administrative Zwangsverfügungen erstreckt sich die Zuständigkeit des V.G.H. nur dann, wenn diese Verfügungen in den dem Gerichthof zur letztinstanziellen Entscheidung gesetzlich zugewiesenen Angelegenheiten ergangen sind. (Eod. Bd. III S. 525.) Andere Zwangsvollstreckungsbefugnisse enthalten die Art. 48, 54 und 57. Dort handelt es sich um Beitreibung liquider Forderungen der Gemeinde, im Art. 99 dagegen um Erzwingung gesetzmäßigen Handelns durch Androhung und Anwendung von Geldstrafen. Art. 99 findet keine Anwendung, wo es sich um den Vollzug von Gesetzen oder Verordnungen handelt, deren Uebertretung ohnehin mit Strafe bedroht ist (z. B. baupolizeiliche Vorschriften).

D. Vermittlungsamt.

Art. 100.

I. Die Ausübung des Vermittlungsamtes bei Rechtsstreitigkeiten unter Gemeindeeinwohnern steht dem Bürgermeister zu. Derselbe ist jedoch befugt, hiermit ein anderes Magistratsmitglied oder einen höheren Gemeindebediensteten zu beauftragen. Den Betheiligten ist es unbenommen, Männer ihres Vertrauens zu benennen, welche zum Sühneversuche beizuziehen sind. Die Zulassung von Advokaten ist ausgeschlossen.

II. Wenn auf gehörige Ladung nicht beide Parteien erscheinen, so ist der Vermittlungsversuch als vereitelt zu erachten. Ist der Kläger nicht erschienen, so verwirkt er eine Geldbuße von 30 Kreuzern (90 Pfennig) zum Besten der Gemeindekasse.

III. Die Verhandlungen und Ausfertigungen des Vermittlungsamtes sind tax- und stempelfrei.

Anm. 1. Das Vermittlungsamt ist keine Gemeindeangelegenheit im Sinne des Art. 10 Ziff. 2 V.G.H.G., weil hierunter nur solche Angelegenheiten zu begreifen sind, die in der rechtlichen Stellung der Gemeinde als öffentlicher Korporation und als Bestandtheil des staatlichen Organismus ihre Grundlage haben. Mit der Ausübung des Vermittlungsamtes erfüllen die Gemeinden nur eine Verpflichtung, die ihnen als Hilfsorganen der Rechtspflege auf Grund einschlägiger Gesetze zu übertragen für geboten oder dienlich befunden wurde. Hieraus ergibt sich auch die sachliche Unzuständigkeit des V.G.H. (V.G.H.E. Bd. II S. 652.) Wo andere Vermittlungsämter zuständig sind, sind die gemeindlichen Vermittlungsämter unzuständig.

Anm. 2. Zu unterscheiden ist:

a) das gemeindliche Vermittlungsamt in bürgerlichen Rechtsstreitigkeiten, also in jeder Art von Rechtsstreitigkeiten, die vor die bürgerlichen Gerichte (Landgerichte, Amtsgerichte) gehören,

b) das gemeindliche Vermittlungsamt in Beleidigungssachen.

ad a.

Maßgebend ist der noch giltige Art. 11 des bayer. Ausf.Ges. z. R.C.P.O.:

„Das Vermittlungsamt der Gemeinden, Militärbehörden und Universitätsrektorate richtet sich nach den hierüber bestehenden besonderen Bestimmungen.

Die Gemeindebediensteten, Militärbehörden und Universitätsrektorate handeln bei Ausübung des Vermittlungsamtes als öffentliche Behörden.

Für den Kläger besteht keine Verbindlichkeit zur Anrufung eines der vorbezeichneten Vermittlungsämter und der zu Belangende unterliegt im Falle des Nichterscheinens weder einer Strafe noch dem Kostenersatze."

(Durch Art. 11 ist den betreffenden Organen die Eigenschaft öffentlicher Behörden ausdrücklich zugesprochen und jeder Zweifel beseitigt, ob die von den Vermittlungsämtern aufgenommenen Urkunden unter den Begriff öffentlicher Urkunden im Sinne des § 415 der Civilprozeßordnung fallen.)

„Ist ein Vergleich oder eine sonstige auf den Rechtsstreit bezügliche Uebereinkunft vor einem der vorbezeichneten Vermittlungsämter zu Stande gekommen, so ist hierüber eine von den Betheiligten zu unterzeichnende Urkunde aufzunehmen.

Durch solche Urkunden werden in Fällen, in welchen das Gesetz Notariatsurkunden verlangt, diese nicht ersetzt."

Das gemeindliche Vermittlungsamt erstreckt sich immer nur auf Einwohner einer und derselben Gemeinde, in sachlicher Richtung aber auf alle bürgerlichen Rechtsstreitigkeiten, nicht bloß in vermögensrechtlichen Angelegenheiten, sondern auch auf Streitigkeiten über dingliche Rechte, und zwar ohne Rücksicht auf den Werth des Streitgegenstandes.

Unter einer sonstigen auf den Rechtsstreit bezüglichen Uebereinkunft ist eine solche zu verstehen, welche die ganze oder theilweise Erledigung des Rechtsstreites betrifft, z. B. Schenkungen, Verzichte, welche eine Partei zu Gunsten einer anderen erklärt.

Eine Uebereinkunft, durch welche nur zu Gunsten von Dritten, nicht am Prozesse Betheiligten über den Prozeßgegenstand verfügt wird, gehört nicht hieher.

Das Vermittlungsamt wird nur auf Anrufen thätig: ist ein solches erfolgt, so wird Termin anberaumt, welcher den Betheiligten bekannt zu geben ist. Bleibt im Termin der Kläger ohne genügenden, rechtzeitig angegebenen Entschuldigungsgrund aus, so verwirkt er eine Geldbuße von 90 Pfennig (nicht mehr und nicht weniger) zum Besten der Gemeindekasse; bleibt der Beklagte aus, so hat er keine Nachtheile, außer daß der Vermittelungsversuch als mißlungen zu erachten ist; letzteres gilt auch, wenn der Kläger und Beklagter oder wenn der Kläger allein ausgeblieben ist. Kommt ein Vergleich zu Stande, so hat der Bürgermeister eine von den Betheiligten und sodann von ihm zu unterzeichnende Urkunde aufzunehmen, welcher das Gemeindesiegel beizudrücken ist. Diese Urkunden werden am besten in einem fortlaufenden Protokollbuche gesammelt. (Formulare hiefür bei der Buchdruckerei von C. Brügel und Sohn in Ansbach.) Auf Verlangen ist den Betheiligten Ausfertigung der Urkunde zu ertheilen. Gemäß Art. 3 Geb.Ges. sind die Verhandlungen, Beurkundungen und Ausfertigungen frei von Gebührenbewerthung. Die Urkunden haben die Kraft gerichtlicher Urkunden nach § 415 R.C.P.O. und begründen daher vollen Beweis des beurkundeten Vorganges. Art. 86 des bish. Ausf.Ges. z. R.C.P.O. bestimmte u. a.: „Die von den Vermittlungsämtern in der vorgeschriebenen Form beurkundeten Vergleiche sind als Verträge sofort rechtswirksam; bei denselben finden jedoch, so lange sie nicht ganz oder theilweise erfüllt sind, die Beschränkungen der Anfechtung, welche für die in Abs. I (gerichtlich oder notariell beurkundete rc.) bezeichneten Vergleiche gelten, keine Anwendung."

Art 86 ist nun aufgehoben durch Art. 166 Ziff. XVI des bayer. Ausf.Ges. z. bürg. Ges.Buch.

Wo nach gesetzlicher Bestimmung Notariatsurkunden erforderlich sind, werden diese durch die Protokolle der Vermittlungsämter nicht ersetzt. Im übrigen sind die Vergleiche vor den Vermittlungsämtern ebenso anfechtbar wie alle Verträge (z. B. wegen Irrthum, Betrug, Schein rc.).

ad b.

§ 420 der R.St.P.O. bestimmt zunächst:

„Wegen Beleidigungen ist, insofern nicht einer der im § 196 des Strafgesetzbuches bezeichneten Fälle (Berufsbeleidigung) vorliegt, die Erhebung der Klage erst zuläßig, nachdem vor einer durch die Landesjustizverwaltung zu bezeichnenden Vergleichsbehörde die Sühne erfolglos versucht worden ist. Der Kläger hat die Bescheinigung hierüber mit der Klage einzureichen.

„Diese Bestimmung findet keine Anwendung, wenn die Parteien nicht in demselben Gemeindebezirk wohnen."

Da nach Art. 156 Abs. V G.O. zur Uebertragung dieses Sühneversuches gesetzliche Ermächtigung erforderlich war, so mußte diese in einer besonderen Bestimmung erfolgen; diese geschah durch das Ausf.Ges. zur R.G.V.G. Art. 80 (s. J.M.Bl. 1879 S. 111): „Die Vornahme des in § 420 der R.Str.P.O. vorgeschriebenen Sühneversuchs kann Gemeindebehörden übertragen werden. Die Vorschriften des Art. 100 Abs. 2 und 3, dann des Art. 144 Abs. 2 und 3 G.O. finden hiebei für den ganzen Umfang des Königreichs entsprechende Anwendung."

Auf Grund Art. 80 l. c. erfolgte sodann die Uebertragung des Sühneversuches an die Bürgermeister mit M.Bek. v. 5. Aug. 1879, G. u. V.Bl. S. 769.

Der Sühneversuch bildet in Beleidigungsklagen die nothwendige *Prozeßvoraussetzung* für ein gerichtliches Einschreiten: ohne Zeugniß hierüber kann die Klage nicht erhoben werden. Doch kann das Zeugniß nachgebracht werden.

In dem Termine können sich die Betheiligten auch durch Bevollmächtigte (Anwälte) vertreten lassen; der Kläger aber nur, wenn ihm das Erscheinen nicht möglich ist. (Vgl. M.Bek. vom 5. Aug. 1879 Ziffer 2, Weber Bd. XIII S. 166.) Ob das Ausbleiben entschuldigt ist, steht im Ermessen der Vergleichsbehörde.

Ueber das Ergebniß des Sühneversuchs ist ein Protokoll aufzunehmen, worin anzugeben ist, wer erschienen ist, ob ein Vergleich zu Stande kam oder nicht und unter welchen Bedingungen. Vgl. Näh. M.Bek. v. 5. Aug. 1879, G.V.Bl. S. 769.

Wenn die Vergleichsbehörde ihre Thätigkeit verweigert, so hat der Privatkläger das Recht der Beschwerde zur Aufsichtsbehörde. (S. Löwe, Comm. zur Str.-P.O. § 420.) Dieß gilt insbesondere dann, wenn die Anberaumung eines neuerlichen Termines in *unzulässiger* Weise deshalb verweigert wird, weil der Kläger im ersten Termine ausgeblieben ist. (S. M.E. v. 31. Jan. 1883 Nr. 1382, Weber Bd. 16 S. 102, bei Seydel, b. Staatsrecht, Bd. III S. 54.) Erscheint der Kläger im Termine nicht und beantragt er neuerliche Anberaumung eines solchen, so muß diesem Antrag stattgegeben werden. (S. auch bayer. Gem.Zeitg. 1895 S. 526.)

Zum Vermittlungsverfahren ist volle Handlungsfähigkeit erforderlich; Minderjährige werden deßhalb nicht zugelassen, sondern nur ihre gesetzlichen Vertreter, da ja diese auch selbstständig zur Erhebung der Privatklage berechtigt sind.

Erscheint im Termine der Kläger grundlos nicht, so gilt der Antrag auf Vornahme des Sühneversuches als zurückgenommen, nicht aber der Strafantrag: der Kläger verfällt in die in Art. 100 angedrohte Ordnungsstrafe und erhält das Sühneversuchszeugniß nicht. Ist er entschuldigt, so kann für ihn der Bevollmächtigte handeln.

Erscheint der Beklagte nicht, so ist der Sühneversuch als vereitelt anzusehen.

In dem betreffenden Sühneversuch-Protokoll und -Zeugniß ist zu konstatiren, ob der Beklagte nicht erschienen, oder ob ein Vergleich nicht zu Stande gekommen ist. Ein vor der Vergleichsbehörde in gehöriger Weise geschlossener und bedingungsloser Vergleich hebt das Privatklagerecht des betreffenden Verletzten auf; damit wird auch das Antragsrecht überhaupt aufgehoben, also jede weitere Strafverfolgung durch die Staatsanwaltschaft ausgeschlossen. (Löwe gegen Olshausen.)

Der von der Ehefrau allein geschlossene Vergleich hebt indeß das eigene Klagerecht des Ehemanns nicht auf; ebenso umgekehrt. (S. auch Bl. f. adm. Pr. Bd. 30 S. 179.)

Anm. 3. § 5 des Ges. v. 15. Aug. 1828 über die Militärgerichtsbarkeit in bürgerlichen Rechtssachen bleibt unberührt.

Anm. 4. Bei Verhinderung des zuständigen Vermittlungsbeamten bestimmt das Justizministerium eine andere Vergleichsbehörde. M.E. v. 19. Mai 1888 Nr. 7477, Weber Bd. 19 S. 78, Kahr G.O. S. 838.

Anm. 5. Zu Abs. II. Diese Strafbestimmung ist nicht aus prozessualen Erwägungen eingesetzt, sondern um beim Vermittlungsamt vorgekommene Mißstände und Mißbräuche zu beseitigen; es soll also ein eventuelles chikanöses Verfahren verhütet werden. (Bes. Aussch.) Auch handelt es sich hier um eine Disziplinarstrafe (Ordnungsstrafe). Das Minist. des Innern ist 3. Instanz. (M.E. v. 28. Okt. 1869.)

Anm. 6. Vgl. bayer. Gem.Zeitg. 1891 S. 767, 1894 S. 126.

III. Geschäftsgang des Magistrats.

Art. 101.

I. Die Vertheilung der Geschäfte, der Vorsitz in den Sitzungen, die Sorge für den Vollzug der Magistratsbeschlüsse und die Erledigung der für kollegiale Berathung nicht geeigneten Gegenstände steht dem ersten oder einzigen Bürgermeister, bei dessen Verhinderung seinem Stellvertreter zu.

II. Zur Stellvertretung berufen sind die übrigen Bürgermeister nach ihrem Range, in deren Ermangelung oder Verhinderung die rechtskundigen Magistratsräthe nach dem Dienstalter, in deren Ermangelung oder Verhinderung die bürgerlichen Magistratsräthe nach dem Dienstalter und der Reihenfolge ihrer Wahl.

III. Alle Ausfertigungen des Magistrats werden von dem geschäftsleitenden Vorstande unterzeichnet.

Anm. 1. Magistrate können nach Art. 107 eine Geschäftsordnung erlassen. Gesetzwidrige Bestimmungen sind hiebei auf dem vorgeschriebenen Wege zu beseitigen. Zur Bescheidung der Frage, ob dieselben gesetzmäßig sind, sind die Behörden der aktiven Verwaltung und die verwaltungsrechtlichen Instanzen innerhalb der Grenzen ihres Wirkungskreises berufen. (V.G.H.E. Bd. XIV S. 145.) Ueber die persönliche und sonstige Vertretung der Gemeinde s. Art. 84. Zustellungen, die an den Bürgermeister gemacht werden, gelten als dem Collegium und der Gemeinde gegenüber erfolgt. (V.G.H.E. Bd. I S. 85.)

Anm. 2. Zu Abs. I: Vgl. M.E. v. 21. Sept. 1818, Vorschriften über die Geschäftsführung der Magistrate betreffend, Reg.Bl. S. 1051, Döll. Bd. 11 S. 1002, Weber Bd. I S. 720, s. auch M.Bek. v. 6. April 1874, Geschäftsvereinfachung betr., G.V.Bl. S. 123, M.E. v. 22. April 1874, M.A.Bl. S. 225.

Außer dem Falle der Verhinderung kann der Bürgermeister die selbstständige Geschäftsleitung seinem Stellvertreter nicht übertragen. Andererseits kann ihm auch der Magistrat nicht seine Befugnisse entziehen — abgesehen von dießbezüglicher Geschäftseintheilung. (S. M.A.Bl. 1875 S. 672, Seydel, b. Staatsr. Bd. III S. 230, Wand S. 319.)

Die Mitglieder des Magistrats (Gemeindeausschusses) haben keinen Rechtsanspruch auf Uebertragung der einen oder anderen geschäftlichen Aufgaben, insbesondere keinen auf Uebertragung einer Vermögensverwaltung. (V.G.H.E. Bd. XII S. 124.) Da die Stellvertretungsbefugniß eine Frage der Dienst- und Geschäftsordnung ist, sind derartige Streitigkeiten keine Verwaltungsrechtssachen. (V.G.H.E. Bd. XII S. 155.)

Anm. 3. Zu Abs. II: Bei gleichem Dienstalter rechtskundiger Magistratsräthe wird das Geburtsalter Maß zu geben haben.

Anm. 4. Zu Art. 8 Ziff. 33 V.G.H.G. ist noch einer V.G.H.E. zu gedenken, der in Nr. 162/1891 der Augsburger Abendzeitung Erwähnung gethan ist:

Den Gegenstand der rechtlichen Würdigung hat nicht bloß die formelle Giltigkeit und Gesetzmäßigkeit der Wahlhandlung, sondern auch die Bestimmung der Reihenfolge zu bilden, da von letzterer der Eintritt in ein bestimmtes Gemeindeamt abhängt. Von der Reihenfolge hängt der frühere oder spätere Eintritt in ein Gemeindeamt ab, und fallen Streitigkeiten hierüber unter Art. 8 Ziff. 33 l. c. Die Art. 101, 184, 196 haben hier Maß zu geben. Eine persönliche Benachtheiligung kann hienach auch hier in Frage kommen. Uebrigens können auch ideale Interessen, z. B. die Rangfrage den Gegenstand eines subjektiven Rechtsanspruches bilden und der verwalt.-richterl. Würdigung unterliegen. Dagegen fallen Streitigkeiten über die Frage, wer den Bürgermeister in Verhinderungsfällen zu vertreten habe, nicht unter Art. 8, weil es sich nur um einen Gegenstand der Geschäftsordnung, nicht um eine Wahlangelegenheit handelt. Streitigkeiten über die Reihenfolge können auch später, nachdem die Wahlhandlung längst erledigt ist, erhoben werden und brauchen nicht im Wege der Wahlanfechtung nach Art. 196 Abs. V angeregt zu werden.

Anm. 5. Zu Abs. III: Ausfertigung setzt eine Urschrift voraus; sie kann letztere nicht ersetzen, sie ist bloß Darstellung eines vorausgegangenen Beschlusses in beglaubigter Form (begl. Abschrift). Ein ungiltiger Beschluß kann durch eine ordnungsmäßige Ausfertigung auch nicht giltig werden und gilt dieß insbes. bei Ausfertigungen im Sinne von Absatz III, die aber trotz solchen Mangels im Original Dritten gegenüber wirksam sein können, wenn die Ausfertigung auf vorausgehende nicht bestehende oder ungiltige Beschlüsse Bezug nimmt, in welchem Falle vorbehaltlich Haftung des Bürgermeisters gegenüber der Gemeinde letztere einzustehen hat. (S. Kahr, G.O. S. 840 ff.)

Anm. 6. Nach gemeinsch. M.Bek. v. 4. März 1885 haben die einem Bezirksamt untergeordneten Gemeindebehörden und Standesbeamten sich — abgesehen von Marginalberichten — im schriftlichen Verkehr mit Bezirksämtern, Amtsgerichten und Rentämtern der Berichtsform mit der Schlußformel „gehorsam" zu bedienen.

Art. 102.

I. Der Magistrat beschließt in Sitzungen über alle zur kollegialen Berathung geeigneten Gegenstände.

II. Zur Giltigkeit eines Plenarbeschlusses wird erfordert:

1) daß alle im Gemeindebezirke anwesenden Magistratsmitglieder, soferne die Sitzungstage nicht voraus bestimmt sind, besonders eingeladen wurden;
2) daß mehr als die Hälfte der in Art. 71 Ziff. 1 bis 3 bezeichneten Mitglieder an der Berathung und Abstimmung Theil genommen;
3) daß die Mehrheit der Abstimmenden für dieselbe Meinung sich ausgesprochen hat.

III. Alle der Zustimmung der Gemeindebevollmächtigten, der Bürgerschaft oder der Staatsaufsichtsbehörde unterliegenden Beschlüsse sind in Plenarsitzungen zu fassen.

IV. Zur Erledigung anderer Angelegenheiten können in Städten von 10000 Seelen und darüber Senate gebildet werden, deren Besetzung durch Plenarbeschluß erfolgt. Zur Giltigkeit eines Senatsbeschlusses ist erforderlich, daß alle im Gemeindebezirke anwesenden Senatsmitglieder, soferne die Sitzungstage nicht voraus bestimmt sind, besonders eingeladen wurden, daß mindestens fünf Mitglieder an der Berathung und Abstimmung Theil genommen haben, und daß die Mehrheit der Abstimmenden sich für dieselbe Meinung ausgesprochen hat.

V. Bei Stimmengleichheit entscheidet die Stimme des Vorsitzenden.

VI. Kein stimmberechtigtes Magistratsmitglied darf sich der Abstimmung enthalten.

Anm. 1. Zu Abs. I vgl. Art. 92—94; Entscheidungen sind kollegial zu beschließen, dagegen sogenannte Instruktionsverfügungen eignen sich zur

Erledigung im Bureauwege. Unzulässig ist die Beschlußfassung im Wege des Cirkulars. Ueber die Oeffentlichkeit der Sitzungen s. Art. 105 und Bl. f. adm. Pr. Bd. 7 S. 318. Wo das Gesetz kollegiale Beschlußfassung vorschreibt, ist jede andere ungiltig. Die Verhandlungen selbst werden durch den Vorstand anberaumt; bei den städtischen Kollegien können die Sitzungstage ständig im Voraus bestimmt werden. Zu einer giltigen Beschlußfassung des Magistrats gehört die Mitwirkung einer bestimmten Mitgliederzahl und die Einhaltung bestimmter Förmlichkeiten; allein diese Vorschrift betrifft zunächst nur die Gemeindebehörden für sich selbst und ihr gegenseitiges Verhältniß zu einander, nicht aber die Beziehungen der Gemeinden nach außen. (V.G.H.E. Bd. XI S. 124 handelt von der Rechtsgiltigkeit von Beschlüssen über Heimathangelegenheiten.)

Anm. 2. Zu Abs. II. Die technischen Magistratsmitglieder zählen nur in technischen Fragen mit. Es ist absolute Stimmenmehrheit der Abstimmenden erforderlich. Bezüglich der Abstimmung über Summen s. § 198 R.G.V.G., welcher analog zur Anwendung kommt.

Bilden sich in Beziehung auf Summen, über welche zu entscheiden ist, mehr als zwei Meinungen, deren keine die Mehrheit für sich hat, so werden die für die größte Summe abgegebenen Stimmen den für die zunächst geringere abgegebenen so lange hinzugerechnet, bis sich eine Mehrheit ergibt. Dagegen Kahr, G.O. S. 848.

Anm. 3. Zu Abs. IV: Hier ist den Städten — mittelbaren oder unmittelbaren — mit mindestens 10000 Seelen die Senatsbildung gestattet; noch weiter geht bezüglich der unmittelbaren Städte Art. 30 V.G.H.G.:

„Die für die Beschlußfassung der Magistrate erforderlichen vorbereitenden Handlungen sind, soweit thunlich, durch ein rechtskundiges Magistratsmitglied zu pflegen. Bei der Beschlußfassung hat, soweit thunlich, ein rechtskundiges Magistratsmitglied Vortrag zu erstatten. Dieselbe kann in Senaten erfolgen, welche mit Einschluß des Vorsitzenden aus mindestens fünf Mitgliedern zu bestehen haben."

Der speziell auf die Verhandlungen und Beschlußfassungen der unmittelbaren Magistrate bezügliche Art. 30 will die Instruktion der Verwaltungsrechtssachen, sowie das Referat hierüber in der Sitzung, wenn irgend möglich, in die Hände rechtskundiger Magistratsmitglieder gelegt wissen.

Die Verhandlungen der Senate sind öffentlich.

Für Verwaltungsrechtssachen ist die Senatsbildung also auch den Magistraten von weniger als 10000 Seelen kraft des Gesetzes gestattet und insoferne Art. 102 Abs. IV und Art. 107 Abs. I modifizirt. Im Uebrigen bleiben die Vorschriften in Art. 101 mit 107 unberührt. (Krais, Commentar z. V.G.H.G., siehe zu Art. 30.)

Anm. 4. Gemäß Art. 107 Abs. I ist zur Bildung von Senaten die Zustimmung der Gemeindebevollmächtigten vorausgesetzt, während die Besetzung der Senate selbst durch den Magistrat allein erfolgt.

Anm. 5. Zu Abs. V: Vgl. Art. 101. Abstimmung ist in der Regel öffentlich; unzulässig die Abstimmung durch Abgabe von Stimmzetteln ohne Namensabgabe.

Anm. 6. Zu Abs. VI: Ueber die Unzuständigkeit des V.G.H. bei etwaigen Beschwerden hiewegen s. V.G.H.E. Bd. VI S. 80. Mitglieder, die sich der Abstimmung enthalten, kommen zwar bei Berechnung der Beschlußfähigkeitsziffer, nicht aber bei Berechnung der absoluten Mehrheit in Anschlag. Zu Abs. VI vgl. Art. 99 und 101 Abs. 1 mit Art. 166 ff.

Art. 103.

I. Magistratsmitglieder können an der Berathung und Beschlußfassung über Angelegenheiten, wodurch ihr Privatinteresse unmittelbar berührt wird, nicht Theil nehmen.

II. Kann in Folge dessen die Voraussetzung des Art. 102 Abs. II Ziff. 2 nicht erfüllt werden, so haben die Gemeindebevollmächtigten für den besonderen Fall so viele unbetheiligte Mitglieder abzuordnen, als zur Beschlußfähigkeit des Magistrats erforderlich sind. Wird auch auf diesem Wege die Beschlußfähigkeit nicht erzielt, so hat die vorgesetzte Verwaltungsbehörde die im Interesse der Gemeinde nöthige Verfügung zu treffen.

III. Tritt die Beschlußunfähigkeit des Magistrats in einer Sache ein, in welcher dieser als Polizei- oder Distriktsverwaltungsbehörde zu beschließen hat, so ist die Sache durch die Kreisverwaltungsstelle an eine andere Polizei- oder Distriktsverwaltungsbehörde zu verweisen.

IV. Das in Abs. II und III vorgezeichnete Verfahren hat auch dann einzutreten, wenn der Magistrat durch andere Hindernisse zeitlich beschlußunfähig wird und unverschiebliche Berathungsgegenstände vorliegen.

Anm. 1. Zu Abs. I. Magistratsmitglieder: technische Mitglieder gehören nicht hieher. Angelegenheiten: nicht bloß polizeiliche, sondern auch eigentliche Gemeindeangelegenheiten. (V.G.H.E. Bd. V S. 272.)

Privatinteresse: = persönliches Interesse, nicht etwa bloß privatrechtliches oder bloß vermögensrechtliches Interesse: V.G.H.E. Bd. X S. 190. Die Bestimmung des Abs. I beruht nämlich auf dem Grundsatze, daß niemand in eigener Sache Richter sein kann; eod. Auch das gewerbliche Interesse gehört hieher, wenn ein Sonderinteresse eines Einzelnen in Betracht kommt. Bei Einführung des Fleischaufschlags sind z. B. die Metzger ausgeschlossen, beim Bieraufschlag die Wirthe.

Unmittelbar berührt:

Bei der Interpretation muß das Hauptgewicht auf die Worte „Privatinteresse" und „unmittelbar" gelegt werden; in Fällen, in welchen ein Privatrecht, also z. B. ein ausschließend auf einem Privatrechtstitel ruhender Anspruch auf Nutzungen am Gemeindevermögen den Gegenstand der Berathung und Beschlußfassung bildet, kann ein in solcher Weise betheiligtes Mitglied nicht theilnehmen. Anders aber, wenn es sich um eine Gemeindeangelegenheit handelt, in welcher die Magistratsmitglieder in Folge ihrer Gemeindeangehörigkeit und mit nur mittelbarer Wirkung auf ihr Privatinteresse und ebenso wie andere Gemeindeangehörige betheiligt sind, wie z. B. bei der Beschlußfassung über die im Gemeindeverband ruhenden Gemeindenutzungen im Allgemeinen (bei Ansprüchen der Nutzungsberechtigten gegen die Gemeinde erscheinen erstere als persönlich betheiligt), über die Vertheilung von Gemeindegründen, über die Einführung von Umlagen. Wenn auch die Mitglieder eines Magistrats der Mehrzahl nach zu den Nutzungsberechtigten selbst gehören, so erscheinen deßhalb dieselben von der Theilnahme an der Beschlußfassung des Stadtmagistrats über die beregten Fragen noch nicht ausgeschlossen, wenn es sich um Nutzungsberechtigungen handelt, welche aus dem Gemeindeverbande sich ableiten, mithin eine Gemeindeangelegenheit in Frage steht, durch welche das Privatinteresse der zu den Nutzungsberechtigten selbst gehörigen Magistratsmitglieder nicht unmittelbar, sondern bloß mittelbar berührt wird. (Bl. f. adm. Pr. Bd. 29 S. 399; vgl. auch Kahr, G.O. S. 751.)

Aehnlich erklärte der k. Staatsminister in der Abg.K. bei Berathung des sog. Körgesetzes: Es ist klar, daß in Fällen, in welchen ein Privatrecht, also ein ausschließend auf einem Privatrechtstitel ruhender Anspruch, den Gegenstand der Beschlußfassung und Berathung bildet, das betheiligte Mitglied nicht theilnehmen kann. Mittelbare Betheiligung liegt vor, wenn das Privatinteresse durch gemeindliche Angelegenheiten mitberührt wird.

Und der Abg. Dr. Edel im bes. Ausschuß der Abg.K.: (Bd. I S. 138.)

Wenn der Begriff der persönlichen Betheiligung zu weit gegriffen und auch auf die mittelbar und indirekt Betheiligten ausgedehnt wird, so könnte der Fall oft eintreten, daß ein Kollegium beschlußunfähig wird; insbesondere in Polizeisachen sind oft Beschlüsse zu fassen, bei welchen fast jeder der Mitstimmenden als Steuerpflichtiger, Hausbesitzer, Gewerbetreibender oder Konsument mehr oder weniger indirekt betheiligt ist.

Wirthe und Bierbrauer sind hienach bei der Beschlußfassung über Einführung und Forterhebung des Bier- und Malzaufschlages, Bäcker und Mehlhändler, beim Brodaufschlag, Metzger beim Fleischaufschlag ausgeschlossen. (Vgl. M.E. v. 26. Juni 1879 Nr. 7177, M.E. v. 29. Febr. 1884 Nr. 15487, M.E. v. 12. Juli 1885 Nr. 4089, Verh. d. Abg.K. Bd. II S. 653, V.G.H.E. Bd. V S. 267.)

Von Interesse ist hieher noch eine M.E. vom 24. April 1890 Nr. 4323, Pflasterzollordnung für die Stadt Gefrees betr. Der Kürze halber wird derselben nur Folgendes entnommen:

Die Gemeindebevollmächtigten von Gefrees hatten an den Magistrat den Antrag gestellt, zu § 2 der dortigen Pflasterzollordnung einen Zusatz zu machen.

§ 2 der Pflasterzollordnung lautet: Von der Entrichtung des Pflasterzolles sind befreit die Einwohner der Stadt Gefrees, jedoch mit Ausnahme jener Fuhrwerke, welche zur lohnweisen Beförderung auswärtiger Personen und Güter verwendet werden.

Der Zusatz sollte lauten:

„Dazu ist zu rechnen alle Ausfuhr von Rohmaterial, dann Bier, Fabrikate aller Art, so auch Wolle und Wollwaaren, Garn und dergleichen.

In der Beschwerde zur k. Regierung von Oberfranken hatten die Gemeindebevollmächtigten betont, daß die meisten Magistratsräthe selbst an der Sache betheiligt seien.

Das k. Staatsministerium entschied sich dahin, daß es sich hier nicht um eine unmittelbare Betheiligung aus einem Privatinteresse handelt, da der in Aussicht genommene Zusatz namentlich durch Beifügung der Worte „und dergleichen" so allgemein gehalten sei, daß die dadurch ausgesprochene Aufhebung der bisherigen Pflasterzollordnung alle Einwohner von Gefrees ohne Ausnahme treffen könne, da jeder in die Lage versetzt werden könne, Ladungen nach auswärts auszuführen.

Unmittelbare Betheiligung ist für Gemeinderechtsbesitzer, deren Nutzungsrechte mit dem Besitz bestimmter Häuser verbunden sind, auch dann gegeben, wenn diese

Nutzungsrechte nicht privatrechtliche, sondern öffentlich-rechtliche sind. (M.E. v. 29. Febr. 1884, Nr. 15487, alleg. bei Kahr G.O. S. 854.)

Eine unmittelbare Betheiligung ist auch gegeben, wenn die im väterlichen Brode stehenden Kinder oder die ungeschiedene Ehefrau des Magistratsmitglieds in Betracht kommt, nicht aber bei anderen Personen. Kahr l. c.

Vgl. auch noch ff. V.G.H.E.:

a) Die Zuständigkeit eines der Kreisregierung unmittelbar untergeordneten Stadtmagistrats zur erstinstanziellen Entscheidung einer streitigen Verwaltungssache, sowie dessen distriktspolizeiliche Zuständigkeit wird durch den Umstand, daß die betreffende Stadtgemeinde als Partei betheiligt ist, nicht ausgeschlossen. (Bd. II S. 667, Bd. IV S. 190.) Die Bestimmungen in §§ 41 ff. der Reichszivilprozeßordnung über Ausschließung und Ablehnung der Gerichtspersonen finden auf Magistratsmitglieder, welche zur Mitwirkung bei der Beschlußfassung des Magistrats als Distriktsverwaltungsbehörde in einer Verwaltungsrechtssache berufen sind, keine Anwendung. (Bd. II S. 94.)

b) Als unmittelbare Betheiligung von Mitgliedern eines gemeindlichen Vertretungskörpers oder einer Gemeindeversammlung an einer Gemeindesache aus Privatinteresse im Sinne des Art. 145 Abs 4 und 5, 103 Abs. I und 118 Abs. I erscheint nicht bloß die persönliche Betheiligung derselben hieran aus privatrechtlichen, sondern auch jene aus öffentlich-rechtlichen Beziehungen. Auf Beschlüsse derselben bezüglich Erhebung von Beschwerden wegen Verletzung des gemeindlichen Selbstverwaltungsrechts nach Art. 10 Ziff. 2 V.G.H.G. finden die erwähnten Bestimmungen der G.O. keine Anwendung. (Bd. X S. 188.)

S. auch noch Art. 50 des Weidegesetzes vom 28. Mai 1852:

Ist bei einer im Vollzuge dieses Gesetzes entstehenden Differenz eine Gemeinde als solche betheiligt und würde der dieser Gemeinde vorgesetzte, der Kreisregierung unmittelbar untergeordnete Magistrat in erster Instanz zuständig sein, so hat die vorgesetzte Kreisregierung, Kammer des Innern, die bezüglichen Funktionen einer anderen Distriktsverwaltungsbehörde zu übertragen.

Vergl. auch noch Art. 27, 28, 35 G.O.

Die unter Verletzung des Abs. I gefaßten Beschlüsse sind nichtig. (Bl. f. adm. Pr. Bd. 39 S. 250.) Da der Bürgermeister oder dessen Stellvertreter die Geschäftsleitung hat, hat er den Ausschluß zu verfügen. Abs. I ist nicht unter den Schutz des Art. 8 Ziff. 26 (Stimmrecht in Gemeindeangelegenheiten) V.G.H.G. gestellt. Es kommt auf die Einhaltung der gesetzmäßigen Vorschriften über die Geschäftsführung an; das Mitwirkungsrecht des Magistrats ist ohnedies durch Art. 157 Abs. I Ziff. 4 geschützt. In Art. 8 Ziff. 26 l. c. ist nur das allgemeine Stimmrecht der Gemeindebürger begriffen. Ueber die Ablehnung des Bürgermeisters durch die Gemeindebevollmächtigten vgl. Bl. f. adm. Pr. Bd. 39 S. 249, über jene eines Magistratsrathes eod. S. 255; über das Beschwerderecht aus Abs. I: eod., s. auch Bd. 29 S. 399.

Anm. 2. Zu Abs. II: Wegen der Betheiligung gilt hier das in Anm. 1 Gesagte. Auf Grund der in Abs. II statuirten Berechtigung kann die Verwaltungsbehörde nöthigenfalls auch einen Rechtsanwalt zur Wahrung der gemeindlichen Interessen aufstellen. (V.G.H.E. Bd. V S. 267.)

Das Gleiche gilt auch Ortschaften gegenüber; namentlich wenn es sich um

Vertheilung von Nutzungen am Ortschaftsvermögen zum Privatvortheile der Ortsbürger handelt. S. auch Art. 145 Abs. IV und V (V.G.H.E. Bd. XII S. 246).

Anm. 3. Zu Abs. III: Zu beschließen hat ꝛc.: eine solche Verweisung kann nur nach Abs. III und IV und in einzelnen Verwaltungssachen stattfinden, nie aber, wenn es sich um Erlaß ortspolizeilicher Vorschriften oder um Beschlußfassung über polizeiliche Anstalten und Einrichtungen handelt. (Ref. im bes. Aussch d. Abg.K. Abth. I S. 138.)

Anm. 4. Zu Abs. IV: Dieser Absatz findet analoge Anwendung auch auf die Gemeindekollegien und Gemeindeausschüsse.

Art. 104.

Dem Magistrat ist es anheimgegeben, bei Gegenständen, welche besondere Fachkenntniß erheischen, Fachmänner mit ihrem Gutachten zu hören und erforderlichen Falles in die Sitzung zu berufen.

Anm. Die Sachverständigen können mündlich oder schriftlich vernommen werden. Etwaige Kosten trägt die Gemeindekasse.

Art. 105.

I. Die Plenar- und Senatssitzungen des Magistrats sind öffentlich, soweit nicht Rücksichten auf das Staats- oder Gemeindewohl oder auch berechtigte Ansprüche Einzelner entgegenstehen.

II. Die Frage, ob in einem gegebenen Falle die Oeffentlichkeit der Berathung oder Abstimmung auszuschließen sei, wird in geheimer Sitzung entschieden.

III. Die Oeffentlichkeit darf jedoch niemals ausgeschlossen werden, wenn sie durch Gesetz für bestimmte Fälle ausdrücklich vorgeschrieben ist.

IV. Der Vorsitzende handhabt die Ordnung; er ist verpflichtet, Zeichen des Beifalls oder der Mißbilligung den Zuhörern nicht zu gestatten und nöthigenfalls jeden derselben, der die Ruhe der Sitzung in irgend einer Weise stört, aus dem Sitzungssaale wegzuweisen und nach Umständen abführen zu lassen.

Anm. 1. Oeffentlich ist eine Sitzung nur dann, wenn Tag und Stunde der Sitzung, sowie der Berathungsgegenstand vorher öffentlich bekannt gegeben waren. (V.G.H.E. Bd. I S. 372.) Ueber Oeffentlichkeit vgl. § 173 R.G.V.G. und Art. 28 V.G.H.G.

Da der Einzelne keinen Rechtsanspruch auf Verhandlung in geheimer Sitzung hat, so sind „berechtigte Ansprüche Einzelner" als beachtenswerthe Privatinteressen zu erachten, (Seydel, b. Staatsr., Bd. III S. 214), die billige Rücksichtnahme erheischen; (Kahr G.O. S. 861, Wand G.O. II. Aufl. S. 489). In der Befugniß zum völligen Ausschluß der Oeffentlichkeit ist auch das Recht zum theilweisen Ausschluß enthalten.

Anm. 2. Zu Abs. III vgl. insbes. Art. 176 Abs. V.

Anm. 3. Zu Abs. IV: Außerdem kommt Art. 7 Ausf.Ges. z. R.Str.Pr.O. zur Anwendung, welcher bestimmt:

Wer ungeachtet erfolgter Warnung durch ungeziemendes Benehmen vor einer öffentlichen Stelle oder Behörde dieselbe in ihrer Dienstesverrichtung stört oder die ihr gebührende Achtung verletzt, soll, soweit nicht eine anderweitige gesetzliche Bestimmung in Anwendung zu bringen ist, mit Haft bis zu drei Tagen oder an Geld bis zu 15 ℳ bestraft werden.

Diese Bestrafung steht jedoch nicht dem Magistrat, sondern dem Strafrichter zu. (Amtsrichter auf Antrag des Amtsanwalts.)

Art. 106.

I. Zur Verwaltung örtlicher Stiftungen und Anstalten, sowie zur Besorgung bestimmter Geschäfte können auf Beschluß des Magistrats besondere Ausschüsse aus Mitgliedern des Magistrats oder aus zu Gemeindeämtern wählbaren Gemeindegliedern gebildet werden, deren Auswahl dem Magistrate zusteht.

II. Die hiezu berufenen Gemeindebürger verrichten ihre Funktion unentgeltlich und haben nur Anspruch auf Ersatz von Auslagen.

III. Solche Ausschüsse sind dem Magistrate untergeordnet, an dessen Instruktionen gebunden und können von dem Magistrate aufgelöst werden. Der Bürgermeister oder ein von ihm bezeichnetes Magistratsmitglied führt den Vorsitz.

IV. Die Funktion ständiger Ausschüsse endet jedenfalls mit Ablauf der Wahlperiode, in welcher sie gebildet worden sind.

V. Im Einverständnisse mit den Gemeindebevollmächtigten können zur Vorbereitung von Berathungsgegenständen gemeinschaftliche Ausschüsse gebildet werden, zu welchen jeder Körper eine bestimmte Anzahl von Mitgliedern abordnet.

Anm. 1. Die Bildung von Ausschüssen kann der Magistrat nach Art. 106 und 107 Abs. I ohne Zustimmung der Gemeindebevollmächtigten beschließen. Die Ausschüsse sind selbstständige Organe der Gemeinde mit dem Rechte der Vorbereitung und Erledigung der ihnen zugewiesenen Geschäftsangelegenheiten, die zwar dem Magistrate untergeordnet sind, aber nach außen hin doch als Organe der Gemeinde thätig werden, insoweit ihre Instruktionen reichen.

Sie können auch Vorberathungen für das Plenum des Magistrats pflegen (Wand G.O. f. d. Pf., II. Aufl. S. 425, Seydel, l. c. Bd. III S. 220 I. Aufl., Kahr G.O S. 863, B.G.H.E. Bd. XVIII S. 309.)

Jeder Bürger, der in einen Ausschuß berufen wird, ist zur Annahme dieser Funktion verpflichtet, wenn ihm nicht die gesetzlichen Ablehnungsgründe (Art. 172 und 174) zur Seite stehen. (Art. 8 Ziff. 33 B.G.H.G.)

Anm. 2. Zu Abs. IV: Also dreijährige Wahlperiode.

Art. 107.

I. Zur Regelung des formellen Geschäftsganges kann der Magistrat eine Geschäftsordnung erlassen. Zur Bildung von Senaten ist die Zustimmung der Gemeindebevollmächtigten erforderlich.

II. Sämmtliche der Verwaltung des Magistrats untergebenen Kassen sind regelmäßig mindestens einmal im Jahre unvermuthet durch eine aus Mitgliedern des Magistrats und der Gemeindebevollmächtigten gebildete gemischte Kommission zu untersuchen.

III. Die näheren Vorschriften über Führung und Untersuchung der Kassen sind von dem Magistrate zu erlassen und der vorgesetzten Verwaltungsbehörde zur Bestätigung vorzulegen.

IV. Die Formulare der Voranschläge, Rechnungen und Rechnungsübersichten können durch Ministerialvorschrift festgestellt werden.

Anm. 1. Das staatliche Anordnungsrecht bezieht sich hier nur auf den Erlaß von Formvorschriften, materiell darf mittels desselben in das gemeindliche Finanzverwaltungsrecht nicht eingegriffen werden.

Anm. 2. Durch Art. 107 ist dem Bürgermeister das Recht und die Pflicht nicht entzogen, jederzeit persönlich die Kassen zu visitiren und zu kontroliren. (V.G.H.E. Bd. II S. 534.)

Vgl. zu Art. 107 und 145: M.Bek. vom 10. Okt. 1869, den Vollzug der Art. 107 und 145 betreffend. Siehe auch M.E. vom 14. März 1885 (M.A.Bl. S. 84) über Abquittirung und Löschung heimbezahlter Hypothekforderungen; M.E. vom 12. April 1877, das Papierformat 2c. betreffend. S. auch Art. 102 Abs. IV u. M.E. vom 7. Mai 1883 Nr. 6808 und 14. Jan. 1890 Nr. 14184.

Anm. 3. Ueber das Kassa- und Rechnungswesen und die Vorschriften hiebei vgl. bayer. Gem.Zeitg. 1895 S. 537, über Kassenzentralisation eod. S. 562.

IV. Bestellung der Gemeindebevollmächtigten.

Art. 108.

I. Die Gemeindebevollmächtigten werden auf neun Jahre gewählt, in der Art, daß je nach drei Jahren das ältere Drittheil austritt.

II. Der erste und zweite Austritt erfolgt nach Verlauf von drei und sechs Jahren durch das Loos.

III. Die Zahl der gewählten Gemeindebevollmächtigten soll dreimal so groß sein als die Zahl der bürgerlichen Magistratsräthe.

Anm. Ersatzmänner treten an die Stelle der Ausgetretenen für die Amtsdauer der Letzteren. Siehe auch Art. 172, 174, 189, 190, 191. Art. 108 Abs. II ist im Allgemeinen eine Uebergangsbestimmung, tritt aber immer bei Neubildungen ein, z. B. wenn eine Landgemeinde städtische Verfassung annimmt, oder wegen Vermehrung der bürgerlichen Magistratsräthe die Zahl der Gemeindebevollmächtigten vermehrt wird.

Art. 109.

I. Ein Gemeindebevollmächtigter ist aus den in Art. 80 Abs. I bezeichneten Gründen zum Austritte berechtigt und unter den Voraussetzungen des Art. 80 Abs. II hiezu verpflichtet.

II. Ueber die Zulässigkeit oder Nothwendigkeit des Austritts entscheiden die Gemeindebevollmächtigten vorbehaltlich der Beschwerdeführung bei der vorgesetzten Verwaltungsbehörde.

III. Außerdem kann einem Gemeindebevollmächtigten aus triftigen Gründen die nachgesuchte Entlassung durch übereinstimmenden Beschluß des Magistrats und der Gemeindebevollmächtigten bewilligt werden.

IV. In den Fällen des Art. 82 unterliegen auch Gemeindebevollmächtigte für die Dauer des Strafverfahrens der Suspension vom Amte, welche der Bürgermeister in Vollzug zu setzen hat.

Anm. Siehe Art. 80 Anm. Auch ein Gantverfahren gehört hieher.

Art. 110.

I. Die Gemeindebevollmächtigten versehen ihre Stellen unentgeltlich, erhalten jedoch für baare Auslagen Vergütung aus der Gemeindekasse.

II. Bei öffentlichen Feierlichkeiten und anderen besonderen Gelegenheiten haben sie den Rang nach dem Magistrate vor den übrigen Gemeindebürgern.

Anm. Vgl. Art. 75. Sie haben auch den Rang vor den Mitgliedern der Kirchenverwaltung. In größeren Städten haben sie eine besondere Dienstkleidung durch bes. Allerh. Entschl. auf gestelltes Ansuchen.

Ueber ihre Siegel s. M.Bek. v. 20. Nov. 1883 G.V.Bl. S. 461, v. 23. Febr. 1884, eod. S. 73.

V. Wirkungskreis der Gemeindebevollmächtigten.

Art. 111.

Die Gemeindebevollmächtigten vertreten die Gemeinde gegenüber dem Magistrat.

Anm. 1. Die Gemeindebevollmächtigten vertreten die Gemeinde nur gegenüber dem Magistrat, sie vertreten aber nicht die Gemeinde als solche nach außen.

Ueber den Ausdruck „Gemeindevertretung" äußert sich Seydel (Bd. III S. 158), derselbe sei eigentlich wie lucus a non lucendo gewählt; eine Vertretung der Gemeinde gegenüber ihrem eigenen Organe der Vertretung sei ein Widersinn, zumal doch eigentlich der Magistrat auf demselben Wege entstehe, wie das Kollegium der Gemeindebevollmächtigten.

Anm. 2. Die Gemeindebevollmächtigten haben im Interesse der Gemeinde und nach Maßgabe der gesetzlichen Vorschriften die Verwaltungsthätigkeit des Magistrats theils zu unterstützen (durch Antragstellung nach Art. 115), theils zu beschränken (Art. 112, 88), theils zu kontroliren (Art. 89).

Sie haben das Beschwerderecht an die Aufsichtsbehörde, nicht den Verwaltungsgerichtshof, wenn der Magistrat ihre Rechte beeinträchtigt, außerdem nur in den ihnen vom Gesetze speziell eingeräumten Fällen. Aus den Worten „Benachtheiligung einzelner" darf nicht gefolgert werden, daß das Beschwerderecht bloß Privatpersonen zusteht. (Bl. f. adm. Pr. Bd. 38 S. 259, 273.) Vgl. hieher auch die bei Art. 40 zitirte V.G.H.E. Bd. III S. 203.

Art. 112.*)

I. Außer den gesetzlich bestimmten besonderen Fällen muß der Magistrat die Zustimmung der Gemeindebevollmächtigten erholen:

1) bei Uebernahme einer Garantie der Gemeinde für Anstalten oder sonstige Unternehmungen;
2) bei Verpachtungen und Geldvorleihen aus Gemeinde- oder Stiftungsmitteln an Mitglieder des Magistrats oder an deren Verwandte in auf- oder absteigender Linie, dann an Seitenverwandte oder Verschwägerte des nächsten Grades;
3) bei Feststellung der den Magistratsmitgliedern zu gewährenden Besoldungen, Funktionsbezüge und Entschädigungen, bei Festsetzung der Besoldungen des höheren Dienstpersonals der Gemeinde, sodann bei Abschluß von Dienstverträgen und Festsetzung von Dienstkautionen, bei Verleihung von Pensionsrechten und Pensionen an Magistratsmitglieder und höhere Bedienstete der Gemeinde, sowie bei Bewilligung außerordentlicher Remunerationen, Unterstützungen und Nachlässe an solche Personen, endlich bei Verleihung von Pensionsrechten oder Pensionen an niedere Gemeindebedienstete;
4) bei Einführung und Regulirung der Aufnahms-, Heimath- und Gemeinderechts-Gebühren;
5) bei Gründung neuer Gemeindeanstalten;
6) bei Gemeinde- und Stiftungsneubauten;
7) bei Erwerbung von Realitäten, bei freiwilliger Veräußerung oder Verpfändung unbeweglicher Gemeinde- und Stiftungsgüter oder

*) In einzelnen Fällen, in welchen dieß ausdrücklich im Gesetze vorgesehen ist, z. B. Heimathgesetz Art. 27 Abs. II, steht den Gemeindebevollmächtigten auch die Vertretung der Gemeinde nach außen zu.

nutzbarer Rechte, sowie bei Veränderungen in deren Substanz oder bei Belastung derselben mit ständigen Ausgaben oder sonstigen bleibenden Lasten;

8) bei Kapitalanlagen, wenn sie gegen die durch die Verordnung aufgestellte Norm stattfinden sollen;

9) bei Verwandlung der bisherigen Selbstverwaltung bedeutender Oekonomiegüter oder nutzbarer Rechte in Verpachtung und dieser in Selbstverwaltung;

10) bei Regulirung der Gebühren für Benützung des Eigenthums, der Anstalten oder Unternehmungen der Gemeinde;

11) bei Anordnung bisher nicht bestandener Gemeindedienste;

12) bei Abschließung von Vergleichen oder bei Erklärung des Streitabstandes, wenn dadurch eine Aenderung an der Substanz des Gemeinde- oder Stiftungsvermögens herbeigeführt wird;

13) bei Aufnahme von Passivkapitalien, wodurch der Schuldenstand vermehrt wird, bei Festsetzung und Abänderung der Schuldentilgungspläne und bei zeitlicher Einstellung der Schuldentilgung;

14) bei Geschenken und freiwilligen Gaben für Zwecke, welche außerhalb der Verpflichtung der Gemeinde liegen;

15) [bei Beschlüssen über Abänderung des gesetzlichen Maßstabes für Vertheilung der Naturaleinquartirung.]

II. Welche Vermögensbestandtheile der Gemeinde als unter Ziff. 9 fallend betrachtet werden sollen, haben die Gemeindebevollmächtigten zu bestimmen.

Anm. 1. Zu Abs. I: Die Zustimmung der Gemeindebevollmächtigten ist Voraussetzung der Rechtsgiltigkeit der Handlungen des Magistrats; beim Mangel derselben kommt denselben also keine Rechtswirksamkeit zu. Vgl. Art. 159. (S. auch E. d. ob. G.H. Bd. IV S. 500, V S. 417, VII S. 727.)

Die gesetzlich bestimmten besonderen Fälle sind theils in der Gemeindeordnung, theils in anderen Gesetzen enthalten; so in den Art. 4, 9, 16, 23, 24, 31, 40, 47, 48, 57, 67, 73, 77, 79, 80, 85, 87, 88, 89, 103, 106, 107, 109, 113, 114, 115, 116, 119, 153, 159, 165, 167, 176, 177, 189, 192—195, 200 der G.O., dann Art. 22, 25, 26, 32, 34, 35 des Armengesetzes, Art. 8 und 27 des Heimathgesetzes, Art. 4, 10, 13 des Ges. über den Ersatz des bei Aufläufen verursachten Schadens, Art. 14 des Ges. über das Einschreiten der bewaffneten Macht, Art. 7 und 12 des Jagdges., § 8 Vdg. v. 18. Juni 1862 über Abhaltung von Tanzmusik, Vdg. v. 29. August 1873 über Volksschulen, Vdg. v. 14. Okt. 1875 über Anstellung besonderer Standesbeamter, § 6 Haussteuergesetz, Art. 39 Brandversich.Ges., § 76 und 142 Gewerbe-Ordg., u. a.

Anm. 2. Zu Ziff. 1: Uebernahme einer Garantie = finanzielle Gewährschaft; s. auch Art. 159 Ziff. 5. Ueber Gemeindeanstalten s. Art. 19.

Auch Waganstalten sind Gemeindeanstalten. (Motive.) Gemeindliche Wagmeister sind Beamte im Sinne des Strafgesetzbuches; Urth. d. Oberl.G. München v. 12. Okt. 1886, Bd. IV S. 190. S. auch V.G.H.E. Bd. IX S. 421.

Anm. 3. Seitenverwandte sind hier voll- und halbbürtige Geschwister, Verschwägerte des nächsten Grades sind die Eltern und die von der Ehefrau zugebrachten Kinder, dann Stiefvater und Stiefmutter, Schwiegersohn und Schwiegertochter; dieß gilt auch dann, wenn die das Schwiegerverhältnis begründende Ehe nicht mehr besteht. (Kahr G.O. S. 875.)

Anm. 4. Zu Ziff. 3: Verleihung von Pensionsrechten, d. h. unwiderruflicher Dienstes- und Pensionsrechte; „und Pensionen": dieser Zusatz bezieht sich auf den Fall, wo erst im Momente der Entlassung die beiden Kollegien über die Bewilligung einer Pension Beschluß zu fassen haben, weil dem Entlassenen ein Pensionsrecht früher nicht eingeräumt worden ist. Vgl. Art. 74, 75, 77, 81, 87.

Anm. 5. Zu Ziff. 4: S. Art. 20 und 22.

Anm. 6. Zu Ziff. 5 u. 6: Was für die Gründung gilt, gilt auch von einer Aenderung; Aenderungen, durch welche die gemeindliche Haftungsverbindlichkeit gesteigert wird, bedürfen aufsichtlicher Genehmigung. (Vgl. Art. 147 I, 159 Ziff. 5, V.G.H.E. Bd. I S. 440, Bd. IV S. 478.)

Auch die mit staatsaufsichtlicher Genehmigung von Gemeinden gegründeten und unter deren Verwaltung stehenden Pensionsanstalten für gemeindliche Beamte und Bedienstete sind als Gemeindeanstalten zu erachten; Streitigkeiten zwischen den Mitgliedern einer solchen Anstalt und der Gemeinde in Bezug auf die Auslegung der von der letzteren erlassenen statutarischen Normen über die Pensions- und Alimentationsansprüche sind im Verwaltungsrechtsweg auszutragen (V.G.H.E. Bd. IX S. 419 zu Art. 8 Ziff. 31 V.G.H.G.).

Anm. 7. Zu Ziff. 7: Man kann sagen: Wo nach dem bisherigen Art. 14 Not. Ges. Notariatsurkunden zu errichten waren, ist in der Regel auch die Zustimmung der Gemeindebevollmächtigten erforderlich.

Zu Ziff. 7 kommt folgende E. d. ob. G.H. Bd. XI S. 511 in Betracht:

Die Begründung eines Wasserbezugsrechts durch Anerkennung eines Stadtmagistrats ist ohne Zustimmung des Kollegiums der Gemeindebevollmächtigten unwirksam, weil durch eine solche Anerkennung eine bleibende dingliche Belastung eines gemeindlichen Nutzungsobjekts bewirkt werden würde. Gemeindegrundtheilungen gehören nicht hieher.

Anm. 8. Zu Ziff. 8: S. zunächst die k. Vdg. v. 31. Juli 1869, die Kapitalausleihungen der Gemeinden und Stiftungen betr. (Reg.Bl. S. 1441 und Weber Bd. VIII S. 241.) Vollzugsvorschriften hiezu v. 6. August 1869 (Weber Bd. VIII S. 249), über Anlage in Pfandbr. d. südd. Bodenkreditbank s. K.A.Bl. f. Oberb. 1872 S. 877, dann M.E. v. 2. Okt. 1875, M.A.Bl. S. 489, über Anlage bei der bayerischen Notenbank, M.E. v. 27. Nov. 1878, M.A.Bl. S. 398, 12. März 1885, M.A.Bl. S. 83, 13. Sept. 1885, M.A.Bl. S. 238, v. 27. Juni 1886, M.A.Bl. S. 195. Näheres s. noch im Anhange. Ueber den Contokorrentverkehr der Gemeinden: M.A.Bl. 1886 S. 153, Bl. f. adm. Pr. Bd. 37 S. 285.

Anm. 9. Zu Ziff. 13: Es muß sich hier um Vermehrung des Schuldenstandes an Kapital oder Zinsen handeln.

Die Aufnahme eines Kapitals an Stelle eines anderen, gleich großen mit gleichen Bedingungen der Kündigung, Heimzahlung und Verzinsung innerhalb der Grenzen einer bewilligten Schuld ist eine für den Vermögensstand der Gemeinde gleichgiltige Handlung, da hiedurch höchstens eine Aenderung in der Person des Gläubigers eintritt, was für die Gemeinde gleichgiltig sein kann; ein solcher Gläubigerwechsel kann auch ohne Vorwissen der Gemeinde durch eine Cession seitens des ursprünglichen Gläubigers allein geschehen. (E. d. ob. G.H. Bd. V S. 420.)

Anm. 10. Zu Ziff. 14: z. B. Errichtung öffentlicher Denkmäler.

Anm. 11. Zu Ziff. 15: Vgl. nun: § 7 des Reichsges. betr. die Quartierleistung rc. vom $\frac{\text{25. Juni 1868}}{\text{21. Juni 1887}}$, § 9 bayr. Ausf.Instr. hiezu v. 8. Juli 1875, G.-V.Bl. 1875 S. 513.

Art. 113.

Inwieferne den Gemeindebevollmächtigten die Ausübung von Präsentations- oder Vorschlagsrechten bei Besetzung von Kirchen- und Schuldiensten oder eine Mitwirkung hiebei zusteht, ist vorbehaltlich besonderer gesetzlicher Vorschriften nach der bisherigen Uebung zu bemessen.

Anm. Gemäß Art. 8 Ziff. 39 des V.G.H.G. sind Verwaltungsrechtssachen bestrittene Ansprüche hinsichtlich der Besetzung von Lehrstellen an Volksschulen und anderen Unterrichtsanstalten, dann von niederen Kirchendiensten.

Die einschlägigen Bestimmungen sind enthalten:

a) VI. Verfassungsbeilage § 21;

b) Formationsverordnung vom 25. Dez. 1825 § 35 und 46;

c) M.E. vom 31. Mai 1817, Präsentation der Gemeinden zu Schulstellen betr., (Weber Bd. I S. 536), 30. Sept. 1822 (Döllinger, Verordn.Samml. Bd. 9 S. 1241);

d) Vollzugsverordnung zum revidirten Gemeindeedikt vom 31. Okt. 1837 (Döllinger Bd. 11 S. 107 und Weber Bd. III S. 106);

e) Verordnung vom 30. Dez. 1810, Besetzung der Stellen des Kirchendienstpersonals betr., (R.Bl. S. 17 und Weber Bd. I S. 341);

f) M.E. v. vom 18. März 1819, Kirchendienste betr., (Döll. Bd. 11 S. 415 und Weber Bd. I S. 755).

Bloße Vorschlagsrechte gehören nach Ansicht einiger nicht hieher, sondern nur bestimmte Ernennungs- oder Präsentationsrechte. Unter Vorschlagsrecht fällt doch wohl auch das Nominationsrecht. Die Präsentationsrechte auf kirchliche Pfründen sind aber privatrechtlicher Natur. (M.E. vom 20. August 1866, C.M.Bl. S. 202.)

Art. 114.

I. Haben die Gemeindebevollmächtigten in einer Sache, in welcher deren Zustimmung erforderlich ist, nicht zugestimmt und glaubt der Magistrat ihrem Beschlusse nicht beitreten zu können, so ist eine wiederholte Berathung in gemeinschaftlicher Sitzung zu veranstalten, wobei die beiden Körper gesondert abstimmen. Erfolgt hiebei keine Vereinigung, liegt jedoch eine theilweise Zustimmung der Gemeindebevollmächtigten vor, so ist deren Beschluß maßgebend, wenn nicht der Magistrat seinen Antrag zurückzieht. Außerdem hat im Falle der Nichtvereinigung die Angelegenheit auf sich zu beruhen, unbeschadet der Befugniß der vorgesetzten Verwaltungsbehörde, die nöthigen Verfügungen zu treffen, wenn in Folge des Aufschubs eine Einschreitung gemäß Art. 157 veranlaßt ist.

II. In allen gemeinschaftlichen Sitzungen führt der Bürgermeister oder dessen Stellvertreter den Vorsitz, jedoch wird die Abstimmung der Gemeindebevollmächtigten, außer dem in Art. 118 Abs. III vorgesehenen Falle, durch deren Vorstand geleitet.

Anm. 1. Nach Art. 114 ist für alle Angelegenheiten, welche die Zustimmung des Gem.Bevoll.Koll. und gesonderte Beschlußfassung beider Körperschaften voraussetzen, die Beschlußfassung desselben absolut maßgebend; dies gilt nicht nur rücksichtlich des Credits an sich, sondern auch bezüglich der die Grundlage für denselben bildenden Voraussetzungen und Bedingungen. Ueber das Verfahren nach Abs. I s. Bl. f. adm. Pr. Bd. 34 S. 120. Zunächst steht die Beschlußfassung über Anberaumung von Cumulativsitzungen nur dem Magistrat zu.

Tag und Stunde der gemeinschaftlichen Sitzung wird vom Bürgermeister bezw. Magistrat im Benehmen mit dem Vorstand der Gemeindebevollmächtigten (M.E. vom 28. Juni 1875 Nr. 5588) festgesetzt; die Einladung der Magistratsräthe geht vom Bürgermeister aus; die Einladung der Bevollmächtigten hat durch ihren Vorstand zu geschehen; letzterer kann aber bloß durch Art. 21 des Polizeistrafgesetzbuches gezwungen werden, die Einladung erfolgen zu lassen. Das einfachste Zwangsmittel hiebei ist die Androhung einer Ungehorsamsstrafe. Diese Androhung steht aber nur der Staatsbehörde zu und hat sich deßhalb, damit dieselbe die erforderliche Anordnung treffe, der Bürgermeister an die Aufsichtsbehörde zu wenden. (Vgl. jedoch Art. 99.)

Bei Cumulativsitzungen sind die beiden Kollegien nicht zu einem Körper verschmolzen; die Berathung zwar findet gemeinsam statt und hat hier der Bürgermeister oder dessen Stellvertreter den Vorsitz; dagegen die Abstimmung geschieht gesondert unter Leitung des jeweiligen Vorstandes. Bei Meinungsverschiedenheit über den Voranschlag des Gemeindebudgets und über die Genehmigung von Rechnungen entscheidet jedoch nach gemeinsamer Berathung der Beschluß der Gemeindebevollmächtigten.

Ueber gemeinschaftliche Sitzungen vgl. noch Art. 88 Abs. V, 89 Abs. V, 118 Abs. III, 106 Abs. V G.O., Art. 23 Armenges., dann bayer. Gem.Ztg. 1895 S. 441.

Wo es sich um organische Einrichtungen handelt, kann man von einer theilweisen Zustimmung gar nicht sprechen; da gibt es nur Zustimmung oder Nichtzustimmung.

Die Worte „wenn nicht der Magistrat seinen Antrag zurückzieht" wurden beigefügt, um dem Magistrat das Recht des Verzichts zu wahren, wenn durch eine bloß theilweise Zustimmnng der Zweck nicht erreicht würde. (Bes. Aussch.)

Ein in gemeinschaftlicher Sitzung der städtischen Kollegien gefaßter Beschluß kann durch spätere gesonderte Beschlüsse abgeändert werden. (Bl. f. adm. Pr. Bd. 34 S. 92.)

Anm. 2. Der wesentliche Inhalt des Art. 114 Abs. I ist dahin aufzufassen, daß in Gegenständen, welche an die Zustimmung der Gemeindebevollmächtigten geknüpft sind, so lange keine den Gemeinden obliegende Verpflichtung vorliegt, die ablehnende Haltung der Gemeindebevollmächtigten die Ausführung der Magistratsbeschlüsse unmöglich macht, daß aber überall, wo es sich um Ausführung von Verpflichtungen handelt, die Aufsichtsbehörde einer eigensinnigen Verneinung der Gemeindebevollmächtigten gegenüber nach Art. 157 von Amtswegen oder auf Anrufen des Magistrates einzuschreiten hat.

Art. 115.

I. Die Gemeindebevollmächtigten sind berechtigt, in allen ihrer Mitwirkung vorbehaltenen Angelegenheiten selbstständige Anträge zu stellen und hierüber die Beschlußfassung des Magistrats beziehungsweise die in Art. 114 bestimmte gemeinschaftliche Berathung herbeizuführen; dieselben sind auch berechtigt, in den ihrer Zustimmung nicht vorbehaltenen Angelegenheiten an den Magistrat schriftliche Anregungen zu richten, auf welche derselbe verpflichtet ist, schriftlichen Bescheid zu geben.

II. Der Magistrat ist verpflichtet, den Gemeindebevollmächtigten die Einsicht der Akten, deren sie zu ihren Berathungen bedürfen, zu gestatten und sonstige Auskunft über ihre Berathungsgegenstände zu ertheilen.

Anm. Das hier statuirte Antragsrecht ist durch frühere gesonderte oder gemeinschaftliche Beschlüsse der städtischen Kollegien nicht eingeschränkt noch aufgehoben. Ablehnende Beschlüsse der Gemeindebehörde können jederzeit durch rechtsförmliche gegentheilige Beschlüsse ersetzt werden.

VI. Geschäftsgang der Gemeindebevollmächtigten.

Art. 116.

I. Die Gemeindebevollmächtigten wählen jedes Jahr aus ihrer Mitte einen Vorstand, welcher die Sitzungen, so oft es erforderlich ist, anzuordnen hat, und einen Schriftführer, dem die Besorgung der schriftlichen Arbeiten obliegt.

II. Die Vertretung des Vorstandes und Schriftführers wird durch die Geschäftsordnung geregelt.

III. Die Gemeindebevollmächtigten sind befugt, zu ihren Sitzungen die Abordnung von Mitgliedern des Magistrats zu verlangen, welchen das Wort, so oft sie es begehren, ertheilt werden muß.

IV. Der Magistrat ist berechtigt, zu jeder Sitzung Mitglieder aus seiner Mitte abzuordnen, die auf Verlangen gehört werden müssen. Zu diesem Behufe ist dem Magistrate von der Sitzungszeit Kenntniß zu geben.

V. Der Vorstand der Gemeindebevollmächtigten ist verpflichtet, auf schriftlichen Antrag von mindestens dem vierten Theile sämmtlicher Mitglieder, sowie auf Antrag des Magistrats eine Sitzung zu veranstalten.

VI. Die Gemeindebevollmächtigten können Sachverständige mit ihren Gutachten vernehmen; etwa hierauf erlaufende Kosten trägt die Gemeindekasse.

Anm. 1. Zu Abs. I: Sie können auch bestimmte ordentliche Sitzungstage haben. S. Art. 117.

Anm. 2. Zu den in Abs. VI aufgeführten Sachverständigen gehören insbesondere Rechnungsverständige zur Rechnungsrevision; die Kosten trägt die Gemeindekasse, die Anweisung derselben ist jedoch Sache des Magistrats.

Die Vernehmung kann schriftlich oder in der Sitzung mündlich erfolgen.

Art. 117.

I. Die Vorschriften des Art. 105 finden auch auf die Sitzungen der Gemeindebevollmächtigten Anwendung.

II. Zur Giltigkeit der Beschlüsse ist erforderlich:

1) daß alle im Gemeindebezirke anwesenden Gemeindebevollmächtigten, soferne die Sitzungstage nicht voraus bestimmt sind, besonders eingeladen wurden;
2) daß mehr als die Hälfte der gesetzlichen Mitgliederzahl an der Berathung und Abstimmung theilgenommen;
3) daß die Mehrheit der Abstimmenden für dieselbe Meinung sich ausgesprochen hat.

III. Bei Stimmengleichheit entscheidet die Stimme des Vorsitzenden.

IV. Kein stimmberechtigtes Mitglied darf sich der Abstimmung enthalten.

Anm. Siehe die Anmerkungen zu Art. 71, 73, 102, 105 und 108.

Art. 118.

I. Gemeindebevollmächtigte können an der Berathung und Beschlußfassung über Angelegenheiten, wodurch ihr Privatinteresse unmittelbar berührt ist, nicht theilnehmen.

II. Kann infolgedessen die Voraussetzung des Art. 117 Ziff. 2 nicht erfüllt werden, so hat der Bürgermeister unter Beobachtung der Vorschriften des Art. 190 Abs. II aus der Zahl der Ersatzmänner so viele Unbetheiligte für den besonderen Fall einzuberufen, als zur Beschlußfähigkeit der Versammlung erforderlich sind.

III. Kann auch auf diese Weise eine beschlußfähige Versammlung nicht gebildet werden, so sind die unbetheiligten Mitglieder des Magistrats und der Gemeindebevollmächtigten durch den Bürgermeister zu einer Versammlung zu vereinigen, in welcher der Beschluß durch absolute Stimmenmehrheit der Anwesenden gefaßt wird und bei Stimmengleichheit die Stimme des Vorsitzenden entscheidet.

Anm. 1. Siehe Art. 103 und Anmerkung. Auch gewerbliche Interessen gehören hieher. (V.G.H.E. Bd. V S. 267.)

Abs. II tritt auch bei Beschlußunfähigkeit aus anderen Gründen ein: Kahr G.O. S. 887.

Anm. 2. Zu Abs. III vgl. Art. 114 Abs. II.

Art. 119.

Die Gemeindebevollmächtigten sind befugt, eine Geschäftsordnung aufzustellen und zur Vorbereitung von Berathungsgegenständen Ausschüsse aus ihrer Mitte zu bilden.

Anm. Siehe Art. 107.

VII. Distriktsvorsteher.

Art. 120.

I. Die größeren Städte sollen von dem Magistrate nach Straßen und Plätzen in Distrikte mit eigenen Distriktsvorstehern eingetheilt werden.

II. Die Distriktsvorsteher werden vom Magistrate für jeden Distrikt aus den zu Gemeindeämtern wählbaren Einwohnern desselben oder eines anstoßenden Distriktes auf drei Jahre ernannt. Ihr Amt ist unentgeltlich und widerruflich. Sie schließen sich bei Feierlichkeiten den Gemeindebevollmächtigten an.

Anm. 1. Zu Abs. II. In manchen Städten gibt es Distrikte, in denen es sehr schwierig ist, einen Vorsteher zu finden, z. B. da, wo eine reine Arbeiterbevölkerung wohnt. Wenn es darunter auch Leute gibt, die ganz tüchtig zu diesem Amte wären, so eignen sie sich doch nicht, weil sie fast den ganzen Tag über abwesend sind. Daher muß es dem Magistrat gestattet sein, zum Distriktsvorsteher auch einen Einwohner eines anstoßenden Distrikts zu ernennen. (Bes. Aussch.)

Anm. 2. Die Zustimmung der Gemeindebevollmächtigten ist nicht erforderlich; die Distriktsvorsteher werden vom Magistrat für sich allein ernannt.

Anm. 3. Bezüglich der Wahlen gilt Art. 172, 174; ferner Art. 8 Ziff. 33 und Art. 9 V.G.H.G. S. Kahr G.O. S. 890.

Art. 121.

Die Distriktsvorsteher haben den Magistrat in der Ausübung seiner Befugnisse innerhalb ihres Distriktes zu unterstützen und in polizeilichen Angelegenheiten im Falle augenblicklichen Bedürfnisses statt des Bürgermeisters zu handeln.

VIII. Gemeindebeschlüsse.

Art. 122.

I. In jenen Fällen, in welchen nach gegenwärtigem Gesetze ein Beschluß nur mit Zustimmung einer bestimmten Anzahl von Gemeindebürgern gefaßt werden kann, ist nach öffentlicher Bekanntmachung des Antrages schriftlich zu Protokoll abzustimmen.

II. Das Abstimmungsprotokoll ist innerhalb einer ausschließenden Frist zur Aufnahme der Unterschriften derjenigen, welche für den Antrag stimmen, im Gemeindehause aufzulegen.

III. In Städten, welche in mehrere Distrikte eingetheilt sind, kann für jeden Distrikt ein solches Protokoll in einem vom Magistrate zu bestimmenden Lokale aufgelegt werden.

IV. Ist nach Ablauf der Frist die erforderliche Zahl von Zustimmungen nicht erreicht, so gilt der Antrag als abgelehnt.

Anm. Gemeindeversammlungen nach Art derer in Landgemeinden gibt es nicht. Der Fall des Art. 122 tritt ein:

1) wenn es sich handelt um die Annahme der Landgemeindeverfassung seitens solcher Gemeinden, welche Stadtverfassung haben;
2) beim Eintritt einer Gemeinde mit Stadtverfassung in die Klasse der einer Kreisregierung unmittelbar untergeordneten Städte;
3) beim Rücktritt einer unmittelbaren Stadt in die Klasse der mittelbaren Städte oder überhaupt in eine andere Klasse von Gemeinden; in diesen Fällen ist die Zustimmung von zwei Drittheilen aller Gemeindebürger erforderlich; (Art. 9);
4) bei Vertheilung von Bestandtheilen des Grundstockvermögens zu Eigenthum, bei Vertheilung von Gemeindegrunden zur Nutznießung, bei Zurückziehung von Nutzungsrechten am Gemeindevermögen; (siehe Art. 27, 28, 35); die Zustimmenden müssen hier $^3/_4$ der Gesammtzahl der Bürger ausmachen und zugleich mehr als die Hälfte der Grundsteuern entrichten;
5) im Falle des Art. 153 Abs. VIII; vergleiche auch Abs. III—V.

II. Abschnitt.

Von der Verwaltung in Gemeinden mit Landgemeindeverfassung.

Vorbemerkung.

Vgl. hier die Vorbemerkung zu Art. 70. Was dort vom Magistrat gesagt ist, gilt hier analog vom Gemeindeausschuß.

Art. 123.

Die Gemeindeverwaltung wird vorbehaltlich der Befugnisse der Gemeindeversammlung durch den Gemeindeausschuß besorgt.

Anm. 1. Gemeindeverwaltung und Gemeindeausschuß werden in der Regel, soweit Landgemeinden in Frage stehen, identifizirt. Der Gemeindeausschuß ist, abgesehen von der ausnahmsweisen Zuständigkeit der Gemeindeversammlung, das zuständige Organ der Gemeinde zur Vertretung ihrer Angelegenheiten, in denen die Gemeindeversammlung nicht zuständig ist, sie gleichwohl an Stelle des allein zuständigen Gemeindeausschusses und im Widerspruch mit demselben Verwaltungshandlungen vornimmt und Beschlüsse faßt; der Gemeindeausschuß ist berechtigt und verpflichtet, Uebergriffe der Gemeindeversammlung in den ausschließlich ihm zugewiesenen Wirkungskreis hintanzuhalten und er ist an Beschlüsse, die einen solchen Uebergriff in seine Zuständigkeit involviren, nicht gebunden; eine dem widersprechende staatsaufsichtliche Verfügung wäre ein Eingriff in das gemeindliche Selbstverwaltungsrecht, da dem berechtigten Organe seine Befugnisse durch die Staatsaufsichtsbehörde entzogen würden. (V.G.H.E. Bd. XII S. 45.) Ein Beschluß der Gemeindeversammlung kann also einen Beschluß des Gemeindeausschusses auch dann nicht ersetzen, wenn sämmtliche Gemeindeausschußmitglieder in der Gemeindeversammlung mitgestimmt haben. (V.G.H.E. Bd. XI S. 486.)

Anm. 2. Beschlüsse der Gemeindeversammlung in außerhalb ihrer gesetzlichen Competenz gelegenen Angelegenheiten sind lediglich Aeußerungen zur Information des Gemeindeausschusses, aber keine rechtsförmlichen und verbindlichen Gemeindebeschlüsse. (Bl. f. adm. Pr. Bd. 29 S. 119.)

Der Gemeindeausschuß ist verpflichtet, jederzeit die Rechte und Interessen der Gemeinde als Körperschaft wahrzunehmen und ist nicht berechtigt, in einem Streitverfahren gemäß Art. 8 Ziff. 28 V.G.H.G. die Rolle einer im entgegengesetzten Interesse betheiligten Partei wahrzunehmen. Er erscheint bei seinen Beschlußfassungen gegenüber den einzelnen dissentirenden Bürgern nur als Vertreter der Gemeinde; diese letztere ist daher in Bezug auf den Prozeßkostenpunkt wie jede andere Partei denselben Bestimmungen unterworfen. (V.G.H.E. Bd. IV S. 252 und Bd. IX S. 377.)

I. Bildung des Gemeindeausschusses.

Art. 124.

Der Gemeindeausschuß wird gebildet:

1) aus einem Bürgermeister,
2) aus einem Beigeordneten,
3) aus den Gemeindebevollmächtigten, und zwar aus
   - 4 in Gemeinden bis zu 300 Seelen,
   - 6 in Gemeinden von 300 bis zu 500 Seelen,
   - 8 in Gemeinden von 500 bis zu 1000 Seelen,
   - 10 in Gemeinden von 1000 bis zu 1500 Seelen,
   - 12 in Gemeinden von 1500 bis zu 3000 Seelen,
   - 18 in Gemeinden von 3000 bis zu 5000 Seelen,
   - 24 in Gemeinden mit größerer Seelenzahl.

Anm. 1. Ein Spielraum, wie in Art. 71, ist hier nicht gegeben. Bei einer Seelenzahl von über 5000 Einwohnern müssen es 24 Gemeindebevollmächtigte sein. (Bis zu z. B. = 999, 1499, 4999.)

Anm. 2. In die Hände des Bürgermeisters ist die gesammte Geschäftsleitung, die unmittelbare Vertretung der Gemeinde nach außen und die polizeiliche Execution gelegt.

Anm. 3. „Beigeordneter" ist die Uebersetzung des in der Pfalz üblichen Wortes „Adjunkt". Der Beigeordnete ist Mitglied des Gemeindeausschusses; er ist auch in Anwesenheit des Bürgermeisters stimmfähig; der Ausdruck „Stellvertreter" erschien als unpassend, weil es sich hier um eine spezielle wesentliche Stelle handelt.

Anm. 4. Bezüglich Berechnung der Seelenzahl vgl. Art. 203.

Anm. 5. Bei Verhinderung des Bürgermeisters hat der Beigeordnete seine Stelle zu vertreten: der Begriff der Verhinderung ist dehnbarer Natur und es hängt von örtlichen und zeitlichen Verhältnissen ab, ja von reinen Zufällen, ob ein Verhinderungsfall gegeben ist; lag ein solcher nach den besonderen Umständen des Einzelfalles nicht vor, und traf gleichwohl der Beigeordnete in Annahme eines solchen amtliche Maßnahmen, die dem Bürgermeister zustanden, so verlieren diese Maßnahmen nicht den Charakter amtlicher Maßnahmen nach außen. (V.G.H.E. Bd. XVIII S. 198.)

Art. 125.

I. Die Mitglieder des Gemeindeausschusses werden auf sechs Jahre gewählt.

II. Die Bürgermeister erhalten einen angemessenen Funktionsbezug, die Beigeordneten und Gemeindebevollmächtigten versehen vorbehaltlich der Entschädigung für die Verwaltung von Gemeinde- oder Stiftungskassen, für baare Auslagen und außerordentliche Dienstleistungen ihre Stellen unentgeltlich.

III. In Verhinderungsfällen wird der Bürgermeister durch den Beigeordneten und, wenn auch dieser verhindert ist, durch den nach dem Dienstalter und der Reihenfolge der Wahl nächststehenden Gemeindebevollmächtigten vertreten.

Anm. 1. Zu Abs. I: Vgl. Art. 75.

Eine analoge Bestimmung über das Ausscheiden der Mitglieder des Gemeindeausschusses, wie bei den Stadtgemeinden über das Ausscheiden der Magistratsräthe, wurde hier nicht getroffen, um das häufige Vorkommen von Gemeindewahlen, welche viel Kosten und Arbeit verursachen, zu verhindern.

Der Amtsantritt der Ausschußmitglieder erfolgt nicht vor 1. Januar, nach ertheilter Bestätigung und Einweisung. (Art. 126.) Bezüglich der Ersatzmänner vgl. Art. 197, 187, 200, Kahr G.O. S. 895.

Anm. 2. Zu Abs. II: Die Betretung des Rechtsweges ist bei Forderungen aus Abs. II ausgeschlossen. (Bl. f. adm. Pr. Bd. 34 S. 299.) Eine Vergütung muß auch dann bewilligt werden, wenn Gemeindebevollmächtigte innerhalb oder außerhalb des Gemeindebezirks ziemlich bedeutende Zeitversäumniß haben, z. B. wenn sie bei einem Straßenbau die Aufsicht führen oder wenn der Beigeordnete bei Erkrankung des Bürgermeisters sich längere Zeit fast ausschließlich mit Gemeindesachen beschäftigen muß. (Bes. Aussch.)

Vgl. hieher noch k. Entschl. v. 12. Dez. 1862, (Weber Bd. III S. 168):

§ 1 2c. 2c.

§ 2. Die Gemeindevorsteher, sowie die Gemeinde- und Stiftungspfleger haben nur für dienstliche Verrichtungen außerhalb des Gemeindebezirks besondere Entschädigung anzusprechen.

Letztere kann in Form eines jährlichen Aversums vereinbart werden.

In Ermangelung eines freiwilligen Abkommens gebührt denselben:

a) bei Abwesenheit vom Hause, welche die Dauer eines halben Tages nicht übersteigt, für Zehrung und Zeitversäumniß eine Vergütung von 24—45 kr. sowie der gleiche Betrag für jeden angefangenen weiteren halben Tag, ferner

b) für hiebei allenfalls nöthiges Uebernachten eine Entschädigung von 24—42 kr., endlich

c) für jede Wegstunde der Hin- und Rückreise eine Ganggebühr von 6—9 kr.

§ 3. Die Gemeindebevollmächtigten versehen ihre Stellen unentgeltlich. Nur bei Gängen außerhalb des Gemeindebezirks oder wenn sie rücksichtlich der Gemeindeangelegenheiten innerhalb des Gemeindebezirks besondere Auslagen haben, sind sie berechtigt, eine Entschädigung zu fordern, deren Festsetzung nach Maßgabe der in § 2 lit. a, b und c enthaltenen Bestimmungen zu geschehen hat. (Diese Bestimmungen haben noch mangels Vereinbarung oder beschlußmäßiger Fixierung entsprechende Anwendung zu finden.)

Anm. 3. Zu Abs. III: Abs. III bezieht sich auf alle dem Bürgermeister zugewiesenen Geschäftszweige, also auch auf die Handhabung der Ortspolizei. (Siehe E. d. ob. G.H., M.A.Bl. 1875 S. 672.)

Ein Funktionsbezug für den Bürgermeister muß gewährt werden; Art. 125 Abs. II und Art. 132 Abs. II; die übrigen Ausschußmitglieder dürfen keinen Funktionsbezug erhalten.

Anm. 4. Siehe Art. 132 und 184.

Art. 126.

I. Die Bürgermeister und die Beigeordneten bedürfen der Bestätigung der Distriktsverwaltungsbehörde und werden durch diese verpflichtet und in ihr Amt eingewiesen.

II. Die Bestätigung kann nur unter Angabe der Gründe versagt werden. Gegen die Versagung der Bestätigung ist in allen Fällen Beschwerde zur nächstvorgesetzten Verwaltungsstelle, in letzter Instanz zum k. Staatsministerium des Innern, zuläßig.

III. Die Gemeindebevollmächtigten sind durch den Bürgermeister zu verpflichten und in ihre Stellen einzuweisen.

IV. Wird die Bestätigung der Wahl des Bürgermeisters oder des

Beigeordneten versagt, so ist zu einer weiteren Wahl zu schreiten, wobei der Nichtbestätigte nicht wieder gewählt werden darf.

Anm. 1. Siehe Anmerkungen zu Art. 78 und 79.

Anm. 2. Zu Abs. II: Nach den Beschlüssen des besonderen Ausschusses waren auch hier bestimmte Gründe der Versagung angegeben. Darauf ließ sich jedoch die Staatsregierung nicht ein, weil die Bürgermeister vielfach Obliegenheiten haben, bei deren Erfüllung der Staat direkt betheiligt ist.

Art. 127.

I. Mitglieder des Gemeindeausschusses sind wegen erwiesener körperlicher oder geistiger Dienstesunfähigkeit oder wegen zurückgelegten sechzigsten Lebensjahres zum Austritt berechtigt.

II. Der Austritt muß erfolgen, wenn ein Ausschußmitglied die zur Wählbarkeit erforderlichen Eigenschaften verliert oder wenn Verhältnisse eintreten, welche die Fortführung des Amtes unmöglich machen.

III. Ueber die Zulässigkeit oder Nothwendigkeit des Austrittes entscheidet der Gemeindeausschuß.

IV. Außerdem kann einem Ausschußmitgliede aus triftigen Gründen die nachgesuchte Entlassung durch Beschluß des Gemeindeausschusses mit Genehmigung der vorgesetzten Verwaltungsbehörde bewilligt werden.

V. Ausschußmitglieder, welche wegen eines Verbrechens oder eines solchen Vergehens, wegen dessen auf Verlust der bürgerlichen Ehrenrechte erkannt werden kann, in die öffentliche Sitzung eines Strafgerichts verwiesen sind, unterliegen für die Dauer des Strafverfahrens der Suspension vom Amte, welche durch die vorgesetzte Verwaltungsbehörde in Vollzug gesetzt wird.

Anm. 1. Abs. I statuirt den freiwilligen, Abs. II den nothwendigen Austritt; die Voraussetzungen der Austritts**berechtigung** können auch die Voraussetzungen zur Austrittspflicht und zwar in dem Falle sein, wenn sie Verhältnisse begründen, die die Fortführung des Amtes unmöglich machen, namentlich dann, wenn ein Ausschußmitglied wegen körperlichen oder geistigen Leidens nicht fähig oder trotz solcher Gebrechen nicht gewillt sein sollte, das Austrittsrecht für sich in Anspruch zu nehmen.

Mit dem 60. Lebensjahr kann jedes Mitglied austreten und braucht die Periode, für welche es gewählt wurde, nicht zu vollenden; denn wenn ein Mitglied nur ungerne bleibt, wird es auch nicht mehr besonders willig im Interesse der Gemeinde wirken. (V.G.H.E. Bd. I S. 427.)

Die Fortführung der Gemeindeämter während einer Wahlperiode ist abgesehen von diesen Bestimmungen eine Pflicht, der sich die Mitglieder der Gemeindeverwaltungen nur aus den hier speziell angeführten Gründen entschlagen können.

Anm. 2. Zu Abs. II vgl. Art. 19, 11, 172. S. auch ff. V.G.H.E.:

a) Zu jenen Verhältnissen, welche „die Fortführung des Amtes unmöglich machen," und die vom Gemeindeausschusse auszusprechende Nothwendigkeit des Austritts bedingen, zählen Verurtheilungen wegen strafbarer Handlungen nicht, auch wenn dieselben eine Schwächung des Ansehens und des Vertrauens des betreffenden Ausschußmitgliedes zur Folge haben. Abgesehen von denjenigen strafrechtlichen Verurtheilungen, welche gemäß Art. 170 Abs. I und Art. 172 Abs. I den Verlust der Wählbarkeit begründen, können strafgerichtliche wie disciplinäre Verurtheilungen eines Gemeindeausschußmitgliedes nur im Wege der disciplinären Einschreitung zur Entlassung desselben führen, welche aber nicht dem Gemeindeausschusse, sondern nach Maßgabe des Art. 167 Abs. II der vorgesetzten Kreisregierung zusteht. (Bd. I S. 423.) Disciplinäre Entlassungsgründe gehören nicht hieher, wohl aber ein Konkursverfahren s. S. 264 und Anm.

b) Durch Abs. II ist der Staatsaufsichtsbehörde die Befugniß eingeräumt, den Austritt eines Gemeindeausschußmitglieds herbeizuführen, welches ordnungswidrig sich im Gemeindeausschuß befindet. Die Entscheidung setzt aber einen Beschluß nach Abs. III voraus. (V.G.H.E. Bd. VIII S. 170.) Dieser Beschluß kann nach Art. 157 von der Aufsichtsbehörde erzwungen werden.

Anm. 3 Zu Abs. III: Der Gemeindeausschuß entscheidet sowohl in den Fällen des Abs. I als Abs. II auf Grund förmlicher Beschlußfassung. Dieser Beschluß ist nur ein Verwaltungsbeschluß, keineswegs eine erstinstanzielle Rechtsentscheidung; die Beschwerde geht hiebei an die vorgesetzte Verwaltungsbehörde und von da an den Verwaltungsgerichtshof. (V.G.H.E. Bd. II S. 512, Bd. IV S. 8, Bd. VIII S. 170.) Die Erbringung des nöthigen Beweismaterials obliegt dem Antragsteller. (V.G.H.E. Bd. VIII S. 112.)

Eine der letztinstanziellen Entscheidung des V.G.H. überwiesene Streitigkeit über die Verpflichtung zum Austritt aus einem Gemeindeamt liegt auch dann vor, wenn ein Gemeindeausschußmitglied die Berechtigung zur Fortführung des Gemeindeamts, welche ihm wegen freiwillig erfolgten Austrittes aus dem Gemeindeausschuß bestritten wird, mit der Behauptung in Anspruch nimmt, daß er das gestellte Gesuch um Dienstenthebung zurückgenommen und daß er gesetzlich zum Austritt nicht verpflichtet sei. Durch eine Zurücknahme des gesetzlich erledigten Entlassungsgesuchs kann das bereits erloschene Amtsverhältniß nicht wieder hergestellt werden; wohl aber ist die Zurücknahme zulässig, so lange kein Beschluß des Gemeindeausschusses gefaßt ist. (V.G.H.E. Bd. VI S. 189.)

Anm. 4. Zu Abs. IV: Kann: also besteht keinerlei Rechtsanspruch hierauf, auch nicht auf die Genehmigung der vorgesetzten Verwaltungsbehörde, daher ist auch der V.G.H. unzuständig. (V.G.H.E. Bd. II S. 510.)

Ein feindliches Verhältniß zu einem Beamten berechtigt nicht zur Niederlegung von Gemeindeämtern. (V.G.H.E. v. 26. Febr. 1886 zit. in den Bl. f. adm. Pr. Bd. 37 S. 12.)

Der Gemeindeausschuß bedarf der Genehmigung nur, wenn er dem Gesuch stattgibt, nicht, wenn er es abweist.

Anm. 5. Zu Abs. V: Dermalige Fassung nach dem Gesetz vom 29. Jan 1872.

Art. 128.

I. Bei öffentlichen Feierlichkeiten gehen die Mitglieder des Gemeindeausschusses den anderen Gemeindebürgern vor.

II. Die Dienstzeichen der Bürgermeister und der Beigeordneten werden durch Verordnung bestimmt.

Anm. Siehe Verordnung vom 4. August 1868, (Weber Bd. VIII S. 243), M.E. vom 21. Dez. 1869, Dienstzeichen der Beigeordneten betr., (Weber Bd. VIII S. 245), 28. Febr. 1870, Dienstzeichen der Bürgermeister betr., (Weber Bd. VIII S. 503).

Art. 129.

I. Dem Bürgermeister kann überlassen werden, gegen angemessene Entschädigung für Herstellung der nöthigen schriftlichen Arbeiten Sorge zu tragen. Wird diese Einrichtung nicht getroffen, so ist unter Auswerfung einer angemessenen Besoldung ein Gemeindeschreiber aufzustellen, dem die Verpflichtung aufgelegt werden kann, die Voranschläge und Rechnungen über den Gemeinde und Stiftungshaushalt für die betreffenden Verwalter herzustellen.

II. Mehrere benachbarte Gemeinden können sich zur gemeinschaftlichen Bestellung eines Gemeindeschreibers vereinigen.

III. Die Gemeinden sind befugt, für sich allein oder in Gemeinschaft mit anderen rechnungsverständige Einnehmer zur Besorgung des Kasse- und Rechnungswesens für den Gemeinde- und Stiftungshaushalt aufzustellen und angemessen zu besolden. Die aufgestellten Einnehmer bedürfen der Bestätigung der vorgesetzten Verwaltungsbehörde und sind zur Kautionsleistung verpflichtet.

IV. Außerdem haben die Gemeinden das sonst nothwendige Dienstpersonal aufzustellen.

V. Die Dienstesauszeichnung der zu polizeilichen Verrichtungen verwendeten Gemeindebediensteten wird durch Verordnung bestimmt.

Anm. 1. Zu Abs. I: Vgl. hieher V. d. bes. Aussch.:

Eine Verpflichtung der Lehrer zur Uebernahme der Gemeindeschreiberei besteht nicht mehr. Man überläßt es der Verständigung, dem Vertrag; Bürgermeister und Gemeindeausschuß haben sich hiebei ins Benehmen zu setzen. Bei normalen Verhältnissen wird sich immer Jemand finden, und wenn die Bürgermeister Niemand finden, so sind sie in der Regel selbst schuld daran.

Die Anstellung des Gemeindeschreibers ist widerruflich, wird jedoch durch den Dienstvertrag geregelt.

Die Feststellung der Entschädigung des Bürgermeisters liegt im ausschließlichen Ermessen der Gemeinden ohne Zulässigkeit des aufsichtlichen Einschreitens. (Wand S. 396.)

Gemeindeschreiber bedürfen nicht der bezirksamtlichen Bestätigung.

Die Bestrafung wegen Vergehens im Amt oder wegen Unterschlagung ohne Aberkennung der bürgerlichen Ehrenrechte oder der Fähigkeit zur Bekleidung öffentlicher Aemter hindert nicht die Verwendung im Gemeindeschreiberdienst; einem diesbezüglichen Beschlusse der Gemeindeverwaltung kann nicht im Wege des Art. 157 Abs. III, sondern nur im Wege des Art. 169 Abs. II seitens der Aufsichtsbehörde entgegengetreten werden. (V.G.H.E. Bd. XVI S. 82.)

Anm. 2. Vgl. noch Art. 132, 159, dann: Vdg. v. 4. August 1869, Dienstzeichen der Gemeindeverwaltungsmitglieder betr., (s. oben Anm. zu Art. 128). Vdg. vom 12. Mai 1888, Dienstkleidung und Dienstauszeichnung der zu polizeilichen Verrichtungen verwendeten Gemeindebediensteten betr., G.V.Bl. S. 453.

Anm. 3. Gemeindeschreiber sind Beamte im Sinne des R.Str.G.B. (Entsch. d. Oberl.Ger. München, Bd. IV S. 586.)

Anm. 4. S. Art. 6 G.O., ferner Art. 10 Forstges., über die Verpflichtung der Bediensteten Art. 141.

II. Wirkungskreis des Gemeindeausschusses.

A. Eigentliche Gemeindeangelegenheiten.

Siehe meine Erörterungen vor Art. 84.*)

Art. 130.

Die eigentlichen Gemeindeangelegenheiten werden vom Gemeindeausschusse verwaltet; derselbe erläßt innerhalb seiner Zuständigkeit statutarische Bestimmungen und vertritt die Gemeinde in ihren Rechten und Verbindlichkeiten.

Anm. 1. Vgl. hieher zunächst Art. 84; das dort Gesagte gilt fast ausnahmslos auch hier.

Nur der Gemeindeausschuß vertritt die Gemeinde; hieran ändert auch der Umstand nichts, daß ein Fall des Art. 147 vorliegt, daß also Beschlußfassung der Gemeindeversammlung erforderlich ist, denn der Vollzug des Beschlusses fällt immer wieder dem Gemeindeausschuß zu. Dies gilt namentlich von dem Beschwerderecht nach Art. 10 Ziff 2. V.G.H.G. Einzelne Gemeindeglieder können hier keine Beschwerde einlegen. Die Gemeindeverwaltungen erscheinen bei ihren Beschlußfassungen in korporativen Angelegenheiten gegenüber den einzelnen dissentirenden Gemeindebürgern lediglich als Vertreter der Gemeinden: letztere sind daher in einem verwaltungsrechtlichen Streite in Bezug auf den Kostenpunkt auch denselben Bestimmungen unterworfen, wie jede andere Partei; (V.G.H.E. Bd. I S. 417, Bd. II S. 12, Bd. III S. 719, Bd. IV S. 252.) Da der Ausschuß die Rechte und Interessen der Gemeinde als Corporation wahrzunehmen hat, ist er nicht berechtigt, die Rolle einer im entgegengesetzten Interesse betheiligten Partei gegenüber der Gemeinde einzunehmen. (V.G.H.E. Bd. IX S. 377.)

---

*) Empfehlenswerth ist das bei J. Schweitzer Verlag in München erschienene Werk: Handbuch des Staats- und Verwaltungsrechts für das Kgr. Bayern von Rechtsanwalt Carl Pohl, München 1898—1900. 2 Bde. broschirt ℳ 17.30, gebunden ℳ 20.—.

Anm. 2. Abgesehen von Art. 163 ist in der Uebertragung einer Verwaltung oder einer Vertretung schon nach dem Wortlaut nicht die Befugniß inbegriffen, auch Rechte aufzugeben oder Verbindlichkeiten zu übernehmen; so ist denn auch z. B. für die Giltigkeit der Darlehensaufnahme einer Landgemeinde immer ein Beschluß der Gemeindeversammlung erforderlich. (Vgl. Art. 63.)

Die Worte: „innerhalb seiner Zuständigkeit" bedeuten soviel, daß der Ausschuß hiezu vorbehaltlich der etwa erforderlichen Beschlüsse der Gemeindeversammlung berechtigt sei.

Anm. 3. Gerichtliche Zustellungen für eine Landgemeinde, die nur auf Betreiben eines Bürgermeisters erfolgen, sind nichtig, denn der Bürgermeister hat nicht zu bestimmen, ob ein Prozeß für die Gemeinde begonnen oder fortgesetzt werden soll, sondern hierüber hat der Gemeindeausschuß zu beschließen. Der Bürgermeister hat die Zustellung nur in Ausführung eines Gemeindebeschlusses zu vermitteln, als betreibender Theil aber erscheint nur der Ausschuß: dies gilt auch bezüglich der Aufnahme in die Zustellungsurkunde. (E. d. ob. G.H. Bd. V S. 534 ff. VI S. 676.) S. auch Art. 131 Abs. VI.

Eine Landgemeinde ist zum prozessualen Auftreten für eine Kirchengemeinde nicht berechtigt: (E. d. ob. G.H. Bd. VIII S. 203.)

Zustellungen an den Bürgermeister gelten als Zustellungen an den Ausschuß, obwohl letzterer sich nur zeitweilig versammelt. Dies gilt insbes. von dem Fristenlauf. — Ueber die Berichtsform bei Correspondenzen mit k. Behörden s. J.M.Bl. 1885 S. 75. Hiezu gehören insbesondere auch die Gerichte und Gerichtsschreibereien als Abtheilungen derselben und die Rentämter.

Art. 131.

I. Vorstand des Gemeindeausschusses ist der Bürgermeister.

II. Er sorgt für örtliche Bekanntmachung der den Wirkungskreis der Gemeinde betreffenden Gesetze, Verordnungen und Erlasse und, soweit er hiezu gesetzlich verpflichtet ist, für den Vollzug.

III. Ihm liegt ob die Führung und Bewahrung

a) der Beschreibung der Gemeindegrenzen, der Rechte und Gerechtigkeiten und Besitzungen der Gemeinden;

b) der Gemeindegrundsteuerkatasterauszüge und des Gemeindeplans;

c) des Inventars über alles bewegliche Vermögen der Gemeinde, der Feuerlöschgeräthschaften und dergleichen;

d) der Beitragsrollen für die Gemeindeumlagen und für die Gemeindedienste;

e) des Verzeichnisses der Gemeindebürger und der Heimathberechtigten;

f) der Wahllisten und der Urlisten für die Wahl der Geschworenen.

IV. Er hat für die ordnungsmäßige Erhaltung der Gemeinderegistratur, insbesondere für die Aufbewahrung der Gemeinde- und Stiftungsrechnungen nebst Belegen zu sorgen.

V. Ihm kommt die Ueberwachung des Kasse- und Rechnungswesens der Gemeinde und der Stiftungen zu.

VI. Er hat in Bezug auf die Verwaltung der Gemeindeangelegenheiten die Beschlußfassung des Gemeindeausschusses, in Fällen, wo dies gesetzlich erforderlich ist, die Beschlußfassung der Gemeindeversammlung vorzubereiten und zu leiten, und für den Vollzug der gefaßten Beschlüsse zu sorgen.

Anm. 1. Die Pflichten des Bürgermeisters sind in der Gemeindeordnung, namentlich in Art. 131, soweit sie eigentliche Gemeindeangelegenheiten betreffen, nicht bloß exemplifikatorisch, sondern erschöpfend geregelt.

Anm. 2. Zu Abs. II: Die Promulgation der Gesetze bedingt zwar die rechtliche Wirksamkeit derselben; dieser Satz läßt sich aber nicht in gleicher Weise auf Beschlüsse und Anordnungen einer Gemeindeverwaltung übertragen, weil überhaupt hinsichtlich der Art und Weise der gemeindlichen Veröffentlichungen eine allgemeine Regel gesetzlich nicht bestimmt ist; wenn nur eine gemeindliche Anordnung nachweislich dem Betheiligten bekannt geworden ist, kann die Anwendbarkeit derselben auf den betreffenden Betheiligten nicht wegen der Art der Veröffentlichung bekämpft werden. (V.G.H.E. Bd. IX S. 231.)

In der Regel genügt Anschlag am Gemeindebrett und Ausschellen. Ueber die Form der Verkündung s. Bek. vom 28. Mai 1862, Reg.Bl. S. 925, Weber Bd. V S. 638. S. auch Art. 92.

Die Verpflichtung des Bürgermeisters zur örtlichen Bekanntmachung erstreckt sich nur auf die den Wirkungskreis der Gemeinde betreffenden Gesetze. (M.E. v. 26. März 1876 Nr. 3448, Weber Bd. XI S. 478.)

Art. 11 des Pol.Str.G.B. bestimmt ferner:

Jede orts- oder distriktspolizeiliche Vorschrift ist in dem Bezirke, in welchem sie zur Anwendung gebracht werden soll, gehörig bekannt zu machen und mit dem Nachweise der geschehenen Bekanntmachung in amtlich beglaubigter Fertigung den Gerichten mitzutheilen, welche die bedrohten Uebertretungen in erster und zweiter Instanz abzuurtheilen haben.

Anm. 3. Zu Abs. III a—d: Ueber Lagerbücher, Gemeindebücher, Inventar und Conkurrenzrollen: s. Vollz.Vorschr. z. revid. Gem.Edikt v. 31. Okt. 1837, Weber Bd. III S. 170. Ueber Anlage von Gem.Inventarien s. bayer. Gem.Zeitg. 1891 Nr. 19. Formulare zu Conkurrenzrollen bei Stadelmann, Handb. der Landgemeinde-Verw. 7. Aufl. Ebenso bezüglich der Bürgerverzeichnisse. Ueber die Behandlung und Neuanfertigung der Gemeindepläne s. aut. F.M.E. v. 25. Febr. 1876 Nr. 1028.

Die Bestimmung des Gemeindeedikts, welches die Führung der Lagerbücher statuirt hat, wurde nicht mehr aufgenommen. Es sind daher nur die Katasterauszüge, welche die Gemeinde selbst angehen, welche deren Eigenthum betreffen, gemeint; wenn also die Gemeinde ein Grundstück kauft oder verkauft, muß der Bürgermeister auch dafür sorgen, daß die Katasterauszüge evident gehalten werden; von derartigen Veränderungen haben übrigens die Bürgermeister ganz genaue Kenntniß, weil sie ja ohne die Bürgermeister gar nicht vorgenommen werden können.

Die Verpflichtung der Evidenthaltung erstreckt sich aber nicht auch auf die Grundstücke von Privaten. (Min.Komm. im bes. Aussch.)

ad. f: M.E. v. 1. Aug. 1880, M.A.Bl. S. 289, Weber Bd. XIV S. 542, M.E. v. 22. Jan. 1883, M.A.Bl. S. 66, Weber Bd. XVI S. 97.

Anm. 4. Zu Abs. IV: Ein Muster einer Gemeinderegistraturordnung findet sich in Bl. f. adm. Pr. Bd. 16 S. 393. Vgl. M.A.Bl. 1888 S. 199.

Anm. 5. Zu Abs. VI: Der Bürgermeister hat den in den Beschlüssen des Gemeindeausschusses geäußerten Willen zu vollziehen und nur nach dem Inhalte dieses Gemeindewillens bemißt sich der Umfang der Vollzugsgewalt des durch seine Handlungen die Gemeinde nach Außen vertretenden Vollzugsbeamten. Der Bürgermeister braucht indeß die Beschlüsse des Gemeindeausschusses nicht blindlings zu vollziehen; findet er Anstände, so kann er der Staatsaufsichtsbehörde die Akten vorlegen, welche das Weitere verfügt. Der Gemeindeausschuß hat das Recht, die von seinen Beschlüssen abweichenden Handlungen durch nachträgliche Beschlußfassung zu genehmigen. Hat ein Bürgermeister einen formell ungiltigen Beschluß des Gemeindeausschusses in Vollzug gesetzt, so erwächst unter Umständen der Gemeinde gegenüber dem Bürgermeister eine Haftungsverbindlichkeit; es widerstreitet indeß der natürlichen Billigkeit, wenn aus der Nichtbeachtung jener Vorschriften in einem bestimmten Falle ein materieller Rechtsnachtheil gegen eine betheiligte dritte Person abgeleitet werden wollte, für die jene Geschäftsvorschriften nicht erlassen sind, die gar nicht in der Lage ist, die Beachtung derselben in einem gegebenen Falle wahrzunehmen. (S. B.G.H.E. Bd. X S. 212.) Nach E. d. ob. G.H. Bd. VII S. 754 ist als die nothwendige Folge der obigen Gewalt des Gemeindeausschusses zu erachten, daß ihm als Repräsentanten des Gemeindewillens auch das Recht zusteht, die von seinen Beschlüssen abweichenden Handlungen des Vollzugsbeamten durch nachträglichen Beschluß zu genehmigen; verletzt der Vollzugsbeamte durch seine Amtshandlungen die Rechte eines Dritten, so ist letzterem die Verfolgung seines Anspruchs gegen die Gemeinde gestattet, gleichgiltig, ob der die Gemeinde vertretende Ausschuß die verletzenden Handlungen vorher beschlossen oder nachträglich genehmigt hat. Beschlüsse und Verfügungen der Staatsbehörden, welche in einer dem gesetzlichen Wirkungskreise des Gemeindeausschusses angehörigen Angelegenheit an den Vorstand desselben, den Bürgermeister oder dessen Stellvertreter ergehen, sind als dem Gemeindeausschuß selbst zugegangen anzusehen; der Lauf der an solche Erlasse sich knüpfenden Fristen beginnt hiernach für den Gemeindeausschuß mit der Zustellung der ersteren an den Ausschußvorstand. (B.G.H.E. Bd. I S. 85.) Eine von dem Bürgermeister einer Gemeinde Namens derselben bei einer contradiktorischen Verhandlung abgegebene Erklärung ist gegenüber der Gegenpartei auch dann rechtswirksam, wenn der Bürgermeister gegen den Sinn der von ihm vertretenen Gemeinde gehandelt hat. Der letztere Umstand kann nur eine Haftungsverbindlichkeit des Bürgermeisters gegenüber der Gemeinde begründen. (Eod. Bd. II S. 556.)

Ueber Legitimationen und Reisepässe: Eod. Bd. II S. 609. Der Bürgermeister bedarf keiner besonderen Vollmacht, wohl aber andere Gemeindevertreter.

Art. 132.

I. Der Gemeindeausschuß stellt den Gemeindeschreiber und die sonst erforderlichen Bediensteten in widerruflicher Weise an und bestimmt deren Funktionsgehalt.

II. Er bestimmt vorbehaltlich der Beschwerde an die vorgesetzte Verwaltungsbehörde den Funktionsbezug des Bürgermeisters und beschließt über die den Verwaltern des Gemeinde- und Stiftungsvermögens zu gewährende Entschädigung.

Anm. 1. Zu Abs. I: Ueber Gemeindeschreiber s. Art. 129; vgl. auch Art. 72 und 77 und die Anm. Nur widerrufliche Anstellung ist zulässig, Sustentation bei Dienstunfähigkeit nicht ausgeschlossen.

Anm. 2. Zu Abs. II. Beschwerderecht der Bürgermeister nach Art. 163, damit sie nicht völlig vom Belieben des Ausschusses abhängen. Art. 10 Ziff. 2 V.G.-H.G. anwendbar, aber nicht bezüglich der Höhe des Bezugs als einer Ermessenssache.

Art. 133.

I. Der Gemeindeausschuß führt den Gemeindehaushalt; er hat für die Erhaltung des Vermögens und für Erfüllung der Verbindlichkeiten der Gemeinde zu sorgen.

II. Seine Mitglieder haften für allen durch die Nichterfüllung ihrer Dienstesobliegenheiten entstehenden Schaden.

Anm. Vgl. Art. 62 und 86.

Art. 134.

I. Er verwaltet das Gemeinde- und örtliche Stiftungsvermögen durch die aus seiner Mitte aufgestellten oder die besonderen Verwalter.

II. Dem Bürgermeister und Beigeordneten ist untersagt, eine Verwaltung selbst zu führen.

III. Die Verwalter haften zunächst für die richtige Erhebung der Einkünfte, für die Einhaltung der Voranschläge und für die vorschriftsmäßige Ordnung in den Ausgaben.

IV. Die Verwalter haben eine vom Gemeindeausschusse festzusetzende Caution zu leisten. Mitgliedern des Gemeindeausschusses kann diese Cautionsleistung aus besonderen Gründen erlassen werden.

Anm. 1. Vgl. Art. 87 ff. und die Anm. und bayer. Gem.Zeitg. 1894 S. 248.

Anm. 2. Art. 133 und 134 sind analog anwendbar bei Ortschaften nach Art. 153 Abs. V. An Stelle des Gemeindeausschusses tritt dann unter den gegebenen Voraussetzungen der Ortsausschuß und wenn dessen Bildung nicht beliebt wird, die Ortsversammlung, die Gemeinschaft der Ortsbürger und an Stelle der Verwalter die Ortspfleger. (E. d. ob. G.H. Bd. XI S. 5.)

Anm. 3. Ueber Aufstellung der Verwalter s. auch M.E. v. 12. Okt. 1869, Behandlung des Kassawesens betr., Weber Bd. VIII S. 382.

Die Gemeinde- und örtlichen Stiftungskassen in den Landgemeinden werden entweder durch die vom Bürgermeister oder seinem Stellvertreter gemäß Art. 145 Abs. I damit beauftragten Gemeindeausschußmitglieder oder durch besondere unter Bestätigung der vorgesetzten Verwaltungsbehörde aufgestellte und durch den Bürgermeister (nach erfolgter Kautionsstellung) verpflichtete Einnehmer verwaltet.

Die Verwalter werden auch in Landgemeinden nicht von den Gemeinden gewählt; dadurch gewinnt der Gemeindeausschuß, indem er die ganze Organisation in die Hand bekommt und die Repartition der Verwaltung besorgt, einen größeren Einfluß, als wenn man schon von vornherein bei der Wahl einen eigenen Verwalter aufstellt. (Bes. Aussch.)

Ihre Aufstellung ist Sache der Geschäftsvertheilung des Bürgermeisters nach Art. 145. V.G.H.E. Bd. XIII S. 137, Bl. f. adm. Pr. Bd. 36 S. 411.

Bei etwaiger Weigerung kommt Art. 166 in Betracht.

Die Quittungen sind vom Verwalter auszustellen, Quittungen über heimgezahlte Aktivkapitalien bedürfen der Contrasignirung des Bürgermeisters. (M.E. vom 2. August 1873, A.Bl. S. 467, Weber Bd. X S. 77 und M.E. vom 31. Dez. 1875, A.Bl. 1876 S. 74, Weber Bd. XI S. 310.) Ueber Löschungsbewilligungen siehe Art. 66 und Anmerkung; ebenso Anhang.

Anm. 4. Gegen eine auf Grund des Art. 134 Abs. II erfolgte staatsaufsichtliche Beanstandung einer Kassenverwaltungsübertragung kann nur von der Gemeindeverwaltung, nicht aber auch von dem aufgestellten Kassenverwalter Beschwerde zum V.G.H. erhoben werden. (V.G.H.E. Bd. IX S. 144; s. auch Bd. VII S. 171.

Art. 135.

I. Das Rechnungsjahr läuft vom 1. Januar bis 31. Dezember.

II. Im Monat Oktober hat der Gemeindeausschuß den Voranschlag sämmtlicher voraussehbarer Einnahmen und Ausgaben der Gemeinde für das nächste Jahr aufzustellen und denselben im Laufe des Monats November nach vorgängiger Bekanntmachung vierzehn Tage lang öffentlich aufzulegen. Jedem Umlagenpflichtigen steht es frei, seine Erinnerungen schriftlich einzureichen oder zu Protokoll zu erklären.

III. Nach Ablauf dieser Frist hat der Gemeindeausschuß den Voranschlag unter Würdigung der eingekommenen Erinnerungen festzustellen und der vorgesetzten Verwaltungsbehörde sofort vorzulegen. Sieht sich diese Behörde hiedurch zu der Ausübung ihres Aufsichtsrechtes nach Art. 157 veranlaßt, so hat sie binnen sechs Wochen dem Gemeindeausschusse die geeignete Eröffnung zu machen.

IV. Der Voranschlag bildet die Grundlage des Gemeindehaushalts. Ueber nicht vorgesehene unvermeidliche Ausgaben hat der Gemeindeausschuß Beschluß zu fassen.

V. Vorstehende Bestimmungen finden auch Anwendung auf den Stiftungshaushalt. Die Voranschläge können jedoch für eine längere

Periode festgestellt werden, soferne die vorgesetzte Verwaltungsbehörde nicht im einzelnen Falle anders verfügt.

VI. Die Verwalter oder besonderen Einnehmer dürfen ohne schriftliche Zahlungsanweisung des Bürgermeisters bei Meidung eigener Haftung keine Zahlung machen.

Anm. Vgl. Art. 88, 89, 42, 47, 147; V.G.H.E. Bd. III S. 79, 719; Bl. f. adm. Pr. Bd. 21 S. 287, Bd. 22 S. 296.

Art. 136.

I. Die Rechnungen über die Verwaltung des Gemeinde- und Stiftungsvermögens im abgelaufenen Jahre müssen bis zum 1. Mai von den Verwaltern oder Einnehmern gestellt, nach vorgängiger Bekanntmachung an bestimmten Tagen verlesen und vierzehn Tage lang öffentlich aufgelegt werden.

II. Jedem Umlagenpflichtigen steht frei, binnen dieser Frist bei Vermeidung des Ausschlusses seine Erinnerungen schriftlich einzureichen oder zu Protokoll zu erklären.

III. Sodann sind die Rechnungen durch den Gemeindeausschuß unter Würdigung der abgegebenen Erinnerungen und nach Vernehmung des Rechners über etwa erhobene Beanstandungen festzustellen und nebst Belegen mit allen Verhandlungen an die vorgesetzte Verwaltungsbehörde einzusenden, von welcher die Rechnungen geprüft und rechnerisch beschieden werden.

IV. Betrifft der Bescheid eine Haftungsverbindlichkeit des Rechners, so finden die Bestimmungen des Art. 158 Anwendung.

V. Ist die Behörde durch die vorgelegte Rechnung zur Ausübung ihres Aufsichtsrechtes nach Art. 157 veranlaßt, so hat sie binnen vier Monaten dem Gemeindeausschuß die geeignete Eröffnung zu machen.

Anm. 1. Vgl. das zu Art. 89 Gesagte.

Anm. 2. Zu Abs. I: Das Verlesen der Rechnungen hat zu geschehen, weil in der Regel erst durch das Verlesen der Rechnungen Zweifel laut werden und demnach die Verlesung der öffentlichen Auflage vorauszugehen hat. Verlesung und Auflagefrist sind öffentlich bekannt zu machen.

Der Bürgermeister hat zu bestätigen, daß die Bekanntmachung erfolgte, die Rechnung an bestimmten Tagen verlesen und 14 Tage lang öffentlich aufgelegt wurde. § 348 des Reichsstrafgesetzbuches ist auf derlei Beurkundungen anwendbar; bei vorsätzlich falscher Beurkundung: Gefängniß nicht unter einem Monat. (M.A.Bl. 1875 S. 255.)

Anm. 3. Zu Abs. II vgl. Bl. f. adm. Pr. Bd. 39 S. 253, zu Abs. III über Rechnungsrevision sehr ausführlich eod. Bd. 31 S. 81.

Art. 137.

Der Gemeindeausschuß nimmt Antheil an der Armenpflege, sowie an dem Kirchen- und Schulwesen nach den hierüber bestehenden Gesetzen und Verordnungen.

Anm. Siehe Art. 91 und Bl. f. adm. Pr. Bd. 25 S. 337.

B. Polizei.

Art. 138.

I. Die Handhabung der Ortspolizei ist dem Bürgermeister allein übertragen. Hiernach steht demselben der Vollzug der die Polizeiverwaltung betreffenden Gesetze, gesetzlich erlassenen Verordnungen, polizeilichen Vorschriften und kompetenzmäßigen Anordnungen der vorgesetzten Behörden innerhalb des Gemeindebezirkes zu, soweit hiefür nicht durch Gesetz oder gesetzmäßige Verordnung die Zuständigkeit einer höheren Behörde begründet ist.

II. Er hat insbesondere die polizeiliche Aufsicht zu pflegen, die nöthigen Visitationen vorzunehmen, die ortspolizeilichen Bewilligungen zu ertheilen und die ortspolizeilichen Anzeigen zu erstatten.

III. Er hat für die Erhaltung der öffentlichen Sicherheit, Ordnung, Ruhe und Sittlichkeit zu sorgen und den Fremdenverkehr zu überwachen; er hat das Recht der vorläufigen polizeilichen Einschreitung zur Verhütung strafbarer Handlungen.

IV. Er hat bei Verletzung der Strafgesetze die zur Ermöglichung und Sicherung der gesetzlichen Einschreitung zulässigen vorläufigen Maßregeln, soweit nöthig, vorzukehren und die Gerichte bei Führung der Untersuchungen, insbesondere bezüglich der Aufnahme und Sammlung der Beweismittel, entsprechend zu unterstützen, sowie in allen Fällen, in welchen die Festnahme einer Person zulässig und veranlaßt erscheint, diese Festnahme zu bewirken. Er ist verpflichtet, nöthigenfalls für den Transport der von den Bediensteten des Staates im Gemeindebezirke Aufgegriffenen an die Distriktspolizeibehörde oder den Einzelnrichter des Bezirkes gegen Ersatz der Kosten aus Staatsmitteln zu sorgen.

V. Ihm liegt ob, die augenblicklichen Vorkehrungen gegen Gefahren für das Leben und Eigenthum zu treffen, die Anstalten für Beförderung der allgemeinen Wohlfahrt in der Gemeinde zu beaufsichtigen und namentlich sein Augenmerk auf die öffentliche Reinlichkeit, die Einrichtungen für Gesundheit, die Feuerbeschau und Feuerlöschanstalten, die öffentlichen Wege, Stege, Brücken, Brunnen und Wasserleitungen, den Verkauf von

Lebensmitteln, den Marktverkehr, dann auf Maß und Gewicht zu richten und die entsprechenden Verfügungen und Maßregeln zu treffen oder zu veranlassen.

VI. [Derselbe hat ferner dafür Sorge zu tragen, daß alljährlich mindestens einmal die Flur- und Markungsgrenzen von den Feldgeschworenen nach Maßgabe des Art. 21 des Vermarkungsgesetzes vom 16. Mai 1868 umgangen und die zur Anzeige gebrachten Mängel abgestellt werden.] Vgl. Art. 92 und Anm.

Anm. 1. Vgl. zunächst das zu Art. 92 Gesagte. In Landgemeinden ist der Bürgermeister, nicht der Gemeindeausschuß zur Ausübung der Ortspolizei ausschließlich befugt. Die in Art. 138 aufgezählten Obliegenheiten sind exemplifikatorisch, nicht erschöpfend.

Der ganze Unterschied zwischen Orts- und Distriktspolizei beruht nur darauf, daß man den vollständigen Wirkungskreis einer Polizeibehörde erster Instanz zwischen verschiedenen Behörden getheilt hat, daß man die primitive Behandlung jener Gegenstände, welche vorwiegend eine Bedeutung für die Gemeinden haben, unter der Bezeichnung der Ortspolizei den Gemeindebehörden überlassen hat, während man die wichtigeren Gegenstände der Polizeiverwaltung, jene von überwiegendem staatlichen Interesse, unter dem Titel der Distriktspolizei zentralisirte und in der Hand einer Behörde vereinigt hat, welche für eine Mehrheit von politischen Gemeinden, die zu ihrem Bezirke gehören, diese höheren Befugnisse auszuüben hat. (Dr. Edel, bes. Aussch.)

Alles, was zu polizeilichem Einschreiten Anlaß gibt, fällt der ortspolizeilichen Thätigkeit anheim, wenn nicht eine besondere Bestimmung die Zuständigkeit einer höheren Polizeibehörde zuweist. (Verh. d. Soc.Gef.Aussch. Abth. I S. 134, II S. 528.)

Ueber Reisepässe s. V.G.H.E. Bd. II S. 609, über Lebensmittelfürsorge vgl. Pechmann, Wirkungskreis der Distriktsverwaltungsbehörden, 4. Aufl. S. 511 ff., auch M.E. v. 4. Sept. 1882, M.E. v. 4. Sept. 1882, M.A.Bl. S. 327.

Anm. 2. Ueber einzelne polizeiliche Befugnisse und Pflichten:

a) § 182 R.C.P.O.

b) Art. 148 des Forstges. v. 28. März 1852, Zustellungen der Ladungen, nun Redaktion v. 4. Juli 1896.

c) Art. 100 Mil.Strafger.Ordg., Art. 77 Ausf.Ges. z. R.St.P.O., über Empfang von Zustellungen, Art. 102 daselbst über Unterdrückung des Laufes von Gesetzesübertretungen,

d) §§ 36 ff. R.G.V.G.: Anfertigung des Verzeichnisses der Schöffen und Geschworenen,

e) § 759 R.C.P.O. über Zeugschaftsleistung bei Vollstreckungshandlungen,

f) § 157 R.Str.Pr.Odg. und. gem. M.Bktm. v. 3. Okt. 1879, das Verfahren bei Auffindung von Leichen, M.A.Bl. S. 537. Siehe: Grill, Leichen- und Begräbnißpolizei, J. Schweitzer Verlag München 1897; 75 ₰.

g) Versiegelung des Rücklasses: Art. 105 des Ausführungsgesetzes v. 9. Juni 1899 zum bürgerlichen Gesetzbuch lautet: „Die Anlegung von Siegeln zur Sicherung eines Nachlasses, der sich nicht in der Gemeinde befindet, in welcher das zuständige Amtsgericht seinen Sitz hat, kann dem Bürgermeister übertragen werden. In dringenden Fällen hat der Bürgermeister für die Sicherung des Nachlasses vorläufig durch Anlegen von Siegeln zu sorgen; die getroffene Maßregel ist sofort dem Amtsgerichte anzuzeigen."

„Dem Bürgermeister kann auch die Entsiegelung übertragen werden."

Die Vorschrift in Ziff. 1 der nun außer Kraft gesetzten M.E. v. 26. Nov. 1866, die Erstattung von Todesanzeigen an die Civilgerichte diesseits des Rheins betreffend bezw. M.E. v. 13. April 1896 J.M.Bl. S. 160, s. auch bayr. Gem.Zeitg. 1895 S. 522 (J.M.Bl. S. 351), nach welcher die Ortspolizeibehörden von jedem, im Ortspolizeibezirk vorkommenden Todesfall dem Amtsgericht des Wohnsitzes der verstorbenen Person oder bei Unbekanntsein des Wohnsitzes dem nächstgelegenen Amtsgerichte in möglichster Bälde Anzeige zu erstatten haben, war gemäß Art. 156 Abs. V für die Gemeindebehörden bindend. Diese Vorschrift hatte auch dann, wenn es bei Auffindung eines Leichnams im Ortspolizeibezirk ungewiß war, ob der Tod in diesem Bezirk erfolgt ist, Anwendung zu finden und zwar neben den besonderen Vorschriften der Ministerialentschließung vom 3. Okt. 1879, das Verfahren und die Zuständigkeit bei Auffinden von Leichen betreffend. (V.G.H.E. Bd. IV S. 170.)

Siehe nunmehr Bektm. v. 31. Dez. 1899, J.M.Bl. 1900 S. 1, das Nachlaßwesen betr. und die gem. Bektm. v. 18. Dez. 1899. J.M.Bl. S. 578 über die Erstattung von Todesanzeigen.

Ferner kommt in Betracht die Mitwirkung bei Immob.Brandversicherungen (keine eigentliche Gemeinde-Angelegenheit: V.G.H.E. Bd. VIII S. 280), bei den statistischen Erhebungen, bei Schiedsgerichten (§ 75 und 108 Gew.O.), bei Ausstellung von Leumunds- und Vermögenszeugnissen: M.E. v. 27. Febr. 1881, (Weber Bd. XIV S. 715) endlich bei Beurkundung des Personenstandes. Ueber die Unzuständigkeit des V.G.H. bei Bildung von Standesamtsbezirken: V.G.H.E. Bd. I S. 169. (S. auch J.M.Bl. 1885 S. 75.)

Der Bürgermeister hat ferner die Aufsicht über die Polizeibediensteten, die Vornahme der Visitationen, Bewilligungen wegen Polizeistunde und Tanzmusik, die vorläufige Einschreitung behufs Verhütung strafbarer Handlungen mittels vorläufiger Festnahme und Beschlagnahme, das Recht der Durchsuchung, das Recht Wohnungen zwangsweise zu räumen — Art. 38 P.St.G.B., s. auch Art. 19, 20, 21 eod. — für die Anwendung von Zwangsmitteln gilt aber die Regel, daß das zweckmäßigste und sicherste Mittel gewährt werden soll.

Ferner kann er Augenschein pflegen, außereidliche Vernehmungen vornehmen u. a. Ausführliches hierüber s. bayer. Gem.Zeitg. 1892 S. 837 ff.; sehr wichtig. Vgl. auch Bl. f. adm. Pr. Bd. 22 S. 365. Die Verpflichtung zu augenblicklichen Vorkehrungen hat natürlich ihre Grenze im öffentlichen Interesse. (V.G.H.E. Bd. XII S. 470.)

Anm. 3. Im Hinblick auf die Einführung des Grundbuches in Bayern ist noch von besonderer Wichtigkeit die M.E. v. 15. Okt. 1898, M.A.Bl. S. 593, betreffend die Anlegung des Grundbuches in den Landestheilen rechts des Rheins, hier die Mitwirkung der Gemeindebehörden im Anlegungsverfahren, sowie die hier allegirten Vorschriften vom 23. Juli 1898 und 1. Oktbr. 1898.

Anm. 4. Abs. VI ist aufgehoben. Vgl. Art. 92 Abs. III und Anm.

Art. 139.

I. Der Beigeordnete und die Gemeindebevollmächtigten sind verpflichtet, sich nach Anordnung des Bürgermeisters zu polizeilichen Geschäften verwenden zu lassen.

II. In den vom Wohnsitze des Bürgermeisters entfernten Orten kann ein dort wohnendes Mitglied des Gemeindeausschusses, in dessen Ermangelung ein vom Gemeindeausschuß gewählter Ortsführer mit Zustimmung der vorgesetzten Verwaltungsbehörde als Gehilfe der Polizeiverwaltung aufgestellt werden. Dieser hat in dringlichen Fällen statt des Bürgermeisters zu handeln, außerdem dessen Aufträge zu vollziehen, die nothwendigen Anzeigen an denselben zu machen und die Beseitigung gesetzwidriger Zustände in der Ortschaft zu veranlassen.

Anm. Art. 153 ist hieher ohne Einfluß. Der Ortsführer, welcher wegen der Entfernung für die Polizeiverwaltung aufgestellt wird, hat nur polizeiliche Befugnisse, ist auch als solcher weder Ortspfleger, noch Mitglied des Ortsausschusses, noch Zustellungsbevollmächtigter einer selbstständigen Ortschaft. Unter Gemeindeausschuß des Abs. II ist nur der Ausschuß der politischen (Gesammt-)Gemeinde, nicht aber ein Ortsausschuß zu verstehen. In dringlichen Fällen handelt der Ortsführer selbstständig; er wird vom Gemeindeausschuß berufen und zwar auf die Dauer der Amtsfunktion des letzteren.

Art. 140.

I. Der Gemeindeausschuß erläßt die ortspolizeilichen Vorschriften nach Maßgabe der gesetzlichen Bestimmungen.

II. Er beschließt über polizeiliche Einrichtungen und Anstalten, mit deren Ausführung Kosten für die Gemeinden verbunden sind.

Vgl. Just.Verordg. vom 4. Jan. 1872, (Reg.Bl. S. 25 § 14—26, Weber Bd. IX S. 258.)

Art. 141.

I. Die Gemeinden sind verpflichtet, für die nothwendigen Dienstleistungen bei Handhabung der Ortspolizei und des Feldschutzes geeignete Diener in widerruflicher Weise aufzustellen, denselben zur Sicherung ihrer Subsistenz genügende Bezüge zu gewähren und die hierzu verwendeten Personen im Falle erwiesener Untauglichkeit oder Unzuverlässigkeit vom Dienste zu entfernen.

II. Bei Besetzung solcher Stellen sollen die in Art. 34 des Wehrverfassungsgesetzes vom 30. Januar 1868 und in Art. 11 des Gesetzes vom 16. Mai 1868, die Versorgung invalider Unteroffiziere ꝛc. betr., bezeichneten Personen möglichst berücksichtiget werden.

III. Die in Abs. I bezeichneten Bediensteten sind von der vorgesetzten Distriktsverwaltungsbehörde zu verpflichten und haben sodann den amtlichen Glauben öffentlicher Diener.

IV. In dieser Eigenschaft steht denselben die Befugniß zu, aus Anlaß der Verübung strafbarer Handlungen in den gesetzlich zulässigen Fällen und unter Beobachtung der gesetzlichen Vorschriften Personen festzunehmen, sowie zur Sicherung des Beweises gegen die auf frischer That Betretenen Pfändungen vorzunehmen.

V. Wenn eine Gemeinde es unterläßt, ungeachtet eines ihr durch die vorgesetzte Behörde ertheilten Auftrages innerhalb der ihr vorgesteckten Frist die in Abs. I genannten Diener aufzustellen, so ist die vorgesetzte Verwaltungsbehörde befugt, diese für die Gemeinde zu bestellen, deren Gehalt festzusetzen und auf die Gemeindekasse anzuweisen. Diese Folge der Fristversäumung ist in der Aufforderung ausdrücklich zu erwähnen.

VI. Mehrere aneinandergrenzende Gemeinden können sich mit Genehmigung der vorgesetzten Verwaltungsbehörde zur gemeinschaftlichen Bestellung der in Abs. I bezeichneten Bediensteten vereinigen.

VII. Hinsichtlich der Aufstellung und Verpflichtung des Waldschutzpersonales finden die besonderen gesetzlichen Bestimmungen Anwendung.

Anm. 1. Zu Abs. 1. Die Gemeinden (Gemeindeausschüsse) haben die Verpflichtung, die hier bezeichneten Bediensteten zu bestellen, die nach Vorschrift des Gesetzes zur Erfüllung der den Gemeinden zukommenden Obliegenheiten sowohl in korporativer Hinsicht als auch hinsichtlich der jenen übertragenen Polizeiverwaltung erforderlich sind, andererseits sind die Gemeindeverwaltungen zur Bestellung der betreffenden Personen berechtigt; dieses Recht ist jedoch nach Abs. I ein beschränktes, weil die Gemeinden verpflichtet sind, nur geeignete Personen aufzunehmen, dagegen untaugliche und unzuverlässige zu entlassen. Die Frage, ob ein solcher Bediensteter „geeignet" ist, ist eine Ermessenssache: Pragmatische Rechte dürfen hier nicht eingeräumt werden. Bezüglich der Beschlußfassung s. Art. 145 Abs. III. Auf die Gehaltsregelung hat die vorgesetzte Behörde keinen direkten Einfluß.

Der Distriktspolizeibehörde steht zwar ein Recht zur Bestätigung der von der Gemeinde ernannten Diener nicht zu, sie ist aber befugt, die ihr zustehende Verpflichtung der aufgestellten Personen zu versagen, wenn diese notorisch wegen Mangels der zum executiven Polizeidienst nöthigen physischen oder moralischen Eigenschaften zu einer solchen Stelle ungeeignet sind, eventuell hat sie — Art. 169 — im Disziplinarwege einzuschreiten oder gegebenen Falles nach Art. 157 vorzugehen. (Dr. Edel im bes. Aussch.) Nach V.G.H.E. Bd. IV S. 158 kommt indeß der Staatsaufsichtsbehörde die Berechtigung zu, die Erfüllung der gemeindlichen Verpflichtungen zu überwachen und Außerachtlassungen nach Maßgabe der Art. 157 und 141 Abs. III und V zu begegnen. Zur Beurtheilung der Frage, ob von diesem Rechte ordnungsmäßig Gebrauch gemacht wurde, ist der V.G.H. unzuständig, weil es sich hier um Ermessenssachen der Verwaltungsbehörden handelt.

Hieher gehören namentlich Feld- und Waldschützen, Fleischbeschauer, Nachtwächter, Todtengräber, nicht aber Hebammen und Leichenschauer.

Wenn die Gemeinde einen solchen Diener aus freiem Antriebe entläßt, ist eine Einmischung der Staatsaufsichtsbehörde unzulässig.

Für Dienstleistungen nach Art. 141 können niemals Gemeindedienste in Anspruch genommen werden.

Der Flurschutz nach Art. 141 umfaßt auch die Waldungen innerhalb des Gemeindegebietes. (Vgl. § 55 d. 4. Beil. z. Verf.Urk. und V.G.H.E. Bd. IX S. 98; endlich Art. 44 Ziff. 3.)

Soweit es sich um Forstschutzpersonal handelt, ist die Bestätigung der vorgesetzten Verwaltungsbehörde nöthig; deßhalb bedarf Feldschutzpersonal der Bestätigung nur dann und soweit, als ihm noch Waldschutz übertragen ist.

In Bezug auf das Forstschutzpersonal ist hier noch zu erwähnen:

Art. 10 des Forstgesetzes vom 18. März 1852 in der Redaktion vom 4. Juli 1896. Auch für die Handhabung des Forstschutzes haben die Gemeinden und Stiftungen zu sorgen und das erforderliche Schutzpersonal aufzustellen.

Die den Forstpolizeistellen vorbehaltene Bestätigung des den Betrieb der Gemeindewaldungen leitenden Forstpersonals ist eine Ermessensfrage. Beschwerden der Gemeinden gegen Versagung dieser Bestätigung können nicht auf Grund des Art. 10 Ziff. 2 V.G.H.G. an den V.G.H. gebracht werden. (Bd. I S. 30.) Der Umfang des Bedarfs an Forstschutzpersonal für Waldungen einer Gemeinde und die Leistungsfähigkeit der Gemeinde hinsichtlich des hiefür erforderlichen Kostenaufwandes sind ebenso wie die der Forstpolizeibehörde vorbehaltene Bestätigung dieses Personals gleichfalls Ermessensfragen. (Bd. II S. 301.) Jenes Forstschutzpersonal, das nur für den Forstschutz bestimmt ist, wird durch das Amtsgericht, das übrige durch das Bezirksamt eidlich verpflichtet. M.E. v. 5. Aug. 1859, Weber Bd. V S. 149, M.E. v. 19. April 1863, J.M.Bl. 1863 Anhang S. 33, Weber Bd. VI S. 167. Eventuell ist der Verfassungseid noch zu leisten.

Vgl. auch Art. 115 und 121 des Forstgesetzes nach dem Text vom Jahre 1896; letztere Bestimmung enthält den Diensteid. Bezüglich der Beweiskraft ihrer Angaben: Art. 152 und 158 des Forstgesetzes, § 60 R.Str.Pr.O.

Die Gemeinden können ihre Waldaufseher, auch wenn sie keinen Anlaß zu irgend einem Tadel geben, entlassen und in dieser Beziehung von Curatel- und Forstpolizeiwegen nicht beschränkt werden, vorausgesetzt, daß ein anderer Waldschutzdiener mit den gesetzlichen Eigenschaften gewählt wird. (M.E. v. 5. Juni 1854.) Wenn ein Flurwächter die Voraussetzungen des Forstgesetzes erfüllt hat, so darf diesem der Waldschutz übertragen werden, falls eine Gemeinde mit kleinem Waldbestand den Waldschutz bisher dem Flurwächter übertragen hat. (Bes. Aussch.)

Wenn die Gemeinden ihrer Verpflichtung aus Abs. I nicht nachkommen, so kann derjenige, welcher ein Interesse an der Erfüllung dieser Verpflichtung hat, den Weg der Beschwerde zur Aufsichtsbehörde ergreifen. (Bes. Aussch.)

Ob die Bezüge genügend seien, ist wieder Ermessenssache der Gemeinden, vorausgesetzt, daß sie bei den festgesetzten Bezügen ein entsprechendes Personal erhält. Ist dies nicht der Fall, kann die Aufsichtsbehörde eingreifen.

Anm. 2. Zu Abs. II: S. über Militäranwärter Art. 85, und bayr. Gem. Zeitg. 1900 S. 191, ferner Nr. 50 und 56 des bayer. Ges. u. Vdg.Bl. von 1899, insbes. S. 849, 976, 980.

Anm. 3. Zu Abs. III: S. Seydel, b. Staatsrecht, Bd. III S. 377, Entsch. d. Reichsger. in Strafs. Bd. IX S. 409, Art. 13 Forstges.

Anm. 4. Zu Abs. V: S. V.G.H.E. Bd. V S. 30: Für die staatsaufsichtliche Einschreitung ist die Grundlage schon dann gegeben, wenn die persönlichen Verhältnisse des von der Gemeindeverwaltung gewählten Dieners für sich oder in Verbindung mit anderweitigen Beziehungen und die Rücksichten auf das öffentliche Wohl überhaupt die Unzuverlässigkeit oder Untauglichkeit des Gewählten von vorneherein erwarten lassen; die Staatsaufsichtsbehörde braucht nicht erst zu erwarten, ob sich nach dem Dienstantritt das Recht zum aufsichtlichen Einschreiten ergibt.

Art. 142.

Die Kosten der örtlichen Polizeiverwaltung und der hiefür erforderlichen Einrichtungen und Anstalten sind von den Gemeinden zu tragen.

S. Bl. f. adm. Pr. Bd. 22 S. 365.

C. Zwangsbefugnisse.

Art. 143.

I. Der Gemeindeausschuß ist berechtigt, Verfügungen, welche er in seiner Zuständigkeit als Gemeindebehörde zum Vollzuge von Gesetzen und giltigen Verordnungen, deren Uebertretung nicht mit Strafe bedroht ist, an bestimmte Personen erlassen und diesen eröffnet hat, durch gesetzliche Zwangsmittel unter Anwendung der Bestimmungen in den Art. 21 und 22 des Polizeistrafgesetzbuches vom 26. Dezember 1871 zur Ausführung zu bringen.

II. Gleiche Befugniß steht dem Bürgermeister hinsichtlich jener Verfügungen zu, welche er innerhalb seiner Zuständigkeit allein erläßt.

Anm. Siehe Art. 99. Das Maximum der hier augedrohten Ungehorsamsstrafe kann den Betrag von 6 ℳ nicht übersteigen.

D. Vermittlungsamt.

Art. 144.

I. Die Ausübung des Vermittlungsamtes bei Rechtsstreitigkeiten unter Gemeindeeinwohnern steht dem Bürgermeister zu. Derselbe ist jedoch befugt, hiemit ein anderes Gemeindeausschußmitglied zu beauftragen. Den Betheiligten ist es unbenommen, Männer ihres Vertrauens zu benennen, welche zum Sühneversuche beizuziehen sind. Die Zulassung von Advokaten ist ausgeschlossen.

II. Wenn auf gehörige Ladung nicht beide Parteien erscheinen, so ist der Vermittlungsversuch als vereitelt zu erachten. Ist der Kläger nicht erschienen, so verwirkt er eine Geldbuße von dreißig Kreuzern (90 Pfennig) zum Besten der Gemeindekasse.

III. Die Verhandlungen und Ausfertigungen des Vermittlungsamtes sind tax- und stempelfrei.

Anm. Siehe Art. 100.

III. Geschäftsgang.

Art. 145.

I. Die Vertheilung und Leitung der Geschäfte gebührt dem Bürgermeister, in dessen Verhinderung dem gesetzlichen Stellvertreter.

II. Der Gemeindeausschuß kann nur dann giltig beschließen, wenn alle im Gemeindebezirke anwesenden Mitglieder gehörig geladen sind und mehr als die Hälfte der gesetzlichen Mitgliederzahl an der Berathung und Abstimmung theilgenommen hat. Kein stimmberechtigtes Mitglied darf sich der Abstimmung enthalten.

III. Die Beschlüsse werden durch absolute Stimmenmehrheit gefaßt, bei Stimmengleichheit entscheidet die Stimme des Vorsitzenden. Ueber die Beschlüsse ist ein fortlaufendes Protokoll zu führen, dessen Einsicht jedem Gemeindebürger zu gestatten ist.

VI. Wer bei einer Angelegenheit aus einem Privatinteresse persönlich unmittelbar betheiligt ist, darf an der Berathung und Beschlußfassung hierüber nicht theilnehmen.

V. Kann deshalb ein giltiger Beschluß nicht gefaßt werden, so ist die Angelegenheit der Beschlußfassung der Gemeindeversammlung vorzubehalten, in welcher den unmittelbar betheiligten Gemeindebürgern kein Stimmrecht zukommt. Ist mindestens die Hälfte der Gemeindebürger zur Theilnahme an der Beschlußfassung unfähig, so entscheidet nach Vernehmung der Betheiligten wie der Unbetheiligten die vorgesetzte Verwaltungsbehörde, welche berechtigt ist, erforderlichenfalls einen Rechtsanwalt zur Vertretung der Gemeindeinteressen aufzustellen.

VI. Auf die Sitzungen des Gemeindeausschusses finden die Bestimmungen des Art. 105, auf die Bildung besonderer Ausschüsse die Bestimmungen des Art. 106 Anwendung.

VII. Alle Ausfertigungen des Gemeindeausschusses werden von dem geschäftsleitenden Vorstande, Urkunden, welche eine Verpflichtung der

Gemeinde begründen, außerdem noch von zwei Mitgliedern des Gemeindeausschusses unterzeichnet.

VIII. Zur Regelung des formellen Geschäftsganges kann der Gemeindeausschuß eine Geschäftsordnung erlassen; die formelle Behandlung des Kasse- und Rechnungswesens wird durch Ministerialvorschrift geregelt.

Anm. 1. Zu Abs. I: Vgl. Art. 101 Abs. I und 124, 125 Abs. III.

Anm. 2. Zu Abs. II und III: Zu einem Gemeindeausschußbeschluß ist erforderlich:

1) Ladung aller im Gemeindebezirk anwesenden Mitglieder, wenn es sich nicht um ordentliche, im voraus festgesetzte und bekanntgemachte Sitzungen handelt; (die Ladung muß frühzeitig genug erfolgen, V.G.H.E. Bd. IV S. 47, XIII S. 128).

2) Theilnahme von mehr als der Hälfte der gesetzlichen Mitgliederzahl*) an der Berathung und Abstimmung; (Art. 124);

3) absolute Stimmenmehrheit der sub 2 Benannten.

Vorgängige Bekanntgabe der Tagesordnung ist nicht vorgeschrieben. Wegen der Höchstbesteuerten und ihrer Ladung als zur gesetzlichen Mitgliederzahl gehörig s. Art. 47 Abs. III.

Bei Stimmengleichheit gilt der Theil, bei welchem die Stimme des Vorsitzenden, der bei Verhinderung des Bürgermeisters auch ein in der Stellvertretung desselben folgendes Ausschußmitglied sein kann, sich befindet, als absolute Mehrheit, so daß in diesem Falle die Stimme des Vorsitzenden gewissermaßen doppelt gezählt wird.

Gemeindeausschußbeschlüsse, die im Widerspruch hiemit stehen, ermangeln in der Regel der materiellen Rechtswirksamkeit und vermögen die von ihnen beabsichtigte rechtliche Folge nicht zu erzeugen, außer wenn von dritten Personen auf Grund besonderer gesetzlicher Bestimmung ein Anspruch auf gemeindliche Anerkennung oder Verleihung eines Rechtes (z. B. Art. 6 Heimathges.) erhoben ist und wenn die Gemeindebehörde gemäß den allgemeinen Vorschriften für den gemeindlichen Geschäftsgang über den erhobenen Anspruch beschlußmäßig sich zu erklären und der Natur der Sache nach oder zufolge besonderer Vorschrift von dem gefaßten Beschlusse Ausfertigung zu ertheilen und dem Antragsteller zu behändigen hat. Hier ist die Rechtswirksamkeit des Beschlußinhalts nur nach den gesetzlichen Vorschriften zu bemessen, welche für die Form der Ausfertigung gelten und ein etwa formeller Mangel bei der Beschlußfassung kann gegenüber der formell gesetzmäßig vollzogenen Beschlußausfertigung nicht mehr zur Anfechtung der Rechtsgiltigkeit des Beschlußinhalts geltend gemacht werden; maßgebend für die Beurtheilung der formellen Giltigkeit ist hier die Bestimmung des Art. 145 Abs. VII. Die nachträgliche Anfechtung der formell gesetzmäßigen Beschlußausfertigung aus dem Grunde, daß bei der Beschlußfassung der Gemeindeausschuß nicht in beschlußfähiger Anzahl vorhanden gewesen sei, ist hier nicht mehr zulässig und die Rechtswirksamkeit des gesetzmäßig ausgefertigten Beschlusses nicht zu bezweifeln. (V.G.H.E. Bd. X S. 211 ff.)

Das in Art. 145 Abs. II geforderte Zahlenverhältniß kann nicht nach dem zur Zeit der Beschlußfassung thatsächlich vorhandenen, sondern nur nach dem in Art. 124 l. c. bestimmten Bestande des Gemeindeausschusses beurtheilt werden. Dieß

---

*) Hiezu gehören auch Bürgermeister und Beigeordnete.

gilt auch jenen Fällen gegenüber, zu welchen die gesetzlich festgesetzte Zahl der Ausschußmitglieder aus den in Art. 200 Abs. I l. c. bezeichneten Gründen im Verlaufe der Wahlperiode eine Verminderung erfahren hat. (V.G.H.E. Bd. X S. 80.)

Nach Abs. II ist die Theilnahme auch an der Abstimmmung vorgeschrieben.

Anm. 3. Zu Abs. III. Das Protokoll über den Beschluß müssen alle anwesenden Ausschußmitglieder unterzeichnen. (Bes. Aussch.)

Das forlaufende Protokoll soll ersehen lassen, ob alle im Gemeindebezirk anwesenden Mitglieder des Ausschusses gehörig geladen und ob mehr als die Hälfte an der Berathung und Abstimmung theilgenommen hat; ferner was das Ergebniß der Abstimmung gewesen ist. Bei Beschlußfassung über die Erhebung von Gemeindeumlagen ist die Ladung bezw. Theilnahme der Höchstbesteuerten oder die Thatsache, daß Höchstbesteuerte im Sinne des Art. 47 nicht vorhanden sind, zu konstatiren. Die Aufnahme der Protokolle auf fliegenden Blättern ist unstatthaft; sie sollen in ein Protokollbuch eingetragen und mit den Protokollen über die Sitzungen der Gemeindeversammlungen nicht vermischt werden, vielmehr ist, wenn thunlich, je ein gesondertes Protokollbuch anzulegen (oder doch wenigstens je eine gesonderte Abtheilung für die Protokolle über die Sitzungen des Gemeindeausschusses und über die der Gemeindeversammlung zu bilden), jedoch ist für den Eintrag von Ausschußbeschlüssen nicht wie in Art. 149 Abs. II eine besondere Form vorgeschrieben; ein Beschluß des Gemeindeausschusses ist auch dann giltig, wenn die Beurkundung mangelhaft oder auch wenn sie überhaupt nicht erfolgt ist. (V.G.H.E. Bd. VII S. 295 ff., Bd. X S. 91.)

Die in einer Ausfertigung des Gemeindeausschusses enthaltene Feststellung, daß ein gewisser, näher bezeichneter Beschluß gefaßt worden sei, muß insolange als wahr gelten, bis das Gegentheil voll bewiesen wird. (V.G.H.E. Bd. VII S. 295.)

Stimmenmehrheit: Der Beigeordnete ist Mitglied des Gemeindeausschusses und hat daher an den Berathungen und Abstimmungen jederzeit theilzunehmen, nicht wie irrthümlich angenommen, bloß bei Verhinderung des Bürgermeisters. (M.Bektm. v. 26. März 1887, M.A.Bl. S. 119.)

Die Beschlußfassung erfolgt nur in Sitzungen, eine Beschlußfassung im Wege des Cirkulars ist unzulässig und ungiltig.

Anm. 4. Zu Abs. IV: Ueber Betheiligung s. Art. 103; auch die Höchstbesteuerten fallen hierunter.

Anm. 5. Zu Abs. V: Vgl. Art. 103 Abs. II, 149 Abs. I. Rechtsanwälte werden meist bei Streitigkeiten wegen Nutzungsrechten aufgestellt werden. (Bl. f. adm. Pr. Bd. 31 S. 52, V.G.H.E. Bd. XIII S. 29.) Auch die Fälle des Art. 147 gehören hieher. Kahr, G.O. S. 935.

Die Entscheidung der Verwaltungsbehörde ist ihrer Natur nach keine verwaltungsrechtliche, sondern eine staatsaufsichtliche, durch welche von der Verwaltungsbehörde im Namen der Gemeinde Stellung zur Streitsache genommen wird; ein gleichwohl mit dieser Beschlußfassung verbundener verwaltungsrechtlicher Anspruch ist jedoch dem für Verwaltungsrechtssachen bestehenden Instanzenzug nicht entrückt; die bezügliche aufsichtliche Verfügung kann nur im aufsichtlichen Wege angefochten werden. (V.G.H.E. Bd. XVIII S. 28.)

Anm. 6. Zu Abs. VII: Vgl. Art. 101.

Die Rechtsgiltigkeit des Beschlusses ist trotz des Umstandes, daß das über diesen Beschluß aufgenommene Protokoll nicht von der erforderlichen Zahl von Mitgliedern unterzeichnet ist, anzunehmen, wenn sich ergibt, daß thatsächlich die erforderliche Zahl Theil genommen hat. Zeugenbeweis ist hier zulässig. (V.G.H.E. Bd. XVII S. 308.)

Wenn für einzelne Urkunden besondere Vorschriften über die Form der Errichtung bestehen, z. B. bei Notariatsurkunden, so werden durch Abs. VII diese Bestimmungen nicht alterirt.

Zu Abs. VII vgl. auch Bl. f. adm. Pr. Bd. 20 S. 297, Bd. 22 S. 248, Bd. 23 S. 17. Unter Abs. VII fallen alle Urkunden, aus denen sich eine gemeindliche Verpflichtung unmittelbar ergibt, z. B. Kauf- und Darlehens-Verträge, Hypothekbestellungen; nicht hieher gehören Urkunden, die nur zum Beweise oder als Anerkennung bereits bestehender Verpflichtungen oder Thatsachen dienen, z. B. Quittungen und Heimathscheine, ebensowenig Urkunden, die eine solche Verpflichtung nur mittelbar begründen, aus denen nur im Laufe der Zeit Verpflichtungen entstehen können, z. B. Bürgerrechts-Verleihungs-Urkunden; auch Vollmachten dürften hieher gehören. Näheres Kahr, G.O. S. 936.

Aus den Kammerverhandlungen ergibt sich auch, daß immer nur der Bürgermeister die Vertretung der Gemeinde vor allen Gerichten, Behörden und Notaren hat, daß nur dieser die Erklärungen persönlich abzugeben hat; die zwei Mitglieder der Verwaltung sind nur dann beizuziehen, wenn es sich um die Ausfertigung einer Urkunde handelt, die eine Verpflichtung der Gemeinde begründen soll. Die Vertretung einer Gemeinde durch einen Verwalter ist nichtig.

(Vgl. Art. 84, Bl. f. adm. Pr. Bd. 20 S. 302, M.E. v. 23. Jan. 1874 über Löschung von Hypoth.Fordg. der Gemeinden.)

Anm. 7. Zu Abs. VIII: S. M.E. v. 2. Aug. 1873, M.A.Bl. S. 467, betr. Quittir.Befugn. der Landgemeinden: es genügt die Quittung der Gemeindekassiere; s. auch Bl. f. adm. Pr. Bd. 39 S. 189.

Anm. 8. Bezüglich des Kassawesens s. auch M.E. v. 10. Okt. 1869 Nr. 10698, und M.E. v. 12. Okt. 1869, über das Papierformat (33 cm hoch, 21 cm breit) Bektm. v. 12. April 1877 G.V.Bl. S. 141, M.A.Bl. S. 157 und 23. Aug. 1879, G.V.Bl. S. 901, M.A.Bl. S. 358, über die Rechnungen des Lokalarmenfonds: M.E. v. 14. Mai 1870. S. auch Entschl. v. 24. Sept. 1818, Regul. zur Geschäftsf. in Ruralgemd. betr., Reg.Bl. S. 1111, Döll. Bd. 11 S. 1053, Weber Bd. I S. 727; letztere sind zwar aufgehoben, aber doch für die politischen Gemeinden (nicht für Kirchenverwaltungen) von allg. Interesse und praktisch verwerthbar. Vgl. noch V.G.H.E. Bd. IX S. 191, Bd. X S. 208; s. auch M.A.Bl. 1885 S. 73, Bl. f. adm. Pr. Bd. 37 S. 393.

IV. Gemeindeversammlung.

Art. 146.

I. Giltige Beschlüsse können in der Gemeindeversammlung gefaßt werden, wenn entweder alle Stimmberechtigten anwesend sind oder die Versammlung in herkömmlicher Weise berufen ist.

II. Zur Berathung und Beschlußfassung sind der Gemeindeversammlung von der Gemeindeverwaltung bestimmte Anträge vorzulegen.

Anm. 1. Nach Abs. I müssen, wenn ein giltiger Beschluß gefaßt werden soll, worüber Art. 147 und 149 zu vergleichen ist, bei nicht berufenen Versammlungen sämmtliche Stimmberechtigte anwesend sein; andernfalls genügt, wenn nicht im einzelnen Falle etwas anderes vorgeschrieben ist, zur Beschlußfähigkeit die Anwesenheit von mehr als der Hälfte der Stimmberechtigten. Cirkularbeschlüsse sind also unzulässig. Zur Giltigkeit eines Beschlusses ist ferner die absolute Mehrheit der abgegebenen Stimmen erforderlich, so daß hier Stimmengleichheit die Ablehnung bewirkt, weil dem Vorsitzenden eine ausschlaggebende Stimme nicht eingeräumt ist. Ueber Stimmberechtigung vgl. insbesondere Art. 47 Abs. III, Art. 19, 27, 145.

Die Gemeindeversammlung kann nur durch Beschluß der Gemeindebehörde auf Berufung durch den Bürgermeister zusammentreten. S. Art. 148.

Nachträgliche Heilung ungiltiger Beschlüsse ist in der Regel ausgeschlossen.

Ueber die Zuständigkeit s. Art. 147; über die Vereinfachung der gemeindlichen Geschäftsführung s. Art. 149 Anm. 2.

Anm. 2. In herkömmlicher Weise: Die G.O. für die Pfalz trifft hier die Bestimmung, daß die Versammlung unter Angabe des Zweckes mittelst der Schelle und Anschlags am Gemeindehause mindestens drei Tage lang vor dem Zusammentritt zu berufen sei. Eine derartige Bestimmung kennt die diesrheinische G.O. nicht. Die herkömmliche Weise ist hier die ortsübliche, wie Ausschellen mittels der Glocke, Anschlag am Gemeindebrett, Ladung von Haus zu Haus.

Anm. 3. Die Berathungsgegenstände brauchen nicht vorher bekannt gemacht zu sein.

Anm. 4. Vgl. Art. 8 Ziff. 26 V.G.H.G: Ein Streit hienach liegt auch dann vor, wenn die Ausübung des Stimmrechts nicht im Allgemeinen und selbstständig für sich, sondern in Bezug auf eine einzelne gemeindliche Beschlußfassung in Frage gestellt ist. (V.G.H.E. Bd. XIX S. 67.)

Art. 147.

I. Abgesehen von den gesetzlich bestimmten Fällen kann die Zuständigkeit der Gemeindeversammlung auf die Berathung und Beschlußfassung über solche Angelegenheiten, für welche gemäß Art. 112 Ziff. 1, 2, 5, 6, 9, 12, 14 und 15 in Gemeinden mit städtischer Verfassung die Zustimmung der Gemeindebevollmächtigten erforderlich ist, sowie auf die Regulierung der Heimathgebühren durch statutarischen Beschluß der Gemeindeversammlung ausgedehnt werden.

II. Wenn ein Zehntheil der stimmberechtigten Gemeindebürger schriftlich einen Antrag einreicht, der eine Angelegenheit betrifft, für welche die Zuständigkeit der Gemeindeversammlung begründet ist, so muß der Gemeindeausschuß diesen Antrag der Gemeindeversammlung zur Berathung und Beschlußfassung vorlegen.

Anm. 1. Von Einfluß sind lediglich jene Beschlüsse der Gemeindeversammlung, welche dieselbe auf Grund ihrer Zuständigkeit gefaßt hat; anderenfalls handelt es sich nur um Aeußerungen zur Information des Gemeindeausschusses und kommt solchen Beschlüssen keinerlei Rechtsbedeutung nach Außen zu.

Anm. 2. Durch Art. 147 Abs. I ist einer ordnungsmäßig gebildeten Gemeindeversammlung das Recht eingeräumt, zu beschließen, daß in Fällen des Art. 112 Ziff. 1, 2, 5, 6, 9, 12, 14 und 15 und bezüglich der Heimathgebühren Beschlüsse der Gemeindeverwaltung zu ihrer Gültigkeit der Zustimmung der Gemeindeversammlung bedürfen. Ein solcher Beschluß kann als Statut nur mit dauernder Wirksamkeit (d. h. so lange nicht ein rechtsgiltiger aufhebender Beschluß gefaßt wird), festgestellt, wohl aber von Anfang an auf einzelne der aufgeführten Ziffern eingeschränkt werden. Hier ist besonders Abs. II des Art. 147 wirksam, wenn die Gemeindeverwaltung nicht zu einer solchen Versammlung von sich aus einladen mag.

Hat eine Gemeindeversammlung in unzuständiger Weise Beschluß gefaßt, und unterliegt in einem Streite über den Inhalt dieses Beschlusses die Gemeinde, so sind die Kosten denjenigen Gemeindegliedern zu überbürden, die der betreffenden Gemeindeversammlung beigewohnt haben. (V.G.H.E. Bd. XI S. 487.)

Ferner ist es nicht im Belieben der Gemeinde gelegen, einen von der Gemeindeversammlung gefaßten Beschluß nur aus dem Grunde, weil sich der Gegenstand des Beschlusses als eine gewöhnliche Gemeindeangelegenheit zur Zuständigkeit des Ausschusses geeignet haben würde, nachträglich als ungiltig zu erklären, um mit diesem Schutzmittel die nachtheiligen Folgen der durch die Ausführung des Beschlusses verursachten Rechtsverletzungen von sich abzuwenden. (E. d. ob. G.H. Bd. VII S. 756.)

Eine staatsaufsichtliche Verfügung, durch welche der Gemeindeausschuß angehalten wird, einen von der Gemeindeversammlung in einer ihrer Zuständigkeit entrückten Angelegenheit gefaßten Beschluß zu vollziehen, enthält einen Eingriff in das gemeindliche Selbstverwaltungsrecht. (V.G.H.E. Bd. XII S. 43.)

Anm. 3. Vgl. bezüglich der gesetzlich bestimmten Fälle ad Abs. I Art. 112 G.O., ferner Art. 4, 9, 23, 24, 27, 28, 31, 35, 40, 47, 52, 63, 64, 67, 145, 147, 153, 200 und die Alleg. bei Art. 112.

Art. 148.

Dem Bürgermeister steht die Leitung der Versammlung zu; er ist befugt, zu der Versammlung unter Androhung einer Geldstrafe bis zu einem Gulden (1 ℳ 80 ₰) zu Gunsten der Armenkasse zu laden, bei gleicher Strafe das unzeitige Weggehen aus der Versammlung oder sonstige ungebührliche Störungen zu verbieten und die verwirkten Strafen auszusprechen.

Anm. 1. Dem Bürgermeister obliegt die Sorge für Erhaltung der öffentlichen Ordnung und Ruhe als Leiter der Gemeindeversammlung; er ist berechtigt und verpflichtet, behufs Ermöglichung des Zweckes, zu dem die Gemeindeversammlung einberufen ist, die Entfernung eines Ruhestörers anzuordnen, wenn auch auf solche Weise manche Opposition unmöglich gemacht werden kann. (Urth. d. Oberl.G. München v. 15. Nov. 1892.)

Ueber die Bestimmung von Geldstrafen nach der Reichswährung siehe Gesetz vom 8. November 1875, G.V.Bl. 1875 S. 665. Die Strafe des Art. 148 ist eine Ordnungsstrafe: sie muß aber vorher ausdrücklich angedroht gewesen sein. Die Verhängung derselben ist nicht davon abhängig, daß ein zu fassender Beschluß vereitelt wurde. Kahr, G.O. S. 943. Die Beitreibung erfolgt nach Art. 48, 57.

Anm. 2. Oeffentlichkeit dieser Sitzungen ist nicht vorgeschrieben, aber auch nicht ausgeschlossen.

Art. 149.

I. Soferne nicht im Gesetze die Zustimmung einer bestimmten Anzahl von Gemeindebürgern oder neben der Stimmenmehrheit ein bestimmtes Verhältniß der Steuerzahlung auf Seite der Zustimmenden für das Zustandekommen eines giltigen Beschlusses erforderlich ist, so kann ein solcher durch die absolute Stimmenmehrheit der Anwesenden gefaßt werden, wenn mehr als die Hälfte der Stimmberechtigten erschienen oder mehr als die Hälfte der durch die Gemeindebürgerschaft abzugebenden Stimmen vertreten ist.

II. Die Abstimmung kann mündlich oder schriftlich erfolgen. Ueber die Verhandlung ist ein Protokoll zu errichten, welches die Zahl der Anwesenden, sowie das Ergebniß der Abstimmung feststellt und vom Bürgermeister, vom Protokollführer und von zwei Gemeindebürgern unterschrieben wird. Erfolgt schriftliche Abstimmung, so sind die Stimmen für und gegen den Antrag durch Unterschrift der einzelnen Gemeindebürger in das Protokoll aufzunehmen.

III. Die Abstimmung muß schriftlich vorgenommen werden, wenn die Stimmenzahl sich nach der Größe des Steuerbetrages richtet oder wenn neben der Stimmenzahl auch ein bestimmtes Verhältniß der Steuer auf Seite der Zustimmenden zur Fassung eines Beschlusses erforderlich ist.

Anm. 1. Zu Abs. I: Ein bestimmtes Verhältniß der Steuerzahlung ist z. B. erforderlich nach Art. 4, 9, 27, 28, 35, 47, 153 Abs. IX G.O., §§ 7 und 8 der Vdg. v. 29. Aug. 1873.

Mit Art. 149 ist noch zu vgl. Art. 146 Abs. I; Art. 149 setzt ordnungsmäßige Ladung voraus, wenn nicht alle Stimmberechtigten anwesend sind. Die Gemeindeversammlung ist beschlußfähig, wenn mehr als die Hälfte der durch die anwesenden Stimmberechtigten abzugebenden Stimmen vertreten ist; nur Gemeindebürger haben eine Stimme, und jeder nur eine Stimme, vorbehaltlich Abs. III. Bezüglich der Vertretung weiblicher und juristischer Personen, auswärts Wohnender und Minderjähriger siehe Art. 15.

Verlust der bürgerlichen Ehrenrechte schließt während der Dauer dieses Verlustes von der Theilnahme an der Berathung und Abstimmung in der Gemeindeversammlung aus. (§ 24 R.Str.G.B. und Bl. f. adm. Pr. Bd. 30 S. 105. Ueber absolute Stimmenmehrheit s. eod. Bd. 5 S. 367.)

Anm. 2. Zu Abs. II und III. Nach Abs. II kann die Abstimmung schriftlich oder mündlich erfolgen; in Fällen des Abs. III muß sie schriftlich erfolgen. In beiden Fällen aber ist ein Protokoll zu errichten.

Das über jede Gemeindeversammlung zu errichtende Protokoll muß das

Vorhandensein der Rechtsgiltigkeit des Beschlusses erkennen lassen, insbesondere die Zahl der Stimmberechtigten, die Zahl der Anwesenden bezw. die Zahl der ihnen zukommenden Stimmen, sowie das Ergebniß der Abstimmung enthalten. Auch ist im Protokoll auf die vorausgegangene Berathung des Gemeindeausschusses Bezug zu nehmen. Die Protokolle sind von dem Bürgermeister, und zwar auch in jenen Fällen, in welchen schriftliche Abstimmung stattgefunden hat, ferner von dem Protokollführer und zwei Gemeindebürgern zu unterfertigen.

Es empfiehlt sich, die Protokolle über die Gemeindeausschuß- und über die Gemeindeversammlungsbeschlüsse je in ein besonderes Buch einzutragen. (M.Bektm. vom 26. März 1887, M.A.Bl. S. 119. Ueber die Vereinfachung der gemeindlichen Geschäftsführung s. M.E. vom 10. Juli 1893 gleichen Betreffs, M.A.Bl. S. 172.)

Anm. 3. Nichtbeachtung auch nur einer Vorschrift des Art. 149 hat absolute Beschlußungiltigkeit zur Folge. Der Vollzug eines gesetzlich ungiltigen Beschlusses durch eine Mehrzahl Betheiligter kann demselben ebensowenig Rechtswirksamkeit verleihen, wie seine ausdrückliche oder stillschweigende Anerkennung. Insbesondere kann hieraus auch keine Umlagenpflicht abgeleitet werden. (V.G.H.E. Bd. VIII S. 9, 17.) An Stelle des Protokolls ist sonstige Beweisführung für das Zustandekommen eines giltigen Beschlusses zulässig. (V.G.H.E. v. 15. Juni 1896 und Bd. VII S. 295.)

V. Verwaltung der zu einer Bürgermeisterei vereinigten Gemeinden.

Art. 150.

I. Die im Verband einer Bürgermeisterei befindlichen Gemeinden werden durch ihre eigenen Gemeindeausschüsse verwaltet.

II. In der Gemeinde seines Wohnortes hat der Bürgermeister alle in diesem Gesetze bestimmten Obliegenheiten des Bürgermeisters zu erfüllen.

III. In den übrigen Gemeinden liegt ihm die Handhabung der Ortspolizei gemäß Art. 138 ob. Außerdem ist er berechtigt, in denselben alle anderen Geschäfte des Bürgermeisters vorzunehmen, soferne nicht die Gemeinde seines Wohnortes als im entgegengesetzten Interesse betheiligt erscheint. Er ist verpflichtet, die Berathung und Beschlußfassung der Gemeindeausschüsse bei den gemäß Art. 140 zu fassenden Beschlüssen, sowie bei Feststellung der Voranschläge und Rechnungen zu leiten und die Kasseführung zu beaufsichtigen. Bei der Beschlußfassung in eigentlichen Gemeindeangelegenheiten hat er nur dann eine Stimme, wenn Stimmengleichheit vorliegt.

IV. Die unter dem Vorsitz des Bürgermeisters vereinigten Gemeindeausschüsse können für den ganzen Bürgermeistereibezirk verbindliche ortspolizeiliche Vorschriften nach Maßgabe der gesetzlichen Bestimmungen erlassen.

V. Zur Giltigkeit des Beschlusses ist erforderlich, daß mehr als die Hälfte der Mitglieder eines jeden Gemeindeausschusses an der Berathung und Abstimmung theilgenommen und daß die Mehrheit der Abstimmenden sich für dieselbe Meinung entschieden hat.

Anm. 1. Vgl. zunächst Art. 6 und 198. Die Einrichtung der Bürgermeistereien, einer dauernden organisatorischen Verbindung von Gemeinden, stammt aus dem pfälzischen Rechte. (Gesetz vom 28. Pluviose Bd. 8 § 3 Art. 12.) Jede Gemeinde behält ihre Selbstständigkeit, der Bürgermeisterei kommt keine juristische Persönlichkeit zu.

Der Hauptzweck derselben besteht in der Gewinnung tüchtiger und geschäftsgewandter Landgemeindevorstände, in der Konzentrirung der polizeilichen Geschäfte in der Hand eines gemeinsamen Organes, in der Vereinfachung der Geschäfte und des Verkehrs zwischen den Gemeinden und Behörden. Hieraus ergiebt sich, daß der Verband der zu diesem Behufe vereinigten Gemeinden kein korporativer ist und daß die betreffenden Bürgermeister in jeder einzelnen Gemeinde die gesammte Geschäftsleitung besorgen dürfen und in Bezug auf die Ortspolizei und einige der wichtigsten Punkte des Gemeindewesens besorgen müssen. In vermögensrechtlicher Beziehung tritt keine Aenderung der bestehenden Verhältnisse ein. (Mot.)

Eine solche Vereinigung von Gemeinden ist öffentlich-rechtlicher Natur. Jedem Mitglied steht der Austritt aus derselben zu jeder Zeit frei. Allenfallsige Streitigkeiten: Verwaltungsrechtssachen. (Seydel Bd. III S. 65, Bl. f. adm. Pr. Bd. 23 S. 203, Bd. 24 S. 377 und 385, Bd. 26 S. 217; Krais, Komm. z. V.G.H.G. S. 85 ff.)

Die sogenannten Sepulturgemeinden (Begräbnißverbände) sind in der Regel lediglich Ausfluß des Kirchengemeindeverbandes.

Anm. 2. Der Bürgermeister ist berechtigt, die Leitung aller Gemeindeangelegenheiten, soferne nicht ein entgegengesetztes Interesse der Wohnortsgemeinde des Bürgermeisters obwaltet, wenn er kann und will, zu übernehmen; seine Verpflichtung jedoch ist auf zwei Punkte beschränkt, nämlich auf die Handhabung der Ortspolizei in allen einzelnen Gemeinden, dann auf die Mitwirkung bei der Beschlußfassung über die Etats und das Rechnungswesen und auf die Controlle der Kasseführung. (Motive.)

Im Verkehr mit Dritten, insbesondere Behörden hat der gemeinsch. Bürgermeister dieselben Befugnisse, wie der Einzel-Bürgermeister.

Siehe bezüglich gemeinsamer Gemeindeschreiber Art. 129 II und III, über gemeinsame Bedienstete für die Ortspolizei, Feldschutz und Forstschutz Art. 141 Abs. VI.

Art. 151.

I. Der Bürgermeister wird aus den wählbaren Bürgern der vereinigten Gemeinden auf sechs Jahre gewählt und bedarf der Bestätigung, in Bezug auf welche die Bestimmungen des Art. 126 Abs. II anwendbar sind.

II. Bei Verhinderung des Bürgermeisters wird derselbe in polizeilichen Angelegenheiten für den ganzen Bürgermeistereibezirk durch den in der Gemeinde seines Wohnsitzes zuständigen Stellvertreter ersetzt. In den eigentlichen Gemeindeangelegenheiten jeder einzelnen Gemeinde steht die Stellvertretung dem nach Art. 125 Abs. III hierzu berufenen Mitgliede des betreffenden Gemeindeausschusses zu. Dieses Mitglied hat in dringenden Fällen auch in Polizeisachen statt des Bürgermeisters zu handeln, außerdem dessen Aufträge zu vollziehen, die nothwendigen Anzeigen an denselben zu machen und die Beseitigung gesetzwidriger Zustände in der Gemeinde zu veranlassen.

Anm. 1. Ueber Erledigungen während einer Wahlperiode s. Art. 200 Abs. III.

Anm. 2. Nach Abs. II muß also z. B. der Beigeordnete der einen Gemeinde von dem Stellvertreter des gemeinsamen Bürgermeisters in der Gemeinde des Wohnsitzes des letzteren Aufträge entgegennehmen. (Motive.)

Der Ortsführer ist nicht gesetzlicher Vertreter der Gemeinde. (E. d. ob. G.H. Bd. VI S. 261.)

Art. 152.

I. Die Remuneration des Bürgermeisters, die Bezüge des für die Bürgermeistereigeschäfte verwendeten Gemeindeschreibers und Dieners, sodann die Aversalentschädigung des Bürgermeisters für Regieausgaben sind von den vereinigten Gemeinden nach Maßgabe der von den Ausschüssen der betheiligten Gemeinden hierüber etwa geschlossenen Uebereinkunft, in deren Ermangelung nach dem Verhältnisse der Gesammtsteuer zu bestreiten.

II. Ueber die Feststellung obiger Kosten beschließen in der Regel auf die Dauer einer Wahlperiode die vereinigten Gemeindeausschüsse in der durch Art. 150 Abs. V bezeichneten Weise.

III. Die Aufstellung des in Abs. I genannten Personals kommt dem Bürgermeister zu.

Anm. 1. Remuneration und Aversalentschädigung werden durch Mehrheitsbeschluß der vereinigten Ausschüsse festgestellt und zwar auf die Dauer der ganzen Wahlperiode, wenn sie nicht ausnahmsweise eine kürzere Zeit einhalten wollen.

Anm. 2. Der Steuerfuß ist immer nur subsidiär maßgebend.

Die Einzelgemeinden haben das Recht, ihre (nicht gemeinsamen) Gemeindeschreiber und Diener selbst aufzustellen.

Der Zusammentritt der einzelnen Gemeindeausschüsse hat zu erfolgen, so oft es das Bedürfniß verlangt; die Beiträge zu den gemeinsamen Kosten sind in den Rechnungen jeder einzelnen Gemeinde zu verrechnen. (Mot.)

Vgl. noch Art. 6 und 38.

III. Abschnitt.

Von der Verwaltung der zu einer Gemeinde vereinigten Ortschaften.

Art. 153.

I. In Gemeinden, welche aus mehreren vereinigten Ortschaften gebildet sind, steht jedenfalls die Verwaltung der gemeinschaftlichen Angelegenheiten dem Gemeindeausschusse der Gesammtgemeinde zu.

II. Was außer der Polizeiverwaltung, dem Heimath- und Armenverbande und den sonst durch Gesetze den politischen Gemeinden zugewiesenen Verbindlichkeiten zu den gemeinschaftlichen Angelegenheiten der vereinigten Ortschaften gehört, soll zunächst nach den bei der Vereinigung geschlossenen Verträgen beurtheilt und in Ermangelung solcher Verträge womöglich durch Uebereinkunft der betheiligten Ortschaften geregelt werden. In streitigen Fällen wird hierüber mit Rücksicht auf die bestehenden Verträge, auf rechtsbegründetes Herkommen und auf die Gemeinschaft des Bedürfnisses und Gebrauches durch die vorgesetzten Verwaltungsbehörden im gesetzlichen Instanzenzuge entschieden.

III. Jede Ortschaft, der die besondere Verwaltung ihres Gemeinde- oder Stiftungsvermögens zusteht (Art. 5), ist jedoch berechtigt, diese Verwaltung durch Beschluß von mindestens zwei Drittheilen der daselbst wohnenden Gemeindebürger unter Vorbehalt gesonderter Kasse- und Rechnungsführung dem Ausschusse der Gesammtgemeinde zu übertragen.

IV. Erfolgt eine solche Uebertragung nicht, so ist erforderlichen Falles für jede Ortschaft ein Pfleger und, wenn die Mehrheit der im Orte wohnenden wahlstimmberechtigten Bürger es beschließt, ein mit Einschluß des Pflegers aus drei bis fünf Bürgern bestehender Ausschuß auf je sechs Jahre zu wählen.

V. Der Pfleger führt die Verwaltung des örtlichen Vermögens, wobei die das Gemeinde- und Stiftungsvermögen betreffenden Bestimmungen des gegenwärtigen Gesetzes Anwendung finden. Die hienach den Gemeindeausschüssen zukommenden Befugnisse werden durch den Ortsausschuß, in Ermangelung eines solchen durch die Versammlung der im Orte wohnenden Bürger ausgeübt.

VI. Der Bürgermeister hat das Recht der Leitung und Beaufsichtigung der Verwaltung jeder einzelnen Ortschaft; er kann in jedem Ortsausschusse und in jeder Ortsversammlung den Vorsitz führen und soll die Berathung über die Feststellung der Voranschläge und Rechnungen leiten.

VII. Befindet sich ein gesondertes Gemeinde- oder Stiftungs-Vermögen im Eigenthum einer Ortschaft, die einer Gemeinde mit städtischer Verfassung zugetheilt ist, oder im Eigenthum eines Bezirkes der Gemeinde, so sind die nöthigen Anordnungen über die Verwaltung dieses Sondervermögens, wenn hierüber Streit entsteht, nach Analogie der obigen Bestimmungen durch die Verwaltungsbehörde zu treffen.

VIII. Die in Abs. III, IV und V bezeichneten Befugnisse werden jedoch, wo es sich um das gesonderte Vermögen eines städtischen Bezirkes handelt, ausschließlich von den an den Nutzungen dieses Vermögens theilnehmenden Gemeindebürgern ausgeübt.

IX. Die Vereinigung des Grundstockes des besonderen Gemeinde- oder Stiftungsvermögens einer Ortschaft oder eines sonstigen Bestandtheiles der Gemeinde mit dem Gemeinde- oder Stiftungs-Vermögen der betreffenden Gemeinde kann nur auf Grund eines Vertrages erfolgen, wozu die Zustimmung sämmtlicher Betheiligten wie in Fällen des Art. 4 Abs. I Ziff. 1 bis 4 und die Genehmigung der vorgesetzten Verwaltungsbehörde erforderlich ist.

X. Auf Dörfer ohne eigenes Gemeindevermögen und eigene Gemeinderechte, auf bloße Weiler und einzelne Anwesen, welche vor Verkündung des Gemeindeedikts vom 17. Mai 1818 besondere von dem Gemeindeverbande ausgenommene Markungen besessen haben und welche auf Grund des § 3 des revidierten Gemeindeedikts vom 1. Juli 1834 einer Gemeinde blos für die polizeiliche Verwaltung einverleibt worden sind, finden die Bestimmungen der Abs. I und II bezüglich der Beitragspflicht zu den Gemeindebedürfnissen Anwendung. Für die Aufbringung des zur Bestreitung ihrer besonderen Bedürfnisse erforderlichen Aufwandes sind bei dem Vorhandensein mehrerer Betheiligten in Ermangelung anderweitiger Uebereinkunft die Grundsätze des Art. 45 Abs. II analog anwendbar.

Anm. 1. a) S. Art. 5. Im theilweisen Gegensatz zu dem in Art. 5 Gesagten bemerkt Kahr G.O. zu Art. 153 in längerer, lichtvoller Ausführung S. 945 ff., die Ortschaften seien, insoweit sie mit eigenem Vermögen ausgestattet sind, selbstständige Korporationen, gemeindliche öffentliche Korporationen; sie bilden eine Gemeinde in der Gemeinde, haben das Recht Umlagen und Gemeinderechts-Gebühren, sowie örtliche Abgaben für die Benützung des Eigenthums ihrer örtlichen Anstalten und Unternehmungen zu erheben und Gemeindedienste anzuordnen, aber keine Verbrauchssteuern zu erheben; letzteren Standpunkt habe insbesondere auch das k. Staatsministerium des Innern innegehalten durch M.E. v. 15. Dez. 1879 Nr. 11723.

b) Ortschaften im Sinne des Art. 153 sind zunächst jene, die ein eigenes Gemeinde- oder Stiftungsvermögen besitzen und zwar auch dann, wenn sie mit besonderem Vermögen auch schon vor dem Gemeindeedikte vom 17. Mai 1818 zu einer Gemeinde vereinigt waren, wozu nach Abs. X noch jene Dörfer ohne eigenes Gemeindevermögen und eigene Gemeinderechte, Weiler und Einzelanwesen*) kommen, die vor 1818 besondere Markungen besaßen und die auf Grund des § 3 des revid. Gemeindeediktes einer Gemeinde bloß für die polizeiliche Verwaltung einverleibt worden sind, ohne Antheil an deren Vermögensrechten zu haben; diese sollten ihre Sonderstellung auch in Zukunft behalten, insoweit es sich um Erfüllung der in Abs. II aufgeführten, der politischen Gemeinde nicht speziell vorbehaltenen Verbindlichkeiten handelt; andernfalls käme Art. 38 Abs. I zur Anwendung. (V.G.H.E. Bd. I S. 191.)

Die einer Gemeinde neu hinzutretende vermögenslose Ortschaft hat keinen Antheil am Gemeindevermögen derselben und bildet in diesem Falle das Vermögen der Hauptgemeinde ein Ortsvermögen im Sinne des Art. 153.

Anm. 2. Aus dem Gegensatz von Abs. X erhellt, daß die Abs. I—IX sich nur auf jene Ortschaften beziehen, die ein eigenes Gemeinde- und Stiftungs-Vermögen haben. (Vgl. Kahr, G.O. S. 969.)

Anm. 3. Zu Abs. I: Aus dem Worte „jedenfalls" ist auf die absolute Unzulässigkeit eines anderen Zustandes zu schließen.

Die Verwaltung der nicht gemeinschaftlichen Angelegenheiten verbleibt der Ortsgemeinde.

Anm. 4. Zu Abs. II: Art. 153 und 38 ergänzen sich gegenseitig. Im Zweifel gehören die in Abs. II bezeichneten Angelegenheiten zu jenen der Gesammtgemeinde.

Nach Kahr G.O. S. 974 bemißt sich der Ausdruck „Polizeiverwaltung" nach den vorausgehenden Bestimmungen der G.O.: Art. 92 ff., 138 ff.; er versteht unter Polizei hier „diejenige Thätigkeit, durch welche der Staat sich selbst, seine Einrichtungen und Angehörigen, insoweit sich diese nicht selbst zu schützen vermögen, gegen Gefährdungen durch Menschen, wie gegen natürliche Gefahren, nöthigenfalls unter Anwendung der ihm eigenen Zwangsgewalt schützt. Ausgeschlossen ist die sog. Verwaltungs- oder Wohlfahrtspflege." Gemeinschaftliche Angelegenheiten der Gesammtgemeinde sind z. B. polizeilichen Zwecken dienende Gebäude, Begräbnißplätze u. a. Vgl. die Aufzählung bei Kahr S. 977.

Anm. 5. Eine Gemeinschaft des Bedürfnisses und Gebrauchs ist z. B. noch nicht dadurch gegeben, daß Kirche und Schule aus der in einer einzelnen Ortschaft befindlichen Wasserleitung Vortheil ziehen oder daß letztere von den Feuerlöschanstalten der Gemeinde benützt wird. (V.G.H.E. Bd. XII S. 366.) Gemäß Art. 38 sind die dort aufgeführten Verpflichtungen in der Regel gemeinschaftliche der politischen Gemeinde. Ausnahmsweise tritt an Stelle der Verpflichtung der Gesammtgemeinde jene der einzelnen Ortschaften. (V.G.H.E. Bd. XIX S. 26.) S. hierüber im Folgenden. Jedoch können die einzelnen Nebenorte einzelne Obliegenheiten (z. B. die Anschaffung von Löschgeräthen, Aufstellung von Nachtwächtern) aus freien Stücken aus eigenen Mitteln decken und im Bedürfnißfalle hiezu angehalten werden; s. M.E. v. 30. Nov. 1874 Nr. 13421 bei Kahr l. c. S. 979.

Zu den Angelegenheiten des Art. 38 ist hier noch besonders der Wege zu gedenken. Diese sind zwar gemäß Art. 38 der Gemeindeordnung der ganzen Gemeinde

---

*) Als solche Einzelanwesen können Einöden, Schlösser, Freihöfe und Freimühlen in Betracht kommen.

zur Herstellung und Unterhaltung zugewiesen, aber da bei den in diesem Artikel aufgezählten Verbindlichkeiten die Vorschrift des Art. 153 Abs. II ausdrücklich vorbehalten ist, so kann es Verbindungswege geben, welche nach Art. 153 Abs. II zu behandeln sind, welche also nicht von der Gemeinde, sondern von den betreffenden Ortschaften zu unterhalten sind; für diese Fälle gilt nun die in Abs. II des Art. 153 getroffene Bestimmung. Angesichts dieser Vorschrift läßt sich nicht bestreiten, daß in erster Linie Vertrag, in zweiter Linie Herkommen und erst in letzter Linie die Gemeinschaft des Bedürfnisses und Gebrauches entscheidet. Verträge sind in der Regel nicht geschlossen, es kommt daher zunächst das Herkommen in Betracht. Dasselbe kann sich selbstverständlich nicht auf Verhältnisse erstrecken, welche gesetzlich den politischen Gemeinden ausschließlich überwiesen sind. Gegenüber dem Herkommen in anderen Rechtsverhältnissen, z. B. Art. 32 der G.O., kann das Herkommen des Art. 153 sich nur seit der Vereinigung der Ortschaften, also bei jenen des Art. 153 Abs. X erst nach der Gemeindebildung auf Grund des Gemeindeediktes vom Jahre 1818 gebildet haben, weil vorher gar keine Grundlage zur Bildung eines Herkommens im Gemeindeverbande gegeben war. Meist ist das Herkommen dadurch entstanden, daß die Ortschaften ihr früheres Sonderleben mehr oder minder fortsetzten. Auf die Gemeinschaftlichkeit des Gebrauches kann es bei einzelnen Ortschaften nur dann ankommen, wenn nicht ein allgemeines Herkommen, was am häufigsten bei Gemeindeverbindungswegen der Fall ist, in der Gesammtgemeinde besteht.

Was das hier erwähnte Herkommen anlangt, so hat in der Regel die Uebung im ganzen Gemeindebezirke Maß zu geben insolange, als sich nicht bezüglich des einzelnen Objektes eine entgegengesetzte Uebung nachweisen läßt. (S. hierüber Bl. f. adm. Pr. Bd. 37 S. 209, und V.G.H.E. Bd. VII S. 62, II S. 460.) Voraussetzung ist jedoch stets, daß ein einer politischen Gemeinde zugetheiltes Dorf oder Weiler vor dem Gem.Ed. vom 17. Mai 1818 eine Sonderstellung gehabt hat, bezw. einer neugebildeten Gemeinde nur für die polizeiliche Verwaltung einverleibt worden ist. (V.G.H.E. Bd. IV S. 236.) Vgl. hieher auch V.G.H.E. Bd. I S. 95, wonach bei einer etwaigen verwaltungsrichterlichen Entscheidung über Wegherstellung, an der mehrere Ortschaften betheiligt sind, die einzelnen Pflichtigen genau bestimmt werden müssen. Im Uebrigen vgl. Art. 1 über „Herkommen".

Die öffentliche Armenpflege kann nicht nach Ortschaften getrennt werden; die Gesetzwidrigkeit eines solchen Zustandes vermöchte durch eine wenn auch noch so lange dauernde entgegenstehende Uebung nicht gehoben werden. Das Gleiche gilt bezüglich der aus dem Armen-(Heimath-)Verband entspringenden Verbindlichkeiten. (V.G.H.E. Bd. I S. 302, II S. 441 ff., IV S. 599.) Mit der bei der Bildung der Gemeinden erfolgten Vereinigung mehrerer Ortschaften zu einer politischen Gemeinde hatten nämlich auch die bis dahin bestandenen gesonderten Armenverbände solcher Ortschaften aufzuhören und in einen den Bezirk der politischen Gemeinde umfassenden Armenverband überzugehen; einflußlos wäre eine Fortführung dieser Verbände. Die Renten des örtlichen Armenvermögens sind nicht nach Maßgabe des Bedürfnisses der einzelnen Ortschaften, sondern nach dem Steuergrößenverhältniß derselben der Armenpflege der politischen Gemeinde nach Bedarf zur Verfügung zu stellen. (Eod. Bd. IV S. 445.)

Bei Gemeindeverbindungswegen, die die regelmäßige Verbindung der Gesammtgemeinde mit den Nachbargemeinden herstellen, ist in der Regel eine Gemeinschaft des Bedürfnisses und Gebrauches anzunehmen. (V.G.H.E. Bd. XVIII S. 331.)

Ueber weitere gemeinschaftliche Angelegenheiten im Sinne des Abs. II siehe u. A. Gesetz vom 12. März 1850 (Ersatz des bei Aufläufen verursachten Schadens), Gesetz vom 4. Mai 1851 (über Bezahlung der mit dem Einschreiten der bewaffneten Macht verbundenen Kosten), Gesetz vom 30. März 1850 (über die Ausübung der Jagd), Gesetz vom 10. Nov. 1861, (Schulbedarfsgesetz), ferner Theilnahme am Distriktsverbande, Armenverbande, Heimathverbande rc.; wegen Schulen V.G.H.E. Bd. XI S. 246. Ueber Polizei siehe Art. 139 Abs. II der G.O.

Die Nebenorte können verlangen, daß die Kosten aller polizeilichen Einrichtungen und Anstalten von der Gemeinde bestritten werden.

Die zu einer politischen Gemeinde vereinigten Ortschaften haben ferner die Renten ihres örtlichen Vermögens, soferne nicht der in Art. 32 Abs. I der G.O. statuirte Ausnahmsfall gegeben ist, in erster Reihe außer zur Deckung des Bedarfes für örtliche Sonderzwecke, auch zur Bestreitung des Antheiles an den gemeinsamen Lasten der politischen Gemeinde, welcher nach Verhältniß des Steuerfußes auf die Ortschaft entfällt, dann zu verwenden, wenn außerdem in Ermangelung anderweitiger Deckungsmittel die Erhebung von Gemeindeumlagen in der politischen Gemeinde nothwendig wäre. (V.G.H.E. Bd. V S. 97.)

Nichtgemeinsame Angelegenheiten fallen nicht unter Art. 153 Abs. II. Die Ortschaften sind jedoch nicht gehindert, die Kosten polizeilicher Einrichtungen, die sie in ihrem besonderen Interesse für wünschenswerth halten, freiwillig zu übernehmen. (S. die bei Seydel, b. Staatsr. Bd. III S. 73 alleg. M.E. v. 30. Nov. 1874, Nr. 13421.)

Anm. 6. Zu Abs. III: Der Gemeindebehörde steht hienach die vermögensrechtliche Vertretung nur dann zu, wenn eine Uebertragung der ortschaftlichen Vermögensverwaltung an die Gemeinde stattgefunden hat. Hat eine solche Uebertragung stattgefunden, so hat der Ausschuß dieselben Rechte, wie bei der Gesammtgemeinde; wo bei letzterer die Zustimmung der Gemeindeversammlung nöthig ist, ist hier jene der Ortsversammlung nöthig. Zustellungen an die Ortschaft erfolgen an den Bürgermeister. Ist dies nicht der Fall, so wird die Ortschaft durch ihr eigenes Verwaltungsorgan, bezw. durch die Ortsversammlung vertreten. Wenn eine Ortsgemeinde kein besonderes Vermögen besitzt, hat sie auch keine besondere Vertretung für sich zu bestellen; bei Klagen solcher ist der Gemeindeausschuß der politischen Gemeinde auch der Vertreter der Ortsgemeinde. E. d. ob. G.H. Bd. II S. 930. Die Vermögensverwaltung kann auch im Wege der vertragsmäßigen Uebereinkunft an die Gesammtgemeinde übertragen werden. Zur Uebertragung bedarf es förmlicher Beschlüsse der Ortsversammlung. (Vgl. Seydel, Bd. IV S. 466 und die Allegate daselbst.)

Steht einer Ortschaft die besondere Verwaltung eines Ortschaftsvermögens zu, so ist gemäß Art. 5 und 153 der diesrheinischen Gemeindeordnung die Gesammtheit der Ortsbürger, sohin nicht allein die in solchen Ortschaften mit Nutzungsrechten Betheiligten, zur Feststellung darüber berufen, in welcher Weise innerhalb der gesetzlichen Grenzen die Verwaltung des Ortschaftsvermögens bestellt werden soll, und ist eine Ortsgemeinde nicht befugt, ihr gesetzliches Verwaltungsrecht in Ansehung eines mit Nutzungen zum Vortheile einzelner belasteten Ortschaftsvermögens zu Gunsten der letzteren aufzugeben. (V.G.H.E. Bd. V S. 198.)

Hat eine Ortsgemeinde die Verwaltung des Ortsgemeindevermögens weder dem Ausschusse der Gesammtgemeinde übertragen, noch zu diesem Behufe einen Pfleger oder einen aus Ortsbürgern bestehenden Ausschuß gewählt, so ist zur Ausübung der den Gemeindeausschüssen zukommenden Befugnisse die Versammlung der im Orte wohnenden Bürger berufen. In solchem Falle stellen sich die den Rechtsstreit führenden Ortsbürger in ihrer Gesammtheit als Vertreter der Ortsgemeinde dar.

Für eine Ortsgemeinde, welche keine besondere Vertretung im Sinne des Art. 153 der G.O. geschaffen hat und welche einen Anwalt zu ihrer Prozeßvertretung bestellt hat, bedarf es nicht der Anführung eines besonderen gesetzlichen Vertreters. (E. d. ob. Ger.H. Bd. XI S. 4.)

(Gegen rechtmäßig gefaßte Beschlüsse der Ortsgemeinde kann von den Ortsbewohnern nicht aus dem Grunde Beschwerde ergriffen werden, weil es sich um einen der Gesammtgemeinde obliegenden Aufwand handle. M.E. vom 30. Nov. 1874 Nr. 13421.)

Mitglieder einer Ortsgemeinde sind zur Führung eines Rechtsstreites für diese nur auf Grund gesetzmäßiger Beschlußfassung hierüber berechtigt. (E. d. ob. Ger.H. Bd. VIII S. 362.) Die Stimmberechtigten haben nach Art. 146—149 den in Angelegenheiten der Ortsgemeinde erforderlichen Beschluß in einer Versammlung, welche der Bürgermeister leitet, nach gepflogener Berathung durch Stimmenmehrheit zu fassen und über die Verhandlung ein Protokoll zu errichten, welches die Zahl der Anwesenden und das Ergebniß der Abstimmung feststellt und vom Bürgermeister, Protokollführer und 2 Gemeindebürgern zu unterzeichnen ist. (E. d. ob. Ger.H. Bd. VIII S. 759.) Nur auf diese Weise kann die Vertretung der Ortsgemeinde wirksam bethätigt werden.

Wenn die Verwaltung dem Gemeindeausschuß übertragen wird, so hat gesonderte Kassa- und Rechnungsführung stattzufinden.

Wenn Ortsgemeinden kein Organ zu ihrer Vertretung besitzen, so kann eine Beschwerde von Ortsbürgern nicht als von der Ortsgemeinde ausgegangen erachtet werden, sondern die einzelnen Beschwerdeführer erscheinen nur als Bürger der politischen Gemeinde. (V.G.H.E. Bd. I S. 422.)

Wenn ferner in einer Ortsgemeinde die Verwaltung der ortsgemeindlichen Angelegenheiten nicht durch rechtsförmlichen Beschluß der einschlägigen politischen Gemeinde übertragen oder hiefür ein besonderer Ortsausschuß gebildet ist, so sind die sonst den Gemeindeausschüssen zukommenden Befugnisse durch die Ortsversammlung auszuüben. In diesem Falle können Zustellungen für die Ortsgemeinde nur an die Ortsversammlung in rechtswirksamer Weise erfolgen. Ein als Gehilfe der örtlichen Polizeiverwaltung und als Kassier der Ortsgemeinde aufgestellter Ortsführer ist zur Empfangnahme solcher Zustellungen nicht legitimirt. (V.G.H.E. Bd. III S. 18, Bd. I S. 422, Seydel l. c. Bd. III S. 233.)

An Ortsgemeinden, die kein eigenes Vermögen besitzen, können Zustellungen nur durch den Gemeindeausschuß betrieben werden. (E. d. ob. Ger.H. Bd. VI S. 930.)

Besteht eine Gemeinde aus mehreren Ortschaften, so muß in einem Verwaltungsrechtsstreit über die Verpflichtung einer Ortschaft den gesetzmäßigen Vertretungen der im entgegenstehenden rechtlichen Interesse einander gegenüberstehenden Ortschaften die Möglichkeit gegeben werden, ihre Rechte und Pflichten als Prozeßpartei im Streitverfahren zur Geltung zu bringen. Der Hauptort wird hier gerade so behandelt wie Nebenorte. (V.G.H.E. Bd. XI S. 555.)

Anm. 7. Zu Abs. IV: Die Pfleger brauchen nicht Mitglieder des Ortsausschusses zu sein; sie können allein stehen. Art. 134 Abs. IV kommt hier zur Anwendung; einem Pfleger, der bei Nichtvorhandensein eines Ortsausschusses Mitglied des Ausschusses der Gesammtgemeinde ist, kann die Kautionsleistung nicht erlassen werden, da Art. 134 voraussetzt, daß der Pfleger jenem Ausschuß angehört, der ihm die Kaution zu erlassen zuständig ist; diese Zuständigkeit ermangelt aber diesem Ausschusse gegenüber dem Ortspfleger. Zur Bestimmung darüber, in welcher Weise die Verwaltung bestellt werden soll, ist die Gesammtzahl aller Ortsbürger, nicht bloß die Summe der am Ortsvermögen Nutzungsberechtigten befugt. V.G.H.E. B. V S. 198. Ob ein Pfleger nöthig ist, hat Mangels eines solchen nach Art. 157 die Aufsichtsbehörde zu bestimmen. Ueber die Wahl derselben s. Art. 199, 172, 174.

Anm. 8. Zu Abs. V: Vgl. Art. 130 ff., besonders 134, und E. d. ob. Ger.H. Bd. VII S. 757, 759, Bd. VIII S. 363. Der Ortsführer ist nur Gehilfe des Bürgermeisters, nicht gesetzlicher Vertreter der Ortschaft nach außen; dieß gilt besonders bei Zustellungen. (E. d. ob. Ger.H. Bd. VI S. 261.)

Der Ortsausschuß hat nur die Vermögens-Verwaltung der Ortschaft.

Auf Ortsversammlungsbeschlüsse finden Art. 146 ff. analoge Anwendung. Mehrere einzelne Ortsbürger sind zur gleichzeitigen Vertretung ihrer eigenen Person und der Ortschaft legitimirt, wenn ihre Interessen mit jenen der Ortschaft nicht kollidiren.

Anm. 9. Zu Abs. VI: In jedem Ortsausschuß und in jeder Ortsversammlung kann der Bürgermeister bezw. sein Stellvertreter nach Art. 125 den Vorsitz führen. Die Art. 146—149 kommen entsprechend zur Anwendung. Die Ortsbürger können nur in einer Versammlung unter Leitung des Bürgermeisters oder seines Vertreters nach vorgängiger Berathung Beschlüsse über die Angelegenheiten der Ortsgemeinde fassen und muß über die Verhandlung ein Protokoll errichtet werden; nur auf diese Weise können die Ortsbürger den Willen der Ortsgemeinde giltig äußern; es genügt nicht, wenn die Mitglieder des Ausschusses bezw. die Ortsbürger einzeln außer der Sitzung, wenn auch übereinstimmend ihre Erklärung abgeben. (E. d. ob. Ger.H. Bd. VII S. 545.)

Anm. 10. Zu Abs. IX vgl. Art. 4 und die Anm.; s. auch Art. 153 Abs. IX und Art. 14 des bisherigen nun aufgehobenen Not.Ges.

Anm. 11. Zu Abs. X: Zählt ein unter Art. 153 Abs. X der G.O. fallender Weiler nur zwei Gemeindebürger, so steht nicht jedem von diesen für seine Person, sondern nur beiden gemeinschaftlich das Recht zu, den Weiler in Bezug auf seine politische Sonderstellung zu vertreten. (V.G.H.E. Bd. VI S. 35.)

Anm. 12. Abgesehen von dem in voraufgeführten Anmerkungen Gesagten kommt die Verwaltung allgemein und primär der politischen Gemeinde zu; die Beschlußfassung über Ortschaftsumlagen aber kommt bei Betheiligung mehrerer der Ortsversammlung als Gemeindeorgan zu. Die Umlagenbeitreibung ist hingegen Sache der Gemeindeverwaltung.

Anm. 13. Die sonstigen Befugnisse der Staatsaufsicht bestehen auch gegenüber den Ortschaften.

Anm. 14. In Bezug auf Verwaltungsrechtssachen ist Folgendes zu bemerken:

Nach Art. 12 d. V.G.H.G. gelten die Art. 8, 10, 11 dieses Gesetzes auch von den zu einer Gemeinde vereinigten Ortschaften in ihren Verhältnissen unter sich, zur

Gemeinde und zu den Ortsangehörigen. Insbesondere ist Art. 8 Ziff. 28 hinsichtlich eines Streites zwischen mehreren zu einer Gemeinde vereinigten Ortschaften über die Nutzung eines angeblich gemeinsamen Vermögens anwendbar.

Vgl. auch ff. V.G.H.E.:

a) Auf Fälle, bei welchen die Zugehörigkeit einer Markung bezw. eines Grundstückes zu dem Verbande einer politischen Gemeinde selbst feststeht, dagegen die Art und Weise, wie dieselben in den Verband aufgenommen wurden, d. h. die Frage, ob die Zutheilung lediglich in Ansehung der polizeilichen Verwaltung erfolgt ist und welche Rechte und Verbindlichkeiten sich hieraus für die zugetheilte Markung oder das zugetheilte Grundstück ergeben, den Streitgegenstand bildet, erstreckt sich die Ziff. 25 des Art. 8 des Gesetzes vom 8. August 1878 nicht. (Bd. VI S. 70, Bd. VIII S. 184.)

b) Zur Entscheidung darüber, ob ein als Gemeindewald anerkanntes Grundstück Eigenthum der Gesammtgemeinde oder Sondereigenthum einer hiezu gehörigen Ortschaft bilde, ist der V.G.H. unzuständig. (Bd. VIII S. 182.)

c) Der Grundsatz, daß die Frage der Zugehörigkeit eines Grundstückes zu einer Gemeindemarkung für die daraus abgeleitete Umlagenpflicht präjudiziell ist, gilt auch hier. (Bd. XI S. 430.)

d) In Angelegenheiten des Art. 12 V.G.H.G. werden die betheiligten Ortschaften von den Ortsausschüssen und in Ermangelung solcher durch die Versammlung der in dem betreffenden Orte wohnhaften Bürger vertreten.

Anm. 15. Siehe über Umlagenerhebung Art. 45 Abs. II, Art. 47 Abs. I und VIII; auch Art. 61 und 64 findet hier Anwendung. Ueber Betheiligung der Nebenorte bei Bestreitung der Gemeindebedürfnisse siehe Bl. f. adm. Pr. Bd. 22 S. 271 ff., über markgenossenschaftl. und Gemeindeeigenthum eod. Bd. 25 S. 233.

Anm. 16. Notare hatten nach § 45 des bisherigen Not.Ges. auf die Vertretungsbefugniß Bedacht zu nehmen: vor ihnen muß sich der Bürgermeister daher darüber legitimiren, daß ein entsprechender Beschluß der Ortsversammlung vorliegt. E. d. ob. Ger.H. Bd. XI S. 773.

Ein Notar, welcher bei Verlautbarung eines Vertrages über Grundstücke, welche einer mit einem gesonderten und auch durch einen eigenen Ortspfleger verwalteten Vermögen versehenen Ortsgemeinde zugehören, den vom Ausschuß der politischen Gemeinde bevollmächtigten Bürgermeister als für die Ortsgemeinde handelnd auftreten läßt, ist disziplinär strafbar; die Notare thun gut daran, wenn sie es nicht unterlassen, vom Bürgermeister in solchen Fällen, da er nicht das gesetzliche Vollzugsorgan der Ortsgemeinde ist, den Nachweis seiner in gesetzlicher Weise erfolgten Bevollmächtigung zur Vertretung der Ortsgemeinde zu verlangen; wegen mangelnder Bevollmächtigung wäre ein solcher Vertrag rechtlich unwirksam. (Eod.)

Anm. 17. Für den Anspruch auf Theilung des mehreren Ortschaften zustehenden Eigenthums an Grundstücken ist die gerichtliche Zuständigkeit begründet.

Anm. 18. Vgl. auch Art. 47.

Anm. 19. Ueber die Vertretung einer Ortsgemeinde nach der früheren Gemeindegesetzgebung s. E. d. ob. Ger.H. Bd. XIII S. 91.

V. Abtheilung.

Von der Staatsaufsicht und der Handhabung der Disciplin.

Vorbemerkung.

Was die Staatsaufsicht nach der G.O. von 1869 bedeutet, wurde theils in der Einleitung, theils zu Art. 1 der G.O. und Anm. bereits erwähnt. Einen allgemeinen Grundsatz hierüber enthalten die Motive:

Durch die G.O. von 1869 wurde das Selbstverwaltungsrecht der Gemeinden grundsätzlich weiter entwickelt und die Zuständigkeit der Aufsichtsbehörden nicht nur gesetzlich strenge begrenzt, sondern überhaupt auf diejenigen Fälle beschränkt, in welchen das Gemeinwohl oder der Schutz der künftigen Generationen oder die berechtigten Interessen Einzelner die Einwirkung des Staates unerläßlich machen. Die Besorgung der eigentlichen Gemeindeangelegenheiten steht zunächst den Gemeinden als selbstständigen Körperschaften zu, wogegen den Staatsaufsichtsbehörden lediglich die Wahrung des Gesetzes obliegt, und zwar in der Regel in der Weise, daß sie die Gemeinden zur Erfüllung ihrer gesetzlichen Verbindlichkeiten im Weigerungsfalle anzuhalten und die Gemeindevertreter wegen Außerachtlassung ihrer Dienstesobliegenheiten zur Verantwortung und Haftung zu ziehen haben.

Das staatsaufsichtliche Verfahren ist eine Ergänzung der gemeindlichen Selbstthätigkeit; es kann daher abgesehen von provisorischen Maßregeln nur dann Platz greifen, wenn sich Staat und Gemeinde, nicht Staat und ein anderes Rechtssubjekt gegenüber stehen. In den ff. Artikeln ist des Näheren ausgeführt, wann ein staatsaufsichtliches Einschreiten von Amtswegen oder auf Anrufen stattfindet, ferner wo eine Genehmigung der Staatsaufsichtsbehörde erforderlich ist; diese Genehmigung kann nach freiem Ermessen ertheilt oder versagt werden: wo diese vom Gesetze vorgesehen ist, ist sie Voraussetzung der Giltigkeit der Rechtshandlung, wenn nicht ausdrücklich anderes bestimmt ist; der bezügliche Mangel ist von den Betheiligten geltend zu machen und hätten diese die Folgen (error iuris) selbst zu tragen. (Vgl. Seydel, b. Staatsr., Bd. III S. 43 gegen Bl. f. adm. Pr. Bd. 23 S. 1.)

Das aufsichtliche Eingreifen von Amtswegen kann nur da stattfinden, wo Seitens der Gemeinde eine Gesetzesverletzung vorliegt, die unter einen der in Art. 157 Ziff. 1—4 gegebenen Gesichtspunkte fällt, und zwar auch dann, wenn die Handlung oder Unterlassung der Gemeinde nur einen Einzelnen benachtheiligt, wenn auch diesem der Weg der Beschwerde zusteht. Es ist nicht abzusehen, warum, wenn zu der formalen Gesetzwidrigkeit auch noch die sachliche Benachtheiligung eines Einzelnen hinzutritt, bei dieser qualifizirten Gesetzwidrigkeit die Offizialthätigkeit verboten sein sollte. (Bl. f. adm. Pr. Bd. 22 S. 145.) Das aufsichtliche Eingreifen hat ferner die Aufgabe, zu verhindern, daß Seitens der Gemeinde etwas geschieht, was nicht gesetzmäßig ist, und zu erzwingen, daß Seitens der Gemeinden dasjenige geschieht, was das Gesetz von ihnen verlangt. (S. Art. 157.) Es findet auf Anrufen eines Betheiligten, auf Beschwerde statt, wovon später; die Handhabung der Staatsaufsicht in eigentlichen Gemeindeangelegenheiten, welche übrigens gebührenfrei erfolgt (s. Bl. f. adm. Pr. Bd. 30 S. 25), ist eine staatliche Verwaltungsthätigkeit, die nicht dem Gebiete der Verwaltungsrechtspflege angehört; hienach können auch Verwaltungsrechtssachen nicht im Wege des aufsichtlichen Einschreitens zum Austrage kommen. Uebrigens finden die allgemeinen Grundsätze über Rechtskraft und deren Wirkung auch auf staatsaufsichtliche Beschlüsse und Verfügungen der Verwaltungsbehörde Anwendung, in welchen über das Bestehen oder Nichtbestehen von gesetzlichen Verpflichtungen der Gemeinde Entscheidung getroffen wird. Einwendungen gegen staatsaufsichtliche Aufforderungen im Sinne des Art. 157 Abs. V sind an die vierzehntägige Beschwerdefrist nicht gebunden. (V.G.H.E. Bd. II S. 501.)

Staatsaufsichtssachen und Ermessenssachen dürfen nicht identifizirt werden, denn im Gebiet der Staatsaufsicht finden sich außer Verfügungen, die in das Ermessen der Behörden gelegt und zunächst durch Erwägungen der Zweckmäßigkeit bedingt sind, auch solche Anordnungen, die entweder nur unter bestimmten gesetzlichen Voraussetzungen zulässig oder bei Vorhandensein gewisser Voraussetzungen unmittelbar geboten sind; zu den Fällen der letzteren Art gehört vor allem die Beanstandung und eventuelle Aufhebung gesetzwidriger Beschlüsse; die Beurtheilung der Gesetzwidrigkeit aber ist rechtlicher Natur und die Beseitigung eines solchen Beschlusses nicht ins freie Ermessen der Staatsaufsichtsbehörde gelegt, die vielmehr hiezu ebenso verpflichtet als berechtigt ist. (V.G.H.E. Bd. IX S. 227.)

Aus dem Aufsichtsrechte des Staates über die Gemeinden können sich Conflikte ergeben, die beim unmittelbaren Staatsdienst nicht möglich sind. Dem Staatsaufsichtsrecht steht nämlich gegenüber der Grundsatz der gemeindlichen Autonomie, der hinsichtlich seiner Grenzen gesetzlich geregelt ist und in den Amtsbefugnissen der mittelbaren öffentlichen Diener seine Verwirklichung findet. Ein Eingriff in diese Befugnisse läßt sich als eine Verletzung der Autonomie auffassen, wenn das Gesetz nicht ausdrücklich hiezu ermächtigt; es ist jedoch hier zu unterscheiden, ob dieser Eingriff subjektive Rechte des Einzelnen berührt oder nicht; ersterenfalls ist die Zulässigkeit der Anrufung des Verwaltungsrichters dem Prinzip nach zu verneinen, da nicht anzunehmen ist, daß das Gesetz, indem es die Gemeindeautonomie anerkannte, der Gemeindevertretung und den Gemeindebeamten ein Recht auf die Unabhängigkeit einräumen wollte; solche Eingriffe haben auch meistens vermögensrechtliche Folgen. (Sarwey, Verw.Recht, S. 477.)

Ueber die verwaltungsgerichtliche Zuständigkeit s. Art. 10 Ziff. 2 V.G.H.G. Art. 15 V.G.H.G. entzieht die Beschlüsse in Angelegenheiten des Art. 8 ganz allgemein der oberaufsichtlichen Einschreitung, während dies in Angelegenheiten der Art. 10 und 11 nur gegenüber den Beschlüssen des V.G.H. ausgeschlossen ist; die Beschlüsse der Unterinstanzen über Angelegenheiten letzterer Art sind an sich dem Oberaufsichtsrecht der Ministerien unterstellt, was die Befugniß in sich schließt, solche Beschlüsse auch außerhalb des Instanzenzuges von Amtswegen aufzuheben, namentlich wenn das öffentliche Interesse gefährdet ist. Eine gleiche Befugniß besteht auch für die eigentlichen Aufsichtsangelegenheiten, wie solche in Art. 10 Ziff. 1–4 V.G.H.G.

aufgeführt sind und zwar auch für die Regierungen, weil ja die Aufsichtssache gewissermaßen erst in dem Momente zur V.R.Sache wird, in dem eine Corporation behauptet, daß sie in ihren Rechten verletzt oder mit einer ihr nicht zukommenden Verbindlichkeit belastet worden sei. Anders ist es, wenn es sich in solchen Fällen nicht um eine Aufsichtsangelegenheit, sondern um einen Streit zwischen zwei oder mehreren Parteien, also um einen neuen Parteistreit handelt.

Die Zuständigkeit der Regierungssenate in Fällen des Art. 8 V.G.H.G. ist auch dann gegeben, wenn nur Ermessenssachen in Frage stehen; letztere müssen aber in einer als Verwaltungsrechtssache erklärten Angelegenheit überhaupt sich ergeben, d. h. behufs einer den Gesammtinhalt der Beschwerde umfassenden Sachentscheidung zu lösen sein. Es besteht ferner kein Grund für die Annahme, daß diesen Senaten auch die gleichzeitige Würdigung staatsaufsichtlicher Fragen überwiesen werden wollte, die an sich in einem besonderen Verfahren selbstständig zu behandeln sind, im gegebenen Falle auch völlig außerhalb des Rahmens des Streites liegen und unbeschadet der Austragung des letztern erledigt werden können. (V.G.H.E. Bd. IV S. 617 und IX S. 227.)

Zu Art. 10 Ziff. 2 V.G.H.G. sind folgende Entscheidungen hier zu erwähnen:

a) Streitige Verwaltungsrechtssachen im Sinne des Art. 8 V.G.H.G., welche in einem nach Art. 157 eingeleiteten staatsaufsichtlichen Verfahren anhängig gemacht wurden und für das letztere präjudiziell sind, dürfen in den unteren Instanzen nicht nach den Vorschriften des Art. 45, sondern müssen nach den Vorschriften der Art. 16—38 des Gesetzes vom 8. August 1878 prozessual behandelt und entschieden werden. Die Frist zur Einlegung von Beschwerden gegen die in solchen Fragen unrichtigerweise nach Maßgabe des Art. 45 erlassenen zweitinstanziellen Bescheide der Kreisregierungen, Kammern des Innern, ist als gewahrt zu erachten, wenn die Beschwerde nach Maßgabe des Art. 22 rechtzeitig bei der ersten Instanz erhoben wird. (Bd. I S. 95.) Siehe aber nun Art. 45 l. c. neuer Fassung.

b) Wenn bei Bescheidung der Verhandlungen eines Distriktsrathes durch letztinstanziellen staatsaufsichtlichen Beschluß ausgesprochen wurde, daß zur Vornahme einer nothwendigen baulichen Verbesserung an einer Distriktsstraßenstrecke innerhalb einer Ortschaft nicht die Distriktsgemeinde in Anspruch zu nehmen sei, weil die Herstellung und Unterhaltung einer solchen Straßenstrecke der betreffenden Gemeinde obliege, und wenn sodann die zur fraglichen Leistung aufgeforderte Gemeinde erstere unter Bestreitung ihrer Verpflichtung verweigert, so kann diese Verpflichtung nicht schon durch den ergangenen staatsaufsichtlichen Beschluß als endgiltig festgestellt angenommen und hienach nicht im Wege des staatsaufsichtlichen Verfahrens gegen die Gemeinde vorgegangen werden. Vielmehr liegt in diesem Falle eine streitige Verwaltungsrechtssache im Sinne des Art. 8 Ziff. 34 vor, welche nach den Bestimmungen dieses Gesetzes über das Verfahren in Verwaltungsrechtssachen zu verbescheiden ist. (Bd. II S. 111.)

c) Gegen die zeitweilige Versagung der polizeilichen Bewilligung zur Abhaltung von Tanzmusik in einem Gemeindelokale kann von der betreffenden Gemeinde die letztinstanzielle Entscheidung des V.G.H. auf Grund des Art. 10 Ziff. 2 des V.G.H.G. wegen Verletzung des gemeindlichen Selbstverwaltungsrechts nicht angerufen werden. (Bd. II S. 385.)

d) Ein in einem verwaltungsrechtlichen Parteistreit ergangener Bescheid kann von der unterliegenden Partei nicht deßhalb als nichtig und der Rechtskraft unfähig angefochten werden, weil derselbe nicht der Gegenpartei eröffnet oder weil in demselben eine Frist zur Beschwerdeführung nicht vorgesetzt wurde. Zur letztinstanziellen Bescheidung von gemeindlichen Beschwerden, worin das Bedürfniß der Herstellung einer Brücke oder eines Durchlasses an einem öffentlichen Gemeindeverbindungswege und die bezügliche Leistungsfähigkeit der Gemeinde bestritten wird, ist der V.G.H. nicht zuständig. (Bd. II S. 710.)

e) Wenn ein Bezirksamt die Vertheilung von Vermögensbestandtheilen einer Gemeinde unter die nutzungsberechtigten Gemeindebürger durch staatsaufsichtliche Verfügung auf Grund des Art. 157 beanstandet hat und hiegegen von den Gemeindenutzungsberechtigten auf Grund ihrer Nutzungsrechte Beschwerde zur Kreisregierung, Kammer des Innern, erhoben wurde, so ist diese nicht in der Lage, in der Sache sofort zweitinstanzielle verwaltungsrechtliche Entscheidung zu erlassen; vielmehr ist die vorliegende verwaltungsrechtliche Streitigkeit zunächst an das Bezirksamt zur erstinstanziellen verwaltungsrechtlichen Verhandlung und Entscheidung zu verweisen. (Bd. III S. 94.)

f) Leistungen, welche durch staatsaufsichtliche Verfügung einer Gemeinde zum Vollzug einer rechtskräftigen richterlichen Entscheidung auferlegt werden, sind nicht als gesetzlich unbegründete Leistungen im Sinne des Art. 10 Ziff. 2 zu erachten. (Bd. III S. 503.)

g) Das Gemeindewahlverfahren ist kein Gegenstand des gemeindlichen Selbstverwaltungsrechts. Beschwerden der Gemeindeverwaltung gegen Anordnungen der vorgesetzten Staatsaufsichtsbehörde in Bezug auf die Art und Weise der Vornahme einer Gemeindewahl fallen daher nicht unter Art. 10 Ziff. 2. (Bd. IV S. 59.)

h) Wenn einer politischen Gemeinde durch rechtskräftige verwaltungsrechtliche Entscheidung eine rechtliche Verbindlichkeit — z. B. zur Unterhaltung eines Weges — zuerkannt ist, und über die durch die Gemeindeverwaltung vorgenommene Vertheilung dieser Last unter die einzelnen Ortsgemeinden Streit unter den Betheiligten entsteht, so kann die hierüber ergehende Entscheidung der vorgesetzten Verwaltungsbehörde nicht als im Zwangsvollzugsverfahren erlassen betrachtet und folgeweise über eine Beschwerde gegen diese Entscheidung nicht gemäß Art. 32 Abs. 2 des V.G.H.G. vom verwaltungsrechtlichen Senate der Regierung in geheimer Sitzung verhandelt und entschieden werden. (Bd. IV S. 87.)

i) Auch die Geltendmachung von Nichtigkeitsgründen beim V.G.H. in Fällen des Art. 10 und 11 V.G.H.G. ist an die Beschwerdefrist des Art. 45 Abs. 2 V.G.H.G. gebunden. (Bd. IV S. 129.)

k) Ob ein Beschluß den Charakter eines verwaltungsrechtlichen oder staatsaufsichtlichen an sich trägt, ist nicht nach seiner Form, sondern nach seinem Inhalt zu beurtheilen. (Bd. IX S. 280.)

l) Eine staatsaufsichtliche Verfügung, durch welche der Gemeindeausschuß angehalten wird, einen von der Gemeindeversammlung in einer ihrer Zuständigkeit entrückten Angelegenheit gefaßten Beschluß zu vollziehen, enthält einen Eingriff in das gemeindliche Selbstverwaltungsrecht. (Bd. XIII S. 53.)

m) Ueber Aufstellung eines weiteren Polizeidieners oder Einführung einer verstärkten Nachtwache, über Feldhüter und Flurwächter s. V.G.H.E. Bd. III S. 480, 386, IV S. 157, dann Kahr, G.O. Bd. II S. 18.

Art. 10 Ziff. 2 ist überhaupt anwendbar, sobald das Eingreifen der Staatsaufsicht gesetzlich von bestimmten objektiven Voraussetzungen abhängig gemacht, den Gemeinden die Freiheit, nach ihrem Ermessen zu handeln, gesetzlich innerhalb gewisser Schranken eingeräumt ist. Wo aber eine Handlung der Gemeinde nur mit Gutheißung der Aufsichtsbehörde zulässig ist, kann die freie Thätigkeit der letzteren nicht einem Richterspruche unterstellt, daher selbst eine unzweckmäßige oder unbillige Verweigerung jener Genehmigung nicht zum Gegenstande einer Beschwerde an den V.G.H. gemacht werden. Vgl. Krais, Comm. zum V.G.H.G., zu Art. 10 Ziff. 2 und 3; ferner Art. 1 und die Anmerkungen.

Gegen staatsaufsichtliche Verfügungen der Kreisregierungen, Kammern des Innern, ist den Gemeinden der Verwaltungsrechtsweg eröffnet, wenn durch solche Verfügungen angeblich das gesetzliche Selbstverwaltungsrecht der Gemeinden verletzt, insbesondere wenn denselben eine gesetzlich nicht begründete Leistung auferlegt worden ist. Diese Beschwerden hat der Verwaltungsgerichtshof in erster und letzter verwaltungsgerichtlicher Instanz zu entscheiden; sie können gegen erst- und zweitinstanzielle Beschlüsse der Kreisregierungen erhoben werden.

Wenn eine Vorinstanz in einem und demselben Beschluß eine staatsaufsichtliche Verfügung und eine verwaltungsrechtliche Entscheidung erläßt, so wird hiedurch die Zuständigkeit des im Beschwerdeweg angerufenen Verwaltungsgerichtshofes in Bezug auf den verwaltungsrechtlichen Theil des Beschlusses nicht ausgeschlossen. (V.G.H.E. Bd. XV S. 154.)

Die Staatsaufsicht ist in der Regel an keine Zeitfrist gebunden (siehe aber auch Art. 88 Abs. VII und Art. 135 Abs. III).

In Art. 37 Abs. 3 ist jedem einzelnen Gemeindebürger das Recht eingeräumt, im Interesse der Gemeinde gegen leichtsinnige und ungerechtfertigte Anerkennung von Gemeindenutzungsrechten die Einleitung eines Rechtsstreites zu beantragen; in Folge dieser singulären Ermächtigung darf die vorgesetzte Behörde nicht ex officio, sondern nur auf Antrag eines Gemeindebürgers vorgehen. (Bl. f. adm. Pr. Bd. 29 S. 81.)

Wenn in gewissen Fällen der G.O. von „angemessener" Besoldung, „verhältnißmäßiger" Entschädigung rc. gesprochen ist, so entscheiden hier die Gemeinden endgiltig und es kann ein in gesetzlicher Form von denselben gefaßter Beschluß weder auf Grund des Art. 157, noch Art. 163 beanstandet werden, wohl aber auf Grund der beigefügten Clausel „vorbehaltlich der Beschwerde an die Aufsichtsbehörde".

Die Ausübung des Staatsaufsichtsrechtes wird dadurch nicht ausgeschlossen, daß ein Vermögensstück einer Gemeinde von Jemand als Privateigenthum in Anspruch genommen wird. Bl. f. adm. Pr. Bd. 30 S. 79. Ueber die staatsaufsichtliche Thätigkeit bei Gemeinde- und Stiftungsbauten s. Bl. f. adm. Pr. Bd. 19 S. 385. Sie ist in der Regel nur dann am Platz, wenn eine präjudizielle Verwaltungsrechtssache ganz evident ist, andernfalls ist Aussetzung veranlaßt oder auszusprechen, daß der staatsaufsichtliche Beschluß unbeschadet der im verwaltungsrechtlichen Instanzenzug auszutragenden Rechtsfrage oder bis zum Nachweis des beanstandeten Rechtsanspruches zu gelten hat. (Bl. f. adm. Pr. Bd. 38 S. 232.) Die Bestimmungen gegenwärtigen Gesetzes über Staatsaufsicht finden gegenüber den Kirchenverwaltungen und Schulsprengelvertretungen nicht statt: V.G.H.E. Bd. II S. 9, 499.

Ueber die Grenzen der Staatsaufsicht bei gemeindlichen Schulhausbauten bayer. Gem.Zeitg. 1893 S. 73.

Ueber die Grenzen der Staatsaufsicht: s. Bl. f. adm. Pr. Bd. 28 S. 337, Bd. 29 S. 81, über das Oberaufsichtsrecht der Kreisregierungen Bl. f. adm. Pr. Bd. 4 S. 138 und 218, Bd. 20 S. 1 u. 411, Döll. Bd. 27 S. 644, über das Oberaufsichtsrecht der Ministerien Bl. f. adm. Pr. Bd. 8 S. 283 und Bd. 11 S. 91, ferner Döll. Bd. 13 S. 1496.

In finanziellen und Justizgegenständen steht mittelbar auch den Behörden der Finanzen und Justiz ein Aufsichtsrecht zu.

Aus dem Unterordnungsverhältniß der Gemeinden unter die Staatsbehörden und aus dem Grundsatze, daß den von einer Behörde innerhalb ihrer Zuständigkeit ergangenen Ersuchschreiben jede andere Behörde im Staate thunlichst entgegenzukommen hat, folgt, daß die Gemeindebehörden auch in anderen Beziehungen den Aufträgen der vorgesetzten Behörden Folge zu leisten haben. (Weber, G.O. S. 133.) In dieser Allgemeinheit jedoch mit Recht bestritten von Seydel, b. Staatsr., Bd. III S. 54.

Art. 154.

Die Staatsaufsicht auf die Gemeinden wird unter der obersten Leitung des betreffenden Staatsministeriums durch die Behörden des Staates, und zwar in erster Instanz mit den in Art. 155 und 160 bezeichneten Ausnahmen durch die Distriktsverwaltungsbehörden ausgeübt.

Anm. 1. Um eine Vereinfachung der Geschäfte zu erzielen, schlug der Regierungsentwurf vor, daß alle jene Städte und Märkte, die bisher theils der Kreisregierung und theils den Distriktsverwaltungsbehörden untergeordnet waren (§ 127 und 128 des revid. G.Ed.), zunächst den Distriktsverwaltungsbehörden allein untergeordnet sein sollten. Dieser Vorschlag wurde jedoch mit Rücksicht darauf, daß ohnehin die den mittelbaren Städten zugedachte Bevorzugung durch das System der G.O. noch mehr begrenzt wurde, nicht angenommen. Das ministerielle Oberaufsichtsrecht kann sich äußern durch Einforderung von Berichten zur Kenntnißnahme, durch Ertheilung von dienstlichen Weisungen an die Unterinstanzen und insbesondere durch Außer-Wirksamkeit-Setzen von Anordnungen der Vorinstanzen.

Welches Ministerium in Betracht kommt, ergibt sich vornehmlich aus der sogenannten Form.Vdg. v. 9. Dez. 1825, R.Bl. S. 977. Disciplinäre Einschreitung erfolgt aber in der Regel durch die zuständige Aufsichtsbehörde; insbesondere den Justizbehörden steht hier ein Disciplinarrecht nicht zu, soweit nicht spezielle Bestimmungen entgegenstehen.

Ueber die Korrespondenzform s. Min.Bekm. v. 4. März 1885, M.A.Bl. S. 73.

Anm. 2. Der Umstand, daß in Angelegenheiten der Gemeinde des Amtssitzes die bezirksamtlichen Beamten als Umlagenpflichtige betheiligt sind, kann zwar Anlaß zur Ablehnung des betreffenden Bezirksamts geben, es ist dadurch aber weder eine Verhinderung des betreffenden Beamten, noch eine Nichtigkeit des Verfahrens gegeben. (M.E. v. 25. Okt. 1875 Nr. 10255.) S. auch V.G.H.E. Bd. XI S. 429.

Da der Finanzverwaltung keine Staatsaufsicht zukommt, so kann auch gegen Beschlüsse der Reg.Fin.Kammern im Sinne des Art. 10 Ziff. 2 V.G.H.G. die Beschwerde nur an das Finanzministerium gerichtet werden.

Anm. 3. Art. 154 und 157 beziehen sich auch auf jene vermögensrechtlichen Angelegenheiten der Gemeinde, die im Schulgebiete liegen. (B.G.H.E. Bd. XV S. 199.)

Art. 155.

Diejenigen Städte, deren Verwaltung am 1. Juli 1869 einer Kreisregierung unmittelbar untergeordnet ist, verbleiben bis zur legalen Aenderung ihrer Verfassung in diesem Verhältnisse.

Anm. Vgl. Art. 90. Auch Kreittmayr, Anm. z. bayer. Landrecht Th. V Kap. 25.

Art. 156.

I. Die Polizeiverwaltung in den Gemeinden unterliegt der ununterbrochenen Aufsicht der vorgesetzten Behörde.

II. Innerhalb ihres polizeilichen Wirkungskreises können die Gemeindebehörden zur Ausführung der gesetzlich bestehenden Vorschriften von der zuständigen Aufsichtsbehörde aufgefordert und nöthigenfalls durch Anwendung der Disziplinargewalt angehalten werden. Der Aufsichtsbehörde kommt es zu, wenn Gefahr auf Verzug ist, die zur Ausführung solcher Vorschriften erforderlichen Anordnungen unmittelbar zu treffen.

III. Beschwerden gegen polizeiliche Verfügungen der Gemeindebehörden, sowie Beschwerden der Gemeinden gegen Anordnungen, welche die vorgesetzte Aufsichtsbehörde in Bezug auf die Polizeiverwaltung getroffen hat, werden in dem vorgeschriebenen Instanzenzuge erledigt.

IV. Wenn eine Gemeindebehörde die Schranken ihrer polizeilichen Befugnisse überschreitet oder die für die Polizeiverwaltung nothwendigen Einrichtungen vorzunehmen unterläßt, ist nach den Bestimmungen des Art. 157 Abs. III und V bis VII zu verfahren.

V. Bezüglich der den Gemeindebehörden durch Gesetz oder Verordnung übertragenen Verrichtungen in Gegenständen der allgemeinen Staatsverwaltung, der gerichtlichen Polizei, der Rechtspflege und der Finanzverwaltung sind die desfallsigen Bestimmungen maßgebend. Neue Verrichtungen dieser Art können den Gemeinden nur durch gesetzliche Anordnung zugewiesen werden.

VI. [Die Verpflichtung zur Vorsorge gegen Entwendung des Nachlasses bis zur gerichtlichen Versiegelung bemißt sich nach den jeweils bestehenden gesetzlichen oder verordnungsmäßigen Bestimmungen.]

Abs. VI ist aufgehoben durch Art. 158 des bayer. Ausf.Ges. zum Bürgerl. Gesetzbuch und ersetzt durch Art. 105 dieses Ausf.Gesetzes.

Anm. 1. Zu Abs. I: Das Recht der unmittelbaren Leitung der Staatsbehörde ist nicht mehr, wie es der Regierungsentwurf gewollt hatte, ein unbegrenztes, sondern ein durch Art. 156 Abs. II begrenztes. Wäre der Beisatz „und Leitung", wie ihn der Regierungsentwurf hatte, belassen worden, so hätte die Regierungsbehörde in jedem beliebigen Falle unmittelbar eingreifen können und die gemeindliche Polizeiverwaltung wäre lediglich zu deren Gehilfin herabgesunken. (Bes. Aussch.)

Aus dem Rechte der ununterbrochenen Aufsicht des Staates lassen sich folgende Konsequenzen ziehen:

a. Innerhalb der Polizeiverwaltung können die Gemeinden durch Anwendung der Disziplinargewalt zur Thätigkeit angehalten werden. (Abs. 2.)

b. Bei Gefahr auf Verzug kann die Aufsichtsbehörde unmittelbar eingreifen, insbesondere wenn die zuständige Gemeindebehörde es unterläßt, die nöthigen Anordnungen zu treffen. (Abs. 2.)

c. Die Beschwerdeeinlegung ist an keine Rekursfrist gebunden.

d. Allenfallsige Beschwerden werden uneingeschränkt im vorgeschriebenen Instanzenzuge erledigt, so daß also ein dreifacher Instanzenzug möglich ist.

e. Dieselben werden unbedingt erledigt, die Aufsichtsbehörde kann sich hiebei auch von Zweckmäßigkeitsrücksichten leiten lassen.

f. Die letztere kann auch solche Beschlüsse von Amtswegen ändern und aufheben, welche eine Benachtheiligung nur einzelner Individuen enthalten, auch ohne daß eine Beschwerde eingelegt ist. (Siehe hierüber Medikus, G.O. für die Pfalz zu Art. 88.)

Art. 156 behandelt den übertragenen Wirkungskreis der Gemeinden, wozu namentlich die Polizeiverwaltung gehört; das Selbstverwaltungsrecht der Gemeinden ist hier ausgeschlossen. Außerhalb des Gebietes der Polizei und, was die unmittelbaren Städte anlangt, der Obliegenheiten der Distriktsverwaltungsbehörde besteht eine allgemeine Verpflichtung der Gemeinde zur Besorgung staatlicher Geschäfte nicht, sondern es bedarf hiezu eines besonderen Rechtstitels. S. auch Abs. V.

Art. 5 des Pol.Str.G.B. lautet:

„Hat in einem Falle, in welchem in Ermangelung ortspolizeilicher Vorschriften distriktspolizeiliche Anordnungen zulässig sind (Pol.Str.G.B. Art. 2, 61, 73, 83, 94, 121), die Gemeindebehörde die im öffentlichen Interesse erforderlichen Vorschriften nicht erlassen, so ist dieselbe, soferne nicht Gefahr auf dem Verzuge ist, von Seite der vorgesetzten Distriktspolizeibehörde unter Vorsetzung einer angemessenen Frist hiezu aufzufordern.

„Bleibt die Aufforderung erfolglos oder besteht Gefahr im Verzuge, so erläßt die Distriktspolizeibehörde eine innerhalb des Ortspolizeibezirkes verbindliche distriktspolizeiliche Anordnung, auf welche die Vorschriften der Art. 6, 10—15 anwendbar sind. Insbesondere steht der betreffenden Gemeindebehörde gegen Erlassung einer solchen Anordnung das Recht der Beschwerde nach Art. 14 zu.

„Die distriktspolizeiliche Anordnung verliert ihre Wirksamkeit, sobald die Gemeindebehörde über denselben Gegenstand eine entsprechende ortspolizeiliche Vorschrift erlassen hat und diese gemäß Art. 6 Abs. III vollziehbar geworden ist."

Anm. 2. Vgl. Näheres bei Kahr, G.O. Bd. II S. 9 ff., 19.

Anm. 3. Zu Abs. III: Beschwerden werden in dem Instanzenzug entschieden, der für die betreffende Sache vorgeschrieben ist. Das Beschwerderecht ist hier an keine Frist gebunden und erleidet keine Beschränkung: der Rekurs steht einem jeden in jedem Falle, wenn er sich irgendwie beschwert erachtet, zu, insbesondere auch Gemeinden; vgl. Art. 161 und 163. Das Staatsministerium des Innern entscheidet in III. Instanz. Dies gilt z. B., wenn es sich darum handelt, ob eine Landgemeinde zur Anschaffung einer Feuerspritze anzuhalten sei. (M.E. vom 29. Nov. 1874 Nr. 13492.) Die Entscheidung über die Beschwerde ist gebührenfrei. (S. auch Seydel, l. c. Bd. III S. 62.)

Das Anrufen des V.G.H. Seitens der Gemeinde gegen aufsichtliche Anordnungen auf dem Gebiete der Polizeiverwaltung ist absolut ausgeschlossen, insbesondere auch gegen vorsorgliche Verfügungen der Aufsichtsbehörden. (S. Art. 10 Ziff. 2, Art. 13 V.G.H.G., Krais, Comm. hiezu S. 125, Kahr, Comm. hiezu S. 141.)

Anm. 4. Zu Abs. IV: Hier handelt es sich nur um das Einschreiten von Amtswegen, nicht auf Anrufen; im letzteren Falle trifft Abs. IV nicht zu. Die Entscheidung des V.G.H. kann dann angerufen werden, wenn wegen Unterlassung der für die Polizeiverwaltung erforderlichen Einrichtungen von Staatsaufsichtswegen gegen eine Gemeinde vorgegangen wird. Hier liegt kein eigentlicher Akt der Staatsaufsicht auf die Polizeiverwaltung vor, sondern es ist hier auch materiell Entscheidung über die gesetzliche Verpflichtung der Gemeinde zur Vornahme jener Einrichtung und Bestreitung des hiefür erforderlichen Kostenaufwandes zu treffen, also eine eigentliche Gemeindeangelegenheit mitzuwürdigen. Siehe Krais, Comm. z. V.G.H.G. S. 126. (S. auch Art. 141 Abs. V.)

Ueber „Einrichtungen" s. Art. 140, 142 G.O. Hieher gehören z. B. Haftlokale, Löschgeräthe, Begräbnißplätze, Polizeibedienstete. Beschwerden der Gemeinden aus Art. 156 Abs. IV unterliegen dem Art. 161; so Kahr, G.O. Bd. II S. 24 und die Alleg. daselbst.

Anm. 5. Zu Abs. V: Ueber die durch Gesetz oder Verordnung den Stadt- und Landgemeinden übertragenen Verpflichtungen vgl. Art. 92 und 138 Anm. 1. Die letztinstanzielle Entscheidung der Frage, ob die von Staatsaufsichtswegen einer Gemeinde zur Erfüllung ihrer ortspolizeilichen Aufgabe auferlegte Leistung nothwendig und mit der Leistungsfähigkeit der Gemeinde vereinbarlich sei, ist der Zuständigkeit des V.G.H. entrückt. (V.G.H.E. Bd. III S. 384.)

Unter allgemeiner Staatsverwaltung versteht man alles, was außer der Polizei und den in Abs. V sonst noch aufgeführten Gegenständen übrig bleibt.

Neue Verrichtungen: z. B. Sühneversuch in Beleidigungssachen.

Art. 157.

I. Die Handhabung der Staatsaufsicht über die Verwaltung der eigentlichen Gemeindeangelegenheiten erstreckt sich darauf:

1) daß die gesetzlichen Schranken der den Gemeinden zustehenden Befugnisse nicht zum Nachtheile des Staates überschritten werden;
2) daß die gesetzlichen Vorschriften beobachtet werden, durch welche das Ermessen der Gemeindebehörden innerhalb des Kreises ihrer Befugnisse beschränkt ist;
3) daß die den Gemeinden gesetzlich obliegenden öffentlichen Verpflichtungen erfüllt;

4) daß die gesetzmäßigen Vorschriften über die Geschäftsführung beobachtet werden.

II. Die vorgesetzten Verwaltungsbehörden haben zu diesem Behufe das Recht der Kenntnißnahme von der Thätigkeit der Gemeindebehörden, insbesondere das Recht der Amts- und Kassevisitation.

III. Gesetzwidrige Beschlüsse sind, wenn die Zurücknahme derselben nicht binnen einer angemessenen Frist erfolgt, durch die zuständige Behörde, vorbehaltlich des Beschwerderechts der Gemeinde, außer Wirksamkeit zu setzen.

IV. Beschlüsse, welche nur eine Benachtheiligung Einzelner enthalten, können lediglich auf rechtzeitig erhobene Beschwerde (Art. 163) außer Wirksamkeit gesetzt oder abgeändert werden.

V. Unterläßt eine Gemeinde, die ihr gesetzlich obliegenden Verpflichtungen zu erfüllen, gesetzlich nothwendige Ausgaben in den Voranschlag aufzunehmen oder erforderlichenfalles außerordentliche zu genehmigen, oder die nöthigen Gemeindedienste für gesetzlich nothwendige Zwecke anzuordnen, so ist sie unter Angabe des Gesetzes aufzufordern, binnen angemessener Frist die zur Erfüllung ihrer Verpflichtung erforderlichen Beschlüsse zu fassen.

VI. Wird innerhalb der vorgesetzten Frist die gesetzliche Nothwendigkeit, der Umfang oder die Art der Leistung bestritten, so hat die Behörde hierüber vorbehaltlich des der Gemeinde zustehenden Beschwerderechtes Beschluß zu fassen, wobei auf die Leistungsfähigkeit der Gemeinde besondere Rücksicht zu nehmen ist. Die Beschlußfassung der Kreisverwaltungsstellen erfolgt nach kollegialer Berathung.

VII. Wird die endgiltig festgestellte Verpflichtung innerhalb einer angemessenen Frist nicht erfüllt, so hat die Staatsbehörde an der Stelle der Gemeindebehörde die zum Vollzuge nöthigen Verfügungen zu treffen, insbesondere auch die etwa erforderliche Umlage anzuordnen und deren Erhebung auf Kosten der Gemeinde zu veranlassen.

VIII. Die Bestimmung des vorstehenden Absatzes ist auch dann anwendbar, wenn die Gemeinde eine durch rechtskräftige Entscheidung auf dem Civil- oder Verwaltungsrechtswege festgestellte Verpflichtung nicht erfüllt.

IX. Werden die gesetzmäßigen Vorschriften über die Geschäftsführung verletzt, so ist die Gemeindebehörde zu deren Beobachtung aufzufordern und nöthigenfalls durch Disziplinarmaßregeln anzuhalten.

Anm. 1. Die Staatsaufsicht, von welcher in Art. 157 die Rede ist, bezieht sich weder auf die den Gemeinden anvertraute Polizeiverwaltung, welche laut Art. 156 der ununterbrochenen Aufsicht unterliegt, noch auf die in Art. 166 bis 169 geregelte Disziplinargewalt der Aufsichtsbehörde, sondern bloß auf die Verwaltung der eigentlichen Gemeindeangelegenheiten (wozu auch Armenpflege und Schulbedarf sowie Jagd- und Waldwirthschaft gehört), (cf. Art. 1 und Anm.), und zwar auch bei diesen nicht auf die Befugniß zur Entscheidung von Beschwerden gegen Beschlüsse der Gemeindeorgane, wovon Art. 163 handelt, sondern ausschließlich auf das Recht zur Offizialeinschreitung, zu welchem Behufe laut Art. 157 Abs. II die vorgesetzte Verwaltungsbehörde das Recht der Kenntnißnahme von der Thätigkeit der Gemeindebehörden, insbesondere das Recht der Amts- und Kassevisitation besitzt.

In Abs. I ist die Offizialthätigkeit nach den 4 Gesichtspunkten ad 1—4 ohne allen Vorbehalt angeordnet und in Abs. IV der Beschwerdeweg bei Benachtheiligung vorgeschrieben für Beschlüsse, durch welche nicht Gesichtspunkte des Abs. I verletzt, sondern nur Einzelne benachtheiligt sind. Abs. IV ist keine Einschränkung des Abs. I, drückt vielmehr den Gegensatz hiezu aus.

Die Staatsaufsicht darf in wohlerworbene Rechte Dritter und in Verhältnisse, die schon lange Zeit bestehen, in der Regel nicht eingreifen, wenn nicht wichtige Interessen solches erfordern. Kahr, G.O. Bd. II S. 32.

Anm. 2. Zu Abs. I Ziff. 1: Die Gemeinden haben auch staatliche Funktionen zu erfüllen und es muß deßhalb das Staatsinteresse gegen Unwillen, Trägheit und Widerspenstigkeit oder etwaige Eingriffe in die Zuständigkeit staatlicher Behörden sicher gestellt sein; event. tritt auch die Disziplinargewalt ein.

Nachtheil des Staates = Beeinträchtigung einer staatlichen Funktion als Eingriff in den Wirkungskreis einer Staatsbehörde; da aber in Ziff. 1 allgemein von „Staat" gesprochen ist, gehört auch der Staat als Fiskus hieher z. B. bei Belastung mit einer Umlage. Hier ist das Interesse des Aerars nicht von der Gemeindeaufsichtsbehörde, sondern von der sachlich einschlägigen Staatsbehörde zu wahren und, wenn diese die Umlagenpflicht anerkennt, hat die Aufsichtsbehörde keinen Anlaß zu näherer Prüfung. In solchen Fällen braucht die angeforderte Behörde ihren Widerspruch gegen den Gemeindebeschluß nicht in die Form einer Beschwerde nach Art. 163 einzukleiden, sondern kann die Form einer Requisition der Aufsichtsbehörde wählen und ist deßhalb auch nicht an die Nothfrist in Art. 163 gebunden.

Materielle Beeinträchtigung der staatlichen Interessen gehört nicht hieher. (Seydel, b. Staatsr. Bd. III S. 45 gegen Bl. f. adm. Pr. Bd. 22 S. 150. Siehe auch Wand, S. 520.)

Anm. 3. Zu Abs. I Ziff. 2: Diese Bestimmung bezieht sich nicht auf solche Vorschriften der G.O., die nicht wirkliche Beschränkungen, sondern bloße Verwaltungsgrundsätze aussprechen, die gegenüber den Gemeindebehörden mehr den Charakter eines guten Rathes tragen. (S. Seydel, b. Staatsrecht Bd. III S. 45.) Unter die hier verzeichneten gesetzlichen Vorschriften gehören auch die k. Verordnungen.

Hieher gehören z. B. die Fälle in Art. 9, 12, 20, 22, 23, 24, 29, 30, 31, 39, 40, 42, 50, 55, 61, 62, 68, 71—73, 77, 78, 87, 126, 134, 150, 153, 196. In diesen Gegenständen ist das Ermessen der Gemeindebehörde durch bestimmte Schranken begrenzt. Daneben enthält die G.O. viele Vorschriften, welche bloße Verwaltungsgrundsätze aussprechen; diese können von der Aufsichtsbehörde nicht erzwungen werden.

Höchstens könnte bei beharrlicher Nichtbeachtung disziplinär vorgegangen werden, z. B. nach Art. 41 Abs. I, Art. 53 Ziff. 2, Art. 58, Art. 75 Abs. III, Art. 80 Abs. IV, Art. 104, 109 Abs. III, Art. 129 erster Satz und Abs. II, Art. 134 Abs. IV Schlußsatz.

Anm. 4. Zu Abs. I Ziff. 3: Dies trifft nur zu, wenn es sich um die eigentlichen Gemeindeangelegenheiten handelt, nicht um die für die Polizeiverwaltung nothwendigen Einrichtungen. Aber auch für die Erzwingung der polizeilichen Einrichtungen ist das Verfahren nach Art. 157 vorgeschrieben. Die Verpflichtungen gegen den Fiskus gehören nicht hieher, wohl aber die in Art. 38 aufgeführten, ferner die in Bezug auf Armenpflege, Schulbedarf 2c. Im Wege des staatsaufsichtlichen Verfahrens nach Maßgabe des Art. 157 Abs. I Ziff. 3 kann, abgesehen etwa von provisorischen Maßnahmen, gegen eine Gemeinde nicht vorgegangen werden, wenn dieselbe behauptet, daß die Erfüllung der ihr angesonnenen Verpflichtungen nicht der Gemeinde, sondern einem anderen Rechtssubjekte auf Grund des öffentlichen Rechts obliege. In diesem Falle liegt eine öffentlich-rechtliche Streitsache vor, welche ordnungsgemäß im vorgeschriebenen Instanzenzuge auszutragen ist. Hieran ändert auch der Umstand nichts, daß das von der Gemeinde in Betheiligung gezogene Rechtssubjekt eine Distriktsgemeinde ist, welche, wie die Gemeinde selbst, der staatsaufsichtlichen Controlle unterliegt, und daß die Gemeinde von der Distriktsgemeinde die Erfüllung der in Frage stehenden Verpflichtung nicht auf Grund eines besonderen Rechtsverhältnisses zwischen beiden, sondern auf Grund der Bestimmungen des Distriktsrathsgesetzes vom 28. Mai 1852 in Anspruch nimmt. (B.G.H.E. Bd. II S. 413.) Das Aufsichtsverfahren kann nämlich nur dazu dienen, im Verhältniß zwischen Gemeinde und Staat die Verfolgung der staatlichen Gesetze durch die Gemeinde zu erwirken, nicht aber, zwischen der Gemeinde und einem Dritten bestrittene öffentliche Rechte festzustellen. (S. auch Seydel, l. c. Bd. III S. 46 und B.G.H.E. Bd. II S. 508.)

Unter den hier bezeichneten Verpflichtungen sind nur jene inbegriffen, die den Gemeinden in ihrer Eigenschaft als öffentliche Körperschaften auferlegt sind und unmittelbar im Bereiche der vom Gesetze vorgezeichneten öffentlich-rechtlichen Aufgabe der Gemeinden liegen. (B.G.H.E. Bd. 19 S. 188.)

Anm. 5. Zu Abs. I Ziff. 4: Zu den gesetzmäßigen Vorschriften gehören nicht bloß die in der G.O. oder anderen Gesetzen enthaltenen, sondern auch die Vorschriften der gesetzlich zulässigen Verordnungen und Anordnungen, insbesondere auch die Ministerialvorschriften vom 10. und 12. Oktober 1869 über die Formulare zu den Voranschlägen und Rechnungen und über die Behandlung des Kassewesens in Landgemeinden. Zur Geschäftsführung gehören namentlich auch alle jene Vorschriften, welche das jeweils zuständige Gemeindeorgan bezeichnen und die Bedingungen für das Perfektwerden eines Beschlusses enthalten, namentlich also die Vorschriften über die Nothwendigkeit der Zustimmung von Seite anderer Gemeindeorgane und der Genehmigung von Seite der Aufsichtsbehörde. Da, wo der Aufsichtsbehörde die Durchführung eines Unternehmens nicht geboten erscheint, kann dieselbe von nachträglicher Erfüllung der Formvorschriften abstehen und die Sache einfach auf sich beruhen lassen, indem sie dem Beschluß die Anerkennung versagt. Die Genehmigung soll entweder die Zweckmäßigkeit einer wichtigen Maßregel verbürgen oder die Gesetzmäßigkeit des Verfahrens vergewissern oder Ausnahmen von aufgestellten Regeln möglich machen.

Anm. 6. Zu Abs. II: Die Amts- und Kassevisitation der mittelbaren Städte obliegt den Bezirksämtern. In schwierigen Fällen jedoch kann den Bezirksämtern ausnahmsweise ein sachkundiger Bediensteter der Kreisstelle zur Verfügung gestellt werden. (M.E. vom 29. Mai 1870 Nr. 4821 und vom 28. Juni 1870 Nr. 6353.) Vgl. Art. 89 und 136.

Ueber die Vornahme der Visitationen siehe nunmehr M.E. v. 7. Nov. 1893 Nr. 19743, Weber Bd. 22 S. 307, ferner v. 1. Febr. 1878, 4. Febr. 1879 (M.A.Bl. S. 30, 81), M.E. v. 29. Mai 1870, Weber Bd. 8 S. 575. Kosten trägt die Staatskasse, außer bei außerordentlichen, die durch besonderes Verschulden erwachsen sind.

Bei der Rechnungsprüfung sind folgende vier Punkte ins Auge zu fassen:

1) daß die Gemeinde ihre Befugnisse nicht zum Nachtheil des Staates überschreite (z. B. Annahme einer ungestempelten Quittung und deren Verwendung als Rechnungsbeleg);
2) ob die dem Ermessen der Gemeinden gesetzten Schranken eingehalten sind (Einhaltung der Maximalbeträge für die Gebühren, Aufschläge, Taxordnungen, Einhaltung des Stiftungszweckes);
3) ob die öffentlichen Verbindlichkeiten erfüllt sind (wenn für irgend einen Zweck der Aufwand nicht hoch genug ist);
4) ob die Vorschriften über die Geschäftsführung eingehalten sind (ob die Ausgaben auch von der zuständigen Behörde beschlossen, ob die Zahlungsanweisung erfolgt, ob die etwa erforderliche höhere Genehmigung vorliege, ob jeder über Jahresfrist bestehende Vorschuß als Schuld behandelt wurde, ob das Unterlassen einer Refundirung genehmigt ist 2c.). (Bl. f. adm. Pr. Bd. 22 S. 166.)

Anm. 7. Zu Abs. III: Voraussetzung bilden formell giltige, aber sachlich gesetzwidrige Beschlüsse. Formell ungiltigen Beschlüssen ist Seitens der Aufsichtsbehörde Anerkennung und Vollzug zu versagen, sowie etwa auf Grund Art. 157 Abs. IX eine den Vorschriften der Geschäftsführung entsprechende Beschlußfassung herbeizuführen. (M.E. v. 24. April 1890 Nr. 4323, betreffend die Abänderung der Pflasterzollordnung für die Stadt Gefrees.) Abs. III findet nur bei Verletzung einer in der G.O. oder sonst im öffentlichen Rechte enthaltenen gesetzlichen Bestimmung durch die Gemeinde als öffentliche Corporation, nicht aber dann Anwendung, wenn eine Gemeinde auf dem Gebiete des Privatrechts Handlungen vornimmt, durch welche die Rechte Dritter benachtheiligt werden. (B.G.H.E. Bd. VI S. 83.) Gesetzwidrige Beschlüsse der Gemeindebehörden können hienach von der zuständigen Staatsaufsichtsbehörde nicht aufgehoben und durch einen staatsaufsichtlichen Beschluß ersetzt werden, ohne daß vorher die betreffende Gemeindebehörde zur Zurücknahme des gesetzwidrigen Beschlusses binnen angemessener Frist aufgefordert wurde. (Eod. Bd. I S. 129.)

Die Aufforderung an sich ist für die Gemeinde noch nicht beschwerend und ein Beschwerderecht nur gegenüber der wirklichen Aufhebung, nicht auch der einfachen unter Androhung eventueller Aufhebung geschehenen Aufforderung zur Zurücknahme gegeben; sie hat den Zweck, ein vorschnelles Eingreifen der Staatsaufsicht zu verhüten und der Gemeinde Gelegenheit zur formellen Rechtfertigung des von ihr zur Sache eingenommenen Standpunktes, sowie der Staatsaufsicht die Möglichkeit eingehender Würdigung der gesammten Rechts- und Sachlage zu geben. (Eod. Bd. VI

S. 63.) Gegenüber der von der Staatsaufsichtsstelle erlassenen Aufforderung, einen gemeindlichen Beschluß zurückzunehmen, ist auf Grund des Art. 10 Ziff. 2 V.G.H.G. Beschwerdeführung der betheiligten Gemeinde zum V.G.H. zulässig, wenn jene Aufforderung nach vorgängiger Einvernahme der Gemeinde ergangen ist und die definitive Verneinung einer von der Gemeinde zufolge ihres Selbstverwaltungsrechtes angesprochenen Befugniß bereits in sich schließt. (Eod. Bd. VI S. 59.) Hiegegen bemerkt Seydel (Bd. III S. 47): „Nach dem Wortlaut der angeführten gesetzlichen Bestimmungen und nach der rechtlichen Bedeutung der hier in Frage kommenden Aufsichtsverfügungen ist es völlig zweifellos, daß ein anfechtbarer Aufsichtsbeschluß erst in jenem Beschlusse vorliegt, der den Gemeindebeschluß aufhebt. Die vorhergehende Aufforderung entscheidet gegenüber der Gemeinde noch gar nichts. Daß sich in derselben allerdings bereits eine Rechtsauffassung kund geben muß und daß die Aufsichtsbehörde, ehe sie die Aufforderung erläßt, sehr häufig in der Lage sein wird, Darlegungen der Gemeindebehörde einzuholen, ist klar. All' das ändert aber nichts an der gesetzlich nothwendigen Natur der Aufforderung als einer Handlung, die das aufsichtliche Einschreiten nur einleitet. Sie ist der Signalschuß für die Gemeinde, daß sie, wenigstens nach der Ansicht der Aufsichtsbehörde, in verbotenem Gewässer segelt. Es steht aber der Gemeinde immer noch frei, vor der Aufsichtsbehörde die Gesetzlichkeit ihres Thuns darzulegen, und die Aufsichtsbehörde ist nicht gehindert, sich eines Besseren belehren zu lassen. Ich kann mich hienach der V.G.H.E. Bd. VI S. 59 nicht anschließen; der dort Seite 64 behauptete allgemeine Grundsatz, wonach ein behördlicher, nach Einvernahme des oder der Betheiligten ergangener Beschluß durch die beschlußfassende Behörde nicht selbst wieder aufgehoben werden kann und in Rechtskraft erwächst, besteht nicht. Der „allgemeine Grundsatz" des V.G.H. beruht auf Mißverständniß, nämlich logischer Umkehrung einer allerdings vorhandenen Rechtsregel. Regelmäßig muß einer der Rechtskraft fähigen Entscheidung eine Einvernahme der Betheiligten (kontradiktorisches Verfahren) vorausgehen; aber man kann nicht daraus, daß vor irgend einer Entscheidung die Betheiligten vernommen worden sind, den sicheren Schluß ziehen, daß dieselbe der Rechtskraft fähig sein müsse. Mit vollem Rechte hat eine Ministerialentschließung vom 29. Mai 1885 Nr. 742 gegen den V.G.H. an der bisherigen Auffassung festgehalten." Ebenso Kahr, G.O. Bd. II S. 40, 41. Mit Seydel im Einklang stehen auch Bl. f. adm. Pr. Bd. 26 S. 106, namentlich auch Bd. 38 S. 49:

„Ein Beschluß, der wegen Verletzung einer wesentlichen Formvorschrift oder wegen gesetzwidriger Zusammensetzung des beschließenden Körpers nichtig ist, kann gar nicht zurückgenommen werden, sondern muß eben als ein nichtiger erkannt werden. Erklärt das betreffende Gemeindeorgan den Beschluß nicht als nichtig, so hat dies die Aufsichtsbehörde zu thun, eventuell die Einhaltung der gesetzlichen Vorschriften über die Geschäftsführung zu erzwingen. Einem solchen Beschlusse gegenüber kann nicht die Aufforderung zur Zurücknahme ergehen, sondern er muß ohne Weiteres für nichtig erklärt werden. Wenn die Gemeindebehörde glaubt, daß sie zur Fassung eines solchen Beschlusses berechtigt sei, kann sie nicht schon gegen die bloße Aufforderung zur Zurücknahme Beschwerde erheben, sondern muß mit der Beschwerdeführung warten, bis die Behörde ihre Drohung auch wirklich erfüllt hat.

Die Aufhebung kann ferner nie in einer verwaltungsrichterlichen Entscheidung erfolgen, sondern ist als staatsaufsichtliche Maßregel den Behörden der aktiven Verwaltung im besonderen Verfahren zu überlassen. (V.G.H.E. Bd. XI S. 518.)

Aufforderungen der Kreisregierungen, K. d. J., haben unter Beachtung der §§ 122, 128, 130, 132, 133 d. Form.Vdg. v. 17. Dezember 1825 zu ergehen, also im Bureauwege unter ausschließlicher Anordnung und Verantwortung des Regierungspräsidenten oder seines Stellvertreters. (V.G.H.E. Bd. IX S. 226.)

Auch Aufsichtsbeschlüsse sind an die 14tägige Beschwerdefrist gebunden; durch die Beisetzung einer längeren Vollzugsanzeigefrist wird die Beschwerdefrist nicht alterirt. (V.G.H.E. Bd. II S. 508.) Zu Abs. III, V, VI und das Beschwerderecht s. Bl. f. adm. Pr. Bd. 39 S. 49 und 225.

Anm. 8. Zu Abs. IV: Die Aufhebung und Abänderung von Beschlüssen, welche eine Verletzung des öffentlichen Interesses enthalten, ist an die Voraussetzung einer rechtzeitig eingelegten Beschwerde nicht gebunden. (Bes. Aussch.) Es muß sich um Verletzung öffentlich-rechtlicher Bestimmungen handeln. Gegen Verletzung von Privatrechten können die Verletzten nur den Richter anrufen. Vgl. hieher Kahr, G.O. Bd. II S. 42 und die Alleg., insbesondere über das Verhältniß von Abs. IV zu Abs. I. S. das Nähere in Art. 163. Die Regierungen entscheiden auch im Falle des Abs. IV im Bureauwege. (V.G.H.E. Bd. IV S. 132.)

Anm. 9. Zu Abs. V: Derlei Aufforderungen gehören nicht zu den Verfügungen, gegen welche auf Grund des Art. 10 Ziff. 2 des V.G.H.G. Beschwerde zum V.G.H. erhoben werden kann. (V.G.H.E. Bd. II S. 419.) Sie sind den in Abs. III erwähnten gleich.

Während Abs. III das negative Einschreiten der Aufsichtsbehörde statuirt, enthält Abs. V das positive Einschreiten. Binnen angemessener Frist: eine weitere Schranke ist hier nicht gegeben. Die Angemessenheit ist nach Lage des Falles zu beurtheilen. (Vgl. auch Art. 88 und 135.) S. V.G.H.E. Bd. IV S. 129: Auf Beschwerden, welche von Einzelnen gegen Beschlüsse eines Armenpflegschaftsraths wegen Verweigerung der erbetenen Armenunterstützung erhoben werden, sind nicht die Bestimmungen des Art. 157 Abs. III und Abs. V—VIII im Zusammenhalt mit Art. 160, sondern jene des Art. 157 Abs. IV im Zusammenhalt mit Art. 163 in Anwendung zu bringen. Hienach ist in jenen Fällen, in welchen der Beschluß des Armenpflegschaftsraths einer mittelbaren Gemeinde mit magistratischer Verfassung angefochten ist, in erster Instanz die vorgesetzte Distriktsverwaltungsbehörde, nicht die Kreisregierung, Kammer des Innern, zuständig.

Ueber den Zweck der Vorschrift des Abs. V s. V.G.H.E. Bd. XIII S. 62.

Anm. 10. Zu Abs. VI: Die Leistungsfähigkeit einer Gemeinde ist nicht die thatsächliche Voraussetzung einer gesetzlichen Verpflichtung derselben, sondern sie ist bloß zu berücksichtigen bei den Modalitäten der Erfüllung einer ihr obliegenden Verpflichtung; auf Grund der Leistungsunfähigkeit kann eine Gemeinde die Gesetzlichkeit einer ihr obliegenden Leistung nicht mit Recht bestreiten. Die Würdigung dieser Frage charakterisirt sich als eine nach den in Mitte liegenden konkreten Verhältnissen zu beurtheilende Ermessensfrage, zu deren Beurtheilung der V.G.H. unzuständig ist. (V.G.H.E. Bd. II S. 306.)

Die Beschlußfassung der Regierung darf nicht im Wege Cirkulars, sondern muß in Sitzungen erfolgen. (V.G.H.E. Bd. XIII S. 395.)

Anm. 11. Zu Abs. VII: Die Staatsaufsichtsbehörde hat zunächst der Gemeinde zur Erfüllung ihrer durch rechtskräftigen Beschluß festgestellten Pflicht eine Frist vorzusetzen und erst nach Ablauf dieser Frist an Stelle der Gemeinde das Erforderliche zu verfügen und zwar nach pflichtmäßigem Ermessen. Die staatsaufsichtliche Anordnung ersetzt jedoch in Angelegenheiten des Civilrechts noch nicht den Gesammtgemeindebeschluß, wie dieß z. B. nach Art. 63 bei Darlehensaufnahmen erforderlich ist. (Ueber Anlehensaufnahme s. E. d. ob. G.H. v. 10. Dez. 1878, Bl. f. Rechtsanw. Bd. XLIV S. 62.)

Unter den hier erwähnten Verfügungen sind nur jene gemeint, die dem öffentlichen Rechte angehören; eine privatrechtliche Verpflichtung kann diese Berechtigung der Aufsichtsbehörde nicht herbeiführen, (E. d. ob. G.H. Bd. VII S. 730), es sei denn, daß es sich um den Vollzug eines rechtskräftigen civilrichterlichen Erkenntnisses handelt. S. Art. 9 Abs. II des Ausf.Ges. z. R.C.P.O. u. Konk.Ordg. in der Fassung der Bektm. v. 26. Juni 1899, G.V.Bl. 1899 S. 401, wodurch Abs. VIII aufrechterhalten wurde.) Demnach können die Gemeinden durch die Staatsaufsichtsbehörde auch zur Erfüllung von Verpflichtungen, die durch civilrichterliche Entscheidung rechtskräftig feststehen, angehalten werden. In diesen Fällen handelt es sich nicht um die gerechtfertigte oder nicht gerechtfertigte Zuweisung einer Obliegenheit durch die Aufsichtsbehörde, wie Art. 10 Ziff. 2 V.G.H.G. im Auge hat, sondern nur um den Vollzug von Zwangsmaßregeln zur Verwirklichung eines gerichtlichen Urtheiles, wobei auch in Betracht zu kommen hat, daß der Vollzug den Staatsaufsichtsbehörden deßhalb übertragen wurde, weil Exekutionen gegen Gemeinden in der Regel nicht ohne Zuhilfenahme der Administrativ-Gewalt durchgeführt werden können. (V.G.H.E. Bd. III S. 507.) Vgl. nun aber § 14 u. 15 des Einf.Ges. z. R C.P.O. und Art. 9 des bayer. Ausf.Ges. z. R.C.P.O. vom 30. Januar 1877 bezw. 22. Januar 1879, ferner Art. 46 V.G.H.G.

Art. 158.

Die Haftungsverbindlichkeit der Gemeindebeamten und Gemeindebediensteten wegen Nichterfüllung oder Ueberschreitung ihrer gesetzlichen Dienstesobliegenheiten gegenüber der Gemeinde wird durch die vorgesetzte Verwaltungsbehörde vorbehaltlich der Beschwerdeführung festgestellt. Die Betretung des Civilrechtsweges ist durch die Entscheidung der Verwaltungsbehörden nicht ausgeschlossen, hat jedoch keine aufschiebende Wirkung.

Anm. 1. Nach Art. 7 Abs. II V.G.H.G. neuester Fassung ist der V.G.H. nach Maßgabe der hierüber bestehenden oder zu erlassenden Gesetzesbestimmungen berufen, in denjenigen Fällen, in welchen der Staat, eine Gemeinde oder ein anderer Kommunalverband wegen des Schadens in Anspruch genommen werden soll, den ein Beamter in Ausübung der ihm anvertrauten öffentlichen Gewalt vorsätzlich oder fahrlässig einem Dritten zugefügt hat, die Vorentscheidung darüber zu treffen, ob der Beamte sich einer Ueberschreitung seiner Amtsbefugnisse oder der Unterlassung einer ihm obliegenden Amtshandlung schuldig gemacht hat. (Art. 165 des Ausf.Ges. zum Bürgerl. Ges.B.) Art. 158 der G.O. und Art. 7 Abs. II V.G.H.G. betreffen zwar gemeinsam die Haftungsverbindlichkeit der Gemeindebeamten und Bediensteten, sind aber verschieden in Bezug auf den die Haftung Ansprechenden. Art. 158 hat nur die Haftungsverbindlichkeit der Gemeindebediensteten gegenüber der Gemeinde, Art. 7 Abs. II des V.G.H.G. nur gegenüber dritten Personen zum Gegenstand. Der Beschwerdeweg zum V.G.H. ist für Entscheidungen nach Art. 158 nicht gegeben, da Art. 7 Abs. II des V.G.H.G. nicht anwendbar ist und überdies in Art. 158 die Beschreitung des Civilrechtsweges offengelassen wurde. (Art. 13 Ziff. 1 des V.G.H.G.) Freilich wird die Beschreitung des Civilrechtweges selten zum Ziele führen, weil nur civilrechtliche Entlastungsgründe zur Geltung kommen können. (Vgl. V.G.E. Bd. III S. 503 ff.) Vgl. hierüber die Com. z. V.G.H.G. v. Kahr u. Krais, dann Seydel, bayr. Staatsrecht, I. Aufl. Bd. II S. 449, Bd. IV S. 580, Kahr, G.O. Bd. II S. 55.

Die Vorentscheidung hat den Charakter eines Schutzmittels für den Beamten gegen ungerechtfertigte Verfolgungen; sie ist eine verwaltungsrichterliche Entscheidung, die für den Civilrichter bindend ist; die Nothwendigkeit der Vorentscheidung ist nur dann gegeben, wenn die zu beurtheilende Handlung oder Unterlassung auf Ausübung staatlicher Hoheitsrechte sich bezieht. Vergl. V.G.H.E. Bd. V S. 147, Bd. VI S. 23 u. Krais l. cit. S. 162. Dagegen Kahr (G.O. Bd. II S. 55) rechnet hieher nicht bloß staatshoheitliche Befugnisse, sondern auch wirthschaftliche Angelegenheiten; unbedingte Voraussetzung ist aber das Vorhandensein eines öffentlich-rechtlichen Dienstverhältnisses.

Seydel hält diese Auffassung nicht für zutreffend. Der Grundgedanke, auf welchem die Einrichtung der Vorentscheidung beruht, ist nach ihm der, daß die Existenz eines civilrechtlichen Anspruchs von der öffentlich-rechtlichen Frage des Verschuldeus eines Beamten abhängig ist. Der Beamte steht zu seinem Dienstherrn nicht im privaten Verhältnisse der Dienstmiethe, sondern in einem öffentlich-rechtlichen Dienstverhältnisse. Die Frage also, ob dem Beamten ein dienstliches Verschulden zur Last fällt, ist allemal eine Frage des öffentlichen Rechtes.

Auf dem Gebiete der Stiftungskuratel und der Gemeindeaufsicht hat die oberstrichterliche Rechtsprechung vor Erlaß der G.O. die Zuständigkeit der Verwaltung zur Feststellung der Haftungspflicht der betreffenden Beamten anerkannt.

Bei der Fassung des Art. 158 wollte man lediglich offen lassen, ob und wie weit nach allgemeinen Rechtsgrundsätzen der Einzelrichter noch angerufen werden könne.

Die Rechtsprechung des obersten Gerichtshofes und des Gerichtshofes für Competenzconflikte hat der Ansicht Ausdruck gegeben, daß nur die Pflichtwidrigkeit und Haftungsverbindlichkeit des Gemeindebeamten im Verwaltungswege, dagegen die Entschädigung endgiltig im Civilrechtswege festzustellen sei.

„Die Haftung der Gemeindebeamten gegenüber der Gemeinde aus dienstlichem „Verschulden ist öffentlich-rechtlicher Natur und demgemäß die Entscheidung über „diese Haftung den bürgerlichen Gerichten entzogen. Eine Vorentscheidung des Ver„waltungsgerichtshofes greift nicht Platz. (Seydel, Bd. IV S. 580.)

Ueber die Unzuständigkeit des V.G.H. bei Haftungsverbindlichkeiten der Gemeindebeamten und Gemeindebediensteten auch aus dem Gesichtspunkte des Art. 10 Ziff. 2 V.G.H.G. s. Krais, und V.G.H.E. Bd. XI S. 337.

Eine Entscheidung der Vorfrage nach Art 7 l. c. findet nicht statt, wenn Gemeindebeamte und Gemeindebedienstete durch Nichterfüllung oder Ueberschreitung ihrer gesetzlichen Dienstesobliegenheiten in eigentlichen Gemeindeangelegenheiten dritten Personen einen rechtswidrigen Nachtheil zufügen; letzteren ist die sofortige civilrechliche Verfolgung unbenommen, ohne daß derselben eine E. d. V.G.H. vorauszugehen braucht. (V.G.H.E. Bd. VI S. 20 u. 24.)

Zu den vor die Civilgerichte gehörigen Gegenständen sind die Rechtsansprüche zu zählen, welche öffentlichen Beamten auf Grund ihres Dienstverhältnisses, insbesondere Staatsdienern zufolge erlangter pragmatischer Rechte, gegenüber dem Staate u. s. w. zustehen oder welche gegen solche Beamte auf Grund dienstlicher Handlungen oder Unterlassungen erhoben werden. (Krais, Comm. z. V.G.H.G. S. 155.)

Bemerkenswerth sind die Ausführ. in Kahr's Comm. z. G.O. S. 55: hiernach haben die Verwaltungsbehörden die Haftungsverbindlichkeit der Gemeindebeamten beschlußmäßig festzustellen und sind befugt, diesen Beschluß in Vollzug zu setzen; wenn und soweit aber civilrechtl. Verhältnisse in Mitte liegen, kann der Beamte seine Befreiung im Civilrechtswege geltend machen; die Verwaltungsbehörde hat auch den Umfang der Entschädigungspflicht in Haupt- und Nebensache festzustellen, und hat hiebei auch in Mitte liegende Verträge, Anerkenntnisse und civilrechtl. Grundsätze des Auftrags, der Zahlung, der negot. gestio ꝛc., nicht aber über die Festsetzung der Erbqualität, in ihren Bereich zu ziehen.

Anm. 2. Zuständig ist nach Art. 158 für Landgemeinden das Bezirksamt, für jede Art von Städten aber die Kreisregierung. (Art. 160.) Die Zuständigkeit ist nicht auf die Feststellung des Verschuldens des Beamten beschränkt, da den Administrativbehörden das Recht der Vollstreckung zusteht, eine solche Vollstreckung aber, wenn denselben die Feststellung der Folgen eines solchen Verhaltens entzogen wäre, nicht durchführbar erschiene. (E. d. ob. G.H. Bd. VI S. 913.) Dem Gesagten und Satz 2 zu Art. 158 zufolge aber ist die Entscheidung der Verwaltungsbehörde lediglich provisorischer Natur. Sie bezieht sich sowohl auf das Verschulden, als auch auf das Maß der Ersatzpflicht. Insbesondere gehört hierher die Feststellung eines Rückstandes oder Abganges, die Prüfung der Rechtmäßigkeit der Handlungen des Rechnungsführers, die Feststellung der Haftung des Rechnungsbeamten für die Folgen oder den Umfang des Schadens. (S. oberricht. Urtheil vom 9. Juli 1877 bei Burkhard Fin.Entsch. S. 53.)

Bei klageweiser Verfolgung eines Ersatzanspruches gegen einen Gemeindebeamten kann die Feststellung der Schuldfrage durch die Verwaltungsbehörde auch während des Rechtsstreites unter dessen zeitweiliger Aussetzung herbeigeführt werden; es braucht also die Klage nicht von vorneherein für zeitlich unzulässig erklärt zu werden. (E. d. ob. G.H. Bd. XII S. 100.) Die adm. Vorentscheidung ist auch bei Verschulden öffentlicher Bediensteter nöthig. (E. d. ob. G.H. Bd. XII S. 146.)

Zur Entscheidung darüber, ob und inwieweit die Erben haften, sind die Civilgerichte zuständig, weil ihre Verbindlichkeit auf dem Erbrecht — einem Privatrechtstitel — beruht. Comp.Consl.Erk. v. 22. April 1861, R.Bl. S. 394.

(Wegen einer im amtlichen Auftrag vorgenommenen Bachreinigung und der dadurch veranlaßten Aenderung des Wasserlaufes ist eine civilgerichtliche Klage auf Wiederherstellung des früheren Zustandes solange unzulässig, als nicht diese Widerrechtlichkeit durch die vorgesetzte Verwaltungsbehörde festgestellt ist. Comp.Consl.Erk. v. 18. Sept. 1865 R.Bl. S. 1074, 4. Dez. 1865 R.Bl. S. 1578.)

(Wenn ein Gemeindeausschuß von einer Cautionsleistung Umgang genommen hat und sich hinterher überzeugt, daß durch des Verwalters Geschäftsführung der Gemeinde ein Schaden entstanden ist, so kann er nur im Falle kulposen Handelns bei Erlassung der Cautionsleistung zur Verantwortung gezogen werden. Bes. Aussch.)

Anm. 3. Bezüglich des Beschwerderechts gilt Art. 161. Das ministerielle Oberaufsichtsrecht bleibt erhalten.

Anm. 4. Vgl. hieher noch die Art. 86, 89, 131, 136, Bl. f. adm. Pr. Bd. 21 S. 346, Bd. 33 S. 145, Bd. 31 S. 169, 173, ferner auch E. d. ob. G.H. Bd. VII S. 753 und über gemeindl. Kassabeamte eod. Bd. VI S. 913.

Anm. 5. Bei dem Verfahren nach Art. 158 sind nebst den Bestimmungen der Gemeindeordnung die Grundsätze des bürgerl. Rechtes, insbes. jene über die Geschäftsführung aus Auftrag maßgebend. Vgl. hieher noch das Bürgerl. Ges.B.: §§ 839, 841, ferner bayer. Ausf.Ges. z. Bürgerl. Ges.B. Art. 60 ff.

Art. 159.

I. In Bezug auf die Verwaltung des Gemeinde- und Stiftungsvermögens sind die Gemeinden außer den durch Gesetz besonders bezeichneten Fällen in folgenden an die vorherige Genehmigung der vorgesetzten Verwaltungsbehörde gebunden:

1) bei freiwilliger Veräußerung von Realitäten und Rechten, wenn deren Werth
   a. in Gemeinden mit weniger als 2500 Seelen 500 fl. (857,14 ℳ),
   b. in Gemeinden von 2500 bis*) 5000 Seelen 1000 fl. (1714,29 ℳ),
   c. in Gemeinden von 5000 bis*) 20,000 Seelen 5000 fl. (8571,43 ℳ),
   d. in Gemeinden von 20,000 bis*) 50,000 Seelen 10,000 fl. (17142,86 ℳ),
   e. in größeren Gemeinden 20,000 fl. (34,285,71 ℳ)

   übersteigt, oder wenn bereits in einem und demselben Rechnungsjahre so viele Veräußerungen stattgefunden haben, daß die vorstehenden Maximalbeträge durch die neue Veräußerung überschritten würden;
2) bei Vertheilung von Gemeindegründen;
3) bei Erhöhung der in einzelnen Gemeinden bestehenden Beiträge der Unterrichts- und Wohlthätigkeitsstiftungen zu den Gemeindeverwaltungskosten;
4) bei Veränderung oder Beseitigung öffentlicher Denkmäler oder Bauwerke von historischem oder Kunstwerthe;
5) bei Gründung von Gemeindeanstalten, aus welchen der Gemeinde eine dauernde Haftungsverbindlichkeit erwächst, und bei Uebernahme einer solchen Verbindlichkeit für sonstige Anstalten;
6) bei Regulierung der Gebühren für Benützung von Gemeinde-

*) Hier fehlt das Wort „ausschließlich", ist aber behufs Interpretation hinzuzudenken.

anstalten, wenn dieselbe den Betheiligten zur Zwangspflicht gemacht ist;

7) bei freiwilligen Leistungen aus Gemeindemitteln, wenn deren Betrag die in Ziffer 1 bezeichneten Summen übersteigt;

8) bei Ueberschreitung des Voranschlags durch Gewährung außerordentlicher Remunerationen oder Geschenke an Mitglieder der Gemeindeverwaltung, an Gemeindebevollmächtigte oder Bedienstete, dann bei Gewährung von Nachlässen an solche Personen;

9) bei Pensionierung definitiv angestellter Magistratsmitglieder und höherer Gemeindebediensteter, soferne die Pensionierung nicht auf Ansuchen wegen des erreichten 70. Lebensjahres, oder wegen nachgewiesener Berufsunfähigkeit erfolgt;

10) bei Kapitalausleihungen, wenn sie gegen die durch Verordnung festgesetzten Normen stattfinden sollen, dann bei Kapitalausleihungen an Mitglieder der Gemeindeverwaltung.

II. Die Genehmigung der vorgesetzten Behörde ist im Falle der Ziff. 9 nicht erforderlich, wenn einstimmige Beschlüsse des Magistrates und der Gemeindebevollmächtigten vorliegen.

Anm. 1. Das in Art. 1 eingeräumte Selbstverwaltungsrecht erleidet durch Art. 159 eine Beschränkung, indem für den Rechtsbestand eines gemeindlichen Verwaltungsaktes die staatsaufsichtliche Genehmigung erforderlich ist; letztere ist rückwirkend auf den Zeitpunkt der gemeindl. Beschlußfassung. Die Ertheilung oder Versagung der Genehmigung ist reine Ermessenssache und daher der Zuständigkeit des V.G.H. entrückt. Vgl. Art. 154 u. Vorbem., Art. 157, V.G.H.E. Bd. II S. 214, Bd. III S. 701, Seydel b. Staatsrecht, Bd. III S. 42 ff., Art. 112, 147. Bei etwaigen Uebergriffen: Art. 161.

Auch staatsaufsichtlich genehmigte Beschlüsse können mittels Beschwerde angefochten werden.

Ein Unterschied zwischen Privatrechts- und sonstigen Geschäften darf hier nicht gemacht werden. (Dagegen Bl. f. adm. Pr. Bd. 23 S. 1.)

Vgl. insbes. Art. 4, 6, 26, 31, 33, 40, 48, 63—69, 107, 127, 139, 141, 153, 164 G.O.

Anm. 2. Zu Ziff. 1. Die Gemeinden sind nur in Bezug auf die Veräußerung von Rechten, nicht aber auch in Bezug auf die Art und Weise der Nutzbarmachung ihrer Rechte der Staatsaufsicht unterworfen. (V.G.H.E. Bd. II S. 343.) Veräußerung ist jede Rechtshandlung, derzufolge ein Vermögensstück aus dem gemeindlichen Vermögen ausscheidet. (S. Art. 26 u. Vorbem. hiezu.)

Nur freiwillige Veräußerungen gehören hieher, nicht etwa Subhastationen, wohl aber Verzichte und Vergleiche über Eigenthum. Erwerb von Realitäten und Rechten fällt nicht unter Ziff. 1.

Unabhängig von dem Werthe der Realitäten und Rechte ist eine Genehmigung zur Veräußerung in den Fällen des Art. 26 Abs. II und Art. 66 Abs. III erforderlich. Ueber Schuldienstgrundstücke s. Bl. f. adm. Pr. Bd 19 S. 368.

Anm. 3. Ziff. 2 hat die ungeschmälerte Erhaltung des Gemeindevermögens zum Zwecke, die vom Staat nicht außer Acht gelassen werden darf umsomehr, als die Interessen der Gemeinden als dauernder Persönlichkeiten nicht selten mit jenen der jeweils lebenden Generationen collidiren, und die einmal eingetretene Beschädigung oft nicht mehr ausgeglichen werden kann. (Motive und bes. Aussch. Bd. I S. 41 und 151, s. auch Art. 26, 27.

Die Staatsaufsichtsbehörde kann die Frage über die Erfüllung der gesetzlich gebotenen formellen Bedingungen bezw. über die Anwendbarkeit der einschlägigen Bestimmungen der G.O. ihrer Würdigung unterstellen. Andererseits besteht aber auch ein Rechtsanspruch der Betheiligten auf verwaltungsrechtliche Entscheidung darüber, ob die gesetzlichen Voraussetzungen des Art. 27 Abs. I gegeben sind. (S. hierüber V.G.H.E. Bd. IX S. 285; s. auch wegen Waldvertheilungen Art. 20 Forstges. u. V.G.H.E. Bd. III S. 702.) Eine derartige Entscheidung hat aber nur akademischen Werth, weil der V.G.H. eine materielle Folge nicht aussprechen d. h. dessenungeachtet die Genehmigung nicht ertheilen kann.

Anm. 4. Zu Ziff. 3: Vgl. Art. 39 und 40 G.O. Das Gesetz spricht hier nur von einer „Erhöhung".

Anm. 5. Zu Ziff. 4: Bei Gemeinde- und Stiftungsbauten ist die Genehmigung auch noch mit Rücksicht auf Art. 40, 63, 156, 157 indirekt veranlaßt. (Siehe auch Bl. f. adm. Pr. Bd. 21 S. 255, Bd. 25 S. 29.)

Die Gemeinden sind natürlich auch den Vorschriften über die Baulinie, Feuersicherheit, Gesundheit der Gebäude, insbesondere bei Schulhäusern, unterworfen. Vgl. M.E. v. 17. Dez. 1869, Vollzug von Art. 159 Ziff. 4 betr., Weber, Bd. VIII S. S. 461, ferner Art. 26 G.O.

Die Aufsichtsbehörde kann die Genehmigung zur Aenderung eines Bauwerkes so lange versagen, als diese Aenderung ihrer Absicht widerspricht; sie kann die Vorlage des Bauprogramms, der Detailpläne und Kostenanschläge verlangen. Die Genehmigung ist erforderlich, auch wenn der betreffende Gegenstand durch einen gleichwerthigen ersetzt werden soll. (Wand, G.O. S. 62.) Bewegliche Gegenstände gehören nicht hieher. M.E. v. 13. Okt. 1880, M.A. Bl. S. 345.)

(S. hierüber auch Bl. f. adm. Pr. Bd. 19 S. 385 ff.)

Anm. 6. Zu Ziff. 5: Hieher gehören z. B. Leihanstalten, Gasanstalten, Sparkassen.

S. hierüber Normativ vom 20. Mai 1874 M.A.Bl. S. 301 (Weber, Bd. X S. 353) u. Vdg. v. 31. Juli 1869 die Kapit. Ausleihgen d. Gden. und Stift. betr., M.E. vom 27. Nov. 1878, M.A.Bl. S. 398, (Weber, Bd. VIII S. 241), M.E. vom 15. Juli 1881, Förderung des Sparkassewesens betreffend (M.A.Bl. S. 242 u. Weber, Bd. XV S. 309). Auf die aus Mitteln einer Sparkasse dotirten gemeindlichen Hilfskassen finden die Bestimmungen über Anlage der Sparkassegelder keine Anwendung. (M.E. vom 27. Nov. 1878, Weber, Bd. XII S. 505.) Ueber öffentliche Sparkassen und die Rechtsverhältnisse hiebei s. insbes. Art. 109 ff. des bayr. Ausf.Ges. z. bürgerl. Ges. Buche. Ueber Pfandleihanstalten s. Art. 91 des Ausf.Ges. z. Bürgerl. Ges.B.

Zur Errichtung von Sparkassen bedarf es keiner polizeilichen Genehmigung. Art. 140 des Polizeistrafgesetzbuches ist also nicht anwendbar. Wohl aber sind die Gemeinden an die Genehmigung der Aufsichtsbehörden gebunden, wenn sie Sparkassen gründen oder die Einrichtungen derselben ändern wollen.

Maßgebend für die Beurtheilung der Genehmigung ist in erster Linie die mit der Errichtung und dem Betrieb verbundene gemeindliche Haftungspflicht; eine wesentliche Veränderung ist hier der Neuerrichtung gleich zu achten, wenn der Umfang der Haftungspflicht zum Nachtheil der Gemeinde sich zu ändern scheint; Genehmigung ist auch erforderlich bei Aufhebung der statutarischen Bestimmungen über die Größe und die Art der Bildung des Reservefonds. (S. V.G.H.E. Bd. I S. 440, Bd. IV S. 478.)

Im Allgemeinen ist der V.G.H. unzuständig bei Ertheilung der Genehmigung, zuständig aber zur Entscheidung der Frage, ob eine solche Genehmigung im einzelnen Falle erforderlich sei oder nicht. (V.G.H.E. Bd. XII S. 200.)

Unter Ziff. 5 fallen auch Pensionsanstalten. S. hieher V.G.H.E. Bd. IX S. 419: Die mit staatsaufsichtlicher Genehmigung von Gemeinden gegründeten und unter deren Verwaltung stehenden Pensionsanstalteu für gemeindliche Beamte und Bedienstete sind als Gemeindeanstalten zu erachten. Streitigkeiten zwischen den Mitgliedern einer solchen Anstalt und der Gemeinde in Bezug auf die Auslegung der von der letzteren erlassenen statutarischen Normen über Pensions- und Alimentationsansprüche sind im Verwaltungsrechtswege auszutragen.

Anm. 7. Zu Ziff. 6: Die Statuirung der Zwangspflicht setzt außer dem Nichtvorhandensein entgegenstehender gesetzlicher Bestimmungen eine besondere Rechtsnorm als gesetzliche Grundlage voraus. (V.G.H.E. Bd. 20 S. 21. S. auch Bl. f. adm. Pr. Bd. 49 S. 190.) Einzelne Gemeindeangehörige sollen vor Bedrückung geschützt werden, wo es sich um zwangsweise Benützung von Gemeindeanstalten handelt. (S. Verh. d. K. d. Abg. Abth. I Beil. Bd. S. 41 u. Bl. f. adm. Pr. Bd. 39 S. 395, 397.) Hieher gehören z. B. die Fälle, wo die Gemeindeangehörigen zur Benützung von Leichenhäusern zwangsweise angehalten werden können. Dagegen gehört die Regulirung der Gebühren für die Benützung anderer Gemeindeanstalten (z. B. Schlachthäuser), deren Benützung jedermann freigestellt ist, nicht hieher: Genehmigung ist hier nicht erforderlich. (Bes. Aussch.) Eine Zwangspflicht zur Benützung einer Gemeindeanstalt kann im Streitfall nur dann verwaltungsrechtlich anerkannt werden, wenn die Gebührenregulirung staatsaufsichtlich genehmigt ist. Die Gemeinden können nicht bloß das Recht der Benützung regeln, sondern auch unter Umständen die Benützung selbst zur Zwangspflicht machen: die Aufsichtsbehörden haben sich hiebei nicht auf die Genehmigung des Tarifs zu beschränken, sondern haben auch die Unterlagen des Tarifs und insbes. auch zu prüfen, ob keine rechtlichen Bedenken gegen die Auflage der Zwangspflicht bestehen. (V.G.H.E. Bd. XVIII S. 110.) S. aber Kahr., G.O. Bd. II S. 86.

Anm. 8. Zu Ziff. 7: Vgl. Kahr, G.O. Bd. II S. 87, Bl. f. adm. Pr. Bd. 22 S. 153, 173. Freiwillige Uebernahme einer Baupflicht an Kultusgebäuden gehört hieher.

Anm. 9. Zu Ziff. 9: Bei dauernder oder zeitlicher Pensionirung definitiv angestellter Magistratsmitglieder und höherer Gemeindebediensteter ist die Gemeinde an die vorherige Genehmigung der vorgesetzten Verwaltungsbehörde im Sinne der Ziff. 9 gemäß Abs. II nur dann nicht gebunden, wenn Beschlüsse des Magistrats und der Gemeindebevollmächtigten vorliegen, bei deren Fassung sämmtliche Abstimmende sich für die Pensionirung ausgesprochen haben, da einstimmig nicht gleich übereinstimmend ist.

(V.G.H.E. Bd. IV S. 363, auch Bl. f. adm. Pr. Bd. 33 S. 122, s. auch Art. 159 Abs. II, bayer. Gem.Zeitg. 1896 S. 34.)

Art. 160.

Die gemäß Art. 157 Abs. III, VI bis VIII und Art. 158 erforderlichen Entschließungen werden auch in Bezug auf die einer Distriktsverwaltungsbehörde untergeordneten Gemeinden mit städtischer Verfassung von der vorgesetzten Kreisregierung erlassen. In allen anderen Fällen trifft die unmittelbar vorgesetzte Verwaltungsbehörde die zur Handhabung der Staatsaufsicht erforderlichen Verfügungen in erster Instanz.

Anm. Da, wo ein positives staatsaufsichtliches Eingreifen stattfindet, haben die Kreisregierungen kollegial zu beschließen. S. auch Art. 157 u. Anm.

Art. 161.

Gegen die in erster Instanz über eigentliche Gemeindeangelegenheiten gefaßten Beschlüsse der Aufsichtsbehörden können die Gemeindeverwaltungen binnen 14 Tagen die Beschwerde ergreifen und dieselbe sofort oder binnen einer weiteren Frist von 14 Tagen ausführen. Die nächsthöhere Behörde entscheidet in letzter Instanz, soferne nicht die endliche Entscheidung gesetzlich dem Verwaltungsgerichtshofe zusteht.

Anm. 1. Nach Art. 161 steht ausschließlich dem Magistrat bezw. dem Gemeindeausschuß, nicht aber anderen Betheiligten ein Beschwerderecht zu. (Vgl. hierüber Art. 84, dann V.G.H.E. Bd. I S. 11 und 417, Bd. II S. 12, Bd. III S. 203, Bd. IX S. 144, Bd. XII S. 114.) Es gehören hieher alle in eigentl. Gemeindeangelegenheiten ergangenen Beschlüsse, falls nicht besondere gesetzliche Ausnahmen entgegenstehen.

Die zweite Instanz ist die letzte Verwaltungsinstanz; jedoch kann gegen zweitinstanzielle Entscheidungen der Kreisregierungen Oberaufsichtsbeschwerde zum Ministerium des Innern erhoben werden auf Grund des Art. 154, sowohl hier, als in den Fällen des Art. 163; auch Art. 156 Abs. IV gehört hieher.

Der Verwaltungsgerichtshof, welcher nach Art. 10 Ziff. 2 V.G.H.G. angegangen werden kann, ist hier die erste und zugleich letzte verwaltungsgerichtliche Instanz. Beschwerden zu ihm können gegen erst- und zweitinstanzielle Beschlüsse der Kreisregierungen erhoben werden. Maßgebend ist dann Art. 45 Abs. 2 V.G.H.G.

Anm. 2. Die Frist zur Beschwerdeausführung hat nur die Bedeutung, daß die Beschwerde nicht vor Ablauf dieser Frist verbeschieden werden kann. (S. Krais, Comm. z. V.G.H.G. S. 451, Kahr, Comm. z. diesem Ges. S. 204). Die Frist zur Einlegung der Beschwerde ist eine von Zustellung des Bescheides an laufende Nothfrist.

Art. 162.

Bei streitigen Verwaltungssachen, worüber die den Kreisregierungen unmittelbar untergeordneten Magistrate in ihrer Eigenschaft als Distriktsverwaltungsbehörden in erster Instanz entschieden haben, richtet sich das Beschwerderecht und der Instanzenzug nach den hiefür bestehenden Bestimmungen.

Anm. 1. Art. 162 steht im Gegensatz zu Art. 163 und handelt von den streitigen Verwaltungssachen im Sinne des Art. 8 u. 10 V.G.H.G., während Art. 163 von Beschwerden in eigentlichen Gemeindeangelegenheiten handelt. Als Verwaltungssache im Gegensatz zur Gemeindeangelegenheit (Art. 1) ist jene Sache zu erachten, die nach den bestehenden Gesetzen nicht dem Selbstbestimmungsrecht der Gemeinden untersteht, sondern ausschließlich von den staatlichen Behörden der inneren Verwaltung besorgt wird.

Art. 162 wollte keine allgemeine Zuständigkeit der unmittelbaren Magistrate für alle Kategorien streitiger Verwaltungssachen schaffen, sondern beabsichtigt nur, zu konstatiren, daß die bezügliche Zuständigkeit ohne Rücksicht auf die Parteistellung der Gemeinden (V.G.H.E. Bd. II S. 667) in allen jenen Fällen aufrecht erhalten bleiben soll, wo besondere gesetzliche Bestimmungen die erstinstanzielle Zuständigkeit der Distriktsverwaltungsbehörden und damit auch der unmittelbaren Magistrate festgesetzt haben. (V.G.H.E. Bd. IV S. 436.) S. auch Kahr, Comm. z. V.G.H.G. S. 127. S. ferner Art. 50 des Weideges. vom 28. Mai 1852, Art. 24, 36, 37 Heimathges.

Ueber das Verhältniß streitiger Verwaltungssachen zu den Gemeindeangelegenheiten, das Verfahren bei den unmittelbaren Stadtmagistraten (Beispiele hiezu) s. Bl. f. adm. Pr. Bd. 31 S. 33.

Anm. 2. S. V.G.H.E. Bd. II S. 667, IV S. 429, Bd. V S. 113: Zur erstinstanziellen verwaltungsrechtlichen Bescheidung von Streitigkeiten über die stiftungsgemäße Verwendung von Stiftungsrenten sind regelmäßig die Distriksverwaltungsbehörden, sohin in den einer Kreisregierung unmittelbar untergeordneten Gemeinden die Stadtmagistrate, nicht die vorgesetzten Kreisregierungen zuständig.

Art. 163.

I. Beschwerden gegen Beschlüsse der Gemeindeverwaltungen und der Gemeindeversammlungen in eigentlichen Gemeindeangelegenheiten sind von der unmittelbar vorgesetzten Verwaltungsbehörde zu entscheiden. Gegen diese Entscheidung steht sowohl dem Beschwerdeführer, als der Gemeindeverwaltung die Berufung an die nächsthöhere Behörde zu, welche hierüber in letzter Instanz entscheidet, soferne das Gesetz über die Verwaltungsgerichtsbarkeit nichts Anderes bestimmt.

II. Die Beschwerden sind, soferne eine Nichtigkeit nicht in Mitte liegt, an eine Nothfrist von 14 Tagen gebunden.

III. Beschlüsse der Gemeindeverwaltungen und Gemeindeversammlungen können von den Staatsbehörden nur insoweit aufgehoben oder abgeändert werden, als ein Gesetz oder eine andere giltige Rechtsnorm zum Nachteile des Beschwerdeführers verletzt ist.

Anm. 1. Zu Abs. 1: Die Staatsaufsicht kann von Seite dritter Personen angerufen werden, wenn sie behaupten, daß durch den Beschluß einer Gemeindebehörde oder einer Gemeindeversammlung in einer eigentlichen Gemeindeangelegenheit ein Gesetz oder eine andere giltige Rechtsnorm des öffentlichen Rechtes zum Nachtheile des Beschwerdeführers verletzt worden sei. Bloße Interesse-Verletzungen, die nicht Verletzungen des Rechts sind, gehören nicht hieher. Eigentliche Gemeindeangelegenheiten sind Handlungen der gemeindlichen Verwaltung; nicht hieher gehören Streitigkeiten des Art. 162. Gemeindebeschlüsse in eigentlichen Gemeindeangelegenheiten sind keine instanziellen Entscheidungen, erlangen keine Rechtskraft, und Niemand thut durch Nichtanrufung der Staatsaufsicht gegen einen solchen Beschluß seinen Rechten einen Eintrag.

Bei Streitigkeiten über Rechte und Pflichten, die sich aus dem Gemeindeverband ableiten, bildet die Zuständigkeitsvorschrift des Art. 163 mit Art. 154 und 155 die Grundlage für den verwaltungsrechtlichen Instanzenzug. Soweit die Bestimmungen des Art. 163 die Frist für die Beschwerde betreffen, bleiben sie von dem V.G.H.G. unberührt, da diese Beschlüsse nicht als instanzielle Beschlüsse anzusehen sind; was aber den weiteren Instanzenzug gegen erstinstanzielle Beschlüsse der Bezirksämter und Kreisregierungen anlangt, so ist Art. 163 durch Art. 22 Abs. IV V.G.H.G. ersetzt. Die Anrufung der Verwaltungsrechtsinstanz, auch der ersten, ist an keine Frist gebunden. (S. V.G.H.E Bd. VI S. 128, Seydel, b. Staatsr. Bd. III S. 50 ff., Kahr, Comm. z. V.G.H.G. S. 205, Bl. f. adm. Pr. Bd. 37 S. 393.) S. aber hieher auch Kahr, G.O. Bd. II S. 106 ff., welcher nach eingehender Begründung zu folgenden Schlüssen kommt:

1. Das Offizialverfahren der Staatsaufsichtsbehörden ist in Art. 157 behandelt; eine Abänderung der Gemeindebeschlüsse steht den Aufsichtsbehörden nicht zu.
2. Gemeindl. Beschlüsse, die nur die individuellen Verhältnisse Einzelner betreffen, können nur im Wege des Art. 163 von den Betheiligten angefochten werden.
3. Eine Konkurrenz des Einschreitens nach Art. 157 und 163 ist nur da denkbar, wo invibuelle, gemeindliche Beschlüsse das allgemeine Interesse mitberühren.
4. Insoweit die Streitsachen des Art. 163 unter Art. 8 V.G.H.G. fallen, sind diese Sachen im verwaltungsrechtlichen Verfahren zu behandeln.
5. Art. 163 geht weiter als Art. 8 V.G.H.G., weil bei ersterem Artikel es sich nicht bloß um Rechte und Verbindlichkeiten handelt. (NB. Armenunterstützungsgesuche.)
6. Art. 163 handelt von streitigen Gemeindeangelegenheiten im Gegensatz zu Streitigkeiten, die sich auf den übertragenen Wirkungskreis beziehen, aber nur von Streitigkeiten über invibuelle Rechtsverhältnisse, die also eine unmittelbare Beziehung auf die Verhältnisse des Beschwerdeführers haben.

Dieser wohlbegründeten Anschauung ist beizupflichten.

Anm. 2. Unter den Beschwerden des Abs. II ist auch die Berufung des Abs. I zu verstehen. (S. die Belege hiefür bei Seydel l. c.)

Anm. 3. Zu Abs. II: Die Beschwerden sind, soferne eine Nichtigkeit nicht in Mitte liegt, (z. B. Verletzung des Art 47: V.G.H.E. Bd. VII S. 118), an eine

Nothfrist (ausschließend und unerstrecklich) von 14 Tagen gebunden. (Ueber Gebührenfreiheit s. Bl. adm. Pr. Bd. 30 S. 26.) Abs. II begreift jene Fälle nicht in sich, wo es sich um die Verfolgung verwaltungsrechtlicher Ansprüche gegenüber einer Gemeinde handelt, die von ihr beschlußmäßig abgelehnt wurden; dieß gilt namentlich für die Rückforderung indebite bezahlter Gemeindeumlagen. (S. auch V.G.H.E. Bd. X S. 247.)

Die hier bezeichnete Nothfrist beginnt mit dem Zeitpunkt der Eröffnung an den Beschwerdeführer.

Anm. 4. In Streitigkeiten, bei welchen es sich um Ansprüche der Gemeinde als Corporation oder gegen dieselbe aus irgend einem Titel des Gemeindeverbandes und auf Grundlage der G.O. handelt, ist immer eine eigentliche Gemeindeangelegenheit gegeben, wenn dieselbe auch nicht von der Gemeindebehörde selbstständig kraft der gemeindlichen Autonomie geregelt werden kann, sondern als Parteistreit im verwaltungsrechtlichen Verfahren auszutragen ist; hiemit wird auch dem Rechtssatze, daß Niemand in eigener Sache Richter sein soll, Rechnung getragen. (V.G.H.E. Bd. IV S. 437.)

Anm. 5. Wenn eine Gemeindebehörde durch eine Entscheidung einer Kreisregierung ihr Selbstverwaltungsrecht verletzt erachtet dadurch, daß der Beschwerde eines Einzelnen stattgegeben wurde, steht ihr immer noch die Beschwerde zum V.G.H. auf Grund Art. 10 Ziff. 2 V.G.H.G. zu.

Anm. 6. Ueber Beschwerden nach Art. 163 s. noch die ausführliche Abhandlung in den Bl. f. adm. Pr. Bd. 33 S. 289, der hier nur Folgendes entnommen wird: Die unmittelbare Stadt Donauwörth hatte die Erhebung von Umlagen beschlossen, mehrere Umlagenpflichtige dagegen, welchen die Antheilsberechtigung an den Gemeindenutzungen fehlte, hatten hiegegen Beschwerde nach Art. 163 erhoben, weil gleichzeitig der Ertrag eines Gemeindewaldes an die Nutzungsberechtigten vertheilt wurde.

Durch Beschluß des V.G.H. vom 13. April 1883 wurde die Unzuständigkeit des Stadtmagistrats zur erstinstanziellen Entscheidung der vorliegenden Verwaltungsrechtssache ausgesprochen und der vorwürfige Nutzungs- und Umlagenstreit an die k. Regierung zur erstinstanziellen Behandlung und Entscheidung verwiesen. Dieser Ausspruch ist damit motivirt, daß 1) eine rechtskräftige Anerkennung der magistratischen Zuständigkeit noch nicht vorliege, 2) eine allgemeine Zuständigkeit der unmittelbaren Magistrate für alle Kategorien streitiger Verwaltungssachen gesetzlich nicht bestehe, 3) die vorliegende Frage als Gemeindeangelegenheit nach Art. 163 zu behandeln sei.

Anm. 7. Wenn von einer Gemeinde bei der Erhebung der Umlagen die Einkommensteuer in gesetzwidriger Weise in Berechnung gezogen wurde, so können die in Folge dieser Berechnung aus Unkenntniß des Gesetzes ohne Widerspruch zu viel bezahlten Umlagenbeträge nach Ablauf der in Art. 163 vorgesehenen Beschwerdefrist aus der Gemeindekasse nicht zurückgefordert werden, soferne durch jene gesetzwidrige Umlagenerhebung nicht eine Bereicherung der Gemeindekasse stattgefunden hat oder eine rechtswidrige Absicht in Mitte liegt. (V.G.H.E Bd. IV S. 524.)

Anm. 8. Ueber den Unterschied von Art. 157 und 163 s. Bl. f. adm. Pr. Bd. 31 S. 25, wo unter anderem Folgendes gesagt ist:

Bei Beschwerden nach Art 163 handelt es sich um solche Gemeindeangelegenheiten, welche dem *freien pflichtgemäßen Ermessen* der Gemeindebehörden *überlassen* sind, dagegen bei Handhabung der Staatsaufsicht nach Art. 157 um solche Gemeindeangelegenheiten, welche von den Gemeindebehörden nach bestimmten formellen und sachlichen Vorschriften und unter Beachtung bestimmter Einschränkungen besorgt werden müssen und wobei sie zur Erfüllung von Amts-wegen angehalten werden können.

Anm. 9. Soweit Art. 8 V.G.H.G. in Betracht kommt, ist Art. 163 in keiner Beziehung anwendbar, sondern es gelten nur die Bestimmungen des V.G.H.G.

Art. 164.

I. Der geschäftsleitende Vorstand der Gemeindeverwaltung darf sich über Nacht nur nach Verständigung seines Stellvertreters und bei einer über acht Tage dauernden Abwesenheit mit Genehmigung des Magistrats oder Gemeindeausschusses und der vorgesetzten Aufsichtsbehörde aus dem Gemeindebezirke entfernen.

II. Derselbe kann Mitgliedern des Magistrats oder Gemeindeausschusses auf 14 Tage Urlaub geben. Ein längerer Urlaub kann nur mit Genehmigung des Magistrats oder Gemeindeausschusses ertheilt werden.

III. Für die Versehung des Dienstes während des Urlaubs hat, soweit das Gesetz nicht Maß gibt, der Magistrat oder Gemeindeausschuß die etwa nöthigen Vorkehrungen zu treffen.

IV. Nach den Bestimmungen der Abs. II und III ist auch die Ertheilung des Urlaubs an höhere Gemeindebedienstete zu behandeln; zur Urlaubsertheilung an das niedere Personal ist der Bürgermeister allein zuständig.

V. Wegen ungerechtfertigter Verweigerung des Urlaubs steht den Betheiligten das Recht der Beschwerdeführung zu.

Anm. 1. Abs. I gilt auch bei Einstellung der Dienstesthätigkeit ohne Entfernung vom Wohnorte. Die bloße Anzeige genügt bei Entfernung behufs Erfüllung einer gesetzlichen Pflicht z. B. als Geschworener, Landtagsmitglied ꝛc. (S. auch V.G.H.E. Bd. II S. 573.)

Anm. 2. Der Bürgermeister muß:

a. wenn er über Nacht oder auf acht Tage sich entfernen will, seinen Stellvertreter verständigen;

b. wenn er neun Tage und mehr ausbleiben will, die Genehmigung des Magistrats (Ausschusses) und der vorgesetzten Aufsichtsbehörde erholen.

Anm. 3. Der Bürgermeister ist nach Abs. II zur Urlaubsertheilung allein berechtigt; erstreckt sich derselbe auf mehr als 14 Tage, so ist Genehmigung des Magistrats (Ausschusses) erforderlich.

Anm. 4. Die Beschwerde geht an die vorgesetzten Aufsichtsbehörden.

Vorbemerkung
zu den Artikeln 165—169.

Diese Artikel behandeln das Disciplinarrecht gegenüber den Gemeindebeamten. Art. 10 Ziff. 2 V.G.H.G. ist hier nicht anwendbar.

Ueber das Disciplinarrecht findet sich eine ausführliche Abhandlung in den Bl. f. adm. Pr. Bd. 34 S. 198, die hier auszugsweise wiedergegeben wird. Vgl. im Uebr. Kahr, G.O. Bd. II S. 138 ff.

Disciplinarstrafrecht.

a. Rechtsquellen:

1) Gemeindeordnung Art. 82, Art. 127 Abs. V, Art. 165—169.

2) Edikt über die Verhältnisse der Staatsdiener (9. Beil. zu Tit. V § 6 der Verfass.Urkunde) §§ 10—15, anwendbar nach Art. 167 Abs. I G.O. Ueber die Disziplinarbestimmungen der 9. Verf.Beil. s. Kahr, G.O. Bd. II S. 162.

3) Bayer. Ausf.Ges. vom 18. August 1879 zur R.Str.P.O.

b) Disciplinargewalt; diese steht zu

1) den Gemeindebehörden: hinsichtlich der niederen Bediensteten ist sie ausschließlich in die Hände der Gemeindeverwaltung bezw. in die der Bürgermeister gelegt;

2) den Staatsaufsichtsbehörden;

3) den Gerichten.

A. Disciplin über die Mitglieder der Magistrate und Gemeindeausschüsse.

1) Die einschlägigen Bestimmungen des Ausführungsgesetzes zur Reichsstrafprozeßordnung:

a. Art. 103 und 104: Bestraft wird die vorsätzliche Nichtverhinderung oder Nichtanzeige eines Verbrechens oder Vergehens oder einer strafbaren Zuwiderhandlung gegen die gesetzlichen Vorschriften über Erhebung und Sicherung öffentlicher Abgaben und Gefälle.

b. Art. 105: Vorsätzliche, in der Absicht zu schaden oder einem Dritten einen rechtswidrigen Vermögensvortheil zu verschaffen, begangene Dienstpflichtverletzung, soweit nicht eine andere Strafbestimmung Platz greift.

c. Art. 106: Bruch des Amtsgeheimnisses. Art. 108 und 109 statuirt disciplinäre Entziehung des Amtes, Art. 110 trifft Bestimmungen über das Maximum der Geldstrafen für den Fall der vierten Disciplinarstrafe, zugleich Amtsentziehung. S. ferner Art. 111—114.

Zuständig sind die Landgerichte, und zwar die Strafkammern; über Verjährung siehe § 67 und 70 des R.Str.G.B.

Die positiven Bestimmungen über das „Amtsgeheimniß" finden auf Gemeindebeamte und Gemeindebedienstete Anwendung.

Nach Art. 106 Ausf.Ges. zur R.Str.P.O. ist jeder Beamte (auch Bedienstete) verpflichtet, über die vermöge seines Amtes ihm bekannt gewordenen Angelegenheiten, deren Geheimhaltung ihrer Natur nach erforderlich oder von seinen Vorgesetzten vorgeschrieben ist, Verschwiegenheit zu beobachten. Diese Verpflichtung dauert fort, auch wenn das Dienstverhältniß aufgelöst ist. Bei Zuwiderhandlungen bis 600 ℳ Geldstrafe, soferne nicht eine anderweitige Strafe verwirkt ist.

Die Pflicht zur Amtsverschwiegenheit ist eine sehr generelle; sie erstreckt sich auf alles, was zunächst als Geheimniß von Privaten durch den Dienst zur Kenntniß gelangt, soferne die Wahrung von Privaten als ihr Recht gefordert werden kann oder im Interesse des Dienstes, z. B. des öffentlichen Vertrauens nöthig ist. Verboten ist allgemein, überhaupt Mittheilung in solchen Fällen zu machen, ob richtige oder unrichtige. (Entsch. d. ob. Ger.H. in Strafsachen Bd. III S. 434, Seydel, Staatsr. Bd. III Abth. I S. 389.)

Collidirt diese Pflicht mit der Zeugnißpflicht, so ist erstere die höhere, von ersterer muß vorher durch die vorgesetzte Behörde entbunden worden sein.

Gleichgiltig ist, ob eine eidliche Verpflichtung auf das Amtsgeheimniß erfolgte.

Die Verletzung kann auch durch unzulässiges Ueberlassen von Aktenstücken erfolgen. Vgl. auch § 92 R.St.G.B. (Bayer. Gem.Zeitg. 1894 S. 54.)

2) Die Disciplinarbestimmungen der neunten Verfassungsbeilage:

a. Einfache Disciplinarstrafe (Ordnungsstrafe) von der Verwaltungsbehörde verhängt.

b. Qualifizirte Disciplinarstrafen, welche in der Folge die Stellung vor Gericht herbeiführen, wenn ihre dreimalige vergebliche Verhängung die Unverbesserlichkeit des Beamten erwiesen hat; (§ 12); von der Verwaltungsbehörde verhängt.

c. Disciplinarstrafen nach Vorausgang von drei qualifizirten Disciplinarstrafen: vom Gerichte ausgesprochen. Zwischen der dritten und vierten qualificirten Disciplinarstrafe gibt es keine einfache mehr, sondern bei der vierten sogleich die Stellung vor Gericht. (§ 110 des Ausf.Ges.)

d. Bei gröberen, jedoch durch die Gesetze als Verbrechen oder Vergehen namentlich nicht bezeichneten Fällen, ist eine vorausgängige dreimalige Bestrafung nicht nöthig. (§ 11 der neunten Verfassungsbeilage; auch hier sind die Gerichte zuständig.) (Dagegen Kahr, G.O. Bd. II S. 164.)

Strafmittel: Verweis, Geldbuße 5—50 fl., Haus- und Civilarrest: 24 Stunden bis 8 Tage, Degradation und Entlassung. (§ 10 und 12.)

Die Kreisregierung ist zuständig zur Handhabung der Disciplinargewalt über die Mitglieder der Magistrate ihres Bezirks. (Art. 166 G.O.)

Die Distriktsverwaltungsbehörde ist zuständig zur Handhabung der Disciplinargewalt über die Mitglieder der Gemeindeausschüsse ihres Bezirks (mit einer Ausnahme, wovon später).

Soweit die Verwaltungsbehörden in Frage kommen, ist jede Strafverfügung dem Verurtheilten in schriftlicher Ausfertigung mit Gründen gegen Empfangsbestätigung zuzustellen.

Die einfache und die erste qualificirte Disciplinarstrafe erfordern keine Förmlichkeiten, die zweite und dritte qualificirte Disciplinarstrafe kann nur nach vorheriger Vernehmung des zu Bestrafenden und nach kollegialer Berathung ausgesprochen werden. Da die Bezirksämter bureaukratisch organisirt sind, haben in diesem Falle die Kreisregierungen auch über die Bestrafung der Gemeindeausschußmitglieder zu erkennen.

Die dritte Disciplinarstrafe kann nur von dem Staatsministerium des Innern verhängt werden.

3) Die Disciplinarstrafbestimmungen der Gemeindeordnung:

a. Art. 165: Reine Disciplinarstrafen: Die rechtskundigen und technischen Mitglieder des Magistrats sind in dem vorliegenden Falle nach den Normen des § 12 ff. der neunten Verfassungsbeilage durch die Kreisregierung zu bestrafen. (Art. 166 Abs. I.)

b. Art. 167 Abs. II. Magistratsmitglieder, welche nicht die Rechte definitiv angestellter Staatsdiener besitzen, können entlassen werden.

Welche Magistratsmitglieder die Rechte definitiv angestellter Staatsdiener besitzen, darüber entscheidet der Dienstvertrag. (Art. 74 und 76.)

B. Disciplin über die höheren Gemeindebediensteten.

Hier ist zu unterscheiden zwischen

a. denjenigen, welche stabil sind, Art. 167 Abs. I: hier gelten die Bestimmungen über Disciplinarstrafen gegen die administrativen Staatsdiener;

b. denjenigen, welche nicht stabil sind: Art. 167 Abs. III bis V, 168.

Auf beide kommen die Disciplinarbestimmungen des Ausführungsgesetzes zur Strafprozeßordnung in Anwendung.

Auf die stabil angestellten erstrecken sich außerdem noch die Disciplinarstrafbestimmungen der neunten Verfassungsbeilage.

Gegen die nicht stabilen kann wegen jeden pflicht-, ordnungs- und anstandswidrigen Verhaltens in und außer dem Dienst disciplinär eingeschritten werden: spezielle Disciplinarverfehlungen sind in der G.O. nicht normirt. Dieselben unter Art. 112 des Ausführungsgesetzes zu subsumiren, ist unzulässig.

Strafmittel: Verweis, Geldstrafe bis zu 90 ℳ, Suspension auf Zeit mit Gehaltseinbehaltung, Dienstesentlassung.

Die Disciplinargewalt steht zu dem Bezirksamte hinsichtlich der als Gemeindeschreiber verwendeten Schullehrer, dem Bürgermeister (Artikel 152) in Bürgermeistereien über das von ihm angestellte Personal, in Landgemeinden wegen aller im polizeilichen Dienste verschuldeten Ordnungswidrigkeiten, ferner in Stadt- und Landgemeinden über das gesammte niedere Personal bis zu 9 ℳ Geldstrafe, dreitägigem Arrest, Ertheilung eines Verweises. (Dies letztere gilt jedoch nur für das niedere Personal.)

C. Disciplin über die niederen Gemeindebediensteten.

Hieher gehören in der Regel: Gehilfen, Boten, Schreiber, Polizeidiener, Nachtwächter, Diener in Gemeindeanstalten, Portiers.

Gegen diese gilt das oben bezüglich der nicht stabilen höheren Bediensteten Gesagte. Ferner Art. 167 Abs. III und IV (gegen Polizeidiener und derartige Bedienstete Arrest bis zu acht Tagen).

D. Disciplin über Gemeindebevollmächtigte.

a. Landgemeinden: Die Gemeindebevollmächtigten gehören hier zum Ausschusse und sind daher wie Ausschußmitglieder zu behandeln.

b. Gemeinden mit städtischer Verfassung: Hier stehen die Gemeindebevollmächtigten nur unter der Disciplin ihres eigenen Kollegiums, es gilt nur Art. 165 Abs. I. Art. 103 des Ausführungsgesetzes kommt hier nicht zur Anwendung. Sie sind keine Beamten.

Rechtsmittel: Einspruch: Art. 165 Abs. II.

Suspension.

Abgesehen von der gegenüber den niederen Bediensteten als Strafe angedrohten zeitlichen Suspension von Dienst und Gehalt gibt es noch eine bloß vorläufige (bis zur rechtskräftigen Erledigung des Falles).

a. Beamte und öffentliche Diener der Gemeinde werden kraft des Gesetzes vom Amte suspendirt, wenn sie in Untersuchungshaft sich befinden, für die Dauer der Haft; wenn wegen eines Verbrechens oder Vergehens, welches den Verlust des Amtes nach sich ziehen kann, für die Dauer des Verfahrens; wenn sie wegen eines Verbrechens oder Vergehens verurtheilt worden, ohne daß ihnen das Amt entzogen wurde, und zwar zu einer anderen Freiheitsstrafe als Haft oder Arrest, für die Dauer des Strafvollzugs. Während der Suspension tritt auch Schmälerung des Gehalts ein. (Art. 111 und 112 des Ausführungsgesetzes.)

b. Magistratsmitglieder, Gemeindeausschußmitglieder, Gemeindebedienstete betr.: siehe Art. 82 und 127 [6].

c. Niedere Bedienstete können vom Bürgermeister in dringenden Fällen vorbehaltlich der Beschlußfassung des Magistrats und Gemeindeausschusses suspendirt werden.

Die nach der G.O. verhängte Suspension hat in Bezug auf den Gehaltsanspruch keine Folgen.

Durch die Bestimmungen der Art. 167 und 168 über Dienstesentlassung wird das Recht und bezw. die Pflicht der Gemeindebehörden, die widerruflichen Dienstverhältnisse des gemeindlichen Personals ohne vorgängiges förmliches Disciplinarverfahren jederzeit zu lösen, nicht alterirt.

Die Wiederwahl von entlassenen Mitgliedern des Magistrats, der Gemeinde- oder Ortsausschüsse ꝛc. ist nicht ausgeschlossen. (Bes. Aussch.)

Siehe hieher auch die oberstrichterlichen Erkenntnisse vom 9. Februar 1871 (M.A.Bl. S. 129) und vom 27. April 1875 (M.A.Bl. S. 255) über Urkundenfälschung, und vom 20. April 1875 (M.A.Bl. S. 254) über Bestechung.

Art. 165.

I. Die Magistrate, Gemeindebevollmächtigten, Gemeinde- und Ortsausschüsse sind befugt, gegen diejenigen ihrer Mitglieder, welche ohne giltige Entschuldigungsursache die Sitzungen versäumen oder als Stimmberechtigte sich der Abstimmung enthalten, Ordnungsstrafen bis zu 25 Gulden (45 *M.*) zum Besten der Armenkasse zu verhängen. Nach fruchtloser mehrmaliger Bestrafung und vorgängiger Androhung können solche Mitglieder durch Beschluß des Kollegiums als ausgetreten erklärt werden.

II. Gegen die gemäß Abs. I gefaßten Beschlüsse ist dem Betheiligten nur der binnen acht Tagen nach der Zustellung einzulegende Einspruch gestattet, worüber in einer der nächsten Sitzungen zu beschließen ist.

III. Auf rechtskundige und technische Magistratsmitglieder finden diese Bestimmungen keine Anwendung.

Anm. 1. S. Ges. v. 8. Nov. 1875, betr. Bestimmung von Geldstrafen nach der Reichswährung. (G.B.Bl. S. 665.)

Anm. 2. Die Gemeindebevollmächtigten sind zum Strafausspruch auch dann berechtigt, wenn die pflichtwidrig Abwesenden die Majorität bilden.

Anm. 3. S. auch Art. 29 Ausf.Ges. z. R.St.P.O. u. V.G.H.E. Bd. VI S. 80.

Anm. 4. Die Verhängung von Ordnungsstrafen liegt im pflichtmäßigen Ermessen der genannten Organe und kann nicht etwa aufsichtlich erzwungen werden.

Art. 166.

I. Vorbehaltlich der Bestimmungen des Art. 165 steht die Handhabung der Disciplinargewalt über die Mitglieder der Magistrate, über die Stadt- und Marktschreiber, sowie über jene höheren Gemeindebediensteten, welchen dies durch Dienstvertrag zugesichert wurde, der vorgesetzten Kreisregierung zu.

II. Vorbehaltlich der Bestimmungen des Art. 167 wird die Disciplin über Mitglieder der Gemeindeausschüsse und über die als Gemeindeschreiber verwendeten Schullehrer durch die vorgesetzte Distriktsverwaltungsbehörde ausgeübt.

III. In Bürgermeistereien wird die Disciplin über das vom Bürgermeister aufgestellte Dienstpersonal, in Landgemeinden die Disciplin über das niedere Dienstpersonal wegen im polizeilichen Dienste verschuldeter Ordnungswidrigkeiten durch den Bürgermeister allein gehandhabt.

IV. In Bezug auf die übrigen Gemeindebediensteten steht die Disciplinarbefugniß in Gemeinden mit städtischer Verfassung dem Magistrate, in den übrigen Gemeinden dem Gemeindeausschusse zu. Der Bürgermeister kann jedoch außer den Fällen des Abs. III Geldstrafen bis zu fünf Gulden (9 ℳ) und, soweit Arrest zulässig ist, Arreststrafe bis zu drei Tagen verhängen.

Art. 167.

I. Bezüglich der Mitglieder der Magistrate und Gemeindeausschüsse und jener höheren Bediensteten, welche Stabilität erlangt haben, finden die Disciplinarbestimmungen für administrative Staatsdiener analoge Anwendung.

II. Magistratsmitglieder, welche nicht die Rechte definitiv angestellter Staatsdiener besitzen, dann Mitglieder der Gemeinde- oder Ortsausschüsse und Ortspfleger können wegen grober Pflichtverletzungen, unsittlicher oder unehrenhafter Handlungen durch Disciplinarerkenntniß der vorgesetzten Kreisregierung des Dienstes entlassen werden, wenn sich in Gemeinden mit städtischer Verfassung das Kollegium der Gemeindebevollmächtigten dafür ausgesprochen hat, und in Landgemeinden der Distriktsausschuß der betreffenden Distriktsgemeinde seine Zustimmung ertheilt hat.

III. Die gegen Gemeindebedienstete, auf welche nicht Abs. I anwendbar ist, zulässigen Disciplinarstrafen bestehen in Verweis, Geldbuße bis zu 50 fl. (90 ℳ) zum Besten der Armenkasse oder eines etwa vorhandenen Unterstützungsfonds für untergeordnete Gemeindebedienstete, Suspension vom Dienste und Gehalte auf bestimmte Zeit und Dienstentlassung.

IV. Gegen Polizeidiener und andere in dieser Kategorie stehende Gemeindebedienstete kann Arrest bis zu acht Tagen verhängt werden.

V. Mit der Dienstentlassung erlöschen alle aus dem Dienstverhältnisse fließenden Ansprüche an die Gemeinde.

Anm. 1. Auch Rechtsräthe im Dienstesprovisorium gehören hieher; ebenso Mitglieder der Ortsausschüsse (S. Kahr, G.O. Bd. II S. 161, aber auch Seydel, St.R. Bd. III S. 522.

Anm. 2 zu Abs. II: Die Entlassungen sind disciplinärer Natur und fallen daher nicht unter Art. 8 Ziff. 33 V.G.H.G. (Mot. S. 18 z. V.G.H.G.)

Art. 168.

I. Das Verfahren in Disciplinarfällen, auf welche nicht die Bestimmung des Art. 167 Abs. I Anwendung findet, richtet sich nach folgenden Grundsätzen:

II. Vor jeder Disciplinarverfügung ist der Betheiligte mit seiner Rechtfertigung zu hören.

III. Beschwerden sind an eine Nothfrist von 14 Tagen gebunden und werden von der nächst vorgesetzten Behörde entschieden. Ist diese eine Distriktsverwaltungsbehörde, so ist eine weitere Berufung an die Kreisverwaltungsstelle zulässig. In Fällen, in welchen auf Dienstentlassung oder Suspension erkannt ist, wird durch die Beschwerde die vorläufige Entfernung vom Dienste und die vorläufige Entziehung des Gehaltes nicht ausgeschlossen.

IV. Die Beschwerde hat keine aufschiebende Wirkung, wenn die erkannte Strafe 24 Stunden Arrest oder 1 fl. 30 kr. (2 ℳ 70 ₰) an Geld nicht übersteigt.

V. Der Bürgermeister ist befugt, Gemeindebedienstete in dringenden Fällen vorbehaltlich der Verfügung des Magistrats oder Gemeindeausschusses sofort vom Dienste zu suspendiren.

Anm. 1. Oberaufsichtsbeschwerde an das Staatsministerium ist zulässig bei

Nichtigkeit des Verfahrens oder unrichtiger Gesetzesanwendung. Beschwerdeberechtigt ist niemals die Gemeinde, sondern nur der in Abs. II bezeichnete „Betheiligte".

Anm. 2. Die in Abs. V bezeichnete Suspension kann sich nur auf den Dienst, nicht den Gehalt erstrecken und ist provisorischer Natur: Magistrat (und Ausschuß) haben nachher noch Beschluß zu fassen.

Art. 169.

I. Die vorgesetzten Aufsichtsbehörden sind berechtigt, die Handhabung der den Gemeindebehörden zustehenden Disciplin zu überwachen und dieselben auf Grund eigener Wahrnehmung oder eingekommener Anzeigen und Beschwerden zur disciplinären Einschreitung gegen Gemeindebedienstete zu veranlassen.

II. Sie sind befugt, gegen diese Personen selbst einzuschreiten:

1) wenn die Gemeindebehörde begründete Beschwerden Einzelner gegen untergeordnete Bedienstete nicht abstellt und hiewegen die Beschwerde gegen die Gemeindebehörde ergriffen wird;

2) wenn gegen die Gemeindebehörde selbst wegen vernachlässigter Handhabung der Aufsicht und Disciplin über das ihr untergeordnete Personal ein Disciplinarverfahren eingeleitet ist.

Anm. 1. Selbstverständlich kann die Aufsichtsbehörde auch unmittelbar einschreiten, wenn die Disciplinarübertretung unmittelbar gegen sie gerichtet ist, (wenn sie z. B. beleidigt worden ist).

Anm. 2. Art. 169 hat dem Wortlaut nach nur jene Fälle im Auge, wo die Gemeindebehörde I. Instanz bildet.

Anm. 3. Ueber das Verfahren vgl. Art. 168 Abs. III. Glaubt die Gemeindebehörde, daß die Aufsichtsbehörde die ihr gezogenen Grenzen überschritten habe, so ist Oberaufsichtsbeschwerde zulässig.

Anm. 4. Ueber Bekanntgabe von Strafurtheilen gegen Lehrer und Gemeindebedienstete durch die Staatsanwälte s. M.E. v. 5. September 1868 (J.M.Bl. S. 208 Weber Bd. 7 S. 480.)

VI. Abtheilung.

Von den Wahlen zu Gemeindeämtern.

Vorbemerkung.

Gemeindewahlen sind die unmittelbar durch die wahlberechtigten Gemeindebürger oder mittelbar durch die Gemeindebevollmächtigten und vereinigten Gemeindeausschüsse vorgenommenen Wahlen. Soweit es sich um unmittelbare Wahlen handelt, ist das Wahlrecht nur ein Recht, keine Pflicht; bei mittelbaren Wahlen dagegen handelt es sich um eine amtliche Obliegenheit und die Erfüllung einer Pflicht.

Das Wahlrecht ist ein jus personalissimum und kann daher nie Gegenstand eines Rechtsgeschäftes mit einem Dritten sein; die von einem Wahlberechtigten mit einem anderen eingegangene Verpflichtung, sein Wahlrecht zu Gunsten einer bestimmten Person auszuüben, ist rechtsunwirksam.

Niemand kann wählen, der nicht stimmberechtigt ist, aber nicht jeder Stimmberechtigte ist auch wählbar.

Das Gemeindewahlverfahren ist kein Gegenstand des gemeindlichen Selbstverwaltungsrechts; das Gesetz überläßt es nämlich nicht dem Selbstbestimmungsrecht der Gemeinde, in welchen Formen sie die Wahlen bethätigen will, sondern stellt hierüber bindende Normen auf; Beschwerden der Gemeindeverwaltung gegen Anordnungen der vorgesetzten Staatsaufsichtsbehörde in Bezug auf die Art und Weise der Vornahme der Wahlen fallen nicht unter Art. 10 Ziff. 2 V.G.H.G.

Vgl. hieher auch Art. 8 Ziff. 33 und 37 und Art. 9 V.G.H.G., dann M.E. vom 12. Okt. 1869, Krais, Comm. z. V.G.H.G. S. 99; die Gemeindewahlordnung vom 5. August 1818 (G.Bl. S. 477, Döll. Bd. XI S. 905, Weber Bd. I S. 716) ist aufgehoben.

Die Eintheilung der 6. Abtheilung schließt sich an jene der 4. Abtheilung an, behandelt zunächst die allgemeinen, gemeinsamen Bestimmungen, dann die ordentlichen Wahlen a. in Stadt-, b. in Landgemeinden, c. in den zu einer Gemeinde vereinigten Ortschaften, endlich d. die außerordentlichen Wahlen.

I. Abschnitt.

Allgemeine Bestimmungen.

Art. 170.

I. Wahlstimmberechtigt sind alle Gemeindebürger mit Ausschluß jener, welchen durch rechtskräftiges richterliches Urtheil die bürgerlichen

Ehrenrechte aberkannt sind, so lange dieser Verlust dauert, ferner derjenigen, welche auf Grund der bisherigen bayerischen Strafgesetzgebung wegen eines Verbrechens oder wegen Vergehens des Diebstahls, der Unterschlagung, des Betrugs, der Hehlerei oder der Fälschung verurtheilt worden sind, oder in Folge rechtskräftiger Verurtheilung wegen eines anderen Vergehens die in Art. 28 Ziff. 4 und 5 des bayerischen Strafgesetzbuches von 1861 bezeichneten Fähigkeiten oder einzelne derselben verloren haben, soferne nicht seit der vollendeten Erstehung oder Verjährung oder dem Erlaß der Strafe in den Fällen der Verurtheilung wegen Verbrechens zehn Jahre und in den übrigen Fällen fünf Jahre abgelaufen sind, oder früher vollständige Rehabilitation erfolgt ist.

II. Das Wahlrecht derjenigen, gegen welche das Gantverfahren eingeleitet ist, kann vor rechtskräftiger Beendigung dieses Verfahrens nicht ausgeübt werden.

Anm. 1. Art. 170 erhielt seine dermalige Fassung durch die Novelle vom 19. Jan. 1872, veranlaßt durch die Bestimmungen des R.St.G.B. Die in Abs. I speziell aufgeführten Reate sind indeß die gleichen geblieben, nur die weiteren Voraussetzungen haben sich geändert.

Anm. 2. Wahlstimmberechtigt oder besser wahlberechtigt sind alle Gemeindebürger, nicht alle Gemeindeangehörige: wer Bürger ist s. Art. 10 und 201, also auch Militärpersonen, wenn sie das Bürgerrecht erworben haben, juristische Personen, Kirchen- und Pfarrstiftungen, Frauen, Minderjährige (Art. 15); s. auch Bl. f. adm. Pr. Bd. 20 S. 173. Wer in mehreren Gemeinden Bürger ist, hat auch Wahlrecht in jeder dieser Gemeinden. Zur Ausübung des Wahlrechts ist Willensfähigkeit erforderlich.

Anm. 3. Verurtheilt: Wenn das Urtheil noch nicht rechtskräftig oder der Eintritt der Rechtskraft der Gemeindebehörde noch nicht bekannt ist, so kann der Betreffende zwar in das Wählerverzeichniß aufgenommen werden, die bezügliche Thatsache ist aber hier zu vermerken; wenn der Eintritt der Rechtskraft bis zum Tage der Wahl amtlich constatirt wird, so kann selbst nach Abschluß der Wählerliste in letzterer diese Constatirung aufgenommen werden.

Wenn von dem Verurtheilten Revision eingelegt und über dieselbe bis zur Wahl nicht entschieden wurde, so muß derselbe zur Wahl zugelassen werden; auch passives Wahlrecht hat er, nur ist er vom Eintritt in das Amt noch ausgeschlossen.

Rechtskräftiges richterliches Urtheil: Erkundigungen hierüber können bei der Amtsanwaltschaft desjenigen Bezirkes, in welchem der Bestrafte geboren ist, eingezogen werden.

Siehe auch Art. 176 Abs. III.

Ueber Rechtskraft: § 383, 357 R.St.P.O.

Bisherige bayerische Strafgesetzgebung: Diebstahl, Unterschlagung, Betrug, Hehlerei, Fälschung bewirken den Ausschluß vom Wahlrecht, soferne nicht seit der vollendeten Erstehung Verjährung, Erlaß der Strafe zehn Jahre und in den übrigen Fällen fünf Jahre abgelaufen oder früher vollständige Rehabilitation erfolgt ist. Die Mehrzahl der Fälle aber wurde als unbedeutend, als Uebertretung behandelt. (Vgl. Art. 179, 180, 188, 283, 294, 299, 309, 311, 315, 325 d. b. St.G.B. von 1861 Beil. z. G.Bl. 1861/62.)

Anm. 4. Ehrenrechte: Siehe hierüber R.St.G.B. §§ 32—37. Die Zeitdauer des Mangels des Besitzes der Ehrenrechte beginnt von dem Tage an, wo die betreffende Freiheitsstrafe verbüßt, verjährt oder erlassen ist, die Wirkung der Aberkennung aber beginnt mit der Rechtskraft des Urtheils.

Anm. 5. Ueber Art. 28 des b. Str.G.B. (s. Beil. I zu Nr. 24 G.Bl. 1861/62 und ff. Mit den Ehrenrechten geht verloren:

Art. 28 Ziff. 4: Fähigkeit zur Erwerbung des Adels und der Aemter, Dienste, Würden und Auszeichnungen, welche unmittelbar oder mittelbar vom Staate ausgehen, oder eine Genehmigung von Seite des Staates voraussetzen.

Art. 28 Ziff. 5: Die Fähigkeit, Vormund, Nebenvormund, Kurator, gerichtlicher Beistand oder Mitglied eines Familienrathes zu sein, es sei denn, daß es sich um die eigenen Kinder handle und die obervormundschaftliche Behörde bezw. der Familienrath die Genehmigung ertheile.

Art. 29: Der Verlust dieser Fähigkeiten tritt bei Bestrafungen wegen Verbrechens kraft des Gesetzes, bei Vergehensstrafen aber nur durch besonderen Ausspruch des Gerichtes ein.

Das bayerische Strafgesetzbuch trat mit dem 1. Dezember 1871 außer Wirksamkeit; eine Verurtheilung wegen eines Vergehens ist also nur dann noch in Betracht zu ziehen, wenn bekannt ist, daß der Verurtheilte die Flucht ergriffen und somit die Strafe erst längere Zeit nach der Verurtheilung abgebüßt hat.

Anm. 6. Nach §§ 31—36 R.Str.G.B. ist der dauernde Verlust der aus öffentlichen Wahlen hervorgegangenen Rechte, desgleichen der dauernde Verlust öffentlicher Aemter, sowie die Unfähigkeit, während der im Strafurtheil bestimmten Zeitdauer öffentliche Aemter zu erlangen oder in öffentlichen Angelegenheiten gewählt zu werden, eine Rechtsfolge der Aberkennung der bürgerlichen Ehrenrechte; diese Aberkennung hat zur Folge, daß der Verurtheilte das ihm durch Wahl übertragene Amt verliert und es während der im Urtheil bestimmten Frist nicht wieder erlangen kann. § 95 R.Str.G.B. dagegen behandelt nur den Verlust eines bestimmten, bisher bekleideten Amtes sowie der aus öffentlichen Wahlen bisher hervorgegangenen Rechte: über diese Rechtsfolgen hinaus hat § 95 keine Rechtswirkung und ist sonach dem Verurtheilten nicht die Befugniß entzogen, ein Amt der gleichen Kategorie wie das verlorene, sowie ein aus öffentlichen Wahlen hervorgehendes Recht, wie das entzogene, wieder zu erwerben. (V.G.H.E. Bd. II S. 42.)

Personen, denen die bürgerlichen Ehrenrechte aberkannt sind, dürfen nicht einmal bei Berathungen der Gemeindekörper mitwirken. S. Art. 146.

Anm. 7. Von der Wahlfähigkeit (aktiv und passiv) sind auch ausgeschlossen Bürger, über deren Vermögen das Konkursverfahren gerichtlich erklärt ist, während der ganzen Dauer dieses Verfahrens.

Der Konkurs wird eröffnet durch öffentlich bekannt zu machenden Beschluß des Amtsgerichts, beendigt gleichfalls durch öffentlich bekannt zu machenden Beschluß desselben. (Hierüber Seydel, b. Staatsr. Bd. III S. 171, gegen Medikus, G.O. S. 159, Bl. f. adm. Pr. Bd. 23 S. 15.)

Anm. 8. Staatsbürgereid: Die M.E. v. 25. Aug. 1868 bestimmt, daß einem Jeden, der in einer Gemeinde des Königreiches eine selbstständige Heimath erwirbt, sofort nach dieser Erwerbung der Verfassungseid abzunehmen ist. Diese Pflicht stützt sich auf Tit. X § 3 Verf.Urk. Der Entwurf z. G.O. sah jedoch von dieser Pflicht als Vorbedingung zur Ausübung des Stimmrechts ab, weil dieser Eid zunächst nur für die im Tit. X § 3 l. c. bezeichneten Bürger bestimmt ist. (Siehe Ausführl. Bl. f. adm. Pr. Bd. 22 S. 59 ff.)

Anm. 9. Religionsunterschied ist auf das Wahlrecht einflußlos.

Anm. 10. Die Wahlberechtigung ist gebunden an den Eintrag in die gemeindliche Wahlliste: die Wahlfähigkeit nützt nicht, wenn der Eintrag fehlt, der Eintrag nützt nicht, wenn die Wahlfähigkeit fehlt. Letzteres ist jedoch nach der Rechtsprechung des V.G.H. nur dann der Fall, wenn bei der Wahlhandlung selbst gegen die Stimmabgabe eines in der Wahlliste stehenden nicht Stimmberechtigten protestirt wird. Bei Wahlen für ortschaftliche Zwecke sind nur die im Orte wohnenden Bürger wahlberechtigt.

Art. 171.

I. Jeder Wahlstimmberechtigte hat nur eine Stimme.

II. Das Wahlstimmrecht kann mit Ausnahme des in Art. 15 Abs. IV und V bezeichneten Falles nicht durch Stellvertreter ausgeübt werden.

Anm. 1. Bei Gemeindewahlen ist die Zulassung eines Stellvertreters zur Ausübung des Wahlstimmrechtes, mit Ausnahme der in Art. 15 Abs. IV und V bezeichneten Fälle, als Verletzung einer wesentlichen gesetzlichen Förmlichkeit im Sinne des Art. 196 Abs. V zu erachten. Die Aufhebung der Wahl wegen einer solchen Verletzung kann jedoch nur dann erfolgen, wenn durch dieselbe ein störender Einfluß auf das Wahlergebniß geübt worden ist. (V.G.H.E. Bd. IV S. 1.) Die Wahlstimme eines von einer willensunfähigen Person zur Stimmabgabe bevollmächtigten Stellvertreters ist ungiltig. (V.G.H.E. Bd. IV S. 378.)

Anm. 2. Wenn der Wähler zugleich Stellvertreter eines anderen Wählers ist, kann er in die Lage kommen, zwei Wahlzettel abzugeben. In anderen Fällen aber wird durch Abgabe mehrerer Wahlzettel Ungiltigkeit sämmtlicher von dem Betreffenden abgegebenen Wahlzettel bewirkt. Es würde sich um den Fall der Verletzung einer wesentlichen gesetzlichen Förmlichkeit handeln. Die Aufhebung der Wahl selbst aber könnte wieder nur dann erfolgen, wenn hiedurch ein störender Einfluß auf das Wahlergebniß geübt worden ist.

Anm. 3. Der Stellvertreter muß mit einer entsprechenden, wenigstens vom Bürgermeister legalisirten Vollmacht versehen sein. Das Erscheinen von Frauen im Wahllokale selbst und die mündliche protokollarische Ertheilung der Vollmacht an einen der anwesenden Wähler vor dem Wahlkommissär ist unpassend und unzulässig. Es ist ferner nicht Sache des Wahlkommissärs, Vollmachtsurkunden zu errichten, da er nur zur Beaufsichtigung und Leitung der Wahl abgeordnet ist. (Bl. f. adm. Pr. Bd. 26 S. 313). Kahr, G.O. Bd. II S. 179 räumt den Frauen mündliche Bevollmächtigung vor dem Wahlausschuß ein.

Anm. 4. Zur persönlichen Stimmabgabe befugte Wahlstimmberechtigte, welche wegen Krankheit, vorübergehender Abwesenheit rc. nicht persönlich bei der Wahl erscheinen können, können auch ihr Stimmrecht nicht ausüben und können sich keines Stellvertreters bedienen.

Ueber Stellvertreter siehe Art. 15 Abs. IV und V. Wenn derselbe wegen Mangels einer Voraussetzung (Art. 15) von dem zur Prüfung derselben verpflichteten Wahlausschuß zurückgewiesen und sein Wahlzettel nicht angenommen wird, so ist der Vertretene zur Bevollmächtigung einer anderen Person noch berechtigt.

Nach Art. 201 Abs. I erwarben Wittwen, welche am 1. Juli 1869 in der Gemeinde ein besteuertes Wohnhaus besaßen oder mit direkten Steuern mindestens in demselben Betrage wie einer der drei Höchstbesteuerten angelegt waren und in der Gemeinde wohnten, das Bürgerrecht kraft des Gesetzes als wirkliche Gemeindeglieder. Eine Vererbung des Bürgerrechts aber in der Weise, daß die Wittwe eines nach dem 1. Juli 1869 gestorbenen Gemeindebürgers in die Rechte ihres Mannes und daher auch in das von demselben innegehabte Wahlrecht eintreten würde, kennt die G.O. nicht, weil es von da ab nur eine Erwerbung des Bürgerrechts durch Verleihung gibt.

Frauen können das Bürgerrecht nur nach Art. 15 G.O. erwerben; die Wittwe kann sich nicht darauf berufen, daß sie die Rechte ihres verstorbenen Ehemannes fortführe, sondern sie muß das Bürgerrecht für ihre Person neu erwerben. Dieses hat, namentlich in jenen Rechtsgebieten Bedeutung, wo allgemeine Gütergemeinschaft gilt z. B. nach Bamb. Landrecht. (Bl. f. adm. Pr. Bd. 26 S. 313.)

Wenn ein Wahlberechtigter unter der Angabe des Namens eines anderen Wahlstimmberechtigten, ohne von diesem ordnungsgemäß bevollmächtigt zu sein, gewählt hat, so kann die betreffende Wahl wegen Verletzung einer wesentlichen Förmlichkeit bei der Wahlhandlung angefochten werden. (V.G.H.E. Bd. X S. 10.) Dritten steht diese Anfechtung nur zu, wenn sie nach Inhalt der Stimmliste überhaupt in Frage kommen. (V.G.H.E. Bd. IV S. 2.)

Art. 172.

I. Wählbar als Bürgermeister, Beigeordneter, Gemeindebevollmächtigter, Distriktsvorsteher, Ortspfleger, Ortsführer, sowie als Mitglied eines Magistrats, Gemeinde- oder Ortsausschusses und eines von der Gemeindeverwaltung gebildeten besonderen Ausschusses sind, soweit nicht Abs. II anwendbar ist, alle wahlstimmberechtigten Gemeindebürger, welche die in Art. 11 vorgeschriebene Befähigung besitzen, das 25. Lebensjahr zurückgelegt und in der Gemeinde ihren Wohnsitz haben.

II. Die Wählbarkeit zur Stelle eines rechtskundigen oder technischen Magistratsmitglieds setzt den Besitz oder Erwerb des Indigenats, die Zurücklegung des 25. Lebensjahres und das Nichtvorhandensein von Hindernissen voraus, welche für Gemeindebürger die Ausübung des Wahlstimmrechts nach Art. 170 ausschließen. Die zu der Stelle eines rechtskundigen Bürgermeisters oder Magistratsraths zu Wählenden müssen außerdem die Prüfung für die Anstellung im Richteramte oder im Dienste der inneren Staatsverwaltung mit Erfolg bestanden haben.

Anm. 1. Zu Abs. I: Wenn eine Person gewählt wurde, welcher das Wahlrecht fehlt, muß die Wahl annullirt werden, gleichviel, ob dieselbe in der Liste steht oder nicht, ob eine Beanstandung erhoben ist oder nicht. (Bl. f. adm. Pr. Bd. 36 S. 312.)

Nicht wählbar sind also Diejenigen, denen die regelmäßige Befähigung zum Bürgerrechtserwerb fehlt; also z. B. Frauen.

Ueber den Wohnsitz s. Art. 11. Der Besitz des Heimathsrechts ist nicht erforderlich.

Auch ein mehrfacher Wohnsitz mit Bürgerrecht an jedem Wohnsitz ist ausnahmweise denkbar, z. B. im Fall des Besitzes zweier zum Wohnen eingerichteter Häuser in verschiedenen Gemeindebezirken mit der Absicht, etwa die Hälfte des Jahres in dem einen, die andere Hälfte des Jahres in dem anderen Gemeindebezirk Wohnung zu nehmen. Es ist also auch die Möglichkeit gegeben, daß eine Person ein Wahlrecht in zwei Gemeinden persönlich ausübe. Die Wählbarkeit ist ausgeschlossen, weil wirkliches Wohnen in der Gemeinde erforderlich ist, vgl. Art. 75 Abs. II und Art. 18. Dagegen Kahr, G.O. Bd. II S. 182.

Anm. 2. Zu Abs. II. Indigenat: Es genügt, wenn der Bewerber sich für den Fall seiner Wahl verpflichtet, die bayerische Staatsangehörigkeit zu erwerben und nach geschehener Wahl hierum nachsucht. Der Antritt des Amtes kann aber erst nach Ertheilung der bayerischen Staatsangehörigkeit erfolgen.

Die rechtskundigen und technischen Magistratsmitglieder brauchen das Bürgerrecht weder zu besitzen, noch sind sie jemals verpflichtet, dasselbe zu erwerben, falls nicht Art. 17 in Frage kommt. Ueber deren Heimatherwerb mit dem Erwerb der Rechte eines definitiv angestellten Beamten siehe Art. 2 des Heimathgesetzes.

Staatsdiener, welche angestellt sind, ohne diese Prüfung bestanden zu haben, sind nicht wählbar; Dispens ist ausgeschlossen. M.E. v. 23. Okt. 1876 Nr. 11623.

Dem zur Zuchthausstrafe Verurtheilten fehlt auch nach Ablauf der Zeit, für welche ihm die bürgerlichen Ehrenrechte aberkannt wurden, die Wählbarkeit zur Stelle eines Bürgermeisters; maßgebend ist § 31 R.Str.G.B., denn Reichsrecht bricht Landesrecht. (V.G.H.E. Bd. XV S. 81.)

Anm. 4. Die Wählbarkeit der nicht rechtskundigen Magistratsmitglieder hängt also ab:

a. vom Besitze des Gemeindebürgerrechts;
b. von dem Nichtvorhandensein folgender vier Ausschließungsgründe:
   1) rechtskräftig erkannter Verlust der bürgerlichen Ehrenrechte;
   2) Dauer eines Konkursverfahrens;
   3) Bestechung;
   4) Nichteintragung in die Wählerliste;
c. vom männlichen Geschlechte;
d. vom zurückgelegten 25. Lebensjahre;
e. von der Selbstständigkeit;
f. vom Wohnsitz in der Gemeinde;
g. von der Bezahlung einer dortselbst angelegten Steuer;

h. von dem Nichtvorhandensein verwandtschaftlicher oder schwägerschaftlicher Beziehungen (Art. 192, 195, 197, 198);

i. von den Bestimmungen des Art. 173 über Bürgermeister, Beigeordnete und Magistratsräthe.

Die Wählbarkeit der rechtskundigen und technischen Magistratsmitglieder hängt ab von den oben sub c, d, h, i erwähnten Bedingungen, desgl. b Ziff. 1, 2, 3; die Selbstständigkeit und Steuerzahlung ist hier Folge der Wahl; ferner hängt die Wahl zu einem rechtskundigen Magistratsmitgliede ab ohne Unterschied zwischen mittelbaren und unmittelbaren Städten vom Bestandenhaben der juristischen Staatskonkursprüfung.

Art. 173.

I. Die Stelle eines Bürgermeisters, Beigeordneten oder Magistratsrathes ist mit dem aktiven Dienstverhältnisse eines Staatsdieners, Geistlichen, öffentlich angestellten Lehrers, Notars oder eines von der Gemeinde oder Kirche besoldeten Bediensteten nicht vereinbar.

II. Staatsdiener im zeitlichen Ruhestande können eine solche Stelle nur nach erhaltener kgl. Genehmigung übernehmen.

III. Die vorstehenden Bestimmungen sind nicht anwendbar auf Personen, welche zu der Stelle eines technischen Magistratsmitgliedes ernannt werden sollen, sowie auf dem Kaufmannsstande angehörige Mitglieder der Handelsgerichte.

IV. Die der aktiven Armee und den besoldeten Stämmen der Landwehr angehörigen Militärpersonen, ferner zeitlich pensionierte Offiziere und Militärbeamte sind zu keinem Gemeindeamte wählbar.

Anm. 1. Ein Dienstverhältniß im Sinne des Art 173 Abs. I schließt nicht die Wählbarkeit zu den daselbst bezeichneten Gemeindeämtern, sondern nur den Eintritt in dieselben aus, soferne der Gewählte nicht auf das Dienstverhältniß verzichtet. (V.G.H.E. Bd. IV S. 49.)

Es bildet kein Hinderniß der Wählbarkeit, wohl aber der Wirksamkeit der Wahl.

Zu Abs. I gehört der öffentlich-rechtliche Staatsdienst im engeren Sinne, nicht dagegen das privatrechtliche Dienstverhältnis zum Staate und nicht der kraft gesetzlicher Verpflichtung oder im Ehrenamt geleistete Staatsdienst. Auch die Notare sind Staatsdiener im eigentlichen Sinne des Wortes; ihre besondere Aufführung ist nun pleonastisch.

Auch die öffentlichen Lehrer, wozu die Professoren gehören, können in das Magistratscollegium nicht gewählt und in Folge dessen auch in die Ortsschulbehörde nicht abgeordnet werden. Poststallhalter und Expeditoren auf Dienstvertrag sind keine Staatsdiener im Sinne des Abs. I. Ebensowenig Rechtsanwälte; vgl. Art. 174 Abs. II.

Die in Abs. I aufgeführten Personenklassen sind indessen berechtigt, aber nicht verpflichtet, eine auf sie getroffene Wahl als Gemeindebevollmächtigter, Distriktsvorsteher, Ortspfleger, Ortsführer oder als Mitglieder eines besonderen Ausschusses anzunehmen.

Als „unvereinbar" mit einem Gemeindeamte erscheint jedes Staatsamt, welches in Bezug auf Disciplin und Subordination Unzukömmlichkeiten mit sich führen oder das Selbstverwaltungsrecht der Gemeinde verletzen könnte; insbesondere, wenn das Staatsamt eine dauernde, ununterbrochene, die Manneskraft vollständig in Anspruch nehmende Beschäftigung in sich schließt, nicht aber ein Staatsdienst im Ehrenamt z. B. Handelsrichter, Geschworenen.

Ein von der Kirche oder Gemeinde besoldeter Bediensteter: Auch die Geistlichen der Privatreligionsgesellschaften gehören hieher; maßgebend ist aber nicht der bloße Stand als Geistlicher, sondern die thatsächliche Anstellung im Kirchendienste. Hieher gehören auch Bezüge aus der Armenkasse, Schul- oder Stiftungskasse, wie überhaupt jeder Kasse, welche von der Gemeinde verwaltet wird und nur gemeindlichen Zwecken dient. Wenn ein Bürger eine Kasse gegen Entschädigung als Nebenberuf in widerruflicher Weise verwaltet, kann er trotzdem als Bürgermeister gewählt werden, muß aber dann die Kasseführung unterlassen.

Gegen den Eintritt eines in gesetzlich giltiger Weise gewählten Gemeindebevollmächtigten in einen Gemeindeausschuß steht einzelnen Gemeindebürgern ein im Verwaltungsrechtswege verfolgbares Beschwerderecht wegen vermeintlicher Verletzung der Bestimmungen in Art. 173 nicht zu. (V.G.H.E. Bd. X S. 6).

Ueber das Erforderniß dienstlicher Genehmigung s. Vdg. vom 10. März 1868, betr. die Uebernahme von Nebengeschäften durch Beamte und öffentliche Diener, R.Bl. S. 449 und M.Bekm. vom 13. Nov. 1868. Weber Bd. 7 S. 521.

Anm. 2. Zu Abs. II: Wenn ein Staatsdiener, der im zeitlichen Ruhestande befindlich mit allerhöchster Genehmigung ein Gemeindeamt angenommen hat, sich reaktiviren läßt, so muß er das Gemeindeamt wieder niederlegen.

Anm. 3. Zu Abs. III: Solche Staatsdiener, welche eine mit Remuneration verbundene Funktion eines technischen Magistratsmitgliedes übernehmen wollen, bedürfen nach der Vdg. vom 10. März 1868 (R.Bl. 1868 S. 450) der dienstlichen Genehmigung der vorgesetzten Behörde.

Anm. 4. Zu Abs. IV: Militärpersonen besitzen allgemein zwar das aktive, nicht aber das passive Wahlrecht.

Dieser Abs. ist durch § 47 des Reichmilitärgesetzes vom 2. Mai 1874 nicht alterirt worden. Ueber die zum aktiven Heere gehörigen Personen siehe § 38 des Reichsmilitärgesetzes (R.G.Bl. S. 45).

Hieher gehören die Personen des Soldatenstandes, die Militärbeamten, die Civilbeamten der Militärverwaltung und die im zeitlichen Ruhestand befindlichen Officiere und Beamten genannter Kategorien, nicht aber die zur Uebung einberufenen Reservisten und Landwehrmänner, sie sind also von der Wählbarkeit nicht ausgeschlossen. Wenn aber ein solcher noch während der Zeit der Uebung die Erklärung über die Annahme der Wahl abgeben soll, so muß er gemäß § 47 l. c. die dienstliche Genehmigung einholen.

Da Militärbeamte überhaupt nicht wählbar sind, muß bei Meidung der Ungiltigkeit der bezüglichen Stimmzettel schon zur Zeit der Wahl feststehen, daß der Gewählte mit Beginn der Amtsperiode die in Abs. IV erwähnte Eigenschaft nicht mehr besitzt.

Etwaige Wahlen solcher Personen sind ungiltig.

Vgl. noch Kahr, G.O. Bd. II S. 188.

Art. 174.

I. Die Wahl zu den im Art. 172 Abs. I bezeichneten Gemeindeämtern kann abgelehnt werden:

1) wegen erwiesener körperlicher oder geistiger Unfähigkeit;
2) wegen zurückgelegten sechzigsten Lebensjahres;
3) wenn der Gewählte das Amt eines Bürgermeisters, Beigeordneten, Magistratsrathes oder Gemeindeausschußmitgliedes während voller sechs Jahre verwaltet hat;
4) wegen einer Beschäftigung, die eine häufige oder lang andauernde Abwesenheit von der Gemeinde mit sich bringt.

II. Außerdem bildet die Anstellung im Dienste des Staates oder der Kirche oder als Notar oder öffentlicher Lehrer in allen Fällen, in welchen die Wahl solcher Personen durch Art. 173 Abs. I nicht ohnehin ausgeschlossen ist, einen Ablehnungsgrund. Advokaten können die Wahl zum Bürgermeister, Beigeordneten oder Magistratsrath ablehnen.

III. Wer, ohne einen Entschuldigungsgrund geltend zu machen, oder nachdem dieser verworfen worden ist, die Uebernahme eines Gemeindeamtes verweigert, ist an Geld von 25 bis zu 150 fl. (45 bis 270 ℳ) zu Gunsten der Gemeindekasse zu strafen.

IV. Die Aburtheilung erfolgt durch das zuständige Gericht.

Anm. 1. Zu Abs. I: Art. 174 setzt eine Ablehnung unmittelbar nach einer vollzogenen Wahl voraus. Gemäß Art. 197 Abs. III und IV ist die Ablehnung vor dem Wahlausschuß zu erklären und hat letzterer darüber zu befinden, ob sie begründet ist oder nicht; eine Beschlußfassung der vorgesetzten Verwaltungsbehörde über Wahlablehnungen kennt die G.O., abgesehen vom Falle der Beschwerdeführung nach Art. 196 Abs. V nicht. (V.G.H.E. Bd. IV S. 30.) Es gibt ferner weder eine bedingungsweise Annahme der Wahl durch den Gewählten noch einen bedingten Verzicht auf den Gebrauch eines Ablehnungsgrundes.

„Kann" abgelehnt werden; es ist also Sache des freien Ermessens des Gewählten, ob er seinen Ablehnungsgrund geltend machen will. Ohne Zuthun des Gewählten kann der Wahlausschuß von sich aus die Wahl selbst eines solchen, der wegen körperlichen oder geistigen Leidens ganz unfähig zur Bekleidung des Amtes sein sollte, nicht aufheben.

Das Beweismaterial zu Ziff. 1—4 des Art. 174 hat der Antragsteller beizubringen.

Anm. 2. Zu Ziff. 1: Auf Verlangen des Wahlausschusses muß der Nachweis über das Leiden sofort erbracht werden; der Wahlausschuß ist nicht verpflichtet, Recherchen über das Leiden anzustellen, er kann aber auch unter Umständen dem Ablehnenden eine kurze Frist zur Beibringung des Nachweises vorstecken: ein nicht erwiesenes Ablehnungsgesuch darf er nicht unter dem Vorbehalt der Beibringung des Nachweises genehmigen.

Anm. 3. Zu Ziff. 2: Wenn ein Gewählter zwar zur Zeit der Wahl das 60. Lebensjahr noch nicht zurückgelegt hat, aber bis zum Amtsantritt zurücklegen wird, so kann das Ablehnungsgesuch genehmigt werden.

Anm. 4. Zu Ziff. 3: Es genügt, wenn überhaupt eine Dienstleistung von sechs Jahren in Besorgung der in Ziff. 3 aufgeführten Aemter nachgewiesen werden kann, wenn also z. B. ein Bürger zwei Jahre lang als Ersatz für einen Magistratsrath berufen war, dann zum Bürgermeister gewählt und nach vier Jahren dieses Amtes entlassen wurde. Die Zeit aber, während welcher er etwa Gemeindebevollmächtigter war, kann er nicht anrechnen. Der Umstand, daß von den sechs Jahren einige Wochen noch fehlen oder ganz kurze Unterbrechungen stattfanden, schadet nicht.

(S. auch V.G.H.E. Bd. IV S. 315 ff)

Seydel b. Staatsr. (Bd. III S. 179) verlangt (gegen Sternau, Gemeindewahlen S. 21), daß das Bekleiden eines Amtes in der nämlichen Gemeinde erforderlich sei, während Sternau behauptet, es fehle jeder Anhaltspunkt dafür, daß nur die in der betreffenden Gemeinde erfüllte Dienstzeit gemeint sei. Wir können uns nur der Ansicht Seydels anschließen, weil das Gesetz nur die Verhältnisse zu der bei der betreffenden Wahl in Betracht kommenden Gemeinde im Auge hat.

Ziff. 3 trifft Jeden, der zu irgend einer Zeit 6 Jahre lang ein solches Amt verwaltet hat, sonst wäre speziell hervorgehoben worden, daß sie nur von der Zeit seit Erlassung des Gesetzes gelte. (V. d. bes. Aussch. Abth. II S. 667.)

Anm. 5. Zu Ziff. 4: Das Gesetz verlangt eine häufige „oder" lang andauernde Abwesenheit: die Prüfung hat von Fall zu Fall zu erfolgen.

Anm. 6. Zu Abs. II: Diese Bestimmung ist auf Kirchenverwaltungsmitglieder unanwendbar.

Anm. 7. Zu Abs. III: „Oder nachdem dieser verworfen worden ist": es ist also ein Beschluß des Wahlausschusses vorgesehen; einer etwaigen Beschwerde hiegegen kommt keine aufschiebende Wirkung zu. (Vgl. Art. 8 Ziff. 33 V.G.H.G.) Gegen den Beschluß des Wahlausschusses kann nicht bloß der zum Eintritt als verpflichtet erklärte Gewählte wegen persönlicher Benachtheiligung (Art. 196 Abs. V) sondern auch jeder andere Gemeindebürger Beschwerde zur vorgesetzten Verwaltungsbehörde ergreifen.

Der Regierungsentwurf hatte keine wiederholte Strafe beabsichtigt, sondern nur eine Art „Loskaufpreis" statuirt; der Aussch. d. Abg.K. hat das System der Ordnungsstrafe verlassen und dafür die richterliche Uebertretungsstrafe eingesetzt. Es handelt sich hier um ein Abschreckungsmittel, und gilt der Satz: ne bis in idem. Eine wiederholte Strafe kann bloß im Rückfall erfolgen: wenn der Gewählte sich weigert, das Amt zu übernehmen, kann er zur Uebernahme desselben nicht gezwungen werden. Ein Rückfall ist nur dann vorhanden, wenn jemand auch bei der nächsten oder einer folgenden Wahlperiode die Annahme des Gemeindeamtes verweigert. Für die laufende Wahlperiode ist die Sache mit Bezahlung der Strafe ein für allemal abgethan. (Bl. f. adm Pr. Bd. 20 S. 229.) Die betreffenden Collegien werden aber behufs

Neuwahl nach Art. 165 zu beschließen haben, daß der Betreffende als ausgetreten zu betrachten sei.

Anm. 8. Zu Abs. IV: Die Aburtheilung erfolgt durch das zuständige Schöffengericht: § 27 R.G.V.G., Art. 5 Ausf.Ges. z. R.St.Pr.O.

Anm. 9. Bei dem Antrage auf Enthebung von der Funktion eines Verwalters des Gemeindevermögens rc. ist der V.G.H. unzuständig: Bl. f. adm. Pr. Bd. 36 S. 411.

Art. 175.

Die Bestechung der Wähler hat die Ungiltigkeit der Wahl, soweit sie die Bestechenden und Bestochenen betrifft, und für beide den Verlust des Wahlstimmrechtes und der Wählbarkeit bei der betreffenden Wahl zur Folge.

Anm. 1. Nur solche Mittel der Beeinflussung sind als rechtswidrig zu erachten, die gegen die allgemeinen oder besonderen Bestimmungen des R.St.G.B. oder gegen die für das Wahlgeschäft vorgeschriebenen Formen verstoßen; Geheimhaltung des bei der Wahl zu benutzenden Wahlzettelformulars gehört nicht hieher (V.G.H.E. Bd. XVII S. 183). Die Bestechung ist eine nach § 109 R.St.G.B. zu verfolgende strafbare Handlung. (S. M.A.Bl. 1877 S. 71.) Nur soweit sie dies ist, äußert sie Folgen für die Wahl; daß eine solche vorliegt, steht nur bei rechtskräftiger strafrichterlicher Verurtheilung fest. (V.G.H.E. Bd. II S. 35, Bd. IV S. 39.) Dagegen Kahr, G.O. Bd. II S. 197.

§. 109 l. c. lautet:

„Wer in einer öffentlichen Angelegenheit eine Wahlstimme kauft oder verkauft, wird mit Gefängniß von einem Monat bis zu zwei Jahren bestraft; auch kann auf Verlust der bürgerlichen Ehrenrechte erkannt werden."

Eine Bestechung liegt schon dann vor, wenn irgend ein Vortheil gegeben, angenommen oder auch nur versprochen wurde, um die Wahl in einer bestimmten Richtung zu beeinflussen. S. auch noch § 34 ff., 107, 108, 339 R.St.G.B. Vgl. auch Kahr, G.O. Bd. II S. 196, und die Allegate daselbst.

Anm. 2. Nach Art. 180 hat der Wahlausschuß über alle Anstände, die sich bei der Wahlhandlung ergeben, zu entscheiden; dem Wahlausschuß steht also auch die Entscheidung darüber zu, ob die von einem Wähler gemachte Behauptung einer Wahlbestechung begründet sei oder nicht. Ein solcher Einwand kann vom Wahlausschuß nur dann berücksichtigt werden,

a. wenn die Bestechung in Gegenwart des Wahlausschusses erfolgt ist, so daß der Wahlausschuß aus eigener Wahrnehmung in der Sache eine Entscheidung treffen könnte;

b. wenn wegen der behaupteten Bestechung gegen bestimmte Personen bereits nachgewiesenermaßen ein gerichtliches Verweisungserkenntniß oder Urtheil ergangen ist.

In allen übrigen Fällen können die Betheiligten, wenn gegen die Wählerliste keine Reklamationen erhoben oder wenn diese verworfen wurden, von der Wahl nicht ausgeschlossen werden, da Zeugenvernehmungen nur dem betreffenden Untersuchungsrichter und den Gerichten zustehen. Die unerwiesene Behauptung, daß eine Wahlbestechung vorgekommen sei, darf keinen Grund bilden, einzelne Wähler durch den Ausschluß von der Wahl in der Ausübung des Wahlrechts zu hindern.

Bei Anfechtung einer derartigen Wahl ist die Administrativentscheidung, wenn bereits eine Untersuchung anhängig ist, bis zur Erlassung eines rechtskräftigen richterlichen Urtheils auszusetzen. (Bl. f. adm. Pr. Bd. 26 Nr. 20.)

Wenn der Bestechende gewählt wurde, so ist dessen Wahl auch dann ungiltig, wenn unzweifelhafte Gewißheit darüber besteht, daß er auch ohne die Bestechung gewählt worden wäre, da der in Art. 175 ausgesprochene Verlust der Wählbarkeit desselben nicht von Bedingungen abhängt. (Bl. f. adm. Pr. Bd 37 S. 241 u. 347.)

Anm. 3. Vgl. auch Art. 176, 180, 196.

Anm. 4. Bei der Frage, ob ein Gegner des Bestechenden die relative Stimmenmehrheit nach Abzug der bestochenen Stimmen von der Zahl der Stimmen, welche auf den Bestechenden gefallen sind, erhalten hat und daher als giltig gewählt zu erachten ist, ist immer nur die Zahl der wirklich als bestochen nachgewiesenen Stimmen in Betracht zu ziehen und, wenn nach diesem Abzuge die relative Stimmenmehrheit für den Gegner sich nicht ergibt, eine Neuwahl vorzunehmen und bezw., wenn für die betreffende Stelle Ersatzleute gewählt sind, ein Ersatzmann einzuberufen. (Sternau S. 26.)

Art. 176.

I. Die regelmäßigen Gemeindewahlen finden in Gemeinden mit städtischer Verfassung in Perioden von drei zu drei Jahren, in den übrigen Gemeinden in Perioden von sechs zu sechs Jahren in den Monaten November und Dezember statt und müssen bis zum 15. Dezember beendet sein.

II. Bis Ende Oktober haben die Magistrate im Benehmen mit den Gemeindebevollmächtigten, in Landgemeinden die Gemeindeausschüsse die Liste aller Wahlstimmberechtigten, und zwar in Städten, in welchen Wahlbezirke gebildet werden, nach diesen geordnet unter Angabe der besonderen Gründe, welche der Ausübung des Wahlstimmrechtes oder der Wählbarkeit Einzelner entgegenstehen, herzustellen.

III. Die k. Behörden, Pfarrämter und Civilstandsbeamten sind verpflichtet, hiezu alle erforderlichen Aufschlüsse sofort und unentgeltlich zu ertheilen.

IV. Die Liste ist nach vorgängiger Bekanntmachung zehn Tage lang auf dem Rathhause oder in einem sonst hiezu geeigneten Lokale zur Einsicht der Gemeindebürger aufzulegen.

V. Nach Verlauf der zehn Tage werden die erhobenen Reklamationen in öffentlicher Sitzung des Magistrates, beziehungsweise des Gemeindeausschusses, beschieden, nach Lage der Sache die Listen berichtigt und die Beschlüsse den Betheiligten eröffnet. Gegen diese Beschlüsse ist

innerhalb drei Tagen der Rekurs an die vorgesetzte Verwaltungsbehörde zulässig, wodurch jedoch das Wahlverfahren nicht aufgehalten werden darf.

VI. Die berichtigte Liste bildet die Grundlage der Wahl. Niemand kann wählen oder gewählt werden, der nicht in dieser Liste eingetragen ist oder durch Zeugniß der Gemeindeverwaltung dem Wahlausschusse nachgewiesen hat, daß er erst nach Ablauf der Reklamationsfrist in den Besitz des Wahlrechtes gelangt oder daß sein Wahlrecht seit Abschluß der Liste durch Entscheidung einer höheren Instanz anerkannt worden ist.

VII. Die Liste muß am Tage der Wahl in einem durch vorgängige Bekanntmachung bezeichneten Lokale zur Einsicht der Wähler aufliegen.

Anm. 1. Zu Abs. I: Die Wahlen können also am 2. November (ev. 1. November in prot. Gemeinden) beginnen; letzter Termin ist der 15. Dezember, abgesehen von besonderen Verzögerungen, die eine Terminsverschiebung nöthig machen. Die Wahl ist deßhalb nicht ungiltig.

Anm. 2. Zu Abs. II: Dieser Absatz handelt von der Herstellung der Wählerliste: Herstellung ist Anfertigung der Liste, nicht bloß Aufstellung der Grundsätze über die Herstellung; da indeß durch das Aufliegen der Liste das Reklamations-Recht gewahrt bleibt, handelt es sich um keine wesentliche Formvorschrift. (Ueber die Bedeutung der Wählerliste s. Bl. f. adm. Pr. Bd. 26 S. 273) Sie ist bestimmt, den Wählern wie dem Wahlkommissär und dem Wahlausschuß die Grundlage für die Beurtheilung der passiven Wahlfähigkeit der Gewählten und für die Wahlstimmberechtigung der Wähler zu bilden, sie ist keine ständige Liste, wie beim Landtage, sondern muß für jede Wahl neu angelegt werden; in die Liste sind alle Wahlberechtigten, nicht etwa alle Bürger einzutragen; hiebei hat jedoch eine gewisse Ordnung, z. B. nach der Hausnummer oder nach dem Alphabet Platz zu greifen, damit rechtswidrige Einträge thunlichst vermieden werden; sie muß auch in fortlaufender Numerierung angelegt werden. Die Herstellung obliegt dem Magistrat bezw. Gemeindeausschuß, nicht dem Bürgermeister allein; hiebei ist mit möglichster Sorgfalt vorzugehen, denn die vorsätzlich unrichtige Herstellung fällt unter §§ 348 ff. R.St.G.B., fahrlässige Herstellung wird disciplinär geahndet.

Dem Magistrate (Gemeinde-Ausschuß) kann die eventuelle Befugniß nicht abgesprochen werden, eine eigenmächtig vom Bürgermeister allein hergestellte Wählerliste zu verwerfen, selbst eine solche aufzustellen und den Gemeindebevollmächtigten mitzutheilen.

Wenn bei einer Gemeindewahl die Wählerliste vom Bürgermeister allein hergestellt wurde, so liegt zwar hierin die Verletzung einer gesetzlichen Förmlichkeit, diese Verletzung ist aber für sich allein nicht von solcher Bedeutung, daß sie eine ganze oder theilweise Wahlvernichtung zur Folge haben könnte.

Die Bekanntmachung über die Auflage der Wählerliste durch Anschlag an die Gemeindetafel ist nicht zu beanstanden, wenn diese Art der Bekanntmachung in der Gemeinde üblich ist. (V.G.H.E. Bd. IV S. 42.)

In der Liste sind die besonderen Gründe anzugeben, welche der Ausübung des Wahlstimmrechts oder der Wählbarkeit Einzelner entgegenstehen. Der Gemeindeausschuß ist also berechtigt und verpflichtet, aus der Liste alle diejenigen Personen wegzulassen, welche wegen Verlustes der Selbständigkeit, wegen Wegzugs aus der Gemeinde rc. das Bürgerrecht verloren haben; ihm ist aber auch anheim gegeben diejenigen wirklichen Gemeindebürger aus der Liste entfernt zu halten, welche nach seiner rechtlichen Ueberzeugung, z. B. wegen Verlustes der bürgerlichen Ehrenrechte, die Wahlstimmberechtigung nicht mehr besitzen. Die Liste muß vollständig abgeschlossen sein; eine Aenderung ist nur zugelassen auf dem im Gesetze vorgeschriebenen Wege. Die Liste soll so hergestellt sein, daß nachträgliche Einträge nicht vorkommen können, ohne sofort als solche ersichtlich zu sein.

Unmittelbar an den Listeneintrag hat sich die Fertigung des Magistrats (Gemeinde-Ausschusses) anzuschließen.

Im Benehmen mit den Gemeindebevollmächtigten: Diesen muß also die Liste selbst zur Aeußerung mitgetheilt werden. (Seydel Bd. III S. 187.) Nach den in den Bl. f. adm. Pr. Bd. 20 S. 143 mitgetheilten Erkenntnissen ist dadurch, daß der Magistrat nur die Grundsätze, nach welchen die Wählerliste herzustellen ist, den Gemeindebevollmächtigten zur Erklärung mitgeteilt hat, eine wesentliche Formverletzung nicht vor sich gegangen, da eine ausdrückliche Bestimmung, daß die gefertigte Liste den Gemeindebevollmächtigten mitzutheilen sei, nicht besteht; wie der Magistrat sich mit den Gemeindebevollmächtigten benimmt, kann nicht einen Anfechtungsgrund bilden.

Nach Seydel (Bd. III S. 187) geschieht die Herstellung der Listen im Laufe des Oktober, „da das Gesetz einerseits nicht beabsichtigen kann, die Listenanfertigung zu beliebiger Zeit vorher zu gestatten, und anderseits nicht, die Fertigstellung gerade auf den letzten Oktober vorzuschreiben, wodurch die in Abs. I gegebene Wahlzeit beträchtlich verkürzt würde."

Die Herstellung hat ferner in den Sitzungen des Magistrats (Ausschusses) zu erfolgen. Der Mangel an Oeffentlichkeit bei einer Gemeindeausschußsitzung, wodurch die Liste der Wahlstimmberechtigten festgestellt wird, muß im Allgemeinen als Verletzung einer gesetzlichen Förmlichkeit erachtet werden. Als Grund für die Ungiltigkeit der Wahl kann derselbe nur dann gelten, wenn hiedurch ein störender Einfluß auf das Wahlergebniß geübt wurde. Oeffentlich im Sinne des Gesetzes kann eine Gemeindeausschußsitzung nur dann genannt werden, wenn Tag und Stunde der Sitzung, sowie der Berathungsgegenstand vorher öffentlich bekannt gegeben waren, und sich einfindende Zuhörer nicht ausgeschlossen werden.

Der Eintrag in die Wählerliste begründet kein Wahlrecht und hindert daher nicht, daß Wähler, gegen deren Berechtigung bei der Wahlhandlung Anstände erhoben werden, durch Beschluß des Wahlausschusses von der Wahl zurückgewiesen werden; ohne eine solche Beanstandung ist jedoch der Wahlausschuß hiezu gesetzlich nicht verpflichtet, da die berichtigte Liste die Grundlage der Wahl zu bilden, eine Offizialprüfung der Liste durch den Wahlausschuß nicht stattzufinden hat, und ja auch jedes Wahlausschußmitglied eine Beanstandung erheben kann. Ohne Beanstandung und Wahlausschußbeschluß kann allerdings die Wahl deßhalb, weil ein Nichtstimmberechtigter, der in der Wahlliste stand, abgestimmt hat, nachträglich nicht mehr angefochten werden.

Der Wahlausschuß ist berechtigt, Personen, deren Wahlunfähigkeit sich bei der zuständigen Prüfung der Wahlstimmen ergibt, ungeachtet des Eintrags in die Wählerliste oder der Erlangung eines Wahlzeugnisses von der Wahl zurückzuweisen. Bei Zulassung von nicht wahlberechtigten Personen kann eine Gemeindewahl von jedem Gemeindebürger wegen gesetzwidriger persönlicher Benachtheiligung angefochten und, soweit anzunehmen ist, daß hiedurch das Wahlresultat sich zu Ungunsten des Reklamanten gestaltet hat, von der Behörde als ungiltig erklärt werden. (V.G.H.E. Bd. I S. 336.)

Der unberechtigte Eintrag einer Person in die Wählerliste bei einer Gemeindewahl bildet an und für sich keine Verletzung einer wesentlichen gesetzlichen Förmlichkeit der Wahlhandlung und kann daher in der Regel nicht nach Maßgabe des Art. 196 Abs. V, sondern nur auf dem Wege des Art. 176 Abs. IV und V beanstandet werden. Nur ausnahmsweise kann Wahlanfechtung auf Grund des Art. 196 Abs. V stattfinden, wenn die Möglichkeit einer rechtzeitigen Reklamation gegen die Wählerliste in Folge der Verletzung einer wesentlichen Förmlichkeit im Wahlverfahren überhaupt ausgeschlossen war und demzufolge eine gesetzwidrig hergestellte Wählerliste die Grundlage der Wahl gebildet hat. (V.G.H.E. Bd. IV S. 65.)

Nach Seydel Bd. III S. 188 sind in die Listen alle wahlfähigen Gemeindebürger einzutragen. Die Beifügung der Worte „unter Angabe der besonderen Gründe, welche der Ausübung des Wahlstimmrechts oder der Wählbarkeit Einzelner entgegenstehen," ist nach Seydel (cod.) theils sinnlos, theils unklar. Wenn, bemerkt er, nämlich gesagt wird, daß die Liste ein Verzeichniß Wahlstimmberechtigter sein soll, so sind diejenigen nicht aufzunehmen, die kein Stimmrecht haben können; es kann also der Fall nicht vorkommen, daß in der Liste Gründe anzugeben sind, welche der Ausübung des Wahlstimmrechts entgegenstehen.

Dagegen spricht sich eine Abhandlung in den Bl. f. adm. Pr. 20 S. 173 für Aufnahme sämmtlicher Gemeindebürger aus, während Bl. Bd. 26 S. 273 (siehe die Anm. 4) für Weglassung ist. Unseres Erachtens sollte man nicht sofort den Beisatz: „unter Angabe rc." als sinnlos erklären, sondern folgern, daß alle Bürger in die Wählerliste aufgenommen und in der Rubrik die Nichtstimmberechtigung oder Nichtwählbarkeit begründet werden sollen, ohne daß etwa aus der Weglassung von Nichtstimmberechtigten die Verletzung einer gesetzlichen Förmlichkeit gefolgert werden kann. (Vgl. auch Kahr G.O. Bd. II S. 204.)

Jedenfalls aber sind die im Konkurs befindlichen Personen ausnahmslos in die Liste aufzunehmen, weil sofort bei Aufhebung des Konkursverfahrens dem Betreffenden die Ausübung des Wahlrechts ipso iure zusteht.

Unter den Wahlstimmberechtigten besitzen gewisse Personenklassen die Wählbarkeit nicht. Sind dieselben in die Wählerliste aufgenommen, so ist bei denselben der Vermerk zu machen: nicht wählbar wegen . . . .

Bei Gemeindewahlen ist der Wahlausschuß, soferne nicht ein Ausnahmsfall nach Art. 176 Abs. VI vorliegt, nicht berechtigt, von dem Mangel des Eintrags eines Wählers in die Wählerliste wegen unzweifelhaften Feststehens des Wahlrechts desselben abzusehen oder diesen Mangel durch eine desfallsige Beschlußfassung seinerseits zu ergänzen. Ein solcher Beschluß ist rechtsungiltig. (V.G.H.E. Bd. IV S. 17.)

Personen, welchen während der Zeit der Auflage der Wählerlisten das Bürgerrecht verliehen wurde, können nicht ohne vorgängige Reklamation durch den Gemeindeausschuß in die Liste der Wahlstimmberechtigten unmittelbar vor Abschluß derselben nachgetragen werden. Auf Grund derartiger Einträge kann eine Gemeindewahl wegen Verletzung einer wesentlichen gesetzlichen Förmlichkeit bei der Wahlhandlung angefochten werden. (V.G.H.E. Bd. X S. 77.)

Die Behauptung einer angeblich gesetzwidrig erfolgten Verweigerung oder Verleihung des Bürgerrechts durch den Gemeindeausschuß an Wähler, deren aktive Wahlberechtigung bei der Wahlhandlung selbst nicht beanstandet wurde, ist nicht geeignet die Grundlage einer Wahlbeschwerde oder Wahlanfechtung im Sinne des Art. 196 Abs. V der Gemeindeordnung zu bilden. (V.G.H.E. Bd. IV S. 40.)

Wenn eine Gemeindeverwaltung in die Liste der Wahlstimmberechtigten unter der Ueberschrift: „Nachträge solcher Personen, welche erst nach Ablauf der Reklamationsfrist das Bürgerrecht erhalten haben", nachträglich noch diese Personen namentlich aufgeführt hat, so liegt hierin keine Verletzung einer wesentlichen gesetzlichen Förmlichkeit. (V.G.H.E. Bd. X S. 8.)

Wenn eine Wahl aus dem Grunde angefochten wird, weil bei derselben eine in der Wahlliste zwar eingetragene, aber in Wirklichkeit nicht wahlstimmberechtigte Person mitgewählt hat, so kann hierin nicht die Verletzung einer wesentlichen gesetzlichen Förmlichkeit erblickt werden.

Ueber Herstellung der Wählerlisten zu den Gemeindewahlen s. die ausführliche Abhandlung in der Gem. Ztg. 1893 S. 523.

Ueber die Einrichtung der Wahllisten s. M.E. v. 12. X. 1869.

Anm. 3. Zu Abs. III: Die Herstellung der Listen ist Sache der Gemeindebehörden und kann nicht den k. Behörden, insbesondere den Rentämtern, angesonnen werden, deren eventuelle Mitwirkung sich ausschließend auf die Ertheilung der nothwendigen Aufschlüsse beschränkt. (Mot.)

Anm. 4. Zu Abs. IV: Vor der Auflage ist die Liste abzuschließen und von der Gemeindebehörde zu fertigen. Nach vorgängiger Bekanntmachung: diese hat in ortsüblicher Weise zu geschehen und sie hat sich auch auf das Wahllokal und die Dauer der Auflegung zu erstrecken. Hiebei ist Beginn und Ort der Auflage bei Meidung der Verletzung einer wesentlichen gesetzlichen Formvorschrift bekannt zu geben. Der ortsübliche Ausruf mittels der Schelle hat an allen jenen Plätzen zu erfolgen, wo dieser in der Gemeinde herkömmlich oder zufolge Ortsstatut auch für sonstige Bekanntmachungen oder speziell für die hier in Frage stehenden vorgeschrieben ist. (V.G.H.E. Bd. XV S. 18 und Bd. XVII S. 21.)

Auf dem Rathhause oder mit gleichem Erfolg in einem sonst hiezu geeigneten leicht zugänglichen (s. Kahr l. c. S. 208) Lokale aufzulegen: Die Auflage hat den Zweck, jedem Bürger die Befugniß zu gewähren, gegen den Inhalt der ganzen Liste zu reklamiren, soweit sich überhaupt Fehler in derselben befinden, so daß das Reklamationsrecht nicht etwa auf die eigene Person des Reklamanten beschränkt wäre; auf solche Reklamationen hat der Gemeindeausschuß in öffentlicher Sitzung zu beschließen und den Beschluß den Betheiligten zu eröffnen. Wenn nach dem Abschluß des Reklamationsverfahrens Unregelmäßigkeiten in dem Wahlverfahren hervortreten, so können dieselben nur mehr im Beschwerdeweg angefochten werden. (V.G.H.E. Bd. I S. 378.) Verlangt ist nur, daß die Wählerliste während 10 aufeinanderfolgenden Tagen innerhalb der gemeindebehördlichen Geschäftsstunden zur Einsicht der Gemeindebürger offen lag. (V.G.H.E. Bd. XV S. 18.)

Was den Auslegungsort anlangt, so wollte das Gesetz den für die Wahlberechtigten nächst gelegenen und am meisten zugänglichen Ort bestimmt haben; selbstverständlich muß dieser Ort im Gemeindebezirk sich befinden.

Eine ununterbrochene Auflegung während der vollen Tageszeit der zehntägigen Frist ist nicht gefordert, vielmehr genügt es, wenn nur das betr. Bureau auf besonderen Wunsch zugänglich ist und wenn die Zeitfrist, zu welcher das Lokal besucht werden kann, herkömmlich und bekannt ist. (V.G.H.E. Bd. I S. 342.)

Die zehntägige Auslegungsfrist ist zugleich Einspruchsfrist und zwar präklusiv: nach ihrem Ablauf können Einsprüche nicht mehr erhoben werden. Bei dieser Frist wollte keine nach Tagen zu berechnende Frist von 10 mal 24 Stunden, sondern nur eine ununterbrochene Folge von 10 gemeindebehördlichen Geschäftstagen bezeichnet werden, innerhalb deren täglich die Einsichtnahme zu jenen Tagesstunden gestattet ist, die ortsüblich oder durch die Geschäftsordnung als Bureauxstunden festgesetzt sind. (V.G.H.E. Bd. XV S. 18.)

Die Beeinträchtigung des Rechtes auf Einsichtnahme ist die Verletzung einer wesentlichen gesetzlichen Förmlichkeit im Sinne des Art. 196.

Zur letztinstanziellen Bescheidung einer Beschwerde, welche vor der Gemeindewahl wegen Verweigerung der Einsichtnahme der Wählerliste erhoben wurde und nicht eine Reklamation gegen den Inhalt der Wählerliste, sondern die nochmalige Auflegung der letzteren bezweckt, ist die Zuständigkeit des V.G.H. nicht gegeben; sie wäre begründet, wenn jene Beschwerde innerhalb der in Art. 196 Abs. IV bezeichneten Frist zum Gegenstande einer Wahlanfechtung gemacht und gegenüber dem abweisenden Beschlusse der ersten Instanz im Wege der Beschwerde weiter verfolgt worden wäre. (V.G.H.E. Bd. VII S. 161.) Die Verletzung der Vorschriften über die Dauer der Offenlegung der Wählerliste und über die Oeffentlichkeit der Gemeindesitzung, in der die Reklamationen beschieden wurden, bildet die Verletzung einer wesentlichen gesetzlichen Förmlichkeit bei der Wahlhandlung. (V.G.H.E. Bd. XV S. 18.)

Anm. 5. Zu Abs. V: Die zehntägige Frist ist ausschließlich: in der abzuhaltenden Sitzung dürfen nur die erhobenen Reklamationen beschieden, nicht aber die Wählerliste von Amtswegen berichtigt werden. (V.G.H.E. Bd. XVI S. 157 u. XV S. 22; dagegen Bl. Bd. 26 S. 277, Weber G.O. 5. Aufl. S. 191.) Ist innerhalb der 10tägigen Frist keine Erinnerung erhoben worden, so ist die Liste mit der aus Abs. IV sich ergebenden Bestätigung abzuschließen; ohne vorgängige Reklamation und gewissermaßen von Amtswegen können die Gemeindebehörden keine Berichtigung oder Aenderung der Liste von sich aus herbeiführen; anderenfalls würde es sich um eine die Giltigkeit der Liste in Frage stellende Gesetzesverletzung handeln; (V.G.H.E. Bd. X S. 92); eine solche Liste könnte nicht die Grundlage der Wahl bilden. Die Fertigung der Wählerliste durch den Bürgermeister ersetzt den fehlenden Eintrag desselben als Wahlstimmberechtigten nicht, denn es sind hiebei alle Gemeindebürger gleich zu behandeln und darf keine Ausnahme zu Gunsten der Mitglieder der Gemeindebehörde gemacht werden. Ueber die erhobenen Reklamationen hat der Gemeindeausschuß in öffentlicher Sitzung Beschluß zu fassen; etwa hienach veranlaßte Eintragungen oder Streichungen müssen aber in einer Weise geschehen, die den Grund der Berichtigung ersehen läßt, insbesondere mit Angabe des Beschlusses. Oeffentlich ist die Sitzung nur, wenn Tag und Stunde der Sitzung, sowie der Berathungsgegenstand vorher öffentlich bekannt gemacht sind; die Betheiligten können, müssen aber nicht hiezu vorgeladen werden.

Ohne Erhebung einer Reklamation ist ein Nachtrag in der Wählerliste unzulässig und darf auch ein Zeugniß der Gemeindeverwaltung über erlangtes Wahlrecht nicht ausgefertigt werden, da solche Zeugnisse nur wegen Aenderungen nach Ablauf der Reklamationsfrist zu ertheilen sind: Reklamation muß also auch derjenige erheben, welcher durch die Aufstellung der Wählerliste nicht verletzt wurde, inzwischen aber das Bürgerrecht oder die bürgerlichen Ehrenrechte wieder erlangt hat.

Die Beschlußfassung der Gemeindebehörde über die eingekommenen Einsprüche hat sich auf die Bescheidung der rechtzeitig erhobenen Einsprüche zu beschränken; von Amtswegen dürfen Aenderungen der Wählerliste nicht mehr vorgenommen werden.

Die Gemeindebehörde ist nämlich zu nichts anderem berufen, als zur Bescheidung der Einsprüche. Es ist ein kaum haltbares Auslegungsergebnis, daß, wenn kein Einspruch einkommt, die Liste unabänderlich sein soll, während, wenn nur ein einziger Bürger Einspruch erhebt, die Gemeindebehörde nun jede beliebige Aenderung der Liste beschließen dürfte. Dies würde dem Gedanken des Listenauslegungsverfahrens völlig widersprechen. (Seydel Bd. III S. 189.)

Die Gemeindebehörden entscheiden in diesen Fällen als Verwaltungsgerichte erster Instanz. Die Bestimmungen für das verwaltungsrechtliche Verfahren in Art. 27 ff. V.G.H.G. sind hier anwendbar, weil sie nur für die Distriktsverwaltungsbehörden gelten. (Seydel Bd. III S. 190.) Die Beschwerde muß aber zur Wahrung der Frist bei der Gemeindebehörde eingelegt werden. (Art. 32 Abs. II des V.G.H.G.) Das Datum der Eröffnung muß, da es sich um den Lauf einer Beschwerdefrist handelt, konstatirt werden. Ueber den Fristenlauf ist die R.C.P.O. maßgebend.

Als **Betheiligte** gelten diejenigen, welche den Einspruch erhoben haben und jene, hinsichtlich deren eine Berichtigung erfolgt ist.

Jedem ist nur derjenige Beschluß zu eröffnen, der auf seinen Einspruch hin oder in Bezug auf seine Person gefaßt worden ist. (Seydel Bd. III S. 190.) Die Eröffnung ist nur dann rechtswirksam, wenn sie mittels Zustellung einer schriftlichen Ausfertigung des Beschlusses erfolgt ist. (Art. 21 Abs IV V.G.H.G. u. V.G.H.E. Bd. XVII S. 78.) Gegen die fraglichen Beschlüsse kann von den Betheiligten innerhalb drei Tagen nach der Zustellung des Beschlusses gerechnet, Beschwerde an die vorgesetzte Verwaltungsbehörde (Regierung oder Bezirksamt) erhoben werden. Dritte und letzte Instanz ist der V.G.H.

Die Anfechtung der Unregelmäßigkeiten bei Herstellung von Wählerlisten, die erst nach Abschluß des hier erwähnten Reklamationsverfahrens hervortreten, im Beschwerdewege ist nicht ausgeschlossen und hiebei Art. 197 Abs. VI anwendbar. (V.G.H.E. Bd. I S. 372.)

Nachträgliche Einträge in die Wählerliste bilden keinen von Amtswegen zu würdigenden Nichtigkeitsgrund. (V.G.H.E.-Bd. I S. 345.)

Wenn ein Eintrag erst nach Ablauf der Reklamations-Frist erfolgt, so ist eine Reklamation Dritter gegen einen unberechtigten Eintrag ausgeschlossen und kann deßhalb einer etwaigen Beschwerde die Berechtigung zur Wahlanfechtung nicht abgesprochen werden. (V.G.H.E. Bd. X S. 80.)

Die vorgesetzte Verwaltungsbehörde ist, abgesehen von dem in Art. 176 Abs. V bezeichneten Falle, nicht befugt, die Gemeindewahlliste einer Offizialprüfung zu unterstellen und Aenderungen derselben anzuordnen. Eine vom Wahlausschuß auf erhobene Wahlreklamation erlassene, materiell unrichtige Entscheidung über die Wahlstimmberechtigung eines Wählers kann nicht als Verletzung einer wesentlichen gesetzlichen Förmlichkeit bei der Wahlhandlung im Sinne des Art. 196 Abs. V erachtet werden, sondern nur zur Beschwerdeführung wegen gesetzwidriger persönlicher Benachtheiligung Anlaß bieten. Die gemäß Art. 196 Abs. II—IV l. c. von der zuständigen Verwaltungsbehörde von Amtswegen vorzunehmende Prüfung der Wahlakten hat sich nicht auf die Frage zu erstrecken, ob die sämmtlichen bei der Wahl abgegebenen Stimmen von Wahlstimmberechtigten herrühren. (V.G.H.E. Bd. IV S. 30.)

Der Umstand, daß der Gewählte in der Wählerliste als wählbar vorgetragen und gegen die Liste keine Einsprache erhoben worden ist, steht der von Amtswegen auszusprechenden Vernichtung der Wahl, wenn sich herausstellt, daß der Gewählte nicht wählbar war, nicht entgegen. (V.G.H.E. Bd. IV S. 51.)

Wenn eine Wahl von einer Behörde als nichtig erklärt wird, darf nicht sofort eine Neuwahl vorgenommen werden, sondern es muß gewartet werden, bis der betreffende Beschluß die Rechtskraft beschritten hat oder in letzter Instanz bestätigt worden ist.

Anm. 6. Zu Abs. VI: Nur die unbeanstandet gebliebene, bezw. berichtigte Liste hat die Grundlage der betreffenden Wahl zu bilden und ist gemäß Abs. VII im Wahllokale aufzulegen. Sie ist unabänderlich. Niemand kann wählen oder gewählt werden, der nicht in der Liste eingetragen ist oder ein Zeugniß nach Abs. VI hat; diesen Satz darf man aber nicht dahin umkehren, daß jeder wählen und gewählt werden könne, der eingetragen ist.

Bei Gemeindewahlen können Personen, die nicht in der berichtigten Wählerliste eingetragen sind, sondern erst bei der Wahl das in Abs. VI genannte Zeugniß beibringen, nicht Mitglieder des Wahlausschusses sein. (V.G.H.E. Bd. XVI S. 317.)

Das in Abs. VI erwähnte Zeugniß ist auf Verlangen des Berechtigten unentgeltlich auszustellen (Art. 188), wenn nach Ablauf der Reklamationsfrist

a. das Bürgerrecht erworben wurde,
b. ein die Ausübung des Stimmrechts hindernder Ausschlußgrund weggefallen ist,
c. die Entscheidung der vorgesetzten Behörde über die Wahlberechtigung eingetroffen ist.

Anm. 7. Die Bestimmung des Abs. VII bildet eine wesentliche gesetzliche Förmlichkeit. Die Zulassung einer Person, die weder in der Wählerliste eingetragen ist, noch ein den Bestimmungen des Abs. VI entsprechendes Zeugniß beigebracht hat, stellt sich als Verletzung einer wesentlichen Förmlichkeit dar; eine Quittung des Gemeindekassiers über Entrichtung der Bürgeraufnahmegebühr kann dieses Zeugniß nicht ersetzen. Wenn anzunehmen ist, daß durch eine solche Formverletzung ein störender Einfluß auf das Wahlergebniß verursacht sein kann, so ist auf rechtzeitig erhobene Anfechtung jedes Gemeindebürgers die Aufhebung der Wahl zulässig. (V.G.H.E. Bd. XV S. 136.)

Es empfiehlt sich, eine zweite gleichlautende Liste herzustellen und, um Störungen zu vermeiden, etwa im Gemeindezimmer oder in einem Magistratsbureau während der Wahl aufliegen zu lassen.

Das gleichzeitige Aufliegen mehrerer, nicht vollständig gleichlautender Listen innerhalb obiger Frist ist unstatthaft. Bei Nichtbeachtung dieser Grundsätze kann wegen Verletzung einer wesentlichen Förmlichkeit bei der Wahlhandlung die Wahl angefochten werden. (B.G.H.E. Bd. VII S. 85.)

In den Fällen, wo Wahl nach Wahlbezirken oder Abstimmung nach Stimmbezirken vorgenommen wird, muß außerdem in jeder Wahlräumlichkeit eine Liste der im Bezirke stimmberechtigten Wähler zur Einsicht aufliegen. Irrig ist die in den Bl. f. adm. Pr. Bd. 20 S. 185 vertretene Ansicht, daß in den Wahlräumen der Listenauszug nur dann aufzulegen sei, wenn nicht etwa die Hauptwahlliste aufliege.

Die Wählerlisten müssen ferner dem Wahlausschusse zur Verfügung stehen, und zwar gegebenenfalls neben der Hauptliste auch die Bezirksliste. (Seydel Bd. III S. 196.)

Die Bestimmungen in Art. 176 Abs. VII und Art. 182 Abs. II und V setzen das Vorhandensein einer zweiten völlig gleichlautenden Ausfertigung der Wählerliste voraus.

Durch die Nichtauflage der Wählerliste am Tage der Wahl in dem durch vorgängige Bekanntmachung bezeichneten Lokale wird nicht schon an und für sich die Rechtsbeständigkeit einer Gemeindewahl in Frage gestellt; vielmehr kann die Verletzung dieser gesetzlichen Förmlichkeit nur dann zu einer Wahlanfechtung Anlaß bieten, wenn hiedurch Jemand in seinen Rechten verletzt oder ein Einfluß auf das Wahlergebniß geübt worden ist. (B.G.H.E. Bd. X S. 172.)

Die Offenlegung der Liste zur Einsicht muß während des ganzen Wahlgeschäfts, nicht bloß während eines Bruchteiles des Wahltages möglich sein, denn der Zweck dieser Vorschrift besteht darin, den Wählern für die Ausübung ihres Wahlrechts Gelegenheit zu geben, von der Wählbarkeit bestimmter Personen sich zu überzeugen. (B.G.H.E. Bd. X S. 173.)

Anm. 8. Gemäß Art. 8 Ziff. 33 B.G.H.G. sind Verwaltungsrechtssachen bestrittene Ansprüche und Verbindlichkeiten, welche betreffen Wahlrecht und Wählbarkeit zu Gemeindeämtern, Giltigkeit solcher Wahlen, Verpflichtung zur Uebernahme jener Aemter, Berechtigung und Verpflichtung zum Austritt.

Beschwerden wegen Herstellung und Aufstellung der Wählerliste fallen an sich nicht hierunter, sondern nur dann, wenn sie innerhalb der 14tägigen Frist zum Gegenstand der Wahlanfechtung gemacht und im Beschwerdeweg weiter verfolgt werden. (B.G.H.E. Bd. VII S. 165.)

Art. 177.

I. Bei Wahlen rechtskundiger Bürgermeister oder Magistratsräthe hat zur Bewerbung eine öffentliche Ausschreibung durch den Magistrat stattzufinden, wenn nicht im einzelnen Falle die Gemeindebevollmächtigten beschließen, daß von einer Ausschreibung Umgang zu nehmen sei.

II. Die eingekommenen Bewerbungen sammt den Nachweisen über die Vorbedingungen der Wählbarkeit sind den Gemeindebevollmächtigten mindestens drei Tage vor der Wahl mitzutheilen.

Anm. Das Gesetz trifft hier keinen Unterschied zwischen mittelbaren und unmittelbaren Städten. Zur bezeichneten Beschlußfassung hat der Magistrat die Gemeindebevollmächtigten zu veranlassen, eventuell können letztere von sich aus selbst nach erfolgter Ausschreibung fraglichen Beschluß fassen und den Widerruf der Ausschreibung verlangen. Ihr Beschluß ist allein maßgebend. Die Bewerbungen sind in den Einlauf des Magistrats zu bringen.

Art. 178.

I. Jede durch die Gemeindebürger oder die Gemeindebevollmächtigten vorzunehmende Wahl wird unter Leitung eines Wahlkommissärs, welchem ein Wahlausschuß zur Seite steht, vollzogen.

II. Für die Wahl der Bürgermeister in den einer Kreisregierung unmittelbar untergeordneten Städten werden die Wahlkommissäre durch die Kreisregierung ernannt. Die Wahl der übrigen Magistratsmitglieder und der Gemeindebevollmächtigten hat der Bürgermeister oder der von ihm ernannte Wahlkommissär zu leiten.

III. Für andere Gemeinden ernennt die vorgesetzte Distriktsverwaltungsbehörde die Wahlkommissäre.

IV. Die Wahlausschüsse werden am Wahltage durch die Wähler aus ihrer Mitte ernannt und bestehen aus fünf Mitgliedern.

V. Zur Besorgung der Schreibereien kann der Gemeindeschreiber oder sonst eine geeignete Persönlichkeit beigezogen werden, welche jedoch hiedurch nicht Mitglied des Wahlausschusses wird.

Anm. 1. Art. 178 ist auch auf die Wahlen nach Art. 198 anzuwenden, nicht aber auf jene des Art. 199.

Anm. 2. Bei Aufstellung der Wahlkommissäre ist möglichst auf Kostenersparung Bedacht zu nehmen und haben hienach thunlichst die Vorstände, Beamten und Bediensteten der Bezirksämter die Wahlen zu leiten; es können aber nach Bedarf auch andere Personen die Wahlen leiten. (M.E. v. 12. Okt. 1869 Nr. 12321, v. 10. Okt. 1875, Nr. 11144, Seydel, b. Staatsrecht, Bd. III S. 191.) Der Wahlkommissär kann auch während des Wahlverfahrens ersetzt werden; seine Ernennung geschieht durch die Regierung bezw. das Bezirksamt.

Gemeindebürger sollen dann nicht zu Wahlkommissären ernannt werden, wenn sie allenfalls selbst gewählt werden könnten oder ihre Wiederwahl in Frage steht.

Anm. 3. Die Ernennung des Wahlausschusses vor Beginn der Wahl durch die Wähler aus ihrer Mitte ist als eine wesentliche gesetzliche Förmlichkeit zu erachten, deren Verletzung die Nichtigkeit der Wahl zur Folge hat, wenn der gesetzwidrig konstituirte Ausschuß ausschlaggebende Beschlüsse für das Wahlergebniß gefaßt hat. (V.G.H.E. Bd. IV S. 40.)

Bei der Wahl der Bügermeister und Magistratsräthe in städtischen Gemeinden ist der Wahlausschuß aus der Mitte der Gemeindebevollmächtigten zu wählen. (Bl. f. adm. Pr. Bd. 20 S. 177.) Die Form der Ernennung des Wahlausschusses ist gesetzlich nicht vorgeschrieben und daher jede Form als genügend zu erkennen, bezüglich deren die Gewißheit besteht, daß sie die Zustimmung der Mehrheit der anwesenden

Wähler erlangt hat. (V.G.H.E. Bd. IV S. 40.) Der Wahlkommissär ist nicht berechtigt, die eine oder andere Form der Ernennung des Wahlausschusses vorzuschreiben. Es kann geschehen durch das Loos, durch Akklamation oder durch förmliche Wahl. Wenn während der Wahl ein Ausschußmitglied wegfällt, so ist ein neues zu wählen. Eine Pflicht zur Annahme der Wahl besteht nicht.

(Seydel, b. Staatsr. Bd. III S. 192, Bl. f. adm. Pr. Bd. 20 S. 187 Wand, G.O. S. 483.)

Anm. 4. Durch die Beiziehung eines Schreibers zum Wahlausschuß ist der Schreiber noch nicht Mitglied des Wahlausschusses; die Kosten hat die Gemeindekasse zu tragen. .

Anm. 5. In der Regel ist daran festzuhalten, daß der Wahlausschuß immer vollzählig bei der ganzen Wahl anwesend ist. Eine Nichtigkeit der Wahl läßt sich jedoch aus der zeitweisen Abwesenheit eines oder zweier Wahlausschußmitglieder kaum ableiten, wenn nur nachgewiesen ist, daß der Wahlausschuß während der ganzen Wahl beschlußfähig war, daß also wenigstens drei Ausschußmitglieder im Wahllokal anwesend waren. (Bl. f. adm. Pr. Bd. 26 S. 307.) Seydel (Bd. III S. 194) bemerkt hier im gleichen Sinne: Die fortwährende Anwesenheit aller Ausschußmitglieder während der Wahlhandlung ist nicht nothwendig. Dagegen kann eine Beschlußfassung des Ausschusses nur bei Anwesenheit aller Mitglieder erfolgen, da das Gesetz nicht sagt, daß eine geringere Zahl zur Beschlußfähigkeit genügt.

Die Ansicht halten wir nicht für die richtige, weil sonst in Art. 180 Abs. II nicht wohl von Stimmengleichheit der Ausschußmitglieder die Rede wäre, man müßte denn annehmen, daß diese Bestimmung nur den Fall treffen wollte, daß ein Ausschußmitglied bei einer Abstimmung z. B. Ablehnung einer auf ihn gefallenen Wahl persönlich betheiligt und deßhalb nicht stimmberechtigt ist.

Art. 179.

I. Der Wahlkommissär hat die ihm übertragene Leitung der Wahlen mit pflichtmäßiger und rücksichtsloser Unbefangenheit zu vollziehen. Er handhabt die Ordnung im Wahllokale und hat jede Ausschreitung zurückzuweisen.

II. Debatten unter den Wählern sind während der Wahlhandlung im Wahllokale nicht zulässig.

Anm. 1. Jeder Wahlberechtigte, aber auch nur dieser, kann bei der Wahlhandlung, solange er dieselbe nicht stört, anwesend sein. Vgl. auch Art. 26 des Vereinsgesetzes vom 26. Febr. 1850, Art. 7 u. 102 Ausf.Ges. z. R.St.P.O., § 108 R.St.G.B.

Die Bestimmung des § 108 des Reichsstrafgesetzbuches über die Bestrafung der vorsätzlichen Herbeiführung eines unrichtigen Wahlergebnisses oder der Verfälschung des letzteren ist auch auf Wahlausschußmitglieder anwendbar. Gegen den Wahlkommissär kann eventuell disciplinär vorgegangen und er kann gleichfalls auf Grund des Reichsstrafgesetzbuches bestraft werden.

Anm. 2. Verletzung des Art. 179 gibt jedem Gemeindebürger, der sich persönlich benachtheiligt glaubt, das Recht der Beschwerde.

Anm. 3. Aeußersten Falles hat der Wahlkommissär, um seinen Anordnungen Geltung zu verschaffen, die Hilfe der Ortspolizeibehörde in Anspruch zu nehmen.

Art. 180.

I. Die Wahlausschüsse unterstützen den Wahlkommissär bei der Leitung der Wahl und entscheiden über Anstände, die sich bei der Wahlhandlung ergeben, durch Mehrheitsbeschluß. Bei Stimmengleichheit entscheidet der Wahlkommissär, welcher außerdem an der Abstimmung nicht theilzunehmen hat.

II. Beschwerden gegen die Beschlüsse des Wahlausschusses haben eine aufschiebende Wirkung.

III. Im Falle einer Unterbrechung der Wahlhandlung sind die Wahlakten in Gegenwart des Wahlausschusses unter Siegel zu legen und vor der Fortsetzung des Geschäftes in dessen Gegenwart zu entsiegeln.

Anm. 1. Aufgabe des Wahlausschusses ist:

a. Unterstützung des Wahlkommissärs bei Leitung der Wahl.

b. Entscheidung über Anstände, die sich bei der Wahlhandlung ergeben. Die etwaigen Beschlüsse sind in das Wahlprotokoll aufzunehmen; es genügt einfache Stimmenmehrheit.

Was die Wählerliste anlangt, so kommt hier zu bemerken:

Der Ausschuß ist an die Wählerliste nur insoferne gebunden, als er Niemand zur Wahl zulassen darf, der nicht eingetragen ist oder nicht das in Ziff. 3 erwähnte Zeugniß besitzt. Dagegen kann der Ausschuß den nicht Wahlberechtigten zurückweisen, auch wenn derselbe in der Liste steht. Nach dem Gesetze entscheidet der Ausschuß über Anstände, die sich bei der Wahlhandlung ergeben; dies können aber auch Anstände sein, die er selbst findet. Der Wahlausschuß ist keine Behörde, die außerhalb des Kreises der Wahlberechtigten steht. Seine Mitglieder sind selbst Wähler, die dadurch, daß sie im Ausschusse sitzen, nichts an ihren Rechten verlieren. Weil sie Wähler sind, können sie jedenfalls den Bestand eines Wahlrechts in Zweifel ziehen, weil sie aber den Ausschuß bilden, über diese Zweifel auch entscheiden. (Seydel Bd. III S. 193.)

Der V.G.H. spricht sich dagegen in einer Entscheidung (Bd. IV S. 12, siehe Art. 176) dahin aus, der Wahlausschuß sei nur dann zur Zurückweisung berechtigt, wenn eine Beanstandung des Wahlrechts erhoben worden sei; eine Offizialprüfung der Wählerliste durch den Wahlausschuß sei mit Art. 176 insbesondere mit der Norm unvereinbar, daß die abgeschlossene Wählerliste die Grundlage der Wahl bilde. Hiedurch ist noch nicht bestimmt, daß nicht auch ein Ausschußmitglied die Beanstandung erheben könne.

c. Prüfung der gemeindlichen Zeugnisse über nachträglichen Erwerb des Wahlrechts.

d. Beschlußfassung über die Giltigkeit der abgegebenen Stimmen. Der Wahlkommissär gehört dem Wahlausschuß nicht an, darf bei der Abstimmung nicht theilnehmen und gibt nur bei Stimmengleichheit den Ausschlag. Wenn er mit Umgehung des Ausschusses Anstände, die sich bei der Wahl über die Stimmberechtigung Einzelner ergeben, verbescheidet, handelt es sich um die Verletzung einer wesentlichen gesetzlichen Förmlichkeit. (V.G.H.E. Bd. XII S. 143.)

Auch die schriftliche Beanstandung ist zulässig, beschlossen darf aber hierüber erst werden, wenn der Beanstandete einen Wahlzettel abgeben will.

Daraus, daß ein Gemeindebürger gegen eine ihn benachtheiligende Handlung oder Unterlassung des Wahlausschusses oder Wahlkommissärs nicht sofort Protest erhoben oder Vorbehalt eingelegt hat, kann nicht gefolgert werden, daß derselbe auf das ihm gesetzlich noch zu einem späteren Termine zustehende Wahlreklamationsrecht verzichten wollte oder thatsächlich verzichtet hat.

e. Feststellung des Wahlergebnisses.

f. Entscheidung über Wahlablehnungen: Art. 174.

Der Wahlausschuß hat gemeinsam in Thätigkeit zu sein, eine Trennung in Abtheilungen wäre Verletzung einer wesentlichen gesetzlichen Förmlichkeit. (V.G.H.E. Bd. XVI 292.)

Anm. 2. Zu Abs. III: Die Nichtbeachtung der gesetzlichen Vorschrift über die Behandlung der Wahlakten im Falle einer Unterbrechung der Wahlhandlung bei Gemeindewahlen ist als ein Wahlanfechtungsgrund wegen Verletzung einer wesentlichen gesetzlichen Förmlichkeit bei der Wahlhandlung zu erachten. Die ganze oder theilweise Aufhebung der Wahl aber kann nur dann erfolgen, wenn ein störender Einfluß auf das Wahlergebniß geübt worden ist. (V.G.H.E. Bd. VI S. 183.)

Selbstverständlich darf die Entsiegelung der abgeschlossenen Wahlakten nicht vor dem Zeitpunkte vorgenommen werden, welcher den Wählern als Termin zur Fortsetzung der Wahlhandlung verkündigt worden ist.

Unzulässig ist es, das Verfahren nach Abs. III durch andere Maßnahmen zu ersetzen, wenngleich der Zweck dieser Bestimmung dadurch gewahrt werden könnte.

Art. 181.

I. Der Wahlkommissär hat alle Vorbereitungen zu treffen, welche erforderlich sind, damit die Wahlen unaufgehalten zu rechter Zeit stattfinden. Die Gemeindeverwaltungen sind verpflichtet, seinen desfallsigen Requisitionen ungesäumt zu entsprechen, insbesondere das nöthige Dienstpersonal bereit zu stellen und für ein geeignetes Wahllokal, sowie für die erforderliche Anzahl von Formularien zu den Protokollen, Stimmlisten, Wahlzetteln und Bekanntmachungen zu sorgen.

II. Vor jeder Wahl läßt der Wahlkommissär Ort und Zeit derselben, dann die Zahl der zu Wählenden und die Stellen, wofür zu wählen ist, sowie die Namen der Austretenden in der Gemeinde öffentlich bekannt machen.

Anm. 1. Zu Abs. I: Ueber die vorbereitenden Handlungen s. Sternau S. 60.

Durch M.E. vom 16. Okt. 1869 wurden die vom Magistratssekretär Hettinger in Ansbach entworfenen Formularien zur Benutzung empfohlen.

Anm. 2. Zu Abs. II: Die Bekanntmachung ist nur dann als richtig vollzogen zu erachten, wenn jeder Wahlberechtigte zeitig genug hievon Kenntniß zu erlangen vermochte, um sich, soferne nicht besondere Umstände hindernd in den Weg treten, an der Wahl betheiligen zu können. Unregelmäßigkeiten in Bezug auf diese Bekanntmachung sind als Verletzung einer wesentlichen gesetzlichen Förmlichkeit im Sinne des Art. 196 Abs. V zu erachten. (V.G.H.E. Bd. IV S. 44, Bd. X S. 94.)

Gesetzlich geboten ist nur die öffentliche Bekanntgabe der Gemeindewahltermine im Allgemeinen, nicht aber die besondere Vorladung jedes einzelnen Gemeindebürgers zur Wahl. (Eod. Bd. IV S. 27, siehe auch Bd. X S. 94.)

Die Wahl soll, wenn ein nur irgendwie geeignetes Lokal hiezu im Gemeindebezirke vorhanden ist, auch in der Gemeinde, für welche sie zu bethätigen ist, vorgenommen werden.

In der Regel sollen Wahlhandlungen an Sonn- und Feiertagen nicht stattfinden; auch an Samstagen da nicht, wo eine größere Zahl von Israeliten sich befindet. (M.E. vom 12. Okt. 1869.)

Eine Unrichtigkeit in der Bekanntmachung, z. B. über die Zahl der zu Wählenden, oder die Stelle, für welche zu wählen ist, begründet Nichtigkeit der Wahl. Eine bestimmte Zeit, wann die Bekanntmachung zu erfolgen hat, ist nicht vorgeschrieben; doch ist sie so zu bemessen, daß nach den in Mitte liegenden Verhältnissen dieselbe für die Wähler genügend erscheint, um sich an der Wahl betheiligen zu können. (Bl. f. adm. Pr. Bd. 36 S. 308.)

Die Bekanntgabe der Namen der Austretenden hat Bedeutung nur für Wahlen in Gemeinden mit städtischer Verfassung, da in Landgemeinden ohnedies — abgesehen von dem Falle einer außerordentlichen Wahl — jedesmal sämmtliche Stellen neu zu besetzen sind: hier genügt also die bloße Bemerkung, daß alle bisherigen Ausschußmitglieder austreten.

Die Bekanntmachung hat sich auf die Bezeichnung der zu besetzenden Stellen und, sofern es sich nicht um völlige Erneuerung eines Kollegiums handelt, auch auf die Namen jener zu erstrecken, die aus den zu besetzenden Gemeindeämtern austreten.

Einem Ortsgebrauche ist Bedeutung insoferne beizumessen, daß die Wahlberechtigten erwarten, daß ihnen die Wahlerlasse wie früher zur Kenntniß gebracht werden und weitere Maßnahmen nicht voraussetzen. (V.G.H.E Bd. XII S. 128.)

Die gesetzmäßig vollzogene Wahlbekanntmachung leitet die Wahlhandlung ein; sie bildet den Ausgangspunkt und einen wesentlichen Bestandtheil derselben; Verletzungen der hieher gehörigen Vorschriften führen, wenn zugleich ein störender Einfluß auf das Wahlergebniß hiedurch geübt wurde, Nichtigkeit nach sich. (V.G.H.E. Bd. X S. 98.)

Art. 182.

I. Die Abstimmung ist eine geheime und geschieht durch Wahlzettel von weißem Papier und gleicher Größe, welche mit dem Gemeindesiegel abgestempelt sind. Diese Wahlzettel werden vor dem Wahltage an die Wähler vertheilt und sind auch bei der Wahl im Wahllokale auf Verlangen zu verabfolgen. Die Wahlzettel sind gehörig ausgefüllt von den Wählern zurückzugeben.

II. Jeder Wähler ist verpflichtet, seinen Wahlzettel unter Angabe seines Namens und nöthigenfalls seiner Wohnung dem Wahlkommissär persönlich zu überreichen, welcher den Wahlzettel erst dann annehmen darf, wenn der Name des betreffenden Wählers in der Wählerliste aufgefunden oder dessen Wahlberechtigung nach Art. 176 Abs. VI von dem Wahlausschusse ausdrücklich anerkannt worden ist.

III. Die Wahlzettel müssen derart zusammengelegt sein, daß die auf denselben verzeichneten Namen verdeckt sind. Wahlzettel, bei welchen hiegegen verstoßen ist oder welche mit einem äußeren Kennzeichen versehen sind, hat der Wahlkommissär zurückzuweisen.

IV. Die zur Annahme geeigneten Wahlzettel werden vom dem Wahlkommissär in ein bereitstehendes Gefäß gelegt und dürfen erst nach Schluß des Abstimmungsaktes eröffnet werden.

V. Von der Stimmabgabe jedes Wählers ist bei jedem Wahlgange neben dem Namen des Wählers in der Wählerliste Vormerk zu machen.

VI. Die Wahlzettel müssen die deutliche Bezeichnung des Gewählten enthalten.

VII. Wahlzettel, welche nicht abgestempelt oder welche unterschrieben sind, sowie solche, welche eine deutliche Bezeichnung des Gewählten nicht enthalten, sind, letztere soweit der Mangel reicht, nicht zu beachten.

VIII. Jeder Wahlzettel soll so viele Namen enthalten, als Personen in dem Wahlgange zu wählen sind. Wenn ein Wahlzettel mehr Personen vorschlägt, so sind zur Herstellung der vorgeschriebenen Zahl die zuletzt bezeichneten Namen außer Ansatz zu lassen. Wahlzettel, worin weniger Personen in Antrag kommen, sind giltig.

IX. Im Falle ein Wähler mehrere Wahlzettel übergeben hat, so sind dieselben sämmtlich ungiltig. Ist jedoch ein für eine Person wahlstimmberechtigter Gemeindebürger als Stellvertreter einer Person bevollmächtigt, welche nach Art. 15 Abs. IV und V berechtigt ist, ihr Stimmrecht durch einen Stellvertreter auszuüben, so ist derselbe auch in dieser Eigenschaft zur Abgabe eines Wahlzettels zuzulassen, wenn der Name des von ihm vertretenen Wählers in der Wählerliste vorgetragen oder dessen Wahlberechtigung gemäß Art. 176 Abs. VI nachgewiesen ist. Jedoch darf Niemand für mehr als eine auf Grund des Art. 15 stimmberechtigte Person zur Stimmabgabe zugelassen werden.

Anm. 1. Die Abstimmung ist eine geheime: hienach ist auch die Selbstwahl zulässig; die Wahl darf selbst dann nicht beanstandet werden, wenn volle Gewißheit besteht, daß der Gewählte sich selbst gewählt und seine Stimme den Ausschlag gegeben hat. Die Wahlhandlung selbst ist öffentlich.

Zum Wesen einer geheimen Wahl gehört die Fernhaltung jeden Anhaltspunktes zur Ermittelung darüber, wie der Einzelne die Wahl ausübt; der Gebrauch bestimmter Wahlzettel und die Art des Bezugs derselben bilden eine wesentliche Förmlichkeit in soferne, als der Gebrauch eines anderen Wahlzettels die Ungiltigkeit des letzteren zur Folge hat.

Anm. 2. Durch das Gesetz vom 17. Juni 1896, Abänderung einiger Bestimmungen der Gemeindeordnung diesseits des Rheins vom 29. April 1869 betreffend, ist gegenüber den Bestimmungen des Gesetzes vom 29. April 1869 in Art. 182 Abs. I, V und VII, sowie in Art. 183 Abs. III eine wesentliche Aenderung eingetreten, welche darauf beruht, daß nicht mehr vom Wahlkommissäre nummerirte Wahlzettel beim Wahlakte vertheilt werden und zu verwenden sind, sondern die Gemeinde Wahlzettel von weißem Papier aus gleicher Größe anzuschaffen, mit dem Gemeindesiegel abzustempeln und an die Wähler zu vertheilen hat. Diese Vertheilung hat vor dem Wahltage stattzufinden und kann auch in größeren Partien an die Parteileiter erfolgen. Doch müssen auch am Wahltage selbst im Wahllokale solche Wahlzettel bereit gehalten und auf Verlangen abgegeben werden. Es folgt daraus, daß eine bedeutend größere Zahl von solchen Wahlzetteln beschafft werden muß, als Stimmberechtigte vorhanden sind, um Partei-Zwang und Controlle hintanzuhalten, so daß jeder Wähler von verschiedenen Parteien Wahlzettel erhalten und den ihm Beliebigen abgeben kann. Es steht auch nichts im Wege, daß auf den Wahlzetteln die Namen der zu Wählenden gedruckt oder sonst mechanisch hergestellt, auch Namen ausgestrichen und durch andere ersetzt werden. Es ist aber zu beachten, daß die Namen nicht durchscheinen und der Wahlzettel nicht unterschrieben wird. Wer sich keiner Partei anschließen will, kann sich vor der Wahl einen unbeschriebenen Wahlzettel von der Gemeindeverwaltung geben lassen und seinen Erkorenen daraufschreiben.

Anm. 3. Die Wahlzettel müssen gehörig ausgefüllt zurückgegeben werden: s. hierüber die ff. Absätze.

Anm. 4. Zu Abs. II: Der Wahlzettel muß persönlich überreicht werden: hienach sind diejenigen, welche wegen Krankheit ꝛc. am persönlichen Erscheinen verhindert sind, von Ausübung des Wahlrechts ausgeschlossen. Eine Stellvertretung ist nur im Falle des Art. 15 Abs. I und II zulässig. (Abs. IX) (S. Art. 15 und 201). Jeder Wähler darf nur einen Wahlzettel abgeben, wenn er nicht zugleich Stellvertreter eines anderen Wahlberechtigten ist. Dies gilt auch dann, wenn ein Wahlzettel in den anderen gehüllt und nur einer ausgefüllt ist. In der Eigenschaft als Vertreter darf man nur eine Stimme abgeben. Name und Wohnung des Wählers ist hiebei anzugeben: bei falscher Namensangabe liegt eine Uebertretung nach § 360 Ziff. 8 R.St.G.B. vor. Die Abgabe mehrerer Wahlzettel durch denselben Wähler hat abgesehen vom Falle der Stellvertretung Ungiltigkeit sämmtlicher Wahlzettel zur Folge.

Anm. 5. Eintrag in die Wählerliste oder Zeugniß nach Art. 176 Abs. VI. Wahlberechtigung nach Art 176 Abs. VI: Auch die gesetzwidrige Anerkennung der Wahlberechtigung einer nicht stimmberechtigten Person seitens des Wahlausschusses ist nicht als Verletzung einer wesentlichen gesetzlichen Förmlichkeit aufzufassen, sondern kann nur aus Art. 196 Abs. V angefochten werden. Eine auf eine solche Person gefallene Wahl ist jedoch von der Behörde als nichtig zu erklären. (Art. 196 Abs. IV; siehe Sternau S. 69.)

Wenn wegen Nichtberechtigung des Wählers zur Stimmabgabe eine Beanstandung erhoben wird und der Wahlausschuß das Stimmrecht nicht anerkennt, so unterbleibt der in Abs. V bezeichnete Vermerk und der Wahlzettel muß uneröffnet dem Betreffenden zurückgegeben werden (wegen des Prinzips der geheimen Wahl.)

Ueber Aufnahme des Anerkenntnisses in das Protokoll siehe Art. 183 Abs. I.

Anm. 6. Zu Abs. III: Wahlzettel, bei welchen der Name durchschimmert, sind zurückzuweisen. Auch zufällig auf den Wahlzettel gebrachte Fett- oder Tintenflecken sind als äußere Kennzeichen im Sinne des Abs. III aufzufassen. Durch die Zurückweisung des Wahlzettels wird dem Wähler die Ausübung seines Wahlrechtes nicht benommen; er muß sich einen neuen Wahlzettel geben lassen.

Anm. 7. Zu Abs. IV: Da es möglich ist, daß ein Ausschußmitglied seinen Wahlzettel direkt in die Urne eingelegt habe, soll der Wahlkommissär vor der Stimmabgabe sich überzeugen, ob das Gefäß leer sei.

Anm. 8. Zu Abs. V: Den Vermerk kann auch der zugezogene Schreiber machen. Das nach dem Gesetze von 1869 zu führende Verzeichniß der Abstimmenden ist durch die Novelle von 1896 weggefallen.

Anm. 9. Zu Abs. VI: Wahlzettel sind ungiltig, wenn sie keinen lesbaren Namen enthalten, wenn sie auf den Namen eines nicht wählbaren lauten, wenn die Person des Gewählten nicht zweifellos zu erkennen ist, wenn sie zweifellos die Unterschrift des Wählers tragen.

Dem in Art. 182 statuirten Erfordernisse der Giltigkeit eines Wahlzettels (Deutlichkeit der Bezeichnung des Gewählten) ist dann Genüge geleistet, wenn die Verhältnisse die Annahme einer Unklarheit über die Persönlichkeit des Bezeichneten ausschließen. Der Erklärung einer Anzahl von Wählern über ihre Willensmeinung bei Abgabe der Wahlstimme, um den auftauchenden Zweifel über die Person des Gewählten zu heben, ist bei dem Grundsatze der geheimen Wahl ein rechtliches Gewicht nicht beizulegen. (V.G.H.E. Bd. VII S. 8 und Bd. XVI S. 208.)

Eine im Widerspruch mit Art. 182 Abs. VI bezw. VII erlassene Entscheidung des Wahlausschusses enthält eine materielle Gesetzwidrigkeit, welche von dem hiedurch persönlich Benachtheiligten im Beschwerdewege verfolgt werden kann, (V.G.H.E. Bd. VI S. 121), aber keine Nichtigkeit im Sinne des Art. 196. Wahlzettel, welche eine deutliche Bezeichnung des Gewählten nicht enthalten, sind, soweit der Mangel reicht, nicht zu beachten; dem Wahlausschuß steht nicht zu, solche mangelhafte Bezeichnungen durch Vermuthungen zu ersetzen; die Prüfung der Deutlichkeit hat von Fall zu Fall zu erfolgen; jede Unklarheit über die Persönlichkeit, welche gewählt werden wollte, muß ausgeschlossen bleiben. (V.G.H.E. Bd. XVI S. 208.)

Anm. 10. Zu Abs. VII: Die Abgabe von unausgefüllten Stimmzetteln ist wirkliche Stimmabgabe; bei der Berechnung der Zahl der Abstimmenden gemäß Art. 195 Abs. II sind daher die unausgefüllten Stimmzettel mitzuzählen. Die absolute Stimmenmehrheit nach Art. 195 Abs. I dagegen bemißt sich nach der Zahl der giltig abgegebenen Stimmen. Unausgefüllte Stimmzettel können nicht als giltige Stimmen in Betracht kommen. (V.G.H.E. Bd. X S. 122.)

Der Wahlausschuß darf keine Correktur der Wohlzettel vornehmen und mangelhafte Bezeichnungen nicht durch Vermuthungen ergänzen. (V.G.H.E. Bd. VI S. 130, XVI S. 208.) S. auch Art. 183 Abs. III.

Anm. 11. Zu Abs. VIII: Es empfiehlt sich, Wahlzettel auszugeben, welche linirt und am Anfange der Linien mit fortlaufenden Nummern versehen sind.

Wenn der Wahlkommissär unrichtigerweise eine höhere Zahl bestimmt, als die wirklich zu Wählenden, so ist der ganze Wahlakt nichtig.

Wenn in einem Wahlzettel weniger Personen in Antrag kommen, so ist hievon im Protokoll Erwähnung zu machen.

Anm. 12. Zu Abs. IX: Der Nachweis der Wahlberechtigung gemäß Art. 176 Abs. VI wird erbracht durch Vorlegung des Zeugnisses der Gemeindebehörde über nachträglich erworbenes Wahlrecht und durch den Beschluß des Wahlausschusses nach Art. 182 Abs. II über die Anerkennung des Wahlrechts.

Art. 183.

I. Ueber den Gang der Wahlverhandlung ist ein Protokoll zu führen, welches vom Wahlkommissär und den Wahlausschußmitgliedern unterzeichnet wird. In dasselbe werden insbesondere die Beschlüsse des Wahlausschusses über erhobene Beanstandungen und über die Zulassung von Wählern, welche nicht in der Wahlliste eingetragen waren, sowie die Hauptergebnisse der Wahl aufgenommen.

II. Neben diesem Protokoll sind zwei Stimmlisten zu führen, welche einen wesentlich ergänzenden Bestandtheil desselben bilden.

III. Die übergebenen Wahlzettel werden nach Beendigung des Abstimmungsaktes von dem Wahlkommissär oder einem Ausschußmitgliede öffentlich verlesen und sodann, soweit ihr Inhalt giltig befunden wurde, in zwei gesondert zu führende Stimmlisten in der Art eingetragen, daß Name und Stand jedes Gewählten in die Hauptrubrik eingesetzt und jede auf denselben fallende Stimme in der Querspalte fortlaufend dazu vermerkt wird.

IV. Die richtige Führung der Stimmlisten und ihre Uebereinstimmung ist durch den Wahlkommissär und den Wahlausschuß zu überwachen und jeder desfallsige Anstand sofort zu berichtigen.

Anm. 1. Die Protokolle, Liste und Gegenliste (Abs. II) sind öffentliche Urkunden, deren Einträge bis zum Beweis des Gegentheils als wahr gelten. Alle wichtigeren Vorgänge sollen darin enthalten sein.

Anm. 2. Wenn der Gemeinde- oder Bezirksamtsschreiber das Protokoll führt, so hat auch dieser seine Unterschrift nach der für die Aufnahme von Protokollen herrschenden Praxis beizufügen.

Das Protokoll mit seinen Beilagen soll alles enthalten, was zur Prüfung der Wahl nicht nur hinsichtlich der Nichtigkeitsgründe, sondern auch des Details erforderlich ist. Das Protokoll in Verbindung mit den Listen soll ein Bild des ganzen Verfahrens geben und nirgends über einen Vorgang desselben eine Unklarheit lassen. (Sternau S. 77.)

Es macht keinen Unterschied, ob die Beschlüsse sogleich oder erst nach Abschluß des betreffenden Wahlaktes in das Protokoll aufgenommen werden.

Innerhalb der Beschwerdefrist hat jeder Gemeindebürger das Recht, vom Protokoll und dessen Beilagen Einsicht zu nehmen.

Anm. 3. Es ist unzulässig, daß beide Stimmlisten von einer und derselben Person geführt werden.

Anm. 4. Ueber die Feststellung des Wahlergebnisses siehe Sternau S. 78.

Die Wahlzettel dürfen erst geöffnet werden, wenn der Wahlakt gemäß Art. 184 förmlich geschlossen ist. (M.E. vom 12. Okt. 1869 Ziff. 4.)

Der Wahlausschuß hat das Recht und die Pflicht, den ganzen Inhalt eines Wahlzettels auf die Giltigkeit zu prüfen; er kann dies insbesondere z. B. durch Nachschlagen in der Wählerliste, ob der Name des Gewählten dort eingetragen ist.

Anm. 5. Die Aenderung des Abs. III ist eine Folge der Aenderung von Art. 182 Abs. I, so daß beide Listen richtig geführt ganz gleichlautend sind.

Anm. 6. Bei Meidung der Verletzung einer gesetzlichen Förmlichkeit darf die Verlesung der Wahlzettel nur durch den Wahlkommissär oder ein Ausschußmitglied erfolgen.

Art. 184.

I. Bei allen unmittelbar durch die Gemeindebürger vorgenommenen Wahlen ist der Wahlakt zu schließen, wenn innerhalb der vom Wahlkommissär festgestellten und öffentlich bekannt gemachten Frist mehr als die Hälfte der Wähler abgestimmt hat. Im entgegengesetzten Falle hat der Wahlkommissär eine weitere Frist zur Stimmabgabe festzusetzen und öffentlich bekannt zu machen. Nach Ablauf der zweiten Frist wird der Wahlakt ohne Rücksicht auf die Zahl der abgegebenen Stimmen geschlossen und Niemand mehr zur Abgabe eines Wahlzettels zugelassen. Vor jedem Schlusse hat der Wahlkommissär die etwa anwesenden Wähler unter Gewährung einer kurzen Frist zur Stimmabgabe aufzufordern.

II. Hierauf wird das Wahlergebniß festgestellt und den anwesenden Wählern bekannt gegeben.

III. Bei diesen Wahlen entscheidet relative Stimmenmehrheit. Die Reihenfolge der Gewählten bemißt sich nach der Zahl der erhaltenen Stimmen. Bei gleicher Stimmenzahl richtet sich die Reihenfolge nach dem Alter, wenn die vorschriftsmäßige Zahl durch den Eintritt Aller nicht überschritten wird. Im entgegengesetzten Falle entscheidet das Loos.

Anm. 1 Zu Abs. I: Die Fristen müssen so bemessen sein, daß sie als zur Ausübung des Wahlrechtes zulänglich erscheinen. (V.G.H.E. Bd. IV S. 3, Bd. XIII S. 125.) Bezüglich des Zeitablaufs ist die im Wahlort befindliche öffentliche Uhr maßgebend.

Die Bekanntmachung des Wahlkommissärs hat spätestens beim Beginn des Wahlgeschäfts zu geschehen, und zwar in diesem Falle zur Wahrung der Oeffentlichkeit in Gegenwart der Wähler. Die nicht gehörige Bekanntmachung erscheint als Verletzung einer wesentlichen gesetzlichen Förmlichkeit. Die zweite Frist ist sowohl im Wahllokale selbst, als auch im Orte, wo die Wahl statt hat, durch Ausschellen oder in sonst geeigneter Weise zu veröffentlichen. Form, Art und Weise der Bekanntmachung hat derart zu erfolgen, daß sie den Zweck völlig erfüllt; der Wahlkommissär hat sich von der Richtigkeit der Bekanntmachung selbst zu überzeugen. Nichteinhaltung der Fristen bildet einen Wahlanfechtungsgrund. (V.G.H.E. Bd. I S. 235, Bd. XI S. 55.) Vor Ablauf der Frist kann die Wahlhandlung nur in dem Falle geschlossen werden, wenn alle Stimmberechtigten ihre Stimme abgegeben haben.

Wenn bereits mehr als die Hälfte der Wähler abgestimmt hat, so sind die im Wahllokale verweilenden Wähler unter Vorsetzung einer kurzen Frist zur Stimmabgabe aufzufordern. Den Anwesenden wird die Frist gewahrt, es kann sogar während dieser kurzen Frist das Lokal gegen außen geschlossen werden, um neue Ankömmlinge von der Wahl abzuhalten.

Die Unterlassung der Aufforderung trotz Anwesenheit von Wählern im Wahllokale ist Verletzung einer wesentlichen gesetzlichen Förmlichkeit: auf Beschwerde ist die Wahl insoweit zu vernichten, als durch die Stimmen der im Wahllokale Anwesenden eine Aenderung des Wahlresultates herbeigeführt werden konnte.

Wenn der Schlußtermin für Abgabe der Wahlzettel von dem Wahlkommissär nicht ordnungsgemäß öffentlich bekannt gegeben und hiedurch einer Anzahl von Wahlberechtigten die Ausübung des Wahlrechts abgeschnitten wurde, so kann die Wahl auf Beschwerde dieser Wahlberechtigten wegen gesetzwidriger persönlicher Benachtheiligung derselben als ungiltig erklärt werden. (V.G.H.E. Bd. I S. 231.)

Der Wahlakt muß geschlossen werden, wenn bei Ablauf der hiefür festgesetzten Frist mehr als die Hälfte der Wähler abgestimmt hat; die nachträgliche Zulassung von Wählern, welche bei Ablauf der bezeichneten Frist im Wahllokale noch nicht anwesend waren, enthält die Verletzung einer wesentlichen Förmlichkeit. (Eod. Bd. X S. 70.)

Was die weitere Frist des Abs. I anlangt, so lag es hiebei in der Absicht des Gesetzgebers eine weitere Wahlbetheiligung hervorzurufen, und denen, die noch nicht gewählt haben, die Möglichkeit hiezu noch speziell zu geben. Wenn durch ungenaue Feststellung der Zahl der Wähler der Schluß in gesetzwidriger Weise sich vollzieht, so ist dies Verletzung einer wesentlichen gesetzlichen Förmlichkeit, daher Beschwerde nach Art. 196 Abs. V zulässig.

Bei Festsetzung der zweiten Frist handelt es sich nur um Fortsetzung der begonnenen Abstimmung: die bereits in der ersten Frist abgegebenen Stimmen sind also mitzurechnen.

Anm. 2. Zu Abs. II: Die Feststellung des Wahlergebnisses bezweckt und bewirkt, daß die Gewählten nunmehr zum Gemeindeamt berufen und verpflichtet sind, sich über Annahme oder Ablehnung der Wahl zu erklären. Hiezu gehört auch die Feststellung der Reihenfolge der Gewählten; zu diesem Behufe sind die nach Lage der Sache veranlaßten Beschlüsse über Recht und Pflicht des Eintritts in das Gemeindeamt zu fassen; persönliche Benachtheiligung bei gesetzwidriger Feststellung der Reihenfolge bildet einen Beschwerdegrund nach Art. 196; Streitigkeiten über die Reihenfolge der bürgerlichen Räthe sind Verwaltungsrechtssachen. (V.G.H.E. Bd. XII S. 157.)

Erst nach öffentlicher Bekanntmachung des Wahlergebnisses nach Art. 185 beginnt die in Art. 196 Abs. V festgesetzte Frist zu laufen.

Anm. 3. Zu Abs. III: Bei der relativen Stimmenmehrheit wird der Vorzug unter den Gewählten gleichfalls durch die größere Zahl der für jeden einzelnen abgegebenen Stimmen entschieden, jedoch ohne Rücksicht, ob diese Stimmenzahl der Hälfte der wirklich abgegebenen Stimmen gleichkomme, sie übersteige oder unter derselben zurückbleibe.

Die Bestimmungen über die Reihenfolge gelten auch für die Ersatzmänner, abgesehen von Art. 178 und 197 Abs. V. (V.G.H.E. Bd. VI S. 255.)

Finden mehrere Wahlgänge statt, so gebührt dem früher Gewählten der Vorrang.

Für die Loosung ist jede Form als zulässig zu erachten, welche volle Gewähr dafür bietet, daß hiebei die Entscheidung lediglich dem Spiel des Zufalls überlassen und jede Parteilichkeit ferne bleibt. (Eod. Bd. IV S. 52.)

Die Anordnung, daß die betheiligten Gewählten selbst zu loosen haben, ist aus dem Gesetze nicht abzuleiten. (Eod. Bd. IV S. 53.)

Weder der Verzicht des einen Gewählten auf die Wahl, noch die Anerkennung des Wahlablehnungsgrundes eines mit gleicher Stimmenzahl Gewählten kann die Loosung ersetzen. (Bl. f. adm. Pr. Bd. 20 S. 177.)

Wenn da, wo Loosung zwischen zwei Kandidaten statthatte, in Folge Reklamation eine abgegebene Stimme für ungiltig erklärt wurde, so erscheint die bestandene Stimmengleichheit aufgehoben, ohne daß bei dem Charakter der Wahl als einer geheimen festgestellt werden kann, welchem der beiden Kandidaten die entscheidende Stimme abzurechnen ist. Die Wahl bezw. Loosung ist daher ungiltig.

Sternau S. 89 und die dabei citirte V.G.H.E. Bd. IV S. 378 hat hier noch weiter ausgeführt, daß, wenn eine abgegebene Stimme bei einer Wahl für ungiltig erklärt wurde, in welcher der Gewählte mit einer Stimme Mehrheit obsiegte, gleichfalls die Wahl ungiltig sei; Loosung dürfe hier nicht vorgenommen werden, weil ungewiß sei, ob die ungiltige Stimme nicht auch auf den Gegner gefallen sei und letzterer somit zwei Stimmen weniger besitze.

Erst durch das Loos erfolgt die Berufung zum Amte; ist das Loos gefallen und hat der Gewählte hinterher mit Genehmigung des Ausschusses abgelehnt, so kann der gleichstimmig Gewählte nicht mehr für ihn eintreten. Hier hat Neuwahl bezw. Einberufung des Ersatzmannes zu erfolgen.

Anm. 4. Mit den Geschäften des Art. 184 beendigt sich auch die Thätigkeit des Ausschusses. Sobald sich bei Gemeindewahlen der Wahlausschuß aufgelöst hat, ist derselbe zur Beschlußfassung über Wahlablehnungen nicht mehr zuständig, insbesondere hat er kein Beschwerderecht. Auch die Distriktsverwaltungsbehörde ist nicht zuständig, über solche Ablehnungen Beschluß zu fassen. Vielmehr bemißt sich in solchen Fällen das weitere Verfahren in Gemeinden mit Landgemeindeverfassung nach Art. 127 Abs. I und III. (V.G.H.E. Bd. IV S. 28.)

Art. 185.

Nach Beendigung der Wahl hat der Wahlkommissär die Namen der giltig Gewählten und die Stellen, für welche diese gewählt wurden,

öffentlich bekannt zu machen und die Wahlakten derjenigen Behörde, durch welche er ernannt wurde, vorzulegen.

Anm. 1. In Art. 185 wollten nur Einrichtungen hervorgehoben werden, die dem Wahlkommissär in Bezug auf das Wahlgeschäft nach dessen ganzer oder theilweiser Erledigung obliegen. (B.G.H.E. Bd. XI S. 82.)

Giltig gewählt ist, wer vom Wahlausschuß als gewählt bezeichnet wird.

Die Bekanntmachung kann in jeder ortsüblichen Weise von Bekanntmachungen geschehen; in der Regel erfolgt sie durch Anschlag am Gemeindebrett und bleibt während der vierzehntägigen Beschwerdefrist angeheftet; auf dem Anschlag ist behufs Berechnung der vierzehntägigen Beschwerdefrist zu bemerken, wann die Anheftung erfolgt sei. Erst mit dem Zeitpunkt dieser Bekanntmachung wird die Frist des Art. 196 Abs. V in Lauf gesetzt. Nachweis hierüber ist zu den Wahlakten zu bringen.

Anm. 2. Mit der Einsendung der Wahlakten an die Behörde, durch welche er ernannt wurde, braucht der Wahlkommissär nicht zu warten, bis auch die Bekanntmachung vollzogen ist; letztere kann auch durch den Bürgermeister eingesendet werden.

Art. 186.

Bis die neu Gewählten in ihr Amt eingewiesen sind, haben die Austretenden ihre Funktion fortzusetzen.

Anm. 1. Die Verbindlichkeit zur Versehung der Dienstgeschäfte wird regelmäßig durch die Verpflichtung und Einweisung formell begründet. S. Art. 79 und 126. Der Eid wegen Nichttheilnahme an verbotenen Vereinen kann nicht gefordert werden. Die Verpflichtung und Einweisung ist Voraussetzung für das Recht der Amtsausübung. Seydel, Bd. III S. 376 gegen Urth. d. Reichsgerichts v. 1. Febr. 1884, alleg. bei Seydel l. c.

Die Austretenden müssen nur solange in Amt und Funktion bleiben, bis die Neugewählten in ihr Amt und in ihre Funktion vorschriftsmäßig eingewiesen sind. Naturgemäß ist mit dieser Einweisung bis zum Ablauf der gesetzlichen Amtsdauer der alten Gemeindeverwaltung, d. h. bis Neujahr, zu warten. Bloß bezüglich der Gemeindebevollmächtigten in städtischen Gemeinden gilt eine Ausnahme: diese müssen sofort in ihre Funktion eintreten, weil sie den Magistrat zu wählen haben; aber aus dieser Ausnahmebestimmung kann keine Folgerung auf analoge Behandlung der übrigen Gewählten gezogen werden, es hat vielmehr Art. 186 nur den Sinn, daß die alte Verwaltung über ihre Amtsdauer hinaus zu fungiren hat, wenn sich die Einweisung der Neugewählten verzögert.

Die Magistratsräthe übernehmen ihr Amt erst mit der Verpflichtung und Einweisung, welche durch den Bürgermeister zu geschehen hat; vorausgesetzt ist also, daß die Wahl des Bürgermeisters bereits vollzogen ist.

Bei einer Gemeindewahl in Gemeinden mit städtischer Verfassung verliert der zum Gemeindebevollmächtigten Gewählte durch seine nachfolgende Wahl zum Magistratsrath nicht das Recht, bei der Wahl des Bürgermeisters mitzuwirken. Dieses Recht kann auch einem zum Gemeindebevollmächtigten gewählten

Magistratsrathe der bisherigen Wahlperiode nicht abgesprochen werden. (V.G.H.E. Bd. IV S. 9.)

Die Wahlperiode der Gemeindebevollmächtigten beginnt mit dem Zeitpunkte der beendigten Wahl, d. i. mit dem Momente der Vollendung des Wahlaktes, diejenige der bürgerlichen Magistratsräthe mit dem Anfang des Kalenderjahres.

Wenn nur die Wahl des Bürgermeisters oder einzelner Magistratsräthe oder Gemeindeausschußmitglieder vernichtet oder ungiltig erklärt wird, so hindert das nicht die Einweisung der übrigen giltig Gewählten. Der nach Art. 101 Abs. II berufene Magistratsrath bezw. der Beigeordnete hätten eben dann die Bürgermeistereigeschäfte einstweilen zu versehen.

Anm. 2. Zur Entscheidung von Streitigkeiten, ob austretende Mitglieder einer Gemeindeverwaltung gemäß Art. 186 ihre Funktion bis zur Einweisung der neu Gewählten fortzusetzen haben, ist der V.G.H. nicht zuständig, (V.G.H.E. Bd. IV S. 25,) denn das Gesetz hatte hier nur die Fälle der Art. 80, 109, 127 im Auge.

Der Anspruch eines Ersatzmannes für das Kollegium der Gemeindebevollmächtigten auf Eintritt in das Kollegium für eine bestimmte Stelle bei Erledigung mehrerer Gemeindebevollmächtigtenstellen unterliegt dagegen seiner letztinstanziellen Entscheidung, denn es läßt sich nicht annehmen, daß zwar die Berechtigung zum Austritt aus einer gemeindlichen Funktion, nicht aber jene zum Eintritt seinem Schutze unterstellt werden wollte. (V.G.H.E. Bd. VI S. 115.)

Anm. 3. Ueber den Zeitpunkt des Wechsels im Personalstand der Gemeindeausschüsse und des Magistrats bei ordentlichen Gemeindewahlen s. Bl. f. adm. Pr. Bd. 38 S. 17.

Art. 187.

I. Die Ersatzmänner werden für die Dauer der laufenden Wahlperiode gewählt.

II. Wird im Laufe dieser Wahlperiode eine Stelle erledigt, so ist dieselbe durch Einberufung des nächsten Ersatzmannes zu besetzen. In Städten, in welchen gemäß Art. 189 Abs. II nach Bezirken gewählt worden ist, sind hiebei die Bestimmungen des Art. 190 Abs. II zu beachten. Die Einberufung, von welcher der vorgesetzten Verwaltungsbehörde Anzeige zu erstatten ist, geschieht durch den Bürgermeister.

III. Die Einberufenen haben ihr Amt für jene Zeitdauer zu versehen, welche diejenigen noch zu erfüllen gehabt hätten, an deren Stelle sie treten. Sind mehrere Stellen gleichzeitig erledigt, so entscheidet das Loos darüber, an wessen Stelle jeder einberufene Ersatzmann einzutreten hat.

Anm. 1. Art. 187 trifft für die Erledigung von Stellen einer anderen als der laufenden, also namentlich der vorausgehenden, keine Bestimmung. Abs. I betrifft die Zeit von einer ordentlichen Gemeindewahl zur nächstfolgenden, also in

Gemeinden mit städtischer Verfassung eine dreijährige, sonst eine sechsjährige. Die Ersatzmänner sind verpflichtet, ihrer Reihenfolge nach einzurücken, wenn Erledigungen jener Stellen eintreten, für welche sie gewählt sind; unzulässig ist es, auf erledigte Stellen, wenn Ersatzmänner aus der eigenen Wahlperiode der abgetretenen mangeln, Ersatzmänner einer späteren Wahlperiode zu berufen. Wenn während der Wahlperiode eine außerordentliche Ersatzwahl nicht vorgenommen werden will, sind bei der nächsten ordentlichen Ersatzwahl die in der ersten Periode erledigten Gemeindebevollmächtigtenstellen durch Vornahme einer besonderen Wahl zu besetzen. (V.G.H.E. Bd. VI S. 270.)

Namentlich in Gemeinden mit städtischer Verfassung kommt es häufig vor, daß die vorgeschriebene Zahl der Ersatzmänner der Bevollmächtigten sofort bei der Wahl der Magistratsräthe geschmälert wird, wenn hiezu Gemeindebevollmächtigte genommen werden. Ein gänzliches Begriffensein unmittelbar nach der Wahl ist nur bei Wahlen nach Bezirken möglich; denn bei gemeinsamen Wahlen machen die sämmtlichen neuzuwählenden Magistratsräthe nur die Hälfte der Ersatzmänner aus. Es müßte die andere Hälfte durch Ablehnung von Gemeindebevollmächtigten vergriffen werden. Hier ist dann nach Analogie des Art. 200 eine Ergänzungswahl vorzunehmen.

Anm. 2. Ersatzmänner werden nur für die Gemeindebevollmächtigten gewählt.

Anm. 3. Zu Abs. III: Wenn sich bei der ordentlichen Gemeindewahl in Folge der Wahl von Gemeindebevollmächtigten zu Magistratsräthen mehrere Gemeindebevollmächtigtenstellen erledigten, so ist für die Frage, ob eine gleichzeitige Erledigung im Sinne des Art. 187 Abs. III gegeben ist, nicht der Zeitpunkt der Magistratswahl, in Folge deren die Erledigung der Gemeindebevollmächtigtenstelle eintritt, sondern der Zeitpunkt der Erledigung selbst maßgebend. Diese Erledigung erfolgt aber keinesfalls vor dem 1. Januar, da die neu gewählten Magistratsräthe ihre Stelle erst mit Beginn der neuen Wahlperiode — dem 1. Januar — antreten. (V.G.H.E. Bd. VI S. 111.)

Erfolgt die gleichzeitige Erledigung der Stellen nicht während der Wahlhandlung selbst (durch etwaige Wahlablehnung von Gemeindebevollmächtigten), hat der Bürgermeister die Loosung öffentlich vorzunehmen.

Art. 188.

I. Alle Wahlhandlungen und dabei nöthigen Ausfertigungen sind tax- und stempelfrei; die sonstigen Kosten hat die Gemeindekasse zu tragen.

II. Nur die etwaigen Reisekosten und Diäten der Wahlkommissäre übernimmt die Staatskasse.

Anm. 1. Die Gebührenfreiheit bezieht sich auf die Wahlhandlung selbst und die dabei benöthigten Ausfertigungen. (V.G.H.E. Bd. XI S. 86.) Gemeindewahlstreitigkeiten sind gebührenpflichtig. (Eod. Bd. IV S. 12; siehe Art. 176.)

Anm. 2. Zu den sonstigen Kosten gehören die Auslagen für Lokalmiethe, die Kosten des Aktuars, der Formulare, Protokolle, Wahlzettel, Bekanntmachungen, dann des etwa benöthigten Dienerpersonales.

Anm. 3. Ueber Reisekosten und Diäten siehe Allerh. Verordnung vom 11. Februar 1875 G.V.Bl. S. 105, M.A.Bl. S. 104 und Weber Bd. X S. 590. (S. auch Kahr, G.O. Bd. II S. 253.)

II. Abschnitt.

Wahlen in Gemeinden mit städtischer Verfassung.

Art. 189.

I. Die regelmäßigen Wahlen in Gemeinden mit städtischer Verfassung beginnen mit der Wahl der Gemeindebevollmächtigten durch die Gemeindebürger.

II. Die Wahl kann nach Wahlbezirken erfolgen, wenn Magistrat und Gemeindebevollmächtigte übereinstimmend dieses beschließen und sich über die Eintheilung der Wahlbezirke verständigen. In diesem Falle wird die Zahl der in jedem Bezirke zu wählenden Gemeindebevollmächtigten nach Verhältniß der im Bezirk wohnenden Wähler bestimmt. Die Wählbarkeit ist an keinen besonderen Bezirk gebunden.

III. In Gemeinden, in welchen die Wahl nicht gemäß Abs. II vorgenommen wird, kann der Magistrat gleichwohl die Vornahme der Wahl in mehreren Lokalitäten anordnen. In diesem Falle ist für jede Abtheilung der Gemeinde, für welche ein besonderes Wahllokal bestimmt ist, ein Wahlkommissär und Wahlausschuß aufzustellen, welche die in Art. 179 bis 183 und Art. 184 Abs. I bezeichneten Obliegenheiten erfüllen. Die stimmberechtigten Gemeindebürger haben in dem Wahllokale der Abtheilung, in welcher sie wohnen, ihre Stimmzettel zu empfangen und abzugeben. Nach Abschluß des Wahlprotokolles und der Stimmlisten sind sämmtliche Verhandlungen nebst den Stimmzetteln versiegelt an den Hauptwahlausschuß abzugeben. Dieser besteht aus dem Bürgermeister oder aus dem von ihm ernannten Wahlkommissär und aus sechs von den Gemeindebevollmächtigten vor Beginn der Wahl bezeichneten stimmberechtigten Gemeindebürgern; er hat in öffentlicher Sitzung das Wahlresultat zu ziehen und nach Art. 185 und 191 weiter zu verfahren.

IV. In den Fällen der Abs. II und III haben alle Wahlen in der Gemeinde am nämlichen Tage zu beginnen. Am Wahltage ist in jedem Wahllokale eine Liste der daselbst zur Abgabe ihrer Stimmen berechtigten Gemeindebürger aufzulegen.

Anm. 1. Zu Abs. I: Die Wahlhandlung findet regelmäßig für die ganze Gemeinde einheitlich statt; Ausnahmen sind nach Art. 189 Abs. II zugelassen; gleichgiltig ist hiebei, ob es sich um eine mittelbare oder unmittelbare Stadt handelt. Die Wahlen in Stadtgemeinden setzen sich aus einer Reihe von Wahlen zusammen, die nach einer bestimmten Reihenfolge vorzunehmen sind; jede Abtheilung bildet ein selbständiges Wahlgeschäft, dessen Giltigkeit für sich angefochten werden kann: hienach laufen auch für jede Abtheilung selbständige Wahlanfechtungsfristen vom Tage der Bekanntmachung derselben an. (V.G.H.E. Bd. XI S. 77.)

Die Wahl von Ersatzmännern für die bereits abgelaufene Wahlperiode gehört nicht zur regelmäßigen Wahl im Sinne des Art. 189 Abs. I.

Anm. 2. Zu Abs. II: Wahlen nach Bezirken und Abtheilungen sollen nur in größeren Städten vorgenommen werden. Auch wenn in mittelbaren Städten die Wahl nach Bezirken vorgenommen werden will, werden die Wahlkommissäre vom Bezirksamt ernannt. (M.E. v. 26. Okt. 1869 Nr. 12942, Bl. f. adm. Pr. Bd. 19 S. 380.)

Hiebei sind Commissäre für die Abtheilungswahlen und für die Gesammtwahlen zu ernennen; die Zuständigkeit richtet sich nach den allgemeinen Bestimmungen. In gleicher Weise werden die Ausschüsse gebildet. (M.E. vom 28. Okt. 1869 Nr. 12942, Bl. f. adm. Pr. Bd. 19 S. 380, Seydel l. c. Bd. III S. 195.)

Auf Magistratswahlen findet Abs. II nicht Anwendung.

Sowohl im Falle des Abs. II als des Abs. III muß die Hauptwahlliste, welche die sämmtlichen Bürger der ganzen Stadt enthält, in einem durch vorherige Bekanntmachung bezeichneten Lokale zur Einsicht aufliegen; außerdem ist in jedem Wahllokale, in welchem nicht die Hauptwahlliste aufliegt, ein Auszug aus der letzteren aufzulegen, in dem die daselbst zur Stimmabgabe Berechtigten, nicht alle wählbaren Gemeindebürger, verzeichnet sein müssen. (Bl. f. adm. Pr. Bd. 20 S. 185.) Auch diese Wahlhandlung ist für die persönlich zur Theilnahme Berechtigten eine öffentliche.

Anm. 3. Der Satz in Abs. III: „ihre Stimmzettel zu empfangen" ist nach der Novelle von 1896 gegenstandslos und zu ändern übersehen worden. Er hat höchstens noch die Bedeutung, daß jeder Wähler nur in seinem Wahlbezirke während der Wahl einen Wahlzettel verlangen kann.

Anm. 4. Zu Abs. III: Ein Wohnungswechsel berechtigt den Wahlausschuß eines Bezirkes oder einer Abtheilung nicht, den in der Wählerliste des betreffenden Bezirkes vorgetragenen Wähler auszuschließen.

Nach Abschluß der Hauptwahlliste (welche am besten in der Magistratskanzlei aufgelegt wird), sind Ueberschreibungen von der einen Liste in eine andere unzulässig. Sie muß in einem durch vorherige Bekanntmachung bezeichneten Lokale zur Einsicht aufliegen (Bl. f. adm. Pr. Bd. 20 S. 185); daß sie in jedem Wahllokale neben der Liste für den betreffenden Bezirk aufliege, ist nicht erfordert.

Der Hauptwahlausschuß ist nur bei der durch die Gemeindebürger zu bethätigenden Wahl der Gemeindebevollmächtigten und Ersatzmänner zu einer Thätigkeit berufen. Die Bekanntmachung der Wahlergebnisse hat also noch vor der Wahl der Magistratsräthe zu geschehen. (V.G.H.E. Bd. XI S. 83.)

Die Zuständigkeit der Abtheilungswahlkommissäre und Ausschüsse endigt mit Abschluß des Protokolls und der Stimmlisten.

Anm. 5. Bei Vermehrung der Mitglieder des Gemeindekollegiums hat zunächst die Wahl des Drittheils in der bisherigen Anzahl stattzufinden; dann sind in gesonderter Wahl so viele Personen, als zur beabsichtigten Verstärkung des Kollegiums erforderlich sind, zu wählen. Hierauf wird durch das Loos entschieden, welches Drittheil der letztgewählten Personen bereits nach drei, welches nach sechs Jahren aus dem Kollegium auszutreten hat.

Bei Verminderung der Mitglieder ist der Austritt der Gemeindebevollmächtigten durch das Loos in dem Maaße zu veranlassen, daß die im Amte verbleibenden zwei Drittheile je auf die Minderzahl reduzirt werden, welche ein jedes nach der beabsichtigten Minderung enthalten soll. Dann erst ist zur Wahl der Gemeindebevollmächtigten, und zwar des dritten Theils der Zahl der Gemeindebevollmächtigten, welche in der Folge bestehen sollen, zu schreiten.

Art. 190.

I. Nach beendigter Wahl der Gemeindebevollmächtigten sind in gesonderter Wahlhandlung Ersatzmänner zu wählen, deren Zahl dem Drittheil der Gesammtzahl der Gemeindebevollmächtigten gleich sein muß.

II. Die Ersatzmänner werden nach der Reihenfolge ihrer Wahl einberufen. Wenn nach Art. 189 Abs. II gewählt worden ist, so haben die in einem bestimmten Wahlbezirke gewählten Ersatzmänner für die aus der Wahl in diesem Bezirke hervorgegangenen Gemeindebevollmächtigten einzutreten.

Anm. 1. Relative Stimmenmehrheit genügt (siehe Art. 184 Abs. III).

Anm. 2. Wenn Ersatzmänner des betreffenden Bezirks (Abs. II) nicht mehr vorhanden sind, dann ist eine Ergänzungswahl gemäß Art. 200 vorzunehmen. Ersatzmänner anderer Bezirke dürfen nicht berufen werden. Eine weitere Wahl für Ersatzmännerstellen, welche durch Nachrücken erledigt worden sind, findet nicht statt. Ebensowenig eine weitere Wahl für Hauptstellen, welche wegen ungenügender Zahl von Ersatzmännern frei geblieben sind. Hier gelten die Bestimmungen über Ergänzungswahlen. (Art. 200.)

Die Ersetzung der während einer Wahlperiode erledigten und nicht wieder zur Besetzung gelangten Gemeindebevollmächtigtenstellen durch Einberufung von Ersatzmännern für die nächstfolgende Periode ist als Verletzung einer wesentlichen gesetzlichen Förmlichkeit bei der Wahlhandlung zu betrachten. (V.G.H.E. Bd. VI S. 270.)

Art. 191.

I. Nach vollendeter Wahl werden die zu Gemeindebevollmächtigten Gewählten und die Ersatzmänner vor den Wahlausschuß gerufen und mit ihren Erklärungen über die Annahme oder Ablehnung der Wahl vernommen.

II. Werden Ablehnungsgründe geltend gemacht, so entscheidet hierüber der Wahlausschuß, bei dessen Verhandlungen jeder Gemeindebürger gegenwärtig sein kann. Im Falle die Ablehnung für begründet erkannt wird, rückt der Ersatzmann in die Stelle des Ablehnenden. Wenn nach Wahlbezirken gewählt worden ist, so steht den in mehreren Bezirken Gewählten frei, sich für einen derselben zu entscheiden. In den übrigen treten alsdann die Ersatzmänner an ihre Stelle.

III. Diejenigen Gewählten, welche vor dem Wahlausschusse nicht erscheinen können, haben auf schriftliche Aufforderung ihre Erklärungen bei dem Magistrate abzugeben; ein wiederholter Zusammentritt des Wahlausschusses findet in diesem Falle nur statt, wenn Ablehnungsgründe geltend gemacht werden.

IV. Die gewählten Gemeindebevollmächtigten treten nach beendigter Wahl sogleich in ihre Stellen ein.

Anm. 1. Zu Abs. I: Nach vollendeter Wahl d. i. unmittelbar nach der Wahl der ersteren bezw. der letzteren. Wenn der Bestimmung des Abs. I nicht genügt wird, so ist diese Erklärung im Wege schriftlicher Aufforderung beizuholen; ebenso verhält es sich bei den Magistratsräthen; unzulässig ist es, die Abgabe dieser Erklärung bis nach durchgeführter Wahl d. i. bis zu einem Zeitpunkte zu verschieben, in dem die Zuständigkeit des Wahlausschusses erlischt und demnach die gesetzlich vorgeschriebene Beschlußfassung dieses Ausschusses über die Wahlablehnung nicht mehr stattfinden kann. (V.G.H.E. Bd. IV. S. 317.)

Die Vorsetzung einer Frist zur Erklärungsabgabe unter dem Präjudize, daß nach fruchtlosem Ablaufe der Frist die Wahl als angenommen betrachtet werde, ist gesetzlich unzulässig und hindert den Gewählten nicht, nach Ablauf der Frist eine ablehnende Erklärung abzugeben. Setzt der Gewählte Bedingungen oder zeitliche Beschränkungen, so wird Ablehnung der Wahl präsumirt.

Die Erklärungen der zu Gemeindebevollmächtigten Gewählten über Annahme oder Ablehnung der Wahl müssen so zeitig erfolgen, daß die Bildung des Gemeindebevollmächtigtenkollegiums bis zur Wahl der Magistratsräthe vollzogen ist. Die Annahme der Wahl zum Gemeindebevollmächtigten bildet keinen Wahlablehnungsgrund im Sinne des Art. 174 Abs. VI Ziff. 3, (V.G.H.E. Bd. IV S. 315), und schließt nicht einen Verzicht auf Ablehnung der Wahl zum Magistratsrath in sich. S. auch Art. 174.

Erklärt der Gewählte die Annahme der Wahl, so steht damit zwischen ihm und der Gemeinde die Verpflichtung zur Uebernahme des Gemeindeamtes fest. Der Gewählte kann von nun an nicht mehr Ablehnungsgründe, sondern nur Austrittsgründe geltend machen. Bringt der Gewählte einen gesetzlichen Ablehnungsgrund vor, so wird eine Entscheidung darüber nöthig, ob die Ablehnung gerechtfertigt ist. Hiezu ist der Wahlausschuß zuständig, bei dessen bezüglichen Verhandlungen jeder Gemeindebürger gegenwärtig sein kann. Wird die Wahlablehnung bei noch währender Wahl geltend gemacht, so ist die Entscheidung sofort zu treffen; erfolgt die ablehnende Erklärung nach geschlossener Wahl, so ist der Wahlausschuß auf Veranlassung der Gemeindebehörde durch den Wahlkommissär einzuberufen. (Seydel, b. Staatsrecht, Bd. III. S. 202.)

Anm. 2. Zu Abs. II: Die Ablehnungsgründe sind in Art. 174 enthalten. Bei gesetzwidriger Anerkennung von solchen und im Falle gesetzwidriger Benachtheiligung durch die Beschlüsse eines Wahlausschusses kann Beschwerde aus Art. 196 Abs. V erhoben werden. Auch solche Gemeindebürger können hiebei anwesend sein, welche von der Wahl ausgeschlossen sind.

Der Ersatzmann muß in die Stelle des Ablehnenden einrücken, ohne Rücksicht darauf, ob die Ablehnungsgründe mit Recht oder Unrecht anerkannt worden sind; er ist indes nicht gehindert, gemäß Art. 196 Abs. V den Verwaltungsrechtsweg zu beschreiten.

Den in mehreren Bezirken Gewählten: Dieses Recht haben aber nur die Gemeindebevollmächtigten, während die Ersatzmänner als für alle jene Bezirke gewählt anzusehen sind, welche sie hiezu gewählt haben: nur zur Zeit ihrer Einberufung können sie sich für einen bestimmten Bezirk entscheiden.

Die Entscheidung des Gewählten über den Bezirk geht der Erklärung über Annahme oder Ablehnung der Wahl voraus: der Ablehnungsgrund braucht nicht vor dem Wahlausschusse eines jeden von mehreren Bezirken geltend gemacht zu werden. Anders dagegen, wenn der Gewählte, bevor er gewußt hat, daß er auch in einem weiteren Bezirk gewählt sei, seine Erklärung vor dem Wahlausschusse eines anderen Bezirks abgegeben hat.

Anm. 3. Zu Abs. III: Die an abwesende Gewählte zu richtende schriftliche Aufforderung zur Erklärungsabgabe über die Annahme oder Ablehnung der Wahl ist nicht vom Wahlkommissär, sondern vom Magistrat zu erlassen und nöthigenfalls unter Anwendung des Art. 99 durch gesetzliche Zwangsmittel zum Vollzug zu bringen. Dem Wahlkommissär stehen Zwangsbefugnisse nicht zu; denn es handelt sich hier um erzwingbare Anordnungen, die nur jenen Organen übertragen werden können, die hiezu die Befugniß nach Art. 99 GO. haben: also nur dem Magistrat.

Anm. 4. Zu Abs. IV: Diese Bestimmung kommt mit der des Art. 186 in Conflikt, wenn es sich um die Wahl eines bisherigen Magistratsmitgliedes zum Gemeindebevollmächtigten handelt; denn nach Art. 186 hat das Magistratsmitglied seine Funktion fortzusetzen, bis die Neugewählten in ihr Amt eingewiesen sind, nach Art. 191 Abs. IV soll es die Stelle eines Gemeindebevollmächtigten sofort antreten. Dieser Conflikt zeigt sich besonders in den Fällen der Art. 110 Abs. II, Art. 111 und 112. Man wird annehmen müssen, daß mit Rücksicht hierauf zunächst Art. 186 in Anwendung zu kommen hat, der Gewählte aber jedenfalls berechtigt ist, bei den durch die Gemeindebevollmächtigten vorzunehmenden Wahlen mitzuwirken. S. oben Art. 186, Anm. 1. Vgl. dagegen Kahr, G.O. Bd. II S. 265.

Art. 192.

I. Auf die Wahl der Gemeindebevollmächtigten folgt diejenige der bürgerlichen Magistratsräthe, welche von den Gemeindebevollmächtigten zu vollziehen ist.

II. Die Reihenfolge der in demselben Wahlgange Gewählten bemißt sich nach der Zahl der erhaltenen Stimmen. Finden mehrere Wahlgänge statt, so gebührt den früher Gewählten der Vorrang. Werden in demselben Wahlgange mehrere Personen mit gleicher Stimmenzahl gewählt, so richtet sich die Reihenfolge nach dem Alter, wenn die vorschriftsmäßige Zahl durch den Eintritt aller nicht überschritten wird. Im entgegengesetzten Falle entscheidet das Loos.

III. Fällt die Wahl auf eine Person, welche mit einem Mitgliede des Magistrats als Vater oder Sohn, Bruder, Oheim oder Neffe verwandt oder als Stiefvater oder Stiefsohn, Schwiegervater oder Schwiegersohn verschwägert ist, so ist der Gewählte von dem Eintritte in den Magistrat ausgeschlossen.

IV. Werden bei derselben Wahl mehrere Personen, zwischen welchen das in Abs. III bezeichnete Verhältniß besteht, gewählt, so hat der im früheren Wahlgange oder der im nämlichen Wahlgange mit der größeren Stimmenzahl Gewählte das Recht zum Eintritt. Bei Stimmengleichheit entscheidet das Loos.

V. Nach vollendeter Wahl sind die Gewählten nach Vorschrift des Art. 191 sofort über Annahme oder Ablehnung der Wahl zu vernehmen.

VI. Wenn die Ablehnung von dem Wahlausschusse als begründet erachtet wird, ist eine neue Wahl vorzunehmen.

Anm. 1. Zu Abs. I: Bei Vornahme der mittelbaren Gemeindewahlen durch die Gemeindebevollmächtigten in Gemeinden mit städtischer Verfassung handelt es sich nicht um die Ausübung des den einzelnen Gemeindebürgern zustehenden Wahlrechts, sondern um die Erfüllung der dem ganzen Kollegium der Gemeindebevollmächtigten gegenüber der Gemeinde obliegenden Wahlpflicht.

Zur Entscheidung von Streitigkeiten hierüber kann der V.G.H. weder auf Grund des Art. 8 Ziff. 33, noch auf Grund einer anderen Competenzbestimmung des V.G.H.G. angerufen werden. Hienach sind auch die auf fragliche Angelegenheit bezüglichen administrativen Zwangsverfügungen eines Wahlkommissärs der Zuständigkeit dieses Gerichtshofes entrückt. (V.G.H.E. Bd. III S. 525.)

Die Gemeindebevollmächtigten haben als die von der Mehrheit der wählenden Gemeindebürger bestimmten Vertrauensmänner die ihnen übertragene Wahlaufgabe ihrem ganzen Umfang nach zu erfüllen: Art. 192—195; der Zeitpunkt hinsichtlich Bethätigung des übertragenen Wahlrechts ist durch Art. 191 Abs. IV festgestellt. Bei Weigerung: Art. 165.

Wenn sich auch die Erneuerung der Magistratsbildung in gesonderten, möglicherweise selbst zeitlich auseinanderliegenden einzelnen Wahlakten zu vollziehen hat, so wird dadurch die Einheitlichkeit der betreffenden Wahlthätigkeit nicht im Mindesten beeinträchtigt; erst wenn das durch Wahl erneuerte Magistratskollegium nach Haupt und Gliedern konstituirt ist, die Neugewählten bestätigt, verpflichtet und eingewiesen sind, beginnt auch die rechtliche Wirksamkeit ihrer Stellung, und tritt die Unmöglichkeit ein, noch weitere Funktionen als Gemeindebevollmächtigte auszuüben; insolange kann nicht von einer Erledigung der letzteren Stellen gesprochen werden. (M.E. v. 6. Febr. 1870, Kr.A.Bl. f. Oberfr. S. 283, Bl. f. adm. Pr. Bd. 20 S. 185, Bd. 29 S. 119.)

Anm. 2. Zu Abs. II: Wenn in der vergangenen Wahlperiode die Stelle eines Magistratsrathes, welcher nach Ablauf derselben nicht auszutreten, sondern noch eine weitere Periode zu funktioniren gehabt hätte, erledigt und nicht wieder besetzt worden ist, so ist die Wahl für diese Stelle als einer Ergänzungswahl vor der ordentlichen Gemeindewahl vorzunehmen.

Ein zum Gemeindebevollmächtigten gewählter Magistratsrath der bisherigen Wahlperiode ist berechtigt und verpflichtet, an der Wahl des Bürgermeisters und der Magistratsräthe theilzunehmen. (V.G.H.E. Bd. IV S. 9.)

Streitigkeiten über die Reihenfolge der Räthe sind Verw.R.Sachen nach Art. 8 Ziff. 33 V.G.H.G. (V.G.H.E. Bd. XII S. 155.)

Abs. II trifft auch dann zu, wenn bei derselben Wahl mehrere Wahlgänge erforderlich sind. (Eod. Bd. XII S. 163.) Es ist jedoch jeder Wahlgang mit einem Resultate für sich in Betracht zu ziehen.

Anm. 3. Zu Abs. III: Bezüglich der Verwandtschaftsverhältnisse ist das bürgerliche Recht maßgebend. (Eod Bd. VI S. 205.) Vgl. nunmehr: § 1590 B.G.B.

Halbbürtige Brüder und vereinkindschaftete Geschwister gehören hieher; nicht aber voreheliche Söhne zweier Ehegatten. (S. auch eod Bd. IV S. 16.) Bei Zusammentreffen von solchen Personen hat einer zu weichen und zwar in der Weise, daß die Berufung zum höheren Amt vor dem Besitzstand (Art. 195[4], 197[5], 198[6]), innerhalb der gleichen Gattung der Besitzstand (192[3], 195[5], 197[5]), dann der frühere Wahlgang, endlich die höhere Stimmenzahl, eventuell das Loos den Vorzug gibt. (S. Seydel, b. Staatsr. Bd. III S. 178.)

Anm. 4. Der Fall, daß das in Art. 192 bezeichnete Schwägerschaftsverhältniß erst im Laufe der Wahlperiode entsteht, ist in der G.O. nicht vorgesehen.

Im Regierungsentwurf findet sich die Bestimmung:

> Eine im Laufe der Wahlperiode entstandene Schwägerschaft verpflichtet nicht zum Austritt.

An keiner Stelle der G.O. findet sich mehr eine Bestimmung, welche allgemein und unzweideutig die Vorschrift aussprechen würde: Stiefvater und Stiefsohn, Schwiegervater und Schwiegersohn können nicht gleichzeitig Mitglieder des Magistrats oder des Gemeindeausschusses sein.

Der Fall, daß im Laufe der Wahlperiode neue Schwägerschaftsverhältnisse entstehen, wird von den Bestimmungen der Art. 192, 195, 197 gar nicht berührt und deshalb muß es der Gesetzgeber als überflüssig gehalten haben, hierüber noch eine ausdrückliche Bestimmung in das Gesetz aufzunehmen. (Bl. f. adm. Pr. Bd. 20 S. 195.) Ein Austritt des einen oder anderen Mitgliedes des Magistrats oder des Gemeindeausschusses wäre demnach nicht veranlaßt.

Sternau [S. 113] tritt der obigen Anschauung entgegen und behauptet, gegenüber demjenigen der beiden Verwandten, welcher gemäß Art. 192 Abs. III und IV zuletzt in den Magistrat eingetreten oder bei gleichzeitigem Eintritt in einem späteren Wahlgang bezw. mit geringerer Stimmenzahl gewählt worden sei, habe die Bestimmung des Art. 80 Abs. II Anwendung zu finden Sternau begründet seine Anschauung

u. a. durch analoge Heranziehung der Bestimmungen, welche bezüglich des Eintritts in das Collegium der Magistratsräthe oder in den Gemeindeausschuß gelten.

S. aber auch V.G.H.E. Bd. VIII S. 169. Es kann in den Erk. d. V.G.H. v. 17. u. 19. Nov. 1886 nicht nur keine Widerlegung der Sternau'schen Ansicht, sondern in Anwendung des Art. 59 der pf. G.O. eher eine Bestätigung gefunden werden. Welchen Sinn soll eine Bestimmung haben, wenn sie möglicher Weise durch Verschiebung einer Hochzeit um 8 Tage umgangen werden kann? Die sog. Vetterschaften in Markt- und kleineren Gemeinden sind lange nicht Verwandtschaften oder Schwägerschaften im Sinne des Art. 192. Warum soll ferner bei der regelmäßigen Wahl der Schwager nicht eintreten dürfen, wohl aber bei einer Nachwahl? Gerade die Weglassung der Bestimmung des Entwurfs und der ersten Lesung im Ausschusse, daß neu entstehende Schwägerschaft nicht zum Austritt nöthige, durch die Subkommision spricht dafür, daß man diese Bestimmung nicht wollte. Vgl. auch Art. 195 Abs. IV und V. Die Beobachtung der zwingenden Vorschrift des Abs. III hängt nicht davon ab, ob der Wahlausschuß oder ein persönlich Benachtheiligter auf ihren Vollzug dringt. Eventuell hat die vorgesetzte Verwaltungsbehörde die Nichtigkeit der Wahl nach Art. 196 Abs. III und IV a auszusprechen.

Anm. 4. Zu Abs. IV: Bei Nichtbeobachtung kann Beschwerde wegen gesetzwidriger persönlicher Benachtheiligung erhoben werden.

Anm. 5. Zu Abs. V: Die mündliche Einvernahme über die Annahme oder Ablehnung der Wahl hat zu geschehen, bevor zur Wahl des Bürgermeisters geschritten wird. Wenn aber die Aufforderung an einen Gewählten in schriftlicher Form zu geschehen hat, so ist es nicht nöthig, daß die Erklärung hierauf erst abgewartet werde.

Ueber die Loosung siehe V.G.H.E. Bd. IV S. 52. bei Art. 184.

Die Ziehung des Looses durch ein Mitglied des Wahlausschusses ist nicht zu beanstanden.

Anm. 6. Zu Abs. VI: Die Neuwahl erfolgt sofort und vor der Wahl des Bürgermeisters, außer wenn die Wahlablehnung erst auf schriftliche Aufforderung vorgebracht und von dem wiederholt berufenen Wahlausschuß anerkannt wurde. Der Neugewählte nimmt auf jeden Fall die letzte Stelle ein.

Art. 193.

I. Sodann schreiten die Gemeindebevollmächtigten zur Wahl des bürgerlichen Bürgermeisters, wenn eine solche vorzunehmen ist. Sind mehrere zu wählen, so finden gesonderte Wahlgänge statt.

II. Die Gewählten sind nach Vorschrift des Art. 191 mit ihrer Erklärung über Annahme oder Ablehnung zu vernehmen, worauf im Falle begründeter Ablehnung ungesäumt eine neue Wahl stattzufinden hat.

Anm. 1. Zum Bürgermeister kann auch ein eben erst gewählter Magistratsrath gewählt werden; wenn ein zum Magistratsrath Gewählter die Wahl abgelehnt hat, so hindert ihn dies nicht, die Wahl zum Bürgermeister anzunehmen. Zunächst wird, wo mehrere Bürgermeister in Frage stehen, der erste Bürgermeister gewählt;

bei der Wahl der folgenden Bürgermeister ist darauf zu sehen, daß die letzteren in keinerlei Verwandtschafts- oder Schwägerschaftsverhältnisse zum ersten Bürgermeister stehen.

Anm. 2. An diesen Wahlen nehmen auch schon die zu Magistratsräthen gewählten Gemeindebevollmächtigten Theil.

Art. 194.

Auf diese Wahl folgt jene der rechtskundigen Bürgermeister und Magistratsräthe. Für jede dieser Stellen findet eine besondere Wahlhandlung statt.

Anm. Eine solche Wahl hat selbstverständlich nur dann stattzufinden, wenn eine derartige Stelle zu besetzen ist.

Art. 195.

I. Bürgermeister und Magistratsräthe werden in einer von dem Wahlkommissär anberaumten Wahlversammlung, wozu sämmtliche stimmberechtigte Gemeindebevollmächtigte zu laden sind, durch absolute Stimmenmehrheit gewählt.

II. Die Giltigkeit des Wahlaktes erfordert, daß mindestens zwei Dritttheile der Stimmberechtigten ihre Stimmen wirklich abgegeben haben.

III. Werden Bürgermeister oder rechtskundige Magistratsräthe aus den bürgerlichen Magistratsräthen erwählt, so sind die Stellen der letzteren durch eine neue Wahl zu besetzen.

IV. Fällt die Wahl zum Bürgermeister oder rechtskundigen Magistratsrathe auf eine Person, welche sich zu einem bürgerlichen Magistratsrathe in dem in Art. 192 Abs. III erwähnten Verwandtschafts- oder Schwägerschaftsverhältnisse befindet, so ist letzterer zum Austritte aus dem Magistrate verpflichtet und dessen Stelle durch Neuwahl zu besetzen.

V. Werden als Bürgermeister oder rechtskundiger Magistratsrath Personen gewählt, welche zu einem der vorhandenen Bürgermeister oder rechtskundigen Magistratsräthe in dem bezeichneten Verhältnisse stehen, so ist die Wahl ungiltig.

Anm. 1. Zu Abs. I: Absolute Stimmenmehrheit liegt vor, wenn der Gewählte auch nur einen Bruchtheil über die Hälfte der Stimmen erhalten hat, (z. B. von 27 Stimmen 14.) Vgl. M.E. v. 20. Nov. 1830, 23. März 1876 Nr. 2230, wo bei 20 Wahlberechtigten 9 Zettel unbeschrieben waren, während 11 auf ein und dieselbe Person fielen.

Bruchtheile sind stets voll zu nehmen: z. B. $^1/_2 = 1$. Die Einträge in der Wählerliste sind bezüglich der Stimmzettel nicht maßgebend.

Bei Berechnung der Zahl der Stimmenberechtigten bleiben die nach Art. 109 Abs. IV suspendirten Gemeindebevollmächtigten außer Ansatz. Wenn ein Gemeindebevollmächtigter z. B. wegen einer größeren Reise nicht zur Wahl kommen kann, bleibt seine Stimmberechtigung und darf seine Stimme bei der Zahl der zur giltigen Wahl nothwendig Anwesenden nicht außer Ansatz gelassen werden.

Unausgefüllte Stimmzettel, deren Abgabe als Stimmabgabe gilt, müssen mitgezählt werden, kommen aber nur als ungiltig in Betracht. (B.G.H.E. Bd. X S. 122).

Persönliche Ladung ist vorgeschrieben.

Anm. 2. Zu Abs. II: Wenn die zwei Dritttheile nicht erschienen sind, so kann die Minorität disciplinär auf Grund des Art. 165 vorgehen.

Anm. 3. Zu Abs. III, IV: Diese Wirkungen treten erst nach Bestätigung der hier aufgeführten Personen ein. (B.G.H.E. Bd. VI S. 205.)

Anm. 4. Zu Abs. V: Wer also später gewählt ist, dessen Wahl ist ungiltig. Art. 192 ist hieher zu berücksichtigen.

Art. 196.

I. Nach Beendigung der Wahlen werden die Wahlakten mit einer Uebersicht des gesamten Bestandes des Magistrates, der Gemeindebevollmächtigten und der Ersatzmänner durch den Wahlkommissär an die vorgesetzte Verwaltungsbehörde eingesendet.

II. Die zuständige Verwaltungsbehörde hat nach Prüfung der Wahlakten, wenn kein Grund zur Versagung der Bestätigung vorliegt, die gewählten Bürgermeister und rechtskundigen Magistratsräthe zu bestätigen und deren Einweisung und Verpflichtung anzuordnen.

III. Wird eine Nichtigkeit der Wahl erkannt, so ist dieselbe in einer mit Entscheidungsgründen versehenen Entschließung auszusprechen und vorbehaltlich der Beschwerde die Vornahme einer neuen Wahl anzuordnen.

IV. Als Nichtigkeitsgründe sind bei obiger Prüfung von Amtswegen nur zu berücksichtigen:

a. wenn eine nicht wählbare Person gewählt wurde;
b. wenn bei der Wahl nicht die erforderliche Anzahl von Wählern abgestimmt und
c. wenn der Gewählte die erforderliche Stimmenzahl nicht erhalten hat.

V. Innerhalb vierzehn Tagen nach der Bekanntmachung des Wahlresultats kann jeder Gemeindebürger wegen Verletzung wesentlicher gesetzlicher Förmlichkeiten bei ber Wahlhandlung die Wahl anfechten oder wegen gesetzwidriger Anerkennung von Ablehnungsgründen, sowie wegen gesetzwidriger persönlicher Benachtheiligung durch das Verfahren oder die

Beschlüsse eines Wahlkommissärs oder Wahlausschusses die Beschwerde ergreifen. In diesen Fällen entscheiden die vorgesetzten Verwaltungsbehörden in dem durch Art. 163 vorgezeichneten Instanzenzuge, soweit nicht das Gesetz über die Verwaltungsgerichtsbarkeit anders bestimmt. Diese Beschwerden haben keine aufschiebende Wirkung.

Anm. 1. Nach Beendigung der Wahlen: s. Art. 190, 191. Wenn eine schriftliche Aufforderung zur Erklärung über Annahme oder Nichtannahme der Wahl ergangen ist, sind die Wahlen auch dann beendigt, wenn diese Erklärung noch nicht abgegeben ist. Die Gesammtübersicht ist nach den einzelnen Wahlperioden ausgeschieden herzustellen und hat den Gesammtbestand ersichtlich zu machen.

Unter vorgesetzter Verwaltungsbehörde ist die der Gemeinde, wo die Wahl stattgefunden hat, unmittelbar vorgesetzte, also Bezirksamt oder Kreisregierung zu verstehen. (S. Art. 154, 155 und B.G.H.E. Bd. VI S. 127.)

Anm. 2. Zu Abs. II: Wenn der Gewählte nach dem Gesetz der Bestätigung bedarf, so ist die Bestätigung oder Nichtbestätigung dem Ermessen der Staatsbehörde anheimgegeben, sohin keine Verw.R.Sache gegeben. Die Bestätigung kann nur unter der Voraussetzung der giltigen Wahl ertheilt, sie kann auch aus dem Grunde, weil die Wahl als ungiltig erachtet wird, von der Verwaltungsbehörde versagt werden, in welchem Falle dann ein Streit über die Giltigkeit der Wahl gegenstandslos ist. Es gibt bloß eine persönliche Bestätigung des Gewählten, nicht eine Bestätigung der ganzen Wahlhandlung.

Ueber die Zuständigkeit zur Prüfung von Gemeindewahlen s. Seydel, in den Bl. f. adm. Pr. Bd. 36 S. 289; auch M.E. v. 17. März 1881 Nr. 4412. Wo eine Bestätigung nöthig ist, hat die staatsaufsichtliche Prüfung vorherzugehen.

Die Verpflichtung und Einweisung hat auch bei Wiederwahlen stattzufinden.

Ehe die zur Wahlprüfung berufene Behörde zur Prüfung der Wahlakten schreitet, kann sie die vierzehntägige Beschwerdefrist abwarten und ist dies um deswillen rathsam, weil dadurch ein Beschluß erspart und vermieden wird, daß eine gewählte und bestätigte Person ihr Amt nur sehr kurze Zeit versehen kann.

Die Prüfung erstreckt sich nicht auf die Frage, ob die sämmtlichen abgegebenen Stimmen von Wahlberechtigten herrühren.

Anm. 3. Zu Abs. II, III, IV, V:

Eine vollzogene Wahl kann

a. als nichtig aufgehoben,

b. bei der Wahl von Bürgermeistern, Beigeordneten und rechtskundigen Magistratsräthen nicht bestätigt,

c. als ungiltig erklärt werden.

a und b erfolgen von Amtswegen, c auf erhobene Beschwerde.

Anm. 4. Zu Abs. III: Die Wahl kann entweder nichtig oder anfechtbar sein; nichtig ist sie nur in den 3 Fällen des Abs. IV; hier hat die Aufhebung der Wahlhandlung und Neuanordnung einer Wahl von Amtswegen zu erfolgen. Vor Anordnung einer Neuwahl ist es rathsam, zuerst die vierzehntägige Beschwerdefrist abzuwarten.

Anm. 5. Zu Abs. IV: ad a: Wenn eine nicht wählbare Person gewählt wurde; wenn also z. B. Wahlbestechung vorliegt oder der Art. 172 verletzt ist; ad b: wenn z. B. Art. 184 verletzt ist. ad c: hier ist nur die Zahl maßgebend.

Eine nach Abs. IV nichtige Wahl wird nicht durch einfache Wahlbestätigung sanirt. Ein Nichtigkeits- oder Anfechtungsgrund nach Abs. IV oder V ist dann nicht gegeben, wenn der Wahlausschuß hinsichtlich einer undeutlichen Stimmenbezeichnung, sei es auch sachlich, unrichtig entschieden hat, (V.G.H.E. Bd. VI S. 56); dies gibt jedenfalls einen Anfechtungsgrund bei persönlicher Benachtheiligung.

Eine nach Art. 196 Abs. IV nichtige Gemeindewahl wird auch dadurch nicht rechtsgiltig, daß dieselbe bei der gemäß Abs. II vorgenommenen aufsichtlichen Prüfung unbeanstandet geblieben und dem gewählten Bürgermeister oder Beigeordneten gemäß Art. 126 die Bestätigung ertheilt worden ist. Eine solche Wahl kann daher nachträglich von Amtswegen aufgehoben werden. Der Umstand, daß der Gewählte in der Wählerliste als wählbar vorgetragen und gegen die Liste keine Einsprache erhoben worden ist, steht der von Amtswegen auszusprechenden Vernichtung der Wahl, wenn sich herausstellt, daß der Gewählte nicht wählbar war, nicht entgegen. (V.G.H.E. Bd. IV S. 54.)

Anm. 6. Zu Abs. V: Zum Begriff der Wahlhandlung gehört alles das, was einen nothwendigen Bestandtheil derselben bildet, zu ihr also in einer gesetzlichen inneren Beziehung steht. (V.G.H.E. Bd. XV S. 18.) Die Frist zur Wahlanfechtung nach Abs. V beginnt mit dem Momente der öffentlichen Bekanntmachung des Wahlresultates und endet mit dem Abfluß des 14. Tages nach dem Tage der Bekanntmachung, bei Meidung des Ausschlusses, (Bd. IV S. 3 eod.); die durch den Wahlkommissär im Wahllokal lediglich vor den anwesenden Wählern erfolgte mündliche Eröffnung kann als öffentliche Bekanntmachung nicht erachtet werden. (Eod. Bd. IV S. 52.)

Die vierzehntägige Frist ist dergestalt eine ausschließende, daß die innerhalb derselben vorgebrachten Wahlreklamationsgründe auch nur in der dort angebrachten Art zur Begründung einer Beschwerde gegen den im Wahlanfechtungsverfahren erlassenen verwaltungsrechtlichen Beschluß benützt werden dürfen.

Die Beschwerde muß nicht bloß im allgemeinen innerhalb dieser Frist eingebracht sein, sondern die einzelnen Beschwerdepunkte müssen innerhalb dieser Frist auch präcisirt sein. Die Wahl ist aber immer nur insoweit zu vernichten, als die angegebenen Beschwerdegründe einen das Wahlresultat ändernden Einfluß haben. Die nachträgliche Geltendmachung einzelner Beschwerdegründe in II. Instanz ist unzulässig. (Eod. Bd. X S. 78.)

Die formale Berechtigung zur Wahlanfechtung oder Wahlbeschwerde ist nur vom Besitze des Bürgerrechts abhängig; zum Begriff der Wahlhandlung gehören auch die dem eigentlichen Wahlgeschäfte vorhergehenden vorbereitenden Akte, soweit sie nach ihrer gesetzlichen Zweckbestimmung nothwendige Voraussetzung und ein wesentlicher Bestandtheil des Wahlgeschäfts sind. (V.G.H.E. Bd. XV S. 18.) S. auch Seydel, l. c. Bd. III S. 211.

Jeder Gemeindebürger kann Anfechtungsgründe geltend machen, aber nur Gemeindebürger, nicht also die Gemeindeverwaltungen, denn es handelt sich nur um persönliche Rechte der Gemeindebürger; (V.G.H.E. Bd. X S. 8); hienach ist auch der Wahlkommissär in dieser seiner Eigenschaft nicht beschwerdeberechtigt, weil eine von ihm geleitete Wahl für ungiltig erklärt wurde. (Eod. Bd. IV S. 27). Vereinen und Corporationen jeder Art steht ein solches Recht nicht zu, wohl aber Frauen, wenn ihre Vertreter zur Wahlausübung in ungesetzlicher Weise nicht zugelassen wurden.

Die Wahlanfechtung muß auf die in Abs. V bezeichneten Gründe sich beziehen:

a. Wegen Verletzung wesentlicher gesetzlicher Förmlichkeiten: hievon wurde bereits in den vorausgehenden Artikeln Erwähnung gethan.

Eine vom Wahlausschuß auf erhobene Wahlreklamation erlassene materiell unrichtige Entscheidung über die Wahlstimmberechtigung eines Wählers kann nicht als Verletzung einer wesentlichen gesetzlichen Förmlichkeit bei der Wahlhandlung im Sinne des Art. 196 Abs. V erachtet werden, sondern nur zur Beschwerdeführung wegen gesetzwidriger persönlicher Benachtheiligung Anlaß bieten. (V.G.H.E. Bd. IV S. 30.)

Der Umstand, daß der Wahlausschuß sich mit einer für die Gemeindewahl festgesetzten Förmlichkeitsvorschrift beschlußmäßig befaßt hat, vermag das in Art. 196 Abs. V jedem Gemeindebürger eingeräumte Wahlanfechtungsrecht wegen Verletzung einer wesentlichen gesetzlichen Förmlichkeit nicht zu beeinträchtigen und dasselbe von dem Erforderniß der persönlichen Benachtheiligung nicht abhängig zu machen.

b. Gesetzwidrige Anerkennung von Ablehnungsgründen: s. Art. 174. Gesetzwidrige persönliche Benachtheiligung: jede Art von Gesetzwidrigkeit, materielle und formelle, gehört hieher, ausgenommen solche, für die ohnedies das Listeneinspruchsverfahren eröffnet ist, und ausgenommen die Fälle unrichtiger Anwendung der Bestimmungen über Verwandtschaftsverhältnisse. Gleichgiltig ist, ob die Gesetzwidrigkeit während des Verfahrens selbst beanstandet wurde oder nicht.

Die Gesetzwidrigkeit muß vom Wahlkommissär oder Wahlausschuß ausgegangen sein, Handlungen anderer gemeindlicher Organe gehören nicht hieher. Daher gehört nicht hieher die Behauptung einer angeblich gesetzwidrig erfolgten Verweigerung oder Verleihung des Bürgerrechts. (V.G.H.E. Bd. X S. 89.)

Persönliche Benachtheiligung: derjenige, dessen eigene Wahl gar nicht in Frage kommt, kann sich also auch nicht hiewegen beschweren: (eod. Bd. IV S. 379). Unzulässig ist auch die Erhebung einer Reklamation für andere Gemeindebürger.

Die Thatsache, daß bei einer Gemeindewahl in Folge eines Beschlusses des Wahlkommissärs oder des Wahlausschusses andere Personen, als die von einem Wahlberechtigten gewünschten in die Gemeindevertretung gewählt wurden, kann als eine persönliche Benachtheiligung dieses Wahlberechtigten im Sinne des Art. 196 Abs V nicht erachtet werden. (Eod., Bd. IV S. 21.)

Eine im Widerspruch mit Art. 182 Abs. VI bezw. VII erlassene Entscheidung des Wahlausschusses enthält eine materielle Gesetzwidrigkeit, welche von dem hiedurch persönlich Benachtheiligten im Beschwerdewege verfolgt werden kann. (Eod. Bd. VI S. 121.)

Benachtheiligung liegt vor, wenn der Beschwerdeführer von der Ausübung seines Wahlrechts ausgeschlossen worden ist, wenn das Wahlergebniß zu seinen Ungunsten durch Rechtsverletzungen beeinflußt worden ist, bei Zurückweisung von Wahlablehnungen 2c.

Persönliche Benachtheiligung liegt nicht vor, wenn die Gegenpartei des vermeintlich persönlich Benachtheiligten bei der Wahl die Oberhand gewinnt.

Der Wahlausschuß hat das Recht und die Pflicht, einerseits solche Personen, welche zwar in der Wahlliste stehen, von welchen er aber weiß, daß sie z. B. nicht Gemeindebürger sind, zurückzuweisen, andererseits über Beanstandungen, welche während der Wahl von irgend einer Seite gegen das Wahlstimmrecht eines Einzelnen erhoben werden, förmlichen Beschluß zu fassen. Hiegegen steht dem Zurückgewiesenen das Recht der Beschwerde zu. (Bl. f. adm. Pr. Bd. 26 Nr. 18.)

d. Die Vernichtung einer Gemeindewahl nach Abs. V ist nur dann zulässig, wenn nachweislich infolge einer der dort aufgeführten Ursachen das Wahlresultat wirklich verändert oder zum Mindesten dessen Richtigkeit verdunkelt worden ist. (S. auch Art. 101 und die Anm.)

Nach M.E. v. 27. Juni 1876 Nr. 6684 kann sich der Kläger, wenn auf Anfechtungsklage hin eine Wahl vernichtet wurde, nicht deshalb beschweren, weil nicht alle vorgebrachten Anfechtungsgründe gewürdigt und als begründet anerkannt worden sind; es ist nicht Aufgabe der entscheidenden Instanzen, dem Kläger theoretische Fragen in beliebiger Zahl zu beantworten.

Die bloß ziffermäßige Anführung bestimmter Artikel der G.O., welche bei einer Gemeindewahl verletzt worden sein sollen, ist zur Begründung einer Wahlanfechtung gemäß Art. 196 Abs. V insbesondere dann nicht ausreichend, wenn dieselben eine Mehrheit von Bestimmungen enthalten. In der Regel müssen die Handlungen oder Unterlassungen oder überhaupt die Vorgänge, worauf die Wahlanfechtung begründet werden will, in dem Maße genügend bezeichnet sein, daß die Beurtheilung ermöglicht ist, ob dadurch die Verletzung einer wesentlichen gesetzlichen Förmlichkeit bei der Wahlhandlung stattgefunden hat. (V.G.H.E. Bd. X S. 94.)

Die vorgesetzte Verwaltungsbehörde, welche erstinstanziell die in Art. 196 Abs. V bezeichneten Beschwerden zu entscheiden hat, ist bei Wahlen in einer unmittelbaren Stadt die vorgesetzte k. Kreisregierung, Kammer des Innern, für alle übrigen Gemeinden das Bezirksamt.

Anm. 7. Eine vom Wahlausschuß für giltig erachtete Wahl soll nach der Absicht des Gesetzes so lange Bestand haben, bis das Gegentheil endgiltig entschieden ist.

Auch eine angefochtene Gemeindewahl ist solange als zu Recht bestehend zu erachten, bis das Gegentheil endgiltig entschieden ist. Die gewählte und in ihr Amt eingewiesene Gemeindeverwaltung ist daher berechtigt, wie verpflichtet, bis zu diesem Zeitpunkte nach Maßgabe der G.O. die Gemeindeangelegenheiten zu verwalten und die Gemeinde in ihren Rechten und Verbindlichkeiten zu vertreten. (V.G.H.E. Bd. IV S. 472.)

Wenn eine Wahl von einer Behörde als nichtig erklärt wird, darf nicht sofort eine Neuwahl vorgenommen, sondern es muß gewartet werden, bis der betreffende Beschluß die Rechtskraft beschritten hat oder in letzter Instanz bestätigt worden ist.

Anm. 8. Vgl. Art. 8 Ziff. 33, Art. 9, 22—24 V.G.H.G. Gegenbetheiligt ist, dessen Wahl angefochten wird. (V.G.H.E. Bd. VI S. 126.)

Im verwaltungsrechtlichen Verfahren über die Giltigkeit von Wahlen kommt gewählten Personen, deren Wahl beanstandet ist, die Stellung einer Prozeßpartei mit dem Vorbehalte zu, daß es ihnen anheimgestellt ist, ob sie sich am Streite betheiligen wollen oder nicht; dritte Personen, die nicht schon zur Partei der Antragsteller gehören, können in einem solchen Streitfalle als betheiligt auch dann nicht erachtet werden, wenn ihr Wahlstimmrecht in demselben zur Frage kommt und als Incidentpunkt festgestellt werden muß. (V.G.H.E. Bd. XV S. 149.)

Auch hier gilt für die Anrufung der 1. Instanz der Abs. V wegen der Frist; die Anfechtung ist auch schon vor der öffentlichen Bekanntmachung zulässig; einzureichen ist die Beschwerde bei der Verwaltungsbehörde, die der Gemeinde unmittelbar vorgesetzt ist. II. Instanz ist der V.G.H.

Die Frage, inwieweit eine Wahlanfechtung Wirkung auf die Wahl äußert, ist abhängig von der Feststellung des Sachverhalts und des erhobenen Beweises und ist Sache des richterlichen Ermessens, welches im Endbescheide zum Ausdruck kommt, nicht aber Sache des Beschwerdeführers und kann nicht zum Gegenstand einer einfachen, mit der Beschwerde nicht anfechtbaren Verfügung gemacht werden.

Sobald der Verwaltungsrichter gefunden hat, daß durch die Verletzung einer wesentlichen gesetzlichen Förmlichkeit das Wahlresultat verschoben oder daß jemand in gesetzwidriger Weise persönlich benachtheiligt worden ist, hat er die Frage zu beantworten: wie könnte die Wahl ausgefallen sein, wenn die gesetzwidrige Handlung oder Unterlassung nicht stattgefunden hätte? Läßt sich der ordnungsmäßige Zustand genau bestimmen, so ist derselbe herzustellen; wenn nicht, so ist die Wahl insoweit für ungiltig zu erklären, als dieselbe möglicherweise durch die Gesetzwidrigkeit beeinträchtigt worden sein konnte. (Sternau S. 130.)

Die im Verwaltungsrechtsweg ausgesprochene Wahlvernichtung erstreckt ihre Wirksamkeit nur auf jene Wahlen, die den Gegenstand der Anfechtung oder Beschwerde gebildet haben. Die wahlvernichtende Entscheidung wirkt nicht zurück, d. h. die in ihr Amt eingewiesenen Gewählten üben bis zur Vernichtung der Wahl von Rechtswegen ihre amtlichen Befugnisse aus. (Seydel, Bd. III S. 213.) Es kann auch bloß *eine* Wahlabtheilung aufgehoben werden: dieß hat noch nicht die Aufhebung auch einer folgenden Wahlabtheilung zur Folge.

Von *Amtswegen* darf nie ein Beschwerdegrund nach Abs. V, wohl aber dürfen auf erhobene Beschwerde von Gemeindebürgern neben den Gründen aus Abs. V auch noch die des Abs. IV gewürdigt werden. Auch der V.G.H. darf bei Beschwerdeführungen gegen Gemeindewahlen eine in Mitte liegende Nichtigkeit im Sinne des Art. 196 Abs. IV, wenn diese Nichtigkeit keinen Gegenstand der Beschwerde bildet, nicht von Amtswegen berücksichtigen. (V.G.H.E. Bd. IV S. 65.)

Da der V.G.H. nicht wie die untere Instanz als Verwaltungsbehörde Nichtigkeitsgründe aufsichtlich aufgreifen und sodann darüber verwaltungsgerichtlich entscheiden kann, so ist derselbe darauf beschränkt, über die Giltigkeit der Wahlen soweit zu entscheiden, als sie in Streit gezogen ist. Gegen die Entscheidung erster Instanz können diejenigen, deren Wahl vernichtet wurde, Beschwerde zum Verwaltungsgerichtshof erheben.

Unter den Voraussetzungen des Art 26 V.G.H.G. ist in Gemeindewahlsachen eine Wiederaufnahme des Verfahrens ebenso gut wie für alle anderen Verwaltungsrechtssachen zulässig, wenn nur die Beschwerde ordnungsgemäß angebracht ist.

Anm. 9. Ueber den Instanzenzug s. Art. 163 und über das Verfahren Art. 8, 9 V.G.H.G.

Anm. 10. Die aufschiebende Wirkung der Beschwerden bezieht sich nur auf die Beschwerden gegen die Wahl selbst, nicht auch auf die gegen Entscheidungen der Aufsichtsbehörden erhobenen. Der Gewählte kann in sein Amt eingewiesen werden; seine Handlungen sind rechtsgiltig und er kann seine Befugnisse bis zur endgiltigen verwaltungsrechtlichen Entscheidung ausüben. Kahr, G.O. Bd. II S. 290.

Anm. 11. Der Wahlausschuß ist nach Sternau (S. 45) nicht verpflichtet, die Entscheidung der Verwaltungsbehörde anzuerkennen, sondern kann einen Wähler trotz entgegenstehenden Ausspruches zurückweisen. Dieß ist aber eine sehr gewagte und nicht begründete Behauptung. Thatsächlich kann er entgegenhandeln, aber rechtlich nicht.

Anm. 12. Daraus, daß ein Gemeindebürger nicht sofort Protest erhoben oder Vorbehalt eingelegt hat, kann nicht gefolgert werden, daß er auf das Reklamations-Recht verzichten wollte. (V.G.H.E. Bd. X S. 80.)

III. Abschnitt.

Wahlen in Gemeinden mit Landgemeindeverfassung.

Art. 197.

I. In den Landgemeinden wird die Wahl der Bürgermeister, der Beigeordneten und der Gemeindebevollmächtigten in drei gesonderten Wahlhandlungen durch die Wahlstimmberechtigten unmittelbar vollzogen.

II. Für die Gemeindebevollmächtigten sind in einer gesonderten Wahlhandlung Ersatzmänner zu wählen, deren Zahl die Hälfte der ersteren beträgt.

III. Die Gewählten sind sogleich durch den Wahlausschuß mit ihren Erklärungen über Annahme oder Ablehnung der Wahl zu vernehmen.

IV. Wird die Ablehnung als begründet anerkannt, so treten für die ablehnenden Gemeindebevollmächtigten die Ersatzleute ein, bezüglich der Bürgermeister und der Beigeordneten aber ist sogleich eine neue Wahl vorzunehmen.

V. Die Bestimmungen des Art. 192 Abs. III und IV sind auch bei der Wahl der Gemeindebevollmächtigten analog anwendbar. Die auf Grund dieser Bestimmungen vom Eintritte Abgehaltenen sind jedoch im Falle der Erledigung einer Stelle vor den Ersatzmännern in den Gemeindeausschuß berufen, wenn im Laufe der Wahlperiode das Hinderniß ihres Eintrittes beseitigt wird. Fällt die Wahl zum Bürgermeister oder Beigeordneten auf eine Person, welche sich zu einem Mitgliede des Gemeindeausschusses in dem in Art. 192 Abs. III bezeichneten Verwandtschafts- oder Schwägerschaftsverhältnisse befindet, so ist letzteres zum Austritte verpflichtet und dessen Stelle durch Einberufung des Ersatzmannes zu besetzen. Befindet sich der erwählte Bürgermeister in dem bezeichneten Verhältnisse zu dem Beigeordneten, so ist dieser zum Austritt verpflichtet und dessen Stelle durch Neuwahl zu besetzen.

VI. Die geschlossenen Wahlakten werden durch den Wahlkommissär der vorgesetzten Verwaltungsbehörde vorgelegt, welche nach Art. 196 Abs. II bis IV weiter zu verfahren hat. Bezüglich des Beschwerderechts der Gemeindebürger finden die Bestimmungen des Art. 196 Abs. V Anwendung.

Anm. 1. Bei städtischen Wahlen erfolgt die Wahl von unten auf, bei den Wahlen in Landgemeinden umgekehrt. Die Wortfolge des Abs. I gilt auch für die Zeitfolge. Jede einzelne Wahlhandlung hat für sich in Betracht zu kommen und es kann somit die Nichtigkeit einer derselben nur dann ausgesprochen werden, wenn der Nichtigkeitsgrund auch für sie zutrifft; sämmtliche Wahlen stehen, insofern ein bereits Gewählter bei den nachfolgenden Wahlhandlungen nicht mehr in Betracht kommen kann, in einem inneren Zusammenhang. (B.G.H.E. Bd. II S. 35, Bd. IV S. 5.)

Von dem den Eintritt in den Gemeindeausschuß hindernden Verwandtschaftsverhältnisse ist in der Uebersicht des Bestandes der Gemeindeverwaltung Erwähnung zu thun und bei der Erledigung einer Bevollmächtigtenstelle zu prüfen, ob das Hinderniß noch besteht.

Anm. 2. Vgl. im Uebrigen B.G.H.E. Bd. IV S. 7 und 16, Bl. f. adm. Pr. Bd. 20 S. 195, und Art. 191 Abs. III, der analog zur Anwendung kommt.

Anm. 3. Ueber die Wahlen in Landgemeinden s. die größere Abhandlung in der bayer. Gem.Zeitg. 1895 S. 79 ff., 104.

Anm. 4. Zu Abs. V: „Erledigung einer Stelle" s. bayer. Gem.Zeitg. 1896 S. 193.

Unter einer solchen ist hier nur die Erledigung einer Bevollmächtigtenstelle zu verstehen.

Anm. 5. Siehe im Uebrigen die Anmerkungen zu Art. 196.

Art. 198.

I. In den zu einer Bürgermeisterei vereinigten Gemeinden hat jede Gemeinde für sich die Wahlen des Beigeordneten, der Bevollmächtigten und der Ersatzmänner zu vollziehen.

II. Nach Vollendung dieser Wahlen findet die Wahl des gemeinsamen Bürgermeisters durch die in eine Wahlversammlung zu vereinigenden Gemeindeausschüsse nach absoluter Stimmenmehrheit statt. Wählbar für diese Stelle sind alle zu Gemeindeämtern wählbaren Gemeindebürger des Bürgermeistereibezirkes.

III. Die Giltigkeit des Wahlaktes erfordert, daß mindestens zwei Drittheile der Stimmberechtigten ihre Stimmen wirklich abgegeben haben. Ist jedoch die Wahl zweimal durch Nichterscheinen der erforderlichen Zahl von Stimmberechtigten vereitelt worden, so können bei der dritten

Wahlversammlung die wirklich Erschienenen durch absolute Stimmenmehrheit eine giltige Wahl vornehmen.

IV. Wird als Bürgermeister ein Beigeordneter der vereinigten Gemeinden erwählt, so ist dessen Stelle durch Neuwahl zu besetzen.

V. Wird als Bürgermeister ein Gemeindebevollmächtigter der vereinigten Gemeinden gewählt, so ist dessen Stelle durch Eintritt des Ersatzmannes zu besetzen.

VI. Ist der erwählte Bürgermeister mit einem Mitgliede des Gemeindeausschusses einer der vereinigten Gemeinden in der in Art. 192 Abs. III bezeichneten Weise verwandt oder verschwägert, so ist letzteres zum Austritte verpflichtet und dessen Stelle nach Vorschrift des Abs. IV oder V zu besetzen.

VII. Im Uebrigen kommen die Vorschriften des Art. 197 Abs. III, IV und VI zur Anwendung.

Anm. 1. Zu Abs. II: Die Wählerlisten sämmtlicher Gemeinden des Bürgermeistereibezirks müssen im Wahllokale aufliegen; wenn ein Gemeindebürger in keine der Wählerlisten eingetragen ist, kann er auch nicht gewählt werden. Ueberflüssig ist die besondere Anfertigung von Wählerlisten; der Wahlkommissär kann die bei den vorhergehenden Wahlen in den einzelnen zur Bürgermeisterei gehörigen Gemeinden gebrauchten Wählerlisten aus den Wahlakten herausnehmen und auflegen. Maßgebend sind die für Gemeinden mit Landgem.Verfass. geltenden allg. und bes. Wahlvorschriften.

Anm. 2. Zu Abs. III: Da die Ausschußmitglieder aus verschiedenen Gemeinden zusammen kommen müssen, ist bei vereitelter erster Wahl ein zweiter und, wenn auch hier die Wahl durch Nichterscheinen der nöthigen Anzahl von Wahlmännern unmöglich wird, ein dritter Termin anzusetzen und die sämmtlichen Stimmberechtigten dazu zu laden. Am dritten Termine sind die Erschienenen ohne Rücksicht auf die Zahl zu einer giltigen Wahl berufen. Mit diesen ist die Wahl so lange fortzusetzen, bis der zu Wählende die absolute Mehrheit der Stimmen erlangt hat. Gleiches ist der Fall, wenn im 1. oder 2. Termin die erforderliche Anzahl von Abstimmenden erschienen ist.

Anm. 3. Zu Abs. V: Zur Wahl des Beigeordneten kann erst geschritten werden, wenn die Wahl des Bürgermeisters endgiltig anerkannt ist.

Anm. 4. Der Bürgermeister einer zusammengesetzten Bürgermeisterei ist in dieser Eigenschaft Mitglied eines jeden Gemeindeausschusses der sämmtlichen zu seinem Bezirk gehörigen Gemeinden, er ist aus dem Gemeindeausschuß seines Wohnortes als Gemeindeausschußmitglied für die Dauer seiner Bürgermeistereigenschaft ausgeschieden und kann in demselben seine Rechte als Gemeindeausschußmitglied erst dann wieder ausüben, wenn er aufgehört hat, Bürgermeister der vereinigten Gemeinden zu sein. Selbstverständlich gehört er auch diesem Ausschuß als Bürgermeister an. Er hat aber seine Funktion bis zum Dienstantritt des Nachfolgers fortzusetzen, er bleibt also so lange Bürgermeister mit den Rechten und Pflichten eines solchen und er hört erst auf dies zu sein, wenn die Diensteinweisung des Nachfolgers eingetreten ist. Erst nach der Diensteinweisung des Nachfolgers kann er in den Gemeindeausschuß seines Wohnortes wieder eintreten. Der Ersatzmann bleibt im Gemeindeausschuß stimmberechtigt und hat an der Wahl des Nachfolgers theilzunehmen; er kann möglicherweise auch selbst gewählt werden. (Bl. f. adm. Pr. Bd. 22 S. 127.)

IV. Abschnitt.

Wahlen in den zu einer Gemeinde vereinigten Ortschaften.

Art. 199.

In den Fällen des Art. 153 werden die Ortspfleger und Ortsausschüsse von sechs zu sechs Jahren unter Leitung des Bürgermeisters mit Zuziehung des Gemeindeschreibers in direkter Wahl mittelst mündlicher oder schriftlicher Abstimmung gewählt. Der Bürgermeister hat hierüber ein Protokoll aufzunehmen, die Gewählten einzuweisen und der vorgesetzten Verwaltungsbehörde Anzeige zu erstatten.

Anm. 1. Art. 199 gilt für die Ortspfleger auch dann, wenn ein Ortsausschuß vorhanden ist.

Der Ortspfleger ist gesondert vor der Wahl des etwaigen (incl. dem Pfleger aus 2—4 Gemeindebürgern bestehenden) Ortsausschusses zu wählen.

Anm. 2. In Ermangelung eines Gemeindeschreibers kann auch eine andere Person, welche bei dieser Wahl unbetheiligt ist, zugezogen werden.

Die besonderen Formalitäten der übrigen Wahlen fallen hier weg. Auch Wahl per Akklamation ist zugelassen. Das Verfahren soll so einfach als möglich sein.

Bildung eines Wahlausschusses ist nicht vorgeschrieben; das Wahlergebniß ist der vorgesetzten Verwaltungsbehörde anzuzeigen.

Art. 8 Ziff. 33 V.G.H.G ist hieher anwendbar.

V. Abschnitt.

Außerordentliche Gemeindewahlen.

Art. 200.

I. Tritt im Laufe der Wahlperiode die Erledigung von Gemeindeämtern ein, für welche Ersatzmänner nicht gewählt worden oder nicht mehr vorhanden sind, so ist eine Ergänzungswahl vorzunehmen, wenn der Magistrat, der Gemeindeausschuß, das Kollegium der Gemeinde-Bevollmächtigten, die Gemeindeversammlung oder die vorgesetzte Verwaltungsbehörde es als nothwendig erklärt.

II. Ergänzungswahlen für Gemeindebevollmächtigte in Städten, in welchen gemäß Art. 189 Abs. II nach Bezirken gewählt worden ist, sind von jenen Bezirken vorzunehmen, für welche diejenigen eingetreten waren, deren Stelle zu besetzen ist.

III. In Folge einer Ergänzungswahl eingetretene rechtskundige Bürgermeister und rechtskundige Magistratsräthe haben die für ihr Amt vorgeschriebene Dienstzeit zu erfüllen. In allen andern Fällen tritt der Gewählte nur für jene Zeit ein, welche derjenige, an dessen Stelle er berufen wird, noch zu erfüllen gehabt hätte.

Anm. 1. Das Verfahren bei den Ergänzungswahlen ist das gleiche wie bei den ordentlichen Wahlen.

Dieselben haben sich auf die Wiederbesetzung der erledigten Gemeindeämter zu beschränken und zwar nur auf die Dauer der laufenden Wahlperiode.

Der G.O. fehlt eine ausdrückliche Bestimmung darüber, ob die Wahlen für die während einer Wahlperiode erledigten und bis zur nächsten regelmäßigen Ersatzwahl — Art. 176 — nicht wieder zur Besetzung gelangten Gemeindebevollmächtigten-Stellen mit den ordentlichen Ersatzwahlen zu verbinden sind. (V.G.H.E. Bd. VI S. 272.)

Anm. 2. Zu Abs. I: Durch die Worte „für nothwendig erklärt" wollte die Umgangnahme von einer solchen Ergänzungswahl mit Rücksicht auf eine etwa nahe bevorstehende ordentliche Wahl, nicht aber eine dauernde Unterlassung der Wiederbesetzung solcher Stellen eingeräumt werden. Diese Nothwendigkeit ergiebt sich kraft Gesetzes, wenn ein Kollegium in Folge Stellen-Erledigung beschlußunfähig geworden ist, sowie für die erledigte einzige Stelle eines rechtskundigen Magistratsmitgliedes in einer unmittelbaren Stadt. (S. V.G.H.E. Bd. VI S. 273.)

Bei bestehender Unmöglichkeit der Wiederbesetzung einer im Laufe einer Wahlperiode eintretenden Erledigung einer Gemeindebevollmächtigtenstelle durch einen Ersatzmann dieser Periode kann nicht auf einen Ersatzmann der nachfolgenden Periode gegriffen werden, sondern es hat die Besetzung entweder im Wege des Art. 200 oder in Verbindung mit der nächsten regelmäßigen Ersatzwahl, jedoch gesondert stattzufinden. (V.G.H.E. Bd. VI S. 273.)

Anm. 3. Abs. III: Dieser Absatz unterscheidet zwischen rechtskundigen und bürgerlichen Bürgermeistern und Magistratsräthen, sowie Gemeindebevollmächtigten. Die rechtskundigen Bürgermeister und Magistratsräthe sind stets auf drei Jahre bei ihrer erstmaligen Wahl zu wählen, ob diese mit den regelmäßigen Wahlen zufällig zusammenfällt oder nicht. Ihre zweitmalige bestätigte Wahl bringt das Definitivum, und ist in Folge dessen eine neue Wahl erst nach deren Pensionirung, Resignation oder Tod vorzunehmen. Aus diesen Verhältnissen ergiebt sich, daß solche Wahlen fast durchweg als außerordentliche Wahlen vorzunehmen sind. Die bürgerlichen Bürgermeister, Magistratsräthe, Gemeindebevollmächtigten, Beigeordneten und Ausschußmitglieder in Landgemeinden werden dagegen nur auf die Dauer der Dienstzeit dessen gewählt, für welchen sie einzutreten haben; ist dieselbe bei städtischer Verfassung und gleichzeitiger Erledigung eine verschiedene, so ist jede Ergänzungswahl einzeln vorzunehmen. (S. auch V.G.H.E. Bd. XII S. 162 u. Bl. f. adm. Pr. Bd. 38 S. 27.)

Ein durch Ergänzungswahl gewählter bürgerlicher Magistratsrath hat in der Reihenfolge der Magistratsräthe die Stelle desjenigen einzunehmen, für den er gewählt ist. Streitigkeiten über die Reihenfolge sind Verwaltungsrechtssachen. (V.G.H.E. Bd. XIII S. 155.)

Für die Stellen der Bürgermeister, Magistratsräthe und Beigeordneten werden keine Ersatzmänner gewählt.

Die Ergänzungswahl darf erst stattfinden, wenn es sich um eine durch einen Ersatzmann zu besetzende Stelle handelt, die neuerdings durch einen solchen zu besetzen ist, ohne daß hiefür noch ein Ersatzmann vorhanden wäre.

Da die Ersatzwahlen die Wahl der erledigten Stellen direkt zum Gegenstand haben, so kann zwar einem Antrage dahin, daß nicht nur die erledigten Stellen durch Wahl zu besetzen, sondern zugleich auch Ersatzleute zu wählen sind, von der zuständigen Verwaltungsbehörde stattgegeben werden; eine Pflicht hiezu besteht aber nicht.

Der Magistrat kann auch eine Ergänzungswahl bezüglich des Gemeindebevollmächtigtenkollegiums beantragen und diesem steht auch das gleiche Recht bezüglich des Magistrats zu.

Gegen den Beschluß der Verwaltungsbehörde, welcher die Vornahme einer Wahl anordnet (und welcher übrigens der Angabe der Gründe nicht bedarf), steht keinerlei Beschwerderecht offen.

Nach den Bestimmungen über Ergänzungswahlen sind auch jene Fälle zu behandeln, wo bei der ordentlichen Wahl in Folge der Unzulänglichkeit der Zahl der Ersatzmänner Stellen unbesetzt geblieben sind. (Seydel Bd. III S. 184 gegen Wand, G.O. Bl. f. adm. Pr. Bd. 20 S. 198.)

Bei den Stellen, für welche Ersatzmänner gewählt werden, hat dies nur das sofortige Einrücken der letzteren in die erledigten Plätze zur Folge; eine weitere Wahl für Ersatzmännerstellen, welche durch Nachrücken erledigt worden sind, findet nicht statt, ebensowenig eine weitere Wahl für Hauptstellen, welche wegen ungenügender Zahl von Ersatzmännern freigeblieben sind. Für solche Fälle sind vielmehr die Bestimmungen über Ergänzungswahlen anzuwenden. (Seydel, eod. S. 206.)

Anm. 4. Wenn die Ersatzwahl rasch nach der ordentlichen Wahl vorzunehmen ist, brauchen keine neuen Wählerlisten hergestellt zu werden, es genügen die alten, aber nöthigenfalls ergänzten; im Uebrigen sind neue Wählerlisten erforderlich. (V.G.H.E. Bd. IV S. 60.)

Wenn einer Landgemeinde die städtische Verfassung verliehen wird, beginnend mit einem Zeitpunkte, welcher mit der Wahlperiode nicht zusammenfällt, so ist die Wahl für die Dauer der laufenden und nächstfolgenden Wahlperiode vorzunehmen, damit nicht für einzelne Gemeinden besondere Wahlperioden laufen oder gar eine Periode mitten im Jahre beginne.

Wenn eine Gemeinde mit städtischer Verfassung im Laufe der Wahlperiode die Landgemeindeverfassung annimmt, so sind die Wahlen für den Gemeindeausschuß nur bis zum Ablauf der allgemeinen Wahlperiode zu vollziehen.

Anm. 5. Ueber die Verbindung außerordentlicher und ordentlicher Gemeindewahlen s. bayer. Gem.Zeitg. 1897 S. 322. Es liegt hienach im Ermessen des Wahlkommissärs, wie er die Wahlen verbindet, nur darf die Entscheidung nicht dem Loose überlassen werden; die Besetzung erledigter Aemter kann hienach ferner im gleichen Wahlgange stattfinden, in welchem der ordentliche Ersatz gewählt wird, oder in einem getrennten Wahlgange neben dem für die ordentliche Ersatzwahl bestimmten, doch muß die Bezeichnung der ordentlichen und Ersatzwahl bei gemeinsamer Abstimmung ausgeschieden sein.

VII. Abtheilung.

Vorübergehende und Schlußbestimmungen.

Art. 201.

I. Jene Personen, welche am 1. Juli 1869 die Eigenschaft eines wirklichen Gemeindeglieds in einer Gemeinde besitzen, erwerben daselbst mit diesem Tage kraft des Gesetzes das Bürgerrecht, wenn bei denselben die Voraussetzungen des Art. 11 oder 15 zutreffen. Haben an diesem Tage mehrere Personen auf Grund des ungetheilten gemeinschaftlichen Eigenthums eines Hauses oder Anwesens die Eigenschaft wirklicher Gemeindeglieder besessen, so erwirbt nur einer der Miteigenthümer, welcher von den Betheiligten der Gemeindeverwaltung bezeichnet worden ist, das Bürgerrecht.

II. Personen, welche bisher in der Eigenschaft wirklicher Gemeindeglieder an den Nutzungen des Gemeindevermögens theilgenommen haben, behalten auch dann, wenn sie nicht auf Grund des Abs. I das Bürgerrecht erwerben, ihr bisheriges Nutzungsrecht, solange die Voraussetzungen desselben fortdauern.

III. Eine Gemeinderechtsgebühr kann unter Vorbehalt des Art. 22 Abs. III nur von solchen Personen erhoben werden, welche nicht schon am 1. Juli 1869 Anspruch auf Gemeindenutzungen haben. In Fällen des Art. 22 Abs. III beginnt mit dem Tage, an welchem die Einführung einer Gemeinderechtsgebühr in der Gemeinde in Wirksamkeit tritt, für die zuvor schon nutzungsberechtigten juristischen Personen oder privatrechtlichen Vereinigungen der Lauf der fünfundzwanzigjährigen Frist.

IV. Personen, welche an die Gemeinde früher eine Insassen- oder Beisassengebühr bezahlt haben, oder welchen dieselbe von der Gemeinde erlassen worden ist, können bei Erwerbung des Bürgerrechts in dieser Gemeinde den bezahlten oder nachgelassenen Betrag von der betreffenden Bürgeraufnahmsgebühr in Abzug bringen. Auf diese Personen findet die Bestimmung des Art. 17 Abs. I keine Anwendung.

Anm. 1. Zu Abs. I: Die Erwerbung des Bürgerrechts in einer Gemeinde auf Grund des Art. 201 Abs. I erfolgte mit dem 1. Juli 1869 kraft des Gesetzes, ohne daß es eines hierauf bezüglichen Gesuches des Betheiligten und einer ausdrücklichen Verleihung des Bürgerrechts durch die Gemeindevertretung bedurfte. (V.G.H.E. Bd. III S. 246.) Eine Aufnahmegebühr nach Art. 20 kann nicht verlangt werden. Die Voraussetzungen des Art. 11 oder 15 mußten am 1. Juli 1869 gegeben gewesen sein; ein späterer Eintritt derselben konnte das Bürgerrecht nicht mehr kraft des Gesetzes bewirken. Das Vorhandensein eines der in Art. 13 Abs. II aufgezählten Versagungsgründe stand der ipso iure eintretenden Erwerbung des Bürgerrechts nicht im Wege. (Bl. f. adm. Pr. Bd. 19 S. 407 und V.G.H.E. Bd. XV S. 71.)

Durch M.E. vom 19. April 1871 wurde ausgesprochen, daß auch diejenigen Gemeindeglieder, welche am 1. Juli 1869 außer einem Wohnhause besteuerte Grundstücke in der Gemeinde ihres Wohnsitzes besaßen, als den bloßen Hausbesitzern gleichstehend die Heimath mit dem nach Art. 201 kraft des Gesetzes erworbenen Bürgerrecht nur dann erlangten, wenn sie dieselbe unter Erfüllung der in Art. 5 Abs. II des Heimathgesetzes vorgezeichneten Förmlichkeiten rechtzeitig beansprucht haben.

Siehe dagegen V.G.H.E. Bd. I S. 435. In diesem Erkenntnisse ist ausgesprochen, daß mit dem Bürgerrechte nach Art. 201 auch das Heimathrecht erworben wird. Art. 5 Abs. II des Heimathgesetzes kann nur zur Anwendung kommen, wo seine Voraussetzungen zutreffen, was beim Bürgerrecht nach Art. 201 in der Regel nicht der Fall ist. An dieser dem Gesetze entsprechenden Ansicht hat der Verwaltungsgerichtshof immer festgehalten.

Nach den vor dem 1. Juli 1869 in Geltung gewesenen diesrheinischen gemeindegesetzlichen Bestimmungen hat zu den Voraussetzungen der Eigenschaft eines wirklichen Gemeindegliedes die Ansässigkeit in der Gemeinde und hiemit das Heimathrecht nicht gehört. (V.G.H.E. Bd. IV S. 139.)

Ueber die Frage, wer am 1. Juli 1869 wirkliches Gemeindeglied gewesen ist, entscheiden die §§ 11 und 12 des revid. Gemeindeedikts. Unter den hier bezeichneten Gruppen kommt in Betracht a. der Wohnsitz mit besteuerten Gründen, b. der Besitz eines besteuerten Wohnhauses.

Die Eigenschaft eines wirklichen Gemeindeglieds wurde gemäß § 11 Ziff. 2 des rev. Gemeindeedikts auch durch den Wohnsitz in der Gemeinde in Verbindung mit der Ausübung eines besteuerten realen, radizirten oder konzessionirten, nicht aber eines freien Gewerbes begründet. (V.G.H.E. Bd. IV S. 376.) Die Eigenschaft als Gemeindeglied im Sinne des § 11 Ziff. 2 l. c. war von dem Besitze besteuerter Gründe oder der Ausübung besteuerter Gewerbe, nicht aber von der thatsächlichen Entrichtung der desfallsigen Steuer abhängig. Auch der bloß superfiziarische Besitz eines Wohnhauses ist genügend gewesen. (Eod. Bd. X S. 108.)

§ 11 rev. Gemeindeedikts stellt als Vorbedingung auch noch den Besitz besteuerter Gründe auf d. i. von der zuständigen Behörde mit Steuer veranlagter, nicht nur an sich steuerpflichtiger Gründe (V.G.H.E. Bd. XVII S. 270.) Die Anwendung der Bestimmung in Art. 201 Abs. I Satz 2 setzt den Besitz der Eigenschaft als Gemeindeglied im Sinne des § 11 des Gemeindeedikts auf Seite eines jeden der betheiligten Miteigenthümer voraus. Demzufolge findet diese Bestimmung keine Anwendung bezüglich eines im gemeinsamen Eigenthum von Ehegatten befindlichen Hauses oder Anwesens. (Eod. Bd. VIII S. 123.)

Das Grundvermögen der Ehefrau ist in Bezug auf die Erwerbung und Ausübung öffentlicher Rechte dem Ehemanne zuzurechnen. Demzufolge konnten nach den Bestimmungen des revidirten Gemeindeedikts Männer, deren Ehefrauen besteuerte Gründe in einem Gemeindebezirk besaßen, auf Grund dieses Besitzes die Eigenschaft wirklicher Gemeindeglieder erwerben. (Eod. Bd. IV S. 355.)

Wenn eine Person in einer Gemeinde, wo dieselbe bereits am 1. Juli 1869 ständig wohnte und dabei im Besitze eines häuslichen Anwesens sich befand, die Heimath beansprucht, so ist vor Bescheidung dieses Anspruches von Amtswegen die Frage instanziell zum Austrag zu bringen, ob jene Person nicht daselbst schon kraft des Gesetzes die Heimath erworben hat. (Eod. Bd. II S. 408.) Vgl. noch Art. 15.

(Nach Art. 5 Abs. II des Heimathges. v. 1868 ist der Erwerb der Heimath mit dem Bürgerrecht in dem Falle nicht von Rechtswegen verknüpft, wenn das Bürgerrecht nur infolge Hausbesitzes ohne Wohnsitz erworben wurde.)

Die Erklärung nach Abs. I Satz 2 mußte bereits am 1. Juli 1869 abgegeben worden sein und konnte nicht mehr nachgeholt werden. (M.E. v. 7. Sept. 1875 Nr. 5445 und 23. März 1875 Nr. 2231; Seydel, b. Staatsr. Bd. III S. 142.)

Ueber Domizil als Voraussetzung des Bürgerrechtserwerbs nach Art. 201 s. Bl. f. adm. Pr. Bd. 19 S. 399; s. auch M.E. v. 19. April 1871, Weber, Bd. VIII S. 766 über Bürger- und Heimathrecht; über wirkliche Gemeindeglieder s. Bl. f. adm. Pr. Bd. 4 S. 372, Bd. 7 S. 184.

Anm. 2. Zu Abs. II: Unter dem gemeinschaftlichen Besitz eines Wohnhauses seitens mehrerer physischer oder moralischer Personen ist ein pro indiviso nach ideellen Theilen, nicht aber ein nach räumlich abgegrenzten Theilen bestehender Besitz gemeint: letzteren Falls gilt jeder Theilbesitzer als Wohnhausbesitzer. (V.G.H.E. Bd. IV S. 63.)

Anm. 3. Personen, welche am 1. Juli 1869 eine Zuchthausstrafe verbüßten, waren von Erwerbung des Bürgerrechts nach Art. 201 (Art. 11) ausgeschlossen. (V.G.H.E. Bd. XII S. 156.)

Art. 202.

Bei Berechnung des in Art. 17 Abs. I bezeichneten Zeitraumes kommt die vor dem 1. Juli 1869 abgelaufene Zeit nicht in Betracht.

Art. 203.

Wo im gegenwärtigen Gesetze die Seelenzahl der Gemeinden berücksichtigt wird, ist diese nach dem Ergebnisse der in den Zollvereinsstaaten vorgenommenen letzten Volkszählung unter Einrechnung der Civil- wie der Militärbevölkerung zu bemessen.

Anm. Siehe hieher Art. 17, 20, 63, 71, 102, 108, 124, 159. Das Ergebniß einer Volkszählung wird erst durch das statistische Bureau festgestellt. Maßgebend ist die ortsanwesende Bevölkerung. (Kahr, G.O. Bd. II S. 307.)

Art. 204.

An den erworbenen Diensteserechten rechtskundiger Bürgermeister und Magistratsräthe, technischer Bauräthe und sonstiger Gemeindebediensteter wird nichts geändert. Rechtskundige Bürgermeister und Magistratsräthe ohne definitive Anstellung erfüllen die für ihr Amt bestimmte Funktionsperiode.

Art. 205.

I. Gegenwärtiges Gesetz tritt mit dem 1. Juli 1869 in den Landestheilen rechts des Rheines in Wirksamkeit. Die an diesem Tage bestehenden Gemeindebehörden bleiben jedoch bis zum 1. Januar 1870 in Thätigkeit und üben ihr Amt nach Maßgabe des gegenwärtigen Gesetzes.

II. Die in diesem Gesetze angeordneten Organe der Gemeindeverwaltung und Gemeindevertretung werden in den Monaten November und Dezember 1869 gewählt. Die Gemeindebevollmächtigten in den Gemeinden mit städtischer Verfassung beginnen ihre Thätigkeit sofort, nachdem sie gewählt sind, die neu gebildeten Gemeindeverwaltungen mit dem 1. Januar 1870.

Anm. Beginn und Dauer der Wahlperiode für die bürgerlichen Magistratsräthe knüpfen also an das Kalenderjahr an. (S. auch V.G.H.E. Bd. VI S. 117.)

Art. 206.

I. Am 1. Juli 1869 erlöschen:

1) die Verordnung vom 17. Mai 1818, die künftige Verfassung und Verwaltung der Gemeinden im Königreiche betreffend;

2) das Gesetz vom 1. Juli 1834, die Revision dieser Verordnung betreffend;

3) die Gemeindewahlordnung vom 5. August 1818;

4) das Gesetz vom 22. Juli 1819, die Umlagen für Gemeindebedürfnisse betreffend;

5) alle sonstigen entgegenstehenden gesetzlichen Bestimmungen und alle auf die Gemeindeverwaltung bezüglichen Verordnungen, Vollzugsinstruktionen und generalisierten Entschließungen, insbesondere auch die in einzelnen Landestheilen bestehenden Gesetze und Vorschriften in Bezug auf die Einführung von Verbrauchs- und anderen örtlichen Abgaben, sowie die bisherigen Bestimmungen über die ausnahmsweise bestehende Zuständigkeit der Polizeibehörden zur Ab-

urtheilung der Defraudationen an gemeindlichen Brückenzöllen, Pflasterzöllen, Marktgefällen und ähnlichen örtlichen Abgaben; ferner die in den einzelnen Landestheilen giltigen Vorschriften über die Nothwendigkeit eines Streitkonsenses oder einer Prozeßermächtigung bei Rechtsstreiten der Gemeinden und der von den letzteren verwalteten Stiftungen.

II. Aufrecht erhalten bleiben jedoch bis auf Weiteres:

1) Die abweichenden Bestimmungen der Gesetze vom 12. März 1850, den Ersatz des bei Aufläufen entstandenen Schadens betreffend, vom 30. März 1850, die Ausübung der Jagd betreffend, und vom 25. Juli 1850, die Einquartierungs- und Vorspannslasten betreffend;

2) Art. V des Gesetzes vom 22. Juli 1819, die Gemeindeumlagen betreffend;

3) die §§ 59 Abs. III bis V und 94 Abs. V bis VIII des revidierten Gemeindeedikts, sowie die in den einzelnen Landestheilen bestehenden Bestimmungen und Zuständigkeiten in Bezug auf die Verwaltung des Kirchenvermögens und die Befriedigung der Cultusbedürfnisse.

Die in Gemäßheit des § 59 Abs. III und § 94 Abs. V des revidierten Gemeindeedikts gebildeten Kirchenverwaltungen sind berechtigt, die Kirchengemeinde in allen rechtlichen Beziehungen zu vertreten.

Anm. 1. Zu Abs. I Ziff. 4: Vgl. G.Bl. 1819 S. 83, Döll. Bd. 11 S. 1068, Weber Bd. II. S. 9, Bl. f. adm. Pr. Bd. 29 S. 373, Bd. 38 S. 385. Siehe auch weiter unten zu Abs. II Ziff. 2 u. 3, dann Art. 60 und die Anmerkungen.

Anm. 2. Zu Abs. I Ziff. 5: s. hierüber insbes. d. Anm. zu Art. 1, 40, 41. Es sind nur die der G.O. entgegenstehenden Bestimmungen als erloschen zu erachten, dagegen haben Bestimmungen, die durch diese nicht ersetzt oder geändert sind, als gesetzliches Hilfsrecht fortdauernde Geltung. (E. d. ob. G.H. Bd. VII S. 753.) S. aber auch Kahr, G.O. Bd. II S. 307.

Anm. 3. Zu Abs. II Ziff. 1: Vgl. Art. 59. An die Stelle des in Ziff. 1 angef. Ges. über Einquartirung ist das Reichsgesetz vom 25. Juni 1868 und das Reichsgesetz vom 13. Febr. 1875 getreten. (S. Näh. Art. 59 Anm. sub c. u. d.) Vgl. auch Art. 10 Ausf.Ges. v. 23. Februar 1879. S. auch Reichsges. v. 24. Mai 1898 (R.G.Bl. S. 357, 360) über die Abänd. des Ges. über die Naturalleistungen 2c.

Anm. 4. Zu Abs. II Ziff. 2 u. 3: Ueber Kirchengemeinden und Kirchenabgaben findet sich eine scharfsinnige erschöpfende Darstellung in Seydel, Staatsrecht, Bd. VI Abth. I S. 271, auf die wir verweisen. Hier sei nur Folgendes bemerkt:

Nach bayerischem Rechte erscheinen die Kirchengemeinden als Körperschaften mit Vermögensbesitz und mit dem Rechte der Besteuerung für kirchliche Zwecke. Zum

Rechtsbegriff des Kirchengemeindeverbandes gehört es nicht, ob die Kirchengemeinden auch zu einer Bethätigung im kirchlichen Leben berufen sind. Das altbayerische Recht hat von einer Kirchengemeinde nichts gewußt; in der Pfarr- oder Tochterkirche als Anstalt wurden die Eigenthümer des Kirchenvermögens erblickt; eine Gemeindebildung zum Zwecke der Besteuerung für den Kirchenaufwand gab es nicht; der Ausdruck Pfarrgemeinde wurde nur im rein kirchlichen Sinne angewendet.

Mit Beginn unseres Jahrhunderts wurden Stiftungs- und Cultusvermögen in ihrer Verwaltung verstaatlicht; der kirchliche Aufwand oblag nun der politischen Gemeinde. (Vgl. Art. 8 Ziff. 3 der Vdg. v. 6. Febr. 1812, dann die Vdg. v. 6. März 1817, welche das örtliche Kirchenstiftungsvermögen wie die weltlichen Ortsstiftungen der Verwaltung der bürgerlichen Gemeinden übergab. Auch das Gemeindeedikt von 1818 brachte keine wesentliche Aenderung dieses Zustandes; ebensowenig das Gesetz über die Gemeindeumlagen vom 22. Juli 1819. Ueber die hier als zur Umlageerhebung geeigneten Zwecke s. Art. I dieses Gesetzes. Nach der Gesetzgebung von 1818 und 1819, insbes. auch nach der Verf.Urkunde erscheint das Kirchenvermögen als „Stiftungsvermögen unter der Verwaltung der politischen Gemeinden", dagegen gibt es keine Kirchengemeinden als körperliche Verbände des öffentlichen Rechts. Eine Aenderung (über deren Zustandekommen Seydel, l. c. S. 280 ff. zu vergleichen ist) brachte das Gesetz vom 1. Juli 1834 (G.Bl S. 109) in den §§ 12, 21 zu den §§ 59 und 94 des Gemeindeedikts.

Das Institut der Kirchenverwaltung als eines öffentl. Organes in Bayern empfing seine Entstehung erst durch das revid. Gemeindeedikt von 1834, vor 1807 handelte es sich um eine innere kirchliche Angelegenheit.

Soll einer Kirchenverwaltung eine Stiftungsverwaltung übertragen werden, die nicht zu ihren gesetzlichen Aufgaben gehört, so ist die Zustimmung der Kirchenverwaltung nöthig. Ueber Betheiligung und Einvernehmen des Pfarrers und der kirchlichen Oberbehörde hiebei s. M.E. vom 29. April 1894 u. a. bei Kahr, G.O. S. 677.

Anm. 5. Nachstehend folgt Abdruck der durch Art. 206 aufrecht erhaltenen Bestimmungen dieser beiden Paragraphen:

§ 59 Abs. III. Das Kirchenvermögen jeder Konfession (nämlich der drei öffentlichen Glaubens-Gesellschaften) und Parochie, und zwar in standes- und gutsherrlichen Gemeinden nach Maßgabe der Beilagen IV und VI der Verfassungsurkunde wird einer besonderen Kirchenverwaltung anvertraut, bestehend:

a) aus dem Pfarrer (bei Protestanten, wo mehrere an einer Kirche sind, aus dem Ersten oder einem aus ihrer Mitte Gewählten);
b) aus einem Abgeordneten, Vorstande oder Mitgliede des Magistrats, wo möglich derselben Konfession;
c) aus vier bis acht besonders gewählten Gemeindegliedern derselben Konfession.

Abs. IV. Die Etatsentwürfe, sowie die Rechnungen werden beide zu gehöriger Zeit dem Magistrate zur Einsicht und Erinnerung zugesendet, welcher sie, mit seinen Bemerkungen begleitet, der vorgesetzten Kuratelbehörde zur Prüfung und Bescheidung vorlegt.

Abs. V. Dieselbe Mittheilung geschieht von Seiten des Pfarramtes an das Ordinariat oder Konsistorium zur Einsichtnahme und Erinnerung durch Mittheilung an die einschlägige Kreisregierung, Kammer des Innern.

(Anm. Die Kirchenverwaltungen sind nicht zuständig bei konfessionellen Stiftungen, die nicht kirchl. Zwecken gewidmet, aber nur für die Angehörigen einzelner Glaubens-Gesellschaften bestimmt sind; Kahr, G.O. S. 671.)

§ 94. Abs. V. Das Kirchenvermögen jeder Konfession und Parochie wird, wie bei den Städten, einer besonderen Kirchenverwaltung anvertraut, bestehend

1) aus dem Pfarrer;
2) aus dem Gemeindevorsteher oder einem Mitgliede des Gemeindeausschusses, womöglich derselben Konfession;
3) aus zwei bis vier besonders gewählten Gemeindegliedern derselben Konfession und zwar in standes- und gutsherrlichen Gemeinden nach Maßgabe der Beilagen IV und VI der Verfassungsurkunde.

Abs. VI. Die Voranschläge, sowie die Rechnungen werden zur gehörigen Zeit dem Gemeindeausschusse zur Einsicht und Erinnerung eingesendet, welcher sie, mit seinen Bemerkungen begleitet, der vorgesetzten Kuratelbehörde zur Prüfung und Bescheidung vorlegt.

Abs. VII. Diese Mittheilung kann von Seiten des Pfarramtes an das Ordinariat oder Konsistorium geschehen zur Einsichtnahme und Erinnerung, welche der Kreisregierung zu übergeben ist.

Abs. VIII. Es soll zu jeder Zeit eine doppelte Kassensperre eingeführt, und der eine Schlüssel dem Pfarrer, der andere aber dem von der Verwaltung gewählten Kirchenpfleger zugestellt werden.

Zu den Art. 59 und 94 l. c. bemerkt eine V.G.H.E. (Bd. XI S. 312): Den Kirchenverwaltungen ist hienach nur das Kirchenvermögen anvertraut worden, welches bis dahin nach Maßgabe des Gemeindeedikts vom 17. Mai 1818 von den politischen Gemeinden verwaltet wurde; dieses Vermögen umfaßte nur jenes kirchliche Vermögen, welches unmittelbar den Bedürfnissen der betr. Kirche (Kirchenstiftungsvermögen) gewidmet war; demgemäß können sich auch die Zuständigkeiten, die durch Art. 206 Abs. II Ziff. 1 aufrecht erhalten wurden, nur auf das Kirchenvermögen in dem bezeichneten engeren Sinne erstrecken; verschieden hiervon ist das zum Unterhalt der Geistlichen bestimmte, mit einem geistlichen Amt verbundene sogenannte Pfründevermögen, dessen Nießbrauch und Verwaltung nach den Grundsätzen des kanonischen Rechts unter Oberaufsicht der Regierungen als Pfründekuratelstellen dem Pfründebesitzer zusteht.

Anm. 6. Die Competenz und der Geschäftsgang der Kirchenverwaltungen hat sich nach den §§ 136—146 Vollz.Vorschr. v. 31. Okt. 1837 und nach Analogie der Vdg. v. 24. Sept. 1818 über die Geschäftsführung der Landgemeinden zu richten, insoweit nicht spätere M.E. eine Aenderung getroffen haben. S. C.M.E. v. 30. Nov. 1869, C.M.Bl. S. 321. Insbesondere ist eine Beschlußfassung der Kirchengemeinde geboten, wenn es sich um die Verpflichtung zur Leistung von Kirchenumlagen, Hand- und Spanndiensten handelt. Durch den Schlußsatz des Art. 206 ist die Competenz der Kirchenverwaltung als solcher gegenüber den Mitgliedern der Kirchengemeinde nicht erweitert worden. (V.G.H.E. Bd. I S. 310.) Die in Art. 206 am Ende statuirte Vertretungsbefugniß beschränkt sich auf solche Rechtsangelegenheiten der Kirchengemeinde als moralischer Person oder einzelner Glieder, die in dem kirchlichen Verbande ihre Grundlage haben. (Eod. Bd. II. S. 135.) Insbesondere sind die Kirchenverwaltungen nicht berechtigt, in Angelegenheiten der politischen Gemeinde sich einzumischen und sich eine Vertretung zuzuschreiben, wo die Kirchengemeindeglieder nur als Angehörige der politischen Gemeinde erscheinen. Andererseits tritt die Vertretungsbefugniß auch dann ein, wenn zwar nicht die moralische Person der Gemeinde selbst Subjekt des Rechtsverhältnisses ist, jedoch alle Gemeindeglieder oder eine gewisse Klasse derselben mit gleichmäßigen oder verhältnißmäßigen individuellen Rechten oder Pflichten wegen des Gemeindeverbandes und für die Dauer desselben betheiligt sind. (E. d. ob. G.H. Bd. III S. 497 ff., 508.)

Mitglieder der Kirchenverwaltungen können für einen aus dienstpflichtwidrigem Verschulden zum Nachtheil einer Stiftung entstandenen Schaden von der Verwaltungsbehörde als persönlich haftbar erklärt werden. Ueber das hier einschlägige Recht der Beschwerde zum V.G.H. s. Art. 8 Ziff. 37, Art. 10 Ziff. 3, 12, 13 V.G.H.G. Einzelnen Kirchengemeindegliedern steht ein Beschwerderecht auf Grund Art. 10 Ziff. 3 V.G.H.G. nicht zu; besteht zwischen der Kirchenverwaltung und einzelnen Gliedern der Kirchengemeinde ein gegensätzlicher Standpunkt, so können letztere bei dem Vorstand der Kirchenverwaltung die Anberaumung einer Kirchengemeindeversammlung beantragen und die Fassung geeigneter Beschlüsse sowie deren Vollzug veranlassen. (V.G.H.E. Bd. XII S. 70.)

So lange in einem Streit, in welchem Bestandtheile einer Kirchengemeinde betheiligt sind, eine Collision der Interessen einzelner Gruppen nicht hervortritt, hat die Kirchenverwaltung noch Vertretungsmacht. (V.G.H.E. Bd. XIV S. 346.)

In der Befugniß der Kirchenverwaltung liegt es auch, einzelne Handlungen, deren Vornahme ihr zukommt, durch andere bewerkstelligen zu lassen; sie hat die Aufgabe, die Kirchengemeinde als Bevollmächtigte nach Außen zu vertreten; hiermit ist anerkannt, daß der Umfang der Berechtigung von den Verhältnissen mitbedingt ist, die innerhalb der Kirchengemeinde entstehen. Näh. E. d. ob. G.H. Bd. VII S. 761. Ueber Verjährung bei Klagen der Kirchengemeinde s. E. d. ob. G.H. Bd. I S. 460, über Vertretung in Baupflicht-Angelegenheiten eod. Bd. II S. 158, über Beschwerden Namens der Kirchengemeinde eod. Bd. III S. 266. Gesetzlicher Vertreter der Pfarrgemeinde ist immer der Pfarrherr, eod. Bd. VIII S. 338.

Hinsichtlich der Befriedigung der Kultusbedürfnisse und des Umlagenwesens hat es, insoweit nicht durch den § 23 des Landtagsabsch. vom 28. Mai 1892 (s. Art. 60) eine Aenderung getroffen ist, sein Verbleiben. Dieß gilt insbesondere von Art. V des Umlagenges. v. 1819 und dem revid. Gemeindeedikt. Hieher gehören aber jene Bestimmungen nicht, die sich auf die allgemeine öffentlich-rechtliche Verpflichtung zur Entrichtung von Kirchengemeindeumlagen beziehen. (S. V.G.H.E. Bd. IX S. 447, dann § 23 des alleg. Landtagsabschiedes.)

Ueber das Etats- und Rechnungswesen der Cultusstiftungen s. Vollz.-Vorschr. v. 31. Okt. 1837, Normat.Entschl. v. 24. April 1857, M.E. v. 30. Nov. 1869, über Abquitt. und Löschung: M.E. v. 31. Juli 1864 (J.M.Bl. S. 227) u. M.E. v. 23. Jan. 1874.

Die Entscheidung der Frage, ob die von einer Kirchenverwaltung über die Klingelbeuteleinlagen und deren Verwendung geführte Rechnung als eine Kirchenstiftungsrechnung zu erachten sei und den über das Rechnungswesen der Kirchenstiftungen bestehenden formellen Vorschriften, insbesondere der Vorschrift in § 94 Abs. VI des revidirten Gemeindeedikts vom 1. Juli 1834 unterliege, fällt nicht in die Zuständigkeit des V.G.H. (V.G.H.E. Bd. II. S. 306.)

Anm. 7. Einschlägig sind die Ausführungen Seydels über die Frage, ob zur Zeit des Gesetzes von 1834 überhaupt „Kirchengemeinden" bestanden. Er sagt (S. 283 l. c.), daß vor dem Gesetze von 1834 es keine Kirchengemeindeverbände gab, daß das örtliche Kirchenvermögen damals im Eigenthum der Ortskirche als Anstalt, als juristischer Person, dagegen unter Verwaltung der politischen Gemeinde stand, woran auch das Gesetz von 1834 nichts geändert habe, welches nur einen Wechsel im Verwalter des Kirchenvermögens schuf. Auch die Bestimmungen des Umlagengesetzes von 1819 seien nicht geändert worden. „Das Wahngebilde einer nicht im Gesetze, sondern nur in Kammerverhandlungen erschienenen Kirchengemeinde trieb indessen in Lehre und Leben, in der Rechtspflege und in der Verwaltung sein Wesen." „Eine neue Gattung von Gemeindeverbänden kann man auch nicht durch Ministerialentschließung schaffen."

„Der leere Raum, welcher sich insbesondere hinsichtlich des Besteuerungsrechts der Kirchengemeinden ergab, wurde mit größerer oder geringerer Phantasie ausgefüllt." Ueber die Entstehung der Art. 60 und 206 G.O. s. Seydel daselbst und meine Anm. zu Art. 60.

Nach Seydel gibt es bis zum Gesetz v. 28. Mai 1892 keine Kirchengemeindeverbände.

Anm. 8. Unterm 13. Mai 1892 brachten die Abg. Dr. v. Hauck u. Gen. bei der Abgeordnetenkammer einen diesbezüglichen Antrag ein, der schließlich Gesetz wurde. (§ 23 Landtagsabschied v. 28. Mai 1892 G.V.Bl. 1892 S. 130.)

Nach § 23 Landtagsabschied von 1892 und den sonstigen einschlägigen Bestimmungen ergeben sich folgende Sätze:

Der kirchengemeindliche Umlagenverband wird nach Außen durch die Kirchenverwaltung vertreten; über die Erhebung von Umlagen beschließt die Kirchengemeindeversammlung. Für die Wahlberechtigung ist maßgebend die Instruktion für die Kirchenverwaltungswahlen vom $\frac{\text{25. August 1869,}}{\text{29. Septbr. 1875.}}$

An die Stelle der Gemeindeversammlung kann die Kirchengemeinderepräsentation treten, welcher die Mitglieder der Kirchenverwaltung nicht angehören. Im Uebrigen s. § 23 l. c.

Ein Kirchengemeindebeschluß über Erhebung von Kirchengemeindeumlagen ohne vorausgegangenen Beschluß der Kirchenverwaltung ist rechtsungiltig; nach erfolgtem Beschluß der Kirchenverwaltung hat der Pfarrer als Vorstand derselben die Mitglieder der Kirchengemeinde in ortsüblicher Weise zu einer Versammlung zu berufen und diese zur Erklärung zu veranlassen, sodann die nöthige Curatelgenehmigung zu erholen. Sind die Umlagen rechtsgiltig beschlossen, so erfolgt ihre Beitreibung entsprechend jener von Gemeindeumlagen. Das Ausstands-Verzeichniß hat die Kirchen-Verwaltung für vollstreckbar zu erklären. Im Kirchengemeinde-Versammlungsbeschluß muß auch konstatirt oder doch ersichtlich sein, daß die Versammlung vom Pfarrvorstand berufen und geleitet wurde. (V.G.H.E. Bd. XVII S. 141.)

Was noch den aufrecht erhaltenen Art. V des Umlagengesetzes von 1819 anlangt, so vgl. hierüber G.Bl. 1819 S. 83, dann Art. 60 u. 42 ff. G.O.

Die Bestimmungen dieses Art. finden nur auf solche Leistungen Anwendung, die aus dem Grunde und zu dem Zwecke der Befriedigung eines Bedürfnisses der Kirche oder Schule einer bestimmten Religionspartei gemacht worden, ferner auf

Naturalleistungen aus den Erträgnissen des Vermögens der politischen Gemeinde, wenn der hiedurch veranlaßte Ausfall an den zur Bestreitung der eigenen Bedürfnisse der letzteren unmittelbar verfügbaren Mitteln durch Erhebung von Gemeindeumlagen gedeckt werden muß. Als besonderes Rechtsverhältniß im Sinne des Art. V gilt nur jenes, das zwischen dem mit Gemeindeumlagen für den fraglichen Zweck in Anspruch Genommenen selbst und der betr. Religionspartei besteht. (V.G.H.E. Bd. VI S. 156.)

Art. V findet ferner auf Beschlüsse der Gemeinden über Einziehung von Gemeindenutzungen zum Vortheil der Gemeindekasse und zur Bestreitung von Ausgaben, die der Gemeinde auf übernommene freiwillige Leistungen für Cultuszwecke erwachsen sind, keine Anwendung, soweit nicht dadurch neue Umlagen hervorgerufen oder bestehende erhöht werden. (V.G.H.E. Bd. XII S. 241, 505.)

Unseres Erachtens bildet die Grundlage der Kirchengemeinde § 88 des Religionsedikts (II. Verfassungsbeilage), welcher lautet:

„Den Mitgliedern der öffentlich aufgenommenen Kirchengesellschaften steht die Bildung einer eigenen Gemeinde aller Orten frei, wenn sie das erforderliche Vermögen zum Unterhalt der Kirchendiener, zu den Ausgaben für den Gottesdienst, dann zur Errichtung und Erhaltung der nöthigen Gebäude besitzen, oder wenn sie die Mittel hiezu auf gesetzlich gestattetem Wege aufzubringen vermögen."

Allerdings wurde dieser Verfassungsbestimmung erst mit Schaffung besonderer Kirchenverwaltungen in dem Gesetze vom 1. Juli 1834, die Revision des Gemeindeedikts betr., Rechnung getragen.

Aus beiden Gesetzesbestimmungen ergibt sich die definitive wirkliche Kirchengemeinde, wie sie der V.G.H. festgestellt hat und § 23 des Landtagsabschiedes vom 28. Mai 1892 voraussetzt und ausgestaltet hat.

Anm. 9. Ueber Kirchenverwaltungswahlen und analoge Anwendbarkeit von Art. 196 Abs. III und IV: V.G.H.E. Bd. XV S. 145, über Wahlen bei Simultankirchenverwaltungen eod. Bd. XV S. 145; Behörden (z. B. Pfarrämter) haben kein Anfechtungsrecht.

Anm. 10. Ueber den Expositus als Vorstand der Kirchenverwaltung bayer. Gem.Zeitg. 1894 S. 529.

Anm. 11. Ueber Kirchengemeinden, Kirchenverwaltungen, Erwerb und Veräußerungen derselben s. bayer. Gem.Zeitg. 1897 S. 234.

Anhang,

enthaltend insbesondere das Gesetz über den Verwaltungsgerichtshof, dann gesetzliche, verordnungsmäßige und ministerielle Bestimmungen zum Vollzuge der Gemeindeordnung, namentlich auf das Kassa- und Rechnungswesen der Gemeinden bezügliche Normen, ferner Vollzug des Bürgerlichen Gesetzbuches, insoweit dessen Bestimmungen unmittelbar die Gemeinden betreffen, endlich:

Nachträge,

die während der Drucklegung veranlaßt wurden.

I.

Gesetz vom 8. August 1878,

die Errichtung eines Verwaltungsgerichtshofes und das Verfahren in Verwaltungsrechtssachen betr.

G.V.Bl. 1878 Nr. 38 S. 369 ff.

I. Von dem Verwaltungsgerichtshofe.

Art. 1. Für das Königreich wird ein Verwaltungsgerichtshof errichtet.

Derselbe wird gebildet aus einem Präsidenten, einem Direktor und der erforderlichen Zahl von Räthen.

Sind in einzelnen Fällen so viele Mitglieder des Verwaltungsgerichtshofes verhindert, daß die zur Beschlußfassung erforderliche Zahl nicht mehr vorhanden ist, so können zur Ergänzung Mitglieder des obersten Landesgerichts beigezogen werden. Die Abordnung erfolgt auf Anregung des Präsidenten des Verwaltungsgerichtshofes durch den Präsidenten des obersten Landesgerichts.

Dem Gerichtshofe wird das entsprechende Personal von Unterbeamten und Bediensteten beigegeben.

Art. 2. Die Mitglieder des Verwaltungsgerichtshofes genießen die den Richtern zustehenden Rechte und haben gleichen Rang und Gehalt mit den Mitgliedern des obersten Landesgerichts.

Während der Dauer ihres Richteramtes können sie im Verwaltungsdienste in keiner Weise verwendet werden.

Art. 3. Die Ernennung zum Richter des Verwaltungsgerichtshofes ist bedingt durch den Nachweis der Fähigkeit zum Richteramte.

Der Gerichtshof wird, so oft nach Constituirung desselben eine Rathsstelle zu besetzen ist, mit seinem gutachtlichen Vorschlag gehört.

Art. 4. Zur Vertretung der öffentlichen Interessen wird bei dem Verwaltungsgerichtshofe ein Staatsanwalt mit der erforderlichen Zahl von Nebenbeamten aufgestellt.

Der Staatsanwalt kann von den betheiligten Staatsministerien Instruktionen erholen und erhalten, welche er zu befolgen verpflichtet ist.

Art. 5. Die dienstliche Aufsicht über den Verwaltungsgerichtshof und dessen Mitglieder steht dem Staatsministerium des Innern in derselben Weise zu, wie dem Staatsministerium der Justiz die Aufsicht über das oberste Landesgericht und dessen Mitglieder.

Die Staatsanwaltschaft am Verwaltungsgerichtshofe steht unter der dienstlichen Aufsicht des Staatsministeriums des Innern.

Die Ernennung der Mitglieder des Verwaltungsgerichtshofes und der Staatsanwaltschaft an demselben erfolgt auf Vorschlag des Gesammtministeriums durch den König.

Art. 6. Wird die Eintheilung des Gerichtshofes in mehrere Senate erforderlich, so erfolgt dieselbe, einschließlich der Aufstellung der regelmäßigen Stellvertreter, je auf die Dauer eines Jahres durch Beschluß des Präsidenten unter Zuziehung des Direktors und des dem Dienstalter nach, bei gleichem Dienstalter des der Geburt nach ältesten Mitgliedes.

Jedes Mitglied des Gerichtshofes kann mehreren Senaten angehören. Der Direktor kann dem Senate, dessen Vorstand der Präsident ist, als Mitglied zugetheilt werden.

Im Falle der Verhinderung des regelmäßigen Vertreters eines Mitgliedes wird ein zeitweiliger Vertreter aus den Mitgliedern des Gerichtshofes durch den Präsidenten bestellt. Ist die genügende Anzahl von Mitgliedern nicht mehr vorhanden, so findet die Bestimmung in Art. 1 Abs. 3 Anwendung.

Art. 7. Der Verwaltungsgerichtshof bildet die oberste Instanz in Verwaltungsrechtssachen.

[Er ist nach Maßgabe der hierüber bestehenden oder zu erlassenden Gesetzesbestimmungen berufen, in denjenigen Fällen, in welchen ein Beamter wegen der in Ausübung seines Amtes oder in Veranlassung der Ausübung seines Amtes vorgenommenen Handlungen strafrechtlich oder civilrechtlich verfolgt werden soll, die Vorfrage zu entscheiden, ob der Beamte sich einer Ueberschreitung seiner Amtsbefugnisse oder der Unterlassung einer ihm obliegenden Amtshandlung schuldig gemacht hat.] Der Absatz 2 hat durch Art. 165 des bayr. Ausf.Ges. z. bürg. Ges.Buch eine neue Fassung erhalten, welche wie folgt lautet:

Der Verwaltungsgerichtshof ist berufen, in den Fällen, in welchen der Staat, eine Gemeinde oder ein anderer Kommunalverband wegen des Schadens in Anspruch genommen werden soll, den ein Beamter in Ausübung der ihm anvertrauten öffentlichen Gewalt vorsätzlich oder fahrlässig einem Dritten zugefügt hat, die Vorentscheidung darüber zu treffen, ob der Beamte sich einer Ueberschreitung seiner Amtsbefugnisse oder der Unterlassung einer ihm obliegenden Amtshandlung schuldig gemacht hat. Das Gleiche gilt, wenn ein Beamter wegen des Schadens in Anspruch genommen werden soll, den er durch eine in Ausübung oder in Veranlassung der Ausübung der ihm anvertrauten öffentlichen Gewalt vorgenommene Handlung einem Dritten zugefügt hat. Soweit der Staat oder der Verband, in dessen Dienste der Beamte steht, einen Schaden zu ersetzen hat, für den der Beamte selbst nicht verantwortlich ist, hat der Verwaltungsgerichtshof die Vorentscheidung darüber zu treffen, ob der Beamte seine Amtsbefugnisse überschritten oder eine ihm obliegende Amtshandlung unterlassen hat. Bei Handlungen eines Beamten der streitigen oder der freiwilligen Gerichtsbarkeit ist die Vorentscheidung nicht erforderlich.

Die Vorentscheidung ist für das Gericht bindend.

Soll der Anspruch gegen den Staat oder den Verband wegen schuldhafter Verletzung der Amtspflicht erhoben werden, so wirkt die Vorentscheidung auch für das Verhältniß zwischen dem Staate oder dem Verband und dem Beamten. Auf das Verfahren finden die für Verwaltungsrechtssachen geltenden Vorschriften Anwendung. Vor Erlassung der Vorentscheidung ist auch im Falle des Abs. 2 Satz 1 der Beamte zu hören.

Art. 8. Verwaltungsrechtssachen im Sinne dieses Gesetzes sind alle bestrittenen Rechtsansprüche und Verbindlichkeiten in nachbenannten Angelegenheiten:

1) Erwerbung und Besitz der Bundes- und Staatsangehörigkeit; Entlassung aus dem Staatsverbande.
2) Besitz des Staatsbürgerrechts; Berechtigung und Verpflichtung zur Ableistung des Verfassungseides.
3) Freizügigkeit und Aufenthalt.
4) Religiöse Kindererziehung.
5) Verweigerung des nach Art. 33 des Gesetzes über Heimath, Verehelichung und Aufenthalt vom 15. April 1868 auszustellenden Verehelichungszeugnisses oder Ertheilung desselben gegen einen auf Grund des Art. 36 erhobenen Einspruch.
6) Schließung von Vereinen auf Grund des Art. 19 Ziff. 1 bis 5 des Gesetzes vom 26. Februar 1850, die Versammlungen und Vereine betreffend.
7) Wählbarkeit und Verpflichtung zum Eintritte in die durch die Gesetze vom 31. Mai 1856, betreffend die Kapitalrentensteuer und die Einkommensteuer, dann durch das Gesetz vom 1. Juli 1856, betreffend die Gewerbesteuer, vorgesehenen Steuerausschüsse.*)
8) Befugniß zum Gewerbebetriebe auf Grund der Gewerbeordnung in jenen Fällen, in welchen das in §§ 20 und 21 der Gewerbeordnung vorgesehene Verfahren nach den jeweils geltenden Bestimmungen einzutreten hat.
9) Versagung der Zulassung einer eingeschriebenen Hilfskasse, sowie Schließung einer solchen nach § 4 Abs. 2 beziehungsweise § 29 des Gesetzes über die eingeschriebenen Hilfskassen vom 7. April 1876.
10) Zwangsabtretung von Grundeigenthum oder Belastung desselben mit Dienstbarkeiten, einschließlich der Frage, ob das betreffende Unternehmen vom gemeinen Nutzen erfordert werde und ob die Abtretung oder Belastung des angesprochenen Eigenthums zur zweckmäßigsten Verwirklichung des Unternehmens nothwendig sei, jedoch mit Ausnahme der nach Maßgabe des Berggesetzes vom 20. März 1869 stattfindenden Abtretungen oder Belastungen und vorbehaltlich der Bestimmung in Art. 47.
11) Fixirung, Sicherung, Veränderung und Ablösung von Grundlasten, Forstberechtigungen, Ehehaftsreichnissen und der auf dem Zehentrechte lastenden kirchlichen Baupflicht.
12) Ausübung und Ablösung von Weiderechten auf fremdem Grund und Boden.
13) Zusammenlegung von Grundstücken.**)
14) Benützung des Wassers; Bewässerungs- und Entwässerungs-Unternehmungen.
15) Uferschutz und Schutz gegen Ueberschwemmungen, soweit nicht Kreis- oder Staatslasten in Frage stehen.
16) Vermarkung der Grundstücke.
17) Ausübung der Jagd, soweit das Jagdrecht der Grundeigenthümer oder der Vollzug des Art. 8 oder 9 des Gesetzes vom 30. März 1850, die Ausübung der Jagd betreffend, in Frage steht.

---

*) Modifizirt durch die neuen Steuergesetze.
**) Aufgehoben; nun s. Flurbereinig.Ges.

18) Verweigerung oder Entziehung von Jagdkarten.

19) Das Recht zur Erhebung von Weg- und Pflaster-, Brücken- und Ueberfahrtsgeldern, soweit es sich nicht um das Verleihungsrecht der Staatsregierung handelt, sowie die Verbindlichkeit zur Entrichtung derartiger Gebühren.

20) Unterstützungspflicht des Staates gegenüber den Frauen und Kindern der Angehörigen der Reserve und Landwehr nach Art. 33 Abs. 1 des Gesetzes vom 30. Januar 1868 über die Wehrverfassung.

21) Berechtigung zur Theilnahme an einem Distriktsrathe auf Grund des Art. 2b des Distriktsrathsgesetzes vom 28. Mai 1852.

22) Verpflichtungen einzelner Gemeinden aus besonderen Verbänden nach Art. 37 des Distriktsrathsgesetzes vom 28. Mai 1852.

23) Ansprüche der Gemeinden an distriktive Anstalten, dann Ansprüche der Distrikte an die Gemeinden in Bezug auf den Bedarf oder Unterhalt solcher Anstalten.

24) Verbindlichkeit zur Theilnahme an Distriktsumlagen.

25) Zugehörigkeit von Grundstücken zu einem Gemeindeverband; Gemeindemarkungs- und Flurgrenzen.

26) Gemeindebürgerrecht und Heimathrecht; Stimmrecht in Gemeindeangelegenheiten.

27) Bürgeraufnahme-, Gemeinderechts- und Heimathgebühren.

28) Ansprüche auf allgemeine und besondere Nutzungen des Gemeindevermögens und die damit zusammenhängenden Verpflichtungen.

29) Vertheilung von Gemeindegründen.

30) Verbindlichkeit zur Theilnahme an Gemeindelasten, mit Einschluß der Umlagen und anderen Leistungen für die Armenpflege.

31) Verpflichtung zur Entrichtung von gemeindlichen Verbrauchssteuern und sonstigen örtlichen Abgaben; Benützung der Gemeindeanstalten und Verbindlichkeit zur Entrichtung von besonderen Vergütungen hiefür; Ansprüche auf Rückvergütung des Lokalmalz- oder Bieraufschlages und sonstiger örtlicher Verbrauchssteuern und Abgaben.

32) Leistungen auf Grund des Art. 55 der Gemeindeordnung für die Landestheile diesseits des Rheins vom 29. April 1869 und des Art. 40 der Gemeindeordnung für die Pfalz vom nämlichen Tage.

33) Wahlrecht und Wählbarkeit zu Gemeindeämtern, einschließlich der Funktion eines Armenpflegschaftsrathes, eines Bezirkspflegers und eines Feldgeschworenen; Giltigkeit solcher Wahlen; Verpflichtung zur Uebernahme jener Aemter; Berechtigung und Verpflichtung zum Austritt.

34) Oeffentliche Eigenschaft eines Weges mit Zugehörungen, einer Brücke oder eines Abzugskanals; Verbindlichkeiten in Bezug auf Herstellung und Unterhaltung der nicht in die Klasse der Staatsstraßen gehörigen öffentlichen Wege, Brücken, Stege und Abzugskanäle, unbeschadet der gesetzlichen Befugniß der Verwaltungsbehörden, über die Anlage von Distriktsstraßen und Gemeindeverbindungswegen und über deren Unterhaltung aus Distrikts- und Gemeindemitteln zu beschließen.

35) Rechtsansprüche auf den Genuß oder Mitgenuß von Stiftungen; Rechte im Betreffe der Stiftungsverwaltung und der Verleihung des Stiftungsgenusses.

36) Ansprüche und Reichnisse aus dem israelitischen Cultusverbande.

37) Wahlrecht und Wählbarkeit bei Kirchenverwaltungswahlen; Giltigkeit solcher Wahlen; Recht und Pflicht zum Eintritt in die Kirchenverwaltung; Berechtigung und Verpflichtung zum Austritt aus derselben.

38) Verbindlichkeit zur Theilnahme an den Gemeindelasten, Diensten, Umlagen und anderen Leistungen für Schulzwecke.

39) Ansprüche hinsichtlich der Besetzung von Lehrstellen an Volksschulen und anderen Unterrichtsanstalten, dann von niederen Kirchendiensten.

40) Immobiliarbrandversicherung in jenen Fällen, in welchen das im Art. 27 des Gesetzes vom 3. April 1875, die Brandversicherungsanstalt für Gebäude in den Landestheilen rechts des Rheines betreffend, vorgezeichnete Einspruchsverfahren zulässig ist, oder die Art. 37 und 38 der Brandversicherungsordnung für die Pfalz vom 26. November 1817 zur Anwendung kommen.*)

Art. 9. Soweit in den Fällen der Ziffer 1, 2, 4, 5, 7, 9, 13, 16, 17, 20, 21, 24, 25, 27, 31, 32, 33, 36, 37, 39 und 40 des Art. 8 nach den bestehenden Gesetzen oder Verordnungen die Distriktsverwaltungsbehörden zur Entscheidung in erster oder zweiter Instanz berufen sind, geht die Berufung gegen deren Entscheidungen unmittelbar an den Verwaltungsgerichtshof.

In allen übrigen Fällen kann die Berufung an den Verwaltungsgerichtshof nur gegen Entscheidungen der Kreisregierungen, Kammern des Innern, ergriffen werden.

Soweit die Reichsgesetze nicht entgegenstehen, ist diese Berufung auch in denjenigen Fällen zulässig, in welchen eine Berufung an die dritte Instanz bisher gesetzlich ausgeschlossen war.

Art. 10. Der Verwaltungsgerichtshof ist außer den in Art. 8 erwähnten Fällen zur letztinstanziellen Bescheidung von Beschwerden gegen Beschlüsse oder Verfügungen der Kreisregierungen, Kammern des Innern oder der Finanzen, des Oberbergamtes oder der Generalzolladministration**) in folgenden Angelegenheiten zuständig:

1) Verfügungen in Distriktsangelegenheiten, wenn wegen Auferlegung gesetzlich nicht begründeter Lasten, oder wegen gesetzwidriger Vertheilung der Distriktslasten Beschwerde geführt wird.

2) Verfügungen in Gegenständen der Staatsaufsicht über Gemeindeangelegenheiten, wenn von einer Gemeinde behauptet wird, daß durch solche Verfügungen das ihr gesetzlich zustehende Selbstverwaltungsrecht verletzt oder daß ihr eine gesetzlich nicht begründete Leistung auferlegt sei.

3) Verfügungen in Gegenständen der Staatsaufsicht auf die Verwaltung des Kirchenvermögens, der kirchlichen Stiftungen und der Kirchengemeinde-Angelegenheiten, wenn von dem einschlägigen Verwaltungsorgane oder von

---

*) Hiezu kamen noch durch spätere Gesetze weitere Zuständigkeitsbestimmungen.

**) Nunmehr: „Generaldirektion der Zölle und indirekten Steuern.“ Vdg. v. 31. Aug. 1880. G.V.Bl. S. 551.

der Kirchengemeinde behauptet wird, daß dem Kirchenvermögen, einer kirchlichen Stiftung oder der Kirchengemeinde eine rechtlich nicht begründete Leistung auferlegt oder daß eine von der Aufsichtsbehörde als rechtlich unzulässig beanstandete Ausgabe rechtlich statthaft sei.

3a) Umwandlung des Zweckes oder Aufhebung einer Stiftung nach den Vorschriften des § 87 des Bürgerl. Gesetzbuches, wenn von dem Vorstande der Stiftung oder von einem zum Genuß oder zum Mitgenuß der Stiftung Berechtigten bestritten wird, daß die Erfüllung des Stiftungszweckes unmöglich geworden sei oder das Gemeinwohl gefährde.

4) Rechtsverhältnisse der nicht zu einem Gemeindeverband gehörigen Markungen, soweit nicht Verwaltungsrechtssachen in Frage stehen.

5) Verbindlichkeit zur Unterstützung eines Kranken oder Hilfsbedürftigen und zum Ersatz geleisteter Unterstützungen oder Leichenkosten, soferne in eine dieser Beziehungen Streit zwischen Gemeinden, dem Fiskus oder anderen öffentlichen Kassen besteht; Ersatzansprüche von Privatpersonen für geleistete Armenhilfe.

6) Ersatzverbindlichkeit derjenigen Personen, welche öffentliche Armenunterstützung empfangen haben.

7) Verpflichtung zur Entrichtung von Krankenhausbeiträgen und die daraus entspringenden Rechte; Verbindlichkeit von Unternehmern und Arbeitgebern, für die Verpflegung ihrer erkrankten Arbeiter zu sorgen.

8) Vertheilung gemeinschaftlicher Privatwaldungen auf gesondertes Eigenthum. (Art. 22 des Forstgesetzes vom 28. März 1852.)

9) Vollzug der Art. 136, 159 und 162 des Berggesetzes vom 20. März 1869.

10) Festsetzung der Grubenfeldabgabe. (Art. 7 des Gesetzes vom 6. April 1869, die Abgaben von den Bergwerken betreffend.)

11) Kirchliche Simultanverhältnisse.

12) Zugehörigkeit zu einem Pfarr- und Kirchengemeindeverband; Pfarrsprengelgrenzen.

13) Ansprüche und Verbindlichkeiten aus dem Kirchen- und Pfarrverband; Dienste, Umlagen, Abgaben und andere Leistungen für kirchliche Zwecke; Verbindlichkeit zur Entrichtung besonderer Vergütungen für die Benützung kirchlicher Anstalten und Einrichtungen.

14) Ansprüche auf Interkalargefälle erledigter kirchlicher Pfründen; Vertheilung der Diensteserträgnisse und Lasten bei Erledigung von kirchlichen Pfründen unter die Betheiligten.

15) Haftungen der kirchlichen Pfründebesitzer aus der Verwaltung und Nutznießung des Pfründevermögens einschließlich der Haftungen aus der baulichen Unterhaltung der Pfründegebäude (Baufallschätzungen); Ansprüche der Genannten wegen Meliorationen.

16) Beschränkung der verfassungsmäßig gewährleisteten Hausandacht (§§ 2 und 4 der II. Verfassungs-Beilage).

17) Zugehörigkeit zu einem Schulverbande; Schulsprengelgrenzen.

18) Verbindlichkeit zur Errichtung neuer Schulen und Lehrerstellen auf Grund des Art. 2 des Gesetzes vom 10. November 1861, die Aufbringung des Bedarfes für die deutschen Schulen betr.

19) Verbindlichkeiten zu Leistungen für das Diensteinkommen des Lehrpersonals an den Volksschulen, für die Bau- und Unterhaltungskosten der Schulhäuser, sowie derjenigen Gebäude, welche zugleich Schul- und Meßnerhäuser sind, für die Einrichtung und Beheizung der Schullokalitäten und für den sonstigen Schulbedarf.

20) Vertheilung und Aufbringung des Schulbedarfs in Schulsprengeln, die aus mehreren Gemeinden oder Bestandtheilen von solchen bestehen.

21) Einführung, Aufhebung, Erhöhung und Entrichtung des Schulgeldes in Volksschulen; Befreiung von demselben.

22) Zugehörigkeit eines Bestandtheiles des Lehrereinkommens zum Schuldienste oder zum niederen Kirchendienste.

23) Umfang der den niederen Kirchendienern obliegenden Dienstesverrichtungen, Verpflichtungen der Lehrer hinsichtlich besonderer, mit dem Schuldienste nicht wesentlich verbundener Nebenverrichtungen.

24) Vertheilung der Dienstesbezüge und Lasten bei Erledigungen von Schuldiensten unter die Betheiligten.

25) Recht und Pflicht des Beitrittes zu den unter Staatsaufsicht stehenden Kreisvereinen für Unterstützung des dienstunfähigen Lehrpersonals an den Volksschulen, sowie der Wittwen und Waisen der Lehrer an diesen Schulen; Rechtsverhältnisse zwischen den genannten Vereinen und ihren Mitgliedern; Ansprüche an diese Vereine.

26) Inanspruchnahme der gänzlichen oder theilweisen Befreiung von der Grund- oder Häusersteuer.

27*) Verbindlichkeit zur Entrichtung der Gewerbesteuer, wenn der Beschluß eines Gewerbesteuer-Ausschusses auf rentamtliche Reklamation von der höheren Instanz in Folge irriger Anwendung des Gesetzes zum Nachtheile des Steuerpflichtigen abgeändert worden ist.

28) Verweigerung der Instruktion von Gesuchen um Steuernachlaß nach dem Gesetze vom 1. Juli 1834.

29**)

30**)

31) Verbindlichkeit zur Entrichtung einer Gebühr für das Halten von Hunden.***)

Art. 11.†) Wenn Aenderungen im Bestande von Gemeinden, Distrikten, Kreisen oder Schulverbänden eintreten und sich die Betheiligten über die Theilung oder Auseinandersetzung des Gemeinde-, Distrikts-, Kreis- oder Schulvermögens, oder über die Rechte und Pflichten in Bezug auf bestehende Anstalten nicht gütlich zu einigen vermögen, so tritt in letzter Beziehung schiedsrichterliche Entscheidung ein.

Diese steht zu:

1) einer von dem kgl. Staatsministerium des Innern delegirten Kreisregierung,

---

*) Ziff. 27 gegenstandslos.

**) Ziff. 29 und 30 traten nicht in Kraft in Folge des Art. 275 des Gesetzes über das Gebührenwesen vom 18. August 1879, G.V.Bl. 1890 S. 9, S. nun Art. 197 u. 254 d. Geb.Ges.

***) Hiezu noch weitere Zuständigkeitsbestimmungen durch spätere Gesetze, sowie Abänderungen.

†) Ueber die Vermögensauseinandersetzung bei Umbildung von Distriktsgemeinden und die vermögensrechtlichen Folgen für die einzelnen Gemeinden s. Lermann, Comm. z. Distr.Gem.-Ordn. S. 31

Kammer des Innern, in denjenigen Fällen, in denen eine Gemeinde, welche einer Kreisregierung unmittelbar untergeordnet ist, eine Distrikts- oder Kreisgemeinde betheiligt erscheint;

2) einem von der vorgesetzten Kreisregierung delegirten Bezirksamte in allen übrigen Fällen.

Gegen die Entscheidung der Kreisregierung, beziehungsweise — in den Fällen der Ziffer 2 — des Bezirksamtes findet Berufung an den Verwaltungsgerichthof statt, welcher in letzter Instanz entscheidet.

Art. 12. Was in Art. 8, 10 und 11 bezüglich der Gemeinden bestimmt ist, gilt auch von den zu einer Gemeinde vereinigten Ortschaften, in ihren Verhältnissen unter sich, zur Gemeinde und zu den Ortsangehörigen.

Art. 13. Die Zuständigkeit des Verwaltungsgerichtshofes erstreckt sich nicht

1) auf Rechtssachen, welche vor die Zivil- oder Strafgerichte gehören,

2) auf vorsorgliche Maßregeln, dann auf administrative Aussprüche, welche unter dem gesetzlichen Vorbehalte der Zuständigkeit der Gerichte erfolgen,

3) auf Angelegenheiten und Fragen, in welchen die Verwaltungsbehörden nach ihrem Ermessen zu verfügen berechtigt sind.

Steht ein zur Zuständigkeit des Verwaltungsgerichtshofes nicht gehöriger Gegenstand mit einem bei dem Gerichtshofe anhängigen im Zusammenhang, so wird dadurch die Befugniß des Gerichtshofes, seine Zuständigkeit auf den ersteren Gegenstand auszudehnen, nicht begründet, auch wenn dieser in denselben Akten behandelt ist.

Art. 14. Der Verwaltungsgerichtshof hat innerhalb seiner Zuständigkeit die Rechtmäßigkeit des Verfahrens zu prüfen und alle Umstände zu würdigen, welche auf die Feststellung der im Streit befangenen Rechte und Verbindlichkeiten Bezug haben.

Er erkennt über die Zuständigkeit und verweist die Sache erforderlichen Falles an die zuständige Verwaltungsbehörde.

Art. 15. Beschlüsse in Angelegenheiten, welche nach Art. 8 zur Zuständigkeit des Verwaltungsgerichtshofes gehören, sowie Beschlüsse dieses Gerichtshofes in Gegenständen des Art. 10 und 11 können nicht von Oberaufsichtswegen durch die Ministerien aufgehoben werden. Die Zuständigkeit der letzteren in Fragen des freien administrativen Ermessens wird durch diese Bestimmung nicht berührt.

II. Von dem Verfahren in Verwaltungsrechtssachen.

A. Allgemeine Bestimmungen.

Art. 16. Das Verfahren in Verwaltungsrechtssachen bemißt sich zunächst nach den Bestimmungen des gegenwärtigen Gesetzes.

Soweit hiemit die in einzelnen Landesgesetzen enthaltenen besonderen Vorschriften nicht im Widerspruche stehen, kommen dieselben auch ferner in Anwendung.

Die Staatsregierung ist ermächtigt, unter Beachtung der vorstehenden Grundsätze Vollzugsvorschriften zu dem Verfahren in Verwaltungsrechtsachen zu erlassen.

Nach dem Inslebentreten des Gesetzes ist der Verwaltungsgerichtshof vor Erlaß solcher Vollzugsvorschriften mit seinem Gutachten zu hören.

Die vor jenem Zeitpunkte erlassenen Vollzugsvorschriften sind innerhalb eines Jahres, vom Eintritte desselben an gerechnet, nach vorheriger Erholung des Gutachtens des Verwaltungsgerichtshofes zu revidiren.

Art. 17. Die Zuständigkeit der Behörden im einzelnen Falle ist nach den über deren Wirkungskreis jeweils bestehenden Bestimmungen zu beurtheilen.

Ist die Zuständigkeit mehrerer Behörden in einer und derselben Sache begründet, so hat die vorgesetzte Verwaltungsbehörde die etwa erforderliche Verfügung zu treffen.

Art. 18. Die in den §§ 41 ff. der Zivilprozeßordnung für das deutsche Reich enthaltenen Bestimmungen über den Ausschluß und die Ablehnung eines Richters finden auf den Ausschluß und die Ablehnung von Beamten, welche zur Mitwirkung bei der Entscheidung einer Verwaltungsrechtssache berufen sind, vorbehaltlich besonderer gesetzlicher Bestimmungen, entsprechende Anwendung, und zwar mit der Maßgabe, daß Ablehnungsgesuche, welche gegen Vorstände der Bezirksämter erhoben und von diesen selbst nicht für begründet erachtet werden, von den Kreisregierungen, Kammern des Innern, und Ablehnungsgesuche, welche gegen ein Mitglied einer Kreisregierung, Kammern des Innern, oder des Verwaltungsgerichtshofes gerichtet sind, von dem Kollegium der Kreisregierung beziehungsweise des Verwaltungsgerichtshofes beschieden werden.

Beschwerden gegen abweisende Beschlüsse werden in dem für Verwaltungsrechtssachen vorgeschriebenen Instanzenzuge entschieden.

Wird in Folge einer für begründet erachteten Ablehnung die betreffende Behörde beschlußunfähig, so hat die nächstvorgesetzte Verwaltungsbehörde das Erforderliche zu verfügen und nöthigenfalls eine andere Behörde mit der Entscheidung der Sache zu beauftragen. Wird der Verwaltungsgerichtshof beschlußunfähig, so findet die Bestimmung des Art. 1 Abs. 3 Anwendung.

Art. 19. Den Betheiligten und ihren gesetzlichen Stellvertretern ist gestattet, sich bei den Verhandlungen durch Bevollmächtigte vertreten zu lassen.

Die Behörden sind jedoch befugt, das persönliche Erscheinen der Betheiligten zum Zwecke der Feststellung des Sachverhaltes anzuordnen, wenn dasselbe nach Lage der Sache als nothwendig erscheint.

Die Behörden sind ferner befugt, mehreren im gleichen Interesse Betheiligten die Bestellung eines gemeinsamen Bevollmächtigten aufzutragen und im Weigerungsfalle einen solchen von Amtswegen auf Kosten der Säumigen aufzustellen.

Der Staatsregierung bleibt vorbehalten, die Befugniß zur Uebernahme einer Vertretung vor den einzelnen Instanzen näher zu regeln.

Art. 20. Die Feststellung des Sachverhalts in Verwaltungsrechtssachen erfolgt von Amtswegen.

Zeugen und Sachverständige werden eidlich vernommen.

Bei Streitigkeiten von geringerem Werthe kann jedoch mit Zustimmung der Betheiligten von der Eidesabnahme Umgang genommen werden.

Der Eidesleistung wird gleichgeachtet, wenn ein Mitglied einer Religionsgesellschaft, welcher der Gebrauch gewisser Betheuerungsformeln an Stelle des Eides gesetzlich gestattet ist, eine Erklärung unter der Betheuerungsformel dieser Religionsgesellschaft abgibt.

Sind Sachverständige für die Erstattung von Gutachten der betreffenden Art im allgemeinen beeidigt, so genügt die Berufung auf den geleisteten Eid.

Hinsichtlich der Verpflichtung, sich als Zeuge oder Sachverständiger vernehmen zu lassen, sowie hinsichtlich der Folgen der Weigerung, dann bezüglich der Zulässigkeit der Beeidigung kommen die Bestimmungen der Civilprozeßordnung für das deutsche Reich entsprechend zur Anwendung.

Eidliche Bestätigungen der Betheiligten zum Zwecke der Beweisführung finden nur insoferne statt, als besondere Gesetze dieselben zulassen.

Art. 21. Bei Fällung der nach durchgeführtem Beweisverfahren zu erlassenden Entscheidung haben die Behörden, soweit nicht gesetzlich etwas anderes bestimmt ist, das Ergebniß der Beweisaufnahme nach freier Ueberzeugung zu würdigen.

Jeder Endbescheid, sowie jeder Zwischenbescheid, gegen welchen auf Grund besonderer gesetzlicher Bestimmung selbstständig Beschwerde erhoben werden kann, ist mit Entscheidungsgründen zu versehen.

Mit jedem Endbescheid ist ein Beschluß über den Kostenpunkt nach Maßgabe der bestehenden Gesetze zu verbinden.

Die Entscheidungen sind den Betheiligten stets in schriftlicher Ausfertigung zuzustellen.

Art. 22. Gegen die in Art. 21 Abs. 2 erwähnten Bescheide ist Beschwerde zulässig.

Die Beschwerden sind bei der ersten Instanz schriftlich einzureichen oder zu Protokoll zu geben.

Der Beschwerdeführer kann sich statt näherer Ausführung darauf beschränken, Entscheidung nach Lage der Sache zu beantragen. Bemängelungen des Sachverhaltes, welcher der Entscheidung zu Grund gelegt ist, sind genau anzugeben. In gleicher Weise sind etwaige Anträge auf Ergänzung des Beweismaterials zu stellen.

Die Frist für Einlegung der Beschwerde beträgt, soferne nicht in einzelnen Gesetzen eine kürzere Frist bestimmt ist, vierzehn Tage.

Die Frist beginnt mit der Zustellung des schriftlichen Bescheides, sie ist unerstrecklich.

Bezüglich der Berechnung des Laufes dieser, sowie sonstiger Fristen und bezüglich der Wiedereinsetzung in den vorigen Stand bei Fristversäumung kommen die Bestimmungen der Civilprozeßordnung für das deutsche Reich entsprechend zur Anwendung.

Art. 23. Die einkommenden Beschwerden sollen von der ersten Instanz den übrigen an der Sache Betheiligten zur Kenntnißnahme und Wahrung ihrer Interessen in Abschrift mitgetheilt werden.

Zu diesem Behufe hat, wenn eine Beschwerde schriftlich eingereicht wird, der Beschwerdeführer außer der Urschrift so viele Abschriften der Beschwerde mit einzureichen, als weitere Betheiligte oder gemeinsame Bevollmächtigte derselben (Art. 19 Abs. 3) in der Sache vorhanden sind.

Wird die Beschwerde zu Protokoll gegeben, so hat der Beschwerdeführer die Kosten der durch die Behörde zu veranlassenden Abschriftnahme vorzuschießen.

Art. 24. Die Beschwerden haben, soferne nicht durch besondere gesetzliche Bestimmungen etwas anderes vorgeschrieben ist, aufschiebende Wirkung, vorbehaltlich des Rechtes der Verwaltungsbehörden, bei Gefahr auf Verzug oder bei drohendem Nachtheile für Leben, Gesundheit oder Eigenthum im öffentlichen Interesse vorsorgliche Anordnungen zu treffen.

Art. 25. Enthält eine Beschwerde einen groben Verstoß gegen den öffentlichen Anstand, so kann der Beschwerdeführer in eine Geldstrafe bis zu 200 ℳ verurtheilt werden, welche für den Fall der Uneinbringlichkeit sofort in entsprechende Haft nach Maßgabe der Bestimmungen des Strafgesetzbuches für das deutsche Reich umzuwandeln ist.

Der Strafausspruch erfolgt gleichzeitig mit der Entscheidung in der Hauptsache und ist selbstständig anfechtbar.

Art. 26. Eine Wiederaufnahme des Verfahrens kann von derjenigen Behörde, welche den letzten, rechtskräftig gewordenen Endbescheid erlassen hat, beschlossen werden, wenn glaubhaft dargethan ist, daß eine bei den vorausgegangenen Verhandlungen nicht hinreichend bekannt gewesene Thatsache vorliegt, deren Berücksichtigung zu einem von dem früheren abweichenden Endbescheide zu führen geeignet ist.

Gegen die hienach von den Distriktsverwaltungsbehörden oder den Kreisregierungen erlassenen Beschlüsse ist Beschwerdeführung im regelmäßigen Instanzenzuge zulässig.

B. Besondere Bestimmungen.

Art. 27. Die Distriktsverwaltungsbehörden haben vor allem für richtige Ermittelung des Sachverhaltes zu sorgen und zu diesem Behufe nicht bloß das von den Betheiligten gebotene, sondern auch das sonst zur Aufklärung dienende Material zu den Akten zu bringen, insbesondere aufschlußgebende Vorakten und Urkunden beizufügen, Zeugen und Sachverständige zu vernehmen und etwaige Nebenpunkte gleichzeitig mit der Hauptsache zu erheben.

Ueber zweifelhaftes Beweismaterial oder wenn zur Klarstellung der Sache ein Augenschein nothwendig erscheint, ist eine mündliche Verhandlung mit den Betheiligten ohne Zulassung von Schriftenwechsel zu pflegen.

Außerdem hat vor der Beschlußfassung eine mündliche Verhandlung stattzufinden, wenn besondere Gesetze solche vorschreiben oder die Betheiligten übereinstimmend darauf antragen.

Zu dieser Verhandlung sind die Betheiligten oder deren Bevollmächtigte, vorbehaltlich der Bestimmung in Art. 19 Abs. 2 und unbeschadet der in einzelnen Gesetzen vorgeschriebenen besonderen Rechtsnachtheile, mit dem Eröffnen zu laden, daß im Falle ihres Nichterscheinens nach Lage der Sache erkannt werden würde.

Art. 28. Bei den mündlichen Verhandlungen kann die Oeffentlichkeit zugelassen werden, soferne nach dem Ermessen des Beamten die Wahrung der Sittlichkeit oder des öffentlichen Wohles nicht entgegensteht.

Art. 29. Das Ergebniß der mündlichen Verhandlungen über den Sachverhalt ist zu Protokoll zu nehmen und von den Betheiligten anerkennen zu lassen; dabei ist auszuscheiden, was von den Betheiligten als feststehend anerkannt wird und was sie bestreiten, mit Angabe von Gründen und Beweismitteln.

Art. 30. Die für die Beschlußfassung der Magistrate erforderlichen vorbereitenden Verhandlungen sind, soweit thunlich, durch ein rechtskundiges Magistratsmitglied zu pflegen.

Bei der Beschlußfassung hat, soweit thunlich, ein rechtskundiges Magistratsmitglied Vortrag zu erstatten. Dieselbe kann in Senaten erfolgen, welche mit Einschluß des Vorsitzenden aus mindestens fünf Mitgliedern zu bestehen haben.

Art. 31. In denjenigen Fällen, in welchen die Kreisregierungen, Kammern des Innern, als erste Instanz zu entscheiden haben, sind die erforderlichen Vorerhebungen durch die damit zu beauftragenden Distriktsverwaltungsbehörden zu pflegen, soferne nicht durch besondere Gesetze etwas anderes bestimmt ist.

Die Kreisregierungen, Kammern des Innern, entscheiden in Verwaltungsrechtssachen durch Senate, welche mit Einschluß des Vorsitzenden aus drei Mitgliedern bestehen.

Die Zuständigkeit dieser Senate erstreckt sich auch auf Fragen des freien administrativen Ermessens, welche sich in den durch Art. 8 als Verwaltungsrechtssachen erklärten Angelegenheiten überhaupt ergeben.

Art. 32. Beschwerden, welche nicht rechtzeitig erhoben wurden oder wegen eingetretener Rechtskraft offenbar unzulässig sind, können durch Senatsbeschluß in geheimer Sitzung ohne weiteres Verfahren zurückgewiesen werden.

Beschwerden in Bezug auf Ablehnung oder Ausschließung eines Beamten, sowie in Bezug auf Zwangsvollstreckung werden von dem Senate in geheimer Sitzung verhandelt und entschieden.

Gegen die in Abs. 1 und 2 erwähnten Entscheidungen findet Beschwerde an den Verwaltungsgerichtshof statt.

Art. 33. Außer den in Art. 32 bezeichneten Fällen erfolgen die Entscheidungen der Senate auf Grund öffentlicher und mündlicher Verhandlung.

Art. 34. Vorbehaltlich besonderer gesetzlicher Vorschriften kann die Oeffentlichkeit der Verhandlung durch Beschluß des Senates aus Rücksichten auf das öffentliche Wohl oder die Sittlichkeit beschränkt werden.

Bei beschränkter Oeffentlichkeit hat jeder Betheiligte die Befugniß, drei Vertrauensmänner zur Verhandlung beizuziehen.

Der Vorsitzende kann aus der öffentlichen Sitzung jeden entfernen lassen, der Zeichen des Beifalls oder des Mißfallens gibt oder sonst Störung verursacht.

Art. 35. Zu der öffentlichen Verhandlung sind die Betheiligten, unbeschadet der in einzelnen Gesetzen etwa vorgesehenen besonderen Rechtsnachtheile, mit dem Eröffnen zu laden, daß auch im Falle ihres Nichterscheinens Beschluß gefaßt werden würde.

Die Sitzungen, sowie die Vorbereitungen für dieselben werden von dem Präsidenten der Kreisregierung angeordnet. In gleicher Weise werden die vor Abhaltung der Sitzungen etwa für nothwendig erachteten Vorerhebungen und Aktenergänzungen verfügt.

Art. 36. In der öffentlichen Sitzung hat zunächst der von dem Senatsvorstande bestellte Referent über die Sachlage, jedoch ohne Stellung eines Schlußantrages, Vortrag zu erstatten. Hierauf werden die Betheiligten mit ihren Erinnerungen und Anträgen gehört und die etwa erforderlichen Beweisaufnahmen vollzogen.

Ueber den Gang und die wesentlichen Ergebnisse der Verhandlung wird durch einen vereideten Schriftführer ein Protokoll aufgenommen.

Der Senat kann erforderlichen Falles die Vervollständigung des Beweismateriales anordnen und die Sitzung zu diesem Zwecke vertagen, oder die Aufhebung des Verfahrens wegen wesentlicher Mängel desselben von der Zeit des eingetretenen Beschwerdegrundes an aussprechen und die geeignete Sachinstruktion und Beschlußfassung verfügen.

Auf Grund des erhobenen Sachverhalts und Beweismateriales ist der Senat auch zum Nachtheile des Beschwerdeführers zu erkennen berechtigt.

Die Berathung und Abstimmung über die zu fassenden Beschlüsse erfolgt, wenn thunlich, unmittelbar nach Schluß der öffentlichen Verhandlung. Die Beschlüsse sind öffentlich zu verkünden. Kann die Verkündung nicht sofort stattfinden, so hat sie an einem sogleich anzuberaumenden und bekannt zu gebenden Termine zu geschehen, welcher nur aus einem besonderen Anlasse über eine Woche hinaus verlegt werden darf.

Art. 37. Bezüglich der Berathung und Abstimmung im Senate der Kreisregierung kommen bei allen Entscheidungen, sowohl in geheimer Sitzung, als auf Grund öffentlicher und mündlicher Verhandlung, die Bestimmungen der §§ 194 bis 199 des Gerichtsverfassungsgesetzes für das deutsche Reich vom 27. Januar 1877 zur Anwendung.

Art. 38. Bei der Berathung und Abstimmung des Senates darf, unbeschadet der Bestimmung in § 195 Abs. 2 des Gerichtsverfassungsgesetzes für das deutsche Reich, der zur Sitzung beigezogene Protokollführer nicht anwesend sein.

Art. 39. Die Entscheidungen des Verwaltungsgerichtshofes erfolgen, soweit nicht gesetzlich etwas anderes bestimmt ist, durch Senate, welche mit Einschluß des Vorsitzenden aus fünf Mitgliedern bestehen.

Art. 40. Der Verwaltungsgerichtshof entscheidet auf Grund des von den Vorinstanzen erhobenen Sachverhaltes; eine Beweisaufnahme findet vor demselben nicht statt.

Dem Gerichtshofe bleibt jedoch unbenommen, die Vervollständigung des Beweismateriales durch die Vorinstanzen zu veranlassen, technische Obergutachten zu erholen und Sachverständige, welche dieselben verfaßt oder bei deren Abfassung mitgewirkt haben, zur öffentlichen Sitzung beizuziehen.

Sind auf Grund besonderer gesetzlicher Bestimmungen die Erinnerungen anderer Behörden vor der Beschlußfassung zu erholen, so hat dies nach Anordnung des Präsidenten zu erfolgen.

Entscheidet der Verwaltungsgerichtshof in dritter Instanz und wird die Beschwerde verworfen, so kann der Beschwerdeführer, wenn ihm Muthwille zur Last fällt, in eine Geldstrafe bis zu 200 ℳ verurtheilt werden.

Art. 41. Jede beim Verwaltungsgerichtshofe eingelaufene Beschwerde ist einem Referenten zuzutheilen, welcher im Benehmen mit dem Staatsanwalte unter Würdigung der in der Beschwerde etwa enthaltenen Bemängelungen zu prüfen hat, ob eine Ergänzung des Sachverhaltes oder des Beweismateriales erforderlich ist.

Einigen sich dieselben, so ist sofort das Erforderliche durch Verweisung in die öffentliche Sitzung oder Anordnung der Ergänzung zu verfügen; außerdem hat der zuständige Senat in geheimer Sitzung über das Erforderniß einer Ergänzung zu beschließen.

Im Uebrigen finden die Bestimmungen des Art. 32 Abs. I und II, dann der Art. 33 bis 38 Anwendung.

Art. 42. Der Staatsanwalt oder sein Vertreter hat das Recht, bei jeder zur Verhandlung kommenden Sache mit seiner Aeußerung gehört zu werden; ebenso vor jeder Beschlußfassung des Verwaltungsgerichtshofes, welche über die Ausschließung oder Ablehnung eines Mitgliedes des Verwaltungsgerichtshofes oder gemäß Art. 41 letztem Absatz über eine Beschwerde der in Art. 32 Abs. I und II gedachten Art erfolgt.

Bei der Berathung und Abstimmung des Verwaltungsgerichtshofes darf der Staatsanwalt nicht anwesend sein.

In denjenigen Fällen, welche ohne vorherige öffentliche Verhandlung zu erledigen sind, hat sich der Staatsanwalt nach der auf den Vortrag des Referenten abgegebenen Aeußerung zu entfernen.

Art. 43. Will ein Senat in einer Rechtsfrage von einer früheren Entscheidung des Verwaltungsgerichtshofes oder eines Senates desselben abweichen, so hat er die Verhandlung und Entscheidung der Sache vor das Plenum des Verwaltungsgerichtshofes zu verweisen.

Art. 44. Zur Fassung einer Plenarentscheidung ist die Theilnahme von mindestens zwei Drittheilen aller Mitglieder des Verwaltungsgerichtshofes erforderl Bei Stimmengleichheit gibt die Stimme des Vorsitzenden den Ausschlag.

III. Behandlung der in Art. 10 und 11 aufgeführten Angelegenheiten.

Art. 45.*) Die Erledigung der in Art. 10 und 11 aufgeführten Angelegenheiten erfolgt bei den unteren Instanzen nach den für das Verfahren vor denselben in Verwaltungssachen jeweils bestehenden Vorschriften.

Die nach den genannten Artikeln zulässigen Beschwerden müssen innerhalb einer unerstrecklichen Frist von vierzehn Tagen, von Eröffnung der betreffenden Verfügung an gerechnet, bei derjenigen Behörde eingelegt werden, welche den beschwerenden Beschluß erlassen hat.

Die Behandlung dieser Beschwerden beim Verwaltungsgerichtshofe bemißt sich nach den für das Verfahren des Verwaltungsgerichtshofes in Verwaltungsrechtssachen geltenden Bestimmungen.

In den Fällen des Art. 10 Ziff. 11 entscheiden die Distriktsverwaltungsbehörden in erster, die Kreisregierungen, Kammern des Innern, in zweiter Instanz.

IV. Zwangsvollstreckungs-Verfahren.

Art. 46. Die Verwaltungsbehörden sind in den im gegenwärtigen Gesetze bezeichneten Angelegenheiten berechtigt, ihre rechtskräftig gewordenen Entscheidungen im Zwangswege mit denselben Mitteln in Vollzug zu setzen, welche zum Vollzuge rechtskräftiger Urtheile in bürgerlichen Rechtsstreitigkeiten gegeben sind.

Inwieferne hiebei eine Mitwirkung der Gerichte stattzufinden hat, bemißt sich nach den besonderen gesetzlichen Bestimmungen.

Die Zwangsvollstreckung obliegt, vorbehaltlich besonderer gesetzlicher Vorschriften, den Distriktsverwaltungsbehörden, welche sich hiebei sowohl ihrer eigenen Vollzugsorgane als der Gerichtsvollzieher bedienen können.

Beschwerden gegen Verfügungen und Beschlüsse, welche die Zwangsvollstreckung betreffen, werden im verwaltungsrechtlichen Instanzenzuge beschieden.

Sonstige Bestimmungen.

Art. 47. Bei Abtretungen und Belastungen für Zwecke der Landesvertheidigung wird die Frage des gemeinen Nutzens und der zur zweckmäßigsten Verwirk-

---

*) S. Seite 460 oben.

lichung des Unternehmens nothwendigen Eigenthumsabtretung oder Belastung durch Beschluß des Gesammtstaatsministeriums entschieden.

Art. 48. Art. 28 des Gesetzes vom 28. Mai 1852, die Distriktsräthe betreffend, erhält folgende Fassung:

Als Distriktsstraßen sollen nur jene Straßen erklärt werden, welche einen über die nachbarliche Verbindung einzelner Gemeinden erheblich hinausgehenden Verkehr zu vermitteln bestimmt oder geeignet sind.

Bei eingelegtem Widerspruche des Distriktsrathes entscheidet in erster Instanz in kollegialer Berathung die Kreisregierung, Kammer des Innern, in zweiter und letzter Instanz das zuständige Staatsministerium, vorbehaltlich des Art. 10 Ziff. 1 des Gesetzes vom 8. August 1878, betreffend die Errichtung eines Verwaltungsgerichtshofes und das Verfahren in Verwaltungsrechtssachen.

Art. 49. Wenn bei Angelegenheiten, welche im gegenwärtigen Gesetze behandelt sind, in ein und derselben Entscheidung einer unteren Instanz gleichzeitig Fragen erledigt werden, welche zur Zuständigkeit verschiedener Oberbehörden gehören, so sind die an die beiderseitigen Oberbehörden zu ergreifenden Beschwerden innerhalb der gesetzlichen Beschwerdefrist einzureichen.

Ist nur ein Betheiligter in der Sache vorhanden, so hängt es von dessen Antrage ab, an welche Oberbehörde die Akten zunächst zur Entscheidung einzusenden sind. In Ermangelung eines solchen Antrages, oder wenn mehrere Betheiligte vorhanden sind, entscheidet zunächst der Verwaltungsgerichtshof.

Art. 50.*) . . . .

Art. 51. Der Tag, an welchem dieses Gesetz in Kraft tritt, wird durch ein besonderes Gesetz bestimmt.

Vom Tage der Wirksamkeit des Gesetzes an erlöschen alle entgegenstehenden Bestimmungen.

Art. 52. Gegenstände, welche vor dem Tage, an welchem dieses Gesetz in Wirksamkeit tritt, nach den bisherigen Vorschriften ihre endgiltige Erledigung gefunden haben, können, soferne nicht eine Wiederaufnahme des Verfahrens in Frage steht, nicht mehr vor den Verwaltungsgerichtshof gebracht werden. Gesuche um Wiederaufnahme des Verfahrens werden in solchen Fällen von derjenigen Behörde nach Maßgabe der Bestimmungen des gegenwärtigen Gesetzes entschieden, welche hienach zur erstinstanziellen Bescheidung in der Hauptsache zuständig wäre.

Gegenstände, in welchen vor dem erwähnten Zeitpunkte Beschwerde an die Ministerialinstanz oder in den Fällen des Art. 9 Abs. I an eine Kreisregierung, Kammer des Innern, nach den bisherigen Vorschriften erhoben wurde, sind hiernach zu bescheiden. Gegen den Bescheid der Kreisregierung ist jedoch Beschwerde an den Verwaltungsgerichtshof zulässig.

Art. 53. Die Bestimmung des Art. 2 Abs. I kann nur unter den für Veränderungen der Verfassung vorgeschriebenen Formen aufgehoben oder geändert werden.

---

*) Art. 50 trat nicht in Kraft, in Folge Art. 29 des Gesetzes, die Entscheidung von Kompetenzkonflikten zwischen den Gerichten und den Verwaltungsbehörden betr., vom 18. August 1879, G.V.Bl. S. 991. Art. 29 ist wegen Raumersparniß hier nicht abgedruckt.

Siehe hieher noch k. Deklaration v. 15. Juni 1898, G.V.Bl. S. 294:

Einziger Artikel.

Bei Beschwerden, welche nach den Art. 11, 22, 45 des Ges. v. 8. August 1878 erhoben werden, sowie bei jenen Beschwerden, welche zufolge besonderer Gesetze nach den Bestimmungen des genannten Gesetzes zu behandeln sind, ist die Beschwerdefrist auch dann als gewahrt anzusehen, wenn die Beschwerde innerhalb der gesetzlichen Frist bei einer unrichtigen Instanz angebracht wurde.

---

2) Gebühren der Rechtsanwälte.

Advokatengebührenordnung für die Landestheile diesseits des Rheins vom 15. Dezember 1852.*)

II. Abschnitt.

Besondere Bestimmungen.

I. Gebühren allgemeiner Art.

	Von ℳ	Von ₰	bis ℳ	bis ₰
1) Für Informationen und Akteneinsicht (incl. der sog. arrha)	2	—	20	—
2) Für eine im Laufe des Geschäftes nöthige Unterredung mit dem Vollmachtgeber oder mit anderen Personen	—	50	2	—
3) Für einen einfachen Brief	—	50	—	—
4) Für einen Brief mit tieferem Eingehen in die Sache	1	—	6	—
5) Für den Entwurf einer einfachen Vollmacht	—	50	—	—
6) Für den Entwurf einer Vollmacht mit tieferem Eingehen in die Sache	—	50	6	—
7) Für die Reinschrift des Originals jeder Eingabe, dann des Duplikats und mehrfacher Ausfertigungen und der zu den Eingaben und Handakten anzufertigenden Abschriften und zwar für jede Seite des Bogens, welche zwei und zwanzig Zeilen in nicht gedehnter Schrift enthalten muß,				
a) halbbrüchig	—	7	—	—
b) breitgeschrieben	—	10	—	—
Die Titelseite, die erste und die letzte Seite des Textes der Schrift werden, auch wenn sie keine zweiundzwanzig Zeilen enthalten, für volle Seiten vergütet.				
c) bei Briefen wird für jede Seite an Schreibgebühren vergütet	—	7	—	—
d) für jeden Bogen Papier zu den Ausfertigungen der Schriften, insoferne kein Stempelpapier nöthig ist	—	3	—	—
8) Stempelpapier und Porto, und im Falle nachweisbaren Bedürfnisses				

*) Anm. Die erste Auflage enthielt im Anhange noch verschiedene andere auf das Kosten- und Gebührenwesen sich beziehende Bestimmungen. Der Raumersparniß halber blieben dieselben weg. Dagegen wird es als praktisch erachtet, bezüglich der Rechtsanwaltsgebühren eine tabellarische Uebersicht über diese aus der Advokatengebührenordnung vom 15. Dez. 1852 und der Vdg. hiezu vom 23. Dez. 1875 zu bringen. Diese Uebersicht ist dem Werke Hutter's, Rechtsgrundsätze der Entscheidungen des bayerischen Verwaltungsgerichtshofes, entnommen und daselbst Seite 78 zu finden. Diese Taxen haben in Verwaltungssachen im Gebiete des diesrheinischen Bayern noch Geltung.

	Von		bis	
	ℳ	₰	ℳ	₰
Auslagen für eigene Boten, Estaffeten, telegraphische Depeschen und dergl. werden besonders vergütet.				
9) Für das Concept, Collationirung der Schriften, Verpackung, Siegelung, Uebergabe zur Post, Aktenheften, Tektur und ähnliche kleine Ausgaben wird nichts vergütet.				
10) Für eine Erinnerungseingabe (Monitorium, Sollicitation)	—	20	—	—
11) Für die Empfangnahme richterlicher Dekrete und Erkenntnisse	—	20	—	—
12) Für Insinuationen an einen besonders aufgestellten Insinuations-Mandatar				
a) an Gebühr für jede Insinuation	—	40	—	—
b) für einen nothwendigen Brief des Insinuations-Mandatars	—	40	—	—
13) Für eine Beschwerde wegen verweigerter oder verzögerter Entschließung	1	50	—	—
14) Für eine außergerichtliche Beschwerde oder ein Gerichtsverbittungsgesuch	2	—	8	—
15) Für eine Rekursschrift oder Remonstration wegen Ermäßigung oder Abstrichs von Gebühren, sowie wegen Eingaben und Verhandlungen in allen Disciplinarstraffällen des Advokaten kann dieser nichts anrechnen. Nur wenn die Gebührenfestsetzung durch denjenigen, welcher Zahlung leisten soll, angefochten und das Vorbringen desselben unbegründet befunden wird, desgleichen, wenn die Gebühren vom Advokaten eingeklagt oder im Wege der Hilfsvollstreckung beigetrieben werden müssen, sind die gewöhnlichen Ansätze für Schriften oder Verhandlungen statthaft.				
16) Für Einkassirung von Geldern nebst Ablieferung an den Vollmachtgeber oder an einen Dritten gebührt dem Advokaten bis zu der Summe von eintausend Gulden ein Prozent und für jeden weiteren Betrag ½ Prozent desselben.				
17) Für eine Tagfahrt	2	—	—	—
und falls die Verhandlung mehr als eine Stunde in Anspruch nimmt, für jede weitere von dem Advokaten der Sache ausschließlich gewidmete Stunde	1	20	—	—
Hiebei ist die Zeitdauer von weniger als einer Stunde für eine volle Stunde zu rechnen.				
18) Bei Reisen des Advokaten außerhalb seines Wohnortes kommt demselben außer den unter Ziffer 17 erwähnten Tagfahrtgebühren noch ein Taggeld zu, und zwar				
a) für den halben Tag	7	—	—	—
b) für den ganzen Tag	14	—	—	—
Die Gebühr für den halben Tag findet dann statt, wenn das Geschäft von solcher Art ist, daß es dem Advokaten möglich wird, entweder zur Mittagszeit wieder zu Hause zu sein, oder erst nach der Mittagszeit seinen Wohnort zu verlassen;				
c) dauert die Reise nur Einen Tag, und beträgt die Zeit der Abwesenheit des Advokaten von seinem Wohnorte mehr als vierzehn Stunden, so besteht das Taggeld in	18	—	—	—
d) nebstdem werden dem Advokaten die baaren Auslagen für Fuhrwerk vergütet und zwar				
aa) für Eilwagen, Dampfschiff oder Eisenbahn, wenn diese Fahrgelegenheiten mit der Zeit der Tagfahrt in der Art zusammentreffen, daß der Gebrauch eines besonderen Fuhrwerkes nicht billiger kommt und der Advokat dadurch nicht genöthigt wird, vor 5 Uhr Morgens seinen Wohnort zu verlassen oder erst nach 9 Uhr Abends in demselben wieder einzutreffen.				

	Von ℳ	Von ₰	bis ℳ	bis ₰
Hiebei können auch die Auslagen für Mitnahme etwaigen Gepäckes, bei Fahrten mit dem Dampfschiffe ein Platz I. Klasse, bei Fahrten mit der Eisenbahn ein Platz II. Klasse verrechnet werden.				
bb) Außerdem ist, der Advokat mag sich seines eigenen, oder eines fremden Fuhrwerkes bedienen, die am Wohnorte desselben herkömmliche Lohnrößlersgebühr zu verrechnen.				
19) Für jede hier nicht besonders aufgeführte Schrift	1	—	—	—
20) Für einen Gang zu einer Behörde, wenn nicht die durch diesen Gang bezweckte Handlung besonders honorirt wird,	1	50	—	—
21) Für Einreichung des Gebührenverzeichnisses können nur die Schreibgebühren und Auslagen, wie sie oben unter Ziff. 7 und 8 aufgeführt sind, angesetzt werden.				
22) Für Legalisirung einer Eingabe	—	40	2	—

II.

Normen zum Vollzuge der Gemeindeordnung mit Ausnahme der auf das Kassa- u. Rechnungswesen der Gemeinden bezüglichen Bestimmungen.

1. Zu Art. 4.

M.E. v. 12. Juli 1881, das Verfahren bei Gemeindebezirksänderungen, dann bei Aenderungen der Bezirksamts- und Amtsgerichtsbezirke betr., Nr. 10557. (M.A.Bl. S. 238, J.M.Bl. S. 362, Weber, Bd. XV S. 306.)

Nachdem sich in neuerer Zeit Zweifel ergeben haben, in welcher Weise bei der Behandlung von Anträgen auf Aenderung von Gemeindebezirken, dann von Bezirksamts- und Amtsgerichtsbezirken die Einvernahme der betheiligten Justizverwaltungsbehörden zu erfolgen habe, so werden hierüber nachstehende Bestimmungen getroffen:

Die k. Regierungen, Kammern des Innern, haben sich mit dem Ersuchen um gutachtliche Aeußerung gemäß Art. 75 des Ausführungsgesetzes vom 23. Februar 1879 zum Reichsgerichtsverfassungsgesetze an die k. Präsidenten der betreffenden Oberlandesgerichte zu wenden.

Diese Präsidenten aber haben vor Abgabe ihres Gutachtens die Vorstände der einschlägigen k. Landgerichte, dann die Vorstände der betreffenden k. Amtsgerichte, soferne die Einvernahme der letzterwähnten Gerichtsvorstände nicht bereits durch die Distriktsverwaltungsbehörde erfolgt ist, zu hören und sich zugleich mit dem betreffenden k. Oberstaatsanwalte zu benehmen und diesem bei etwaiger Meinungsverschiedenheit die Abgabe eines gesonderten, an die k. Kreisregierung, Kammer des Innern, zu richtenden Gutachtens anheimzustellen.

2. Zu Art. 27.

M.E. v. 3. November 1871, betr. die Beurkundung von Gemeindegrundtheilungen. (Abgedruckt in Kr.A.Blättern und Weber, Bd. IX S. 146.)

1) Nach Artikel 27 Abs. 4 G.O. gehen bei Gemeindegründevertheilungen die zur Vertheilung gelangenden Antheile Kraft des genehmigten Vertheilungsaktes in das Eigenthum der Theilnehmer über. Für den Zweck des urkundlichen Nachweises des Eigenthumsübergangs auf die einzelnen Theilnehmer erscheint es jedoch immerhin als geboten, daß denselben von der der Gemeinde vorgesetzten Verwaltungsbehörde auf Grund der Vertheilungsverhandlungen auch für die Folge Besitzzeugnisse ausgefertigt werden.

Da nach Art. 27 Abs. 4 G.O. die Erhebung von Taxen und Stempelgebühren bei den Besitzveränderungen aus Anlaß von Gemeindegründevertheilungen nicht stattfindet, hat die Ausfertigung dieser Besitzzeugnisse tax- und stempelfrei zu erfolgen.

2) Im Interesse der Evidenthaltung der Grundsteuerkataster ist allerdings erforderlich, daß bei vorkommenden Gemeindegründevertheilungen dem einschlägigen kgl. Rentamte über die in Folge der Vertheilungen eintretenden Besitzveränderungen von der der Gemeinde vorgesetzten Verwaltungsbehörde von Amtswegen Mittheilung gemacht werde.

Für den Zweck der Registrirung und Umschreibung der Besitzveränderungen bei den Rentämtern ist übrigens die Mittheilung einer förmlichen Besitzveränderungs-Konsignation an dieselben nicht nothwendig. Es genügt vielmehr, wenn nach dem von dem kgl. Bezirksamte Regensburg in dem Berichte vom 28. März dieses Jahres gestellten Antrage auf dem betreffenden Original-Ummessungsoperate von der der Gemeinde vorgesetzten Verwaltungsbehörde amtlich bestätigt wird, daß die bezügliche Vertheilung von Gemeindegründen durch die in der Bestätigung näher zu bezeichnende Verfügung der vorgesetzten Verwaltungsbehörde gemäß Art. 159 Abs. 1 Ziff. 2 G.O. die Genehmigung erhalten habe und daß dieselbe in der im Ummessungsoperate im Einzelnen dargelegten Art und Weise vollzogen worden sei.

3. Zu Art. 38.

M.E. v. 16. Januar 1890, betr. Vollzug der Verordnung v. 16. August 1805, die Verbesserung der öffentlichen Straßen betr. (M.A.Bl. S. 35.)

Gemäß Ziff. II der Vdg. vom 16. August 1805, die Verbesserung der öffentlichen Straßen betr. (Reg.Bl. vom Jahre 1805 S. 897 u. ff.), haben in denjenigen Ortschaften, worin die durchziehende Straße auf öffentliche Kosten mit Kies oder Bruchsteinen unterhalten werden muß, die Einwohner sowohl die Straßen, als die Seitengräben von dem Schlamme zu reinigen, ehe die Bedeckung mit dem Materiale von Seite des Straßenbaupersonals vorgenommen wird.

Zur Zeit, als diese Bestimmung erlassen worden ist, sind im Laufe eines Jahres nur ein-, höchstens zweimal Reparaturen der Straßenfahrbahn durch Materialeinbettung vorgenommen worden; es war daher auch ein mehr als ein- bis zweimaliges Abziehen des Schlammes nicht nothwendig. Bei dem heute in Bayern allgemein eingeführten und bewährten System der Staatsstraßenunterhaltung aber finden während des ganzen Jahres öfters theils größere, theils kleinere Ausbesserungen durch partielles Einbetten der Fahrbahn statt, welchen ein ebenso oftes Abziehen des Straßenschlammes vorauszugehen hat.

Obgleich es nun nach dem Wortlaute obiger Bestimmung keinem Zweifel unterliegt, daß von den Angehörigen der betreffenden Gemeinden vor jeder Einbettung innerhalb der vom Staate zu unterhaltenden Ortstraversen das Abziehen des Straßenschlammes — gleichviel, wie oft dies während eines Jahres nothwendig erscheint — verlangt werden kann, wird gleichwohl zur Erleichterung der Gemeinden bestimmt, daß bis auf Weiteres den letzteren ein mehr als zweimaliges Abschlammen der Staatsstraßentraversen während des Jahres nicht aufgebürdet werden soll, wonach für die Folge der Vollzug der Ziff. II der Vdg. vom 16. August 1805 zu bemessen ist.

---

4. Zu Art. 40/41.

a. Auszug aus dem Zollvereinsvertrag vom 8. Juli 1867; (G.Bl. 1866/69 S. 93, Ndd. B.G.Bl. S. 81, Weber, Bd. VII S. 39).

Art. 5.

Die vertragenden Theile werden ihr Bestreben darauf richten, eine Uebereinstimmung der Gesetzgebung über die Besteuerung der in ihren Gebieten theils bei der Hervorbringung oder Zubereitung, theils unmittelbar bei dem Verbrauche mit einer inneren Steuer belegten, nicht unter die §§ 3 und 4 des Art. 3 fallenden Erzeugnisse im Wege des Vertrages herbeizuführen. Bis dahin, wo dieses Ziel erreicht worden, sollen hinsichtlich der vorbemerkten Steuern und des Verkehrs mit den davon betroffenen Gegenständen unter den Vereinsstaaten, zur Vermeidung der Nachtheile, welche aus einer Verschiedenartigkeit der inneren Steuersysteme überhaupt, und namentlich aus der Ungleichheit der Steuersätze, sowohl für die Produzenten, als für die Steuereinnahme der einzelnen Vereinsstaaten erwachsen könnten, folgende Grundsätze in Anwendung kommen.

I. Hinsichtlich der ausländischen Erzeugnisse.

Von allen bei der Einfuhr mit mehr als 15 Gr. — 52½ kr. — vom Centner belegten Erzeugnissen, von welchen entweder auf die in der Zollordnung vorgeschriebene Weise dargethan wird, daß sie als ausländisches Ein- oder Durchgangsgut die zollamtliche Behandlung bei einer Erhebungsbehörde des Vereins bereits bestanden haben oder derselben noch unterliegen, darf keine weitere Abgabe irgend einer Art, sei es für Rechnung des Staates oder für Rechnung von Communen und Corporationen, erhoben werden*), jedoch — was das Eingangsgut betrifft — mit Vorbehalt der-

*) Siehe dagegen das Reichsgesetz v. 27. Mai 1885, welches in § 1 lautet:

„Die Bestimmung unter Ziff. I des Artikels 5 des Zollvereinigungsvertrages vom 8. Juli 1867, wonach von allen bei der Einfuhr mit mehr als 15 Groschen vom Centner (3 Mark von 100 Kilogramm) belegten ausländischen Erzeugnissen keine weitere Abgabe irgend einer Art, sei es für Rechnung des Staates oder für Rechnung von Communen und Corporationen, erhoben werden darf, findet auf Mehl und andere Mühlenfabrikate, desgleichen auf Backwaaren, Fleisch, Fleischwaaren und Fett, sowie ferner, insoweit es sich um die Besteuerung für Rechnung von Communen und Corporationen handelt, auf Bier und Branntwein keine Anwendung.

jenigen inneren Steuern, welche in einem Vereinsstaate auf die weitere Verarbeitung oder auf anderweite Bereitungen aus solchen Erzeugnissen, ohne Unterschied des ausländischen, inländischen oder vereinsländischen Ursprungs, allgemein gelegt sind.

Unter diesen Steuern sind für jetzt die Steuern von der Fabrikation des Branntweins, Biers und Essigs, ingleichen die Mahl- und Schlachtsteuer zu verstehen, welchen daher das ausländische Getreide, Malz und Vieh im gleichen Maße wie das inländische und vereinsländische unterliegt.

In denjenigen Staaten, in welchen die inneren Steuern von Getränken so angelegt sind, daß sie bei der Einlage der letzteren erhoben oder den Steuerpflichtigen zur Last gestellt werden, findet der Grundsatz der Freilassung verzollter ausländischer Erzeugnisse von inneren Abgaben in der Art Anwendung, daß die erste Einlage verzollter ausländischer Getränke, d. h. diejenige, welche dem direkten Bezuge aus dem Auslande oder dem Bezuge aus öffentlichen Niederlagen oder Privatlagern unmittelbar folgt, von jeder inneren Steuer befreit bleibt.

Diese Bestimmung gilt auch da, wo die Erhebung einer inneren Getränkesteuer für Rechnung von Communen oder Corporationen stattfindet.

Ausländische Erzeugnisse, welche beim Eingange zollfrei, oder mit einer Abgabe von nicht mehr als 15 Gr. — 52½ kr. — belegt sind, unterliegen den nachstehend unter Nr. II getroffenen Bestimmungen.

II. Hinsichtlich der inländischen und vereinsländischen Erzeugnisse.

§ 1.

Von den innerhalb des Vereins erzeugten Gegenständen, welche nur durch einen Vereinsstaat transitiren, um entweder in einen andern Vereinsstaat oder nach dem Auslande geführt zu werden, dürfen innere Steuern weder für Rechnung des Staates, noch für Rechnung von Communen oder Corporationen erhoben werden.

§ 2.

Jedem der vertragenden Theile bleibt es zwar freigestellt, die auf der Hervorbringung, der Zubereitung oder dem Verbrauche von Erzeugnissen ruhenden inneren Steuern beizubehalten, zu verändern oder aufzuheben, sowie neue Steuern dieser Art einzuführen, jedoch sollen dergleichen Abgaben für jetzt nur auf folgende inländische und gleichnamige vereinsländische Erzeugnisse, als: Branntwein, Bier, Essig, Malz, Wein, Most, Cider (Obstwein), Mehl und andere Mühlenfabrikate, desgleichen Backwaaren, Fleisch, Fleischwaaren und Fett gelegt werden dürfen.

Für Branntwein, Bier und Wein sollen die folgenden Sätze als das höchste Maaß betrachtet werden, bis zu welchem in den Vereinsstaaten eine Besteuerung der genannten Erzeugnisse für Rechnung des Staates soll stattfinden können, nämlich:

a) für Branntwein 10 Rthlr. von der Ohm zu 120 Quart Preußisch und bei einer Alkoholstärke von 50 Procent nach Tralles;
b) für Bier 1 Rthlr. 15 Gr. von der Ohm zu 120 Quart Preußisch;
c) für Wein, und zwar:
   aa) wenn die Abgabe nach dem Werthe des Weines erhoben wird, 1½ Rthlr. vom Zollcentner (5 Rthlr. von der Ohm zu 120 Quart Preußisch);
   bb) wenn die Abgabe ohne Rücksicht auf den Werth des Weines erhoben wird, 25 Gr. vom Zollcentner (2 Rthlr. 23⅓ Gr. von der Ohm zu 120 Quart Preußisch);

cc) wenn die Abgabe nach einer Classification der Weinberge erhoben wird, ist die Beschränkung derselben auf ein Maximum nicht für erforderlich erachtet worden.

Auch für die anderen, einer inneren Steuer unterworfenen Erzeugnisse werden, soweit nöthig, bestimmte Sätze festgesetzt werden, deren Betrag bei Abmessung der Steuer nicht überschritten werden soll.

§ 3.

Bei allen Abgaben, welche in dem Bereiche der Vereinsländer nach der Bestimmung im § 2 zur Erhebung kommen, wird eine gegenseitige Gleichmäßigkeit der Behandlung dergestalt stattfinden, daß das Erzeugniß eines anderen Vereinsstaates unter keinem Vorwande höher oder in einer lästigeren Weise, als das inländische oder als das Erzeugniß der übrigen Vereinsstaaten, besteuert werden darf. In Gemäßheit dieses Grundsatzes wird Folgendes festgesetzt:

a) Vereinsstaaten, welche von einem inländischen Erzeugnisse keine innere Steuer erheben, dürfen auch das gleiche vereinsländische Erzeugniß nicht besteuern.

b) Wo innere Steuern nach dem Werthe der Waare erhoben werden, sind nicht nur die nämlichen Erhebungssätze auf das inländische, wie auf das vereinsländische Erzeugniß gleichmäßig in Anwendung zu bringen, sondern es darf auch bei Feststellung des zu besteuernden Werthes das inländische Erzeugniß nicht vor dem vereinsländischen begünstigt werden.

c) Diejenigen Staaten, in welchen innere Steuern von einem Consumtionsgegenstande bei dem Kaufe oder Verkaufe oder bei der Verzehrung desselben erhoben werden, dürfen diese Steuern von den aus anderen Vereinsstaaten herrührenden Erzeugnissen der nämlichen Gattung nur in gleicher Weise fordern.

d) Diejenigen Staaten, welche innere Steuern auf die Hervorbringung oder Zubereitung eines Consumtionsgegenstandes gelegt haben, können den gesetzlichen Betrag derselben bei der Einfuhr des Gegenstandes aus anderen Vereinsstaaten voll erheben lassen.

e) Im Norddeutschen Bunde wird von dem in den übrigen Vereinsstaaten erzeugten Wein und Traubenmost eine Uebergangs-Abgabe nicht erhoben werden.

Eine solche Abgabe wird auch von denjenigen Vereinsstaaten nicht erhoben werden, welche etwa während der Dauer dieses Vertrages die Hervorbringung von Wein einer inneren Steuer unterwerfen möchten.

f) Soweit zwischen mehreren Vereinsstaaten eine Vereinigung zu gleichen Steuer-Einrichtungen besteht, werden diese Staaten in Ansehung der Befugniß, die betreffenden Steuern gleichmäßig auch von vereinsländischen Erzeugnissen zu erheben, als ein Ganzes betrachtet.

§ 4.

Diejenigen Staaten, welche eine innere Steuer auf den Kauf oder Verkauf, die Verzehrung, die Hervorbringung oder die Zubereitung eines Consumtionsgegenstandes gelegt haben, können bei der Ausfuhr des Gegenstandes nach anderen Vereinsstaaten diese Steuer unerhoben lassen, beziehungsweise den gesetzlichen Betrag derselben ganz oder theilweise zurückerstatten.

Wegen Ausübung dieser Befugniß ist Folgendes verabredet worden:

a) Eine Zurückerstattung soll überhaupt nur in soweit stattfinden dürfen, als in dem betreffenden Staate bei der Ausfuhr des nämlichen Erzeugnisses nach dem Vereinsauslande eine Steuervergütung gewährt wird und auch nur höchstens bis zum Betrage der letzteren.

b) Die betreffenden Vereinsregierungen werden ihr besonderes Augenmerk darauf richten, daß in keinem Falle mehr, als der wirklich bezahlte Steuerbetrag erstattet werde, und diese Vergütung nicht die Natur und Wirkung einer Ausfuhrprämie erhalte.

c) Die Entlastung von der Verbindlichkeit zur Steuerzahlung soll nicht eher eintreten, beziehungsweise die Zurückerstattung der Steuer nicht eher geleistet werden, als bis der Eingang der besteuerten Erzeugnisse in dem angrenzenden Vereinstaate, oder beziehungsweise in dem Lande des Bestimmungsortes auf die unter den betreffenden Vereinsstaaten verabredete Weise nachgewiesen sein wird.

d) Die innere Steuer von dem zur Essigbereitung verwendeten Branntwein wird nicht erlassen und, abgesehen von dem Falle der Ausfuhr des Essigs nach dem Auslande, nicht erstattet werden.*)

§ 5. Welche, dem dermaligen Stande der Gesetzgebung in den Vereinsstaaten entsprechende Beträge nach den Bestimmungen der §§ 3 und 4 zur Erhebung kommen und beziehungsweise zurückerstattet werden können, ist besonders verabredet worden.**) Treten späterhin irgendwo Veränderungen in den für die inneren Erzeugnisse zur Zeit bestehenden Steuersätzen ein, so wird die betreffende Regierung dem Bundesrathe des Zollvereins (Artikel 8) davon Mittheilung machen und hiermit den Nachweis verbinden, daß die Steuerbeträge, welche, in Folge der eingetretenen oder beabsichtigten Veränderung, von den vereinsländischen Erzeugnissen erhoben, und bei der Ausfuhr der besteuerten Gegenstände vergütet werden sollen, den vereinbarten Grundsätzen entsprechend bemessen seien.

Wo die Uebergangsabgabe von Bier nach dem Gewichte erhoben wird, bleibt der Zollcentner Maßstab der Erhebung.

§ 6. Die Erhebung der inneren Steuern von den damit betroffenen vereinsländischen Gegenständen soll in der Regel in dem Lande des Bestimmungsortes stattfinden, insofern solche nicht nach besonderen Vereinbarungen entweder durch gemeinschaftliche Hebestellen an den Binnengrenzen, oder im Lande der Versendung für Rechnung des abgabeberechtigten Staates erfolgt. Auch sollen die zur Sicherung der Steuererhebung erforderlichen Anordnungen, soweit sie die, bei der Versendung aus einem Vereinsstaate in den anderen einzuhaltenden Strafen und Controllen betreffen, auf eine den Verkehr möglichst wenig beschränkende Weise und nur nach gegenseitiger Verabredung, auch, dafern bei dem Transporte ein dritter Vereinsstaat berührt wird, nur unter Zustimmung des letzteren getroffen werden.

Wo innere Steuern nach dem Werthe des Gegenstandes erhoben werden, wird, in Absicht der aus anderen Vereinsstaaten übergehenden Erzeugnisse, auf Controlleinrichtungen Bedacht genommen werden, nach welchen die Ermittlung des Werthes in der Regel erst im Bestimmungsorte, mit Vermeidung zeitraubender und den

*) Diese Bestimmung in lit. d wurde aufgehoben durch das Reichsgesetz v. 19. Juli 1879.
**) Siehe hierüber zunächst Ziffer 5 des Schlußprotokolls.

Verkehr belästigender Untersuchungen an den Binnengrenzen oder auf dem Wege zwischen dem Versendungs- und Bestimmungsorte eintritt.

§ 7.*) Die Erhebung von Abgaben für Rechnung von Communen oder Corporationen, sei es durch Zuschläge zu den Staatssteuern oder für sich bestehend, soll nur für Gegenstände, die zur örtlichen Consumtion bestimmt sind, bewilligt werden und es soll dabei der im § 3 dieses Artikels ausgesprochene allgemeine Grundsatz wegen gegenseitiger Gleichmäßigkeit der Behandlung der Erzeugnisse anderer Vereinsstaaten ebenso wie bei den Staatssteuern in Anwendung kommen.

Zu den zur örtlichen Consumtion bestimmten Gegenständen, von welchen hiernach die Erhebung einer Abgabe für Rechnung von Communen oder Corporationen allein soll stattfinden dürfen, sind allgemein zu rechnen: Bier, Essig, Malz, Cider (Obstwein) und die der Mahl- und Schlachtsteuer unterliegenden Erzeugnisse, ferner Brennmaterialien, Marktviktualien und Fourage.

Vom Weine soll die Erhebung einer Abgabe der vorgedachten Art auch ferner nur in denjenigen Theilen des Vereins zulässig sein, welche zu den eigentlichen Weinländern gehören.

Soweit in einzelnen Orten der zum Zollvereine gehörigen Staaten die Erhebung einer Abgabe von Branntwein für Rechnung von Communen oder Corporationen gegenwärtig stattfindet, oder nach der bestehenden Gesetzgebung nicht versagt werden kann, wird es dabei ausnahmsweise bewenden.

Es sollen aber die für Rechnung von Communen oder Corporationen zur Erhebung kommenden Abgaben von Wein und Branntwein, ingleichen von Bier, in Absicht ihres Betrages der Beschränkung unterliegen, daß solche beim Branntwein, mit der Staatssteuer zusammen, den im § 2 dieses Artikels festgesetzten Maximalsatz von 10 Rthlrn. für die Ohm und beim Wein und Bier den Satz von 20 Procent der für die Staatssteuern ebendaselbst verabredeten Maximalsätze nicht überschreiten dürfen. Ausnahmen hievon sollen nur insoweit zulässig sein, als einzelne Communen oder Corporationen schon gegenwärtig eine höhere Abgabe erheben, welchen Falls letztere fortbestehen kann.

Sollten in einem oder dem anderen Orte auch noch von anderen, als den vorstehend genannten Gegenständen, Abgaben erhoben werden, so soll die Erhebung der letzteren zwar einstweilen fortbestehen können, die betreffenden Regierungen werden es sich jedoch angelegen sein lassen, solche Abgaben bei der ersten passenden Gelegenheit zu beseitigen. Ueber den Erfolg der diesfälligen Bemühungen wird dem Bundesrathe des Zollvereins von Zeit zu Zeit Mittheilung gemacht werden.

Abgaben für Rechnung von Communen oder Corporationen dürfen bei dem Uebergange der besteuerten Gegenstände nach anderen Vereinsstaaten, gleich den Staatssteuern, ganz oder theilweise zurückerstattet werden, soweit eine solche Vergütung

---

*) Vgl. Art. 40 und 41 der rechtsrheinischen, Art. 31 und 32 der pfälzischen Gemeindeordnung. — Die Bestimmungen in § 7 hinsichtlich der Abgabenerhebung von Bier, Essig und Malz für Rechnung von Communen und Corporationen sind gemäß § 44 des Reichsgesetzes über die Brausteuer v. 31. Mai 1872 in Kraft geblieben, wogegen in § 5 des Reichsgesetzes v. 25. Juni 1873 bestimmt wurde, daß die Beschränkungen, welchen die Erhebung von Abgaben für Rechnung von Communen nach vorwürfigem Art. 5 unterliegt, auf die in Elsaß-Lothringen bestehenden Bestimmungen über das Octroi bis auf Weiteres keine Anwendung finden.

bei dem Uebergange der besteuerten Gegenstände nach anderen Orten desselben Landes stattfindet.

§ 8. Die Regierungen der Vereinsstaaten werden dem Bundesrathe des Zollvereins:

a) von allen in der Folge eintretenden Veränderungen ihrer Gesetze und Verordnungen über die im § 2 dieses Artikels bezeichneten Staatssteuern,

b) hinsichtlich der Communal- ꝛc. Abgaben aber von den Veränderungen, welche in Beziehung auf die Hebungsberechtigten, die Orte, die Gegenstände, den Betrag und die Art und Weise der Erhebung eintreten,

vollständige Mittheilung machen.

---

b. Vdg. v. 27. Nov. 1875, den Fleisch-, Getreide- und Mehlaufschlag und die Rückvergütung der Aufschläge in den Gemeinden der Landestheile diesseits des Rheins betr. (G.V.Bl. S. 690, Weber, Bd. XI S. 194.) *)

§ 1. Bei der Erhebung des Fleisch-, Getreide- und Mehlaufschlags dürfen, insoferne nicht nach § 3 der gegenwärtigen Verordnung Ausnahmen zugelassen sind, nachstehende Sätze nicht überschritten werden:

A. Fleischaufschlag.

1)	4	ℳ	30	₰	von einem Ochsen im Gewichte von 300 Kilogramm oder 6 Centnern und darüber;
2)	2	„	90	„	von einem Ochsen mit geringerem Gewichte;
3)	1	„	30	„	von einem Stiere;
4)	1	„	30	„	von einer Kuh;
5)	1	„	15	„	von einem jungen Rinde;
6)	—	„	30	„	von einem Kalbe;
7)	—	„	20	„	von einem Bocke, einem Schafe oder einer Ziege;
8)	—	„	90	„	von einem Schweine im Gewichte von 46 Kilogramm oder 90 Pfund und darüber;
9)	—	„	30	„	von einem Schweine im Gewichte von 14 bis 45 Kilogramm oder von 30 bis 90 Pfund;
10)	—	„	15	„	von einem Schweine im Gewichte unter 15 Kilogramm oder 30 Pfund;
11)	—	„	65	„	von 50 Kilogramm oder einem Centner, dann
	—	„	1	„	vom halben Kilogramm oder vom Pfunde eingeführten Fleisches oder Fleischfabrikates.

Die Gemeinden können statt der vorstehend unter Ziff. 8, 9 und 10 aufgeführten Sätze einen Durchschnittssatz von 60 ₰ für das Stück bestimmen, in welchem Falle sodann Schweine mit weniger als 30 Kilogramm oder 60 Pfund Gewicht vom Aufschlage frei zu lassen sind.

---

*) S. M.E. v. 4. Nov. 1875 Nr. 9936 bei Seydel, Bd. IV S. 553. Auch die Rückvergütung des Wildpretaufschlages gehört hieher. (B.G.H.E. Bd. XII S. 271.) Diese Verordnung hat nur das Schlachtgewicht, nicht Lebendgewicht im Auge; (eod. S. 279).

B. Getreide- und Mehlaufschlag.*)

40 ₰ vom Hektoliter oder vom Faß Kern, Weizen, Korn oder Gerste, jedoch von letzterer nur dann, wenn sie nicht zur Malzbereitung bestimmt ist;**)

30 ₰ von 50 Kilogramm oder dem Centner dieser Getreidearten;

35 ₰ von 50 Kilogramm oder dem Centner, dann

1 ₰ vom Kilogramm eingeführten Mehles dieser Getreidearten;

35 ₰ von 50 Kilogramm oder dem Centner, dann

1 ₰ vom Kilogramm eingeführten Brotes.

§ 2. Pferdefleisch und Geflügel fallen nicht unter den Fleischaufschlag. Zur Einführung eines Aufschlages auf Wildpret, dann auf Haber, Futtermehl, Kochgerste und Hülsenfrüchte ist die in Art. 40 Abs. IV der Gemeindeordnung für die Landestheile diesseits des Rheins vorgesehene Genehmigung erforderlich; in Gemeinden, in welchen zur Zeit ein derartiger Aufschlag besteht, dürfen die dermaligen Sätze ohne jene Genehmigung nicht überschritten werden.

§ 3. Wir behalten Uns vor, denjenigen Gemeinden, welche den Fleisch-, Getreide- oder Mehlaufschlag zur Zeit in höheren, als den in § 1 bezeichneten Sätzen beziehen, den Fortbezug dieser höheren Sätze zu bewilligen, wenn mit Rücksicht auf den Haushalt der betreffenden Gemeinde ein Bedürfniß hiefür vorhanden ist.

§ 4. Der Anspruch auf Rückvergütung bei der Ausfuhr der in der gegenwärtigen Verordnung behandelten aufschlagspflichtigen Produkte ist im allgemeinen bedingt

a) durch den Nachweis, daß der Aufschlag entrichtet wurde;

b) durch die Beobachtung der zur Controlle und Sicherung des Gefälles in Bezug auf die Rückvergütung von den Gemeinden erlassenen Vorschriften, welche jedoch den Handel und die Produktion nicht unnöthig erschweren dürfen.

§ 5. Für Getreide, welches unvermahlen aus dem Gemeindebezirke wieder verbracht wird, ferner für Thiere, welche im lebenden Zustande wieder aus dem Gemeindebezirke ausgeführt werden, sowie für Gegenstände, welche durch den Gemeindebezirk nur transitiren, ist der Aufschlag, wenn ein solcher aus besonderen Rücksichten der Controlle erhoben worden sein sollte, im vollen Betrage zurückzuvergüten.

§ 6. Außerdem sind die Gemeinden in der Regel nur verpflichtet zur Rückvergütung

A. des Fleischaufschlages, wenn geschlachtete Thiere in der Haut und unzertheilt aus dem Gemeindebezirk verbracht,

B. des Getreide- und Mehlaufschlages, wenn Mühlenfabrikate von dem Produzenten oder Händler in Quantitäten, für welche bei der Einfuhr ein Aufschlag

*) Solange Seitens der Verfügungsberechtigten die Gerste zur Malzbereitung bestimmt ist, darf von derselben ein gemeindlicher Aufschlag nicht erhoben werden, aber auch die Befreiung vom gemeindlichen Aufschlag entfällt nicht schon dadurch, daß die in einen Ort eingeführte Gerste aus einer Gemeinde in eine andere verbracht wird, dauert vielmehr solange fort, bis feststeht, daß dieselbe zur Malzbereitung nicht mehr verwendet werden will d. i. zu diesem Zwecke nicht mehr bestimmt ist. (Urth. d. Oberl.Gerichts München v. 19. Dezember 1896, M.A.Bl. 1897 S. 8.)

**) Die Gemeinden sind berechtigt, von dem eingeführten aus diesen Getreidearten hergestellten Mehle, das zur menschlichen Nahrung geeignet ist, den Aufschlag zu erheben ohne Unterschied, ob dieses Mehl thatsächlich von Menschen verzehrt oder zur Fütterung von Thieren verwendet wird. (V.G.H.E. Bd. XVII S. 207.)

von mindestens 30 Pfennig in der betreffenden Gemeinde zu entrichten wäre, durch eine und dieselbe Sendung ausgeführt werden.

§ 7. Die Größe der Rückvergütung für ausgeführte Mühlenfabrikate, welche aus dem in der Gemeinde verausschlagten Getreide bereitet wurden, bemißt sich im Allgemeinen nach dem Quantum, welches von diesen Fabrikaten durchschnittlich aus dem Hektoliter oder dem Faß der einzelnen Getreidearten erzeugt wird. Dieses Quantum ist vorbehaltlich des Beschwerderechts der Betheiligten durch die Gemeindeverwaltungen unter Berücksichtigung der örtlichen Fabrikationsweise im Voraus festzustellen und öffentlich bekannt zu machen.

§ 8. Die Gemeinden sind befugt, bei der nach § 6 zu leistenden Rückvergütung 5 Prozent des entrichteten und gegebenen Falles unter Anwendung des § 7 berechneten Aufschlags, und wenn dieser für die einzelne Sendung weniger als 2 ℳ beträgt, 10 ₰ als Entschädigung für die Controllkosten abzuziehen. Pfennigbruchtheile, welche sich im ersteren Falle bei der Berechnung ergeben, können zu Gunsten der Gemeindekasse abgerundet werden.

§ 9. Unser Staatsministerium des Innern ist ermächtigt, in einzelnen Gemeinden auf Antrag der Betheiligten und nach Vernehmung der betreffenden Gemeindeverwaltung ausnahmsweise die Gewährung einer entsprechenden Rückvergütung des Aufschlags für Fleisch und Fleischwaaren, dann für Brot und andere Mehlfabrikate unter Berücksichtigung der örtlichen Fabrikationsweise sowie der im vorstehenden § 8 enthaltenen Bestimmungen anzuordnen, wenn dies im Interesse der Produktion und des Handels geboten erscheint.

In Gemeinden, in welchen eine derartige Rückvergütung bisher schon geleistet wurde, ist dieselbe bis zu einer von Unserem Staatsministerium des Innern verfügten Aenderung an Produzenten und Händler auch ferner zu gewähren.

§ 10. Die gegenwärtige Verordnung tritt mit dem 1. Januar 1876 in den Landestheilen diesseits des Rheins in Wirksamkeit.

Mit diesem Tage erlöschen die Verordnungen vom 28. Juni 1869, vom 22. Dezember 1871 und vom 6. Dezember 1872, den Fleisch-, Getreide- und Mehlaufschlag und die Rückvergütung der Aufschläge in den Gemeinden diesseits des Rheins betreffend.

---

c. M.E. v. 7. Dez. 1875, die Erhebung des Lokalmalz- und Bieraufschlages betr. (M.A.Bl. S. 699, Weber Bd. XI S. 240.)

Das kgl. Staatsministerium des Innern findet sich veranlaßt, im Nachstehenden die Sätze bekannt zu geben, in welchen die im Genusse des Lokalmalz-, dann des Bieraufschlags befindlichen Gemeinden in den Landestheilen diesseits des Rheins bis zum Ausgange der laufenden Bezugsperiode vom 1. Januar 1876 an den Lokalmalz- und den Bieraufschlag erheben können.

1) Die Gemeinden, welchen der Bezug des Lokalmalzaufschlages mit 35 kr. vom Hektoliter Malz, sowie von 23 kr. vom Hektoliter und einem Pfennige vom Liter eingeführten Bieres zugestanden ist, können vom genannten Tage an den Lokalmalzaufschlag erheben:

a) mit 1 ℳ vom Hektoliter Malz und

b) mit 66 Pfennig vom Hektoliter, dann einem Pfennig vom Liter eingeführten Bieres.

2) Die unter Ziff. 1 lit. b bezeichneten Erhebungssätze finden gleichmäßige Anwendung bezüglich derjenigen Gemeinden, welche zur Zeit zur Erhebung des Bieraufschlages mit 23 kr. vom Hektoliter und einem Pfennig vom Liter eingeführten Bieres ermächtigt sind.

3) Jene Gemeinden, welchen der Bezug des sogenannten doppelten Lokalmalzaufschlages nach früherer Bewilligung mit 2 fl. 30 kr. vom Schäffel Malz, oder nach jüngerer Genehmigung mit 1 fl. 8 kr. vom Hektoliter Malz zusteht, können vom 1. Januar 1876 an den Lokalmalzaufschlag erheben:

a) mit 1 ℳ 95 ₰ vom Hektoliter Malz, dann

b) mit 1 ℳ 31 ₰ vom Hektoliter und drei Pfennig von je zwei Liter eingeführten Bieres.

4) Die in Ziff. 1 mit 3 erwähnten Sätze dürfen gemäß Art. 14 § 2 Abs. 3 des Reichsmünzgesetzes vom 9. Juli 1873 und Art. 5 Abtheilung II § 7 des Vertrages über die Fortdauer des Zoll- und Handelsvereins vom 8. Juli 1867 nicht überschritten werden.

5) Diejenigen Gemeinden, welchen der Bezug des sogenannten einfachen Lokalmalzaufschlages in Sätzen über 1 fl. 15 kr. bis zu 1 fl. 50¼ kr. vom früheren bayerischen Schäffel oder über 35 kr. bis zu 49⅛ kr. vom Hektoliter Malz zugestanden ist, haben die Lokalmalzaufschlagssätze unter genauer Beachtung der Bestimmungen in Art. 14 § 2 Abs. III des Reichsmünzgesetzes, somit ohne Erhöhung der Erhebungssätze durch weitergreifende Abrundung, in die Reichswährung umzurechnen.

Diese Gemeinden dürfen bei der Aufschlagserhebung von dem eingeführten Biere die Sätze mit 66 Pfennig vom Hektoliter und einem Pfennig vom Liter gemäß Art. 5 Abtheilung II § 7 des Vertrages über die Fortdauer des Zoll- und Handelsvereins nicht überschreiten.

6) Das in Ziff. 5 Abs. 1 bezeichnete Umrechnungsverfahren hat bezüglich jener Gemeinden gleichmäßige Anwendung zu finden, welche ausnahmsweise den Lokalmalzaufschlag oder den Bieraufschlag in Sätzen unter 35 kr. vom Hektoliter Malz, dann unter 23 kr. vom Hektoliter und einem Pfennig vom Liter eingeführten Bieres zu beziehen berechtigt sind.

7) Bei denjenigen Gemeinden, deren Lokalmalz- und Bieraufschlagserhebungen für die Zeit vom 1. Januar 1876 an nach der Reichswährung bei der Genehmigung der Erhebung oder Forterhebung bereits besonders geregelt worden sind, hat es bezüglich dieser Regelung zu bewenden.

Die Beachtung der vorstehenden Anordnungen ist von den den Gemeinden vorgesetzten Verwaltungsbehörden angemessen zu überwachen.

---

d. M.E. v. 15. Dez. 1875, die Kosten der Verwaltung des Lokalmalzaufschlags betr. (M.A.Bl. 1876 S. 2, Weber Bd. XI S. 261.)

In Erwiderung des Berichtes vom 29. Juli l. Js. erhält die kgl. General-Zoll-Administration anruhend das im Einverständnisse mit dem kgl. Staatsministerium des Innern festgestellte Regulativ über die von den Gemeinden zu leistende Vergütung für die Controlle und Erhebung des Lokalmalzaufschlages zum Vollzuge.

Im letzten Absatze des § 1 des Regulativs ist die durch rechnerische Rücksichten gebotene Abrundung der übrigens nur in einzelnen Fällen von Gemeinden noch entrichteten fixen Vergütungsbeträge bei deren Umwandlung in die Reichswährung vorbehalten. Zur Erzielung der gedachten Abrundung sind die bezeichneten Vergütungsbeträge zunächst in die Reichswährung unter Anwendung der vom unterfertigten kgl. Staatsministerium herausgegebenen Umrechnungstabellen umzurechnen. Ergeben sich hiebei Pfennigbeträge, welche durch 5 ohne Rest theilbar sind, so hat es bei der geschehenen Umrechnung sein Bewenden. Allenfallsige Reste sind, wenn sie drei Pfennig und darunter betragen, außer Ansatz zu lassen; dagegen sind Reste von mehr als drei Pfennig für 5 Pfennig anzurechnen. Das Regulativ ist durch das Amtsblatt der kgl. General-Zoll-Administration zu veröffentlichen.

Das kgl. Staatsministerium des Innern wird Sorge tragen, daß auch die Gemeindebehörden von dem Erlasse des Regulativs verständigt werden.

Regulativ*)
über die von den Gemeinden zu leistende Vergütung für die Controlle und Erhebung des Lokalmalzaufschlags.

Für die von den Organen der vereinigten Aufschlag- und Zollverwaltungen auf Grund des Art. 82 des Gesetzes über den Malzaufschlag stattfindende Controlle und Erhebung des Lokalmalzaufschlages ist von den bezugsberechtigten Gemeinden an die hauptzollamtliche Kasse des Bezirkes eine Vergütung nach folgenden Normen zu leisten:

§ 1. Die bezeichnete Vergütung besteht in Ansehung derjenigen Gemeinden, welchen die Erhebung des Lokalmalzaufschlages bis Ende 1875 bereits bewilligt ist, in den bis dahin für Verwaltungskosten entweder nach getroffener Verständigung mit der Aufschlagsverwaltung übernommenen oder sonst in Uebung stehenden Leistungen an Tantièmen, Schreibmaterialien- 2c. Aversa, Geld-Transportgebühren u. s. w. insolange, als sich an der ertheilten Bezugsbewilligung eine Aenderung nicht ergiebt.

Treten dagegen an dieser Bewilligung Aenderungen ein, sei es nun in Rücksicht auf die Höhe und den Umfang des Lokalmalzaufschlages oder auf die Zeitdauer und die sonstigen Modalitäten der Bewilligung, so haben auf die vorgedachten Gemeinden die Bestimmungen der folgenden §§ 2, 3 vom Zeitpunkte der Erhebung des Gefälles nach der geänderten Bewilligung in Anwendung zu kommen.

Inzwischen bleibt die durch rechnerische Rücksichten gebotene Abrundung der fixen Vergütungsbeträge bei deren Umwandlung in die Reichswährung vorbehalten.

§ 2. Gemeinden, denen die Einführung des Lokalmalzaufschlages erst im Laufe des Jahres 1876 oder später bewilligt wird, haben vom Zeitpunkte des Bezuges an als Verwaltungskosten jährlich zu entrichten:

bei einem Jahresertrage bis 10000 ℳ 3 Proz.;
" " " über 10000 ℳ bis 50000 ℳ 2½ Proz.;
" " " " 50000 ℳ bis 150000 ℳ 2 Proz.

von der jeweiligen Brutto-Einnahme des Lokalmalzaufschlages.

---

*) Die vorwürfige F.M.E. v. 15. Dezember 1875 nebst Regulativ wurde mit M.E. vom 29. Dezember 1855 gleichen Betreffs Nr. 13818 (M.Bl. 1876 S. 1) den kgl. Regierungen, Kammern des Innern, den Bezirksämtern und den rechtsrheinischen Gemeindebehörden zur entsprechenden Beachtung mit dem Beifügen bekannt gegeben, „daß nach dem bei den Verhandlungen über das bezeichnete Regulativ zwischen den beiden betheiligten Staatsministerien erzielten Einverständniß durch § 1 Abs. 2 des Regulativs allenfallsige besonders begründete Rechtsverhältnisse unberührt bleiben".

Der der Prozentregulirung zu Grunde liegende Jahresertrag (Normalertrag) wird nach dem durchschnittlichen Brutto-Anfalls berechnet, welcher sich in den der Bewilligung unmittelbar vorangehenden drei Jahren ergeben haben würde.

Der Normalertrag ist von zehn zu zehn Jahren einer Revision zu unterziehen, falls nicht schon früher sich Aenderungen am Erhebungssatze oder der Bewilligungsdauer ergeben.

Die Revision ist auf Grund des durchschnittlichen Brutto-Erträgnisses in den letzten drei Jahren unter entsprechender Berücksichtigung der allenfalls am Erhebungssatze eingetretenen Aenderungen zu bewirken.

Nach den gleichen Grundsätzen wie die Revision hat auch die erstmalige Ermittelung des Normalertrages an Lokalmalzaufschlag für die im § 1 bezeichneten Gemeinden jeweilig stattzufinden.

§ 3. Für Gemeinden mit einem Normalertrag an Lokalmalzaufschlag über 150000 ℳ bleibt die Festsetzung der zu leistenden Vergütung an Verwaltungskosten, sobald eine Regulirung dieser Vergütung nach dem § 1 dieses Regulativs einzutreten hat, jedesmaliger besonderer Verfügung, welche vom kgl. Staatsministerium der Finanzen im Einverständnisse mit dem kgl. Staatsministerium des Innern getroffen wird, vorbehalten.

§ 4. Die Einhebung der von den Gemeinden zu vergütenden Verwaltungskosten erfolgt mittels verhältnißmäßigen Abzuges an den Gefällslieferungen, welche die den Lokalmalzaufschlag perzipirenden Aufschlageinnehmereien à Conto des vorgesetzten Hauptamtes an die bezugsberechtigten Gemeinden gegen vorschriftsgemäße Abrechnung an den ordentlichen Terminen zu bewirken haben.

Insoweit die Vergütung in fixen Beträgen besteht, hat es jedoch bei der bisherigen Art der Zahlungsleistung sein Bewenden.

§ 5. Gegenwärtiges Regulativ hat mit dem Jahre 1876 in Wirksamkeit zu treten.

---

e. Vdg. v. 5. Aug. 1882, die Rückvergütung des Lokalmalzaufschlages in den Landestheilen diesseits des Rheins betr. (G.V.Bl. S. 503, Weber Bd. XV S. 751.)

§ 1. Wird in einer Gemeinde erzeugtes Bier in Gebinden und in Sendungen von mindestens sechzehn Litern aus dem Gemeindebezirke ausgeführt, so ist der Lokalmalzaufschlag mit 38 Pfennig vom Hektoliter weißen Bieres zurückzuvergüten, wenn der Lokalmalzaufschlag mit 1 ℳ vom Hektoliter erhoben wird.

Beträgt der Lokalmalzaufschlag mehr als 1 ℳ vom Hektoliter Malz, so hat sich die Rückvergütung nach Verhältniß dieses Mehrbetrages gleichfalls zu erhöhen.

§ 2. Wird Bier, welches in den Gemeindebezirk von auswärts eingeführt wurde, aus demselben in Gebinden und in Sendungen von mindestens sechzehn Litern wieder ausgeführt, so ist der für dieses Bier bei der Einfuhr entrichtete Aufschlag nach Abzug von 6 Prozent, welche der Gemeinde als Ersatz für die Erhebungs- und Ueberwachungskosten verbleiben, zurückzuvergüten.

§ 3. Gegenwärtige Verordnung tritt mit dem 1. Januar 1883 in Wirksamkeit. Mit diesem Tage erlischt die Vdg. vom 28. November 1875, die Rückvergütung des Lokalmalzaufschlages betreffend.

f. Vdg. v. 12. März 1883, die Rückvergütung des Fleisch-, Getreide- und Mehlaufschlages an die kgl. Militärverwaltung in den Gemeinden der Landestheile diesseits des Rheins betr. (G.V.Bl. S. 193.)

§ 1. Die Rückvergütung des Fleisch-, dann des Getreide- und Mehlaufschlages an die Militärverwaltung richtet sich in den Gemeinden der Landestheile diesseits des Rheins im Allgemeinen nach den Bestimmungen Unserer Eingangs erwähnten Vdg. v. 27. Nov. 1875.

§ 2. Werden von der Militärverwaltung Fleischkonserven, für welche bei der Einbringung in einen Gemeindebezirk der Fleischaufschlag entrichtet wurde, aus dem Gemeindebezirke ausgeführt, so hat dieselbe Anspruch auf Rückvergütung des entrichteten Aufschlages.

§ 3. Die Gemeinden sind verpflichtet, der Militärverwaltung auch in Ansehung des aus dem Gemeindebezirke ausgeführten Brotes und Zwiebackes Rückvergütung des Getreide- und Mehlaufschlages zu gewähren.

§ 4. Die Größe der an die Militärverwaltung für ausgeführte Mühlenfabrikate, Brot und Zwieback zu leistenden Rückvergütung bestimmt sich im Allgemeinen durch die Größe des entrichteten Getreide- und Mehlaufschlagsbetrages. Dieser Betrag wird in jenen Fällen, in welchen das mit dem Getreideaufschlag besteuerte Getreide verarbeitet, als Mehl, Brot oder Zwieback, ausgeführt wird, desgleichen in denjenigen Fällen, in welchen das mit dem Mehlaufschlage besteuerte Mehl als Brot oder Zwieback zur Ausfuhr gelangt, in der Weise bestimmt, daß nach Maßgabe der militärischen Produktionsweise die Menge des zur Erzeugung des auszuführenden Fabrikates verwendeten veraufschlagten Getreides beziehungsweise Mehles (Aequivalent) ermittelt und der auf dieses Aequivalent treffende Getreide- bezw. Mehlaufschlag berechnet wird.

Unser Staatsministerium des Innern ist ermächtigt, die Aequivalente nach den jeweiligen militärischen Produktionsverhältnissen im Allgemeinen festzustellen und öffentlich bekannt zu machen.

§ 5. Die Bestimmungen des § 8 Unserer Vdg. v. 27. Nov. 1875 finden auf die an die Militärverwaltung zu gewährenden Rückvergütungen — mit Ausschluß der in § 5 daselbst bezeichneten Fälle — mit dem Abmaße Anwendung, daß die Gemeinden 3 Prozent des entrichteten und gegebenen Falles nach Maßgabe des vorstehenden § 4 berechneten Aufschlages als Entschädigung für gehabte Auslagen abzuziehen befugt sind.

§ 6. Die gegenwärtige Verordnung tritt mit dem 1. April 1883 in den Landestheilen diesseits des Rheines in Wirksamkeit.

---

g. M.Bektm. v. 24. März 1883, die Rückvergütung des Fleisch-, Getreide- und Mehlaufschlages an die k. Militärverwaltung in den Gemeinden der Landestheile diesseits des Rheins betreffend. (M.A.Bl. S. 111.)

In Ausführung des § 4 Abs. II der Vdg. vom 12. März l. Js. bezeichneten Betreffes (G.V.Bl. S. 193 ff.) werden in der Anlage I die Aequivalente an Getreide und Mehl, welche in den Gemeinden der Landestheile diesseits des Rheines bei Berechnung der an die kgl. Militärverwaltung für ausgeführtes Mehl, Brot und Zwieback zu gewährenden Rückvergütungen zu Grunde zu legen sind, veröffentlicht. Aus Anlage II ist ersichtlich, in welcher Weise die kgl. Militärmagazinsverwaltungen den Gemeindeverwaltungen die Ausfuhr an Getreide, Mehl, Brot und Zwieback, sowie die hiefür sich berechnenden Rückvergütungen durch beglaubigte Auszüge aus den Magazins- und Rechnungsbüchern nachweisen werden.

Anlage I.

Nachweisung

der Äquivalente an Getreide und Mehl, welche bei Berechnung der an die kgl. Militärverwaltung für ausgeführtes Mehl, Brot und Zwieback zu leistenden Rückvergütung des Getreide- und Mehlaufschlages zu Grunde zu legen sind.

Vortrag.	Frucht		Mehl	
	Weizen	Roggen	Weizen	Roggen
	Pfd.	Pfd.	Pfd.	Pfd.
Bei Berechnung der an die kgl. Militärverwaltung zu leistenden Rückvergütung für das aus militärischen Beständen ausgeführte Mehl, Brot und Zwieback sind die nachstehenden Gewichtsmengen von Mehl, Brot und Zwieback den hierneben verzeichneten Gewichtsmengen von Getreide, beziehungsweise Mehl gleichzuachten.*)				
I. Mehl.				
89 Pfd. Weizenmehl mit 8 Proz. Kleienauszug	100	—	—	—
79 Pfd. Weizenmehl mit 18 Proz. Kleienauszug.	100	—	—	—
85 Pfd. Roggenmehl mit 12 Proz. Kleienauszug	—	100	—	—
82 Pfd. Roggenmehl mit 15 Proz. Kleienauszug	—	100	—	—
86 Pfd. gemischtes Brotmehl aus 1/4 Weizen mit 8 Proz. Kleienauszug und 3/4 Roggen mit 12 Proz. Kleienauszug	25	75	—	—
II. Brot.				
118,5 Pfd. Brot aus gemischtem Brotmehl von 1/4 Weizen und 3/4 Roggen	25	75	oder 22,25	63,75
114 Pfd. Brot aus reinem Roggenmehl	—	100	oder —	82
III. Zwieback.				
90 Pfd. Zwieback aus Weizenmehl mit 18 Proz. Kleienauszug	126,6		oder 100	—

*) Anmerkung.

1. Für ausgeführtes Mehl ist zurückzuvergüten:
   a) der Mehlaufschlag, welcher bei der Einfuhr des Mehles erhoben wurde;
   b) der nach obigen Aequivalenten zu berechnende Getreideaufschlag, wenn das ausgeführte Mehl an Ort und Stelle aus Getreide, welches dem Getreideaufschlag unterlag, gemahlen wurde.
2. Für ausgeführtes Brot oder ausgeführten Zwieback ist zurückzuvergüten:
   a) der nach obigen Aequivalenten zu berechnende Mehlaufschlag, wenn das ausgeführte Brot oder der Zwieback aus Mehl erzeugt ist, für welches bei der Einfuhr der Mehlaufschlag erhoben wurde;
   b) der nach obigen Aequivalenten zu berechnende Getreideaufschlag, wenn das ausgeführte Brot oder der Zwieback aus Mehl gebacken ist, welches an Ort und Stelle aus mit dem Getreideaufschlag besteuertem Getreide gemahlen wurde.

Anlage II.

a. Auszug

aus dem Hauptmanuale des Proviantamtes Ingolstadt

über die Versendungen von Getreide, Mehl, Brot und Zwieback an andere Magazine 2c.

pro Monat Februar 1883.

(Erstellt behufs Berechnung der hiefür von der Gemeindebehörde zu leistenden Aufschlagsrückvergütung.)

II. Proviantausgabe	Frucht		Mehl					Brot		
	Weizen	Roggen	Weizenbrotmehl mit 8 Proz. Kleienauszug	Roggenbrotmehl mit 12 Proz. Kleienauszug	Roggenbrotmehl mit 15 Proz. Kleienauszug	Weizenmehl zu Zwieback mit 18 Proz. Kleienauszug	Gemischtes Brotmehl aus 1/4 Weizen zu 8 Proz. Kleienauszug und 3/4 Roggen mit 12 Proz. Kleienauszug	Stück à 4 Pfund	in Gewicht	Weizenzwieback à 250 Gramm pro Stück
	Ztr.	Ztr.	Ztr.	Ztr.	Ztr.	Ztr.	Ztr.		Ztr.	
Tit. 1. An andere Magazine.										
An die Magaz.-Rend. Dillingen	—	—	—	—	—	—	—	4375	—	—
" " Dep.-Magaz.-V. Freising	—	—	—	—	—	—	—	2730	—	—
" " Magaz.-Rend. Landshut	—	—		—	—	—	—	7000	—	—
" das Proviantamt München	—	—	—	—	—	—	—	51450	—	—
" die Dep.-M.-V. Neuburg a. D.	—	—	—	—	—	—	—	10625	—	—
" " " " " Passau	—	—	—	—	—	—	—	7000	—	—
" " " " " Regensburg	—	—	—	—	—	—	—	6650	—	—
" " " " " Straubing	—	—	—	—	—	—	—	3430	—	—
" das Proviantamt Nürnberg	—	—	100	—	—	200	200	—	—	—
" " " Augsburg	—	—	100	—	—	—	500	—	—	—
" " " Würzburg		—	—	100	—	100	300	—	—	—
" " " Neuulm	—	—	—	200	—	—	200	—	—	—
Summe pro Februar 1883	—	—	200	300	—	300	1200	93260	oder 3730,40	—

Für die Richtigkeit des vorstehenden Auszuges

Ingolstadt, 2c. März 1883.

Kgl. Proviantamt.

(Unterschriften und Siegel.)

---

3. An dem rückzuvergütenden Aufschlag für ausgeführtes Mehl, Brot oder Zwieback kommen, soweit nicht die Bestimmung in § 5 der Allerhöchsten Verordnung vom 27. November 1875, den Fleisch-, Getreide- und Mehlaufschlag 2c. in den Gemeinden der Landestheile diesseits des Rheins betreffend, Platz greift, 3 Proz. als Entschädigung für gemeindliche Auslagen in Abzug.

b. Berechnung

über die von der Stadtgemeinde Ingolstadt zu leistende Rückvergütung an örtlichen Aufschlägen für die vom kgl. Proviantamt Ingolstadt im Monate Februar 1883 ausgeführten Naturalien:

Ausgeführt wurden:	Die Rückvergütung ist zu leisten:							
	für Weizen-		für Roggen-		für Weizen-		für Roggen-	
	Frucht				Mehl			
	Ztr.	Pfd.	Ztr.	Pfd.	Ztr.	Pfd.	Ztr.	Pfd.
Der Aufschlag beträgt pro Zentner	—	25 ₰	—	25 ₰	—	35 ₰	—	35 ₰
200 Ztr. Weizenbrotmehl mit 8 Proz. Kleienauszug (89 Pfd. Mehl = 100 Pfd. Frucht)	224	72	—	—	—	—	—	—
300 Ztr. Roggenbrotmehl mit 12 Proz. Kleienauszug (85 Pfd. Mehl = 100 Pfd. Frucht)	—	—	352	94	—		—	—
300 Ztr. Weizenzwiebackmehl mit 18 Proz. Kleienauszug (79 Pfd. Mehl = 100 Pfd. Frucht)	379	75	—	—		—	—	
1200 Ztr. gemischtes Brotmehl (86 Pfd. Mehl gleich 25 Pfd. Weizen + 75 Pfd. Roggen = 100 Pfd. Frucht	348	84	1046	51	—	—	—	—
3730,40 Ztr. Brot aus gemischtem Mehl (118,5 Pfd. Brot gleich 25 Pfd. Weizen + 75 Pfd. Roggen) = 100 Pfd. Frucht	787	—	2361	1	—	—	—	—
Zusammen:	1740	31	3760	46	—	—	—	—
1740 Ztr. 31 Pfd. Weizen à 25 ₰ p. Ztr. = 435 ℳ 08 ₰								
3760 Ztr. 46 Pfd. Roggen à 25 ₰ p. Ztr. = 940 ℳ 11 ₰								
Summa 1375 ℳ 19 ₰								
hievon ab 3 Proz. Kontrollentschädigung . . . . 41 ℳ 26 ₰								
Verbleiben zur Rückvergütung . . . . 1333 ℳ 93 ₰								

Vorstehenden Betrag von 1333 ℳ 93 ₰ (eintausend dreihundert dreißig drei Mark 93 Pfennig) von der Stadtgemeinde Ingolstadt richtig und baar rückvergütet erhalten zu haben bescheinigt

Ingolstadt, ꝛc. März 1883.

Kgl. Proviantamt.

(Unterschriften und Siegel.)

h. M.E. v. 16. März 1883, die Berechnung des Lokalmalz- und Bieraufschlags betr. (M.A.Bl. S. 97.)

1. Bezüglich der Berechnung des Bieraufschlags haben sich in neuerer Zeit Anstände insofern ergeben, als vielfach in Gemeinden, welchen die Erhebung des Bieraufschlags mit 65 ₰ oder mit 60 ₰ vom Hektoliter, dann mit 1 ₰ vom Liter eingeführten Bieres gestattet ist, die bei den einzelnen Bierlieferungen sich ergebenden Bruchtheile eines Hektoliters auch dann mit je 1 ₰ für den Liter in Aufrechnung gebracht werden, wenn sich hiedurch für jene Bruchtheile ein den Einheitssatz von 65 ₰ bezw. 60 ₰ für den Hektoliter überschreitender Betrag entziffert. So wird z. B. in einzelnen Gemeinden bei dem Einheitssatze zu 65 ₰ vom Hektoliter für eine Lieferung von 90 Liter ein Aufschlag von 90 ₰, desgleichen für eine Lieferung von 1,80 Hektoliter ein Aufschlag von 1 ℳ 45 ₰ (65 ₰ + 80 ₰) erhoben.

Dieses Verfahren stellt sich als ungerechtfertigt dar, theils weil es zu Ueberschreitungen des nach Art. 5 Ziff. II § 7 des Vertrages vom 8. Juli 1867, die Fortdauer des Zoll- und Handelsvereins betr. (Gesetzblatt 1866/69 S. 93 ff.), zulässigen höchsten Aufschlagssatzes führt, theils weil dasselbe mit der Absicht der auf Grund des Art. 40 Abs. 4 der Gemeindeordnung für die Landestheile diesseits des Rheins vom 29. April 1869, bezw. des Art. 31 Abs. 4 der Gemeindeordnung für die Pfalz vom nämlichen Tage ertheilten Genehmigungen nicht im Einklange steht.

Demzufolge wird bestimmt, daß bei der Erhebung des Bieraufschlages für Bruchtheile eines Hektoliters keinesfalls mehr, als der für den ganzen Hektoliter genehmigte Aufschlagssatz in Anrechnung gebracht werden darf.

2. Ergeben sich bei der Berechnung des Lokalmalzaufschlages oder des Bieraufschlages (so insbesondere bei dem Aufschlagssatze von 3 ₰ für je 5 Liter eingeführten Bieres) Pfennigbruchtheile, so sind diese für voll zu rechnen.

---

5. Zu Art. 42. ff.

a. M.E. v. 4. Okt. 1870, Umlagenbeiträge des kgl. Staatsärars, hier die Belegung der Finanzrechnungen bezüglich dieser Umlagen. (Weber, Bd. VIII S. 633.)

Von Seite des königl. Staatministeriums der Finanzen wurde darauf hingewiesen, daß das mit M.E. v. 4. Okt. 1864 Nr. 14091 bekannt gegebene Formular für Liquidation der vom königl. Staatsärare zu entrichtenden Gemeindeumlagen mit den Bestimmungen der G.O. nicht mehr in völligem Einklange stehe und wurde in Anregung gebracht, daß in Zukunft sich eines der neueren gesetzlichen Bestimmungen entsprechenden Formulars bedient werde.

Das unterzeichnete königl. Staatsministerium findet sich daher veranlaßt, der königl. Regierung, Kammer des Innern, anruhend statt des mit der angeführten Ministerialentschließung mitgetheilten Formulars A behufs Liquidirung der von dem königl. Aerar zu entrichtenden Gemeindeumlagen ein neues Formular bekannt zu geben.

Dabei wird die königl. Regierung, Kammer des Innern, noch auf Nachstehendes hingewiesen:

1) Die Distriktsumlagen des königl. Staatsärars sind nach wie vor gesondert nach Maßgabe des mit M.E. vom 3. Oktober 1864 mitgetheilten Formulars B zu liquidiren.

2) Auch fernerhin kann den Liquidationen sofort die Quittung beigefügt werden.

3) Bei den Umlagenliquidationen der einer Kreisregierung unmittelbar untergeordneten Städte ist eine Bestätigung durch die betreffende Regierung, Kammer des Innern, nicht erforderlich.

4) Die zu Gunsten des Aerars im Art. 44 und 45 Abs. III G.O. vorgesehene theilweise Umlagenfreiheit hat selbstverständlich bei der Feststellung der umlagekonkurrenzpflichtigen Steuerbeträge in Betracht zu kommen.

5) Die Bekanntmachung des anliegenden Formulars hat lediglich durch das Kreisamtsblatt zu erfolgen.

---

b. M.E. v. 5. Febr. 1886, betr. Beitragsleistung des Staatsärars zu den Gemeinde- und Distriktsumlagen. (M.A.Bl. 1886 S. 35.)

Es ist in neuerer Zeit mehrfach vorgekommen, daß das Königl. Aerar zur Entrichtung der schuldigen Distriktsumlagen doppelt herangezogen wurde. Obgleich nämlich das Kgl. Aerar seine Distriktsumlagenschuld bereits für den ganzen Distrikt unmittelbar an den Distriktskassier bezahlt hatte, wurde es von einzelnen Gemeinden desselben Distrikts bei Einhebung der die ersteren treffenden Distriktsumlagen nochmals beigezogen, indem die Distriktsumlagen mit den Gemeindeumlagen vermengt und mit letzteren nach Maßgabe der Bestimmungen der G.O. über Gemeindeumlagen erhoben wurden.

Um die Wiederkehr solcher Vorkommnisse zu verhüten, sieht sich das Kgl. Staatsministerium des Innern veranlaßt, nachstehende Anordnungen zu treffen, bezw in Erinnerung zu bringen.

1) In den gemeindlichen Jahresvoranschlägen und Jahresrechnungen sind die zur Erhebung kommenden Distriktsumlagen, entsprechend den bestehenden Vorschriften, jederzeit ausgeschieden von den Gemeindeumlagen, und zwar unter Tit. IX der Einnahmen („Directe Gemeindeumlagen") und unter Tit. X der Ausgaben („Besondere Leistungen") in einer Unterabtheilung vorzutragen.

Die Vermengung mit den Gemeindeumlagen ist schon mit Rücksicht auf den bezüglich der Distriktsumlagen gemäß Art. 31 des Distriktsrathsgesetzes vom 28. Mai 1852 geltenden abweichenden Umlagenmaßstab unstatthaft.

2) Wo die Uebung besteht, daß das Kgl. Aerar die dasselbe treffenden Distriktsumlagen für den ganzen Distrikt unmittelbar an den Distriktskassier entrichtet, kann dasselbe selbstverständlich in den einzelnen Gemeinden zur Entrichtung von Distriktsumlagen nicht mehr beigezogen werden.

Andernfalls aber haben die Gemeindebehörden für die seitens des Kgl. Aerar an die Gemeinde zu entrichtenden Gemeindeumlagen und Distriktsumlagen gesonderte Liquidationen aufzustellen. Die Liquidationen über die schuldigen Gemeindeumlagen sind nach dem durch M.E. v. 4. Okt. 1870 Nr. 10001 vorgeschriebenen Formulare, die Liquidationen über Distriktsumlagen aber nach dem der M.E. vom 4. Oktober 1864 Nr. 14091 beigegebenen Formulare B anzufertigen. In den Liquidationen über schuldige Gemeindeumlagen ist jedoch, um jedes Mißverständniß und jede Einmengung von Distriktsumlagen auszuschließen, bei litt. a nach den Worten „für allgemeine Zwecke vom ganzen Bezirk der Gemeinde" in Klammern beizusetzen: „mit Ausschluß von Distriktsumlagen".

3) Die gemeindlichen Liquidationen über die vom Königl. Aerar zu entrichtenden Gemeinde- und Distriktsumlagen sind sowohl im Interesse eines geordneten gemeindlichen Haushaltes, als um Störungen in der staatlichen Rechnungsstellung zu vermeiden, immer rechtzeitig an die betreffende verrechnende Staatsbehörde abzugeben.

4) Die Liquidationen über Gemeindeumlagen bedürfen in mittelbaren Gemeinden gemäß Ziff. 1 der M.E. vom 4. Oktober 1864 mit Ziff. 3 der M.E. vom 4. Oktober 1870 der bezirksamtlichen Bestätigung. Sowohl bei Gelegenheit dieser Bestätigung als anläßlich der aufsichtlichen Prüfung der gemeindlichen Voranschläge und Rechnungen ist entsprechend Bedacht zu nehmen, daß die gesetzlichen Bestimmungen und die Vollzugsvorschriften über die Erhebung und Verrechnung von Gemeinde- und Distriktsumlagen genau beobachtet und Benachtheiligungen des Kgl. Aerars durch gesetzwidrige Umlagenforderungen vermieden werden.

---

6. Zu Art. 77.

M.Bektm. v. 28. Juli 1888, die Prüfung für den Stadt- und Marktschreiberdienst betr. (M.A.Bl. S. 284.)

Gemäß Art. 77 Abs. 1 G.O. setzt die Anstellung eines Stadt- oder Marktschreibers den Nachweis der für dieses Amt erforderlichen Kenntnisse durch Bestehen einer von den Kreisregierungen anzuordnenden Prüfung oder der Prüfung für die Anstellung im Richteramte oder im Dienste der inneren Staatsverwaltung voraus.

Für die ersterwähnte Prüfung sind zur Zeit gemäß Ministerialentschließung vom 10. Februar 1870 Nr. 975 noch die in der Ministerialentschließung vom 13. November 1862 Nr. 1266 enthaltenen Vorschriften maßgebend.

Diese Vorschriften werden mit Rücksicht auf die inzwischen eingetretenen Aenderungen in der Gesetzgebung, sowie auf die seitherigen Erfahrungen durch nachstehende Anordnungen ersetzt:

1. Die Prüfungen für den Stadt- und Marktschreiberdienst werden von der Königl. Regierung, Kammer des Innern, von Oberbayern in Zwischenräumen von je zwei Jahren, von den übrigen diesrheinischen Regierungen, Kammern des Innern, in Zwischenräumen von je drei Jahren abgehalten.

Die Prüfungen in Oberbayern finden in den Jahrgängen mit ungerader Jahrzahl, zum ersten Male im Jahre 1889 statt.

Die Prüfungen in den übrigen Regierungsbezirken werden in nachstehender Reihenfolge vorgenommen:

Oberpfalz und von Regensburg, dann Unterfranken und Aschaffenburg in den Jahren 1889, 1892 u. s. w.;

Niederbayern und Mittelfranken in den Jahren 1890, 1893 u. s. w. Schwaben und Neuburg, dann Oberfranken in den Jahren 1891, 1894 u. s. w.

Im Uebrigen wird der Zeitpunkt der abzuhaltenden Prüfung von den Regierungen jeweils näher bestimmt und öffentlich bekannt gegeben.

2. Gesuche um Zulassung zur Prüfung sind vier Wochen vor Beginn der letzteren bei derjenigen Regierung, bei welcher sich der Bewerber der Prüfung unterziehen will, schriftlich anzubringen.

Mit dem Gesuche sind folgende Nachweise zu übergeben:

a) Heimathschein;

b) amtliches Zeugniß über untadelhaftes sittliches Verhalten;

c) amtliches Zeugniß über eine dreijährige Vorbereitungspraxis bei einer Distriktsverwaltungsbehörde oder einem mittelbaren Magistrat mit einer den Prüfungsanforderungen entsprechenden (nicht einseitigen) Verwendung.

3. Die Kgl. Regierung, Kammer des Innern, fertigt die Zulassung aus und sorgt für deren rechtzeitige Zustellung.

4. Die Prüfung dauert drei Tage. Sie ist schriftlich und umfaßt: fünf Aufgaben aus dem Bereiche der eigentlichen Gemeindeangelegenheiten mit Einschluß des Heimathwesens und der Armenpflege, sowie der Kranken- und Unfallversicherung;

fünf Aufgaben aus dem sogenannten übertragenen Wirkungskreise der Gemeinden, einschließlich der Standesamtsführung, insbesondere aus dem Gebiete der örtlichen Polizeiverwaltung (Sicherheits-, Feuer- und Baupolizei, Gesundheitspolizei, Gewerbepolizei u. s. w.); endlich

einen praktischen Fall.

Für jede Aufgabe ist zur Bearbeitung eine Frist von zwei Stunden, für den praktischen Fall eine solche von vier Stunden zu gewähren.

Die Prüfungsaufgaben sind nach der Berufsstellung und Geschäftsaufgabe der Stadt- und Marktschreiber derart zu bemessen, daß sich aus der Beantwortung die praktische Befähigung für den Beruf vollständig ermessen läßt. Zu diesem Behufe, sowie mit Rücksicht auf die Zulassung des Gebrauches von Hilfsmitteln (siehe Ziff. 5) empfiehlt es sich, den zu stellenden Fragen eine thunlichst praktische Richtung zu geben und an vorwiegend aus dem Leben gegriffene Beispiele anzuknüpfen.

Ganz besonderes Gewicht ist auf die Verwaltung des Gemeinde- und örtlichen Stiftungsvermögens, einschließlich des Kassen- und Rechnungswesens, zu legen.

5. Bei der Bearbeitung der Aufgaben ist der Gebrauch gedruckter und geschriebener Hilfsquellen gestattet. Dagegen ist das Zusammenarbeiten der Kandidaten, sowie die Benützung auswärts oder von Anderen gefertigter Bearbeitungen der gestellten Aufgaben bei Vermeidung der Annahme ungenügender Befähigung untersagt.

6. Die Prüfung wird durch ein Kollegialmitglied der Kgl. Regierung, Kammer des Innern, geleitet, welches während der Bearbeitung der Aufgaben die Aufsicht führt und die gelieferten Arbeiten, unbeschadet etwaigen Benehmens mit den übrigen betheiligten Referenten, gutachtlich zensiert.

Das Ergebniß der Prüfung wird durch die Kgl. Regierung, Kammer des Innern, auf Grund kollegialer Berathung festgestellt.

Hiebei wird in der Weise verfahren, daß jede Bearbeitung einer Aufgabe mit einer der nachstehend bezeichneten Noten:

I (sehr gut),
II (gut),
III (genügend),
IV (ungenügend)

gewürdigt und die Summe der Einzelnoten eines jeden Geprüften unter doppelter Anrechnung der Note für die Bearbeitung des praktischen Falles entziffert und sodann aus dieser Summe durch Theilung mit der Zahl 12 der Durchschnitt gezogen wird.

Die Durchschnittszahl ergiebt die Hauptnote; Bruchtheile bis zu 0,5 bleiben unberücksichtigt, Bruchtheile über 0,5 werden für voll gerechnet. Beispielsweise gilt hienach die Durchschnittszahl $1^{6}/_{12}$ als Note I, die Durchschnittszahl $1^{7}/_{12}$ als Note II, die Durchschnittszahl $3^{6}/_{12}$ als Note III, die Durchschnittszahl $3^{7}/_{12}$ als Note IV.

Geprüfte mit der Hauptnote IV sind als nicht befähigt zu erachten.

Legt ein Kandidat in wichtigeren Geschäftszweigen eine auffallend große Unkenntniß an den Tag, so bleibt es dem Ermessen der Regierung anheim gegeben, demselben das Zeugniß der Befähigung auch dann zu versagen, wenn sich etwa bei der vorgeschriebenen Berechnung noch die Hauptnote III entziffern sollte.

7. Den Geprüften wird von der Kgl. Regierung, Kammer des Innern, ein Zeugniß nach anliegendem Formular ausgestellt.

8. (Nicht befähigt erkannte Kandidaten dürfen nur noch zu einer einzigen Prüfung, und zwar bei jener Regierung zugelassen werden, bei welcher die erste Prüfung stattgefunden hat. Das Kgl. Staatsministerium des Innern behält sich vor, in besonderen Ausnahmefällen auf Ansuchen die drittmalige Zulassung zur Prüfung zu gestatten.)

Nunmehrige Fassung der Ziff. 8 nach M.E. vom 8. April 1899, M.A.Bl. S. 119:

Nicht befähigt erkannte Kandidaten können in demselben Jahre zu einer Prüfung nicht mehr zugelassen werden.

Melden sich solche Kandidaten in der Folge dann zur Wiederholung der Prüfung bei einer anderen Regierung, so hat diese mit jener Regierung, bei welcher die erste Prüfung stattgefunden hat, darüber ins Benehmen zu treten; letztere theilt mit den Prüfungsarbeiten des Betreffenden etwaige Bedenken gegen eine wiederholte Zulassung desselben mit; im Uebrigen haben die Bestimmungen unter Ziff. 2 und 3 zur Anwendung zu kommen.

Eine drittmalige Zulassung zur Prüfung kann auf Ansuchen nur in besonderen Ausnahmefällen durch das Kgl. Staatsministerium des Innern gestattet werden.

9. Die Kgl. Regierungen, Kammern des Innern, werden sich die Prüfungsergebnisse wechselseitig mittheilen.

Anlage. **Prüfungszeugniß.**

Gebühren- Herr . . . .
Marke. aus . . . . , zur Zeit
(Beruf) . . . . in . . . .
hat sich bei der unterfertigten Stelle in der Zeit vom . . . .
bis . . . . 19 . . der Prüfung für den Stadt- und Marktschreiberdienst unterzogen und wurde hiebei

(entweder:)

als befähigt mit der Note . . . .
(beispielsweise: „$1^{8}/_{12}$ = I sehr gut")

(oder:)

als nicht befähigt . . . .
erkannt.

. . . . den . . . . 19 . .

Kgl. Regierung . . . .

(Siegel.) Kammer des Innern.

Gebührenregister-Nr.:
Gebühr:

---

7. Zu Art. 83, 85, 128, 129.

Vdg. v. 4. August 1869, die Dienstzeichen der Gemeindeverwaltungsmitglieder, dann die Dienstkleidung und Abzeichen der zu polizeilichen Verrichtungen verwendeten Gemeindebediensteten in den Gemeinden diesseits des Rheins betr. (Reg.Bl. S. 1457 u. Weber, Bd. VIII S. 243.)

Wir finden Uns bewogen, im Hinblicke auf die Art. 83, 85, 128 und 129 G.O. zu verordnen, was folgt:

I. Für die Gemeinden mit städtischer Verfassung:

§ 1. Das Dienstzeichen der Bürgermeister in den Gemeinden mit städtischer Verfassung besteht bei feierlichen Gelegenheiten in einer goldenen Medaille, welche auf der Vorderseite mit dem Brustbilde des regierenden Königs und auf der Rückseite mit dem Wappen der Gemeinde versehen ist, und von den Bürgermeistern der einer Kreisregierung unmittelbar untergeordneten Städte an einer goldenen Kette, von den übrigen Bürgermeistern aber an einem hellblauen Bande um den Hals getragen wird.

In denjenigen Gemeinden, in welchen auf Grund der bisherigen Vorschriften von dem Bürgermeister eine silberne Medaille getragen wurde, kann diese bis auf Weiteres auch ferner getragen werden.

§ 2. Den sämmtlichen Mitgliedern des Magistrats in den einer Kreisregierung unmittelbar untergeordneten Städten, dann den Bürgermeistern und den rechtskundigen Magistratsmitgliedern in den übrigen Gemeinden mit städtischer Verfassung ist gestattet, sich bei feierlichen Anlässen schwarzer Kleidung, des für die Uniform der Civilstaatsdiener vorgeschriebenen Hutes, sowie eines Degens mit goldener Quaste zu bedienen.

§ 3. Werden Bürgermeister oder sonstige Magistratsmitglieder außerhalb des

Bureaus als Polizeibeamte thätig, so haben sich dieselben in den durch Art. 3 des Gesetzes vom 4. Mai 1851, das Einschreiten der bewaffneten Macht zur Erhaltung der gesetzlichen Ordnung betreffend, bezeichneten Fällen einer weißen Schärpe, in sonstigen Fällen aber, in welchen ein solches Abzeichen als nothwendig erscheint, einer Schärpe von weißer Farbe oder von den Stadtfarben zu bedienen.

Die Schärpe wird von der rechten Schulter zur linken Hüfte getragen.

§ 4. In Bezug auf die Uniformen der mit polizeilichen Verrichtungen betrauten Gemeindebediensteten, dann des gemeindlichen Forstpersonals, ferner in Bezug auf die Dienstkleidung und Ausrüstung der Polizeimannschaft und der Polizeirottmeister, sowie endlich in Bezug auf die Abzeichen der Flurer und Nachtwächter haben die bisher bestehenden Vorschriften bis auf Weiteres zur Anwendung zu kommen.

Jedoch können die Gemeinden den Rottmeistern und der Polizeimannschaft gestatten,

1) sich außer feierlichen Anlässen statt des Tschakos einer dunkelblauen, roth vorgestoßenen und mit einer weißwollenen, den bayerischen Löwen darstellenden Stickerei versehenen Schirmmütze von der zur Zeit für das Militär vorgeschriebenen Form zu bedienen,
2) zur Sommerszeit, sowie unter dem Mantel einen Uniformsrock von sogenanntem Gradel mit rothen Vorstößen und stehendem Kragen, an welchem auf jeder Seite eine Litze von rothem Tuch mit weißem Knopfe und von der für die Litzen auf dem Mantelkragen des Linienmilitärs vorgeschriebenen Form, sowie bei den Rottmeistern die Auszeichnung angebracht ist, zu tragen,
3) neben der Bajonettflinte einen Revolver und statt des bisherigen Säbels einen Säbel von der für die Königl. Gendarmerie zur Zeit vorgeschriebenen Form zu führen.

II. Für die Gemeinden mit Landgemeindeverfassung.

§ 5. Das Dienstzeichen der Bürgermeister der in § 1 nicht erwähnten Gemeinden besteht in einer silbernen Medaille, welche mit dem Brustbilde des regierenden Königs auf der Vorderseite und dem Namen der Gemeinde oder Bürgermeisterei auf der Rückseite versehen ist und an einem hellblauen Bande um den Hals getragen wird.

Soferne eine Gemeinde mit Landgemeindeverfassung zur Führung eines Wappens berechtigt ist, kann statt des Namens der Gemeinde das Wappen derselben auf der Rückseite der Medaille angebracht werden.

§ 6. Die Beigeordneten tragen als Dienstzeichen einen kleinen Schild, welcher mit dem bayerischen Wappen versehen ist, an einem hellblauen Bande um den Hals.

§ 7. Die zu polizeilichen Verrichtungen verwendeten Bediensteten in den Gemeinden mit Landgemeindeverfassung und Bürgermeistereien tragen eine dunkelblaue, roth vorgestoßene Schirmmütze, wie solche für die Polizeimannschaft in den Gemeinden mit städtischer Verfassung gestattet ist.

Es bleibt den Gemeinden oder Bürgermeistereien unbenommen, die vorgenannten Bediensteten mit der Bekleidung und Ausrüstung der Polizeidiener in den Städten zu versehen.

Die Flurer und Nachtwächter tragen während ihrer Dienstverrichtungen die bisher üblichen Abzeichen.

§ 8. Vorstehende Verordnung tritt mit dem Tage ihrer Verkündung durch das Regierungsblatt in den Landestheilen diesseits des Rheins in Wirksamkeit.

---

8. Zu Art. 85.

Vdg. v. 12. Mai 1888, die Dienstkleidung und die Dienstesauszeichnung der zu polizeilichen Verrichtungen verwendeten Gemeindebediensteten in den Gemeinden des Königreiches betr.

Wir finden Uns bewogen, im Hinblick auf Art. 85 Abs. 2 und Art. 129 Abs. 5 G.O. bezw. 62 Abs. 4 rc. hinsichtlich der Dienstkleidung und Dienstesauszeichnung der zu polizeilichen Verrichtungen verwendeten Gemeindebediensteten zu verordnen, was folgt:

A. Für das rechtsrheinische Bayern.

I. Für die Gemeinden mit städtischer Verfassung.

§ 1. Polizeimannschaft. Die Polizeimannschaft trägt die nachstehend bezeichnete Dienstkleidung:

a. Kopfbedeckung. Helm in der für die (unberittene) Gendarmerie vorgeschriebenen Form, auf welchem jedoch statt des bayerischen Wappens das Gemeindewappen und statt des gelben weißes Metallbeschläge anzubringen ist.

Schirmmütze nach dem Muster der für die Gendarmerie vorgeschriebenen Dienstmütze, jedoch von dunkelblauem Tuche, mit scharlachrothem Vorstoße und an der Vorderseite (statt der Kokarde) mit einer den bayerischen Löwen (ohne Szepter und Schwert) darstellenden weißwollenen Stickerei.

b. Waffenrock. Waffenrock von dunkelblauem Tuche, mit (stehendem) Kragen, Schulterklappen und Aufschlägen von gleichem Tuche und mit scharlachrothem Vorstoße, dann mit weißmetallenen Knöpfen (auf der Vorderseite zwei Reihen von je sieben Stück); im Uebrigen nach Schnitt und Ausstattung, wie solche in Unterbeilage 7 zum Kriegsministerialreskript vom 11. April 1873 (Verordnungsblatt des Königl. Kriegsministeriums 1873 Nr. 18) unter Abschnitt B Ziffer 1 bis einschließlich 8 und Ziffer 10 für den Waffenrock der Chevauxlegers vorgeschrieben sind, jedoch mit der Abweichung, daß die Rockschöße, die Schoßtaschen und die Schoßtaschenleisten die gleichen Ausmaße erhalten, wie am einreihigen Waffenrocke der Gendarmerie und daß der Vorstoß am unteren Rande der Rockschöße hinwegfällt.

Zur Sommerszeit und unter dem Mantel kann an Stelle des Tuchwaffenrockes ein Uniformsrock von sogenanntem Gradel, nach Schnitt und Ausstattung wie der Tuchwaffenrock, jedoch ohne Schulterklappen und farbigen Vorstoß, getragen werden.

c. Beinkleid. Lange Hose von dunkelblauem Tuche mit scharlachrothem Vorstoß.

Zur Sommerszeit darf eine Hose von Gradel (ohne farbigen Vorstoß) getragen werden.

d. Fußbekleidung. Halbstiefel.

e. Halsbinde. Halsbinde wie für die Gendarmerie.

f. Handschuhe. Handschuhe von schwarzem Wildleder; zum gewöhnlichen Dienst ist auch der Gebrauch schwarzer Stoffhandschuhe gestattet.

g. Mantel. Mantel von dunkelgrauem Tuche, nach Schnitt und Ausstattung wie für die Gendarmerie, mit den Schulterklappen (von dunkelblauem Tuche mit scharlachrothem Vorstoß) und mit gleichen Knöpfen wie am Waffenrock, dann mit Patten von dunkelblauem Tuche.

h. Bewaffnung. Säbel und Säbelkoppel wie für die Gendarmerie, über dem Rocke bezw. dem Mantel zu tragen.

Die Ausrüstung der Polizeibediensteten mit einer Feuerwaffe (Gendarmeriegewehr nebst Patrontasche oder Revolver) bleibt dem Ermessen der Gemeinden anheimgegeben,

i. Rangabzeichen:

1) Für die Polizeimannschaft im Allgemeinen:

Wie für die Gendarmerie eine Tresse am Kragen und Aufschlag des Waffenrockes, und zwar von Silber, und eine schmale weiß- und blauwollene Borte von 0,5 Centimeter Breite am Kragen des Gradelrockes bezw. auf der Kragenpatte des Mantels; dann das Kapitulantenportepee der Gendarmen.

2) Für die Vorgesetzten insbesondere.

In Gemeinden, welche mindestens drei Polizeisoldaten haben, trägt der Vorgesetzte auf beiden Seiten des Waffenrockkragens und des Gradelrockkragens einen kleinen Auszeichnungsknopf (von Neusilber und übersilbert).

In unmittelbaren Städten trägt der Vorgesetzte, soferne demselben nicht in Folge einer höheren Dienstesstellung eine anderweitige Dienstkleidung gebührt, auf beiden Seiten des Waffenrock- und des Gradelrockkragens einen großen Auszeichnungsknopf (von Neusilber und übersilbert), dann das gleiche Portepee wie der Gendarmeriewachtmeister, jedoch an einem Bande von weißer und blauer Seide (statt silbern-blau).

Besteht in einer unmittelbaren Stadt eine Mittelstufe von Vorgesetzten, so tragen die letzteren die vorstehend in Absatz 1 bezeichnete Auszeichnung.

3) Durch die Rangabzeichen der Polizeibediensteten wird ein Rangverhältniß gegenüber den Militärpersonen und der Gendarmerie nicht begründet.

§ 2. Flurhüter. Die gemeindlichen Flurhüter tragen im Dienste die in § 1 a Abs. 2 beschriebene Schirmmütze.

Denselben ist jedoch gestattet, sich statt der letzteren eines Hutes zu bedienen, auf dessen Vorderseite ein aus glattem weißen Metall gefertigtes Emblem, der bayerische Löwe (ohne Szepter und Schwert), angebracht ist.

§ 3. Forstschutzbedienstete. Die gemeindlichen Forstschutzbediensteten tragen im Dienste, wenn sie zugleich Polizeidiener sind, die in § 1 a Abs. 2 beschriebene Schirmmütze; andernfalls tragen dieselben eine Schirmmütze von gleicher Form und Ausstattung, jedoch aus dunkelgrünem Tuche mit hellgrünem Vorstoße.

Denselben ist gestattet, sich statt der Mütze eines Hutes mit dem in § 2 Abs. 2 bezeichneten Embleme zu bedienen.

II. Für die Gemeinden mit Landgemeindeverfassung.

§ 4. Die Polizeidiener tragen die für die Polizeimannschaft in den Gemeinden mit städtischer Verfassung vorgeschriebene Dienstmütze (§ 1 a Abs. 2).

Außerdem ist den Gemeinden und Bürgermeistereien unbenommen, ihre Polizeidiener mit der vollständigen Bekleidung und Ausrüstung der Polizeimannschaft in Gemeinden mit städtischer Verfassung zu versehen.

Die in § 1 i bezeichneten Rangabzeichen kommen hiebei in Wegfall; jedoch dürfen in Gemeinden und Bürgermeistereien mit mindestens 3 Polizeidienern dem Vorgesetzten die in § 1 i Ziff. 1 bezeichneten Rangabzeichen beigelegt werden.

§ 5. Hinsichtlich der Flurhüter und Forstschutzbedienssteten in Gemeinden mit Landgemeindeverfassung finden die Bestimmungen der §§ 2 und 3 gleichmäßige Anwendung.

B. Schlußbestimmung.

§ 7. Gegenwärtige Verordnung tritt mit dem Tage der Verkündung durch das Gesetz- und Verordnungsblatt in Kraft. Alle entgegenstehenden Bestimmungen treten außer Wirksamkeit. Den Gemeindebediensteten kann jedoch von den Gemeinden gestattet werden, ihre zur Zeit im Gebrauche befindliche Dienstkleidung vollends abzutragen.

---

9. Zu Art. 98.

M.Bektm. v. 29. Juni 1869, den Vollzug des Art. 98 der Gemeindeordnung für die Landestheile diesseits des Rheins betr.*) (Reg.Bl. S. 1099 u. Weber, Bd. VIII S. 216.)

Seine Majestät der König haben vorbehaltlich der besonderen Regelung der Verhältnisse der Städte München und Nürnberg im Hinblicke auf Art 98 G.O. allerhöchst zu verfügen geruht, was folgt:

1) In den einer Kreisregierung unmittelbar untergeordneten Städten sind, vom 1. Juli 1869 angefangen, die den Distriktspolizeibehörden vorbehaltenen Befugnisse in Bezug auf die Presse, sowie die sicherheitspolizeilichen Zuständigkeiten in Fällen bedrohter oder gestörter öffentlicher Ruhe durch Staatsbeamte auszuüben, unbeschadet der gesetzlichen Verpflichtung der Magistrate, zur Erhaltung oder Wiederherstellung der öffentlichen Ruhe mitzuwirken.

2) Die übrigen in Art. 98 G.O. erwähnten Zuständigkeiten gehen an die Magistrate über; das Staatsministerium des Innern ist jedoch ermächtigt, auch diese Zuständigkeiten zeitweise an Staatsbeamte zu übertragen, wenn ein Bedürfniß hiezu vorliegt.

3) Die Ausübung der in Ziff. 1 aufgeführten Funktionen erfolgt in den Kreishauptstädten durch ein Kollegialmitglied der betreffenden Kreisregierung, Kammer des Innern, außerdem aber durch die Bezirksämter und, wenn deren mehrere in derselben Stadt sich befinden, durch das vom Staatsministerium des Innern besonders bezeichnete.

4) Die Kollegialmitglieder der Kreisregierung werden durch das Regierungspräsidium mit der fraglichen Funktion in stets widerruflicher Weise betraut. Sie versehen diese Funktion unentgeltlich und führen hiebei den Titel „Königlicher Kommissär der Stadt N. N.“

---

*) Gemäß Ministerialbekanntmachung vom 11. August 1873 nach Aufhebung des Stadtkommissariats Nürnberg auch auf die Stadt Nürnberg ausgedehnt.

Der Regieaufwand dieser Kommissäre ist aus den Regiefonds der betreffenden Kreisregierung, Kammer des Innern, zu bestreiten, welche verpflichtet ist, denselben das zu ihrer Amtsführung erforderliche Dienstpersonal zur Verfügung zu stellen.

5) Für die Bezirksämter bilden die in Ziff I bezeichneten Funktionen einen regelmäßigen Bestandtheil ihrer Amtsobliegenheiten. Das Amts- und Dienstpersonal ist verpflichtet, sich bei Ausübung dieser Funktionen nach Anordnung des Amtsvorstandes verwenden zu lassen.

Der etwaige Regieaufwand ist gleich sonstigen Regiebedürfnissen der Bezirksämter zu bestreiten.

6) Die bisherigen Stadtkommissariate treten am letzten Juni 1869 außer Thätigkeit. Die den einzelnen Stadtkommissären zur Bestreitung der Funktionsauslagen gewährten Zuschüsse unterliegen dem Einzuge und fallen, insoferne sie aus Gemeindemitteln bezahlt wurden, den betreffenden Gemeinden anheim

---

10. Zu Art. 145.*)

M.E. vom 26. März 1887, Geschäftsführung der Landgemeindeverwaltungen betr. (M.A.Bl. 1887 S. 119.)

In neuerer Zeit ist es mehrfach vorgekommen, daß das Bestehen oder die Rechtsgiltigkeit von Gemeindeverwaltungsbeschlüssen, insbesondere über Heimathverleihungen, in Frage gestellt wurde, weil das gemeindliche Protokollbuch keinen bezüglichen Eintrag enthielt oder weil nach den betreffenden Protokollen die Beobachtung der zur Giltigkeit der Beschlußfassung erforderlichen Voraussetzungen zweifelhaft erschien. Es ist daher Veranlassung gegeben, die einschlägigen gesetzlichen Bestimmungen in Erinnerung zu bringen.

Gemäß Art. 145 G.O. ist über die Beschlüsse des Gemeindeausschusses ein fortlaufendes Protokoll zu führen.

Dieses Protokoll soll erkennen lassen, ob alle im Gemeindebezirke anwesenden Mitglieder des Gemeindeausschusses gehörig geladen worden sind und ob mehr als die Hälfte der gesetzlichen Mitgliederzahl an der Berathung und Abstimmung theilgenommen hat, dann was das Ergebniß der Abstimmung gewesen ist. Bei Beschlußfassungen des Gemeindeausschusses über die Erhebung von Gemeindeumlagen ist mit Rücksicht auf Art. 47 a. a. O. die Ladung bezw. Theilnahme der Höchstbesteuerten oder die Thatsache, daß Höchstbesteuerte im Sinne der angeführten Gesetzesstelle nicht vorhanden sind, gleichfalls im Protokolle zu erwähnen. Die Protokolle sind von den anwesenden Ausschußmitgliedern zu unterzeichnen. Die Aufnahme der Protokolle auf fliegenden Blättern ist unstatthaft. Ist die Vorlage der Beschlüsse an Behörden veranlaßt, so ist zu diesem Behufe eine von dem Bürgermeister zu beglaubigende Abschrift anzufertigen.

Die Beschlußfassung im Wege des Zirkulars ist unzulässig.

Der Beigeordnete ist Mitglied des Gemeindeausschusses und hat daher als solches wie an den Berathungen, so auch an den Abstimmungen des Gemeindeausschusses jederzeit — nicht, wie irrthümlich mehrfach angenommen wurde, bloß bei Verhinderung des Bürgermeisters — theil zu nehmen.

---

*) S. auch M.E. v 10. Juli 1893, M.A.Bl. S. 172, Vereinfachung der gemeindlichen Geschäftsführung betr. Weber Bd. XXII S. 216.

2) Ueber die Voraussetzungen giltiger Gemeindeversammlungsbeschlüsse enthält die Gemeindeordnung eine Reihe näherer Bestimmungen, so insbesondere in Art. 146 ff., dann in Art. 27, Art. 47 u. s. w.

Das gemäß Art. 149 Abs. 2 über jede Gemeindeversammlung zu errichtende Protokoll muß das Vorhandensensein der Voraussetzungen der Rechtsgiltigkeit des Beschlusses erkennen lassen, insbesondere die Zahl der Stimmberechtigten (bezw. in den Fällen des Art. 47 a. a. O. die Zahl der von der Bürgerschaft nach Verhältniß der Steuerzahlung abzugebenden Stimmen), die Zahl der Anwesenden (bezw. die Zahl der ihnen zukommenden Stimmen), sowie das Ergebniß der Abstimmung. Auch ist im Protokolle auf die vorausgegangene Berathung des Gemeindeausschusses (Art. 146, Art. 47 Abs. 2 a. a. O.) Bezug zu nehmen. Die Protokolle sind, und zwar auch in jenen Fällen, in welchen schriftliche Abstimmung stattgefunden hat, von dem Bürgermeister, dem Protokollführer und zwei Gemeindebürgern zu unterfertigen.

3) Es empfiehlt sich, die Protokolle über die Gemeindeausschuß- und über die Gemeindeversammlungsbeschlüsse je in ein besonderes Buch einzutragen.

Die Aufsichtsbehörden haben die Beobachtung dieser Vorschriften bei jeder Gelegenheit, insbesondere auch bei Vornahme der Gemeindevisitationen zu überwachen.

---

11. Zu Art. 170.

Kriegs-M.E. v. 20. Novbr. 1875, die Theilnahme von Militärangehörigen an den Gemeinde- und Kirchenverwaltungswahlen betr. (Weber, Bd. XI S. 190.)

Nach Art. 170 der G.O. sind zur Theilnahme an den Wahlen für Gemeindeämter alle Gemeindebürger berechtigt.

Diese Berechtigung ist an die Ableistung des Verfassungseides, wie es bei den Landtagswahlen der Fall ist, nicht gebunden und es kann daher mit Rücksicht darauf, daß nach § 49 des Reichsmilitärgesetzes vom 2. Mai 1874 für die zum aktiven Heer gehörigen Militärpersonen, abgesehen von den Militärbeamten, die Berechtigung zum Wählen nur im Betreff der Reichs- und Landesvertretung ruht, darüber kein Zweifel sein, daß alle Militärangehörigen, welche das Bürgerrecht in einer Gemeinde erworben haben, berechtigt sind, sich in dieser Gemeinde bei der Wahl zu Gemeindeämtern als Wähler zu betheiligen.

Daselbe gilt hinsichtlich der Kirchenverwaltungswahlen für jene Militärangehörigen, welche nach dem im Auszug hier beigefügten Art. 1 der Instruktion zur Vornahme der Kirchenverwaltungswahlen in den Landestheilen diesseits des Rheins vom 25. August 1869 wahlstimmberechtigt erscheinen.

Bezüglich der Wählbarkeit zu Gemeindeämtern und Kirchenverwaltungsstellen dagegen bleiben die Bestimmungen des Art. 173 Abs. 4 G.O. und der hiemit übereinstimmenden Vorschrift in Art. 4 Abs. 4 der Instruktion für die Kirchenverwaltungswahlen maßgebend und wird dieses dem Generalkommando des ersten Armeekorps auf den Bericht vom 6. l. Mts. für weitere Verfügung eröffnet.

---

12. Zu Art. 176.

M.E. v. 12. Oktober 1869, die Gemeindewahlen in den Landestheilen diesseits des Rheins betr. (Ufr. Kr.A.Bl. u. Weber, Bd. VIII S. 390.)

Das Staatsministerium sieht sich veranlaßt, zum Vollzuge der Gemeindewahlen, welche gemäß Art. 176 Abs. I G.O. in den Monaten November und Dezember stattfinden und bis Mitte Dezember beendet sein müssen, folgende Bestimmungen zu treffen:

1) Die in Art. 176 Abs. II G.O. vorgeschriebenen Wahllisten sind nicht bloß rechtzeitig, sondern auch möglichst übersichtlich und vollständig herzustellen und haben insbesondere die fortlaufende Numerirung der Einträge, die Namen und den Stand, sowie nöthigenfalls den Wohnort — in Städten, in welchen nach Wahlbezirken gewählt wird, auch die Straße und die Hausnummer — der Wahlstimmberechtigten, sowie die Angabe der Gründe zu enthalten, welche der Ausübung des Wahlstimmrechtes oder der Wählbarkeit einzelner entgegenstehen.

Die Wahlstimmberechtigung bemißt sich nach Art. 170 im Zusammenhalte mit Art. 10—18 und 201 und es sind demnach alle diejenigen Personen, welche das Bürgerrecht in der Gemeinde entweder in Folge ausdrücklicher Verleihung oder kraft des Gesetzes besitzen und des Wahlstimmrechts nicht nach Maßgabe des Art. 170 verlustig geworden sind, in die Wählerliste einzutragen. Nachdem übrigens hinsichtlich der Frage, welche Klasse von Gewerbetreibenden auf Grund des § 11 Ziffer 2 und § 12 des mit 1. Juli ds. Js. außer Wirksamkeit getretenen revidirten Gemeindeedikts vom 1. Juli 1834 die Gemeindegliedeigenschaft besessen und in Folge dessen kraft des Gesetzes das Bürgerrecht erlangt habe, mehrfache Bedenken aufgetaucht sind, so wird, jedoch ohne der instanziellen Würdigung des einzelnen Falles vorzugreifen, hiemit bemerkt, daß nach der seitherigen, bei der Berathung und durch die Annahme des Art. 35 des Gesetzes vom 30. Januar 1868, das Gewerbswesen betreffend, von den Gesetzgebungsfaktoren in der Hauptsache anerkannten Praxis nur diejenigen Personen, welche eine die Ansässigkeit gewährende Konzession zum Betriebe eines realen, radizirten oder konzessionspflichtigen Gewerbes erlangten und versteuerten, als wirkliche Gemeindeglieder im Sinne des revidirten Gemeindeedikts zu betrachten sind, woraus sich, nachdem das revidirte Ansässigmachungsgesetz vom 1. Juli 1834 am 1. September 1868 außer Wirksamkeit getreten ist, von selbst ergibt, daß nur diejenigen Personen auf Grund eines besteuerten Gewerbes das Bürgerrecht kraft des Gesetzes erlangten, welche vor dem 1. September 1868 entweder nach dem älteren oder nach dem neuen Gewerbsgesetze eine die Ansässigkeit in der Gemeinde gewährende Gewerbskonzession erhielten und diese am 1. Juli 1869 noch versteuerten. Das Recht der Gemeinden, auch anderen gesetzlich hiezu befähigten Gewerbtreibenden das Bürgerrecht zu verleihen, wird durch vorstehende Interpretation keinesfalls alterirt, jedoch kann eine derartige Verleihung im Hinblick auf Art. 12 der G.O. nur auf Ansuchen der Betheiligten stattfinden, da die letzteren mit dem Erwerbe des Bürgerrechts nicht nur ein bestimmtes Maß von Pflichten zu übernehmen haben, sondern auch ihre etwa anderwärts begründete Heimath verlieren würden. Was die besonderen, der Ausübung des Wahlstimmrechts oder der Wählbarkeit Einzelner entgegenstehenden und gemäß Art. 176 Abs. II in die Wahllisten aufzunehmenden Gründe betrifft, so wird auf die Art. 15 Abs. V, Art. 170, Art. 172 Abs. I und Art. 173 G.O. verwiesen

2) Den Bürgermeistern in den einer Kreisregierung unmittelbar untergeordneten Städten steht es innerhalb des ihnen nach Art. 177 Abs. II zukommenden Ernennungsrechtes frei, nicht blos Magistratsmitglieder, sondern auch andere Personen, welche zur Leitung der Wahlen befähigt und geneigt sind, zu Wahlkommissären zu ernennen, auch wenn sie das Bürgerrecht in der Gemeinde nicht besitzen.

Die Funktion der Wahlkommissäre in den einem Bezirksamte untergeordneten Gemeinden ist gemäß Art. 178 Abs. III in der Regel entweder von den Amtsvorständen zu übernehmen oder den Nebenbeamten, den bei Amt befindlichen rechtskundigen Funktionären und geprüften Rechtspraktikanten zu übertragen.

Zur Beschleunigung des Wahlgeschäftes können von den Amtsvorständen auch andere Personen, welche sich zur Uebernahme der Funktion eines Wahlkommissärs verstehen und durch Verlässigkeit, Gesetzeskenntniß und Geschäftserfahrung die nöthigen Garantien bieten, zu Wahlkommissären ernannt werden, jedoch ist hiebei auf Kostenersparung möglichst Bedacht zu nehmen.

Die in Ziff. 6 der Ministerialentschließung vom 23. Dezember 1862 Nr. 3195, die ordentlichen Gemeinde- und Kirchenverwaltungswahlen im Jahre 1863 betreffend, angeordnete Vorlage des Eintheilungsplanes über die Vornahme der Wahlen kann unterbleiben, jedoch wird erwartet, daß die Amtsvorstände jedenfalls eine genügende Zahl von Wahlen in Person leiten.

3) Die Sonn- und Feiertage und in Gemeinden, in welchen sich eine größere Zahl israelitischer Bürger befindet, die Samstage, sollen in der Regel nicht zu Wahltagen benützt werden.

4) Damit das Prinzip der geheimen Stimmabgabe den Bestimmungen und Intentionen des Gesetzes entsprechend ungeschmälert zum Vollzuge gelange, wird ausdrücklich darauf aufmerksam gemacht, daß die übergebenen Wahlzettel in keinem Falle früher geöffnet werden dürfen, als bis der Wahlakt gemäß Art. 184 der G.O. förmlich geschlossen ist.

5) Das mit Entschließung des kgl. Staatsministeriums des Innern für Kirchen- und Schulangelegenheiten vom 25. August ds. Js. Nr. 7624 für die Vornahme der Wahl der Kirchenverwaltungsmitglieder mitgetheilte Stimmlistenformular kann auch zu den nach Art. 183 Abs. II und III zu führenden Stimmlisten verwendet werden.

6) Die Staatsaufsichtsbehörden haben die ihnen nach Art. 196 und beziehungsweise 197 und 198 zur Vorlage kommenden Wahlverhandlungen mit möglichster Beschleunigung zu prüfen und zu bescheiden.

7) Die in den Artikeln 79 und 126 vorgeschriebene Verpflichtung der Magistrats- und Gemeindeausschußmitglieder einschließlich der Bürgermeister und Beigeordneten erfolgt durch Abnahme eines Eides, worin die gewissenhafte Erfüllung der Dienstesobliegenheiten gelobt wird.

---

13. Zu Art. 178.

M.E. vom 26. Oktober 1869, die Vornahme der Gemeinde- und Kirchenverwaltungswahlen, hier die Ernennung der Wahlkommissäre betr. (Abgedruckt in den Kr.A.Bl. u. Weber, Bd. VIII S. 419.)

Da in größeren Städten die Abgabe sämmtlicher Wahlstimmzettel in einem einzigen Wahllokale mit mancherlei Inkonvenienzen verbunden sein kann, so wurde in

Art. 189 Abs. III G.O. die Stimmabgabe in verschiedenen Wahllokalitäten zugelassen und demgemäß außer den für die einzelnen Wahllokalitäten bestehenden Wahlausschüssen die Bildung eines Hauptwahlausschusses angeordnet, welcher die Verhandlungen der einzelnen Abtheilungen in Empfang zu nehmen und aus denselben das Gesammtresultat zu ziehen hat. Dieser Hauptwahlausschuß tritt nach der Natur seiner soeben bezeichneten Aufgabe nicht in unmittelbare Berührung mit den Wählern und kann also auch nicht gemäß Art. 178 Abs. IV der G.O. von diesen aus ihrer Mitte ernannt werden; das Gesetz hat daher in Artikel 189 Abs. III über dessen Bildung besondere Normen gegeben und zugleich ein für allemal den Bürgermeister oder den von ihm ernannten Wahlkommissär zur Leitung berufen. Dagegen ist weder bezüglich der Bildung der für die einzelnen Wahllokalitäten zu bestellenden Wahlausschüsse, noch bezüglich der Ernennung der zu deren Leitung berufenen Wahlkommissäre in Art. 189 Abs. III irgend welche Bestimmung getroffen, und es folgt daher von selbst, daß in beiden Beziehungen lediglich der Art. 178 der G.O. maßgebend ist. Nach dem Wortlaute des Art. 178 Abs. III kann aber nicht der mindeste Zweifel darüber bestehen, daß diese Wahlkommissäre in allen Gemeinden mit städtischer Verfassung, welche nicht einer Kreisregierung unmittelbar untergeordnet sind, von der vorgesetzten Distriktsverwaltungsbehörde zu ernennen sind; die im Berichte vom 23. ds. Mts. vertretene Anschauung ist sohin die richtige. Zugleich wird wiederholt bemerkt, daß die Vornahme der Gemeindewahlen nach Bezirken und Abtheilungen (Art. 189 Abs. II und III der G.O.) in kleineren Gemeinden den Intentionen des Gesetzes keinesfalls entspricht, wenn sie auch durch den strikten Wortlaut desselben nicht ausgeschlossen ist.

III.

Vorschriften über das Kassa- und Rechnungswesen, Portofreiheit, Löschungsbewilligungen und verzinsliche Anlage von Geldern der Gemeinden; in chronologischer Folge.

1. M.E. vom 13. Mai 1866, die Vinkulirung und Devinkulirung der von Stiftungen, Gemeinden und Sparkassen erworbenen Staatsobligationen au porteur betr. (C.M.Bl. S. 124, F.M.Bl. S. 105, Weber, Bd. VI S. 618.)

Zur Vereinfachung des Verfahrens bei Vinkulirung der von Stiftungen, Gemeinden und Sparkassen erworbenen bayerischen Staatsobligationen au porteur und zur Beseitigung der Anstände, welche sich in dieser Beziehung bisher ergeben haben, werden im Einverständnisse der unterzeichneten kgl. Staatsministerien hiemit nachstehende Bestimmungen getroffen:

1) Hinsichtlich der kuratel- und, soweit nöthig, oberkuratelamtlichen Genehmigung zur Erwerbung von Staatsobligationen au porteur von Seite der Stiftungen, Gemeinden und Sparkassen hat es bei den bisherigen Competenzbestimmungen sein Verbleiben.

2) Nach erfolgter Genehmigung sind bezüglich jener Stiftungen, Gemeinden und Sparkassen, welche unter der Curatel der kgl. Bezirksämter stehen, die erworbenen Staatsobligationen unmittelbar von dem kgl. Bezirksamte mit dem auf der Rückseite der Obligation unter amtlicher Fertigung beizusetzenden Eintrage zu versehen:

„Vinkulirt als Eigenthum der Kirchenstiftung 2c. 2c. in N. . . . . .

N . . . ., den . . . .

Königliches Bezirksamt."

3) Die in vorstehender Weise vinkulirten Obligationen sind sodann von dem kgl. Bezirksamt oder den betheiligten Stiftungs- und Gemeindeverwaltungen mit einem die Commissions- und Catasternummer, dann die Capitalsbeträge enthaltenden Verzeichnisse, jedoch ohne Beifügung der Coupons, an diejenige kgl. Schuldentilgungskasse zu übersenden, bei welcher dieselben inkatastrirt sind, damit von dieser den gesetzlichen Bestimmungen gemäß die stattgehabte Vinkulirung in den Schuldkatastern vorgemerkt und die geschehene Vormerkung auf den förderlich rückzusendenden Obligationen kurz bestätigt werde.

4) Die Devinkulirung der im Besitze von Stiftungen, Gemeinden und Sparkassen befindlichen Staatsobligationen au porteur kann nur nach vorgängiger kuratel- und beziehungsweise oberkuratelamtlicher Genehmigung stattfinden.

Nach Erfolg dieser Genehmigung ist bei den unter Absatz II erwähnten Stiftungs-, Gemeinde- und Sparkasseverwaltungen die Löschung der bisherigen Vinkulirung durch das kgl. Bezirksamt auf den zu vinkulirenden Obligationen durch den Beisatz zu verfügen:

„Vorstehende Vinkulirung wird aufgehoben und darf im Kataster gelöscht werden.

N . . . . den . . . .

Königliches Bezirksamt."

Die betreffenden Obligationen sind hierauf in der unter Ziffer 3 bestimmten Weise an die kgl. Schuldentilgungskasse, welche die Vinkulirung vormerkte, zu übersenden, und letztere hat die Löschung im Kataster zu vollziehen und, daß dies geschehen, auf den rückzusendenden Obligationen zu bestätigen.

5) Die Uebersendung der vinkulirten und devinkulirten Staatsobligationen au porteur braucht übrigens nicht direkt an diejenige Schuldentilgungskasse, welche dieselben ausstellte, zu geschehen, sondern es dürfen diese Obligationen nach Absatz 3 der Bekanntmachung vom 1. September 1860 (R.Bl. S. 769—775) auch einer andern Schuldentilgungskasse zugeschickt werden, in welchem Falle durch letztere die Vermittlung der von Seite der katasterführenden Kasse nach obigem Absatz III und IV vorzunehmenden Vormerkungen zu besorgen ist.

6) Bezüglich der Staatsobligationen au porteur jener Stiftungen, Gemeinden und Sparkassen, welche nicht einem Bezirksamte, sondern einer Kreisregierung unmittelbar untergeordnet sind, hat die Vinkulirung und Devinkulirung durch die einschlägige kgl. Kreisregierung, Kammer des Innern,

nach den unter Absatz II—IV aufgeführten Bestimmungen zu erfolgen und im übrigen dasselbe Verfahren einzutreten.

7) Eine Mittheilung der bezüglichen Kuratel- und Oberkuratelgenehmigungen an die kgl. Schuldentilgungs-Spezialkassen ist — gleichviel, wie hoch sich der Kapitalsbetrag beläuft — nicht erforderlich; die Berücksichtigung und Einhaltung der desfallsigen Kompetenzbestimmungen ist vielmehr Aufgabe der betheiligten Curatelbehörden und Stellen, welchen die Verantwortung hiefür obliegt.

---

2. Vdg. v. 31. Juli 1869, die Kapitalsausleihungen der Gemeinden und Stiftungen betr.

§ 1. Die Capitalien der Gemeinden und örtlichen Stiftungen dürfen vorbehaltlich der §§ 6 und 8 gegenwärtiger Verordnung nur ausgeliehen werden:

1) an Privatpersonen gegen genügende hypothekarische Sicherheit;
2) an den bayerischen Staat;
3) an die unter unmittelbarer Aufsicht der Organe der Staatsregierung stehenden juristischen Personen des Inlandes, wenn und soweit dieselben zur Aufnahme eines Anlehens gesetzlich ermächtigt sind;
4) an inländische Gesellschaften und Creditinstitute, sofern die Anlage von Gemeinde- und Stiftungscapitalien bei denselben durch Ministerialvorschrift ausdrücklich für statthaft erklärt ist.

Ueberdies sind die betreffenden Verwaltungen hinsichtlich der Ausleihungen auf Hypotheken an die Bestimmungen der Paragraphen 2—4, hinsichtlich der sonstigen Capitalanlagen aber an die im Paragraphen 5 enthaltenen Vorschriften und Bedingungen gebunden.

§ 2. Eine genügende und hypothekarische Sicherheit ist, abgesehen von den sonst in Betracht kommenden und der freien Würdigung der Verwaltungen anheimgegebenen Rücksichten nur dann als vorhanden anzunehmen, wenn die Hypothekenobjekte in Bayern sich befinden und der halbe Werth derselben zur Deckung des Darlehens mit Einschluß einer Zinsen- und Kostenkaution zu 10% und der etwa vorgehenden Hypotheken hinreichen würde.

Gebäude müssen der in dem betreffenden Landestheile bestehenden Feuerversicherungsanstalt einverleibt sein, und dürfen, auch wenn ihr Werth das Doppelte der Brandversicherungssumme übersteigt, im äußersten Fall nur bis zur Höhe der letzteren als Unterpfand für Gemeinde- und Stiftungskapitalien in Anschlag gebracht werden.

Die Verwaltungen haben bei Vermeidung eigener Haftung die Ermittelung des Werthes der Hypothekobjekte mit Sorgfalt zu pflegen und die hierüber von den betreffenden Staatsministerien oder mit deren Ermächtigung von den Kreisregierungen, Kammern des Innern, erlassenen Vorschriften zu beobachten.

§ 3. Die Bestimmungen des § 2 finden auch Anwendung, wenn eine Gemeinde oder Stiftung gegen Hingabe von Capitalien eine Hypothekforderung im Wege der Cession erwirbt.

§ 4. Das Capital darf dem Schuldner und Cedenten nicht eher ausgehändigt werden, als bis der Eintrag im Hypothekenbuche vollzogen ist.

Ergeben sich später in dem Werthe der Hypothekobjekte oder in der Brandversicherungssumme solche Minderungen, daß die nach § 2 erforderliche Sicherheit nicht mehr besteht, so ist das Capital ganz oder zum entsprechenden Theile zu künden, insoferne nicht weitere genügende Sicherheit bestellt wird.

Capitalien, deren Sicherheit in sonstiger Weise gefährdet erscheint, sind rechtzeitig zu künden.

§ 5. Die nach § 1 Ziff. 2—4 zulässigen Capitalsanlagen können sowohl durch unmittelbare Hingabe des Darlehens an die betreffende Kasse, als durch Ankauf von Werthpapieren erfolgen. Im ersteren Falle darf die Hingabe nur gegen Empfang einer auf den Namen der darleihenden Gemeinde oder Stiftung lautenden und von den hiezu berechtigten Organen ausgestellten Schuldverschreibung stattfinden, im anderen Falle aber sind die Verwaltungen vorbehaltlich der in Bezug auf die Sparkassen jeweils gestatteten Ausnahmen verpflichtet, ungesäumt die Umschreibung der Nominalobligationen, beziehungsweise die Vinkulirung der angekauften Werthpapiere au porteur zu veranlassen. Das Verfahren bezüglich der Vinkulirung wird durch Ministerialvorschrift geregelt.

Die Aushändigung des Capitals für Nominalobligationen, welche im Wege der Cession erworben werden, darf nicht früher stattfinden, als bis die nothwendige Umschreibung vollzogen ist.

Werthpapiere dürfen unter dem Preise, um welchen sie von der betreffenden Gemeinde oder Stiftung erworben wurden, nur mit Genehmigung der vorgesetzten Staatsaufsichtsbehörde veräußert werden, wenn nicht sofort die Differenz zwischen dem Ankaufs- und Verkaufspreise aus laufenden Einnahmen an dem Vermögensgrundstock ersetzt wird.

§ 6. Die Verwaltungen sind verpflichtet, sich bei der Rechnungsstellung, sowie bei Amts- und Kassavisitationen über die Beachtung der vorstehenden Normen und der zum Vollzuge erlassenen Vorschriften auszuweisen.

Capitalsausleihungen, welche gegen diese Normen stattfinden sollen, bedürfen nach Art. 159 Ziff. 10 der Gemeindeordnung für die Landestheile diesseits des Rheins, beziehungsweise nach Art. 91 Ziff. 9 der Gemeindeordnung für die Pfalz der Genehmigung der zuständigen Staatsaufsichtsbehörden.

§ 7. Die Bestimmungen über den Betrieb der Leihanstalten und Hilfskassen der Gemeinden, sowie die Befugnisse der Armenpflegen, unbemittelte Gemeindeangehörige durch kleinere Darlehen aus der Armenkasse zu unterstützen, werden durch gegenwärtige Verordnung nicht berührt.

§ 8. Gegenwärtige Verordnung tritt mit dem Tage ihrer Verkündigung durch das Regierungsblatt, beziehungsweise durch das Kreisamtsblatt der Pfalz, im ganzen Umfange des Königreichs in Wirksamkeit.

---

3. Vollz.Vorschr. v. 6. Aug. 1869, zur kgl. allerhöchsten Verordnung vom 31. Juli 1869, die Kapitalsausleihungen der Gemeinden und Stiftungen betr. (F.M.Bl. S. 236, Kreisamtsblätter und Weber, Bd. VIII S. 249.)

I. Zu § 1 der allerhöchsten Verordnung.

1) Die Wahl der nach § 1 der allerhöchsten Verordnung zulässigen Capital-

anlagen bleibt im einzelnen Falle dem Ermessen der gesetzlich zuständigen Verwaltungen anheimgegeben; nachdem jedoch das Bedürfniß, Hypothekencapitalien zu erhalten, für Landwirthschaft und Gewerbe auch dermalen noch ein dringendes ist, und die Hebung des Realkredits nicht blos im allgemeinen Interesse, sondern auch in demjenigen der Gemeinden liegt, so wird zur Einsicht der Verwaltungen vertraut, daß sie die Capitalien der Gemeinden und Stiftungen vorzugsweise zu Hypothekdarlehen verwenden werden.

2) Bezüglich der Kündigungsfrist, sowie bezüglich der Höhe des Zinsfußes ist in der allerhöchsten Verordnung keine Vorschrift enthalten, da man von der Gewissenhaftigkeit der Verwaltungen erwartet, daß sie das Interesse der ihnen unterstehenden Kassen entsprechend wahrnehmen werden; sollten sich jedoch in der einen oder anderen Weise Mißbräuche ergeben, so ist unbeschadet der gesetzlich zulässigen Einschreitung gegen die pflichtvergessenen Beamten zum Behufe etwaiger weiterer Vorkehrungen an das betreffende Staatsministerium zu berichten.

3) Den bayerischen Staatspapieren sind die Schuldobligationen der Grundrentenablösungskasse gleichzuachten.

4) Unter den in § 1 Ziffer 3 erwähnten juristischen Personen sind ausschließend die Gemeinden, die gemeindlichen Stiftungen und Anstalten, die sonstigen öffentlichen Stiftungen, die Distrikts- und Kreisgemeinden, sowie die Landesuniversitäten verstanden. Da die Ausleihungen an diese juristischen Personen nur stattfinden dürfen, wenn und soweit sie zur Aufnahme eines Anlehens gesetzlich befugt sind, und da die darleihenden Verwaltungen nicht immer sofort ermessen können, ob jene Befugniß im einzelnen Falle vorhanden sei, so erscheint es zweckmäßig, daß in allen Fällen, in welchen nicht zufolge amtlicher Bekanntmachung ein Notorium vorliegt, die Befugniß zur Aufnahme des Darlehens durch einfache Bestätigung der den capitalsuchenden juristischen Personen vorgesetzten Behörde nachgewiesen werde. Der Tag dieser Bestätigung oder der erwähnten Bekanntmachung ist in dem Beschlusse, durch welchen das Darlehen bewilligt wird, ausdrücklich zu erwähnen. Selbstverständlich darf die Aushändigung des Capitals nur an die zur Empfangnahme gesetzlich autorisirten Organe jener juristischen Personen erfolgen.

5) Auf Grund § 1 Ziff. 4 der allerhöchsten Verordnung wird die Anlage von Gemeinde- und Stiftungscapitalien bis auf weiteres gestattet:

a) bei der kgl. Bank in Nürnberg und deren Filialen,
b) bei der bayerischen Hypotheken- und Wechselbank in München und deren Filialen, und zwar bei diesen beiden Kreditinstituten in der Weise, daß sowohl die vorübergehende Kapitalanlage, als auch die Erwerbung von Werthpapieren jener Institute, z. B. von den durch die kgl Bank emittirten Eisenbahnobligationen, dann von Aktien und von Pfandbriefen der Hypothek- und Wechselbank, jedoch unter Beachtung der im § 5 der allerhöchsten Verordnung enthaltenen Bestimmungen und der hiezu weiter unten gegebenen Vorschriften zulässig erscheint,
c) in Eisenbahnaktien und Anleihen, wenn und soweit dieselben die Zinsengarantie des bayerischen Staates genießen; auch bei der Erwerbung solcher Werthpapiere sind die Normen des § 5 der allerhöchsten Verordnung und die hiezu erlassenen Vorschriften genau zu beachten.

II. Zu § 2 der allerhöchsten Verordnung.

6) Die Frage, ob im einzelnen Falle genügende Sicherheit vorhanden sei, ist von den Verwaltungen stets mit voller Gewissenhaftigkeit zu prüfen; dieselben haben hiebei außer den in § 2 der allerhöchsten Verordnung besonders angeführten Voraussetzungen, namentlich die Belastung der bezüglichen Hypothekenobjekte (nöthigenfalls durch Abforderung eines Hypothekenbuchextraktes), sowie die Wirthschaftlichkeit des Kapitalsuchenden in Betracht zu ziehen, und daß dies geschehen, in dem Beschlusse, durch welchen das Darlehen bewilligt wird, ausdrücklich anzuführen.

Bei Gebäuden ist speziell zu beachten, daß bezüglich derselben nicht bloß der Abs. 1 des § 2 der allerhöchsten Verordnung maßgebend ist, sondern daß sie überdies der Feuerversicherungsanstalt einverleibt sein müssen. Uebersteigt der ermittelte Werth eines Gebäudes das Doppelte der Brandversicherungssumme, so darf die Höhe der letzteren gleichwohl nicht durch das Kapital nebst Zinsen- und Kostenkaution überschritten werden; dagegen darf in denjenigen Fällen, in welchen ein Gebäude nach den gepflogenen Erhebungen weniger als das Doppelte der Brandversicherungssumme werth ist, das Darlehen selbstverständlich nicht die Höhe der letzteren erreichen, sondern muß innerhalb der Hälfte des ermittelten Werthes bleiben.

Sollte sich in Folge dieser Bestimmungen in einzelnen Fällen eine unverhältnißmäßige Schmälerung des Kredits ergeben, so kann mit Genehmigung der vorgesetzten Staatsaufsichtsbehörde eine höhere Belastung bewilligt werden.

7) Was die Ermittlung des Werthes der zu verpfändenden Objekte betrifft, so erfolgt solche in den Gemeinden der Landestheile diesseits des Rheins in der Art, daß die darleihenden Verwaltungen eine Schätzung beibringen lassen, und sodann nach Vergleichung derselben mit der Steuerverhältnißzahl, der etwa vorhandenen Erwerbsbriefe und gegebenenfalls der Brandversicherungssumme den Werth, durch dessen Hälfte das Darlehen nebst Kaution gedeckt sein muß, in eigenem Ermessen feststellen, wobei jedoch keinesfalls ein höherer Werth, als der durch Schätzung ermittelte angenommen werden darf.

Die Aufstellung einer förmlichen Durchschnittsberechnung auf der Grundlage der soeben erwähnten Faktoren bleibt zwar den betreffenden Verwaltungen unbenommen, ist aber nicht unbedingt geboten.

Von einer Schätzung kann Umgang genommen werden, wenn der Kapitalsuchende den Verwaltungen als ein guter Wirthschafter bekannt ist, und das Darlehen mit Einschluß der Zinsen und Kostenkaution und der etwa vorgehenden Hypotheken überdies bei Gebäuden durch die Hälfte der Brandversicherungssumme, bei Liegenschaften aber durch die Hälfte desjenigen Betrages gedeckt ist, welcher sich durch Multiplikation der Steuerverhältnißzahl mit 10 ergiebt.

8) Die in Ziffer 7 vorgeschriebenen Schätzungen sind durch die für die Gemeinde, in welcher sich die Objekte befinden, aufgestellten und vereideten Hypothekschätzer vorzunehmen; den Verwaltungen bleibt jedoch anheimgegeben, die Schätzungen durch besondere Sachverständige controlliren zu lassen.

[In jedem Falle ist die Schätzung schriftlich abzufassen, und von den Schätzern mit der Erklärung, daß sie für die gewissenhafte Abgabe ihres Gutachtens haften, zu unterzeichnen; aufgehoben durch Min.Bektm. v. 12. März 1885.]

Die Schätzungsurkunden bedürfen, insoferne nicht die darleihende Verwaltung selbst darauf besteht, weder einer gerichtlichen, noch einer notariellen Fertigung, sondern es genügt, wenn die Unterschriften durch den Gemeindevorstand des Wohnorts der Schätzer beglaubigt sind.

9) In den Gemeinden der Pfalz richtet sich das Verfahren bei Ermittlung des Werthes der Hypothekobjekte nach den von der dortigen Kreisregierung, Kammer des Innern, zu erlassenden Vorschriften.

10) Die Verwaltungen haben in den das Darlehen bewilligenden Beschlüssen die Faktoren, auf Grund deren sie den Werth festgestellt haben, sohin gegebenenfalls die Schätzungssumme, die letzten Erwerbspreise, die Steuerverhältnißzahl und die Brandversicherungssumme genau anzuführen.

11) Bei Vorlage der Jahresrechnungen sind die im Laufe des Rechnungsjahres über bewilligte Darlehen erwachsenen Verhandlungen mit einzusenden.

12) Gegen Verwaltungsbeschlüsse, durch welche ein Darlehensgesuch zurückgewiesen wird, ist keine Beschwerde zulässig.

III. Zu § 3 der allerhöchsten Verordnung.

13) Bei der onerosen Erwerbung von Hypothekenforderungen haben die Verwaltungen mit der nämlichen Sorgfalt, wie bei der unmittelbaren Hingabe von Darlehen zu Werke zu gehen und demgemäß die sämmtlich vorstehend in Ziffer 6—12 enthaltenen Bestimmungen zu beachten.

Gelangen Kapitalforderungen auf sonstige Weise, z. B. durch Vermächtniß oder Schenkung in den Besitz von Gemeinden und Stiftungen, so sind die Verwaltungen verpflichtet, ungesäumt deren Sicherheit nach Maßgabe des § 2 der allerhöchsten Verordnung zu prüfen, und bei dem Mangel genügender Sicherheit auf eine anderweitige Anlage Bedacht zu nehmen, soferne nicht die Bestimmungen der Zuwendung entgegenstehen oder mit Genehmigung der Staatsaufsichtsbehörde eine Ausnahme zugelassen ist.

IV. Zu § 4 der allerhöchsten Verordnung.

14) Die Verwaltungen haben darauf zu dringen, daß sich die Ehefrau des Schuldners stets in den jedes Orts civilrechtlich geltenden Formen unter Verzicht auf die weiblichen Freiheiten und Vorzugsrechte als Mitschuldnerin verpflichtet.

15) Das Kapital selbst ist in der Regel nur nach Aushändigung des Hypothekenbriefes auszubezahlen; wenn dasselbe jedoch zur Tilgung einer älteren Hypothekschuld verwendet werden soll, so kann die Summe bei dem Notare oder im geeigneten Benehmen mit dem Hypothekenamte bei letzterem deponirt werden, damit die gleichzeitige Löschung der älteren und Konstituirung der neuen Hypothekschuld möglich ist.

V. Zu § 5 der allerhöchsten Verordnung.

16) Die unmittelbare Hingabe von Gemeinde- und Stiftungskapitalien an den Staat oder die oben in Ziffer 4 und 5 bezeichneten juristischen Personen oder Kreditinstitute und Gesellschaften darf nur gegen Erwerbung von Schuldbriefen, welche auf Namen lauten, erfolgen. Findet dagegen die Kapitalanlage durch Ankauf von Werthpapieren statt, so sind diese sofort auf den Namen der betreffenden Gemeinden oder Stiftungen umzuschreiben oder zu vinkuliren, und findet eine Ausnahme nur hinsichtlich der Staatsobligationen au porteur der Sparkassen statt, in welcher Beziehung es bei der Bestimmung in der Ministerialentschließung vom 9. September 1846 Abs. 4 (Döllinger, V.O.S. Bd. XXVIII S. 1201) bis auf weiteres sein Verbleiben hat.

17) Für die Beschlüsse oder Anträge der Verwaltungen in Bezug auf die Vinkulirung oder Devinkulirung ist keine Genehmigung der Staatsaufsichtsbehörden erforderlich.

18) Das Verfahren bei Vinkulirung von bayerischen Staatsobligationen au porteur ist folgendes:

a) Sofort nach Empfang der Obligation ist dieselbe auf der Rückseite mit folgendem Eintrag zu versehen:

„Vinkulirt als Eigenthum der Gemeinde (oder Stiftung) N. N."

Dieser Eintrag muß unter Beidruck des Gemeindesiegels von dem Gemeindevorstande und dem betr. Kassier unterzeichnet sein.

Die Unterschrift des Gemeindevorstandes und die Siegelung ist auch dann erforderlich, wenn örtliche Stiftungen durch besondere, lediglich unter Controlle der Gemeindebehörden stehende Verwaltungen administrirt werden.

b) Die in vorstehender Weise mit dem Vinkulirungvermerke versehenen Obligationen sind sodann von den betreffenden Gemeinde- oder Stiftungsverwaltungen mit einem die Kommissions- und Katasternummer, dann die Kapitalsbeträge enthaltenden Verzeichnisse, jedoch ohne Beifügung der Koupons, und zwar gemäß der allerhöchsten Verordnung vom 14. Oktober 1867, die Centralisirung des Buchhaltungsdienstes der kgl. Staatsschulden-tilgungsanstalt betreffend, die Grundrenten-Ablösungsschuldbriefe an die kgl. Grundrenten-Ablösungskasse, die Eisenbahn-Anlehensobligationen an die kgl. Eisenbahnbau-Dotationshauptkasse, die übrigen Staatsobligationen an die kgl. Staatsschulden-Tilgungshauptkasse in München zu übersenden, damit von dieser den gesetzlichen Bestimmungen gemäß die stattgehabte Vinkulirung in den Schuldkatastern vorgemerkt und die geschehene Vormerkung auf den förderlich zurückzusendenden Obligationen kurz bestätigt werde.

19) Die Devinkulirung der im Besitze von Gemeinden, Sparkassen oder örtlichen Stiftungen befindlichen Staatsobligationen au porteur darf nur auf Grund eines nach Maßgabe der Gemeindeordnung giltigen Beschlusses der betreffenden Verwaltung stattfinden.

Liegt ein solcher Beschluß vor, so ist die Löschung auf den nach Anleitung der vorstehenden Ziffer 18 vinkulirten Obligationen durch folgenden Beisatz zu verfügen:

„Vorstehende Vinkulirung wird auf Grund des Verwaltungsbeschlusses vom (Datum) aufgehoben und darf im Kataster gelöscht werden.

N . . . . ., den . . . . .

Gemeinde- (Stiftungs-) Verwaltung N. N. (oder Magistrat N. N.)"

Dieser Eintrag muß in Gemeinden mit städtischer Verfassung von dem Gemeindevorstande und Kassier, in den übrigen Gemeinden von dem Gemeindevorstande (Bürgermeister oder Beigeordneten) und zwei Gemeindeausschußmitgliedern unterzeichnet und mit dem Gemeindesiegel versehen sein.

Handelt es sich um eine Obligation, welche sich im Besitze einer besonders verwalteten Ortschaft oder Stiftung befindet, so ist der obige Eintrag durch den Pfleger oder besonderen Verwalter und überdies durch den betreffenden Gemeindevorstand unter Beidrückung des Gemeindesiegels zu unterzeichnen.

Die in vorstehender Art mit dem Devinkulirungsvermerke versehenen Obligationen sind sodann auf die unter Ziffer 18 litt. b und c bestimmte Weise an die Staatsschuldentilgungskasse, welche die Vinkulirung vormerkte, zu übersenden und letztere hat die Löschung im Kataster zu vollziehen und, daß dies geschehen, auf den rückzusendenden Obligationen zu bestätigen.

20) Die Bestimmungen der Ziffer 18 litt. a und b und 19 finden analoge Anwendung auf die Obligationen au porteur der oben in Ziffer 4 und 5 bezeichneten Kassen; selbstverständlich haben sich jedoch die Verwaltungen in diesen Fällen nicht an die Staatsschuldentilgungskasse, sondern vielmehr an diejenigen Kassen zu wenden, von welcher die betreffende Obligation ausgestellt ist.

21) Die seitherige Beschränkung, wonach Werthpapiere nur zum Kurse des Nennwerthes oder unter pari erworben werden durften, ist nicht aufrecht erhalten worden, da man zur Pflichttreue der Verwaltungen vertraut, daß sie mit Umsicht verfahren und leichtfertige Operationen vermeiden werden.

22) Die Kündigung von Darlehen, die Cession von Forderungen, die Wiedereinziehung vorübergehend angelegter Kapitalien, z. B. die Rückgabe eines Bankscheines, die Empfangnahme der Kapitalien heimbezahlter Obligationen, sowie die Wiederanlage derselben innerhalb der verordnungsmäßigen Schranken bedürfen vorbehaltlich der in § 5 Abs. 3 der allerhöchsten Verordnung in Bezug auf die Veräußerung von Werthpapieren besonders getroffenen Bestimmungen keiner Genehmigung der Staatsaufsichtsbehörden.

Bei Cessionen von bayerischen Nominalobligationen ist die Cessionserklärung nicht auf die Obligation selbst, sondern auf einen besonderen stempelfreien Bogen zu schreiben und auf die oben in Ziffer 19 angeordnete Weise zu unterzeichnen und mit dem Gemeindesiegel zu versehen, worauf sodann die Umschreibung von der Verwaltung durch Uebersendung der Obligation nebst Cessionserklärung an die Staatsschuldentilgungskasse veranlaßt wird, insoferne nicht der Empfänger der Obligation diese Umschreibung zu veranlassen unter sofortiger Aushändigung des Werthbetrages selbst übernimmt.

Die Quittungen für heimbezahlte oder zurückgenommene Kapitalien sind gleichfalls auf die oben in Ziffer 19 angeordnete Weise zu unterzeichnen und mit dem Gemeindesiegel zu versehen.

23) Selbstverständlich bleiben die Verwaltungen in allen Fällen für die entsprechende Verwendung der zurückempfangenen Capitalien haftbar, in welcher Beziehung namentlich auf Art. 26 der Gemeindeordnung und § 5 Abs. 3 der allerhöchsten Verordnung hingewiesen wird.

VI. Zu § 6 der Verordnung.

24) Die Staatsaufsichtsbehörden haben sowohl bei der Durchsicht und Revision der Jahresrechnungen als bei Gelegenheit der Kasse- und Amtsvisitationen den Vollzug der allerhöchsten Verordnung vom 31. Juli 1869, sowie der vorstehenden Bestimmungen namentlich hinsichtlich der Vinkulirung der Obligationen zu überwachen, und wahrgenommene Mißbräuche unter Anwendung der Art. 157 und 158 der Gemeindeordnung abzustellen.

Capitalsausleihungen gegen die verordnungsmäßigen Normen dürfen nur ausnahmsweise genehmigt werden, wenn hiefür besondere Zweckmäßigkeitsrücksichten bestehen und überdies keine Verlustgefahr zu besorgen ist.

Unter diesen Voraussetzungen ist z. B. die Ertheilung der Genehmigung statthaft zu Capitalsausleihungen auf Hypotheken, bei welchen zwar die Vorbedingungen des § 2 der allerhöchsten Verordnung nicht vollständig gegeben, aber gleichwohl keine Verluste zu besorgen sind, ferner wenn die an sich unzweifelhaft genügenden Hypothekenobjekte in den Nachbarstaaten gelegen sind, sodann zu Capitalsanlagen in inländischen standes- oder gutsherrlichen Werthpapieren, jedoch bei diesen nur gegen Vinkulirung, endlich zur Ausleihung kleinerer Capitalien gegen genügende Bürgschaft u. dgl.

Die Neuanlage von Gemeinde- und Stiftungscapitalien in ausländischen Werthpapieren ist, nachdem sich genügende Gelegenheit zu Ausleihungen auf inländische Werthe findet und die Vinkulirung ausländischer Papiere häufig gar nicht möglich oder doch mit Schwierigkeit verknüpft ist, bis auf weiteres nicht zu genehmigen.

Ebenso ist vorbehaltlich der Bestimmungen in § 1 Ziffer 4 der allerhöchsten Verordnung, sowie etwaiger besonderer Ministerialentschließnngen die Betheiligung der Gemeinden und Stiftungen an Aktienunternehmungen, Creditvereinen, Erwerbs- und Wirthschaftsgenossenschaften, Bankgeschäften u. dgl. nicht zu gestatten, es sei denn, daß es sich um ein Unternehmen handelt, welches im unmittelbaren Interesse der betreffenden Gemeinden, wie zum Beispiel eine Beleuchtungsanstalt oder zur Erreichung eines anerkannt gemeinnützigen Zweckes, wie z. B. die von den landwirthschaftlichen Vereinen ins Leben gerufenen Creditvereine oder im Interesse der ärmeren Einwohner, wie z. B. Vereine zur Beschaffung von Arbeiterwohnungen u. dgl., begründet wird und außerdem genügende Sicherheit gewährt. Endlich können Ausleihungen gegen Verpfändung von Werthpapieren wegen der in dieser Hinsicht sich ergebenden Haftungen und Inkonvenienzen den Gemeinde- und Stiftungsverwaltungen nicht erlaubt werden.

25) Schließlich wird bemerkt, daß die allerhöchste Verordnung vom 31. Juli 1869 zunächst nur die Capitalien der Gemeinden und derjenigen örtlichen Stiftungen betrifft, welche nach Maßgabe der Gemeindeordnungen entweder unmittelbar von Gemeindeorganen oder doch unter Aufsicht der Gemeindebehörden verwaltet werden.

Hinsichtlich der Capitalsausleihungen der Pfarr- und Kirchenstiftungen, sowie der nicht unter den Gemeindebehörden stehenden sonstigen Stiftungsadministrationen haben daher die desfallsigen besonderen Bestimmungen auch fernerhin bis auf weiteres zur Anwendung zu kommen.

---

4. Bekanntmachung des Staatsministeriums des Innern beider Abtheilungen, dann des Handels und der öffentlichen Arbeiten vom 10. Oktober 1869, das Etats- und Rechnungswesen der Gemeinden und örtlichen Stiftungen in den Landestheilen rechts des Rheins.*)

(Abgedruckt in den K.A.Bl. u. Weber Bd. VIII S. 345.)

Die unterzeichneten Staatsministerien sehen sich veranlaßt, im Hinblick auf die Art. 107 und 145 G.O. Folgendes zu verfügen:

*) Vgl. Bl. f. adm. Pr. Bd. 22 S. 177, 305, Bd. 23 S. 385, Bd. 24 S. 97, 230, Bd. 33 S. 13.

Allgemeine Bestimmungen.

1) Vom Rechnungsjahr 1870 angefangen sind für die Voranschläge und Rechnungen über den Haushalt der Gemeinden und der gemeindlichen örtlichen Stiftungen in den Landestheilen diesseits des Rheins die beiliegenden Formulare in Anwendung zu bringen, und zwar für die Voranschläge in den Gemeinden mit städtischer Verfassung die Formulare I. A resp. II. A, für die Voranschläge in den übrigen Gemeinden die Formulare I. B. resp. II. B, für die Rechnungen in sämmtlichen Gemeinden die Formulare III resp. IV.

Die Rechnungen pro 1869 werden nach dem bisherigen Schema gefertigt.

2) Die Rubriken der Voranschläge und Rechnungen sind nach Anleitung der Formulare auf die beiden neben einander liegenden Seiten eines Bogens zu vertheilen, damit genügender Raum für etwaige Erläuterungen und Nachweisungen vorhanden ist.

3) Titel, Kapitel und sonstige Unterabtheilungen, für welche in dem betreffenden Rechnungsjahre kein Vortrag zu machen ist, können weggelassen werden, wobei jedoch für die übrig bleibenden Titel und Capitel die Ziffern des Formulars beizubehalten sind.

4) Es steht den Gemeinden frei, nach Bedürfniß den einzelnen Titeln neue Capitel anzufügen, oder die Capitel in weitere Unterabtheilungen zu spalten.

5) Ueber Brücken- und Pflasterzölle, Malzaufschlagsgefälle, dann über besonders dotirte Gemeindeanstalten und Kassen, z. B. Spar- und Leihkassen, Unterrichts- und Wohlthätigkeitsanstalten, Schuldentilgung, Getreidemagazine u. dgl., bei welchen bisher eine eigene Rechnungsstellung vorgeschrieben oder üblich war, hat eine solche auch in Zukunft stattzufinden, wobei selbstverständlich auch gesonderte Voranschläge zu fertigen sind.

Desgleichen können die Gemeinden, und zwar die einer Kreisregierung unmittelbar untergeordneten Städte auf Grund übereinstimmenden Beschlusses der beiden Gemeindekollegien, die übrigen Gemeinden mit Genehmigung der vorgesetzten Aufsichtsbehörde auch für die genannten oder andere umfassendere Gemeindeanstalten eine spezielle rechnerische Behandlung in der Zukunft eintreten lassen, deren Resultate, soweit es nach den konkreten Verhältnissen thunlich, in die Hauptrechnung übergetragen werden.

6) In den Fällen der vorstehenden Ziff. 5 sind die oben Ziff. 1 erwähnten Formulare soweit als thunlich gleichfalls anzuwenden. Auch müssen die bezüglichen Spezialvoranschläge und Rechnungen gleichzeitig mit den Hauptvoranschlägen und resp. Rechnungen veröffentlicht und den vorgesetzten Aufsichtsbehörden vorgelegt werden.

7) Sämmtliche Voranschläge und Rechnungen sind im Concept und Reinschrift zu fertigen. Die Concepte bleiben in den Händen der Verwaltungen; die Reinschriften werden entsprechend geheftet, paginirt und unterzeichnet mit den dazu gehörigen Beilagen und mit der Bestätigung, daß die vorschriftsmäßige Veröffentlichung erfolgt ist, nach Maßgabe der gesetzlichen Bestimmungen (Art. 88 und 89 resp. Art. 135 und 136 G.O.) der vorgesetzten Aufsichtsbehörde vorgelegt.

Kleinere Rechnungen über gemeindliche Anstalten und Fonds sind zur Kostenersparung zweckmäßig den Hauptrechnungen als Anhang beizubinden. Desgleichen können mehrere Stiftungsrechnungen von unbedeutendem Umfange in Einen Band vereinigt werden.

Voranschläge.

8) Das Formular für die Voranschläge stimmt nach der Natur der Sache mit der 1. Hauptabtheilung des Rechnungsschemas möglichst überein und ist nöthigenfalls aus der Spezifikation des letzteren zu ergänzen.

Es ist nicht zu beanstanden, wenn die Verwaltungen von dem Formulare in der Weise abweichen, daß sie bei den Voranschlägen die Ausgaben nach den im Formulare angeführten Titeln geordnet voranstellen, und sodann die Einnahmen, jedoch gleichfalls unter Beibehaltung der Titel des Formulars, folgen lassen.

Bei Feststellung der Voranschläge sind auch etwaige Veränderungen, welche im Laufe des kommenden Rechnungsjahres in Bezug auf das Stammvermögen (Hauptabtheilung II der Rechnung) eintreten sollen, ins Auge zu fassen, und sind die bezüglichen Beschlüsse entweder geeigneten Orts, z. B. bei den Erläuterungen über die Deckung des Defizits, im Voranschlage zu erwähnen, oder demselben gesondert beizulegen.

9) Soll ein Voranschlag — was nur für Stiftungen zulässig — für mehrere Jahre gelten, so ist nach Anleitung der im Formulare II. A. dem Abschnitte „Einnahmen" beigefügten Bemerkung zu verfahren.

10) Da die Voranschläge die Grundlage des Jahreshaushalts bilden, so müssen dieselben mit möglichster Genauigkeit hergestellt werden.

Zu diesem Zwecke haben die Verwaltungen alle voraussehbaren Einnahmen und Ausgaben — insbesondere unter Berücksichtigung der Ergebnisse der letztabgeschlossenen Jahresrechnung — in verlässiger Weise und sorfältig zu ermitteln und die auf die Führung des Haushalts bezüglichen Beschüsse, also z. B. über die Art der Bewirthschaftung des Gemeindevermögens, über die Besoldungen des Verwaltungspersonals, über die Begründung oder Verbesserung von Gemeindeanstalten, über Baureparaturen und Neubauten u. dgl., sofort zu fassen.

Zugleich erscheint es zur Ermöglichung der im Gesetze sowohl den Umlagepflichtigen, als den Aufsichtsbehörden eingeräumten Controlle über die Verlässigkeit der Voranschläge nothwendig, daß die einzelnen Ansätze entweder in einem eigenen, dem Voranschlage beigefügten Erläuterungshefte, oder in der im Formulare vorgesehenen Rubrik kurz erläutert werden.

Bei regelmäßig wiederkehrenden oder minderwichtigen Posten kann selbstverständlich eine besondere Begründung unterbleiben.

11) Nach Erfüllung der in Art. 88 resp. 135 der G.O. vorgeschriebenen Formalitäten werden die Voranschläge mit der letzten abgeschlossenen Jahresrechnung rechtzeitig an die vorgesetzte Aufsichtsbehörde eingesendet.

Die Aufsichtsbehörden sind verpflichtet, die Prüfung der Voranschläge mit möglichster Beschleunigung zu pflegen und den Verwaltungen die etwa nothwendigen gesetzlich zulässigen Anordnungen alsbald und jedenfalls innerhalb der in Art. 88 Abs. 7 beziehungsweise Art. 135 Abs. 3 l. c. bezeichneten Fristen zu eröffnen. Die in Abschrift vorgelegten Voranschläge der Gemeinden mit städtischer Verfassung werden bei der vorgesetzten Aufsichtsbehörde zurückbehalten, wogegen die

Voranschläge der übrigen Gemeinden baldmöglichst und jedenfalls innerhalb der vorstehend bezeichneten Frist zurückzugeben sind.

Rechnungen.

12) Zur Erzielung einer leichteren Uebersicht über den Stand des eigentlichen Haushaltes der Gemeinden und Stiftungen einerseits und über die Veränderungen des Vermögens andererseits ist das Rechnungsschema in zwei Haupteintheilungen geschieden, welche zwar in bestimmten Wechselbeziehungen zu einander stehen, aber gesondert abgeschlossen werden.

In die Hauptabtheilung I sind alle für laufende Zwecke gesetzlich bestimmten Einnahmen und Ausgaben aufzunehmen, wogegen in der Hauptabtheilung II alle Umwandlungen der Vermögensbestandtheile einschließlich der Vermögensmehrungen und Schuldaufnahmen zur Berechnung gelangen

13) Bei dem speziellen Rechnungsvortrage sind die in den Formularen den einzelnen Titeln und Capiteln beigefügten Exemplifikationen und Anmerkungen zu beachten.

Jeder Einnahms- und Ausgabeposten muß vollständig und speziell unter dem betreffenden Titel vorgetragen werden und ist ein summarischer Vortrag nur zulässig, wenn die betreffenden Einzelposten in einer Spezialrechnung oder in einer besonderen der Rechnung beigefügten und als Bestandtheil derselben erscheinenden Uebersicht aufgeführt sind.

Die Rechnungssteller bleiben dafür haftbar, daß in die Rubriken „Wirkliche Einnahmen" und „Wirkliche Ausgaben" nur solche Posten eingesetzt werden, welche wirklich vereinnahmt oder resp. verausgabt wurden.

Die einzelnen Rechnungstitel und Capitel müssen entsprechend summirt werden.

Zu dem Abschlusse jeder Hauptabtheilung ist zu bemerken, ob der Aktivrest baar in das folgende Rechnungsjahr überging, oder etwa zur Deckung des Passivrestes der anderen Hauptabtheilung verwendet wurde, bei dem Vorhandensein eines Defizits ist das Nöthige bezüglich der Deckung zu konstatiren.

14) Wesentliche Abweichungen des Rechnungsvortrages von dem Voranschlage des betreffenden Rechnungsjahres, welcher der Aufsichtsbehörde stets als Beleg mit der Rechnung vorzulegen ist, sind in der Rubrik „Bemerkungen" kurz zu erläutern.

15) Jeder Einnahms- und Ausgabsposten muß rechnungsmäßig belegt sein. Die Belege, für welche der vorgeschriebene Stempel anzuwenden ist, sind in fortlaufender Reihe innerhalb der Hauptabtheilungen nach den Einnahmen und Ausgaben gesondert zu numeriren und in einen oder mehrere Bände geheftet der Rechnung beizufügen.

Mit den neuen Rechnungen sind auch die letzten abgeschlossenen Rechnungen und, soferne auf einen Vortrag früherer Rechnungen Bezug genommen ist, auch diese an die vorgesetzte Aufsichtsbehörde einzusenden.

16) Bezüglich der den Staatsaufsichtsbehörden obliegenden Rechnungsprüfung unterscheidet das Gesetz (Art. 89 und 136 l. c.) zwischen den einer Kreisregierung unmittelbar untergeordneten Städten und den übrigen Gemeinden. In den ersteren ist die Rechnungsrevision dem Collegium der Gemeindebevollmächtigten überwiesen; die Aufgabe der Staatsaufsichtsbehörden bezüglich der Rechnungen dieser Stadtgemeinden beschränkt sich daher darauf, dasjenige, was innerhalb der in Art. 157

Ziff. 1—4 l. c. bezeichneten Grenzen der Staatsaufsicht liegt, im Allgemeinen in den Bereich ihrer Würdigung und Controlle zu ziehen und hienach etwaige Anordnungen zu erlassen. Dagegen sind die Rechnungen der übrigen, d. h. der einem Bezirksamte untergeordneten Gemeinden mit städtischer oder Landgemeindeverfassung von den zunächst vorgesetzten Aufsichtsbehörden auch rechnerisch zu revidiren und zu bescheiden, und es ist daher namentlich auch der Kalkul jener Rechnungen, sowie die formelle und materielle Richtigkeit der Belege speziell zu prüfen und sodann ein Rechnungsabsolutorium zu ertheilen. Hiebei wird übrigens ausdrücklich bemerkt, daß die Aufsichtsbehörden aus Anlaß der Rechnungsrevision sich keine Competenz aneignen dürfen, welche das gesetzliche Maß der Selbstständigkeit der Gemeinden beeinträchtigen würde. Die Rechnungen werden nach vollzogener Durchsicht beziehungsweise Revision den Gemeinden zurückgegeben.

17) Die allgemeinen Bestimmungen der Gemeindeordnung (Art. 161 und 163) über das Beschwerderecht, die Berufungsfrist und das Instanzenverhältniß in Gemeindeangelegenheiten finden auch auf die in Folge der Rechnungsprüfung ergangenen Anordnungen und Aufsichtsbeschlüsse Anwendung, nachdem die früheren Spezialbestimmungen in Bezug auf das Rekursfatale und auf die oberste Instanz in Gemeinderechnungssachen (Vollzugsinstruktion zum revidirten Gemeindeedikt vom 31. Oktober 1837 Ziff. 211 und 212) nach Art. 206 Ziff. 5 G.O. vom 29. April d. Jrs. als erloschen zu betrachten sind.

18) Was die Rechnungen der einem Bezirksamte untergeordneten Gemeinden mit städtischer Verfassung betrifft, so werden solche, wie bereits in Ziffer 16 hervorgehoben worden, nicht mehr durch die Kreisregierungen, Kammern des Innern, sondern durch die Bezirksämter revidirt, jedoch ist in Ansehung der gemäß Art. 157 Abs. 3, 6, 8 und Art. 158 l. c. erforderlichen Entschließungen die Vorschrift des Art. 160 l. c. zu beachten.

Rechnungsübersichten.

19) Es erscheint zweckmäßig, daß die im Gesetze vorgesehene Bekanntmachung der wesentlichsten Ergebnisse der Gemeinde- und Stiftungsrechnungen nach den beiliegenden Formularen V und resp. VI, deren Unterabtheilungen von den Gemeinden nach Bedarf vermehrt werden können, erfolge.

Werden über einzelne Gemeindeanstalten oder Kassen gesonderte Rechnungen geführt, so sind deren Hauptresultate im Anschlusse an die vorstehenden Rechnungsübersichten gleichfalls zur öffentlichen Kenntniß zu bringen.

Mit Rücksicht auf das statistische Interesse, welches der Fortgang der Schuldentilgung der Gemeinden gewährt, sind unter Anwendung des beiligenden Formulars VII gesonderte Uebersichten herzustellen, welche bis zum 1. Oktober jeden Jahres den vorgesetzten Aufsichtsbehörden vorgelegt, sodann nach den bisherigen Vorschriften mit Beachtung der Ergebnisse der Rechnungsrevision zusammengestellt und durch die Kreisregierungen, Kammern des Innern, bis längstens 1. November an das Staatsministerium des Innern eingesendet werden.

Die formelle Einrichtung der in Art. 90 der Gemeindeordnung vorgesehenen Verwaltungsberichte ist dem Ermessen der betreffenden Magistrate anheimgegeben.

Formulare zur M.-Bekanntm. vom 10. Okt. 1869.

Formular I A (für Gemeinden mit städtischer Verfassung).

Voranschlag der Einnahmen und Ausgaben

der Stadt- (Markt-) Gemeinde N. . . . pro 19 . . .

I. Einnahmen.

1. Betrag nach der letzten Rechnung.		2. Vortrag.	3. Entwurf des Magistr.		4. Ansätze der Gemeinde-bevoll-mächtigten.		5. Definitive Fest-stellung.		6. Erläute-rungen.
ℳ	₰		ℳ	₰	ℳ	₰	ℳ	₰	

Die Rubrik „Vortrag" enthält folgende Abtheilungen:

Tit. I. Muthmaßliche Einnahmen aus den Vorjahren.

Summa des Tit. I.

Tit. II. Einnahmen aus dem unmittelbar rentierenden Vermögen.

Cap. 1. An Zinsen von Aktivcapitalien:

A. im Inlande

a. beim Staate ꝛc. ꝛc. (nach näherer Spezifikation des Rechnungsschemas),

B. im Auslande

a. ꝛc. ꝛc.

Summa des Cap. 1.

Cap. 2. Aus dem Ertrag der Realitäten:

A. in eigener Regie,

a. von Gebäuden ꝛc. ꝛc.

b. von Waldungen ꝛc. ꝛc. (nach Spezifikation des Rechnungsschemas). ꝛc. ꝛc. ꝛc.

B. in Verpachtung (nach Spezifikation des Rechnungsschemas). ꝛc. ꝛc.

C. Geldanschlag der überlassenen Gebäude und Realitätennutzungen.

Summa des Cap. 2.

Cap. 3. Aus Gewerben und Gewerbsunternehmungen:

aus Getreide-, Oel-, Säg- und Schleifmühlen ꝛc. (nach der Spezifikation des Rechnungsschemas).

Summa des Cap. 3.

Cap. 4. Aus Rechten:

a. Grundgefälle } (nach der Spezifikation des Rechnungsschemas).
b. ꝛc. ꝛc.

Summa des Cap. 4.
" " " 3.
" " " 2.
" " " 1.

Summa des Tit. II.

Tit. III. Einnahmen aus den öffentlichen Einrichtungen und Anstalten der Gemeinde.

Cap. 1. Anstalten für Erziehung und Bildung: z. B. aus höheren Unterrichtsanstalten u. s. w. (nach den Exemplifikationen des Rechnungsschemas).

Cap. 2. Einrichtungen für Wohlthätigkeit (insoferne nicht eine Verrechnung in der Armenkasse stattfindet) (nach der Spezifikation des Rechnungsschemas).

Cap. 3. Einrichtungen für die Gesundheitspflege (nach Spezifikation des Rechnungsschemas).

Cap. 5. Einrichtungen für Industrie und Cultur (nach der Spezifikation des Rechnungsschemas).

Cap. 6. Anstalten für Handel und Verkehr (nach der Spezifikation des Rechnungsschemas).

Tit. IV. Einnahmen aus der Amtsführung der Gemeindebehörden.

Taxen, Strafen und Geldbußen.

V. Aus besonderen der Gemeinde gesetzlich zugewiesenen Abgaben.

Cap. 1. Heimathgebühren.
Cap. 2. Bürgeraufnahmsgebühren.
Cap. 3. Gemeinderechtsgebühren.
Cap. 4. Sonstige Abgaben, z. B. vom Halten der Hunde.

Tit. VI. Einnahmen aus Verbrauchssteuern und Zöllen.

Cap. 1. Aus Verbrauchssteuern (nach der Spezifikation des Rechnungsschemas).
Cap. 2. Aus Zöllen.

Tit. VII. Aus Sustentationsbeiträgen, Zuschüssen und besonderen Gegenleistungen.

Cap. 1. Von der Staatskasse.
Cap. 2. Von Stiftungen.
Cap. 3. Von besonders dotirten Kassen der Gemeinde.
Cap. 4. Von anderen Gemeinden.
Cap. 5. Von Privaten (nach der Exemplifikation des Rechnungsschemas).

Tit. VIII. Sonstige Einnahmen.

Tit. IX. Aus direkten Gemeindeumlagen.

Wiederholung der Einnahmen.

II. **Ausgaben.**

Tit. I. Ausgaben auf den Bestand der Vorjahre.

Tit. II. Ausgaben auf Erhebung der Einnahmen, Bewirthschaftungskosten und Rückvergütungen.

Cap. 1. Gemeinschaftliche Ausgaben (nach der Spezifikation des Rechnungsschemas).

Cap. 2. Besondere Ausgaben auf das unmittelbar rentirende Gemeindevermögen (nach der Spezifikation des Rechnungsschemas).

Cap. 3. Besondere Ausgaben auf die übrigen Einnahmen (nach Spezifikation des Rechnungsschemas).

Tit. III. Auf Passivreichnisse, Staatsauflagen, Kreis-, Distrikts- und Localconcurrenzen.

(nach der Exemplifikation des Rechnungsschemas).

Tit. IV. Auf Proceß- und Exekutionskosten.

Tit. V. Auf die Gemeindebehörden und deren Amtsführung.

Cap. 1. Verwaltungsdienst (nach der Spezifikation des Rechnungsschemas).
Cap. 2. Polizeiverwaltung (nach der Spezifikation des Rechnungsschemas).
Cap. 3. Pensionen und Alimentationen.

Tit. VI. Auf öffentliche Einrichtungen und Anstalten der Gemeinde.

Cap. 1. Für den Cultus.
Cap. 2. Für Erziehung und Bildung.
Cap. 3. Für Wohlthätigkeit.
Cap. 4. Für Gesundheit.
Cap. 5. Auf die Sicherheit der Person und des Eigenthums.
Cap. 6. Auf Industrie und Cultur.
Cap. 7. Für Handel und Verkehr.
Cap. 8. Für öffentliche Anlagen ꝛc. ꝛc.
(nach der Exemplifikation des Rechnungsschemas).

Tit. VII. Auf das Gemeindebauwesen.

Cap. 1. Auf das Baupersonal.
Cap. 2. Ständige Bauausgaben.
Cap. 3. Anschaffung in die Baumagazine.
Cap. 4. Baureparaturen, Unterhaltung der Gemeindeuhren.
Cap. 5. Neubauten.

Tit. VIII. Auf Wehranstalten.

Tit. IX. Auf öffentliche Feste, Feierlichkeiten und Ehrungen.

Tit. X. Besondere Leistungen

(nach Spezifikation des Rechnungsschemas).

Tit. XI. Auf Schuldentilgung.

Cap. 1. Verzinsung von Passivcapitalien.
Cap. 2. Heimzahlung von Passivcapitalien.
Cap. 3. Heimzahlung von Passivvorschüssen.

Tit. XII. Reservefond.

Wiederholung der Ausgaben.

Ausgleichung.

Summa der Einnahmen	ℳ	₰
Summa der Ausgaben	ℳ	₰
Verbleibt ein Ueberschuß von . . . . (Defizit)	ℳ	₰

Formular I. B (für Landgemeinden).

Voranschlag der Einnahmen und Ausgaben der Landgemeinde N. N. pro 19 . .

Seite links. Seite rechts.

Betrag nach der letzten Rechnung.		Vortrag.	Ansätze nach dem Entwurfe der Gemeindeverwaltung.		Definitive Feststellung durch die Gemeindeverwaltung.		Erläuterung.
ℳ	₰		ℳ	₰	ℳ	₰	

Der spezielle Vortrag der Einnahmen und Ausgaben richtet sich ganz nach dem Formulare I. A für Gemeinden mit städtischer Verfassung.

Formular II. A (für Stiftungen in Gemeinden mit städtischer Verfassung).

Voranschlag der Einnahmen und Ausgaben der .... Stiftung in der Stadt- (Markt-) Gemeinde N. pro 19 . .

1. Betrag nach der letzten Rechnung.		2. Vortrag.	3. Entwurf des Magistr.		4. Ansätze der Gemeindebevollmächtigten.		5. Definitive Feststellung.		6. Erläuterungen.
ℳ	₰		ℳ	₰	ℳ	₰	ℳ	₰	

Einnahmen.

Tit. I. Muthmaßliche Einnahmen aus den Vorjahren.

Tit. II. Erträgnisse des Stiftungsvermögens.

Cap. 1. An Zinsen von Activcapitalien.
Cap. 2. Aus Realitäten.
Cap. 3. Aus Gewerben und Erwerbsunternehmungen.
Cap. 4. Aus Rechten.

Tit. III. Aus Sustentationsbeiträgen, Zuschüssen und besonderen Gegenleistungen.

Cap. 1. Des Staats.
Cap. 2. Der Stiftungen.
Cap. 3. Der Gemeinde.
Cap. 4. Der Privaten.

Tit. IV. Sonstige Einnahmen.

Wiederholung der Einnahmen.

Ausgaben.

Tit. I. Auf den Bestand der Vorjahre.

Tit. II. Auf Passivreichnisse, Staatsauflagen, Kreis-, Distrikts- und Localconcurrenzen.

Tit. III. Auf Prozeß- und Exekutionskosten.

Tit. IV. Auf die Verwaltung.

Cap. 1. Besoldungen und Remunerationen der Verwalter und Bediensteten
Cap. 2. Regie- und Realexigenz.
Cap. 3. Pensionen und Alimentationen an frühere Bedienstete oder derer Relikten.

Tit. V. Auf den Zweck.

Tit. VI. Auf Baureparaturen und Neubauten.

Cap. 1. Ständige Bauausgaben.
Cap. 2. Baureparaturen.
Cap. 3. Neubauten.

Tit. VII. Auf besondere Leistungen.

Tit. VIII. Auf die Schuldentilgung.

Cap. 1. Zinsen von Passivcapitalien.
Cap. 2. Heimzahlung von Passivcapitalien.
Cap. 3. Heimzahlung von Passivvorschüssen.

Tit. IX. Reservefond.

Wiederholung der Ausgaben.

Ausgleichung.

Die Einnahmen betragen . . . . ℳ ₰
Die Ausgaben betragen . . . . ℳ ₰
Verbleibt eine Mehreinnahme von ℳ ₰
Mindereinnahme von ℳ ₰

Formular II. B (für Stiftungen in Landgemeinden).

Voranschlag der Einnahmen und Ausgaben der .... Stiftung in der Landgemeinde N. N. pro 19 . .

Seite links. Seite rechts.

Betrag nach der letzten Rechnung.		Vortrag.	Ansätze nach dem Entwurfe der Gemeindeverwaltung		Defin. Feststellung durch die Gemeindeverwaltung.		Erläuterung.
ℳ	₰	Der spezielle Vortrag der Einnahmen und Ausgaben richtet sich ganz nach dem Voranschlage für die Stiftungen in Gemeinden mit städtischer Verfassung. (Formular II. A.)	ℳ	₰	ℳ	₰	

Formular Nr. III.

Rechnung der Stadt- (Markt-, Land-) Gemeinde N. N. für das Jahr 19 . .

Mit Rechnungsbelegen von Nr. 1 bis incl.

Rechnungssteller.

Soll nach dem				Belege.	Einnahmen.	Wirkliche Einnahmen.		Rückstände.		Nachlässe.		Bemerk.
Voranschlag.		wirklichen Anfalle.										
ℳ	₰	ℳ	₰			ℳ	₰	ℳ	₰	ℳ	₰	

Die Rubrik „Einnahmen" umfaßt folgende Abtheilungen:

I. Hauptabtheilung.

Rechnung über die laufenden Einnahmen und Ausgaben der Gemeinde (Betriebsrechnung).

Tit. I. Einnahmen aus den Vorjahren.

Cap. 1. Kassebestand aus voriger Rechnung.

Cap. 2. Einnahmsrückstände.

Cap. 3. Rechnungsberichtigungen und Ersatzleistungen.

Cap. 4. Aus zurückbezahlten Vorschußleistungen auf laufende Ausgaben.

Tit. II. Einnahmen aus dem unmittelbar rentirenden Gemeindevermögen.

Cap. 1. An Capitalzinsen.

Capital.		Schuldner und Schuldurkunde	Zinstermin		
ℳ	₰	A. Im Inlande.	Tag	Mt.	Jahr
		a) beim Staate oder der Grundrentenablösungskasse			
		b) bei Stiftungen			
		c) bei Gemeinden			
		d) bei Gesellschaften, z. B. Privateisenbahngesellschaften			
		e) bei Kreditanstalten, Banken, Sparkassen			
		f) bei Privaten			
		B. Im Auslande (nach vorstehender Spezifikation).			

Cap. 2. Aus dem Ertrage der Realitäten.

A. In eigener Regie:

a) Von Gebäuden (Miethwohnungen, Läden, Speichern, Kellern); — b) Waldungen: Erlös aus verkauftem Holz — Anschlag des zum eigenen Bedarfe verwendeten Holzes — Anschlag des an die Gemeindeangehörigen vertheilten Holzes — Sonstige Nutzungen (Streu, Lohrinden, Entschädigungen der Holzfrevler); — c) aus liegenden Gründen: Gutscomplexe — Gärten — Aecker — Wiesen — Weinberge; — d) Steinbrüche, Kies-, Sand- und Lehmgruben; — e) Torfstiche; — f) Seen, Teiche und Bächen; — g) Bergwerken.

B. In Verpachtung. (Nach obiger Spezifikation.)

C. Geldanschlag der überlassenen Gebäude und Realitäten-Nutzungen:

als Besoldungstheile der Gemeindebediensteten, dem Hirten, Faselviehhalter ꝛc. ꝛc.

Cap. 3. Aus Gewerben und Erwerbsunternehmungen: Von Getreide-, Oel-, Säg- und Schleifmühlen — Von sonstigen Triebwerken — Von Ziegel- und Kalköfen — Von Brauhäusern und Brennereien — Von Bäckereien — Von Wirthschaften — Von Badereien — Von Schmieden — Von Gasanstalten.

Cap. 4. Aus Rechten.

a) An Grundgefällen.

aa) In Geld.

Ablösungs-Capital.		Name der Pflichtigen
M	₰	

bb) In Naturalien.

b) an Forstrechten im . . . . Walde,

c) aus dem Schäferei- und Weiderechte.

d) aus der Fischerei,

e) aus der Jagd (Jagdpachtschilling),

f) aus Grundzinsen von vertheilten Gemeindegründen.

Tit. III. Einnahmen aus den öffentlichen Einrichtungen und Anstalten der Gemeinde.

Cap. 1. Anstalten für Erziehung und Bildung: Volksschulen — Höhere Unterrichtsanstalten — Fortbildungsschulen — (sämmtlich vorbehaltlich gesonderter Rechnungsstellung) — Eintrittsgelder in Bibliotheken und Sammlungen.

Cap. 2. Einrichtungen für Wohlthätigkeit (soferne nicht eine Verrechnung in der Armenkasserechnung stattfindet: Kindergärten und Kleinkinderbewahranstalten — Getreidemagazine — Leihkassen — Sparkassen ꝛc. ꝛc. — (die drei letzteren vorbehaltlich gesonderter Rechnungsstellung).

Cap. 3. Einrichtungen für die Gesundheitspflege: Krankenanstalten — Begräbnißanstalten — (beide vorbehaltlich etwaiger gesonderter Rechnungsstellung) — Wasserleitungen (Wasserzinse) — Gebühren für Benützung gemeindlicher Abzugskanäle — Bade- und Schwimmanstalten — Abdeckereien.

Cap. 4. Einrichtungen für die Sicherheit der Person und des Eigenthums Vergütungen für besondere Wachdienste und Assistenzen der Gemeindebediensteten — Beiträge zu Löschanstalten (Feuereimergelder) — Beiträge für die Thurmwächter und Eintrittsgelder von dem Besuche der Thürme — Gebühren für das Läuten (Läutgarben) — Beiträge zu den Anstalten zum Schutze gegen Wassergefahr — Vermarkungsgebühren.

Cap. 5. Einrichtungen für Industrie und Kultur: Industrieschulen (vorbehaltlich gesonderter Rechnungsstellung) — Gewerbemuseen und Industrieausstellungen — Gebühren für die Benützung der zu Zwecken der Industrie bestehenden Kanäle der Gemeinde, Gebühren für die Benützung des Faselviehs — Beiträge für Haltung des Hirten — Baumpflanzungen und Baumschulen.

Cap. 6. Anstalten für Handel und Verkehr: Wochenmarkt-, Holzmarkt-, Jahrmarkt- Schrannen- Hopfenmarkt-, Roß-, Vieh- und Wollmarktgebühren — Gebühren für die miethweise Ueberlassung der Markt- und Dultstände, dann für die Benützung gemeindlicher Lagerhallen, Holzhöfe ꝛc. ꝛc. — Fleischbankgebühren und Reichnisse — Waag- und Meßanstalten — Aichanstalt — Holzlände — Erlös für das Obst von den Bäumen der Gemeindewege und für das Gras in den Gräben der Gemeindewege — Gebühren für besondere Bewilligungen, z. B. für Benützung öffentlicher Plätze zur Aufstellung von Schaubuden ꝛc. ꝛc.

Tit. IV. Einnahmen aus der Amtsführung der Gemeindebehörden.

Taxen — Strafen — Geldbußen.

Tit. V. Einnahmen aus besonderen der Gemeinde gesetzlich zugewiesenen Abgaben.

Cap. 1. Heimathgebühren.
Cap. 2. Bürgeraufnahmsgebühren.
Cap. 3. Gemeinderechtsgebühren.
Cap. 4. Sonstige Abgaben z. B. für Halten von Hunden.

Tit. VI. Einnahmen aus Verbrauchssteuern und Zöllen.

Cap. 1. Verbrauchssteuern:
a) Lokalmalz- und Bieraufschlag,
b) Fleischaufschlag,
c) Getreide- und Mehlaufschlag,
d) Abwurfholz,
e) sonstige Verbrauchssteuern (sämmtlich vorbehaltlich gesonderter Rechnungsstellung).

Cap. 2. Zölle.
Pflaster-, Weg- und Brückenzoll (vorbehaltlich gesonderter Rechnungsstellung).

Tit. VII. Einnahmen aus Sustentationsbeiträgen, Zuschüssen und besonderen Gegenleistungen.

Cap. 1. Von der Staatskasse.
Cap. 2. Von Stiftungen (einschließlich der Verwaltungskostenbeiträge).
Cap. 3. Von besonders dotirten Kassen der Gemeinde.
Cap. 4. Von anderen Gemeinden.
Cap. 5. Von Privaten, z. B. Gegenleistungen für den Bezug von Gemeindenutzungen gemäß Art. 34 der Gemeindeordnung oder Vergütung für die Besorgung der Gemeindedienste durch die Gemeindeverwaltung nach Art. 53 Ziff. 3 der Gemeindeordnung.

Tit. VIII. Sonstige Einnahmen.

Erlös aus dem Verkaufe entbehrlicher Mobilien, Abfällen bei Bauten, Makulaturpapier 2c., Präsentationsgebühren, Schenkungen, welche für laufende Abgaben bestimmt sind 2c. 2c.

Tit. IX. Direkte Gemeindeumlagen.

Wiederholung der Einnahmen.

Soll nach dem Voranschlag.		Soll nach dem wirklichen Anfalle.		Belege.	Ausgaben.	Wirkliche Ausgaben		Zahlungs-Rückstände		Bemerk.
M	S	M	S			M	S	M	S	

Ausgaben.

Tit. I. Ausgaben auf den Bestand der Vorjahre.

Cap. 1. Zahlungsrückstände.
Cap. 2. Rechnungsberichtigungen und Ersatzposten.

Tit. II. Ausgaben auf Erhebung der Einnahmen. Bewirthschaftungskosten und Rückvergütungen.

Cap. 1. Gemeinschaftliche Ausgaben:

Besoldungen, Remunerationen der Einnehmer (Kassiere, Kämmerer, Controlleure).

Cap. 2. Besondere Ausgaben auf das unmittelbar rentirende Gemeindevermögen:

a) die Zinsen von Aktivcapitalien: Stempel, Porto, Provisionen, Gebühren, Vergütung von Stückzinsen beim Ankauf von Staatsobligationen und dergl.,

b) von Realitäten: Bewirthschaftungs- und Verpachtungskosten, Besoldungen des Forstbetriebs- und Schutzpersonals, Holzperceptionskosten, Hauerlöhne, Culturkosten, Holzabfuhrwege, Versteigernngskosten, Anschlag des den Gemeindeangehörigen überlassenen Holzes,

c) von Gewerben, (Betriebs- und Verpachtungskosten),

d) von Rechten.

Cap. 3. Besondere Ausgaben auf die übrigen Gemeindeeinnahmen (Tit. III—IX der Einnahmen):

a) die Einnahmen aus den öffentlichen Einrichtungen und Anstalten der Gemeinde (Tit. III der Einnahmen),

b) die Einnahmen aus der Amtsführung der Gemeindebehörden (Tit. IV der Einnahmen),

c) Einnahmen aus besonderen der Gemeinde zugewiesenen Abgaben (Tit. V der Einnahmen). (Rückvergütung von Bürgeraufnahmsgebühren nach Art. 21 der Gemeindeordnung),

d) die Einnahmen aus Verbrauchssteuern und Zöllen (Tit. VI der Einnahmen), Kosten der Controle, Rückvergütungsbeiträge,

e) die Einnahmen aus Sustentationsbeiträgen, Zuschüssen und besonderen Gegenleistungen (Tit. VII der Einnahmen),

f) die zufälligen Einnahmen (Tit. VIII der Einnahmen),

g) die direkten Gemeindeumlagen (Tit. IX der Einnahmen).

Tit. III. Auf Passivreichnisse, Staatsauflagen, Kreis-, Distrikts- und Lokalconcurrenzen.

Staatsconcurrenzen, Kreis- und Distriktsumlagen, Reallasten und sonstige auf dem Gemeindevermögen haftende Reichnisse, z. B. Bodenzinse oder auf besonderen Rechtstiteln ruhende Leistungen u. dgl.

Tit. IV. Auf Prozeß- und Exekutionskosten.

Tit. V. Auf die Gemeindebehörden und deren Amtsführung.

Cap. 1. Verwaltungsdienst.

A. Besoldungen — Funktionsbezüge — Entschädigungen und Remunerationen des Verwaltungspersonals (soweit solche nicht unter Tit. II, VI und VIII verrechnet werden).

B. Realexigenz: Ausgaben für die Kanzlei, Schreibmaterialien, Buchbinderlöhne, Druck- und Lithographiekosten, Beheizung, Beleuchtung, Gesetz-, Amts- und andere Blätter, Büreaurequisiten, Bücher, Mobiliarversicherung, Commissionen, Kosten der Gemeinde- und anderer Wahlen 2c 2c

Cap. 2. Polizeiverwaltung.

A. Besoldungen — Funktionsbezüge — Entschädigungen und Remunerationen des Polizeipersonals (der Offizianten, Polizeimannschaft, Nacht- und Flurwächter rc. rc.).

B. Realexigenz: Ausrüstungskosten der Mannschaft — Ausgaben für die Wach- und Detentionslokale — Kosten für Arrestantenverpflegung — Ausgaben für besondere polizeiliche Anordnungen u. dgl.

Cap. 3. Pensionen und Alimentationen.

Tit. VI. Auf öffentliche Einrichtungen und Anstalten der Gemeinde.

Cap. 1. Für den Cultus: Zuschüsse zu örtlichen Cultusstiftungen.

Cap. 2. Für Erziehung und Bildung: Volksschulen und höhere Lehranstalten — Fortbildungsschulen — Turnunterricht — Bibliotheken und Sammlungen (vorbehaltlich gesonderter Rechnungsstellung).

Cap. 3. Für Wohlthätigkeit: Zuschüsse zur Armenkasse — zu örtlichen Wohlthätigkeitsanstalten — Leistungen an Vereine für freiwillige Armenpflege — Gebäranstalten — Kinderbewahranstalten — Getreidemagazine rc. rc. (vorbehaltlich gesonderter Rechnungsstellung).

Cap. 4. Für Gesundheit: Sustentationsbeiträge für Aerzte und Hebammen — Zuschüsse zu Krankenanstalten (vorbehaltlich gesonderter Rechnungsstellung) — Ausgaben für Begräbnißanstalten — Viktualienvisitationen — Wasserleitungen — Canalisirung — Straßen- und Bachreinigung — Bade- und Schwimmanstalten — Abdeckereien — Kosten einer Epidemie oder Epizootie — Aufwand für das Veterinärwesen.

Cap. 5. Auf die Sicherheit der Person und des Eigentums — Beleuchtung — Feuerlöschgeräthe — Feuer- und Thurmwächter — Feuerschau — Zuschüsse an freiwillige Feuerwehren — Belohnungen ausgezeichneter Dienste bei Gefahren — Vorkehrungen gegen Wassergefahr — Flurschutz — Sicherheitswachen — Erhaltung der Markungsgrenzen rc.

Cap. 6. Auf Industrie und Cultur: Industrieschulen — Gewerbemuseen — Industrieausstellungen — Unterstützung industrieller Unternehmungen — für landwirthschaftliche Zwecke, insbesondere Beiträge zum landwirthschaftlichen Vereine, für Be- und Entwässerungsunternehmungen, für die Obstcultur Baumpflanzungen, landwirthschaftlichen Unterricht, für Hirten, Feldwege u. dgl. nach Art. 55 Abs. IV G.O.

Cap. 7. Für Handel und Verkehr: für die Märkte, Messen und Schrannen, einschließlich der Kosten für die Dult- und Marktstände — für die Lagerhallen und Holzhöfe der Gemeinde — für die Fleischbänke — Waag-, Maß- und Aichanstalten — Holzländen — Straßenpflaster — Orts- und Gemeindewege — Brücken, Stege und Sicherheitsvorrichtungen an denselben — Fähren — Wegweiser — Orts- und Warnungstafeln — für Schneeräumen — Baumpflanzungen an Wegen rc. rc.

Cap. 8. Für öffentliche Anlagen, Ortsverschönerung, Gedenktafeln, Erhaltung von Monumenten rc. rc.

Tit. VII. Auf das Gemeindebauwesen.

Cap. 1. Auf das Baupersonal (Besoldung, Regie).

Cap. 2. Ständige Bauausgaben (Brandassecuranzbeiträge, Kaminkehrerlöhne rc.)

Cap. 3. Anschaffung in die Baumagazine.

Cap. 4. Baureparaturen, Unterhaltung der Gemeindeuhren.

Cap. 5. Neubauten (vorbehaltlich eigener Rechnungsstellung).

Tit. VIII. Auf Wehranstalten.

Tit. IX. Auf öffentliche Feste, Feierlichkeiten und Ehrungen.

Tit. X. Besondere Leistungen.

Auf Beiträge zu öffentlichen Einrichtungen des Staates, der Kreis- oder Distriktsgemeinde, Distriktsumlagen, welche von den Gemeindebewohnern erhoben werden (cf. Tit. IX Einnahmen), Leistungen an auswärtige Gemeinden und Stiftungen, auf Zuschüsse an besonders dotirte Kassen der Gemeinde und allmähliche Erhöhung der Dotationen, soferne die Verrechnung nicht unter Tit. III, VI und IX stattfindet, sonstige Leistungen.

Tit. XI. Auf Schuldentilgung.

Cap. 1. Verzinsung von Passivcapitalien.

Capital-Betrag		Namen der Gläubiger.	Zinstermin.		
ℳ	₰		Tag	Monat	Jahr

Cap. 2. Heimzahlung von Passivcapitalien.

Cap. 3. Heimzahlung von Passivvorschüssen.

Tit. XII. Auf sonstige Ausgaben.

Wiederholung der Ausgaben.

Abschluß

der Rechnung über die laufenden Einnahmen und Ausgaben;

die Einnahmen betragen . . . . ℳ . . ₰

die Ausgaben betragen . . . . ℳ . . ₰

verbleibt eine Mehreinnahme von } . . . . ℳ . . ₰

" " Mindereinnahme von } . . . . ℳ . . ₰

der Aktivrest wurde verwendet:

zu verzinslichen Anlagen . . . . ℳ . . ₰

verbleibt sohin ein Baarbestand von . . . . ℳ . . ₰

welcher in der nächsten Rechnung vorzutragen ist.

oder:

Der Passivrest wurde gedeckt aus dem nach Hauptabtheilung II verbleibenden Aktivreste rc.

Soll nach dem wirklichen Anfalle.		Belege.	Einnahmen.	Wirkliche Einnahmen.		Rückstände.		Nachlässe.		Bemerk.
ℳ	₰			ℳ	₰	ℳ	₰	ℳ	₰	

II. Hauptabtheilung.

Vermögensrechnung.

Tit. I. Aus dem Vorjahre.

Cap. 1. Kassabaarbestand aus Vermögensbestandtheilen.

Cap. 2. Aus zurückbezahlten Aktivvorschüssen.

Tit. II. Einnahmen in Folge Veräußerung oder Veränderung von Vermögensbestandtheilen.

Cap. 1. Aus heimbezahlten Aktivcapitalien.
Cap. 2. Aus veräußerten Realitäten und Rechten.
Cap. 3. Aus Gefällsablösungen.

Tit. III. Neue Fundationszuflüsse.

Cap. 1. Vermächtnisse zum Grundstockvermögen.
Cap. 2. Schenkungen zum Grundstockvermögen.

Tit. IV. Aus Schuldaufnahmen.

Tit. V. Aus Passivvorschüssen.

Wiederholung der Einnahmen.

Soll nach dem wirklichen Anfalle.		Belege.	Ausgaben.	Wirkliche Einnahmen.		Zahlungs-Rückstände		Bemerkungen.
M	S			M	S	M	S	

Tit. I. Auf Refundirung und Mehrung des Vermögens.

Cap. 1. Ausleihung von Capitalien:
a) beim Staate,
b) bei Stiftungen,
c) bei Gemeinden,
d) bei Gesellschaften (z. B. Privateisenbahngesellschaften).
e) bei Creditanstalten, Banken 2c.,
f) bei Privaten.

Cap. 2. Ankauf von Realitäten und Rechten.
Cap. 3. Ablösung von Reallasten, Baupflichten und anderen Passivreichnissen.

Tit. II. Auf Leistung von Aktivvorschüssen. Wiederholung der Ausgaben.

Abschluß der Vermögensrechnung.

Die Einnahmen betragen . . M S
die Ausgaben betragen . . . M S
Aktiv- (Passiv-) Rest . . . M S

Der Aktivrest wurde verwendet:
oder
Der Passivrest wurde gedeckt:

Summarischer Ausweis des Vermögensstandes.

I. Vermögen.

a) Rentirendes 1. an Capitalien, 2. an Realitäten, 3. an Rechten,

b) nicht rentirendes 1. an Capitalien, 2. an Realitäten, 3. an Rechten, 4. an Mobilien (nach dem evident zu haltenden und vorzulegenden Inventar), 5. an Aktivausständen, 6. an Aktivkassabestand: *a* der Hauptabtheilung I, *b* der Hauptabtheilung II.

Summa des Vermögens:

II. Schulden.

a) Passivcapitalien, b) refundirliche Vorschüsse, c) Zahlungsrückstände, d) Passivrest: *a* der Hauptabtheilung I, *b* der Hauptabtheilung II.

Summa der Schulden:

Abgleichung.

Vermögen: Schulden:

Reiner Vermögensstand. — Ueberschuldung.

Formular IV.

Rechnung der Stiftung

in der Stadt- (Markt-, Land-) Gemeinde N. für das Jahr 19 . .

Mit Rechnungsbelegen von Nr. 1 bis incl.

Rechnungssteller.

Soll nach dem				Belege.	Einnahmen.	Wirkliche Einnahmen.		Rückstände.		Nachlässe.		Bemerk.
Voranschlag.		wirklichen Anfälle.										
ℳ	₰	ℳ	₰			ℳ	₰	ℳ	₰	ℳ	₰	

Die Rubrik „Einnahmen" umfaßt folgende Abtheilungen:

I. Hauptabtheilung.

Tit. I. Rechnung über die laufenden Einnahmen und Ausgaben.

Einnahmen.

Cap. 1. Kassabestand nach voriger Rechnung.

Cap. 2. Einnahmsrückstände.

Cap. 3. Rechnungsberichtigungen und Ersatzleistungen.

Cap. 4. Aus Vorschußleistungen auf laufende Ausgaben.

Tit. II. Erträgnisse des Stiftungsvermögens.

Cap. 1. An Zinsen von Aktivcapitalien.

A. Im Inlande.

a) Beim Staate, b) 2c. 2c. (nach der Spezifikation des Schemas für die Gemeinderechnung Hauptabtheilung I Tit. II Cap. 2).

B. Im Auslande.

Cap. 2. Aus dem Ertrage der Realitäten.

A. in eigener Regie:

a) von Gebäuden, b) 2c. 2c. (nach der Spezifikation der Hauptabtheilung I Tit. II Cap. 2 des Schemas für die Gemeinderechnungen);

B. in Verpachtung (nach vorstehender Spezifikation);

C. Geldanschlag der überlassenen Gebäude- und Realitätennutzungen.

Cap. 3 Aus Gewerben und Erwerbsunternehmungen (nach der Spezifikation der Hauptabtheilung I Tit. II Cap. 3 des Schemas für die Gemeinderechnungen).

Cap. 4. Aus Rechten.

a) Grundgefälle,

b) sonstige Rechte.

Tit. III. Aus Sustentationsbeiträgen, Zuschüssen und besonderen Gegenleistungen.

Cap. 1. Des Staates.
Cap. 2. Der Stiftungen.
Cap. 3. Der Gemeinden.
Cap. 4. Der Privaten.

Tit. IV. Sonstige Einnahmen.

Wiederholung der Einnahmen.

Summa aller Einnahmen der Hauptabtheilung I.

Soll nach dem Voranschlag.		Soll nach dem wirklichen Bedarfe.		Belege.	Ausgaben.	Wirkliche Ausgaben.		Zahlungs-Rückstände.		Bemerkungen.	
M	₰	M	₰			M	₰	M	₰	M	₰

Ausgaben.

Tit. I. Auf den Bestand der Vorjahre.

Cap. 1. Zahlungsrückstände.
Cap. 2. Rechnungsberichtigungen und Ersatzposten.

Tit. II. Auf Passivreichnisse, Staatsauflagen, Kreis-, Distrikts- und Lokalconcurrenzen.

Staatssteuern, Kreis- und Distriktsumlagen, Reallasten und sonstige auf dem Stiftungsvermögen haftende Passivreichnisse.

Tit. III. Auf Prozeß- und Exekutionskosten.

Tit. IV. Auf die Verwaltung.

Cap. 1. Besoldungen und Remunerationen der Verwalter und Bediensteten. (Kassiere, Einnehmer, Schreibpersonal, Boten, Forstpersonal.)

Cap. 2. Regie und Realexigenz. Schreibmaterialien, Porti, Bureaurequisiten, öffentliche Blätter und Druckschriften — Buchbinderlöhne, Beleuchtung und Beheizung der Amtslokalitäten u. s. w. — Bewirthschaftungskosten, Holzhauerlöhne, Cultur- und Vermarkungskosten u. s. w. — Mobiliarversicherungskosten.

Cap. 3. Pensionen und Alimentationen an frühere Bedienstete oder deren Relikten.

Tit. V. Auf den Zweck.

Tit. VI. Auf Baureparaturen und Neubauten.

Cap. 1. Ständige Bauausgaben: a) Brandassecuranz-Beiträge, b) Kaminkehrerlöhne.

Cap. 2. Baureparaturen.

Cap. 3. Neubauten.

Tit. VII. Auf besondere Leistungen.

Zuschüsse und Leistungen an Bezirks-, Kreis- oder Staatsinstitute, überhaupt an andere Kassen, soferne die Verrechnung nicht unter Tit. II oder V zu erfolgen hat.

Tit. VIII. Auf die Schuldentilgung.

Cap. 1. Zinsen von Passivcapitalien.
Cap. 2. Heimzahlung von Passivcapitalien.
Cap. 3. Heimzahlung von Passivvorschüssen.

Tit. IX. Sonstige Ausgaben.

Wiederholung der Ausgaben.

	ℳ	₰
Summa der Ausgaben der Hauptabtheilung I.	ℳ	₰
Abschluß.		
Die Einnahmen betragen nach Seite	ℳ	₰
Die Ausgaben " " "	ℳ	₰
Verbleibt eine Mehreinnahme / Mehrausgabe von	ℳ	₰

Die Mehreinnahme befindet sich baar in der Kasse (oder wurde verwendet).
oder:
die Mehrausgabe wurde gedeckt aus:

Soll nach dem wirklichen Anfalle.		Belege.	Einnahmen.	Wirkliche Einnahmen.		Rückstände.		Nachlässe.		Bemerk.
ℳ	₰			ℳ	₰	ℳ	₰	ℳ	₰	

II. Hauptabtheilung.

Vermögensrechnung.

Einnahmen.

Tit. I. Aus dem Vorjahre.

Cap. 1. Kassabestand aus Vermögensbestandtheilen.
Cap. 2. Aus zurückbezahlten Aktivvorschüssen.

Tit. II. Einnahmen in Folge Veräußerung oder Veränderung von Vermögensbestandtheilen.

Cap. 1. Aus heimgezahlten Aktivcapitalien.
Cap. 2. Aus veräußerten Realitäten und Rechten.
Cap. 3. Aus Gefällsablösungen.

Tit III. Neue Fundationszuschüsse.

Cap. 1. Vermächtnisse zum Grundstockvermögen.
Cap. 2. Schenkungen zum Grundstockvermögen.

Tit. IV. Aus Schuldaufnahmen.

Tit. V. Aus Passivvorschüssen.

Wiederholung der Einnahmen.

Summa der Einnahmen der Hauptabtheilung II.

Soll nach dem wirklichen Anfalle.		Belege.	Ausgaben.	Wirkliche Ausgaben.		Zahlungs-Rückstände.		Bemerkungen.	
ℳ	₰			ℳ	₰	ℳ	₰	ℳ	₰

Ausgaben.

Tit. I. Auf Refundirung und Mehrung des Vermögens.

Cap. 1. Ausleihung von Capitalien:

a) beim Staate,

b) bei Stiftungen,

c) bei Gemeinden,

d) bei Gesellschaften, z. B. Privateisenbahngesellschaften,

e) bei Creditanstalten, Banken 2c.,

f) bei Privaten.

Cap. 2. Ankauf von Realitäten und Rechten.

Cap. 3. Ablösung von Reallasten, Baupflichten und anderen Passivreichnissen.

Tit. II. Auf Leistung von Aktivvorschüssen.

Wiederholung der Ausgaben:

Summa der Ausgaben der Hauptabtheilung II.

Abschluß der Vermögensrechnung.

Die Einnahmen betragen . ℳ ₰

Die Ausgaben betragen . . . . ℳ ₰

Verbleibt eine $\frac{\text{Mehreinnahme}}{\text{Mindereinnahme}}$ von ℳ ₰

Die Mehreinnahmen wurden verwendet:

Die Mindereinnahme wurde gedeckt:

Summarischer Ausweis des Vermögensstandes.

I. Vermögen.

a) Rentirendes: 1) an Capitalien, 2) an Realitäten, 3) an Rechten.

b) Nicht rentirendes: 1) an Capitalien, 2) an Realitäten, 3) an Rechten, 4) an Mobilien (nach dem evident zu haltenden und vorzulegenden Inventar), 5) an Aktivausständen, 6) an Aktivkassabestand.

Summa des Vermögens.

II. Schulden.

a) Passivcapitalien, b) refundirliche Vorschüsse, c) Zahlungsrückstände, d) Passivrest der Hauptabtheilung I und II.

Summa der Schulden.

Abgleichung.

Vermögen: Schulden:

Reiner Vermögensstand.

(Ueberschuldung.)

Formular V.

Summarische Uebersicht
über die
wesentlichen Ergebnisse der Gemeinderechnung
der Stadt- (Markt-) Gemeinde N. pro 19 . .

Titel.	Capitel.	Vortrag.	Summen der Capitel.		Summen der Titel.	
			ℳ	₰	ℳ	₰

Die Rubrik „Vortrag“ enthält folgende Abtheilungen:

Hauptabtheilung I (Betriebsrechnung).

Einnahmen.

Tit. I. Einnahmen aus den Vorjahren, und zwar:

Cap. 1. Kassabestand. 2. Einnahmsrückstände. 3. Rechnungsberichtigungen und Ersatzleistungen. 4. Zurückerstattete Vorschußleistungen auf laufende Ausgaben.

Tit. II. Einnahmen aus dem unmittelbar rentirenden Gemeindevermögen.

Cap. 1. An Capitalszinsen. 2. An Realitäten. 3. An Gewerben. 4. An Rechten.

Tit. III. Einnahmen aus den öffentlichen Anstalten und Einrichtungen der Gemeinde.

Cap. 1. Anstalten für Erziehung und Bildung. 2. Einrichtungen für Wohlthätigkeit. 3. Einrichtungen für die Gesundheitspflege. 4. Einrichtungen für die Sicherheit der Person und des Eigenthums. 5. Einrichtungen für Industrie und Cultur. 6. Anstalten für Handel und Verkehr.

Tit. IV. Einnahmen aus der Amtsführung der Gemeindebehörden.
(Taxen und Strafen.)

Tit. V. Einnahmen aus besonderen der Gemeinde gesetzlich zugewiesenen Abgaben.

Cap. 1. Heimathgebühren. 2. Bürgeraufnahmsgebühren. 3. Gemeinderechtsgebühren. 4. Sonstige Abgaben, z. B. Hundesteuern.

Tit. VI. Einnahmen aus Verbrauchssteuern und Zöllen.

Cap. 1. Verbrauchssteuern. 2. Zölle.

Tit. VII. Einnahmen aus Sustentationsbeiträgen, Zuschüssen und besonderen Gegenleistungen.

Cap. 1. Von der Staatskasse. 2. Von Stiftungen (einschließlich der Verwaltungskostenbeiträge). 3. Von besonders dotirten Kassen der Gemeinde. 4. Von den anderen Gemeinden. 5. Von Privaten.

Tit. VIII. Sonstige Einnahmen.

Tit. IX. Direkte Gemeindeumlagen.

Summa

Hauptabtheilung I (Betriebsrechnung).

Ausgaben.

Tit. I. Auf den Bestand der Vorjahre.

Cap. 1. Zahlungsrückstände. 2. Rechnungsberichtigungen und Ersatzposten.

Tit. II. Auf Erhebung der Einnahmen, Bewirthschaftungskosten, Rückvergütungen.

Cap. 1. Gemeinschaftliche Ausgaben für Besoldungen der Einnehmer 2c. 2. Besondere Ausgaben auf das unmittelbar rentirende Gemeindevermögen. 2. Besondere Ausgaben auf die übrigen Gemeindeeinnahmen.

Tit. III. Auf Passivreichnisse, Staatsauflagen, Kreis-, Distrikts- und Lokalconcurrenzen.

Tit. IV. Auf Prozeß- und Exekutionskosten.

Tit. V. Auf die Gemeindebehörden und deren Amtsführung.

Cap. 1. Verwaltungsdienst. 2. Polizeiverwaltung. 3. Pensionen und Alimentationen.

Tit. VI. Auf öffentliche Einrichtungen und Anstalten der Gemeinde.

Cap. 1. Für den Cultus. 2. Für Erziehung und Bildung. 3. Für Wohlthätigkeit. 4. Für Gesundheit. 5. Für Sicherheit der Person und des Eigenthums. 6. Für Industrie und Cultur. 7. Für Handel und Verkehr. 8. Für öffentliche Anlagen, Ortsverschönerungen u. dgl.

Tit. VII. Ausgaben auf das Gemeindebauwesen.

Cap. 1. Auf das Baupersonal. 2. Ständige Bauausgaben. 3. Anschaffung in die Baumagazine. 4. Baureparaturen. 5. Neubauten.

Tit. VIII. Auf Wehranstalten.

Tit. IX. Auf öffentliche Feste, Feierlichkeiten und Ehrungen.

Tit. X. Besondere Leistungen.

Tit. XI. Auf Schuldentilgung.

Cap. 1. Verzinsung der Passivcapitalien. 2. Heimzahlung von Passivcapitalien. 3. Heimzahlung von Passivvorschüssen.

Tit. XII. Sonstige Ausgaben.

Summa

Abschluß der Rechnung über die Hauptabtheilung I.

Einnahmen	ℳ	₰
Ausgaben	ℳ	₰
Ueberschuß (Deficit) .	ℳ	₰

(Seite links.)

Hauptabtheilung II (Vermögensrechnung).

Einnahmen.

Tit. I. Einnahmen aus dem Vorjahre.

Cap. 1. Kassabaarbestand aus Vermögensbestandtheilen. 2. Aus zurückbezahlten Aktivvorschüssen.

Tit. II. Einnahmen in Folge Veräußerung oder Veränderung von Vermögensbestandtheilen.

Cap. 1. Aus heimbezahlten Aktivkapitalien. 2. Aus veräußerten Realitäten und Rechten. 3. Aus Gefällsablösungen u. dgl.

Tit. III. Neue Fundationszuschüsse.

Cap. 1. Vermächtnisse zum Grundstocksvermögen. 2. Schenkungen zum Grundstocksvermögen.

Tit. IV. Aus Schuldaufnahmen.

Tit. V. Aus Passivvorschüssen.

Summa der Einnahmen.

(Seite rechts.)

Hauptabtheilung II (Vermögensrechnung).

Ausgaben.

Tit. I. Auf Refundirung und Mehrung des Vermögens.

Cap. 1. Ausleihung von Capitalien. 2. Ankauf von Realitäten und Rechten. 3. Ablösung von Reallasten, Baupflichten und anderen Passivreichnissen.

Tit. II. Auf Leistung von Aktivvorschüssen.

Summa der Ausgaben.

Summa der Hauptabtheilung II (Vermögensrechnung).

Einnahmen	ℳ	₰
Ausgaben	ℳ	₰
Ueberschuß (Deficit) .	ℳ	₰

Vermögen.			**Schulden.**		
a) Rentirendes . .	ℳ	₰		ℳ	₰
b) Nichtrentirendes .	ℳ	₰	Summa	ℳ	₰
Summa	ℳ	₰			

Abgleichung.

Vermögen	ℳ	₰
Schulden	ℳ	₰
Aktiv- (Passiv-) Stand	ℳ	₰

Formular VI.

Summarische Uebersicht
über die wesentlichen Rechnungsergebnisse
der ....Stiftung in der
Stadt- (Land-) Gemeinde N. pro 19 . .

Titel.	Capitel.	Vortrag.	Summen der Capitel.		Summen der Titel.	
			ℳ	₰	ℳ	₰

I. Hauptabtheilung.

Rechnung über die laufenden Einnahmen und Ausgaben.

Einnahmen.

Tit. I. Einnahmen aus den Vorjahren.

Cap. 1. Kassabestand nach voriger Rechnung. 2. Einnahmsrückstände. 3. Rechnungsberichtigungen und Ersatzleistungen. 4. Auf Vorschußleistungen auf laufende Ausgaben.

Tit. II. Erträgnisse des Stiftungsvermögens.

Cap. 1. Aus Zinsen und Aktivcapitalien. 2. Aus dem Ertrage der Realitäten. 3. Aus Gewerken und Erwerbsunternehmungen. 4. Aus Rechten.

Tit. III. Aus Sustentationsbeiträgen, Zuschüssen und besonderen Gegenleistungen.

Cap. 1. Des Staates. 2. Der Stiftungen. 3. Der Gemeinden. 4. Der Privaten.

Tit. IV. Sonstige Einnahmen.

Summa

I. **Hauptabtheilung.**

Rechnung über die laufenden Einnahmen und Ausgaben.

Ausgaben.

Tit. I. Auf den Bestand der Vorjahre.

Cap. 1. Zahlungsrückstände. 2. Rechnungsberichtigungen und Ersatzposten.

Tit. II. Auf Passivreichnisse, Staatsauflagen, Kreis-, Distrikts- und Lokalconcurrenzen.

Tit. III. Auf Prozeß- und Exekutionskosten.

Tit. IV. Auf die Verwaltung.

Cap. 1. Besoldungen und Remunerationen der Verwalter und Bediensteten. 2. Regie und Realexigenz. 3. Pensionen und Alimentationen an frühere Bedienstete und deren Relikten.

Tit. V. Auf den Zweck.

Tit. VI. Auf Baureparaturen und Neubauten.

Cap. 1. Ständige Bauausgaben. 2. Baureparaturen. 3. Neubauten.

Tit. VII. Auf besondere Leistungen.

Tit. VIII. Auf Schuldentilgung.

Cap. 1. Zinsen von Passivcapitalien. 2. Heimzahlung von Passivcapitalien. 3. Heimzahlung von Passivvorschüssen.

Tit. IX. Sonstige Ausgaben.

Summa

Abschluß der Rechnung über die Hauptabtheilung I.

Einnahmen	ℳ	₰
Ausgaben	ℳ	₰
Ueberschuß (Deficit)	ℳ	₰

(Seite rechts.)

Hauptabtheilung II.

Vermögensrechnung.

Einnahmen.

Tit. I. Aus dem Vorjahre.

Cap. 1. Kassabestand aus Vermögensbestandtheilen.

Cap. 2. Aus zurückgezahlten Aktivvorschüssen.

Tit. II. Einnahmen in Folge Veräußerung oder Veränderung von Vermögensbestandtheilen.

Cap. 1. Aus heimgezahlten Aktivcapitalien.

Cap. 2. Aus veräußerten Realitäten und Rechten.

Cap. 3. Gefällsablösungen.

Tit. III. Neue Fundationszuflüsse.

Cap. 1. Vermächtnisse zum Grundstockvermögen.

Cap. 2. Schenkungen zum Grundstockvermögen.

Tit. IV. Aus Schuldaufnahmen.

Tit. V. Aus Passivvorschüssen.

Summa . .

(Seite links.)

Hauptabtheilung II.

Vermögensrechnung.

Ausgaben.

Tit. I. Auf Refundirung und Mehrung des Vermögens.

Cap. 1. Ausleihung von Capitalien.

Cap. 2. Ankauf von Realitäten und Rechten.

Cap. 3. Ablösung von Reallasten, Baupflichten und anderen Passivreichnissen.

Tit. II. Auf Leistungen von Aktivvorschüssen.

Summa . .

(Ueber beide Seiten laufend.)

Abschluß

der **Hauptabtheilung** II (Vermögensrechnung).

Einnahmen . . .	M	₰
Ausgaben	M	₰
Ueberschuß (Deficit)	M	₰

a) Rentirendes .	M	₰	Schulden	M	₰
b) Nichtrentirendes	M	₰	Summa	M	₰
Summa	M	₰			

Abgleichung.

Vermögen . . .	M	₰
Schulden	M	₰
Aktiv- (Passiv-) Stand	M	₰

Formular VII. zu Ziffer 19 Abs. 3 der M.Bektm. vom 10. Oktober 1869, den Vollzug des Art. 107 und 145 der G.O. betr.

Uebersicht

über den Schuldenstand und die Schuldentilgung

der Gemeinde . . . .

im Jahre 19 . .

Seite links. Seite rechts.

Benennung der Gemeinde	Schuldenstand des Jahres 19 . .						Schuldentilgungsfond.				Im Jahre 19 . . verwendet.						Betrag der hienach verbleib. Schulden.		Schuldenzugang im Jahre 19 . .		Summa des Schuldenstandes beim Rechnungsabschlusse 19 . .	
	nach dem Rechn.-Abschlusse für 19 . .		Zugang durch neuerliche Liquidationen u. Recherchen.		Summa.		a. nach d. Voranschlag (Schuldentilgungsplan).		b. nach dem wirklichen Anfalle.		a. auf Zinsenzahlung.		b. auf Abtrag v. Capitalien.		c. Summa.							
	ℳ	₰	ℳ	₰	ℳ	₰	ℳ	₰	ℳ	₰	ℳ	₰	ℳ	₰	ℳ	₰	ℳ	₰	ℳ	₰	ℳ	₰

Formulare zur Ministerialvorschrift vom 12. Oktober 1869.*)

Formular Nr. 1.

Kurrentkassatagebuch über die **(Gemeindekasse) (N. N. Stiftung)** der Landgemeinde N. N. pro 19 . ., geführt von dem Verwalter (Einnehmer) N. N.

Seite links.

Fortlauf. Nr.	Datum.			Beleg Nr.	Einnahmen.	Betrag.		Verrechnung im Manuale (in der Rechnung unter):	
	Tag	Mt.	Jahr			ℳ	₰	Titel.	Cap.

Seite rechts.

Fortlauf. Nr.	Datum.			Beleg Nr.	Ausgaben.	Betrag.		Verrechnung im Manuale (in der Rechnung unter):	
	Tag	Mt.	Jahr			ℳ	₰	Titel.	Cap.

Formular Nr. 2.

Rechnungsmanual über die **(Gemeindekasse) (N. N. Stiftung)** der Landgemeinde N. N. pro 19 . ., geführt von dem Verwalter N. N.

Seite links.

Soll nach dem				Einnahmen.	Wirkliche Einnahmen.		Rückstände.		Nachlässe.	
Voranschlag.		wirklichen Anfalle.								
ℳ	₰	ℳ	₰		ℳ	₰	ℳ	₰	ℳ	₰

*) Anm. Diese selbst siehe später.

Seite rechts.

Nr. des Tagebuches.	Bemerkungen.	Folium

Seite links.

Soll nach dem				Ausgaben.	Wirkliche Ausgaben.		Zahlungs-Rückstände.	
Voranschlag.		wirklichen Bedarfe.						
ℳ	₰	ℳ	₰		ℳ	₰	ℳ	₰

Seite rechts.

Nr. des Tagebuchs.	Bemerkungen.	Folium

Formular Nr. 3.

Reservekassatagebuch der Landgemeinde N. pro 19 . ., geführt von den Reservekassaverwaltern N. N.

Seite links.

Fortl. Nr.	Datum.			Einnahmen.	Betrag.		Bemerk.
	Tag.	Mt.	Jahr.		ℳ	₰	

Seite rechts.

Fortl. Nr.	Datum.			Ausgaben.	Betrag.		Bemerk.
	Tag.	Mt.	Jahr.		ℳ	₰	

Formular Nr. 4.

Verzeichniß der **Aktivurkunden** der **(Gemeinde N.)**
(Stiftung in der Gemeinde N.)
(des Fonds der Gemeinde N.)

Seite links.

Fortl. Nr.	Vollständige Bezeichnung der Urkunde und der dazu gehörigen Koupons.	Stand der Urkunden bei Anlage des Verzeichnisses	
		ℳ	₰

Seite rechts.

Veränderungen im Jahre 19 . .

Zugang.		Abgang.		Bemerkungen.
ℳ	₰	ℳ	₰	

5. M.E. v. 12. Okt. 1869, die formelle Behandlung des Kassawesens in den Gemeinden mit Landgemeindeverfassung betr.*)

(Abgedruckt in Kr.A.Bl. u. Weber Bd. VIII S. 382.)

I. Allgemeine Bestimmungen über die Kassaverwaltung.

1) Die Gemeinde- und örtlichen Stiftungskassen in den Gemeinden mit Landgemeindeverfassung werden entweder durch die von dem Bürgermeister oder seinem gesetzlichen Stellvertreter gemäß Art. 145 Abs. 1 G.O. damit beauftragten Gemeindeausschußmitgliede oder durch besondere von dem Gemeindeausschusse unter Bestätigung der vorgesetzten Verwaltungsbehörde (Art. 128 und 134 G.O.) aufgestellte und durch den Bürgermeister verpflichtete Einnehmer verwaltet.

Ist ein Verwalter auf längere Zeit an der Besorgung der ihm obliegenden Geschäfte verhindert, so hat er die Aufstellung eines Stellvertreters bei dem Bürgermeister zu veranlassen.

Hinsichtlich der Kautionsleistung der Verwalter hat der Gemeindeausschuß nach Maßgabe des Art. 134 Absatz 4 G.O. das Erforderliche zu verfügen.

2) Die Verwalter haben im Hinblicke auf die ihnen gemäß Art. 134 Abs. 3 G.O. obliegende Haftung die Kassageschäfte bezüglich der ihnen anvertrauten Kassen nach Maßgabe der folgenden Vorschriften allein und ausschließlich zu besorgen.

Bürgermeister oder Beigeordnete dürfen nach Art. 134 Abs. 2 G.O. in keinem Falle, also auch nicht vorübergehend, eine Kasse führen oder Kassageschäfte für den Verwalter vollziehen.

*) Vgl. Bl f. adm. Pr Bd 29 S. 1, 46 (Kassasturz)

Baarschaften und Aktivurkunden, welche dem Bürgermeister mittelst Zusendung an die Gemeindeverwaltung oder in sonstiger Weise zukommen, sind unverzüglich an den Verwalter der betreffenden Kasse gegen Empfangsbescheinigung abzuliefern. Derartige Empfangsbescheinigungen werden zweckmäßig in chronologischer Ordnung in ein hiefür angelegtes Buch eingetragen.

3) Jeder Verwalter ist für die rechtzeitige und vollständige Erhebung der Einnahmen verantwortlich; Einnahmen, welche entweder nach dem Voranschlage oder den besonders festgestellten Heberegistern, den giltigen Tarifen u. s. w. in ihrem Betrage feststehen, werden ohne spezielle Anweisung auf Grund der dem Verwalter bei Beginn des Rechnungsjahres mitzutheilenden Voranschläge, Heberegister und dergleichen zur Zeit ihrer Fälligkeit erhoben; sonstige Einnahmen, insbesondere auch etwaige von anderen Kassen zu beziehende Vorschüsse, bedürfen einer schriftlichen vom Bürgermeister oder dessen gesetzlichen Stellvertreter unterzeichneten Einweisung, welche sich auf einen Beschluß des Gemeindeausschusses zu gründen hat und von dem Bürgermeister rechtzeitig ausgefertigt und dem Verwalter zugestellt werden muß.

Werden einem Verwalter Zahlungen offerirt, bezüglich deren die vorstehenden Voraussetzungen nicht vorhanden sind, so hat derselbe die Annahme zwar nicht zu verweigern, jedoch innerhalb längstens drei Tagen dem Bürgermeister Anzeige zu erstatten, damit die Vereinnahmungsdekretur erlassen oder sonstige Verfügung getroffen werde.

Ueber jede Einnahme hat der Verwalter Empfangsbestätigung auszustellen.

Quittungen über heimbezahlte Aktivcapitalien und sonst angefallene Stammvermögenstheile sind vom Bürgermeister zu contrasigniren. Kann eine Annahme wegen Saumsal oder Weigerung des Schuldners nicht erhoben werden, so hat der Verwalter die zwangsweise Beitreibung bei dem Bürgermeister zu veranlassen.

Desgleichen hat der Verwalter in Fällen, in welchen die Gewährung eines Nachlasses angezeigt erscheint, die Beschlußfassung des Gemeindeausschusses anzuregen.

4) Den Verwaltern ist bei Meidung eigener Haft untersagt (Art. 135 der Gemeindeordnung), ohne schriftliche Anweisung des Bürgermeisters eine Zahlung zu machen.

Die Anweisungen werden hinsichtlich derjenigen Posten, welche nach dem Voranschlage ziffermäßig feststehen, sofort bei Beginn des Rechnungsjahres unter Aushändigung des Voranschlages an den Verwalter generell verfügt, für sonstige Ausgaben, insbesondere auch für die an andere Kassen gemäß Art. 64 der Gemeindeordnung für die Landestheile diesseits des Rheins gewährten Vorschüsse ist dagegen stets eine spezielle schriftliche Anweisung zu erlassen, welche auf einem Beschlusse des Gemeindeausschusses beruhen muß.

Sowohl die generellen als die besonderen Anweisungen können jederzeit nach Beschluß der Gemeindeverwaltung zurückgezogen werden und erlöschen an sich mit Ablauf des betreffenden Rechnungsjahres, beziehungsweise mit dem in Ziffer 13 der gegenwärtigen Entschließung angeordneten Abschlusse des Kurrentkassatagebuches.

Die nach Vorstehendem zulässigen Zahlungen sind nur an die Empfangsberechtigten oder deren genügend legitimirte Stellvertreter und nur gegen sofortige Uebergabe förmlicher Quittungen zu leisten. Jede Quittung muß den Betrag mit Zahlen und Worten, den Zahlungsgrund, die Bezeichnung der zahlenden Kasse, das

Datum und den Ort der Zahlung, sowie die vollständige Unterschrift des Empfängers enthalten.

5) Die Gelder und Urkunden der Gemeinden und Stiftungen dürfen mit den Privatgeldern und Papieren der Verwalter nicht vermischt werden. Jedem Verwalter ist daher eine aus Gemeinde- und beziehungsweise Stiftungsmitteln anzuschaffende, einfach verschließbare Kasse (Hand- oder Kurrentkasse) zur Verfügung zu stellen.

Außerdem hat regelmäßig in jeder Gemeinde eine doppelt verschließbare sogenannte Reservekasse zu bestehen, von deren Anschaffung nur wegen Mangels eines Bedürfnisses und nur mit Genehmigung der vorgesetzten Verwaltungsbehörde Umgang genommen werden kann.

II. Von der Kurrentkasse, den Kurrentkassatagebüchern und Rechnungsmanualien.

6) Die Kurrentkasse steht unter dem alleinigen Verschluß des Verwalters, welcher auch für deren sichere Aufbewahrung zu sorgen hat.

Der Verwalter ist verpflichtet, alle eingehenden Gelder und Werthpapiere sofort oder doch an demselben Tage, an welchem sie in seine Hände gelangten, bis zur Verausgabung oder vorschriftsmäßigen Ablieferung an die Reservekasse, dann die Voranschläge, Tax- und Heberegister, Kassadekreturen, Quittungen und sonstigen Rechnungsbelege, ferner die Kurrentkassatagebücher und Rechnungsmanualien (insoferne letztere geführt werden), sowie überhaupt alle auf das laufende Rechnungswesen bezüglichen Schriftstücke in der Kurrentkasse zu hinterlegen.

Uebersteigen die Baarbestände bei einer Kasse, deren etatsmäßige Jahreseinnahme 1000 fl. oder weniger beträgt, die Summe von 100 fl., dann bei einer Kasse, deren etatsmäßige Jahreseinnahme zwischen 1000 fl. und 4000 fl. entziffert, die Summe von 200 fl., endlich bei einer Kasse mit einer etatsmäßigen Jahreseinnahme von 4000 fl. und darüber die Summe von 400 fl., so sind die Mehrbeträge unverzüglich an die Reservekasse abzuliefern. Dem Gemeindeausschusse steht es frei, auch ohne die vorstehenden Voraussetzungen die Ablieferung von zeitweise entbehrlichen Kurrentkassabeständen an die Reservekasse anzuordnen.

7) Für jeden Fond, über welchen besondere Rechnung gestellt wird, ist ein eigenes Kurrentkassatagebuch nach dem vorliegenden Formulare Nr. 1 zu führen.

8) Die Kurrentkassatagebücher müssen jedesmal bei Beginn eines Rechnungsjahres neu angelegt werden, und entsprechend geheftet oder gebunden, paginirt und mit einem Umschlage versehen sein, auf welchem der betreffende Fond, das Verwaltungsjahr und der Name des Verwalters anzugeben sind.

9) In das Kurrentkassabuch werden zunächst die nach dem Abschluß des letzten Kassatagebuchs aus dem Vorjahre verbliebenen Aktiv- und Passivreste, und sodann alle für das laufende Rechnungsjahr entfallenden Einnahmen und Ausgaben in chronologischer Ordnung eingetragen, und zwar in der Weise, daß, wie aus dem Formulare zu ersehen, die Einnahmen in ununterbrochener Reihenfolge auf die linke und die Ausgaben auf die gegenüberliegende rechte Seite zu stehen kommen.

10) Jeder Einnahms- und Ausgabeposten ist sofort nach seinem Anfalle oder doch spätestens an demselben Tage zu verbuchen.

Ausgenommen sind diejenigen Posten, welche in zahlreichen kleineren Beträgen, wie z. B. die Taxen, Umlagen 2c. anfallen, und deshalb in besonderen Registern oder Verzeichnissen einzeln verbucht werden. Bezüglich dieser Posten genügt ein summarischer Vortrag im Kassatagebuch, welcher jedoch mindestens einmal monatlich stattzufinden hat.

Die nach Maßgabe der folgenden Bestimmungen in die Reservekasse abgelieferten oder von dort zurückgezogenen Kurrentkassabaarschaften werden nur intra lineas vorgetragen.

11) Beschlüsse, bezüglich deren auf die in Art. 64 der Gemeindeordnung für die Landestheile diesseits des Rheins enthaltenen Vorschriften verwiesen wird, sind von dem Verwalter, welcher den Vorschuß leistet, in dem betreffenden Kurrentkassatagebuch in Ausgabe zu stellen, und von demjenigen Verwalter, welcher den Vorschuß empfängt, in dem Kurrentkassatagebuch des betreffenden Fonds zu vereinnahmen; der letztere Verwalter hat überdies einen Empfangsschein auszustellen, welcher bis zur Rückzahlung des Vorschusses in derjenigen Kasse, aus welcher der Vorschuß gegeben wurde, als Beleg aufzubewahren ist.

Definitive Zuschüsse, welche von einer Kasse an eine andere geleistet werden, müssen in dem Kassatagebuch der ersteren als Ausgabe und in dem Kassatagebuch der letzteren als Einnahme verbucht werden.

12) Die Tagebuchseinträge müssen deutlich und mit Tinte geschrieben werden. Sie haben insbesondere bezüglich der Einnahmen den Namen des Zahlenden, die Gattung der Einnahme, die Zeit, für welche die Zahlung erfolgte, und den Betrag der Zahlung, bezüglich der Ausgaben dagegen den Namen des Empfängers, den Betreff, für welchen die Zahlung geleistet wurde und den verausgabten Betrag zu enthalten. Ferner ist jedem Eintrage außer der fortlaufenden Nummer des Tagebuches und dem Datum, unter welchem die Leistung erfolgte, die fortlaufende Nummer der Einnahms-, beziehungsweise Ausgabsbelege beizusetzen, zu welchem Behufe die Belege nach den Einnahmen und Ausgaben ausgeschieden und nach der Reihenfolge ihrer Entstehung geordnet in gesonderte Tekturen zu bringen und (mit Bleistift) fortlaufend zu numeriren sind.

Jede Seite des Tagebuches ist zu summiren und der Seitenbetrag auf die nächstfolgende Einnahms- resp. Ausgabsseite zu übertragen.

Die Tagebücher sind reinlich und frei von Rasuren zu halten; Korrekturen sind möglichst zu vermeiden und gegebenenfalls nur in der Art vorzunehmen, daß der frühere Eintrag noch leserlich bleibt.

13) Nach Ablauf des Rechnungsjahres sind die Tagebücher durch Einstellung der etwaigen durchlaufenden Posten, z. B. der Anschläge von Wohnungen, Dienstgründen u. dgl., dann der bewilligten Nachlässe zu ergänzen, hierauf unter Summirung und Abgleichung der Einnahmen und Ausgaben abzuschließen und von dem Verwalter zu unterzeichnen.

Nach dem Abschlusse darf kein Eintrag mehr stattfinden, dagegen können bis zu diesem Zeitpunkte etwaige nachgeholte Einnahmen und Ausgaben des bezüglichen Rechnungsjahres noch eingestellt werden.

Auf der Grundlage der abgeschlossenen Kassatagebücher werden sodann, insoferne nicht die Führung von Rechnungsmanualien stattfindet, die Rechnungen nach dem vorgeschriebenen Schema gestellt. Zu diesem Behufe ist den einzelnen Posten des Kassatagebuches die Nummer des Titels und Capitels, unter welcher dieselben in Rechnung erscheinen, in der hiefür bestimmten Rubrik beizufügen; auch sind die

Belege nach der Reihenfolge der Rechnungsposten neu zu ordnen und definitiv mit Tinte zu nummeriren.

14) Für Gemeinden und Stiftungen, deren Rechnungswesen von bedeutendem Umfange ist, dann in Gemeinden, in welchen bisher schon ohne Rücksicht auf die Größe der Fonds Rechnungsmanualien geführt wurden, kann von der vorgesetzten Aufsichtsbehörde die Führung eines eigenen Manuals neben dem Kassatagebuche angeordnet werden.

In die Manualien, welche bei Beginn eines jeden Rechnungsjahres neu anzulegen und nach dem anruhenden Formular Nr. 2 zu führen sind, werden zunächst die Aktiv- und Passivreste der Vorrechnung, sowie die Ansätze des neuen Voranschlages übergetragen und sodann alle Einnahmen und Ausgaben des laufenden Jahres, nach den Titeln und Capiteln des Rechnungsschemas geordnet, eingestellt.

Die Rechnungsmanualien müssen wenigstens am Schlusse eines jeden Monats aus dem Kassatagebuche ergänzt werden. Hiebei ist einerseits den einzelnen Posten des Kassatagebuches die Nummer des Titels und Capitels, unter welchem sie in das Manual übergetragen erscheinen, andererseits den Vorträgen des Manuals die bezügliche fortlaufende Nummer des Kassatagebuches in den hiefür bestimmten Rubriken beizusetzen.

Mit Ablauf des Rechnungsjahres, beziehungsweise nach dem gemäß Ziffer 13 erfolgten Abschlusse der Kurrentkassatagebücher werden die Manualien abgeschlossen und haben dann, nachdem noch die etwaigen Rückstände in den betreffenden Rubriken vorgemerkt worden, als Grundlage der Rechnung zu dienen.

III. Von der Reservekasse und dem Reservekassatagebuche.

15) In der Reservekasse sind die sämmtlichen Aktivurkunden (Staatsobligationen nebst Coupons, Hypothekenbriefe 2c.) der Gemeinde und aller unter der Gemeindeverwaltung stehenden örtlichen Stiftungen und Fonds, die Cautionen der Verwalter, die heimgezahlten Aktivcapitalien, die Erlöse aus veräußerten Stammvermögenstheilen, die neu anfallenden Vermögenszuflüsse, sowie endlich die von den Kurrentkassaverwaltern entweder freiwillig oder nach Maßgabe der Vorschrift in Ziff. 6 gegenwärtiger Entschließung abgelieferten Kurrentkassabaarbestände aufzubewahren.

Urkunden und Baarschaften, welche verschiedenen Fonds gehören, sind, nach diesen ausgeschieden und mit den Namen derselben versehen, in der Reservekasse getrennt zu halten.

16) Die Reservekasse muß von zweckentsprechender Beschaffenheit sein, sie ist an einem, zunächst von der Gemeindeverwaltung zu bestimmenden, sicheren Orte aufzubewahren und steht unter dem doppelten Verschlusse zweier Gemeindeausschußmitglieder, welche von dem Bürgermeister mit der Führung der Reservekassageschäfte betraut werden.

Den Bürgermeistern und Beigeordneten ist auch die Besorgung der Reservekassageschäfte untersagt; dagegen kann den Kurrentkassaverwaltern die Betheiligung an Reservekassageschäften nach Beschluß des Gemeindeausschusses in der Weise gestattet werden, daß ein Kurrentkassaverwalter den einen Reservekassaschlüssel, ein mit Kurrentkassageschäften nicht betrautes Gemeindeausschußmitglied aber den anderen Schlüssel in Händen hat; die Beiziehung eines weiteren Gemeindeausschußmitgliedes zur Reservekassaverwaltung ist dann unnöthig.

17) Die mit der Führung der Reservekasse betrauten Gemeindeausschußmitglieder (Reservekassaverwalter) dürfen nur von den Verwaltern der Kurrentkassen Urkunden und Baarschaften der Gemeinden oder Stiftungen übernehmen und nur an diese Verwalter Urkunden, Baarschaften oder Geldwerthe ausliefern; auch dürfen sie keine Ausgabe für die Reservekasse ohne vorherige schriftliche Anweisung des Bürgermeisters oder seines gesetzlichen Stellvertreters machen.

18) Baarschaften und Urkunden, deren Aufbewahrung nach Ziff. 16 in der Reservekasse stattzufinden hat, müssen von den Currentkassaverwaltern spätestens am dritten Tage, nachdem sie in deren Hände gelangt sind, abgeliefert werden. Ueber die geschehene Ablieferung ist ein von den beiden Reservekassaverwaltern unterzeichneter Empfangsschein auszustellen, welcher in der betreffenden Kurrentkasse aufbewahrt wird.

Werden aus der Reservekasse Baarschaften, Werthpapiere oder sonstige Urkunden an den Kurrentkassaverwalter abgegeben, so hat dieser eine Empfangsbestätigung auszustellen, welche in der Reservekasse zu hinterlegen ist.

19) Die Reservekassaverwalter sind verpflichtet, alle an die Reservekasse eingezahlten oder aus derselben abgegebenen Geldbeträge in ein nach dem beiliegenden Formulare Nr. 3 zu führendes Kassatagebuch (Reservekassatagebuch) einzutragen.

Desgleichen haben sie über den Bestand der Aktivurkunden (einschließlich der Coupons) fortlaufende nach den betheiligten Kassen ausgeschiedene Verzeichnisse zu führen, worin jede an die Reservekasse abgelieferte oder aus derselben hinausgegebene Urkunde vorgetragen werden muß. Für die Urkundenverzeichnisse ist das beiliegende Formular Nr. 4 anzuwenden, jedoch können die bereits angelegten Verzeichnisse bis zur Abnützung beibehalten werden.

Jeder Eintrag in das Reservekassatagebuch oder im Urkundenverzeichniß ist mit Tinte zu schreiben und von den beiden Reservekassaverwaltern zu unterzeichnen; werden gleichzeitig mehrere unmittelbar und ohne Zwischenraum aufeinanderfolgende Einträge gemacht, so genügt die Unterzeichnung des letzten Eintrags.

Die Reservekassatagebücher und Urkundenverzeichnisse sind alljährlich abzuschließen; sie werden nebst den Zahlungsanweisungen des Bürgermeisters und den obenerwähnten Empfangsbestätigungen der Kurrentkassaverwalter in der Reservekasse verwahrt, welche nach dem Vollzuge der Kassageschäfte jedesmal von den beiden Reservekassaverwaltern zu verschließen ist.

IV. Von den Kassavisitationen.

20) Dem Bürgermeister und im Verhinderungsfalle seinem gesetzlichen Stellvertreter kommt nach Art. 131 G.O. für die Landestheile diesseits des Rheins die Ueberwachung des Kassa- und Rechnungswesens der Gemeinde und örtlichen Stiftungen zu.

Er ist verpflichtet, alle Jahre mindestens einmal die sämmtlichen Kurrentkassen, sowie die Reservekassen unter Zuziehung eines oder zweier Ausschußmitglieder gründlich zu visitiren.

Hiebei sind zunächst die Kassatagebücher, besonderen Perceptionsregister und Urkundenverzeichnisse abzuschließen und deren Ergebnisse unter Prüfung der vorhandenen Belege festzustellen, sodann hat die Abzählung der Kassenbestände und der Sturz der Aktivurkunden und Materialvorräthe zu erfolgen und hierauf eine Vergleichung der hier gefundenen Resultate mit den Ergebnissen der Tagebücher 2c. einzutreten.

Werden hiebei erhebliche Abweichungen und Mängel constatirt, so ist ungesäumt das zur Erhaltung des Gemeinde- und Stiftungsvermögens Erforderliche zu verfügen und an die vorgesetzte Aufsichtsbehörde Anzeige zu erstatten; unbedeutendere Verstöße dagegen sind sofort zu berichtigen und die Kassatagebücher ꝛc. mit den entsprechenden Vormerkungen hierüber zu versehen.

Ueber die Visitation ist ein Protokoll aufzunehmen, welches in der Gemeinderegistratur hinterlegt wird.

21) Abgesehen von der vorstehend angeordneten Visitation hat der Bürgermeister unmittelbar nach dem gemäß Ziffer 13 der gegenwärtigen Entschließung vollzogenen Abschlusse der Kassatagebücher eine weitere Visitation der Kassen vorzunehmen und zu Protokoll zu constatiren, ob die Kassen- und Urkundenbestände mit den Rechnungsabschlüssen und Spezialvorträgen der Rechnungen übereinstimmen. Dieses Protokoll ist mit den Rechnungen als Kassaausweis der vorgesetzten Aufsichtsbehörde vorzulegen.

V. Von der Ueberweisung der Kassen.

22) In allen Fällen des Uebergangs einer Kasse an einen anderen Verwalter hat eine förmliche Ueberweisung der Kasse stattzufinden. Diese Ueberweisung ist durch den Bürgermeister oder dessen gesetzlichen Stellvertreter zu vollziehen und hiebei in Anwesenheit des übernehmenden und abtretenden Verwalters oder dessen Stellvertreters eine Visitation der Kassen nach Anleitung der vorstehenden Ziffer 20 vorzunehmen. Die desfallsigen Verhandlungen sind schriftlich zu pflegen und in denselben die überwiesenen Baarbestände, Urkunden, Materialien, Kassatagebücher, Register und sonstigen Schriftstücke von Belang, sowie auch die überwiesenen Bureaurequisiten und Mobilien zu verzeichnen. Das Ueberweisungsprotokoll, welches in der Gemeinderegistratur sorgfältig aufbewahrt werden muß, ist sowohl von dem abtretenden Verwalter, beziehungsweise seinem Stellvertreter, als von dem übernehmenden Verwalter zu unterzeichnen und dem ersteren auf Verlangen eine Abschrift des Protokolls auszuhändigen.

Nach Vollzug der Ueberweisung hat sich der abtretende Verwalter aller weiteren Kassageschäfte zu enthalten.

Rückstände, welche dem neuen Verwalter überwiesen wurden, sind von diesem beizutreiben, jedoch unbeschadet der etwaigen Haftungsverbindlichkeit des abtretenden Verwalters.

VI. Von dem Etats- und Rechnungswesen.

23) Das Etats- und Rechnungswesen ist nach Anleitung der in diesem Betreffe gesondert ergangenen M.E. vom 10. dieses Monats Nr. 10698 zu behandeln

Selbstverständlich haben die Verwalter bezüglich der ihnen anvertrauten Kassen zunächst die Voranschläge zu entwerfen und die Rechnungen zu stellen, wobei jedoch der Gemeindeschreiber oder eine sonst geeignete Persönlichkeit mit der Fertigung der schriftlichen Arbeiten betraut werden kann. (Art. 129 G O.)

---

6. M.E. v. 23. Juni 1871, die Portofreiheit der Gemeindeverwaltungen für Correspondenzen unter sich betr.

(Abgedr. in den K.A.Bl. und Weber, Bd. IX S. 69)

Den Gemeindeverwaltungen steht die Portofreiheit bei Correspondenzen unter einander zufolge § 3 der Vdg. vom 23. Juni 1829 (Reg.Bl. S. 525) nur in Staatsdienstangelegenheiten, sohin nur für jene Fälle zu, wo außerdem das Postporto der Staatskasse zur Last fallen würde.

Ebenso können sie nach § 11 daselbst auf der fahrenden Post für Akten und Gelder nur in Staatsdienstsachen, sohin, was Geldversendungen betrifft, nur dann, wenn die Gelder in Staatskassen fließen oder aus diesen zur Bestreitung der Bedürfnisse des Staates erhoben werden, Portofreiheit in Anspruch nehmen.

Gegenüber diesen entscheidenden und im Allgemeinen nicht schwierig zu handhabenden Grundsätzen sollen wiederholt Abweichungen im Verkehre der Gemeindeverwaltungen unter sich durch unbefugte Ausdehnung der Portobefreiung wahrgenommen worden sein.

Die kgl. Regierung, Kammer des Innern, wird daher beauftragt, den Gemeindeverwaltungen die erwähnten Vorschriften zur genauesten Nachachtung in Erinnerung zu bringen bezw. bringen zu lassen und die Distriktsverwaltungsbehörden zu sorgfältiger Ueberwachung anzuweisen.

Auch ist bei Amtsinspektionen, Visitationen und Extraditionen geeignete Nachsichtspflege vorzukehren, ob jenen Vorschriften nicht zuwidergehandelt wird.

---

7. M.E. v. 2. Aug. 1873, das Kassawesen der Gemeinden mit Landgemeindeverfassung und der Armenpflegen in solchen Gemeinden betr. (M.A.Bl. S. 467 u. Weber, Bd. X S. 77.)

In der auf Grund des Art. 145 Abs. 8 G.O. erlassenen gemeinschaftlichen Normativentschließung der k. Staatsministerien des Innern beider Abtheilungen, dann des vormaligen k. Staatsministeriums des Handels und der öffentlichen Arbeiten vom 12. Oktober 1869 Nr. 8205 — „die formelle Behandlung des Kassawesens in den Gemeinden mit Landgemeindeverfassung betr." — ist unter Ziffer 3 angeordnet, daß der Verwalter einer gemeindlichen Kasse über jede Einnahme Empfangsbestätigung auszustellen hat und daß nur Quittungen über heimgezahlte Aktivcapitalien und sonst angefallene Stammvermögenstheile vom Bürgermeister zu contrasigniren sind.

Desgleichen ist in Ziffer 2 der im Hinblicke auf Art. 37 Abs. 4 des Gesetzes über öffentliche Armen- und Krankenpflege vom 29. April 1869 ergangenen Entschließung des k. Staatsministeriums des Innern vom 14. Mai 1870 Nr. 4788 — das Kassawesen der Armenpflegen in den Gemeinden mit Landgemeindeverfassung betr. — die Bestimmung getroffen, daß der für die Verwaltung einer Armenkasse aufgestellte Kassier über jede Einnahme eine Quittung auszustellen hat, welch letztere nur dann von dem Vorstande des Armenpflegschaftsrathes zu contrasigniren ist, wenn es sich um die Heimzahlung von Capitalien handelt.

Diese Bestimmungen stehen im Einklange mit Art. 134 G.O. und Art. 33 des Gesetzes über öffentliche Armen- und Krankenpflege, wonach die Kassageschäfte der betreffenden Gemeinden und Armenpflegen von den Kassierern allein zu besorgen sind, welche auch zunächst für die richtige Erhebung der Einnahmen haften.

Es ist nun von einer Seite gefordert worden, daß die Empfangsbestätigungen über die von den k. Bezirksämtern an die Armenpflegen hinaus zu vergütenden Antheile an den Jagdkartengebühren, sowie überhaupt die Quittungen über alle aus einer Kasse des Staates an eine Gemeinde- oder Armenkasse geleisteten Zahlungen nicht nur von dem einschlägigen Verwalter oder Kassierer, sondern neben diesem auch noch von dem Vorstande des Gemeindeausschusses oder der Armenpflege zu unterzeichnen seien.

Ein derartiges Verfahren würde jedoch lediglich zu unnöthigen Weitwendigkeiten führen und stünde offenbar im Widerspruche zu den obenangeführten, auf Grund der einschlägigen Gesetze von den zuständigen k. Staatsministerien erlassenen Vollzugsvorschriften, zu deren genauer Beachtung alle betheiligten Behörden verpflichtet sind. Im Einverständnisse mit dem k. Staatsministerium der Finanzen wird deßhalb eröffnet, daß auch bei den Empfangsbestätigungen der bezeichneten Zahlungen die obenangeführten Bestimmungen der M.E. vom 12. Oktober 1869 und 14. Mai 1870 in Anwendung zu kommen haben.

---

8. J.M.E. v. 23. Januar 1874, Abquittirung und Löschung bezahlter Hypothekforderungen der Gemeinden und Stiftungen. (M.A.Bl. S. 108.)

Hinsichtlich der Fertigung der Abquittirung bezahlter Hypothekforderungen der Gemeinden und Stiftungen, sowie der bezüglichen Löschungserklärung sind bei den Hypothekenämtern verschiedene Anschauungen hervorgetreten, indem die einen die Unterschrift sämmtlicher Verwaltungsmitglieder verlangen, die anderen sich mit der Unterschrift des Vorstandes und Kassiers begnügen. Zur Erzielung eines gleichmäßigen Verfahrens sieht sich das unterfertigte kgl. Staatsministerium nach Benehmen und im Einverständnisse mit den kgl. Staatsministerien des Innern beider Abtheilungen unter Bezugnahme auf die Entschließung dieser Ministerien vom 31. Juli 1864 ausgesetzten Betreffs (J.M.Bl. 1864 S. 227) veranlaßt, nachstehende Erläuterung behufs geeigneter Beachtung zur Kenntniß zu bringen.

Die hier angeregte Frage berührt die Gemeinden, die unter gemeindlicher Verwaltung stehenden örtlichen Stiftungen und die der Obsorge der Kirchenverwaltung anvertrauten Kultusstiftungen, nicht auch jene Stiftungen, deren Verwaltung nicht nach den Bestimmungen der G.O. für die Landestheile diesseits des Rheins vom 29. April 1869 oder des revidirten Gemeindeedikts organisirt ist.

Anlangend nun die Verwaltung der den Kirchenverwaltungen anvertrauten Kultusstiftungen, so kommt hier die jüngste Gemeindegesetzgebung nicht in Betracht, und hat nach Ziffer 1 und 2 der Entschließung der Staatsministerien des Innern beider Abtheilungen vom 31. Juli 1864 ausgesetzten Betreffs die fragliche Abquittirung und Erklärungsabgabe auch fernerhin durch die Kirchenverwaltungen zu geschehen. Da nach dem während des Bestandes des revidirten Gemeindeedikts bezüglich der Ausfertigungen der Magistrate beobachteten Verfahren und nach Analogie des § 17 des Regulativs zur Geschäftsführung in den Landgemeinden vom 24. September 1818 (Döllinger Bd. 11 S. 1056) bisher zur Unterzeichnung der einschlägigen Ausfertigungen ausschließlich der Vorstand der Kirchenverwaltung für befugt erachtet wurde und die Verhältnisse sich gleich geblieben sind, so besteht kein Grund, diese Befugniß als eine zur Zeit noch giltige anzuzweifeln, zumal Ziff. 3 der angezogenen Ministerialentschließung in unzweideutiger Weise zu erkennen gibt, daß hier Angelegenheiten von Wichtigkeit nicht in Frage stehen.

Hingegen kann es nicht zweifelhaft sein, daß anbelangend die Gemeinden und die unter gemeindlicher Verwaltung stehenden örtlichen Stiftungen, die unter 2 der M.E. vom 31. Juli 1864 erwähnte Löschungsbewilligung sich als ein Verwaltungsakt darstellt und nach Art. 65, 84, 87, 130 und 134 G.O. daher die Erklärung der Löschungsbewilligung auch dermal noch nicht den gemeindlichen Verwaltern, sondern den Magistraten und den Gemeindeausschüssen zukomme. Demgemäß ist darauf zu achten, daß die Abquittirung mit der Erklärung der Magistrate und Gemeindeausschüsse über die Bewilligung der Hypotheklöschung begleitet sei.

Daß diese Erklärungen der Magistrate und der Gemeindeausschüsse von den geschäftsleitenden Vorständen und nicht von allen Mitgliedern der Magistrate und der Gemeindeausschüsse unterzeichnet werden müssen, ergiebt sich aus Artikel 101 Absatz 3 und, nachdem es sich hier nicht um Urkunden handelt, welche eine Verpflichtung der Gemeinde oder Ortsstiftung begründen, aus Art. 145 Abs. 7 der G.O.

Wird nicht von den Magistraten und Gemeindeausschüssen zugleich auch die Erklärung über die erfolgte Hypothekencapitalrückzahlung abgegeben, so bemißt sich die Abquittirung nach Art. 107 Abs. 3 und Art. 145 Abs. 8 l. c.

Diese Quittirung steht nach Ziff. 3 der Entschließung der kgl. Staatsministerien des Innern beider Abtheilungen, dann des vormaligen kgl. Staatsministeriums des Handels und der öffentlichen Arbeiten vom 12. Oktober 1869, welche in den Kreisamtsblättern veröffentlicht ist und die formelle Behandlung des Kassenwesens der Gemeinden mit Landgemeindeverfassung betrifft, in solchen Gemeinden dem gemeindlichen Verwalter unter Contrasignirung der Quittung durch den Bürgermeister zu und es wird die Regel bilden, daß im Vollzuge des Art. 107 Abs. 3 G.O. auch in den Städten und Märkten mit magistratischer Verfassung die Abquittirung in der gleichen Weise geordnet ist.

Von dem Erfordernisse der Siegelung der Erklärungen kann sowohl bei den Gemeindeausschüssen und den Magistraten als bei den Kirchenverwaltungen abgesehen werden.

---

9. M.E. v. 20. Mai 1874, die Sparkassen von Gemeinden und Distrikten betr.*)

(M.A.Bl. S. 301 u. Weber, Bd. X S. 353.)

Das unterfertigte kgl. Staatsministerium hat die Vorschriften über die Sparkassen von Gemeinden und Distrikten einer Revision unterstellt und erläßt nach gutachtlicher Einvernahme der kgl. Regierungen, Kammern des Innern, dann von Bezirksamtsmännern und Bankdirektoren, Magistraten und Sparkassaverwaltungen nachstehende Grundbestimmungen:

1) Die Sparkassen der Gemeinden und Distrikte haben den Zweck, Gelegenheit zur sicheren und verzinslichen Anlage von Ersparnissen zu geben.

2) Die Verhältnisse jeder Sparkasse sind durch Satzungen zu regeln, welche der Genehmigung der vorgesetzten Verwaltungsbehörde bedürfen.

3) Die Spareinlagen haben auf den Namen des Einlegers oder desjenigen zu geschehen, zu dessen Gunsten die Einlage gemacht wird.

4) Die Höhe der Verzinsung der Einlagen zu bestimmen, bleibt den Gemeinden (Distrikten) überlassen. Es darf jedoch größeren Einlagen kein höherer Zins bewilligt werden, als kleineren Beträgen.

---

*) Vgl. auch M.E. v. 4. 7. 1882 A.Bl. S. 219, v. 5. 6. 1883, A.Bl. S. 212.

5) Die Art der Zahlung der Zinsen von Einlagen und die Zurechnung derselben zum Capital ist in den Satzungen zu regeln. Die Zinsen der Einlagen können nur an den hiefür bestimmten Terminen erhoben werden. Erfolgt die Erhebung an diesen Terminen und innerhalb einer weiteren in den Satzungen zu bezeichnenden Frist nicht, so sind die Zinsen dem Capitale zuzurechnen. Es ist die Bestimmung zulässig, daß die Zinsen stets dem Capitale zuzurechnen seien.

6) Die Rückzahlung der Einlagen hat nach Ablauf der Zeit, für welche dieselben gemacht wurden, oder gegen vorgängige Kündigung zu erfolgen. Der Sparkassaverwaltung kann jedoch in den Satzungen die Befugniß ertheilt werden, auf Antrag Rückzahlungen auch ohne vorausgegangene Kündigung zu leisten, wenn der Kassabestand dies gestattet.

Die Rückzahlung der Einlagen und Zinsen erfolgt gegen Uebergabe der Einlagebescheinigung (des Sparbuches, Sparscheines). In den Satzungen kann bestimmt werden, daß die Kassaverwaltung die Berechtigung zur Empfangnahme der Einlagen und Zinsen zu prüfen befugt, aber nicht verpflichtet ist.

7) Der reine Ueberschuß der Sparkasse ist zur Bildung und Erhaltung eines Reservefonds von wenigstens zehn Procent der Gesammteinlage zu verwenden. Der Reservefond ist zur Deckung etwaiger Schäden, sowie zur Bereithaltung der notwendigen Betriebsmittel, insbesondere bei Krediterschütterungen, bestimmt und muß deshalb so angelegt werden, daß über ihn in Zeiten der Gefahr rasch verfügt werden kann. Derselbe ist in den Sparkassenrechnungen besonders auszuweisen.

8) Die Sparkasse muß von den übrigen Kassen der Gemeinde (des Distriktes) getrennt verwaltet werden. Es ist Sorge zu tragen, daß die Urkunden der Sparkasse mit jenen des eigentlichen Gemeinde- (Distrikts-) Vermögens nicht vermischt werden.

9) Die Anlage der Sparkassagelder hat in der Regel nach Maßgabe der kgl. allerh. Verordnung vom 31. Juli 1869, die Capitalsausleihungen der Gemeinden und Stiftungen betreffend, zu erfolgen; es können jedoch auch folgende Arten von Anlagen in den Satzungen als zulässig erklärt werden:

a) in verzinslichen Schuldverschreibungen deutscher Bundesstaaten;

b) mittels Ankaufs von Zinsabschnitten solcher Schuldverschreibungen, in welchen die Capitalsanlage zulässig ist, wenn die Zinsabschnitte entweder bereits fällig sind oder in den nächsten sechs Monaten fällig werden;

c) gegen Privatschuldscheine mit Bürgschaft.

Von der durch § 5 der erwähnten Verordnung als Regel vorgezeichneten Umschreibung der Nominalobligationen und Vinkulirung der auf Inhaber lautenden Schuldverschreibungen kann Umgang genommen werden. Unter welchen Voraussetzungen dies geschehen darf, haben die Satzungen zu bestimmen.

10) Im übrigen haben die Gemeinden und Distrikte bei dem Betriebe ihrer Sparkassen die Bestimmungen über die Verwaltung des Gemeinde- und Distriktsvermögens genau zu beachten. Hievon abweichende Vorschriften dürfen in den Sparkassasatzungen nicht Eingang finden.

11) Der Geschäftsbericht über den Stand der Sparkasse ist jährlich nach einem von dem Staatsministerium des Innern zu bezeichnenden Formulare zu erstatten und zu veröffentlichen.

12) Die Satzungen der Sparkassen müssen enthalten:

a) die Erklärung, daß die Gemeinde (Distriktsgemeinde) für die Verzinsung und Rückzahlung der Einlagen haftet;

b) die Bezeichnung des kleinsten und größten Betrages, welchen die Sparkasse als Einlage annimmt;

die Bestimmungen über die Verzinsung der Einlagen, über die Art der Erhebung der Zinsen und über die Zurechnung der Zinsen zum Capital;

d) die Bestimmung über die Kündigungsfristen und Rückzahlungsbedingungen;

e) die Vorschriften über die Organisation der Sparkassaverwaltung sowie über Ort und Zeit für die Vornahme der Sparkassageschäfte;

13) Wenn die Einlagebescheinigung in der Form des Sparbuches ausgestellt wird, so sind diesem die Satzungen beizudrucken.

14) Die voraufgeführten Bestimmungen sind von den kgl. Bezirksämtern und den kgl. Kreisregierungen bei Würdigung gemeindlicher oder distriktiver Beschlüsse über Gründung neuer oder Aenderung bestehender Sparkassen zur Geltung zu bringen.

15) Die Normativentschließung vom 30. Januar 1843, die Sparkassen betreffend, und die hiezu erlassenen Ministerialvorschriften sind aufgehoben.

Zu vorstehenden Bestimmungen wird bemerkt, was folgt:

Nach der deutschen Gewerbeordnung ist zur Errichtung von Sparkassen polizeiliche Genehmigung nicht erforderlich und demgemäß Art. 140 des Polizeistrafgesetzbuches und § 29 der kgl. allerh. Verordnung vom 4. Jan. 1872, die Zuständigkeit der Verwaltungsbehörden in Sachen des Strafgesetzbuches für das deutsche Reich und des Polizeistrafgesetzbuches betr., nicht mehr anwendbar. Da aber die Gemeinden mit dem Betriebe von Sparkassen dauernde Haftungsverbindlichkeiten übernehmen, so sind sie nach den beiden G.O. vom 29. April 1869 bezüglich der Gründung solcher Kassen und der Veränderung in den Einrichtungen derselben an die Genehmigung der vorgesetzten Verwaltungsbehörde gebunden. Disbezügliche Beschlüsse der Distriktsräthe unterliegen nach dem Distriktsrathsgesetze vom 28. Mai 1852 der Bescheidung der vorgesetzten Kreisregierung.

Zu Ziff. 1. Die Sparkassen der Gemeinden und Distrikte haben den Zweck, Gelegenheit zur sicheren und verzinslichen Anlage von Ersparnissen zu geben und dadurch den Sparsinn selbst zu fördern. Aus dieser Zweckbestimmung der Sparkassen ergibt sich die Begrenzung ihrer Thätigkeit: sie sollen als Sparkassen nicht die Geschäftsziele anderer Unternehmungen, z. B. der Banken, verfolgen. Die Festhaltung an dieser Scheidung führt zu den in vorstehenden Grundbestimmungen vorgesehenen Einschränkungen des Geschäftsbetriebes der Sparkassen.

Zu Ziff. 3. Aus der hier gegebenen Anordnung folgt, daß die Einlagebescheinigungen nur auf Namen, nicht auf Inhaber ausgestellt werden dürfen.

Zu Ziff. 4. Im Hinblick auf den Zweck der Sparkassen erscheint es nicht gerechtfertigt, größere Einlagen in der Verzinsung günstiger zu behandeln, als kleinere Beträge. Aufgabe der Sparkasse ist es ohnedies nicht, größere Capitalien anzuziehen.

Zu Ziff. 5. Die Bestimmung, daß die Zinsen stets dem Capital zuzurechnen seien, wird namentlich dann getroffen werden, wenn die Sparkassen zur Ausgabe von Sparscheinen schreiten. Der Sparschein lautet auf eine von der Sparkasse an einem im voraus bestimmten Tage zu bezahlende bestimmte Summe und wird an den Einleger zu dem Betrage abgegeben, welcher mit Hinzurechnung der bis zum Rückzahlungstage anfallenden Zinsen den Nominalbetrag des Sparscheines ausmacht.

Zu Ziff. 6. Für die Sicherheit des Betriebes der Sparkasse ist es von hoher Wichtigkeit, daß die Frist für die Rückzahlung der Einlagen nicht zu kurz bemessen, sondern mit der Möglichkeit, Geldmittel flüssig zu machen, in ein richtiges Verhältniß gebracht werde.

In den Satzungen ist die Bestimmung zulässig, daß auch die Sparkasse die Einlagen zur Rückzahlung künden kann.

Zu Ziff. 7. Die Anlage des Reservefonds hat wie jene der anderen Sparkassagelder zu geschehen.

Nach Erfüllung der in Ziffer 7 bezeichneten Verpflichtung kann die Gemeindebehörde über den Gewinn der Sparkasse frei verfügen.

Es wäre zu wünschen, daß der Gewinn der Sparkassen lediglich den Einlegern, den Sparern, zu Gute komme, namentlich da, wo durch einen ausreichenden Reservefond die Haftung für die Spareinlagen erheblich gemindert ist. Die bisherige Entwickelung des Sparkassawesens muß auf ein Verbot der Verwendung des Gewinnes der Sparkassen für Gemeindezwecke zur Zeit verzichten lassen. Dagegen darf erwartet werden, daß die Gemeinden die menschenfreundliche Idee, von welcher sie bei der Gründung der Sparkassen geleitet wurden, auch bei dem Betriebe derselben festhalten und demzufolge den Einlegern ihren Antheil an dem Reingewinn nicht versagen werden. Die Sparkassen der Gemeinden und Distrikte sollten keine Erwerbsunternehmungen sein. Der Vortheil, welchen eine Gemeinde durch die wohlthätigen Wirkungen einer richtig betriebenen Sparkasse für ihre wirthschaftlichen und sozialen Verhältnisse empfängt, ist mehr werth als ein Geldgewinn.

Für die Art der Zuweisung des Gewinnes der Sparkassen an die Einleger empfiehlt sich außer der richtig bemessenen Feststellung des Zinsfußes die jährliche Bezahlung oder Gutschreibung von Dividenden nach Verhältniß des auf die einzelnen Einleger treffenden Zinsbetrages.

Zu Ziff. 8. Sparkassegelder dürfen nur der Gemeinde selbst, nicht aber einer einzelnen Gemeindeanstalt, z. B. der Leihanstalt, unmittelbar geliehen werden. Die Verbindung der Sparkasse mit einer etwa bestehenden Hilfskasse ist unzulässig. Will eine Gemeinde eine Hilfskasse mit Darlehen aus der Sparkasse unterstützen, so muß sie selbst Schuldnerin der Sparkasse werden.

Es empfiehlt sich, daß die Verwaltung der Kasse aus mindestens zwei Personen bestehe. Dies wird in den meisten Fällen namentlich dann erreichbar sein, wenn die Kassengeschäfte auf bestimmte Tage festgesetzt werden.

Die Werthpapiere der Sparkasse können mit den übrigen Werthpapieren der Gemeinde aufbewahrt werden, wenn eine Vermischung der Urkunden nicht zu befürchten ist.

Zu Ziff. 9. Nach der kgl. Vdg. vom 31. Juli 1869 dürfen die Sparkassagelder in der Regel ausgeliehen werden:

a) an Privatpersonen gegen genügende hypothekarische Sicherheit,
b) an den bayerischen Staat,
c) an die unter unmittelbarer Aufsicht der Organe der Staatsregierung stehenden juristischen Personen Bayerns, wenn und soweit dieselben zur Aufnahme eines Anlehens gesetzlich ermächtigt sind,
d) an bayerische Gesellschaften und Kreditinstitute, soferne die Anlage durch Ministerialvorschrift ausdrücklich für statthaft erklärt ist.

In diesem letzteren Falle (litt. d) ist es insbesondere auch statthaft, daß sich die Sparkasse eine laufende Rechnung bei den betreffenden Kreditinstituten eröffnen lasse.

Außerdem können in den Satzungen noch die in Ziffer 9 weiter bezeichneten Anlagearten als zulässig erklärt werden; hiebei ist jedoch mit besonderer Vorsicht zu verfahren, namentlich bezüglich der Darlehen auf Privatschuldscheine mit Bürgschaft, eine Anlageart, welche für Sparkassen mit sehr großem Einlagecapital und weiter räumlicher Ausdehnung weniger geeignet sein wird, als für solche, welche, wie die meisten Sparkassen im Regierungsbezirke der Pfalz, den Geschäftsbetrieb auf ihre Gemeinde und deren nächste Umgebung beschränken.

Jede andere Anlage von Sparkassageldern ist unzulässig; dies gilt insbesondere von der Diskontirung von Wechseln und der Gewährung von Lombarddarlehen, soweit nicht das Staatsministerium des Innern einzelnen Gemeinden in Berücksichtigung besonderer Verhältnisse diese Arten von Capitalsanlagen ausnahmsweise gestattet.

Auch bei den gestatteten Anlagearten haben die Gemeindebehörden darauf Rücksicht zu nehmen, daß sie die Zahlungsfähigkeit der Sparkassen auch für die Zeit einer Krediterschütterung wahren, soferne sie die Capitalien zum Ankaufe von unkündbaren Papieren verwenden, haben sie sich zu vergegenwärtigen, daß in Krisen solche Papiere erheblich am Verkaufswerth verlieren und für einige Zeit selbst unverkäuflich sein können. Bei Hypothekdarlehen kommt in Betracht, daß deren Rückzahlung am Verfalltag vielfach nicht sicher ist. Besonders gefährlich kann für die Sparkasse die Anlage der Capitalien in Hypotheken des zweiten und folgenden Ranges werden. Hier müssen in Krisen nicht blos die Spareinlagen zurückbezahlt, sondern möglicherweise auch noch Geldmittel bereit gehalten werden, um durch den Ankauf und Betrieb eines zwangsweise veräußerten Gutes ein Hypothekcapital des zweiten oder folgenden Ranges zu retten. Die Anlage der Sparkassagelder in derartigen Hypotheken sollte daher jedenfalls nur unter außerordentlichen Verhältnissen Platz greifen. Gefährlich ist auch die Darleihung auf Hypothek ohne Kündigung, lediglich gegen allmähliche Tilgung. Kündbare Hypothekdarlehen mit annuitätenweiser Tilgung erscheinen dagegen im Interesse der Sparkasse gelegen, weil die Sicherheit der Hypothek im Laufe der Jahre stetig zunimmt und die Sparkasse in regelmäßiger Folge größere Baarmittel erhält.

Die Gemeindebehörden haben ferner zu beachten, daß Sparkassen mit großen Hypothekbeständen nicht blos die Gemeinde als Sparkassainhaberin in Gefahr bringen, sondern auch die Interessen des Realkredits unter Umständen schädigen, weil die Hypothekschuldner, welchen in Krisen die Capitalien gekündet werden, bei Krediterschütterungen die zur Deckung ihrer Verbindlichkeiten nöthigen Geldmittel nur unter unverhältnißmäßigen Opfern erlangen können. Je mehr die Sparkassen in ruhigen Zeiten den Realkredit durch Darlehen zu fördern suchen, in desto schlimmere Lage versetzen sie die Schuldner, wenn in Tagen der Gefahr zur Kündigung und unnachsichtigen Beitreibung vieler Hypothekdarlehen geschritten werden muß.

Wo sich die Darleihung gegen hypothekarische Sicherheit nicht einschränken läßt, sollten die Gemeinden wenigstens dahin streben, daß ihren Sparkassen die Einlagen auf längere Zeit unkündbar überlassen werden. Dieser Anforderung wird am besten der Sparschein genügen, aber auch bei Anwendung des üblichen Sparbuches können die Einlagen auf längere Zeit unkündbar gemacht werden.

Die Nominalobligationen müssen umgeschrieben, die auf Inhaber lautenden Schuldverschreibungen vinkulirt werden, soweit nicht die Satzungen der Sparkasse eine Ausnahme gestatten. Als Voraussetzung der Umgangnahme von der Umschreibung oder Vinkulirung kommt unter anderen eine besonders sorgfältige Aufbewahrung der Werthpapiere oder ein verhältnißmäßig kleiner Bestand an solchen in Betracht.

Zu Ziff. 10. In den Rechnungen und Vermögensausweisen werden regelmäßig die Werthpapiere zu ihrem Nennwerth aufgeführt. Wenn diese Werthpapiere dauernd im Kurse sinken und demnach die Sparkasse eine Vermögensverminderung erlitten hat, ist letztere aus Mitteln des Reservefonds zu ersetzen.

---

10. F.M.E. v. 31. Dez. 1875, die auf Rechnung der Etats für deutsche Schulen zu verabfolgenden Bezüge, hier Quittierungsweise betr. (M.A.Bl. 1876 S. 73 u. Weber Bd. XI S. 310.)

Im Hinblicke auf die mit F.M.E. vom 13. August 1873 Nr. 10293 zur Beachtung bekannt gegebene Entschließung des kgl. Staatsministeriums des Innern vom 2. August 1873 Nr. 9363 (F.M.Bl. 1873 S. 117 ff.) sieht sich das unterfertigte kgl. Staatsministerium im Benehmen und Einverständnisse mit dem kgl. Staatsministerium des Innern beider Abtheilungen und dem kgl. obersten Rechnungshofe veranlaßt, die Rechnungsvorschrift Ziff. 23 litt. a vom 6. Dezember 1872 (F.M.Bl. 1872 S. 358/359) im Interesse der Geschäftsvereinfachung dahin abzuändern, daß auch für Quittungen über Zahlungen an Schulkassen in den Landgemeinden diesseits des Rheins die Bestimmungen für die übrigen Zweige des Kassawesens in den Landgemeinden diesseits des Rheins anzuwenden sind und sohin die Unterzeichnung dieser Quittungen durch den Kassier allein als genügend erscheint. Die Quittungsweise über Zahlungen an Schulkassen in Gemeinden mit magistratischer Verfassung und in jenen der Pfalz bleibt unverändert.

---

11. M.E. v. 27. Nov. 1878, die Anlage gemeindlicher Sparkassagelder betr. (M.A.Bl. S. 398 u. Weber, Bd. XII S. 505.) S. über das Sparkassenwesen in Bayern bayr. Gemd.Zeit. 1894 S. 521 ff.

Während die Vdg. vom 31. Juli 1869, die Capitalausleihungen von Gemeinden und Stiftungen betr., auf Grund der einschlägigen gesetzlichen Vorbehalte der beiden G.O. in § 1 vorschreibt, in welcher Weise die Gelder von Gemeinden und Stiftungen anzulegen sind, ist in Ziff. 9 Abs. 1 der M.E. vom 20. Mai 1874, die Sparkassen von Gemeinden und Distrikten betr. (M.A.Bl. 1874 S. 301 ff.) ausgesprochen, daß in den Sparkassasatzungen außerdem auch folgende Arten von Anlagen als zuläßig erklärt werden können:

a) in verzinslichen Schuldverschreibungen deutscher Bundesstaaten;
b) mittels Ankaufs von Zinsabschnitten solcher Schuldverschreibungen, in welchen die Capitalsanlage zuläßig ist, wenn die Zinsabschnitte entweder bereits fällig sind oder in den nächsten sechs Monaten fällig werden;
c) gegen Privatschuldscheine mit Bürgschaft.

Diese Bestimmung ist dahin ausgelegt worden, daß es zu Capitalsausleihungen der soeben unter litt. a—c bezeichneten Art der in Art. 112 Ziff. 8 und Art. 159 Ziff. 10 der rechtsrheinischen, beziehungsweise in Art. 91 Ziff. 9 der pfälzischen Gemeindeordnung vorgeschriebenen Förmlichkeiten im einzelnen Falle nicht bedürfe, wenn die Statuten der betreffenden gemeindlichen Sparkasse die bezügliche Anlageart für zulässig erklären.

Diese Meinung ist irrig. Durch die Ministerial-Entschließung vom 20. Mai 1874 wollten lediglich die erwähnten Anlagearten für Sparkassen prinzipiell zugelassen werden; für den einzelnen Fall einer Capitalsausleihung aber konnten selbstverständlich die gesetzlichen Erfordernisse der Zustimmung des Collegiums der Gemeindebevollmächtigten, beziehungsweise der Genehmigung der Aufsichtsbehörde nicht beseitigt werden.

Indem das kgl. Staatsministerium des Innern Vorstehendes zur Beachtung einschärft, sieht es sich zugleich zu der Bemerkung veranlaßt, daß auf die aus Mitteln einer Sparkasse dotirten gemeindlichen Hilfskassen die Bestimmungen über die Anlage der Sparkassagelder keine Anwendung finden. Vielmehr bewendet es hier bezüglich der Frage, in welcher Weise die Mittel der Hilfskasse zu verwenden sind, bei den Vorschriften der bei Gründung einer solchen Hilfskasse von der vorgesetzten Verwaltungsbehörde nach Art. 159 Ziff. 5 der diesrheinischen und Art. 91 Ziff. 5 der pfälzischen G.O. geprüften und genehmigten Statuten.

---

12. M.Bektm. vom 17. Sept. 1879, die Verwendung von Gebührenmarken betr. (G.V.Bl. S. 1173, Weber Bd. XIII S. 562.)

§ 1. Die seit dem 1. Januar 1876 in den Landestheilen rechts des Rheins eingeführten Stempelmarken (§§ 2, 3 der Bekanntmachung vom 11. Dezember 1875, G.V.Bl. S. 782—83) haben bis auf weiteres sowohl im rechtsrheinischen Bayern als auch in der Pfalz zugleich die Stelle der Gebührenmarken im Sinne des Eingangs erwähnten Gesetzes zu vertreten.

§ 2. Die Verwendung der Gebührenmarken erfolgt in der Weise, daß dieselben in dem vorgeschriebenen Werthe dem betreffenden Schriftstücke (Quittung, Zeugniß, Urkunde 2c.) auf der ersten Seite links oben in einiger Entfernung vom linksseitigen Papierrande oder, soferne dieser Platz bedruckt oder beschrieben ist, an der nächstfreien Stelle des Schriftstückes aufgeklebt und zur ferneren Verwendung unbrauchbar gemacht (kassirt) werden.

Werden mehrere Gebührenmarken zu einem Schriftstück verwendet, z. B. zu einer Quittung über 12000 Mark zwei zu je 10 Mark und eine zu 4 Mark, so sind dieselben in einer Reihe unmittelbar neben einander und erforderlichenfalls in weiteren Reihen darunter aufzukleben.

Können die Gebührenmarken in Ermangelung des erforderlichen freien Raumes auf das Schriftstück selbst nicht aufgeklebt werden, so ist hiezu ein demselben anzuheftendes Beiblatt zu verwenden, welches zu dem gebührenpflichtigen Schriftstücke durch eine dessen wesentlichen Inhalt und Datum genau bezeichnende, mit Tinte zu fertigende Aufschrift, z. B.

„Beiblatt zur Quittung des N. vom 24. Oktober 1879 über 2000 Mark, Preis für gelieferte Baumaterialien",

in die erforderliche Beziehung zu setzen ist.

§ 3. Die zur Verwendung gelangenden Gebührenmarken müssen rein und ungebraucht sein. Beschädigte oder aus mehreren Theilen zusammengesetzte oder mit irgend einem vorschriftswidrigen Zeichen oder Vermerk versehene Gebührenmarken gelten als nicht verwendet.

§ 4. Die Besoldungs-, Pensions- und alle übrigen Quittungen und Bescheinigungen über Zahlungen und Naturalvergütungen, welche aus Hof-, Staats-, Gemeinde-, Stiftungs- oder anderen öffentlichen Kassen geleistet werden, hat der Aussteller vor deren Einreichung bei der betreffenden Kasse mit den erforderlichen Gebührenmarken nach Vorschrift des § 2 zu versehen.

Die Beamten und Bediensteten, denen die Auszahlung der quittirten Beträge obliegt, haben bei der Vorlage der Quittungen sorgfältig zu prüfen, ob dieselben mit den giltigen Gebührenmarken in dem gesetzlichen Werthbetrage, sowie in der vorgeschriebenen Weise versehen sind. — Werden desfallsige Mängel wahrgenommen, so ist vor der Auszahlung die Quittung dem Aussteller zur Berichtigung zurückzugeben oder für dessen Rechnung die Ergänzung des Fehlenden sofort von Amtswegen zu bethätigen.

Die für gut befundenen, desgleichen die von dem Aussteller etwa zu viel verwendeten Marken sind von der Behörde zu kassiren, indem jede einzelne Marke mit dem amtlichen Farbdrucksiegel derart überdruckt wird, das von dem ganzen Siegelabdrucke beiläufig die Hälfte auf die Marke und der übrige Theil auf das dieselbe umgebende Papier zu stehen kommt.

Die Kassirung muß binnen längstens acht Tagen nach erfolgter Zahlungsleistung vollzogen sein.

Hinsichtlich der Gebühren für die Quittungen über die auf Rechnung des Eisenbahnneubaues zu leistenden Zahlungen des Staates bewendet es bei den bisherigen Vorschriften.

§ 9. Oeffentliche Beamte und Bedienstete, welche die Vorschriften über die Verwendung der normalmäßigen Gebührenmarken zu gebührenpflichtigen Schriftstücken außer Acht lassen, unterliegen der Bestrafung nach Art. 270, beziehungsweise Art. 156 Abs. 2, dann Art. 271 Abs. 2 des Gesetzes über das Gebührenwesen.

Die in letzterer Bestimmung angedrohten Ordnungsstrafen bis zu 30 Mark unterliegen auch Privatpersonen, welche sich gegen die obigen Vorschriften über die Zeit oder Art der Verwendung von Gebührenmarken verfehlten.

Die Zuständigkeit und das Verfahren bei solchen Straffällen bemißt sich nach den Bestimmungen des Art. 273 des erwähnten Gesetzes und der noch zu erlassenden besonderen Instruktion über das Strafverfahren im Verwaltungswege. (Vgl. nun bayer. Geb.Ges. in der Fassung der Bektm. v. 11. Nov. 1899.)

---

13. Vdg. v. 20. Sept. 1879, die gebührenpflichtigen Angelegenheiten der einer Distriktspolizeibehörde untergeordneten Gemeindebehörden betr. (G.V.Bl. S. 1187 u. Weber, Bd. XIII S. 568.)

Wir finden Uns bewogen, zum Vollzuge des Art. 186 Abs. 2 des Gesetzes über das Gebührenwesen vom 18. August 1879, G.V.Bl. Nr. 52, hinsichtlich der

Angelegenheiten, in welchen bei den einer Distriktspolizeibehörde untergeordneten Gemeindebehörden die in Art. 163 des obengenannten Gesetzes bezeichneten Gebühren nach Maßgabe des Art. 186 Abs. 1 zur Erhebung gelangen, zu verordnen, was folgt:

§ 1. Für die Aufnahme von Protokollen, welche die einer Distriktspolizeibehörde untergeordneten Gemeindebehörden in Angelegenheiten der inneren, Polizei- und Finanzverwaltung, dann der Verwaltungsrechtspflege an Stelle von Staatsbehörden errichten, gelangen Gebühren nach Maßgabe des Art. 163 Ziff. 1 und Art. 186 Abs. 1 unter der Voraussetzung zur Erhebung, daß das Protokoll von der Gemeindebehörde in zuständiger Weise oder zufolge besonderen Auftrags oder Ersuchens einer Staatsbehörde oder auf Antrag von Privaten errichtet wurde und im Falle seiner Errichtung vor der Staatsbehörde der Gebührenpflicht nach den Bestimmungen des Gesetzes über das Gebührenwesen vom 18. August laufenden Jahres unterlegen wäre.

§ 2. Für Zeugnisse, welche von den einer Distriktspolizeibehörde untergeordneten Gemeindebehörden in Angelegenheiten der inneren, Polizei- und Finanzverwaltung, dann der Verwaltungsrechtspflege ausgestellt werden, dann für die Beglaubigung von Privatabschriften oder Unterschriften in öffentlichen oder Privaturkunden in solchen Angelegenheiten kommen die Gebühren in Art. 163 Ziff. 2 für Zeugnisse, dann beziehungsweise in Ziff. 3 für Legalisation nach Maßgabe des Art. 186 Abs. 1 zur Erhebung, wenn nicht eine besondere Gebühr durch das Gesetz über das Gebührenwesen festgesetzt oder die Gebührenfreiheit durch eine besondere Vorschrift ausdrücklich ausgesprochen ist.

Werden in Gemeindeangelegenheiten oder in sonstigen Gegenständen der inneren, dann der Polizei- und Finanzverwaltung, welche die Thätigkeit der obengenannten Gemeindebehörden berühren, vor denselben Vollmachten zu Protokoll erklärt, so kommen die Gebühren für Protokolle nach Maßgabe des Art. 163 Ziff. 1 und des Art. 186 Abs. 1 zur Erhebung.

§ 3. Außerdem sind die einer Distriktspolizeibehörde untergeordneten Gemeindebehörden berechtigt, in den nachbenannten Angelegenheiten die in Art. 163 bezeichneten Gebühren nach Maßgabe des Art. 186 Abs. 1 zu erheben:

1. Bei Gesuchen:
   a) um Verleihung des Heimathrechtes, wenn ein gesetzlicher Anspruch hierauf nicht besteht (Art. 8 des Gesetzes vom 16. April 1868 über Heimath, Verehelichung und Aufenthalt);
   b) um Verleihung des Gemeindebürgerrechts (Art. 10 mit 17 der diesrheinischen G.O. und Art. 10 mit 13 der G.O. für die Pfalz);
   c) um die Bewilligung zur Unterhaltung des öffentlichen Verkehres innerhalb der Orte durch Wagen und andere Transportmittel, sowie zum gewerbsmäßigen Anbieten von Dienstleistungen auf öffentlichen Straßen und Plätzen, soferne eine solche Bewilligung auf Grund der ortspolizeilichen Regelung dieser Gewerbe zufolge § 37 der Reichsgewerbeordnung erforderlich ist;
   d) um die Ausstellung von Legitimationsscheinen der in §§ 43 und 58 Abs. 1 Ziff. 1 und 2 der Reichsgewerbeordnung, beziehungsweise in §§ 15 und 19 Abs. 1 litt. a der Verordnung vom 4. Dezember 1872, den Vollzug der Gewerbeordnung betreffend, bezeichneten Arten;

e) um die Erlaubniß, auf den Straßen oder sonst im Umherziehen u. s. w. öffentlich Musik aufzuführen, Schaustellungen, Vorstellungen oder sonstige Lustbarkeiten öffentlich darzubieten (§ 59 Abs. 1 der Reichsgewerbeordnung);

f) um die Genehmigung zum Verkaufe geistiger Getränke zum sofortigen Genusse auf Jahrmärkten (§ 67 Abs. 2 der Reichsgewerbeordnung);

g) um die Erlaubniß zum Feilhalten von Gewerbsgegenständen in Buden und Ständen auf Kirchweihen, Patrozinien und Viktualienmärkten gemäß § 29 Abs. 4 der Verordnung vom 4. Dez. 1872, den Vollzug der Gewerbeordnung betr.;

h) um Polizeistundenverlängerung (§§ 3 und 6 Abs. 2 der Verordnung vom 18. Juni 1862, die Polizeistunde betr.);

i) um Tanzmusikbewilligung (§ 3 Abs. 2 der Verordnung vom 18. Juni 1862, die Abhaltung öffentlicher Tanzmusiken betr.);

k) um die Bewilligung zur Veranstaltung sonstiger öffentlicher Lustbarkeiten, soweit solche nicht unter § 59 der Gewerbeordnung fallen (Art. 32 Abs. 1 Ziff. 1 des Polizeistrafgesetzbuches und § 15 der Verordnung vom 4. Jan. 1872, die Zuständigkeit der Verwaltungsbehörden in Sachen des Strafgesetzbuches und Polizeistrafgesetzbuches betr.), dann zur Veranstaltung von Nachtmusiken auf öffentlichen Straßen und Plätzen (Art. 36 Ziff. 1 des Polizeistrafgesetzbuches).

In den Fällen der litt. d und i darf jedoch bei Bewilligung des Gesuches die Beschlußgebühr nicht neben den in Art. 173 Ziff. 3 und Art. 168 Abs. 1 des Gesetzes über das Gebührenwesen für Gewerbelegitimationsscheine, dann in Art. 176 für Tanzmusikbewilligungen bezeichneten Gebühren erhoben werden.

In den unter litt. d, e, f, g, h, i und k aufgeführten Fällen bleibt es ferner den Gemeindebehörden unbenommen, wegen Einfachheit des Sachverhaltes von Errichtung eines Protokolles über das mündlich angebrachte Gesuch und folgeweise von Erhebung der Protokollsgebühr Umgang zu nehmen.

2. Die durch Art. 35 des Gesetzes vom 16. April 1868 über Heimath, Verehelichung und Aufenthalt vorgeschriebenen Verehelichungsbekanntmachungen unterliegen der in Art. 163 Ziff. 2 des Gesetzes über das Gebührenwesen bezeichneten Gebühr nach Maßgabe des Art. 186 Abs. 1.

§ 4. Die den Gemeinden auf Grund besonderer Bestimmungen des Gebührengesetzes, insbesondere Art. 170 und 171, dann zufolge des Heimathgesetzes, vom 16. April 1868 und der G.O. vom 29. April 1869 zustehenden sonstigen Gebühren, endlich die Gebühren der Standesämter, soweit solche nach dem Reichsgesetze vom 6. Februar 1875 über die Beurkundung des Personenstandes und die Eheschließung zulässig sind, werden durch vorstehende Anordnungen nicht berührt.

§ 5. Gegenwärtige Verordnung tritt gleichzeitig mit dem Gesetze über das Gebührenwesen vom 18. August 1879 in Wirksamkeit. (Vgl. nun bayer. Geb.Ges. v. 11. Nov. 1899.)

---

14. M.E. v. 7. Mai 1883, das gemeindliche Kassawesen in den Landestheilen rechts des Rheins betr.

Mehrfache Wahrnehmungen über Mängel der gemeindlichen Kassaführung geben dem kgl. Staatsministerium des Innern Veranlassung, auf Folgendes aufmerksam zu machen:

1) In den Gemeinden der Landestheile rechts des Rheines ist hin und wieder die Einrichtung getroffen, daß die Einhebung der gemeindlichen Umlagen und sonstigen Gefälle nicht unmittelbar durch den Verwalter der betreffenden gemeindlichen Kasse, sondern durch einen eigenen Perzipienten (z. B. den Stadt- oder Marktschreiber, oder den Gemeindediener), welcher sodann die eingehobenen Beträge ratenweise an den Verwalter abliefert, besorgt wird.

Es hat sich nun schon mehrfach gezeigt, daß die Verwalter in solchen Fällen über ihr Verhältniß zu dem Perzipienten einerseits, sowie zur Gemeinde andererseits ganz im Unklaren und daß sie insbesondere in dem Irrthume befangen sind, als seien sie bezüglich der Einhebung der fraglichen Gefälle Seitens der Perzipienten von jeder Verantwortlichkeit und selbst von der Verpflichtung der Ueberwachung entbunden. Zur Verdunkelung dieses rechtlichen Verhältnisses trägt mitunter auch die Unklarheit bei, mit welcher die bezüglichen Gemeindeverwaltungsbeschlüsse abgefaßt sind, indem diese im Zweifel lassen, ob der Perzipient lediglich als Privatgehilfe des Verwalters unter voller Verantwortlichkeit des letzteren für die Handlungen und Unterlassungen des ersteren erachtet, oder ob der Perzipient hinsichtlich der Einhebung der Gefälle als „besonderer Verwalter" im Sinne des Art. 87 Abs. 1 bezw. Art. 134 Abs. 1 der diesrheinischen G.O. bestellt, oder wie sonst das fragliche Verhältniß geregelt werden wollte.

Es erscheint veranlaßt, die Gemeindeverwalter, wo immer ein derartiges Verhältniß besteht, darauf aufmerksam zu machen, daß insoweit nicht die Absicht der Gemeindeverwaltung, eine anderweitige Regelung zu treffen, unzweideutig und beschlußmäßig zum Ausdrucke gebracht ist, gemäß Art. 87 Abs. 3, bezw. Art. 134 Abs. 3 a. a. O. die Verwalter für die richtige Einhebung der gemeindlichen Einkünfte in erster Linie haftbar sind. Gleichzeitig sind aber die Gemeindeverwaltungen anzuhalten, dieses Verhältniß durch förmlichen Beschluß, wo dieses noch nicht geschehen ist, klar zu stellen. Dabei ist nicht außer Acht zu lassen, daß die „besonderen Verwalter" gemäß Art. 87 Abs. 4 bezw. Art. 134 Abs. 4 G.O. von der Verpflichtung, Caution zu leisten, keinesfalls entbunden werden dürfen.

2) In den Gemeinden mit städtischer Verfassung sind die Magistrate gemäß Art. 107 Abs. 3 G.O. verpflichtet, nähere Vorschriften über die Führung und Untersuchung der gemeindlichen Kassen zu erlassen und dieselben der vorgesetzten Verwaltungsbehörde zur Bestätigung vorzulegen. Dem ungeachtet fehlt es da und dort an solchen Vorschriften entweder ganz, oder die bestehenden Vorschriften sind so ungenügend und lückenhaft, daß sie ihren Zweck nicht erfüllen. Dieser Mangel macht sich nicht blos bezüglich der Führung der Kassen fühlbar, indem die Verwalter häufig über ihre Obliegenheiten nicht hinlänglich unterrichtet sind, sondern auch in Ansehung der Untersuchung der Kassen, insofern die vorgeschriebenen und im Interesse der Ordnung, sowie zur Sicherung der Gemeinden nothwendigen zeitweisen Kassenvisitationen mitunter in einer so oberflächlichen und zweckwidrigen Weise vorgenommen werden, daß dieselben ihren Werth vollständig verlieren und zur leeren Form herabsinken.

Die betreffenden Magistrate sind daher zur Erlassung sachgemäßer Kassenvorschriften anzuhalten. Bei Ausarbeitung solcher Vorschriften für Gemeinden mittlerer Größe können wohl die in der Ministerialentschließung vom 12. Oktober 1869

Nr. 8203, die formelle Behandlung des Kassawesens in den Gemeinden mit Landgemeindeverfassung betr., enthaltenen Vorschriften zur Grundlage dienen.

Die Kassenvisitationen haben sich selbstverständlich auch auf die Kassen und Register der oben unter Ziffer 1 bezeichneten Perzipienten zu erstrecken.

Die unter einem und demselben Verwalter stehenden Kassen sind gleichzeitig bezw. in ununterbrochener Aufeinanderfolge zu untersuchen.

Den Landgemeindeverwaltungen ist die genaue Einhaltung der in der Ministerialentschließung vom 12. Oktober 1869 enthaltenen Vorschriften über Führung und Visitation der gemeindlichen Kassen einzuschärfen.

3) Bei der Ueberweisung gemeindlicher Kassen an einen neuen Verwalter (Ziff. 22 mit 20 der mehrerwähnten Ministerialentschließung) wird häufig nicht mit der erforderlichen Gründlichkeit verfahren, so daß, wenn sich darnach Haftungen ergeben, die beiderseitigen Haftungsverbindlichkeiten des abgetretenen und des neuen Verwalters nur schwer auszuscheiden sind, oder der neue Verwalter für von seinem Vorgänger verschuldete Abgänge einstehen muß.

Auch in dieser Hinsicht ist — im Interesse der Gemeinden wie in demjenigen der gemeindlichen Verwalter — auf dem pünktlichen Vollzuge der angeführten Ministerialvorschrift bezw., was die Gemeinden mit städtischer Verfassung betrifft, auf entsprechender Regelung durch die unter Ziff. 2 erwähnten Kassavorschriften zu bestehen.

---

15. M.Bekm. v. 12. März 1885, die Capitalsausleihungen der Gemeinden und Stiftungen betr. (J.M.Bl. S. 84.)

In Ergänzung und beziehungsweise Abänderung der zum Vollzuge der allerhöchsten Verordnung vom 31. Juli 1869, die Capitalsausleihungen der Gemeinden und Stiftungen betr., unterm 6. August 1869 erlassenen und in den Kreisamtsblättern veröffentlichten Vorschriften wird, und zwar zu Ziff. II derselben, verfügt:

1. Die Ertheilung der Bewilligung zur Löschung von Hypothekforderungen und Bodenzinscapitalien der Gemeinden und örtlichen Stiftungen im Hypothekenbuche darf nur auf Grund eines nach Maßgabe der Gemeindeordnung giltigen Beschlusses der betreffenden Verwaltung erfolgen.

Die auf Grund dieses Beschlusses — unter Verzicht auf nochmalige Vernehmung zum Hypothekenprotokolle — abzugebende schriftliche Löschungsbewilligung ist in Gemeinden mit städtischer Verfassung von dem Gemeindevorstande und dem Kassier, in den übrigen Gemeinden von dem Gemeindevorstande (Bürgermeister oder Beigeordneten) und zwei Ausschußmitgliedern zu unterzeichnen und mit dem Gemeindesiegel zu versehen. Hiebei ist auf den vorausgegangenen Verwaltungsbeschluß unter Angabe des Datums desselben Bezug zu nehmen.

Die Bestimmung in Abs. II findet auf die Gemeinden und örtlichen Stiftungen im Regierungsbezirke der Pfalz keine Anwendung.

2. Den Gemeinde- und Stiftungsverwaltungen wird zur Pflicht gemacht, bei Ertheilung von Löschungsbewilligungen dem Hypothekenamte die betreffende Urkunde zum Zwecke der Kassirung, oder, wenn nur eine theilweise Abzahlung in Frage steht, behufs Berichtigung vorzulegen.

3. Die Bestimmung in Ziff. II, 8 Abs. 2 der Vollzugsvorschriften vom 6. August 1869, wonach die Hypothekenschätzer der von ihnen abgegebenen Schätzung

die Erklärung beizufügen haben, daß sie für die gewissenhafte Abgabe ihres Gutachtens haften, wird aufgehoben. Vgl. auch über Löschungen und Pfandentlassungen bayr. Gem.Zeit. 1894 S. 60.

---

16. M.E. v. 14. März 1885, die Abquttirung und Löschung bezahlter Hypothekforderungen der Kirchen-, Pfründe- und unmittelbaren Stiftungen betreffend.

Unter Aufhebung der Entschließung der kgl. Staatsministerien des Innern beider Abtheilungen vom 31. Juli 1864, die Abquittirung und Löschung bezahlter Hypothekforderungen der Gemeinden und Stiftungen betr.,

Ministerialblatt f. K.- und Sch.-A. 1865 S. 98.
Justizministerialblatt 1864 S. 227,

dann der Entschließung des kgl. Staatsministerums des Innern für Kirchen- und Schulangelegenheiten vom 29. April 1865, Abquittirung und Löschung bezahlter Hypothekforderungen der Pfründestiftungen betr.,

Ministerialblatt f. K.- und Sch.-A. 1865 S. 97,
Justizministerialblatt 1865 S. 67,

wird Folgendes verfügt:

1. Die Abquittirung heimgezahlter Hypothek- und Bodenzinscapitalien der Kirchen-, Pfründe- und unmittelbaren Stiftungen hat durch die betreffende Stiftungsverwaltung zu geschehen.

2. In dieser Quittung ist aufzunehmen, daß die Löschung des heimgezahlten Capitals im Hypothekenbuche bewilligt und auf nochmalige Vernehmung zum Hypothekenprotokolle verzichtet werde.

3. Bei den der Fürsorge der Kirchenverwaltungen anvertrauten Cultusstiftungen erfolgt die Abquittirung und die Löschungsbewilligung auf Grund eines Beschlusses der Kirchenverwaltung, dessen Ausfertigung nur die Unterschrift des Verwaltungsvorstandes erfordert.

4. Die Quittungen und Löschungsbewilligungen hinsichtlich der in Ziffer 1 genannten Stiftungen sind mit dem amtlichen Siegel der betreffenden Verwaltung, soferne diese ein solches führt, zu versehen und bedürfen zu ihrer Giltigkeit der Curatelgenehmigung.

   Die Curatelbehörden und Curatelstellen haben von den Genehmigungen, welche sie für derartige Quittungen und Löschungsbewilligungen ertheilen, zu ihren Akten entsprechende Vormerkung zu machen.

5. Den Verwaltungsorganen der in Ziffer 1 gedachten Stiftungen wird zur Pflicht gemacht, bei Ertheilung von Löschungsbewilligungen dem Hypothekenamte die betreffende Urkunde zum Zwecke der Kassirung oder, wenn eine theilweise Abzahlung in Frage steht, behufs Berichtigung vorzulegen.

Die Bestimmungen in Ziffer 1 mit 3 finden auf die einschlägigen Stiftungen im Regierungsbezirke der Pfalz keine Anwendung.

17. Bedingungen der kgl. Bank in Nürnberg (20. Januar 1886) für die verzinsliche Anlage von Gemeinde- und Stiftungsgeldern in laufender Rechnung.

(M.A.Bl. 1886 S. 159.)

1. Den Gemeinden mit städtischer Verfassung, in der Pfalz den Gemeinden mit mehr als 5000 Seelen, ferner den Distriktsgemeinden werden auf Antrag für ihre Kassen, einschließlich der Sparkassen, Conti zum Verkehr in laufender Rechnung eröffnet.

Der Antrag auf Eröffnung eines Contocorrent ist schriftlich an diejenige Bankanstalt zu richten, in deren Bezirk die betreffende Gemeindebehörde ihren Sitz hat. Vor der Eröffnung eines Conto hat die letztere die für den Contocorrent festgesetzten Bedingungen, welche ihr in einem Abdrucke zugestellt werden, mittelst legalen Beschlusses zu genehmigen und hat dieselbe hiebei zugleich die amtlichen Personen zu bestimmen, welche den Verkehr mit der kgl. Bankanstalt zu führen ermächtigt sind.

Die Unterschrift der bevollmächtigten Beamten ist in beglaubigter Form bei der contoführenden Bankanstalt zu hinterlegen. Aenderungen in der Person der ebenbezeichneten Beamten sind rechtzeitig zur Anzeige zu bringen.

2. Die geringste Baareinlage beträgt ℳ 50.

Ueber jede Einlage ertheilt die kgl. Bankanstalt Quittung.

Seitens der auf Contocorrent verkehrenden Gemeindebehörden am Sitze einer kgl. Bankanstalt kann indessen auch ein Conto-Gegenbuch geführt werden. In solchem Falle werden die Einlagen auf der Credit-Seite von der kgl. Bankanstalt fortlaufend vorgetragen und bescheinigt. Der Eintrag der einzelnen Abhebungen auf der Debet-Seite bleibt dagegen vorbehaltlich der Controle der kgl. Bankanstalt der betreffenden Gemeindekasse überlassen. Die Conto-Gegenbücher werden von den kgl. Bankanstalten gegen Vergütung des Kostenpreises geliefert. Bei Führung solcher Bücher unterbleibt die Ertheilung weiterer spezieller Bescheinigungen über die einzelnen Einlagen.

3. Abhebungen innerhalb des bestehenden Guthabens können ohne Kündigung in beliebigen Beträgen, jedoch nicht unter ℳ 50 erfolgen. Abhebungen über ℳ 100000 bei der kgl. Hauptbank und über ℳ 50000 bei einer kgl. Filialbank sind drei Tage zuvor anzumelden.

4. Die Abhebungen finden nur statt gegen Einlieferung gehörig ausgefüllter und unterzeichneter Checks, zu welchen die kgl. Bankanstalten in Check-Büchern mit je 50 oder 100 Blättern um den Selbstkostenpreis die Formularien abgeben.

Soll der mittelst eines Checks zur Auszahlung aufgegebene Betrag der in Contocorrent stehenden Gemeindekasse durch die Post übersendet werden, so ist der zu diesem Zwecke vorher einzusendende Check durch den Vermerk zu kreuzen:

„Durch die Post."

In solchem Falle ist ferner die contoführende Bankanstalt, wenn die Geldsendung bei der betreffenden Kasse nicht spätestens am 3. Tage nach der Aufgabe des Checks eingelaufen ist, hievon sogleich zu benachrichtigen.

5. Das Checkbuch ist sorgfältig aufzubewahren.

Gehen Checks, ob ausgefüllt oder nicht, verloren, so ist der kgl. Bankanstalt umgehend Anzeige zukommen zu lassen.

Unbrauchbar gewordene Checkformulare oder im Falle der Auflösung des

Verkehrs der unverwendet gebliebene Rest des Checkbuches sind an die kgl. Bankanstalten zurückzugeben.

Die kgl. Bankanstalten übernehmen keine Verpflichtung zur Prüfung der Echtheit der Unterschriften oder der Legitimation der Präsentanten eines Checks. Es gilt vielmehr jeder Ueberbringer eines Checks mit Wirkung gegen die Gemeindekasse, auf deren Conto er sich bezieht, als zum Geldempfange und zur Ertheilung einer besonderen Bestätigung hierüber ermächtigt. Doch behalten sich die kgl. Bankanstalten das Recht vor, im Zweifelsfalle unter Zurückbehaltung des zur Zahlung präsentirten Checks die Zahlung bis zur Feststellung der Legitimation des Präsentanten zu verweigern.

Alle Folgen und Nachtheile, welche aus einer Nichtachtung dieser Bestimmung entstehen, trägt die das Conto innehabende Gemeinde.

6. Die Conto-Guthaben werden mit 2 Proz. pro Jahr verzinst.

Der Zinsenlauf beginnt mit dem auf die Einlage folgenden Werktag und endigt mit dem Abhebungstage.

Solange nur über Guthaben verfügt wird, ist der Verkehr provisionsfrei.

7. Wenn die Erhebungen nicht blos innerhalb des jeweiligen Guthabens stattfinden sollen, sohin ein Contocorrent-Credit beansprucht wird, so ist regelmäßig Deckung zu beschaffen, es sei denn, daß durch Bankdirektionsbeschluß anderweitige Bestimmung getroffen wird.

8. Am Schlusse jeden Semesters, und zwar per 30. Juni und 31. Dezember, werden von den kgl. Bankanstalten Rechnungsauszüge ertheilt und den im Contocorrent verkehrenden Gemeindekassen zur Anerkennung mitgetheilt.

Wird ein Conto-Gegenbuch geführt, so wird dieses zu den obenbezeichneten Terminen gleichzeitig mit dem Conto selbst abgeschlossen, und es vertritt der beiderseits durch Unterzeichnung anzuerkennende Abschluß die Rechnungsstellung bezw. Anerkennung.

---

18. M.Bekm. v. 17. Mai 1886, die Capitalsausleihungen der Gemeinden und Stiftungen, hier die verzinsliche Anlage von Geldern der Gemeinden und örtlichen Stiftungen in laufender Rechnung betr.

In Ergänzung der zum Vollzuge der allerhöchsten Verordnung vom 31. Juli 1869, die Capitalsausleihungen der Gemeinden und Stiftungen betreffend, unterm 6. August 1869 erlassenen und in den Kreisamtsblättern veröffentlichten Vorschriften wird zu Ziff. I, 5 derselben in Bezug auf die verzinsliche Anlage von Geldern der Gemeinden und örtlichen Stiftungen in laufender Rechnung, und zwar, was die Bestimmungen in den nachstehenden Ziffern 1, 2, 10 und 11 betrifft, mit Geltung für das ganze Königreich, hinsichtlich der übrigen Ziffern dagegen lediglich mit Geltung für das rechtsrheinische Bayern, Folgendes verfügt:

1) Die verzinsliche Anlage von Geldern der Gemeinden und der unter gemeindlicher Verwaltung stehenden örtlichen Stiftungen in laufender Rechnung (Contocorrent) darf nach den zur Zeit geltenden Vorschriften nur bei der königlichen Bank und bei der bayerischen Hypotheken- und Wechselbank erfolgen.

Gemeinden mit Landgemeindeverfassung, in der Pfalz Gemeinden mit weniger als 5000 Seelen, ist die Eingehung eines Contocorrentverhältnisses nur ausnahmsweise und nur mit Genehmigung der Aufsichtsbehörde gestattet.

Die Anlage in laufender Rechnung ist nur hinsichtlich der Betriebsmittel zulässig; die Anlage von Bestandtheilen des Grundstockvermögens in laufender Rechnung ist ausgeschlossen.

2) Die Einleitung eines Contocorrentverkehrs für eine Gemeinde oder örtliche Stiftung kann nur auf Grund gesetzmäßiger gemeindlicher Beschlüsse erfolgen.

Hiebei ist es, wenn zur Benützung im Contocorrent von der Bank nach Maßgabe ihrer besonderen Bedingungen zugleich ein Credit eröffnet werden soll, um zeitweilig über das Guthaben aus den gemeindlichen Anlagen hinaus verfügen zu können, geboten, den Höchstbetrag des in Anspruch zu nehmenden Credites, d. i. der hierauf zu gründenden Passivbelastung der Gemeinde beziehungsweise Stiftung, und die Art der Bedeckung des Credites — soferne von einer Bedeckung Seitens der Bank nicht Umgang genommen wird — im Voraus festzusetzen, unbeschadet besonderer Beschlußfassung in einzelnen Fällen, in welchen eine Ueberschreitung dieses Betrages veranlaßt ist.

Das Erforderniß aufsichtlicher Genehmigung bemißt sich, abgesehen von der Bestimmung in Ziff. 1 Abs. II, nach Art. 63 Abs. I der diesrheinischen G.O., beziehungsweise nach Art. 47 Abs. I der G.O. für die Pfalz vom nämlichen Tage.

Die vorstehend erwähnten gemeindlichen und aufsichtlichen Beschlüsse sind der Bank in beglaubigter Abschrift mitzutheilen.

3) Die jeweiligen Anlagen in laufender Rechnung sind sowohl im Kassatagebuche, als im Hauptbuche (Manual) unter den Ausgaben vorzutragen, und zwar im Hauptbuch in Hauptabtheilung II Tit. II des vorgeschriebenen Rechnungsschemas („Auf Leistung von Aktivvorschüssen") in einer besonderen Unterabtheilung „Anlagen in laufender Rechnung". Die Quittungen der Bank sind im Kassatagebuch als Belege beizuziffern. Wo ein Conto-Gegenbuch geführt wird, ist im Kassatagebuch auf das betreffende Folium des Gegenbuches zu verweisen.

4) Das von der Bank verabfolgte Checkbuch ist unter doppeltem Verschlusse — des (Current-) Kassaverwalters und eines Mitsperrers — zu verwahren. Die Abgabe von einzelnen Checkbuchblättern aus dem gemeinschaftlichen Verschlusse darf nur an den Kassaverwalter erfolgen.

Ueber jede Abgabe eines Checkbuchblattes ist in einem eigenen fortlaufenden Buche oder im Checkbuche auf dem zurückbleibenden Theile des treffenden Blattes eine von dem Verwalter und dem Mitsperrer zu unterzeichnende Vormerkung aufzunehmen, welche das Datum und die Nummer des Checkbuchblattes zu enthalten hat.

5) Der gehörig ausgefüllte Check ist durch die Unterschrift des Kassaverwalters und des Bürgermeisters oder seines Stellvertreters auszufertigen und mit dem gemeindlichen Siegel zu versehen.

Die Originalunterschriften der zur Unterfertigung von Checks ermächtigten Personen sind bei der Bank zu hinterlegen.

6) Jeder Check ist sofort nach geschehener Unterzeichnung Seitens des Kassaverwalters mit dem anzuweisenden Betrage im Kassatagebuch unter den Einnahmen innerhalb der Linien vorzumerken. Der Bürgermeister, beziehungsweise dessen Stellvertreter, hat sich von der Beobachtung dieser Vorschrift in jedem einzelnen Falle bei der Unterschrift des Checks persönlich zu überzeugen. Die mittels Checks erfolgten

Abhebungen sind sodann — nach Empfangnahme des treffenden Betrages — als wirkliche Einnahmen im Tagebuche und im Hauptbuche vorzutragen, und zwar in letzterem in Hauptabtheilung II Tit. V des Rechnungsschemas („aus Passivvorschüssen") in einer besonderen Unterabtheilung: „Abhebungen in laufender Rechnung".

7) Wird ein Check an Stelle der Baarzahlung an einen Dritten ausgegeben, so ist der angewiesene Betrag sofort in den Kassabüchern als wirkliche Einnahme zu behandeln; gleichzeitig ist derselbe als Ausgabe an den Empfänger des Checks in den Kassabüchern mit dem Beifügen vorzutragen, daß die Zahlung durch Check erfolgt ist. Der Quittung des Empfängers ist der Vermerk: „Zahlung durch Check Nr. . . ." beizusetzen.

8) Entziffert sich am Schlusse des Jahres auf Grund der mit der Bank gepflogenen Abrechnungen nach Abgleichung der von der Bank geschuldeten Zinsen mit den von der gemeindlichen Kasse geschuldeten Provisionen ein Zinsguthaben der letztgenannten Kasse, so ist dasselbe zur Richtigstellung der Kassabücher im Tagebuch und im Hauptbuch in Einnahme und Ausgabe vorzutragen, und zwar im Hauptbuch in Hauptabtheilung I Tit. VIII, bei örtlichen Stiftungen Tit. IV („Sonstige Einnahmen"), als Einnahme und in Hauptabtheilung II Tit. II („Auf Leistung von Aktivvorschüssen") als Ausgabe.

Entziffert sich ein Zinsguthaben der Bank, so ist dieses in den Kassabüchern gleichfalls in Ausgabe und Einnahme vorzutragen, und zwar im Hauptbuch in Hauptabtheilung I Tit. XII, bei örtlichen Stiftungen Tit. IX („Auf sonstige Ausgaben"), als Ausgabe und in Hauptabtheilung II Tit. V („Aus Passivvorschüssen") als Einnahme.

9) Der Vortrag in der bezüglich der treffenden gemeindlichen Kasse zu stellenden Jahresrechnung hat in folgender Weise zu geschehen:

Ergiebt sich am Schlusse des Jahres auf Grund der mit der Bank gepflogenen Abrechnungen über Einlagen und Abhebungen, sowie über die von der gemeindlichen Kasse zu beanspruchenden Zinsen beziehungsweise geschuldeten Provisionen ein Guthaben der letztgenannten Kasse, so ist dieses in Hauptabtheilung II der Jahresrechnung unter Tit. II des Rechnungsschemas („Auf Leistung von Aktivvorschüssen") in Ausgabe und unter Tit. I Cap. 2 („Aus zurückbezahlten Aktivvorschüssen") als Einnahmerückstand vorzutragen. Ergiebt sich dagegen ein Guthaben der Bank, so ist dieses in Hauptabtheilung II der Jahresrechnung unter Tit. V („Aus Passivvorschüssen") in Einnahme, dann in Hauptabtheilung I unter Tit. XI Cap. 3, bei örtlichen Stiftungen Tit. VIII Cap. 3 („Heimzahlung von Passivvorschüssen"), als Zahlungsrückstand vorzutragen.

Gleichzeitig ist ein sich etwa berechnendes Zinsguthaben der gemeindlichen Kasse (Ziff. 8 Abs. 1) in Hauptabtheilung I Tit. VIII, bei örtlichen Stiftungen Tit. IV, der Jahresrechnung („Sonstige Einnahmen") als Einnahme einzustellen, ein etwaiges Zinsguthaben der Bank aber (Ziff. 8 Abs. 2) in Hauptabtheilung I Tit. XII, bei örtlichen Stiftungen Tit. IX („Auf sonstige Ausgaben"), als Ausgabe zu verrechnen.

Im Uebrigen sind die im Laufe des Jahres erfolgten einzelnen Anlagen und Abhebungen als bloße Abrechnungsposten zu behandeln und daher in der Jahresrechnung nicht zum Vortrage zu bringen.

10) Der Zweck des Contocorrent ist, den gemeindlichen Kassenverkehr zu er-

leichtern und den Gemeinden und örtlichen Stiftungen die alsbaldige verzinsliche Anlage zeitweise entbehrlicher Betriebsmittel, sowie im Bedarfsfalle deren sofortige Wiedereinziehung zu ermöglichen, sodann nach Umständen denselben auch Gelegenheit zu geben, in Fällen, in welchen die zur Bestreitung der laufenden Ausgaben bestimmten Einnahmen augenblicklich noch nicht oder nicht in zureichendem Maße flüssig sind, die erforderlichen Geldmittel vorschußweise vorübergehend zu beschaffen. Dagegen darf der Contocorrent nicht dazu dienen, unter Umgehung der Gesetzesbestimmungen über Schuldaufnahme und Schuldentilgung eine dauernde Passivbelastung der Gemeinde beziehungsweise örtlichen Stiftung herbeizuführen und an Stelle planmäßig fundirter Schuldaufnahmen sogenannte schwebende Schulden zu setzen.

11) Die Aufsichtsbehörden haben den Vollzug dieser Vorschriften sorgfältig zu überwachen und sich bei jeder Kassenvisitation über den Stand der Geldanlagen in laufender Rechnung, sowie über das Vorhandensein und die Aufbewahrung des Checkbuches und der nicht verwendeten Checkbuchblätter Gewißheit zu verschaffen.

12) Vorstehende Vorschriften treten mit dem 1. Juli 1886 in Kraft.

Sollte sich für einzelne Stadtgemeinden mit Rücksicht auf die obwaltenden besonderen Verhältnisse eine Abweichung von diesen Vorschriften in dem einen oder anderen Punkte als nothwendig erweisen, so bleibt in dieser Beziehung besondere ministerielle Genehmigung vorbehalten.

Im Uebrigen bleibt es den Magistraten anheimgegeben, veranlaßtenfalls nach Maßgabe des Art. 107 Abs. 3 der diesrheinischen G.O. noch nähere Vorschriften über den Verkehr in laufender Rechnung zu erlassen.

Für den Regierungsbezirk der Pfalz wird die kgl. Regierung, K. d. J., auf Grund des Art. 78 Abs. 10 der pfälzischen G.O. die erforderlichen weiteren Anordnungen treffen.

IV.

Einige Vorschriften des Bürgerl. Gesetzbuches und des bayer. Ausf.Ges. z. Bürgerl. Gesetzbuch, dann neuere Entschließungen und Entscheidungen.

A. Bürgerl. Gesetzbuch.

II Stiftungen.

§ 80.

Zur Entstehung einer rechtsfähigen Stiftung ist außer dem Stiftungsgeschäfte die Genehmigung des Bundesstaats erforderlich, in dessen Gebiete die Stiftung ihren Sitz haben soll. Soll die Stiftung ihren Sitz nicht in einem Bundesstaate haben, so ist die Genehmigung des Bundesraths erforderlich. Als Sitz der Stiftung gilt, wenn nicht ein Anderes bestimmt ist, der Ort, an welchem die Verwaltung geführt wird.

§ 81.

Das Stiftungsgeschäft unter Lebenden bedarf der schriftlichen Form.

Bis zur Ertheilung der Genehmigung ist der Stifter zum Widerrufe berechtigt. Ist die Genehmigung bei der zuständigen Behörde nachgesucht, so kann der Widerruf nur dieser gegenüber erklärt werden. Der Erbe des Stifters ist zum Widerrufe nicht berechtigt, wenn der Stifter das Gesuch bei der zuständigen Behörde eingereicht oder im Falle der gerichtlichen oder notariellen Beurkundung des Stiftungsgeschäfts das Gericht oder den Notar bei oder nach der Beurkundung mit der Einreichung betraut hat.

III. Juristische Personen des öffentlichen Rechtes.

§ 89.

Die Vorschrift des § 31 findet auf den Fiskus sowie auf die Körperschaften, Stiftungen und Anstalten des öffentlichen Rechtes entsprechende Anwendung.

Das Gleiche gilt, soweit bei Körperschaften, Stiftungen und Anstalten des öffentlichen Rechtes der Konkurs zulässig ist, von der Vorschrift des § 42 Abs. 2.

Sicherheitsleistung.

§ 232.

Wer Sicherheit zu leisten hat, kann dies bewirken

durch Hinterlegung von Geld oder Werthpapieren,

durch Verpfändung von Forderungen, die in das Reichsschuldbuch oder in das Staatsschuldbuch eines Bundesstaates eingetragen sind,

durch Verpfändung beweglicher Sachen,

durch Bestellung von Hypotheken an inländischen Grundstücken,

durch Verpfändung von Forderungen, für die eine Hypothek an einem inländischen Grundstücke besteht, oder durch Verpfändung von Grundschulden oder Rentenschulden an inländischen Grundstücken.

Kann die Sicherheit nicht in dieser Weise geleistet werden, so ist die Stellung eines tauglichen Bürgen zulässig.

B. Ausf.Ges. z. Bürgerl. Gesetzbuch.

Zahlungen aus öffentlichen Kassen.

Art. 11.

Zahlungen aus öffentlichen Kassen sind, soweit nicht ein Anderes bestimmt ist, an der Kasse in Empfang zu nehmen, welche die Zahlung zu leisten hat.

Aufrechnung gegen Gehälter und Pensionen. Uebertragung von Wittwen- und Waisenbezügen.

Art. 12.

Gegen die Ansprüche der Hof-, Staats- und Gemeindebeamten, öffentlichen Diener und Geistlichen auf Gehalt oder Pension können Ansprüche aus dem Amts- oder Dienstverhältnisse sowie die von dem Gehalt oder der Pension zu entrichtenden Steuern oder Umlagen unbeschränkt aufgerechnet werden.

Für die Ansprüche der Hinterbliebenen der im Abs. 1 bezeichneten Bediensteten auf Wittwen- und Waisenbezüge gilt das Gleiche in Ansehung der von den Bezügen zu entrichtenden Steuern oder Umlagen. Die Wittwen- und Waisenbezüge können weder abgetreten noch verpfändet werden.

Auf die Bezüge der Angehörigen des Heeres und deren Wittwen und Waisen finden diese Vorschriften keine Anwendung.

Haftpflicht bei Benutzung öffentlicher Grundstücke oder Gewässer zu Anlagen oder Betrieben.

Art 58.

Werden öffentliche Straßen oder Plätze mit Genehmigung der zuständigen Behörde zu dem Betrieb einer Eisenbahn benutzt, so ist der Unternehmer auch für den Schaden verantwortlich, der bei dem Betrieb in Folge des öffentlichen Gebrauchs der Straßen oder Plätze an einer fremden Sache entsteht, sofern nicht der Unfall durch höhere Gewalt oder durch Verschulden des Inhabers der Sache verursacht ist.

Der Anspruch auf Schadensersatz verjährt in zwei Jahren von dem Unfall an.

Art. 59

Wird die Benutzung eines dem öffentlichen Gebrauche dienenden Grundstücks oder eines öffentlichen Gewässers zu einer Anlage oder einem Betriebe gestattet, so kann bei der Ertheilung der Genehmigung von der zuständigen Behörde bestimmt werden, daß der Unternehmer für den Schaden, der bei dem öffentlichen Gebrauche des Grundstücks oder des Gewässers durch die Anlage oder den Betrieb verursacht wird, oder für gewisse Arten eines solchen Schadens verantwortlich ist.

Im Falle der Tödtung oder einer Verletzung des Körpers oder der Gesundheit eines Menschen finden die Vorschriften der §§ 842 bis 844 des Bürgerl. Gesetzbuchs Anwendung.

Die Ersatzpflicht des Unternehmers erstreckt sich nicht auf einen Schaden, der durch höhere Gewalt oder durch Verschulden des Verletzten oder des Inhabers der beschädigten Sache verursacht ist.

Der Anspruch auf Schadensersatz verjährt in zwei Jahren von dem Unfall an. Im Falle einer Tödtung beginnt die Verjährung der im § 844 des Bürgerl. Gesetzbuchs bestimmten Ansprüche mit dem Eintritte des Todes.

Haftung des Staates und der Kommunalverbände für Beamte.

Art. 60.

Verletzt ein Beamter des Staates, einer Gemeinde oder eines anderen Kommunalverbandes in Ausübung der ihm anvertrauten öffentlichen Gewalt vorsätzlich oder fahrlässig die ihm einem Dritten gegenüber obliegende Amtspflicht, so trifft dem Dritten gegenüber die im § 839 des Bürgerl Gesetzbuchs bestimmte Verantwortlichkeit an Stelle des Beamten den Staat oder den Verband, in dessen Dienste der Beamte steht. Bei den Amtsgeschäften der Gerichtsvollzieher gilt dies auch für die Verletzung der Pflichten gegenüber dem Auftraggeber.

Ausländern kann die Entschädigung, vorbehaltlich der Haftung des Beamten, verweigert werden, wenn nicht nachgewiesen ist, daß in dem Heimathstaate des Beschädigten eine der Vorschrift des Abs. 1 Satz 1 entsprechende Haftung Deutschen gegenüber wenigstens insoweit anerkannt wird, als der Ersatz des Schadens von dem Beamten nicht zu erlangen ist.

Die für einzelne Klassen von Beamten bestehenden besonderen Vorschriften bleiben unberührt.

Der Beamte hat dem Staate oder dem Verband, in dessen Dienste er steht, den Schaden zu ersetzen, der dem Staate oder dem Verband aus der Verletzung der Amtspflicht entsteht. Die Vorschriften des § 852 des Bürgerl. Gesetzbuchs finden mit der Maßgabe Anwendung, daß die dreijährige Verjährungsfrist mit dem Zeitpunkte beginnt, in dem die Ersatzpflicht des Staates oder des Verbandes dem Beschädigten gegenüber anerkannt oder rechtskräftig festgestellt ist.

Art. 61.

Ist ein Beamter des Staates, einer Gemeinde oder eines anderen Kommunalverbandes für einen Schaden der im Artikel 60 Abs. 1 bezeichneten Art deswegen nicht verantwortlich, weil er sich im Zustande der Bewußtlosigkeit oder in einem die freie Willensbestimmung ausschließenden Zustande krankhafter Störung der Geistesthätigkeit befunden hat, so kann der Beschädigte von dem Staate oder dem Verbande Schadensersatz verlangen.

Für den Schaden, der daraus entsteht, daß der Beamte bei einem Urtheil in einer Rechtssache die Amtspflicht verletzt, ist der Staat oder der Verband in dem Falle des Abs. 1 nicht verantwortlich.

Die Vorschriften des § 839 Abs. 1 Satz 2, Abs. 2 Satz 2, Abs. 3 des Bürgerl. Gesetzbuchs und des Artikel 60 Abs. 1 Satz 2, Abs. 2, 3 finden entsprechende Anwendung.

Recht der Gemeinden und Stiftungen auf Sicherungshypothek gegenüber ihren Verwaltern.

Art. 89.

Die Gemeinden und die anderen Kommunalverbände, die Stiftungen des öffentlichen Rechtes und die unter der Verwaltung einer öffentlichen Behörde stehenden Stiftungen sind berechtigt, zu verlangen, daß für die Forderungen, die aus der Verwaltung ihres Vermögens gegen den Verwalter entstehen, eine Sicherungshypothek an Grundstücken des Verwalters in das Grundbuch eingetragen wird. Die Eintragung der Hypothek ist für den Betrag zu erwirken, für welchen der Verwalter Sicherheit zu leisten hat, soweit nicht die Sicherheit anderweit geleistet wird.

Die Eintragung der Hypothek erfolgt auf Ersuchen der Behörde, welcher die Ausführung der über die Sicherheitsleistung getroffenen Bestimmung obliegt. Ergibt sich eine Haftung des Verwalters, so kann das Ersuchen auch von der für die Feststellung der Haftung zuständigen Behörde gestellt werden.

Die Eintragung der Hypothek an mehreren Grundstücken darf nur soweit verlangt werden, daß der Werth der Grundstücke das Doppelte des zu sichernden Betrags erreicht; der Werth wird unter Abzug der Belastungen berechnet, welche der Hypothek im Range vorgehen.

Rechte der öffentlichen Wohlthätigkeitsanstalten in Ansehung des Nachlasses unterstützter oder verpflegter Personen.

Art. 101.

Oeffentliche Wohlthätigkeitsanstalten können aus dem Nachlasse der von ihnen innerhalb der letzten zehn Jahre vor dem Tode unterstützten oder unentgeltlich verpflegten Personen Ersatz der für die Unterstützung oder die Verpflegung gemachten Aufwendungen für die ganze Dauer der Leistung verlangen, soweit nicht durch die Geltendmachung des Anspruchs der nothdürftige Unterhalt eines pflichttheilsberechtigten Angehörigen des Erblassers gefährdet werden würde.

Der Ersatzanspruch kann nicht zum Nachtheile der Nachlaßgläubiger geltend gemacht werden. Verbindlichkeiten aus Pflichttheilsrechten, Vermächtnissen und Auflagen bleiben außer Betracht.

Art. 102.

Durch die Satzungen einer öffentlichen Verpflegungsanstalt kann der Anstalt ein Recht auf die Sachen eingeräumt werden, welche von einer Person, die in der Anstalt bis zum Tode unentgeltlich verpflegt worden ist, zum Zwecke des Gebrauchs in der Anstalt eingebracht worden sind.

Das Eigenthum an den der Anstalt zufallenden Sachen geht mit dem Eintritte des Erbfalls auf die Anstalt über. Der Werth der Sachen wird auf den der Anstalt zustehenden Ersatzanspruch angerechnet.

Mitwirkung der Gemeindebehörden bei der Sicherung eines Nachlasses.

Art. 105.

Die Anlegung von Siegeln zur Sicherung eines Nachlasses, der sich nicht in der Gemeinde befindet, in welcher das zuständige Amtsgericht seinen Sitz hat, kann dem Bürgermeister übertragen werden. In dringenden Fällen hat der Bürgermeister für die Sicherung des Nachlasses vorläufig durch Anlegung von Siegeln zu sorgen; die getroffene Maßregel ist sofort dem Amtsgericht anzuzeigen.

Dem Bürgermeister kann auch die Entsiegelung übertragen werden.

Oeffentliche Sparkassen.

Art. 109.

Bei einer öffentlichen Sparkasse können Ehefrauen ohne Zustimmung des Ehemanns, Minderjährige und andere in der Geschäftsfähigkeit beschränkte Personen ohne Einwilligung des gesetzlichen Vertreters Spareinlagen machen.

Art. 110.

Ist eine öffentliche Sparkasse nach ihrer Satzung bei der Zahlung eines Guthabens an den Inhaber der Sparurkunde (Sparbuch, Sparschein) nicht verpflichtet, die Berechtigung des Inhabers zu prüfen, so ist sie, sofern nicht in der Urkunde eine abweichende Bestimmung getroffen ist, ohne weitere Prüfung zu der Annahme berechtigt, daß der Inhaber das Guthaben rechtswirksam kündigen und einziehen kann.

Art. 111.

Die Kraftloserklärung einer abhanden gekommenen oder vernichteten Sparurkunde einer öffentlichen Sparkasse kann auch bei dem Vorstande der Sparkasse beantragt werden.

Für das bei der Kraftloserklärung durch den Vorstand zu beobachtende Verfahren gelten die Vorschriften der Artikel 112 bis 120.

Art. 112.

Der Antragsteller hat den Verlust der Urkunde und die Thatsachen, von welchen seine Berechtigung abhängt, glaubhaft zu machen. Ueber die Wahrheit seiner Angaben kann ihm eine Versicherung an Eidesstatt abgenommen werden.

Art. 113.

Der Vorstand erläßt ein Aufgebot und ordnet, wenn die Urkunde abhanden gekommen ist, die Sperre des Guthabens an.

Ansprüche aus Rechtsverhältnissen des öffentlichen Rechtes und Grundgefällen.

Art. 122.

Für Leistungen, die auf Grund eines Rechtsverhältnisses des öffentlichen Rechtes von einem Grundstücke zu entrichten sind, haftet das Grundstück. Die Haftung für fällige Leistungen erlischt mit dem Ablaufe von zwei Jahren nach dem Eintritte des Zeitpunkts, von dem an die Leistung gefordert werden kann, wenn nicht vorher die Beschlagnahme des Grundstücks erfolgt ist.

Art. 123.

Die Staatskasse ist berechtigt, für ihre Ansprüche wegen fälliger öffentlicher Abgaben und Kosten eines Verfahrens die Eintragung einer Sicherungshypothek an den Grundstücken des Schuldners zu verlangen. Die Eintragung der Sicherungshypothek an mehreren Grundstücken darf nur soweit verlangt werden, daß der Werth der Grundstücke den zweifachen Betrag des zu sichernden Anspruchs erreicht; der Werth wird unter Abzug der Belastungen berechnet, welche der Sicherungshypothek im Range vorgehen.

Die Eintragung der Sicherungshypothek erfolgt auf das Ersuchen der Behörde, welcher die Beitreibung der Leistung obliegt.

Art. 124.

Die aus Rechtsverhältnissen des öffentlichen Rechtes entstandenen Ansprüche des Staates, einer Gemeinde oder eines anderen Kommunalverbandes auf eine Geldzahlung erlöschen, soweit nicht ein Anderes vorgeschrieben ist, mit dem Ablaufe von drei Jahren, wenn die Thatsachen festgestellt sind, auf welchen der Anspruch beruht. Die Frist beginnt mit dem Schlusse des Kalenderjahrs, in welchem der Zeitpunkt eintritt, von dem an die Leistung auf Grund der festgestellten Thatsachen gefordert werden kann. Die Vorschriften über die Hemmung und die Unterbrechung der Verjährung finden entsprechende Anwendung.

Der Lauf der Frist wird auch durch die im Beitreibungsverfahren an den Pflichtigen gerichtete Aufforderung zur Zahlung unterbrochen.

Besteht für den Anspruch ein Pfandrecht oder eine Hypothek, so wird durch das Erlöschen des Anspruchs die Geltendmachung des Rechtes, Befriedigung aus dem verhafteten Gegenstande zu suchen, nicht gehindert.

Art. 125.

Die aus Rechtsverhältnissen des öffentlichen Rechtes entstandenen Ansprüche gegen den Staat, eine Gemeinde oder einen anderen Kommunalverband auf eine Geldzahlung erlöschen, soweit nicht ein Anderes vorgeschrieben ist, mit dem Ablaufe von drei Jahren. Die Frist beginnt mit dem Schlusse des Kalenderjahrs, in welchem der Zeitpunkt eintritt, von dem an die Leistung gefordert werden kann. Die Vorschriften über die Hemmung und die Unterbrechung der Verjährung finden entsprechende Anwendung.

Das Erlöschen ist ausgeschlossen, wenn der Empfangsberechtigte sich vor dem Ablaufe der Frist bei der Kasse, welche die Zahlung zu leisten hat, zum Empfange meldet.

Diese Vorschriften gelten insbesondere auch für die Ansprüche auf Rückerstattung mit Unrecht erhobener Abgaben oder Kosten eines Verfahrens.

C. Neuere Entschließungen.

1) M.Bektm. v. 18. Dezember 1899, M.A.Bl. S. 669, die von den Standesbeamten an die Amtsgerichte zu erstattenden Anzeigen von Geburten, Verehelichungen und Todesfällen betr.

In Ansehung der von den Standesbeamten an die Amtsgerichte zu erstattenden Anzeigen von Geburten, Verehelichungen und Todesfällen wird Folgendes angeordnet:

1. der Standesbeamte hat dem Amtsgerichte, in dessen Bezirke er seinen Amtssitz hat, anzuzeigen:
   a) die Geburt eines ehelichen Kindes nach dem Tode des Vaters;
   b) die Geburt eines jeden unehelichen Kindes;
   c) die Auffindung eines Minderjährigen, dessen Familienstand nicht zu ermitteln ist;
   d) die Eintragung der Anerkennung eines unehelichen Kindes, wenn die Anerkennung vor dem Standesbeamten erfolgt;
   e) die Verheirathung einer Frau, die ein minderjähriges eheliches Kind hat;
   f) jeden Todesfall.

   Zur Erstattung der unter b und f bezeichneten Anzeigen soll sich der Standesbeamte eines Formulars nach den anliegenden Mustern bedienen. Die übrigen Anzeigen können in Form eines Schreibens oder mittels Uebersendung eines beglaubigten Auszugs aus dem Register erstattet werden.
2. Durch die nach der Ziffer 1 erstattete Anzeige genügt der Standesbeamte der im § 48 des Reichsgesetzes über die Angelegenheiten der freiwilligen Gerichtsbarkeit bestimmten Anzeigepflicht.
3. Im Falle des Todes eines Ausländers hat der Standesbeamte auf Verlangen des Amtsgerichts diesem einen Auszug aus dem Sterberegister zu übersenden.

   Im Falle des Todes eines Brasilianers, Griechen, Italieners, Japaners, Russen, Serben oder Spaniers oder eines Bürgers der Vereinigten Staaten von Amerika ist der Auszug aus dem Sterberegister dem Amtsgericht auch ohne ausdrückliches Verlangen neben der Todesanzeige zu übersenden.
4. Diese Bestimmungen treten am 1. Januar 1900 in Kraft.

   Die Bekanntmachung des k. Staatsministeriums des Innern vom 13. April 1896, die Erstattung von Todesanzeigen an die Amtsgerichte der Landestheile rechts des Rheins betreffend (M.A.Bl. S. 112, J.M.Bl. S. 160), wird aufgehoben.
5. Die noch vorhandenen Formulare zu Anzeigen, welche an die Amtsgerichte nach dem bisherigen Rechte zu erstatten waren, können aufgebraucht werden. Insbesondere können in den Landestheilen rechts des Rheins die nach dem bisherigen Rechte für die Ortspolizeibehörde bestimmten noch vorhandenen Formulare von den Standesbeamten aufgebraucht werden; der Standesbeamte hat sich zu diesem Zwecke mit der Ortspolizeibehörde ins Benehmen zu setzen.

2) Fin.Min.Entschl. v. 27. Dezember 1899, Fin.Min.Bl. S. 355—394, die Vorschriften über die Beitreibung der Staatsgefälle betr. (Analog für Gemeinden anwendbar.)

Durch die Bestimmungen in Art. 4 bis 7 des Gesetzes vom 23. Februar 1879 zur Ausführung der Reichcivilprozeßordnung und Konkursordnung in Verbindung mit § 706 der Reichscivilprozeßordnung vom 30. Januar 1877 ist den bestehenden Vorschriften über das Vollstreckungsrecht der Verwaltungsbehörden und über die Organe und Mittel der Zwangsvollstreckung fortdauernde Geltung gesichert und zugleich den Hauptzollämtern in Ansehung der von ihnen verwalteten Zölle, Steuern und Gebühren das Vollstreckungsrecht eingeräumt worden. Gemäß Art. 6 und 7 des erstgenannten Gesetzes sind jedoch die Beschlüsse und Urkunden der einschlägigen Verwaltungsbehörden, wenn es sich um eine Geldleistung handelt und eines der zum Vollzuge von Urtheilen in bürgerlichen Rechtsstreitigkeiten gegebenen Vollstreckungsmittel angewendet werden soll, von ihnen mit der Vollstreckungsklausel zu versehen und es sind bei den Zwangsvollstreckungen auf Grund solcher vorschriftsmäßig ausgefertigten Urkunden die Bestimmungen der Reichscivilprozeßordnung als maßgebend zu betrachten.

Die Art. 4 bis 7 des Gesetzes vom 23. Februar 1879 sind weder durch die am 1. Januar 1900 auf dem Gebiete des bürgerlichen Rechts und des Civilprozesses in Kraft tretende neue Reichsgesetzgebung noch durch die zu deren Ausführung erlassenen landesgesetzlichen Vorschriften berührt worden, dagegen haben die Bestimmungen der Reichscivilprozeßordnung über die Zwangsvollstreckung durch das gleichzeitig mit dem neuen bürgerlichen Recht in Kraft tretende Reichsgesetz betreffend Aenderungen der Civilprozeßordnung vom 17. Mai 1898 eine Reihe von theilweise einschneidenden Aenderungen erfahren.

In Folge dessen hat sich die Nothwendigkeit ergeben, die seither geltenden Normativen für die Ausübung des Vollstreckungsrechts durch die Finanzbehörden mit den Vorschriften des genannten Reichsgesetzes in Einklang zu bringen.

Bei diesem Anlaß erschien es angezeigt, die erwähnten Normativen auch in einigen mit der neuen Reichsgesetzgebung nicht zusammenhängenden Punkten einer den Bedürfnissen der Praxis entsprechenden Umgestaltung zu unterziehen.

Außerdem wurde es für zweckmäßig befunden, in die hienach zu erlassenden neuen Vorschriften über das künftig einzuhaltende Verfahren in Ansehung der Beitreibung der Staatsgefälle, soweit thunlich, die seit Erlaß der Ministerialbekanntmachung vom 27. September 1879 ergangenen zu deren Ergänzung bestimmten Direktiven unter Vornahme der an denselben durch die neue Reichsgesetzgebung veranlaßten Aenderungen aufzunehmen.

Diese Vorschriften haben demgemäß folgendermaßen zu lauten:

Abschnitt I.

Allgemeine Bestimmungen.

§ 1.

Zur Berichtigung der jeweilig fälligen Staatsauflagen und Gefälle sind, soferne nicht die Zahlungstermine besonders festgesetzt sind, die Erhebungstermine rechtzeitig anzuberaumen und geeignet bekannt zu geben.

Bei Erlassung solcher Bekanntmachungen ist ausdrücklich zu bemerken, daß, wenn an den bestimmten Erhebungsterminen Zahlung nicht geleistet wird, die Beitreibung der Rückstände mittelst Anmahnung der Pflichtigen auf deren Kosten erfolgen werde.

§ 2.

Werden Staatsgefälle, bezüglich deren den Finanzämtern*) das Vollstreckungs-

*) Unter den Begriff der Finanzämter im Sinne des § 2 fallen nicht bloß Rentämter und Hauptzollämter, sondern auch andere Behörden und Beamte, welche die bei ihnen anfallenden

recht zusteht (vgl. die Allerhöchsten Verordnungen vom 24. März 1802 pos. 9 -- Reggs.-Bl. p. 250 —, 8. November 1804 — fränkisches Reggs.-Bl. p. 247 —, 27. Februar 1807 — Reggs.-Bl. p. 407 —, 12. September 1809 — Reggs.-Bl. p. 1537 —, 25. September 1813 Ziff. VI — Reggs.-Bl. p. 1252, dann das Gesetz vom 16. Mai 1868 / 8. Dezember 1889 über den Malzaufschlag, Art. 48 — Ges.- u. Verordn.-Bl. 1889 p. 599 —, die Gesetze vom 28. April 1872, die Grundentlastung betr., Art. 17 Abs. 2 — Ges.-Bl p. 357 — und vom 2. Februar 1898, die Fortsetzung der Grundentlastung betr, Art. 24 - Ges.- u. Verordn.-Bl. p. 19 —, das Gesetz vom 18. August 1879 zur Ausführung der Reichsstrafprozeßordnung, Art. 92 — Ges.- u. Verordn.-Bl. 1879 p. 826 —, ferner das Gesetz vom 21. April 1884, die Landeskultur-Rentenanstalt betr., Art. 14 — Ges.- u. Verordn.-Bl. p. 113 —, das Reichsgesetz vom 27. April 1894, die Erhebung von Reichsstempelabgaben betr., § 42 — Reichsgesetzblatt p. 381 —, die Gesetze vom 18. August 1879 über die Erbschaftssteuer, Art. 39 und vom gleichen Datum über das Gebührenwesen, Art. 287, beide in der Fassung der Ministerialbekanntmachung vom 11. November 1899 — Ges.- u. Verordn.-Bl. 1899 p. 889 —, sowie die Allerhöchsten Verordnungen vom 23. Dezember 1899, die Ausführung des Reichsgerichtskostengesetzes und des Gesetzes über das Gebührenwesen betr., § 12 — Ges.- u. Verordn.-Bl. p. 1223 — und vom 16. Dezember 1899, die Gerichtsvollzieherordnung betr., § 28 Abs. 2 — Ges.- u. Verordn.-Bl. p. 1015), an den bestimmten Zahlungs- und Erhebungsterminen nicht berichtigt, so sind dieselben — vorbehaltlich der für einzelne Gefällsgattungen erlassenen besonderen Vorschriften — unter Beachtung der nachfolgenden Bestimmungen beizutreiben.

§ 3.

Behufs Beitreibung der rückständigen Staatsgefälle ist zunächst

das Mahnverfahren (Abschnitt II), sodann

das Vollstreckungsverfahren (Abschnitt III)

einzuleiten und in Vollzug zu setzen.

Sind Angehörige auswärtiger Aemter mit Staatsgefällen im Rückstande, so ist um die Beitreibung zu ersuchen.*)

Gefällsrückstände zwangsweise beizutreiben haben, wie beispielsweise die Gerichtsschreiber an den in dem § 46 der Ministerialbekanntmachung vom 24. September 1879 ad Nr. 13760 (Fin.-Min.-Bl. p. 245) genannten Amtsgerichten bezüglich der dort näher bezeichneten Gefälle, ferner die rechnungsführenden Gerichtsschreiber der Amtsgerichte überhaupt, insoferne ihnen bezüglich der Gebühren und Auslagen für Verrichtungen der Gerichtsvollzieher durch § 28 Abs. 2 der Gerichtsvollzieherordnung vom 16. Dezember 1899 das Vollstreckungsrecht eingeräumt ist.

*) Für die Beitreibung von Staatsgefällen in einem anderen Bundesstaate haben die Bestimmungen des Reichsgesetzes vom 9. Juni 1895 über den Beistand bei Einziehung von Abgaben und Vollstreckung von Vermögensstrafen (Reichsgesetzblatt S. 256) Maß zu geben. Hienach besteht für die Behörden anderer Bundesstaaten eine Verpflichtung zur Beistandsleistung bei der Einziehung von Staatsgefällen, insoweit dieselben unter den Begriff der öffentlichen Abgaben fallen. Den öffentlichen Abgaben sind ausdrücklich zugezählt die durch ein gerichtliches oder Verwaltungsverfahren entstandenen Gebühren und Auslagen. Den Bestimmungen dieses Gesetzes unterliegen jedoch nicht die durch das Reichsgerichtskostengesetz geregelten Gebühren und Auslagen; für diese richtet sich die Verpflichtung der Behörden anderer Bundesstaaten zur Beistandsleistung bei der Einziehung auch gegenwärtig noch nach § 99 des Reichsgerichtskostengesetzes und der auf Grund desselben erlassenen Bundesrathsanweisung vom 23. April 1880 (cf. § 1 Abs. 2 des Reichsgesetzes vom 9. Juni 1895 und die Ministerialbekanntmachung vom 4. Juli 1880 ad Nr. 9243 — Fin.-Min.-Bl. S. 178).

In solchen Fällen erscheint zweckmäßig, daß dem treffenden Amte bei dem Ersuchen um den Vollzug der Mahnung zugleich die vorschriftsmäßig ausgefertigte vollstreckbare Urkunde (§ 11) behufs der seinerzeitigen Einleitung des Vollstreckungsverfahrens übersendet werde.

§ 4.

Als Vollzugsorgane zur Beitreibung der rückständigen Staatsgefälle sind bei den Rentämtern die Amtsdiener, die verpflichteten Beiboten, dann die Steuerboten und bei den Hauptzollämtern die Amtsdiener und Zoll- und Steueraufseher bestellt.

Von der Vornahme von Vollstreckungshandlungen sind die vorbenannten Vollzugsorgane ausgeschlossen:

1. wenn sie selbst Pflichtige oder gesetzliche Vertreter eines Pflichtigen sind oder zu einem Pflichtigen in dem Verhältnisse eines Mitberechtigten, Mitverpflichteten oder Schadenersatzpflichtigen stehen;
2. wenn ihre Ehefrauen Pflichtige sind, auch wenn die Ehe nicht mehr besteht;
3. wenn eine Person pflichtig ist, mit welcher sie in gerader Linie verwandt, verschwägert oder durch Adoption verbunden, in der Seitenlinie bis zum dritten Grade verwandt oder bis zweiten Grade verschwägert sind, auch wenn die Ehe, durch welche die Schwägerschaft begründet ist, nicht mehr besteht (§ 156 des Reichsgerichtsverfassungsgesetzes).

Darf das Vollzugsorgan wegen Betheiligung Vollstreckungshandlungen nicht vornehmen oder ist es sonst hiezu außer Stande oder ist wegen bedeutender Forderungen die Pfändung auf zahlreiche, werthvolle oder seltene Gegenstände auszudehnen und sohin mit erheblichen Schwierigkeiten verbunden, ist den Finanzämtern gestattet, mit der Vollstreckung einen Gerichtsvollzieher zu beauftragen, welchem die vollstreckbare Urkunde zu behändigen ist.

§ 5.

Den finanzamtlichen Vollzugsorganen liegt, insoweit nicht anders bestimmt wird, die Ausführung der amtlich angeordneten Mahnungen und Vollstreckungen ob.

Beim Vollzug der Mahnungen haben sich dieselben in der Regel der Einhebung rückständiger Gefälle zu enthalten.

Die Gefällseinhebung im Mahnverfahren ist ihnen indes insoweit gestattet, als sie hiezu durch die Behändigung amtlich gefertigter Quittungen ermächtigt sind.

Unter welchen Voraussetzungen die Behändigung amtlich gefertigter Quittungen an die Vollzugsorgane stattfinden darf, bestimmt sich nach den hiefür bestehenden besonderen Normativen.

Der Pflichtige kann sich auf eine von ihm im Mahnverfahren an ein finanzamtliches Vollzugsorgan geleistete Zahlung im Falle einer Unterschlagung nur dann berufen, wenn ihm bei der Zahlung eine amtlich gefertigte Quittung übergeben worden ist. Abgesehen von dem letztgenannten Falle gilt der Grundsatz, daß Zahlungen an die Vollzugsorgane im Mahnverfahren auf Wag und Gefahr der Pflichtigen geleistet werden.

Für Zahlungen, welche im Vollstreckungsverfahren an die finanzamtlichen Vollzugsorgane erfolgen, haben die Bestimmungen der §§ 754 und 755 der Reichscivilprozeßordnung (nach der neuen Textirung vom 20. Mai 1898) Maß zu geben.

Die Hauptzollämter sind ermächtigt, behufs zwangsweiser Beitreibung rückständiger Aufschlagsgefälle oder von Rückständen an den von ihnen verwalteten Zöllen,

Steuern und Gebühren je nach Lage der Verhältnisse die einschlägigen Rentämter zu ersuchen oder sofort einen Gerichtsvollzieher mit der Vollstreckung zu beauftragen.

Abschnitt II.
Mahnverfahren.

§ 6.

Bezüglich der den Finanzämtern zur Verwaltung zugewiesenen Staatsgefälle ist vorbehaltlich der Bestimmung in Art. 4 Abs. 4 des Gesetzes vom 2. Juni 1876, die Erhebung einer Gebühr für das Halten von Hunden betreffend, und der unten folgenden Bestimmung in § 8 längstens eine Woche nach Ablauf der bestimmten Zahlungs- und Erhebungstermine die Anmahnung der säumigen Pflichtigen zu verfügen. Das Vollzugsorgan hat mittelst amtlicher Ausfertigung den Auftrag zu erhalten, die säumigen Pflichtigen gegen Erhebung einer Gebühr von 20 Pfennigen zur Ablieferung ihrer Rückstände binnen einer Woche unter dem Androhen aufzufordern, daß nach fruchtlosem Ablaufe dieser Frist die Einleitung des Zwangsvollstreckungsverfahrens werde angeordnet werden.

In den amtlichen Ausfertigungen (Mahnvorweisen, Rückstandsverzeichnissen) sind die Pflichtigen, sowie deren schuldige Gefälle nach Gattung und Größe genau zu bezeichnen. Ingleichen ist daselbst die Mahngebühr vorzumerken.

§ 7.

Die Vollzugsorgane haben die ihnen aufgetragenen Mahnungen sofort zu vollziehen und auf den Vorweisen (Rückstandsverzeichnissen) den richtigen Vollzug der Mahnung von den einzelnen Pflichtigen durch deren Unterschrift bestätigen zu lassen.

Kann diesem letzteren Erfordernisse nicht genügt werden, so ist solches von dem Vollzugsorgane in geeigneter Weise festzustellen.

Nach vollzogener Mahnung sind die Vorweise (Rückstandsverzeichnisse), versehen mit der Beurkundung des richtigen Vollzuges, sowie der hiebei etwa hervorgetretenen Anstände von dem Vollzugsorgane dem Finanzamte wieder in Vorlage zu bringen.

§ 8.

Bezüglich der rückständigen Aufschlagsgefälle ist von den Hauptzollämtern die Einleitung des Vollstreckungsverfahrens anzuordnen, wenn den gemäß Art. 48 Abs. 1 des Malzaufschlagsgesetzes vom $\frac{\text{16. Mai 1868}}{\text{8. Dez. 1889}}$ erlassenen schriftlichen Aufforderungen zur Zahlungsleistung nicht genügt worden ist.

Abschnitt III.
Vollstreckungsverfahren.

A. Allgemeine Bestimmungen.

§ 9.

War die Anmahnung ohne Ergebniß, so erfolgt die Zwangsvollstreckung auf Grund von Beschlüssen oder Urkunden, welche von dem einschlägigen Amte mit der Vollstreckungsklausel versehen sind.

§ 10.

Die Vollstreckungsklausel darf erst beigefügt werden, wenn die gesetzlichen Voraussetzungen der Vollstreckung gegeben sind.

§ 11.

In Ansehung der Vollstreckbarkeitserklärungen ist zum Vollzuge des Art. 6 Abs. 3 des Gesetzes vom 23. Februar 1879 zur Ausführung der Reichscivilprozeßordnung und Konkursordnung durch die Allerhöchste Verordnung vom 14. Juli 1879 (Ges.- u. Verordn.-Bl. S. 703) bestimmt, daß diese Erklärungen in den Fällen, in welchen behufs der Beitreibung rückständiger Staatsgefälle auf Grund von Heberegistern, Heberollen oder sonstigen Einhebungsbehelfen (z. B. Gebührenregistern, Rückstandsverzeichnissen 2c. 2c.) Ausstandsverzeichnisse angefertigt werden, der Urschrift der Ausstandsverzeichnisse beizufügen seien. Behufs der erforderlichen Kontrole ist jede angeordnete Vollstreckung in den Mahnungsvorweisen (Rückstandsverzeichnissen) vorzumerken oder eine gesonderte Vormerkung hierüber zu führen.

Insoferne nur gegen einen einzigen Pflichtigen die Vollstreckung anzuordnen ist, erscheint die Herstellung der vollstreckbaren Urkunde in tabellarischer Form nicht geboten.

Die vollstreckbar zu erklärenden Ausstandsverzeichnisse erhalten die Ueberschrift: „Im Namen Seiner Majestät des Königs" und am Schlusse die Bemerkung: „Vorstehendes Ausstandsverzeichniß wird hiemit als vollstreckbar erklärt."

Ist die Vollstreckungsklausel der Ausfertigung eines Beschlusses oder einer Urkunde beizusetzen, so hat solches in der oben bezeichneten Form zu geschehen.

Die Vollstreckungsklausel ist von dem Amtsvorstande zu unterzeichnen und mit dem Amtssiegel zu versehen (§ 725 C.P.O.).

§ 12.

Eine vollstreckbare Urkunde (Ausfertigung) kann gegen die Rechtsnachfolger des im Beschlusse oder der Urkunde bezeichneten Pflichtigen ertheilt werden, sofern die Rechtsnachfolge bei dem Finanzamte offenkundig oder durch öffentliche oder öffentlich beglaubigte Urkunden nachgewiesen erscheint.

Ist die Rechtsnachfolge bei dem Amte offenkundig, so ist dies in der Vollstreckungsklausel zu erwähnen (§ 727 C.P.O.).

Diese Bestimmungen finden entsprechende Anwendung auf die Ertheilung einer vollstreckbaren Ausfertigung gegen den Nacherben, den Erben, den Testamentsvollstrecker, sowie im Falle der Veräußerung eines Vermögens oder der Veräußerung eines Handelsgeschäfts mit dem Rechte der Fortführung der bisherigen Firma gegen den Uebernehmer des Vermögens oder Handelsgeschäfts, wenn der Beschluß gegen einen Vorerben, einen Testamentsvollstrecker, einen Erblasser bezw. gegen den früheren Inhaber des Vermögens oder Handelsgeschäfts ergangen ist (§§ 728, 749 und 729 C.P.O).

§ 13.

Ist nach den Bestimmungen der Civilprozeßordnung (§§ 737, 739, 740, 743 und 745) zur Zwangsvollstreckung in eine Vermögensmasse, an welcher einer dritten Person Nutzungsrechte zustehen, oder bezüglich deren zwischen dem Pflichtigen und einem Dritten eine Rechtsgemeinschaft begründet ist, die Verurtheilung des Dritten zur Leistung oder zur Duldung der Zwangsvollstreckung erforderlich, so muß der Zwangsvollstreckung in Gegenstände, welche zu einer solchen Vermögensmasse gehören, die gerichtliche Klagestellung gegen den Dritten zum Zwecke der Erlangung eines vollstreckbaren Titels gegen denselben vorausgehen.*)

*) Dies ist insbesondere von Bedeutung, wenn bei einer Ehe, für welche der Güterstand

Ist jedoch das Nutzungsrecht des Dritten oder die Rechtsgemeinschaft zwischen dem Pflichtigen und dem Dritten erst nach Erlaß eines Beschlusses gegen den Pflichtigen begründet worden, so findet die Zwangsvollstreckuug in jene Gegenstände auf Grund einer von dem Finanzamte nach Maßgabe des § 12 gegen den Dritten ertheilten vollstreckbaren Ausfertigung statt (§§ 738, 742 C.P.O.).

§ 14.

Die als vollstreckbar zu erklärenden Ausstandsverzeichnisse müssen die schuldigen Gefälle nach Gattung und Größe, die Verfallzeit, sowie die etwa geleisteten Abschlagszahlungen enthalten.

§ 15.

Die Zwangsvollstreckung darf nur beginnen, wenn das Amt, für welches — und die Person, gegen welche sie stattfinden soll, in dem Beschlusse oder der Urkunde oder in der denselben beigefügten Vollstreckungsklausel namentlich bezeichnet sind und der Beschluß oder die Urkunde bereits zugestellt ist oder gleichzeitig zugestellt wird (§ 750 Abs. 1 C.P.O.).

Die Zustellung besteht, wenn eine Ausfertigung zugestellt werden soll, in deren Uebergabe, in den übrigen Fällen in der Uebergabe einer beglaubigten Abschrift des zuzustellenden Schriftstückes oder eines beglaubigten Auszuges aus demselben.

Die Beglaubigung geschieht durch das Vollzugsorgan (§ 170 C.P.O.).

§ 16.

Handelt es sich um die Vollstreckung eines Beschlusses gegen eine der in § 12 und 13 Abs. 2 bezeichneten Personen, so muß außer dem zu vollstreckenden Beschlusse auch die diesem beigefügte Vollstreckungsklausel und, soferne die Vollstreckungsklausel auf Grund öffentlicher oder öffentlich beglaubigter Urkunden ertheilt ist, auch eine beglaubigte Abschrift dieser Urkunden vor Beginn der Zwangsvollstreckung zugestellt sein oder gleichzeitig mit Beginn derselben zugestellt werden (§§ 170, 750 Abs. 2 C.P.O.).

§ 17.

Die Zustellungen erfolgen durch die Vollzugsorgane (§ 166 C.P.O.) und zwar für die nicht prozeßfähigen Personen an die gesetzlichen Vertreter derselben; bei Gemeinden, Korporationen, sowie bei rechtsfähigen Vereinen genügt die Zustellung an die Vorsteher. Bei mehreren gesetzlichen Vertretern, sowie bei mehreren Vorstehern genügt die Zustellung an einen derselben (§ 171 C.P.O.).

§ 18.

Die Zustellung für einen Unteroffizier oder einen Gemeinen des aktiven Heeres erfolgt an den Chef der zunächst vorgesetzten Commandobehörde, (Chef der Compagnie, Escadron, Batterie ꝛc. § 172 C.P.O.).

---

der Verwaltung und Nutznießung gilt, das eingebrachte Gut der Ehefrau gemäß §§ 1411 bis 1414 des Bürgerlichen Gesetzbuchs für die Schulden derselben in Anspruch genommen werden will (z. B. für Verbindlichkeiten der Ehefrau aus unerlaubten Handlungen, wozu insbesondere Untersuchungs- und Strafvollzugskosten gehören, welche dieselbe auf Grund einer strafrichterlichen Verurtheilung schuldet, oder für einen Anspruch der Staatskasse an Gebühren und Auslagen, welche in einem von der Ehefrau geführten Prozeß entstanden sind, gleichviel ob dieser Prozeß mit oder ohne Zustimmung des Ehemannes begonnen wurde — § 1412 Abs. 2 Bürgerlichen Gesetzbuchs), ferner für den Fall, daß bei einer Ehe, für die der Güterstand der allgemeinen Gütergemeinschaft gilt, zu dem Gesammtgut gehörige Gegenstände für Verbindlichkeiten der Ehefrau nach Maßgabe der §§ 1459—1462 Bürgerlichen Gesetzbuchs gepfändet werden wollen

§ 19.

Die Zustellung erfolgt an den Generalbevollmächtigten, sowie an den Prokuristen mit gleicher Wirkung, wie an den Pflichtigen selbst (§ 173 C.P.O.).

§ 20.

Sind Zustellungsbevollmächtigte nicht benannt, so können alle späteren Zustellungen bis zur nachträglichen Benennung in der Art bewirkt werden, daß das Vollzugsorgan das zu übergebende Schriftstück unter der Adresse des Pflichtigen nach seinem Wohnorte zur Post gibt. Die Zustellung wird mit der Aufgabe zur Post als bewirkt angesehen, selbst wenn die Sendung als unbestellbar zurückkommt (§§ 174, 175 C.P.O.).

§ 21.

Die Zustellungen können an jedem Orte erfolgen, wo die Person, welcher zugestellt werden soll, angetroffen wird.

Hat die Person an diesem Orte eine Wohnung oder ein Geschäftslokal, so ist die außerhalb der Wohnung oder des Geschäftslokals an sie erfolgte Zustellung nur giltig, wenn die Annahme nicht verweigert ist (§ 180 C.P.O.).

§ 22.

Wird die Person, welcher zugestellt werden soll, in ihrer Wohnung nicht angetroffen, so kann die Zustellung in der Wohnung an einen zur Familie gehörenden erwachsenen Hausgenossen oder an eine in der Familie dienende erwachsene Person erfolgen.

Wird eine solche Person nicht angetroffen, so kann die Zustellung an den in demselben Hause wohnenden Hauswirth oder Vermiether erfolgen, wenn diese zur Annahme des Schriftstückes bereit sind (§ 181 C.P.O.).

§ 23.

Ist die Zustellung nach diesen Bestimmungen nicht ausführbar, so kann sie dadurch erfolgen, daß das zu übergebende Schriftstück an dem Orte der Zustellung bei der Postanstalt oder dem Gemeindevorsteher oder dem Polizeivorsteher niedergelegt und die Niederlegung sowohl durch eine an der Thüre der Wohnung zu befestigende schriftliche Anzeige, als auch, soweit thunlich, durch mündliche Mittheilung an zwei in der Nachbarschaft wohnende Personen bekannt gemacht wird.

Ist die Zustellung auch in dieser Weise nicht ausführbar, weil sich an dem Orte der Zustellung eine Postanstalt, ein Gemeindevorsteher oder ein Polizeivorsteher nicht befindet, so kann sie dadurch erfolgen, daß das zu übergebende Schriftstück auf der Gerichtsschreiberei des Amtsgerichts, in dessen Bezirk der Ort der Zustellung gelegen ist, niedergelegt und die Niederlegung in der in Abs. 1 angegebenen Art bekannt gemacht wird.

Die finanzamtlichen Vollzugsorgane haben bei der durch Niederlegung erfolgenden Zustellung die niederzulegenden Schriftstücke in Briefform zusammenzulegen und außen mit der Adresse des Empfängers und ihrer eigenen Unterschrift zu bezeichnen (§ 182 C.P.O.).

§ 24.

Die in § 23 vorgeschriebene Niederlegung soll, wenn die Niederlegung bei dem Gemeindevorsteher oder dem Polizeivorsteher am Orte der Zustellung erfolgen soll,

a) in den Landestheilen rechts des Rheins bei dem Bürgermeister oder dessen

Stellvertreter (Art. 101 Abs. 2, 125 Abs. 3 der Gemeindeordnung für die Landestheile diesseits des Rheins vom 29. April 1869), ferner in den größeren Städten bei dem Distriktsvorsteher (Art. 120 der Gemeindeordnung) und in Landgemeinden in den vom Wohnsitze des Bürgermeisters entfernten Orten bei dem als Gehilfe der Polizeiverwaltung aufgestellten Mitgliede des Gemeindeausschusses oder Ortsführer (Art. 139 Abs. 2 der Gemeindeordnung),

b) in der Pfalz bei dem Bürgermeister oder dessen Stellvertreter (Art. 56 Abs. 3 der Gemeindeordnung für die Pfalz vom 29. April 1869), ferner in dem vom Wohnsitze des Bürgermeisters entfernten Orten bei den dort aufgestellten Adjunkten (Art. 73 der Gemeindeordnung) und in denjenigen im Verbande einer Bürgermeisterei befindlichen Gemeinden, in welchen der Bürgermeister nicht seinen Wohnsitz hat, bei dem Adjunkten, welchem die Handhabung der Polizei in der Gemeinde übertragen ist (Art. 82 Abs. 3 der Gemeindeordnung) geschehen.

Der Gemeindebeamte muß am Orte der Zustellung (in der Stadt, dem Dorfe, dem Weiler u. s. w., wo sie erfolgen soll) seinen Wohnsitz haben.

Der Gemeindebeamte, bei welchem die Schriftstücke hinterlegt werden, hat dieselben sechs Monate vom Tage der Hinterlegung an aufzubewahren. Meldet sich innerhalb dieser Frist derjenige, welchem zugestellt werden soll, so sind ihm die Schriftstücke auszuhändigen. Bei der Aushändigung hat sich der Gemeindebeamte darüber zu vergewissern, daß die Person, welcher er die Schriftstücke aushändigt, diejenige ist, welcher die Zustellung gemacht werden soll, oder daß sie zur Vertretung berechtigt ist. Derselbe kann eine Empfangsbescheinigung verlangen.

Die Gemeindebeamten, sowie die Postanstalten und Gerichtsschreibereien geben die von einem finanzamtlichen Vollzugsorgan bei ihnen hinterlegten Schriftstücke, wenn sie nach Ablauf von sechs Monaten seit dem Tage der Niederlegung von den Empfangsberechtigten nicht abgeholt sind, an das Finanzamt zurück, dessen Vollzugsorgan die Niederlegung vorgenommen hat. Die Vollzugsorgane des treffenden Finanzamtes haben auf Verlangen die zurückzugebenden Schriftstücke in Empfang zu nehmen und an das Finanzamt abzugeben.

§ 25.

Für Gewerbetreibende, welche ein besonderes Geschäftslokal haben, kann, wenn sie in dem Geschäftslokal nicht angetroffen werden, die Zustellung an einen darin anwesenden Gewerbegehilfen erfolgen (§ 183 C.P.O.).

§ 26.

Wird der gesetzliche Vertreter oder der Vorsteher einer Gemeinde, einer Korporation oder eines Personenvereines, welchem zugestellt werden soll, in dem Geschäftslokal während der gewöhnlichen Geschäftsstunden nicht angetroffen oder ist er an der Annahme verhindert, so kann die Zustellung an einen anderen in dem Geschäftslokal anwesenden Beamten oder Bediensteten bewirkt werden.

Wird der gesetzliche Vertreter oder der Vorsteher in seiner Wohnung nicht angetroffen, so finden die Bestimmungen der §§ 22, 23 nur Anwendung, wenn ein besonderes Geschäftslokal nicht vorhanden ist (§ 184 C.P.O.).

§ 27.

Wird die Annahme der Zustellung ohne gesetzlichen Grund verweigert, so ist das zu übergebende Schriftstück am Orte der Zustellung zurückzulassen (§ 186 C.P.O.).

§ 28.

Zur Nachtzeit, sowie an Sonn- und allgemeinen Feiertagen darf eine Zustellung, soferne sie nicht durch Aufgabe zur Post bewirkt wird, nur mit richterlicher Erlaubniß erfolgen. Die Nachtzeit umfaßt in dem Zeitraume vom 1. April bis 30. September die Stunden von neun Uhr Abends bis 4 Uhr Morgens und in dem Zeitraume vom 1. Oktober bis 31. März die Stunden von neun Uhr Abends bis 6 Uhr Morgens.

Die Verfügung, durch welche die Erlaubniß ertheilt wird, ist bei der Zustellung abschriftlich mitzutheilen.

Eine Zustellung, bei welcher diese Bestimmungen nicht beobachtet sind, ist giltig, wenn die Annahme nicht verweigert wird (§ 188 C.P.O.).

§ 29.

Ist bei einer Zustellung an den Vertreter mehrerer Betheiligter oder an einen von mehreren Vertretern die Uebergabe der Ausfertigung oder Abschrift eines Schriftstückes erforderlich, so genügt die Uebergabe nur einer Ausfertigung oder Abschrift (§ 189 C.P.O.).

§ 30.

Ueber die Zustellung ist eine Urkunde aufzunehmen.

Dieselbe ist auf die Urschrift des zuzustellenden Schriftstückes oder auf einen mit derselben zu verbindenden Bogen zu setzen. Eine durch das Vollzugsorgan beglaubigte Abschrift der Zustellungsurkunde ist auf das bei der Zustellung zu übergebende Schriftstück oder auf einen mit demselben zu verbindenden Bogen zu setzen.

Die Zustellungsurkunde ist dem Amte, für welches die Zustellung erfolgt, zu übermitteln (§ 190 C.P.O.).

§ 31.

Die Zustellungsurkunde muß enthalten:

1. Ort und Zeit der Zustellung;
2. die Bezeichnung des Amtes, von welchem die Anordnung ausgeht;
3. die Bezeichnung der Person, an welche zugestellt werden soll;
4. die Bezeichnung der Person, welcher zugestellt ist; in den Fällen der §§ 22, 23, 25 die Angabe des Grundes, durch welchen die Zustellung an die bezeichnete Person gerechtfertigt wird, wenn nach § 23 verfahren ist, die Bemerkung, wie die darin enthaltenen Vorschriften befolgt sind;
5. im Falle der Verweigerung der Annahme die Erwähnung, daß die Annahme verweigert und das zu übergebende Schriftstück am Orte der Zustellung zurückgelassen ist;
6. die Bemerkung, daß eine Ausfertigung oder eine beglaubigte Abschrift des zuzustellenden Schriftstückes und daß eine beglaubigte Abschrift der Zustellungsurkunde übergeben ist;
7. die Unterschrift des die Zustellung vollziehenden Bediensteten (§ 191 C.P.O.).

§ 32.

Ist die Zustellung durch Aufgabe zur Post (§ 20) erfolgt, so muß die Zustellungsurkunde den Bestimmungen des vorstehenden Paragraphen unter Ziffer 2, 3, 7 entsprechen und muß außerdem ergeben, zu welcher Zeit, unter welcher Adresse und bei welcher Postanstalt die Aufgabe geschehen ist (§ 192 C.P.O.).

§ 33.

Zustellungen an Personen, welche das Recht der Exterritorialität genießen, erfolgen, wenn dieselben zur Mission Bayerns gehören, mittelst Ersuchens des Ministers des k. Hauses und des Aeußern (§ 200 C.P.O).

§ 34.

Zustellungen an Personen, welche zu einem im Auslande befindlichen oder zu einem mobilen Truppentheile gehören, können mittelst Ersuchens der vorgesetzten Commandobehörde erfolgen. Die erforderlichen Ersuchungsschreiben werden von dem Amtsvorstande erlassen

Die Zustellung wird durch das schriftliche Zeugniß der ersuchten Behörden oder Beamten, daß die Zustellung erfolgt sei, nachgewiesen (§§ 201, 202 C.P O.).

§ 35.

Ist der Aufenthalt eines Pflichtigen unbekannt, so kann die Zustellung durch öffentliche Bekanntmachung erfolgen.

Die öffentliche Bekanntmachung ist auch dann zulässig, wenn bei einer im Auslande zu bewirkenden Zustellung die Befolgung der für diese bestehenden Vorschriften unausführbar ist oder keinen Erfolg verspricht.

Das Gleiche gilt, wenn die Zustellung nicht bewirkt werden kann, weil sie in der Wohnung eines Exterritorialen (§§ 18 u. 19 des Gerichtsverfassungsgesetzes) an eine dort befindliche der deutschen Gerichtsbarkeit unterliegende Person erfolgen müßte (§ 203. C.P.O.).

§ 36.

Die öffentliche Zustellung erfolgt durch Anheftung der zuzustellenden Ausfertigung oder einer beglaubigten Abschrift des zuzustellenden Schriftstückes an die Amtstafel (§ 204 C.P.O.).

§ 37.

In dem Schriftstücke muß das Amt, der Pflichtige, der Gegenstand der Schuld und die Zeit, zu welcher die Schuld erlegt werden soll, bezeichnet werden (§ 205 C.P.O.).

§ 38.

Das Schriftstück gilt als zugestellt, wenn seit der Anheftung des Schriftstückes an die Amtstafel zwei Wochen verstrichen sind.

Auf die Giltigkeit der Zustellung hat es keinen Einfluß, wenn das anzuheftende Schriftstück von dem Orte der Anheftung zu früh entfernt wird (§ 206 C.P.O.).

§ 39.

Für Zustellungen an Gefangene in Strafanstalten gelten die nachstehenden besonderen Anordnungen:

1. Die Zustellung hat zunächst in der Wohnung des Gefangenen an einen zu der Familie gehörenden erwachsenen Hausgenossen oder an eine in der Familie dienende erwachsene Person zu erfolgen. Wird eine solche Person nicht angetroffen, so hat die Zustellung an den in demselben Hause wohnenden Hauswirth oder Vermiether zu erfolgen, wenn diese zur Annahme des Schriftstücks bereit sind.

2. In Fällen, in welchen nach den gegebenen Verhältnissen die Zustellung an den Gefangenen selbst als geboten erscheint, haben die Finanzämter bei Mahnungen sowie bei Zustellung vollstreckbarer Ausstandsverzeichnisse die Verwaltung der Strafanstalt um Eröffnung bezw. Zustellung gegen mitzutheilenden Vollzugsnachweis, sowie um gleichzeitige Bekanntgabe etwa in Verwahrung der Anstalt befindlicher Zahlungsmittel zu ersuchen.

3. Die wirkliche Pfändung körperlicher beweglicher Sachen sowie die während des eigentlichen Vollstreckungsverfahrens sich ergebenden Zustellungen an den beigezogenen Gefangenen sind vorbehaltlich eines etwaigen Zurückbehaltungsrechts der Strafanstalt und der Beobachtung der Hausordnung von dem finanzamtlichen Vollzugsorgane in der Anstalt selbst vorzunehmen.

§ 40.

Das Vollzugsorgan ist befugt, die Wohnung und die Behältnisse des Pflichtigen zu durchsuchen, soweit der Zweck der Vollstreckung dies erfordert.

Es ist befugt, die verschlossenen Hausthüren, Zimmerthüren und Behältnisse öffnen zu lassen.

Es ist, wenn es Widerstand findet, zur Anwendung von Gewalt befugt und kann zu diesem Zwecke die Unterstützung der polizeilichen Vollzugsorgane nachsuchen. In solchem Falle hat sich das finanzamtliche Vollzugsorgan an die Gendarmeriemannschaft oder an die zur Handhabung der Ortspolizei aufgestellten Diener (Polizeidiener, Gemeindediener rc. rc.) zu wenden. Die genannten polizeilichen Vollzugsorgane sind verpflichtet, der Aufforderung des finanzamtlichen Vollzugsorganes ungesäumt Folge zu leisten. Auf eine Entschädigung haben die zum Behufe der Anwendung von Gewalt zugezogenen Vollzugsorgane keinen Anspruch.

Ist militärische Hilfe erforderlich, so hat sich das finanzamtliche Vollzugsorgan an das Vollstreckungsgericht zu wenden (§ 758 C.P.O.).

§ 41.

Wird bei einer Vollstreckungshandlung Widerstand geleistet oder ist bei einer in der Wohnung des Pflichtigen erfolgenden Vollstreckungshandlung weder der Pflichtige, noch eine zur Familie desselben gehörige oder in dieser Familie dienende erwachsene Person gegenwärtig, so hat das Vollzugsorgan zwei großjährige Männer oder einen Gemeinde- oder Polizeibeamten als Zeugen zuzuziehen. Die Gendarmeriemannschaft oder die zur Handhabung der Ortspolizei aufgestellten Diener (Polizeidiener, Gemeindediener rc. rc.) sind verpflichtet, einer desfallsigen Aufforderung des finanzamtlichen Vollzugsorganes Folge zu leisten. Die gleiche Verpflichtung liegt in den Landestheilen rechts des Rheins in den Gemeinden mit städtischer Verfassung den Distriktsvorstehern und, wo solche nicht vorhanden sind, den nicht rechtskundigen Bürgermeistern und Magistratsräthen, in München auch den Polizeibezirkskommissären, in den Gemeinden mit Landgemeindeverfassung den Bürgermeistern, Beigeordneten und Gemeindebevollmächtigten, sowie den Ortsführern (Art. 139 Abs. 2 der Gemeindeordnung), in der Pfalz den Bürgermeistern, Adjunkten, Gemeinderäthen und Polizeikommissären ob. Die genannten Beamten und polizeilichen Vollzugsorgane haben keine Entschädigung anzusprechen (§ 759 C.P.O.).

§ 42.

Jeder Person, welche bei dem Vollstreckungsverfahren betheiligt ist, muß auf

Begehren Einsicht der Akten des Vollzugsorganes gestattet und Abschrift einzelner Aktenstücke ertheilt werden (§ 760 C.P.O.).

§ 43.

Zur Nachtzeit (§ 28 Abs. 1), sowie an Sonntagen und allgemeinen Feiertagen darf eine Vollstreckungshandlung nur mit Erlaubniß des Amtsrichters erfolgen, in dessen Bezirke die Handlung vorgenommen werden soll.

Die Verfügung, durch welche die Erlaubniß ertheilt wird, ist bei der Zwangsvollstreckung vorzuzeigen (§ 761 C.P.O.).

§ 44.

Das Vollzugsorgan hat über jede Vollstreckungshandlung ein Protokoll aufzunehmen.

Das Protokoll muß enthalten:

1. Ort und Zeit der Aufnahme;
2. den Gegenstand der Vollstreckungshandlung unter kurzer Erwähnung der wesentlichen Vorgänge;
3. die Namen der Personen, mit welchen verhandelt ist;
4. die Unterschrift dieser Personen und die Bemerkung, daß die Unterzeichnung nach vorgängiger Vorlesung oder Vorlegung zur Durchsicht und nach vorgängiger Genehmigung erfolgt sei;
5. die Unterschrift des Vollzugsorganes.

Hat einem der unter Ziff. 4 bezeichneten Erfordernisse nicht genügt werden können, so ist der Grund anzugeben (§ 762 C.P.O.).

§ 45.

Wird zum Zwecke der Vollstreckung das Einschreiten einer Behörde erforderlich, so hat das Finanzamt die Behörde um ihr Einschreiten zu ersuchen (§ 789 C.P.O.).

§ 46.

Gegen eine dem aktiven Heere angehörende Militärperson darf die Zwangsvollstreckung erst beginnen, nachdem die vorgesetzte Militärbehörde von derselben Anzeige erhalten hat (§ 752 C.P.O.).

Unter vorgesetzter Militärbehörde im Sinne dieser Bestimmung ist zu verstehen:

1. in Betreff derjenigen Offiziere, im Offiziersrange stehenden Militärärzte und oberen Militärbeamten, welche im Verbande eines Regiments oder selbständigen Bataillons 2c. stehen, der Commandeur dieses Regiments, beziehungsweise selbständigen Bataillons 2c.;
2. in Betreff aller übrigen Offiziere, im Offiziersrange stehenden Militärärzte und oberen Militärbeamten — von Letzteren die unter 3 aufgeführten ausgenommen, — sowie hinsichtlich der sämmtlichen unteren Militärbeamten der zunächst vorgesetzte Militärbefehlshaber; bezüglich derjenigen Offiziere, welche sonst einem Militärbefehlshaber nicht unterstellt sind, jedoch das Kriegsministerium;
3. in Betreff derjenigen oberen Militärbeamten, welche nur den ihnen vorgesetzten höheren Beamten, beziehungsweise Verwaltungsbehörden untergeordnet sind, der zunächst vorgesetzte höhere Beamte, beziehungsweise die zunächst vorgesetzte Verwaltungsbehörde;
4. in Betreff der Unteroffiziere, der im Unteroffiziersrange stehenden Militärärzte

und der Gemeinen der Chef der zunächst vorgesetzten Commandobehörde (Chef der Compagnie, Escadron, Batterie u. s. w.).

§ 47.

Soll die Zwangsvollstreckung gegen eine dem aktiven Heere angehörende Person des Soldatenstandes in Kasernen oder anderen militärischen Dienstgebäuden erfolgen, so hat das Finanzamt die zuständige Militärbehörde um die Zwangsvollstreckung zu ersuchen.

Die gepfändeten Gegenstände sind dem mit der Zwangsvollstreckung beauftragten Vollzugsorgane zu übergeben (§ 790 C.P.O.).

Als zuständige Militärbehörde im Sinne dieser Bestimmung ist anzusehen:

1. hinsichtlich solcher Dienstgebäude, welche ausschließlich einem Truppentheile oder einer einem militärischen Chef unterstellten Anstalt zur Benützung überwiesen sind, der treffende Commandeur, beziehungsweise militärische Chef;
2. hinsichtlich der übrigen Dienstgebäude der Gouverneur, Commandant oder Garnisonsälteste des Garnisonsortes.

§ 48.

Die Zwangsvollstreckung ist einzustellen oder zu beschränken:

1. wenn die Ausfertigung einer vollstreckbaren Entscheidung vorgelegt wird, aus welcher sich ergibt, daß der zu vollstreckende Beschluß aufgehoben oder daß die Zwangsvollstreckung für unzulässig erklärt oder deren Einstellung angeordnet ist;
2. wenn die Ausfertigung einer gerichtlichen Entscheidung vorgelegt wird, aus welcher sich ergibt, daß die einstweilige Einstellung der Vollstreckung oder einer Vollstreckungsmaßregel angeordnet ist;
3. wenn eine öffentliche Urkunde vorgelegt wird, aus welcher sich ergibt, daß die zur Abwendung der Vollstreckung nachgelassene Sicherheitsleistung oder Hinterlegung erfolgt ist;
4. wenn eine von dem Einhebungsamte ausgestellte Urkunde vorgelegt wird, aus welcher sich ergibt, daß dasselbe nach Erlassung des zu vollstreckenden Beschlusses befriedigt worden ist;
5. wenn aus einer solchen Urkunde hervorgeht, daß das Einhebungsamt nach Erlaß dieses Beschlusses Stundung bewilligt hat;
6. wenn ein Postschein vorgelegt wird, aus dem sich ergibt, daß nach Erlassung des Beschlusses die zur Befriedigung des Einhebungsamtes erforderliche Summe an das Letztere bei der Post einbezahlt ist (§ 775 C.P.O.).

§ 49.

In den Fällen des § 48 Ziff. 1, 3 und 4 sind zugleich die bereits erfolgten Vollstreckungsmaßregeln aufzuheben. In den Fällen der Ziff. 5 und 6 bleiben diese Maßregeln, insolange nicht eine anderweitige Anordnung seitens des Einhebungsamts getroffen ist, bestehen.

In den Fällen der Ziff. 2 bleiben dieselben gleichfalls bestehen, sofern nicht durch die betreffende Entscheidung auch die Aufhebung der bisherigen Vollstreckungshandlungen angeordnet ist (§ 776 C.P.O.).

§ 50.

Hat das Staatsärar für einen Anspruch ein Pfandrecht oder Zurückbehaltungsrecht an einer beweglichen Sache des Pflichtigen, die sich im Besitze eines Finanzamtes befindet, so ist von einer Zwangsvollstreckung in das übrige Vermögen des Pflichtigen abzusehen, soweit die Forderung durch den Werth der Sache zweifellos gedeckt ist.*) Ist ein solches Recht in Ansehung der Sache auch für eine andere Forderung des Staatsärars begründet, so gilt dies nur, wenn auch diese Forderung durch den Werth der Sache zweifellos gedeckt ist (§ 777 C.P.O.).

§ 51.

Wegen eines Anspruchs, der sich gegen einen Nachlaß richtet, ist, solange der Erbe die Erbschaft nicht angenommen hat, eine Zwangsvollstreckung nur in den Nachlaß zulässig.

Ist einem Pflichtigen eine Erbschaft zugefallen, so ist wegen eigener Verbindlichkeiten desselben eine Zwangsvollstreckung in den Nachlaß vor der Annahme der Erbschaft nicht zulässig (§ 778 C.P.O.).

§ 52.

Eine Zwangsvollstreckung, welche zur Zeit des Todes des Schuldners gegen diesen bereits begonnen hatte, wird in den Nachlaß desselben fortgesetzt.

Ist bei einer Vollstreckungshandlung die Zuziehung des Schuldners nöthig, so hat, wenn die Erbschaft noch nicht angenommen oder wenn der Erbe unbekannt oder es ungewiß ist, ob er die Erbschaft angenommen hat, das Finanzamt bei dem Vollstreckungsgerichte zu beantragen, daß dem Erben ein einstweiliger besonderer Vertreter bestellt werde. Dieser Antrag hat zu unterbleiben, wenn ein Nachlaßpfleger bestellt ist oder wenn die Verwaltung des Nachlasses einem Testamentsvollstrecker zusteht (§ 779 C.-P.-O.).

§ 53.

Bei der Zwangsvollstreckung gegen den Erben des Pflichtigen bleibt eine etwaige Beschränkung seiner Haftung für die Nachlaßverbindlichkeiten unberücksichtigt, bis von ihm auf Grund derselben Einwendungen gegen die Zwangsvollstreckung erhoben werden (§ 781 C.P.O.).

Auf Verlangen des Erben ist die Zwangsvollstreckung in den Nachlaß zu Gunsten eines ärarialischen Anspruchs, gleichviel ob derselbe gegen den Nachlaß oder gegen den Erben persönlich sich richtet, während der in den §§ 2014, 2015 des Bürgerlichen Gesetzbuchs bestimmten Fristen auf solche Maßregeln zu beschränken, die zur Vollziehung eines Arrestes zulässig sind (Pfändung beweglicher Sachen u. dergl. §§ 930 und 932 C.P.O.). Dies gilt jedoch nicht, insoweit der Erbe für die Nachlaßverbindlichkeiten unbeschränkt haftet oder insoweit es sich um die Befriedigung des Aerars aus einem Gegenstande handelt, an welchem dasselbe bereits vor Eintritt des Erbfalls ein Pfandrecht oder ein dem Pfandrecht im Falle des Konkurses gleichstehendes anderes Recht erlangt hat (§§ 782, 783 C.P.O., §§ 2016 und 1971 des Bürgerl. Gesetzbuchs).

§ 54.

Während der Dauer des Konkursverfahrens über das Vermögen eines Pflichtigen darf eine Zwangsvollstreckung in dasselbe nicht eingeleitet werden (§ 11 der Konkursordnung in der Fassung nach dem Gesetze vom 17. Mai 1898).

*) Diese Bestimmung hat beispielsweise Anwendung zu finden, wenn es sich um Beitreibung einer Holzgeldforderung handelt, für welche der Schuldner Sicherheit durch Hinterlegung von Werthpapieren bei einem Rentamt oder einer Kreiskasse bestellt hat.

Die Eröffnung des Konkursverfahrens hindert jedoch nicht die Zwangsvollstreckung zu Gunsten von Ansprüchen, für welche ein Recht auf abgesonderte Befriedigung besteht, in die zur abgesonderten Befriedigung dienenden Gegenstände (§§ 40, 48, 49 Ziff. 2 Konkursordnung); es ist vielmehr, wenn z. B. für einen Anspruch zur Zeit der Konkurseröffnung bereits durch Pfändung ein Pfandrecht begründet war, die Zwangsvollstreckung in die gepfändeten Sachen auch während des Konkursverfahrens fortzusetzen, sofern nicht die Pfändung erst nach dem Erlasse eines an die Schuldner ergangenen allgemeinen Veräußerungsverbotes (§ 106 Konkursordnung, §§ 135 u. 136 Bürgerl. Gesetzbuch) erfolgt ist.

§ 55.

Die den Gerichten zugewiesene Anordnung von Vollstreckungshandlungen und Mitwirkung bei solchen (§§ 28 u. 43) gehört zur Zuständigkeit der Amtsgerichte als Vollstreckungsgerichte.

Als Vollstreckungsgericht ist dasjenige Amtsgericht anzusehen, in dessen Bezirke das Vollstreckungsverfahren stattfinden soll oder stattgefunden hat (§ 764 C.P.O.).

§ 56.

Einwendungen gegen die Zwangsvollstreckung, welche den Rechtsbestand oder die Auslegung der Entscheidung der Verwaltungsbehörde oder die Frage betreffen, ob die Forderung, für welche die Vollstreckung stattfindet, überhaupt oder in der angesprochenen Größe entstanden ist, und Einwendungen, welche die Zulässigkeit der Vollstreckungsklausel betreffen, sind, soweit das Verhältniß, in welchem die Forderung ihren Grund hat, dem Verwaltungsgebiete angehört, bei der zuständigen Verwaltungsbehörde geltend zu machen und von dieser zu entscheiden.

Ueber alle sonstigen Einwendungen und Streitigkeiten haben die Gerichte zu entscheiden (Art. 7 des Ausführungsgesetzes vom 23. Februar 1879). Hienach gehört z. B. die Einwendung, daß die Steuer, wegen welcher die Vollstreckung vorgenommen wird, weniger als gefordert betrage oder daß das bezügliche Objekt nicht steuerpflichtig sei, zur Zuständigkeit der Finanzverwaltung, während der Einwand, daß die angeforderte Steuer oder Abgabe theilweise oder ganz bereits bezahlt oder daß die angenommene Rechtsnachfolge nicht eingetreten sei oder daß bei der Vollstreckung nicht den gesetzlichen Vorschriften entsprechend verfahren wurde, von den Gerichten zu entscheiden wäre.

§ 57.

Ueber Einwendungen, welche die Art und Weise der Zwangsvollstreckung oder das bei derselben vom Vollzugsorgane zu beobachtende Verfahren betreffen, entscheidet das Vollstreckungsgericht (§ 766 C.P.O.).

§ 58.

In Bezug auf die Vertretung des Staatsärars bei Einwendungen und Streitigkeiten im Vollstreckungsverfahren wird bestimmt:

1. Werden Einwendungen vorgebracht, deren Entscheidung nach Art. 7 Abs. 2 des Ausführungsgesetzes vom 23. Februar 1879 in der Zuständigkeit der Verwaltung liegt, so ist, wenn sich diese Einwendungen nicht sofort als begründet darstellen, Bericht zur vorgesetzten Stelle zu erstatten und deren Entscheidung einzuholen;
2. in den Anständen und Streitigkeiten, welche durch § 766 C.P.O. den Amts-

gerichten als Vollstreckungsgerichten zugewiesen sind (§ 57 der Instruktion), liegt die Vertretung des Staatsärars den Vorständen der treffenden Finanzämter ob. Erachtet aber die Finanzbehörde die von einem Amtsgerichte gefällte Entscheidung als unrichtig oder für das Staatsärar beschwerend, so ist unter Vorlage der Akten an die vorgesetzte Stelle zu berichten und zwar ohne Verzug im Hinblick auf die für sofortige Beschwerden (§§ 764 Abs. 3 und 793 C.P.O.) in § 577 der Reichscivilprozeßordnung gegebene Nothfrist von zwei Wochen, worauf Entscheidung darüber zu treffen ist, ob in den Fällen, in welchen überhaupt im Vollstreckungsverfahren die Beschwerde zulässig erscheint, Beschwerde zu erheben oder von derselben Abstand zu nehmen ist;

3. über alle sonstigen Streitigkeiten (§§ 767, 768, 771, 785 und 878 C.P.O.), sowie in dem Falle, wenn dem Finanzamte gemäß § 13 der Instruktion zur Durchführung der Zwangsvollstreckung in gewisse Vermögensobjekte die Erhebung einer Klage gegen eine dritte Person angezeigt erscheint, ist sofort unter Aktenvorlage an die vorgesetzte Stelle zu berichten, welche sodann dem Finanzamte Verhaltungsmaßregeln über das weitere Vorgehen in der Sache zu ertheilen und, soferne die Uebertragung der Vertretung des Staatsärars an den Amtsvorstand nicht zweckmäßig oder gesetzlich unzulässig erscheint, den treffenden Fiskal oder einen Rechtsanwalt als Vertreter aufzustellen hat.

Ergeben sich bei Einleitung des Vollstreckungsverfahrens oder im Laufe seiner weiteren Durchführung Zweifel bezüglich der Anwendung einzelner Gesetzesbestimmungen (insbesondere bezüglich der in §§ 12, 13, 50—54, 67, 70, 72 der Instruktion angeführten Vorschriften der Reichscivilprozeßordnung und anderer Gesetze), so hat das Finanzamt gleichfalls an die vorgesetzte Stelle zu berichten.

In dringenden Fällen haben sich die Rentämter bei Streitigkeiten der unter Ziff. 3 bezeichneten Art, sowie dann, wenn sie über die Tragweite oder Anwendbarkeit einer gesetzlichen Vorschrift im Zweifel sind, direkt an die Regierungsfiskalate mit dem Ersuchen um Ertheilung oder Erwirkung weiterer Verhaltungsmaßregeln zu wenden.

§ 59

Die Kosten der Mahnung und Zwangsvollstreckung fallen dem Pflichtigen zur Last und sind zugleich mit dem zur Zwangsvollstreckung stehenden Anspruche beizutreiben.

Die Kosten der Zwangsvollstreckung sind dem Pflichtigen zu erstatten, wenn der Beschluß, aus welchem dieselbe erfolgt, aufgehoben wird (§ 788 C.P.O.).

B. Zwangsvollstreckung in körperliche bewegliche Sachen.

I. Pfändung.

§ 60.

Die administrative Zwangsvollstreckung wegen Staatsgefälle erfolgt durch Pfändung körperlicher beweglicher Sachen. Sie darf nicht weiter ausgedehnt werden, als zur Befriedigung des Staatsärars und zur Deckung der Kosten der Zwangsvollstreckung erforderlich ist.

Die Pfändung hat zu unterbleiben, wenn sich von der Verwerthung der gepfändeten Gegenstände ein die Kosten der Zwangsvollstreckung übersteigender Erlös nicht erwarten läßt (§ 803 C.P.O.).

§ 61.

Hat die Pfändung zu einer vollständigen Befriedigung nicht geführt oder erscheint als glaubhaft, daß das Staatsärar seine Befriedigung nicht vollständig erlangen könne, so kann der Pflichtige angehalten werden, ein Verzeichniß seines Vermögens vorzulegen, sowie den Offenbarungseid dahin zu leisten,

„daß er nach bestem Wissen sein Vermögen so vollständig angegeben habe, als er dazu im Stande sei" (§ 807 C.P.O.).

§ 62.

Die Pfändung der im Gewahrsam des Pflichtigen befindlichen körperlichen Sachen wird dadurch bewirkt, daß das Vollzugsorgan dieselben in Besitz nimmt.

Geld, Kostbarkeiten und Werthpapiere sind vorbehaltlich der Bestimmung in § 80 sofort an das vorgesetzte Finanzamt abzuliefern.

Andere Sachen sind im Gewahrsam des Pflichtigen zu belassen, soferne nicht hiedurch die Befriedigung des Staatsärars gefährdet wird. Werden die Sachen im Gewahrsam des Pflichtigen belassen, so ist die Wirksamkeit der Pfändung dadurch bedingt, daß dieselbe durch Anlegung von Siegeln oder auf sonstige Weise ersichtlich gemacht ist.

Das Vollzugsorgan hat den Pflichtigen von der geschehenen Pfändung in Kenntniß zu setzen (§ 808 C.P.O.).

§ 63.

Wenn das Vollzugsorgan die gepfändeten Sachen, nachdem es davon Besitz ergriffen hat, im Gewahrsam des Pflichtigen beläßt, so hat es mit besonderer Sorgfalt dafür zu sorgen, daß die Pfändung in einer für Jedermann erkennbaren Weise ersichtlich gemacht wird. Hiezu gehört auch, daß ersichtlich ist, welche einzelne Sachen gepfändet sind. Bei den Sachen, bei welchen nach ihrer Beschaffenheit die Anlegung von Siegeln thunlich und geeignet ist, die Pfändung ersichtlich zu machen, ist diese Maßnahme in Anwendung zu bringen. Zur Anlegung von Siegeln können den finanzamtlichen Vollzugsorganen gegen Revers die gewöhnlichen Amtssiegel überlassen werden. Dem Ermessen des Vollzugsorgans bleibt überlassen, ob das Siegel an jedem einzelnen Gegenstand oder nur an der Verpackung, den Behältnissen, Gelassen u. s. w., in welchen dieselben verwahrt werden, anzubringen ist. Im letzteren Falle ist Vorsorge zu treffen, daß ohne Verletzung der Siegel oder der Verpackung, der Behältnisse u. s. w. keines der Pfandstücke entfernt werden kann. Die Schlüssel versiegelter Behältnisse oder Gelasse hat das Vollzugsorgan an sich zu nehmen. Wenn die Anlegung von Siegeln nach der Beschaffenheit der gepfändeten Gegenstände nicht thunlich ist oder nicht ausreicht, um die Pfändung ersichtlich zu machen, so kann zu diesem Zwecke an dem Orte, an welchem sich dieselben befinden, an einer in die Augen fallenden Stelle eine mit der Unterschrift des Vollzugsorgans versehene schriftliche Anzeige angebracht werden. Dem Vollzugsorgane bleibt überlassen, die Pfändung in geeigneten Fällen auch durch andere dem Zwecke entsprechende Vorkehrungen, bei welchen, soweit thunlich, auch das Siegel verwendet werden soll, erkennbar zu machen.

Erforderlichen Falls ist für die gepfändeten Sachen ein Hüter zu bestellen. Der Hüter muß eine verlässige Person sein. Die ihm zu gewährende Vergütung ist nach den ortsüblichen Preisen, soweit thunlich, im Voraus festzustellen.

Der Pflichtige ist ausdrücklich darauf hinzuweisen, daß die gepfändeten Sachen sich nunmehr im Besitze des Vollzugsorganes befinden und der Pflichtige sie nur für dieses in Gewahrsam hat, sowie, daß der Pflichtige sich jeder Verfügung über dieselben und der Beschädigung oder Ablösung der angelegten Siegel oder der angebrachten Anzeigen bei Vermeidung der gesetzlichen Strafen enthalten müsse.

§ 64.

Werden die gepfändeten Sachen aus dem Gewahrsam des Pflichtigen entfernt, so ist für die sichere Unterbringung und Ueberwachung derselben und nöthigenfalls für ihre Erhaltung bis zur Verwerthung zu sorgen.

Das Vollzugsorgan ist dafür verantwortlich, daß durch die Unterbringung der gepfändeten Sachen, insbesondere durch den Transport und die Bestellung eines Verwahrers oder Hüters nicht unnöthige Kosten entstehen, und daß die Kosten das rechte Maß nicht überschreiten.

Soweit die Sachen zur Aufbewahrung in einem Pfandlokal geeignet erscheinen, sind dieselben, wenn in der Gemeinde ein solches Lokal sich befindet, in dieses zu verbringen, soferne der Transport nicht mit unverhältnißmäßigen Kosten verbunden ist. Sachen, welche sich zur Aufbewahrung in einem solchen Lokale nicht eignen oder deren Verbringung in dasselbe wegen der damit verbundenen Kosten nicht zweckmäßig ist, sind einer am Orte der Vollstreckung oder in dessen Nähe wohnenden zuverlässigen und zahlungsfähigen Person in Verwahrung zu geben.

Die dem Verwahrer für die Verwahrung und gegebenen Falles für die Erhaltung der Pfandstücke, insbesondere für die Fütterung gepfändeter Thiere, zu gewährende Vergütung, ist nach den ortsüblichen Preisen, soweit thunlich, im Voraus festzustellen.

Das Vollzugsorgan hat sich von dem Verwahrer den Empfang der in Verwahrung gegebenen Sachen bescheinigen zu lassen. Dem Verwahrer ist auf Verlangen ein Verzeichniß der ihm übergebenen Sachen auszuhändigen.

In wichtigeren Fällen ist über die Bestellung des Verwahrers ein Protokoll aufzunehmen. Dasselbe hat insbesondere das mit dem Verwahrer getroffene Uebereinkommen, das Verzeichniß der in Verwahrung gegebenen Sachen und die Empfangsbescheinigung des Verwahrers zu enthalten. Das Protokoll über die Bestellung des Verwahrers kann auch mit dem Pfändungsprotokoll verbunden werden.

§ 65.

Das über die Pfändung aufzunehmende Protokoll hat abgesehen von den durch § 44 vorgeschriebenen Konstatirungen zu enthalten:

1. ein genaues Verzeichniß der gepfändeten Gegenstände mit Angabe des beiläufigen Werthes jedes einzelnen, nöthigenfalls auch der Zahl, des Maßes oder des Gewichts;
2. die Erwähnung, daß das Vollzugsorgan die gepfändeten Sachen in Besitz genommen hat;
3. die Angabe, wie über die Unterbringung der Sachen verfügt ist oder verfügt werden soll, und wenn dieselben aus dem Gewahrsam des Pflichtigen entfernt werden, die Konstatirung, daß im Falle ihrer Belassung in dem Gewahrsam des Pflichtigen die Sicherheit der Pfandstücke gefährdet wäre; ferner die Angabe der Zahl der angelegten Siegel und der sonstigen Maßnahmen, welche getroffen sind, um die Pfändung erkennbar zu machen und zu sichern, und die Erwähnung der ausdrücklichen Hinweisung des Pflichtigen auf die Bedeutung der Pfändung;

4. die Erwähnung, daß der Pflichtige von der Pfändung in Kenntniß gesetzt ist oder in Kenntniß gesetzt werden soll, und die Angabe, wie dies geschehen ist oder geschehen soll;
5. die Angabe der Zeit und des Ortes der Versteigerung oder der Gründe, aus welchen die sofortige Ansetzung des Versteigerungstermines unterblieben ist.

Die nach Abschluß des Protokolls erfolgte Zustellung oder Uebersendung einer Abschrift desselben ist zum Protokolle nachträglich zu vermerken.

§ 66.

Die vorstehenden Bestimmungen finden entsprechende Anwendung auf die Pfändung von Sachen, welche sich im Gewahrsam des Finanzamtes oder eines zur Herausgabe bereiten Dritten befinden (§ 809 C.P.O.).

§ 67.

Früchte, die von dem Boden noch nicht getrennt sind, können vorbehaltlich der Bestimmung in § 68 Ziff. 4 gepfändet werden, solange nicht ihre Beschlagnahme im Wege der Zwangsvollstreckung in das unbewegliche Vermögen erfolgt ist. Die Pfändung darf nicht früher als einen Monat vor der gewöhnlichen Zeit der Reife erfolgen (§ 810 Abs. 1 C.P.O., § 21 des Reichsgesetzes vom 24. Mai 1897 über die Zwangsversteigerung und Zwangsverwaltung und Art. 8 der bayerischen Subhastationsordnung).

Einem Gläubiger des Pflichtigen, der ein Recht auf Befriedigung aus dem betreffenden Grundstück hat (Hypothekgläubiger), steht nach den bis zu dem in Abs. 3 bezeichneten Zeitpunkte geltenden gesetzlichen Bestimmungen ein Widerspruchsrecht gegen die Pfändung nicht zu, wenn dieselbe vor der Beschlagnahme des Grundstücks erfolgt ist (Art. 9 und 10 der Subhastationsordnung, § 33 des Hypothekengesetzes in Verbindung mit § 810 C.P.O. Abs. 1).

Von dem Zeitpunkte an, in welchem gemäß Art. 186 des Einführungsgesetzes zum Bürgerlichen Gesetzbuche und Art. 24 und 26 der Allerhöchsten Verordnung vom 23. Juli 1898, die Anlegung des Grundbuchs betr., das Grundbuch in dem Grundbuchbezirke, zu welchem das Grundstück gehört, als angelegt anzusehen ist, kann jedoch ein solcher Gläubiger der Pfändung stehender Früchte widersprechen, soferne*) dieselbe nicht für einen im Falle der Zwangsvollstreckung in das Grundstück seiner Forderung vorgehenden Anspruch des Aerars bewirkt ist. Wird von einem derartigen Widerspruchsrechte Gebrauch gemacht, so hat das Finanzamt sofort die Aufhebung der Pfändung zu verfügen (§ 810 Abs. 2 C.P.O., § 10 des Reichsgesetzes vom 20. Mai 1897 über die Zwangsversteigerung und Zwangsverwaltung und § 1 des Einführungsgesetzes hiezu, sowie Art. 189 Abs. 1 des Einführungsgesetzes zum Bürgerl. Ges.B.).

§ 68.

Folgende Sachen sind der Pfändung nicht unterworfen:

1. die Kleidungsstücke, die Betten, die Wäsche, das Haus- und Küchengeräthe,

*) Diese Ausnahme — daß nämlich die Pfändung stehender Früchte einem Hypothekgläubiger gegenüber auch nach dem Inkrafttreten des neuen Grundbuchrechts für das betreffende Grundstück wirksam bleibt — ist z. B. dann gegeben, wenn die Pfändung für eine von dem Grundstücke aus dem laufenden oder den zwei letzten Jahren zu entrichtende Steuer- oder Bodenzinsforderung oder für einen Anspruch erfolgte, der durch eine der Forderung des andern Gläubigers im Range vorgehende Hypothek gesichert ist (cf. § 10 Nr. 3 und 4 des Reichsgesetzes über die Zwangsversteigerung und Zwangsverwaltung).

insbesondere die Heiz- und Kochöfen, soweit diese Gegenstände für den Bedarf des Pflichtigen oder zur Erhaltung eines angemessenen Hausstandes unentbehrlich sind;

2. die für den Schuldner, seine Familie und sein Gesinde auf vier Wochen erforderlichen Nahrungs-, Feuerungs- und Beleuchtungsmittel oder, soweit solche Vorräthe auf zwei Wochen nicht vorhanden und ihre Beschaffung für diesen Zeitraum auf anderem Wege nicht gesichert ist, der zur Beschaffung erforderliche Geldbetrag;

3. eine Milchkuh oder nach der Wahl des Pflichtigen statt einer solchen zwei Ziegen oder zwei Schafe nebst den zum Unterhalt und zur Streu für dieselben auf vier Wochen erforderlichen Futter- und Streuvorräthen oder, soweit solche Vorräthe auf zwei Wochen nicht vorhanden, dem zur Beschaffung erforderlichen Geldbetrage, wenn die bezeichneten Thiere für die Ernährung des Pflichtigen, seiner Familie und seines Gesindes unentbehrlich sind;

4. bei Personen, welche Landwirthschaft betreiben, das zum Wirthschaftsbetrieb erforderliche Geräth und Vieh nebst dem nöthigen Dünger, sowie die landwirthschaftlichen Erzeugnisse, soweit sie zur Fortführung der Wirthschaft bis zu der Zeit erforderlich sind, zu welcher gleiche oder ähnliche Erzeugnisse voraussichtlich gewonnen werden;

5. bei Künstlern, Handwerkern, gewerblichen Arbeitern und anderen Personen, welche aus Handarbeit oder sonstigen persönlichen Leistungen ihren Erwerb ziehen, die zur persönlichen Fortsetzung der Erwerbsthätigkeit unentbehrlichen Gegenstände;

6. bei den Wittwen und den minderjährigen Erben der unter Nr. 5 bezeichneten Personen, wenn sie das Erwerbsgeschäft für ihre Rechnung durch einen Stellvertreter fortführen, die zur persönlichen Fortführung des Geschäfts durch den Stellvertreter unentbehrlichen Gegenstände;

7. bei Offizieren, Deckoffizieren, Beamten, Geistlichen, Lehrern an öffentlichen Unterrichtsanstalten, Rechtsanwälten, Notaren, sowie Aerzten und Hebammen, die zur Verwaltung des Dienstes oder Ausübung des Berufs erforderlichen Gegenstände, sowie anständige Kleidung;

8. bei Offizieren, Militärärzten, Deckoffizieren, Beamten, Geistlichen, bei Aerzten und Lehrern an öffentlichen Anstalten, wenn deren Diensteinkommen oder Pension die Summe von fünfzehnhundert Mark für das Jahr nicht übersteigt, ein Geldbetrag, welcher dem auf die Zeit von der Pfändung bis zum nächsten Termine der Gehalts- und Pensionszahlung entfallenden Theile des Diensteinkommens oder der Pension gleichkommt; wenn deren Diensteinkommen oder Pension die Summe von jährlich fünfzehnhundert Mark übersteigt, außerdem ein weiterer Geldbetrag, welcher zwei Drittheilen des Mehrbetrags ihrer Bezüge für die genannte Zeit gleichkommt;

9. die zum Betriebe einer Apotheke unentbehrlichen Geräthe, Gefäße und Waaren;

10. die Bücher, welche zum Gebrauch des Pflichtigen und seiner Familie in der Kirche oder Schule oder einer sonstigen Unterrichtsanstalt oder bei der häuslichen Andacht bestimmt sind;

11 die in Gebrauch genommenen Haushaltungs- und Geschäftsbücher, die Familienpapiere, sowie die Trauringe, Orden und Ehrenzeichen;

12. künstliche Gliedmaßen, Brillen und andere wegen körperlicher Gebrechen nothwendige Hilfsmittel, soweit diese Gegenstände zum Gebrauche des Pflichtigen und seiner Familie bestimmt sind;
13. die zur unmittelbaren Verwendung für die Bestattung bestimmten Gegenstände (§ 811 C.P.O.);
14. die zum Inventar der Posthaltereien gehörigen Gegenstände (§ 20 des Reichsgesetzes über das Postwesen vom 28. Oktober 1871 — Reichsgesetzblatt S. 347 — und § 13 Abs. 1 des Einführungsgesetzes zur C.P.O.).

§ 69.

Gegenstände, welche zum gewöhnlichen Hausrathe gehören und im Haushalte des Pflichtigen gebraucht werden, sind von der Pfändung freizulassen, wenn ohne Weiteres ersichtlich ist, daß durch deren Verwerthung nur ein Erlös erzielt werden würde, welcher zu dem Werthe, den sie für den Hausstand des Pflichtigen haben, außer allem Verhältnisse steht (§ 812 C.P.O.).

§ 70.

Bei einer Ehe, für welche der Güterstand der Verwaltung und Nutznießung gilt, sind die von dem Ehemanne erworbenen Früchte des eingebrachten Guts*) der Pfändung nicht unterworfen, soweit sie zur Erfüllung der in den §§ 1384 bis 1387 Bürgerl. Gesetzbuch bestimmten Verpflichtungen des Ehemannes, zur Erfüllung der ihm seiner Ehefrau, seiner früheren Ehefrau oder seinen Verwandten gegenüber gesetzlich obliegenden Unterhaltspflicht und zur Bestreitung seines standesgemäßen Unterhalts erforderlich sind (§ 861 C.P.O.).

Diese Bestimmung findet entsprechende Anwendung auf die von dem Vater oder der Mutter auf Grund des elterlichen Nutznießungsrechts erworbenen Früchte eines zum Vermögen des Kindes gehörigen Gegenstandes (§ 862 C.P.O.).

§ 71.

Der Arbeitsverdienst der Strafgefangenen (einschließlich der denselben gewährten Arbeitsprämien) ist von der Pfändung freizulassen.

§ 72.

Für die Pfändbarkeit beweglicher Zubehörungen einer Liegenschaft gelten verschiedene Bestimmungen, je nachdem das Vollstreckungsverfahren vor dem Zeitpunkte, in welchem das Grundbuch für die betreffende Liegenschaft als angelegt anzusehen ist, oder nach demselben eingeleitet wird.

Im ersteren Falle unterliegt die Pfändung der beweglichen Zubehörungen einer Liegenschaft keiner Beschränkung, insolange die letztere vom Hypothekenverbande frei und nicht zum Zwecke der Zwangsversteigerung oder Zwangsverwaltung beschlagnahmt ist; die Pfändung solcher Zubehörungen bleibt auch wirksam, wenn die Liegenschaft später mit Hypotheken belastet oder beschlagnahmt wird, soweit nicht die Vor-

*) Das Recht, welches dem Ehemann bei dem Güterstande der Verwaltung und Nutznießung an dem eingebrachten Gute zusteht, ist als solches nicht übertragbar und daher auch der Pfändung entzogen (§ 1408 Bürgerl. Gesetzbuchs und § 861 Satz 1 C.P.O.). Dagegen wären an sich die von dem Ehemann auf Grund seines Nutznießungsrechtes bereits erworbenen Früchte (§ 99 Bürgerl. Gesetzbuch) einer zu dem eingebrachten Gute gehörigen Sache dem Zugriffe der Gläubiger des Ehemannes unterworfen und könnten demnach auch zu Gunsten eines gegen den Ehemann gerichteten ärarialischen Anspruchs gepfändet werden. Dies wird nun durch die obige Bestimmung in weitem Maße ausgeschlossen.

schriften über die Oeffentlichkeit des Hypothekenbuches entgegenstehen. Ist zur Zeit der Einleitung des Vollstreckungsverfahrens bereits ein Hypothekrecht an der Liegenschaft begründet, so kann nach dem alten Liegenschaftsrechte der Hypothekgläubiger der Pfändung von beweglichen Sachen, welche unter den Begriff der gesetzlichen oder gewillkürten Zubehörungen im Sinne des § 34 des Hypothekengesetzes fallen, widersprechen; wird auf Grund dieser Bestimmung ein Widerspruch erhoben, so hat das Finanzamt die sofortige Freigabe der gepfändeten Zubehörungen anzuordnen. Unzulässig ist eine Pfändung von beweglichen Zubehörungen einer Liegenschaft unter der Herrschaft des alten Rechts, sobald die letztere zum Zwecke der Zwangsversteigerung oder Zwangsverwaltung beschlagnahmt ist (§§ 33—35 des Hypothekengesetzes, Art. 8 u. 20 der Subhastationsordnung).

Von dem Zeitpunkte an, in welchem gemäß § 67 Abs. 3 der Instruktion das Grundbuch für eine Liegenschaft als angelegt anzusehen ist, sind dagegen bewegliche Sachen, die sich als Zubehör derselben gemäß §§ 97 u. 98 Bürgerl. Gesetzbuchs darstellen, der Pfändung gänzlich entzogen,*) gleichviel ob die Liegenschaft mit Hypotheken belastet, ob sie beschlagnahmt ist oder nicht (§ 865 C.P.O., §§ 1120 ff. Bürgerl. Gesetzbuchs; §§ 21 u. 55 des Reichsgesetzes über die Zwangsversteigerung und Zwangsverwaltung und Art. 189 Abs. 1 des Einführungsgesetzes zum Bürgerl Gesetzbuch).

§ 73.

Zur Pfändung von Früchten, die von dem Boden noch nicht getrennt sind, sowie zur Pfändung von Gegenständen der in § 68 Ziff. 4 bezeichneten Art bei Personen, welche Landwirthschaft treiben, ist ein landwirthschaftlicher Sachverständiger beizuziehen, soferne anzunehmen ist, daß der Werth der zu pfändenden Gegenstände den Betrag von eintausend Mark übersteigt (§ 813 Abs. 1 C.P.O.).

Inwieweit dies auch bei einem geringeren Werthe zu geschehen hat, bestimmt sich nach den im Vollzuge des § 813 Abs. 2 C.P.O. vom k. Staatsministerium der Justiz für die Gerichtsvollzieher jeweils erlassenen Anordnungen.

§ 74.

Bei der Pfändung von Früchten, die von dem Boden noch nicht getrennt sind, muß die Besitzergreifung seitens des Vollzugsorganes durch Aufstellen einer Pfandtafel oder eines Pfandzeichens mit einer von dem Vollzugsorgane unterschriebenen Pfändungsanzeige oder durch andere zweckentsprechende Maßnahmen für Jedermann erkennbar gemacht werden. Von der Pfändung ist der Bürgermeister der Gemeinde, in deren Markung das Grundstück liegt, in Kenntniß zu setzen. Ist die Bestellung eines Aufsehers erforderlich, so ist vorzugsweise der Feldhüter dieser Gemeinde zu wählen.

Das Pfändungsprotokoll hat insbesondere zu enthalten:

---

*) Hienach ist z. B. von dem bezeichneten Zeitpunkte an bei einem Landgute das zum Wirthschaftsbetriebe bestimmte Geräthe und Vieh ohne Rücksicht darauf, ob es für denselben auch erforderlich ist, von der Pfändung ausgeschlossen, es ist ferner der vorhandene auf dem Gute gewonnene Dünger der Pfändung entzogen, auch insoweit er für den Fortbetrieb der Wirthschaft nicht nöthig ist; dagegen sind landwirthschaftliche Erzeugnisse in demselben Umfang, in welchem sie nach § 98 Ziff. 2 Bürgerl. Gesetzbuch als Zubehör zu gelten haben, bereits auf Grund des § 68 Ziff. 4 der Instruktion von der Pfändung befreit, für sie kommt daher die Zubehöreigenschaft als eine besondere Pfändungsbeschränkung nicht in Betracht

1. die Bezeichnung des Grundstückes unter Angabe der Gemeindemarkung, der Plannummer und des beiläufigen Flächeninhaltes, sowie die Bezeichnung der Fruchtart,
2. die Angabe, welcher Erlös voraussichtlich aus der Verwerthung der gepfändeten Früchte zu erwarten ist, sowie die Erwähnung, daß zu der Pfändung, soweit es hienach erforderlich, ein landwirthschaftlicher Sachverständiger zugezogen worden ist,
3. die Angabe, zu welcher Zeit die Ernte zu erwarten ist,
4. die Angabe der Vorkehrungen, durch welche die Pfändung erkennbar gemacht ist, die Erwähnung der Benachrichtigung des Bürgermeisters und die Angabe der Bestellung des Hüters oder der Gründe, aus welchen die Bestellung eines solchen unterlassen worden ist.

§ 75.

Führt die Pfändung nicht zur vollständigen Deckung des Finanzamts oder muß dieselbe unterbleiben, weil nur Sachen, welche gemäß §§ 68—72 von der Pfändung freizulassen sind, vorgefunden wurden oder weil von der Verwerthung der vorgefundenen pfändbaren Sachen sich ein die Kosten der Zwangsvollstreckung übersteigender Erlös nicht erwarten läßt, so sind in dem Protokolle die vorgefundenen nicht gepfändeten Sachen so zu bezeichnen, daß ein Anhalt für die Beurtheilung der Frage geboten wird, ob die Pfändung mit Recht unterlassen ist.

Gegenstände, welche an sich der Pfändung unterliegen und solche, bezüglich deren das Vollzugsorgan im Zweifel ist, ob sie zur Pfändung sich eignen, sowie alle werthvolleren Stücke sind einzeln aufzuführen.

Im Uebrigen genügt die Angabe der Gegenstände mit der pflichtmäßigen Versicherung, daß dieselben gemäß §§ 68 bis 72 der Instruktion von der Pfändung freigelassen werden mußten.

In keinem Falle darf das Vollzugsorgan sich mit der allgemeinen Bemerkung begnügen, daß der Pflichtige keine Zahlungsmittel oder nur Sachen besitze, welche der Pfändung nicht unterworfen sind oder von deren Verwerthung sich ein die Kosten der Zwangsvollstreckung übersteigender Erlös nicht erwarten lasse.

§ 76.

Zur Pfändung bereits gepfändeter Sachen genügt die in das Protokoll aufzunehmende Erklärung des Vollzugsorganes, daß es die Sachen für das Finanzamt pfände, welches ihm hiezu den Auftrag gegeben hat (Anschlußpfändung).

Ist die erste Pfändung durch einen Gerichtsvollzieher oder ein anderes Vollzugsorgan bewirkt, so ist diesem eine Abschrift des Protokolls zuzustellen.

Der Pflichtige ist von den weiteren Pfändungen in Kenntniß zu setzen (§ 826 C.P.O.).

§ 77.

Sind Zweifel über die Giltigkeit der früheren Pfändung möglich,*) so ist die Pfändung bereits gepfändeter Sachen nicht in der in § 76 vorgesehenen Form, sondern unter Beachtung der Vorschriften der §§ 62 bis 64 vorzunehmen.

---

*) Die Anschlußpfändung erfolgt ohne Besitzergreifung von dem gepfändeten Gegenstande; ihre Wirksamkeit ist daher dadurch bedingt, daß die erste Pfändung zu Recht besteht. Demgemäß wäre sie ungiltig, wenn die erste Pfändung in Folge eines Formfehlers oder wegen Wegfalls des Pfandbesitzes auf Seiten des ersten Pfändungsgläubigers der rechtlichen Wirkung entbehren würde.

§ 78.

Ist bei einem Pflichtigen eine Pfändung von einem Gerichtsvollzieher im Auftrage eines anderen Gläubigers bewirkt, so geht der dem Vollzugsorgan ertheilte Auftrag, gleichviel ob die von demselben vorgenommene Pfändung der gleichen Gegenstände vor oder nach jener Pfändung erfolgt ist, auf den Gerichtsvollzieher über. Der Gerichtsvollzieher wird daher in diesem Falle das Vollstreckungsverfahren auch für das Finanzamt fortsetzen (§ 827 C.P.O.).

II. Verwerthung der gepfändeten Sachen.

§ 79.

Die gepfändeten Sachen sind von dem Vollzugsorgan öffentlich zu versteigern.

Kostbarkeiten (Gold- und Silbersachen, fremde Münzen, Juwelen 2c. 2c.) sind vor der Versteigerung durch einen Sachverständigen abzuschätzen. Die Abschätzung hat schriftlich oder zu Protokoll des Vollzugsorgans zu geschehen (§ 814 C.P.O.).

§ 80.

Gepfändetes Geld ist an das Amt abzuliefern, wobei die Wegnahme desselben durch das Vollzugsorgan als Zahlung von Seiten des Pflichtigen gilt — soferne nicht in Folge eines von einem Dritten vor der Ablieferung geltend gemachten Rechtes an dem Gelde oder auf Grund eines gemäß §§ 720 und 713 Abs. 2 C.P.O. erlassenen Gerichtsbeschlusses die Hinterlegung zu erfolgen hat (§ 815 C.P.O.).

§ 81.

Die Versteigerung der gepfändeten Gegenstände darf nicht vor Ablauf einer Woche seit dem Tage der Pfändung geschehen, soferne nicht das Finanzamt und der Pflichtige über eine frühere Versteigerung sich einigen oder dieselbe erforderlich ist, um die Gefahr einer beträchtlichen Werthsverringerung der zu versteigernden Sache abzuwenden oder um unverhältnißmäßige Kosten einer längeren Aufbewahrung zu vermeiden.

Die Versteigerung erfolgt in der Gemeinde, in welcher die Pfändung geschehen ist, soferne nicht das Finanzamt und der Pflichtige über einen anderen Ort sich einigen.

Zeit und Ort der Versteigerung sind unter allgemeiner Bezeichnung der zu versteigernden Sachen öffentlich bekannt zu machen (§ 816 C.P.O. Abs. 1 mit 3).

§ 82.

Die Frist zwischen der Pfändung und dem Versteigerungstermine ist so zu bestimmen, daß die Versteigerung in einer der Beschaffenheit und dem Werthe der zu versteigernden Sachen entsprechenden Weise öffentlich bekannt gemacht werden kann. In der Regel ist die Frist auf 14 Tage zu bestimmen. Ueber einen Monat darf der Versteigerungstermin nur aus besonderen Gründen hinausgeschoben werden.

Der Ort und die Zeit der Versteigerung sind in der Regel sogleich bei der Pfändung zu bestimmen. Die Anberaumung des Termines ist nur auszusetzen, wenn die sofortige Bestimmung desselben aus besonderen Gründen, z. B. weil voraussichtlich eine andere Art der Verwerthung oder die Vornahme der Versteigerung an einem anderen Orte vom Finanzamte angeordnet werden wird, unthunlich oder unzweckmäßig erscheint.

Das Vollzugsorgan hat, wenn der Termin nicht sogleich bei der Pfändung angesetzt wird, thunlichst dafür zu sorgen, daß der Pflichtige von der Zeit und dem

Orte der Versteigerung Kenntniß erhält. Die Benachrichtigung kann durch einen gewöhnlichen Brief geschehen.

Die Bekanntmachung der Versteigerung muß die Angabe des Ortes, des Tages und der Stunde der Versteigerung enthalten. In der Bezeichnung der zu versteigernden Gegenstände sind besonders werthvolle Sachen einzeln aufzuführen. Die Bekanntmachung erfolgt in ortsüblicher Weise (durch öffentlichen Anschlag, durch Ausruf, durch Einrückung in öffentliche Blätter u. s. w.) unter Berücksichtigung des größeren oder geringeren Werthes der Sache.

Belegstücke über die erfolgte Bekanntmachung sind zu den Vollstreckungsakten zu bringen. Sind Belegstücke nicht vorhanden, so ist unter dem Pfändungsprotokolle zu bemerken, in welcher Weise die Bekanntmachung erfolgt ist.

Wird der bekannt gemachte Termin aufgehoben, so ist die Aufhebung, soweit es noch thunlich ist, öffentlich bekannt zu machen. Die auf die Versteigerung bezüglichen Anschläge sind sofort abzunehmen.

§ 83.

Das Vollzugsorgan hat vor dem Beginne des Termins die Versteigerung dadurch vorzubereiten, daß es die zu versteigernden Sachen zur Versteigerung bereit stellt. Dabei sind dieselben mit dem im Pfändungsprotokolle enthaltenen Verzeichnisse zu vergleichen. War ein Verwahrer oder Hüter bestellt, so ist über die Ablieferung der Sachen an das Vollzugsorgan ein Protokoll aufzunehmen; in diesem Falle sind fehlende oder beschädigte Gegenstände in dem Protokolle zu verzeichnen.

Dem Pflichtigen ist Abschrift der Bemerkung über das Fehlen oder die Beschädigung einzelner Gegenstände oder, wenn bei der Ablieferung von Sachen, für welche ein Verwahrer oder Hüter bestellt war, sich herausstellt, daß einzelne derselben fehlen oder beschädigt sind, Abschrift des Protokolls mitzutheilen. Dem Verwahrer oder Hüter ist auf Verlangen eine Bescheinigung über die Ablieferung der gepfändeten Sachen zu ertheilen.

§ 84.

In dem Versteigerungstermine werden zunächst die Versteigerungsbedingungen bekannt gegeben. Nach der Bekanntmachung der Bedingungen hat das Vollzugsorgan die Erschienenen zum Bieten aufzufordern.

Die Gegenstände werden einzeln ausgeboten. Gegenstände, welche sich dazu eignen, insbesondere eine Anzahl von Gegenständen derselben Art, können auch zusammen ausgeboten werden. Bei der Bestimmung der Reihenfolge, in welcher die Gegenstände zum Ausgebote kommen, hat das Vollzugsorgan die Wünsche des Pflichtigen thunlichst zu berücksichtigen.

§ 85.

Bei der Versteigerung gepfändeter beweglicher Sachen darf diejenige Person, welche die Versteigerung vorzunehmen hat, desgleichen der von ihr beigezogene Gehilfe oder Ausrufer weder für sich persönlich oder durch einen Anderen noch als Vertreter eines Andern bieten (§ 456 Bürgerl. Gesetzbuch).

Der Pflichtige darf nur mitbieten, soweit eine von ihm baar erlegte Kaution reicht (§ 816 Abs. 4 C.P.O., § 1239 Abs. 1 Satz 1, Abs. 2 Bürgerl. Gesetzbuch).

§ 86.

Der Ertheilung des Zuschlags hat ein dreimaliger Aufruf vorauszugehen.

In der Regel ist in dem Versteigerungstermine nach dem dreimaligen Aufruf an den Meistbietenden der Zuschlag zu ertheilen. Der Meistbietende hat jedoch kein Recht auf den Zuschlag.

Es kann deshalb, falls bei einem oder mehreren der ausgebotenen Gegenstände das Meistgebot beträchtlich hinter ihrem Werthe zurückbleibt, die Versteigerung bezüglich dieser Gegenstände ohne Ertheilung des Zuschlags geschlossen werden, wenn bei Ertheilung desselben der Gesammterlös aus den zur Versteigerung gelangenden Gegenständen voraussichtlich zur vollständigen Deckung des Finanzamts nicht hinreichen würde und anzunehmen ist, daß im Falle einer Wiederholung der Versteigerung oder einer Verwerthung der Sache auf dem Wege des § 94 ein günstigeres Ergebniß werde erzielt werden (§ 817 Abs. 1 C.P.O., § 156 Bürgerl. Gesetzbuch).

§ 87.

Die Ablieferung einer zugeschlagenen Sache darf nur gegen baare Zahlung erfolgen.

Hat der Meistbietende den Zuschlag erhalten und nicht zu der in den Versteigerungsbedingungen bestimmten Zeit oder in Ermangelung einer solchen Bestimmung nicht vor dem Schlusse des Versteigerungstermines die Ablieferung gegen Zahlung des Kaufgeldes verlangt, so wird die Sache anderweit versteigert. Der Meistbietende wird zu einem weiteren Gebote nicht zugelassen; er haftet für den Ausfall, auf den Mehrerlös hat er keinen Anspruch (§ 817 C.P.O.).

§ 88.

Die Versteigerung wird eingestellt, sobald der Erlös zur Befriedigung des Staatsärars und zur Deckung der Kosten der Zwangsvollstreckung ausreicht (§ 818 C.P.O.).

Um die Versteigerung dementsprechend einschränken zu können, hat das Vollzugsorgan von Zeit zu Zeit die aus den einzelnen Gegenständen erzielten Erlöse zusammenzurechnen.

§ 89.

Die Empfangnahme des Erlöses durch das Vollzugsorgan gilt als Zahlung von Seite des Pflichtigen, soferne nicht dem letzteren nachgelassen ist, durch Sicherheitsleistung oder durch Hinterlegung die Vollstreckung abzuwenden (§ 819 C.P.O.).

§ 90.

Gold- und Silbersachen dürfen nicht unter ihrem Gold- oder Silberwerthe zugeschlagen werden. Wird ein den Zuschlag gestattendes Gebot nicht abgegeben, so kann das Vollzugsorgan den Verkauf aus freier Hand zu dem Preise bewirken, welcher den Gold- oder Silberwerth erreicht (§ 820 C.P.O.)

Bei dem Ausgebote von Gold- und Silbersachen in dem Versteigerungstermine ist bekannt zu geben, daß Gebote, welche den Gold- und Silberwerth nicht erreichen, nicht angenommen werden.

§ 91.

Das über die Versteigerung aufzunehmende Protokoll hat insbesondere zu enthalten:

1. die Angabe des Betrages der durch die Versteigerung zu deckenden Forderung einschlüssig der Kosten der Zwangsvollstreckung;
2. die Aufzählung der versteigerten Gegenstände, die Namen der Meistbietenden, die Meistgebote und die Erwähnung der erfolgten Zahlung des Kaufgeldes.

Die Gegenstände werden in dem Versteigerungsprotokolle sogleich bei dem Ausgebote verzeichnet. Neben jedem Gegenstande ist sogleich nach dem Zuschlage das Meistgebot und der Name des Meistbietenden anzugeben. Ebenso wird die Zahlung des Kaufgeldes, sobald sie erfolgt ist, neben dem Namen des Meistbietenden bemerkt. Am Schlusse des Verzeichnisses ist die Summe des erzielten Erlöses anzugeben.

Die Meistbietenden haben das Protokoll mit zu unterzeichnen. Haben dieselben sich vor dem Schlusse des Termins entfernt, so ist dies in dem Protokolle als Grund des Mangels ihrer Unterschrift zu bemerken.

Die Anführung der dem Meistgebote vorangegangenen Gebote und der Bieter, welche den Zuschlag nicht erhalten haben, ist nicht erforderlich. Diese Bieter haben auch das Protokoll nicht zu unterzeichnen.

Sind Gold- oder Silbersachen nicht zugeschlagen worden, weil kein den Gold- oder Silberwerth erreichendes Gebot gemacht worden ist, so ist in dem Protokolle zu bemerken, daß die Sachen ohne Erfolg ausgeboten worden sind. Das Gleiche hat bei anderen Gegenständen zu geschehen, für welche kein Angebot gemacht worden ist.

Ist gemäß § 86 Abs. 3 in einem einzelnen Falle an den Meistbietenden der Zuschlag nicht ertheilt worden, so sind in dem Protokolle die Gründe, welche für die Versagung des Zuschlages maßgebend waren, anzugeben.

§ 92.

Die Zwangsvollstreckung in gepfändete Werthpapiere ist nach den Bestimmungen in den §§ 821, 822 und 823 der Reichscivilprozeßordnung durch den Gerichtsvollzieher durchzuführen.

§ 93.

Die Versteigerung gepfändeter, von dem Boden noch nicht getrennter Früchte ist erst nach der Reife zulässig. Sie kann vor oder nach der Trennung der Früchte erfolgen; im letzteren Falle hat das Vollzugsorgan die Aberntung bewirken zu lassen (§ 824 C.P.O.).

Ob die Versteigerung gepfändeter Früchte vor oder nach der Aberntung stattfinden soll, hat das Vollzugsorgan nach den Umständen, gegebenen Falles nach Befragung Sachverständiger zu bestimmen. Dasselbe muß dafür Sorge tragen, daß es von dem bevorstehenden Eintritte der Reife rechtzeitig Kenntniß erlangt, damit der Versteigerungstermin gehörig angesetzt und bekannt gemacht werden kann und nicht durch Ueberreife der Früchte Verlust entsteht.

Zur Vornahme der Aberntung hat sich das Vollzugsorgan, wenn es sie selbst bewirken läßt, einer zuverlässigen Person zu bedienen. Die der letzteren zu gewährende Vergütung ist thunlichst im Voraus zu vereinbaren. Das Vollzugsorgan hat die Aberntung soweit zu beaufsichtigen, als erforderlich ist, um den Ertrag der Ernte mit Sicherheit festzustellen; demselben liegt ferner die Sorge für die sichere Unterbringung und Verwahrung der Ernte bis zur Versteigerung ob.

Im Falle der Versteigerung der Früchte vor der Aberntung ist der Termin in der Regel an Ort und Stelle abzuhalten. In den Versteigerungsbedingungen ist zu erwähnen, daß der Meistbietende die Aberntung alsbald nach dem Zuschlage auf seine Kosten zu bewirken hat.

§ 94.

Auf Antrag des Pflichtigen kann das Finanzamt anordnen, daß die Verwerthung einer gepfändeten Sache in anderer Weise oder an einem anderen Orte, als in den vorstehenden Paragraphen bestimmt ist, stattzufinden habe oder daß die Versteigerung durch eine andere Person, als das Vollzugsorgan vorzunehmen sei (§ 825 C.P.O.).

§ 95.

Bei dem Verkaufe aus freier Hand muß das Vollzugsorgan auf Erzielung eines möglichst hohen Preises bedacht sein. Die Uebergabe an den Käufer darf nur gegen baare Bezahlung geschehen. Das über den Verkauf aus freier Hand aufzunehmende Protokoll hat insbesondere zu enthalten:

1. die Angabe des Grundes, aus welchem die Verwerthung durch Verkauf aus freier Hand erfolgt ist;
2. die genaue Bezeichnung des verkauften Gegenstandes, bei Gold- oder Silbersachen auch die Angabe des Gold- oder Silberwerthes;
3. die Angabe des abgeschlossenen Geschäftes und die Angabe, wie dasselbe vollzogen ist.

Das Vollzugsorgan darf den zum Verkaufe gestellten Gegenstand weder für sich persönlich oder durch einen Andern noch als Vertreter eines Andern kaufen (§ 456 Bürgerl. Gesetzbuch).

C. Zwangsvollstreckung in andere Vermögensobjekte.

§ 96.

Sind außer den in den §§ 60 und 66 bezeichneten beweglichen körperlichen Sachen noch andere Vermögensobjekte vorhanden, welche nach der Anschauung des Finanzamts zur Befriedigung des Aerars in Anspruch genommen werden können, so hat das Finanzamt, falls ihm zur völligen Deckung des ärarialischen Anspruchs die Durchführung der Zwangsvollstreckung in diese Vermögensobjekte, sei es neben der Mobiliarpfändung oder nach derselben, angezeigt erscheint, unter Aktenvorlage unverzüglich an die vorgesetzte Stelle zu berichten, welche sodann das weiter Erforderliche zu veranlassen hat.

Dies gilt sowohl für den Fall, daß es sich um eine dem Pflichtigen zustehende Forderung oder ein anderes nach den Bestimmungen der §§ 828 bis 863 C.P.O. der Pfändung unterworfenes Vermögensrecht desselben handelt, als dann wenn in einem einzelnen Falle die Durchführung der Zwangsvollstreckung in das unbewegliche Vermögen des Pflichtigen zu Gunsten eines ärarialischen Anspruchs durch einen Antrag auf Beschlagnahme zum Zwecke der Zwangsversteigerung oder Zwangsverwaltung oder auf Zulassung des Beitritts zu einem bereits anhängigen Verfahren (weitere Beschlagnahme) in Frage kommen sollte.

Soweit die Pfändung einer Forderung oder eines anderen in den §§ 828 bis 863 der C.P.O. genannten Vermögensrechts herbeigeführt werden will, haben die Rentämter in dringenden Fällen sich an die Regierungsfiskalate mit dem Ersuchen um Ertheilung weiterer Verhaltungsmaßregeln zu wenden.

Der treffende Fiskal wird sodann die allenfalls veranlaßten Anträge bei Gericht entweder selbst stellen oder hiemit das Finanzamt betrauen.

Abschnitt IV.

Kosten.

§ 97.

Die Kosten der Mahnung und Zwangsvollstreckung sind mit den rückständigen Staatsgefällen von den Finanzämtern einzuheben. Insoweit die Vollzugsorgane durch amtlich gefertigte Quittungen oder auf Grund der §§ 754 und 755 der C.P.O. hiezu ermächtigt sind, darf die Einhebung auch durch die Vollzugsorgane geschehen.

Dieselben haben jedoch die eingehobenen Beträge mit den Gefällsrückständen an das Finanzamt abzuliefern.

Ueber die bezahlten Kostenbeträge ist dem Schuldner in jedem Falle nicht nur Empfangsbescheinigung, sondern auf Verlangen auch ein Kostenverzeichniß zu behändigen, worin die Gebühren und Auslagen für jeden einzelnen Vollstreckungsakt — und bei Geschäften, welche nach Verhältniß der verwendeten Zeit vergütet werden, die Dauer der letzteren anzugeben sind. Ist die Zeitangabe unterblieben, so darf nur die für die geringste Zeitdauer bestimmte Gebühr berechnet werden.

§ 98.

Die Finanzämter haben, insolange nicht anders bestimmt wird, die eingehobenen Mahn- und Vollstreckungsgebühren an die Vollzugsorgane in der bisher üblichen Weise hinauszuvergüten.

Die Mahn- und Vollstreckungsgebühren können jedoch in der Regel erst nach vollständiger Berichtigung der Gefällsrückstände einschließlich der in dem Vollstreckungsverfahren etwa erwachsenen Baarauslagen zur Deckung gelangen.

Die Vollzugsorgane haben insbesondere dann keinen Anspruch auf Hinausvergütung solcher Gebühren, wenn aus der Verwerthung der bei dem Pflichtigen gepfändeten Gegenstände ein Erlös erzielt wird, welcher den Betrag der Gefällsrückstände und der erwachsenen Baarauslagen nicht erreicht oder nicht übersteigt.

Nur im Falle der Pflichtige vor der Beendigung des Vollstreckungsverfahrens freiwillig Zahlungen zur Begleichung seiner Rückstände leistet, darf eine Hinausvergütung der Mahn- und Vollstreckungsgebühren — vorbehaltlich der Bestimmung in § 100 Abs. 3 — auch dann eintreten, wenn die eingezahlten Beträge zur Deckung der Gefällsrückstände und Kosten nicht ausreichen.

Die in der Ministerialentschließung vom 23. Mai 1898 Nr. 5360, Beitreibung der Staatsgefälle, hier Gebühren der Vollzugsorgane betr., für die Pfalz ausgesprochene Ermächtigung zur Beibehaltung des dort hinsichtlich der Vergütung von Vollstreckungsgebühren an das rentamtliche Vollzugspersonal seither beobachteten abweichenden Verfahrens bleibt bis auf Weiteres aufrechterhalten.

Soweit nach den Bestimmungen des gegenwärtigen Paragraphen Mahn- und Vollstreckungsgebühren uneinbringlich bleiben, wird eine Entschädigung aus der Staatskasse nicht geleistet.

§ 99.

Hinsichtlich der Gebührensätze für das Vollzugspersonal der Finanzämter hat es bis zum Eintreffen weiterer Vorschriften bei den bisherigen Bestimmungen zu verbleiben.

§ 100.

Erwachsen in einem Vollstreckungsverfahren nothwendige Auslagen durch Beiziehung von Zeugen und Sachverständigen (§§ 41, 73, 79 u. 93 Abs. 2), durch Aufstellung eines Hüters oder Verwahrers für die gepfändeten Gegenstände u. dgl., so sind die liquidirten Beträge von den Vollzugsorganen vorschußweise auszubezahlen. Die vorschußweise ausbezahlten Beträge sind denselben nach ihrer Rückkunft an den

Amtssitz gegen Vorlage der von den Empfangsberechtigten ausgestellten Quittungen sofort zu ersetzen.

Für die Entschädigung der zu den Vollstreckungshandlungen zugezogenen Zeugen und Sachverständigen haben die Bestimmungen in §§ 15 u. 16 der Gebührenordnung für die Gerichtsvollzieher in der Fassung der Bekanntmachung vom 20. Mai 1898 (Reichsgesetzblatt p. 683) Maß zu geben.

Die in dem Vollstreckungsverfahren erwachsenen Baarauslagen haben aus den von den Pflichtigen zwangsweise beigetriebenen oder nach Einleitung der Vollstreckung freiwillig bezahlten Beträgen ihre Deckung vor den Gefällsrückständen sowie den Mahn- und Vollstreckungsgebühren zu finden.

§ 101.

Am Schlusse einer jeden Zustellungsurkunde und eines Protokolles, sowie jeder Abschrift ist der Gesammtbetrag der Vollstreckungskosten mit Buchstaben anzugeben.

Am Rande dieser Urkunden und Protokolle sind bezeichnete Kosten mit Ziffern einzeln vorzumerken.

Berechnet sich die Gebühr nach der verwendeten Zeit, so ist diese in dem Protokolle mit Worten anzugeben.

Schlußbestimmung.

Vorstehende Bestimmungen haben mit dem 1. Januar 1900 in Wirksamkeit zu treten.

— — — — — — — — — — — — — — — — — — —

3) Fin.Min.Entschl. v. 17. Mai 1900, F.M.Bl. S. 283, die Vorschriften über die Beitreibung der Staatsgefälle, hier die Pfändung von Früchten und dem Betriebe der Landwirthschaft dienenden Gegenständen betr.

Nachdem inzwischen mit Bekanntmachung des Staatsministeriums der Justiz vom 28. April l. Js., die Geschäftsanweisung für die Gerichtsvollzieher betr. (cf. J.M.Bl. S. 621 ff.) die gemäß § 813 Abs. 2 der Reichscivilprozeßordnung der Landesjustizverwaltung vorbehaltenen Bestimmungen über die Zuziehung von Sachverständigen bei der Pfändung von Früchten und dem Betriebe der Landwirthschaft dienenden Gegenständen getroffen worden sind, werden an Stelle des § 73 der Fin.Min.Bektm. vom 27. Dezember v. Js., die Vorschriften über die Beitreibung von Staatsgefällen betr. (F.M.Bl. 1899 S. 355 ff.), die nachstehenden Vorschriften erlassen.

Hiebei wird bemerkt, daß den betheiligten Stellen Sonderabdrücke dieser Vorschriften in der erforderlichen Anzahl von Exemplaren durch das Geheime Expeditionsamt des Finanzministeriums zugehen werden.

§ 1.

Zur Pfändung von Früchten, die vom Boden noch nicht getrennt sind, sowie zur Pfändung von landwirthschaftlichem Geräth, Vieh, Dünger und landwirthschaftlichen Erzeugnissen bei Personen, welche Landwirthschaft treiben, soll das Vollzugsorgan — soferne ihm eine solche Pfändung nach §§ 67, 68 Ziff. 4 und 72 Abs. 3 der Instruktion überhaupt als zulässig erscheint — einen landwirthschaftlichen Sachverständigen beiziehen, wenn anzunehmen ist, daß der Werth der zu pfändenden Gegenstände den Betrag von 1000 Mk. übersteigt (§ 813 Abs. 1 C.P.O.).

Bleibt der muthmaßliche Werth der zu pfändenden Gegenstände hinter dem Betrage von 1000 Mk. zurück, so soll unter der in Abs. 1 angegebenen Voraussetzung die Zuziehung eines landwirthschaftlichen Sachverständigen erfolgen,

a) wenn der Pflichtige sie verlangt,

b) wenn das Vollzugsorgan sich die nöthige Sachkunde nicht zutraut.

Bei einem geringeren Werthe als 1000 Mk. hat die Zuziehung jedoch zu unterbleiben, wenn hiedurch eine Verzögerung der Zwangsvollstreckung eintreten oder unverhältnißmäßige Kosten entstehen würden (§ 813 Abs. 2 C.P.O. und § 136 Abs. 2 und 3 der Geschäftsanweisung für die Gerichtsvollzieher).

§ 2.

Bei der Pfändung von Früchten, welche von dem Boden noch nicht getrennt sind, hat der Sachverständige zu begutachten, ob die gewöhnliche Zeit der Reife binnen Einem Monate zu erwarten ist (§ 810 Abs. 1 Satz 2 C.P.O., § 67 Abs. 1 der Instruktion) und ob die Früchte ganz oder zum Theil zur Fortführung der Wirthschaft bis zu der Zeit erforderlich sind, zu welcher gleiche oder ähnliche Erzeugnisse voraussichtlich gewonnen werden (§ 811 Ziff. 4 C.P.O., §§ 68 Ziff. 4 und 72 Abs. 3* der Instruktion).

Bei den übrigen in § 1 Abs. 1 der gegenwärtigen Vorschriften genannten Gegenständen hat der Sachverständige zu begutachten, inwieweit sie nach § 811 Ziff. 4 C.P.O. (§ 68 Ziff. 4 der Instruktion) pfändbar sind, bezw. soferne das Grundbuch als angelegt anzusehen ist (§ 67 Abs. 3 der Instruktion), inwieweit sie der Pfändung nach § 865 C.P.O. und §§ 97, 98 Bürgerl. Gesetzbuch (§ 72 Abs. 3 der Instruktion) unterliegen.

§ 3.

Das Vollzugsorgan soll sich wegen der Auswahl eines Sachverständigen an den Bürgermeister oder dessen Stellvertreter wenden und, falls dieser nicht selbst die Verrichtung als Sachverständiger übernimmt, die von diesem bezeichnete Person zuziehen. Im Falle der Behinderung oder des Ausbleibens der vom Bürgermeister oder dessen Stellvertreter bezeichneten Person ist eine andere geeignete Person zuzuziehen.

Thunlichst sind Personen zuzuziehen, welche in der Nähe der zu pfändenden Gegenstände wohnen.

Personen, die mit dem Pflichtigen nahe verwandt oder verschwägert sind, sollen nicht zugezogen werden.

Ist die Zuziehung eines Sachverständigen nach diesen Vorschriften vergeblich versucht worden, so ist die Pfändung ohne Zuziehung eines Sachverständigen vorzunehmen.

§ 4.

Das Gutachten ist, soferne der Sachverständige es nicht schriftlich übergibt, in das Pfändungsprotokoll aufzunehmen.

Das schriftliche Gutachten bildet eine Anlage des Pfändungsprotokolls (§ 74 Abs. 2 Ziff. 2 der Instruktion).

Dem Vollzugsorgane stehen im Falle des Nichterscheinens des Sachverständigen oder der Verweigerung des Gutachtens Zwangsmittel nicht zu Gebote. Eine Beeidigung des Gutachtens kann von dem Sachverständigen nicht gefordert werden.

Das Gutachten ist für das Vollzugsorgan nicht bindend. Wird von dem Gutachten abgewichen, so sollen jedoch hiefür die Gründe in dem Pfändungsprotokoll angegeben werden.

§ 5.

Dem Sachverständigen ist eine, soweit thunlich, im Voraus festzusetzende Vergütung nach dem ortsüblichen Preise der Leistung (§ 100 Abs. 2 der Instruktion) zu gewähren.

Die Vergütung hat auch die Entschädigung für den etwa gemachten Aufwand zu umfassen. Ist der Sachverständige mit der vom Vollzugsorgane festgesetzten Vergütung nicht zufrieden, so ist er gemäß § 766 Abs. 2 C.P.O. an das Vollstreckungsgericht zu verweisen.

— — — — — — — — — — — — — — — — — — — —

4) Zur Anschaffung für die Gemeinden empfehlen sich die nachbezeichneten Werke, auf welche durch das M.A.Bl. aufmerksam gemacht wurde:

a) J. H. Walther, Vorschriften über das Kassa- und Rechnungswesen, Verlag von Ellwanger in Bayreuth; M.A.Bl. 1899 S. 86,

b) Max Sternau, Gemeinde- und Kirchenverwaltungswahlen, Verlag von Th. Bläsing in Erlangen, 2. Aufl.; M.A.Bl. 1899 S. 611,

c) Instruktion für Gemeindewaisenräthe, Verlag von C. Gerber in München, M.A.Bl. 1900 S. 264.

5) S. Min.Entschl. v. $\frac{\text{15. Nov. 1899, M.A.Bl. 1899 S. 638}}{\text{6. Dez. 1899, M.A.Bl. 1900 S. 4}}$, wonach den Gemeinden und Stiftungen für die Versendung von Pfandbriefen der bayer. Handelsbank und bayer. Vereinsbank, Nürnberger Vereinsbank, pfälz. Hypothekenbank, bayer. Hypotheken- und Wechselbank, südd. Bodenkreditbank, bayer. Landwirthschaftsbank Portofreiheit eingeräumt ist.

6) S. M.A.Bl. 1900 S. 35, Ausf.Vorschr. v. 23. Dez. 1899 zum Reichsgerichtskostengesetz und bayer. Geb.Ges., dann M.Bektm. v. 25. Dez. 1899, M.A.Bl. S. 44, Instruktion hiezu.

7) M.Bektm. v. 3. Febr. 1900, M.A.Bl. 1900 S. 119, Vollz.Vorschr. zum Flurbereinigungsgesetz.

8) M.Bektm. v. $\frac{\text{2. Januar 1900, M.A.Bl. S. 125}}{\text{14. April 1900, M.A.Bl. S. 249}}$, Festmachung der auf den Inhaber lautenden Schuldverschreibungen zu Gunsten von Gemeinden und Stiftungen betreffend.

9) J.M.E. v. 21. Dez. 1899, M.A.Bl. S. 184, die Anlegung von Mündelgeld bei öffentlichen Sparkassen betr.

10) M.Bektm. v. 11. Juni 1900, M.A.Bl. S. 397, das Sparkassawesen in Bayern, hier Contocorrentverkehr der k. bayer. Bank mit Gemeinden und Stiftungen.

11) M.E. v. 16. Mai 1900, M.A.Bl. S. 347, die Wasserversorgung der Gemeinden betr.

[12) Auszug aus einem Urtheile des obersten Landesgerichts über Trottoirherstellung v. 11. April 1900, M.A.Bl. 1900 S. 330.]

D. Neueste Entscheidungen des Verwaltungsgerichtshofes.

1) Zu Art. 22 Abs. 1. Wenn in einer Gemeinde die Gemeinderechtsgebühr für einzelne Klassen von Gemeindebürgern verschieden abgestuft ist, so ist die Rechtsgiltigkeit der sämmtlichen Gebührensätze, mithin des Gesammttarifs, davon abhängig, daß keiner der einzelnen Gebührensätze den fünffachen Betrag des Durchschnittswerths der einjährigen Nutzung übersteigt; für die Bemessung hiebei sind die seit einer verhältnißmäßig längeren Zeit bestehenden Preis- und Werthverhältnisse in Berücksichtigung zu ziehen. Bd. XX S. 119.

2) Zu Art. 38. Anträge Einzelner auf Weiterführung einer bestehenden gemeindlichen Wasserleitung sind in der Regel nicht verwaltungsrechtlicher Natur.

3) Zu Art. 38, 40, 47, 54, 95, 159. Die Gemeinden sind nicht berechtigt, Leistungen, welche nach polizeilicher Vorschrift gewissen Pflichtigen obliegen, diesen gegen ihren Willen durch Ortsstatut abzunehmen und einer gemeindlichen Anstalt oder Unternehmung in der Weise zu übertragen, daß die Benützung derselben jenen Pflichtigen unter Auferlegung bestimmter Gebühren zur Zwangspflicht gemacht wird. Bd. XXI S. 5. (Insbesondere Straßenreinigung betr.)

4) Zu Art. 43 u. 45. Der Umstand, daß ein Gemeindeumlagenanspruch nicht alsbald nach seiner Entstehung geltend gemacht wurde, rechtfertigt für sich allein noch nicht die Annahme eines gemeindlichen Verzichts auf denselben. (Hierselbst auch über Verjährung von Forderungen der Gemeinden und über § 32 des Fin.Ges. vom 28. Dezember 1831.) Bd. XX S. 79.

5) Zu Art. 48, 84, 86, 163. Einem Gemeindeumlagenpflichtigen steht ein Recht zur Beantragung verwaltungsrechtlicher Entscheidung erst dann zu, wenn die Gemeinde selbst in irgend einer Form, nicht ein bloßes Perzeptionsorgan, einen Umlagenanspruch erhoben hat. Bd. XX S. 123.

6) Zu Art. 65 ff.: Auf Grund Art. 6 des bayer. Ausf.Ges. z. Bürgerl. Gesetzbuch ist die verwaltungsrechtliche Zuständigkeit unter den sonstigen Voraussetzungen des Art. 8 Ziff. 35 V.G.H.G. auch ferner dann gegeben, wenn es sich um öffentliche Stiftungen im Sinne des bayerischen Rechts handelt. Ergänzungsstiftungen theilen den offenen Charakter der Hauptstiftungen. Ueber den öffentlichen Charakter der Stiftungen ebenda. Bd. XXI S. 59.

7) Zu Art. 145 Abs. 4 u. 5. Der Ausschluß von Gemeindeausschußmitgliedern von der Berathung und Beschlußfassung in Gemeindeangelegenheiten kann nur dann als zulässig und nothwendig angenommen werden, wenn und insoweit dem Interesse der Gemeinden oder der Allgemeinheit private Sonderinteressen der einzelnen Ausschußmitglieder gegenüberstehen. Bd. XX S. 114.

8) Zu Art. 206 und Landtagsabschied v. 28. V. 1892 § 23 II. Mit den auf die Pfarrpfründerealitäten treffenden Grund- und Haussteuerbeträgen kann weder der Pfründeinhaber noch die Pfründestiftung zu Kirchengemeindeumlagen herangezogen werden. Bd. XX S. 176.

Register.

Die fettgedruckten Zahlen bedeuten die Artikel der Gemeindeordnung, die anderen die Seiten; die kleinen Zahlen bedeuten die Anmerkungen zu den einzelnen Artikeln.

A.

B.

C.

D.

G. I.

II.

Gemeinde-Ausschuß:

H.

J.

K.

L.

M. I.

II.

N.

O. I.

II.

S.

Sch.

St.

T.

U.

W. I.

Wahlen: Im Allgemeinen.

Wahlen: Im Allgemeinen.

II.

Z.

Zahlenregister.

Register zum Anhang.

Gemeindewahlgesetz

vom 15. August 1908.

(GVBl. 1908 S. 421 ff.).

Im Namen Seiner Majestät des Königs.

Luitpold,

von Gottes Gnaden Königlicher Prinz von Bayern,

Regent.

Wir haben nach Vernehmung des Staatsrats mit Beirat und Zustimmung der Kammer der Reichsräte und der Kammer der Abgeordneten beschlossen und verordnen, was folgt:

Art. 1.

I. In Gemeinden mit mehr als 4000 Einwohnern haben die regelmäßigen Wahlen

der Gemeindebevollmächtigten,
der bürgerlichen Magistratsräte,
der nicht berufsmäßigen Gemeinderäte,
der nicht berufsmäßigen Adjunkten und
der Ersatzmänner

nach den Grundsätzen der Verhältniswahl mit freien und verbundenen Listen stattzufinden. Das gleiche gilt für die entsprechenden Ergänzungswahlen, falls gleichzeitig mehrere Stellen zu besetzen sind oder die Wahl mit einer regelmäßigen Wahl verbunden ist.

II. In Gemeinden mit mehr als 4000 Einwohnern sind Ersatzmänner auch für die bürgerlichen Magistratsräte und für die nicht berufsmäßigen Adjunkten zu wählen.

Art. 2.

Für die Durchführung der Verhältniswahl gelten folgende Bestimmungen:

1. Vor der Wahl ist zur Einreichung von Vorschlagslisten aufzufordern.
2. Zwei oder mehrere Vorschlagslisten können miteinander verbunden werden. Sie gelten alsdann gegenüber anderen Vorschlagslisten als eine einzige Vorschlagsliste.

3. Die Wähler sind an die Vorschlagslisten nicht gebunden.

4. Die zu besetzenden Stellen werden unter die Vorschlagslisten und unter die auf keiner Liste stehenden einzelnen Kandidaten nach dem Verhältnisse der auf sie gefallenen Stimmen verteilt. Hierbei wird in folgender Weise verfahren:

a) Die Gesamtzahl der gültigen Stimmen wird durch die um 1 vermehrte Zahl der zu besetzenden Stellen geteilt. Durch den sich ergebenden Quotienten, der nötigenfalls auf die nächste ganze Zahl aufzurunden ist, werden die Stimmenzahlen der einzelnen Vorschlagslisten geteilt und jeder solchen so viel Stellen zugewiesen, als diese Verteilung ergibt.

b) Werden hierdurch nicht sämtliche Stellen besetzt, so wird die Stimmenzahl jeder Vorschlagsliste durch die um 1 vermehrte Zahl der ihr zugewiesenen Stellen geteilt, und derjenigen Vorschlagsliste, bei der sich der größte Quotient ergibt, eine weitere Stelle zugewiesen. Dieses Verfahren wird nötigenfalls entsprechend fortgesetzt.

c) Kandidaten, die auf keiner Vorschlagsliste stehen, werden, jeder für sich, einer Vorschlagsliste gleich behandelt.

d) Die auf jede Vorschlagsliste entfallenden Stellen werden den wählbaren Kandidaten der Liste nach Maßgabe der auf jeden gefallenen Stimmenzahl zugewiesen.

Art. 3.

I. Im übrigen werden die Einzelheiten für die Durchführung der Verhältniswahl durch die Wahlordnung geregelt. Die Wahlordnung wird durch Königliche Verordnung erlassen.

II. Die Wahlordnung kann Bestimmungen treffen, die von den Vorschriften in Art. 184 Abs. 3, 189 Abs. 2, 190 Abs. 1, 192 Abs. 2, 6, 195 Abs. 1, 3, 4, 197 Abs. 2, 200 Abs. 2 der Gemeindeordnung für die Landesteile diesseits des Rheins, dann in Art. 57 Abs. 4, 58 Abs. 5, 115 Abs. 2, 3, 117 Abs. 1, 3, 119 Abs. 1, 121, 123 Abs. 4, 6, 124 Abs. 3 der Gemeindeordnung für die Pfalz abweichen. Soweit dies der Fall ist, treten jene Vorschriften außer Kraft.

Art. 4.

I. Im Art. 196 Abs. 5 der Gemeindeordnung für die Landesteile diesseits des Rheins werden die Worte: „gesetzlicher Förmlichkeiten“ und „gesetzwidriger persönlicher Benachteiligung“ ersetzt durch die Worte:

„vorgeschriebener Förmlichkeiten“ und „rechtswidriger persönlicher Benachteiligung“.

II. Die gleichen Aenderungen treten im Art. 122 Abs. 4 der Gemeindeordnung für die Pfalz ein.

Art. 5.

Dieses Gesetz tritt am 1. Oktober 1908 in Kraft.

Gegeben zu Hohenschwangau, den 15. August 1908.

Luitpold,
Prinz von Bayern,
des Königreichs Bayern Verweser.

Dr. Frhr. v. Podewils. v. Miltner. Dr. v. Wehner. v. Pfaff.

v. Brettreich.

J. V. Staatsrat Frhr. v. Schacky. J. V. Staatsrat Frhr. v. Speidel.

Auf Allerhöchsten Befehl:
Der Oberregierungsrat
im K. Staatsministerium des Innern:
Knözinger.

FSC
www.fsc.org
MIX
Papier | Fördert gute Waldnutzung
FSC® C083411

Kolibri 360 GmbH
Ferdinand-Jühlke-Straße 7
99095 Erfurt, Deutschland
produktsicherheit@kolibri360.de